Dr. Oetker 1000 Rezepte – vegetarisch

Dr. Oetker

1000 Rezepte – vegetarisch

Dr. Oetker Verlag

Rezepte – vegetarisch

Geht's auch ohne Fleisch?

Vegetarische Küche liegt nach zahlreichen Skandalen um tierische Produkte voll im Trend, nicht nur bei strengen Vegetariern und Veganern. Gesundheitsbewusste Verbraucher, die weniger Fleisch essen, aber auf Genuss nicht verzichten wollen, sind auf der Suche nach leckeren Rezepten, die ohne Fisch und Fleisch auskommen.

Also ran an die gesunde und aromatische Gemüseküche, mit Hülsenfrüchten, Getreide- und Milchprodukten, Eiern, Früchten, Kräutern und Nüssen! Tausend Rezepte bescheren täglich kulinarische Highlights: Vegetarische Klassiker wie Zwiebelsuppe oder Ratatouille dürfen nicht fehlen. Neue Geschmackswelten eröffnen sich durch exotische und wiederentdeckte Gemüsesorten: Okraschoten in Curry-Tomaten-Sauce, grüner Kartoffel-Pastinaken-Stampf, Sellerie-Topinambur-Suppe oder Champignon-Frikadellen. Ihre Gäste werden begeistert sein von Kürbis-Orangen-Risotto oder Kürbis-Kokosmilch-Auflauf mit Seitan – kurzum, mit diesen vegetarischen Rezepten wird es nie langweilig.

Wer jetzt noch behauptet, das könne nicht schmecken, kennt die Vielfalt der vegetarischen Gerichte noch nicht. Egal, ob Sie sich grundsätzlich vegetarisch ernähren oder einfach weniger Fleisch essen möchten, hier finden Sie wohlschmeckende Rezepte, bei denen Sie das Fleisch nicht vermissen und die auf jeden Fall gelingen.

Für Veganer haben wir die Gerichte, die vollständig auf tierische Produkte verzichten, speziell gekennzeichnet.

Probieren Sie es aus, mit den appetitlichen Rezepten überzeugen Sie auch Fleisch-Fans.

Kapitelübersicht

Kapitel 01

Rezepte 001–100

Frühstück, Getränke & Co.

Süße Pause

Süße Pause

2 Portionen

Zubereitungszeit: 15 Minuten, ohne Quell- und Abkühlzeit

100 g Milchreis
300 ml Reisdrink, natur
1 Msp. getrocknete, ger. Bio-Zitronenschale
1 Msp. gem. Zimt
100 ml Apfelsaft
2 Nektarinen, kleine Äpfel, kleine Birnen oder anderes Obst der Saison (abgespült und mundgerecht zerteilt)
2–3 TL Granatapfelsirup oder Holunderblütensirup

Pro Portion:
E: 5 g, F: 2 g, Kh: 81 g,
kJ: 1543, kcal: 368

1. Den Milchreis mit dem Reisdrink, Zitronenschale und Zimt in einem Topf zum Kochen bringen. Reis zugedeckt etwa 45 Minuten bei schwacher Hitze quellen lassen. Reis etwas abkühlen lassen.

2. Apfelsaft unter den Reis rühren. Den Reis erkalten lassen.

3. Abgekühlten Reis mit den vorbereiteten Früchten mischen. Sirup daraufgeben.

4. Den Reis in vorbereitete, verschließbare Behälter füllen.

Türkische Sandwiches

10 Portionen

Zubereitungszeit: 60 Minuten

1 kleiner Kopf Eisbergsalat
1 Bund Radieschen
5 kleine Tomaten
1 kleine Salatgurke
200 g Leerdamer
10 Pita-Brote (insgesamt 500 g)
100 g Delikatessmayonnaise
Salz
gem. Pfeffer

Pro Portion:
E: 10 g, F: 10 g, Kh: 23 g,
kJ: 977, kcal: 233

1. Eisbergsalat putzen und den Strunk abschneiden. Den Salat abspülen, trocken tupfen und in Streifen schneiden. Die Radieschen putzen, abspülen, trocken tupfen und in Scheiben schneiden.
2. Tomaten abspülen, abtropfen lassen und die Stängelansätze herausschneiden. Tomaten in Scheiben schneiden. Gurke abspülen (nach Belieben schälen), abtropfen lassen und die Enden abschneiden. Gurke ebenfalls in Scheiben schneiden. Leerdamer in Streifen schneiden.
3. Pita-Brote nach Packungsanleitung kurz aufbacken, senkrecht halbieren, etwas auseinanderklappen und mit Mayonnaise bestreichen. Die vorbereiteten Zutaten abwechselnd in die Brote einschichten. Mit Salz und Pfeffer würzen.

Abwandlung: Anstelle von Mayonnaise die Pita-Brote mit Zaziki bestreichen.

Tipps: Für eine Kinderparty Zutaten in Streifen schneiden, mit 150 ml fertiger Cocktailsauce vermischen und in die Brottaschen füllen. Dann die Brote nicht mit Mayonnaise bestreichen. Das Füllen der Pita-Brote können die Kinder selber übernehmen.

Rührei mit Frühlingszwiebeln

4 Portionen (ohne Foto)

Zubereitungszeit: 10 Minuten

3 Frühlingszwiebeln
6 Eier (Größe M)
6 EL Schlagsahne
Salz, ger. Muskatnuss
45 g Butter oder Margarine

Pro Portion:
E: 13 g, F: 27 g, Kh: 4 g,
kJ: 1348, kcal: 322

1. Frühlingszwiebeln putzen, abspülen, abtropfen lassen und in Scheiben schneiden. Eier mit Sahne, Salz und Muskat in einer Schüssel kurz verschlagen.
2. Butter oder Margarine in einer Pfanne zerlassen und die Eiersahne hineingeben. Sobald die Masse zu stocken beginnt, die Frühlingszwiebelscheiben hinzufügen und die Eiermasse strichweise vom Pfannenboden losrühren.
3. So lange weiterrühren, bis keine Flüssigkeit mehr vorhanden ist. Das Rührei muss weich und großflockig, sollte aber nicht trocken sein.

Latte Macchiato

1 Portion

Zubereitungszeit: 5 Minuten

250 ml Milch (3,5 % Fett)
50 ml Espresso
etwas Kakaopulver

Pro Portion:
E: 90 g, F: 10 g, Kh: 12 g,
kJ: 727, kcal: 174

1. Milch in einem kleinen Topf auf etwa 60 °C erhitzen und in ein Glas gießen. Die Milch mit einem Milchschäumer zu einem nicht zu festen Milchschaum aufschlagen. Die aufgeschäumte Milch 30–60 Sekunden stehen lassen, damit sich der Schaum etwas setzen kann (etwas Milchschaum abnehmen).
2. Den Espresso langsam über den Rücken eines Löffels am Rand des Glases einfüllen.
3. Den abgenommenen Milchschaum auf den Milchkaffee geben und mit Kakao bestäuben.

Tipps: Einen veganen Kaffee können Sie mit Sojamilch zubereiten. Achten Sie darauf, dass dem Kakao keine tierischen Stoffe zugesetzt sind.

Türkische Sandwiches

Latte Macchiato

Porridge mit braunem Zucker / Porridge mit Beeren / Porridge mit Trockenfrüchten

Porridge mit braunem Zucker

1 Portion VEGAN

Zubereitungszeit: 5 Minuten, ohne Quellzeit

30 g (3 geh. EL) Haferflocken
250 ml Wasser
1 Gewürznelke
1 Prise Salz
5 g (1 TL) brauner Voll-Rohrzucker
100 ml Mandelmilch

Pro Portion:
E: 5 g, F: 4 g, Kh: 28 g,
kJ: 705, kcal: 168

1. Haferflocken, Wasser, Gewürznelke und Salz in einem Topf zum Kochen bringen. Die Haferflocken zugedeckt etwa 10 Minuten bei schwacher Hitze quellen lassen.
2. Die Gewürznelke aus dem Porridge entfernen. Den Zucker unterrühren. Porridge in einen Suppenteller füllen.
3. Die Mandelmilch erwärmen und darübergießen.

Porridge mit Beeren

1 Portion VEGAN

Zubereitungszeit: 20 Minuten

30 g (3 geh. EL) Haferflocken
250 ml Wasser, 1 Gewürznelke
1 TL Dr. Oetker Bourbon-Vanille-Zucker
150 g gemischte Beeren, z. B. Erdbeeren, Brombeeren, Heidelbeeren
1 Prise Salz
1–2 TL brauner Voll-Rohrzucker
100 ml Mandelmilch

Pro Portion:
E: 10 g, F: 7 g, Kh: 46 g,
kJ: 1288, kcal: 308

1. Haferflocken, Wasser, Gewürznelke und Vanille-Zucker in einem Topf zum Kochen bringen. Die Haferflocken zugedeckt etwa 10 Minuten bei schwacher Hitze quellen lassen.
2. Die Beeren verlesen, entstielen, vorsichtig abspülen und abtropfen lassen.
3. Gewürznelke aus dem Porridge entfernen. Salz und Zucker unterrühren. Porridge in einen Suppenteller füllen. Mandelmilch erwärmen und darübergießen. Die Beeren hinzugeben.

Porridge mit Trockenfrüchten

1 Portion

VEGAN

Zubereitungszeit: 5 Minuten, ohne Quellzeit

30 g (3 geh. EL) Hafer- oder Weizenflocken
250 ml Wasser
1/4 Stange Zimt
1 Gewürznelke
2–3 Pimentkörner
10 g (1 TL) Rosinen
30 g Kurpflaumen, ohne Stein
100 ml Mandelmilch

Pro Portion:
E: 6 g, F: 5 g, Kh: 44 g,
kJ: 1025, kcal: 245

1. Haferflocken, Wasser, Zimt, Gewürznelke und Pimentkörner in einem Topf bei schwacher Hitze unter Rühren zum Kochen bringen.
2. Die Rosinen und in kleine Stücke geschnittene Kurpflaumen hinzufügen, wieder zum Kochen bringen und zugedeckt etwa 10 Minuten bei schwacher Hitze quellen lassen. Die Gewürze entfernen.
3. Die Mandelmilch unterrühren. Den Porridge wieder erhitzen.

Pancakes

12 Stück (4 Portionen)

Zubereitungszeit: 20 Minuten

140 g Dinkelmehl (Type 630)
2 gestr. TL Dr. Oetker Backin
1 TL Zucker
Salz
2 Eier (Größe M)
100 g Buttermilch (0,5 % Fett)
1–2 EL Mineralwasser mit Kohlensäure
3 TL (15 g) Speiseöl
60 ml Ahornsirup
evtl. etwas Zitronenmelisse

Pro Stück:
E: 3 g, F: 2 g, Kh: 12 g,
kJ: 345, kcal: 82

1. Mehl mit Backpulver in einer Rührschüssel mischen. Zucker, 1 Prise Salz, Eier, Buttermilch und Mineralwasser hinzufügen. Die Zutaten mit einem Schneebesen zu einem glatten Teig verarbeiten.
2. Einen Teelöffel Speiseöl in einer beschichteten Pfanne erhitzen. Aus dem Teig in 3 Portionen insgesamt 12 Pancakes backen. Für jeden Pancake 1 Esslöffel Teig in die Pfanne geben. Die Pancakes bei schwacher bis mittlerer Hitze von jeder Seite goldbraun backen.
3. Die Pancakes mit Ahornsirup beträufeln und nach Belieben mit abgespülten und trocken getupften Zitronenmelisseblättchen garnieren.

Mango Lady

1 Portion

VEGAN

Zubereitungszeit: 5 Minuten

2 cl Mangosirup
8 cl Orangensaft
einige Eiswürfel
10 cl Bitter Lemon

Außerdem:
evtl. 1 frische Mangospalte
evtl. 1 Trinkhalm

Pro Portion:
E: 1 g, F: 0 g, Kh: 32 g,
kJ: 581, kcal: 138

1. Mangosirup und Orangensaft in ein zur Hälfte mit Eiswürfeln gefülltes Longdrinkglas geben und gut verrühren.
2. Den Drink mit gekühltem Bitter Lemon auffüllen.
3. Nach Belieben die Mangospalte an den Glasrand stecken und dann das Getränk mit einem Trinkhalm servieren.

Pancakes

Mango Lady

Bananenschaum-Müsli

2 Portionen (ohne Foto)

Zubereitungszeit: 15 Minuten

50 g Haferflocken
10 g (1 EL) Kokosraspel
1 kleines Stück frischer Ingwer
2 Orangen (etwa 400 g)
2 reife Bananen (etwa 250 g)
500 g Dickmilch
(3,5 % Fett)

Pro Portion:
E: 15 g, F: 14 g, Kh: 58 g,
kJ: 1858, kcal: 445

1. Haferflocken und Kokosraspel in einer Pfanne ohne Fett unter Rühren etwa 5 Minuten rösten.
2. Ingwer schälen und fein reiben. Orangen so schälen, dass die weiße Haut mitentfernt wird. Das Orangen-Fruchtfleisch in Stücke schneiden, mit dem Ingwer und der gerösteten Haferflocken-Kokosraspel-Mischung vermengen.
3. Müsli in 2 Schälchen verteilen.
4. Die Bananen schälen, im Mixer oder mit dem Pürierstab pürieren und mit der Dickmilch verrühren. Den Bananenschaum auf die Müslimischung geben.

Chili-Löffelkraut-Butter

etwa 300 g

Zubereitungszeit: 15 Minuten, ohne Abkühlzeit

250 g Butter (zimmerwarm)
1/2 gestr. TL Salz
1 Spritzer Zitronensaft
1 Prise Zucker
1 Schalotte oder 1 kleine Zwiebel
2 TL Olivenöl
1 Msp. Chiliflocken
1 Handvoll frisches Löffelkraut
(ersatzweise Brunnenkresse)

Insgesamt:
E: 2 g, F: 216 g, Kh: 3 g,
kJ: 8237, kcal: 1971

1. Butter mit Salz, Zitronensaft und Zucker in einer Rührschüssel schaumig rühren.
2. Schalotte oder Zwiebel abziehen, in sehr kleine Würfel schneiden. Olivenöl in einer kleinen Pfanne erhitzen. Schalotten- oder Zwiebelwürfel darin glasig dünsten. Chiliflocken unterrühren, erkalten lassen.
3. Das Löffelkraut abspülen und trocken tupfen. Die Blättchen von den Stängeln zupfen, Blättchen klein schneiden. Mit den Schalotten- oder Zwiebelwürfeln zu der Butter geben und gut untermischen.
4. Die geschmeidige Buttermasse sofort in ein hübsches Schälchen füllen oder evtl. die Butter in einen Spritzbeutel mit Stern- oder Lochtülle füllen und in das Schälchen spritzen. Die Chili-Löffelkraut-Butter bis zum Servieren zugedeckt in den Kühlschrank stellen.

Obst-Getreide-Speise mit Mandelmus

2 Portionen

VEGAN

Zubereitungszeit: 15 Minuten, ohne Einweichzeit

Zum Vorbereiten:
100 g 4-Korn-Flocken,
z. B. aus Hafer, Dinkel, Gerste und Roggen

Für den Obstsalat:
1 kleiner Apfel
1 kleine Banane
1 Kiwi
1 EL Rosinen

Chili-Löffelkraut-Butter

Obst-Getreide-Speise mit Mandelmus

Austernpilztoast

Außerdem:
100 ml naturtrüber Apfelsaft
2 EL Mandelmus (aus Reformhaus oder Naturkostladen)
1 EL Agavendicksaft (ersatzweise anderer Frucht-Dicksaft oder Ahornsirup)

Pro Portion:
E: 10 g, F: 14 g, Kh: 69 g,
kJ: 1850, kcal: 442

1. Getreideflocken in einer Schale mit Wasser gut bedecken und über Nacht darin einweichen. Am nächsten Morgen die eingeweichten Getreideflocken in einem Sieb abtropfen lassen.
2. Für den Obstsalat den Apfel waschen, abtrocknen, vierteln und entkernen. Die Apfelviertel mit der Schale zuerst in Spalten, dann quer in dünne Stücke schneiden. Banane schälen und in Scheiben schneiden. Kiwi schälen, zuerst in Scheiben, dann in Stücke schneiden.
3. Rosinen nach Belieben in einem Sieb mit kaltem Wasser abspülen und gut abtropfen lassen, evtl. mit Küchenpapier trocken tupfen.
4. Apfelsaft mit Mandelmus und Agavendicksaft gut verrühren. Das vorbereitete Obst mit den Rosinen unter die Apfel-Mandel-Sauce mischen. Die Getreideflocken vorsichtig unterheben und die Speise in Müslischalen anrichten.

Oder ohne Einweichzeit: Statt 4-Korn-Flocken die gleiche Menge Getreidesprossen (etwa aus Dinkel, Gerste, Roggen, Weizen) verwenden. Diese dann nur in einem Sieb mit kaltem Wasser abspülen und gut abtropfen lassen. Die nächtliche Einweichzeit entfällt dabei. Getreidesprossen sind allerdings im Reformhaus oder Naturkostladen nicht immer und überall vorrätig.

Austernpilztoast

2 Portionen (4 Toastdreiecke)

Zubereitungszeit: 20 Minuten
Überbackzeit: etwa 10 Minuten

1 kleine Zwiebel (etwa 30 g)
100 g Austernpilze
1/2 rote Paprikaschote (etwa 150 g)
1/2 Bund Schnittlauch
2 Stängel Basilikum
1 EL Sonnenblumenöl
Salz
gem. Pfeffer
50 g Frischkäse mit Kräutern (8 % Fett)
2 Scheiben Vollkorn-Toastbrot (je etwa 30 g)

Pro Portion:
E: 9 g, F: 7 g, Kh: 19 g,
kJ: 731, kcal: 175

1. Zwiebel abziehen und klein würfeln. Austernpilze putzen, evtl. kurz abspülen, gut trocken tupfen und in schmale Streifen schneiden.
2. Paprikaschotenhälfte entstielen, entkernen und die weißen Scheidewände entfernen. Die Schotenhälfte abspülen, abtropfen lassen und in Streifen schneiden.
3. Den Backofen vorheizen.
Ober-/Unterhitze: etwa 200 °C
Heißluft: etwa 180 °C
4. Schnittlauch und Basilikum abspülen, trocken tupfen. Schnittlauch in Röllchen schneiden. Basilikumblättchen von den Stängeln zupfen, Blättchen klein schneiden.
5. Sonnenblumenöl in einer Pfanne erhitzen. Die Zwiebelwürfel darin glasig dünsten. Die Paprikastreifen hinzufügen und unter gelegentlichem Rühren 2–3 Minuten bei mittlerer Hitze mitdünsten. Dann die Austernpilzstreifen hinzugeben. Das Gemüse unter gelegentlichem Rühren weitere etwa 4 Minuten dünsten. Die Kräuter untermengen, mit Salz und Pfeffer würzen. Frischkäse unterrühren.
6. Die Toastbrotscheiben toasten und anschließend diagonal durchschneiden. Die Pilz-Gemüse-Mischung darauf verteilen. Die Toastdreiecke auf ein Backblech (mit Backpapier belegt) legen. Das Backblech in den vorgeheizten Backofen schieben. Die Austernpilztoasts etwa 10 Minuten überbacken.

Breakfast-Smoothie

1 Portion

Zubereitungszeit: 10 Minuten

1/2 Pfirsich
1/2 Banane
150 g Vanillejoghurt
100 ml Orangensaft
1 EL kernige Haferflocken

Pro Portion:
E: 8 g, F: 7 g, Kh: 56 g,
kJ: 1386, kcal: 331

1. Pfirsichhälfte abspülen, abtrocknen und in Stücke schneiden. Bananenhälfte schälen und ebenfalls in kleine Stücke schneiden.
2. Anschließend Pfirsich- und Bananenstücke mit Vanillejoghurt und Orangensaft in einen hohen Rührbecher geben und pürieren. Dann die Haferflocken unterrühren.
3. Den Smoothie nach Belieben vor dem Servieren einige Zeit in den Kühlschrank stellen und in einem Glas servieren.

Tipps: Bestreuen Sie den Smoothie kurz vor dem Servieren mit einigen Haferflocken. Für einen veganen Smoothie können Sie statt Vanillejoghurt Sojajoghurt verwenden.

Orangen-Smoothie mit Ingwer

VEGAN

1 Portion (ohne Foto)

Zubereitungszeit: 10 Minuten

1 große Orange
1/2 Banane
15 g frischer Ingwer
100–150 ml Sojamilch

Pro Portion:
E: 7 g, F: 3 g, Kh: 23 g,
kJ: 659, kcal: 157

1. Die Orange so schälen, dass die weiße Haut mitentfernt wird. Banane schälen. Orange und Banane in Stücke schneiden. Ingwer schälen und ebenfalls in kleine Stücke schneiden.
2. Orangen-, Bananen- und Ingwerstücke mit der Sojamilch in einen hohen Rührbecher geben und mit einem Pürierstab pürieren. Den Smoothie nach Belieben noch einige Zeit in den Kühlschrank stellen und in einem Glas servieren.

Tipps: Schmecken Sie den Smoothie nach Belieben mit etwas Honig oder Orangensaft ab. Anstelle der Sojamilch können Sie auch Sojamilch mit Fruchtgeschmack (z. B. Orange) verwenden.

Orangenlimonade

Müsli mit Weizensprossen

Orangenlimonade
4 Portionen

VEGAN

Zubereitungszeit: 5 Minuten, ohne Kühlzeit

1 l stilles Mineralwasser
100–150 g Zucker
1 Prise Salz
10–20 ml Zitronensaft
50 ml Orangensaft
evtl. einige Eiswürfel
evtl. einige Bio-Orangenscheiben (unbehandelt, ungewachst)

Pro Portion:
E: 0 g, F: 0 g, Kh: 32 g,
kJ: 548, kcal: 131

1. Wasser, Zucker und Salz in einem Topf unter Rühren zum Kochen bringen.
2. Anschließend die Mischung abkühlen lassen und nach Belieben in einen Glaskrug füllen. Die Mischung etwa 2 Stunden mit Frischhaltefolie zugedeckt in den Kühlschrank stellen.
3. Anschließend Zitronen- und Orangensaft hinzugeben und unterrühren.
4. Nach Belieben mit Eiswürfeln und Orangenscheiben in Gläsern servieren.

Müsli mit Weizensprossen

VEGAN

4 Portionen

Zubereitungszeit: 20 Minuten, ohne Einweichzeit

40 g Korinthen
30 g Cashewkerne
1 Honigmelone (etwa 1,2 kg)
2 Bananen (etwa 400 g)
500 g Sojajoghurt
1–2 TL Zitronensaft
1 reife Mango (etwa 450 g)
etwa 100 g Weizensprossen

Pro Portion:
E: 11 g, F: 7 g, Kh: 68 g,
kJ: 1643, kcal: 393

1. Korinthen in ein Sieb geben, mit heißem Wasser abspülen, abtropfen lassen und in eine Schale geben. Korinthen mit warmem Wasser übergießen und quellen lassen. Cashewkerne hacken und in einer Pfanne ohne Fett unter Rühren goldbraun rösten, abkühlen lassen.
2. Die Honigmelone halbieren, entkernen und in Spalten schneiden. Die Melonenspalten schälen und in Stücke schneiden.
3. Die Bananen schälen, zusammen mit etwa einem Viertel der Melonenstücke und dem Sojajoghurt in einen Mixer geben und fein pürieren. Mit Zitronensaft abschmecken.
4. Mango halbieren und das Fruchtfleisch vom Stein schneiden, schälen und in Spalten schneiden. Korinthen abtropfen lassen.
5. Weizensprossen verlesen, in ein Sieb geben, mit warmem Wasser gründlich abspülen und abtropfen lassen.
6. Die vorbereiteten Fruchtstücke, Korinthen und Sprossen in tiefen Tellern anrichten und mit den Cashewkernen bestreuen. Etwas von dem Sojajoghurt-Mix daraufgeben, den restlichen Sojajoghurt-Mix dazu servieren.

Roti (Indisches Fladenbrot aus der Pfanne)

Vegi-Wraps

Roti (Indisches Fladenbrot aus der Pfanne)

4 Stück

VEGAN

Zubereitungszeit: 40 Minuten

1 Zwiebel (etwa 50 g)
1/2 grüne Chilischote
200 g Weizenmehl
75 g Kokosraspel
1/2 gestr. TL Salz
150 ml lauwarmes Wasser
8 EL Speiseöl, z. B. Sonnenblumenöl

Pro Stück:
E: 7 g, F: 33 g, Kh: 38 g,
kJ: 1977, kcal: 472

1. Zwiebel abziehen und fein würfeln. Die Chilischotenhälfte abspülen, abtropfen lassen, entstielen, entkernen und fein würfeln. Mehl mit Kokosraspeln und Salz mischen. Zwiebel- und Chiliwürfel hinzugeben, nach und nach das Wasser unterarbeiten.

2. Den Teig in 4 Portionen teilen und jeweils zu einer Kugel formen. 1 Esslöffel des Speiseöls in einer Pfanne (Ø etwa 18 cm) bei mittlerer Hitze erhitzen. 1 Teigkugel in die Pfanne geben und mit einem Löffel zu einem etwa 1/2 cm dicken Fladen drücken.

3. Den Fladen von jeder Seite 4–5 Minuten hellbraun braten, dabei vor dem Wenden noch 1 Esslöffel Speiseöl in die Pfanne geben. Auf die gleiche Weise noch 3 weitere Fladenbrote zubereiten.

Tipp: Die Fladenbrote schmecken warm und kalt.

Vegi-Wraps

4 Portionen

Zubereitungszeit: 15 Minuten

175 g Joghurt-Salatcreme
100 g Joghurt (3,5 % Fett)
Salz, gem. Pfeffer
evtl. 1 Prise Currypulver
140 g abgetropfter Gemüsemais (aus der Dose)
1/2 Eisbergsalat
2 mittelgroße Möhren
1 gelbe Paprikaschote
6–8 Weizen-Tortilla-Fladen (aus dem Brotregal)
150 g ger. Käse, z. B. mittelalter Gouda oder Emmentaler

Pro Portion:
E: 19 g, F: 34 g, Kh: 56 g,
kJ: 2534, kcal: 606

1. Salatcreme mit Joghurt in einer Schüssel verrühren. Mit Salz, Pfeffer und evtl. 1 Prise Curry würzen. Mais untermischen.

2. Salat putzen, abspülen, abtropfen lassen, trocken tupfen und in feine Streifen schneiden. Möhren putzen, schälen, abspülen, abtropfen lassen und grob raspeln. Paprikaschote halbieren, entstielen, entkernen und die weißen Scheidewände entfernen. Schote abspülen, abtropfen lassen und in feine, lange Streifen schneiden.

3. Tortilla-Fladen in einer heißen Pfanne ohne Fett nach Packungsanleitung kurz erhitzen, herausnehmen und erkalten lassen.

4. Die Tortilla-Fladen mit den Salatstreifen, Möhrenraspeln und Paprikastreifen belegen.

5. Die Mais-Joghurt-Salatcreme-Mischung daraufträufeln. Mit Käse bestreuen.

6. Zwei Seiten der Tortilla-Fladen zur Mitte hin leicht einklappen. Tortillas fest aufrollen und nach Belieben in Gläsern servieren.

Tipp: Falls es etwas reichhaltiger sein soll: 2 Eier (Größe M) hart kochen, abschrecken, pellen, in kleine Würfel schneiden und unter die Creme rühren.

Pretty in Pink

1 Portion

Zubereitungszeit: 5 Minuten

2–3 EL verlesene Himbeeren
1 leicht geh. TL Traubenzucker oder Zucker
4 cl Himbeersirup
150 ml Milch (3,5 % Fett)
einige Eiswürfel

Minzeblättchen
2 verlesene Himbeeren
1 Trinkhalm

Pro Portion:
E: 6 g, F: 5 g, Kh: 40 g,
kJ: 987, kcal: 236

1. Die Himbeeren mit Traubenzucker oder Zucker, Sirup und gut gekühlter Milch in einen Elektromixer geben und gut durchmixen oder mit einem Pürierstab pürieren.

2. Den Shake in ein zur Hälfte mit Eiswürfeln gefülltes Fancy- oder Longdrinkglas füllen. Mit abgespülten, trocken getupften Minzeblättchen und Himbeeren garnieren und mit einem Trinkhalm servieren.

Tipps: Für eine alkoholische Variante den Shake statt mit Himbeersirup mit Cassis-Likör zubereiten. Anstelle der Eiswürfel kann auch eine Kugel Himbeereis oder Vanilleeis in das Glas gegeben werden.

Rucola-Nuss-Aufstrich

etwa 375 g

Zubereitungszeit: 10 Minuten
Haltbarkeit: im Kühlschrank 2–3 Tage

125 g Rucola (Rauke)
2 EL Olivenöl
200 g Doppelrahm-Frischkäse
Salz, gem. Pfeffer
1 Prise Zucker
1 EL geröstete, gehackte Walnusskerne
1 EL ger. Parmesan
1–2 EL abgetropfte, schwarze Oliven, mit Stein (aus dem Glas)

Insgesamt:
E: 31 g, F: 106 g, Kh: 12 g,
kJ: 4659, kcal: 1113

1. Rucola verlesen und die dicken Stiele abschneiden. Rucola abspülen, gut abtropfen lassen und etwas kleiner zupfen.
2. Rucola mit Olivenöl in einem Mixer oder Universalzerkleinerer zu einer Paste verarbeiten. Die Paste mit Frischkäse verrühren, mit Salz, Pfeffer und Zucker abschmecken. Die Walnusskerne und Parmesan unterrühren.
3. Die Oliven entsteinen, grob hacken und ebenfalls unterrühren. Den Rucola-Nuss-Aufstrich in ein verschließbares Gefäß füllen und in den Kühlschrank stellen.

Beilage: Mehrkorn- oder Roggenmischbrot, Stangenweißbrot oder Bagels.

Tipps: Die Brotscheiben in einer Pfanne in erhitztem Olivenöl von beiden Seiten anrösten und mit einer abgezogenen Knoblauchzehe einreiben. Zum Servieren den Aufstrich mit Rucola und Nusskernen garnieren. Kleine frische Tomatenwürfel unter den Aufstrich mischen.

Pretty in Pink

Rucola-Nuss-Aufstrich

Vollkorn-Super-frisch-saftig-Sandwich

4 Stück

Zubereitungszeit: 20 Minuten, ohne Durchziehzeit

1 geh. EL Sesamsamen
100 g Möhren
100 g Fenchelknolle
2 EL Olivenöl
2 Clementinen (etwa 200 g)
2 Blätter Radicchio (etwa 15 g)
8 Scheiben Vollkorn-Sandwichbrot (etwa 280 g)
400 g Hüttenkäse
1/4 Kästchen Kresse

Pro Stück:
E: 20 g, F: 14 g, Kh: 40 g,
kJ: 1541, kcal: 366

1. Den Sesam in einer Pfanne ohne Fett unter Rühren goldbraun rösten, herausnehmen und auf einem Teller erkalten lassen.
2. Möhren putzen, schälen, abspülen, abtropfen lassen. Fenchel putzen, abspülen, abtropfen lassen. Möhren und Fenchel auf der groben Seite einer Haushaltsreibe raffeln, mit Olivenöl vermischen.
3. Clementinen pellen und in dünne Scheiben schneiden. Die Scheiben jeweils einmal halbieren. Radicchioblätter abspülen, trocken tupfen und in feine Streifen schneiden.
4. Die Brotscheiben mit dem Hüttenkäse bestreichen und mit dem Sesam bestreuen. 4 der Brotscheiben zuerst mit der Möhren-Fenchel-Mischung, dann mit den Clementinenscheiben und zuletzt mit den Radicchiostreifen gleichmäßig belegen.
5. Die Kresse abspülen, trocken tupfen, vom Beet schneiden und auf die belegten Brotscheiben streuen. Die restlichen Brotscheiben darauflegen und leicht andrücken.
6. Die Sandwich-Brote einzeln sehr fest in Frischhaltefolie wickeln und mindestens 30 Minuten durchziehen lassen.

Vollkorn-Super-frisch-saftig-Sandwich / Vollkorn-Tahini-Gurken-Sandwich

Vollkorn-Tahini-Gurken-Sandwich

4 Stück (im Foto Mitte)

Zubereitungszeit: 15 Minuten, ohne Durchziehzeit

225 g Frischkäse (Doppelrahm-Frischkäse oder Frischkäse light)
1 TL gem. Kreuzkümmel (Cumin)
2 EL Tahini (Sesampaste)
Salz
50 g Cocktailtomaten
150 g Salatgurke
2 Stängel glatte Petersilie
1 Stängel Minze
8 Scheiben Vollkorn-Sandwichbrot (etwa 280 g)

Pro Stück:
E: 13 g, F: 16 g, Kh: 36 g,
kJ: 1441, kcal: 345

1. Den Frischkäse mit Kreuzkümmel und Tahini-Paste verrühren, mit Salz würzen.
2. Die Cocktailtomaten abspülen, abtrocknen, halbieren und die Stängelansätze herausschneiden. Tomaten klein schneiden.
3. Salatgurke abspülen, abtrocknen und die Enden abschneiden. Salatgurke längs halbieren und die Kerne mit einem Löffel herausschaben. Die Salatgurke fein würfeln.
4. Kräuterstängel abspülen und trocken tupfen. Die Blättchen von den Stängeln zupfen. Die Blättchen klein schneiden, mit angerührtem Frischkäse, Gurkenwürfeln und Tomatenstücken verrühren.

Möhrendrink

Linsenpaste

5. Die Hälfte der Sandwichscheiben mit der Frischkäsemischung bestreichen und die restlichen Sandwichscheiben darauflegen.
6. Die Sandwichbrote einzeln sehr fest in Frischhaltefolie wickeln und mindestens 30 Minuten im Kühlschrank durchziehen lassen.

Möhrendrink

2 Portionen

VEGAN

Zubereitungszeit: 15 Minuten

300 g Möhren
1/2 rote Paprikaschote
Saft von 1/2 Zitrone
Saft von 2 Orangen
Salz
gem. Pfeffer
Selleriesalz

Pro Portion:
E: 2 g, F: 1 g, Kh: 18 g,
kJ: 390, kcal: 93

1. Möhren putzen, schälen, abspülen, abtropfen lassen. Paprikaschotenhälfte entstielen, entkernen und die weißen Scheidewände entfernen. Schotenhälfte abspülen und abtropfen lassen. Die Möhren und Schotenhälfte in kleine Stücke schneiden und mit einem Pürierstab oder im Mixer pürieren.
2. Zitronen- und Orangensaft unterrühren. Mit Salz, Pfeffer und Selleriesalz würzen.
3. Den Möhrendrink in 2 dickbauchige Gläser füllen.

Linsenpaste

etwa 500 g

VEGAN

Zubereitungszeit: 30 Minuten, ohne Abkühlzeit
Haltbarkeit: im Kühlschrank 3–4 Tage

150 g Linsen, z. B. rote Linsen
300 ml Gemüsebrühe
1 Zwiebel
150 g Mango-Fruchtfleisch
1 EL Currypulver
2 EL Leinöl
Salz
gem. Pfeffer

Insgesamt:
E: 38 g, F: 23 g, Kh: 87 g,
kJ: 3043, kcal: 727

1. Linsen mit der Gemüsebrühe in einem Topf zum Kochen bringen. Linsen zugedeckt bei mittlerer Hitze etwa 12 Minuten kochen lassen (die Flüssigkeit soll von den Linsen vollständig aufgenommen werden). Linsen erkalten lassen, dabei gelegentlich umrühren. Die Linsen mithilfe einer Gabel zerdrücken.
2. Die Zwiebel abziehen und in kleine Würfel schneiden. Das Mango-Fruchtfleisch vom Stein schneiden, schälen und das Fruchtfleisch in kleine Würfel schneiden.
3. Linsen mit den Zwiebel- und Mangowürfeln verrühren. Curry und Leinöl unterrühren. Linsenpaste mit Salz und Pfeffer abschmecken.
4. Die Linsenpaste in ein verschließbares Gefäß füllen und in den Kühlschrank stellen.

Beilage: Vollkornbrot.

Tipp: Aufgestrichene Linsenpaste mit klein geschnittener Petersilie bestreuen.

Maisbrötchen

14 Stück

VEGAN

Zubereitungszeit: 15 Minuten, ohne Teiggehzeit
Backzeit: 15–20 Minuten

250 g Weizenmehl (Type 405)
250 g Maismehl
42 g frische Hefe
2 TL Voll-Rohrzucker
400 ml lauwarmes Wasser
1 gestr. TL Salz
1–2 TL Sambal Oelek
1/2 TL Kurkuma (Gelbwurz)
3 TL Olivenöl
etwas Weizenmehl
50 g Maisgrieß (Polentagrieß)

Pro Stück:
E: 4 g, F: 2 g, Kh: 29 g,
kJ: 633, kcal: 151

1. Beide Mehlsorten in eine Rührschüssel geben. In die Mitte eine Vertiefung drücken, Hefe hineinbröckeln.
2. Zucker und 100 ml warmes Wasser hinzufügen. Mit einem kleinen Teil des Mehls mit einer Gabel vorsichtig verrühren und zugedeckt 10–15 Minuten gehen lassen.
3. Restliches Wasser (300 ml), Salz, Sambal Oelek, Kurkuma und Olivenöl hinzufügen. Die Zutaten mit einem Mixer (Knethaken) zunächst kurz auf niedrigster, dann auf höchster Stufe in etwa 5 Minuten zu einem glatten Teig verarbeiten. Den Teig mit Mehl bestäuben und zugedeckt so lange an einem warmen Ort gehen lassen, bis er sich sichtbar vergrößert hat (etwa 30 Minuten).
4. Den gegangenen Teig leicht mit Mehl bestäuben, aus der Schüssel nehmen und auf einer bemehlten Arbeitsfläche nochmals gut durchkneten. Den Teig in 14 gleich große Portionen teilen und zu Kugeln formen. Die Kugeln etwas flacher drücken.
5. Ein Backblech (30 x 40 cm, mit Backpapier belegt) etwa mit der Hälfte des Maisgrieß bestreuen. Die Brötchen darauflegen. Die Brötchen mit Wasser bestreichen und mit dem restlichen Maisgrieß bestreuen. Die Brötchen zugedeckt etwa 15 Minuten an einem warmen Ort gehen lassen.
6. Den Backofen vorheizen.
Ober-/Unterhitze: etwa 200 °C
Heißluft: etwa 180 °C
7. Das Backblech in den vorgeheizten Backofen schieben. Die Brötchen 15–20 Minuten backen. Die Brötchen mit dem Backpapier vom Backblech auf einen Kuchenrost ziehen, Brötchen erkalten lassen.

Honig-Erdbeer-Milch

1 Portion

Zubereitungszeit: 10 Minuten

75 g Erdbeeren
75 g Joghurt (3,5 % Fett)
100 ml Milch (3,5 % Fett)
Saft von 1/2 Zitrone
1 TL flüssiger Honig
1 Kugel Vanille- oder Fruchteis

Pro Portion:
E: 8 g, F: 10 g, Kh: 27 g,
kJ: 1011, kcal: 241

1. Die Erdbeeren putzen, abspülen, trocken tupfen, entstielen und in Stücke schneiden.
2. Erdbeerstücke mit Joghurt und Milch in einen hohen Rührbecher geben und mit einem Pürierstab pürieren oder die Zutaten in einem Elektromixer pürieren.
3. Zitronensaft und Honig hinzugeben und nochmals kräftig durchmixen.
4. Den Drink in ein hohes Glas füllen, mit einer Vanille- oder Fruchteiskugel anrichten und servieren.

Tipp: Verwenden Sie statt Milch und Joghurt 175 g Buttermilch oder Kefir.

Papaya-Smoothie / Mandel-Mango-Smoothie

Papaya-Smoothie

1 Portion

Zubereitungszeit: 10 Minuten

1 Papaya
1/2 Banane
5 EL Joghurt (3,5 % Fett)
100 ml Maracujanektar

Pro Portion:
E: 6 g, F: 4 g, Kh: 41 g,
kJ: 977, kcal: 233

1. Papaya halbieren und die Kerne mit einem Esslöffel herausschaben. Papaya schälen und das Fruchtfleisch in kleine Stücke schneiden.
2. Die halbe Banane ebenfalls schälen und in Stücke schneiden.
3. Papaya-, Bananenstücke, Joghurt und Maracujanektar in einen hohen Rührbecher geben und mit einem Pürierstab pürieren.
4. Den Smoothie nach Belieben noch einige Zeit in den Kühlschrank stellen und in einem Glas servieren.

Tipps: Servieren Sie den Smoothie nach Belieben mit 2 Trinkhalmen. Der Smoothie schmeckt auch mit Fruchtjoghurt (z. B. Maracuja-Geschmack) sehr gut.

Mandel-Mango-Smoothie

VEGAN

4 Portionen

Zubereitungszeit: 25 Minuten, ohne Anfrierzeit

3 Bananen
1 große Mango (etwa 350 g)
evtl. etwas Zitronensaft
40 g gehobelte Mandeln
500 ml kalter Orangensaft
1–2 EL Agavendicksaft (erhältlich im Reformhaus)

Pro Portion:
E: 4 g, F: 6 g, Kh: 39 g,
kJ: 978, kcal: 234

1. Die Bananen schälen und in etwa 1 cm dicke Scheiben schneiden. Die Bananenscheiben in Folie gewickelt in den Gefrierschrank legen und anfrieren lassen. Mango halbieren, das Fruchtfleisch vom Stein schneiden, schälen und in Würfel schneiden. Evtl. 4 dünne Mangospalten vorher abschneiden, mit Zitronensaft beträufeln und zum Garnieren beiseitelegen. Mangowürfel in einen Gefrierbehälter geben, ebenfalls in den Gefrierschrank legen und anfrieren lassen.
2. Die Mandeln in einer Pfanne ohne Fett unter Rühren hellbraun rösten, herausnehmen und auf einem Teller erkalten lassen. Evtl. einige Mandeln zum Garnieren beiseitelegen.
3. Die angefrorene Bananenscheiben und Mangowürfel mit Orangensaft, Mandeln und Agavendicksaft in einen hohen Rührbecher geben und mit einem Pürierstab pürieren.
4. Smoothie in 4 Longdrinkgläser füllen. Mit den beiseitegelegten Mangospalten und Mandeln garnieren.

Kürbis-Kokos-Milch / Kürbis-Mango-Mix

Kürbis-Kokos-Milch

8 Portionen

Zubereitungszeit: 20 Minuten

600 g Kürbisfleisch, geputzt, ohne faserigen Innenteil
2 l Milch (3,5 % Fett)
200 g Zucker
260 g Kokosraspel

Pro Portion:
E: 12 g, F: 30 g, Kh: 43 g,
kJ: 2045, kcal: 489

1. Kürbisfleisch in etwa 1 cm große Würfel schneiden. Kürbiswürfel in einem Topf mit 1 Liter Milch, Zucker und 200 g Kokosraspeln zum Kochen bringen. Zugedeckt etwa 12 Minuten kochen lassen.
2. Restliche Kokosraspel in einer Pfanne ohne Fett unter Rühren goldbraun rösten, herausnehmen und auf einem Teller erkalten lassen.
3. Kürbis-Kokos-Milch pürieren und durch ein Sieb geben. Mit restlicher heißer oder kalter Milch auffüllen.
4. Kürbis-Kokos-Milch in Gläsern verteilen und mit gerösteten Kokosraspeln bestreuen.

Kürbis-Mango-Mix

8 Portionen

VEGAN

Zubereitungszeit: 25 Minuten, ohne Abkühlzeit

600 g Kürbisfleisch, geputzt, ohne faserigen Innenteil
100 g brauner Zucker
abgeriebene Schale von 2 Bio-Zitronen (unbehandelt, ungewachst)
6 EL Zitronensaft
2 reife Mangos (je etwa 500 g)
einige Stängel Minze
evtl. etwa 1 l Mineralwasser

Pro Portion:
E: 1 g, F: 1 g, Kh: 27 g,
kJ: 514, kcal: 123

1. Das Kürbisfleisch in kleine Würfel schneiden. Kürbiswürfel, Zucker, Zitronenschale und -saft in einem Topf zum Kochen bringen. Zugedeckt etwa 15 Minuten dünsten. Kürbismasse erkalten lassen.
2. Mangos halbieren, das Fruchtfleisch jeweils vom Stein schneiden, schälen und danach in kleine Würfel schneiden.
3. Mangowürfel zur Kürbismasse geben und pürieren. Minze abspülen und trocken tupfen. Die Blättchen von den Stängeln zupfen. Blättchen klein schneiden und zum Kürbis-Mango-Püree geben.
4. Kürbis-Mango-Mix nach Belieben mit Mineralwasser auffüllen.

Tipp: Das Püree in Eiswürfelbehältern einfrieren. Pürеewürfel z. B. für eine Bowle verwenden.

Kürbiskernbrötchen

16 Stück

Zubereitungszeit: 45 Minuten, ohne Teiggehzeit
Backzeit: 25–30 Minuten

Zum Vorbereiten:
100 g Kürbiskerne

Für den Hefeteig:
42 g frische Hefe
300 ml warmes Wasser
250 g Weizenmehl (Type 405)
1 TL Zucker
200 g Weizenmehl (Type 1050)
1 gestr. TL Salz
2 EL Olivenöl

Für den Belag:
4 hart gekochte Eier
4 Salatblätter
4 EL Remouladensauce (Fertigprodukt)
1 Bund Schnittlauch

Pro Stück:
E: 7 g, F: 7 g, Kh: 24 g,
kJ: 791, kcal: 189

1. Zum Vorbereiten die Kürbiskerne in einer Pfanne ohne Fett unter Rühren anrösten, herausnehmen und auf einem Teller erkalten lassen.
2. Für den Teig Hefe zerbröseln, mit Wasser in einer Rührschüssel verrühren. Mehl (Type 405) und Zucker hinzugeben. Die Zutaten mit einem Mixer (Knethaken) zu einem glatten Vorteig verkneten.
3. Mehl (Type 1050), die Hälfte der gerösteten Kürbiskerne und Salz auf den Vorteig geben. Den Teig zugedeckt mindestens 30 Minuten an einem warmen Ort gehen lassen.
4. Wenn sich der Teig deutlich vergrößert hat und das Mehl Risse zeigt, Olivenöl hinzugießen. Die Zutaten mit einem Mixer (Knethaken) zu einem geschmeidigen Teig verkneten. Den Teig zugedeckt etwa 5 Minuten ruhen lassen.
5. Den Hefeteig leicht mit Mehl bestäuben und auf der leicht bemehlten Arbeitsfläche zu einer langen Rolle formen. Teigrolle halbieren und in jeweils 8 Stücke schneiden. Die Teigstücke zu Kugeln formen und mit Abstand auf ein Backblech (bemehlt) setzen. Die Teigkugeln mit kaltem Wasser bestreichen. Restliche Kürbiskerne daraufstreuen.
6. Die Teigkugeln zugedeckt etwa 60 Minuten an einem warmen Ort gehen lassen.
7. Inzwischen Backofen vorheizen.
Ober-/Unterhitze: etwa 200 °C
Heißluft: etwa 180 °C
8. Das Backblech in den vorgeheizten Backofen schieben. Die Brötchen 25–30 Minuten backen.
9. Brötchen vom Backblech nehmen und auf einen Kuchenrost setzen.
10. Für den Belag Eier pellen und in Scheiben schneiden. Die Salatblätter abspülen und trocken tupfen. Die warmen Brötchen waagerecht durchschneiden und mit der Remouladensauce bestreichen. Salatblätter und Eierscheiben auf die unteren Brötchenhälften legen. Schnittlauch abspülen, trocken tupfen und in feine Röllchen schneiden. Die unteren Brötchenhälften damit bestreuen. Die oberen Brötchenhälften darauflegen und sofort servieren.

Island Drink

4 Portionen

Zubereitungszeit: 10 Minuten

300 g Ananas-Fruchtfleisch (aus der Frischetheke)
1 TL abgetropfter, eingelegter grüner Pfeffer (in Lake)
2 EL Crème fraîche
250 ml Orangensaft
250 ml Bitter Orange

Pro Portion:
E: 1 g, F: 4 g, Kh: 22 g,
kJ: 561, kcal: 135

1. Das Ananas-Fruchtfleisch in Stücke schneiden, mit grünem Pfeffer in einen Elektromixer geben und pürieren.
2. Crème fraîche, gekühlten Orangensaft und gekühlte Bitter Orange hinzufügen, kurz verrühren.
3. Den Drink in eine Karaffe füllen und gut gekühlt servieren.

Tipp: Statt des Pfeffers 1 Teelöffel geschälten, fein geriebenen Ingwer und 1 Prise Zimt dazugeben.

Kürbiskernbrötchen

Island Drink

Kartoffelaufstrich mit Petersilie und Schnittlauch

Apfel-Tofu-Creme mit Schnittlauch

Kartoffelaufstrich mit Petersilie und Schnittlauch

etwa 450 g

Zubereitungszeit: 30 Minuten, ohne Abkühlzeit
Haltbarkeit: im Kühlschrank etwa 5 Tage

300 g mehligkochende Kartoffeln
1 gestr. TL Salz
1 Zwiebel
2 EL Leinöl
150 g Crème fraîche
1 Bund Petersilie
1 Bund Schnittlauch
gem. Pfeffer

Insgesamt:
E: 11 g, F: 66 g, Kh: 45 g,
kJ: 3400, kcal: 818

1. Die Kartoffeln schälen, abspülen und abtropfen lassen. Die Kartoffeln in einem Topf knapp mit Wasser bedeckt, zugedeckt zum Kochen bringen, Salz hinzugeben. Die Kartoffeln etwa 20 Minuten kochen lassen. Kartoffeln abgießen, grob zerstampfen und erkalten lassen.
2. Die Zwiebel abziehen und in sehr kleine Würfel schneiden. Leinöl mit Crème fraîche verrühren, mit den Zwiebelwürfeln unter die Kartoffelmasse geben.
3. Petersilie und Schnittlauch abspülen, trocken tupfen. Die Blättchen von den Petersilienstängeln zupfen. Blättchen klein schneiden. Schnittlauch in feine Röllchen schneiden. Petersilie und Schnittlauchröllchen unter den Kartoffelaufstrich rühren. Mit Salz und Pfeffer abschmecken.
4. Den Kartoffelaufstrich in ein vorbereitetes, verschließbares Gefäß füllen, in den Kühlschrank stellen.

Beilage: Roggenmischbrot oder Doppelbackbrot.

Apfel-Tofu-Creme mit Schnittlauch

etwa 575 g

Zubereitungszeit: 15 Minuten
Haltbarkeit: im Kühlschrank 3–4 Tage

2 EL Sonnenblumen- oder Kürbiskerne
1 Bund Schnittlauch
300 g abgetropfter Tofu
150 g Schmand (Sauerrahm)
1 mittelgroßer, säuerlicher Apfel (etwa 100 g)
1–2 EL Zitronensaft
Salz
gem. Pfeffer
evtl. 1 Prise Currypulver

Insgesamt:
E: 36 g, F: 63 g, Kh: 22 g,
kJ: 3490, kcal: 834

1. Sonnenblumen- oder Kürbiskerne in einer Pfanne ohne Fett unter Rühren goldbraun rösten, herausnehmen und auf einen Teller geben.
2. Schnittlauch abspülen, trocken tupfen und in feine Röllchen schneiden. Tofu mit einem Pürierstab fein pürieren oder sehr fein hacken. Tofumasse mit Schmand und Schnittlauchröllchen verrühren.
3. Apfel schälen, vierteln und entkernen. Apfelviertel in sehr kleine Würfel schneiden, mit Zitronensaft vermischen und unter die Tofumasse rühren.
4. Die Creme mit Salz, Pfeffer und evtl. Curry würzig abschmecken. Geröstete Sonnenblumen- oder Kürbiskerne nach Belieben grob hacken und auf die Creme streuen.
5. Die Apfel-Tofu-Creme in ein verschließbares Gefäß füllen und in den Kühlschrank stellen.

Beilage: Roggenmischbrot, Hafer-Vollkornbrot, Sesam-Knäckebrot.

Hüttenkäse mit Tripmadam

2–4 Portionen

Zubereitungszeit: 15 Minuten

200 g Hüttenkäse
2 Äpfel, z. B. Cox Orange, Delicius
100 g getrocknete Aprikosen
1 TL körniger Pommery-Senf
oder körniger Senf
1 EL Olivenöl
Salz
gem. Pfeffer
1 kleine Handvoll Tripmadam
(Felsen-Fetthenne, Würzkraut)

Pro Portion:
E: 11 g, F: 7 g, Kh: 27 g,
kJ: 930, kcal: 222

1. Hüttenkäse in eine Rührschüssel geben. Die Äpfel schälen, vierteln, entkernen und auf einer Haushaltsreibe raspeln. Aprikosen in kleine Würfel schneiden. Apfelraspel, Aprikosenwürfel, Senf und Olivenöl zu dem Hüttenkäse in die Rührschüssel geben und gut vermischen. Mit Salz und Pfeffer würzen.
2. Tripmadam abspülen und gut trocken tupfen. Die Nadeln von den Stängeln zupfen. Nadeln sehr fein schneiden und unter die Hüttenkäse-Mischung rühren.

Beilage: Ofenfrisches Baguette, Sonnenblumen- oder Kürbiskernbrot.

Kichererbsen-Oliven-Creme

etwa 430 g

Zubereitungszeit: 15 Minuten
Haltbarkeit: im Kühlschrank
4–5 Tage

240 g Kichererbsen
(aus der Dose)
1 Knoblauchzehe
1/2 kleine, rote Chilischote
Saft von 1/2 Zitrone
50 ml Gemüsebrühe
75 g Crème fraîche
Salz, gem. Pfeffer
75 g abgetropfte, schwarze Oliven,
mit Stein
1 Stängel Rosmarin

Insgesamt:
E: 22 g, F: 56 g, Kh: 50 g,
kJ: 3348, kcal: 8040

1. Die Kichererbsen in ein Sieb geben, mit kaltem Wasser abspülen und abtropfen lassen. Knoblauch abziehen und klein würfeln.
2. Die Chilischote abspülen, trocken tupfen, halbieren, entstielen und entkernen. Die Chilischote sehr klein hacken.
3. Kichererbsen, Knoblauchwürfel, Zitronensaft, Brühe und Chilischotenwürfel in einen Rührbecher geben und fein pürieren.
4. Crème fraîche unterrühren. Püree mit Salz, Pfeffer und evtl. etwas Zitronensaft abschmecken.
5. Oliven entsteinen und sehr fein würfeln. Rosmarin abspülen und trocken tupfen. Die Nadeln von dem Stängel zupfen. Rosmarinnadeln sehr fein hacken.
6. Olivenwürfel und Rosmarin unter das Kichererbsenpüree rühren. Creme in ein verschließbares Gefäß füllen und in den Kühlschrank stellen.

Beilage: Knuspriges Baguette, Fladen- oder Pita-Brot.

Chai

4 Portionen

Zubereitungszeit: 10 Minuten

1 l Milch (3,5 % Fett)
4 EL loser, schwarzer Tee
1 Stange Zimt
1–2 Gewürznelken
evtl. Kardamom oder Sternanis
evtl. etwas brauner Zucker (Rohrzucker)

Pro Portion:
E: 8 g, F: 9 g, Kh: 12 g,
kJ: 680, kcal: 163

1. Die Milch in einem Topf zum Kochen bringen. Tee, Zimtstange, Nelken und Kardamom oder Sternanis hinzugeben und etwa 2 Minuten bei schwacher Hitze leicht kochen lassen.
2. Den Chai durch ein Sieb gießen und in 4 Gläsern verteilen. Nach Belieben mit braunem Zucker süßen.

Tipps: Der Tee schmeckt heiß und kalt. Den kalten Chai (Foto) mit einigen Eiswürfeln und nach Belieben mit Zimtstangen garniert servieren.

Pink Limonade

4 Portionen

VEGAN

Zubereitungszeit: 10 Minuten, ohne Kühlzeit

1 l stilles Mineralwasser
100–150 g Zucker
1 Prise Salz
10–20 ml Zitronensaft
50 ml Grenadine Sirup

Pro Portion:
E: 0 g, F: 0 g, Kh: 40 g,
kJ: 666, kcal: 159

1. Wasser, Zucker und Salz in einem Topf unter Rühren aufkochen.
2. Den Topf von der Kochstelle nehmen. Zuckerwasser abkühlen lassen und nach Belieben in einen Glaskrug füllen. Zuckerwasser mit Frischhaltefolie zugedeckt etwa 2 Stunden in den Kühlschrank stellen.
3. Anschließend Zitronensaft und die Grenadine unterrühren.

Tipp: Sie können die Limonade in einer gründlich gereinigten, verschließbaren Flasche etwa 3 Tage aufbewahren.

Ingwerlimonade

4 Portionen

VEGAN

Zubereitungszeit: 10 Minuten, ohne Kühlzeit

25 g frischer Ingwer
1 l stilles Mineralwasser
100–150 g Zucker
1 Prise Salz
50 ml Zitronensaft

Pro Portion:
E: 0 g, F: 0 g, Kh: 32 g,
kJ: 536, kcal: 128

1. Ingwer schälen und in Scheiben schneiden. Ingwerscheiben mit Wasser, Zucker und Salz in einem Topf unter Rühren zum Kochen bringen.
2. Mischung abkühlen lassen und durch ein Sieb in einen Glaskrug füllen. Die Mischung etwa 2 Stunden mit Frischhaltefolie zugedeckt in den Kühlschrank stellen.
3. Anschließend den Zitronensaft hinzugeben und unterrühren.

Tipp: Limonade in Gläsern mit viel Eiswürfeln, Trinkhalmen und den Ingwerscheiben servieren.

Chai

Pink Limonade / Ingwerlimonade

Blaubeer-Ricotta-Pancakes

4 Portionen (12 Stück)

Zubereitungszeit: 30 Minuten
Backzeit: etwa 15 Minuten

100 g Blaubeeren (Heidelbeeren)
100 g griechischer Sahnejoghurt (10 % Fett)
1 Pck. Dr. Oetker Bourbon-Vanille-Zucker

Für den Pancakes-Teig:
1/2 TL fein abgeriebene Schale von 1 Bio-Zitrone (unbehandelt, ungewachst)
125 g Ricotta (ital. Frischkäse)
30 g Zucker
2 Eigelb (Größe S)
1 Prise Salz
60 g Weizenmehl
1 gestr. TL Weinstein-Backpulver
75 ml Milch (3,5 % Fett)
2 Eiweiß (Größe S)

etwa 2 EL Butter
etwas Puderzucker
150 ml Ahornsirup

Pro Portion:
E: 10 g, F: 20 g, Kh: 52 g,
kJ: 1784, kcal: 424

Blaubeer-Ricotta-Pancakes

1. Blaubeeren oder Heidelbeeren verlesen, abspülen und abtropfen lassen. Joghurt mit Vanille-Zucker in einer kleinen Schüssel verrühren.
2. Für den Teig Zitronenschale, Ricotta, 15 g des Zuckers, Eigelb und Salz in einer Rührschüssel glatt rühren. Mehl mit Backpulver mischen, mit der Milch kurz und sorgfältig unter die Ricottamasse rühren. Das Eiweiß mit restlichem Zucker steif schlagen und mit dem Schneebesen unter den Teig heben.
3. Einen Teelöffel Butter in einer beschichteten Pfanne zerlassen. 3 Pancakes darin backen. Dazu je Pancake 3–4 Esslöffel Teig in die Pfanne geben und etwa 4 Minuten bei schwacher bis mittlerer Hitze backen, bis der Teig etwas fest geworden ist. Blaubeeren oder Heidelbeeren darauf verteilen.
4. Die Pancakes am besten mit einer Palette wenden. Einen weiteren Teelöffel Butter hinzugeben. Die Pancakes noch 3–4 Minuten backen. Aus dem Teig insgesamt 12 Pancakes backen.
5. Die Pancakes mit Puderzucker bestäuben und mit Ahornsirup beträufeln. Den Joghurt dazureichen.

Tipps: Etwas leichter werden die Pancakes wenn Sie sie statt mit Sahnejoghurt mit Magerquark servieren. Rühren Sie dafür den Magerquark mit etwas Mineralwasser glatt. Statt der Heidelbeeren können Sie auch kleine Apfelwürfel von 1 säuerlichen Apfel in den Teig einbacken. Servieren Sie dann Zimtzucker oder Rübenkraut zu den Pfannkuchen. Sie können die Milch auch durch die gleiche Menge Buttermilch ersetzen.

Birnen-Kefir-Mix

Erdbeer-Apfel-Müsli / Brombeermüsli mit Haferflocken

Birnen-Kefir-Mix

8–10 Portionen

Zubereitungszeit: 10 Minuten

200 g frische Himbeeren
920 g Birnenhälften (aus Dosen)
1 l Kefir

Pro Portion:
E: 5 g, F: 4 g, Kh: 31 g,
kJ: 784, kcal: 188

1. Himbeeren verlesen, evtl. kurz abspülen und gut trocken tupfen. Einige Himbeeren und einige abgetropfte Birnenhälften beiseitelegen.
2. Die restlichen Himbeeren und Birnenhälften mit dem Saft aus den Dosen mit einem Pürierstab zerkleinern und mit Kefir verrühren.
3. Birnen-Kefir-Mix in Gläser füllen. Mit den beiseitegelegten Himbeeren und Birnenhälften garnieren.

Tipp: Nach Belieben die Glasränder vor dem Befüllen zuerst in Zitronensaft, dann in Zucker tauchen. So entsteht eine schöne Crusta.

Erdbeer-Apfel-Müsli

1 Portion

VEGAN

Zubereitungszeit: 10 Minuten, ohne Einweichzeit

30 g grob geschroteter Weizen
80 ml Apfelsaft
1 kleiner Apfel (etwa 100 g)
100 g reife Erdbeeren

Pro Portion:
E: 5 g, F: 1 g, Kh: 45 g,
kJ: 898, kcal: 215

1. Den Weizen in dem Apfelsaft mindestens 8 Stunden zugedeckt im Kühlschrank einweichen. Den Apfel waschen, trocken tupfen, vierteln und entkernen. Die Apfelviertel mit der Schale in kleine Stücke schneiden.
2. Die Erdbeeren putzen, abspülen, trocken tupfen und entstielen. Die Erdbeeren klein schneiden.
3. Apfel- und Erdbeerstücke unter den eingeweichten Weizen mischen.
4. Das Erdbeer-Apfel-Müsli in einer Glasschale anrichten und servieren.

Brombeermüsli mit Haferflocken

1 Portion

Zubereitungszeit: 15 Minuten

100 g Brombeeren
1 kleiner Apfel (etwa 100 g)
100 g Sojajoghurt mit Zitrone
1 TL flüssiger Honig
1 TL (5 g) Sonnenblumenkerne
2 EL (20 g) kernige Haferflocken

Pro Portion:
E: 9 g, F: 7 g, Kh: 48 g,
kJ: 1264, kcal: 300

1. Brombeeren entstielen, vorsichtig abspülen und trocken tupfen. Apfel waschen, abtrocknen, halbieren und entkernen. Die Apfelhälften mit der Schale grob raspeln.
2. Die Brombeeren mit Apfelraspeln, Sojajoghurt, Honig, Sonnenblumenkernen und Haferflocken in einer Schale vermischen.
3. Das Brombeermüsli in einem Schälchen anrichten und servieren.

Café Frappé

2–4 Portionen

Zubereitungszeit: 5 Minuten, ohne Abkühlzeit

600 ml frisch gekochter, starker Kaffee
180 g Zucker
6 Eiswürfel
100 g Schlagsahne

Pro Portion:
E: 1 g, F: 11 g, Kh: 62 g,
kJ: 1448, kcal: 346

1. Kaffee mit Zucker verrühren und erkalten lassen.
2. Den Kaffee mit den Eiswürfeln und der Sahne in einen Elektromixer geben und kräftig durchmixen, sodass ein Kaffeeschaum entsteht.
3. Den Café Frappé in 2–4 Gläser füllen und sofort servieren.

Tipp: Für eine ganz besondere Geschmacksnuance können Sie den Café Frappé nach Belieben mit einem Kaffee-, Schokoladen- oder Sahnelikör aromatisieren.

Holunder-Apfel-Smoothie

VEGAN

4 Portionen

Zubereitungszeit: 10 Minuten
Gefrierzeit: etwa 2 Stunden (Eismaschine etwa 35 Minuten)

700 g Apfelmus (aus dem Glas)
50 ml Holunderblütensirup (erhältlich im Bioladen oder Getränkehandel)
300 ml Apfelsaft
evtl. einige Holunderblüten oder essbare Blüten

Pro Portion:
E: 0 g, F: 0 g, Kh: 47 g,
kJ: 838, kcal: 200

1. Apfelmus mit Sirup und Apfelsaft verrühren, in eine flache gefrierfeste Form geben und zugedeckt in den Gefrierschrank stellen. Die Masse etwa 2 Stunden gefrieren lassen. Dabei die Masse alle 30 Minuten umrühren. Oder die Apfelmusmasse in einer vorbereiteten Eismaschine in etwa 35 Minuten gefrieren lassen.
2. Die Apfelmusmasse mit einem Pürierstab pürieren.
3. Smoothie in 4 Longdrinkgläser füllen und genießen.

Tipp: Die Apfelmusmasse kann auch in kleinen Portionen aus dem Gefrierschrank genommen und püriert werden. Der Rest bleibt dann einfach bis zur nächsten „Lust auf Eis" eingefroren.

Café Frappé

Holunder-Apfel-Smoothie

French Toast
2 Portionen

Zubereitungszeit: 20 Minuten

2 Äpfel, z. B. Gala
1 EL Zitronensaft
1 TL gem. Zimt
Mark von 1/2 Vanilleschote
1 EL Puderzucker
1 Ei (Größe M)
50 ml Milch (3,5 % Fett)
1 Prise Salz
2 Scheiben Rosinenbrot (Rosinenstuten)
40 g Butter
2 EL flüssiger Honig
etwas Puderzucker

Pro Portion:
E: 3 g, F: 21 g, Kh: 68 g,
kJ: 2003, kcal: 478

1. Äpfel schälen, vierteln, entkernen und in Spalten schneiden. Apfelspalten mit Zitronensaft, Zimt, Vanillemark und Puderzucker vermischen.
2. Ei mit Milch in einem weiten Gefäß verschlagen, mit Salz würzen. Die Brotscheiben darin von jeder Seite gründlich eintauchen.
3. Die Hälfte der Butter in einer großen Pfanne zerlassen. Die Apfelspalten darin bei starker Hitze rundherum goldbraun braten. Restliche Butter in einer zweiten Pfanne bei mittlerer Hitze zerlassen. Die Brotscheiben darin von jeder Seite etwa 2 Minuten goldbraun braten und herausnehmen.
4. French Toast mit den gebratenen Apfelspalten belegen, mit Honig beträufeln und dick mit Puderzucker bestäuben.

Tipp: Dazu passt eine schöne Tasse **Zitrus-Minze-Schwarztee.** Für den Tee 1 Bio-Orange (unbehandelt, ungewachst) heiß abwaschen, abtrocknen und halbieren. Von einer Orangenhälfte die Schale mit einem Sparschäler sehr dünn abschneiden. 5 g geschälten Ingwer in sehr dünne Scheiben schneiden. 1 Stängel Minze abspülen und trocken tupfen. Die Blättchen von dem Stängel zupfen. 1 Bio-Zitrone (unbehandelt, ungewachst) heiß abwaschen, abtrocknen und halbieren. Von einer Zitronenhälfte 4 dünne Scheiben abschneiden. Die vorbereiteten Zutaten in eine Teekanne geben. 2 Esslöffel Assamtee, beste Qualität, in einen Teefilter füllen und in die Teekanne geben. Von einer Orangenhälfte den Saft auspressen, mit 350 ml Wasser zum Kochen bringen. Den Tee mit dem kochend heißen Orangen-Wasser überbrühen und 3–5 Minuten geschlossen ziehen lassen. Danach den Teefilter herausnehmen (Zutaten für 2 Portionen).

French Toast

Frühlingssinfonie
4 Portionen (ohne Foto)

Zubereitungszeit: 10 Minuten

1 EL Veilchenblüten
2 EL Waldmeisterblätter
3 EL junge Brennnesselblätter
2 TL flüssiger Kleehonig
Saft von 1 Zitrone
2 EL Waldmeistersirup
250 ml Kefir
250 ml Bitter Orange
einige Eiswürfel

Pro Portion:
E: 2 g, F: 2 g, Kh: 19 g,
kJ: 479, kcal: 115

1. Veilchenblüten, Waldmeisterblätter und Brennnesselblätter vorsichtig abspülen, trocken tupfen und in einen Elektromixer geben. Honig, Zitronensaft, Sirup, Kefir und Bitter Orange hinzugeben und gut verschlagen.
2. Einige Eiswürfel in 4 Tumbler (Bechergläser) geben. Die Masse darin verteilen.

Tipp: Die Glasränder nach Belieben mit Veilchenblüten garnieren.

Bircher-Benner-Müsli

1 Portion

VEGAN

Zubereitungszeit: 20 Minuten, ohne Quellzeit

3 geh. EL (etwa 30 g) kernige Haferflocken
1 EL (10 g) Rosinen
125 ml Mandelmilch (erhältlich im Bioladen)
1/2 Apfel (etwa 100 g)
1 kleine Orange (etwa 150 g)
1/2 Banane (etwa 40 g, ohne Schale)
2–3 TL Zitronensaft
1 EL (etwa 15 g) gehackte Walnusskernhälften

Pro Portion:
E: 10 g, F: 16 g, Kh: 58 g,
kJ: 1798, kcal: 428

1. Haferflocken, Rosinen und Mandelmilch in einer Schale verrühren und etwa 10 Minuten quellen lassen.
2. Den Apfel schälen und das Kerngehäuse entfernen. Den Apfel grob raspeln und sofort unter die Haferflockenmasse mischen.
3. Die Orange so schälen, dass die weiße Haut vollständig mitentfernt wird. Orange in Scheiben schneiden.
4. Die Banane schälen, in Scheiben schneiden und unter die Zutaten mischen. Müsli mit Zitronensaft abschmecken.
5. Die Walnusskerne in einer Pfanne ohne Fett hellbraun rösten und abkühlen lassen.
6. Das Müsli in einem Schälchen anrichten und mit den Walnusskernen bestreuen.

Drei-Frucht-Getränk

4 Portionen

VEGAN

Zubereitungszeit: 10 Minuten

2 Äpfel
2 Birnen
250 g Erdbeeren
1 EL Zitronensaft
Mineralwasser mit Kohlensäure

Pro Portion:
E: 1 g, F: 1 g, Kh: 18 g,
kJ: 348, kcal: 83

1. Äpfel und Birnen schälen, vierteln, entkernen und in Stücke schneiden. Erdbeeren putzen, abspülen, abtropfen lassen und entstielen. 4 schöne Erdbeeren evtl. mit Grün beiseitelegen.
2. Apfel-, Birnenstücke und Erdbeeren in einem elektrischen Entsafter entsaften. Zitronensaft unterrühren.
3. Den Drei-Frucht-Saft in hohen Gläsern verteilen. Mit gekühltem Mineralwasser auffüllen. Die Glasränder mit den beiseitegelegten Erdbeeren garnieren.

Bircher-Benner-Müsli

Drei-Frucht-Getränk

Orangen-Bananen-Saft mit Kiwi / Erdbeer-Mandelmilch-Smoothie / Petersilien-Sojamilch-Smoothie

Orangen-Bananen-Saft mit Kiwi

1 Portion

VEGAN

Zubereitungszeit: 10 Minuten

1/2 Banane
1 Kiwi
125 ml Orangensaft
(von 1 großen Orange)
evtl. 1–2 Eiswürfel

Pro Portion:
E: 2 g, F: 1 g, Kh: 25 g,
kJ: 516, kcal: 123

1. Banane und Kiwi schälen, beides in Stücke schneiden. Bananen- und Kiwistücke mit dem Orangensaft in einem Rührbecher so lange pürieren, bis ein farblich einheitlicher Drink entsteht. Nach Belieben die Eiswürfel in ein Glas geben und mit dem Drink auffüllen.

Tipps: Richtig satt macht der Orangen-Bananen-Saft, wenn Sie 2–3 Esslöffel Schmelzflocken unter den fertigen Saft rühren. Statt Orangensaft schmecken auch Grapefruit- oder Blutorangensaft.

Erdbeer-Mandelmilch-Smoothie

1 Portion

VEGAN

Zubereitungszeit: 10 Minuten

100 g frische Erdbeeren
100 ml kalte Mandelmilch
(aus dem Reformhaus)
1 TL Voll-Rohrzucker
1 EL Zitronensaft
gem. Zimt

Pro Portion:
E: 2 g, F: 3 g, Kh: 16 g,
kJ: 417, kcal: 99

1. Die Erdbeeren putzen, abspülen, gut abtropfen lassen und vorsichtig entstielen.

2. Die Mandelmilch mit Zucker, Zitronensaft, etwas Zimt und den Erdbeeren in einen Rührbecher geben und alles kurz pürieren. Smoothie in ein Glas gießen.

Petersilien-Sojamilch-Smoothie

1 Portion

VEGAN

Zubereitungszeit: 10 Minuten

1/2 Bund Petersilie
100 g Salatgurke
100 ml kalte Sojamilch
Salz, gem. Pfeffer
gem. Kreuzkümmel (Cumin)

Pro Portion:
E: 4 g, F: 2 g, Kh: 4 g,
kJ: 213, kcal: 51

1. Petersilie abspülen und trocken tupfen. Die Blättchen von den Stängeln zupfen.

2. Gurke abspülen, trocken tupfen und nach Belieben schälen. Von der Salatgurke das Ende abschneiden und die Gurke in Scheiben schneiden.
3. Sojamilch mit Salz, Pfeffer, Kreuzkümmel, Petersilie und Gurkenscheiben in einen hohen Rührbecher geben und alles kurz pürieren. Smoothie in 1 Glas füllen.

Grüner Tofu-Aufstrich

etwa 480 g

VEGAN

Zubereitungszeit: 20 Minuten
Haltbarkeit: im Kühlschrank etwa 3 Tage

325 g abgetropfter Tofu
1 Zwiebel, 1 Knoblauchzehe
8–10 Stängel gemischte Kräuter, z. B. Petersilie, Basilikum, Dill, Schnittlauch
1 EL Sesamöl
2 EL Sojasauce
1 TL Sambal Oelek
Salz

Insgesamt:
E: 55 g, F: 39 g, Kh: 9 g,
kJ: 2521, kcal: 604

1. Tofu in kleine Würfel schneiden und grob pürieren.
2. Zwiebel und Knoblauchzehe abziehen und anschließend ebenfalls in kleine Würfel schneiden.
3. Die Kräuterstängel abspülen und trocken tupfen. Die Blättchen bzw. Spitzen von den Stängeln zupfen. Blättchen bzw. Spitzen klein schneiden. Den Schnittlauch in Röllchen schneiden.
4. Sesamöl mit Sojasauce und Sambal Oelek verrühren. Klein geschnittene Kräuter, Tofu-, Zwiebel- und Knoblauchwürfel unterrühren, mit Salz würzen.
5. Den Tofu-Aufstrich in 2 vorbereitete Gläser füllen. Danach die Gläser mit Twist-off-Deckeln® verschließen und bis zum Verzehr in den Kühlschrank stellen.

Beilage: Grau- oder Roggenmischbrot.

Fruchtmilch

2 Portionen

Zubereitungszeit: 10 Minuten

100 g Banane
50 g frische Himbeeren
500 ml fettarme Milch (1,5 % Fett)
evtl. etwas Zucker

evtl. 4 Trinkhalme

Pro Portion:
E: 9 g, F: 4 g, Kh: 20 g,
kJ: 664, kcal: 159

1. Die Banane schälen und in Stücke schneiden. Himbeeren verlesen, evtl. kurz abspülen und gut trocken tupfen. Bananenstücke und Himbeeren in einem Elektromixer oder mit dem Pürierstab pürieren.
2. Nach und nach gekühlte Milch hinzugießen und kräftig durchschlagen. Nach Belieben mit Zucker süßen.
3. Die Fruchtmilch in 2 Bechergläser füllen und gut gekühlt nach Belieben mit je 2 Trinkhalmen servieren.

Grüner Tofu-Aufstrich

Fruchtmilch

Eier-Häckerle mit Kresse

Spanische Schokolade

Eier-Häckerle mit Kresse

etwa 800 g

Zubereitungszeit: 15 Minuten, ohne Abkühlzeit
Haltbarkeit: im Kühlschrank 3–4 Tage

6 hart gekochte Eier
100 g Salatmayonnaise
150 g Joghurt (1,5 % Fett)
1 TL mittelscharfer Senf
Salz
gem. Pfeffer
1 kleine Schalotte
140 g abgetropfter Gemüsemais (aus der Dose)
1 Kästchen Kresse
1 Bund Schnittlauch

Insgesamt:
E: 54 g, F: 91 g, Kh: 33 g,
kJ: 4922, kcal: 1175

1. Die Eier pellen und fein hacken. Mayonnaise mit Joghurt, Senf, Salz und Pfeffer verrühren. Schalotte abziehen und in kleine Würfel schneiden. Die Schalottenwürfel mit Mais und den gehackten Eiern unter die Joghurtmayonnaise rühren.

2. Die Kresse abspülen, trocken tupfen und abschneiden. Schnittlauch ebenfalls abspülen, trocken tupfen und anschließend in sehr feine Röllchen schneiden.

3. Eier-Häckerle nochmals mit Salz und Pfeffer abschmecken. Kresse und Schnittlauchröllchen unterrühren, in ein verschließbares Gefäß füllen und in den Kühlschrank stellen.

Beilage: Mischbrot, Roggen-Vollkornbrot, aber auch Toast oder Baguette.

Spanische Schokolade

2–3 Portionen

Zubereitungszeit: 15 Minuten

60 g Zartbitter-Schokolade
500 ml Milch (3,5 % Fett)
1 TL gem. Zimt
2 Eier (Größe M)

evtl. etwas geriebene Zartbitter-Schokolade

Pro Portion:
E: 14 g, F: 19 g, Kh: 22 g,
kJ: 1308, kcal: 313

1. Schokolade reiben und in einen Topf geben. Milch und Zimt hinzugeben. Die Zutaten bei schwacher Hitze unter Rühren so lange erwärmen, bis die Schokolade geschmolzen ist.

2. Eier unter die Schokoladenmilch rühren und so lange unter Rühren erhitzen, bis die Schokolade dicklich ist (nicht kochen lassen, da die Eier sonst gerinnen).

3. Spanische Schokolade in 2–3 Gläser füllen und nach Belieben mit geriebener Schokolade bestreuen, sofort servieren und trinken.

Hinweis: Nur ganz frische Eier verwenden, die nicht älter als 5 Tage sind (Legedatum beachten).

Melonen-Smoothie

2 Portionen

Zubereitungszeit: 15 Minuten

500 g orangefarbene Netzmelone
2 Bananen (etwa 180 g)
1 TL Zitronensaft
3 EL flüssiger Honig
50 g Crème fraîche
150 ml fettarme Milch (1,5 % Fett)
100 ml Apfelsaft

Pro Portion:
E: 6 g, F: 6 g, Kh: 70 g,
kJ: 1522, kcal: 364

1. Die Melone halbieren, entkernen, schälen und in kleine Stücke schneiden. Bananen schälen und ebenfalls in Stücke schneiden. Die Melonen- und Bananenstücke mit Zitronensaft, Honig, Crème fraîche, Milch und Apfelsaft in einem Elektromixer fein pürieren. Melonen-Smoothie in 2 Gläsern verteilen.

Gurken-Sellerie-Smoothie

2 Portionen

Zubereitungszeit: 15 Minuten

1 Salatgurke
1 Stange Staudensellerie mit Grün (etwa 100 g)
5 Stängel glatte Petersilie
100 g griechischer Sahnejoghurt (10 % Fett)
30 g Amaranth-Pops (erhältlich im Reformhaus oder in Drogerien)
Meersalz
gem. Pfeffer
1/2 TL gem. Koriander

Pro Portion:
E: 4 g, F: 6 g, Kh: 18 g,
kJ: 620, kcal: 147

1. Die Gurke schälen und die Enden abschneiden. Gurke grob zerkleinern. Selleriestange putzen, abspülen, abtropfen lassen und mit dem Grün grob zerkleinern. Petersilie abspülen und trocken tupfen. Die Blättchen von den Stängeln zupfen. Blättchen grob zerschneiden.
2. Die vorbereiteten Zutaten mit Joghurt, Amaranth-Pops, etwas Meersalz, Pfeffer und Koriander in einen Elektromixer geben und fein pürieren. Gurken-Sellerie-Smoothie in 2 Gläsern verteilen.

Himbeer-Buttermilch-Smoothie

2 Portionen

Zubereitungszeit: 10 Minuten

150 g frische Himbeeren
150 g Buttermilch
2 EL Zucker
2 EL Zitronensaft
250 ml Himbeersorbet oder Himbeereis

Pro Portion:
E: 4 g, F: 3 g, Kh: 40 g,
kJ: 917, kcal: 219

1. Die Himbeeren verlesen, evtl. kurz abspülen und gut trocken tupfen.
2. Buttermilch mit Zucker, Zitronensaft, Himbeeren und dem leicht angetauten Himbeersorbet oder Himbeereis in einen Elektromixer geben und kurz pürieren. Himbeer-Buttermilch-Smoothie in 2 Gläsern verteilen und sofort servieren.

Melonen-Smoothie / Gurken-Sellerie-Smoothie / Himbeer-Buttermilch-Smoothie

Kichererbsenmus

etwa 200 g

VEGAN

Zubereitungszeit: 10 Minuten, ohne Abkühlzeit
Haltbarkeit: im Kühlschrank 4–5 Tage

1 Schalotte oder 1/2 Zwiebel
1 EL Speiseöl, z. B. Sonnenblumenöl
1 gestr. TL Kurkuma (Gelbwurz)
1 gestr. TL Currypulver
Salz
100 g abgetropfte Kichererbsen (aus der Dose)
2–3 EL Gemüsebrühe
50 g Banane (vorbereitet gewogen)
gem. Pfeffer

Insgesamt:
E: 9 g, F: 13 g, Kh: 32 g,
kJ: 1201, kcal: 287

1. Schalotte oder Zwiebel abziehen und klein würfeln. Speiseöl in einem kleinen Topf erhitzen. Schalotten- bzw. Zwiebelwürfel mit Kurkuma, Curry und 1/2 Teelöffel Salz darin andünsten. Die Kichererbsen mit der Gemüsebrühe hinzufügen und alles 2–3 Minuten bei mittlerer Hitze dünsten. Den Topf von der Kochstelle nehmen. Die Kichererbsenmasse abkühlen lassen.
2. Die geschälte Banane in einen Rührbecher geben. Kichererbsenmasse hinzugeben und alles mit einem Pürierstab pürieren.
3. Das Kichererbsenmus mit Salz und Pfeffer kräftig abschmecken, evtl. noch etwas Gemüsebrühe unterpürieren.
4. Das Kichererbsenmus in ein Glas füllen. Das Glas fest verschließen und in den Kühlschrank stellen.

Kichererbsenmus / Erdbeer-Minz-Konfitüre / Dattel-Nuss-Creme

Erdbeer-Minz-Konfitüre

VEGAN

4 Gläser (je etwa 200 ml Inhalt)

Zubereitungszeit: 35 Minuten
Haltbarkeit: kühl und dunkel gestellt 3–4 Monate

450 g Erdbeeren (vorbereitet gewogen)
2–3 Stängel Minze oder Zitronenmelisse
Saft von 1 Zitrone
450 g Gelierzucker 1 : 1

Pro Glas:
E: 1 g, F: 0 g, Kh: 117 g,
kJ: 2061, kcal: 485

1. Erdbeeren putzen, abspülen, abtropfen lassen und entstielen. Erdbeeren klein schneiden und 450 g abwiegen. Erdbeerstücke in einen hohen Rührbecher geben und pürieren. Minze oder Melisse abspülen und trocken tupfen. Die Blättchen von den Stängeln zupfen. Blättchen in feine Streifen schneiden.
2. Erdbeerpüree mit Zitronensaft in einem großen Topf mit dem Gelierzucker gut verrühren. Alles unter Rühren bei starker Hitze zum Kochen bringen und unter ständigem Rühren etwa 4 Minuten sprudelnd kochen lassen. Die Kräuterstreifen hinzufügen und noch etwa 1 Minute unter ständigem Rühren sprudelnd kochen lassen.
3. Den Topf von der Kochstelle nehmen. Erdbeermasse sofort randvoll in vorbereitete Gläser füllen. Gläser mit Twist-off-Deckeln® verschließen, umdrehen und etwa 5 Minuten auf den Deckeln stehen lassen.
4. Anschließend die Gläser während des Erkaltens gelegentlich umdrehen, damit sich die Kräuterstreifen gut verteilen.

Tipp: Wenn Sie auf die Zugabe von Kräutern verzichten, verlängert sich die Haltbarkeit der Erdbeerkonfitüre auf etwa 1 Jahr.

Heidelbeerlimonade

Grüner Flip (Smaragdmix)

Dattel-Nuss-Creme

etwa 200 g

VEGAN

Zubereitungszeit: 15 Minuten
Haltbarkeit: im Kühlschrank 4–5 Tage

125 g getrocknete Datteln
50 g geröstete, ungesalzene Erdnusskerne
3 EL Sojamilch (zimmerwarm)
1 EL Carobpulver (aus Reformhaus oder Naturkostladen)
100 g Banane (vorbereitet gewogen)

Insgesamt:
E: 20 g, F: 28 g, Kh: 114 g,
kJ: 3328, kcal: 795

1. Die Datteln fein hacken. Erdnusskerne etwas gröber als die Datteln hacken. Sojamilch mit Carobpulver kräftig verrühren, bis eine homogene Masse entsteht.
2. Geschälte Banane mit einer Gabel fein zermusen. Das Mus mit Datteln, Erdnusskernen und der Milchmasse kräftig verrühren. Die Creme in ein vorbereitetes Glas füllen. Das Glas mit dem Deckel gut verschließen und in den Kühlschrank stellen.

Tipp: Noch aromatischer schmeckt die Creme, wenn Sie statt Sojamilch die etwas teurere Mandelmilch (aus Reformhaus oder Naturkostladen) verwenden.

Heidelbeerlimonade

6–8 Portionen

VEGAN

Zubereitungszeit: 10 Minuten

8 EL Heidelbeeren
etwas Limettensaft
1 l Ginger Ale
1 l Bitter Lemon
einige Eiswürfel

evtl. je 1 Bio-Limette und Zitrone (unbehandelt, ungewachst)
einige Holzspieße
einige Trinkhalme

Pro Portion:
E: 0 g, F: 0 g, Kh: 31 g,
kJ: 542, kcal: 128

1. Die Heidelbeeren verlesen, abspülen und abtropfen lassen. Die Hälfte der Heidelbeeren mit etwas Limettensaft pürieren. Die restlichen Heidelbeeren beiseitelegen.
2. Das Heidelbeerpüree durch ein Sieb streichen und in einen Glaskrug geben. Gekühltes Ginger Ale und gekühltes Bitter Lemon hinzugeben und unterrühren.
3. Je 3–4 Eiswürfel in ein Longdrinkglas geben und mit der Heidelbeerlimonade auffüllen. Die beiseitegelegten Beeren in den Gläsern verteilen.
4. Nach Belieben die Limette und Zitrone heiß abwaschen, abtrocknen und in dünne Scheiben schneiden. Je 1 Zitronen- und halbierte Limettenscheibe auf einen Holzspieß stecken und in die Gläser geben.
5. Die Heidelbeerlimonade mit Trinkhalmen servieren.

Grüner Flip (Smaragdmix)

4 Portionen

VEGAN

Zubereitungszeit: 10 Minuten

2 Kiwis
3 EL Waldmeister-Sirup
Saft von 1 Limette
2 EL Puderzucker
Tonic Water

Pro Portion:
E: 0 g, F: 0 g, Kh: 0 g,
kJ: 489, kcal: 117

1. Zunächst von 1 Kiwi 4 gleich große Scheiben abschneiden und zum Garnieren beiseitelegen. Restliche Kiwis schälen und mit einem Pürierstab pürieren.
2. Sirup, Limettensaft und Puderzucker hinzugeben und unterrühren.
3. Das Getränk in 4 Gläsern verteilen und mit Tonic Water auffüllen. Die Glasränder mit den beiseitegelegten Kiwischeiben garnieren.

Dinkel-Frucht-Müsli / Himbeermüsli mit Hirseflocken

Dinkel-Frucht-Müsli

4 Portionen

VEGAN

Zubereitungszeit: 40 Minuten, ohne Keimzeit

8 EL (100 g) Dinkelkörner
1 Apfel (etwa 150 g)
einige Tropfen Zitronensaft
400 g Obst der Saison
150 g Sojajoghurt mit Zitrone
150 g Sojajoghurt, natur
2 EL Ahornsirup

Pro Portion:
E: 8 g, F: 2 g, Kh: 40 g,
kJ: 937, kcal: 224

1. Dinkelkörner einige Stunden in kaltem Wasser einweichen und dann in einem Keimgefäß etwa 3 Tage keimen lassen, dabei jeden Tag zweimal gut durchspülen. Gekeimte Körner in 4 Schälchen verteilen.
2. Apfel waschen, abtrocknen, achteln und entkernen. Apfelspalten mit Zitronensaft beträufeln. Beliebiges Obst putzen, abspülen, trocken tupfen und klein schneiden.
3. Das vorbereitete Obst mit den Apfelspalten in den Schälchen verteilen. Beide Sorten Joghurt verrühren und zum Müsli geben. Mit Ahornsirup beträufeln.

Himbeermüsli mit Hirseflocken

1 Portion

VEGAN

Zubereitungszeit: 15 Minuten

150 g Himbeeren
150 g Sojajoghurt, natur
2–3 TL Apfeldicksaft
1 EL (20 g) gehackte Haselnusskerne
2 EL (20 g) Hirseflocken

Pro Portion:
E: 14 g, F: 18 g, Kh: 40 g,
kJ: 1644, kcal: 393

1. Die Himbeeren verlesen, evtl. kurz abspülen und trocken tupfen.
2. Die Himbeeren vorsichtig mit den restlichen Zutaten vermischen.

Früchtezauber

4 Portionen (ohne Foto)

Zubereitungszeit: 10 Minuten

2 mittelgroße Äpfel
500 ml Milch (1,5 % Fett)
2 EL gem. Haselnusskerne
4 EL flüssiger Honig
250 ml Apfelsaft
150 g verlesene Himbeeren
1 Apfel
etwas Zitronensaft

Pro Portion:
E: 6 g, F: 6 g, Kh: 39 g,
kJ: 1016, kcal: 242

1. Die Äpfel schälen, vierteln, entkernen, würfeln und in einen Elektromixer geben. Milch, Haselnusskerne, Honig und Apfelsaft hinzugeben und alles etwa 2 Minuten mixen.
2. Die Himbeeren in 4 Gläsern verteilen und mit dem Mixgetränk auffüllen.
3. Den Apfel schälen, in Spalten schneiden, mit Zitronensaft beträufeln und den Drink damit garnieren.

Gorgonzolacremes

etwa 250 g

Zubereitungszeit: 15 Minuten
Haltbarkeit: im Kühlschrank etwa 3 Tage

Für die Gorgonzolacreme ohne Alkohol:
100 g Gorgonzola
150 g saure Sahne
Salz, gem. weißer Pfeffer
2 EL Pistazienkerne

Für die beschwipste Gorgonzolacreme:
100 g Gorgonzola
100 g griechischer Sahnejoghurt (etwa 10 % Fett)
25 ml Marsala (ital. Dessertwein)
1 Spritzer Olivenöl
1 kleines Bund Schnittlauch

Insgesamt:
E: 29 g, F: 62 g, Kh: 9 g,
kJ: 2950, kcal: 705
(ohne Alkohol);
Insgesamt:
E: 25 g, F: 46 g, Kh: 5 g,
kJ: 2332, kcal: 557
(beschwipste Gorgonzolacreme)

1. Für die Gorgonzolacreme ohne Alkohol den Gorgonzola in kleine Stücke schneiden, in eine Schüssel geben und mit einer Gabel gut zerdrücken. Nach und nach die saure Sahne hinzugeben und unterrühren. Die Gorgonzolacreme sehr vorsichtig mit Salz und Pfeffer würzen. Die Pistazienkerne grob hacken und unterrühren.
2. Für die beschwipste Gorgonzolacreme den Gorgonzola in kleine Stücke schneiden, in eine Schüssel geben und mit einer Gabel gut zerdrücken. Joghurt, Marsala und Olivenöl hinzufügen. Die Zutaten zu einer cremigen Masse verrühren.
3. Schnittlauch abspülen, trocken tupfen und in feine Röllchen schneiden. Die Creme mit Salz und Pfeffer abschmecken und die Schnittlauchröllchen unterrühren.
4. Die Gorgonzolacremes in verschließbare Gefäße füllen und in den Kühlschrank stellen.

Beilage: Roggenmischbrot, Baguette, Ciabatta oder Kräcker.

Tipps: Die mit der alkoholfreien Creme bestrichenen Brote oder Kräcker mit gehackten Pistazienkernen bestreuen und mit etwas grünem Salat garnieren, die mit der beschwipsten Creme bestrichenen z. B. mit Radieschenscheiben und grob gemahlenem Pfeffer garnieren.

Havana-Moon-Chili-Flip

VEGAN

2 Portionen

Zubereitungszeit: 15 Minuten

1/4 rote Chilischote
1/4 Papaya (etwa 75 g)
1/4 Avocado (etwa 75 g)
1 kleine Banane (etwa 75 g)
300 ml frisch gepresster Orangensaft
2 EL Limettensaft
200 ml Mineralwasser mit Kohlensäure
evt. einige Eiswürfel

Pro Portion:
E: 2 g, F: 7 g, Kh: 20 g,
kJ: 658, kcal: 157

1. Chili abspülen, trocken tupfen, entstielen und vierteln. Chiliviertel fein schneiden. Papayaviertel schälen und die Kerne herausschaben. Avocado-Fruchtfleisch mit einem Esslöffel aus der Schale lösen. Banane schälen.
2. Die vorbereiteten Fruchtstücke in grobe Stücke schneiden und in einen hohen Rührbecher geben. Chili, Orangen-, Limettensaft und Mineralwasser hinzugeben. Die Zutaten mit einem Pürierstab oder in einem Elektromixer fein pürieren.
3. Den Flip in 2 Gläsern verteilen, dabei nach Belieben auf Eiswürfel gießen.

Tipps: Verwenden Sie statt des Orangensaftes frisch gepressten Grapefruitsaft und statt des Mineralwassers 200 ml Bitter Lemon.

Gorgonzolacremes

Havana-Moon-Chili-Flip

Happy Bee
1 Portion

Zubereitungszeit: 10 Minuten

50 g Himbeeren
7 cl Orangen-Buttermilch
10 cl Maracujanektar

Pro Portion:
E: 3 g, F: 0 g, Kh: 23 g,
kJ: 485, kcal: 115

1. Himbeeren verlesen, evtl. kurz abspülen und trocken tupfen. Himbeeren mit der gekühlten Orangen-Buttermilch pürieren.
2. Gekühlten Maracujanektar hinzugeben und kurz verrühren. Das Getränk in eine Cocktailschale füllen. Oder das Getränk nach Belieben durch ein Sieb in eine Cocktailschale streichen.

Tipps: Der Drink schmeckt auch mit Zitronen-Buttermilch. Garnieren Sie den Drink nach Belieben mit einem Bio-Orangenstück.

Türkische Fladenbrotpizza

8 Portionen

Zubereitungszeit: 45 Minuten
Backzeit: etwa 25 Minuten
je Backblech

2 Zwiebeln
2 Knoblauchzehen
4 EL Olivenöl
800 g stückige Tomaten
(aus Dosen)
Salz, gem. Pfeffer
gerebelter Oregano
je 200 g leicht abgetropfte, marinierte Zucchini und Auberginen (türkischer Lebensmittelladen)
50 g abgetropfte, getrocknete Tomaten, in Öl
6–8 mittelgroße Tomaten
200 g Schafskäse
250 g abgetropfter Mozzarella
je 75 g abgetropfte, schwarze und grüne Oliven, ohne Stein
1 großes ovales Fladenbrot
(600–800 g, Fertigprodukt)

Pro Portion:
E: 19 g, F: 23 g, Kh: 48 g,
kJ: 2061, kcal: 481

1. Zwiebeln und Knoblauch abziehen, klein würfeln. Das Olivenöl in einem Topf erhitzen. Die Zwiebel- und Knoblauchwürfel darin andünsten. Stückige Tomaten hinzufügen, mit Salz, Pfeffer und Oregano kräftig würzen. Die Zutaten unter Rühren zum Kochen bringen. Die Tomatensauce etwa 20 Minuten bei schwacher Hitze unter gelegentlichem Rühren einkochen lassen.
2. In der Zwischenzeit Zucchini und Auberginen nach Belieben in Stücke schneiden. Die getrocknete Tomaten klein würfeln.
3. Den Backofen vorheizen.
Ober-/Unterhitze: etwa 200 °C
Heißluft: etwa 180 °C
4. Tomaten abspülen, trocken tupfen, halbieren und die Stängelansätze herausschneiden. Tomaten in Scheiben schneiden. Schafskäse in Würfel und Mozzarella in Scheiben schneiden.

5. Das Fladenbrot zuerst senkrecht, dann die beiden Stücke waagerecht halbieren, sodass 4 Stücke entstehen. Jeweils 2 Fladenbrotstücke mit der Schnittfläche nach oben auf ein Backblech legen.
6. Die Tomatensauce auf den Fladenbrotstücken verteilen. Die vorbereiteten Zutaten (bis auf den Mozzarella) und die Oliven darauf verteilen und mit den Mozzarellascheiben belegen. Die Backbleche nacheinander (bei Heißluft zusammen) in den vorgeheizten Backofen schieben. Die Fladenbrotpizzen etwa 25 Minuten je Backblech backen.

Hirsemüsli

1 Portion

VEGAN

Zubereitungszeit: 10 Minuten
Garzeit: etwa 35 Minuten

40 g Hirse
1/2 Pck. Dr. Oetker Bourbon-Vanille-Zucker
125 ml Wasser
100 g Himbeeren oder Erdbeeren
1/2 Banane (etwa 80 g)
100 g Sojajoghurt
1–2 TL Zitronensaft

Pro Portion:
E: 10 g, F: 4 g, Kh: 48 g,
kJ: 1180, kcal: 282

1. Hirse mit Vanille-Zucker und Wasser in einem Topf zum Kochen bringen. Hirse zugedeckt etwa 35 Minuten bei schwacher Hitze quellen lassen, etwas abkühlen lassen.
2. Himbeeren verlesen, evtl. kurz abspülen und gut trocken tupfen. Oder Erdbeeren putzen, kurz abspülen, gut trocken tupfen, entstielen und halbieren.
3. Die Banane schälen und in Scheiben schneiden. Sojajoghurt, die vorbereiteten Beeren und Bananenscheiben unter die Hirsemasse heben und mit etwas Zitronensaft abschmecken.

Hirsemüsli

Möhrenfrischkost mit Tofusauce

4 Portionen (ohne Foto)

Zubereitungszeit: 20 Minuten

250 g Möhren
50 g Rosinen
50 g Walnusskerne

Für die Tofusauce:
125 g Tofu
3–5 EL Schlagsahne
1 TL flüssiger Honig
2–3 EL Zitronensaft
gem. Ingwer
gem. Koriander

Pro Portion:
E: 5 g, F: 14 g, Kh: 16 g,
kJ: 925, kcal: 221

1. Möhren putzen, schälen, abspülen, abtropfen lassen und auf einer Haushaltsreibe grob reiben.
2. Rosinen kurz in warmem Wasser einweichen und abtropfen lassen. Walnusskerne hacken.
3. Für die Tofusauce Tofu zerkleinern, in einen Rührbecher geben und mit der Sahne pürieren. Honig, Zitronensaft, Ingwer und Koriander unterrühren.
4. Die geriebenen Möhren mit Rosinen und Walnusskernen vermischen. Anschließend die Tofusauce hinzugeben und gut untermischen. Die Möhrenfrischkost einige Minuten durchziehen lassen.

Tipp: Möhrenfrischkost auf abgespülten, trocken getupften Salatblättern anrichten und mit Korianderblättchen garnieren.

Hirtenkäse

Knusper-Müsli „Trifle-Style"

Hirtenkäse

etwa 500 g

Zubereitungszeit: 15 Minuten

400 g Doppelrahm-Frischkäse
6 EL Schlagsahne
2 Schalotten
Paprikapulver rosenscharf
Cayennepfeffer
20 g Portulak
3 Radieschen
Paprikapulver edelsüß

Insgesamt:
E: 49 g, F: 151 g, Kh: 21 g,
kJ: 6869, kcal: 1641

1. Frischkäse mit Sahne glatt rühren. Schalotten abziehen, in kleine Würfel schneiden und unterrühren. Mit Paprika und Cayennepfeffer pikant abschmecken (die Masse darf leicht rot gefärbt sein).
2. Portulak putzen, abspülen, trocken tupfen und etwas kleiner zupfen. Radieschen putzen, abspülen, trocken tupfen und in dünne Scheiben schneiden.
3. Den Frischkäse zu Nocken formen, mit Portulak anrichten und mit Radieschenscheiben garnieren. Frischkäse-Nocken mit Paprika bestäuben.

Knusper-Müsli „Trifle-Style"

2 Portionen

Zubereitungszeit: 20 Minuten, ohne Abkühlzeit

50 g Müslimischung nach Wahl
10 g gehobelte Mandeln
200 g frische Beeren,
z. B. Himbeeren, Erdbeeren
und Heidelbeeren
1 EL Zucker
1 EL Zitronensaft
200 g Speisequark (10 % Fett)
4–5 EL Holunderblütensirup
Mark von 1/2 Vanilleschote

Pro Portion:
E: 16 g, F: 8 g, Kh: 60 g,
kJ: 1599, kcal: 382

1. Müslimischung mit den Mandeln in einer Pfanne ohne Fett unter Rühren einige Minuten bei schwacher Hitze rösten, herausnehmen und auf einem großen Teller oder Backblech weit ausgebreitet erkalten lassen.
2. Himbeeren, Erdbeeren und Heidelbeeren putzen, abspülen, abtropfen lassen und entstielen. Erdbeeren vierteln. Die vorbereiteten Früchte mit Zucker und Zitronensaft mischen und beiseitestellen.
3. Quark mit Holunderblütensirup und Vanillemark in einer Schüssel glatt rühren.
4. Zum Servieren zuerst die Früchte in Gläsern verteilen und den Quark daraufschichten. Die Müsli-Mandel-Mischung daraufstreuen.

Tipp: Das Müsli kann schon auf Vorrat geröstet werden. Dadurch erspart man sich die Abkühlzeit.

Würziger Gemüse-Longdrink

4 Portionen (ohne Foto)

Zubereitungszeit: 10 Minuten

150 g Staudensellerie
1 rote Paprikaschote (etwa 250 g)
Saft von 1 Zitrone
500 g Buttermilch
2 TL chinesische Chilisauce, süß
Salz

Pro Portion:
E: 5 g, F: 5 g, Kh: 11 g,
kJ: 467, kcal: 112

1. Staudensellerie putzen, abspülen und abtropfen lassen. Das Selleriegrün zum Garnieren beiseitelegen. Paprikaschote halbieren, entstielen, entkernen und die weißen Scheidewände entfernen. Schote abspülen und abtropfen lassen. Sellerie und Paprikaschote in Würfel schneiden.
2. Staudensellerie- mit Paprikawürfeln, Zitronensaft, Buttermilch und Chilisauce in eine hohe Rührschüssel geben und pürieren. Mit Salz abschmecken.
3. Den Longdrink in 4 Longdrinkgläsern verteilen. Die Glasränder mit dem beiseitegelegten Selleriegrün garnieren.

Kräuterbutter

4 Portionen

Zubereitungszeit: 20 Minuten

100 g Butter (zimmerwarm)
2 TL klein geschnittene Pimpinelleblättchen
2 TL klein geschnittene Basilikumblättchen
1 TL Schalottenwürfel
1 abgezogene, zerdrückte Knoblauchzehe
6 klein geschnittene Estragonblättchen
1 TL Zitronensaft
einige Tropfen Worcestersauce
Salz, gem. weißer Pfeffer

Pro Portion:
E: 0 g, F: 21 g, Kh: 0 g,
kJ: 799, kcal: 191

1. Butter in einer Rührschüssel mit einem Mixer (Rührstäbe) geschmeidig rühren. Pimpinelle, Basilikum, Schalottenwürfel, Knoblauch, Estragon und Zitronensaft hinzugeben und gut unterrühren.
2. Die Butter mit Worcestersauce, Salz und Pfeffer abschmecken.

Tipps: Kräuterbutter mit jeweils nur einem Kraut zubereiten, z. B. Basilikumbutter, Estragonbutter, Salbeibutter, Thymianbutter. Die Butter jeweils in kleinen Schälchen servieren; einen Stängel des jeweiligen Krautes dazulegen. Passt zu Gemüsen vom Grill und zu knusprig gebackenem Baguette.

Mango-Reismilch-Smoothie

VEGAN

2 Portionen

Zubereitungszeit: 10 Minuten

1 Banane
150 g Mango-Fruchtfleisch
200 ml kalter Reisdrink
1–2 EL Zitronensaft

Pro Portion:
E: 1 g, F: 1 g, Kh: 29 g,
kJ: 582, kcal: 139

1. Banane schälen und in Scheiben schneiden. Mango-Fruchtfleisch vom Stein schneiden, schälen und das Fruchtfleisch in Stücke schneiden.
2. Bananenscheiben mit Mangostücken, Reisdrink und Zitronensaft in einen Rührbecher geben und mit einem Pürierstab pürieren.
3. Mango-Reismilch-Smoothie in 2 Gläser füllen.

Kräuterbutter

Mango-Reismilch-Smoothie

Dinkel-Kräuter-Brötchen

12 Stück

Zubereitungszeit: 30 Minuten
Backzeit: etwa 30 Minuten

Für den Teig:
200 g Dinkelmehl (Type 630)
200 g Dinkel-Vollkornmehl
1 Pck. Dr. Oetker Backin
1–2 gestr. TL Salz
200 g Kräuterquark (40 % Fett)
200 g Buttermilch
50 g TK-8-Kräuter (Petersilie, Dill, Kresse, Schnittlauch, Sauerampfer, Borretsch, Pimpernelle und Kerbel)

Zum Bestreichen:
2–3 EL Milch

Pro Stück:
E: 7 g, F: 3 g, Kh: 25 g,
kJ: 655, kcal: 157

1. Den Backofen vorheizen.
Ober-/Unterhitze: etwa 180 °C
Heißluft: etwa 160 °C
2. Für den Teig beide Mehlsorten in eine Rührschüssel geben, mit Backpulver und Salz mischen. Kräuterquark, Buttermilch und gefrorene Kräuter hinzugeben. Die Zutaten mit einem Mixer (Knethaken) zu einem glatten Teig verkneten.
3. Den Teig auf einer leicht mit Mehl bestäubten Arbeitsfläche mit den Händen nochmals kurz durchkneten und zu einer Rolle formen. Die Teigrolle in 12 gleich große Portionen teilen. Aus den Teigportionen jeweils ein ovales oder rundes Brötchen formen und auf ein Backblech (gefettet, mit Backpapier belegt) legen.
4. Brötchen mit Milch bestreichen und leicht mit Mehl bestäuben. Die Oberfläche der Brötchen mit einem scharfen Messer etwa 1 cm tief einschneiden.
5. Das Backblech in den vorgeheizten Backofen schieben. Die Brötchen etwa 30 Minuten backen. Die Brötchen sind gar, wenn sie beim Klopfen auf die Unterseite hohl klingen.
6. Die Brötchen vom Backblech nehmen und auf einem Kuchenrost abkühlen lassen.

Dinkel-Kräuter-Brötchen

Gemüsemix mit Sahne

1 Portion (ohne Foto)

Zubereitungszeit: 5 Minuten

100 ml Gemüsesaft
50 g Schlagsahne
1 Msp. Ahornsirup
gem. Pfeffer
Mineralwasser mit Kohlensäure

Pro Portion:
E: 2 g, F: 16 g, Kh: 6 g,
kJ: 749, kcal: 179

1. Den Gemüsesaft mit Sahne gut verrühren. Mit Ahornsirup und Pfeffer kräftig abschmecken.
2. Den Gemüsesaft in ein Glas geben und mit eisgekühltem Mineralwasser auffüllen.

Ziegenkäsecreme

etwa 400 g

Zubereitungszeit: 20 Minuten
Haltbarkeit: im Kühlschrank etwa 2 Tage

1 kleine, rote Zwiebel
1 EL Olivenöl
je 50 g schwarze und grüne Oliven
50 g abgetropfte, getrocknete, Tomaten, in Öl
1 Stängel Thymian
200 g Ziegenfrischkäse
gem. Pfeffer

Insgesamt:
E: 19 g, F: 88 g, Kh: 22 g,
kJ: 4033, kcal: 970

1. Zwiebel abziehen und in kleine Würfel schneiden. Olivenöl in einer Pfanne erhitzen. Die Zwiebelwürfel darin glasig dünsten, herausnehmen und auf einem Teller erkalten lassen.
2. Oliven entsteinen und zusammen mit den Tomaten klein hacken. Den Thymian abspülen und trocken tupfen. Die Blättchen von dem Stängel zupfen.

Ziegenkäsecreme / Turbo-Käse-Brotaufstrich

Vollkorn-Stulle

3. Zwiebelwürfel, Oliven-, Tomatenstücke und Thymianblättchen mit dem Ziegenfrischkäse verrühren. Die Creme mit Pfeffer abschmecken, in ein vorbereitetes, verschließbares Gefäß füllen und in den Kühlschrank stellen.

Beilage: Pizzakräcker, Baguette oder Crostini.

Turbo-Käse-Brotaufstrich

etwa 450 g

Zubereitungszeit: 10 Minuten
Haltbarkeit: im Kühlschrank 3–4 Tage

300 g Crème fraîche
125 g Sahne-Schmelzkäse
4 EL Milch
2 EL Schnittlauchröllchen
Salz, gem. Pfeffer

Insgesamt:
E: 21 g, F: 142 g, Kh: 18 g,
kJ: 5928, kcal: 1428

1. Crème fraîche mit Schmelzkäse und Milch verrühren. Schnittlauchröllchen unterrühren. Den Aufstrich mit Salz und Pfeffer abschmecken.
2. Den Aufstrich in ein vorbereitetes, verschließbares Gefäß füllen und in den Kühlschrank stellen.

Beilage: Baguette, Fladenbrot oder Grissini.

Tipp: Den Aufstrich vor dem Servieren mit Schnittlauchröllchen bestreuen.

Vollkorn-Stulle

2 Portionen

Zubereitungszeit: 15 Minuten

1 EL gehobelte Haselnusskerne
4 getrocknete Softfeigen
4 Basilikumblättchen
4 Scheiben Körner-Schwarzbrot
100 g Ziegenfrischkäse
gem. schwarzer Pfeffer
1 Stück Birne
(etwa 50 g)
1 TL Zitronensaft

Pro Portion:
E: 6 g, F: 18 g, Kh: 28 g,
kJ: 1262, kcal: 303

1. Haselnusskerne in einer Pfanne ohne Fett unter Rühren goldbraun rösten, herausnehmen und auf einem Teller erkalten lassen.
2. Die Feigen in dünne Scheibchen schneiden. Die Basilikumblättchen abspülen, trocken tupfen und grob zerschneiden.
3. Die Schwarzbrotscheiben mit Frischkäse bestreichen und mit Pfeffer bestreuen. Birne heiß abspülen, trocken tupfen, halbieren und entkernen. Birnenstück mit Schale in Streifen schneiden. Birnenstreifen mit Zitronensaft beträufeln.
4. Die Birnenstreifen mit den Feigenscheibchen, Haselnusskernen und dem Basilikum auf dem Frischkäse verteilen. Jeweils 2 belegte Brotscheiben aufeinanderlegen.

Tipp: Ersetzen Sie ein Viertel des Ziegenfrischkäses durch Feigen- oder Birnensenf und die Basilikumblättchen durch Kresse, dann bekommt die Stulle eine scharf-pikante Note.

Waldfreude

Toast mit leichtem Champignon-Tomaten-Salat

Waldfreude

1 Portion

VEGAN

Zubereitungszeit: 10 Minuten

75 g Waldbeeren, z. B. Erdbeeren, Himbeeren, Brombeeren
einige Eiswürfel
15 cl fermentierter Kräutertee (Kombucha)

Außerdem:
evtl. 1 Erdbeere mit Grün
evtl. frische Minzeblättchen
evtl. einige Trinkhalme

Pro Portion:
E: 1 g, F: 0 g, Kh: 11 g,
kJ: 228, kcal: 54

1. Die Waldbeeren verlesen, abspülen, gut abtropfen lassen, entstielen und pürieren.
2. Das Beerenpüree in ein mit einigen Eiswürfeln gefülltes Longdrinkglas geben.
3. Das Beerenpüree mit dem Kräutertee auffüllen. Den Drink vorsichtig umrühren.
4. Nach Belieben die Erdbeere abspülen und trocken tupfen. Minzeblättchen abspülen und trocken tupfen. Den Glasrand mit der Erdbeere und den Minzeblättchen garnieren und das Getränk mit Trinkhalmen servieren.

Tipp: Kombucha wird aus gesüßtem Tee mithilfe des sogenannten Teepilzes hergestellt, der eine leichte Gärung des Tees auslöst. Das Getränk schmeckt säuerlich, apfelweinartig und ihm werden vitalisierende, generell krankheitsvorbeugende Eigenschaften nachgesagt, die aber wissenschaftlich nicht belegt sind.

Toast mit leichtem Champignon-Tomaten-Salat

4 Portionen

Zubereitungszeit: 30 Minuten

300 g kleine, braune Champignons
150 g Cocktailtomaten
1 EL Olivenöl
10 g Pinienkerne
1/2 TL Fenchelsamen
1–2 EL Weißweinessig
Salz
50 g Rucola (Rauke)
100 g abgetropfter Fetakäse (15 % Fett)
1 TL Olivenöl
4 Scheiben Vollkorn-Toastbrot (je etwa 25 g)

100 g Joghurt (3,5 % Fett)
gem. Pfeffer

Pro Portion:
E: 14 g, F: 10 g, Kh: 14 g,
kJ: 812, kcal: 194

1. Die Champignons putzen, evtl. kurz abspülen und trocken tupfen. Tomaten abspülen, abtrocknen, halbieren und die Stängelansätze herausschneiden. Tomatenhälften nochmals durchschneiden.
2. Olivenöl in einer großen Pfanne erhitzen. Pinienkerne darin unter Rühren kurz anrösten. Champignons und Fenchelsamen hinzugeben, unter Rühren etwa 3 Minuten garen. Tomatenspalten unterheben, Essig unterrühren, mit Salz würzen. Die Pfanne von der Kochstelle nehmen.
3. Rucola putzen und die dicken Stiele herausschneiden. Rucola abspülen, gut abtropfen lassen oder trocken schleudern. Rucola evtl. etwas kleiner zupfen und unter die Champignon-Masse mischen.
4. Den Käse in etwa 2 cm große Würfel schneiden. Olivenöl in einer Pfanne erhitzen. Die Käsewürfel darin von allen Seiten leicht anrösten.
5. Die Toastscheiben toasten.
6. Den Joghurt durchrühren und mit Pfeffer abschmecken. Den Champignon-Tomaten-Salat auf den Toastscheiben verteilen. Die Käsewürfel daraufgeben, mit je einem Klecks Pfeffer-Joghurt verzieren und sofort servieren.

Veganes Vitalsandwich

1 Portion

Zubereitungszeit: 10 Minuten

1/2 Avocado
Saft von 1 Limette
Salz
Tabasco
1 Möhre
1 TL flüssiger Akazienhonig
1/2 Birne
2 Scheiben Mehrkorntoast (vegan)
2 Blätter Kopfsalat
10 g Radieschensprossen

Pro Portion:
E: 8 g, F: 29 g, Kh: 45 g,
kJ: 2010, kcal: 481

1. Das Avocado-Fruchtfleisch mit einem Löffel aus der Avocadohälfte nehmen und mit einer Gabel zerdrücken. Mit Limettensaft, Salz und Tabasco pikant würzen.
2. Die Möhre putzen, schälen, abspülen, abtropfen lassen und grob raspeln. Möhrenraspel mit etwas Limettensaft und Akazienhonig vermischen. Die Birnenhälfte abspülen, abtrocknen und entkernen. Die Birnenhälfte mit der Schale in Spalten schneiden.
3. Beide Toastscheiben mit dem Avocadopüree bestreichen. Auf eine Toastscheibe die abgespülten und trocken getupften Salatblätter, Möhrenraspel, Birnenspalten und die abgespülten, trocken getupften Sprossen verteilen. Mit der zweiten Toastscheibe bedecken und leicht andrücken.

Paprika-Mandelmilch-Smoothie

2 Portionen

Zubereitungszeit: 10 Minuten

1 rote Paprikaschote
2 Tomaten
200 ml Mandelmilch
Salz
gem. Pfeffer
getrocknete, italienische Kräuter

Pro Portion:
E: 3 g, F: 3 g, Kh: 13 g,
kJ: 373, kcal: 89

1. Paprikaschote vierteln, entstielen, entkernen und die weißen Scheidewände entfernen. Schotenviertel abspülen und trocken tupfen. Tomaten abspülen, trocken tupfen, vierteln und die Stängelansätze herausschneiden.
2. Die Paprika- und Tomatenviertel in einen hohen Rührbecher geben. Mandelmilch hinzugießen. Mit Salz, Pfeffer und Kräutern würzen. Die Zutaten mit einem Pürierstab kurz pürieren.
3. Paprika-Mandelmilch-Smoothie in 2 Gläser füllen.

Gelbe Rübenbutter

4 Portionen (ohne Foto)

Zubereitungszeit: 20 Minuten

100 g junge Möhren
100 g Butter
1 EL (20 g) flüssiger Honig
1 TL frischer Orangensaft
gem. Ingwer

Pro Portion:
E: 0,5 g, F: 21 g, Kh: 5 g,
kJ: 889, kcal: 212

1. Die Möhren putzen, schälen, abspülen, abtropfen lassen und dann auf einer Haushaltsreibe sehr fein raspeln.
2. Möhrenraspel mit Butter, Honig, Orangensaft und 1 Prise Ingwer in einer Schüssel cremig rühren.

Veganes Vitalsandwich

Paprika-Mandelmilch-Smoothie

Champignon-Kräuter-Aufstrich

4 Portionen

Zubereitungszeit: 30 Minuten, ohne Abkühlzeit
Haltbarkeit: im Kühlschrank etwa 5 Tage

400 g Champignons
1 Zwiebel
60 g abgetropfte, getrocknete Tomaten, in Öl
3 EL Olivenöl
Salz
gem. Pfeffer
einige Stängel Thymian- und Rosmarin
100 g Magerquark
50 g Joghurt (3,5 % Fett)
100 g Schafskäse

Pro Portion:
E: 53 g, F: 54 g, Kh: 23 g,
kJ: 3392, kcal: 811

1. Champignons putzen, evtl. kurz abspülen, gut abtropfen lassen und in kleine Würfel schneiden. Zwiebel abziehen und ebenfalls klein würfeln. Tomaten in kleine Stücke schneiden.
2. Olivenöl in einer Pfanne erhitzen, die Zwiebelwürfel darin anbraten. Champignonwürfel hinzufügen und unter Rühren etwa 10 Minuten mitbraten lassen. Tomatenstücke untermischen. Die Champignonmasse mit Salz und Pfeffer würzen und erkalten lassen.
3. Kräuterstängel abspülen und trocken tupfen. Die Blättchen und Nadeln von den Stängeln zupfen. Blättchen und Nadeln fein hacken.
4. Den Quark mit Joghurt verrühren. Schafskäse fein zerbröseln, mit der Champignonmasse pürieren und unter die Quark-Joghurt-Masse rühren. Gehackte Kräuter unterrühren. Den Aufstrich mit Salz und Pfeffer würzen, in 1–2 verschließbare Gefäße füllen und in den Kühlschrank stellen.

Pikante Walnussspaste

4–6 Portionen
VEGAN

Zubereitungszeit: 5 Minuten

150 g Walnusskernhälften
1 Scheibe Vollkorn-Toastbrot
2 EL Tomatenmark
8 EL Olivenöl
2 EL Grenadinesirup
1 TL Chiliflocken
1 TL gem. Kreuzkümmel (Cumin)
2 TL Voll-Rohrzucker
Salz

Pro Portion:
E: 6 g, F: 38 g, Kh: 11 g,
kJ: 1682, kcal: 402

1. Walnusskernhälften in einer Pfanne ohne Fett unter Rühren leicht rösten, herausnehmen und abkühlen lassen. Toastbrotscheibe in Würfel schneiden und in der heißen Pfanne von allen Seiten leicht anrösten.
2. Walnusskernhälften mit Toastbrotwürfeln, Tomatenmark, Olivenöl, Grenadinesirup, Chiliflocken, Kreuzkümmel, Rohrzucker und Salz in eine hohe Rührschüssel geben.
3. Anschließend die Zutaten mit einem Pürierstab zu einer homogenen Masse (Paste) verarbeiten. Die pikante Walnusspaste mit Salz abschmecken.

Gemüse-Drink

1 Portion (ohne Foto)
VEGAN

Zubereitungszeit: 5 Minuten

4 EL Haferkleie-Flocken
125 ml Tomatensaft
125 ml Möhrensaft
1 EL Zitronensaft

Pro Portion:
E: 7 g, F: 3 g, Kh: 34 g,
kJ: 819, kcal: 196

1. Haferkleie-Flocken in ein Glas geben. Tomaten-, Möhren- und Zitronensaft hinzugießen und umrühren.

Champignon-Kräuter-Aufstrich

Pikante Walnussspaste

Coco Choco

Sonnenschein

Schafskäse-Bärlauch-Aufstrich

etwa 550 g (ohne Foto)

Zubereitungszeit: 20 Minuten
Haltbarkeit: gekühlt 3–4 Tage

1 Bund Bärlauch (etwa 100 g)
150 g Schafskäse
200 g Doppelrahm-Frischkäse
100 ml Olivenöl
2 EL Milch
Salz

Insgesamt:
E: 38 g, F: 193 g, Kh: 12 g,
kJ: 8012, kcal: 1925

1. Bärlauch verlesen und evtl. dickere Stiele entfernen. Bärlauch abspülen, abtropfen lassen und fein schneiden bzw. mit einem Zerkleinerer fein hacken.
2. Den Schafskäse in kleine Stücke schneiden, mit Frischkäse, Olivenöl und Milch verrühren. Bärlauch unterrühren. Die Zutaten pürieren, evtl. mit Salz abschmecken.
3. Den Aufstrich in 2 gründlich gereinigte, gespülte und getrocknete Gläser füllen, fest verschließen und in den Kühlschrank stellen.

Beilage: Haferflocken-Vollkornbrot.

Tipp: Zum Garnieren 1/2 rote Paprikaschote putzen, abspülen, trocken tupfen und danach fein würfeln.

Coco Choco

1 Portion

Zubereitungszeit: 5 Minuten

2 cl dunkler Schokoladensirup
4 cl Cream of Coconut
10 cl Milch (3,5 % Fett)
einige Eiswürfel

Außerdem:
einige Trinkhalme

Pro Portion:
E: 6 g, F: 34 g, Kh: 19 g,
kJ: 1693, kcal: 404

1. Den Sirup mit Cream of Coconut, gekühlter Milch und einigen Eiswürfeln in einen Elektromixer geben und kräftig durchmixen.
2. Den Drink durch ein Barsieb in ein großes, mit einigen Eiswürfeln gefülltes Longdrinkglas abseihen. Den Drink mit Trinkhalmen servieren.

Tipp: Cream of Coconut ist eine dickflüssige Kokosnusscreme aus Kokosnussfleisch, Rohrzucker und Wasser. Verwendung findet sie überwiegend bei der Herstellung von Cocktails.

Sonnenschein

1 Portion

VEGAN

Zubereitungszeit: 5 Minuten

einige Eiswürfel
4 cl Eierlikör
Orangenlimonade

1 Bio-Orangenscheibe
(unbehandelt, ungewachst)
evtl. 1 Trinkhalm

Pro Portion:
E: 2 g, F: 3 g, Kh: 27 g,
kJ: 756, kcal: 181

1. Ein Longdrinkglas zur Hälfte mit Eiswürfeln füllen. Den Eierlikör hinzufügen.
2. Das Glas mit gekühlter Limonade auffüllen und kurz verrühren.
3. Den Drink mit einer Orangenscheibe garnieren und nach Belieben mit einem Trinkhalm servieren.

Erdbeer-Mint-Smoothie / Beeren-Smoothie

Cooler

Erdbeer-Mint-Smoothie

1 Portion

Zubereitungszeit: 10 Minuten

4–5 Stängel Minze
150 g Erdbeeren
3 EL Joghurt (3,5 % Fett)
1 EL flüssiger Honig
2–3 EL Limettensaft

Pro Portion:
E: 4 g, F: 3 g, Kh: 26 g,
kJ: 663, kcal: 158

1. Minze abspülen und trocken tupfen. Die Blättchen von den Stängeln zupfen. Minzeblättchen klein schneiden. Erdbeeren putzen, abspülen, trocken tupfen, entstielen und in Stücke schneiden.
2. Minze, Erdbeerstücke, Joghurt, Honig und Limettensaft in einen hohen Rührbecher geben und pürieren. Smoothie nach Belieben einige Zeit in den Kühlschrank stellen und vor dem Servieren in ein Glas füllen.

Tipp: Nach Belieben den Drink mit einem dicken Trinkhalm servieren und zusätzlich mit einem abgespülten, trocken getupften Zweig Minze garnieren.

Beeren-Smoothie

1 Portion

Zubereitungszeit: 10 Minuten

50 g Erdbeeren
100 g Himbeeren
5 EL Joghurt (3,5 % Fett)
50 ml Milch (3,5 % Fett)
50 ml Zitronensaft

Pro Portion:
E: 7 g, F: 6 g, Kh: 15 g,
kJ: 683, kcal: 163

1. Erdbeeren putzen, abspülen, abtrocknen, entstielen und in Stücke schneiden. Himbeeren verlesen, evtl. kurz abspülen und trocken tupfen.
2. Die Früchte mit Joghurt, Milch und Zitronensaft in einen hohen Rührbecher geben und pürieren. Beeren-Smoothie nach Belieben noch einige Zeit in den Kühlschrank stellen und vor dem Servieren in ein Glas geben.

Tipps: Nach Belieben den Smoothie mit einigen Himbeeren garnieren und mit Zimt bestäubt servieren. Wenn Sie es lieber süßer mögen, geben Sie 1 Teelöffel flüssigen Honig oder Ahornsirup in den Smoothie. Durch die Säure des Zitronensaftes kann es passieren, dass die Milch gerinnt. Achten Sie deshalb darauf, dass die Milch gut gekühlt ist, oder verwenden Sie alternativ einfach Sojamilch.

Cooler

1 Portion

Zubereitungszeit: 5 Minuten

1 Kugel Vanilleeis
10 cl Mineralwasser ohne Kohlensäure
15 cl Orangensaft
5 cl Ananassaft
2–3 Eiswürfel

Außerdem:
evtl. 1 Ananasstück
1 Trinkhalm

Pro Portion:
E: 2 g, F: 4 g, Kh: 25 g,
kJ: 626, kcal: 150

1. Das Vanilleeis mit Mineralwasser, Orangen- und Ananassaft in einem Elektromixer gut durchmixen.
2. Das Getränk durch ein Barsieb in ein mit 2–3 Eiswürfeln gefülltes Longdrinkglas abseihen.
3. Nach Belieben den Glasrand mit einem Ananasstück garnieren und das Getränk mit einem Trinkhalm servieren.

Crunch-Müsli-Wochenvorrat

10 Portionen
(etwa 530 g)

VEGAN

Zubereitungszeit: 30 Minuten, ohne Abkühlzeit

25 g gehackte Mandeln oder Haselnusskerne
50 g Sonnenblumenkerne
25 g Kürbiskerne
50 g Leinsamen
50 g Sesamsamen
250 g 4-Korn-Flocken, z. B. aus Hafer, Dinkel, Gerste und Roggen
75 ml Agavendicksaft
50 g Rosinen

Pro Portion:
E: 8 g, F: 9 g, Kh: 28 g,
kJ: 937, kcal: 223

1. Mandeln oder Nusskerne mit Sonnenblumenkernen, Kürbiskernen, Leinsamen und Sesamsamen in einer großen Pfanne ohne Fett unter gelegentlichem Wenden bei mittlerer Hitze goldbraun rösten. Danach auf einen Teller geben und beiseitestellen.
2. 4-Korn-Flocken in die Pfanne geben und ebenso unter gelegentlichem Wenden rösten.
3. Die Nusskernmischung zurück zu den 4-Korn-Flocken in die Pfanne geben. Den Agavendicksaft hinzugeben und alles bei schwacher Hitze in 2–3 Minuten karamellisieren lassen, dabei gelegentlich umrühren. Die Pfanne von der Kochstelle nehmen. Das Müsli etwas abkühlen lassen.
4. Das Crunch-Müsli mit den Rosinen mischen und vollständig in der Pfanne erkalten lassen.

So bleibt es schön knackig: Das Crunch-Müsli am besten in einer luftdicht verschlossenen Dose oder einem Glas trocken, kühl und dunkel aufbewahren.

Aus dem Ofen: Wer lieber im Ofen rösten möchte, heizt diesen zunächst vor (Ober-/Unterhitze: etwa 180 °C, Heißluft: etwa 160 °C). Die Nüsse, Kerne und Samen mit dem Agavendicksaft und etwa 75 ml Wasser vermischen und auf einem Backblech verteilen. Das Backblech in den vorgeheizten Backofen schieben und die Masse etwa 30 Minuten rösten. Dabei die Masse zwischendurch von außen nach innen 2–3-mal umrühren. Wichtig: Bei Ober-/Unterhitze muss die Backofentür einen Spalt breit offen bleiben, damit das Wasser entweichen kann! Das im Ofen zubereitete Müsli wird etwas dunkler als das aus der Pfanne.

Und so wird's getunt: Für 1 Portion etwa 4 Esslöffel Crunch-Müsli mit 150 g Sojajoghurt oder 150 ml Sojamilch in einer Müslischale verrühren. Lecker schmecken auch Hafer-, Mandel- oder Reisdrinks. Oder einfach aus 200–250 g vorbereitetem, frischem Obst der Saison einen Obstsalat zubereiten und mit etwas Crunch-Müsli krönen.

Dillbutter

etwa 150 g

Zubereitungszeit: 15 Minuten

125 g Butter (zimmerwarm)
6 EL klein geschnittene Dillspitzen
Salz
gem. Pfeffer
Zitronensaft

Insgesamt:
E: 2 g, F: 104 g, Kh: 2 g,
kJ: 3985, kcal: 953

1. Butter geschmeidig rühren, Dill gut unterrühren.
2. Die Dillbutter mit Salz, Pfeffer und Zitronensaft würzen, nach Belieben zu einer Rolle formen und zugedeckt in den Kühlschrank legen.
3. Dillbutter in Scheiben schneiden, auf Tellern anrichten und servieren.

Crunch-Müsli-Wochenvorrat

Dillbutter

Junges Gemüse aus der Bratfolie

Junges Gemüse aus der Bratfolie

4 Portionen

VEGAN

Zubereitungszeit: 35 Minuten
Garzeit: etwa 30 Minuten

1 Bund junge Möhren (etwa 400 g)
1 Kohlrabi (etwa 250 g)
1 Fenchelknolle (etwa 250 g)
250 g Kaiserschoten
400 g neue, kleine Kartoffeln
2 Bund Kerbel
4 junge Knoblauchzehen
2 EL Olivenöl
Meersalz
frisch gem. bunter Pfeffer

Außerdem:
1 Stück Bratfolie oder Bratschlauch

Pro Portion:
E: 6 g, F: 6 g, Kh: 22 g,
kJ: 698, kcal: 167

1. Die Möhren putzen, das Grün bis auf 2 cm abschneiden. Möhren schälen, abspülen und abtropfen lassen. Kohlrabi schälen, waschen, abtropfen lassen. Kohlrabi zuerst in Scheiben, dann in Stifte schneiden. Von der Fenchelknolle den Stiel dicht oberhalb der Knolle abschneiden. Braune Stellen und Blätter entfernen. Wurzelende gerade schneiden. Fenchel waschen, abtropfen lassen, in Stücke schneiden. Den Backofen vorheizen.
Ober-/Unterhitze: etwa 200 °C
Heißluft: etwa 180 °C
2. Von den Kaiserschoten die Enden abschneiden, Schoten eventuell abfädeln. Die Schoten waschen und abtropfen lassen. Kartoffeln gründlich unter fließendem kalten Wasser waschen und abbürsten. Kerbel abspülen und trocken tupfen. Die Blättchen von den Stängeln zupfen. Blättchen grob zerkleinern.
3. Die vorbereiteten Gemüsezutaten in einer Schüssel mischen. Knoblauch mit der Haut in Scheiben schneiden und untermischen, Olivenöl hinzufügen, mit Salz und Pfeffer würzen.
4. Die Gemüsemischung auf ein großes Stück Bratfolie oder in den Bratschlauch geben, nach Packungsanleitung verschließen und auf ein Backblech legen. Das Backblech in den vorgeheizten Backofen schieben, das Gemüse etwa 30 Minuten garen.
5. Die Folie aufschneiden. Das Gemüse anrichten und servieren.

Kräuteroliven

8 Portionen

VEGAN

Zubereitungszeit: 20 Minuten, ohne Durchziehzeit
Haltbarkeit: im Kühlschrank mindestens 1 Woche

100 g abgetropfte, entsteinte, grüne Oliven (aus dem Glas)
65 g abgetropfte, entsteinte, schwarze Oliven (aus dem Glas)
6 Stängel Basilikum
1/2 Bund glatte Petersilie
2 Knoblauchzehen
2 rote Chilischoten
150 ml Olivenöl

Pro Portion:
E: 0,5 g, F: 23 g, Kh: 1 g,
kJ: 897, kcal: 214

1. Die Oliven trocken tupfen.
2. Basilikum und Petersilie abspülen, trocken tupfen. Die Blättchen von den Stängeln zupfen. Blättchen in feine Streifen schneiden. Knoblauch abziehen und in dünne Scheiben schneiden.
3. Chilischoten der Länge nach aufschneiden und entkernen. Chilischoten abspülen, trocken tupfen in sehr kleine Würfel schneiden.
4. Die Oliven mit Basilikum-, Petersilienstreifen, Knoblauchscheiben und Chiliwürfeln mischen, in ein vorbereitetes Glas geben und mit Olivenöl übergießen. Dann das Glas mit einem Twist-Off-Deckel® verschließen.
5. Die Oliven 2–3 Tage an einem kühlen Ort stehen lassen, dabei das Glas gelegentlich schütteln.

Käse-Zwiebel-Muffins mit Tomaten-Chutney

12 Muffins

Zubereitungszeit: 30 Minuten, ohne Abkühlzeit
Backzeit: etwa 25 Minuten

250 g Weizenmehl
1 TL Paprikapulver edelsüß
100 g Röstzwiebeln (Fertigprodukt)
2 gestr. TL Dr. Oetker Backin
je 1 gestr. TL Natron und Salz
250 g Buttermilch
40 ml Olivenöl
150 g Parmesan (am Stück)

Für das Tomaten-Chutney:
600 g rote Zwiebeln
500 g Tomaten
500 g Extra Gelierzucker 2 : 1
100 ml weißer Balsamico-Essig

Außerdem:
12 Papierbackförmchen

Pro Stück:
E: 8 g, F: 12 g, Kh: 66 g,
kJ: 1719, kcal: 408

1. Den Backofen vorheizen.
Ober-/Unterhitze: etwa 180 °C
Heißluft: etwa 160 °C
2. Für den Teig das Mehl in eine Rührschüssel geben. Paprika, Röstzwiebeln, Backpulver, Natron und Salz untermischen. Buttermilch und Olivenöl hinzugeben. Die Zutaten mit einem Mixer (Knethaken) zunächst kurz auf niedrigster, dann auf höchster Stufe zu einem glatten Teig verkneten. Den Parmesan klein würfeln und unter den Teig arbeiten.
3. Den Teig in einer Muffinform (für 12 Muffins, mit Papierbackförmchen ausgelegt) verteilen. Die Form auf dem Rost in den vorgeheizten Backofen schieben und die Muffins etwa 25 Minuten backen.
4. In der Zwischenzeit für das Chutney die Zwiebeln abziehen und in kleine Würfel schneiden. Die Tomaten abspülen, trocken tupfen, halbieren und die Stängelansätze herausschneiden. Tomaten in Würfel schneiden. Die Zwiebel- und Tomatenwürfel mit dem Gelierzucker in einem Topf gut verrühren und zum Kochen bringen. Die Zutaten mindestens 3 Minuten unter ständigem Rühren sprudelnd kochen lassen. Essig unterrühren, nochmals aufkochen lassen. Den Topf von der Kochstelle nehmen. Chutney erkalten lassen.
5. Die Muffins aus der Form heben, auf Tellern anrichten und mit dem Chutney warm oder kalt servieren.

Kräuteroliven

Käse-Zwiebel-Muffins mit Tomaten-Chutney

Mozzarellaspieße

Mozzarellaspieße

12 Spieße

Zubereitungszeit: 50 Minuten

2 rote Paprikaschoten
1 Zucchini (etwa 250 g)
36–48 kleine, abgetropfte Mozzarella-Kugeln
24 grüne, mit Mandeln gefüllte Jumbo-Oliven
1 Topf Basilikum
gem. bunter Pfeffer
150 ml Olivenöl

Außerdem:
12 Holzspieße

Pro Spieß:
E: 7 g, F: 14 g, Kh: 2 g,
kJ: 686, kcal: 164

1. Paprikaschoten halbieren, entstielen, entkernen und die weißen Scheidewände entfernen. Schoten abspülen, abtropfen lassen und jeweils in 12 mundgerechte Stücke schneiden. Zucchini abspülen, abtrocknen und die Enden abschneiden. Zucchini in etwa 1 cm breite Scheiben schneiden.
2. Die Mozzarella-Kugeln, Oliven, Zucchinischeiben und Paprikastücke in bunter Reihenfolge auf 12 Holzspieße stecken. Auf jedem Spieß sollten 3–4 Mozzarella-Kugeln, 2 Oliven und 2 Paprikastücke sein.
3. Basilikum abspülen und trocken tupfen. Die Blättchen von den Stängeln zupfen. Die Mozzarellaspieße in eine Schale legen, mit grob gemahlenem Pfeffer bestreuen. Mit Basilikumblättchen garnieren und mit Olivenöl beträufeln.

Erbsen-Hummus mit Minze

4 Portionen (ohne Foto)

Zubereitungszeit: 20 Minuten

250 g TK-Erbsen
Salz
250 g abgetropfte Kichererbsen (aus der Dose)
2 Stängel Minze
25 g Tahini (Sesampaste, erhältlich im Asialaden oder in türkischen Lebensmittelläden)
50 g griechischer Sahnejoghurt (10 % Fett)
1 TL gem. Kreuzkümmel (Cumin)
1 EL Limettensaft

Zum Dippen:
100 g Gemüsechips (aus der Tüte)

Pro Portion:
E: 12 g, F: 16 g, Kh: 32 g,
kJ: 1343, kcal: 321

1. Erbsen unaufgetaut in kochendem Salzwasser etwa 5 Minuten garen. Die Erbsen mit eiskaltem Wasser abschrecken und gut abtropfen lassen.
2. Kichererbsen in ein Sieb geben, mit kaltem Wasser abspülen und abtropfen lassen. Die Minze abspülen und trocken tupfen. Die Blättchen von den Stängeln zupfen.
3. Erbsen, Kichererbsen, Tahini, Joghurt, die Hälfte der Minzeblättchen, Kreuzkümmel, Salz und Limettensaft in einen hohen Rührbecher geben. Die Zutaten mit einem Pürierstab zu einer feinen Paste pürieren.
4. Erbsen-Hummus in Schälchen anrichten und mit den restlichen Minzeblättchen garnieren.
5. Erbsen-Hummus mit den Gemüsechips zum Dippen servieren.

Sushi mit Omelett und Soja-Auberginen

24 Stück

Zubereitungszeit: 60 Minuten, ohne Abkühlzeit
Garzeit: etwa 30 Minuten

300 g Sushireis
450 ml Wasser
1 gestr. TL Salz
4 EL Reisessig
1 TL Zucker
1/2 gestr. TL Salz
4 Eier (Größe M)
2 EL Speiseöl, z. B. Maiskeimöl
1 große Aubergine (etwa 225 g)
5 EL Speiseöl, z. B. Maiskeimöl
120 ml Sojasauce
4 EL Wasser
4 EL Mirin (japanischer Reiswein)
3 TL Buchweizenkörner
3 Blätter getrocknete Norialgen (etwa 20 x 20 cm, erhältlich im Asialaden oder Spezialitätenabteilungen von Supermärkten)
3–4 Stängel Schnittlauch
4 TL Wasabipaste
100 g abgetropfter, eingelegter Ingwer

Pro Stück:
E: 3 g, F: 4 g, Kh: 14 g,
kJ: 445, kcal: 106

1. Den Reis in ein Sieb geben und so lange unter fließendem kalten Wasser abspülen, bis das Wasser klar abläuft. Den Reis sehr gut abtropfen lassen.
2. Den Reis mit Wasser und Salz in einem Topf zum Kochen bringen und zugedeckt bei schwacher Hitze etwa 20 Minuten kochen lassen. Dann den Topf von der Kochstelle nehmen und den Reis noch etwa 10 Minuten ausquellen lassen.
3. Reisessig erwärmen. Zucker und Salz unterrühren und auflösen. Den Reisessig locker unter den heißen Reis mischen. Den Reis mit einem feuchten Tuch zudecken und fast ganz erkalten lassen.
4. In der Zwischenzeit die Eier verschlagen. 1 Esslöffel von dem Speiseöl in einer kleinen beschichteten Pfanne (Ø etwa 18 cm) erhitzen. Die Hälfte der Eiermasse in die Pfanne geben und bei schwacher Hitze stocken lassen (die Omelettoberseite sollte angestockt und trocken sein, die Unterseite leicht bräunlich gebacken). Ein weiteres Omelett auf die gleiche Weise zubereiten.
5. Die Aubergine abspülen, trocken tupfen und den Stängelansatz entfernen. Die Aubergine zuerst längs in etwa 2 cm dicke Scheiben schneiden. Dann daraus 6 etwa 20 cm lange und etwa 2 cm breite Streifen schneiden.
6. Das Speiseöl in einer Pfanne erhitzen. Die Auberginenstreifen darin bei mittlerer Hitze von beiden Seiten etwa 5 Minuten anbraten. 2 Esslöffel von der Sojasauce mit Wasser und Mirin verrühren, zu den Auberginenstreifen in die Pfanne geben und ganz einkochen lassen. Dabei die Auberginenstreifen einmal wenden.
7. Buchweizenkörner in einer Pfanne ohne Fett unter Rühren goldbraun rösten und auf einen Teller geben. Die Omeletts einmal halbieren.
8. Ein Noriblatt auf eine Sushimatte legen. Ein Drittel der Reismasse etwa 1/2 cm dick so darauf verteilen, dass rundherum ein etwa 1 cm breiter Rand frei bleibt. Dabei die Hände immer wieder mit Wasser befeuchten, damit der Reis nicht so klebt.
9. Eine Omeletthälfte so auf den Reis legen, dass oben und unten etwa 1 cm Reis unbelegt bleibt. Auf das untere Drittel nun 2 Auberginenstreifen legen und mit einem Drittel vom Buchweizen bestreuen. Das Ganze mithilfe der Sushimatte zu einer festen Rolle aufrollen. Aus den restlichen Zutaten 2 weitere Sushirollen auf die gleiche Weise zubereiten.
10. Jede Rolle mit einem in kaltem Wasser getauchten, scharfen Messer in 8 Stücke schneiden. Schnittlauch abspülen, trocken tupfen und in etwa 2 1/2 cm lange, schräge Stücke schneiden. Auf jedes Sushi ein Schnittlauchstück legen. Sushi mit restlicher Sojasauce, Wasabipaste und eingelegtem Ingwer servieren.

Basilikumsauce

4 Portionen

Zubereitungszeit: 15 Minuten

2 Tomaten (etwa 250 g)
2 Bund Basilikum
200 g Joghurt-Salatcreme (aus dem Glas)
4 EL Schlagsahne
gem. Pfeffer

Pro Portion:
E: 2 g, F: 18 g, Kh: 9 g,
kJ: 867, kcal: 207

1. Tomaten kreuzweise einschneiden und mit kochendem Wasser übergießen. Nach 1–2 Minuten herausnehmen und mit kaltem Wasser abschrecken. Die Tomaten häuten, halbieren, entkernen und die Stängelansätze herausschneiden. Tomatenhälften pürieren.
2. Basilikum abspülen und trocken tupfen. Die Blättchen von den Stängeln zupfen. Einige Blättchen zum Garnieren beiseitelegen. Restliche Blättchen sehr klein schneiden.
3. Die Salatcreme mit Tomatenpüree, Basilikum und Sahne verrühren, mit Pfeffer würzen.
4. Die Sauce in einer Schüssel anrichten, mit den beiseitegelegten Basilikumblättchen garnieren.

Tipp: Die Sauce zusätzlich mit Schnittlauchröllchen oder fein geschnittenem Basilikum bestreuen.

Sushi mit Omelett und Soja-Auberginen

Basilikumsauce

Ausgebackenes Gemüse mit Tomatendip

4 Portionen

Zubereitungszeit: 50 Minuten, ohne Ruhezeit

Für den Teig:
250 g Weizenmehl
2 Eigelb (Größe M)
250 ml helles Bier
50 g ger. Parmesan
2 EL zerlassene Butter
Salz, gem. Pfeffer
ger. Muskatnuss
3 Eiweiß (Größe M)

je 1 rote und gelbe Paprikaschote
1 kleine Zucchini
8 Champignons
1 l Speiseöl

Für den Tomatendip:
8 Romatomaten
3 Schalotten
3 Knoblauchzehen
2 EL Sonnenblumenöl
2 EL Tomatenmark
1 Prise Zucker
gerebelter Oregano

Pro Portion:
E: 22 g, F: 85 g, Kh: 60 g,
kJ: 4860, kcal: 1161

1. Für den Teig das Mehl in eine Rührschüssel geben. Eigelb, Bier, Parmesan, Butter, Salz, Pfeffer und Muskat hinzufügen. Den Teig mit einem Mixer (Rührstäbe) zu einem glatten Teig verrühren. Den Teig etwa 20 Minuten ruhen lassen. Dann Eiweiß steif schlagen und unterheben.
2. Paprikaschoten halbieren, entstielen, entkernen und die weißen Scheidewände entfernen. Die Schoten abspülen, trocken tupfen und in etwa 1 cm dicke Streifen schneiden.
3. Zucchini abspülen, abtrocknen und die Enden abschneiden. Zucchini in etwa 1/2 cm dicke Scheiben schneiden. Champignons putzen, evtl. kurz abspülen, trocken tupfen und die Stiele etwas kürzer schneiden. Große Champignons halbieren.
4. Speiseöl in einem hohen Topf oder in einer Fritteuse auf etwa 180 °C erhitzen. Gemüse mithilfe von 2 Gabeln durch den Bierteig ziehen und am Schüsselrand abstreifen. Das Gemüse portionsweise in dem siedenden Speiseöl goldbraun ausbacken, dabei einmal wenden. Gemüse mit einer Schaumkelle herausnehmen und auf Küchenpapier abtropfen lassen.
5. Für den Dip Tomaten kreuzweise einschneiden und mit kochendem Wasser übergießen. Nach 1–2 Minuten herausnehmen und mit kaltem Wasser abschrecken. Tomaten häuten, halbieren und die Stängelansätze herausschneiden. Tomaten entkernen und in Würfel schneiden.
6. Schalotten und Knoblauch abziehen, fein würfeln. Sonnenblumenöl in einem Topf erhitzen. Schalotten- und Knoblauchwürfel darin andünsten. Tomatenmark unterrühren und kurz mitdünsten lassen. Tomatenwürfel hinzugeben und etwa 5 Minuten unter gelegentlichem Rühren dünsten. Mit Salz, Pfeffer, Zucker und Oregano abschmecken. Das Gemüse anrichten und die Sauce dazureichen.

Ausgebackenes Gemüse mit Tomatendip

Basilikum-Reis-Bällchen auf Tomaten-Porree

2 Portionen (6 Bällchen)

Zubereitungszeit: 40 Minuten, ohne Abkühlzeit
Garzeit: Reis etwa 30 Minuten

Für die Basilikum-Reis-Bällchen:
375 ml Wasser
Salz
125 g Naturreis
etwa 25 g Magerquark
1 Ei (Größe M)
40 g ger. Parmesan
30 g Semmelbrösel
1/2 Bund Basilikum
gem. Pfeffer

etwa 1 l Speiseöl,
z. B. Sonnenblumenöl

Basilikum-Reis-Bällchen auf Tomaten-Porree

Basilikumpesto

Für das Gemüse:
1 Stange Porree (Lauch)
400 g Tomaten
1 Knoblauchzehe
1 1/2 EL Speiseöl,
z. B. Sonnenblumenöl
50 ml Gemüsebrühe

Für den Dip:
75 g Crème fraîche
75 g Joghurt (3,5 % Fett)

Pro Portion:
E: 23 g, F: 48 g, Kh: 70 g,
kJ: 3401, kcal: 814

1. Für die Bällchen Wasser in einem Topf zugedeckt zum Kochen bringen. Dann Salz und Reis hinzugeben. Den Reis zugedeckt etwa 30 Minuten nach Packungsanleitung garen. Reis in einem Sieb abtropfen und abkühlen lassen.
2. Reis mit Quark, Ei, Parmesan und Semmelbröseln in einer Schüssel gut verkneten.
3. Basilikum abspülen und trocken tupfen. Die Blättchen von den Stängeln zupfen. Blättchen in Streifen schneiden. Die Hälfte davon unter die Reismasse kneten. Mit Salz und Pfeffer abschmecken.
4. Aus der Basilikum-Reis-Masse mit angefeuchteten Händen etwa 6 gleich große Bällchen formen. Das Speiseöl in einem hohen Topf oder in der Fritteuse auf etwa 180 °C erhitzen. (Das Speiseöl hat die richtige Temperatur, wenn sich an einem ins Fett gehaltenen Holzlöffel kleine Bläschen bilden.) Nun die Reisbällchen portionsweise in dem erhitzten Speiseöl 3–4 Minuten goldbraun braten, dabei evtl. wenden. Die Bällchen mit einer Schaumkelle herausnehmen, auf Küchenpapier abtropfen lassen und warm stellen.
5. Für das Gemüse Porree putzen, die Stange längs halbieren, gründlich waschen und abtropfen lassen. Porree in Streifen schneiden. Tomaten kreuzweise einschneiden und mit kochendem Wasser übergießen. Nach 1–2 Minuten herausnehmen und mit kaltem Wasser abschrecken. Tomaten häuten, halbieren, entkernen und die Stängelansätze herausschneiden. Tomatenhälften in Spalten schneiden. Knoblauch abziehen und klein würfeln.
6. Speiseöl in einem Topf erhitzen. Knoblauchwürfel darin andünsten. Die Porreestreifen hinzufügen und kurz mitdünsten lassen. Brühe hinzugießen und zum Kochen bringen. Das Gemüse zugedeckt etwa 5 Minuten bei schwacher Hitze garen. Tomatenspalten hinzufügen, weitere 3–4 Minuten garen. Mit Salz und Pfeffer würzen. Die restlichen Basilikumstreifen unterrühren.
7. Für den Dip Crème fraîche mit Joghurt glatt rühren, mit Salz und Pfeffer würzen.
8. Die Basilikum-Reis-Bällchen mit Tomaten-Porree und dem Dip servieren.

Basilikumpesto
etwa 250 ml

Zubereitungszeit: 20 Minuten
Haltbarkeit: kalt gestellt etwa 6 Wochen

3–4 Knoblauchzehen
1 gestr. TL Salz
50 g Pinienkerne
8 EL klein geschnittene Basilikumblättchen
100 g ger. Pecorino oder Parmesan
200 ml kalt gepresstes Olivenöl

Insgesamt:
E: 46 g, F: 260 g, Kh: 8 g,
kJ: 10521, kcal: 2513

1. Knoblauch abziehen, mit Salz, Pinienkernen und Basilikum im Mörser so lange zerstoßen, bis eine cremeartige Masse entstanden ist. Oder die Zutaten in einen Rührbecher geben und mit einem Pürierstab pürieren, bis eine cremeartige Masse entstanden ist. Käse untermischen. Zuletzt Olivenöl unterrühren.
2. Pesto in ein vorbereitetes Glas füllen. Das Glas mit einem Twist-off-Deckel® verschließen.

Fenchelschalen mit Gemüsefüllung

Fenchelschalen mit Gemüsefüllung

12 Stück VEGAN

Zubereitungszeit: 25 Minuten

2 kleine Fenchelknollen
Salz
1 Zucchini
1 rote Paprikaschote
1 Zwiebel
2 EL Olivenöl
1 kleines Bund Oregano
gem. Pfeffer

Pro Stück:
E: 1 g, F: 2 g, Kh: 3 g,
kJ: 134, kcal: 32

1. Fenchelknollen abspülen und abtropfen lassen. Die Fenchelblätter mit den Stielen von der Knolle abtrennen, sodass aus den einzelnen Fenchelschichten Taschen entstehen. Diese Taschen in kochendem Salzwasser 1–2 Minuten blanchieren, mit einer Schaumkelle herausnehmen, mit kaltem Wasser abschrecken und in einem Sieb gut abtropfen lassen.
2. Zucchini abspülen, abtrocknen und die Enden abschneiden. Zucchini in kleine Würfel schneiden. Paprikaschote halbieren, entstielen, entkernen und die weißen Scheidewände entfernen. Schote abspülen, trocken tupfen und ebenfalls in kleine Würfel schneiden. Zwiebel abziehen und fein würfeln.
3. Olivenöl in einer Pfanne erhitzen. Zwiebelwürfel darin andünsten, Zucchini- und Paprikawürfel hinzugeben. Die Gemüsewürfel etwa 5 Minuten unter gelegentlichem Rühren dünsten. Oregano abspülen und trocken tupfen. Die Blättchen von den Stängeln zupfen, Blättchen klein schneiden und zu den Gemüsewürfeln geben. Mit Salz und Pfeffer würzen.
4. Fencheltaschen mit den Gemüsewürfeln füllen und auf einer Platte anrichten. Mit Fenchelgrün garnieren.

Joghurt-Sorbet mit Gemüse-Pürees

6–8 Portionen (ohne Foto)

Zubereitungszeit: 60 Minuten, ohne Gefrierzeit

300 g Joghurt
(3,5 % Fett)
Saft von 1/2 Zitrone
2 Eiweiß (Größe M)

Für das Brokkoli-Püree:
250 g Brokkoli
125 ml Gemüsebrühe
1 EL Crème fraîche
Salz
ger. Muskatnuss

Für das Steckrüben-Püree:
250 g Steckrüben
125 ml Gemüsebrühe
1 EL Crème fraîche
Zucker
gem. Pfeffer

Für das Rote-Bete-Püree:
250 g Rote Bete
125 ml Gemüsebrühe
etwas Rotwein
gem. Piment

Für das Sellerie-Püree:
250 g Sellerieknolle
125 ml Gemüsebrühe
1–2 TL Zitronensaft
1 EL Crème fraîche

Für das Möhren-Püree:
250 g Möhren
125 ml Gemüsebrühe
1 EL Crème fraîche

Pro Portion:
E: 5 g, F: 6 g, Kh: 10 g,
kJ: 516, kcal: 124

1. Joghurt und Zitronensaft in eine Rührschüssel geben und mit einem Mixer (Rührstäbe) schaumig schlagen. Eiweiß steif schlagen und unterheben.
2. Die Joghurtmasse in eine flache, gefrierfeste Schale füllen und zugedeckt in den Gefrierschrank stellen. Die Joghurtmasse etwa 3 Stunden gefrieren lassen. Die Masse alle 30 Minuten umrühren.
3. Für das Brokkoli-Püree Brokkoli putzen, in Röschen teilen, die Stängel abschneiden und schälen. Den Brokkoli abspülen, abtropfen lassen und in der kochenden Gemüsebrühe 8–10 Minuten garen. Den Brokkoli in einem Sieb abtropfen lassen und anschließend mit einem Pürierstab oder im Mixer pürieren. Crème fraîche unterheben, mit Salz und Muskat abschmecken.
4. Für das Steckrüben-Püree die Steckrüben putzen, schälen, abspülen, abtropfen lassen und in Stifte schneiden. Die Steckrübenstifte in

der kochenden Gemüsebrühe etwa 30 Minuten garen. Steckrübenstifte in einem Sieb abtropfen lassen und pürieren. Crème fraîche unterheben, mit Salz, Zucker und Pfeffer abschmecken.

5. Für das Rote-Bete-Püree Rote Bete putzen, unter fließendem kalten Wasser abbürsten, schälen und in dünne Scheiben schneiden. Rote-Bete-Scheiben in der kochenden Gemüsebrühe etwa 30 Minuten garen, dann in einem Sieb abtropfen lassen und pürieren. Rotwein unterrühren. Mit Salz, Pfeffer und Piment abschmecken.

6. Für das Sellerie-Püree Sellerie putzen, abspülen, abtropfen lassen, in Scheiben schneiden. Selleriescheiben in der kochenden Gemüsebrühe etwa 12 Minuten garen, dann in einem Sieb abtropfen lassen. Selleriescheiben mit Zitronensaft pürieren, Crème fraîche unterheben, mit Salz und Muskat abschmecken.

7. Für das Möhren-Püree Möhren putzen, abspülen, abtropfen lassen und in Scheiben schneiden. Die Möhrenscheiben in der kochenden Gemüsebrühe etwa 10 Minuten garen, dann in einem Sieb abtropfen lassen und pürieren. Anschließend Crème fraîche unterheben, mit Salz und Pfeffer abschmecken.

8. Joghurt-Sorbet auf Tellern verteilen und mit den verschiedenen Pürees anrichten oder Joghurt-Sorbet mit den Pürees in Gläsern anrichten.

Tipp: Servieren Sie dazu die Tomatensalsa von Seite 65.

Fetakäse-Gemüse-Spieße

4 Portionen

Zubereitungszeit: 35 Minuten
Grillzeit: 6–8 Minuten

16 Cocktailtomaten
16 mittelgroße Champignons
200 g abgetropfte Fetakäsewürfel, in Öl mit Kräutern
1 mittelgroße Zucchini

Außerdem:
8 Holzspieße

Pro Portion:
E: 11 g, F: 10 g, Kh: 4 g,
kJ: 682, kcal: 163

1. Tomaten abspülen, trocken tupfen und die Stängelansätze herausschneiden. Champignons putzen, evtl. kurz abspülen und trocken tupfen. Vom Käse das Öl auffangen.

2. Zucchini abspülen, abtrocknen und die Enden abschneiden. Zucchini quer halbieren und dann längs in etwa 24 sehr dünne Scheiben schneiden (mithilfe eines Sparschälers).

3. Die Käsewürfel mit je 1 Zucchinischeibe umwickeln (ergibt etwa 24 Stück).

4. Den Backofengrill vorheizen.

5. Je 2 Cocktailtomaten, 2 Champignons und 3 Zucchinipäckchen abwechselnd auf 8 Holzspieße stecken.

6. Die Spieße mit dem aufgefangenen Öl des Fetakäses bestreichen und auf ein Backblech (mit Alufolie belegt) legen. Das Backblech unter den vorgeheizten Grill schieben und die Spieße 6–8 Minuten grillen. Die Spieße zwischendurch wenden und evtl. nochmals mit Öl bestreichen.

Gemüsepfeile „Robin Hood"

8–10 Portionen

Zubereitungszeit: 30 Minuten

2 Bund Radieschen (je etwa 100 g)
200 g Cocktailtomaten
1 kleine Salatgurke (etwa 200 g)
800 g junger Gouda

Außerdem:
Holz- oder Cocktailspieße

Pro Portion:
E: 21 g, F: 26 g, Kh: 3 g,
kJ: 1463, kcal: 350

1. Radieschen putzen, abspülen, trocken tupfen und in Scheiben schneiden. Tomaten abspülen und trocken tupfen.

2. Gurke gut abspülen, abtrocknen und die Enden abschneiden. Gurke längs halbieren und mit der Schale in etwa 1 cm breite Stücke schneiden. Gouda mit einem Buntschneidemesser zuerst in dicke Scheiben, dann in kleine Rechtecke schneiden.

3. Die vorbereiteten Zutaten in bunter Reihenfolge auf Holz- oder Cocktailspieße stecken.

Fetakäse-Gemüse-Spieße

Gemüsepfeile „Robin Hood"

Camembert mit Sauergemüse

4 Portionen

Zubereitungszeit: 15 Minuten
Backzeit: etwa 10 Minuten

400 g kleine, festkochende Kartoffeln
Salz
Kümmelsamen
2 Knoblauchzehen
4 Camemberts (je 250 g, 45 % Fett)
2 EL Olivenöl
gem. Pfeffer
100 ml trockener, kräftiger Weißwein
185 g abgetropfte Cornichons (aus dem Glas)
180–200 g Maiskolben (aus dem Glas)

Außerdem:
4 Bratschläuche

Pro Portion:
E: 54 g, F: 61 g, Kh: 17 g,
kJ: 3609, kcal: 862

1. Kartoffeln unter fließendem kalten Wasser gründlich abbürsten. Kartoffeln in einem Topf knapp mit Wasser bedeckt, zugedeckt zum Kochen bringen, Salz und Kümmel hinzufügen. Die Kartoffeln in 20–25 Minuten gar kochen.
2. Den Backofen vorheizen.
Ober-/Unterhitze: etwa 180 °C
Heißluft: etwa 160 °C
3. In der Zwischenzeit Knoblauch abziehen und sehr klein schneiden. Camembert aus der Packung nehmen und jeweils in die Mitte eine Vertiefung eindrücken. Camembert mit Olivenöl bestreichen, mit Pfeffer und Knoblauch bestreuen.
4. Jeweils 1 Camembert in einen Bratschlauch legen und die Vertiefungen mit Wein auffüllen. Die Bratschläuche nach Packungsanleitung verschließen und auf ein Backblech setzen. Das Backblech in den vorgeheizten Backofen schieben. Camembert etwa 10 Minuten backen (der Camembert ist je nach Reifegrad fast zerlaufen).
5. Die gegarten Kartoffeln abgießen.
6. Die Bratschläuche aufschneiden. Camembert herausnehmen und auf einer vorgewärmten Platte anrichten. Die Kartoffeln, Cornichons und Maiskolben als Beilage zum Camembert reichen.

Camembert mit Sauergemüse

Kräuterkäse-Kranz mit Pilzsalat

8 Portionen (ohne Foto)

Zubereitungszeit: 50 Minuten, ohne Kühl- und Durchziehzeit

Für den Kräuterkäse-Kranz:
1 kg Doppelrahm-Frischkäse
250 g Schlagsahne
200 g zerlassene Butter
je 1 Bund glatte Petersilie, Basilikum, Dill, Schnittlauch
Salz, gem. Pfeffer

Für den Pilzsalat:
300 g Champignons
300 g Austernpilze
7 EL Nussöl
4 EL Estragon-Essig

einige vorbereitete Basilikumblättchen

Pro Portion:
E: 16 g, F: 82 g, Kh: 7 g,
kJ: 3633, kcal: 868

1. Für den Kräuterkäse-Kranz Frischkäse mit Sahne und Butter in einer Schüssel gut verrühren.
2. Petersilie, Basilikum und Dill abspülen, trocken tupfen. Die Blättchen bzw. Spitzen von den Stängeln zupfen. Blättchen und Spitzen klein schneiden. Schnittlauch abspülen, trocken tupfen und in Röllchen schneiden. Die vorbereiteten Kräuter unter die Käsecreme rühren. Mit Salz und Pfeffer würzen. Die Käsecreme in eine Kranzform (mit Olivenöl ausgestrichen) geben, glatt streichen und zugedeckt etwa 1 Stunde in den Kühlschrank stellen.
3. Für den Pilzsalat Champignons und Austernpilze putzen, evtl. kurz abspülen und trocken tupfen. Größere Pilze halbieren oder in Scheiben schneiden.
4. Die Hälfte des Nussöls in einer Pfanne erhitzen, die Pilze darin evtl. in 2 Portionen unter Rühren anbraten, etwas abkühlen lassen.

Manchego-Käsewürfel, marinierte

Bunte Paprikaspieße mit Couscous

5. Essig mit Salz und Pfeffer verrühren, restliches Nussöl unterschlagen. Die Marinade zu den Pilzen geben und vorsichtig unterheben. Den Salat etwas durchziehen lassen.
6. Den Kräuterkäse-Kranz auf einen Teller stürzen. Den Pilzsalat in die Mitte füllen. Restlichen Pilzsalat dazureichen, mit Basilikumblättchen garniert servieren.

Manchego-Käsewürfel, marinierte

4 Portionen

Zubereitungszeit: 30 Minuten, ohne Durchziehzeit

2 Schalotten
1 Stängel Rosmarin
je 1 rote und grüne Chilischote
4 EL Olivenöl
400 g Manchego-Käse (spanischer Käse)
Salz
gem. Pfeffer

Pro Portion:
E: 28 g, F: 40 g, Kh: 1 g,
kJ: 1979, kcal: 473

1. Schalotten abziehen und in kleine Würfel schneiden. Rosmarin abspülen und trocken tupfen. Die Nadeln von den Stängeln zupfen. Nadeln klein schneiden. Chilischoten entstielen, halbieren, entkernen, abspülen, trocken tupfen und in sehr kleine Würfel schneiden.
2. Schalottenwürfel mit Rosmarinnadeln, Chiliwürfeln und Olivenöl vermischen.
3. Käse in Würfel schneiden, in eine Schüssel geben und mit der Marinade übergießen. Mit Salz und Pfeffer würzen.
4. Die Käsewürfel zugedeckt in den Kühlschrank stellen und etwa 1 Stunde durchziehen lassen.

Bunte Paprikaspieße mit Couscous

4 Portionen

VEGAN

Zubereitungszeit: 25 Minuten
Garzeit: etwa 15 Minuten

4 Paprikaschoten (rot, gelb, grün gemischt)
2 rote Zwiebeln
120 g Instant-Couscous
2 Tomaten
4 Frühlingszwiebeln
4 Stängel Minze
1 Bio-Limette (unbehandelt, ungewachst)
Salz
gem. Pfeffer
5 EL Olivenöl

4 Stängel Koriander

Außerdem:
8 Holzspieße

Pro Portion:
E: 7 g, F: 11 g, Kh: 36 g,
kJ: 1131, kcal: 270

1. Die Paprikaschoten halbieren, entstielen, entkernen und die weißen Scheidewände entfernen. Schoten abspülen, abtropfen lassen und in gleich große Stücke schneiden. Zwiebeln abziehen, vierteln, in Größe der Paprikastücke schneiden. Die Paprika- und Zwiebelstücke abwechselnd auf 8 Holzspieße stecken.
2. Den Backofen vorheizen.
Ober-/Unterhitze: etwa 180 °C
Heißluft: etwa 160 °C
3. Couscous nach Packungsanleitung zubereiten. Tomaten abspülen, trocken tupfen, halbieren und die Stängelansätze herausschneiden. Tomaten klein würfeln. Frühlingszwiebeln putzen, abspülen, abtropfen lassen und in feine Scheiben schneiden. Minze abspülen und trocken tupfen. Die Blättchen von den Stängeln zupfen, in feine Streifen schneiden.
4. Limette heiß abwaschen, abtrocknen und die Schale fein abreiben. Die Limette halbieren, Saft auspressen.
5. Das vorbereitete Gemüse mit Couscous vermischen. Couscous mit Limettensaft, -schale, Salz und Pfeffer würzen. 3 Esslöffel Olivenöl und die Minzestreifen unterheben.
6. Restliches Olivenöl in einer hitzebeständigen Pfanne erhitzen. Die Paprikaspieße darin von allen Seiten anbraten, mit Salz und Pfeffer würzen. Die Pfanne auf dem Rost in den vorgeheizten Backofen schieben. Die Spieße etwa 15 Minuten garen.
7. Koriander abspülen und trocken tupfen. Die Blättchen von den Stängeln zupfen. Die Paprikaspieße mit dem Couscous anrichten und mit Korianderblättchen garnieren.

Gemüsespießchen, griechische Art

4 Portionen (ohne Foto)

Zubereitungszeit: 70 Minuten, ohne Marinierzeit
Grillzeit: etwa 10 Minuten

16 Cocktailtomaten
Salz, gem. Pfeffer
gerebelter Thymian
150 g Schafskäse
8 abgetropfte, grüne Oliven
1 kleine Aubergine (etwa 250 g)
1 kleine Zucchini (etwa 150 g)
2 TL Zitronensaft
gerebelter Oregano
8 EL Olivenöl
1 kleine Salatgurke (etwa 600 g)
150 g Champignons
30 g Butter
klein geschnittene Minze oder Petersilie

Außerdem:
Grillspieße oder Schaschlikspieße

Pro Portion:
E: 10 g, F: 40 g, Kh: 8 g,
kJ: 1864, kcal: 445

1. Tomaten abspülen, abtrocknen und jeweils einen Deckel abschneiden. Tomaten vorsichtig mit einem Teelöffel aushöhlen. Mit Salz, Pfeffer und Thymian bestreuen.
2. Schafskäse in Würfel schneiden und in den Tomaten verteilen. Oliven halbieren. Die Tomaten mit jeweils 1 Olivenhälfte belegen.
3. Aubergine und Zucchini abspülen, abtrocknen und den Stängelansatz bzw. die Enden abschneiden. Aubergine und Zucchini zunächst längs halbieren, dann in etwa 2 cm große Würfel schneiden. Zitronensaft mit Salz, Pfeffer und Oregano in einer Schüssel verrühren, Olivenöl unterschlagen. Auberginen- und Zucchiniwürfel darin kurz marinieren.
4. Von der Salatgurke die Enden abschneiden. Gurke abspülen, abtrocknen und in etwa 3 cm dicke Scheiben schneiden. Gurkenscheiben mit einem kleinen Löffel aushöhlen, mit Salz und Pfeffer bestreuen.
5. Champignons putzen, evtl. kurz abspülen und trocken tupfen. Butter in einer kleinen Pfanne zerlassen. Champignons darin kurz andünsten, mit Salz und Pfeffer würzen, mit Minze oder Petersilie bestreuen. Die Champignons in die ausgehöhlten Gurkenscheiben legen.
6. Den Backofengrill vorheizen.
7. Abwechselnd die gefüllten Tomaten, Auberginen-, Zucchiniwürfel und gefüllten Gurkenscheiben auf Spieße stecken.
8. Die Gemüsespießchen mit der restlichen Marinade der Auberginen- und Zucchiniwürfel bestreichen. Gemüsespießchen etwa 10 Minuten unter dem vorgeheizten Grill grillen. Dabei zwischendurch wenden.

Mangoldpäckchen auf Gemüse

12 Portionen VEGAN

Zubereitungszeit: 50 Minuten, ohne Einweichzeit
Garzeit: etwa 15 Minuten

400 g Klebreis (erhältlich im Asialaden)
500 ml kaltes Wasser
1/2 gestr. TL Salz
4 Stauden Mangold (etwa 1 kg, kurzstielige Sorte, pro Staude etwa 10 Blätter)
Salz
4 dicke Möhren (etwa 450 g)
440 g abgetropfte Bambussprossen, in Streifen (aus der Dose)
440 g abgetropfte Sojabohnenkeimlinge (aus der Dose)
150 g Shiitakepilze
120 g Margarine (vegean)
100 ml Sud (von den Bambussprossen und Sojabohnenkeimlingen)
50 g Mango-Chutney
Sojasauce
süße Chilisauce

Mangoldpäckchen auf Gemüse

Außerdem:
Bastfäden oder Küchengarn

Pro Portion:
E: 7 g, F: 10 g, Kh: 34 g,
kJ: 1043, kcal: 250

1. Klebreis in kaltem Wasser etwa 60 Minuten einweichen. Anschließend mit dem Einweichwasser und Salz zum Kochen bringen und etwa 15 Minuten garen, bis ein Brei entstanden ist. Den Brei in eine flache Form geben und erkalten lassen.
2. Mangoldstauden putzen, mehrmals gründlich waschen und abtropfen lassen. Mangoldstiele in Streifen schneiden. Die Mangoldblätter in kochendem Salzwasser etwa 2 Minuten blanchieren, mit kaltem Wasser abschrecken, abtropfen lassen und mit Küchenpapier trocken tupfen.
3. Möhren putzen, schälen, abspülen, abtropfen lassen und in feine Streifen schneiden. Von den Bambussprossen und Sojabohnenkeimlingen den Sud auffangen und insgesamt 100 ml abmessen. Pilze evtl. kurz abspülen, trocken tupfen und in Scheiben schneiden.
4. Den Backofen vorheizen.
Ober-/Unterhitze: etwa 180 °C
Heißluft: etwa 160 °C
5. Jeweils etwas Margarine in einem Topf zerlassen. Möhrenstreifen, Bambussprossen, Sojabohnenkeimlinge und Pilzscheiben darin portionsweise unter Rühren andünsten,

mit dem abgemessenen Sud ablöschen. Mit Mango-Chutney, Soja- und Chilisauce kräftig würzen. Das Gemüse in eine Fettpfanne (gefettet) geben.

6. Mangoldblätter ausbreiten. Auf jedes Blatt 1 Esslöffel Klebreis geben und jeweils zusammenfalten. Mit Bast oder Küchengarn verschnüren. Die Päckchen auf das Gemüse setzen. Die Fettpfanne auf dem Rost in den vorgeheizten Backofen schieben. Die Mangoldpäckchen etwa 15 Minuten garen.

Kichererbsen-Sambal mit Minze

VEGAN

2 Portionen (ohne Foto)

Zubereitungszeit: 40 Minuten
Garzeit: 2–3 Minuten

240 g abgetropfte Kichererbsen (aus der Dose)
5 getrocknete Aprikosen
1 rote Zwiebel
100 g Baby-Spinat
12 Cocktailtomaten
2 EL Speiseöl
1 EL Currypulver, mild
1 EL Sambal Oelek
2 EL brauner Zucker (Rohrzucker)
250 ml Gemüsebrühe
Salz
1 TL Speisestärke
5–6 Minzeblättchen
1 EL Limettensaft

Pro Portion:
E: 14 g, F: 14 g, Kh: 60 g,
kJ: 1826, kcal: 436

1. Die Kichererbsen in ein Sieb geben, mit kaltem Wasser abspülen und abtropfen lassen. Aprikosen in kleine Stücke schneiden. Zwiebel abziehen und in etwa 1/2 cm breite Streifen schneiden. Den Spinat putzen, gründlich waschen und gut abtropfen lassen oder trocken schleudern. Tomaten abspülen, abtropfen lassen, halbieren und die Stängelansätze herausschneiden.

2. Speiseöl in einem Topf erhitzen. Zwiebelstreifen darin unter Rühren weich dünsten. Mit Curry, Sambal Oelek und Zucker würzen. Kichererbsen, Aprikosenstücke, Tomatenhälften und Spinat untermischen. Die Brühe hinzugießen, mit Salz würzen.

3. Die Zutaten zum Kochen bringen und 2–3 Minuten kochen lassen. Speisestärke mit etwas Wasser anrühren, unter das Gemüse rühren und unter Rühren kurz aufkochen lassen.

4. Die Minzeblättchen abspülen, trocken tupfen und grob zerschneiden. Minze und Limettensaft unter das Kichererbsen-Sambal mischen.

Türkische Joghurtsauce

6 Portionen (ohne Foto)

Zubereitungszeit: 15 Minuten, ohne Abkühlzeit

1 kg Joghurt (3,5 % Fett)
6 Knoblauchzehen
2 gestr. TL Salz
2 EL klein geschnittene, glatte Petersilie
2 EL Sesamsamen

Pro Portion:
E: 8 g, F: 8 g, Kh: 9 g,
kJ: 620, kcal: 149

1. Joghurt in einem Sieb (mit Küchenpapier ausgelegt) abtropfen lassen. Knoblauch abziehen, mit Salz in einem Mörser zu einer glatten Paste verreiben. Petersilie abspülen und trocken tupfen. Die Blättchen von den Stängeln zupfen. Blättchen klein schneiden.

2. Joghurt in eine Schüssel geben. Knoblauchpaste und Petersilie gut unterrühren.

3. Sesam in einer Pfanne ohne Fett unter Rühren goldbraun rösten, herausnehmen und abkühlen lassen. Die Sauce anrichten und mit Sesam bestreut servieren.

Sandwichtoast

10 Portionen

Zubereitungszeit: 50 Minuten

125 g Rucola (Rauke)
100 g abgetropfte, getrocknete Tomaten, in Öl
2 kleine, rote Zwiebeln
300 g Ziegenfrischkäse
20 Scheiben Sandwichtoast

Pro Portion:
E: 9 g, F: 11 g, Kh: 39 g,
kJ: 1232, kcal: 295

1. Rucola putzen und die dicken Stiele herausschneiden. Rucola abspülen, trocken tupfen und grob zerkleinern. Tomaten in kleine Würfel schneiden. Zwiebeln abziehen und in dünne Scheiben schneiden.

2. Rucola und Tomatenwürfel mit dem Frischkäse verrühren. Die Hälfte der Toastscheiben damit bestreichen. Zwiebelscheiben darauf verteilen, die restlichen Toastscheiben darauflegen und leicht andrücken.

3. Die belegten Toastscheiben nacheinander in den vorgeheizten Sandwichtoaster (gefettet) legen, jeweils etwa 5 Minuten toasten, diagonal halbieren und warm stellen.

Sandwichtoast

Knusperröllchen, exotisch

Knusperröllchen, exotisch

4 Portionen

Zubereitungszeit: 30 Minuten, ohne Abkühl- und Antauzeit

120 g Langkornreis
250 ml Gemüsebrühe
200 g Doppelrahm-Frischkäse
100 g Rosinen
40 g Pistazienkerne
30 g Pinienkerne
30 g gehackte Mandeln
2 TL Garam Masala
1 Pck. TK-Frühlingsrollenteig (21,5 x 21,5 cm, Asialaden)
1 l Sojaöl

Außerdem:
evtl. Holzstäbchen

Pro Portion:
E: 15 g, F: 63 g, Kh: 53 g,
kJ: 3615, kcal: 864

1. Reis mit Brühe in einem Topf zum Kochen bringen und zugedeckt etwa 20 Minuten bei schwacher Hitze ausquellen und abkühlen lassen.
2. Den Reis mit Frischkäse, Rosinen, Pistazien-, Pinienkernen, Mandeln und Garam Masala gut vermischen.
3. Von dem TK-Teig 15 Blätter entnehmen. Restliche Blätter wieder einfrieren. Die entnommenen Teigblätter antauen lassen.
4. Die Teigblätter mit der Reismasse füllen und zusammenrollen, dabei die Ränder einschlagen, damit keine Füllung austritt, evtl. mit Holzstäbchen feststecken.
5. Sojaöl in einer Fritteuse auf etwa 180 °C erhitzen. Die Röllchen darin portionsweise knusprig braun ausbacken, dabei einmal wenden.
6. Die Knusperrollen mit einem Schaumlöffel herausnehmen und auf Küchenpapier abtropfen lassen.

Tomaten-Quark-Dip

8–10 Portionen (ohne Foto)

Zubereitungszeit: 25 Minuten

750 g Fleischtomaten
600 g Kräuterquark
1–2 EL abgetropfte Pfefferkörner (in Lake)
Salz
Zucker

Pro Portion:
E: 6 g, F: 6 g, Kh: 5 g,
kJ: 417, kcal: 100

1. Tomaten kreuzweise einschneiden und mit kochendem Wasser übergießen. Nach 1–2 Minuten herausnehmen und mit kaltem Wasser abschrecken. Tomaten häuten, halbieren und die Stängelansätze herausschneiden. Tomaten in Würfel schneiden.
2. Quark in eine Schüssel geben. Tomatenwürfel und etwas zerdrückte Pfefferkörner hinzugeben und gut unterrühren. Den Dip mit Salz und Zucker abschmecken.

Tipp: Tomaten-Quark-Dip passt gut zu rohem Staudensellerie oder Chicorée.

Käsestangen mit verschiedenen Saucen

20 Stück

Zubereitungszeit: 30 Minuten, ohne Kühlzeit
Backzeit: etwa 15 Minuten

Für den Knetteig:
300 g Weizenmehl
200 g Butter
30 g ger. Parmesan
1 TL Paprikapulver edelsüß
1 EL gem. Pfeffer
1 Eigelb (Größe M)
1 EL Eiswasser

1 Eigelb
2 EL Milch
100 g ger. Parmesan
100 g geschälte Sesamsamen

Pro Stück:
E: 5 g, F: 14 g, Kh: 13 g,
kJ: 822, kcal: 197

1. Für den Teig das Mehl in eine Rührschüssel geben. Die restlichen Zutaten hinzufügen und mit einem Mixer (Knethaken) zunächst kurz auf niedrigster, dann auf höchster Stufe gut durcharbeiten. Anschließend auf einer leicht bemehlten Arbeitsfläche zu einem glatten Teig verkneten. Den Teig in Frischhaltefolie gewickelt etwa 2 Stunden in den Kühlschrank stellen.
2. Den Backofen vorheizen.
Ober-/Unterhitze: etwa 180 °C
Heißluft: etwa 160 °C
3. Den kalt gestellten Teig auf der leicht bemehlten Arbeitsfläche zu einem Quadrat (etwa 40 x 40 cm) ausrollen. Eigelb mit Milch verschlagen. Die Hälfte der Teigplatte damit bestreichen und mit Käse bestreuen. Die nicht bestrichene Teighälfte darüberklappen, mit einer Teigrolle fest andrücken. Teigoberfläche mit der restlichen Eigelbmilch bestreichen und mit Sesam bestreuen.
4. Den Teig senkrecht in etwa 2 cm breite Streifen schneiden, auf ein

Backblech (mit Backpapier belegt) legen. Das Backblech in den vorgeheizten Backofen schieben. Käsestangen etwa 15 Minuten backen.
5. Die Käsestangen mit dem Backpapier vom Backblech auf einen Kuchenrost ziehen. Käsestangen erkalten lassen.

Für die Paprikasalsa:
10 Portionen
(im Foto Mitte)

VEGAN

Zubereitungszeit: 30 Minuten

je 4 rote und gelbe Paprikaschoten
1 Zwiebel, 1 Knoblauchzehe
4 Stängel Zitronenthymian
2 EL Balsamico-Essig
30 ml Olivenöl
1 TL mittelscharfer Senf
1 Prise Zucker
Salz, gem. Pfeffer

Pro Portion:
E: 2 g, F: 3 g, Kh: 7 g,
kJ: 287, kcal: 69

1. Paprikaschoten mit einem Sparschäler dünn schälen. Schoten halbieren, entstielen, entkernen und weiße Scheidewände entfernen. Die Schoten würfeln und in eine Schüssel geben.
2. Zwiebel und Knoblauch abziehen, in kleine Würfel schneiden. Zwiebelwürfel unter die Paprikawürfel mischen. Knoblauchwürfel in eine kleine Schüssel geben.
3. Den Thymian abspülen, trocken tupfen. Blättchen von den Stängeln zupfen. Blättchen zu den Knoblauchwürfeln geben. Essig unterrühren. Olivenöl unterschlagen. Mit Senf, Zucker, Salz und Pfeffer würzen. Die Marinade zu den Paprikawürfeln geben, gut untermischen. Salsa in den Kühlschrank stellen und über Nacht durchziehen lassen.

Für die Olivensalsa:
10 Portionen
(im Foto links)

VEGAN

Zubereitungszeit: 30 Minuten

je 200 g abgetropfte, grüne und schwarze Oliven
1 Bund Frühlingszwiebeln
3 Stängel Petersilie
1 Bio-Orange (unbehandelt, ungewachst)
3 EL Zitronensaft
1 TL brauner Zucker
Salz, gem. Pfeffer
4 EL Olivenöl

Pro Portion:
E: 1 g, F: 15 g, Kh: 4 g,
kJ: 642, kcal: 153

1. Oliven grob hacken. Frühlingszwiebeln putzen, abspülen, abtropfen lassen, sehr klein schneiden. Petersilie abspülen, trocken tupfen. Blättchen von den Stängeln zupfen, grob zerschneiden. Vorbereitete Zutaten in einer Schüssel vermischen.

Käsestangen mit verschiedenen Saucen

2. Orange heiß abwaschen, abtrocknen. Schale abreiben, in eine Schüssel geben. Orange halbieren und den Saft auspressen. Orangensaft, -schale, Zitronensaft, Zucker, Salz und Pfeffer in eine Schüssel geben. Olivenöl unterschlagen. Die Marinade mit den vorbereiteten Zutaten vermischen. Die Salsa in den Kühlschrank stellen und in Gläsern servieren.

Für die Tomatensalsa:
10 Portionen
(im Foto rechts)

Zubereitungszeit: 30 Minuten

400 g reife Strauchtomaten
200 g Cocktailtomaten
100 g abgetropfte, getrocknete Tomaten, in Öl
1 rote Zwiebel
100 g abgetropfte, grüne Oliven, ohne Stein
1 Bund Basilikum
2 EL Tomatenöl (von den getrockneten Tomaten) oder Olivenöl
50 g frisch gehobelter Parmesan
Salz, gem. Pfeffer

Pro Portion:
E: 3 g, F: 6 g, Kh: 5 g,
kJ: 358, kcal: 85

1. Strauch- und Cocktailtomaten abspülen, trocken tupfen. Strauchtomaten halbieren, entstielen, entkernen und Stängelansätze herausschneiden. Tomatenhälften in kleine Würfel schneiden. Cocktailtomaten halbieren, Stängelansätze herausschneiden. Von den getrockneten Tomaten evtl. das Öl auffangen. Die Tomaten fein hacken.
2. Zwiebel abziehen, klein würfeln. Oliven grob hacken. Vorbereitete Zutaten in eine Schüssel geben.
3. Basilikum abspülen, trocken tupfen. Blättchen von den Stängeln zupfen, in feine Streifen schneiden und unter die Zutaten heben. Tomaten- oder Olivenöl hinzugießen, mit dem Parmesan unter die Salsa mischen. Mit Salz und Pfeffer abschmecken.

Gemüse-Tempura mit Sojasauce, Limette und Wasabi

VEGAN

4 Portionen

Zubereitungszeit: 30 Minuten, ohne Teigquellzeit

Für den Tempura-Teig:
200 ml Eiswasser
200 g Weizenmehl
125 g Speisestärke
30 ml Sake (Reiswein)
1 EL Sonnenblumenöl
Salz

etwa 1 l Speiseöl zum Ausbacken
125 g Shiitakepilze
500 g Brokkoli
je 1 rote und gelbe Paprikaschote
500 g Thaispargel
2 Bio-Limetten
(unbehandelt, ungewachst)
250 ml Sojasauce
45 g Wasabipaste

Pro Portion:
E: 17 g, F: 34 g, Kh: 82 g,
kJ: 2976, kcal: 710

1. Für den Teig Eiswasser in eine Rührschüssel geben. Mehl, Speisestärke, Reiswein, Sonnenblumenöl und Salz hinzugeben. Die Zutaten kurz zu einem glatten Teig verrühren. Den Teig mindestens 30 Minuten in den Kühlschrank stellen und quellen lassen. Der Teig sollte die ganze Zeit kalt stehen, damit er gut an dem Gemüse haftet.
2. Speiseöl in einem hohen Topf oder in einer Fritteuse auf etwa 180 °C erhitzen.
3. In der Zwischenzeit Pilze putzen und die harten Stiele abschneiden. Pilze kurz abspülen und trocken tupfen. Den Brokkoli putzen und in Röschen teilen. Die Brokkoliröschen abspülen und abtropfen lassen. Die Paprikaschoten vierteln, entstielen, entkernen und die weißen Scheidewände entfernen. Paprikaviertel nochmals längs durchschneiden. Paprikastücke abspülen und abtropfen lassen. Von dem Spargel die unteren Enden abschneiden. Spargel abspülen und abtropfen lassen.
4. Die vorbereiteten Gemüsestücke einzeln durch den Teig ziehen, am Schüsselrand abstreifen und portionsweise (je etwa 10 Stück) in dem siedenden Speiseöl 3–4 Minuten knusprig ausbacken, dabei einmal wenden. Gemüsestücke mit einer Schaumkelle herausnehmen und auf Küchenpapier abtropfen lassen.
5. Limetten heiß abwaschen, abtrocknen und in Spalten schneiden. Das Gemüse auf einer Platte mit den Limettenspalten anrichten. Sojasauce und Wasabipaste dazureichen.

Gemüse-Tempura mit Sojasauce, Limette und Wasabi

Gemüsetaler mit Dip

26 Stück

Zubereitungszeit: 40 Minuten

200 g Kartoffeln
200 g Möhren
200 g Sojakeimlinge
1 Zwiebel
3 Scheiben Toastbrot
1 Ei (Größe M)
Kräutersalz
gem. Pfeffer
Paprikapulver edelsüß
4 EL Semmelbrösel

Für den Quark-Kräuter-Dip:
250 g Magerquark
6 EL Schlagsahne
je 1 EL Dill, Schnittlauch, Petersilie
(klein geschnitten)

125 ml Sonnenblumenöl
einige Stängel Dill

Pro Stück:
E: 2 g, F: 6 g, Kh: 5 g,
kJ: 379, kcal: 91

1. Die Kartoffeln schälen, abspülen, abtropfen lassen und fein raspeln. Möhren putzen, schälen, abspülen, ebenfalls fein raspeln. Sojakeimlinge verlesen, in ein Sieb geben, mit kaltem Wasser abspülen, gut abtropfen lassen und hacken.
2. Zwiebel abziehen und klein würfeln. Toastbrot im Blitzhacker oder Mixer zerbröseln. Kartoffel-, Möhrenraspel und Sojakeimlinge in eine Rührschüssel geben. Toastbrotbrösel und das Ei hinzugeben. Die Zutaten gut vermischen, mit Salz, Pfeffer und Paprika würzen.
3. Masse zu einer Rolle (Ø 3–4 cm) formen, anschließend in etwa 1 cm dicke Scheiben schneiden und dann in Semmelbröseln wenden.
4. Für den Dip Quark mit Sahne, Dill, Schnittlauchröllchen und Petersilie verrühren. Mit Salz, Pfeffer und Paprika würzen.
5. Sonnenblumenöl in einer großen Pfanne erhitzen. Die Taler darin etwa

Gemüsetaler mit Dip

Spinat- und Weizen-Wraps

10 Minuten bei schwacher Hitze von beiden Seiten braten. Die Taler herausnehmen und auf Küchenpapier abtropfen lassen.
6. Dill abspülen und trocken tupfen. Die Spitzen von den Stängeln zupfen. Spitzen evtl. etwas kleiner zupfen.
7. Die Gemüsetaler auf einer Platte anrichten. Jeweils einen Teelöffel von dem Dip daraufgeben und mit Dillspitzen belegen.

Knusperfladen

4 Portionen (10 Stück, ohne Foto)

Zubereitungszeit: 15 Minuten, ohne Einweichzeit
Backzeit: etwa 25 Minuten

125 g Weizenkörner
125 g Roggenkörner
125 g Gerstenkörner
500 ml heißes Wasser
1 gestr. TL Kräutersalz
2 Eigelb (Größe M)
2 EL Magerquark
gem. weißer Pfeffer
100 g ger. Höhlenkäse
3 EL Sesamsamen
oder Alfalfakeime

Pro Portion:
E: 37 g, F: 22 g, Kh: 41 g,
kJ: 2286, kcal: 546

1. Weizen-, Roggen- und Gerstenkörner im Reformhaus grob schroten lassen, mit heißem Wasser übergießen und einige Stunden einweichen lassen. Anschließend in einem Sieb abtropfen lassen.
2. Den Backofen vorheizen.
Ober-/Unterhitze: etwa 160 °C
Heißluft: etwa 140 °C
3. Getreideschrot mit Kräutersalz, Eigelb, Quark und Pfeffer verrühren. Von der Masse mit einem Löffel kleine, dünne Fladen auf ein Backblech (mit Backpapier belegt) geben.
4. Die Fladen zuerst mit Käse, dann mit Sesam oder Alfalfakeimen bestreuen. Das Backblech in den vorgeheizten Backofen schieben. Die Knusperfladen etwa 25 Minuten backen.
5. Die gebackenen Knusperfladen vom Backpapier lösen und auf einem Kuchenrost etwas abkühlen lassen.

Spinat- und Weizen-Wraps

24 Stück

Zubereitungszeit: 70 Minuten

Für die Spinat-Wraps:
1 Lollo bionda
1 kleines Bund Koriander
200 g Delikatessmayonnaise
50 g Mango-Chutney
1 gestr. TL Currypulver
Salz, gem. Pfeffer
500 g abgetropfte Ananasstücke (aus der Dose)
400 g abgetropfte Sojabohnenkeimlinge (aus dem Glas)
12 Spinat-Wraps (500 g, Ø 18 cm)

Für die Weizen-Wraps:
1 Lollo bionda
1 Bund glatte Petersilie
je 1 rote, grüne und gelbe Paprikaschote (etwa 600 g)
1 große Zwiebel
200 g Delikatessmayonnaise
8 EL süße Chilisauce
12 Weizenmehl-Wraps (560 g, Ø 24 cm)

Pro Stück:
E: 4 g, F: 15 g, Kh: 26 g,
kJ: 1106, kcal: 264

1. Für die Spinat-Wraps Salat putzen, abspülen, trocken tupfen. Koriander abspülen, trocken tupfen. Blättchen von den Stängeln zupfen.
2. Mayonnaise mit Mango-Chutney und Curry verrühren, mit Salz und Pfeffer würzen.
3. Spinat-Wraps nacheinander mit je einem Salatblatt, etwas Curry-Mayonnaise, Ananasstücken, Sojabohnenkeimlingen und Korianderblättern belegen und aufrollen.
4. Für die Weizen-Wraps Salat putzen, abspülen und trocken tupfen. Petersilie abspülen und trocken tupfen. Die Blättchen von den Stängeln zupfen. Paprikaschoten halbieren, entstielen, entkernen und die weißen Scheidewände entfernen. Schoten abspülen, trocken tupfen und in schmale Streifen schneiden. Zwiebel abziehen, halbieren und ebenfalls in schmale Streifen schneiden.
5. Mayonnaise mit Chilisauce verrühren und mit Pfeffer würzen.
6. Weizen-Wraps nacheinander mit je einem Salatblatt, etwas Chili-Mayonnaise, Paprika-, Zwiebelstreifen und Petersilienblättchen belegen und aufrollen oder in Tütenform einschlagen.

Geröstete Brotspieße mit Salat

Kräuterquark mit Pellkartoffeln

Geröstete Brotspieße mit Salat

12 Portionen (12 Spieße)

Zubereitungszeit: 40 Minuten
Grillzeit: etwa 10 Minuten je Backblech

1–2 Baguettes (etwa 375 g)
1–2 Baguettes mit Kräutern, z. B. mit Kräutern der Provence (etwa 375 g)
1–2 Bauern- oder Vollkorn-Baguettes (etwa 375 g)
1 Bund gemischte Kräuter, z. B. Petersilie, Dill, Kerbel
4 Knoblauchzehen
300 g Butter
Salz, gem. Pfeffer
Worcestersauce

Für den Salat:
etwa 1 1/4 kg kleine, gemischte Blattsalate, z. B. Radicchio, Spinat, Frisée, Endivie
300 g Jogurt (3,5 % Fett)
100 ml Weißweinessig
1 EL mittelscharfer Senf
1 Prise Zucker

Außerdem:
12 Spieße, z. B. Bambusspieße (etwa 30 cm lang) oder Metallspieße

Pro Portion:
E: 12 g, F: 24 g, Kh: 52 g,
kJ: 1997, kcal: 476

1. Baguette-Brote in etwa 2 cm dicke Scheiben schneiden. Je Baguette-Sorte 2 Brotscheiben auf einen Spieß stecken. Die Spieße nebeneinander auf 1–2 Backbleche (mit Backpapier belegt) legen.
2. Die Kräuter abspülen und trocken tupfen. Die Blättchen bzw. Spitzen von den Stängeln zupfen. Blättchen bzw. Spitzen fein schneiden. Knoblauch abziehen und durch eine Knoblauchpresse drücken.
3. Butter in einem Topf zerlassen. Kräuter und Knoblauch unterrühren, mit Salz, Pfeffer und Worcestersauce herzhaft würzen.
4. Die gewürzte Kräuterbutter mit einem Backpinsel auf die Baguette-Spieße streichen. So lange wiederholen, bis die gesamte Kräuterbutter aufgebraucht ist.
5. Für den Salat die Salate putzen und die äußeren, welken Blätter bzw. dicke Stiele entfernen. Salatblätter vom Strunk zupfen, in reichlich kaltem Wasser gründlich waschen, aber nicht drücken. Salatblätter in einem Sieb gut abtropfen lassen. Große Blätter kleiner zupfen.
6. Joghurt mit Essig und Senf verrühren, mit Salz, Pfeffer und Zucker abschmecken.
7. Den Backofengrill auf etwa 240 °C vorheizen.
8. Die Backbleche nacheinander im oberen Drittel unter den vorgeheizten Backofengrill schieben. Die Baguette-Spieße etwa 10 Minuten je Backblech rösten, dabei die Spieße einmal wenden.
9. Die Salatblätter mit dem Joghurtdressing vermischen und zu den gerösteten Brotspießen reichen.

Kräuterquark mit Pellkartoffeln

4 Portionen

Zubereitungszeit: 35 Minuten

1 kg Kartoffeln
Salz
500 g Speisequark (20 % Fett)
125 g Schlagsahne
1 Bund Schnittlauch
1 Bund Petersilie
gem. Pfeffer

Pro Portion:
E: 21 g, F: 17 g, Kh: 42 g,
kJ: 1727, kcal: 413

1. Kartoffeln unter fließendem kalten Wasser abbürsten, abtropfen lassen, in einem Topf knapp mit Wasser bedeckt, zugedeckt zum Kochen bringen, Salz hinzufügen. Kartoffeln in 20–25 Minuten gar kochen.
2. In der Zwischenzeit Quark mit Sahne in einer Schüssel verrühren.
3. Schnittlauch und Petersilie abspülen, trocken tupfen. Schnittlauch in feine Röllchen schneiden. Von der Petersilie die Blättchen von den Stängeln zupfen. Blättchen klein schneiden.
4. Die Kräuter unter den Quark rühren. Mit Salz und Pfeffer würzen. Den Kräuterquark cremig aufschlagen.
5. Die gegarten Kartoffeln abgießen und abdämpfen. Die Kartoffeln mit 2 Gabeln aufbrechen. Jeweils 1 Esslöffel Kräuterquark hineingeben und sofort servieren.

Gemüsespieße italienische Art

4 Spieße (ohne Foto) VEGAN

Zubereitungszeit: 30 Minuten, ohne Marinierzeit
Grillzeit: 10–15 Minuten

2 Fenchelknollen mit Grün
Salz
3 kleine Zucchini
100 g abgetropfte, schwarze Oliven, mit Stein
1 Bio-Zitrone (unbehandelt, ungewachst)
2 TL getrocknete, italienische Kräutermischung
8 EL Olivenöl
gem. Pfeffer

Außerdem:
4 Holzspieße

Pro Spieß:
E: 5 g, F: 25 g, Kh: 8 g,
kJ: 1158, kcal: 276

1. Von den Fenchelknollen die Stiele oberhalb der Knollen abschneiden. Fenchel putzen, abspülen, abtropfen lassen und in Stücke schneiden. Das zarte Fenchelgrün beiseitelegen. Salzwasser in einem Topf zum Kochen bringen. Fenchelstücke darin etwa 3 Minuten vorgaren, anschließend in ein Sieb geben, mit kaltem Wasser abschrecken und abtropfen lassen.
2. Zucchini abspülen, abtrocknen und die Enden abschneiden. Zucchini in fingerdicke Scheiben schneiden.
3. Fenchelstücke, Zucchinischeiben und Oliven abwechselnd auf Holzspieße stecken und in eine flache Schale legen.
4. Die Zitrone heiß abwaschen, abtrocknen und die Schale dünn abreiben. Die Zitrone halbieren und den Saft auspressen. Die Zitronenschale mit 4 Esslöffeln Zitronensaft und der Kräutermischung verrühren, Olivenöl unterschlagen.
5. Die Marinade auf den Spießen verteilen, mit Salz und Pfeffer würzen. Die Spieße zugedeckt etwa 30 Minuten marinieren, dabei ab und zu mit der Marinade übergießen.
6. Den Backofengrill vorheizen.
7. Die Gemüsespieße gut abtropfen lassen und unter dem vorgeheizten Grill 10–15 Minuten grillen, dabei mehrmals wenden.
8. Die Gemüsespieße vor dem Servieren mit der Marinade übergießen und mit dem beiseitegelegten, klein geschnittenem Fenchelgrün bestreuen.

Kartoffelecken mit Kräutern und Cocktailtomaten

Kartoffelecken mit Kräutern und Cocktailtomaten

4 Portionen VEGAN

Zubereitungszeit: 15 Minuten
Garzeit: 30–40 Minuten

1 1/2 kg große, festkochende Kartoffeln
1 Stängel Rosmarin
1 Stängel Thymian
6 EL Olivenöl
1 EL grobes Meersalz
gem. Pfeffer
200 g Cocktailtomaten

Pro Portion:
E: 8 g, F: 15 g, Kh: 60 g,
kJ: 1745, kcal: 415

1. Kartoffeln unter fließendem kalten Wasser gründlich abbürsten und abtrocknen.
2. Den Backofen vorheizen.
Ober-/Unterhitze: etwa 200 °C
Heißluft: etwa 180 °C
3. Kartoffeln zuerst längs halbieren, dann vierteln. Rosmarin und Thymian abspülen und trocken tupfen. Die Nadeln bzw. Blättchen von den Stängeln zupfen.
4. Die Kartoffelviertel, Rosmarinnadeln und Thymianblättchen in einer Schüssel mischen. 5 Esslöffel des Olivenöls hinzufügen. Alles mit Salz und Pfeffer würzen.
5. Die Kartoffelmischung auf einem Backblech (mit Backpapier belegt) verteilen.
6. Das Backblech in den vorgeheizten Backofen schieben. Die Kartoffelecken 30–40 Minuten garen.
7. In der Zwischenzeit die Cocktailtomaten abspülen, gut abtrocknen und die Stängelansätze herausschneiden.
8. Die Tomaten mit dem restlichen Olivenöl beträufeln. Nach 15–20 Minuten Garzeit zu den Kartoffelecken auf das Backblech geben und mitgaren lassen. Die Kartoffelecken sollen goldgelb und knusprig sein.

Gemüsekaviar mit Knoblauchbrot und Schnittlauchcreme

Gemüsekaviar mit Knoblauchbrot und Schnittlauchcreme

4 Portionen

Zubereitungszeit: 50 Minuten, ohne Abkühlzeit

je 1 rote, grüne und gelbe Paprikaschote
50 g Champignons
1/2 Aubergine
1 Zucchini
1 Schalotte oder kleine Zwiebel
2 Knoblauchzehen
4 EL Olivenöl
10 abgetropfte, schwarze Oliven
3 Stängel frisches Basilikum
1 kleines Bund Petersilie
10 abgetropfte Kapern
10 rote Pfefferbeeren
Salz
gem. schwarzer Pfeffer

Für die Schnittlauchcreme:
1 kleines Bund Schnittlauch
150 g Crème fraîche
Saft von 1/2 Zitrone

50 g Butter
4 Scheiben Vollkornbrot oder Graubrot
1 abgezogene Knoblauchzehe
evtl. einige Basilikumblättchen

Pro Portion:
E: 8 g, F: 36 g, Kh: 30 g,
kJ: 2007, kcal: 481

1. Den Backofen vorheizen.
Ober-/Unterhitze: etwa 200 °C
Heißluft: etwa 180 °C
2. Die Paprikaschoten vierteln, entstielen, entkernen und die weißen Scheidewände entfernen. Schotenviertel abspülen, trocken tupfen und mit der Hautseite nach oben auf ein Backblech (gefettet) legen. Backblech in den vorgeheizten Backofen schieben. Paprikastücke 10–15 Minuten backen, bis die Haut dunkel wird und Blasen wirft.
3. Das Backblech auf einen Rost stellen. Paprikaviertel mit einem feuchten Geschirrtuch belegen und etwas abkühlen lassen. Paprikaviertel enthäuten, erkalten lassen und in kleine Würfel schneiden.
4. Champignons putzen, evtl. kurz abspülen und trocken tupfen. Aubergine und Zucchini abspülen, abtrocknen und den Stängelansatz bzw. die Enden abschneiden. Schalotte oder Zwiebel und Knoblauch abziehen. Die vorbereiteten Gemüsezutaten in kleine Würfel schneiden. Etwas von dem Olivenöl in einer Pfanne erhitzen. Gemüsewürfel (außer Paprikawürfel) darin portionsweise gar dünsten.
5. Oliven halbieren, entsteinen und in kleine Stücke hacken. Basilikum und Petersilie abspülen und trocken tupfen. Die Blättchen von den Stängeln zupfen und die Blättchen klein schneiden.
6. Olivenstücke, Basilikum, Petersilie, Kapern, Pfefferbeeren und Paprikawürfel zu den Gemüsewürfeln geben und untermischen. Mit Salz und Pfeffer abschmecken. Restliches Olivenöl daraufträufeln.
7. Für die Schnittlauchcreme den Schnittlauch abspülen, trocken tupfen und in kleine Röllchen schneiden. Crème fraîche mit Zitronensaft und Schnittlauchröllchen glatt rühren. Mit Salz und Pfeffer abschmecken.
8. Butter in einer Pfanne zerlassen. Brotscheiben darin von beiden Seiten goldbraun anrösten, herausnehmen und mit Knoblauch einreiben.
9. Gemüsekaviar auf den gerösteten Brotscheiben anrichten und mit der Schnittlauchsauce umgießen. Nach Belieben mit abgespülten und trocken getupften Basilikumblättchen garniert servieren.

Welsh Rarebits

4 Portionen (ohne Foto)

Zubereitungszeit: 60 Minuten, ohne Abkühlzeit
Backzeit: etwa 20 Minuten

250 ml Milch (3,5 % Fett)
50 g Butter
Salz
150 g Weizenmehl
30 g Speisestärke
4–6 Eier (Größe M)
1 gestr. TL Dr. Oetker Backin
gem. Pfeffer
125 g ger. alter Gouda
40 g ger. Parmesan
16 runde Weißbrotscheiben
50 g Butter

Pro Portion:
E: 30 g, F: 47 g, Kh: 77 g,
kJ: 3565, kcal: 852

1. Milch, Butter und Salz in einem Topf zum Kochen bringen. Mehl und Speisestärke mischen, auf einmal in die von der Kochstelle genommene Flüssigkeit geben. Alles mit einem Holzlöffel zu einem glatten Teigkloß verrühren, dann unter ständigem Rühren etwa 1 Minute erhitzen (abbrennen) und in eine Rührschüssel geben.
2. Nach und nach 3–4 Eier mit einem Mixer (Knethaken) auf höchster Stufe unter den Teig arbeiten. Die letzten Eier verschlagen und nur so viel unter den Teig arbeiten, bis er stark glänzt und in langen Spitzen an einem Löffel hängen bleibt.
3. Den Backofen vorheizen.
Ober-/Unterhitze: etwa 200 °C
Heißluft: etwa 180 °C
4. Backpulver und Pfeffer unter den erkalteten Teig rühren. Beide Käsesorten unter den Teig arbeiten.
5. Die Brotscheiben mit Butter bestreichen. Den Käseteig möglichst dick bergartig daraufgeben. Die Brotscheiben auf ein Backblech (gefettet) setzen und in den vorgeheizten Backofen (obere Schiene) schieben. Wels Rarebits etwa 20 Minuten backen.

Basmatireis-Terrine mit Rucolasalat

4 Portionen

Zubereitungszeit: 65 Minuten
Garzeit: etwa 30 Minuten

3 Schalotten
3 Knoblauchzehen
3 EL Speiseöl
1 EL Sesamöl
400 g Basmatireis
700 ml Gemüsebrühe
2 kleine, rote Paprikaschoten
1 rote Chilischote
80 g Rosinen
40 g Pistazienkerne
25 g Pinienkerne
150 g Möhren
1 Bund Frühlingszwiebeln
2 Döschen (je 0,1 g) Safran
1 Prise Salz
2 EL Hartweizengrieß

Für den Salat:
2 Bund Rucola (Rauke)
4 EL Joghurt (3,5 % Fett)
2 EL Orangensaft
1 EL Zucker, Salz
1 Spritzer Angostura (Bitterlikör)

Pro Portion:
E: 16 g, F: 21 g, Kh: 113 g,
kJ: 2923, kcal: 697

1. Schalotten und Knoblauch abziehen, in kleine Würfel schneiden. Speise- und Sesamöl in einem Topf erhitzen. Schalotten- und Knoblauchwürfel darin andünsten.
2. Basmatireis hinzufügen und kurz mitdünsten lassen. Brühe hinzugießen und zum Kochen bringen. Den Reis etwa 5 Minuten kochen lassen.
3. Den Backofen vorheizen.
Ober-/Unterhitze: etwa 160 °C
Heißluft: etwa 140 °C
4. Paprikaschoten und Chilischote halbieren, entstielen, entkernen und die weißen Scheidewände entfernen. Schoten abspülen, trocken tupfen und klein würfeln, mit Rosinen, Pistazien- und Pinienkernen vermischen. Möhren putzen, schälen, abspülen, abtropfen lassen und in kleine Würfel schneiden. Frühlingszwiebeln putzen, abspülen, abtropfen lassen und in etwa 1 cm große Scheiben schneiden.
5. Die vorbereiteten Zutaten zum vorgegarten Reis in den Topf geben. Mit Safran und Salz würzen. Grieß unterrühren.
6. Eine Terrine mit einem aufgetrennten Bratschlauch oder Alufolie auslegen. Die Reismischung hineingeben. Die Terrine mit dem Deckel verschließen und auf dem Rost in den vorgeheizten Backofen schieben. Die Reis-Terrine etwa 30 Minuten garen.
7. Für den Salat in der Zwischenzeit Rucola putzen und die dicken Stiele entfernen. Rucola abspülen, abtropfen lassen, in mundgerechte Stücke schneiden und in eine Schüssel geben.
8. Joghurt mit Orangensaft, Zucker, Salz und Angostura verrühren. Das Dressing auf dem Salat verteilen.
9. Die Terrine aus dem Backofen nehmen, auf einen Rost stellen und einige Minuten ruhen lassen, dann vorsichtig aus der Form auf eine große Platte stürzen. Bratschlauch oder Alufolie entfernen.
10. Basmatireis-Terrine mit dem Rucolasalat sofort servieren.

Basmatireis-Terrine mit Rucolasalat

Marinierter Spargel mit Kerbel

VEGAN

4 Portionen

Zubereitungszeit: 30 Minuten, ohne Marinierzeit
Garzeit: 8–15 Minuten

1 kg weißer Spargel, Salz
1 TL Margarine (vegan)
1 Prise Zucker

Für die Marinade:
1 rote Zwiebel
1 Bund Kerbel
2 TL Weißweinessig oder Zitronensaft
4 EL Spargelfond (von dem Spargel)
4 EL Olivenöl, 1/2 gestr. TL Salz
gem. Pfeffer, 1/2 TL Zucker

Pro Portion:
E: 4 g, F: 10 g, Kh: 5 g,
kJ: 534, kcal: 126

1. Den Spargel von oben nach unten schälen. Darauf achten, dass die Schalen vollständig entfernt und die Köpfe nicht verletzt werden. Die unteren Enden abschneiden (holzige Stellen vollkommen entfernen). Spargel abspülen, abtropfen lassen.
2. Salzwasser, Margarine und Zucker in einem hohen Topf zum Kochen bringen. Den Spargel hinzufügen, zum Kochen bringen und zugedeckt in 8–10 Minuten bissfest oder in 12–15 Minuten weich kochen.
3. Den Spargel in einem Sieb abtropfen lassen, dabei den Spargelfond auffangen und 4 Esslöffel abnehmen. Den Spargel warm stellen.
4. Für die Marinade Zwiebel abziehen und klein würfeln. Kerbel abspülen, trocken tupfen. Blättchen von den Stängeln zupfen, klein schneiden.
5. Essig oder Zitronensaft mit dem Spargelfond verrühren. Olivenöl unterschlagen. Mit Salz, Pfeffer und Zucker würzen. Die Zwiebelwürfel und Kerbelblättchen unterrühren.
6. Die Marinade auf den warmen Spargelstangen verteilen. Den Spargel etwa 30 Minuten marinieren.

Pilz-Sahne-Sauce

2 Portionen (ohne Foto)

Zubereitungszeit: 30 Minuten, ohne Einweichzeit
Garzeit: etwa 15 Minuten

20 g getrocknete Steinpilze
250 ml heißes Wasser
2 Schalotten
1/2 Knoblauchzehe
20 g Butter
200 g Schlagsahne
Salz
einige Tropfen Tabascosauce

Pro Portion:
E: 6 g, F: 40 g, Kh: 5 g,
kJ: 1701, kcal: 407

1. Steinpilze in ein Sieb geben, unter fließendem kalten Wasser abspülen und abtropfen lassen. Anschließend die Steinpilze in 250 ml heißes Wasser geben und zugedeckt etwa 30 Minuten einweichen.
2. Schalotten und Knoblauch abziehen und sehr fein würfeln. Butter in einem Topf zerlassen, Schalotten- und Knoblauchwürfel darin glasig dünsten. Pilze in einem Sieb abtropfen lassen, dabei das Einweichwasser auffangen. Pilze zu den Schalottenwürfeln geben und kurz andünsten. Das Einweichwasser dazugeben, aufkochen und etwa 10 Minuten zugedeckt bei schwacher Hitze kochen lassen.
3. Sahne unter die Pilz-Sahne-Sauce rühren, wieder zum Kochen bringen und etwa 3 Minuten einkochen lassen. Die Pilz-Sahne-Sauce mit Salz und Tabascosauce abschmecken.

Gemüsemuffins mit Käsedip

12 Muffins

Zubereitungszeit: 60 Minuten
Backzeit: etwa 25 Minuten

Zum Vorbereiten:
1 gelbe Paprikaschote
2 Strauchtomaten
1 kleine Zucchini
1 Bund Basilikum

Für den Teig:
150 g Weizenmehl
100 g Maismehl
2 gestr. TL Dr. Oetker Backin
1 TL Paprikapulver edelsüß
2 gestr. TL Natron
200 g Joghurt (3,5 % Fett)
100 ml Milch (3,5 % Fett)
1 Ei (Größe M)
40 ml Olivenöl
1 gestr. TL Salz
50 g gehackte Mandeln

Marinierter Spargel mit Kerbel

Gemüsemuffins mit Käsedip

Minigemüse mit Käsecreme

Für den Käsedip:
1 Bund Schnittlauch
1 Bund Frühlingszwiebeln
400 g Doppelrahm-Frischkäse
200 g Joghurt (3,5 % Fett)
150 g würziger Bergkäse
Salz, gem. Pfeffer

Außerdem:
12 Papierbackförmchen

Pro Stück:
E: 13 g, F: 22 g, Kh: 20 g,
kJ: 1410, kcal: 337

1. Zum Vorbereiten Paprikaschote mit einem Sparschäler grob schälen, halbieren, entstielen, entkernen und die weißen Scheidewände entfernen. Schote abspülen, abtropfen lassen und würfeln. Tomaten abspülen, trocken tupfen, halbieren, entstielen und entkernen. Tomaten würfeln.
2. Zucchini abspülen, abtrocknen und die Enden abschneiden. Zucchini zuerst längs in Scheiben, dann in kleine Würfel schneiden.
3. Das Basilikum abspülen und trocken tupfen. Die Blättchen von den Stängeln zupfen, klein schneiden.
4. Den Backofen vorheizen.
Ober-/Unterhitze: etwa 180 °C
Heißluft: etwa 160 °C
5. Für den Teig Mehl mit Maismehl und Backpulver in einer Rührschüssel mischen. Paprika und Natron untermischen. Joghurt, Milch, Ei, Olivenöl und Salz hinzugeben. Die Zutaten mit einem Mixer (Knethaken) kurz auf niedrigster, dann auf höchster Stufe zu einem glatten Teig verkneten.
6. Vorbereitetes Gemüse, Basilikum und Mandeln unterarbeiten.
7. Den Teig in eine Muffinform (für 12 Muffins, mit Papierbackförmchen ausgelegt) geben, glatt streichen.
8. Die Form auf dem Rost in den vorgeheizten Backofen schieben. Die Muffins etwa 25 Minuten backen.
9. In der Zwischenzeit für den Käsedip Schnittlauch abspülen, trocken tupfen und in Röllchen schneiden. Die Frühlingszwiebeln putzen, abspülen, abtropfen lassen und in feine Scheiben schneiden.
10. Schnittlauchröllchen, Frühlingszwiebelscheiben, Frischkäse und Joghurt in eine Schüssel geben. Käse grob reiben und hinzugeben. Die Zutaten zu einer glatten Masse verrühren. Den Dip mit Salz und Pfeffer kräftig abschmecken.
11. Muffins aus der Form heben und auf Tellern verteilen. Muffins warm oder kalt mit dem Dip servieren.

Minigemüse mit Käsecreme

8 Portionen

Zubereitungszeit: 40 Minuten

16 Cocktailtomaten
4 Mini-Zucchini
2 Avocados
Saft von 1/2 Zitrone
1 kleine Staude Staudensellerie
1 Bund Petersilie
1 Bund Dill
400 g Doppelrahm-Frischkäse
Salz, gem. Pfeffer
Paprikapulver edelsüß
einige Petersilienblättchen

Pro Portion:
E: 8 g, F: 17 g, Kh: 6 g,
kJ: 905, kcal: 217

1. Tomaten abspülen, abtrocknen und jeweils einen Deckel abschneiden. Tomaten mithilfe eines kleinen Löffels aushöhlen.
2. Zucchini abspülen, abtrocknen und die Enden abschneiden. Zucchini längs halbieren und evtl. etwas aushöhlen. Zucchinihälften in kochendem Wasser etwa 1 Minute blanchieren. Anschließend in Eiswasser abschrecken und in einem Sieb abtropfen lassen.
3. Avocados in der Mitte längs durchschneiden und jeweils den Stein herausnehmen. Avocadohälften schälen und in Spalten schneiden. Avocadospalten mit Zitronensaft beträufeln, damit sie nicht braun werden.
4. Den Staudensellerie putzen, abspülen, abtropfen lassen und in mundgerechte Stücke schneiden.
5. Petersilie und Dill abspülen, trocken tupfen. Die Blättchen bzw. Spitzen von den Stängeln zupfen und Blättchen klein schneiden.
6. Die Hälfte des Frischkäses mit Salz, Pfeffer und Paprika, die andere Hälfte mit Petersilie, Dill, Salz und Pfeffer verrühren. Beide Käsemassen getrennt in Spritzbeutel mit Stern- oder Lochtülle geben und in bzw. auf das vorbereitete Gemüse spritzen.
7. Die mit der Paprika-Frischkäse-Masse gefüllten Gemüse mit grob gemahlenem Pfeffer bestreuen. Restliches Minigemüse mit abgespülten, trocken getupften Petersilienblättchen garnieren.

Roquefort-Obst-Spieße

Polentaschnitten mit Blattsalat in Cesar-Schmand-Dressing

Roquefort-Obst-Spieße

12 Portionen (36 Spieße)

Zubereitungszeit: 60 Minuten, ohne Durchziehzeit

720 g Roquefort
5 frische Feigen (etwa 500 g)
3 Birnen (etwa 400 g)
100 ml Portwein

Für die Cumberlandsauce:
170 g Johannisbeergelee
1 Bio-Zitrone (unbehandelt, ungewachst)
1 Bio-Orange (unbehandelt, ungewachst)
80 ml Rotwein
1 TL Senfpulver

Außerdem:
36 Spieße, z. B. Bambusspieße (etwa 20 cm lang)

Pro Portion:
E: 14 g, F: 19 g, Kh: 20 g, kJ: 1306, kcal: 312

1. Den Käse mit einem angefeuchteten Messer in 72 kleine Stücke schneiden.
2. Feigen und Birnen abspülen und trocken tupfen. Von den Feigen jeweils den Stielansatz abschneiden. Die Feigen achteln. Die Birnen vierteln, entkernen und mit der Schale in 36 Stücke schneiden.
3. Jeweils 2 Käsestücke und jeweils 1 Feigen- und Birnenstück auf einen Spieß stecken. Die Spieße auf eine Platte legen und mit dem Portwein beträufeln. Die Spieße zugedeckt im Kühlschrank etwa 30 Minuten durchziehen lassen.
4. In der Zwischenzeit für die Sauce das Johannisbeergelee durch ein Sieb streichen. Die Zitrone und Orange heiß abwaschen, abtrocknen und mit einem Zestenreißer Zitronen- und Limettenzesten abziehen. Die Zitrone und Orange halbieren und den Saft auspressen.
5. Den Rotwein in einem kleinen Topf zum Kochen bringen. Die Zitronen- und Orangenzesten darin etwa 2 Minuten kochen lassen. Den Topf von der Kochstelle nehmen und das Gelee unterrühren. Die Sauce mit Senfpulver, Zitronen- und Orangensaft abschmecken.
6. Die Spieße mit der abgekühlten Cumberlandsauce servieren.

Polentaschnitten mit Blattsalat in Cesar-Schmand-Dressing

4 Portionen

Zubereitungszeit: 40 Minuten, ohne Kühlzeit

1 rote Peperoni
500 ml Gemüsebrühe
450 ml Milch (3,5 % Fett)
2 EL Currypulver, mild
Salz
200 g Polenta (Maisgrieß)
7 Stängel Koriander
425 g gut abgetropfter Gemüsemais (aus der Dose)
7 EL Olivenöl

Für das Dressing:
1 Knoblauchzehe
2 EL Dijon-Senf
4 EL Zitronensaft
200 g Schmand (Sauerrahm)
Cayennepfeffer

100 g Frisée-Salat
100 g Radicchio
200 g Romana-Salatherzen
40 g Parmesan (am Stück)

Pro Portion:
E: 19 g, F: 40 g, Kh: 63 g, kJ: 2892, kcal: 689

1. Die Peperoni halbieren, entstielen, entkernen, abspülen, trocken tupfen und fein hacken. 450 ml Gemüsebrühe mit Milch, Curry, Peperoni und etwas Salz in einem Topf zum Kochen bringen.
2. 150 g Polenta langsam einrieseln lassen und dabei schnell mit dem Schneebesen unterrühren. Polenta zugedeckt etwa 20 Minuten bei schwacher Hitze ausquellen lassen, dabei ab und zu umrühren.
3. Koriander abspülen und trocken tupfen. Die Blättchen von den Stängeln zupfen. Die Blättchen grob zerschneiden und mit dem Gemüsemais unter die gegarte Polenta rühren.
4. Eine eckige Auflaufform (etwa 20 x 35 cm) mit 1 Esslöffel Olivenöl bestreichen, auch den Rand. Die Polentamasse etwa 2 cm glatt hineinstreichen und erkalten lassen.
5. Die Polenta vorsichtig aus der Form lösen und mit einem scharfen Messer in etwa 20 Schnitten teilen.
6. Für das Dressing Knoblauch abziehen und durch eine Knoblauchpres-

se drücken. Knoblauch mit Senf, Zitronensaft, restlicher Gemüsebrühe, Schmand, Salz und Cayennepfeffer verrühren.
7. Die Salate putzen, abspülen und gut abtropfen lassen. Die Salatblätter in kleinere Stücke zupfen oder schneiden. Parmesan dünn hobeln.
8. Die Polentastücke dünn in dem restlichen Maisgrieß (Polenta) wenden. Je die Hälfte des restlichen Olivenöls in zwei großen Pfannen erhitzen. Die Polentaschnitten darin von allen Seiten bei starker Hitze goldbraun braten und herausnehmen.
9. Den vorbereiteten Salat mit dem Dressing mischen, mit den Polentaschnitten auf Tellern anrichten. Salat mit dem gehobelten Parmesan bestreuen.

Mozzarella-Toast

4–6 Portionen (ohne Foto)

Zubereitungszeit: 45 Minuten

20 Scheiben Toastbrot
250 g abgetropfter Mozzarella
3 Eier (Größe M)
200 ml Milch (3,5 % Fett)
Salz, gem. Pfeffer
Paprikapulver edelsüß
75 g Semmelbrösel
125 ml Speiseöl

Pro Portion:
E: 20 g, F: 29 g, Kh: 47 g,
kJ: 2209, kcal: 528

1. Aus den Toastbrotscheiben mit einem Glas Scheiben (Ø 6–8 cm) ausstechen. Mozzarella in etwa 1 cm dicke Scheiben schneiden.
2. Eier mit 70 ml Milch in einer flachen Schüssel verschlagen. Mit Salz, Pfeffer und Paprika würzen. Restliche Milch und Semmelbrösel getrennt in je einen tiefen Teller geben.
3. Je 1 Mozzarellascheibe (Mozzarellascheibe muss etwas kleiner als die Toastscheibe sein) auf eine runde Toastscheibe legen. Mit einer zweiten Toastscheibe belegen und leicht andrücken.
4. Zuerst die Toastscheibenränder (Kanten zusammendrücken) rundherum in Milch tauchen. Dann die Ränder mit Semmelbröseln panieren und die Panade etwas andrücken. Zuletzt die Mozzarella-Toastscheiben ganz durch die Eiermilch ziehen.
5. Speiseöl in einer Pfanne erhitzen. Die Toastscheiben darin von beiden Seiten goldbraun ausbacken. Mit einem Pfannenwender herausnehmen, auf Küchenpapier abtropfen lassen und sofort servieren.

Tomaten mit Champignonfüllung

4 Portionen

Zubereitungszeit: 40 Minuten
Überbackzeit: etwa 20 Minuten

12 mittelgroße Tomaten
Salz
gem. Pfeffer
1 große Zwiebel
600 g Champignons
3 EL Speiseöl
1 EL Weizenmehl
2 EL klein geschnittene, glatte Petersilie
2 EL zerbröseltes Weißbrot
2 EL ger. Parmesan
60 g Butter

Pro Portion:
E: 11 g, F: 24 g, Kh: 14 g,
kJ: 1352, kcal: 322

1. Die Tomaten abspülen, abtrocknen und jeweils einen Deckel abschneiden. Tomaten vorsichtig mit einem Löffel aushöhlen und mit der Öffnung nach oben in eine flache Auflaufform (gefettet) setzen, innen mit Salz und Pfeffer würzen.
2. Zwiebel abziehen und klein würfeln. Die Champignons putzen, evtl. kurz abspülen, trocken tupfen und in Scheiben schneiden. Pilzscheiben evtl. nochmals durchschneiden.
3. Den Backofen vorheizen.
Ober-/Unterhitze: etwa 200 °C
Heißluft: etwa 180 °C
4. Speiseöl in einer Pfanne erhitzen. Zwiebelwürfel darin glasig dünsten. Die Champignonscheiben zu den Zwiebelwürfeln in die Pfanne geben und unter Rühren mitdünsten lassen. Mehl darüberstäuben, unterrühren und mit andünsten. Die Champignonmasse mit Salz, Pfeffer und Petersilie würzen. Das ausgehöhlte Tomatenfleisch hinzufügen. Die Champignonmasse in die ausgehöhlten Tomaten füllen.
5. Weißbrotbrösel mit Parmesan vermischen und auf die Tomaten streuen. Butter in Flöckchen daraufsetzen. Die Tomatendeckel darauflegen.
6. Form auf dem Rost in den vorgeheizten Backofen schieben. Tomaten etwa 20 Minuten überbacken.

Tomaten mit Champignonfüllung

Pikante Gemüsesalsa mit Chili und Soja

8–10 Portionen VEGAN

Zubereitungszeit: 35 Minuten
Garzeit: 10–15 Minuten

1 Bund Suppengrün (Möhren, Sellerie, Porree, etwa 300 g)
1 Zwiebel (etwa 50 g)
3 EL Olivenöl
300 ml Gemüsebrühe oder -fond
1 frische oder getrocknete Chilischote
3 EL Sojasauce
Salz, gem. Pfeffer
1 gestr. EL Speisestärke

Pro Portion:
E: 2 g, F: 4 g, Kh: 3 g,
kJ: 233, kcal: 55

1. Suppengrün putzen, abspülen, abtropfen lassen. Zwiebel abziehen. Suppengrün und Zwiebel in kleine Würfel schneiden.
2. Olivenöl in einem Topf erhitzen. Suppengrün- und Zwiebelwürfel hinzugeben und leicht dünsten. Brühe oder Fond hinzugießen und zum Kochen bringen. Frische Chilischote abspülen, abtropfen lassen und hinzufügen. Mit Sojasauce, Salz und Pfeffer würzen. Die Sauce zum Kochen bringen und 10–15 Minuten bei schwacher Hitze kochen lassen.
3. Speisestärke mit Wasser anrühren, in die von der Kochstelle genommene Sauce rühren und unter Rühren nochmals kurz aufkochen lassen, Gemüsesalsa pikant abschmecken.

Paprika mit Ziegenkäse und Parmesan-Scones

4 Portionen

Zubereitungszeit: 40 Minuten, ohne Marinierzeit
Backzeit: 22–25 Minuten

je 2 rote und gelbe Paprikaschoten (je etwa 200 g)
9 EL Olivenöl
2 Stängel Rosmarin
3 EL Rotweinessig
Salz, gem. schwarzer Pfeffer
20 abgetropfte, schwarze Oliven, mit Stein
125 g Weizenmehl
1 gestr. TL Dr. Oetker Backin
40 g fein ger. Parmesan
45 g angefrorene Butter
75 g Crème fraîche
40 g abgetropfte Kapern
4 Stängel glatte Petersilie
300 g Ziegenfrischkäse-Rolle

Pro Portion:
E: 14 g, F: 63 g, Kh: 39 g,
kJ: 3255, kcal: 781

1. Paprikaschoten vierteln, entstielen, entkernen und die weißen Scheidewände entfernen. Schoten abspülen, abtropfen lassen, in Stücke schneiden, mit 3 Esslöffeln Olivenöl vermischen, in einer heißen Grillpfanne langsam von jeder Seite 10–12 Minuten braten.
2. In der Zwischenzeit Rosmarin abspülen und trocken tupfen. Die Nadeln von den Stängeln zupfen, Nadeln fein hacken, mit Essig, Salz und Pfeffer verrühren. 4 Esslöffel Olivenöl unterschlagen, Oliven untermischen. Die gebratenen Paprikastücke mit der Vinaigrette vermischen und etwa 45 Minuten marinieren.
3. Den Backofen vorheizen.
Ober-/Unterhitze: etwa 180 °C
Heißluft: etwa 160 °C
4. Mehl mit Backpulver, 30 g Parmesan und Salz in einer Rührschüssel mischen. Butter in Flöckchen mit den Händen unter die Mehl-Parmesan-Mischung arbeiten, bis eine grießähnliche Konsistenz entstanden ist. In die Mitte eine Vertiefung drücken. Crème fraîche hineingeben. Die Zutaten zu einem streuselartigen Teig vermischen, auf der bemehlten Arbeitsfläche zu einer Kugel formen, mit etwas Mehl bestäuben, zu einer etwa 1 1/2 cm dicken Platte ausrollen und mit einer Ausstechform (Ø etwa 5 cm) Scones ausstechen.
5. Aus dem restlichen Teig erneut Scones ausstechen. Die Scones auf

Pikante Gemüsesalsa mit Chili und Soja

Paprika mit Ziegenkäse und Parmesan-Scones

ein Backblech (mit Backpapier belegt) legen und mit restlichem Parmesan bestreuen. Das Backblech in den vorgeheizten Backofen schieben. Die Scones 22–25 Minuten backen.
6. Kapern trocken tupfen. Restliches Olivenöl erhitzen. Die Kapern darin von allen Seiten 3–4 Minuten knusprig braten. Petersilie abspülen, trocken tupfen. Die Blättchen von den Stängeln zupfen, Blättchen grob zerschneiden. Ziegenfrischkäse in 12 Scheiben schneiden.
7. Die marinierten Paprikastücke auf Tellern anrichten. Käsescheiben darauflegen, mit Kapern und Petersilie garnieren, mit lauwarmen Parmesan-Scones servieren.

Marinierte Gemüseplatte

Marinierte Gemüseplatte

6 Portionen

VEGAN

Zubereitungszeit: 70 Minuten, ohne Durchziehzeit

300 g getrocknete, große weiße Bohnen
4 rote Paprikaschoten
4 EL Olivenöl
2 abgezogene, zerdrückte Knoblauchzehen
knapp 1 EL Weißweinessig
Salz
4 kleine, blaue Artischocken
1 abgezogene Knoblauchzehe
frische Minzeblättchen
gem. Pfeffer
3 EL Olivenöl
125 ml Wasser
2–3 EL Weißweinessig
3 EL Olivenöl
2 abgezogene Knoblauchzehen
gerebeltes Basilikum
250 g kleine Champignons
4 kleine Zwiebeln
6 EL Olivenöl
einige klein geschnittene Salbeiblättchen
1 EL klein geschnittene, glatte Petersilie
2–3 EL Zitronensaft
2–3 kleine Zucchini
einige Thymianblättchen
2–3 EL Olivenöl
1 zerdrückte Knoblauchzehe

Pro Portion:
E: 39 g, F: 39 g, Kh: 37 g,
kJ: 2376, kcal: 565

1. Die Bohnen in kaltem Wasser über Nacht einweichen.
2. Die Bohnen in einem Sieb abtropfen lassen. Bohnen in einem Topf mit reichlich frischem Wasser zugedeckt zum Kochen bringen und 30–40 Minuten garen.
3. Den Backofengrill vorheizen.
4. Paprikaschoten abspülen, abtropfen lassen und auf ein Backblech legen. Paprikaschoten unter dem vorgeheizten Backofengrill von allen Seiten so lange grillen, bis die Haut Blasen wirft. Das Backblech auf einen Rost stellen. Paprikaschoten mit einem feuchten Geschirrtuch belegen und abkühlen lassen.
5. Die Paprikaschoten häuten, halbieren, entkernen und die weißen Scheidewände entfernen. Schoten in Streifen schneiden. Olivenöl mit Knoblauch in einer Schüssel verrühren, mit Essig und Salz würzen. Die Paprikastreifen in der Marinade durchziehen lassen.
6. Die Stiele der Artischocken putzen, holzige Blätter und Spitzen entfernen. Knoblauch und Minzeblättchen klein schneiden, mit Salz und Pfeffer auf die Artischocken streuen. Olivenöl mit Wasser in einem Topf zum Kochen bringen. Die Artischocken aufrecht in den Topf stellen und zugedeckt bei mittlerer Hitze etwa 30 Minuten garen.
7. Die Artischocken aus dem Sud nehmen. Den Sud um die Hälfte einkochen lassen. Die Artischocken von oben vierteln und das Heu herausheben. Artischockenviertel mit dem Sud beträufeln.
8. Die gegarten Bohnen in einem Sieb abtropfen lassen und in eine flache Schüssel geben. Mit Salz, Pfeffer und Essig würzen. Olivenöl in einer Pfanne erhitzen, zerdrückte Knoblauchzehen darin andünsten und über die Bohnen geben. Basilikum untermischen und mindestens 1 Stunde durchziehen lassen.
9. Die Champignons putzen, evtl. kurz abspülen und trocken tupfen. Zwiebeln abziehen und achteln. Olivenöl in einer Pfanne erhitzen. Zuerst die Champignons, dann die Zwiebeln darin unter Rühren hellbraun braten.
10. Die Champignon-Zwiebel-Mischung mit den Kräutern bestreuen. Zitronensaft kurz untermischen und etwa 1 Stunde durchziehen lassen.
11. Zucchini abspülen, abtrocknen und die Enden abschneiden. Zucchini der Länge nach in dünne Scheiben schneiden (evtl. mit einer Aufschnittmaschine). Die Zucchinischeiben mit Salz und abgespülten, trocken getupften Thymianblättchen bestreuen. Olivenöl in einer Pfanne erhitzen. Die Zucchinischeiben darin von beiden Seiten goldbraun braten. Knoblauch hinzugeben und kurz mit anbraten.
12. Vorbereitetes Gemüse auf einer Platte anrichten, kalt servieren.

Tofuspieße mit Frühlingszwiebeln

Tofuspieße mit Frühlingszwiebeln

2 Portionen VEGAN

Zubereitungszeit: 30 Minuten, ohne Marinierzeit
Grillzeit: 5–10 Minuten

1 Bund Frühlingszwiebeln
250 g Tofu

Für die Marinade:
4 EL helle Sojasauce
6 EL Sojaöl
Saft von 1 Zitrone
1 TL gem. Ingwer
2 TL Fünf-Gewürze-Pulver
Cayennepfeffer
1 TL Currypulver

Außerdem:
Holzspieße

Pro Portion:
E: 16 g, F: 42 g, Kh: 14 g,
kJ: 2164, kcal: 516

1. Die Frühlingszwiebeln putzen, abspülen, abtropfen lassen und in etwa 8 cm lange Stücke schneiden. Tofu in Würfel schneiden.
2. Frühlingszwiebelstücke und Tofuwürfel abwechselnd auf Spieße stecken, dabei den grünen Frühlingszwiebelteil wie eine Schlaufe um den Tofuwürfel stecken. Die Spieße in eine flache Schale legen.
3. Für die Marinade Sojasauce mit Sojaöl, Zitronensaft, Ingwer, Fünf-Gewürze-Pulver, Cayennepfeffer und Curry gut verrühren. Die Marinade über die Spieße geben. Die Spieße etwa 30 Minuten durchziehen lassen, dabei zwischendurch wenden.
4. Den Backofengrill vorheizen.
5. Die Spieße auf dem Rost unter den vorgeheizten Backofengrill schieben. Die Tofuspieße 5–10 Minuten grillen, dabei zwischendurch wenden und mit der Marinade bestreichen.

Gemüseecken mit Käsesauce

18 Stück (ohne Foto)

Zubereitungszeit: 50 Minuten, ohne Teiggehzeit
Backzeit: etwa 30 Minuten

Für den Hefeteig:
250 g Vollkorn-Weizenmehl
21 g frische Hefe
3 EL lauwarmes Wasser
1 TL Voll-Rohrzucker
1 gestr. TL Salz
gem. Pfeffer
4 EL Speiseöl
5 EL lauwarmes Wasser

Für den Belag:
3 Eier (Größe M)
knapp 1 TL Salz
2 Knoblauchzehen
100 g ger. Emmentaler
150 g Crème fraîche
125 g Schlagsahne
2 EL gemischte, klein geschnittene Kräuter
1 dünne Stange Porree (Lauch, etwa 150 g)
1 rote Paprikaschote (etwa 200 g)
285 g abgetropfter Gemüsemais (aus der Dose)

Pro Stück:
E: 4 g, F: 8 g, Kh: 11 g,
kJ: 572, kcal: 137

1. Für den Teig Mehl in eine Rührschüssel geben und in die Mitte eine Vertiefung eindrücken. Hefe hineinbröckeln, mit Wasser und Zucker verrühren und etwa 15 Minuten stehen lassen.
2. Anschließend Salz, Pfeffer, Speiseöl und Wasser hinzufügen. Die Zutaten mit einem Mixer (Knethaken) zunächst kurz auf niedrigster, dann auf höchster Stufe in etwa 5 Minuten zu einem glatten Teig verarbeiten. Den Teig zugedeckt so lange an einem warmen Ort gehen lassen, bis er sich sichtbar vergrößert hat (etwa 30 Minuten).
3. Den gegangenen Teig leicht mit Mehl bestäuben, aus der Schüssel nehmen, auf der leicht bemehlten Arbeitsfläche nochmals gut durchkneten und auf einem Backblech (30 x 40 cm, gefettet) ausrollen.
4. Den Backofen vorheizen.
Ober-/Unterhitze: etwa 200 °C
Heißluft: etwa 180 °C
5. Für den Belag Eier verschlagen, mit Salz und Pfeffer würzen. Knoblauch abziehen, fein hacken. Käse, Crème fraîche, Sahne, Kräuter und Knoblauch zu den verschlagenen Eiern geben und gut verrühren.
6. Den Porree putzen, die Stange längs halbieren, gründlich waschen, abtropfen lassen und in Streifen schneiden. Paprikaschote halbieren, entstielen, entkernen und die weißen Scheidewände entfernen. Die Schote abspülen, abtropfen lassen und in Streifen schneiden.
7. Mais mit den Porree- und Paprikastreifen vermischen und auf dem Teig verteilen, die Käsesauce daraufge-

ben. Das Backblech in den vorgeheizten Backofen schieben und den Gemüsekuchen etwa 30 Minuten backen.
8. Den gebackenen Gemüsekuchen zweimal längs und zweimal quer halbieren, sodass 9 Rechtecke entstehen. Jedes Rechteck diagonal zum Dreieck schneiden. Gemüseecken warm oder kalt servieren.

Tortilla-Chips mit Avocado-Dip

12 Portionen

VEGAN

Zubereitungszeit: 30 Minuten

4 Knoblauchzehen
1 gestr. TL Salz
2 Limetten
4 reife Avocados
Chilipulver
gem. Pfeffer
4 Fleischtomaten
2 Bund glatte Petersilie
450 g Tortilla-Chips (vegan)

Pro Portion:
E: 5 g, F: 26 g, Kh: 28 g,
kJ: 1514, kcal: 362

1. Knoblauch abziehen, mit Salz fein hacken und in eine Schüssel geben. Die Limetten halbieren und den Saft auspressen. Den Saft zum Knoblauchsalz geben.
2. Avocados halbieren und jeweils den Stein herauslösen. Das Fruchtfleisch mit einem Löffel herausnehmen und mit einer Gabel zerkleinern, mit Chili und Pfeffer würzen.
3. Tomaten kreuzweise einschneiden und mit kochendem Wasser übergießen. Nach 1–2 Minuten herausnehmen und mit kaltem Wasser abschrecken. Tomaten häuten, halbieren und die Stängelansätze herausschneiden. Tomaten in Würfel schneiden und unter das Avocadomus heben.
4. Petersilie abspülen und trocken tupfen. Die Blättchen von den Stängeln zupfen, klein schneiden und unter das Avocadomus mischen.
5. Avocado-Dip in eine Schale geben und die Tortilla-Chips in einer zweiten Schüssel dazureichen.

Ziegenkäse mit Sonnenblumenkernen

4 Portionen

Zubereitungszeit: 20 Minuten
Backzeit: 5–7 Minuten

1 kleiner Kopf Batavia
1 kleiner Kopf Radicchio
1 kleines Bund Rucola (Rauke)
oder Brunnenkresse
3–4 EL Weißweinessig
Salz
Zucker
gem. Pfeffer
8 EL Sonnenblumenöl
300 g Ziegenkäse
60 g Sonnenblumenkerne

Pro Portion:
E: 20 g, F: 46 g, Kh: 14 g,
kJ: 2372, kcal: 566

1. Batavia und Radicchio putzen, die Blätter abstreifen und etwas kleiner zupfen. Salat abspülen und trocken tupfen. Rucola putzen und die dicken Stiele abschneiden. Rucola abspülen und trocken tupfen. Oder Brunnenkresse putzen, abspülen, trocken tupfen und die Blätter von den Stängeln zupfen.
2. Den vorbereiteten Salat auf vier Tellern anrichten.
3. Den Backofen vorheizen.
Ober-/Unterhitze: etwa 180 °C
Heißluft: etwa 160 °C
4. Essig mit Salz, 1 Prise Zucker und Pfeffer verrühren, Sonnenblumenöl unterschlagen. Das Dressing gleichmäßig auf den angerichteten Salat träufeln.
5. Ziegenkäse mit Sonnenblumenkernen bestreuen. Die Kerne etwas andrücken und in eine flache Auflaufform setzen. Die Form auf dem Rost in den vorgeheizten Backofen schieben. Den Ziegenkäse 5–7 Minuten überbacken. Der Käse sollte nicht zerlaufen.
6. Den heißen Ziegenkäse nach Belieben auf dem Salat anrichten oder dazureichen. Sofort servieren.

Tortilla-Chips mit Avocado-Dip

Ziegenkäse mit Sonnenblumenkernen

Ringelblumenpesto
350–400 ml

Zubereitungszeit: 10 Minuten

1 Knoblauchzehe
Blütenblätter von 15–20 Ringelblumen (unbehandelt)
3 EL geröstete Cashewkerne
Saft von 1/2 Zitrone
200 ml Olivenöl
30 g ger. Parmesan
Salz, gem. Pfeffer
1 Prise Zucker

Insgesamt:
E: 18 g, F: 229 g, Kh: 17 g,
kJ: 9082, kcal: 2169

1. Knoblauch abziehen und durch eine Knoblauchpresse drücken. Die Ringelblütenblätter vorsichtig abspülen und trocken tupfen. Knoblauch, Blütenblätter, Cashewkerne, Zitronensaft und Olivenöl in einen hohen Rührbecher geben und mit einem Pürierstab fein pürieren.
2. Parmesan unterheben (nicht mehr pürieren). Pesto mit Salz, Pfeffer und Zucker abschmecken. Falls das Pesto nicht die gewünschte Konsistenz hat, noch etwas Olivenöl unterrühren.

Gemüse-Tempura
4–6 Portionen

Zubereitungszeit: 60 Minuten

Für den Teig:
2 Eiweiß (Größe M)
400 ml Eiswasser, Salz
200 g Reismehl

Für das Gemüse:
150 g Kürbis
80 g Staudensellerie
50 g Shiitakepilze ohne Stiel
100 g grüner Spargel
80 g junge Möhren
80 g Zucchini
80 g Blumenkohl
2 Stängel Minze

1 l Speiseöl
100 g Vollkorn-Weizenmehl

Pro Portion:
E: 6 g, F: 14 g, Kh: 35 g,
kJ: 1222, kcal: 292

1. Für den Teig Eiweiß mit dem Eiswasser verrühren, mit Salz würzen. Das Reismehl hinzugeben und kurz unterrühren. Nicht zu lange, da der Teig sonst klebrig wird.
2. Für das Gemüse den Kürbis schälen, entkernen und in mundgerechte Stücke schneiden. Staudensellerie putzen, abspülen, abtropfen lassen und in etwa 6 cm lange Stäbchen schneiden. Pilze putzen, evtl. kurz abspülen, trocken tupfen und halbieren. Von dem Spargel das untere Drittel schälen und die Enden abschneiden. Die Spargelstangen abspülen, abtropfen lassen, längs halbieren und in mundgerechte Stücke schneiden.
3. Möhren putzen, schälen, abspülen, abtropfen lassen und längs halbieren. Zucchini abspülen, abtrocknen und die Enden abschneiden. Zucchini in mundgerechte Stücke schneiden. Blumenkohl putzen, abspülen, abtropfen lassen, in Röschen teilen und nochmals halbieren. Minze abspülen und trocken tupfen. Die Blättchen von den Stängeln zupfen.
4. Das vorbereitete Gemüse kurz in kochendem Salzwasser blanchieren, mit einer Schaumkelle herausnehmen, in Eiswasser kurz abschrecken und mit Küchenpapier gut trocken tupfen.
5. Das Speiseöl in einem Fonduetopf auf der Kochstelle erhitzen, dann den Topf auf das Rechaud stellen.

Ringelblumenpesto

Gemüse-Tempura

6. Das Gemüse kurz in Mehl wenden, mithilfe einer Gabel durch den Tempura-Teig ziehen und kurz abtropfen lassen. Das Gemüse portionsweise in dem siedenden Speiseöl frittieren. Zuletzt die Minzeblättchen frittieren.
7. Gemüse auf Küchenpapier abtropfen lassen und heiß servieren.

Gemüse in Sherry

4 Portionen (ohne Foto)

Zubereitungszeit: 30 Minuten

VEGAN

200 g Möhren
300 g Zucchini
125 ml Sherry
5 EL trockener Weißwein
2 EL Weißweinessig
2 Knoblauchzehen
100 g kleine Zwiebeln
1/2 gestr. TL Salz, gem. Pfeffer
1 TL Zucker
1/2 Peperoni
1/2 TL Senfkörner
2 Lorbeerblätter
5 EL Olivenöl
1 EL klein geschnittene Petersilie
180 g abgetropfte Artischockenherzen (aus dem Glas)

Pro Portion:
E: 3 g, F: 13 g, Kh: 9 g,
kJ: 883, kcal: 211

1. Möhren putzen, schälen, abspülen, abtropfen lassen und in Stifte schneiden. Zucchini abspülen, abtrocknen und die Enden abschneiden. Zucchini in Scheiben schneiden. Möhrenstifte und Zucchinischeiben in einen Topf geben. Sherry, Weißwein und Essig hinzugeben.
2. Knoblauch und Zwiebeln abziehen, Knoblauch in Scheiben schneiden. Zwiebeln und Knoblauchscheiben zu dem Gemüse in den Topf geben. Mit Salz, Pfeffer und Zucker würzen.
3. Peperoni abspülen, trocken tupfen, entstielen, längs halbieren und entkernen. Senfkörner, Lorbeerblätter und die Peperonihälfte zum Gemüse geben. Die Zutaten zum Kochen bringen und etwa 5 Minuten kochen lassen.
4. Das Gemüse mit einer Schaumkelle herausnehmen und in eine Schüssel geben. Olivenöl zum Gemüsesud geben und etwa um die Hälfte einkochen lassen. Petersilie unterrühren. Die Artischockenherzen halbieren und in den Sud geben, abkühlen lassen. Den Sud auf dem Gemüse verteilen.

Tortillahäppchen

Tortillahäppchen

12 Portionen (24 Spießchen)

Zubereitungszeit: 45 Minuten
Garzeit: etwa 25 Minuten

3 rote Paprikaschoten (je etwa 200 g)
2 Bund Frühlingszwiebeln (etwa 375 g)
3 Knoblauchzehen
6 EL Olivenöl
Salz, gem. Pfeffer
12 Eier (Größe M)
10–12 Spritzer Tabasco

Außerdem:
24 kleine, dünne Spieße

Pro Portion:
E: 4 g, F: 6 g, Kh: 4 g,
kJ: 308, kcal: 74

1. Paprikaschoten halbieren, entstielen, entkernen und die weißen Scheidewände entfernen. Schoten abspülen, abtropfen lassen und in sehr feine Streifen schneiden.
2. Die Frühlingszwiebeln putzen, abspülen, abtropfen lassen und in etwa 5 cm lange Stücke schneiden. 10–12 Stücke davon in feine Scheiben schneiden und beiseitelegen. Knoblauch abziehen, durch eine Knoblauchpresse drücken oder in sehr kleine Würfel schneiden.
3. Von dem Olivenöl 1–2 Esslöffel in einer großen Pfanne erhitzen. Die Paprikastreifen, Frühlingszwiebelstücke und den Knoblauch hineingeben und 3–5 Minuten bei mittlerer Hitze unter gelegentlichem Rühren andünsten. Das Gemüse mit Salz und Pfeffer würzen, aus der Pfanne nehmen und abkühlen lassen.
4. Jeweils 4 Eier mit etwas Salz, Pfeffer und Tabasco verschlagen. Etwas von dem restlichen Olivenöl in einer beschichteten Pfanne (Ø 20 cm) erhitzen. Eine Eierportion hineingeben und zugedeckt bei schwacher Hitze in etwa 8 Minuten garen, bis die Eiermasse vollständig gestockt ist.
5. Das Omelett aus der Pfanne nehmen. Auf die gleiche Weise die beiden restlichen Eierportionen nacheinander zubereiten.
6. Jedes Omelett in 8 Tortenstücke schneiden. Auf jedes Stück am breiteren Ende etwas von der Gemüsemischung gleichmäßig verteilen. Die Omelettspitzen jeweils über das Gemüse nach oben klappen und mit einem kleinen Holzspieß feststecken. Tortillahäppchen auf einem Teller anrichten und mit den beiseitegelegten Frühlingszwiebeln bestreuen.

Tofu-Linsen-Pastetchen

Tofu-Linsen-Pastetchen

4 Portionen

Zubereitungszeit: 75 Minuten,
ohne Auftau- und Ruhezeit
Backzeit: 15–20 Minuten

450 g TK-Blätterteig
(6 rechteckige Platten)
220 ml Gemüsebrühe
125 g rote Linsen
200 g Tofu
1 EL Sojasauce
gem. Pfeffer
abgeriebene Schale
von 1/2 Bio-Zitrone (unbehandelt, ungewachst)
1/2 Bund Koriander
1/2 Bund Schnittlauch
1 Eigelb (Größe M)
2 EL Wasser
1 EL Sesamsamen

Pro Portion:
E: 24 g, F: 33 g, Kh: 60 g,
kJ: 2644, kcal: 632

1. Blätterteigplatten nebeneinander zugedeckt nach Packungsanleitung auftauen lassen.
2. Brühe in einem Topf zum Kochen bringen. Die Linsen hinzugeben und zugedeckt bei schwacher Hitze etwa 10 Minuten kochen lassen. Linsen in einem Sieb abtropfen lassen.
3. Tofu in etwa 1 cm große Würfel schneiden und mit den Linsen vermischen. Mit Sojasauce, Pfeffer und Zitronenschale würzen.
4. Koriander und Schnittlauch abspülen und trocken tupfen. Vom Koriander die Blättchen abzupfen und klein schneiden. Den Schnittlauch in Röllchen schneiden. Koriander und Schnittlauchröllchen ebenfalls unter die Linsen rühren.
5. Den Backofen vorheizen.
Ober-/Unterhitze: etwa 200 °C
Heißluft: etwa 180 °C
6. Jeweils 3 Blätterteigplatten aufeinanderlegen und auf einer leicht bemehlten Arbeitsfläche zu jeweils einem Rechteck (38 x 26 cm) ausrollen, etwa 10 Minuten ruhen lassen.
7. Die Kanten gerade schneiden. Aus jedem Rechteck (36 x 24 cm) 6 Quadrate (etwa 12 x 12 cm) ausschneiden und die Ränder mit etwas Wasser bestreichen. Auf jedes Teigstück etwas von den Tofu-Linsen geben. Teigstücke zur Hälfte überklappen, die offenen Seiten festdrücken.
8. Die Pastetchen auf zwei Backbleche (mit Backpapier belegt) legen. Eigelb mit Wasser verschlagen. Die Pastetchen damit bestreichen und mit Sesam bestreuen. Die Backbleche nacheinander (bei Heißluft zusammen) in den vorgeheizten Backofen schieben. Die Pastetchen 15–20 Minuten backen.

Bunte Gemüsespieße

4 Portionen (ohne Foto)

Zubereitungszeit: 30 Minuten
Grillzeit: 6–8 Minuten

350 g Brokkoli
1 Gemüsezwiebel
Salz
250 g Champignons
1 mittelgroße Zucchini
(etwa 250 g)
4 EL Olivenöl
gem. Pfeffer
100 g geraspelter Pizza-Käse

Pro Portion:
E: 11 g, F: 20 g, Kh: 7 g,
kJ: 1091, kcal: 261

1. Von dem Brokkoli die Blätter entfernen. Brokkoli in Röschen teilen, abspülen und abtropfen lassen. Gemüsezwiebel abziehen und vierteln. Brokkoliröschen und Zwiebelspalten getrennt in kochendem Salzwasser 3–4 Minuten blanchieren, mit einer Schaumkelle herausnehmen, mit kaltem Wasser abschrecken und in einem Sieb abtropfen lassen.
2. Champignons putzen, evtl. kurz abspülen und trocken tupfen. Große Pilze evtl. halbieren. Zucchini abspülen, abtrocknen und die Enden abschneiden. Zucchini in etwa 2 cm dicke Scheiben schneiden. Die Scheiben halbieren.
3. Olivenöl in einer Pfanne erhitzen. Champignons und Zucchinischeiben darin kurz von allen Seiten anbraten. Mit Salz und Pfeffer würzen.
4. Den Backofengrill vorheizen.

5. Die vorbereiteten Gemüsezutaten abwechselnd auf Holzspieße stecken. Die Gemüsespieße auf ein Backblech (mit Alufolie belegt) legen und unter dem vorgeheizten Backofengrill 6–8 Minuten grillen, dabei zwischendurch wenden.
6. Die Gemüsespieße 2–3 Minuten vor Ende der Grillzeit mit Käse bestreuen und noch so lange grillen, bis der Käse anfängt zu zerlaufen.

Kartoffelpüree mit Tapenade aus getrockneten Tomaten

4 Portionen

Zubereitungszeit: 40 Minuten

1 kg festkochende Kartoffeln
Salz

Für die Tapenade:
1 TL frische Thymianblättchen
75 g abgetropfte, getrocknete Tomaten, in Öl
3 EL Tomatenöl (von den Tomaten)
150 g Crème fraîche
100 g Schlagsahne
gem. Pfeffer
8–10 schöne Salbeiblättchen
2 EL Olivenöl

Pro Portion:
E: 7 g, F: 30 g, Kh: 37 g,
kJ: 1877, kcal: 450

1. Kartoffeln schälen, abspülen und abtropfen lassen. Die Kartoffeln in einem Topf knapp mit Wasser bedeckt, zugedeckt zum Kochen bringen, Salz hinzufügen. Kartoffeln in 20–25 Minuten gar kochen.
2. In der Zwischenzeit für die Tapenade die Thymianblättchen abspülen und trocken tupfen. Von den Tomaten das Öl auffangen. Die Tomaten grob zerkleinern, mit 3 Esslöffeln des Tomatenöls und den Thymianblättchen im Blitzhacker fein pürieren.
3. Die gegarten Kartoffeln in einem Sieb abtropfen lassen und sofort wieder in den heißen Topf geben. Die Kartoffeln mit einem Kartoffelstampfer grob zerdrücken. Crème fraîche und Sahne mit einem Holzlöffel unterrühren. Mit Salz und Pfeffer würzen. Kartoffelpüree zugedeckt in dem Topf warm halten.
4. Von dem Crème-fraîche-Becher den Boden mit der Küchenschere abschneiden. Becher abspülen, abtrocknen und auf einen kleinen Teller stellen. Zuerst das Kartoffelpüree zur Hälfte einfüllen. Dann etwas Tapenade (Tomatenpaste) daraufgeben. Eine weitere Schicht Kartoffelpüree einfüllen und leicht andrücken. Becher abheben. Die weiteren Püreeportionen anrichten.
5. Die Salbeiblättchen abspülen und trocken tupfen. Das Olivenöl in einer Pfanne erhitzen. Die Salbeiblättchen darin von beiden Seiten knusprig anrösten, herausnehmen und mit dem Salbeiöl auf den Pürees verteilen.

Selleriepesto

etwa 300 ml

Zubereitungszeit: 20 Minuten, ohne Abkühlzeit

40 g Pinienkerne
10–12 Blättchen Staudenselleriegrün
2–3 Knoblauchzehen
100 ml Olivenöl
gem. Pfeffer, 1 Prise Zucker
Saft von 1/2 Zitrone
50 g ger. Parmesan
evtl. Salz

Insgesamt:
E: 26 g, F: 137 g, Kh: 8 g,
kJ: 5681, kcal: 1357

1. Pinienkerne in einer Pfanne ohne Fett unter Rühren goldbraun rösten, herausnehmen, auf einen Teller geben und abkühlen lassen.
2. Sellerieblättchen abspülen, trocken tupfen und grob zerkleinern. Knoblauch abziehen.
3. Olivenöl, Sellerieblättchen, Knoblauch, Pinienkerne, Pfeffer, Zucker und Zitronensaft in einen Rührbecher geben und mit einem Pürierstab zu einer cremigen Masse pürieren.
4. Den Parmesan unterrühren (nicht mehr pürieren). Evtl. mit Salz abschmecken.

Tipp: Anstelle der Pinienkerne schmeckt auch die gleiche Menge geröstete Sonnenblumenkerne.

Kartoffelpüree mit Tapenade aus getrockneten Tomaten

Selleriepesto

Spiegelei-Crostini

4 Portionen

Zubereitungszeit: 50 Minuten, ohne Einweichzeit

15 g getrocknete Steinpilze
100 ml kochendes Wasser
750 g Strauchtomaten
2 kleine Zwiebeln
2 Knoblauchzehen
1 rote Chilischote
2 Stängel Thymian
7 EL Olivenöl
8 EL Einweichwasser (von den Steinpilzen)
Salz
etwas Zucker
einige Basilikumblättchen
8 große Scheiben Ciabatta (je etwa 30 g)
8 Eier (Größe M)

Pro Portion:
E: 21 g, F: 29 g, Kh: 37 g, kJ: 2075, kcal: 495

1. Die Steinpilze in ein Sieb geben, mit kaltem Wasser abspülen und abtropfen lassen. Anschließend in eine flache Schale legen, mit kochendem Wasser übergießen, sodass die Pilze ganz bedeckt sind. Pilze etwa 30 Minuten einweichen.

2. In der Zwischenzeit die Tomaten kreuzweise einschneiden und mit kochendem Wasser übergießen. Nach 1–2 Minuten herausnehmen und mit kaltem Wasser abschrecken. Tomaten häuten, halbieren, entkernen und die Stängelansätze herausschneiden. Tomaten in grobe Würfel schneiden. Zwiebeln und Knoblauch abziehen, jeweils in kleine Würfel schneiden.

3. Chilischote halbieren, entstielen, entkernen, abspülen, abtropfen lassen und klein hacken. Thymian abspülen,trocken tupfen. Blättchen von den Stängeln zupfen. Blättchen klein schneiden. Die eingeweichten Steinpilze leicht ausdrücken, das Einweichwasser dabei auffangen. Steinpilze grob hacken.

4. Drei Esslöffel Olivenöl in einer Pfanne erhitzen. Steinpilze, Zwiebel-, Knoblauchwürfel, Chili und Thymian darin unter Rühren andünsten. Mit dem Steinpilzwasser ablöschen, mit Salz und Zucker würzen. Die Masse bei mittlerer Hitze unter gelegentlichem Rühren dickflüssig einkochen lassen.

5. Den Backofengrill vorheizen.

6. Die Basilikumblättchen abspülen, trocken tupfen, klein schneiden und mit 2 Esslöffeln des restlichen Olivenöls vermischen.

7. Brotscheiben auf einem Backofenrost verteilen. Den Rost unter den vorgeheizten Backofengrill schieben. Die Brotscheiben kurz von beiden Seiten rösten.

8. Restliches Olivenöl in einer weiten Pfanne erhitzen. Die Eier vorsichtig aufschlagen und nebeneinander in das Fett gleiten lassen (evtl. in 2 Portionen). Eiweiß mit Salz bestreuen. Die Eier etwa 5 Minuten bei mittlerer Hitze braten, bis das Eiweiß fest ist.

9. Die heiße Steinpilz-Zwiebel-Masse auf den Brotscheiben verteilen, mit jeweils 1 Spiegelei belegen und mit dem Basilikumöl beträufeln.

Spiegelei-Crostini

Kleine Frühlingsrollen mit Gemüsespaghetti mit Minzvinaigrette

4 Portionen (ohne Foto)

Zubereitungszeit: 60 Minuten

Für die Minzvinaigrette:
1 mittelgroße, rote Zwiebel
2 Knoblauchzehen
10 Pfefferminzeblättchen
3 EL Weißweinessig
Salz, gem. Pfeffer
1 Prise Zucker
8 EL Olivenöl

50 g Porree (Lauch)
50 g Sellerie
50 g Möhre
50 g Salatgurke mit Schale
50 g Sojakeimlinge
50 g Mangold
je 50 g geschälter, weißer und grüner Spargel
3 Pfefferminzeblättchen
1 kleine Knoblauchzehe
2 EL Sesamöl
1 TL ger. Meerrettich (aus dem Glas)
2 EL helle Sojasauce
1 TL Fünf-Gewürze-Pulver
8 Reispapierplatten
1 Eiweiß
250–500 ml Speiseöl

Pita-Brot mit Schafskäse und Tomaten

Pro Portion:
E: 4 g, F: 33 g, Kh: 14 g,
kJ: 1551, kcal: 370

1. Für die Vinaigrette Zwiebel abziehen und in feine Würfel schneiden. Knoblauch abziehen, klein würfeln. Minzeblättchen abspülen, trocken tupfen, in feine Streifen schneiden. Essig mit Salz, Pfeffer und Zucker verrühren, Olivenöl unterschlagen. Zwiebel-, Knoblauchwürfel und Minzestreifen unterrühren.
2. Porree putzen, abspülen, abtropfen lassen, in Streifen schneiden. Sellerie und Möhre putzen, schälen, abspülen, abtropfen lassen, in feine Streifen schneiden. Gurke heiß abwaschen, abtrocknen, halbieren, entkernen, in feine Streifen schneiden. Die Sojakeimlinge verlesen, mit kochendem Wasser abspülen, abtropfen lassen. Mangold putzen, gründlich waschen, abtropfen lassen, in Streifen schneiden. Spargel abspülen, abtropfen lassen, in Streifen schneiden. Minzeblättchen abspülen, trocken tupfen, in feine Streifen schneiden. Knoblauch abziehen und klein würfeln.
3. Sesamöl in einer großen Pfanne erhitzen, Knoblauchwürfel und das vorbereitete Gemüse darin evtl. portionsweise unter Rühren bissfest anbraten. Minzestreifen und Meerrettich hinzugeben. Mit Sojasauce, Fünf-Gewürze-Pulver, Salz und Pfeffer würzen.
4. Die Reisplatten 2-3 Minuten in warmes Wasser legen. Für jeweils 1 Frühlingsrolle 2 Teigplatten übereinander auf ein trockenes Küchenhandtuch geben, Teigränder mit Eiweiß bestreichen. Teigplatten mit dem Gemüse füllen und zusammenrollen, dabei die Ränder einschlagen, damit keine Füllung austritt.
5. Das Speiseöl in einem breiten Topf erhitzen. Die Frühlingsrollen darin goldgelb ausbacken, herausnehmen und auf Küchenpapier abtropfen lassen.
6. Die Frühlingsrollen mit der Minzvinaigrette servieren.

Pita-Brot mit Schafskäse und Tomaten

4 Portionen

Zubereitungszeit: 20 Minuten

300 g Schafskäse
Salz, gem. Pfeffer
1/2 TL gerebelter Thymian
1 Prise gem. Piment
16 Cocktailtomaten
2 Zwiebeln
200 g Joghurt (3,5 % Fett)
1 abgezogene, zerdrückte Knoblauchzehe
1 EL Olivenöl
4 Pita-Brote (Fertigprodukt)
einige Salatblätter, z. B. Kopfsalat
Paprikapulver rosenscharf

Pro Portion:
E: 32 g, F: 28 g, Kh: 86 g,
kJ: 3080, kcal: 327

1. Schafskäse in schmale Streifen schneiden, mit Salz, Pfeffer, Thymian und Piment würzen.
2. Cocktailtomaten abspülen, trocken tupfen und die Stängelansätze herausschneiden. Tomaten in Scheiben schneiden.
3. Die Zwiebeln abziehen, zuerst in Scheiben schneiden, dann in Ringe teilen. Joghurt mit 1/2 gestrichenen Teelöffel Salz, Pfeffer und Knoblauch verrühren, zum Schluss das Olivenöl unterschlagen.
4. Pita-Brote nach Packungsanleitung aufbacken und anschließend waagerecht durchschneiden. Die Brothälften jeweils mit abgespülten, trocken getupften Salatblättern belegen. Schafskäsestreifen, Tomatenscheiben und Zwiebelringe darauflegen. Die Joghurtsauce darauf verteilen. Nach Belieben mit Paprika bestreuen.

Tofu-Dip mit Kräutern und Schalotten

4 Portionen (ohne Foto)

Zubereitungszeit: 10 Minuten

250 g Tofu
2–3 EL Milch
2 Schalotten
3 EL klein geschnittene Kräuter, z. B. Petersilie, Dill, Schnittlauch, Kerbel
Salz
gem. Pfeffer

Pro Portion:
E: 5 g, F: 3 g, Kh: 6 g,
kJ: 300, kcal: 71

1. Den Tofu etwas zerkleinern, mit Milch in einen hohen Rührbecher geben und mit einem Pürierstab cremig rühren.
2. Schalotten abziehen, fein würfeln und mit den Kräutern unter die Tofumasse rühren. Mit Salz und Pfeffer abschmecken.

Pikante Fetaspieße
12 Portionen (36 Spieße)

Zubereitungszeit: 60 Minuten, ohne Marinierzeit

3 große, gelbe Paprikaschoten
3 große Fleischtomaten (etwa 600 g)
9 Frühlingszwiebeln (etwa 500 g)
1 1/4 kg abgetropfter Fetakäse
1 Topf Basilikum

Für die Sauce:
6 Knoblauchzehen
2 EL Delikatessmayonnaise
1 EL mittelscharfer Senf
8 EL heller Balsamico-Essig
Salz, gem. Pfeffer
10 EL Olivenöl
3 EL rosa Pfefferbeeren

Außerdem:
36 Spieße, z. B. Bambusspieße (etwa 20 cm lang)

Pro Portion:
E: 18 g, F: 37 g, Kh: 10 g,
kJ: 1893, kcal: 452

1. Die Paprikaschoten halbieren, entstielen, entkernen und die weißen Scheidewände entfernen. Schoten abspülen, abtropfen lassen und in 72 gleich große Stücke schneiden.
2. Die Tomaten abspülen, abtrocknen, halbieren und die Stängelansätze herausschneiden. Die Tomaten achteln, entkernen und ebenfalls in 72 Stücke schneiden.
3. Die Frühlingszwiebeln putzen, abspülen, abtropfen lassen und in 72 kleine Stücke schneiden.
4. Den Fetakäse in 72 Würfel schneiden. Basilikum abspülen und trocken tupfen. Die Blättchen von den Stängeln zupfen, einige Blättchen zum Garnieren beiseitelegen. Die restlichen Blättchen klein schneiden.
5. Für die Sauce Knoblauch abziehen und durch eine Knoblauchpresse drücken. Mayonnaise mit Senf, Essig und Knoblauch verrühren, mit Salz und Pfeffer würzen. Das Olivenöl unterschlagen.

Pikante Fetaspieße

6. Jeweils 2 Fetawürfel, 2 Paprikastücke, 2 Frühlingszwiebelstücke und 2 Tomatenstücke auf einen Spieß stecken.
7. Die Spieße mit der Sauce nach Belieben in kleinen Gläsern anrichten, mit klein geschnittenem Basilikum und den roten Pfefferbeeren bestreuen. Die Fetaspieße mit den beiseitegelegten Basilikumblättchen garnieren.

Olivenpaste
4 Portionen

VEGAN

Zubereitungszeit: 20 Minuten
Haltbarkeit: im Kühlschrank 4–5 Tage

200 g abgetropfte, schwarze Oliven
2 Knoblauchzehen
1–2 Chilischoten
150 g Tomaten
1 EL abgetropfte Kapern
75–100 ml Olivenöl
gem. Pfeffer
gerebelter Thymian

Pro Portion:
E: 1 g, F: 30 g, Kh: 3 g,
kJ: 1198, kcal: 286

Olivenpaste

1. Oliven entkernen und evtl. klein schneiden. Knoblauch abziehen. Chilischoten längs aufschneiden, entkernen, abspülen, trocken tupfen.
2. Tomaten kreuzweise einschneiden und mit kochendem Wasser übergießen. Nach 1–2 Minuten herausnehmen und mit kaltem Wasser abschrecken. Tomaten häuten, halbieren, entkernen und die Stängelansätze herausschneiden. Tomaten würfeln.
3. Olivenstücke, Knoblauch, Chilischoten, Tomatenwürfel, Kapern und Olivenöl in einen hohen Rührbecher geben. Die Zutaten mit einem Pürierstab nicht zu fein pürieren. Die Olivenpaste mit Pfeffer und Thymian abschmecken.

Frühlingsgemüse mit Kräuterdip

4 Portionen (ohne Foto)

Zubereitungszeit: 35 Minuten

1 Salatgurke (etwa 600 g)
250 g junge Möhren
250 g weiße Radieschen
250 g Tomaten
250 g Staudensellerie
2 Bund Radieschen

Für den Kräuterdip:
3 Sardellenfilets
1 EL abgetropfte Kapern
10 grüne, spanische Oliven, mit Paprika gefüllt
3 Eigelb (Größe M)
1 TL mittelscharfer Senf
1 EL Obstessig
Salz, gem. Pfeffer
75 ml Maiskeimöl
4–5 EL gemischte, klein geschnittene Kräuter, z. B. Kerbel, Schnittlauch, Majoran, Petersilie
2 Tomaten

Pro Portion:
E: 22 g, F: 33 g, Kh: 45 g, kJ: 1784, kcal: 426

1. Salatgurke abspülen, trocken tupfen und die Enden abschneiden. Gurke zuerst in etwa 10 cm lange Stücke, dann in Stifte schneiden.
2. Von den Möhren und Radieschen das Grün bis auf etwa 2 cm abschneiden. Möhren schälen, abspülen, abtropfen lassen. Radieschen ebenfalls abspülen und abtropfen lassen.
3. Tomaten abspülen, trocken tupfen, halbieren und die Stängelansätze herausschneiden. Tomaten achteln und entkernen. Sellerie putzen, abspülen, abtropfen lassen und in Stücke schneiden. Das Gemüse auf einer Platte anrichten.
4. Für den Kräuterdip die Sardellenfilets evtl. wässern und trocken tupfen. Kapern und Oliven sehr fein hacken, mit Eigelb, Senf und Obstessig verrühren, mit Salz und Pfeffer würzen. Maiskeimöl esslöffelweise unterschlagen, Kräuter und Sardellenstückchen unterrühren.
5. Tomaten kreuzweise einschneiden und mit kochendem Wasser übergießen. Nach 1–2 Minuten herausnehmen und mit kaltem Wasser abschrecken. Tomaten häuten, halbieren und die Stängelansätze herausschneiden. Tomaten entkernen und in Würfel schneiden.
6. Den Dip mit den Tomatenwürfeln bestreuen und mit dem Frühlingsgemüse servieren.

Herzhafte Reisberge
etwa 40 Stück

Zubereitungszeit: 60 Minuten, ohne Abkühlzeit
Garzeit: etwa 15 Minuten

600 ml Gemüsebrühe
250 g Langkornreis

Für die gelben Reisberge:
1 gelbe Paprikaschote (etwa 160 g)
1 gestr. TL Kurkuma (Gelbwurz)
1/2 TL gem. Kreuzkümmel (Cumin)
1 TL flüssiger Honig
Salz
gem. Pfeffer
2 Eier (Größe M)

Für die grünen Reisberge:
1 grüne Paprikaschote (etwa 160 g)
2 EL gehackte TK-Kräuter der Provence
2 Eier (Größe M)

Nach Belieben zum Garnieren:
etwa 20 abgetropfte Oliven
etwa 20 abgetropfte Ananasstückchen (aus der Dose)
etwa 40 Holzstäbchen
etwa 40 Gurkenscheiben

Pro Stück:
E: 1 g, F: 1 g, Kh: 4 g, kJ: 117, kcal: 28

1. Gemüsebrühe in einem Topf zum Kochen bringen. Reis einstreuen und zugedeckt etwa 20 Minuten bei schwacher Hitze garen. Reis in einem Sieb abtropfen (aber nicht abschrecken) und etwas abkühlen lassen.
2. Für die gelben Reisberge Paprikaschote halbieren, entstielen, entkernen und die weißen Scheidewände entfernen. Die Schote abspülen, abtropfen lassen und klein würfeln.
3. Reis in zwei Schüsseln verteilen. Die gelben Paprikawürfel in eine Schüssel geben. Kurkuma, Cumin, Honig, Salz, Pfeffer und Eier hinzufügen, mit dem Reis vermischen.
4. Den Backofen vorheizen.
Ober-/Unterhitze: etwa 220 °C
Heißluft: etwa 200 °C
5. Für die grünen Reisberge die Paprikaschote wie unter Punkt 2 beschrieben putzen, abspülen, abtropfen lassen und ebenfalls in kleine Würfel schneiden. Die Paprikawürfel in die zweite Schüssel geben. Kräuter der Provence, Salz, Pfeffer und Eier hinzugeben, mit dem Reis vermischen.
6. Mit 2 Esslöffeln kleine runde Reisberge dicht auf ein Backblech (gefettet) setzen. Das Backblech in den vorgeheizten Backofen schieben. Die Reisberge etwa 15 Minuten garen.
7. Die Reisberge vom Backblech lösen und auf einem mit Backpapier belegten Kuchenrost erkalten lassen. Nach Belieben Oliven und Ananasstückchen auf Holzstäbchen spießen, in die Reisberge stecken und auf Gurkenscheiben anrichten.

Herzhafte Reisberge

Tofu-Terrine mit Spargel

VEGAN

8 Portionen

Zubereitungszeit: 45 Minuten, ohne Abkühl- und Kühlzeit

je 250 weißer und grüner Spargel
250 ml Gemüsebrühe
1 Bund Schnittlauch
1–2 TL rosa Pfefferbeeren
200 ml Sojaprodukt zum Aufschlagen
1 Pck. Sahnesteif
3 gestr. TL (10 g) Agar Agar
200 g Seidentofu
Salz, 1/2 TL gem. Koriander
1–2 TL Zitronensaft
gem. Pfeffer

Pro Portion:
E: 4 g, F: 5 g, Kh: 4 g,
kJ: 325, kcal: 78

1. Den weißen Spargel von oben nach unten schälen. Darauf achten, dass die Schalen vollständig entfernt, die Köpfe aber nicht verletzt werden. Die unteren Enden abschneiden (holzige Stellen vollkommen entfernen). Von dem grünen Spargel nur das untere Drittel schälen und die Enden abschneiden. Weißen und grünen Spargel abspülen, abtropfen lassen und in etwa 5 cm lange Stücke schneiden.

2. Die Brühe in einem Topf zum Kochen bringen. Den grünen Spargel darin etwa 6 Minuten und den weißen Spargel etwa 10 Minuten garen. Spargelstücke mit einem Schaumlöffel herausnehmen, mit kaltem Wasser kurz abschrecken und in einem Sieb abtropfen lassen. Spargelstücke und -brühe getrennt erkalten lassen.
3. Schnittlauch abspülen, trocken tupfen und in feine Röllchen schneiden. Pfefferbeeren mit den Fingern fein zerreiben.
4. Soja zum Aufschlagen in einen Rührbecher geben. Mit einem Mixer (Rührbesen) kurz aufschlagen und weiterschlagen, dabei nach und nach Sahnesteif einrieseln lassen.
5. Erkaltete Gemüsebrühe (250 ml) in einen Topf geben, mit Agar Agar verrühren und unter Rühren aufkochen lassen. Den Topf von der Kochstelle nehmen. Tofu zu der Brühe in den Topf geben und pürieren. Aufgeschlagene Sojamasse mit den Schnittlauchröllchen unterheben. Die Masse mit Salz, Koriander, geriebenem roten Pfeffer, Zitronensaft und gemahlenem Pfeffer abschmecken. Die Tofumasse sofort und schnell mit den Spargelstücken in eine dichte Kastenform (25 x 11 cm) schichten und glatt streichen. (Wichtig: Schnell arbeiten, weil Agar Agar schon beim Abkühlen fest wird.)

Tofu-Terrine mit Spargel

6. Ein mehrfach gefaltetes Geschirrtuch auf die Arbeitsfläche legen, die Form daraufstellen und mehrfach daraufstoßen, damit Luftblasen in der Masse platzen. Die Terrine zugedeckt mindestens 3 Stunden in den Kühlschrank stellen.
7. Die Tofu-Terrine am Formrand mit einem Messer lösen, aus der Form stürzen und mit einem Sägemesser in Scheiben schneiden.

Junges Gemüse mit Zitronensauce

4 Portionen (ohne Foto)

Zubereitungszeit: 50 Minuten

500 g weißer Spargel
500 g junge Möhren
400 g Zuckerschoten
Salz
Zucker

Für die Sauce:
125 ml Milch (3,5 % Fett)
250 ml Gemüsebrühe
2 TL Weizenmehl
2 EL kaltes Wasser
gem. Pfeffer
Zitronensaft
50 g kalte Butter

Pro Portion:
E: 7 g, F: 12 g, Kh: 21 g,
kJ: 950, kcal: 226

1. Den Spargel von oben nach unten schälen. Darauf achten, dass die Schalen vollständig entfernt, die Köpfe aber nicht verletzt werden. Die unteren Enden abschneiden (holzige Stellen vollkommen entfernen). Spargel abspülen und abtropfen lassen. Möhren putzen, schälen, abspülen und abtropfen lassen. Von den Zuckerschoten die Enden abschneiden, evtl. abfädeln. Zuckerschoten abspülen und abtropfen lassen.
2. Wasser in einem Topf zugedeckt zum Kochen bringen, je 1 Prise Salz

und 1 Prise Zucker hinzufügen. Zuerst den Spargel, dann die Möhren darin 15–20 Minuten garen. Zuckerschoten etwa 8 Minuten vor Ende der Garzeit zu den Möhren geben und mitgaren lassen. Das Gemüse jeweils mit einem Schaumlöffel herausnehmen, mit kaltem Wasser abschrecken und in einem Sieb abtropfen lassen.

3. Für die Sauce in der Zwischenzeit die Milch und Gemüsebrühe in einem Topf zum Kochen bringen. Mehl mit Wasser anrühren, in die Sauce rühren und unter Rühren aufkochen lassen. Mit Salz, Pfeffer, Zucker und Zitronensaft pikant würzen.

4. Zuletzt die Butter hinzugeben, die Sauce mit dem Pürierstab schaumig schlagen.

5. Gemüse auf einer vorgewärmten Platte anrichten und mit der Zitronensauce servieren.

Tofukugeln

4 Portionen (ohne Foto)

Zubereitungszeit: 30 Minuten, ohne Marinier- und Quellzeit

Zum Vorbereiten:

250 g abgetropfter Tofu
1 Bio-Limette (unbehandelt, ungewachst)
1 Prise Salz
1/2–1 TL Sambal Oelek
1 EL Sojasauce
1/2 TL gem. Koriander

Für den Teig:

2 Eier (Größe M)
80 g Weizenmehl
1/2 gestr. TL Dr. Oetker Backin
1 EL Semmelbrösel

Zum Frittieren:

1 l Speiseöl

Limettenspalten von 1 Bio-Limette (unbehandelt, ungewachst)
einige Korianderblättchen
200 g Mango-Chutney (aus dem Glas)

Pro Portion:
E: 12 g, F: 81 g, Kh: 35 g,
kJ: 3979, kcal: 950

1. Zum Vorbereiten den Tofu in etwa 1/2 cm große Würfel schneiden. Limette heiß abwaschen, abtrocknen und die Schale mit einem Zestenreißer abziehen. Limette halbieren und den Saft auspressen.

2. Zwei Esslöffel Limettensaft mit Limettenschale, Salz, Sambal Oelek, Sojasauce und Koriander in einer Schüssel verrühren, Tofuwürfeln untermischen und etwa 30 Minuten durchziehen lassen.

3. Für den Teig die Eier mit einem Schneebesen gut verrühren. Mehl mit Backpulver mischen und unterrühren. Die marinierten Tofuwürfel und Semmelbrösel unterheben. Die Tofumasse etwa 10 Minuten zum Quellen stehen lassen.

4. Zum Frittieren Speiseöl in einer Fritteuse auf etwa 180 °C erhitzen. Von der Tofumasse mit einem Teelöffel kleine Kugeln abstechen und sofort portionsweise in dem siedenden Speiseöl goldbraun frittieren, dabei evtl. einmal wenden.

5. Die Tofukugeln mit einer Schaumkelle herausheben und auf Küchenpapier abtropfen lassen.

6. Die Tofukugeln auf einer Platte anrichten, mit Limettenspalten garnieren und mit abgespülten, trocken getupften Korianderblättchen bestreuen. Das Mango-Chutney dazureichen.

Rosmarin- oder Thymianbaguette

Rosmarin- oder Thymianbaguette

4 Portionen

Zubereitungszeit: 15 Minuten
Backzeit: 7–8 Minuten

4 Baguettebrötchen (je etwa 300 g)
150 g Butter (zimmerwarm)
Salz
1 Bund frischer Rosmarin oder Thymian oder
3 TL gerebelter Rosmarin oder Thymian

Pro Portion:
E: 23 g, F: 33 g, Kh: 163 g,
kJ: 4604, kcal: 1101

1. Den Backofen vorheizen.
Ober-/Unterhitze: etwa 200 °C
Heißluft: etwa 180 °C

2. Baguettebrötchen halbieren und auf dem Rost in den vorgeheizten Backofen schieben. Die Brötchenhälften 2–3 Minuten aufbacken.

3. Butter mit etwas Salz geschmeidig rühren. Frischen Rosmarin oder Thymian abspülen und trocken tupfen. Die Nadeln oder Blättchen von den Stängeln zupfen. Rosmarin oder Thymian unter die Butter rühren.

4. Die Baguettehälften damit bestreichen. Brötchenhälften wieder auf dem Rost in den heißen Backofen schieben, bei gleicher Backofentemperatur etwa 5 Minuten überbacken und sofort servieren.

Gemüse-Sesam-Kräcker

Gemüse-Sesam-Kräcker

8 Portionen

Zubereitungszeit: 50 Minuten
Garzeit: etwa 15 Minuten

1 kg Knollensellerie oder Kohlrabi
1 l Gemüsebrühe
2 Eier (Größe M)
Salz, gem. Pfeffer
250 g Sesamsamen
1 Pck. runde Salzkräcker (200 g)
etwas Sahnemeerrettich
einige abgetropfte, kleine Gewürzgurken
evtl. einige abgetropfte, grüne Oliven

Pro Portion:
E: 12 g, F: 22 g, Kh: 21 g,
kJ: 1425, kcal: 340

1. Den Sellerie oder Kohlrabi putzen, schälen, abspülen, abtropfen lassen und in 1/2–1 cm dicke Scheiben schneiden.
2. Den Backofen vorheizen.
Ober-/Unterhitze: etwa 220 °C
Heißluft: etwa 200 °C
3. Brühe in einem Topf zum Kochen bringen. Die Sellerie- oder Kohlrabischeiben darin etwa 3 Minuten blanchieren. Anschließend in ein Sieb geben, mit kaltem Wasser abschrecken und etwas abkühlen lassen.
4. Mit einem Ausstecher kleine runde Platten in Größe der Kräcker aus den Gemüsescheiben ausstechen. Eier in einer flachen Schüssel verschlagen, mit Salz und Pfeffer würzen. Die Gemüseplatten durch die verschlagenen Eier ziehen, am Schüsselrand abstreifen und in Sesam wälzen.
5. Sesam-Gemüse auf ein Backblech (gefettet) legen. Das Backblech in den vorgeheizten Backofen schieben. Sesam-Gemüse etwa 15 Minuten garen.
6. Die Salzkräcker dünn mit Sahnemeerrettich bestreichen. Jeweils mit dem Sesam-Gemüse belegen. Gurken in feine Scheiben schneiden. Kräcker mit den Gurkenscheiben und nach Belieben mit Oliven garnieren.

Frittiertes Gemüse mit Sauce béarnaise

4 Portionen (ohne Foto)

Zubereitungszeit: 60 Minuten, ohne Ruhezeit

Für den Teig:
300 g Weizenmehl
5 Eigelb (Größe M)
100 ml Wasser
100 ml helles Bier
50 g zerlassene, abgekühlte Butter
1 gestr. TL Salz

500 g grüner Spargel (etwa 16 Stangen)
250 g Brokkoli
750 g Blumenkohl
Salz
120 g kleine Champignons
100 g Zuckerschoten
12 Salbeiblättchen
5 Eiweiß (Größe M)
1 l Speiseöl, z. B. Sonnenblumenöl
250 ml Sauce béarnaise (Fertigprodukt)

Pro Portion:
E: 21 g, F: 58 g, Kh: 50 g,
kJ: 3384, kcal: 810

1. Für den Teig das Mehl in eine Rührschüssel geben. Eigelb, Wasser, Bier und Butter hinzugeben. Die Zutaten mit einem Mixer (Rührstäbe) zu einem dickflüssigen Teig verrühren. Mit Salz würzen. Den Teig 20–30 Minuten ruhen lassen.
2. In der Zwischenzeit von dem Spargel das untere Drittel schälen und die Enden abschneiden. Den Spargel abspülen und abtropfen lassen. Brokkoli und Blumenkohl putzen, in kleine Röschen teilen, abspülen und abtropfen lassen. Spargel, Brokkoli- und Blumenkohlröschen in kochendem Salzwasser 4–5 Minuten blanchieren. Das Gemüse mit kaltem Wasser abschrecken und in einem Sieb abtropfen lassen. Anschließend das Gemüse auf Küchenpapier legen.
3. Champignons putzen, evtl. kurz abspülen und trocken tupfen. Von den Zuckerschoten die Enden abschneiden, evtl. abfädeln. Zuckerschoten abspülen und abtropfen lassen. Salbeiblättchen abspülen und trocken tupfen.
4. Eiweiß steif schlagen und unter den Teig heben.
5. Speiseöl in einem hohen Topf oder in einer Fritteuse auf etwa 180 °C erhitzen. Gleichzeitig die Sauce béarnaise nach Packungsanleitung erwärmen.
6. Das vorbereitete Gemüse und die Salbeiblättchen mithilfe einer Gabel durch den Bierteig ziehen und am

Schüsselrand abstreifen. Gemüse und die Salbeiblättchen portionsweise in dem siedenden Speiseöl knusprig und goldgelb ausbacken.
7. Das frittierte Gemüse und die Salbeiblättchen mit einer Schaumkelle herausnehmen und auf Küchenpapier abtropfen lassen. Das Gemüse und die Salbeiblättchen auf einer Platte anrichten und mit der Sauce béarnaise servieren.

Gemüse-Schicht-Pastete

6–8 Portionen

Zubereitungszeit: 60 Minuten, ohne Kühlzeit

Für das Selleriepüree:
400 g Knollensellerie
125 ml kochendes Salzwasser
1 schwach geh. TL Agar Agar
125 ml Gemüsefond
2 Eiweiß (Größe M)
2 EL Crème fraîche
gem. Pfeffer
Zitronensaft

Für das Brokkolipüree:
500 g Brokkoli
500 ml kochendes Salzwasser
1 schwach geh. TL Agar Agar
125 ml Gemüsefond
2 Eiweiß (Größe M)
2 EL Crème fraîche
Salz, ger. Muskatnuss

Für das Möhrenpüree:
400 g Möhren
125 ml kochendes Salzwasser
1 schwach geh. TL Agar Agar
125 ml Gemüsefond
2 Eiweiß (Größe M)
2 EL Crème fraîche
Zucker
gem. Ingwer

Pro Portion:
E: 9 g, F: 8 g, Kh: 5 g,
kJ: 527, kcal: 127

1. Für das Selleriepüree den Sellerie schälen, abspülen, abtropfen lassen, in kleine Stücke schneiden und in kochendem Salzwasser 25–30 Minuten garen. Selleriestücke in ein Sieb geben, mit kaltem Wasser abschrecken, gut abtropfen lassen und pürieren.
2. Eine dichte Terrinen- oder Pastetenform (z. B. Kastenform, 30 x 11 cm) mit Speiseöl fetten. Agar Agar mit Gemüsefond in einem Topf anrühren, unter Rühren zum Kochen bringen und unter Rühren etwa 2 Minuten kochen lassen. Den Topf von der Kochstelle nehmen. Selleriepüree nach und nach unterrühren. Eiweiß steif schlagen. Crème fraîche und Eischnee kräftig unter die Selleriemasse schlagen. Mit Salz, Pfeffer und Zitronensaft abschmecken. Selleriemasse in die vorbereitete Form füllen und glatt streichen.
3. Für das Brokkolipüree Brokkoli putzen, dabei die Blätter entfernen. Brokkoli in Röschen teilen, Stängel schälen, beides abspülen und abtropfen lassen.
4. Brokkoliröschen (einige Röschen zum Garnieren beiseitelegen) und -stängel in kochendem Salzwasser etwa 15 Minuten garen. Brokkoli in ein Sieb geben, mit kaltem Wasser abschrecken, gut abtropfen lassen und pürieren.
5. Agar-Agar mit Gemüsefond in einem Topf anrühren, unter Rühren zum Kochen bringen und unter Rühren etwa 2 Minuten kochen lassen. Den Topf von der Kochstelle nehmen. Das Brokkolipüree nach und nach unterrühren. Eiweiß steif schlagen. Crème fraîche und Eischnee kräftig unter die Brokkolimasse schlagen. Mit Salz und Muskat abschmecken.
6. Die Hälfte der Brokkolimasse auf das Selleriepüree in die Form geben. Die beiseitegelegten Brokkoliröschen mit dem Stängel nach oben leicht hineindrücken. Restliches Brokkolipüree daraufgeben, glatt streichen.
7. Für das Möhrenpüree Möhren putzen, schälen, abspülen, abtropfen lassen, in Scheiben schneiden und in kochendem Salzwasser etwa 20 Minuten garen. Möhrenscheiben in ein Sieb geben, mit kaltem Wasser abschrecken, gut abtropfen lassen und pürieren.
8. Agar Agar mit Gemüsefond in einem Topf anrühren, unter Rühren zum Kochen bringen und unter Rühren etwa 2 Minuten kochen lassen. Den Topf von der Kochstelle nehmen. Das Möhrenpüree nach und nach unterrühren. Eiweiß steif schlagen. Crème fraîche und Eischnee kräftig unter die Möhrenmasse schlagen. Mit Salz, Zucker und Ingwer abschmecken. Das Möhrenpüree auf das Brokkolipüree in die Form geben und glatt streichen.
9. Die Form mit einem Deckel oder Alufolie verschließen und mindestens 2 Stunden in den Kühlschrank stellen.
10. Die Form kurz in heißes Wasser stellen. Die Pastete aus der Form stürzen und in nicht zu dünne Scheiben schneiden.

Gemüse-Schicht-Pastete

Frühlingszwiebeln in Bierteig

6 Portionen

Zubereitungszeit: 30 Minuten, ohne Ruhezeit
Ausbackzeit: 3–5 Minuten je Portion

6 Bund Frühlingszwiebeln (etwa 1 1/2 kg, möglichst dünn)

Für den Bierteig:
250 g Weizenmehl
3 Eier (Größe M)
250 ml helles Bier oder Malzbier
Salz, gem. Pfeffer

750 g Frittierfett

Zum Dippen:
200 g Kräuter-Crème-fraîche

Pro Portion:
E: 6 g, F: 25 g, Kh: 30 g,
kJ: 1547, kcal: 371

1. Ein Drittel des Frühlingszwiebelgrüns entfernen. Wurzeln abschneiden. Die Frühlingszwiebeln gründlich waschen und mit Küchenpapier trocken tupfen.
2. Für den Teig das Mehl in eine Rührschüssel geben und mit den Eiern gut verrühren. Bier unterrühren. Mit Salz und Pfeffer würzen. Den Teig etwa 20 Minuten ruhen lassen.
3. Das Frittierfett in einem großen Topf oder in einer Fritteuse auf etwa 180 °C erhitzen.
4. Den Bierteig nochmals durchrühren. Die Frühlingszwiebeln durch den Bierteig ziehen, am Schüsselrand abstreifen und portionsweise in dem siedenden Ausbackfett 3–5 Minuten ausbacken.
5. Die Frühlingszwiebeln mit einem Schaumlöffel aus dem Fett nehmen, auf Küchenpapier abtropfen lassen, dann auf eine vorgewärmte Platte legen und warm stellen.
6. Zu den Frühlingszwiebeln Crème fraîche zum Dippen reichen.

Frühlingszwiebeln in Bierteig

Eierbällchen, frittiert

4 Portionen (ohne Foto)

Zubereitungszeit: 40 Minuten
Frittierzeit: etwa 5 Minuten

300 g Kartoffeln
Salz
2 Knoblauchzehen
1 Zwiebel
6 hart gekochte Eier
2 EL Kichererbsenmehl
gem. Pfeffer
1 TL Garam Masala
1 TL Currypulver
1 EL klein geschnittene Petersilie
50 g Semmelbrösel
1 l Sonnenblumenöl

Pro Portion:
E: 19 g, F: 71 g, Kh: 36 g,
kJ: 3721, kcal: 889

1. Kartoffeln schälen, abspülen, abtropfen lassen. Kartoffeln in einem Topf knapp mit Wasser bedeckt, zugedeckt zum Kochen bringen, Salz hinzugeben. Kartoffeln etwa 10 Minuten garen, abgießen, abdämpfen, etwas abkühlen lassen, grob raspeln.
2. Knoblauch und Zwiebel abziehen, in kleine Würfel schneiden.
3. Eier pellen, fein hacken, mit den Kartoffelraspeln, Knoblauch- und Zwiebelwürfeln vermengen, mit Kichererbsenmehl, Salz, Pfeffer, Garam Masala, Curry und Petersilie würzen.
4. Aus der Masse mit angefeuchteten Händen etwa eigroße und -förmige Bällchen formen. Die Bällchen in Semmelbröseln wenden.
5. Sonnenblumenöl in einem großen Topf oder in einer Fritteuse auf etwa 180 °C erhitzen. Die Eierbällchen darin portionsweise etwa 5 Minuten unter mehrmaligem Wenden frittieren.
6. Eierbällchen mit einem Schaumlöffel herausnehmen und auf Küchenpapier abtropfen lassen.

Gemüse-Carpaccio

4 Portionen

Zubereitungszeit: 35 Minuten
Garzeit: etwa 16 Minuten

Für das Gemüse:
150 g Möhren
3 EL Wasser
1 Prise Zucker
Salz
150 g Zuckerschoten
500 g grüner Spargel

Für das Dressing:
2 Schalotten
1/2 Bund Frühlingszwiebeln
3 Tomaten
3 EL Balsamico-Essig
Saft von 1 Orange
1 TL flüssiger Lindenblütenhonig
gem. Pfeffer
6 EL Traubenkernöl
1 Bund frische Kräuter,
z. B. Petersilie, Estragon, Kerbel

Pro Portion:
E: 3 g, F: 0 g, Kh: 11 g,
kJ: 250, kcal: 59

1. Für das Gemüse Möhren putzen, schälen, abspülen und abtropfen lassen. Möhren mit Wasser, Zucker und Salz in einer Pfanne etwa 10 Minuten unter gelegentlichem Rühren dünsten, erkalten lassen.
2. Von den Zuckerschoten die Enden abschneiden, evtl. abfädeln. Zuckerschoten abspülen, abtropfen lassen und in kochendem Salzwasser etwa 1 Minute blanchieren. Anschließend in ein Sieb geben, mit kaltem Wasser abschrecken und abtropfen lassen.
3. Von dem Spargel nur das untere Drittel schälen und die unteren Enden abschneiden. Spargelstangen in kochendem Salzwasser etwa 5 Minuten garen, herausnehmen, in ein Sieb geben, mit kaltem Wasser abschrecken und abtropfen lassen.
4. Für das Dressing Schalotten abziehen und klein würfeln. Frühlingszwiebeln putzen, abspülen, abtropfen lassen und in dünne Scheiben schneiden.
5. Tomaten kreuzweise einschneiden und mit kochendem Wasser übergießen. Nach 1–2 Minuten herausnehmen und mit kaltem Wasser abschrecken. Tomaten häuten, halbieren und die Stängelansätze herausschneiden. Tomaten klein würfeln.
6. Essig mit Orangensaft und Honig verrühren. Mit Salz und Pfeffer würzen. Traubenkernöl unterschlagen. Schalottenwürfel, Frühlingszwiebelscheiben und Tomatenwürfel unterrühren.

Gemüse-Carpaccio

7. Die Kräuter abspülen und trocken tupfen. Die Blättchen von den Stängeln zupfen. Blättchen klein schneiden und mit dem Dressing verrühren.
8. Gegarte Spargelstangen der Länge nach halbieren. Gedünstete Möhren mit dem Sparschäler in dünne Streifen schneiden, mit den Zuckerschoten auf Tellern verteilen, mit dem Dressing anrichten und servieren.

Gemüsepuffer mit Kräuterschmand

4 Portionen (ohne Foto)

Zubereitungszeit: 50 Minuten

250 g Möhren
1 Kohlrabi (etwa 350 g)
250 g Rote Bete
100 g ger. Käse, z. B. Emmentaler
1 TL süßer Senf
2 EL Schnittlauchröllchen
3 Eier (Größe M)
2 EL Vollkorn-Weizenmehl
Salz, gem. Pfeffer
ger. Muskatnuss
75 g Butterschmalz oder 6 EL Olivenöl

Für den Kräuterschmand:
200 g Schmand (Sauerrahm)
300 g Joghurt (3,5 % Fett)
evtl. etwas Mineralwasser
2 EL gemischte Kräuter,
z. B. Schnittlauch, Petersilie
1 Prise Zucker

Pro Portion:
E: 21 g, F: 56 g, Kh: 19 g,
kJ: 2892, kcal: 692

1. Möhren, Kohlrabi und Rote Bete putzen, schälen, abspülen, abtropfen lassen und auf einer Haushaltsreibe fein reiben.
2. Käse, Senf, Schnittlauchröllchen, Eier und Mehl zu den Gemüseraspeln geben und unterrühren. Mit Salz, Pfeffer und Muskat würzen.
3. Etwas Butterschmalz oder Olivenöl in einer Pfanne erhitzen. Die Gemüsemasse in kleinen Portionen hineingeben und etwas flach drücken. Die Puffer bei mittlerer bis starker Hitze von jeder Seite etwa 4 Minuten braun braten. Fertige Puffer auf Küchenpapier abtropfen lassen und evtl. warm stellen.
4. In der Zwischenzeit für den Kräuterschmand Schmand und Joghurt verrühren, evtl. etwas Mineralwasser hinzufügen und zu einer geschmeidigen Masse verrühren. Kräuter unterrühren, mit Salz, Pfeffer und Zucker abschmecken.
5. Die Gemüsepuffer mit dem Kräuterschmand anrichten und servieren.

Frittierte Teigsäckchen mit Ananas

Frittierte Teigsäckchen mit Ananas

4 Portionen

Zubereitungszeit: 45 Minuten, ohne Auftauzeit

Für die Füllung:
100 g Backpflaumen, ohne Stein
130 g abgetropfte Ananasstücke (aus der Dose)
1 Bund Frühlingszwiebeln
200 g Mungobohnenkeime
1 rote Paprikaschote
60 g Cashewkerne
2 TL Garam Masala
1 EL Sesampaste (Tahini)
1 Pck. TK-Frühlingsrollenteig (21,5 x 21,5 cm, Asialaden)

2 l Sonnenblumenöl
1 frische Ananas
60 g Butter

Außerdem:
Küchengarn

Pro Portion:
E: 7 g, F: 123 g, Kh: 34 g,
kJ: 5510, kcal: 1315

1. Für die Füllung die Backpflaumen halbieren, Ananasstücke in kleinere Stücke schneiden. Frühlingszwiebeln putzen, abspülen, abtropfen lassen und in feine Scheiben schneiden.
2. Mungobohnenkeime verlesen, abspülen, abtropfen lassen und in kochendem Wasser etwa 1 Minute blanchieren, Mungobohnenkeime mit einer Schaumkelle herausnehmen, mit kaltem Wasser abschrecken und in einem Sieb abtropfen lassen.
3. Paprikaschote halbieren, entstielen, entkernen und die weißen Scheidewände entfernen. Schote abspülen, abtropfen lassen und in kleine Würfel schneiden.
4. Die vorbereiteten Zutaten mit Cashewkernen in eine Schüssel geben, mit Garam Masala und Sesampaste gut vermischen.
5. Von dem Frühlingsrollenteig 12 Blätter entnehmen und nach Packungsanleitung auftauen lassen. Den restlichen Teig wieder einfrieren.
6. Die Blätter auf einer Arbeitsfläche ausbreiten und die vorbereitete Füllung jeweils in die Mitte des Teigblattes geben. Belegte Teigblätter jeweils an den Enden zusammenraffen und mit Küchenband zubinden, sodass kleine Säckchen entstehen.
7. Sonnenblumenöl in einer Fritteuse auf etwa 180 °C erhitzen. Die Teigsäckchen darin portionsweise in 3–5 Minuten goldbraun frittieren. Die Teigsäckchen mit einer Schaumkelle herausnehmen und auf Küchenpapier abtropfen lassen.
8. Ananas schälen, halbieren und den dicken Strunk herausschneiden. Ananas in dicke Scheiben schneiden und jeweils halbieren. Die Butter in einer großen Pfanne zerlassen. Die halbierten Ananasscheiben darin in 2 Portionen von beiden Seiten anbraten und herausnehmen. Die Teigsäckchen mit den halbierten Ananasscheiben auf Tellern anrichten und servieren.

Buntes Gemüse mit Tofu

VEGAN

2 Portionen (ohne Foto)

Zubereitungszeit: 55 Minuten, ohne Durchziehzeit

200 g Tofu
2 EL Sojasauce
2 Frühlingszwiebeln
350–400 g gemischtes, buntes Gemüse, z. B. Brokkoli, Blumenkohl, Möhre, Zuckerschoten, abgetropfte Bambussprossen (aus der Dose)
1 EL Sesamsamen
3 1/2 EL Speiseöl
1 abgezogene, zerdrückte Knoblauchzehe
Salz
gem. Pfeffer

Pro Portion:
E: 22 g, F: 27 g, Kh: 16 g,
kJ: 1631, kcal: 389

1. Den Tofu in dicke Scheiben schneiden, mit Sojasauce beträufeln und etwa 30 Minuten durchziehen lassen.
2. In der Zwischenzeit die Frühlingszwiebeln und das gemischte Gemüse putzen. Frühlingszwiebeln in Scheiben schneiden, Brokkoli und Blumenkohl in Röschen teilen, Möhre schälen, in Stücke schneiden. Von den Zuckerschoten die Enden abschneiden, evtl. abfädeln. Das Gemüse abspülen und gut abtropfen lassen.
3. Die Tofuscheiben von beiden Seiten mit Sesam bestreuen. 1 1/2 Esslöffel Speiseöl in einer großen Pfanne erhitzen. Die Tofuscheiben darin von beiden Seiten braten, herausnehmen und beiseitelegen.
4. Das restliche Öl in der Pfanne erhitzen. Das vorbereitete Gemüse mit den Bambussprossen zugeben, mit Knoblauch, Salz und Pfeffer würzen und in 8–10 Minuten unter ständigem Rühren bissfest garen.
5. Das Gemüse mit den beiseitegelegten Tofuscheiben anrichten und servieren.

Camembert-Nuss-Spießchen

12 Portionen (36 Spießchen)

Zubereitungszeit: 60 Minuten

1 1/4 kg Camembert
120 g fein gehackte Walnusskerne
120 g fein gehackte Pistazienkerne

Für den Dip:
200 g gekühlte Schlagsahne (mind. 30 % Fett)
200 g Wildpreiselbeeren oder Preiselbeerdessert

Außerdem:
36 kleine, dünne Spieße, z. B. Zahnstocher oder Party-Picker

Pro Portion:
E: 24 g, F: 38 g, Kh: 10 g,
kJ: 2000, kcal: 478

1. Vom Camembert die weiße Rinde dünn abschneiden. Die Käsemasse mit einer Gabel gut durchkneten und daraus 72 kleine Kugeln formen.
2. Die Hälfte der Käsekugeln mit gehackten Walnusskernen ummanteln, die andere Hälfte mit gehackten Pistazienkernen. Dazu beim Formen der Kugeln gehackte Nusskerne auf die Handfläche geben und die Kugeln ummanteln, die Nusskerne etwas festdrücken. Jeweils 2 Käsekugeln aufeinandersetzen und mit einem kleinen Spieß fixieren.
3. Für den Dip Sahne steif schlagen und die Preiselbeeren unterheben. Die Spießchen mit dem Dip servieren.

Tipp: Die Spieße können 2–3 Stunden vor dem Servieren zubereitet und zugedeckt in den Kühlschrank gestellt werden. Den Dip dann kurz vor dem Servieren zubereiten.

Eingelegtes Gemüse nach Szechuan Art

etwa 3 Gläser je 1 Liter VEGAN

Zubereitungszeit: 60 Minuten, ohne Durchziehzeit
Haltbarkeit: kühl und dunkel gestellt 4–6 Monate

2 kg Gemüse, z. B. kleine Zwiebeln, Chinakohl, Gurken, Möhren, rote Paprikaschoten, Staudensellerie
1 l Wasser
3 gestr. EL Salz
80 g Rohrzucker
500 ml Reisessig
7 getrocknete Chilischoten
3 EL Szechuan Pfefferkörner
3 Sternanis
50 g geschälter, gehackter Ingwer

Pro Glas:
E: 8 g, F: 3 g, Kh: 56 g,
kJ: 1310, kcal: 313

1. Zwiebeln abziehen und in kleine Würfel schneiden. Chinakohl putzen, Kohl vierteln und den Strunk herausschneiden. Chinakohl abspülen, gut abtropfen lassen und in grobe Stücke schneiden.
2. Gurken abspülen, trocken tupfen, evtl. schälen und in dickere Scheiben schneiden.
3. Die Möhren putzen, schälen, abspülen, gut abtropfen lassen und der Länge nach in dünne Scheiben hobeln. Paprikaschoten halbieren, entstielen, entkernen und die weißen Scheidewände entfernen. Schoten abspülen, trocken tupfen und in Streifen schneiden. Sellerie putzen, abspülen, gut abtropfen lassen und in grobe Stücke schneiden.
4. Das vorbereitete Gemüse abwechselnd in vorbereitete Gläser schichten und fest andrücken.
5. Wasser, Salz, Rohrzucker, Reisessig, Chilischoten, Pfefferkörner, Sternanis und Ingwer in einem Topf unter Rühren gut aufkochen lassen.
6. Die heiße Marinade über das Gemüse gießen. Die Gläser sofort mit Twist-off-Deckeln® verschließen.
7. Das eingelegte Gemüse nach Szechuan Art kann schon nach 2 Tagen gegessen werden.

Camembert-Nuss-Spießchen

Eingelegtes Gemüse nach Szechuan Art

Gemüsestreifen im Reisblatt mit Erdnusssauce

VEGAN

4 Portionen

Zubereitungszeit: 60 Minuten

4 dünne Frühlingszwiebeln (etwa 50 g)
etwa 150 g Möhren
2 Stangen Staudensellerie
100 g Sojasprossen
1 kleine Salatgurke (etwa 100 g)
1 Bund Koriander
1 Bund Minze
12 Blatt getrocknetes Reispapier (16 cm, erhältlich im Asialaden)

100 g geschälte, ungesalzene Erdnusskerne
1 kleine Chilischote
1 Knoblauchzehe
2 EL Sojasauce
200 ml Kokosmilch
Salz
1 EL brauner Zucker
Sojasauce
Saft von 2 Limetten

Pro Portion:
E: 12 g, F: 21 g, Kh: 27 g,
kJ: 1453, kcal: 348

1. Frühlingszwiebeln putzen, abspülen, abtropfen lassen und in etwa 5 cm lange, sehr dünne Streifen schneiden. Möhren putzen, schälen, abspülen, abtropfen lassen und in sehr dünne Streifen schneiden. Sellerie putzen, abspülen, abtropfen lassen und ebenfalls in schmale Streifen schneiden. Sojasprossen putzen, in ein Sieb geben, mit kaltem Wasser abspülen und abtropfen lassen. Gurke abspülen, abtrocknen und die Enden abschneiden. Gurke längs halbieren und die Kerne mit einem Löffel herausschaben. Gurkenhälften in dünne Streifen schneiden.
2. Koriander und Minze abspülen, trocken tupfen. Die Blättchen von den Stängeln zupfen.
3. Reispapierblätter einzeln 1–2 Minuten in nasse Geschirrtücher einschlagen und weich werden lassen. Zuerst einige Kräuterblättchen in die Mitte der Reispapierblätter geben, dann jeweils 1 Esslöffel der Gemüsestreifen daraufgeben. Die Seiten einschlagen. Die belegten Reispapierblätter vorsichtig aufrollen (wie eine Roulade) und mit der Öffnung nach unten auf eine Platte legen.
4. Die Erdnusskerne in einer Pfanne ohne Fett unter Rühren hellbraun rösten und auf einen Teller geben. Chilischote abspülen, trocken tupfen, entstielen und in Ringe schneiden. Knoblauch abziehen und durch eine Knoblauchpresse drücken. Erdnusskerne, Chiliringe, Knoblauch und Sojasauce in einer Küchenmaschine zu einer glatten Paste verarbeiten.
5. Die Erdnusspaste mit der Kokosmilch in einem Topf verrühren und aufkochen lassen. Die Erdnusssauce mit Salz, braunem Zucker, Sojasauce und Limettensaft abschmecken.
6. Die Gemüsestreifen mit der Erdnusssauce servieren.

Falafel (Kichererbsenbällchen)

2 Portionen (16 Bällchen)

Zubereitungszeit: 60 Minuten, ohne Quellzeit

125 g getrocknete Kichererbsen
150 ml Gemüsebrühe
1 kleine Gemüsezwiebel
1–2 Knoblauchzehen
1/2 Bund Petersilie
Salz, gem. Pfeffer, Kümmel, Koriander, Paprikapulver edelsüß
1/2 EL klein geschnittene Minze
20 g Speisestärke
1 Ei (Größe S)
etwa 1 l Speiseöl

Pro Portion:
E: 16 g, F: 32 g, Kh: 44 g,
kJ: 2204, kcal: 526

1. Kichererbsen in eine Schüssel geben, mit Wasser übergießen und über Nacht quellen lassen.

Gemüsestreifen im Reisblatt mit Erdnusssauce

Falafel (Kichererbsenbällchen)

2. Eingeweichte Kichererbsen in einem Sieb etwas abtropfen lassen. Kichererbsen mit Brühe in einem Topf zum Kochen bringen, zugedeckt etwa 25 Minuten bei mittlerer Hitze garen.
3. In der Zwischenzeit die Gemüsezwiebel abziehen, halbieren und grob würfeln. Den Knoblauch abziehen und grob zerkleinern. Petersilie abspülen und trocken tupfen. Die Blättchen von den Stängeln zupfen.
4. Die Kichererbsen in ein Sieb geben und abtropfen lassen.
5. Die Kichererbsen, Zwiebelwürfel, Knoblauchstücke und Petersilienblättchen in eine hohe Rührschüssel geben und fein pürieren. Mit Salz, Pfeffer, Kümmel, Koriander, Paprika und Minze pikant würzen. Speisestärke und Ei hinzugeben, nochmals kurz pürieren.
6. Aus der Püreemasse mit angefeuchteten Händen etwa 16 gleich große Bällchen formen. Das Speiseöl in einem hohen Topf oder in der Fritteuse auf etwa 180 °C erhitzen. Das Öl hat die richtige Temperatur, wenn sich an einem ins Fett gehaltenen Holzlöffel kleine Bläschen bilden.
7. Die Kichererbsenbällchen portionsweise in dem erhitzten Speiseöl 2–3 Minuten goldbraun frittieren, dabei evtl. wenden. Die Bällchen mit einer Schaumkelle herausnehmen, auf Küchenpapier abtropfen lassen und warm stellen.

Tofubällchen mit süß-saurer Sauce

Tofubällchen mit süßsaurer Sauce

4 Portionen

Zubereitungszeit: 55 Minuten

Für die süßsaure Sauce:
1 Zwiebel
140 g abgetropfte Ananasstücke (aus der Dose)
100 g abgetropfte Gewürzgurken
100 g Staudensellerie
2 EL Sesamöl
100 ml Ananassaft (aus der Dose)
4–5 EL Tomatenketchup
Salz
1 EL Rohrzucker
Tabasco
1 gestr. EL Speisestärke

Für die Tofubällchen:
500 g Tofu
1 Bund Frühlingszwiebeln
1 Zwiebel
1 Knoblauchzehe
1 Ei (Größe M)
1 EL Sojabohnenpaste (Miso Shiro)
2 EL gesalzene, schwarze Bohnen
3 EL Reismehl
1 EL Currypulver
Cayennepfeffer
gem. Kreuzkümmel (Cumin)
1 l Sojaöl

Pro Portion:
E: 14 g, F: 63 g, Kh: 31 g,
kJ: 3220, kcal: 769

1. Für die süßsaure Sauce Zwiebel abziehen und fein würfeln. Von den Ananasstücken den Saft auffangen und 100 ml abmessen.
2. Ananasstücke evtl. noch etwas kleiner schneiden. Gewürzgurken der Länge nach halbieren und in Scheiben schneiden. Sellerie putzen, abspülen, abtropfen lassen und in Scheiben schneiden.
3. Sesamöl in einer Pfanne erhitzen. Die Zwiebelwürfel darin andünsten, mit Ananassaft ablöschen. Die Ananasstücke, Gurken- und Selleriescheiben zu den Zwiebelwürfeln in die Pfanne geben, zum Kochen bringen und etwa 5 Minuten kochen lassen. Die Sauce mit Ketchup, Salz, Rohrzucker und Tabasco abschmecken.
4. Speisestärke mit etwas kaltem Wasser anrühren, in die Sauce rühren und unter Rühren aufkochen lassen. Sauce beiseitestellen.
5. Für die Tofubällchen Tofu mit Küchenpapier trocken tupfen, in kleine Stücke schneiden und durch ein Sieb streichen. Frühlingszwiebeln putzen, abspülen, abtropfen lassen und in kleine Stücke schneiden. Zwiebel und Knoblauch abziehen. Zwiebel klein würfeln, Knoblauch fein hacken.
6. Tofu mit Frühlingszwiebelstücken, Zwiebelwürfeln, gehacktem Knoblauch, Ei, Sojabohnenpaste, Bohnen und Reismehl in einer Rührschüssel vermengen, mit Curry, Cayennepfeffer und Kreuzkümmel würzen.
7. Aus der Masse mit angefeuchteten Händen walnussgroße Bällchen formen.
8. Sojaöl in einem hohen Topf oder in der Fritteuse auf etwa 180 °C erhitzen. Dann die Tofubällchen darin goldbraun frittieren, dabei einmal wenden.
9. Die Sauce nochmals erhitzen. Die Tofubällchen mit der süßsauren Sauce anrichten und servieren.

Reisbällchen mit Apfel-Zwiebel-Gemüse

Reisbällchen mit Apfel-Zwiebel-Gemüse

4 Portionen

Zubereitungszeit: 35 Minuten, ohne Abkühlzeit
Garzeit: etwa 30 Minuten

Für die Reisbällchen:
2 Zwiebeln
1 Knoblauchzehe
10 g Butter oder 1 EL Olivenöl
250 g 7-Corn-Equilinia (Reis-Getreide-Mischung)
500 ml Gemüsebrühe
1 kleine, rote Paprikaschote
100 g Zucchini
20 g Pinienkerne
2 Eier (Größe M)
100 g Semmelbrösel
Salz, gem. Pfeffer
100 g abgetropfter Schafskäse

1 l Speiseöl

Für das Apfel-Zwiebel-Gemüse:
3 Zwiebeln
25 g Butter
500 g Äpfel
100 g Crème fraîche
2 Msp. gem. Ingwer
etwa 2 EL Zitronensaft
gem. weißer Pfeffer
Zucker

Pro Portion:
E: 20 g, F: 52 g, Kh: 84 g,
kJ: 3728, kcal: 889

1. Für die Reisbällchen Zwiebeln und Knoblauchzehe abziehen, in kleine Würfel schneiden. Butter oder das Speiseöl in einer großen Pfanne zerlassen bzw. erhitzen. Zwiebel- und Knoblauchwürfel darin andünsten.
2. Reis-Getreide-Mischung hinzugeben und kurz mitdünsten lassen. Brühe hinzugießen, zum Kochen bringen und zugedeckt etwa 30 Minuten bei schwacher Hitze garen. Die Flüssigkeit muss vollständig aufgesogen sein. Die Reis-Getreide-Mischung erkalten lassen.
3. Paprikaschote halbieren, entstielen, entkernen und die weißen Scheidewände entfernen. Schote abspülen, abtropfen lassen und in sehr kleine Würfel schneiden. Zucchini abspülen, abtrocknen und die Enden abschneiden. Zucchini klein würfeln.
4. Paprika- und Zucchiniwürfel unter die Reis-Getreide-Mischung rühren. Die Pinienkerne grob hacken, mit den Eiern und Semmelbröseln untermischen, mit Salz und Pfeffer würzen.
5. Schafskäse in etwa 20 kleine Würfel schneiden. Aus der Reis-Gemüse-Masse mit angefeuchteten Händen etwa 20 Bällchen formen, dabei in die Mitte jeweils einen Schafskäsewürfel drücken.
6. Speiseöl in einem Wok erhitzen. Die Reisbällchen darin portionsweise in etwa 3 Minuten goldbraun knusprig frittieren, dabei die Bällchen einmal wenden.
7. Die Bällchen jeweils mit einer Schaumkelle herausnehmen, auf Küchenpapier abtropfen lassen und warm stellen.
8. Für das Apfel-Zwiebel-Gemüse Zwiebeln abziehen, halbieren und in Streifen schneiden. Butter in einer Pfanne zerlassen. Zwiebelstreifen darin unter Rühren andünsten.
9. Äpfel schälen, vierteln, entkernen und in Spalten schneiden. Apfelspalten zu den Zwiebelstreifen in die Pfanne geben und so lange mitdünsten lassen, bis sie zerfallen.
10. Crème fraîche, Ingwer und Zitronensaft unterrühren und erwärmen. Das Gemüse mit Salz, Pfeffer und Zucker abschmecken.
11. Die Reisbällchen anrichten und mit dem Apfel-Zwiebel-Gemüse servieren.

Indonesische Gemüseschüssel mit Erdnusssauce

2 Portionen

Zubereitungszeit: 60 Minuten

Für die Erdnusssauce:
1 rote Chilischote
100 g geröstete Erdnusskerne
1 kleines Stück frischer Ingwer
2–3 EL Speiseöl
250 ml Kokosmilch
4 EL Sojasauce
1/2 TL brauner Zucker
Salz
gem. Pfeffer
Saft von 1 Limette

Für die Gemüseschüssel:
je 1/2 rote und gelbe Paprikaschote
4 Frühlingszwiebeln
200 g Choisum (Blattkohl aus dem Asialaden, ersatzweise Brokkoli)
100 g Spargelbohnen (aus dem Asialaden, ersatzweise Keniabohnen)
4 kleine Möhren
2 Eier (Größe M)
1 Stängel Zitronengras
3–4 EL Speiseöl
100 ml Kokosmilch
1/2 TL gem. Koriander

Pro Portion:
E: 29 g, F: 63 g, Kh: 39 g,
kJ: 3507, kcal: 837

1. Für die Sauce Chilischote halbieren, entstielen und entkernen. Schote abspülen, abtropfen lassen und fein würfeln. Die gerösteten Erdnusskerne im Mörser fein zerstoßen. Ingwer schälen und fein reiben.
2. Speiseöl in einem Wok erhitzen. Erdnusskerne und Ingwer darin bei mittlerer Hitze etwa 2 Minuten anbraten. Kokosmilch, Sojasauce, Zucker und Chiliwürfel hinzugeben. Die Sauce zum Kochen bringen und unter Rühren etwa 5 Minuten bei schwacher Hitze kochen lassen. Mit Salz, Pfeffer und Limettensaft würzen. Die Sauce in eine Schüssel geben und beiseitestellen.
3. Für die Gemüseschüssel Paprikaschotenhälften entstielen, entkernen und die weißen Scheidewände entfernen. Schotenhälften abspülen, abtropfen lassen und in etwa 2 cm große Stücke schneiden.
4. Frühlingszwiebeln putzen, abspülen, abtropfen lassen und schräg in etwa 2 cm lange Stücke schneiden. Den Choisum abspülen, abtropfen lassen und die harten Stielenden abschneiden. Die Bohnen abspülen, abtropfen lassen und in etwa 3 cm lange Stücke schneiden. Die Möhren putzen, schälen, abspülen, abtropfen lassen und in dünne Scheiben schneiden.
5. Die Eier wachsweich kochen und warm stellen. Zitronengras abspülen, abtropfen lassen und in Scheiben schneiden. Speiseöl in dem Wok erhitzen. Die Zitronengrasscheiben darin andünsten. Das vorbereitete Gemüse hinzugeben und etwa 5 Minuten unter Rühren braten, mit Kokosmilch ablöschen. Die Gemüseschüssel mit Salz und Koriander abschmecken.
6. Das Gemüse in Schüsseln verteilen. Eier pellen und längs halbieren. Auf jede Schüssel 2 Eihälften setzen, das Gemüse mit der beiseitegestellten Erdnusssauce servieren.

Marinierter Spitzkohl mit Champignons

6 Portionen

Zubereitungszeit: 50 Minuten
Garzeit: Spitzkohl etwa 15 Minuten

750 g Spitzkohl
300 g Champignons

Für die Croûtons:
6 Scheiben Toastbrot
1–2 Knoblauchzehen
75 g Butter oder Margarine

Salz
50 ml Apfelessig
100 ml Kochflüssigkeit (von dem Spitzkohl)
75 ml Speiseöl
grob gem. bunter Pfeffer
1–2 EL Speiseöl

Pro Portion:
E: 6 g, F: 26 g, Kh: 16 g,
kJ: 1424, kcal: 340

1. Den Spitzkohl putzen und den unteren Strunk abschneiden. Spitzkohl halbieren, abspülen, abtropfen lassen und mit einem Gemüsehobel zu Streifen verarbeiten oder mit einem Messer in feine Streifen schneiden.
2. Champignons putzen, evtl. kurz abspülen, gut abtropfen lassen und in Scheiben schneiden.
3. Für die Croûtons Toastbrotscheiben in kleine Würfel schneiden. Den Knoblauch abziehen und klein würfeln. Butter oder Margarine in einer Pfanne zerlassen. Knoblauchwürfel darin anbraten. Brotwürfel hinzugeben und von allen Seiten rösten.
4. Spitzkohlstreifen in kochendem Salzwasser etwa 15 Minuten garen. Anschließend in einem Sieb abtropfen lassen, dabei die Kochflüssigkeit auffangen und 100 ml abmessen.
5. Essig mit der Kochflüssigkeit in einer Schüssel verrühren. Speiseöl unterschlagen. Mit Salz und Pfeffer würzen. Spitzkohl untermischen.
6. Speiseöl in einer Pfanne erhitzen. Champignonscheiben darin kurz und kräftig anbraten. Mit Salz und Pfeffer würzen. Champignonscheiben unter den lauwarmen Spitzkohlsalat heben.
7. Den marinierten Spitzkohl mit Croûtons bestreuen und lauwarm servieren.

Indonesische Gemüseschüssel mit Erdnusssauce

Marinierter Spitzkohl mit Champignons

Asiatische Gemüserollen

8 Portionen

Zubereitungszeit: 60 Minuten, ohne Ruhezeit
Garzeit: etwa 50 Minuten

400 g Hartweizengrieß
3 EL Olivenöl
1 gestr. TL Salz
225 ml lauwarmes Wasser
400 g Möhren
400 g Porree (Lauch)
1 Bund Frühlingszwiebeln
2 EL Sojaöl
220 g abgetropfte Bambussprossen (aus der Dose)
235 g abgetropfte Bohnenkeimlinge (aus der Dose)
2 EL Sojasauce
1 TL Sambal Oelek
1 TL Currypulver
Paprikapulver edelsüß
Salz
evtl. etwas Weizenmehl
2 Eigelb
2 EL Wasser

Pro Portion:
E: 11 g, F: 10 g, Kh: 43 g,
kJ: 1357, kcal: 324

1. Grieß in eine Schüssel geben und eine Vertiefung hineindrücken, Olivenöl und Salz in die Vertiefung geben. Nach und nach Wasser hinzufügen. Die Zutaten geschmeidig rühren. Anschließend mit einem Mixer (Knethaken) zunächst kurz auf niedrigster, dann auf höchster Stufe in etwa 5 Minuten zu einem glatten Teig verkneten, zu einer Kugel formen und zugedeckt etwa 30 Minuten ruhen lassen.
2. Die Teigkugel auf einer bemehlten Arbeitsfläche nochmals gut durchkneten, zu einer Rolle formen und diese in 8 gleich große Portionen teilen. Die Teigportionen jeweils zu einer Kugeln formen und abdecken.
3. Möhren putzen, schälen, abspülen, abtropfen lassen. Porree putzen, die Stangen längs halbieren, gründlich waschen und abtropfen lassen. Frühlingszwiebeln putzen, abspülen, abtropfen lassen. Möhren, Porree und Frühlingszwiebeln in Streifen schneiden.
4. Das Sojaöl in einem Topf erhitzen. Möhren-, Porree-, Frühlingszwiebelstreifen, Bambussprossen und Bohnenkeimlinge portionsweise hinzugeben und unter Rühren andünsten. Mit Sojasauce, Sambal Oelek, Curry, Paprika und Salz würzen. Gemüse etwas abkühlen lassen.
5. Den Backofen vorheizen.
Ober-/Unterhitze: etwa 200 °C
Heißluft: etwa 180 °C
6. Die Teigkugeln auf der bemehlten Arbeitsfläche zu dünnen, rechteckigen Fladen ausrollen, evtl. etwas Mehl hinzufügen. Die Gemüsemischung auf den Teigfladen verteilen, dabei rundherum einen 3–4 cm breiten Rand frei lassen. Eigelb mit Wasser verschlagen. Die Teigränder damit bestreichen. Die Gemüsefladen aufrollen, dabei die beiden äußeren Teigränder über die Füllung schlagen.
7. Die Gemüserollen auf ein Backblech (mit Backpapier belegt) legen und mit dem restlichen verschlagenen Eigelb bestreichen. Das Backblech in den vorgeheizten Backofen schieben. Die Gemüserollen etwa 50 Minuten garen.

Bärlauchpesto zu Spargel

4 Portionen

Zubereitungszeit: 55 Minuten, ohne Abkühlzeit
Überbackzeit: 3–5 Minuten

2 kg weißer Spargel
1 l Wasser
2 gestr. TL Salz
1 TL Zucker
2 EL Zitronensaft

Für das Bärlauchpesto:
2 Bund Bärlauch (etwa 90 g)
50 g Pinienkerne
100 ml Olivenöl
50 ml Keimöl
120 g fein geraspelter Parmesan
Salz, gem. Pfeffer
4 Tomaten

Pro Portion:
E: 20 g, F: 55 g, Kh: 11 g,
kJ: 2571, kcal: 615

1. Den Spargel von oben nach unten schälen. Darauf achten, dass die Schalen vollständig entfernt, die Köpfe aber nicht verletzt werden. Die unteren Enden abschneiden (holzige Stellen vollkommen entfernen). Spargelstangen abspülen und abtropfen lassen.

Asiatische Gemüserollen

Bärlauchpesto zu Spargel

Auberginen mit eingelegten Limetten und Schnittlauch

2. Spargelenden und -schalen abspülen und in einem Topf mit Wasser zum Kochen bringen. Salz, Zucker und Zitronensaft hinzugeben, zugedeckt etwa 20 Minuten bei schwacher Hitze kochen lassen. Anschließend durch ein Sieb geben und den Spargelfond dabei auffangen.
3. Für das Pesto Bärlauch putzen, abspülen, trocken tupfen oder trocken schleudern und sehr klein schneiden. Die Pinienkerne in einer Pfanne ohne Fett unter Rühren goldbraun rösten, herausnehmen und auf einem Teller abkühlen lassen.
4. Pinienkerne, Olivenöl und Keimöl in einem hohen Rührbecher fein pürieren. Bärlauch hinzugeben, nochmals kurz pürieren. Parmesan unterrühren. Mit Salz und Pfeffer würzen.
5. Tomaten kreuzweise einschneiden und mit kochendem Wasser übergießen. Nach 1–2 Minuten herausnehmen und mit kaltem Wasser abschrecken. Tomaten häuten, halbieren, entkernen und die Stängelansätze herausschneiden. Tomatenhälften in kleine Würfel schneiden.
6. Den aufgefangenen Spargelfond in einem hohen Topf zum Kochen bringen. Die Spargelstangen darin zugedeckt etwa 12 Minuten garen, herausnehmen und tropfnass in eine große, flache Auflaufform legen.
7. Den Backofengrill vorheizen.
8. Einen Streifen Tomatenwürfel diagonal auf die Spargelstangen legen. Bärlauchpesto auf dem Tomatenstreifen verteilen. Die Form auf dem Rost unter den vorgeheizten Grill schieben. Spargel mit Bärlauchpesto 3–5 Minuten überbacken. Den Spargel mit Bärlauchpesto anschließend sofort servieren.

Auberginen mit eingelegten Limetten und Schnittlauch

8–10 Portionen

VEGAN

Zubereitungszeit: 50 Minuten, ohne Durchzieh- und Kühlzeit
Grillzeit: etwa 4 Minuten

Für die eingelegten Limetten:
5 Bio-Limetten
(unbehandelt, ungewachst)
1 EL Meersalz
150 ml Olivenöl

5 Knoblauchzehen
150 ml Olivenöl
10 mittelgroße Auberginen
(je etwa 300 g)
Salz
gem. grober, bunter Pfeffer
2 Bund Schnittlauch

Pro Portion:
E: 4 g, F: 29 g, Kh: 8 g,
kJ: 1296, kcal: 309

1. Für die eingelegten Limetten die Limetten heiß abwaschen, abtrocknen und in dünne Scheiben schneiden. Die Limettenscheiben mit Salz bestreuen, in ein Glas schichten und mit Olivenöl übergießen, sodass die Limettenscheiben bedeckt sind. Limettenscheiben mit Frischhaltefolie zudecken, mindestens 24 Stunden in den Kühlschrank stellen und durchziehen lassen.
2. Knoblauch abziehen und durch eine Knoblauchpresse drücken. Olivenöl mit Knoblauch verrühren.
3. Auberginen abspülen, abtrocknen und die Stängelansätze entfernen. Auberginen in Scheiben schneiden. Mit Salz und Pfeffer bestreuen.
4. Die Auberginenscheiben in eine flache Schale legen und mit dem Knoblauchöl übergießen. Die Auberginenscheiben mit Frischhaltefolie zudecken und in den Kühlschrank stellen.
5. Den Backofengrill vorheizen.
6. Schnittlauch abspülen, trocken tupfen und in Röllchen schneiden.
7. Die Auberginenscheiben aus der Schale nehmen, trocken tupfen und auf einen mit Alufolie belegten Backofenrost legen. Den Backofenrost unter den vorgeheizten Backofengrill schieben. Die Auberginenscheiben etwa 2 Minuten von jeder Seite grillen.
8. Die Auberginenscheiben vom Backofenrost nehmen und etwas abkühlen lassen.
9. Auberginenscheiben mit den eingelegten Limettenscheiben auf einer großen Platte anrichten und mit Schnittlauchröllchen bestreuen.

Beilage: Frisches Stangenweißbrot, Ciabatta oder Fladenbrot.

Gemischtes Gemüse, mariniert

VEGAN

4 Portionen (ohne Foto)

Zubereitungszeit: 45 Minuten, mit Marinierzeit

300 g Champignons
200 g Schalotten
300 g Cocktailtomaten
1 Stange Porree (Lauch)
125 ml Olivenöl
250 ml Weißwein
4 EL Zitronensaft
1 TL frische Rosmarinnadeln
1 gestr. TL Salz
1/2 TL gem. schwarzer Pfeffer
3 Knoblauchzehen

Pro Portion:
E: 5 g, F: 32 g, Kh: 15 g,
kJ: 1733, kcal: 414

1. Champignons putzen, evtl. kurz abspülen und trocken tupfen. Schalotten abziehen. Tomaten abspülen und trocken tupfen, evtl. Stängelansätze herausschneiden.
2. Porree putzen, die Stange längs halbieren, gründlich waschen, abtropfen lassen und in breite Streifen schneiden.
3. Olivenöl, Weißwein, Zitronensaft, Rosmarinnadeln, Salz und Pfeffer in einen Topf geben. Knoblauch abziehen, durch eine Knoblauchpresse drücken und hinzugeben. Die Zutaten zum Kochen bringen. Schalotten etwa 8 Minuten darin blanchieren und mit einer Schaumkelle herausnehmen. Die Cocktailtomaten und Champignons hineingeben, kurz aufwallen lassen und mit einer Schaumkelle herausnehmen. Porreestreifen hinzugeben, etwa 2 Minuten garen und ebenfalls mit einer Schaumkelle herausnehmen.
4. Das blanchierte Gemüse in eine Schale geben, mit dem warmen Würzsud übergießen und zugedeckt mindestens 1 Stunde ziehen lassen.
5. Das Gemüse auf vier Teller verteilen und mit dem Sud begießen.

Enchiladas

Enchiladas

4–6 Portionen

Zubereitungszeit: 30 Minuten
Garzeit: etwa 20 Minuten

Für die Tomatensauce:
1 Zwiebel
2 EL Olivenöl
400 g passierte Tomaten (aus dem Tetrapak)
1 Knoblauchzehe
1 EL Balsamico-Essig
2 EL Tomatenmark
1 TL flüssiger Honig
Salz
gem. Pfeffer

Für die Füllung:
2 rote Zwiebeln
2 EL Olivenöl
255 g abgetropfte Kidneybohnen (aus der Dose)
240 g Gemüsemais (aus der Dose)
500 g Tomaten
1/2 Bund Oregano
Cayennepfeffer

300 g mittelalter Gouda
8 Wraps (Tortilla-Weizenmehl-Fladen, 360 g)

Pro Portion:
E: 26 g, F: 35 g, Kh: 58 g,
kJ: 2774, kcal: 662

1. Für die Sauce die Zwiebel abziehen und fein würfeln. Olivenöl in einem Topf erhitzen und die Zwiebelwürfel darin andünsten. Passierte Tomaten hinzugeben und einige Minuten mitdünsten lassen. Knoblauch abziehen, durch eine Knoblauchpresse drücken und hinzugeben. Mit Balsamico-Essig, Tomatenmark, Honig, Salz und Pfeffer würzen.
2. Für die Füllung Zwiebeln abziehen, vierteln und in Streifen schneiden. Olivenöl in einer Pfanne erhitzen. Zwiebelstreifen darin andünsten. Die Kidneybohnen und Mais hinzugeben.
3. Tomaten abspülen, abtropfen lassen, vierteln und die Stängelansätze herausschneiden, Tomaten würfeln. Oregano abspülen und trocken tupfen. Die Blättchen von den Stängeln zupfen, Blättchen klein schneiden. Tomatenwürfel und Oregano zu dem Gemüse in die Pfanne geben, unterrühren, mit Salz und Cayennepfeffer würzen.
4. Den Backofen vorheizen.
Ober-/Unterhitze: etwa 200 °C
Heißluft: etwa 180 °C
5. Gouda reiben. Tortillas auf der Arbeitsfläche ausbreiten. Die Füllung und etwa zwei Drittel des Käses darauf verteilen. Tortillas aufrollen, nebeneinander in eine Auflaufform (gefettet) legen und mit der Tomatensauce übergießen. Restlichen Käse daraufstreuen.
6. Die Form auf dem Rost in den vorgeheizten Backofen schieben. Enchiladas etwa 20 Minuten garen.

Apfel-Pilz-Sauce

2 Portionen (ohne Foto)

Zubereitungszeit: 15 Minuten
Garzeit: 7–8 Minuten

600 g Champignons, 1 Zwiebel
1 mittelgroßer Apfel, z. B. Elstar
40 g Butter, 1 EL Calvados
Salz, gem. Pfeffer
70 g Crème fraîche
Worcestersauce

Pro Portion:
E: 14 g, F: 28 g, Kh: 13 g,
kJ: 1525, kcal: 366

1. Champignons putzen, evtl. kurz abspülen und gut trocken tupfen. Champignons je nach Größe vierteln oder achteln. Zwiebel abziehen und in kleine Würfel schneiden. Apfel schälen, halbieren und entkernen. Apfelhälften grob raspeln.
2. Butter in einem Topf zerlassen. Zwiebelwürfel darin andünsten. Pilze hinzugeben und mitdünsten lassen, Apfelraspel untermischen und kurz andünsten. Calvados hinzugießen, mit Salz und Pfeffer würzen.
3. Die Apfel-Pilze zugedeckt 7–8 Minuten dünsten. Crème fraîche unterrühren und mit Worcestersauce abschmecken.

Gemüse-Tempura mit Dip

4 Portionen VEGAN

Zubereitungszeit: 45 Minuten

100 g Chinakohlblätter
250 g Hokkaido-Kürbis, Salz
175 g Zucchini
2 grüne Paprikaschoten

Für den Dip:
20 g frischer Ingwer
2 Stängel Koriander
1–2 EL Sojasauce
1 EL dunkles Sesamöl

Für den Tempura-Teig:
200 g Weizenmehl
50 g Speisestärke
425 ml eiskaltes Mineralwasser mit Kohlensäure
2 EL Sesamsamen
1 EL Chiliflocken

etwa 1 l Speiseöl,
z. B. Sonnenblumenöl

Pro Portion:
E: 10 g, F: 28 g, Kh: 40 g,
kJ: 1872, kcal: 447

1. Chinakohlblätter abspülen, trocken tupfen und in etwa 6 x 4 cm große Stücke schneiden. Kürbis abspülen, abtrocknen und halbieren. Kerne und faserigen Innenteil entfernen. Kürbis in feine, etwa 1 cm breite Spalten schneiden, evtl. schälen. Kürbisspalten mit Salz einreiben.
2. Zucchini abspülen, trocken tupfen und die Enden abschneiden. Zucchini längs halbieren und in rechteckige Stücke schneiden (etwa 1 x 5 cm). Paprikaschoten halbieren, entstielen, entkernen und die weißen Scheidewände entfernen. Schoten abspülen, abtropfen lassen und jeweils der Länge nach sechsteln.
3. Für den Dip Ingwer schälen und sehr fein würfeln. Koriander abspülen und trocken tupfen. Die Blättchen von den Stängeln zupfen. Blättchen fein schneiden. Den Ingwer mit Sojasauce und Sesamöl vermischen. Koriander unterrühren.
4. Für den Tempura-Teig das Mehl mit Speisestärke und Mineralwasser in einer Rührschüssel mit einem Schneebesen kräftig verrühren. Die Sesamsamen und Chiliflocken unterrühren.
5. Sonnenblumenöl in einem hohen Topf oder in einer Fritteuse auf etwa 180 °C erhitzen. Für die richtige Frittiertemperatur des Öls einen Holzlöffelstiel in das Fett halten. Bilden sich kleine Bläschen um den Holzlöffelstiel, ist die richtige Temperatur erreicht.
6. Die Gemüsestücke mithilfe einer Gabel in den Tempura-Teig tauchen, kurz abtropfen lassen und portionsweise schwimmend in dem siedenden Sonnenblumenöl etwa 3 Minuten ausbacken, einmal wenden. Die Gemüsestücke dann mit einer Schaumkelle herausnehmen und kurz auf Küchenpapier abtropfen lassen. Die Gemüse-Tempura noch heiß mit dem Dip servieren.

Gemüse-Tempura mit Dip

Kartoffel-Carpaccio

6 Portionen

Zubereitungszeit: 50 Minuten

600 g festkochende Kartoffeln
Salz
2 Bund Radieschen
12 große Champignons (etwa 600 g)
250 g Kräuter-Crème-fraîche
grob gem. bunter Pfeffer
1 Bund Schnittlauch
1 Kästchen Kresse
3 EL Olivenöl

Pro Portion:
E: 5 g, F: 18 g, Kh: 19 g,
kJ: 1090, kcal: 260

1. Kartoffeln schälen, abspülen, abtropfen lassen und in dünne Scheiben hobeln oder schneiden. Kartoffelscheiben in kochendem Salzwasser 5–10 Minuten garen, abgießen, gut abtropfen lassen und evtl. mit Küchenpapier trocken tupfen.
2. Radieschen putzen, abspülen, abtropfen lassen und in dünne Scheiben schneiden. Champignons putzen, evtl. kurz abspülen, trocken tupfen und in dünne Scheiben schneiden.
3. Crème fraîche mit Salz und Pfeffer würzen und auf einer runden, flachen Platte glatt verstreichen. Kartoffel-, Radieschen- und Champignonscheiben kranzförmig darauf anrichten.
4. Schnittlauch abspülen, trocken tupfen und in Röllchen schneiden. Kresse abspülen, trocken tupfen und abschneiden.
5. Kartoffel-, Radieschen- und Champignonscheiben mit Schnittlauchröllchen, Kresse und Pfeffer bestreuen. Mit Olivenöl beträufeln.

Kartoffel-Carpaccio

Gemüse-Timbale

4 Portionen (ohne Foto)

Zubereitungszeit: 55 Minuten
Garzeit: etwa 25 Minuten

100 g Möhren
150 g grüner Spargel
100 g Pastinaken
100 g TK-Erbsen
Salz
100 g Rundkornreis
400 ml Salzwasser
ger. Muskatnuss
gem. Pfeffer
1 Msp. Currypulver
40 g Butterflöckchen (zimmerwarm)

Für die Sauce:
25 g Butter
25 g Weizenmehl
250 ml Gemüsebrühe
125 g Schlagsahne
2 EL klein geschnittene Petersilie

Außerdem:
4 Timbale-Formen oder hitzebeständige Tassen (je etwa 200 ml Inhalt)
1 Auflaufform (sodass die Formen/Tassen darin mit etwas Abstand nebeneinander stehen können)

Pro Portion:
E: 4 g, F: 24 g, Kh: 15 g,
kJ: 1269, kcal: 303

1. Möhren putzen, schälen, abspülen, abtropfen lassen und in kleine Würfel schneiden. Von dem Spargel das untere Drittel schälen und die unteren Enden abschneiden. Spargel abspülen, abtropfen lassen und in kleine Scheiben schneiden. Pastinaken putzen, schälen, abspülen, abtropfen lassen und ebenfalls in Scheiben schneiden.
2. Möhrenwürfel, Spargel-, Pastinakenscheiben und die gefrorenen Erbsen nacheinander in kochendem Salzwasser etwa 5 Minuten bissfest garen. Anschließend das Gemüse mit einem Schaumlöffel herausnehmen, mit kaltem Wasser abschrecken und abtropfen lassen.
3. Reis in kochendem Salzwasser etwa 15 Minuten garen. Reis evtl. abtropfen lassen, anschließend mit Salz, Muskat, Pfeffer und Curry kräftig würzen.
4. Den Backofen vorheizen.
Ober-/Unterhitze: etwa 200 °C
Heißluft: etwa 180 °C
5. Reis, Möhren, Spargel, Pastinaken und Erbsen mischen und in Timbale-Formen oder Tassen (gefettet) drücken. Butterflöckchen daraufsetzen.
6. Die Formen oder Tassen mit wenig Abstand in die Auflaufform stellen. Vorsichtig so viel heißes Wasser in die Auflaufform gießen, dass die Auflaufform knapp über die Hälfte mit Wasser gefüllt ist.
7. Die Form auf dem Rost in den vorgeheizten Backofen schieben und Gemüse-Timbale etwa 25 Minuten garen.
8. Die Formen oder Tassen aus dem Backofen nehmen. Gemüse-Timbale etwas abkühlen lassen.

Gemüse-Gyros in Pita-Brottaschen

9. Für die Sauce Butter in einem Topf zerlassen. Mehl hinzufügen und unter Rühren so lange erhitzen, bis es hellgelb ist. Brühe und Sahne hinzugießen und mit einem Schneebesen durchschlagen. Dabei darauf achten, dass keine Klümpchen entstehen. Die Sauce mit Salz, Pfeffer und etwas Muskat kräftig würzen, Petersilie unterrühren.
10. Mit einem spitzen Küchenmesser die Gemüse-Timbale rundherum von den Formen (Tassen) lösen und auf Teller stürzen. Mit der Sauce übergießen.

Gemüse-Gyros in Pita-Brottaschen

2 Stück

Zubereitungszeit: 25 Minuten

je 1 kleine, rote und grüne Paprikaschote (je etwa 150 g)
1 Zwiebel
1 Knoblauchzehe
1 TL Olivenöl
evtl. 1 EL heißes Wasser
etwa 1/2 TL Gyros-Gewürzmischung
Salz
gem. Pfeffer
2 Tomaten (etwa 100 g)
2 Pita-Brottaschen
(je etwa 65 g)
200 g Zaziki (aus dem Kühlregal)
einige Scheiben Salatgurke

Pro Stück:
E: 10 g, F: 13 g, Kh: 49 g,
kJ: 1497, kcal: 359

1. Paprikaschoten halbieren, entstielen, entkernen und die weißen Scheidewände entfernen. Schoten abspülen, abtropfen lassen und in kleine Würfel schneiden.
2. Zwiebel und Knoblauch abziehen. Zwiebel zuerst in Scheiben schneiden, dann in Ringe teilen. Knoblauch fein würfeln.
3. Olivenöl in einer beschichteten Pfanne erhitzen. Die Knoblauchwürfel und die Hälfte der Zwiebelringe darin anbraten. Die Paprikawürfel hinzugeben und kurz unter Rühren anbraten, evtl. noch 1 Esslöffel heißes Wasser hinzufügen. Paprikagemüse mit Gyros-Gewürzmischung und evtl. mit Salz und Pfeffer abschmecken.
4. Tomaten abspülen, abtrocknen, halbieren und die Stängelansätze herausschneiden. Tomaten in Scheiben schneiden.
5. Die Pita-Brottaschen im Toaster nach Packungsanleitung toasten. Brottaschen mit Zaziki, Paprikagemüse, Tomaten- und Gurkenscheiben sowie den restlichen Zwiebelringen füllen. Die gefüllten Brottaschen sofort servieren.

Bunter Gemüseteller

2 Portionen (ohne Foto)

Zubereitungszeit: 30 Minuten
Garzeit: etwa 12 Minuten

je 1 rote und gelbe Paprikaschote
1 mittelgroße Zucchini
2 Möhren
150 g Prinzessbohnen
150 ml Gemüsebrühe
1/2 Bund glatte Petersilie
Salz
gem. Pfeffer
30 g Butter
evtl. Baguette oder Vollkornbrot

Pro Portion:
E: 7 g, F: 14 g, Kh: 20 g,
kJ: 986, kcal: 237

1. Die Paprikaschoten halbieren, entstielen, entkernen und die weißen Scheidewände entfernen. Schoten abspülen, abtropfen lassen und in Rauten schneiden.
2. Zucchini abspülen, abtrocknen und die Enden abschneiden. Die Zucchini in Stifte schneiden. Möhren putzen, schälen, abspülen, abtropfen lassen und schräg in Scheiben schneiden.
3. Von den Bohnen die Enden abschneiden, evtl. abfädeln. Bohnen abspülen und abtropfen lassen.
4. Die Gemüsebrühe in einem Topf zum Kochen bringen. Bohnen, Paprikarauten und Möhrenscheiben hinzugeben, wieder zum Kochen bringen. Das Gemüse zugedeckt bei mittlerer Hitze etwa 4 Minuten vorgaren.
5. Die Zucchinistreifen zum Gemüse in den Topf geben. Das Gemüse weitere etwa 8 Minuten bei mittlerer Hitze dünsten.
6. Petersilie abspülen und trocken tupfen. Die Blätter von den Stängeln zupfen. Blättchen klein schneiden. Das Gemüse mit Salz und Pfeffer würzen. Die Petersilie unterheben. Butter in Flöckchen auf das Gemüse geben.
7. Nach Belieben mit Baguette oder Vollkornbrot servieren.

Kapitel 03

Rezepte 201–300

Suppen & Eintöpfe

Afrikanischer Eintopf mit Kochbanane

Afrikanischer Eintopf mit Kochbanane

4 Portionen VEGAN

Zubereitungszeit: 40 Minuten
Garzeit: etwa 25 Minuten

300 g rote Zwiebeln
400 g Süßkartoffeln
500 g Kochbananen
300 g Tomaten
2 EL Speiseöl
500 ml Gemüsebrühe
400 ml passierte Tomaten (aus der Dose)
450 ml Kokosmilch (aus Dosen)
Salz
2–3 EL Berbere (afrikanische Gewürzmischung)
1 Bio-Limette (unbehandelt, ungewachst)

Pro Portion:
E: 7 g, F: 26 g, Kh: 56 g,
kJ: 2078, kcal: 498

1. Die Zwiebeln abziehen und grob würfeln. Die Süßkartoffeln schälen, abspülen, abtropfen lassen und ebenfalls in Würfel schneiden. Die Kochbananen schälen und in etwa 1 cm dicke Scheiben schneiden. Die Tomaten abspülen, trocken tupfen, halbieren und die Stängelansätze herausschneiden. Tomaten würfeln.

2. Speiseöl in einem Topf erhitzen. Zwiebelwürfel darin andünsten. Die Kartoffelwürfel hinzugeben und mitdünsten lassen. Bananenscheiben und Tomatenwürfel hinzugeben und kurz mit andünsten. Gemüsebrühe, passierte Tomaten und Kokosmilch hinzugießen. Mit Salz und der Gewürzmischung würzen.

3. Den Eintopf zum Kochen bringen und etwa 25 Minuten bei schwacher Hitze unter Rühren kochen lassen.

4. Limette heiß abwaschen, abtrocknen und die Schale abreiben. Limette halbieren und den Saft auspressen.

5. Den Eintopf mit Salz, Limettenschale und -saft abschmecken.

Tipps: Berbere ist eine äthiopische, scharfe Gewürzmischung die aus Chili, Ingwer, Knoblauch, Piment, Gewürznelke und Koriander hergestellt wird. Variiert wird je nach Vorliebe mit Kurkuma, Kardamom, Paprika etc. Erhältlich am einfachsten im Internethandel.

Brokkolicremesuppe mit Mandeln

4 Portionen

Zubereitungszeit: 40 Minuten
Garzeit: etwa 10 Minuten

1 Zwiebel, 500 g Brokkoli
1–2 EL Butter
500 ml Gemüsebrühe
gerebelter Estragon
Salz, gem. Pfeffer
ger. Muskatnuss
Currypulver, Zucker
3 EL Crème fraîche
2 EL gehobelte, geröstete Mandeln
1–2 EL klein geschnittene, glatte Petersilie

Pro Portion:
E: 5 g, F: 14 g, Kh: 7 g,
kJ: 770, kcal: 184

1. Die Zwiebel abziehen und in kleine Würfel schneiden. Von dem Brokkoli die Blätter entfernen. Die Stängel am Strunk schälen. Brokkoli abspülen, abtropfen lassen und in Röschen teilen. Die Stängel klein schneiden.
2. Butter in einem Topf zerlassen. Die Zwiebelwürfel darin glasig dünsten. Brokkoliröschen und -stücke hinzugeben und mitdünsten lassen. Brühe hinzugießen. Mit Estragon, Salz, Pfeffer, Muskat, Curry und Zucker würzen. Die Zutaten zum Kochen bringen und etwa 10 Minuten kochen lassen. Den Topf von der Kochstelle nehmen.
3. Die Suppe im Mixer oder mit einem Pürierstab pürieren, Crème fraîche unterrühren. Die Suppe nochmals erhitzen und mit den Gewürzen abschmecken.
4. Die Suppe in Suppentassen anrichten. Mit Mandeln und Petersilie bestreuen.

Eintopf von grünen und weißen Bohnen mit gebratenen Salbeiblättchen

4 Portionen

VEGAN

Zubereitungszeit: 60 Minuten
Garzeit: etwa 25 Minuten

2 kleine, rote Zwiebeln
2 Knoblauchzehen
300 g grüne Bohnen (Brechbohnen)
300 g Schneidebohnen (breite Bandbohnen)
300 g festkochende Kartoffeln
2 EL Olivenöl
1 1/2 l Gemüsebrühe
Salz, gem. Pfeffer
4 Stängel Bohnenkraut
16 Cocktailtomaten
1 Bund Salbei
3 EL Olivenöl
230 g abgetropfte, weiße Bohnen (aus der Dose)

Pro Portion:
E: 11 g, F: 7 g, Kh: 31 g,
kJ: 966, kcal: 230

1. Die Zwiebeln abziehen und in Würfel schneiden. Knoblauch abziehen und ebenfalls klein würfeln.
2. Von den Bohnen die Enden abschneiden, evtl. abfädeln. Die Bohnen abspülen, abtropfen lassen und schräg in Stücke schneiden. Kartoffeln schälen, abspülen, abtropfen lassen und in Würfel schneiden.
3. Das Olivenöl in einem großen Topf erhitzen. Zwiebel- und Knoblauchwürfel darin andünsten. Bohnenstücke und Kartoffelwürfel hinzugeben, kurz mitdünsten lassen. Die Gemüsebrühe hinzugießen. Mit Salz und Pfeffer würzen. Die Zutaten zum Kochen bringen. Bohnenkraut abspülen, trocken tupfen und zu den Bohnen und Kartoffeln in den Topf geben. Den Eintopf zugedeckt etwa 20 Minuten bei schwacher Hitze kochen lassen.
4. Cocktailtomaten abspülen, trocken tupfen und die Stängelansätze herausschneiden. Salbei abspülen und trocken tupfen. Die Blättchen von den Stängeln zupfen.
5. Olivenöl in einer Pfanne erhitzen. Die Salbeiblättchen darin von beiden Seiten knusprig braun braten.
6. Nach etwa 20 Minuten Garzeit die weißen Bohnen und Cocktailtomaten in den Eintopf geben, wieder zum Kochen bringen und weitere etwa 5 Minuten kochen lassen. Den Eintopf mit Salz und Pfeffer abschmecken. Bohnenkrautstängel herausnehmen.
7. Den Eintopf in tiefen Tellern anrichten und mit den gebratenen Salbeiblättchen garnieren.

Brokkolicremesuppe mit Mandeln

Eintopf von grünen und weißen Bohnen mit gebratenen Salbeiblättchen

Soupe au Pistou (Französische Gemüsesuppe mit Pesto)

6 Portionen

Zubereitungszeit: 80 Minuten, ohne Einweichzeit
Garzeit: etwa 25 Minuten

75 g weiße Bohnen
500 ml Wasser
500 ml Gemüsebrühe
2 Kartoffeln, 2 Möhren
1 Stange Porree (Lauch)
250 g grüne Bohnen
1 Zucchini
2 Zwiebeln
2–3 EL Speiseöl
3 enthäutete Tomaten
1 1/2 l Gemüsebrühe
Salz, gem. Pfeffer
gerebelter Thymian

Für den Pistou:
4 Knoblauchzehen
1 EL Tomatenmark
klein geschnittene Basilikumblättchen
2 EL ger. Parmesan
3 EL Olivenöl

geröstete Weißbrotwürfel

Pro Portion:
E: 26 g, F: 30 g, Kh: 34 g,
kJ: 2206, kcal: 528

1. Weiße Bohnen in eine Schale geben, mit 500 ml kaltem Wasser übergießen und etwa 12 Stunden einweichen.
2. Bohnen mit dem Einweichwasser und der Brühe in einem Topf zum Kochen bringen und zugedeckt etwa 60 Minuten garen.
3. Kartoffeln schälen, abspülen und abtropfen lassen. Möhren putzen, schälen, abspülen und abtropfen lassen. Kartoffeln und Möhren in Würfel schneiden. Porree putzen, die Stange längs halbieren, gründlich waschen, abtropfen lassen und in Streifen schneiden. Von den Bohnen die Enden abschneiden, evtl. abfädeln. Bohnen abspülen, abtropfen lassen und in Stücke schneiden oder brechen. Die Zucchini abspülen, abtrocknen und die Enden abschneiden. Zucchini in kleine Würfel schneiden. Zwiebeln abziehen und fein würfeln.
4. Speiseöl in einem Topf erhitzen, die Zwiebelwürfel darin andünsten. Von den Tomaten die Stängelansätze herausschneiden und die Tomaten in Würfel schneiden. Tomatenwürfel zu den Zwiebelwürfeln geben und mitdünsten lassen.
5. Brühe hinzugießen und zum Kochen bringen. Das vorbereitete Gemüse mit den Kartoffeln hinzufügen, mit Salz, Pfeffer und Thymian würzen. Die Zutaten zum Kochen bringen und etwa 15 Minuten kochen lassen.
6. Die gegarten weißen Bohnen mit der Kochflüssigkeit in die Suppe geben, wieder zum Kochen bringen und in weiteren etwa 10 Minuten fertig garen. Die Suppe evtl. nochmals mit Salz und Pfeffer abschmecken.
7. Für den Pistou in der Zwischenzeit Knoblauch abziehen, zerdrücken, mit Tomatenmark, Basilikum und Parmesan verrühren. Nach und nach Olivenöl hinzufügen und so lange rühren, bis eine cremige Sauce entstanden ist.
8. Die Sauce und Weißbrotwürfel kurz vor Ende der Garzeit in die Suppe rühren oder getrennt dazureichen.

Soupe au Pistou (Französische Gemüsesuppe mit Pesto)

Bohnensuppe mit getrockneten Tomaten und Petersilien-Püree

4 Portionen

Zubereitungszeit: 45 Minuten, ohne Abkühlzeit
Garzeit: Suppe etwa 12 Minuten

Für das Petersilien-Püree:
70 g Sonnenblumenkerne
2 Bund glatte Petersilie (etwa 50 g)
4 EL Olivenöl
20 g ger. Gouda, alt
Salz
Cayennepfeffer

Für die Bohnensuppe:
750 g Fenchel
200 g Staudensellerie
2 Knoblauchzehen
1 Bund Frühlingszwiebeln (etwa 70 g)
40 g getrocknete Tomaten
2 EL Olivenöl
1 Lorbeerblatt
375 ml Gemüsebrühe
530 g weiße Bohnen mit Suppengrün (aus der Dose)
gem. Pfeffer

Pro Portion:
E: 18 g, F: 27 g, Kh: 28 g,
kJ: 1790, kcal: 428

Bohnensuppe mit getrockneten Tomaten und Petersilien-Püree

1. Für das Petersilien-Püree die Sonnenblumenkerne in einer Pfanne ohne Fett unter Rühren goldbraun rösten, herausnehmen und auf einem Teller erkalten lassen.
2. Petersilie abspülen und trocken tupfen. Blättchen von den Stängeln zupfen. Blättchen grob zerschneiden. Sonnenblumenkerne mit Petersilie und Olivenöl in einem Zerkleinerer sehr fein hacken. Den geriebenen Käse kurz unterarbeiten. Das Petersilien-Püree mit Salz und Cayennepfeffer abschmecken.
3. Für die Suppe Fenchel putzen, abspülen, abtropfen lassen. Fenchelgrün beiseitelegen. Die Fenchelknollen vierteln und quer in schmale Streifen schneiden. Staudensellerie putzen, abspülen, abtropfen lassen und in schmale Scheiben schneiden.
4. Den Knoblauch abziehen und in dünne Scheiben schneiden.
5. Frühlingszwiebeln putzen, abspülen, abtropfen lassen und schräg in dünne Scheiben schneiden. Die Tomaten in feine Streifen schneiden.
6. Olivenöl in einem Topf erhitzen. Fenchelstreifen, Sellerie-, Knoblauch-, Frühlingszwiebelscheiben, Lorbeerblatt und Tomatenstreifen darin evtl. portionsweise unter Rühren andünsten.
7. Brühe hinzugießen und zum Kochen bringen. Das Gemüse zugedeckt etwa 10 Minuten bei mittlerer Hitze garen.
8. Die Bohnen mit der Flüssigkeit in die Suppe geben, wieder zum Kochen bringen und etwa 2 Minuten kochen lassen. Mit Salz und Pfeffer würzen.
9. Die Bohnensuppe mit dem Petersilien-Püree und beiseitegelegtem Fenchelgrün anrichten.

Weißkohl-Eintopf mit Kartoffeltalern

Weißkohl-Eintopf mit Kartoffeltalern

2 Portionen

VEGAN

Zubereitungszeit: 45 Minuten
Garzeit: Eintopf etwa 25 Minuten

300 g mehligkochende Kartoffeln
400 g Weißkohl (geputzt etwa 300 g)
1 Stange Porree (Lauch)
1 rote Paprikaschote
3–4 EL Speiseöl
Salz, gem. Pfeffer
500 ml Gemüsebrühe
1/2 TL Kümmelsamen
2 EL Weizenmehl (Type 1050)
2 EL Sojamehl (aus Reformhaus oder Naturkostladen)
3–4 Stängel Petersilie

Pro Portion:
E: 16 g, F: 22 g, Kh: 46 g,
kJ: 1880, kcal: 449

1. Die Kartoffeln unter fließendem kalten Wasser abbürsten, in einem Topf knapp mit Wasser bedeckt, zugedeckt zum Kochen bringen und in etwa 20 Minuten gar kochen.
2. In der Zwischenzeit von dem Kohl die äußeren Blätter entfernen. Den Kohl je nach Größe halbieren, vierteln oder achteln. Kohlstücke abspülen und abtropfen lassen. Den Strunk herausschneiden, Kohl in feine Streifen schneiden.
3. Porree putzen, die Stange längs halbieren, gründlich waschen und abtropfen lassen. Den Porree in etwa 2 cm breite Stücke schneiden. Paprikaschote halbieren, entstielen, entkernen und die weißen Scheidewände entfernen. Schote abspülen, abtropfen lassen und in mundgerechte Stücke schneiden.
4. Von dem Speiseöl 1 Esslöffel in einem Topf erhitzen. Die Porree- und Paprikastücke darin unter gelegentlichem Rühren etwa 5 Minuten bei mittlerer Hitze anbraten, mit Salz und Pfeffer würzen. Porree- und Paprikastücke aus dem Topf nehmen.
5. Einen weiteren Esslöffel Speiseöl in den Topf geben. Kohlstreifen darin bei mittlerer Hitze etwa 5 Minuten dünsten. Gemüsebrühe hinzugießen, mit Pfeffer und Kümmel würzen, alles aufkochen lassen und zugedeckt bei schwacher Hitze zunächst etwa 10 Minuten kochen lassen.
6. In der Zwischenzeit die gegarten Kartoffeln abgießen, mit kaltem Wasser abschrecken, abtropfen lassen und sofort pellen. Pellkartoffeln kurz abdämpfen, dann mit dem Kartoffelstampfer zerstampfen.
7. Nach den 10 Minuten Garzeit Porree- und Paprikastücke unter den Kohl-Eintopf rühren. Die Zutaten wieder zum Kochen bringen und in etwa 5 Minuten fertig garen.
8. Kartoffelmasse inzwischen mit den beiden Mehlsorten und 1/2 Teelöffel Salz verkneten. Aus dem Kartoffelteig 14 Taler (Ø 3–4 cm) formen. Restliches Speiseöl in einer großen Pfanne erhitzen. Taler darin von beiden Seiten bei mittlerer bis starker Hitze in 5–6 Minuten hellbraun anbraten.
9. Petersilie abspülen und trocken tupfen. Die Blättchen von den Stängeln zupfen, klein schneiden und unter den Eintopf rühren. Den Eintopf mit den Gewürzen abschmecken. Kartoffeltaler nach Belieben 1–2 Minuten im Eintopf erwärmen.

Gemüse-Käse-Suppe

Bohneneintopf mit Oliven

VEGAN

6 Portionen (ohne Foto)

Zubereitungszeit: 35 Minuten
Garzeit: etwa 45 Minuten

600 g festkochende Kartoffeln
1 Bund Majoran
1 kleines Bund Frühlingszwiebeln
2 EL Olivenöl
500 ml Gemüsebrühe
Salz, gem. Pfeffer
800 g weiße Bohnen (aus der Dose)
120 g abgetropfte, schwarze Oliven, ohne Stein

Pro Portion:
E: 22 g, F: 9 g, Kh: 56 g,
kJ: 1716, kcal: 410

1. Kartoffeln schälen, abspülen, abtropfen lassen und in kleine Würfel schneiden. Majoran abspülen und trocken tupfen. Die Blättchen von den Stängeln zupfen. Blättchen klein schneiden. Frühlingszwiebeln putzen, abspülen, abtropfen lassen und in kleine Stücke schneiden.
2. Olivenöl in einem Topf erhitzen. Kartoffelwürfel und Frühlingszwiebelstücke darin unter Rühren andünsten.
3. Brühe hinzugießen und zum Kochen bringen. Mit Salz und Pfeffer würzen. Den Eintopf zugedeckt etwa 30 Minuten bei schwacher Hitze kochen lassen. Majoran unterrühren.
4. Bohnen mit dem Sud und Oliven hinzugeben. Den Eintopf wieder zum Kochen bringen und zugedeckt weitere etwa 15 Minuten garen. Den Eintopf nochmals mit den Gewürzen abschmecken.

Tipp: Dazu in Knoblauchöl geröstetes Weißbrot reichen.

Gemüse-Käse-Suppe

4 Portionen

Zubereitungszeit: 35 Minuten
Garzeit: etwa 20 Minuten

1 junger Kohlrabi (etwa 150 g)
100 g Knollensellerie
1 kleine Stange Porree (Lauch, etwa 120 g)
3 Möhren (je etwa 60 g)
125 g festkochende Kartoffeln
40 g Butter
750 ml Gemüsebrühe
150 g Gouda
125 g Schlagsahne
Salz, gem. weißer Pfeffer
gem. Koriander
ger. Muskatnuss
125 g TK-Erbsen
4 EL trockener Weißwein

1/2 Kästchen Kresse

Pro Portion:
E: 14 g, F: 30 g, Kh: 14 g,
kJ: 1658, kcal: 396

1. Kohlrabi und Sellerie putzen, schälen, abspülen und abtropfen lassen. Porree putzen, die Stange längs halbieren, gründlich waschen und abtropfen lassen. Die Möhren putzen, schälen, abspülen und abtropfen lassen.
2. Von der Kohlrabi und dem Sellerie jeweils zwei 5 mm dicke Scheiben abschneiden. Ebenso ein 6 cm langes Stück Porree und eine Möhrenhälfte. Kohlrabi-, Sellerieescheiben, Porreestück und Möhrenhälfte in ganz feine Streifen (Julienne) schneiden.
3. Das restliche Gemüse und die geschälten Kartoffeln grob würfeln. Die Hälfte der Butter in einem Topf zerlassen. Gemüse- und Kartoffelwürfel darin unter Rühren andünsten. Brühe hinzugießen und zugedeckt zum Kochen bringen. Gemüse- und Kartoffelwürfel etwa 20 Minuten garen.
4. Käse grob reiben. Die Suppe mit einem Pürierstab pürieren, Käse und Sahne unterrühren, die Suppe unter Rühren wieder erhitzen, nicht kochen lassen. Mit 1 Prise Salz, Pfeffer, Koriander und Muskat würzen.
5. In der Zwischenzeit restliche Butter in einer Pfanne zerlassen. Die vorbereiteten Gemüsestreifen darin glasig dünsten, die gefrorenen Erbsen und den Wein hinzufügen, zum Kochen bringen. Das Gemüse in etwa 5 Minuten bissfest garen.
6. Zum Bestreuen Kresse abspülen, trocken tupfen und die Blättchen von den Stängeln schneiden.
7. Die Suppe nochmals mit dem Pürierstab aufschlagen, Gemüsestreifen mit den Erbsen hinzugeben. Die Suppe anrichten und mit Kresseblättchen bestreut servieren.

Erbseneintopf mit geräucherten Tofuwürstchen

VEGAN

4 Portionen

Zubereitungszeit: 45 Minuten
Garzeit: etwa 15 Minuten

2 Zwiebeln
400 g Möhren
200 g Staudensellerie
2 EL Pflanzenöl
600 g frisch gepalte Erbsen oder TK-Erbsen
Salz, gem. Pfeffer
1,2 l Gemüsebrühe
4 Stängel Liebstöckel
4 geräucherte Tofuwürstchen

Pro Portion:
E: 22 g, F: 11 g, Kh: 27 g, kJ: 1257, kcal: 301

1. Zwiebeln abziehen und in kleine Würfel schneiden. Möhren putzen, schälen, abspülen, abtropfen lassen und in Scheiben schneiden. Staudensellerie putzen, abspülen, abtropfen lassen und in Würfel schneiden.
2. Pflanzenöl in einem Topf erhitzen. Möhrenscheiben, Selleriewürfel und die Erbsen hinzugeben. Mit Salz und Pfeffer würzen. Gemüsebrühe hinzugießen und zum Kochen bringen. Den Eintopf zugedeckt etwa 15 Minuten kochen lassen.
3. Liebstöckel abspülen und trocken tupfen. Die Blättchen von den Stängeln zupfen und klein schneiden.
4. Die Tofuwürstchen in den Eintopf geben und miterhitzen. Liebstöckel unterrühren. Den Erbseneintopf anrichten und servieren.

Brennnesselsuppe mit Rahm und Parmesankräckern

4 Portionen

Zubereitungszeit: 15–20 Minuten, ohne Abkühlzeit
Backzeit: Kräcker 10–12 Minuten

2 mittelgroße Zwiebeln
2 Knoblauchzehen
2 Kartoffeln (etwa 250 g)
20 g Butter
750 ml Gemüsebrühe
300 g Brennnesselspitzen
Salz, gem. Pfeffer

Für die Parmesankräcker:
100 g ger. Parmesan

100 g Schlagsahne

Pro Portion:
E: 14 g, F: 22 g, Kh: 14 g, kJ: 1289, kcal: 308

1. Zwiebeln und Knoblauch abziehen, in sehr kleine Würfel schneiden. Kartoffeln schälen, abspülen, abtropfen lassen und ebenfalls klein würfeln.
2. Die Butter in einem Topf zerlassen. Zwiebel- und Knoblauchwürfel darin andünsten. Kartoffelwürfel hinzugeben und mitdünsten lassen. Brühe hinzugießen und zum Kochen bringen. Kartoffelwürfel zugedeckt 12–15 Minuten garen.
3. In der Zwischenzeit Brennnesselspitzen verlesen (am besten mit Einweghandschuhen), gut abspülen und trocken tupfen oder trocken schleudern. Brennnesselspitzen zu den gegarten Kartoffelwürfeln in die Brühe geben und mit einem Pürierstab gut pürieren. Mit Salz und Pfeffer würzen. Die Suppe nach Belieben durch ein Sieb passieren. Suppe warm stellen, jedoch nicht mehr kochen lassen, da sie sonst grau wird.
4. Den Backofen vorheizen.
Ober-/Unterhitze: etwa 160 °C
Heißluft: etwa 140 °C
5. Dann für die Parmesankräcker 8–12 runde Platten (Ø 5–6 cm) auf ein Stück Backpapier zeichnen und auf ein Backblech legen. Die vorgezeichneten Platten mit Parmesan ausstreuen. Das Backblech in den vorgeheizten Backofen schieben. Kräcker 10–12 Minuten backen, bis der Käse zerlaufen ist und die Kräcker goldgelb gebacken sind.
6. Die Kräcker mit dem Backpapier vom Backblech auf einen Rost ziehen. Kräcker erkalten lassen.
7. Die Sahne mit einem Mixer (Rührstäbe) cremig aufschlagen und bis auf 4 Esslöffel unter die warm gestellte Brennnesselsuppe ziehen. Die Suppe mit der restlichen Sahne und den Parmesankräckern anrichten und sofort servieren.

Erbseneintopf mit geräucherten Tofuwürstchen

Brennnesselsuppe mit Rahm und Parmesankräckern

Gemüse-Kartoffel-Suppe

4 Portionen (ohne Foto)

Zubereitungszeit: 35 Minuten
Garzeit: 15–20 Minuten

350 g Kartoffeln
100 g Knollensellerie
1 Zwiebel
1 Stange Porree (Lauch)
3 EL Rapsöl
750 ml Gemüsebrühe
200 g Schlagsahne
Salz
gem. Pfeffer
ger. Muskatnuss
4 mittelgroße Tomaten
einige Kerbelblättchen

Pro Portion:
E: 5 g, F: 26 g, Kh: 21 g,
kJ: 1464, kcal: 349

1. Kartoffeln schälen, abspülen, abtropfen lassen und in grobe Würfel schneiden. Sellerie putzen, schälen, abspülen, abtropfen lassen und würfeln. Zwiebel abziehen und fein würfeln. Porree putzen, die Stange längs halbieren, gründlich waschen, abtropfen lassen und in Streifen schneiden.
2. Rapsöl in einem Topf erhitzen, Zwiebelwürfel und Porreestreifen darin andünsten. Kartoffel- und Selleriewürfel hinzufügen und mitdünsten lassen, Gemüsebrühe hinzugießen. Die Zutaten zum Kochen bringen und zugedeckt 15–20 Minuten garen.
3. Anschließend die Suppe mit einem Pürierstab fein pürieren und durch ein Sieb streichen. Sahne unterrühren und erhitzen. Die Suppe mit Salz, Pfeffer und Muskat würzen.
4. Tomaten kreuzweise einschneiden und mit kochendem Wasser übergießen. Nach 1–2 Minuten herausnehmen und mit kaltem Wasser abschrecken. Tomaten häuten, halbieren und die Stängelansätze herausschneiden. Die Tomaten entkernen, würfeln und in die Suppe geben.
5. Die Suppe warm oder gut gekühlt in Suppentassen oder tiefen Tellern anrichten. Mit abgespülten und trocken getupften Kerbelblättchen garniert servieren.

Gemüse-Nudel-Suppe

4 Portionen

VEGAN

Zubereitungszeit: 40 Minuten
Garzeit: etwa 8 Minuten

120 g Möhren
100 g Zucchini
100 g Staudensellerie
120 g Brokkoli
3 EL Olivenöl
750 ml Gemüsebrühe
50 g Muschelnudeln (ohne Ei)
gem. Pfeffer
ger. Muskatnuss
1 Bund Basilikum

Pro Portion:
E: 4 g, F: 10 g, Kh: 12 g,
kJ: 662, kcal: 158

1. Möhren putzen, schälen, abspülen, abtropfen lassen. Zucchini abspülen, abtrocknen und die Enden abschneiden. Staudensellerie putzen, abspülen und abtropfen lassen. Das Gemüse in feine Streifen schneiden. Von dem Brokkoli die Blätter entfernen und den Strunk abschneiden. Brokkoli in Röschen teilen, Brokkolistiele schälen und ebenfalls in feine Streifen schneiden.
2. Olivenöl in einem Topf zerlassen. Die Brokkoliröschen darin andünsten, die Gemüsestreifen hinzugeben und mitdünsten lassen. Brühe hinzugießen und zum Kochen bringen. Nudeln hinzugeben. Die Suppe etwa 8 Minuten kochen, mit Pfeffer und Muskat würzen.
3. Basilikum abspülen und trocken tupfen. Die Blättchen von den Stängeln zupfen, Blättchen in Streifen schneiden. Die Suppe in Tellern anrichten und mit den Basilikumstreifen bestreut servieren.

Gemüsesuppe mit Glasnudeln und Bambussprossen

2–3 Portionen

VEGAN

Zubereitungszeit: 40 Minuten
Garzeit: etwa 10 Minuten

1 Zwiebel
10 g frischer Ingwer
400 g Möhren
1 Stange Porree (Lauch, etwa 200 g)
1 rote Paprikaschote (etwa 200 g)
1/2 Knollensellerie (etwa 200 g)
300 g Chinakohl
50 g Glasnudeln
1–2 EL Speiseöl
750 ml Gemüsebrühe

Gemüse-Nudel-Suppe

Gemüsesuppe mit Glasnudeln und Bambussprossen

100 g abgetropfte Bambussprossen
2–3 TL Sojasauce
Salz, gem. Pfeffer
1/2 TL China-Gewürzmischung

Pro Portion:
E: 14 g, F: 15 g, Kh: 17 g,
kJ: 1074, kcal: 257

1. Zwiebel abziehen und würfeln. Ingwer schälen und fein würfeln. Möhren putzen, schälen, abspülen, abtropfen lassen und schräg in dünne Scheiben schneiden. Porree putzen, die Stange längs halbieren, gründlich waschen und abtropfen lassen. Porree in feine Streifen schneiden. Paprikaschote halbieren, entstielen, entkernen und die weißen Scheidewände entfernen. Schote abspülen, abtropfen lassen und in schmale Streifen schneiden.
2. Sellerie putzen, schälen, abspülen, abtropfen lassen und zuerst in dünne Scheiben schneiden, dann jede Scheibe schräg und längs in etwa 1 1/2 cm breite Stücke schneiden. Chinakohl putzen, abspülen, abtropfen lassen und in schmale Streifen schneiden.
3. Die Glasnudeln nach Packungsanleitung zubereiten und in mundgerechte Stücke schneiden.
4. Speiseöl in einem Topf erhitzen. Zwiebel- und Ingwerwürfel darin andünsten. Möhrenscheiben, Porreestreifen, Paprikastreifen und Sellerierauten hinzufügen und mitdünsten lassen. Brühe hinzugießen. Die Zutaten zum Kochen bringen und zugedeckt etwa 5 Minuten garen.
5. Chinakohlstreifen und Sprossen zur Suppe geben und alles weitere 3–5 Minuten garen, dabei gelegentlich umrühren. Die Glasnudeln unterrühren. Die Suppe vor dem Servieren mit Sojasauce, Salz, Pfeffer und China-Gewürzmischung abschmecken.

Gemüseeintopf mit Kokos und Curry

Gemüseeintopf mit Kokos und Curry

2 Portionen

VEGAN

Zubereitungszeit: 30 Minuten
Garzeit: etwa 10 Minuten

1/2 Stange Porree (Lauch)
1 Möhre
100 g Zuckerschoten
1/2 rote Paprikaschote
1 Stange Staudensellerie
2 EL Speiseöl, z. B. Sonnenblumenöl
1 EL Currypulver
500 ml Gemüsebrühe
250 ml Kokosmilch
Salz, 1/4 TL Chiliflocken
50 g Sojasprossen
4 Stängel Thai-Basilikum oder Koriander
2 EL geröstete, gesalzene Erdnusskerne

Pro Portion:
E: 11 g, F: 40 g, Kh: 16 g,
kJ: 1952, kcal: 470

1. Porree putzen, längs halbieren, gründlich waschen und abtropfen lassen. Den Porree in feine Streifen schneiden.
2. Möhre putzen, schälen, abspülen, abtropfen lassen und in dünne Scheiben schneiden. Von den Zuckerschoten die Enden abschneiden, evtl. abfädeln. Zuckerschoten abspülen, abtropfen lassen und evtl. halbieren.
3. Paprikahälfte entstielen, entkernen und die weißen Scheidewände entfernen. Schotenhälfte abspülen, abtropfen lassen und klein würfeln.
4. Staudensellerie putzen, abspülen, abtropfen lassen und ebenfalls in kleine Würfel schneiden.
5. Speiseöl in einem Topf erhitzen. Das vorbereitete Gemüse darin unter Rühren andünsten. Mit Curry bestäuben und unterrühren. Gemüsebrühe und Kokosmilch unterrühren. Die Zutaten zum Kochen bringen, mit etwas Salz würzen.
6. Die Suppe zugedeckt etwa 10 Minuten bei mittlerer Hitze kochen, mit Salz und Chili abschmecken.
7. Sojasprossen verlesen, in ein Sieb geben, mit kaltem Wasser abspülen und abtropfen lassen. Sojasprossen in den Eintopf geben und kurz miterwärmen.
8. Kräuter abspülen und trocken tupfen. Die Blättchen von den Stängeln zupfen. Den Gemüseeintopf evtl. nochmals mit den Gewürzen abschmecken, in tiefen Tellern verteilen, mit Erdnusskernen und Kräuterblättchen garniert servieren.

Zwiebelsuppe

2 Portionen

Zubereitungszeit: 25 Minuten
Garzeit: 45–60 Minuten

2 große Gemüsezwiebeln
oder 6 kleine Zwiebeln
50 g Butter
Salz
1 EL Port- oder Weißwein
1 EL Balsamico-Essig
600 ml Gemüsebrühe
1 Lorbeerblatt
1 Bund Suppengrün
(Möhren, Sellerie, Porree)
1 Stängel Thymian

Für die Käsecroûtons:
4 Scheiben Baguette oder
2 Scheiben Toastbrot
etwa 90 g ger. Gruyère-Käse

gem. Pfeffer
2 TL klein geschnittene Petersilie

Pro Portion:
E: 20 g, F: 47 g, Kh: 31 g,
kJ: 2682, kcal: 641

1. Zwiebeln abziehen, zuerst in dünne Scheiben schneiden, dann in Ringe teilen. Butter in einem Topf zerlassen und leicht bräunen lassen. Zwiebelringe darin unter Rühren 10–15 Minuten anbraten, bis sie weich und braun sind. Mit Salz würzen.
2. Zwiebeln mit Wein und Essig ablöschen. Darauf achten, dass sich die Röststoffe vom Boden lösen. Evtl. mit einem Holzschaber/-spachtel loskratzen. Brühe und Lorbeerblatt hinzugeben.
3. Das Suppengrün putzen, schälen, abspülen und abtropfen lassen. Thymian abspülen und trocken tupfen. Suppengrün und den Thymianstängel mit Küchengarn zusammenbinden, in die Suppe geben und zum Kochen bringen. Die Suppe 45–60 Minuten mit schräg aufliegendem Deckel kochen lassen.
4. Den Backofen vorheizen.
Ober-/Unterhitze: etwa 220 °C
Heißluft: etwa 200 °C
5. In der Zwischenzeit Käsecroûtons vorbereiten. Dafür Baguette- oder Toastbrotscheiben dick mit dem geriebenen Käse bestreuen und auf ein Backblech legen.
6. Das Backblech kurz vor Ende der Zwiebelsuppen-Kochzeit in den vorgeheizten Backofen schieben. Die Brotscheiben so lange überbacken, bis der Käseberg flach geschmolzen ist. Das Backblech aus dem Backofen nehmen.
7. Nach Belieben geschmolzenen Käse so lange mit einem Küchenbrenner bearbeiten, bis der Käse Blasen wirft und braun wird.
8. Suppengrün mit dem Thymianstängel und Lorbeerblatt aus der Suppe entfernen. Die Suppe mit Salz und Pfeffer abschmecken.
9. Die Zwiebelsuppe in Suppentassen oder -teller füllen. Jeweils einen gebrannten Croûton in der Suppe schwimmen lassen. Die Zwiebelsuppe mit Petersilie bestreuen.

Zucchinisuppe

12 Portionen

Zubereitungszeit: 60 Minuten
Garzeit: etwa 5 Minuten

5–6 Knoblauchzehen
3 Zwiebeln
100 g Butter
1 1/4 l Gemüsebrühe
750 g Joghurt (3,5 % Fett)
3 Eier (Größe M)
3 gestr. EL Weizenmehl
1,2 kg Zucchini
600 g Schafskäse
2 Bund Schnittlauch
Salz, gem. Pfeffer
ger. Muskatnuss

Pro Portion:
E: 15 g, F: 21 g, Kh: 7 g,
kJ: 1150, kcal: 274

1. Knoblauch und Zwiebeln abziehen, in kleine Würfel schneiden. Butter in einem großen Topf zerlassen. Knoblauch- und Zwiebelwürfel darin andünsten. Den Topf von der Kochstelle nehmen. Gemüsebrühe, Joghurt, Eier und Mehl hinzufügen und gut verrühren. Die Zutaten unter ständigem Rühren zum Kochen bringen.
2. Zucchini abspülen, abtrocknen und die Enden abschneiden. Zucchini in kleine Würfel schneiden, in die Suppe geben, wieder zum Kochen bringen und weitere etwa 5 Minuten kochen lassen.
3. Den Schafskäse in Würfel schneiden. Schnittlauch abspülen, trocken

tupfen und in Röllchen schneiden. Schafskäsewürfel und Schnittlauchröllchen in die Suppe geben und erhitzen.

4. Die Zucchinisuppe mit Salz, Pfeffer und Muskat abschmecken und heiß servieren.

Gemüse-Pichelsteiner mit Tofu

VEGAN

4 Portionen (ohne Foto)

Zubereitungszeit: 30 Minuten
Garzeit: etwa 20 Minuten

300 g grüne Bohnen
125 g Möhren
400 g Kartoffeln
1 Stange Porree (Lauch, etwa 200 g)
1 Zwiebel
evtl. 1 Knoblauchzehe
etwa 200 g Tofu
2 EL Speiseöl
1 l Gemüsebrühe
1–2 Stängel Bohnenkraut
evtl. 2 EL Sojagranulat
Salz
ger. Muskatnuss

Pro Portion:
E: 13 g, F: 9 g, Kh: 22 g,
kJ: 912, kcal: 218

1. Von den Bohnen die Enden abschneiden, evtl. abfädeln. Bohnen abspülen, abtropfen lassen, in Stücke schneiden oder brechen. Möhren putzen, schälen, abspülen, abtropfen lassen und in Würfel schneiden. Die Kartoffeln schälen, abspülen, abtropfen lassen und ebenfalls in Würfel schneiden. Porree putzen, die Stange längs halbieren, gründlich waschen, abtropfen lassen und in kleine Stücke schneiden. Zwiebel und nach Belieben Knoblauch abziehen, fein würfeln.

2. Tofu in Würfel schneiden. Speiseöl in einem Topf erhitzen. Das vorbereitete Gemüse mit den Kartoffel- und Tofuwürfeln darin portionsweise andünsten. Die Brühe hinzugießen und zum Kochen bringen.

3. Bohnenkraut abspülen und trocken tupfen. Die Blättchen von den Stängeln zupfen. Die Bohnenkrautblättchen und nach Belieben Sojagranulat zum Eintopf geben. Den Eintopf zugedeckt etwa 20 Minuten garen.

4. Gemüse-Pichelsteiner mit Salz und Muskat würzen und anrichten.

Tipp: Statt frischer Bohnen etwa 250 g TK-Brechbohnen verwenden. TK-Bohnen etwa 10 Minuten vor Garzeitende zum Eintopf geben, wieder zum Kochen bringen und fertig garen.

Spinatsuppe mit gerösteten Sonnenblumenkernen und Rote-Bete-Sprossen

4 Portionen

Zubereitungszeit: 25 Minuten

1 Zwiebel
2 Knoblauchzehen
2 EL Butter
750 ml Gemüsebrühe
250 g Schlagsahne
4 EL Sonnenblumenkerne
200 g Blattspinat
Salz
gem. Pfeffer
Cayennepfeffer
2 EL kalte Butter, in Würfeln
40 g Rote-Bete-Sprossen

Pro Portion:
E: 8 g, F: 41 g, Kh: 9 g,
kJ: 1839, kcal: 440

1. Zwiebel und Knoblauch abziehen, in kleine Würfel schneiden. Butter in einem Topf zerlassen. Die Zwiebel- und Knoblauchwürfel darin andünsten. Gemüsebrühe und Sahne hinzugießen, zum Kochen bringen und etwa 5 Minuten kochen lassen.

2. In der Zwischenzeit Sonnenblumenkerne in einer Pfanne ohne Fett unter Rühren goldbraun rösten und auf einen Teller geben.

3. Den Blattspinat verlesen und die dicken Stiele entfernen. Den Spinat gründlich waschen, tropfnass in die kochende Suppe geben und mit einem Pürierstab zu einer glatten Suppe pürieren. Mit Salz, Pfeffer und Cayennepfeffer abschmecken. Zuletzt die kalten Butterwürfel unter die kochende Suppe mixen.

4. Die Spinatsuppe nach Belieben in hohen Gläsern anrichten. Mit den Sonnenblumenkernen bestreuen und mit abgespülten, trocken getupften Rote-Bete-Sprossen garniert servieren.

Spinatsuppe mit gerösteten Sonnenblumenkernen und Rote-Bete-Sprossen

Gemüseeintopf im Römertopf

(Römertopf® 3-Liter-Inhalt)

4 Portionen

VEGAN

Zubereitungszeit: 50 Minuten
Garzeit: etwa 50 Minuten

1 Bund Suppengrün (Möhren, Petersilienwurzel, Sellerie, Porree)
200 g Kartoffeln
2 Kohlrabi (je etwa 300 g)
250 g Schneidebohnen
2 Lorbeerblätter
1 TL weiße Pfefferkörner
3 Gewürznelken
800 ml Gemüsebrühe
500 ml kaltes Wasser
250 g grüner Spargel
1/2 Bund Kerbel
1/2 Bund glatte Petersilie
Salz, evtl. gem. Pfeffer

Außerdem:
1 Teefilter oder 1 Gewürzbeutel
Küchengarn

Pro Portion:
E: 17 g, F: 9 g, Kh: 24 g,
kJ: 1067, kcal: 255

1. Möhren, Petersilienwurzel und Sellerie putzen, schälen, abspülen, abtropfen lassen. Möhren und Petersilienwurzel in Scheiben, Sellerie in Würfel schneiden. Porree putzen, die Stange längs halbieren, gründlich waschen, abtropfen lassen und in Streifen schneiden.

2. Kartoffeln schälen, abspülen, abtropfen lassen und in Würfel schneiden. Die Kohlrabi putzen, schälen, abspülen, abtropfen lassen und in Streifen schneiden. Von den Bohnen die Enden abschneiden, evtl. abfädeln. Bohnen abspülen, abtropfen lassen und schräg in etwa 2 cm lange Stücke schneiden.

3. Lorbeerblätter, Pfefferkörner und Gewürznelken in einen Teefilter oder Gewürzbeutel geben, mit Küchengarn zusammenbinden. Das vorbereitete Gemüse mit den Kartoffelwürfeln, Gewürzbeutel, Gemüsebrühe und Wasser in einen gewässerten Römertopf® geben. Den Römertopf® mit dem Deckel verschließen und auf dem Rost in den kalten Backofen schieben.

Ober-/Unterhitze: etwa 200 °C
Heißluft: etwa 180 °C

4. Den Gemüseeintopf etwa 50 Minuten garen.

5. In der Zwischenzeit von dem Spargel das untere Drittel schälen und die unteren Enden abschneiden. Den Spargel abspülen, abtropfen lassen, in etwa 4 cm lange Stücke schneiden.

6. Spargelstücke nach etwa 20 Minuten Garzeit zu dem Gemüse und den Kartoffeln in den Römertopf® geben. Den Eintopf mit Deckel in weiteren etwa 30 Minuten fertig garen.

7. Kerbel und Petersilie abspülen, trocken tupfen. Blättchen von den Stängeln zupfen. Blättchen (einige Petersilienblättchen zum Garnieren beiseitelegen) klein schneiden.

8. Den Gewürzbeutel aus dem Eintopf entfernen. Den Eintopf mit Salz abschmecken. Kerbel und Petersilie unterrühren.

9. Eintopf mit den beiseitegelegten Petersilienblättchen garnieren und evtl. mit Pfeffer bestreuen.

Gemüsesuppe mit Basilikumpesto

4 Portionen

Zubereitungszeit: 35 Minuten
Garzeit: etwa 10 Minuten

2 Stangen Porree (Lauch, etwa 350 g)
4 Stangen Staudensellerie (etwa 300 g)
4 Möhren (etwa 350 g)
40 g Butter oder Margarine
1 l Gemüsebrühe
Salz, gem. Pfeffer

Für das Basikikumpesto:
1 kleines Bund Basilikum
40 g ger. Parmesan
1 Knoblauchzehe
3 EL Olivenöl

Pro Portion:
E: 6 g, F: 20 g, Kh: 5 g,
kJ: 929, kcal: 222

Gemüseeintopf im Römertopf

Gemüsesuppe mit Basilikumpesto

1. Den Porree putzen, die Stangen längs halbieren, gründlich waschen und abtropfen lassen. Porree in feine Streifen schneiden. Den Staudensellerie putzen, abspülen, abtropfen lassen und in feine Scheiben schneiden. Möhren putzen, schälen, abspülen, abtropfen lassen und in dünne Stifte schneiden.
2. Butter oder Margarine in einem Topf zerlassen. Porreestreifen, Selleriescheiben und Möhrenstifte darin etwa 4 Minuten unter gelegentlichem Rühren andünsten. Die Brühe hinzugießen. Mit Salz und Pfeffer würzen. Die Zutaten zum Kochen bringen und zugedeckt etwa 10 Minuten bei schwacher Hitze kochen.
3. In der Zwischenzeit für das Pesto Basilikum abspülen und trocken tupfen. Blättchen von den Stängeln zupfen. Blättchen mit Parmesan in einen hohen Rührbecher geben. Knoblauch abziehen und hinzugeben. Die Zutaten mit einem Pürierstab fein pürieren. Basilikumpüree herausnehmen und in einer kleinen Schüssel mit Olivenöl glatt rühren. Das Pesto mit Salz und Pfeffer würzen.
4. Die Gemüsesuppe mit Salz und Pfeffer abschmecken. Basilikumpesto zu der Suppe reichen.

Gemüsebrühe Julienne

4 Portionen (ohne Foto)

Zubereitungszeit: 25 Minuten
Garzeit: etwa 10 Minuten

VEGAN

150 g Möhren
150 g Porree
150 g Staudensellerie
oder 150 g Knollensellerie
2 EL Speiseöl
1 l Gemüsebrühe
ger. Muskatnuss
gem. Pfeffer
2 EL klein geschnittene Petersilie

Pro Portion:
E: 2 g, F: 5 g, Kh: 4 g,
kJ: 310, kcal: 74

1. Möhren putzen, schälen, abspülen, abtropfen lassen. Porree putzen, die Stange längs halbieren, gründlich waschen, abtropfen lassen. Staudensellerie putzen oder Knollensellerie schälen. Sellerie abspülen und abtropfen lassen. Das vorbereitete Gemüse in feine Streifen schneiden.
2. Speiseöl in einem Topf erhitzen. Die Gemüsestreifen darin andünsten, Brühe hinzugießen, zum Kochen bringen. Die Brühe etwa 10 Minuten bei schwacher Hitze kochen lassen. Brühe mit Muskat und Pfeffer würzen.
3. Die Brühe in Tellern verteilen und mit Petersilie bestreut servieren.

Gemüsesuppe mit Ei und Käse

Gemüsesuppe mit Ei und Käse

4–6 Portionen

Zubereitungszeit: 25 Minuten
Garzeit: etwa 15 Minuten

750 g Tomaten
200 g Steinpilze
2 Zwiebeln
2 Stangen Staudensellerie
1 Knoblauchzehe
einige Minzeblättchen
6 EL Olivenöl
Salz
1 l Gemüsebrühe
8 dünne Scheiben Weißbrot
2 Eier (Größe M)
3 EL ger. Parmesan
gem. Pfeffer

Pro Portion:
E: 12 g, F: 20 g, Kh: 25 g,
kJ: 1367, kcal: 326

1. Tomaten kreuzweise einschneiden und mit kochendem Wasser übergießen. Nach 1–2 Minuten herausnehmen und mit kaltem Wasser abschrecken. Tomaten häuten, halbieren und die Stängelansätze herausschneiden. Tomaten entkernen und in Würfel schneiden. Steinpilze putzen, mit einem Pinsel gründlich säubern und in Scheiben schneiden.
2. Zwiebeln abziehen und in kleine Würfel schneiden. Sellerie putzen, abspülen, abtropfen lassen und in kleine Stücke schneiden. Knoblauch abziehen. Minzeblättchen abspülen, trocken tupfen und klein schneiden.
3. Olivenöl in einem Topf erhitzen. Zwiebelwürfel, Selleriestücke und Knoblauch darin kurz unter Rühren anrösten. Knoblauch entfernen. Pilzscheiben hinzufügen und kurz anbraten. Mit Salz würzen. Tomatenwürfel und Minze hinzufügen. Brühe hinzugießen. Die Zutaten zum Kochen bringen und zugedeckt etwa 15 Minuten bei schwacher Hitze garen.
4. Weißbrotscheiben toasten und in 4–6 tiefe Teller legen.
5. Eier in einer Suppenterrine verschlagen. Parmesan unterrühren. Die kochende Gemüsesuppe hinzugießen und mit der Eier-Käse-Mischung gut vermischen. Mit Pfeffer bestreuen.
6. Die Gemüsesuppe mit den Brotscheiben auf den Tellern anrichten und sofort servieren.

Gemüsesuppe mit Grießnocken

Gemüsesuppe mit Grießnocken

4 Portionen

Zubereitungszeit: 40 Minuten
Garzeit: Suppe etwa 60 Minuten, Nocken etwa 4 Minuten

3 Zwiebeln
2 Knoblauchzehen
2 Bund Suppengrün (Sellerie, Möhren, Porree)
etwa 100 g Petersilienwurzeln
50 ml Speiseöl, z. B. Rapsöl
3 l Wasser
1 gestr. EL Salz
2 Lorbeerblätter
1 TL Pfefferkörner

Für die Grießnocken:
500 ml Milch (3,5 % Fett)
25 g Butter
1/2 gestr. TL Salz
ger. Muskatnuss
100 g Hartweizengrieß
1 Ei (Größe M)
Salz

1/2 Bund Schnittlauch

Pro Portion:
E: 9 g, F: 24 g, Kh: 26 g,
kJ: 1487, kcal: 355

1. Zwiebeln und Knoblauch abziehen, klein würfeln. Suppengrün putzen, schälen, abspülen und abtropfen lassen. Suppengrün grob würfeln. Petersilienwurzeln putzen, schälen, abspülen, abtropfen lassen und ebenfalls würfeln.
2. Speiseöl in einem großen Topf erhitzen. Zwiebel- und Knoblauchwürfel darin andünsten. Vorbereitete Gemüsewürfel hinzugeben und unter Rühren kurz mit andünsten.
3. Das Wasser hinzugießen. Salz, Lorbeerblätter und Pfefferkörner hinzufügen. Die Zutaten zum Kochen bringen. Das Gemüse ohne Deckel etwa 60 Minuten bei schwacher bis mittlerer Hitze kochen lassen.
4. Für die Grießnocken in der Zwischenzeit Milch, Butter, Salz und Muskat in einem Topf zum Kochen bringen. Den Grieß unter Rühren einstreuen und unter Rühren einmal gut aufkochen lassen. Grieß 3–4 Minuten bei schwacher Hitze kochen lassen, bis ein dicker Grießbrei entstanden ist. Den Grießbrei in eine Rührschüssel geben, Ei unterrühren. Mit Salz und Muskat abschmecken.
5. Salzwasser in einem Topf zum Kochen bringen. Mithilfe von 2 Esslöffeln Nocken von dem Grießbrei abstechen und in das kochende Salzwasser geben. Die Nocken etwa 4 Minuten bei schwacher Hitze gar ziehen lassen. Die Nocken sind gar, wenn sie an der Oberfläche schwimmen.
6. Grießnocken mit einer Schaumkelle aus dem Salzwasser nehmen, abtropfen lassen und auf einen Teller legen. Schnittlauch abspülen, trocken tupfen und in feine Röllchen schneiden.
7. Die Gemüsebrühe durch ein Sieb in einen Topf gießen. Die Nocken in die Brühe geben und etwa 4 Minuten erhitzen. Die Suppe auf Tellern anrichten und mit Schnittlauchröllchen bestreut servieren.

Gemüsebrühe mit Haferklößchen

4 Portionen (ohne Foto)

Zubereitungszeit: 40 Minuten, ohne Quellzeit
Garzeit: Klößchen etwa 20 Minuten

125 g Hafermehl (aus dem Reformhaus oder Naturkostladen)
40 g Butter, 3–4 Eigelb (Größe M)
Bio-Hefeextrakt (aus dem Reformhaus oder Naturkostladen)
Salz, ger. Muskatnuss
1 Eiweiß (Größe M)
1–1 1/2 l Gemüsebrühe
1–2 EL Schnittlauchröllchen

Pro Portion:
E: 9 g, F: 18 g, Kh: 20 g,
kJ: 1227, kcal: 293

1. Das Hafermehl in einer Pfanne ohne Fett unter Rühren leicht anrösten, auf einen Teller geben und erkalten lassen.
2. Butter mit Eigelb in einer Rührschüssel schaumig rühren, mit Hefeextrakt, Salz und Muskat würzen. Das Hafermehl unterrühren. Den Teig etwa 20 Minuten ausquellen lassen.
3. Eiweiß steif schlagen und unter den Teig heben. Von dem Teig mit 2 Teelöffeln 12 kleine Klößchen abstechen und formen.
4. Gemüsebrühe in einem Topf zum Kochen bringen. Klößchen hineingeben und etwa 20 Minuten bei schwacher Hitze gar ziehen lassen (die Brühe muss sich leicht bewegen).
5. Die Gemüsebrühe mit Haferklößchen anrichten und mit Schnittlauchröllchen bestreut servieren.

Japanischer Tofu-Eintopf

8–10 Portionen VEGAN

Zubereitungszeit: 60 Minuten
Garzeit: etwa 7 Minuten

500 g Schwarzwurzeln
Essigwasser
375 g Möhren
375 g Kartoffeln
375 g weißer Rettich
2 Bund Frühlingszwiebeln
500 g Shiitakepilze
1 1/2 l Gemüsebrühe
700–800 g Tofu
4 EL Sesamöl
4 EL Sojasauce
Cayennepfeffer

Pro Portion:
E: 11 g, F: 10 g, Kh: 20 g,
kJ: 967, kcal: 230

1. Die Schwarzwurzeln unter fließendem kalten Wasser abbürsten, schälen, zuerst etwa in 3 cm lange Stücke, dann in dünne Stifte schneiden. Schwarzwurzelstifte sofort in Essigwasser legen, damit sich die Schwarzwurzeln nicht verfärben.
2. Möhren putzen, schälen, abspülen und abtropfen lassen. Kartoffeln schälen, abspülen, abtropfen lassen. Rettich putzen, schälen, abspülen, abtropfen lassen. Möhren, Kartoffeln und Rettich in Stücke schneiden.
3. Frühlingszwiebeln putzen, abspülen, abtropfen lassen. Dicke Zwiebeln halbieren oder vierteln und das Grün in etwa 1 cm lange Stücke schneiden. Pilze putzen und die Stiele herausdrehen. Pilzköpfe evtl. kurz abspülen, trocken tupfen in feine Scheiben schneiden. Schwarzwurzelstifte in einem Sieb abtropfen lassen.
4. Gemüsebrühe in einem großen Topf zum Kochen bringen. Schwarzwurzelstifte, Möhren-, Kartoffel- und Rettichstücke hinzugeben und wieder zum Kochen bringen. Das Gemüse etwa 5 Minuten bei schwacher Hitze kochen lassen.
5. Frühlingszwiebelstücke und Pilzscheiben hinzufügen und kurz mitgaren lassen.
6. Tofu in Würfel schneiden, in den Eintopf geben und miterhitzen. Den Eintopf mit Sesamöl, Sojasauce und Cayennepfeffer würzen.

Mangold-Dinkel-Eintopf

4 Portionen

Zubereitungszeit: 50 Minuten, ohne Einweichzeit
Garzeit: etwa 30 Minuten

100 g Dinkelkörner
250 ml kaltes Wasser
2 Zwiebeln
1 Knoblauchzehe
50 g Butter
1 l Gemüsebrühe
250 g Kartoffeln
150 g Knollensellerie
200 g Möhren
700 g Mangold
Salz, gem. Pfeffer
Paprikapulver edelsüß

Pro Portion:
E: 9 g, F: 13 g, Kh: 35 g,
kJ: 1274, kcal: 305

1. Dinkel in eine Schale geben, mit kaltem Wasser übergießen und über Nacht einweichen.
2. Zwiebeln und Knoblauch abziehen, in kleine Würfel schneiden. Butter in einem Topf zerlassen. Zwiebel- und Knoblauchwürfel darin andünsten. Brühe und die eingeweichten Dinkelkörner mit dem Einweichwasser hinzugeben und zum Kochen bringen. Dinkel etwa 15 Minuten bei schwacher Hitze kochen lassen.
3. Kartoffeln schälen, abspülen, abtropfen lassen und in Würfel schneiden. Sellerie und Möhren putzen, schälen, abspülen, abtropfen lassen und in grobe Würfel schneiden. Kartoffel-, Sellerie- und Möhrenwürfel in den Eintopf geben, wieder zum Kochen bringen und alles weitere etwa 10 Minuten garen.
4. Den Mangold putzen und die großen Blattstiele entfernen. Mangold gründlich waschen, abtropfen lassen, in kleine Stücke schneiden, in den Eintopf geben, wieder zum Kochen bringen und etwa 5 Minuten mitkochen lassen. Eintopf mit Salz, Pfeffer und Paprika abschmecken.

Japanischer Tofu-Eintopf

Mangold-Dinkel-Eintopf

Süßsaurer Gemüseeintopf

4 Portionen VEGAN

Zubereitungszeit: 50 Minuten
Garzeit: Suppe 5–8 Minuten

1 rote Peperoni
10 g frischer Ingwer
je 1 rote und grüne Paprikaschote (je 200 g)
1 Stange Porree (Lauch, etwa 200 g)
1 kleiner Blumenkohl (etwa 650 g)
400 g Möhren
1 Kohlrabi (etwa 200 g)
2–3 EL Apfelessig
2 EL Sojasauce
etwa 120 g passierte Tomaten (aus dem Tetrapak)
2 EL brauner Zucker
1 gestr. EL Speisestärke
750 ml Gemüsebrühe
3 EL Speiseöl
8 abgetropfte Maiskölbchen (aus dem Glas, etwa 60 g)
Salz
gem. Pfeffer
1 EL Apfelessig
Zucker

Pro Portion:
E: 6 g, F: 8 g, Kh: 23 g,
kJ: 812, kcal: 194

1. Peperoni längs halbieren, entstielen, entkernen und evtl. die weißen Scheidewände entfernen. Peperoni abspülen, trocken tupfen und in feine Streifen schneiden. Ingwer schälen und fein würfeln.
2. Paprikaschoten halbieren, entstielen, entkernen und die weißen Scheidewände entfernen. Schoten abspülen, abtropfen lassen und in schmale Streifen schneiden. Porree putzen, die Stange längs halbieren, gründlich waschen, abtropfen lassen und in feine Streifen schneiden.
3. Von dem Blumenkohl die Blätter und schlechten Stellen entfernen und den Strunk abschneiden. Blumenkohl in Röschen teilen, abspülen und abtropfen lassen. Möhren und Kohlrabi putzen, schälen, abspülen, abtropfen lassen. Möhren in dünne Streifen und Kohlrabi in dünne Scheiben schneiden.
4. Apfelessig mit Sojasauce, passierten Tomaten und braunem Zucker in einer Schüssel verrühren. Getrennt davon Speisestärke mit Brühe verrühren.
5. Die vorbereiteten Gemüsezutaten portionsweise andünsten. Dafür je 1 Esslöffel Speiseöl in einem Topf erhitzen. Peperonistreifen, Ingwerwürfel, Paprika- und Porreestreifen darin etwa 2 Minuten unter gelegentlichem Rühren andünsten. Das Gemüse herausnehmen und beiseitestellen.
6. Wieder 1 Esslöffel Speiseöl in dem Topf erhitzen. Blumenkohlröschen darin etwa 3 Minuten unter gelegentlichem Rühren andünsten, herausnehmen und beiseitestellen. Restliches Speiseöl in dem Topf erhitzen. Möhrenstreifen und Kohlrabischeiben darin etwa 3 Minuten unter gelegentlichem Rühren andünsten.
7. Das beiseitegestellte, gedünstete Gemüse mit den Maiskölbchen wieder in den Topf geben und das gesamte Gemüse nochmals kurz dünsten lassen.
8. Essig-Soja-Tomaten-Mischung mit angerührter Brühe hinzugeben. Zutaten unter Rühren zum Kochen bringen und zugedeckt 5–8 Minuten bei schwacher Hitze leicht kochen lassen. Die Suppe mit Salz, Pfeffer, Apfelessig und 1 Prise Zucker süßsauer abschmecken.

Wintersuppe mit Graupen und weißen Bohnen

4 Portionen VEGAN

Zubereitungszeit: 45 Minuten, ohne Einweichzeit
Garzeit: Suppe etwa 60 Minuten

250 g getrocknete, kleine weiße Bohnen
150 g Perlgraupen, Salz
1 Zwiebel, 5 Stängel Liebstöckel
3 l Gemüsebrühe
1 Lorbeerblatt
50 g Staudensellerie
100 g Porree (Lauch)
250 g Möhren
200 g Wirsing
100 g Backobst
gem. schwarzer Pfeffer
4 EL frisch geschabter Meerrettich

Pro Portion:
E: 23 g, F: 3 g, Kh: 68 g,
kJ: 1656, kcal: 392

1. Die Bohnen in eine Schüssel geben, mit kaltem Wasser ganz bedecken und über Nacht einweichen.
2. Am nächsten Tag die Graupen in ein Sieb geben und so lange mit kaltem Wasser abspülen, bis das Wasser fast klar abläuft.
3. Wasser in einem Topf zum Kochen bringen, etwas Salz hinzugeben. Die Graupen darin etwa 40 Minuten kochen lassen. Anschließend in einem Sieb abgießen, mit kaltem Wasser abspülen und abtropfen lassen.

Süßsaurer Gemüseeintopf

Wintersuppe mit Graupen und weißen Bohnen

Scharfe Tomatensuppe mit Käsetoasts

4. Eingeweichte Bohnen in einem Sieb abtropfen lassen. Die Zwiebel abziehen. Liebstöckel abspülen und trocken tupfen. Gemüsebrühe mit den Bohnen, Lorbeerblatt, 2 Stängeln Liebstöckel und der ganzen Zwiebel in einem großen Topf zum Kochen bringen und ohne Deckel etwa 45 Minuten kochen lassen, bis die Bohnen weich sind. Dabei ab und zu den Schaum abschöpfen.
5. In der Zwischenzeit Staudensellerie putzen, abspülen, abtropfen lassen und in dünne Scheiben schneiden. Porree putzen, längs halbieren, gründlich waschen, abtropfen lassen und in dünne Streifen schneiden. Möhren putzen, schälen, abspülen, abtropfen lassen und in etwa 1 1/2 cm große Würfel schneiden.
6. Wirsing putzen, halbieren und den Strunk herausschneiden. Von den Wirsingblättern die dicken Blattrippen entfernen. Wirsingblätter abspülen, abtropfen lassen und in mundgerechte Stücke schneiden. Das Backobst fein würfeln.
7. Die Zwiebel, das Lorbeerblatt und den Liebstöckel mit dem Schaumlöffel aus der Brühe nehmen.
8. Sellerie, Porreestreifen, Möhren und Wirsing zu der Brühe mit den Bohnen in den Topf geben, mit Salz und Pfeffer würzen. Die Suppe wieder zum Kochen bringen und weitere etwa 15 Minuten ohne Deckel kochen lassen.
9. Von den restlichen Liebstöckelstängeln die Blätter abzupfen. Blätter grob zerschneiden. Die Graupen in die Suppe geben und miterhitzen. Zuletzt Backobstwürfel unterheben.
10. Die Suppe in Tellern anrichten und mit frisch geschabtem Meerrettich bestreut servieren.

Scharfe Tomatensuppe mit Käsetoasts

4 Portionen

Zubereitungszeit: 30 Minuten
Garzeit: etwa 15 Minuten

Für die Suppe:
1 kg Tomaten
1 kleine, rote Paprikaschote
1 kleine, rote Chilischote
2 Zwiebeln
4 EL Olivenöl
2 EL Tomatenmark
500 ml Gemüsebrühe
150 g Doppelrahm-Frischkäse mit französischen Kräutern
Sojasauce
Tabasco
Salz, gem. Pfeffer
1 EL klein geschnittene Basilikumblättchen

Für die Käsetoasts:
2 Scheiben Vollkorn-Toastbrot
50 g Doppelrahm-Frischkäse mit französischen Kräutern
2 EL Schlagsahne

2 EL steif geschlagene Schlagsahne
einige Basilikumblättchen

Pro Portion:
E: 11 g, F: 25 g, Kh: 24 g,
kJ: 1581, kcal: 378

1. Für die Suppe Tomaten kreuzweise einschneiden und mit kochendem Wasser übergießen. Nach 1–2 Minuten herausnehmen und mit kaltem Wasser abschrecken. Tomaten häuten, halbieren, entkernen und die Stängelansätze herausschneiden. Tomaten in Würfel schneiden.
2. Die Paprikaschote halbieren, entstielen, entkernen und die weißen Scheidewände entfernen. Schote abspülen, abtropfen lassen und in kleine Würfel schneiden. Chilischote abspülen, trocken tupfen, halbieren, entstielen, entkernen und in halbe Ringe schneiden. Zwiebeln abziehen und klein würfeln.
3. Olivenöl in einem Topf erhitzen. Zwiebelwürfel darin glasig dünsten. Tomaten-, Paprikawürfel, Chiliringe und Tomatenmark hinzufügen, kurz mit andünsten. Gemüsebrühe hinzugießen, zum Kochen bringen und das Gemüse zugedeckt etwa 15 Minuten bei mittlerer Hitze garen.
4. Die Tomatensuppe mit einem Pürierstab pürieren und durch ein Sieb streichen. Den Frischkäse unter die Suppe rühren, mit Sojasauce, Tabasco, Salz und Pfeffer würzen. Basilikum unterrühren.
5. Für die Käsetoasts das Toastbrot toasten und diagonal halbieren.
6. Frischkäse mit Sahne verrühren. Die Toastbrotscheiben mit dem Sahne-Frischkäse bestreichen und unter dem vorgeheizten Grill etwa 1 Minute gratinieren.
7. Die Suppe in Suppenschalen geben und je 1 Sahnetuff daraufsetzen. Mit abgespülten, trocken getupften Basilikumblättchen garnieren.

Bunte Bohnensuppe

Bunte Bohnensuppe
6 Portionen

Zubereitungszeit: 25 Minuten
Garzeit: etwa 30 Minuten

2 gelbe Paprikaschoten (etwa 400 g)
1 Möhre (etwa 120 g)
2 Knoblauchzehen
4 Stängel Thymian
3 EL Olivenöl
600 ml Gemüsebrühe
500 g abgetropfte, abgespülte Kidneybohnen (aus Dosen)
Salz, gem. Pfeffer
200 g Schlagsahne
250 g abgetropfte, abgespülte weiße Bohnen (aus der Dose)
250 g abgetropfte, abgespülte grüne Bohnenkerne (Flageolets, aus der Dose)

Pro Portion:
E: 14 g, F: 17 g, Kh: 31 g,
kJ: 1399, kcal: 334

1. Paprikaschoten halbieren, entstielen, entkernen und die weißen Scheidewände entfernen. Schoten abspülen, abtropfen lassen und in kleine Würfel schneiden. Die Möhre putzen, schälen, abspülen, abtropfen lassen und in Würfel schneiden. Knoblauch abziehen und fein hacken. Thymian abspülen, trocken tupfen und in kleine Zweige teilen.
2. Olivenöl in einem Topf erhitzen. Knoblauch, Möhren- und Paprikawürfel darin andünsten. Gemüsebrühe hinzugießen, zum Kochen bringen und zugedeckt etwa 5 Minuten kochen lassen. Kidneybohnen mit dem Thymian in die Brühe geben.
3. Die Suppe mit Salz und Pfeffer würzen, wieder zum Kochen bringen und etwa 10 Minuten unter gelegentlichem Rühren garen.
4. Sahne, weiße Bohnen und grüne Bohnenkerne hinzugeben und wieder zum Kochen bringen. Die Suppe weitere etwa 10 Minuten bei schwacher Hitze kochen lassen und nochmals mit den Gewürzen abschmecken.

Gemüsecremesuppe
(Grundrezept)
4 Portionen (ohne Foto)

Zubereitungszeiten: 40 Minuten
(Erbsencremesuppe: 30 Minuten)

650–1100 g Gemüse
1 Zwiebel
25 g Butter oder 2 EL Speiseöl, z. B. Sonnenblumen- oder Olivenöl
1 l Gemüsebrühe
Salz, gem. Pfeffer
evtl. Gewürze
evtl. Suppeneinlage

Pro Portion (Brokkoli-Variante):
E: 4 g, F: 6 g, Kh: 4 g,
kJ: 350, kcal: 84

1. Gemüse putzen, abspülen, abtropfen lassen und evtl. zerkleinern. Zwiebel abziehen und klein würfeln. Butter oder Speiseöl in einem Topf erhitzen. Zwiebelwürfel darin unter Rühren andünsten.
2. Das vorbereitete Gemüse hinzufügen und unter Rühren mitdünsten. Gemüsebrühe hinzugießen und zum Kochen bringen. Das Gemüse zugedeckt in etwa 15 Minuten gar kochen lassen.
3. Die Suppe anschließend pürieren, mit Salz und Pfeffer und entsprechenden Gewürzen abschmecken. Nach Belieben eine Einlage in die Suppe geben und die Suppe servieren.

Brokkolicremesuppe:
Von 700 g Brokkoli die Blätter entfernen, Röschen abschneiden. Die Stängel schälen, in Stücke schneiden, beides abspülen und abtropfen lassen. Die Stängel mit den Röschen zu den Zwiebelwürfeln in den Topf geben. Nach der Brühezugabe zugedeckt in etwa 8 Minuten bei mittlerer Hitze gar kochen, anschließend pürieren. Die Suppe zusätzlich mit geriebener Muskatnuss abschmecken. Die Suppe nach Belieben mit 1–2 Teelöffeln Joghurt (3,5 % Fett), 1 Teelöffel gehobelten, gerösteten Mandeln oder etwas klein geschnittener Petersilie pro Portion servieren.

Möhrencremesuppe:
700 g Möhren putzen, schälen, abspülen, abtropfen lassen und in etwa 1 cm dicke Scheiben schneiden. Nach der Brühezugabe zugedeckt in 12–15 Minuten bei mittlerer Hitze gar kochen, anschließend pürieren. Die Suppe zusätzlich mit Zucker und nach Belieben mit gemahlenem oder

etwas frisch geriebenem Ingwer abschmecken. Die Suppe nach Belieben mit 1–2 Teelöffeln Crème fraîche, 1 Teelöffel gerösteten Sesamsamen und etwas klein geschnittenem Dill pro Portion servieren.

Kürbiscremesuppe:
1,1 kg Kürbis in Spalten schneiden, schälen, Kerne und Innenfasern entfernen. Das Fruchtfleisch in Würfel schneiden. Nach der Brühezugabe zugedeckt in etwa 15 Minuten bei mittlerer Hitze gar kochen, anschließend pürieren. Die Suppe zusätzlich mit Zucker und Curry oder gemahlenem Ingwer abschmecken. Die Suppe nach Belieben mit 1–2 Teelöffeln Joghurt (3,5 % Fett) oder Crème fraîche, 1–2 Teelöffeln gerösteten Kürbiskernen oder Sesamsamen oder etwas klein geschnittenem Dill pro Portion servieren.

Erbsencremesuppe:
650 g TK-Erbsen unaufgetaut verwenden. Nach der Brühezugabe zugedeckt in etwa 8 Minuten bei mittlerer Hitze gar kochen, anschließend pürieren. Die Suppe zusätzlich mit geriebener Muskatnuss, Zucker und Cayennepfeffer abschmecken. Suppe nach Belieben mit 1–2 Teelöffeln Crème fraîche, 1 Teelöffel gehobelten, gerösteten Mandeln, etwas klein geschnittener Petersilie oder Kerbel pro Portion servieren.

Kartoffelcremesuppe:
1 Bund Suppengrün putzen, schälen, abtropfen lassen und zerkleinern. 400 g Kartoffeln schälen, abspülen, abtropfen lassen und in Würfel schneiden. Das vorbereitete Gemüse mit den Kartoffelwürfeln nach der Brühezugabe zugedeckt in 15–20 Minuten bei mittlerer Hitze gar kochen, anschließend pürieren. Die Suppe zusätzlich mit geriebener Muskatnuss abschmecken. Die Suppe nach Belieben mit 1–2 Teelöffeln Crème fraîche, etwas klein geschnittener Petersilie oder Kerbel oder einigen Croûtons pro Portion servieren.

Brunnenkresse-Süppchen mit gedünsteten Radieschen

4 Portionen

Zubereitungszeit: 30 Minuten

1 Zwiebel
80 g Butter
800 ml Gemüsebrühe
200 g Schlagsahne
1 Bund Brunnenkresse
(etwa 200 g)
Salz
1 Bund Radieschen
2 EL Butter
Cayennepfeffer

Pro Portion:
E: 4 g, F: 41 g, Kh: 5 g,
kJ: 1699, kcal: 407

1. Die Zwiebel abziehen und in kleine Würfel schneiden. 1 Esslöffel Butter in einem Topf zerlassen. Gemüsebrühe und Sahne hinzugießen, zum Kochen bringen und etwa 10 Minuten kochen lassen.
2. Brunnenkresse abspülen und trocken tupfen. Die Blättchen von den Stängeln zupfen.
3. Die restliche Butter, Kresseblättchen (einige Blättchen zum Garnieren beiseitelegen) und 1 gute Prise Salz in eine Küchenmaschine geben und zu einer glatten Buttermasse verarbeiten.
4. Die Radieschen putzen, abspülen, abtropfen lassen und in Scheiben schneiden oder hobeln. Butter in einer Pfanne zerlassen. Die Radieschenscheiben darin unter Rühren andünsten. Mit Salz und Cayennepfeffer würzen.
5. Die Kressebutter nach und nach mit einem Pürierstab unter die kochende Suppe mixen. Mit Salz und Cayennepfeffer abschmecken.
6. Die Suppe mit den Radieschenscheiben in Suppenschalen oder -tellern anrichten und mit den beiseitegelegten Kresseblättchen garniert servieren.

Pilzessenz mit Madeirasahne

4 Portionen (ohne Foto)

Zubereitungszeit: 15 Minuten
Garzeit: etwa 60 Minuten

150 g gemischte, getrocknete Pilze
2 l Wasser, Salz
100 ml Madeira
1–2 EL Sojasauce
100 g Schlagsahne
(mindestens 30 % Fett)

Pro Portion:
E: 5 g, F: 8 g, Kh: 4 g,
kJ: 614, kcal: 147

1. Die Pilze in ein Sieb geben, unter fließendem kalten Wasser kurz abspülen und abtropfen lassen.
2. Wasser und abgetropfte Pilze in einem weiten Topf zum Kochen bringen, Salz hinzufügen. Die Pilze zugedeckt etwa 60 Minuten bei schwacher Hitze kochen lassen.
3. Die Pilze in einem Sieb abtropfen lassen, dabei die Brühe auffangen. Die Pilze evtl. zusätzlich ausdrücken.
4. Die Brühe wieder zum Kochen bringen und auf etwa 750 ml einkochen lassen. Die Brühe mit 70 ml Madeira und der Sojasauce abschmecken.
5. Sahne steif schlagen, restlichen Wein nach und nach unterschlagen.
6. Die Brühe in Suppentassen oder -teller füllen und mit der Madeirasahne sofort servieren.

Brunnenkresse-Süppchen mit gedünsteten Radieschen

Quinoasuppe und Rote-Bete-Chips

12 Portionen

Zubereitungszeit: 90 Minuten
Garzeit: Suppe etwa 30 Minuten

3 Zwiebeln
3 Knoblauchzehen
600 g Quinoa (aus dem Reformhaus oder Bioladen)
5 EL Butter
Salz, gem. weißer Pfeffer
etwa 3 1/2 l Gemüsebrühe
250 g Schlagsahne

Für die Rote-Bete-Chips:
750 g Rote Bete
etwa 750 ml Erdnussöl
Meersalzflocken oder Salz

3 Bund Schnittlauch

Pro Portion:
E: 9 g, F: 19 g, Kh: 38 g,
kJ: 1504, kcal: 359

1. Zwiebeln und Knoblauch abziehen, fein würfeln. Quinoa unter fließendem Wasser nach Packungsanleitung abspülen und abtropfen lassen.
2. Butter in einem großen Topf zerlassen. Die Zwiebel- und Knoblauchwürfel darin andünsten. Quinoa hinzugeben und unter Rühren kurz mitdünsten lassen, mit Salz und Pfeffer würzen.
3. Die Gemüsebrühe hinzugießen und die Zutaten zum Kochen bringen. Die Suppe etwa 20 Minuten kochen lassen. Dann die Sahne unterrühren und die Suppe weitere etwa 10 Minuten kochen lassen, bis Quinoa weich ist (Packungsanleitung beachten).
4. In der Zwischenzeit für die Rote-Bete-Chips die Rote Bete putzen, gründlich waschen und mit Küchenpapier trocken tupfen. Rote Bete mit einem Gemüsehobel in dünne Scheiben (1–2 mm dick) hobeln (Achtung: stark färbend!).
5. Das Erdnussöl in einem hohen Topf auf etwa 180 °C erhitzen, sodass sich um einen in das Öl gehaltenen Holzlöffelstiel Bläschen bilden. Die Rote-Bete-Scheiben darin portionsweise nach und nach zu Chips ausbacken. Die Chips jeweils mit einem Schaumlöffel aus dem Topf nehmen und auf Küchenpapier legen. Die Chips mit Meersalzflocken oder ein wenig Salz würzen.
6. Schnittlauch abspülen, abtropfen lassen und in Röllchen schneiden. Suppe mit Salz und Pfeffer abschmecken, mit Schnittlauchröllchen und Rote-Bete-Chips bestreuen oder die Chips dazureichen.

Türkische Bohnensuppe

4 Portionen (ohne Foto)

Zubereitungszeit: 80 Minuten, ohne Einweichzeit
Garzeit: 50–60 Minuten

400 g getrocknete, weiße Bohnen
1 Knoblauchzehe
1 Zwiebel
2 Möhren
1 Stange Staudensellerie
3 EL Olivenöl
2 EL Tomatenmark
750 ml Gemüsebrühe
1 Stängel Thymian
1 EL Paprikapulver edelsüß
1 EL abgeriebene Bio-Zitronenschale (unbehandelt, ungewachst)
Salz, gem. Pfeffer
Cayennepfeffer
1 Prise Zucker
4 Scheiben Weißbrot
1/2 Bund Petersilie
2 hart gekochte Eier

Pro Portion:
E: 19 g, F: 20 g, Kh: 36 g,
kJ: 1749, kcal: 418

1. Bohnen in eine Schüssel geben, mit kaltem Wasser übergießen und über Nacht einweichen.
2. Eingeweichte Bohnen in einem Sieb gut abtropfen lassen. Knoblauch abziehen, sehr klein schneiden. Zwiebel abziehen. Möhren putzen, schälen, abspülen, abtropfen lassen. Staudensellerie putzen, abspülen und abtropfen lassen. Zwiebel, Möhren und Staudensellerie in kleine Würfel schneiden.
3. Olivenöl in einem Topf erhitzen. Knoblauch darin andünsten. Zwiebel-, Möhren- und Selleriewürfel hinzugeben und mitdünsten lassen. Tomatenmark unterrühren und die Brühe hinzugießen. Thymian abspülen, trocken tupfen und hinzugeben. Mit Paprika, Zitronenschale, Salz, Pfeffer, Cayennepfeffer und Zucker kräftig würzen.
4. Weiße Bohnen zum Gemüse in den Topf geben. Die Zutaten zum Kochen bringen und zugedeckt 50–60 Minuten bei schwacher Hitze garen.
5. Die gegarte Bohnensuppe nochmals kräftig mit den Gewürzen abschmecken. Die Weißbrotscheiben entrinden, in sehr kleine Würfel schneiden, unter die Suppe ziehen und ausquellen lassen.

Quinoasuppe und Rote-Bete-Chips

Radieschensuppe

Weizensuppe mit getrockneten Steinpilzen und Tomaten

6. Petersilie abspülen und trocken tupfen. Die Blättchen von den Stängeln zupfen. Blättchen klein schneiden. Eier pellen, fein hacken und mit der Petersilie vermischen. Die Suppe anrichten, mit den gekräuterten Eiern bestreuen und sofort servieren.

Radieschensuppe

2 Portionen

VEGAN

Zubereitungszeit: 30 Minuten
Garzeit: etwa 20 Minuten

2 Schalotten
2 Bund Radieschen (je 250–300 g)
1 EL Speiseöl
500 ml Gemüsebrühe
Salz, gem. weißer Pfeffer
etwa 2 EL Zitronensaft
4–6 Tropfen Sojasauce

Pro Portion:
E: 3 g, F: 9 g, Kh: 6 g,
kJ: 512, kcal: 122

1. Schalotten abziehen und in kleine Würfel schneiden. Von den Radieschen die Wurzelenden und das Grün entfernen. Radieschen abspülen, trocken tupfen und in kleine Würfel schneiden (etwas Radieschengrün und einige Radieschenscheiben zum Garnieren beiseitelegen).
2. Das Speiseöl in einem Topf erhitzen. Schalottenwürfel darin goldgelb andünsten. Radieschenwürfel hinzufügen und kurz mitdünsten lassen. Gemüsebrühe hinzugießen und zum Kochen bringen. Die Suppe zugedeckt etwa 20 Minuten bei mittlerer Hitze kochen lassen, dabei gelegentlich umrühren. Die Suppe mit einem Pürierstab fein pürieren.
3. Beiseitegelegtes Radieschengrün abspülen, trocken tupfen und in feine Streifen schneiden. Die Suppe evtl. nochmals erwärmen. Mit Salz, Pfeffer, Zitronensaft und Sojasauce abschmecken. Radieschensuppe mit beiseitegelegten Radieschenscheiben und Radieschengrünstreifen garnieren, heiß servieren.

Weizensuppe mit getrockneten Steinpilzen und Tomaten

4 Portionen

Zubereitungszeit: 35 Minuten, ohne Einweichzeit
Garzeit: etwa 70 Minuten

250 g Weizenkörner
20 g getrocknete Steinpilze
2 Zwiebeln (etwa 100 g)
3 EL Olivenöl
1 Msp. getrocknete Chiliflocken
1/2 TL gerebelter Thymian
1 l Gemüsebrühe
2 Stangen Porree (Lauch, etwa 350 g)
250 g Strauchtomaten
3 Stängel Basilikum
Salz, gem. Pfeffer
30 g Parmesan (am Stück)

Pro Portion:
E: 14 g, F: 12 g, Kh: 43 g,
kJ: 1430, kcal: 342

1. Die Weizenkörner in eine flache Schüssel geben, etwa 3 cm hoch mit Wasser übergießen und mindestens 12 Stunden einweichen.
2. Steinpilze kurz mit kaltem Wasser abspülen und abtropfen lassen. Eingeweichte Weizenkörner in einem Sieb abtropfen lassen.
3. Zwiebeln abziehen und in grobe Würfel schneiden. Olivenöl in einem Topf erhitzen. Zwiebelwürfel, Chiliflocken und Thymian darin andünsten. Weizenkörner hinzugeben und kurz mitdünsten lassen.
4. Die Steinpilze und Gemüsebrühe hinzugeben, zum Kochen bringen. Die Suppe zugedeckt etwa 60 Minuten bei schwacher Hitze kochen.
5. In der Zwischenzeit den Porree putzen, die Stangen längs halbieren, gründlich waschen, abtropfen lassen und quer in etwa 1 cm breite Stücke schneiden. Die Tomaten abspülen, trocken tupfen, halbieren und die Stängelansätze herausschneiden. Tomatenhälften entkernen. Die Kerne durch ein Sieb streichen und den Saft auffangen. Tomatenhälften in Spalten schneiden.
6. Porreestücke in die Suppe geben und etwa 5 Minuten mitgaren. Basilikum abspülen und trocken tupfen. Die Blättchen von den Stängeln zupfen. Blättchen in Streifen schneiden.
7. Tomatenspalten mit dem aufgefangenen Tomatensaft in die Suppe geben und weitere etwa 5 Minuten bei schwacher Hitze kochen. Suppe mit Salz und Pfeffer abschmecken.
8. Käse hobeln oder raspeln. Käse und Basilikumstreifen kurz vor dem Servieren auf die Suppe streuen.

Gemüsesuppe

Tomatensuppe mit Käsecroûtons

Gemüsesuppe

4 Portionen

VEGAN

Zubereitungszeit: 50 Minuten
Garzeit: 15–18 Minuten

300 g Blumenkohlröschen
300 g Brokkoliröschen
300 g grüne Bohnen
400 g Wirsing
300 g Möhren
1 Stange Porree (Lauch)
1 l Gemüsebrühe
280 g abgetropfter Gemüsemais (aus der Dose)
Salz
gem. Pfeffer
gerebelter Majoran

Pro Portion:
E: 10 g, F: 3 g, Kh: 24 g,
kJ: 731, kcal: 174

1. Die Blumenkohl- und Brokkoliröschen abspülen, abtropfen lassen und evtl. zerkleinern. Von den Bohnen die Enden abschneiden, evtl. abfädeln. Bohnen in Stücke schneiden, abspülen und abtropfen lassen.
2. Wirsing putzen, vierteln und den Strunk herausschneiden. Wirsingviertel in Streifen schneiden, abspülen und in einem Sieb abtropfen lassen. Möhren putzen, schälen, abspülen, abtropfen lassen und in Scheiben schneiden. Porree putzen, die Stange längs halbieren, gründlich waschen, abtropfen lassen und in Streifen schneiden.
3. Brühe in einem Topf zum Kochen bringen. Blumenkohl-, Brokkoliröschen, Bohnen und Möhrenscheiben hinzufügen, wieder zum Kochen bringen und etwa 10 Minuten garen.
4. Wirsing-, Porreestreifen und Mais hinzufügen und weitere 5–8 Minuten garen. Die Suppe mit Salz, Pfeffer und Majoran abschmecken.

Tomatensuppe mit Käsecroûtons

4 Portionen

Zubereitungszeit: 30 Minuten
Garzeit: Suppe etwa 15 Minuten
Überbackzeit: 3–4 Minuten

Für die Suppe:
1,2 kg Fleischtomaten
2 Zwiebeln, 1 Knoblauchzehe
2 EL Speiseöl, z. B. Olivenöl
500 ml Gemüsebrühe
1/2 gestr. TL Salz
gem. Pfeffer

Für die Käsecroûtons:
4 Scheiben Toastbrot
20 g Butter (zimmerwarm)
Salz, etwas gerebelter Thymian
1 TL klein geschnittenes Basilikum
50 g ger. Parmesan

1/2–1 EL Balsamico-Essig
1 Prise Zucker
1–2 EL klein geschnittenes Basilikum

Pro Portion:
E: 9 g, F: 15 g, Kh: 20 g,
kJ: 1074, kcal: 255

1. Für die Suppe die Tomaten abspülen, abtrocknen, halbieren und die Stängelansätze herausschneiden. Tomaten grob würfeln. Zwiebeln und Knoblauch abziehen, klein würfeln.
2. Speiseöl in einem Topf erhitzen. Zwiebel- und Knoblauchwürfel darin andünsten. Tomatenwürfel hinzugeben und unter mehrmaligem Rühren kurz mitdünsten lassen. Brühe hinzugießen, mit Salz und Pfeffer würzen. Zutaten zum Kochen bringen und zugedeckt etwa 15 Minuten bei schwacher Hitze leicht kochen lassen, bis die Tomatenwürfel zerfallen sind.
3. Die Suppe pürieren und durch ein Sieb passieren, um die Kerne und Fruchtschalen zu entfernen.
4. Den Backofen vorheizen.
Ober-/Unterhitze: etwa 240 °C
Heißluft: etwa 220 °C
5. Für die Käsecroûtons Toastbrotscheiben leicht rösten und erkalten lassen. Butter in eine kleine Schüssel geben. Mit Salz, Pfeffer, Thymian und Basilikum glatt rühren. Toastbrotscheiben mit der Basilikumbutter bestreichen und auf einem Backblech (mit Backpapier belegt) verteilen. Den Parmesan daraufstreuen. Das Backblech in den vorgeheizten Backofen schieben. Die Toastbrotscheiben insgesamt 3–4 Minuten von beiden Seiten goldbraun überbacken.
6. Toastbrotscheiben etwas abkühlen lassen, vom Backblech nehmen und in kleine Würfel schneiden.
7. Die Tomatensuppe nochmals kurz erhitzen. Mit Salz, Pfeffer, Essig und Zucker abschmecken und mit Käsecroûtons und Basilikum anrichten.

Gemüsebrühe

4 Portionen (ohne Foto)

Zubereitungszeit: 30 Minuten
Garzeit: etwa 1 Stunde

VEGAN

3 Zwiebeln
2 Knoblauchzehen
50 ml Speiseöl
2 Bund Suppengrün
(Sellerie, Möhren, Porree)
200 g Weißkohl
3 l Wasser
1 gestr. EL Salz
2 Lorbeerblätter
1 TL Pfefferkörner
1 Bund Petersilie
2 Stängel Liebstöckel
ger. Muskatnuss

Pro Portion:
E: 4 g, F: 13 g, Kh: 12 g,
kJ: 795, kcal: 190

1. Zwiebeln und Knoblauch abziehen, fein würfeln. Speiseöl in einem großen Topf erhitzen, Zwiebel- und Knoblauchwürfel darin leicht braun andünsten.
2. Das Suppengrün putzen, schälen, abspülen, abtropfen lassen und in Stücke schneiden. Weißkohl putzen, halbieren und den Strunk herausschneiden. Weißkohl abspülen, gut abtropfen lassen und grob würfeln. Das vorbereitete Gemüse zu den Zwiebel- und Knoblauchwürfeln in den Topf geben und mitdünsten lassen. Wasser hinzugießen. Salz, Lorbeerblätter und Pfefferkörner hinzugeben. Die Zutaten zum Kochen bringen, zugedeckt etwa 1 Stunde bei schwacher Hitze kochen lassen.
3. Petersilie und Liebstöckel abspülen, trocken tupfen, grob zerschneiden, in die Brühe geben und einige Minuten ziehen lassen.
4. Die Brühe mit Muskat würzen und anschließend durch ein Sieb geben.

Einlage: **Eierstich** (nicht vegan). Dafür 2 Eier (Größe M) mit 125 ml Milch (3,5 % Fett) verschlagen, mit Salz und Muskat würzen. Nach Belieben Schnittlauchröllchen unterrühren und die Eiermilch in eine feuerfeste Form (gefettet) füllen. Die Form mit Alufolie verschließen, in einen weiten Topf stellen und heißes Wasser angießen, bis die Form zur Hälfte im Wasser steht. Den Topf schließen. Die Eiermilch bei schwacher Hitze 25–30 Minuten stocken lassen. Den Eierstich aus der Form lösen, etwas abkühlen lassen, in Würfel schneiden und in die Brühe geben.

Winzersüppchen mit Trauben und Nüssen

4 Portionen

Zubereitungszeit: 45 Minuten

3 Schalotten
2 EL Butter
500 ml Weißwein
(grüner Veltliner oder trockener Riesling)
1 l Gemüsefond
Salz
250 g Schlagsahne
2 große Eigelb (Größe L oder XL)
gem. Pfeffer
120 g kleine, kernlose, grüne Weintrauben
60 g Walnusskerne
2 EL Butter
2 EL klein geschnittener Kerbel

Pro Portion:
E: 8 g, F: 51 g, Kh: 10 g,
kJ: 2387, kcal: 571

1. Die Schalotten abziehen, zuerst in dünne Scheiben schneiden, dann in Ringe teilen. Butter in einem Topf zerlassen. Die Schalottenringe darin andünsten, mit Wein ablöschen. Den Wein um die Hälfte einkochen lassen, dann den Gemüsefond hinzugießen und zum Kochen bringen. Mit Salz würzen.
2. Von der Sahne eine halbe Tasse abnehmen und mit Eigelb verrühren. Die restliche Sahne unter die Suppe rühren und einkochen lassen.
3. Die Suppe mit einem Pürierstab fein pürieren und anschließend durch ein Haarsieb passieren. Mit Salz und Pfeffer abschmecken.
4. Die Weintrauben abspülen, trocken tupfen, entstielen und halbieren. Die Walnusskerne grob hacken. Butter in einer Pfanne zerlassen. Die Weintrauben und Walnusskerne darin schwenken und mit Salz würzen.
5. Die Suppe nochmals aufkochen lassen und dann den Topf von der Kochstelle nehmen. Die Eigelb-Sahne-Mischung unter die nicht mehr kochende Suppe rühren, nochmals mit den Gewürzen abschmecken.
6. Die Suppe in 4 vorgewärmten Tellern verteilen. Die Trauben-Nuss-Mischung in die Suppe geben und mit Kerbel bestreut servieren.

Winzersüppchen mit Trauben und Nüssen

Tomaten-Kokos-Suppe

4 Portionen

Zubereitungszeit: 20 Minuten
Garzeit: 8–10 Minuten

2 walnussgroße Stücke frischer Ingwer
2 EL Speiseöl
2 gestr. TL rote Currypaste (erhältlich im Asialaden)
480 g abgetropfte, geschälte Tomaten (aus der Dose)
800 ml Kokosmilch
2 TL gekörnte Gemüsebrühe
1/2 TL gem. Kreuzkümmel (Cumin)
1 Bio-Limette (unbehandelt, ungewachst)
1 Msp. Chilipulver
1 Prise Zucker
150 g Crème légère
1 Handvoll klein geschnittene Korianderblättchen

Pro Portion:
E: 6 g, F: 45 g, Kh: 10 g,
kJ: 1979, kcal: 479

1. Den Ingwer schälen und auf einer Haushaltsreibe fein reiben.
2. Speiseöl in einem Topf erhitzen. Ingwer und die Currypaste darin kurz unter Rühren andünsten. Tomaten, Kokosmilch, gekörnte Brühe und Kreuzkümmel hinzugeben. Die Zutaten unter Rühren aufkochen lassen. Den Topf von der Kochstelle nehmen. Die Tomaten-Kokos-Masse mit einem Pürierstab pürieren und 8–10 Minuten unter gelegentlichem Rühren bei schwacher Hitze kochen.
3. Die Limette heiß abwaschen, abtrocknen und die Schale abreiben. Die Limette halbieren und den Saft auspressen.
4. Die Suppe mit Chili, Limettenschale, -saft und Zucker abschmecken. Die Suppe in 4 Suppentellern verteilen. Mit je 1 Teelöffel Crème légère und etwas Koriander anrichten.

Spargelcremesuppe

4 Portionen

Zubereitungszeit: 45 Minuten
Garzeit: 35–37 Minuten

500 g weißer Spargel
1 gestr. TL Salz
1 gestr. TL Zucker
60 g Butter
1 l Wasser
etwa 300 ml Milch (3,5 % Fett)
30 g Weizenmehl
1/2 Bund Petersilie
Salz, Zucker
gem. weißer Pfeffer
ger. Muskatnuss
2 Eigelb (Größe M)
3 EL Schlagsahne

Pro Portion:
E: 7 g, F: 22 g, Kh: 13 g,
kJ: 1156, kcal: 277

1. Den Spargel von oben nach unten schälen. Darauf achten, dass die Schalen vollständig entfernt, die Köpfe aber nicht verletzt werden. Die unteren Enden abschneiden (holzige Stellen vollkommen entfernen). Die Schalen und Enden beiseitelegen. Spargelstangen in etwa 3 cm lange Stücke schneiden, abspülen und trocken tupfen.
2. Beiseitegelegte Spargelenden und -schalen abspülen, trocken tupfen und in einen Topf geben. Salz, Zucker und 20 g der Butter hinzufügen. Wasser hinzugießen, zum Kochen bringen und zugedeckt etwa 15 Minuten bei mittlerer Hitze kochen lassen. Anschließend durch ein Sieb gießen, die Kochflüssigkeit dabei auffangen, wieder in den Topf geben und zum Kochen bringen. Die Spargelstücke darin zugedeckt in 10–12 Minuten bissfest garen.
3. Die Spargelstücke in einem Sieb abtropfen lassen, dabei die Kochflüssigkeit wieder auffangen und mit Milch auf 1 Liter auffüllen.
4. Die restliche Butter in einem Topf zerlassen. Mehl darin unter Rühren erhitzen, bis es hellgelb ist. Die Spargel-Milch-Flüssigkeit nach und nach hinzugießen und mit einem Schnee-

Tomaten-Kokos-Suppe

Spargelcremesuppe

besen kräftig durchschlagen. Dabei darauf achten, dass keine Klümpchen entstehen.

5. Die Suppe zum Kochen bringen und etwa 10 Minuten bei schwacher Hitze ohne Deckel leicht kochen, dabei gelegentlich umrühren.

6. Petersilie abspülen und trocken tupfen. Die Blättchen von den Stängeln zupfen. Zwei Drittel der Blättchen klein schneiden.

7. Die Suppe mit Salz, Zucker, Pfeffer und Muskat würzen.

8. Eigelb mit der Sahne verschlagen. 4 Esslöffel von der Suppe unterrühren. Eigelb-Sahne unter die restliche Suppe rühren. Die Suppe nicht mehr kochen lassen.

9. Die abgetropften Spargelstücke hinzufügen und erwärmen.

10. Die Spargelcremesuppe in Tellern verteilen. Mit der klein geschnittenen Petersilie bestreuen und mit den restlichen Petersilienblättchen garniert servieren.

Klare Tomatensuppe mit Polentarauten

4 Portionen

Zubereitungszeit: 60 Minuten, ohne Abkühlzeit
Garzeit: Suppe etwa 35 Minuten

Für die Tomatensuppe:
2 mittelgroße Zwiebeln
3 Knoblauchzehen
50 ml Olivenöl
1 kg Tomaten
800 g geschälte Tomaten (aus der Dose)
250 ml Tomatensaft
Salz
gem. Pfeffer
4 Eiweiß (Größe M)
2 mittelgroße Tomaten
1 Topf Basilikum

Für die Polentarauten:
300 ml Gemüsebrühe
50 ml Milch (3,5 % Fett)
100 g Maisgrieß
1 Bund Schnittlauch
30 g ger. Parmesan
40 g Butter oder Margarine

Pro Portion:
E: 6 g, F: 25 g, Kh: 23 g,
kJ: 1486, kcal: 355

Klare Tomatensuppe mit Polentarauten

1. Für die Suppe Zwiebeln und Knoblauch abziehen und in kleine Würfel schneiden. Olivenöl in einem Topf erhitzen, Zwiebel- und Knoblauchwürfel darin andünsten.

2. Tomaten abspülen, abtrocknen, halbieren und die Stängelansätze herausschneiden. Tomatenhälften in kleine Würfel schneiden, zusammen mit den geschälten Tomaten und dem Tomatensaft zu den Zwiebel- und Knoblauchwürfeln in den Topf geben, unter Rühren aufkochen lassen. Mit Salz und Pfeffer würzen. Die Suppe etwa 30 Minuten bei schwacher Hitze kochen lassen. Den Topf von der Kochstelle nehmen. Die Tomatensuppe erkalten lassen und zugedeckt in den Kühlschrank stellen. Evtl. Eiswürfel hinzufügen.

3. Das Eiweiß in die eiskalte Suppe geben, gut unterrühren und unter ständigem Rühren aufkochen lassen, die Hitze reduzieren. Die Suppe etwa 5 Minuten ohne Rühren leicht kochen lassen (das Wasser darf sich nur ganz leicht bewegen). Einen Durchschlag mit einem Leinentuch auslegen und in einen Topf hängen. Die Tomatensuppe durch das Tuch gießen.

4. Tomaten kreuzweise einschneiden und mit kochendem Wasser übergießen. Nach 1–2 Minuten herausnehmen und mit kaltem Wasser abschrecken. Tomaten häuten, halbieren und die Stängelansätze herausschneiden. Tomatenhälften der Länge nach in Streifen schneiden. Basilikum abspülen und trocken tupfen. Die Blättchen von den Stängeln zupfen. Die durchgesiebte Suppe erhitzen, mit Salz und Pfeffer abschmecken.

5. In der Zwischenzeit für die Polentarauten Brühe mit Milch in einem Topf aufkochen. Maisgrieß unter Rühren einstreuen und nach Packungsanleitung ausquellen lassen, mit Salz und Pfeffer würzen.

6. Schnittlauch abspülen, trocken tupfen und in kleine Röllchen schneiden. Schnittlauchröllchen und Parmesan unter die Grießmasse rühren. Die Polentamasse etwa 1 cm dick auf eine mit Speiseöl bestrichene Platte streichen. Polentamasse erkalten lassen und in Rauten schneiden.

7. Butter oder Margarine in einer Pfanne zerlassen. Die Polentarauten darin von beiden Seiten goldbraun braten, herausnehmen und in die heiße Suppe geben. Die Suppe mit Tomatenstreifen, Basilikumblättchen und Polentarauten als Einlage servieren.

Rote Linsensuppe

Scharfe Süßkartoffelsuppe mit Limetten-Zwiebeln und Mais

Rote Linsensuppe

10 Portionen

VEGAN

Zubereitungszeit: 20 Minuten
Garzeit: etwa 30 Minuten

1 Bund Suppengrün
(Sellerie, Möhren, Porree)
2 Zwiebeln
3 EL Speiseöl
je 1 TL Kreuzkümmel, Koriander, Ingwer (alles gem.)
3 l Gemüsebrühe
Salz, Zucker
200 g rote Linsen
400 ml Kokosmilch
10 Kaffirblätter (Limettenblätter)
3 EL Sesamöl

Pro Portion:
E: 8 g, F: 14 g, Kh: 15 g,
kJ: 896, kcal: 214

1. Das Suppengrün putzen, schälen, abspülen, abtropfen lassen und in kleine Stücke schneiden. Die Zwiebeln abziehen und grob würfeln.
2. Das Speiseöl in einem großen Topf erhitzen. Die Gewürze hinzugeben und unter Rühren aufschäumen lassen. Das vorbereitete Suppengrün und die Zwiebelwürfel hinzugeben, unter Rühren andünsten.
3. Gemüsebrühe hinzugießen und zum Kochen bringen. Mit Salz und 1 Prise Zucker würzen. Das Gemüse in etwa 20 Minuten bei schwacher Hitze weich kochen.
4. Die Hälfte der roten Linsen und Kokosmilch hinzugeben, wieder zum Kochen bringen und weitere etwa 10 Minuten kochen lassen.
5. In der Zwischenzeit Wasser in einem Topf zum Kochen bringen. Die restlichen roten Linsen darin etwa 2 Minuten bissfest kochen. Linsen in ein Sieb geben, mit kaltem Wasser abspülen und abtropfen lassen.
6. Den Topf mit der Suppe von der Kochstelle nehmen. Die Suppe mit einem Pürierstab fein pürieren. Die Linsen hinzugeben.
7. Die Kaffirblätter abspülen, trocken tupfen und in die Suppe geben. Mit Salz und 1 Prise Zucker abschmecken. Die Suppe evtl. nochmals kurz erwärmen. Die Suppe mit Sesamöl beträufeln und servieren.

Scharfe Süßkartoffelsuppe mit Limetten-Zwiebeln und Mais

4 Portionen

Zubereitungszeit: 30 Minuten
Garzeit: etwa 15 Minuten

1,2 kg Süßkartoffeln, z. B. rotfleischige Süßkartoffeln
2 rote Chilischoten
2 Knoblauchzehen
2 EL Olivenöl
Salz
1 1/2 l Gemüsebrühe
200 g rote Zwiebeln
2 Limetten
3 EL Butter
Zucker
1 Maiskolben (vakuumverpackt)
gem. Pfeffer
1 Bund Koriander

Pro Portion:
E: 7 g, F: 20 g, Kh: 70 g,
kJ: 2078, kcal: 496

1. Süßkartoffeln schälen, abspülen, abtropfen lassen und grob würfeln. Die Chilischoten halbieren, entstielen, entkernen, abspülen, abtropfen lassen und in feine Streifen schneiden. Knoblauch abziehen und durch eine Knoblauchpresse drücken.
2. Das Olivenöl in einem Topf erhitzen. Chilistreifen und Knoblauch darin andünsten. Die Süßkartoffelwürfel hinzugeben und unter Rühren mitdünsten lassen, mit Salz würzen.
3. Die Gemüsebrühe hinzugießen und zum Kochen bringen. Die Suppe etwa 15 Minuten kochen lassen.
4. In der Zwischenzeit die Zwiebeln abziehen und in schmale Spalten schneiden. Die Limetten halbieren und den Saft auspressen. 2 Esslöffel der Butter in einer Pfanne zerlassen. Die Zwiebelspalten darin unter Rühren andünsten. 1 Esslöffel Zucker daraufstreuen und karamellisieren lassen. Limettensaft unterrühren, mit Salz würzen. Die Zwiebelspalten zugedeckt weich schmoren, sodass sie schön glänzen. Falls die Flüssigkeit zu schnell verdampft, etwas Wasser hinzugeben.
5. Wenn die Kartoffelwürfel weich sind, die Suppe pürieren und anschließend durch ein Sieb passieren.
6. Von dem Maiskolben mit einem Sägemesser die Maiskörner in größeren Stücken längs abschneiden. Restliche Butter in einer Pfanne zerlassen. Maisstücke darin andünsten, mit Salz und Pfeffer würzen.

7. Koriander abspülen und abtropfen lassen. Blättchen von den Stängeln zupfen.
8. Die Suppe mit Salz und Pfeffer abschmecken, mit den Limetten-Zwiebeln und Mais garnieren und mit Koriander bestreut servieren.

Gemüsesuppe mit „Biss"

VEGAN

2–3 Portionen (ohne Foto)

Zubereitungszeit: 45 Minuten, ohne Marinierzeit
Garzeit: 7–10 Minuten

250 g Tofu
abgeriebene Schale von 1/2 Bio-Zitrone (unbehandelt, ungewachst)
2 EL Zitronensaft
125 ml japanische Sojasauce
500 ml Gemüsebrühe
evtl. 1 EL trockener Sherry
400 g gemischtes, vorbereitetes Gemüse, z. B. Möhren, Kohlrabi und Brokkoli
50 g junger Spinat
2 EL Olivenöl
1 Bund Schnittlauch

Pro Portion:
E: 24 g, F: 14 g, Kh: 13 g,
kJ: 1153, kcal: 275

1. Tofu in Würfel schneiden und in eine Schale legen. Zitronenschale, -saft und 3 Esslöffel Sojasauce untermischen. Tofuwürfel zugedeckt etwa 1 Stunde marinieren, dabei gelegentlich wenden.
2. Die restliche Sojasauce mit der Gemüsebrühe und nach Belieben mit Sherry in einem Topf zum Kochen bringen. Das vorbereitete Gemüse in Stücke schneiden und hinzugeben. Die Gemüsestücke in 7–10 Minuten (je nach Sorte und Größe) bissfest garen.
3. In der Zwischenzeit Spinat verlesen, gründlich waschen, abtropfen lassen und klein schneiden.
4. Olivenöl in einer Pfanne erhitzen. Die Tofuwürfel evtl. trocken tupfen und in dem erhitzten Olivenöl von allen Seiten braten, herausnehmen und in Suppentellern verteilen.
5. Den Spinat in die Gemüsesuppe geben und kurz erhitzen. Die Gemüsesuppe in Suppenteller füllen.
6. Schnittlauch abspülen, trocken tupfen und in Röllchen schneiden. Die Suppe mit den Schnittlauchröllchen bestreuen und sofort servieren.

Ratatouille-Suppe

2 Portionen

Zubereitungszeit: 30 Minuten
Garzeit: etwa 12 Minuten

50 g rote Zwiebeln
1 Knoblauchzehe
je 1/2 rote und gelbe Paprikaschote
100 g Auberginen
100 g Zucchini
2 EL Olivenöl
1 EL Tomatenmark
500 ml Gemüsebrühe
Salz
Cayennepfeffer
75 g Cocktailtomaten
je 1 Stängel Minze, Basilikum und Petersilie
30 g abgetropfte, schwarze Oliven, ohne Stein
etwas abgeriebene Schale von 1 Bio-Zitrone (unbehandelt, ungewachst)
75 g ger. Parmesan

Pro Portion:
E: 17 g, F: 29 g, Kh: 13 g,
kJ: 1610, kcal: 384

1. Zwiebeln und Knoblauch abziehen. Die Zwiebeln in kleine Würfel schneiden. Knoblauch grob würfeln. Die Paprikaschotenhälften entstielen, entkernen und die weißen Scheidewände entfernen. Schotenhälften abspülen und abtropfen lassen. Aubergine und Zucchini abspülen, abtrocknen und die Stängelansätze bzw. Enden abschneiden. Die vorbereiteten Gemüsezutaten in etwa 1 cm große Stücke schneiden.
2. Das Olivenöl in einem Topf erhitzen. Die Zwiebel-, Knoblauchwürfel, Auberginen- und Paprikastücke darin kräftig unter Rühren andünsten. Tomatenmark unterrühren und kurz mitrösten. Brühe hinzugießen und zum Kochen bringen. Mit Salz und Pfeffer würzen, etwa 12 Minuten ohne Deckel kochen lassen.
3. In der Zwischenzeit die Tomaten abspülen, abtropfen lassen und die Stängelansätze herausschneiden. Die Tomaten vierteln. Kräuterstängel abspülen und trocken tupfen. Die Blättchen von den Stängeln zupfen. Blättchen grob zerschneiden.
4. Zucchinistücke, Tomatenviertel und Oliven nach etwa 9 Minuten Garzeit in die Suppe geben und mitgaren lassen. Zuletzt Zitronenschale und Kräuter hinzugeben. Den Topf von der Kochstelle nehmen. Ratatouille-Suppe in Suppenschalen anrichten. Parmesan dazureichen.

Ratatouille-Suppe

Kartoffel-Gemüse-Topf

4 Portionen

VEGAN

Zubereitungszeit: 70 Minuten, ohne Abkühlzeit
Garzeit: Suppe etwa 10 Minuten

500 g kleine, festkochende Kartoffeln
Salz
250 g kleine, weiße Champignons
100 g kleine Schalotten oder Perlzwiebeln
400 g Zucchini
250 g Cocktailtomaten
400 g Staudensellerie
2 EL Speiseöl
gem. Pfeffer
1–2 EL Voll-Rohrzucker
1–2 EL Balsamico-Essig
1 EL Sojasauce
300 ml Gemüsebrühe
1/2 Bund glatte Petersilie

Pro Portion:
E: 9 g, F: 6 g, Kh: 33 g,
kJ: 931, kcal: 223

1. Kartoffeln unter fließendem kalten Wasser gründlich abbürsten, in einem Topf knapp mit Wasser bedeckt, zugedeckt zum Kochen bringen, Salz hinzugeben. Die Kartoffeln zugedeckt etwa 20 Minuten fast gar kochen lassen (die Kartoffeln sollten noch Biss haben). Kartoffeln abgießen, abdämpfen und gut abkühlen lassen.
2. In der Zwischenzeit Champignons putzen, evtl. kurz abspülen und trocken tupfen. Schalotten oder Perlzwiebeln abziehen.
3. Zucchini abspülen, abtrocknen und die Enden abschneiden. Zucchini in Würfel schneiden. Tomaten abspülen, abtropfen lassen, halbieren und die Stängelansätze herausschneiden.
4. Staudensellerie putzen, abspülen, abtropfen lassen und in Stücke schneiden.
5. Schalotten oder Perlzwiebeln in kochendem Salzwasser etwa 5 Minuten blanchieren. Mit einem Schaumlöffel herausnehmen, in ein Sieb geben, mit kaltem Wasser abschrecken und abtropfen lassen. Salzwasser wieder zum Kochen bringen, Selleriestücke darin etwa 3 Minuten blanchieren, in ein Sieb geben, mit kaltem Wasser abschrecken und abtropfen lassen.
6. Speiseöl in einem weiten Topf oder einer großen Pfanne erhitzen. Zuerst die Schalotten oder Perlzwiebeln, dann Kartoffeln, Selleriestücke, Zucchiniwürfel und Champignons darin portionsweise unter Rühren andünsten. Tomatenhälften hinzugeben, mit Salz und Pfeffer würzen. Zucker darüberstreuen und unter Rühren karamellisieren lassen. Essig und Sojasauce unterrühren, Brühe hinzugießen.
7. Den Gemüsetopf zum Kochen bringen und zugedeckt etwa 10 Minuten bei mittlerer Hitze kochen lassen.
8. Petersilie abspülen und trocken tupfen. Die Blättchen von den Stängeln zupfen. Blättchen klein schneiden. Den Kartoffel-Gemüse-Topf mit Petersilie bestreut servieren.

Tipps: Den Gemüsetopf zusätzlich mit Cashewkernen und Sesamsamen bestreuen. Balsamico-Essig reift lange in Weinfässern heran. Dabei bekommt er seine typisch braune Farbe, verliert seine scharfe Säure und entwickelt ein volles, würziges Aroma.

Grünkernsuppe

4 Portionen (ohne Foto)

VEGAN

Zubereitungszeit: 25 Minuten, ohne Einweichzeit
Garzeit: etwa 65 Minuten

180 g Grünkern, 500 ml Wasser
500 ml Gemüsebrühe
350 g Möhren
2 Stangen Staudensellerie
1 Stange Porree (Lauch)
1 TL Hefeextrakt
Salz, gem. Pfeffer
1 Bund Petersilie

Pro Portion:
E: 8 g, F: 3 g, Kh: 36 g,
kJ: 847, kcal: 202

1. Grünkern in einem Sieb abspülen und abtropfen lassen. Grünkern mit kaltem Wasser übergießen und über Nacht einweichen.
2. Grünkern mit dem Einweichwasser in einen Topf geben, Brühe hinzugießen, zum Kochen bringen und zugedeckt etwa 50 Minuten bei schwacher Hitze kochen lassen.
3. Möhren putzen, schälen, abspülen, abtropfen lassen und in Scheiben schneiden. Sellerie putzen, abspülen, abtropfen lassen und in etwa 1 cm große Stücke schneiden. Möhrenscheiben und Selleriestücke in die Suppe geben, wieder zum Kochen bringen und etwa 10 Minuten mitkochen lassen.

Kartoffel-Gemüse-Topf

Channa Dal (Indische gelbe Erbsensuppe)

Italienische Gemüsesuppe

4. Porree putzen, die Stange längs halbieren, gründlich waschen, abtropfen lassen, klein schneiden, in die Suppe geben und noch weitere etwa 5 Minuten mitgaren lassen. Suppe mit Hefeextrakt, Salz und Pfeffer würzen.
5. Petersilie abspülen und trocken tupfen. Die Blättchen von den Stängeln zupfen. Blättchen klein schneiden. Die Suppe mit Petersilie bestreut servieren.

Channa Dal (Indische gelbe Erbsensuppe)

2 Portionen

VEGAN

Zubereitungszeit: 15 Minuten
Garzeit: etwa 60 Minuten

120 g getrocknete, gelbe Schälerbsen
500 ml Gemüsebrühe
1 Lorbeerblatt
etwas gem. Zimt
2 Msp. Chilipulver
1/2 TL gem. Kardamom
2 EL Speiseöl
1 TL Currypulver
2 Msp. Kurkuma (Gelbwurz)
1 EL Kokosraspel
2 EL Rosinen
2 Msp. Kreuzkümmel (Cumin)

Pro Portion:
E: 16 g, F: 15 g, Kh: 39 g,
kJ: 1492, kcal: 357

1. Schälerbsen in ein Sieb geben, mit kaltem Wasser abspülen und abtropfen lassen. Brühe mit den Schälerbsen in einem Topf zum Kochen bringen. Die Hitze reduzieren. Die Brühe mehrmals mit einer Schaumkelle abschäumen.
2. Lorbeerblatt, Zimt, Chili und Kardamom hinzugeben. Die Suppe zugedeckt etwa 60 Minuten bei mittlerer Hitze kochen lassen, bis die Erbsen weich sind und zerfallen. Dabei gelegentlich umrühren. Suppe mit einem Pürierstab fein pürieren.
3. Das Speiseöl in einer kleinen Pfanne zerlassen. Curry, Kurkuma und Kokosraspel darin kurz andünsten, herausnehmen und vorsichtig unter die pürierte Erbsensuppe rühren.
4. Rosinen und Kreuzkümmel hinzugeben. Die Suppe nochmals erwärmen.

Italienische Gemüsesuppe

8–10 Portionen

Zubereitungszeit: 40 Minuten
Garzeit: 15–20 Minuten

1 dicke Gemüsezwiebel (etwa 350 g)
3 Knoblauchzehen
600 g Staudensellerie
250 g abgetropfte, italienische Bohnenkerne oder weiße Bohnen (aus der Dose)
75 g Kräuterbutter
2 1/4 l Gemüsebrühe
4 Tomaten, 1/2 Bund Basilikum
250 g Spaghetti
300 g TK-Erbsen
Salz, gem. Pfeffer

Pro Portion:
E: 11 g, F: 9 g, Kh: 36 g,
kJ: 1188, kcal: 283

1. Gemüsezwiebel abziehen, halbieren und in feine Würfel schneiden. Knoblauch abziehen und ebenfalls fein würfeln. Staudensellerie putzen, abspülen, abtropfen lassen und in kleine Stücke schneiden. Bohnen in ein Sieb geben, mit kaltem Wasser abspülen und abtropfen lassen.
2. Jeweils etwas Kräuterbutter in einem großen Topf zerlassen. Zwiebel-, Knoblauchwürfel und Selleriestücke darin portionsweise bei schwacher Hitze unter Rühren andünsten. Gemüsebrühe hinzugießen und zum Kochen bringen. Das Gemüse 5–10 Minuten kochen lassen.
3. In der Zwischenzeit die Tomaten kreuzweise einschneiden und mit kochendem Wasser übergießen. Nach 1–2 Minuten herausnehmen und mit kaltem Wasser abschrecken. Tomaten häuten, halbieren und die Stängelansätze herausschneiden. Tomaten in Würfel schneiden. Basilikum abspülen und trocken tupfen. Die Blättchen von den Stängeln zupfen.
4. Spaghetti einmal durchbrechen, in die Gemüsesuppe geben und alles bei schwacher Hitze noch etwa 5 Minuten kochen lassen.
5. Die gefrorenen Erbsen und Bohnen hinzufügen, wieder zum Kochen bringen. Die Gemüsesuppe weitere etwa 5 Minuten kochen lassen, mit Salz und Pfeffer würzen.
6. Tomatenwürfel in die Suppe geben und kurz erhitzen. Die Suppe anrichten und mit den Basilikumblättchen garniert servieren.

Gulaschsuppe, vegan

Brokkoli-Käse-Suppe

Gulaschsuppe, vegan

2 Portionen

Zubereitungszeit: 40 Minuten, ohne Marinierzeit

VEGAN

400 g Tofu
1 1/2 EL Sojasauce
1 Zwiebel
je 1 gelbe und grüne Paprikaschote
250 g Champignons
250 g Tomaten
3 Stängel Majoran oder Thymian
2 EL Speiseöl, z. B. Sonnenblumen- oder Sojaöl
500 ml Gemüsebrühe
1–2 EL Tomaten- oder Paprikamark
Salz, gem. Pfeffer
Paprikapulver rosenscharf

Pro Portion:
E: 41 g, F: 23 g, Kh: 19 g,
kJ: 1830, kcal: 437

1. Den Tofu in mundgerechte Stücke schneiden, in einen tiefen Teller geben und mit Sojasauce beträufeln. Tofuwürfel etwa 30 Minuten marinieren, dabei ab und zu wenden.
2. In der Zwischenzeit Zwiebel abziehen und klein würfeln. Paprikaschoten halbieren, entstielen, entkernen und die weißen Scheidewände entfernen. Schoten abspülen, abtropfen lassen und in Stücke schneiden. Champignons putzen, evtl. kurz abspülen und trocken tupfen. Champignons in Scheiben schneiden.
3. Tomaten kreuzweise einschneiden und mit kochendem Wasser übergießen. Nach 1–2 Minuten herausnehmen und mit kaltem Wasser abschrecken. Tomaten häuten, halbieren und die Stängelansätze herausschneiden. Tomaten entkernen und das Fruchtfleisch in mundgerechte Stücke schneiden.
4. Majoran oder Thymian abspülen und trocken tupfen. Die Blättchen von 1 Stängel zupfen. Kräuterstängel und -blättchen beiseitelegen.
5. Von dem Speiseöl 1 Esslöffel in einem Topf erhitzen. Tofuwürfel aus der Sojasauce nehmen, evtl. etwas abtropfen lassen und in dem heißen Speiseöl von allen Seiten bei mittlerer bis starker Hitze etwa 5 Minuten hellbraun anbraten. Dann aus dem Topf nehmen und beiseitelegen.
6. Restliches Speiseöl in dem Topf erhitzen, die Zwiebelwürfel darin andünsten. Paprikawürfel und Champignonscheiben hinzugeben und kurz mitdünsten lassen.
7. Gemüsebrühe, Tomaten- oder Paprikamark mit den beiseitegelegten Kräuterstängeln hinzugeben, zum Kochen bringen und zugedeckt etwa 5 Minuten bei schwacher Hitze kochen lassen, sodass das Gemüse noch Biss hat.
8. Die beiseitegelegten Tofuwürfel mit den Tomatenstücken hinzugeben, alles erneut zum Kochen bringen und weitere etwa 5 Minuten kochen lassen. Die Kräuterstängel aus der Suppe entfernen. Die Gulaschsuppe mit Salz, Pfeffer und Paprika abschmecken, mit den beiseitegelegten Kräuterblättchen bestreuen.

Brokkoli-Käse-Suppe

2 Portionen

Zubereitungszeit: 35 Minuten, ohne Abkühlzeit
Garzeit: 5–8 Minuten

1–2 EL gehobelte Mandeln
300 g Brokkoli
400 ml Gemüsebrühe
1 Ecke Kräuter-Schmelzkäse (etwa 62,5 g)
50 g Schlagsahne
1 frisches Eigelb (Größe S)
Salz
gem. Pfeffer
ger. Muskatnuss

Pro Portion:
E: 12 g, F: 27 g, Kh: 5 g,
kJ: 1307, kcal: 312

1. Mandeln in einer Pfanne ohne Fett unter Rühren goldgelb rösten, herausnehmen und auf einem Teller erkalten lassen.
2. Von dem Brokkoli die Blätter entfernen. Brokkoli in Röschen teilen. Den Strunk schälen und in Stücke schneiden. Die Brokkoliröschen und -stücke abspülen, abtropfen lassen. Die Brühe in einem Topf zum Kochen bringen. Brokkoli hinzufügen und zugedeckt 5–8 Minuten garen.
3. Einige Brokkoliröschen für die Suppeneinlage mit einer Schaumkelle herausnehmen, in ein Sieb geben, abtropfen lassen und beiseitelegen. Den restlichen Brokkoli mit der Brühe pürieren.

4. Schmelzkäse hinzufügen und unter Rühren bei schwacher Hitze schmelzen. Den Topf von der Kochstelle nehmen.
5. Sahne mit Eigelb verschlagen, in die Suppe rühren. Die Suppe nicht mehr kochen lassen. Brokkoli-Käse-Suppe mit Salz, Pfeffer und Muskat abschmecken.
6. Vor dem Servieren die beiseitegelegten Brokkoliröschen in die Suppe geben und kurz erwärmen. Die Brokkoli-Käse-Suppe mit Mandeln bestreut servieren.

Hafertopf mit Gemüse

4 Portionen (ohne Foto)

Zubereitungszeit: 40 Minuten
Garzeit: etwa 15 Minuten

VEGAN

4 Möhren
2 Stangen Porree (Lauch)
1 Zwiebel
1 EL Speiseöl
80–100 g Kernblattflocken (aus dem Reformhaus)
oder kernige Haferflocken
1 l Gemüsebrühe
2 EL Tomatenmark
Salz, gem. Pfeffer
gerebelter Thymian
gerebelter Rosmarin
1 EL klein geschnittene Petersilie

Pro Portion:
E: 6 g, F: 5 g, Kh: 22 g,
kJ: 680, kcal: 162

1. Die Möhren putzen, schälen, abspülen, abtropfen lassen und in Scheiben schneiden. Porree putzen, die Stangen längs halbieren, gründlich waschen, abtropfen lassen und in feine Streifen schneiden.
2. Die Zwiebel abziehen und in kleine Würfel schneiden. Speiseöl in einem Topf erhitzen. Zwiebelwürfel darin andünsten. Kernblattflocken oder Haferflocken hinzugeben und mitdünsten lassen. Gemüsebrühe hinzugießen und einmal kurz aufkochen lassen. Möhrenscheiben und Porreestreifen zu den Kernblattflocken oder Haferflocken in den Topf geben, erneut zum Kochen bringen und zugedeckt etwa 15 Minuten bei mittlerer Hitze garen, dabei gelegentlich umrühren.
3. Den Hafertopf mit Tomatenmark, Salz, Pfeffer, Thymian und Rosmarin würzen. Mit Petersilie bestreut servieren.

Gemüsesuppe mit Pesto

4 Portionen

Zubereitungszeit: 50 Minuten, ohne Einweichzeit
Garzeit: etwa 55 Minuten

250 g getrocknete, weiße Bohnen
2 Fleischtomaten
3 kleine, feste Zucchini (etwa 400 g)
2 Stangen Staudensellerie (etwa 100 g)
3 Zwiebeln
250 g grüne Bohnen
1 l Gemüsebrühe
125 g Langkornreis (im Kochbeutel)
Salz

Für das Pesto:
4 große Knoblauchzehen
3 Bund Basilikum
gem. Pfeffer
4 EL ger. Parmesan
125 ml Olivenöl

Pro Portion:
E: 24 g, F: 38 g, Kh: 54 g,
kJ: 2780, kcal: 664

1. Bohnen über Nacht in reichlich kaltem Wasser einweichen.
2. Tomaten kreuzweise einschneiden und mit kochendem Wasser übergießen. Nach 1–2 Minuten herausnehmen und mit kaltem Wasser abschrecken. Tomaten häuten, halbieren und die Stängelansätze herausschneiden. Tomatenhälften vierteln.
3. Zucchini abspülen, abtrocknen und die Enden abschneiden. Staudensellerie putzen, abspülen und abtropfen lassen. Zucchini und Sellerie in Scheiben schneiden. Zwiebeln abziehen und vierteln. Von den Bohnen die Enden abschneiden, evtl. abfädeln. Bohnen abspülen, abtropfen lassen und in Stücke schneiden oder brechen.
4. Brühe in einem Topf zum Kochen bringen. Die abgetropften, weißen Bohnen hinzufügen, wieder zum Kochen bringen und zugedeckt etwa 40 Minuten bei mittlerer Hitze kochen lassen.
5. Zucchini-, Selleriescheiben, Zwiebelviertel und grüne Bohnen hinzugeben und zugedeckt etwa 15 Minuten mitgaren lassen. Tomatenviertel etwa 5 Minuten vor Ende der Garzeit hinzufügen.
6. Reis in kochendem Salzwasser nach Packungsanleitung garen.
7. Für das Pesto in der Zwischenzeit Knoblauch abziehen. Basilikum abspülen und trocken tupfen. Die Blättchen von den Stängeln zupfen. Basilikumblättchen mit Knoblauch, Salz und Pfeffer in einen hohen Rührbecher geben und mit einem Pürierstab zu einer Paste verrühren. Parmesan unterarbeiten. Olivenöl nach und nach unterschlagen, nochmals mit Salz und Pfeffer abschmecken.
8. Den gegarten Reis in einem Sieb abtropfen lassen und den Beutel aufschneiden. Den Reis kurz vor dem Servieren in die Suppe geben und unterrühren. Die Suppe mit 1–2 Teelöffeln Pesto verfeinern.

Gemüsesuppe mit Pesto

Butternut-Soup

Gratinierte Porreesuppe

4 Portionen (ohne Foto)

Zubereitungszeit: 25 Minuten
Garzeit: etwa 15 Minuten

500 g Porree (Lauch)
3–4 EL Speiseöl
750 ml Gemüsebrühe
1–2 EL Weizenmehl
1 Eigelb (Größe M)
4 EL Schlagsahne
1 Eiweiß (Größe M)
50 g ger. Emmentaler

Pro Portion:
E: 8 g, F: 23 g, Kh: 7 g,
kJ: 1183, kcal: 282

1. Porree putzen, die Stangen längs halbieren, gründlich waschen, abtropfen lassen und in feine Streifen schneiden.
2. Speiseöl in einem Topf erhitzen, Porreestreifen darin andünsten. Brühe hinzugießen und zum Kochen bringen. Porreestreifen etwa 15 Minuten garen.
3. Mehl mit Eigelb und Sahne verrühren und in die Porreesuppe rühren. Die Porreesuppe unter Rühren aufkochen lassen.
4. Den Backofengrill vorheizen.
5. Eiweiß steif schlagen, Käse unterheben. Die Suppe in vorgewärmten Suppentassen oder Suppentellern verteilen.
6. Auf jede Portion etwas von der Eischnee-Käse-Masse geben und im vorgeheizten Backofengrill kurz überbacken.

Butternut-Soup

2 Portionen

Zubereitungszeit: 20 Minuten
Garzeit: etwa 20 Minuten

500 g Kürbis (am besten Butternut- oder Hokkaido-Kürbis)
1 kleine Zwiebel
1 EL Olivenöl
2 Lorbeerblätter
1 EL Zucker
250 ml Gemüsebrühe
1 haselnussgroßes Stück frischer Ingwer
1–2 EL Mango-Chutney oder Aprikosenkonfitüre (aus dem Glas)
je 1 Msp. gem. Zimt und Muskatnuss
Salz
gem. Pfeffer
Zucker
75 g Schlagsahne
einige gesalzene Erdnuss- oder Cashewkerne

Pro Portion:
E: 7 g, F: 22 g, Kh: 26 g,
kJ: 1400, kcal: 335

1. Kürbis nach Belieben schälen, halbieren und die Kerne mit einem Löffel herauskratzen. Kürbisfleisch in walnussgroße Stücke schneiden. Zwiebel abziehen und in kleine Würfel schneiden.
2. Olivenöl in einem Topf erhitzen. Die Zwiebel- und Kürbiswürfel darin unter Rühren andünsten. Lorbeerblätter und Zucker hinzugeben. Den Zucker karamellisieren lassen, dann Brühe hinzugießen.
3. Den Ingwer schälen und sehr klein schneiden. Ingwer, Chutney oder Konfitüre in die Suppe geben. Die Suppe zum Kochen bringen und zugedeckt etwa 20 Minuten bei mittlerer Hitze kochen lassen, bis die Kürbiswürfel weich sind. Die Lorbeerblätter aus der Suppe nehmen. Die Suppe mit einem Pürierstab glatt pürieren. Mit Zimt, Muskat, Salz, Pfeffer und 1 Prise Zucker abschmecken.
4. Sahne cremig aufschlagen. Die Suppe mit je einem Klecks der leicht geschlagenen Sahne anrichten und mit Erdnuss- oder Cashewkernen bestreut servieren.

Tomaten-Fenchel-Suppe

VEGAN

2–3 Portionen

Zubereitungszeit: 10 Minuten
Garzeit: etwa 50 Minuten

1 Fenchelknolle
1 kleine Zwiebel
2–3 Knoblauchzehen
1 kleine Kartoffel
2 EL Olivenöl
220 g geschälte Tomaten (aus der Dose)
500 ml Gemüsebrühe
Salz
gem. Pfeffer
1 Prise Zucker

2–4 cl Pernod (Anislikör)
1 Tomate
einige Basilikumblättchen

Pro Portion:
E: 5 g, F: 9 g, Kh: 13 g,
kJ: 744, kcal: 178

1. Fenchelknolle putzen, abspülen, abtropfen lassen, halbieren und in dünne Scheiben schneiden. Zwiebel und Knoblauch abziehen, in kleine Würfel schneiden. Kartoffel schälen, abspülen, abtropfen lassen und in erbsengroße Würfel schneiden.
2. Olivenöl in einem Topf erhitzen. Fenchelscheiben, Zwiebel-, Knoblauch- und Kartoffelwürfel darin etwa 10 Minuten andünsten, ohne sie Farbe nehmen zu lassen.
3. Die Tomaten hinzugeben, zum Kochen bringen und etwa 10 Minuten bei schwacher Hitze kochen lassen. Brühe hinzugießen, umrühren, wieder zum Kochen bringen und zugedeckt etwa 30 Minuten kochen lassen. Die Suppe mit einem Pürierstab pürieren. Mit Salz, Pfeffer, Zucker und Pernod abschmecken.
4. Tomate abspülen, abtrocknen, halbieren und den Stängelansatz herausschneiden. Tomate in Würfel schneiden. Basilikumblättchen abspülen und trocken tupfen. Die Blättchen in Streifen schneiden. Die Suppe mit den Tomatenwürfeln und Basilikumstreifen anrichten.

Tipp: Sehr lecker schmeckt dazu ein Bauernbrot mit Brotgewürz.

Rot-grüne Paprikasuppe

8–10 Portionen

Zubereitungszeit: 60 Minuten
Garzeit: etwa 40 Minuten

je 5 rote und grüne Paprikaschoten (etwa 700 g)
800 g vorwiegend festkochende Kartoffeln
1 Zwiebel
1 Bund Frühlingszwiebeln
2 Bund Liebstöckel
120 g Butter
1 EL Paprikapulver edelsüß
4 geh. EL (etwa 80 g) Weizenmehl
3 l Gemüsebrühe
500 g Schlagsahne
Salz, gem. Pfeffer

Pro Portion:
E: 5 g, F: 23 g, Kh: 21 g,
kJ: 1351, kcal: 322

1. Eine rote und eine grüne Paprikaschote für die Suppeneinlage beiseitelegen. Restliche Paprikaschoten halbieren, entstielen, entkernen und die weißen Scheidewände entfernen. Schoten abspülen, abtropfen lassen und grob zerkleinern. Rote und grüne Paprikastücke trennen. Kartoffeln schälen, abspülen, abtropfen lassen, klein schneiden und in 2 Portionen teilen.
2. Zwiebel abziehen, klein würfeln und zu den roten Paprikastücken geben. Die Frühlingszwiebeln putzen, abspülen, abtropfen lassen, in feine Scheiben schneiden und zu den grünen Paprikastücken geben. Liebstöckel abspülen, trocken tupfen und zu den grünen Paprikastücken geben.
3. In 2 Töpfen jeweils die Hälfte der Butter zerlassen. In dem einen Topf Gemüsezutaten und eine Kartoffelportion für die rote Suppe, in dem anderen Gemüsezutaten und restliche Kartoffelportion für die grüne Suppe andünsten.
4. Rote Paprikastücke mit Paprika und der Hälfte des Mehls bestäuben. Die grünen Paprikastücke nur mit dem restlichen Mehl bestäuben. Beide Gemüse mit jeweils 1 1/2 l Gemüsebrühe und je 250 g Sahne auffüllen. Die Suppen zum Kochen bringen und zugedeckt etwa 40 Minuten unter gelegentlichem Rühren bei schwacher Hitze kochen lassen.
5. Die rote und grüne Suppe getrennt voneinander pürieren. Mit Salz und Pfeffer würzen.
6. Beiseitegelegte Paprikaschoten halbieren, entstielen, entkernen und die weißen Scheidewände entfernen. Schoten abspülen, trocken tupfen in kleine Würfel schneiden. Paprikawürfel in kochendem Salzwasser etwa 5 Minuten garen, in ein Sieb geben, mit kaltem Wasser abschrecken und abtropfen lassen.
7. Zum Servieren zunächst die rote, dann die grüne Suppe in Teller oder Schalen füllen. Beide Suppen mit einer Gabel leicht marmorieren. Die Suppe mit den Paprikawürfeln garnieren und sofort servieren.

Tomaten-Fenchel-Suppe

Rot-grüne Paprikasuppe

Schaumiges Steinpilzrahmsüppchen

2 Portionen

Zubereitungszeit: 35 Minuten
Garzeit: etwa 15 Minuten

600 g frische Steinpilze
2 Schalotten
2 EL Butter
1 EL Weizenmehl
500 ml Gemüsebrühe
Salz
4 Stängel Petersilie
100 g Schlagsahne
gem. Pfeffer
Zitronensaft
3 EL mildes Olivenöl

Pro Portion:
E: 16 g, F: 49 g, Kh: 10 g,
kJ: 2269, kcal: 542

1. Die Steinpilze putzen, evtl. kurz abspülen und auf Küchenpapier gut abtropfen lassen. 4 kleine Pilze als Suppeneinlage beiseitelegen. Restliche Pilze in Stücke schneiden.
2. Die Schalotten abziehen und klein würfeln. Butter in einem Topf zerlassen. Die Pilzstücke darin kurz unter Rühren andünsten und mit Mehl bestäuben. Die Brühe hinzugießen, unter Rühren zum Kochen bringen, mit Salz würzen. Die Suppe etwa 15 Minuten kochen lassen.
3. In der Zwischenzeit die beiseitegelegten Pilze in etwa 1/2 cm dicke Scheiben schneiden. Die Petersilie abspülen und trocken tupfen. Die Blättchen von den Stängeln zupfen (einige Blättchen zum Garnieren beiseitelegen), Blättchen in feine Streifen schneiden.
4. Die Sahne unter die gegarte Suppe rühren, mit Salz, Pfeffer und etwas Zitronensaft würzen. Die Suppe mit einem Pürierstab fein pürieren und anschließend durch ein feines Sieb passieren.
5. Zwei Esslöffel Olivenöl in einer Pfanne erhitzen. Die Pilzscheiben darin kräftig unter Rühren anbraten. Mit Salz und Pfeffer würzen, Petersilienstreifen unterrühren.
6. Die Suppe in 2 vorgewärmte Teller füllen. Mit den Pilzscheiben und beiseitegelegten Petersilienblättchen garnieren und mit dem restlichen Olivenöl beträufeln.

Amerikanische Maiscremesuppe

6 Portionen (ohne Foto)

Zubereitungszeit: 35 Minuten
Garzeit: etwa 10 Minuten

3 Zwiebeln
2 kleine, rote Paprikaschoten
50 g Butter
680 g abgetropfter Gemüsemais (aus Dosen)
1 1/2 EL Weizenmehl
650 ml Gemüsebrühe
500 g Schlagsahne
Salz
gem. Pfeffer
Currypulver

Pro Portion:
E: 7 g, F: 35 g, Kh: 23 g,
kJ: 1844, kcal: 441

1. Zwiebeln abziehen und in kleine Würfel schneiden. Paprikaschoten halbieren, entstielen, entkernen und die weißen Scheidewände entfernen. Schoten abspülen, abtropfen lassen und ebenfalls klein würfeln.
2. Butter in einem großen Topf zerlassen. Zwiebel- und Paprikawürfel darin andünsten. Mais hinzugeben und kurz mitdünsten lassen. Mit Mehl bestäuben und unter Rühren gut durchdünsten lassen.
3. Brühe und Sahne hinzugießen, zum Kochen bringen und etwa 10 Minuten kochen lassen. Mit Salz, Pfeffer und Curry würzen.

Schaumiges Steinpilzrahmsüppchen

Spinateintopf mit Eiern

Sellerie-Topinambur-Suppe mit Belugalinsen

Spinateintopf mit Eiern

4 Portionen

Zubereitungszeit: 30 Minuten
Garzeit: etwa 15 Minuten

1 kg Blattspinat
1 große Zwiebel
6 mittelgroße Kartoffeln
4 EL Olivenöl
Salz, gem. Pfeffer
gem. Safran
1 l Gemüsebrühe
2 Knoblauchzehen
4 Eier (Größe M)
4 Scheiben Vollkorn-Toastbrot
4 EL Butter

Pro Portion:
E: 21 g, F: 31 g, Kh: 45 g,
kJ: 2360, kcal: 563

1. Spinat verlesen und die dicken Stiele entfernen. Spinat gründlich waschen und tropfnass in einen Topf geben. Den Spinat so lange erhitzen, bis die Blätter zusammenfallen. Spinat in ein Sieb geben und abtropfen lassen.
2. Zwiebel abziehen und in kleine Würfel schneiden. Kartoffeln schälen, abspülen, abtropfen lassen und in Scheiben schneiden.
3. Olivenöl in einem Topf erhitzen. Zwiebelwürfel darin glasig dünsten. Spinat hinzufügen und unter Rühren so lange dünsten, bis die Flüssigkeit verdampft ist.
4. Die Kartoffelscheiben hinzugeben. Mit Salz, Pfeffer und Safran würzen. Brühe hinzugießen. Knoblauch abziehen, in kleine Würfel schneiden und unterrühren. Den Eintopf zum Kochen bringen und zugedeckt etwa 15 Minuten bei schwacher Hitze kochen.
5. Die Eier einzeln in einer Tasse oder Kelle aufschlagen, vorsichtig in die Suppe gleiten und stocken lassen (Eier sollen getrennt voneinander stocken).
6. Die Toastbrotscheiben in Würfel schneiden. Die Butter in einer Pfanne zerlassen. Die Toastbrotwürfel darin von allen Seiten goldbraun rösten. Den Eintopf mit Brotwürfeln bestreut servieren.

Sellerie-Topinambur-Suppe mit Belugalinsen

4 Portionen

Zubereitungszeit: 25 Minuten, ohne Einweichzeit
Garzeit: etwa 20 Minuten

100 g Belugalinsen
300 g Knollensellerie
300 g Topinambur
3 Schalotten
4 Stängel Thymian
30 g Butter
150 ml Weißwein
700 ml Gemüsebrühe
225 g Schlagsahne (mind. 30 % Fett)
Salz, gem. schwarzer Pfeffer
50 g Feldsalat
25 g Rauchmandeln

Pro Portion:
E: 13 g, F: 29 g, Kh: 21 g,
kJ: 1752, kcal: 419

1. Die Linsen in einer Schüssel mit kaltem Wasser bedecken und über Nacht einweichen.
2. Am nächsten Tag die Linsen in ein Sieb geben, mit kaltem Wasser abspülen und abtropfen lassen. Linsen in einem Topf mit frischem Wasser bedeckt zum Kochen bringen und ohne Deckel 8–10 Minuten garen. Die garen Linsen in ein Sieb geben, mit kaltem Wasser abschrecken und gut abtropfen lassen.
3. Sellerie und Topinambur putzen, schälen, abspülen, abtropfen lassen und in etwa 2 cm große Würfel schneiden. Die Schalotten abziehen und fein würfeln. Thymian abspülen und trocken tupfen.
4. Butter in einem Topf zerlassen. Sellerie-, Topinambur- und Schalottenwürfel darin unter Rühren kräftig andünsten. Mit Weißwein ablöschen und auf die Hälfte einkochen. Brühe, 125 g Sahne und Thymianstängel hinzugeben. Mit Salz und Pfeffer würzen, zum Kochen bringen und ohne Deckel etwa 20 Minuten bei schwacher Hitze kochen lassen.
5. Feldsalat putzen, in einzelne Blätter teilen und die Stiele abschneiden. Salat abspülen und gut abtropfen lassen. Die Mandeln klein hacken.
6. Die Suppe mit einem Pürierstab sehr fein pürieren. Die Linsen hinzugeben und langsam erhitzen. Restliche Sahne halbsteif schlagen.
7. Die Feldsalatblätter in die heiße Suppe geben und kurz zusammenfallen lassen. Die geschlagene Sahne unterziehen. Die Suppe in vorgewärmten Tellern anrichten und mit den Mandeln bestreuen.

Vegane Misosuppe mit Tofu und Algen

4 Portionen VEGAN

Zubereitungszeit: 20 Minuten

4 Frühlingszwiebeln
2 Möhren
1 rote Paprikaschote
50 g Zuckerschoten
80 g Shiitakepilze
100 g Tofu
1 EL Pflanzenöl
800 ml kochendes Wasser
6 EL Misopaste (fermentierte Sojabohnenpaste)
2 EL getrocknete Wakame-Algen

Pro Portion:
E: 9 g, F: 6 g, Kh: 21 g,
kJ: 722, kcal: 173

1. Frühlingszwiebeln putzen, abspülen, abtropfen lassen und schräg in dünne Scheiben schneiden. Möhren putzen, schälen, abspülen, abtropfen lassen und in dünne Scheiben schneiden.
2. Paprikaschote halbieren, entstielen, entkernen und die weißen Scheidewände entfernen. Schote abspülen, abtropfen lassen und in Streifen schneiden. Von den Zuckerschoten die Enden abschneiden, evtl. abfädeln. Die Schoten abspülen, abtropfen lassen und halbieren.
3. Shiitakepilze putzen, evtl. kurz abspülen und abtropfen lassen. Tofu in etwa 1 cm große Würfel schneiden.
4. Pflanzenöl in einem Topf erhitzen. Frühlingszwiebel-, Möhrenscheiben, Paprikastreifen und Zuckerschoten darin portionsweise andünsten. 800 ml kochendes Wasser hinzugießen und alles zum Kochen bringen. Den Topf von der Kochstelle nehmen.
5. Die Misopaste mit etwas von der Suppe glatt rühren und anschließend unter die Suppe rühren (nicht mehr kochen lassen).
6. Wakame-Algen, Tofuwürfel und Pilze in die Suppe geben und miterhitzen.

Vegane Misosuppe mit Tofu und Algen

Bohnensuppe mit Gemüse

VEGAN

4 Portionen (ohne Foto)

Zubereitungszeit: 30 Minuten
Garzeit: 8–10 Minuten

1 Knoblauchzehe
1 Zwiebel, 2 Möhren
1 Stange Staudensellerie
1 Stängel Thymian
2–3 EL Olivenöl
2 EL Tomatenmark
500 ml Gemüsebrühe
1 EL Paprikapulver edelsüß
1 EL abgeriebene Schale von 1 Bio-Zitrone (unbehandelt, ungewachst)
Salz, gem. Pfeffer
Cayennepfeffer, Voll-Rohrzucker
770 g weiße Bohnen (aus Dosen)
4 Scheiben Vollkorn-Toastbrot
1/2 Bund Petersilie

Pro Portion:
E: 14 g, F: 9 g, Kh: 44 g,
kJ: 1314, kcal: 313

1. Knoblauch abziehen und in sehr kleine Würfel schneiden. Zwiebel abziehen. Möhren putzen, schälen, abspülen, abtropfen lassen. Staudensellerie putzen, abspülen und abtropfen lassen. Zwiebel, Möhren und Sellerie in kleine Würfel schneiden. Thymian abspülen und trocken tupfen. Die Blättchen von den Stängeln zupfen.
2. Olivenöl in einem Topf erhitzen. Die Knoblauchwürfel darin andünsten. Zwiebel-, Möhren- und Selleriewürfel hinzugeben und mitdünsten lassen. Tomatenmark unterrühren und kurz mit andünsten. Gemüsebrühe hinzugießen. Mit Thymianblättchen, Paprika, Zitronenschale, Salz, Pfeffer, 1 Prise Cayennepfeffer und 1 Prise Zucker kräftig würzen.
3. Die weißen Bohnen mit dem Sud in die Suppe geben, zum Kochen bringen. Die Suppe zugedeckt bei schwacher Hitze 8–10 Minuten garen.
4. Die Suppe nochmals mit den Gewürzen kräftig abschmecken.
5. Die Toastscheiben in sehr kleine Würfel schneiden, unter die Suppe ziehen und ausquellen lassen.
6. Petersilie abspülen und trocken tupfen. Die Blättchen von den Stängeln zupfen. Blättchen klein schneiden. Die Bohnensuppe in Tellern anrichten und mit der Petersilie bestreut servieren.

Cremige Pastinakensuppe mit Petersilienpesto

4 Portionen

Zubereitungszeit: 60 Minuten
Garzeit: etwa 20 Minuten

1 kg Pastinaken
3 Schalotten (etwa 90 g)
2 EL Butter
1 geh. EL Weizenmehl
1,2 l Gemüsefond
Salz
1 großes Bund Petersilie (etwa 50 g)
150 ml Speiseöl
50 g Pinienkerne oder Walnusskerne
30 g frisch ger. Parmesan
gem. Pfeffer

200 g Schlagsahne
Zitronensaft
4 Scheiben Toastbrot
2 EL Butter

Pro Portion:
E: 14 g, F: 82 g, Kh: 41 g,
kJ: 3992, kcal: 953

1. Die Pastinaken putzen, schälen, abspülen, abtropfen lassen und in grobe Stücke schneiden. Schalotten abziehen und in Würfel schneiden.
2. Butter in einem Topf zerlassen. Die Schalottenwürfel darin andünsten. Pastinakenstücke hinzugeben und mit Mehl bestäuben. Die Pastinakenstücke unter Rühren kurz andünsten, ohne dass sie Farbe annehmen. Gemüsefond hinzugießen und mit Salz würzen. Die Pastinakenstücke zugedeckt etwa 20 Minuten bei schwacher Hitze kochen lassen.
3. In der Zwischenzeit für das Pesto Petersilie abspülen und trocken tupfen. Die Blättchen von den Stängeln zupfen, Blättchen grob zerschneiden und in einen hohen Rührbecher geben. Speiseöl und 1 gestrichenen Teelöffel Salz hinzugeben. Die Zutaten mit einem Pürierstab zu einem Pesto pürieren.
4. Die Pinienkerne oder Walnusskerne in einer Pfanne ohne Fett unter Rühren rösten, herausnehmen, abkühlen lassen und grob hacken. Parmesan unter das Pesto rühren. Mit Salz und Pfeffer abschmecken. Dann die Pinienkerne oder Walnusskerne unterrühren.
5. Die gegarte Suppe mit dem Pürierstab sehr fein pürieren und anschließend durch ein Haarsieb passieren.
6. Die Suppe nochmals unter Rühren aufkochen lassen. Sahne unterrühren. Mit Salz, Pfeffer und etwas Zitronensaft abschmecken. Die Suppe nicht mehr kochen lassen.
7. Die Toastbrotscheiben entrinden und in Würfel schneiden. Butter in einer Pfanne zerlassen. Die Brotwürfel darin von allen Seiten rösten und mit Salz bestreuen.
8. Die Cremige Pastinakensuppe mit Croûtons und Pesto servieren.

Dreikornsuppe

4 Portionen

Zubereitungszeit: 30 Minuten, ohne Einweichzeit
Garzeit: etwa 16 Minuten

50 g Haferkörner
60 g Grünkernkörner
60 g Dinkelkörner
400 ml Wasser
2 Zwiebeln
3 EL Haselnussöl
400 ml Gemüsebrühe
150 g Möhren
120 g Zuckerschoten
2 Frühlingszwiebeln
60 g gestiftelte Mandeln
Salz
gem. Pfeffer
3 EL Crème fraîche
1 Bund Petersilie

Pro Portion:
E: 10 g, F: 22 g, Kh: 34 g,
kJ: 1653, kcal: 395

1. Hafer-, Grünkern- und Dinkelkörner in kaltem Wasser über Nacht einweichen.
2. Zwiebeln abziehen und in kleine Würfel schneiden. Haselnussöl in einem Topf erhitzen. Zwiebelwürfel darin andünsten, Brühe hinzugießen.
3. Eingeweichte Körner hinzugeben, zum Kochen bringen und zugedeckt etwa 10 Minuten kochen lassen.
4. Möhren putzen, schälen, abspülen, abtropfen lassen und in grobe Würfel schneiden. Möhrenwürfel in die Suppe geben und weitere etwa 5 Minuten kochen lassen.
5. Von den Zuckerschoten die Enden abschneiden. Zuckerschoten abspülen, abtropfen lassen und halbieren. Frühlingszwiebeln putzen, abspülen, abtropfen lassen und in etwa 1 cm lange Stücke schneiden. Die Zuckerschoten und Frühlingszwiebelstücke ebenfalls in die Suppe geben und etwa 1 Minute mitgaren lassen.
6. Mandeln unterrühren. Die Suppe mit Salz und Pfeffer würzen, Crème fraîche unterrühren.
7. Petersilie abspülen und trocken tupfen. Die Blättchen von den Stängeln zupfen. Blättchen klein schneiden. Die Suppe mit Petersilie bestreut servieren.

Tipp: Ersetzen Sie die Mandeln durch in einer Pfanne ohne Fett geröstete Sonnenblumen- oder Kürbiskerne.

Cremige Pastinakensuppe mit Petersilienpesto

Dreikornsuppe

Tofu-Gemüse-Suppe

4 Portionen (ohne Foto)

Zubereitungszeit: 35 Minuten

VEGAN

50 g Glasnudeln
150 g Möhren
50 g abgetropfte Bambusschösslinge
100 g Zuckerschoten
1 Stange Porree (Lauch)
1 rote Paprikaschote
250 g Tofu
60 g Sojakeimlinge
700 ml Gemüsebrühe
300 ml Pilzfond
Salz, Sambal Oelek
4 EL Schnittlauchröllchen

Pro Portion:
E: 9 g, F: 5 g, Kh: 19 g,
kJ: 676, kcal: 161

1. Glasnudeln mit kochendem Wasser übergießen und etwa 15 Minuten quellen lassen.
2. In der Zwischenzeit die Möhren putzen, schälen, abspülen, abtropfen lassen und in Streifen schneiden. Bambusschösslinge in Streifen schneiden. Von den Zuckerschoten die Enden abschneiden, evtl. abfädeln. Zuckerschoten abspülen und abtropfen lassen. Porree putzen, die Stange längs halbieren, gründlich waschen, abtropfen lassen und in feine Streifen schneiden.
3. Paprikaschote halbieren, entstielen, entkernen und die weißen Scheidewände entfernen. Schote abspülen, abtropfen lassen und in Streifen schneiden. Tofu in Würfel schneiden. Sojakeimlinge verlesen, abspülen und abtropfen lassen.
4. Brühe und Fond in einem Topf zum Kochen bringen. Das vorbereitete Gemüse hinzugeben, wieder zum Kochen bringen und etwa 5 Minuten kochen lassen. Die abgetropften Glasnudeln hinzugeben und miterhitzen. Die Suppe mit Salz und Sambal Oelek würzen.
5. Die Suppe in Tellern anrichten und mit Schnittlauchröllchen bestreut servieren.

Suppe von roten Zwiebeln mit Käsecroûtons

4 Portionen

Zubereitungszeit: 30 Minuten
Garzeit: etwa 20 Minuten

8 rote Zwiebeln (etwa 800 g)
2 EL Speiseöl
Salz, gem. schwarzer Pfeffer
1 TL Kümmelsamen
1 TL Paprikapulver edelsüß
1,2 l Gemüsebrühe
8 Scheiben Baguette
60 g ger. mittelalter Gouda
1 Bund Petersilie

Pro Portion:
E: 11 g, F: 12 g, Kh: 33 g,
kJ: 1202, kcal: 288

1. Die Zwiebeln abziehen, zuerst in etwa 1/2 cm dicke Scheiben schneiden, dann in Ringe teilen. Speiseöl in einem Topf erhitzen. Die Zwiebelringe darin evtl. in 2 Portionen unter Rühren andünsten. Mit Salz, Pfeffer, Kümmel und Paprika würzen. Die Gemüsebrühe hinzugießen und zum Kochen bringen. Die Zwiebelringe etwa 20 Minuten bei mittlerer Hitze weich kochen.
2. Den Backofengrill vorheizen.
3. Die Baguettescheiben mit dem Käse bestreuen und auf ein Backblech legen. Die Baguettescheiben unter dem vorgeheizten Backofengrill überbacken. Mit jeweils etwas Kümmel und Paprika bestreuen.
4. Die Petersilie abspülen und trocken tupfen. Die Blättchen von den Stängeln zupfen, klein schneiden.
5. Die gegarte Suppe mit Salz und Pfeffer würzen und in 4 tiefe Teller füllen. Jeweils 2 Käsecroûtons auf einen Teller legen und die Suppe mit Petersilie bestreut servieren.

Pikante Maiscremesuppe mit gebratenen Tofuspießen

4 Portionen

Zubereitungszeit: 40 Minuten

4 frische Maiskolben
1 Zwiebel
1 kleine, rote Chilischote
2 EL Butter
750 ml Gemüsebrühe
Salz
1 Bio-Limette
(unbehandelt, ungewachst)
200 g Tofu (natur,
aus dem Kühlregal)
2 EL Sesamöl
2 EL Teriyaki-Sauce
250 g Schlagsahne

Suppe von roten Zwiebeln mit Käsecroûtons

Pikante Maiscremesuppe mit gebratenen Tofuspießen

Kürbissuppe mit Curry und Zitronengras

gem. weißer Pfeffer
2 EL Olivenöl
4 Stängel Thai-Basilikum
8 Stängel Koriander

Außerdem:
8 kleine Holzspieße

Pro Portion:
E: 13 g, F: 34 g, Kh: 20 g,
kJ: 1832, kcal: 437

1. Von den Maiskolben evtl. vorhandene äußere Blätter entfernen. Maiskolben kurz unter fließendem kalten Wasser abspülen und abtropfen lassen. Mit einem Sägemesser rundherum die gelben Maiskörner herunterschneiden. Die Zwiebel abziehen und klein würfeln. Chilischote abspülen, trocken tupfen, entstielen und in feine Ringe schneiden.
2. Butter in einem Topf zerlassen. Zwiebelwürfel, Chiliringe und Maiskörner darin unter Rühren andünsten. Gemüsebrühe hinzugießen, mit Salz würzen. Die Zutaten zum Kochen bringen und etwa 10 Minuten bei mittlerer Hitze kochen lassen.
3. In der Zwischenzeit die Limette heiß abwaschen, abtrocknen und die Schale abreiben. Limette halbieren und den Saft auspressen. Den Tofu in gleich große Würfel schneiden und in eine Schale legen. Aus Sesamöl, Teriyaki-Sauce, Limettenschale und 2 Esslöffeln Limettensaft eine Marinade zubereiten und auf den Tofuwürfeln verteilen.
4. Die Sahne in die Maissuppe geben und nach Geschmack fein oder grob pürieren. Die Maiscremesuppe mit Salz, Pfeffer und Limettensaft abschmecken.
5. Die Tofuwürfel auf den Holzspießen verteilen. Olivenöl in einer Pfanne erhitzen. Die Tofuspieße darin von allen Seiten braten.
6. Basilikum abspülen und trocken tupfen. Die Blättchen von den Stängeln zupfen. Blättchen in Streifen schneiden. Koriander abspülen und trocken tupfen. Die Blättchen von den Stängeln zupfen.
7. Die Suppe in Suppenschalen anrichten, mit Basilikumstreifen bestreuen und mit Korianderblättchen garnieren. Die gebratenen Tofuspieße dazureichen.

Kürbissuppe mit Curry und Zitronengras

4 Portionen

Zubereitungszeit: 45 Minuten
Garzeit: etwa 20 Minuten

1 kleiner Hokkaido-Kürbis (etwa 800 g)
1 Zwiebel
1 Knoblauchzehe
30 g frischer Ingwer
1 rote Chilischote
3 Stängel Zitronengras
3 EL Butter
2 TL Currypulver
1,2 l Gemüsebrühe
200 g Schlagsahne
Salz
30 g geröstete Kürbiskerne
2 EL Kürbiskernöl

Pro Portion:
E: 8 g, F: 38 g, Kh: 12 g,
kJ: 1753, kcal: 419

1. Kürbis abspülen, trocken tupfen, halbieren und die Kerne mit einem Löffel herausschaben. Kürbishälften in Stücke schneiden.
2. Zwiebel und Knoblauch abziehen, grob zerkleinern. Ingwer schälen und reiben. Die Chilischote abspülen, abtropfen lassen und entstielen. Chilischote in feine Ringe schneiden. Das Zitronengras putzen, etwas flach klopfen, abspülen und abtropfen lassen.
3. Butter in einem Topf zerlassen. Zwiebel-, Knoblauchwürfel, Ingwer, Chiliringe und Zitronengras darin evtl. portionsweise andünsten. Die Kürbisstücke hinzugeben und mit Curry bestäuben. Die Gemüsebrühe hinzugießen, zum Kochen bringen und zugedeckt etwa 20 Minuten kochen lassen, bis die Kürbisstücke weich sind. Das Zitronengras herausnehmen.
4. Die Suppe mit einem Pürierstab fein pürieren und evtl. durch ein Sieb passieren. Die Sahne unterrühren. Die Kürbissuppe nochmals aufkochen lassen und mit den Gewürzen abschmecken.
5. Die Kürbissuppe in Suppenschalen anrichten. Mit den gerösteten Kürbiskernen bestreuen und mit etwas Kürbiskernöl beträufeln. Suppe sofort servieren.

Kohlrabi-Apfel-Süppchen mit Sauerrahm und Radieschensprossen

Kohlrabi-Apfel-Süppchen mit Sauerrahm und Radieschensprossen

4 Portionen

Zubereitungszeit: 35 Minuten
Garzeit: etwa 15 Minuten

2 mittelgroße Kohlrabi (geschält etwa 400 g)
1 großer Apfel, z. B. Boskop
1 kleine Zwiebel
2 EL Butter
1 EL Weizenmehl
750 ml Gemüsebrühe
Salz
250 g Schlagsahne
Zucker
Zitronensaft
40 g Radieschensprossen
4 EL Crème fraîche

Pro Portion:
E: 6 g, F: 36 g, Kh: 16 g,
kJ: 1739, kcal: 417

1. Kohlrabi putzen, schälen, abspülen, abtropfen lassen und grob würfeln. Den Apfel abspülen, abtrocknen, vierteln und entkernen. Apfelviertel mit der Schale grob zerkleinern. Die Zwiebel abziehen und klein würfeln.
2. Butter in einem Topf zerlassen. Die Kohlrabiwürfel und Apfelstücke darin unter Rühren andünsten. Mit Mehl bestäuben und kurz mitdünsten lassen. Brühe hinzugießen, mit Salz würzen. Die Zutaten zum Kochen bringen und etwa 15 Minuten bei schwacher Hitze kochen lassen.
3. Den Topf von der Kochstelle nehmen. Die Sahne hinzugießen. Die Suppe mit einem Pürierstab fein pürieren und anschließend durch ein feines Sieb (Haarsieb) passieren. Mit Salz, Zucker und Zitronensaft abschmecken. Das Süppchen nochmals erwärmen, aber nicht kochen lassen.
4. Radieschensprossen abspülen und trocken tupfen. Das Kohlrabi-Apfel-Süppchen in Suppentassen anrichten, mit Crème fraîche und den Radieschensprossen garnieren.

Erbsen-Buttermilch-Suppe

2 Portionen (ohne Foto)

Zubereitungszeit: 20 Minuten
Garzeit: 8–9 Minuten

2 Schalotten
4 EL Olivenöl
einige getrocknete, rote Chilibrösel
400 ml Gemüsebrühe
150 g TK-Erbsen
gem. Meersalz
2 gestr. TL Speisestärke
10 Minzeblättchen
100 g Buttermilch

Pro Portion:
E: 9 g, F: 21 g, Kh: 17 g,
kJ: 1210, kcal: 289

1. Schalotten abziehen und in kleine Würfel schneiden. 2 Esslöffel des Olivenöls in einem Topf erhitzen. Die Schalottenwürfel und die Chilibrösel darin andünsten. Brühe hinzugießen, zum Kochen bringen und etwa 5 Minuten kochen lassen.
2. Die gefrorenen Erbsen hinzugeben, mit Meersalz würzen. Die Suppe wieder zum Kochen bringen und 3–4 Minuten kochen lassen.
3. Speisestärke mit etwas Wasser anrühren, in die Suppe rühren und unter Rühren einmal aufkochen lassen. Minzeblättchen abspülen und trocken tupfen. 6 Minzeblättchen in die Suppe geben. Die Suppe mit einem Pürierstab sehr fein pürieren.
4. Die Suppe im kalten Wasserbad kalt rühren, dann die Buttermilch unterrühren. Die Suppe evtl. mit Meersalz abschmecken.
5. Restliche Minzeblättchen in feine Streifen schneiden. Die Suppe damit bestreuen und mit dem restlichen Olivenöl beträufeln. Die Suppe in Suppentassen geben.

Kokosmilch-Gazpacho

2 Portionen

Zubereitungszeit: 30 Minuten, ohne Kühlzeit

VEGAN

50 g rote Linsen
1/2 Gemüsezwiebel (etwa 125 g)
1–2 Knoblauchzehen
1 Salatgurke
2 gelbe Paprikaschoten
etwa 10 Stängel Thymian
400 ml Kokosmilch
1 1/2–2 EL Weißweinessig
1 EL Zitronensaft
Salz
gem. Pfeffer

Außerdem:
2–3 Eiswürfel

Pro Portion:
E: 13 g, F: 35 g, Kh: 31 g,
kJ: 2077, kcal: 501

1. Die Linsen nach Packungsanleitung in reichlich Wasser bissfest garen. Anschließend in ein Sieb geben und mit kaltem Wasser abschrecken. Linsen abtropfen und abkühlen lassen.
2. In der Zwischenzeit Gemüsezwiebel und Knoblauch abziehen, beides grob würfeln. Salatgurke abspülen, abtrocknen und die Enden abschneiden, nach Belieben schälen. Gurke längs halbieren und die Kerne mit einem Teelöffel entfernen. Eine Gurkenhälfte in große Stücke schneiden. Die andere Hälfte fein würfeln und als Suppeneinlage beiseitelegen.
3. Paprikaschoten halbieren, entstielen, entkernen und die weißen Scheidewände entfernen. Die Schoten abspülen und abtropfen lassen. 2 Paprikahälften in große Stücke schneiden. Die restlichen Hälften fein würfeln und ebenso als Suppeneinlage beiseitelegen.
4. Die Hälfte des Thymians abspülen und trocken tupfen. Die Blättchen von den Stängeln zupfen. Restlichen Thymian beiseitelegen.
5. Gemüsezwiebel-, Knoblauchwürfel, Gurken- und Paprikastücke in eine Rührschüssel geben. Kokosmilch, 1 1/2 Esslöffel Essig, Zitronensaft, 1 Prise Salz und die Thymianblättchen hinzufügen. Die Zutaten mit dem Pürierstab fein pürieren, mit Pfeffer und evtl. etwas Salz abschmecken. Die Kokosmilchsuppe zugedeckt mindestens 60 Minuten in den Kühlschrank stellen.
6. Vor dem Servieren den beiseitegelegten Thymian abspülen und trocken tupfen. Die Blättchen von den Stängeln zupfen. Gazpacho gut umrühren, nochmals mit Salz, Pfeffer und evtl. etwas Essig abschmecken. Die Eiswürfel in die Suppe geben. Die gegarten Linsen und die beiseitegelegten Gurken- und Paprikawürfel unter die Suppe rühren oder getrennt dazureichen. Die Thymianblättchen in die Suppe rühren.

Linsensuppe mit Kichererbsen

12 Portionen — VEGAN

Zubereitungszeit: 45 Minuten
Garzeit: etwa 15 Minuten

3 Zwiebeln
3 Knoblauchzehen
3 Chilischoten
6 EL Olivenöl
3 TL Currypulver
750 g rote Linsen
3 gestr. TL gem. Kreuzkümmel (Cumin)
4 1/2 l Gemüsebrühe
3 Bio-Zitronen (unbehandelt, ungewachst)
1–2 Bund Koriander
600 g abgetropfte Kichererbsen (aus der Dose)
Salz
gem. Pfeffer

Pro Portion:
E: 21 g, F: 8 g, Kh: 43 g,
kJ: 1398, kcal: 334

1. Zwiebeln und Knoblauch abziehen und in kleine Würfel schneiden. Die Chilischoten entstielen, längs aufschneiden, entkernen, abspülen, trocken tupfen und in feine Ringe schneiden.
2. Das Olivenöl in einem großen Topf erhitzen. Zwiebelwürfel, Curry, Knoblauch und Chiliringe darin unter Rühren andünsten. Die Linsen hinzufügen und mit Kreuzkümmel bestreuen. Gemüsebrühe hinzugießen. Die Zutaten zum Kochen bringen und zugedeckt etwa 15 Minuten bei schwacher Hitze leicht kochen lassen, dabei gelegentlich umrühren.
3. In der Zwischenzeit die Zitronen heiß abwaschen, abtrocknen und die Schale abreiben. Die Zitronen halbieren und den Saft auspressen. Den Koriander abspülen und trocken tupfen. Die Blättchen von den Stängeln zupfen. Einige Blättchen zum Garnieren beiseitelegen, die restlichen Blättchen grob zerkleinern.
4. Etwa die Hälfte der Linsen mit einer Schaumkelle aus der Suppe nehmen. Die restliche Suppe mit einem Pürierstab fein pürieren.
5. Die abgeschöpften Linsen mit den Kichererbsen und den zerkleinerten Korianderblättchen in die pürierte Suppe geben und miterhitzen. Die Suppe mit Salz, Pfeffer, Zitronenschale und -saft abschmecken. Die Linsensuppe mit Korianderblättchen garniert servieren.

Kokosmilch-Gazpacho

Linsensuppe mit Kichererbsen

Kichererbseneintopf

2 Portionen

Zubereitungszeit: 20 Minuten, ohne Einweichzeit
Garzeit: etwa 60 Minuten

Zum Vorbereiten:
125 g getrocknete Kichererbsen
300 ml kaltes Wasser

375 ml Gemüsebrühe
1 Knoblauchzehe
1 kleine Zwiebel
1/2–1 rote Chilischote oder
1 Msp. Sambal Oelek
1 EL Speiseöl, z. B. Distelöl
1/2 TL Garam Masala (indische Gewürzmischung)
1 TL Currypulver
150 g Staudensellerie
1 Möhre
4 getrocknete Aprikosen
1 Stange Porree (Lauch)
1 EL Rosinen
Saft von 1/2 Orange oder
4 EL Orangensaft (Fertigprodukt)
75 g Joghurt (3,5 % Fett)
Salz

Pro Portion:
E: 17 g, F: 11 g, Kh: 57 g,
kJ: 1724, kcal: 412

1. Zum Vorbereiten Kichererbsen in einem Topf mit Wasser bedeckt über Nacht quellen lassen.
2. Die gequollenen Kichererbsen mit dem Einweichwasser und der Brühe in dem Topf zum Kochen bringen und zugedeckt etwa 50 Minuten bei schwacher Hitze kochen lassen, bis die Kichererbsen fast gar sind.
3. In der Zwischenzeit Knoblauch und Zwiebel abziehen, in kleine Würfel schneiden. Chilischote halbieren, entstielen, entkernen, abspülen, abtropfen lassen und in feine Streifen schneiden.
4. Speiseöl in einer kleinen Pfanne erhitzen. Knoblauch- und Zwiebelwürfel darin kurz andünsten. Chilistreifen oder Sambal Oelek, Garam Masala und Curry hinzufügen, unter gelegentlichem Rühren mitdünsten lassen. Die Pfanne von der Kochstelle nehmen.
5. Staudensellerie putzen und etwas Selleriegrün beiseitelegen. Selleriestangen abspülen und abtropfen lassen.
6. Die Möhre putzen, schälen, abspülen und abtropfen lassen. Selleriestangen und die Möhre in dünne Scheiben schneiden.
7. Knoblauch-Zwiebel-Mischung, Sellerie- und Möhrenscheiben zu den Kichererbsen in den Topf geben, wieder zum Kochen bringen, weitere etwa 10 Minuten kochen lassen, bis alles gar ist.
8. Aprikosen in Würfel schneiden. Porree putzen, die Stange längs halbieren, gründlich waschen und abtropfen lassen. Porree in feine Streifen schneiden. Etwa die Hälfte der Porreestreifen in den Eintopf geben. Die restlichen Porreestreifen zum Garnieren beiseitelegen.
9. Aprikosenwürfel, Rosinen, Orangensaft und Joghurt unter den Eintopf rühren und kurz erwärmen (nicht mehr kochen lassen). Eintopf mit etwas Salz abschmecken.
10. Beiseitegelegtes Selleriegrün abspülen und trocken tupfen. Den Eintopf vor dem Servieren mit den beiseitegelegten Porreestreifen und dem Selleriegrün garnieren.

Kichererbseneintopf

Marokkanische Joghurtsuppe

12 Portionen

Zubereitungszeit: 60 Minuten

2 Salatgurken
Salz
2 1/2 kg gekühlter Joghurt (3,5 % Fett)
600 ml Milch (1,5 % Fett)
3 Knoblauchzehen
1 Topf Minze, z. B. marokkanische Minze
1 Pck. Dr. Oetker Finesse Geriebene Zitronenschale
5–6 EL Ras el Hanout (marokkanische Gewürzmischung)

6 EL gehobelte Mandeln
6 Frühlingszwiebeln
200 g entsteinte, getrocknete Aprikosen
6 hart gekochte Eier

Pro Portion:
E: 17 g, F: 16 g, Kh: 25 g,
kJ: 1333, kcal: 318

Marokkanische Joghurtsuppe

Kartoffelsuppe mit Radieschen und Kohlrabi

1. Die Salatgurken abspülen, abtrocknen und die Enden abschneiden. Die Gurken längs vierteln und in dünne Scheiben schneiden oder hobeln. Die Gurkenscheiben mit etwas Salz bestreuen und etwa 10 Minuten zum Saftziehen stehen lassen.
2. In der Zwischenzeit Joghurt mit der Milch in einer großen Schüssel verrühren. Knoblauch abziehen, durch eine Knoblauchpresse drücken und unterrühren.
3. Die Minze abspülen und trocken tupfen. Die Blättchen von den Stängeln zupfen. Einige Blättchen zum Garnieren beiseitelegen. Die restlichen Blättchen in feine Streifen schneiden.
4. Die Gurkenscheiben mit dem entstandenen Saft, die Minzestreifen, Zitronenschale und Gewürzmischung unter den Joghurt rühren. Die Joghurtsuppe zugedeckt bis zum Servieren in den Kühlschrank stellen.
5. Die Mandeln in einer Pfanne ohne Fett unter Rühren anrösten, herausnehmen und auf einen Teller geben.
6. Die Frühlingszwiebeln putzen, abspülen, abtropfen lassen und in ganz feine Scheiben schneiden. Die Aprikosen fein würfeln. Die Eier pellen und fein hacken.
7. Zum Servieren die Joghurtsuppe in Suppenschalen oder -tellern verteilen, mit gerösteten Mandeln, Aprikosenwürfeln, gehackten Eiern, Frühlingszwiebelscheiben und beiseitegelegten Minzeblättchen garniert servieren.

Kartoffelsuppe mit Radieschen und Kohlrabi

VEGAN

2 Portionen

Zubereitungszeit: 30 Minuten
Garzeit: etwa 15 Minuten

500 g mehligkochende Kartoffeln
1 EL Speiseöl, z. B. Rapsöl
500 ml Gemüsebrühe
1 kleiner Kohlrabi (etwa 150 g)
6 Radieschen (etwa 100 g)
1/2 Kästchen Gartenkresse oder Gartenrucola (ersatzweise frisches Kohlrabi-Blättergrün)
Salz, gem. Pfeffer
ger. Muskatnuss
evtl. 1–2 EL Zitronensaft

Pro Portion:
E: 6 g, F: 6 g, Kh: 35 g,
kJ: 917, kcal: 218

1. Kartoffeln schälen, abspülen, abtropfen lassen und in Würfel schneiden. Das Speiseöl in einem Topf erhitzen. Die Kartoffelwürfel darin bei mittlerer Hitze unter gelegentlichem Rühren etwa 3 Minuten anbraten. Die Gemüsebrühe hinzugießen. Die Zutaten zum Kochen bringen. Kartoffelwürfel in der Brühe bei mittlerer Hitze zugedeckt in etwa 15 Minuten gar kochen.
2. In der Zwischenzeit Kohlrabi schälen, evtl. die zarten Kohlrabiblätter in Streifen schneiden und zum Garnieren beiseitelegen. Kohlrabi abspülen und abtropfen lassen. Von den Radieschen Blätter, Spitzen und schlechte Stellen abschneiden. Die Radieschen gut abspülen und trocken tupfen. 1 Radieschen in dünne Scheiben schneiden und zum Garnieren beiseitelegen.
3. Kohlrabi und restliche Radieschen auf der Haushaltsreibe grob reiben. Kresse oder Rucola abspülen, trocken tupfen und die Blättchen abschneiden.
4. Kartoffeln in der Brühe mit dem Kartoffelstampfer fein zermusen. Die Suppe mit Salz, Pfeffer, Muskat und nach Belieben mit Zitronensaft abschmecken. Die Suppe evtl. erneut erwärmen.
5. Die Kohlrabi- und Radieschenraspel in 2 Suppenschälchen verteilen und mit heißer Kartoffelsuppe auffüllen. Die Kartoffelsuppe mit Kresse, Rucola oder Kohlrabiblätterstreifen sowie den beiseitegelegten Radieschenscheiben garnieren.

Variante: **Kartoffelsuppe mit Möhre und Petersilie** (im Foto oben, vegan). Dafür 1 Möhre (etwa 100 g) putzen, schälen, abspülen und abtropfen lassen, dann auf der Haushaltsreibe grob reiben oder in dünne Stifte schneiden. 1/2 Bund Petersilie abspülen und trocken tupfen. Die Blättchen von den Stängeln zupfen, Blättchen klein schneiden. Die Möhre mit Petersilie in 2 Tellern verteilen und mit der Kartoffelsuppe auffüllen.

Gemüsesuppe mit Sprossen

Gelbe Möhrensuppe mit Brezelknödeln

Gemüsesuppe mit Sprossen

2 Portionen

VEGAN

Zubereitungszeit: 20 Minuten
Garzeit: etwa 10 Minuten

1 rote Paprikaschote
1 Knoblauchzehe
1 EL Speiseöl
5–6 EL gegarte, weiße Bohnen
400 ml Gemüsebrühe
1 TL Paprikapulver edelsüß
100 g Sprossenkeimlinge

Pro Portion:
E: 13 g, F: 11 g, Kh: 18 g,
kJ: 1029, kcal: 247

1. Paprikaschote halbieren, entstielen, entkernen und die weißen Scheidewände entfernen. Schote abspülen, abtropfen lassen und in kleine Würfel schneiden. Knoblauch abziehen. Speiseöl in einem Topf erhitzen. Knoblauch darin kurz andünsten. Paprikawürfel hinzufügen und kurz mitdünsten lassen.
2. Bohnen, Brühe und Paprika hinzufügen. Die Suppe zum Kochen bringen und zugedeckt etwa 10 Minuten bei schwacher Hitze garen.
3. Inzwischen die Sprossen verlesen, in ein Sieb geben, mit kaltem Wasser abspülen und abtropfen lassen.
4. Die Sprossen in die Gemüsesuppe geben, aufkochen lassen und nochmals abschmecken.

Gelbe Möhrensuppe mit Brezelknödeln

12 Portionen

Zubereitungszeit: 90 Minuten

3 kg gelbe Möhren
6 Möhren
9 Schalotten
6 EL Butter
Salz
etwa 3 1/2 l Gemüsebrühe

Für die Knödel:
4 Laugenbrezeln vom Vortag (etwa 360 g)
1 große Zwiebel
1 1/2 EL Butter
400 ml Milch (1,5 % Fett)
2 Eier (Größe M)

600 g Schlagsahne
gem. Pfeffer
1 Handvoll vorbereitete Kerbelblättchen

Pro Portion:
E: 10 g, F: 30 g, Kh: 38 g,
kJ: 1936, kcal: 462

1. Die Möhren putzen, schälen, abspülen und abtropfen lassen. Die gelben Möhren in Stücke schneiden, die orangefarbenen Möhren in feine Scheiben hobeln. Schalotten abziehen und würfeln.
2. Die Butter in einem großen Topf zerlassen. Die Schalottenwürfel und die gelben Möhrenstücke darin unter Rühren andünsten, mit Salz würzen. Die Gemüsebrühe hinzugießen und zum Kochen bringen. Die Suppe zugedeckt etwa 20 Minuten kochen, bis die Möhrenstücke weich sind.
3. In der Zwischenzeit für die Knödel von den Laugenbrezeln das Salz abreiben. Die Brezeln mit einem Sägemesser in etwa 1/2 cm große Würfel schneiden und in eine große Schüssel geben. Die Zwiebel abziehen und fein würfeln.
4. Butter in einer Pfanne zerlassen. Zwiebelwürfel darin andünsten und zu den Brezelwürfeln geben. Die Milch kurz aufkochen lassen und über die Brezelwürfel gießen. Das Ganze gut durchrühren und etwa 10 Minuten ziehen lassen.
5. Die Suppe pürieren, Sahne hinzugießen. Suppe mit Salz und Pfeffer würzen, wieder zum Kochen bringen und die orangefarbigen Möhrenscheiben darin gar ziehen lassen.
6. Brezelmasse mit wenig Salz und Pfeffer würzen, nochmals gut durchmischen und die Eier untermengen. Aus der Brezelmasse mit angefeuchteten Händen etwa 24 gleich große Knödel formen.
7. Salzwasser in einem großen Topf zum Kochen bringen. Die Knödel portionsweise (die Knödel sollen in dem Wasser „schwimmen" können) in das kochende Salzwasser geben, wieder zum Kochen bringen und jeweils etwa 8 Minuten gar ziehen lassen (das Wasser muss sich leicht bewegen).

8. Die Möhrensuppe mit den Knödeln anrichten und mit Kerbel garniert servieren.

Gemüsesuppe mit Pistazienkernen

4 Portionen (ohne Foto)

Zubereitungszeit: 25 Minuten
Garzeit: etwa 10 Minuten

VEGAN

1 Zwiebel
2 EL Sojaöl
150 g Möhren
150 g Knollensellerie
1 Stange Porree (Lauch)
1 l Gemüsebrühe
150 g TK-Erbsen
50 g Sojasprossen
Selleriesalz
gem. Pfeffer
ger. Muskatnuss
1 Prise Cayennepfeffer
2 EL Sojasauce
25 g gehackte Pistazienkerne

Pro Portion:
E: 7 g, F: 12 g, Kh: 12 g,
kJ: 782, kcal: 186

1. Zwiebel abziehen und in kleine Würfel schneiden. Sojaöl in einem Topf erhitzen. Die Zwiebelwürfel darin andünsten.
2. Möhren und Sellerie putzen, schälen, abspülen, abtropfen lassen und in sehr feine Würfel oder Streifen schneiden. Porree putzen, die Stange längs halbieren, gründlich waschen, abtropfen lassen und in Streifen schneiden.
3. Das vorbereitete Gemüse zu den Zwiebelwürfeln in den Topf geben und unter Rühren kurz mitdünsten, Gemüsebrühe hinzugießen und die gefrorenen Erbsen hinzugeben. Die Zutaten zum Kochen bringen und in etwa 10 Minuten gar kochen lassen.
4. Die Sprossen verlesen, in ein Sieb geben, mit kaltem Wasser abspülen, abtropfen lassen, etwa 5 Minuten vor Ende der Garzeit in die Suppe geben und alles fertig garen. Die Suppe mit Selleriesalz, Pfeffer, Muskat und Cayennepfeffer würzen und mit Sojasauce abschmecken.
5. Pistazienkerne kurz in einer Pfanne ohne Fett unter Rühren rösten. Die Suppe in Suppentassen verteilen und mit den Pistazienkernen bestreuen, sofort servieren.

Tomaten-Safran-Suppe mit Kräuterbrot

6 Portionen

Zubereitungszeit: 60 Minuten
Garzeit: etwa 15 Minuten

2 1/4 l Gemüsebrühe
1 Döschen gem. Safran (0,1 g)
1–2 Lorbeerblätter
1 1/4 kg festkochende Kartoffeln
Salz
gem. Pfeffer
6 Scheiben Bauernbrot
1 Bund Frühlingszwiebeln
1 kg Tomaten
1 Bund Schnittlauch
270 g cremiger Kräuter-Ziegenfrischkäse (45 % Fett)

Pro Portion:
E: 15 g, F: 7 g, Kh: 63 g,
kJ: 1602, kcal: 382

1. Brühe, Safran und Lorbeerblätter in einem großen Topf zugedeckt zum Kochen bringen.
2. In der Zwischenzeit die Kartoffeln schälen, abspülen, abtropfen lassen und in kleine Würfel schneiden. Kartoffelwürfel in die Brühe geben, mit etwas Salz und Pfeffer würzen. Das Ganze wieder zum Kochen bringen und die Kartoffelwürfel etwa 10 Minuten kochen lassen.
3. In der Zwischenzeit die Brotscheiben im Toaster nacheinander knusprig rösten und erkalten lassen.
4. Frühlingszwiebeln putzen, abspülen, abtropfen lassen und schräg in Scheiben schneiden. Die Frühlingszwiebelscheiben ebenfalls zu den Kartoffelwürfeln in den Topf geben. Die Suppe weitere etwa 5 Minuten kochen lassen.
5. In der Zwischenzeit die Tomaten abspülen, abtrocknen, halbieren und die Stängelansätze herausschneiden. Tomatenhälften entkernen, in schmale Spalten schneiden und in die Suppe geben. Die Suppe mit Salz und Pfeffer abschmecken, Lorbeerblätter herausnehmen.
6. Schnittlauch abspülen, trocken tupfen und in Röllchen schneiden. Die gerösteten Brotscheiben mit Frischkäse bestreichen, mit den Schnittlauchröllchen bestreuen und nach Belieben in Stücke schneiden. Tomaten-Safran-Suppe mit den Kräuterbroten servieren.

Tomaten-Safran-Suppe mit Kräuterbrot

Gemüsesuppe „Querbeet“

4 Portionen

Zubereitungszeit: 45 Minuten
Garzeit: 25–30 Minuten

250 g festkochende Kartoffeln
1 l Gemüsebrühe
500 g TK-Suppengemüse
1/2 Bund Petersilie
1/2 Bund Kerbel
100 g Emmentaler
Salz, gem. Pfeffer

Pro Portion:
E: 1 g, F: 8 g, Kh: 18 g,
kJ: 786, kcal: 187

1. Kartoffeln schälen, abspülen, abtropfen lassen und in Würfel schneiden. Brühe in einem Topf zum Kochen bringen, Kartoffelwürfel hinzufügen, wieder zum Kochen bringen und zugedeckt etwa 15 Minuten kochen.
2. Gefrorenes Suppengemüse hinzugeben, wieder zum Kochen bringen und zugedeckt weitere 10–15 Minuten garen.
3. In der Zwischenzeit Petersilie und Kerbel abspülen, trocken tupfen. Die Blättchen von den Stängeln zupfen, klein schneiden. Käse fein reiben.
4. Die Suppe mit Salz und Pfeffer würzen, mit Petersilie und Kerbel bestreuen. Die Suppe kurz vor dem Servieren mit Käse bestreuen oder dazu servieren.

Italienischer Gemüse-Pilz-Eintopf

4 Portionen

VEGAN

Zubereitungszeit: 30 Minuten
Garzeit: etwa 25 Minuten

1 Fenchelknolle (etwa 250 g)
1 Zwiebel, 5 Möhren
250 g grüne Bohnen (frisch oder TK)
300 g gemischte Pilze (Champignons, Pfifferlinge, Austernpilze)
3 EL Olivenöl
jeweils etwas frischer oder gerebelter Thymian und Rosmarin
1 l Gemüsebrühe
Salz, gem. Pfeffer
425 g geschälte Tomaten (aus der Dose)
1 1/2 l Wasser
1 1/2 gestr. TL Salz
150 g Orecchiette (Öhrchennudeln, ohne Ei)
2 Knoblauchzehen
150 g TK-Erbsen

Pro Portion:
E: 14 g, F: 9 g, Kh: 43 g,
kJ: 1327, kcal: 317

1. Fenchel putzen, abspülen, abtropfen lassen, halbieren und den Stielansatz herausschneiden. Fenchelhälften in Streifen schneiden. Die Zwiebel abziehen und in Würfel schneiden. Möhren putzen, schälen, abspülen, abtropfen lassen und in Streifen schneiden. Von den frischen Bohnen die Enden abschneiden, evtl. abfädeln. Bohnen abspülen, abtropfen lassen und klein schneiden. Pilze putzen, evtl. kurz abspülen, trocken tupfen. Große Pilze evtl. halbieren.
2. Einen Esslöffel des Olivenöls in einem großen Topf erhitzen. Zwiebelwürfel darin andünsten. Fenchel-, Möhrenstreifen, Kräuter und Bohnen hinzugeben und kurz unter Rühren mitdünsten lassen. Brühe hinzugießen und zum Kochen bringen, mit Salz und Pfeffer würzen.
3. Den Eintopf etwa 10 Minuten bei schwacher Hitze kochen lassen. Die Tomaten mit dem Saft hinzugeben, wieder zum Kochen bringen und weitere etwa 10 Minuten kochen lassen.
4. Wasser in einem Topf zugedeckt zum Kochen bringen. Dann Salz und Nudeln hinzugeben. Die Nudeln im geöffneten Topf bei mittlerer Hitze nach Packungsanleitung bissfest kochen, dabei gelegentlich umrühren.
5. Anschließend die Nudeln in ein Sieb geben, mit heißem Wasser abspülen und abtropfen lassen.
6. Restliches Olivenöl in einer Pfanne erhitzen, Knoblauch abziehen, durch eine Knoblauchpresse drücken und kurz darin andünsten. Die Pilze hinzugeben und in dem heißen Knoblauchöl unter Rühren etwa 4 Minuten braten, mit Salz und Pfeffer würzen.
7. Die gefrorenen Erbsen, Pilze und Nudeln in den Eintopf geben, nochmals mit Salz und Pfeffer abschmecken. Den Eintopf weitere 3–5 Minuten bei schwacher Hitze kochen.

Gemüsesuppe „Querbeet“

Italienischer Gemüse-Pilz-Eintopf

Kichererbsensuppe mit Aromaöl-Tropfen und Minze

Kichererbsensuppe

Kichererbsensuppe mit Aromaöl-Tropfen und Minze

4 Portionen

Zubereitungszeit: 30 Minuten
Garzeit: etwa 5 Minuten

Für das Gewürzöl:
6 EL Olivenöl
1 TL gem. Schwarzkümmel
1 TL Kurkuma (Gelbwurz)
2 TL Paprikapulver rosenscharf

250 g Kichererbsen (aus der Dose)
100 g Zwiebeln
2 geh. TL gem. Kreuzkümmel (Cumin)
400 ml Gemüsebrühe
100 g Schlagsahne
10 Minzeblättchen
Salz, 3 EL Zitronensaft
Cayennepfeffer
8 dünne Scheiben Fladenbrot
(je etwa 30 g)

Pro Portion:
E: 11 g, F: 26 g, Kh: 44 g,
kJ: 1933, kcal: 462

1. Für das Gewürzöl 2 Esslöffel Olivenöl mit Schwarzkümmel, Kurkuma und Paprika verrühren.
2. Kichererbsen in ein Sieb geben, mit kaltem Wasser abspülen und gut abtropfen lassen. Zwiebeln abziehen und klein würfeln. Restliches Olivenöl in einem Topf erhitzen. Zwiebelwürfel darin kräftig andünsten. Kreuzkümmel hinzugeben und mitdünsten lassen. Kichererbsen hinzugeben. Brühe und Sahne hinzugießen. Die Zutaten zum Kochen bringen und etwa 5 Minuten kochen lassen.
3. Die Minzeblättchen abspülen und trocken tupfen. Die Suppe mit Salz, Zitronensaft und Cayennepfeffer pikant würzen. Zwei Drittel der Minzeblättchen hinzugeben. Die Suppe mit einem Pürierstab sehr fein und cremig pürieren.
4. Den Backofengrill vorheizen.
5. Die Fladenbrotscheiben unter dem vorgeheizten Backofengrill kurz goldbraun rösten und anschließend in Streifen schneiden. Die restlichen Minzeblättchen in Streifen schneiden. Die Suppe in Tellern verteilen und mit dem Gewürzöl beträufeln. Mit den Minzestreifen garnieren und mit Fladenbrotstreifen servieren.

Kichererbsensuppe

4–5 Portionen

Zubereitungszeit: 70 Minuten, ohne Abkühlzeit
Garzeit: etwa 20 Minuten

2 Zwiebeln
2 Knoblauchzehen
175 g Staudensellerie
250 g Tomaten
1 Bund Petersilie
3 EL Olivenöl
1,2 kg Kichererbsen (aus Dosen)
2–3 EL gekörnte Gemüsebrühe
gerebelter Majoran
Salz, gem. Pfeffer
4–5 Scheiben Vollkorn-Toastbrot
4 EL Olivenöl
100 g frisch ger. Parmesan

Pro Portion:
E: 24 g, F: 28 g, Kh: 49 g,
kJ: 2308, kcal: 552

1. Zwiebeln und Knoblauch abziehen, in kleine Würfel schneiden. Staudensellerie putzen, abspülen, abtropfen lassen, in Stücke schneiden.
2. Tomaten kreuzweise einschneiden und mit kochendem Wasser übergießen. Nach 1–2 Minuten herausnehmen und mit kaltem Wasser abschrecken. Tomaten häuten, halbieren und die Stängelansätze herausschneiden. Tomaten würfeln.
3. Petersilie abspülen und trocken tupfen. Die Blättchen von den Stängeln zupfen und klein schneiden.
4. Olivenöl in einem Topf erhitzen. Zwiebelwürfel darin glasig dünsten. Knoblauch-, Tomatenwürfel, Selleriestücke und Petersilie hinzugeben und zugedeckt etwa 10 Minuten dünsten. Gemüsemasse etwas abkühlen lassen.
5. In der Zwischenzeit von den Kichererbsen die Flüssigkeit auffangen, mit Wasser auf 1 1/4–1 1/2 Liter auffüllen und in einem großen Topf zum Kochen bringen. Kichererbsen und gekörnte Brühe hinzufügen, wieder zum Kochen bringen und etwa 5 Minuten kochen lassen.
6. Die Gemüsemasse pürieren, zu den Kichererbsen in den Topf geben und unterrühren. Mit Majoran, Salz und Pfeffer würzen. Die Suppe wieder zum Kochen bringen und weitere etwa 5 Minuten bei schwacher Hitze kochen lassen.
7. Toastbrotscheiben in kleine Würfel schneiden. Olivenöl in einer Pfanne erhitzen. Die Brotwürfel darin von allen Seiten knusprig braun braten und herausnehmen. Die Brotwürfel in Suppentassen verteilen und mit Parmesan bestreuen. Die sehr heiße Suppe darübergießen.

Gemüsebrühe mit Zwiebelflädle

Kürbissuppe mit Haselnussklößchen

Gemüsebrühe mit Zwiebelflädle

4 Portionen

Zubereitungszeit: 30 Minuten, ohne Ruhezeit
Garzeit: Brühe etwa 1 Stunde

Für die Gemüsebrühe:
1 große Zwiebel
150 g Möhren
2 Stangen Porree (Lauch)
150 g Knollensellerie
1 l Wasser
1 gestr. TL Salz
1/2 TL gem. Pfeffer
1 Lorbeerblatt

Für die Zwiebelflädle:
100 g Vollkorn-Weizenmehl
1 Ei (Größe M)
1 Eigelb (Größe M)
125 ml Milch (3,5 % Fett)
ger. Muskatnuss
Salz, gem. Pfeffer
2 Frühlingszwiebeln
4 EL Sonnenblumenöl

1 Bund Schnittlauch

Pro Portion:
E: 9 g, F: 17 g, Kh: 24 g,
kJ: 1233, kcal: 294

1. Für die Brühe die Zwiebel abziehen und grob zerkleinern. Möhren putzen, schälen, abspülen, abtropfen lassen und in Scheiben schneiden. Porree putzen, die Stangen längs halbieren, gründlich waschen, abtropfen lassen und in grobe Streifen schneiden. Den Sellerie schälen, abspülen, abtropfen lassen und in Stücke schneiden. Das vorbereitete Gemüse in einen Topf geben, Wasser hinzugießen. Salz, Pfeffer und Lorbeerblatt hinzugeben, zum Kochen bringen und zugedeckt knapp 1 Stunde bei schwacher Hitze kochen lassen.
2. In der Zwischenzeit für die Zwiebelflädle Mehl in eine Rührschüssel geben. Ei, Eigelb, Milch, Muskat, Salz und Pfeffer hinzugeben. Die Zutaten zu einem Teig verrühren und etwa 30 Minuten ruhen lassen.
3. Frühlingszwiebeln putzen, abspülen, abtropfen lassen, in feine Scheiben schneiden und unter den Teig rühren.
4. Etwas Sonnenblumenöl in einer beschichteten Pfanne erhitzen. Den Teig gut durchrühren und eine dünne Teiglage mit einer drehenden Bewegung gleichmäßig auf dem Boden der Pfanne verteilen. Den Pfannkuchen von beiden Seiten goldbraun backen. Bevor der Pfannkuchen gewendet wird, wieder etwas Sonnenblumenöl in die Pfanne geben. Aus dem Teig insgesamt 4 Pfannkuchen backen.
5. Die Brühe durch ein Sieb gießen und die Brühe mit den Gewürzen abschmecken.
6. Die gebackenen Pfannkuchen zusammenrollen, in dünne Streifen schneiden und in 4 Suppentellern verteilen, mit der heißen Brühe übergießen.
7. Schnittlauch abspülen, trocken tupfen und in Röllchen schneiden. Die Suppe damit bestreuen.

Kürbissuppe mit Haselnussklößchen

4 Portionen

Zubereitungszeit: 40 Minuten
Garzeit: Suppe etwa 10 Minuten

Für die Kürbissuppe:
850 g Kürbis
2 Zwiebeln
50 g Butter
500 ml Gemüsebrühe

Für die Haselnussklößchen:
125 g Schlagsahne, Salz
3 EL gem. Haselnusskerne
3 EL Hartweizengrieß
1 Ei (Größe M)
2 EL gem. Haselnusskerne

150 g Crème fraîche
gem. Pfeffer
1 Bund Dill

Pro Portion:
E: 10 g, F: 44 g, Kh: 19 g,
kJ: 2192, kcal: 522

1. Für die Kürbissuppe Kürbis schälen, halbieren, die Kerne mit einem Löffel herauskratzen und den faserigen Innenteil entfernen. Das Kürbisfleisch in Würfel schneiden. Zwiebeln abziehen und klein würfeln.
2. Butter in einem Topf zerlassen. Zwiebelwürfel darin andünsten. Kürbiswürfel evtl. portionsweise hinzufügen und mitdünsten lassen. Gemüsebrühe hinzugießen, zum Kochen bringen und etwa 10 Minuten kochen.

3. In der Zwischenzeit für die Haselnussklößchen Sahne mit 1 Prise Salz in einem Topf zum Kochen bringen. Haselnusskerne mit Weizengrieß mischen und in die kochende Sahne rühren. So lange rühren, bis sich die Masse als Kloß vom Topfboden löst, etwas abkühlen lassen. Dann Ei und Haselnusskerne unterrühren.
4. Von der Haselnuss-Sahne-Masse mit 2 Teelöffeln Klößchen abstechen und in kochendem Salzwasser etwa 5 Minuten bei schwacher Hitze gar ziehen lassen. Die Klößchen mit einer Schaumkelle herausnehmen.
5. Die Kürbissuppe mit einem Pürierstab pürieren, Crème fraîche unterrühren. Mit Salz und Pfeffer würzen.
6. Dill abspülen und trocken tupfen. Die Spitzen von den Stängeln zupfen. Spitzen klein schneiden.
7. Die Kürbissuppe in Suppentassen füllen. Die Haselnussklößchen in den Suppentassen verteilen. Die Kürbissuppe mit Dill bestreut servieren.

Italienischer Bohnen-Gemüse-Topf

4 Portionen

VEGAN

Zubereitungszeit: 50 Minuten, ohne Einweichzeit
Garzeit: 70–80 Minuten

Zum Vorbereiten:
250 g getrocknete, weiße Bohnen

Für den Bohnen-Gemüse-Topf:
1 1/2 l Wasser
2 Zwiebeln
3 Knoblauchzehen
2 EL Olivenöl
1 Lorbeerblatt
je 1/2 TL gerebelter Oregano und gerebeltes Basilikum oder
1 TL getrocknete italienische Kräuter
1 Bund Suppengrün (Sellerie, Möhren, Porree)
150 g grüne Bohnen
300 g Staudensellerie
150 g Zucchini
200 g Tomaten
2–3 Gemüsebrühwürfel (für je 500 ml Flüssigkeit) oder
2 geh. TL gekörnte Gemüsebrühe
1 EL Tomatenmark
Salz, gem. Pfeffer
Cayennepfeffer
2 EL klein geschnittene Kräuter, z. B. Basilikum, Thymian, Estragon, Oregano oder Kräuter der Provence
einige Kräuterstängel

Pro Portion:
E: 18 g, F: 7 g, Kh: 32 g,
kJ: 1085, kcal: 259

1. Zum Vorbereiten die Bohnen in ein Sieb geben und mit kaltem Wasser abspülen. Bohnen in einen Topf geben, mit Wasser bedecken und über Nacht einweichen (Packungsanleitung beachten).
2. Für den Bohnen-Gemüse-Topf die Bohnen mit dem Einweichwasser zugedeckt zum Kochen bringen.
3. In der Zwischenzeit Zwiebeln und Knoblauch abziehen, in kleine Würfel schneiden. Zwiebel-, Knoblauchwürfel, Olivenöl, Lorbeerblatt und die getrockneten Kräutern zu den Bohnen in den Topf geben. Die Zutaten wieder zum Kochen bringen. Die Bohnen zugedeckt 50–60 Minuten bei mittlerer Hitze fast gar kochen.
4. In der Zwischenzeit Suppengrün putzen, abspülen, abtropfen lassen und in Scheiben schneiden.
5. Von den grünen Bohnen die Enden abschneiden, evtl. abfädeln. Bohnen abspülen, abtropfen lassen und in Stücke schneiden oder brechen. Staudensellerie putzen, abspülen und abtropfen lassen. Zucchini abspülen, abtrocknen und die Enden abschneiden. Zucchini halbieren oder vierteln. Selleriestangen und Zucchini in Scheiben schneiden.
6. Tomaten kreuzweise einschneiden und mit kochendem Wasser übergießen. Nach 1–2 Minuten herausnehmen und mit kaltem Wasser abschrecken. Tomaten häuten, halbieren und die Stängelansätze herausschneiden. Tomaten in Würfel schneiden.
7. Grüne Bohnen, Knollensellerie- und Möhrenscheiben (von dem Suppengrün) mit den Brühwürfeln oder der gekörnten Brühe zu den weißen Bohnen geben, zum Kochen bringen und zugedeckt weitere etwa 12 Minuten kochen lassen. Dann Porree, Staudensellerie- und Zucchinischeiben hinzufügen, zum Kochen bringen und zugedeckt noch weitere etwa 5 Minuten kochen lassen. Tomatenwürfel und Tomatenmark hinzugeben und 2–3 Minuten mitgaren lassen.
8. Die Suppe mit Salz, Pfeffer und Cayennepfeffer abschmecken, anrichten und mit den Kräutern bestreut servieren. Nach Belieben mit abgespülten, trocken getupften Kräuterstängeln garnieren.

Italienischer Bohnen-Gemüse-Topf

Pfannkuchensuppe mit Gemüseeinlage

4 Portionen

Zubereitungszeit: 45 Minuten
Garzeit: Suppe 4–6 Minuten

Für den Pfannkuchenteig:
90 g Vollkorn-Weizenmehl
1 Ei (Größe M)
150 ml Milch (3,5 % Fett)
Salz
gem. Pfeffer
ger. Muskatnuss
1/2 Bund Petersilie
1/2 Bund Schnittlauch
1 TL Sonnenblumenkerne

Für die Suppe:
150 g Knollensellerie
200 g Möhren
1 kleine Stange Porree
(Lauch, etwa 150 g)

2 TL Speiseöl,
z. B. Sonnenblumenöl
1 l Gemüsebrühe

Pro Portion:
E: 8 g, F: 6 g, Kh: 18 g,
kJ: 693, kcal: 166

1. Für den Teig Mehl mit Ei, Milch, Salz, Pfeffer und Muskat in eine Rührschüssel geben und mit einem Schneebesen verrühren. Petersilie und Schnittlauch abspülen, trocken tupfen. Die Blättchen von den Petersilienstängeln zupfen. Blättchen klein schneiden. Schnittlauch in feine Röllchen schneiden. Die Sonnenblumenkerne grob hacken, mit den Kräutern unter den flüssigen Pfannkuchenteig rühren. Teig 10–20 Minuten ruhen lassen.
2. Für die Suppe in der Zwischenzeit Sellerie und Möhren putzen, schälen, abspülen, abtropfen lassen, beides in dünne Streifen schneiden. Porree putzen, die Stange längs halbieren, gründlich waschen, abtropfen lassen und in feine Streifen schneiden.
3. Einen Teelöffel des Speiseöls in einer Pfanne (Ø etwa 22 cm) erhitzen. Die Hälfte des Pfannkuchenteiges hineingeben und einen dünnen Pfannkuchen bei mittlerer Hitze von jeder Seite etwa 2 Minuten backen. Pfannkuchen herausnehmen. Restliches Speiseöl in die Pfanne geben und den zweiten Pfannkuchen auf die gleiche Weise backen. Die Pfannkuchen etwas abkühlen lassen, aufrollen und in feine Scheiben schneiden.
4. Brühe in einem Topf zum Kochen bringen. Die Sellerie-, Möhren- und Porreestreifen hinzugeben, wieder zum Kochen bringen und zugedeckt 4–6 Minuten (je nach Größe des geschnittenen Gemüses) bei schwacher Hitze kochen lassen. Die Suppe mit Salz und Pfeffer abschmecken.
5. Die Pfannkuchenröllchen in tiefen Tellern verteilen und mit der Suppe auffüllen.

Pfannkuchensuppe mit Gemüseeinlage

Möhrencremesuppe mit Käseklößchen

12 Portionen

Zubereitungszeit: 75 Minuten
Garzeit: etwa 15 Minuten

Für die Möhrencremesuppe:
3 Schalotten
1 1/2 kg Möhren
150 g Knollensellerie
100 g Butter
knapp 2 l Gemüsebrühe

Für die Käseklößchen:
150 ml Milch (3,5 % Fett)
50 g Butter
Salz
ger. Muskatnuss
150 g Weizenmehl
3 Eier (Größe M)
60–70 g fein geraspelter
Greyerzer Käse

etwas Zucker
gem. Pfeffer
150 g Crème fraîche
einige Kerbelblättchen
100 g grob gehackte Haselnusskerne

Pro Portion:
E: 9 g, F: 25 g, Kh: 20 g,
kJ: 1458, kcal: 348

1. Für die Suppe Schalotten abziehen und in kleine Würfel schneiden. Möhren und Sellerie putzen, schälen, abspülen, abtropfen lassen und in grobe Würfel schneiden.

Möhrencremesuppe mit Käseklößchen

Meerrettichsuppe mit Quitten und Ingwer-Sirup

2. Butter in einem großen Topf zerlassen. Zuerst die Schalottenwürfel, dann Möhren- und Selleriewürfel portionsweise hinzugeben und mitdünsten lassen.
3. Das angedünstete Gemüse wieder in den Topf geben. Gemüsebrühe hinzugießen und zum Kochen bringen. Das Gemüse zugedeckt etwa 15 Minuten bei mittlerer Hitze kochen lassen.
4. In der Zwischenzeit für die Klößchen Milch mit Butter, 1 Prise Salz und Muskat in einem kleinen Topf zum Kochen bringen. Mehl auf einmal in die von der Kochstelle genommene Flüssigkeit schütten, zu einem glatten Kloß rühren und unter Rühren etwa 1 Minute erhitzen.
5. Den Kloß sofort in eine Rührschüssel geben. Nach und nach mit einem Mixer (Knethaken) Eier auf höchster Stufe unterarbeiten. Die Käseraspel unterrühren.
6. Von der Käsemasse mit 2 kalt abgespülten Teelöffeln kleine Klößchen abstechen. Die Klößchen in kochendem Salzwasser etwa 3 Minuten bei schwacher Hitze gar ziehen lassen.
7. Die Suppe mit Salz, Zucker und Pfeffer würzen und mit einem Pürierstab fein pürieren. Crème fraîche unter die Suppe ziehen.
8. Möhrencremesuppe mit den Käseklößchen und einigen abgespülten, trocken getupften Kerbelblättchen in Suppenschalen anrichten. Mit Haselnusskernen bestreuen und sofort servieren.

Meerrettichsuppe mit Quitten und Ingwer-Sirup

4 Portionen

Zubereitungszeit: 50 Minuten

50 g frischer Ingwer
60 g Zucker, 60 g Butter
300 ml Apfelsaft, naturtrüb
10 Wacholderbeeren
5 Pimentkörner
200 ml Weißwein
400 ml Gemüsefond
2 Quitten (je etwa 250 g)
125 g Schalotten
350 g Schlagsahne
(mindestens 30 % Fett)
Salz, gem. schwarzer Pfeffer
50 g frischer Meerrettich

Pro Portion:
E: 4 g, F: 41 g, Kh: 40 g,
kJ: 2455, kcal: 587

1. Den Ingwer schälen und sehr klein würfeln. Den Zucker in einem kleinen Topf bei mittlerer Hitze goldbraun schmelzen lassen. 20 g Butter hinzugeben und kurz aufschäumen lassen, die Ingwerwürfel unterrühren. 100 ml Apfelsaft hinzugießen, zum Kochen bringen und etwa 5 Minuten sirupartig einkochen lassen. Den Topf von der Kochstelle nehmen.
2. Die Wacholderbeeren und Pimentkörner im Mörser grob zerstoßen, mit Weißwein, restlichem Apfelsaft und Gemüsefond in einem Topf zum Kochen bringen. Die Quitten schälen, längs vierteln, entkernen und die Blütenansätze entfernen. Quitten in etwa 2 cm dicke Spalten schneiden, in den Fond geben und 3–4 Minuten bei schwacher Hitze weich kochen.
3. Die Quittenspalten mit einem Schaumlöffel aus dem Fond nehmen, mit 20 g der restlichen Butter und 3 Esslöffeln des Fonds in eine Pfanne geben, beiseitestellen.
4. Die Schalotten abziehen und fein würfeln. Restliche Butter in einem Topf zerlassen. Schalottenwürfel darin andünsten. Restlichen Quittenfond und 250 g Sahne hinzugießen. Mit Salz und etwas Pfeffer würzen. Die Zutaten zum Kochen bringen und etwa 10 Minuten kochen lassen.
5. In der Zwischenzeit Meerrettich schälen und fein reiben. Restliche Sahne halbsteif schlagen und in den Kühlschrank stellen. Die Quittenspalten in der beiseitegestellten Pfanne bei schwacher bis mittlerer Hitze erhitzen.
6. Von dem geriebenen Meerrettich 2 Esslöffel abnehmen und beiseitestellen. Restlichen Meerrettich zu der Suppe in den Topf geben und ganz kurz mit aufkochen lassen. Die geschlagene Sahne hinzugeben. Die Suppe mit einem Pürierstab schaumig mixen. Den Topf von der Kochstelle nehmen.
7. Die Quittenspalten in vorgewärmten Tellern verteilen und mit der Suppe auffüllen. Mit dem Ingwer-Sirup beträufeln und dem beiseitegestellten Meerrettich bestreuen.

Sellerie-Kartoffel-Eintopf mit Kichererbsen und Petersilienöl

Sellerie-Kartoffel-Eintopf mit Kichererbsen und Petersilienöl

4 Portionen

Zubereitungszeit: 40 Minuten
Garzeit: etwa 20 Minuten

400 g festkochende Kartoffeln
500 g Knollensellerie
200 g Möhren
1 Zwiebel
2 EL Butter
1 1/2 l Gemüsebrühe
240 g abgetropfte Kichererbsen (aus der Dose)
1 Bund glatte Petersilie
200 ml mildes Olivenöl
Salz
grob gem. schwarzer Pfeffer

Pro Portion:
E: 10 g, F: 26 g, Kh: 30 g,
kJ: 1640, kcal: 392

1. Die Kartoffeln schälen, abspülen, abtropfen lassen und in Würfel schneiden. Knollensellerie und Möhren putzen, schälen, abspülen, abtropfen lassen und ebenfalls in Würfel schneiden. Die Zwiebel abziehen und klein würfeln.
2. Die Butter in einem Topf zerlassen, Zwiebelwürfel darin andünsten. Kartoffel-, Sellerie- und Möhrenwürfel darin portionsweise unter Rühren andünsten. Gemüsebrühe hinzugießen und zum Kochen bringen. Den Eintopf zugedeckt etwa 20 Minuten bei mittlerer Hitze kochen lassen.
3. Die Kichererbsen nach etwa 15 Minuten Garzeit zum Eintopf in den Topf geben und mitgaren lassen.
4. In der Zwischenzeit die Petersilie abspülen und trocken tupfen. Die Blättchen von den Stängeln zupfen (einige Blättchen zum Garnieren beiseitelegen). Blättchen grob zerschneiden und in einen hohen Rührbecher geben. Das Olivenöl mit gut 1 Prise Salz hinzufügen und mit dem Pürierstab zu einem glatten, grünen Öl mixen.
5. Den Eintopf mit Salz und Pfeffer abschmecken, in Tellern oder Bowls verteilen. Mit je 1–2 Esslöffeln (je etwa 15 g) des Petersilienöls und den beiseitegelegten Petersilienblättchen garnieren und sofort servieren. Restliches Petersilienöl dazureichen.

Pikanter Linsentopf mit Tofusaitling

4 Portionen (ohne Foto)

Zubereitungszeit: 30 Minuten, ohne Einweichzeit
Garzeit: etwa 25 Minuten

Zum Vorbereiten:
250 g getrocknete Puy-Linsen (französische Berglinsen)

1 Bund Suppengrün (Sellerie, Möhren, Porree)
1 Zwiebel
2 Knoblauchzehen
1 Chilischote
2 große, festkochende Kartoffeln
2 EL Butter
1 EL Zucker
3 EL Balsamico-Essig
1 1/2 l Gemüsebrühe
Salz
1 Stängel Rosmarin
2 Stängel Thymian
gem. schwarzer Pfeffer
8 geräucherte Tofusaitlinge (Tofuwürstchen)
1 Bund glatte Petersilie
evtl. einige Stängel Thymian

Pro Portion:
E: 39 g, F: 19 g, Kh: 61 g,
kJ: 2426, kcal: 576

1. Zum Vorbereiten Linsen in kaltem Wasser über Nacht einweichen.
2. Suppengrün putzen, schälen, abspülen, abtropfen lassen und in kleine Würfel schneiden. Zwiebel und Knoblauch abziehen, ebenfalls klein würfeln. Chilischote abspülen, trocken tupfen, entstielen und in feine Ringe schneiden. Kartoffeln schälen, abspülen, abtropfen lassen und in Würfel schneiden.
3. Butter in einem großen Topf zerlassen, Zucker darin karamellisieren. Die vorbereiteten Gemüsewürfel mit den Zwiebel-, Knoblauchwürfeln, Chiliringen und Kartoffelwürfeln portionsweise hinzugeben und andünsten. Mit Balsamico-Essig ablöschen, Gemüsebrühe sofort hinzugießen. Die eingeweichten Linsen abtropfen lassen und hinzugeben. Mit Salz würzen. Rosmarin und Thymian abspülen, trocken tupfen und ebenfalls hinzugeben.
4. Die Zutaten zum Kochen bringen. Den Eintopf zugedeckt etwa 25 Minuten bei schwacher Hitze kochen lassen.
5. Die Kräuterstängel aus dem Eintopf nehmen. Den Eintopf mit Salz, Pfeffer und evtl. mit etwas Balsamico-Essig abschmecken. Die Tofusaitlinge in den Eintopf geben und miterhitzen.
6. In der Zwischenzeit die Petersilie abspülen und trocken tupfen. Die Blättchen von den Stängeln zupfen. Blättchen klein schneiden.
7. Den Eintopf in Suppenschalen anrichten und mit Petersilie bestreut servieren. Nach Belieben mit abgespülten, trocken getupften Thymianstängeln garnieren.

Mandelsüppchen mit Croûtons und Olivenöl

4 Portionen

Zubereitungszeit: 30 Minuten

2 Schalotten
1 Knoblauchzehe
2 EL Butter
125 g gehobelte Mandeln
1 EL Weizenmehl
750 ml Gemüsebrühe
Salz
2 große Scheiben Mehrkorntoast
4 EL Olivenöl
2 EL nicht abgezogene Mandeln, grob gehackt
2 Stängel Rosmarin
250 ml Mandelmilch, ungesüßt (Reformhaus oder Bioladen)
gem. Pfeffer

Pro Portion:
E: 15 g, F: 45 g, Kh: 16 g,
kJ: 2191, kcal: 524

1. Schalotten und Knoblauch abziehen, grob zerkleinern. Die Butter in einem Topf zerlassen. Schalotten- und Knoblauchstücke darin kurz andünsten. Die Mandeln hinzugeben und kurz mitdünsten lassen, mit Mehl bestäuben und kurz unterrühren. Die Gemüsebrühe hinzugießen, zum Kochen bringen und mit Salz würzen. Die Zutaten etwa 10 Minuten bei schwacher Hitze kochen lassen.
2. In der Zwischenzeit die Toastscheiben entrinden und in Würfel schneiden. 2 Esslöffel des Olivenöls in einer Pfanne erhitzen. Die Brotwürfel darin langsam von allen Seiten goldgelb braten. Wenn die Brotwürfel anfangen Farbe zu nehmen, die gehackten Mandeln und 1 abgespülten, trocken getupften Rosmarinstängel mitbraten lassen. Mit Salz würzen. Die Brotwürfel-Mandel-Mischung aus der Pfanne nehmen und auf Küchenpapier abtropfen lassen. Rosmarinstängel entfernen.
3. Mandelmilch in die Suppe geben und kurz mitkochen lassen. Suppe mit einem Pürierstab fein pürieren, mit Salz und Pfeffer abschmecken.
4. Restlichen Rosmarinstängel abspülen und trocken tupfen. Die Nadeln von dem Stängel zupfen. Die Suppe in vorgewärmten Schalen verteilen und jeweils etwas von dem restlichen Olivenöl daraufträufeln. Jeweils einige Croûtons mit den Mandeln in die Suppe geben. Mit Rosmarinnadeln bestreuen.

Rucolasuppe mit Möhrenklößchen

4 Portionen

Zubereitungszeit: 40 Minuten

Für die Möhrenklößchen:
300 g Möhren
1 EL Butter
1 TL Zucker
Salz
1–2 EL Wasser
1 Eigelb (Größe M)
2 EL Vollkorn-Semmelbrösel
1 EL Magerquark
1 EL klein geschnittene Petersilie
1 l heiße Gemüsebrühe

2 Bund Rucola (Rauke)
1 Zwiebel
40 g Butter
500 ml Gemüsebrühe
250 g Buttermilch
einige Rucolablätter

Pro Portion:
E: 6 g, F: 17 g, Kh: 13 g,
kJ: 995, kcal: 237

1. Für die Möhrenklößchen Möhren putzen, schälen, abspülen, abtropfen lassen und in Würfel schneiden. Möhrenwürfel mit Butter, Zucker, Salz und Wasser in einem Topf zum Kochen bringen und zugedeckt etwa 15 Minuten garen.
2. Anschießend Möhrenwürfel durch ein Sieb streichen.
3. Eigelb, Semmelbrösel und Quark unter die Möhrenmasse mischen, mit Salz und Zucker würzen, Petersilie untermischen.
4. Von der Möhrenmasse mit 2 Teelöffeln kleine Klößchen abstechen, diese in heiße Gemüsebrühe geben (die Brühe darf nicht kochen), die Klößchen etwa 5 Minuten gar ziehen lassen.
5. Für die Suppe Rucola verlesen und die dicken Stiele abschneiden. Rucola abspülen, trocken tupfen und in feine Streifen schneiden.
6. Zwiebel abziehen und klein würfeln. Butter in einem Topf zerlassen. Die Zwiebelwürfel darin andünsten. Gemüsebrühe und Buttermilch hinzugießen, aufkochen lassen, mit Salz und Pfeffer würzen.
7. Rucolastreifen in die Suppe geben und alles mit einem Pürierstab kurz pürieren. Die Rucolasuppe in Suppentassen mit den Möhrenklößchen servieren. Mit abgespülten, trocken getupften Rucolablättern garnieren.

Mandelsüppchen mit Croûtons und Olivenöl

Rucolasuppe mit Möhrenklößchen

Kichererbseneintopf mit Gemüse

2 Portionen

VEGAN

Zubereitungszeit: 25 Minuten
Garzeit: etwa 13 Minuten

200 g grüne TK-Bohnen
2 kleine Zwiebeln
etwas frischer Ingwer oder gem. Ingwer
200 g Knollensellerie
250 g Möhren
2 Zucchini (etwa 300 g)
350 g abgetropfte Kichererbsen (aus der Dose)
2 TL Speiseöl
2 gestr. TL Currypulver
600 ml Gemüsebrühe
Salz, gem. Pfeffer
2 kleine Tomaten (etwa 100 g)
2 TL Zitronensaft
1 TL Sojasauce

Pro Portion:
E: 22 g, F: 10 g, Kh: 53 g,
kJ: 1686, kcal: 403

1. Die Bohnen antauen lassen. In der Zwischenzeit die Zwiebeln abziehen und in kleine Würfel schneiden. Ingwer schälen und sehr fein würfeln.
2. Sellerie und Möhren putzen, schälen, abspülen, abtropfen lassen und jeweils in dünne Streifen schneiden. Zucchini abspülen, abtrocknen und die Enden abschneiden. Zucchini längs halbieren und in dünne Scheiben schneiden.
3. Die Kichererbsen mit kaltem Wasser abspülen und gut abtropfen lassen. Die angetauten Bohnen etwas kleiner schneiden.
4. Das Speiseöl in einem Topf erhitzen. Die Zwiebel-, Ingwerwürfel, Sellerie- und Möhrenstreifen mit dem Curry hinzufügen und etwa 3 Minuten unter gelegentlichem Rühren andünsten.
5. Bohnenstücke, Zucchinischeiben und Kichererbsen hinzugeben. Brühe hinzugießen, mit Salz und Pfeffer würzen.
6. Die Zutaten zum Kochen bringen. Den Eintopf zugedeckt bei schwacher Hitze etwa 8 Minuten kochen lassen.
7. In der Zwischenzeit die Tomaten kreuzweise einschneiden und mit kochendem Wasser übergießen. Nach 1–2 Minuten herausnehmen und mit kaltem Wasser abschrecken. Tomaten häuten, halbieren und die Stängelansätze herausschneiden. Die Tomaten achteln, in den Eintopf geben und weitere etwa 2 Minuten kochen.
8. Den Kichererbseneintopf mit Zitronensaft, Sojasauce, Salz und Pfeffer abschmecken.

Beilage: **Joghurt-Dip** (nicht vegan). Dafür 80 g Joghurt aus Sojamilch mit 80 g saurer Sahne (vegan) und 2 Teelöffeln Schnittlauchröllchen glatt rühren. Mit Salz und Pfeffer abschmecken.

Kichererbseneintopf mit Gemüse

Kartoffel-Ingwer-Suppe

4 Portionen

Zubereitungszeit: 50 Minuten
Garzeit: etwa 90 Minuten

3 Zwiebeln
2 Knoblauchzehen
2 Bund Suppengrün (Sellerie, Möhren, Porree)
etwa 100 g Petersilienwurzeln
50 ml Speiseöl, z. B. Rapsöl
3 l Wasser
1 gestr. EL Salz
2 Lorbeerblätter
1 TL Pfefferkörner
1 Zwiebel
50 g frischer Ingwer
600 g festkochende Kartoffeln
2 EL Speiseöl
100 g Schlagsahne
Zucker
1/2 Bund Koriander

Pro Portion:
E: 4 g, F: 26 g, Kh: 24 g,
kJ: 1453, kcal: 347

1. Zwiebeln und Knoblauch abziehen, in kleine Würfel schneiden. Suppengrün putzen, schälen, abspülen und abtropfen lassen. Suppengrün grob würfeln.
2. Petersilienwurzeln putzen, schälen, abspülen, abtropfen lassen und ebenfalls in Würfel schneiden.
3. Speiseöl in einem großen Topf erhitzen. Zwiebel- und Knoblauchwür-

Kartoffel-Ingwer-Suppe

Käsesuppe mit Croûtons und Frühlingszwiebeln

fel darin andünsten. Vorbereitete Gemüsewürfel hinzugeben und unter Rühren kurz mitdünsten lassen.
4. Das Wasser hinzugießen. Salz, Lorbeerblätter und Pfefferkörner hinzufügen. Die Zutaten zum Kochen bringen. Das Gemüse ohne Deckel etwa 60 Minuten bei schwacher bis mittlerer Hitze kochen lassen.
5. Das Gemüse aus der Brühe nehmen und entfernen. Die Brühe durch ein Sieb in einen Topf gießen.
6. Die Zwiebel abziehen und in grobe Würfel schneiden. Ingwer schälen und in kleine Würfel schneiden. Kartoffeln schälen, abspülen und abtropfen lassen. 350 g Kartoffeln grob würfeln. Die restlichen Kartoffeln (250 g) in kleine Würfel schneiden, mit Wasser bedeckt beiseitestellen.
7. Speiseöl in einem großen Topf erhitzen. Zwiebelwürfel darin glasig dünsten. Die grob geschnittenen Kartoffelwürfel und Ingwerwürfel hinzugeben, unter Rühren kurz mitdünsten lassen. Die Gemüsebrühe hinzugießen, zum Kochen bringen und etwa 30 Minuten bei schwacher Hitze leicht kochen lassen. Sahne hinzugießen und einmal aufkochen lassen. Die Suppe mit einem Pürierstab fein pürieren. Sollte die Suppe zu dick sein, etwas Wasser unterrühren. Die Suppe mit Salz und Zucker abschmecken.
8. Die beiseitegestellten, kleinen Kartoffelwürfel in kochendem Salzwasser etwa 3 Minuten bissfest kochen. Kartoffelwürfel in ein Sieb geben, mit kaltem Wasser abschrecken, abtropfen lassen, in die Suppe geben und nochmals erhitzen.
9. Koriander abspülen und trocken tupfen. Die Blättchen von den Stängeln zupfen. Blättchen grob zerkleinern. Die Suppe mit Koriander bestreut servieren.

Käsesuppe mit Croûtons und Frühlingszwiebeln

5 Portionen

Zubereitungszeit: 50 Minuten
Garzeit: etwa 5 Minuten

Für die Suppe:
50 g Butter oder Margarine
35 g Weizenmehl
250 ml Weißwein
250 ml Gemüsebrühe
500 ml Milch (3,5 % Fett)
Salz
gem. Pfeffer
ger. Muskatnuss
2 Knoblauchzehen
120 g Greyerzer Käse
120 g Emmentaler
1 kleines Bund Frühlingszwiebeln

Für die Croûtons:
4 Scheiben Weißbrot
25 g Butter

Pro Portion:
E: 20 g, F: 31 g, Kh: 21 g,
kJ: 1987, kcal: 475

1. Für die Suppe Butter oder Margarine in einem Topf zerlassen. Mehl hinzufügen und unter Rühren so lange erhitzen, bis es hellgelb ist.
2. Wein, Brühe und Milch hinzugießen. Mit einem Schneebesen durchschlagen. Dabei darauf achten, dass keine Klümpchen entstehen. Mit Salz, Pfeffer und Muskat würzen.
3. Knoblauch abziehen, halbieren und in die Suppe geben. Die Suppe zum Kochen bringen und etwa 5 Minuten bei schwacher Hitze kochen lassen. Die Knoblauchhälften entfernen.
4. Greyerzer Käse und Emmentaler auf einer Haushaltsreibe grob reiben und unter die Suppe rühren. Die Suppe unter Rühren erhitzen, bis der Käse geschmolzen ist.
5. Frühlingszwiebeln putzen, abspülen, abtropfen lassen und in feine Scheiben schneiden.
6. Für die Croûtons die Weißbrotscheiben entrinden und in kleine Würfel schneiden. Butter in einer großen Pfanne zerlassen. Die Brotwürfel darin von allen Seiten unter Rühren anrösten, herausnehmen und mit Salz bestreuen.
7. Käsesuppe nochmals mit Salz, Pfeffer und Muskat abschmecken. Mit den Frühlingszwiebelscheiben und Croûtons anrichten.

Tipp: Die Knoblauchhälften können auf eine Gabel gespießt und in die Suppe gegeben werden, dann lassen sie sich sehr einfach wieder herausholen.

Kapitel 04

Rezepte 301–400

Salate & Rohkost

Fenchel auf Möhren-Orangen-Salat

Fenchel auf Möhren-Orangen-Salat

12 Portionen VEGAN

Zubereitungszeit: 60 Minuten, ohne Marinierzeit
Garzeit: etwa 8 Minuten

12 kleine Fenchelknollen (etwa 1,2 kg)
10 dicke Möhren (etwa 1 kg)
Salz
12 Saftorangen
4 EL Speiseöl
gem. Pfeffer

Für das Dressing:
8 EL milder Apfelessig
Zucker
150 ml Speiseöl

Zum Bestreuen:
4 EL Pinienkerne

Pro Portion:
E: 5 g, F: 20 g, Kh: 19 g, kJ: 1201, kcal: 287

1. Von den Fenchelknollen die Stiele dicht oberhalb der Knollen abschneiden. Braune Stellen und Blätter entfernen. Die Wurzelenden gerade schneiden. Fenchelknollen abspülen, abtropfen lassen und achteln. Möhren putzen, schälen, abspülen und abtropfen lassen.
2. Wasser in einem Topf zum Kochen bringen, Salz hinzugeben. Die Fenchelstücke und Möhren darin etwa 8 Minuten garen. Mit einer Schaumkelle herausnehmen, mit kaltem Wasser abschrecken und in einem Sieb gut abtropfen lassen.
3. Die Orangen so schälen, dass die weiße Haut vollständig mitentfernt wird. Orangen halbieren oder vierteln und in Scheiben schneiden. Die gegarten Möhren in feine Stifte oder Scheiben schneiden.
4. Speiseöl in einer großen Pfanne erhitzen. Fenchel darin leicht anbraten. Mit Salz und Pfeffer würzen.
5. Für das Dressing Essig mit Salz, Pfeffer und etwas Zucker verrühren, Speiseöl unterschlagen.
6. Möhrenstifte oder -scheiben und Orangenscheiben in dem Dressing

einige Minuten marinieren und auf einer Platte anrichten.

7. Zum Bestreuen die Pinienkerne in einer Pfanne ohne Fett unter Rühren anrösten. Fenchelstücke auf dem Möhren-Orangen-Salat anrichten und mit Pinienkernen bestreuen.

Rotkohlsalat mit Sesam und Tofubröseln

4 Portionen

VEGAN

Zubereitungszeit: 50 Minuten, ohne Durchziehzeit

1 kleiner Rotkohl (300–400 g)
1 mittelgroße Zwiebel
2–3 EL Weißweinessig
Salz
gem. weißer Pfeffer
Zucker
4 EL Sonnenblumenöl
2 EL Sesamsamen
125 g Tofu

Pro Portion:
E: 5 g, F: 16 g, Kh: 7 g,
kJ: 842, kcal: 201

1. Vom Rotkohl die groben, äußeren Blätter entfernen. Kohl vierteln und den Strunk herausschneiden. Kohlviertel abspülen, abtropfen lassen und sehr fein schneiden oder hobeln. Zwiebel abziehen und in sehr feine Würfel schneiden.

2. Essig mit Salz, Pfeffer und 1 Prise Zucker in einer Schüssel verrühren, Sonnenblumenöl unterschlagen. Rotkohlstreifen und die Zwiebelwürfel unter die Marinade mischen. Den Salat zugedeckt etwa 30 Minuten durchziehen lassen.

3. Sesam in einer Pfanne ohne Fett unter Rühren kurz anrösten. Tofu in Würfel schneiden. Sesam und Tofuwürfel auf dem Salat verteilen.

Glasnudelsalat

12 Portionen

VEGAN

Zubereitungszeit: 70 Minuten

1 kg Glasnudeln
5 rote Paprikaschoten
1 großer Staudensellerie
3 Bund Frühlingszwiebeln
2 grüne Chilischoten
2–3 Bund Koriander
gem. Pfeffer
etwas Sojasauce

Pro Portion:
E: 3 g, F: 1 g, Kh: 9 g,
kJ: 1421, kcal: 339

1. Glasnudeln in Wasser nach Packungsanleitung zubereiten. Anschließend in einem Sieb abtropfen lassen. Glasnudeln mit einer Schere in 5–10 cm lange Stücke schneiden.

2. Die Paprikaschoten halbieren, entstielen, entkernen und die weißen Scheidewände entfernen. Die Paprikaschoten abspülen, abtropfen lassen und in feine Streifen schneiden.

3. Den Staudensellerie putzen, abspülen, abtropfen lassen und in dünne Scheiben schneiden.

4. Paprikastreifen und Selleriescheiben in kochendem Wasser etwa 2 Minuten blanchieren, mit kaltem Wasser abschrecken und in einem Sieb abtropfen lassen.

5. Frühlingszwiebeln putzen, abspülen, abtropfen lassen und in feine Scheiben schneiden. Chilischoten abspülen, trocken tupfen und in feine Ringe schneiden.

6. Koriander abspülen und trocken tupfen. Die Blättchen von den Stängeln zupfen (einige Blättchen zum Garnieren beiseitelegen). Blättchen klein schneiden.

7. Die vorbereiteten Salatzutaten in einer Schüssel mischen.

8. Den Glasnudelsalat mit Pfeffer und Sojasauce würzen. Mit den beiseitegelegten Korianderblättchen garniert servieren.

Rotkohlsalat mit Sesam und Tofubröseln

Glasnudelsalat

Rote-Linsen-Salat mit Erbsen und Ananas

4 Portionen (ohne Foto)

Zubereitungszeit: 25 Minuten, ohne Abkühl- und Durchziehzeit

VEGAN

400 ml Gemüsebrühe
300 g TK-Erbsen
200 g rote Linsen
1 Bund Frühlingszwiebeln
280 g abgetropfte Ananasscheiben (aus der Dose)
20 g frischer Ingwer
3–4 EL Himbeeressig
Salz
gem. Pfeffer
2 EL Sonnenblumenöl
3 EL Nussöl

Pro Portion:
E: 19 g, F: 14 g, Kh: 50 g,
kJ: 1707, kcal: 408

1. Die Brühe in einem kleinen Topf zum Kochen bringen. Die gefrorenen Erbsen darin nach Packungsanleitung garen. Dann die Erbsen in einem Sieb abtropfen lassen, dabei die Brühe auffangen. Die Erbsen mit kaltem Wasser abschrecken und abtropfen lassen.
2. Die aufgefangene Brühe wieder zurück in den Topf geben. Die Linsen hinzugeben, wieder zum Kochen bringen und etwa 8 Minuten bei schwacher Hitze kochen lassen, bis die Brühe von den Linsen aufgesogen ist.
3. Frühlingszwiebeln putzen, abspülen, abtropfen lassen und schräg in Scheiben schneiden. Frühlingszwiebelscheiben unter die heißen Linsen heben. Die Linsen-Frühlingszwiebel-Mischung abkühlen lassen.
4. Ananasscheiben in kleine Stücke schneiden. Ingwer schälen und fein reiben. Essig mit Salz, Pfeffer und Ingwer verrühren. Sonnenblumen- und Nussöl unterschlagen. Die Salatsauce zu der Linsen-Frühlings-zwiebel-Mischung geben und gut untermengen. Ananasstücke und Erbsen unterheben.
5. Den Rote-Linsen-Salat mit Erbsen und Ananas zugedeckt in den Kühlschrank stellen und etwa 1 Stunde durchziehen lassen.
6. Den Salat nochmals mit den Gewürzen abschmecken, anrichten und servieren.

Bunter Linsensalat mit kretischem Olivenöl und Orange

1 Portion

VEGAN

Zubereitungszeit: 15 Minuten
Garzeit: etwa 30 Minuten

60 g Pardina-Linsen (kleine, amerikanische Linsen)
1 Schalotte
1 kleine Knoblauchzehe
2 EL Olivenöl aus Kreta
je 1 EL Möhren- und Selleriewürfel
300 ml Gemüsebrühe
1 Bio-Orange (unbehandelt, ungewachst)
1 Tomate
2 Stängel Basilikum
Salz, gem. Pfeffer
Zucker
1 EL Apfelessig

Pro Portion:
E: 18 g, F: 12 g, Kh: 54 g,
kJ: 1702, kcal: 404

1. Die Linsen in ein Sieb geben, mit kaltem Wasser abspülen und abtropfen lassen. Schalotte und Knoblauch abziehen. Die Schalotte klein würfeln und den Knoblauch halbieren.
2. Olivenöl in einem Topf erhitzen. Schalottenwürfel und Knoblauchhälften darin andünsten. Linsen, Möhren- und Selleriewürfel hinzugeben, kurz mitdünsten lassen. Die Gemüsebrühe hinzugießen und zum Kochen bringen. Die Linsen etwa 30 Minuten kochen lassen. Linsen erst nach der Garzeit würzen, sonst verlängert sich die Garzeit!
3. In der Zwischenzeit Orange heiß abwaschen, abtrocknen und die Schale abreiben. Orange halbieren und den Saft auspressen. Die Tomate abspülen, abtropfen lassen, vierteln und den Stängelansatz herausschneiden. Tomate in kleine Würfel schneiden. Basilikum abspülen und trocken tupfen. Die Blättchen von den Stängeln zupfen (einige Blättchen zum Garnieren beiseitelegen), in feine Streifen schneiden.
4. Linsen mit Salz, Pfeffer, Zucker, Essig, Orangenschale und -saft würzen. Basilikumstreifen unterheben.

Bunter Linsensalat mit kretischem Olivenöl und Orange

5. Den Linsensalat mit den Tomatenwürfeln und den beiseitegelegten Basilikumblättchen garnieren.

Bulgur-Tomaten-Salat

4 Portionen

VEGAN

Zubereitungszeit: 40 Minuten, ohne Abkühl- und Durchziehzeit

200 g grober Bulgur (Weizengrütze)
400 ml Gemüsebrühe
250 g Salatgurke
2 Fleischtomaten
1 gelbe Paprikaschote
1 Bund Frühlingszwiebeln
1 Bund glatte Petersilie
1 Stängel Minze

Für die Sauce:
4 EL Zitronensaft
Salz
gem. Pfeffer
Zucker
gem. Kreuzkümmel (Cumin)
6–8 EL Olivenöl

Pro Portion:
E: 8 g, F: 23 g, Kh: 38 g,
kJ: 1725, kcal: 412

1. Bulgur in einem heißen Topf ohne Fett etwa 1 Minute unter Rühren anrösten. Brühe hinzugießen und zum Kochen bringen. Bulgur zugedeckt etwa 15 Minuten bei schwacher Hitze ausquellen lassen. Bulgurmasse abkühlen lassen, dabei mehrmals umrühren.
2. Gurke abspülen, abtrocknen und die Enden abschneiden. Gurke mit der Schale in kleine Würfel schneiden. Tomaten abspülen, trocken tupfen, halbieren und die Stängelansätze herausschneiden. Tomaten in kleine Würfel schneiden.
3. Paprikaschote halbieren, entstielen, entkernen und die weißen Scheidewände entfernen. Schote abspülen, trocken tupfen und fein würfeln. Frühlingszwiebeln putzen, abspülen, abtropfen lassen und in feine Scheiben schneiden.
4. Petersilie und Minze abspülen und trocken tupfen. Die Blättchen von den Stängeln zupfen, Blättchen klein schneiden.
5. Für die Sauce den Zitronensaft mit Salz, Pfeffer, etwas Zucker und Kreuzkümmel verrühren. Das Olivenöl unterschlagen. Die vorbereiteten Salatzutaten mit der Sauce in einer Schüssel vermischen. Den Salat etwas durchziehen lassen.

Bunter Gemüsesalat

4 Portionen (ohne Foto)

Zubereitungszeit: 40 Minuten

je 1 rote und grüne Paprikaschote
1 Salatgurke
8 Tomaten
4 Zwiebeln
500 g Gouda (am Stück)
340 g abgetropfter Gemüsemais (aus der Dose)
3 EL Salatcreme
100 g Schlagsahne
1 EL Tomatenketchup
Zucker
Salz
gem. Pfeffer
Tabasco
1/2 Bund Schnittlauch

Pro Portion:
E: 12 g, F: 16 g, Kh: 9 g,
kJ: 1017, kcal: 243

1. Paprikaschoten halbieren, entstielen, entkernen und die weißen Scheidewände entfernen. Schoten abspülen, abtropfen lassen und in Würfel schneiden.
2. Gurke abspülen, trocken tupfen und die Enden abschneiden. Gurke halbieren und die Kerne mit einem Löffel herausschaben. Gurkenhälften mit der Schale in kleine Stücke schneiden.
3. Tomaten abspülen, trocken tupfen, vierteln und die Stängelansätze herausschneiden. Zwiebeln abziehen, zuerst in dünne Scheiben schneiden, dann in Ringe teilen. Käse in Würfel schneiden. Die vorbereiteten Salatzutaten mit dem Mais in einer Schüssel vermischen.
4. Salatcreme mit Sahne, Ketchup, 1 Prise Zucker, Salz, Pfeffer und einigen Spritzern Tabasco verrühren. Die Salatsauce kurz vor dem Servieren über den Salat geben.
5. Schnittlauch abspülen, trocken tupfen und in feine Röllchen schneiden. Den bunten Gemüsesalat damit bestreuen.

Römersalat mit Zucchini und gebratenen Mozzarella-Streifen

Römersalat mit Zucchini und gebratenen Mozzarella-Streifen

2 Portionen

Zubereitungszeit: 30 Minuten

Für den Salat:
250 g Zucchini
Salz
75 g Staudensellerie
1 rote Paprikaschote
1/2 Kopf Römersalat
1–2 EL Olivenöl
gem. Pfeffer
gem. Kreuzkümmel (Cumin)
2 EL Rotweinessig
3–4 EL Olivenöl

Für die Mozzarella-Streifen:
125 g abgetropfter Mozzarella
1 Eiweiß (Größe M)
1 geh. EL Weizenmehl
je 25 g helle und dunkle Sesamsamen
3 EL Speiseöl

Pro Portion:
E: 25 g, F: 73 g, Kh: 19 g,
kJ: 3472, kcal: 833

1. Für den Salat Zucchini abspülen, abtrocknen und die Enden abschneiden. Zucchini in Scheiben schneiden. Zucchinischeiben mit etwa 1/2 Teelöffel Salz bestreuen und etwa 10 Minuten ziehen lassen.
2. In der Zwischenzeit Staudensellerie putzen, abspülen, abtropfen lassen und in Scheiben schneiden. Paprikaschote halbieren, entstielen, entkernen und die weißen Scheidewände entfernen. Schote abspülen, abtropfen lassen und in Streifen schneiden. Von dem Römersalat die äußeren, welken Blätter entfernen. Salat halbieren und den Strunk herausschneiden. Die Salathälften abspülen, trocken tupfen und in breite Streifen schneiden.
3. Zucchinischeiben mit Küchenpapier trocken tupfen. Olivenöl in einer großen Pfanne erhitzen. Zucchinischeiben darin unter gelegentlichem Wenden anbraten. Paprikastreifen hinzugeben und kurz mit andünsten. Zucchinischeiben, Paprikastreifen und Staudenselleriescheiben in eine Schüssel geben, mit Pfeffer und etwas Cumin würzen.
4. Für die Sauce Essig mit Salz und Pfeffer verrühren. Olivenöl unterschlagen. Das vorbereitete Gemüse mit der Sauce vermengen.
5. Für die Mozzarella-Sticks Mozzarella in dicke Streifen schneiden. Eiweiß mit Salz verschlagen. Mehl, helle und dunkle Sesamsamen jeweils getrennt in einen tiefen Teller geben. Mozzarella-Streifen zuerst in Mehl wenden, dann durch das verschlagene Eiweiß ziehen und zuletzt in dem hellen oder dunklen Sesam wenden. Panade leicht andrücken.
6. Speiseöl in einer großen Pfanne erhitzen. Mozzarella-Streifen darin etwa 2 Minuten von jeder Seite bei mittlerer Hitze braten, aus der Pfanne nehmen und auf Küchenpapier abtropfen lassen. Römersalatstreifen mit dem Salat in der Schüssel vermischen und auf Tellern anrichten. Mozzarella darauf verteilen.

Salat aus gebackener Roter Bete mit Heidelbeeren und Mohn-Käse

4 Portionen

Zubereitungszeit: 45 Minuten, ohne Marinier- und Abkühlzeit
Garzeit: etwa 60 Minuten

125 g Heidelbeeren
4 EL Balsamico-Essig
700 g kleine Rote Bete (je etwa 60 g)
1 Zwiebel (etwa 50 g)
3 Stängel Thymian
7 EL Olivenöl
1/2 TL gem. Zimt
150 ml Möhrensaft
Salz
Cayennepfeffer
2 EL Quittengelee
2 EL Mohnsamen, ganz
150 g Rucola (Rauke)
200 g Brie-Käse

Pro Portion:
E: 13 g, F: 32 g, Kh: 20 g,
kJ: 1776, kcal: 425

1. Die Heidelbeeren verlesen, abspülen, gut abtropfen lassen, in einer Rührschüssel mit Balsamico-Essig mischen und mindestens 3 Stunden marinieren.
2. Den Backofen vorheizen.
Ober-/Unterhitze: etwa 180 °C
Heißluft: etwa 160 °C
3. Rote Bete gründlich waschen, abtropfen lassen, schälen und jeweils der Länge nach halbieren (evtl. mit Haushaltshandschuhen arbeiten, da Rote Bete stark färbt).
4. Zwiebel abziehen und in kleine Würfel schneiden. Thymian abspülen, trocken tupfen. Die Rote-Bete-Hälften mit den Zwiebelwürfeln in eine kleine Auflaufform geben. 3 Esslöffel Olivenöl, Zimt, Möhrensaft, Salz, Cayennepfeffer, Thymianstängel und Quittengelee hinzugeben. Die Zutaten gut vermischen. Die Form ganz fest mit Alufolie verschließen und für den Dampfabzug 3–4 kleine Löcher in die Oberfläche stechen.

5. Die Form auf dem Rost in den vorgeheizten Backofen (unteres Drittel) schieben. Rote Bete etwa 60 Minuten garen.
6. Die Form auf einen Rost stellen. Rote Bete in dem Schmorfond lauwarm abkühlen lassen.
7. Mohnsamen in einer Pfanne ohne Fett unter Wenden leicht rösten, herausnehmen und auf einem Teller erkalten lassen.
8. Den Rucola verlesen und die dicken Stiele abschneiden. Rucola abspülen, trocken tupfen oder trocken schleudern.
9. Die marinierten Heidelbeeren in einem Sieb abtropfen lassen, die Balsamico-Flüssigkeit dabei auffangen. Rote Bete ebenfalls in ein Sieb geben, abtropfen lassen, den Schmorfond dabei auffangen und 50 ml Fond abmessen.
10. Die Balsamico-Flüssigkeit mit dem Schmorfond verrühren. Restliches Olivenöl unterschlagen, evtl. mit Salz abschmecken.
11. Den Käse in etwa 3 cm lange Stücke schneiden und in dem Mohn wenden.
12. Rucola mit der Roten Bete und den Heidelbeeren auf Tellern anrichten und mit der Vinaigrette beträufeln. Den Brie darauf verteilen und servieren.

Beilage: Walnussbrot.

Bulgursalat

10–12 Portionen

VEGAN

Zubereitungszeit: 40 Minuten, ohne Einweich- und Durchziehzeit

Für den Salat:
300 g Bulgur
1 l kochendes Wasser
5–6 milde, grüne Spitzpaprika (erhältlich in türkischen Lebensmittelläden)
1 Bund Frühlingszwiebeln
750 g kleine Rispentomaten
2 kleine Salatgurken

Für die Marinade:
1 Bund Petersilie
1 Bund Minze
4–5 EL Zitronensaft
etwa 1 gestr. TL Salz
gem. schwarzer Pfeffer
1 gestr. TL Paprikapulver edelsüß
8 EL Olivenöl

evtl. 1 Kopf Salat

Pro Portion:
E: 4 g, F: 8 g, Kh: 25 g,
kJ: 801, kcal: 191

1. Für den Salat Bulgur in eine Schüssel geben, mit kochendem Wasser übergießen, erkalten und weitere 2–3 Stunden stehen lassen. Bulgur evtl. in einem Sieb abtropfen lassen.
2. Spitzpaprika halbieren, entstielen, entkernen und die weißen Scheidewände entfernen. Schoten abspülen, trocken tupfen und in schmale Streifen schneiden.
3. Die Frühlingszwiebeln putzen, abspülen, abtropfen lassen und in etwa 1 cm dicke Scheiben schneiden.
4. Die Tomaten abspülen, trocken tupfen und vierteln. Evtl. die Stängelansätze herausschneiden. Salatgurken abspülen, abtrocknen und die Enden abschneiden. Gurken halbieren, mit der Schale klein würfeln.
5. Für die Marinade Petersilie und Minze abspülen, trocken tupfen. Die Blättchen von den Stängeln zupfen. Blättchen klein schneiden. Zitronensaft mit Salz, Pfeffer und Paprika verrühren. Olivenöl unterschlagen. Petersilie und Minze unterrühren.
6. Bulgur mit den vorbereiteten Salatzutaten in eine große Schüssel geben. Die Marinade darauf verteilen und vorsichtig, aber gut untermischen. Den Salat mindestens 1 Stunde durchziehen lassen.
7. Nach Belieben Salatkopf putzen, abspülen und trocken tupfen. Die dicken Rippen aus den Salatblättern entfernen. Die Salatblätter auf eine große Servierplatte legen. Den Bulgursalat darauf anrichten.

Tipp: Mit vorbereiteten Minze- oder Petersilienblättchen garnieren.

Salat aus gebackener Roter Bete mit Heidelbeeren und Mohn-Käse

Bulgursalat

Couscous-Salat
2 Portionen

Zubereitungszeit: 25 Minuten, ohne Kühlzeit

4 geh. EL Couscous (etwa 60 g)
2 große Tomaten
½ Salatgurke (etwa 200 g)
2 Schalotten oder 1 Zwiebel
1 Bio-Zitrone (unbehandelt, ungewachst)
Salz
gem. Pfeffer
2–3 Stängel glatte Petersilie
1–2 Stängel Minze
2 große Kopfsalatblätter

Pro Portion:
E: 5 g, F: 1 g, Kh: 26 g
kJ: 586, kcal: 140

1. Couscous in einem Topf nach Packungsanleitung zubereiten.
2. In der Zwischenzeit die Tomaten abspülen, abtrocknen, halbieren und die Stängelansätze herausschneiden. Die Tomaten fein würfeln. Die Gurke evtl. schälen und das Ende abschneiden. Gurke längs halbieren und in kleine Würfel schneiden. Schalotten oder Zwiebel abziehen und sehr klein würfeln. Tomaten-, Gurken- und Schalotten- oder Zwiebelwürfel in eine Schüssel geben.
3. Den gequollenen Couscous mit 2 Gabeln auflockern und zu dem gewürfelten Gemüse in die Schüssel geben. Zitrone heiß abwaschen, abtrocknen und etwa 1 Teelöffel Zitronenschale fein abreiben. Die Zitrone halbieren und den Saft auspressen. Abgeriebene Zitronenschale mit Zitronensaft zum Couscous geben. Die Zutaten mit Salz und Pfeffer würzen und gut vermischen. Den Salat zugedeckt etwa 2 Stunden in den Kühlschrank stellen.
4. Petersilie und Minze abspülen, trocken tupfen. Die Blättchen von den Stängeln zupfen. Die Blättchen klein schneiden. Petersilie und Minze unter den Couscous-Salat geben. Den Salat nochmals mit Salz und Pfeffer abschmecken. Den Couscous-Salat auf abgespülten, trocken getupften Kopfsalatblättern anrichten.

Tipps : Sie können statt Couscous auch Bulgur verwenden. Couscous kann mit Wasser oder Gemüsebrühe zubereitet werden. Durch Gemüsebrühe schmeckt der Couscous etwas würziger.

Farfalle-Schichtsalat
12 Portionen

Zubereitungszeit: 30 Minuten, ohne Abkühl- und Durchziehzeit

5 l Wasser
5 gestr. TL Salz
500 g bunte Farfalle (Schmetterlingsnudeln)
300 ml Wasser, Salz
750 g TK-Romanesco-Mix-Gemüse
600 g Tomaten
250 g Schafskäse
1 Zwiebel
2–3 Knoblauchzehen
500 g Joghurt (3,5 % Fett)
200 g Kräuter-Doppelrahm-Frischkäse
125 g Kräuter-Crème-fraîche
1 EL klein geschnittene Basilikumblättchen
gem. Pfeffer
evtl. einige Basilikumstreifen

Pro Portion:
E: 16 g, F: 17 g, Kh: 37 g,
kJ: 1584, kcal: 378

1. Wasser in einem großen Topf zugedeckt zum Kochen bringen. Dann Salz und Nudeln hinzugeben. Die Nudeln im geöffneten Topf bei mittlerer

Couscous-Salat

Farfalle-Schichtsalat

Hitze nach Packungsanleitung bissfest kochen, dabei gelegentlich umrühren.

2. Anschließend die Nudeln in ein Sieb geben, mit heißem Wasser abspülen und abtropfen lassen.

3. Wasser mit Salz in einem Topf zum Kochen bringen. Gefrorenes Gemüse darin etwa 5 Minuten garen. Gemüse in einem Sieb abtropfen und erkalten lassen.

4. Tomaten abspülen, abtrocknen, halbieren und die Stängelansätze herausschneiden. Tomaten in Scheiben schneiden. Schafskäse in Würfel schneiden. Zwiebel und Knoblauch abziehen, klein würfeln.

5. Den Joghurt mit Frischkäse, Crème fraîche und Basilikum verrühren. Die Zwiebel- und Knoblauchwürfel unterrühren. Die Sauce mit Pfeffer abschmecken.

6. Die vorbereiteten Salatzutaten in einer großen, hohen Glasschüssel einschichten, dazu der Reihe nach ein Drittel Sauce, Nudeln, Gemüse, Tomatenscheiben und Schafskäsewürfel einschichten, noch zweimal wiederholen.

7. Den Salat nach Belieben mit Basilikumstreifen bestreuen, zugedeckt in den Kühlschrank stellen und gut durchziehen lassen.

Bunter Käsesalat mit Gemüse

4 Portionen (ohne Foto)

Zubereitungszeit: 30 Minuten

400 g Edamer (am Stück)
1 rote Zwiebel
je 1/2 rote, grüne und gelbe Paprikaschote (je etwa 100 g)
1 Stange Staudensellerie

Für die Salatsauce:
2–3 EL Apfelessig
Salz, gem. Pfeffer
Zucker
5 EL Speiseöl

Pro Portion:
E: 26 g, F: 42 g, Kh: 7 g,
kJ: 2239, kcal: 534

1. Edamer in Würfel schneiden. Die Zwiebel abziehen, klein würfeln. Die Paprikaschotenhälften putzen, evtl. entstielen, entkernen und die weißen Scheidewände entfernen. Schotenhälften abspülen, trocken tupfen und in Streifen schneiden.

2. Staudensellerie putzen, abspülen, abtropfen lassen und in Scheiben schneiden.

3. Für die Salatsauce Apfelessig mit Salz, Pfeffer und Zucker verrühren, Speiseöl unterschlagen. Die Salatzutaten in eine Schüssel geben und mit der Sauce vermischen. Den Salat etwas durchziehen lassen.

Fenchel-Apfel-Salat

Fenchel-Apfel-Salat

4 Portionen

VEGAN

Zubereitungszeit: 25 Minuten

50 g Sonnenblumenkerne
500 g Fenchelknollen
250 g säuerliche, rotschalige Äpfel

Für die Sauce:
100 g Seidentofu
2 EL Zitronensaft
1 EL veganer Senf
4 EL Sonnenblumenöl
1 EL Agavendicksaft
Kräutersalz
gem. schwarzer Pfeffer

Pro Portion:
E: 6 g, F: 17 g, Kh: 17 g,
kJ: 1051, kcal: 250

1. Sonnenblumenkerne in einer Pfanne ohne Fett unter Rühren goldbraun rösten, herausnehmen und auf einem Teller erkalten lassen.

2. Fenchel putzen, abspülen, abtropfen lassen. Das Fenchelgrün beiseitelegen. Fenchelknollen halbieren und in feine Streifen schneiden. Das Fenchelgrün klein schneiden. Die Äpfel abspülen, trocken tupfen, halbieren und entkernen. Die Apfelhälften zunächst achteln und dann mit der Schale in feine Scheiben schneiden. Die Fenchelstreifen, Apfelscheiben und Sonnenblumenkerne in einer Schüssel mischen.

3. Für die Sauce Seidentofu, Zitronensaft, Senf, Sonnenblumenöl, Agavendicksaft, Salz und Pfeffer in einen hohen Rührbecher geben und mit einem Pürierstab pürieren. Mit Salz und Pfeffer abschmecken. Die Sauce auf den Salatzutaten verteilen und untermischen. Den Salat mit dem Fenchelgrün bestreuen.

Gnocchi-Salat mit Bärlauch-Pesto

Gemüsesalat, süßsauer

Gnocchi-Salat mit Bärlauch-Pesto

4 Portionen

Zubereitungszeit: 30 Minuten

750 g Gnocchi

Für das Bärlauch-Pesto:
50 g Pinienkerne
1 Knoblauchzehe
120 ml Olivenöl
100 g Bärlauch
100 g Parmesan (am Stück)
Salz, gem. Pfeffer

150 g Cocktailtomaten

Pro Portion:
E: 17 g, F: 40 g, Kh: 76 g,
kJ: 3159, kcal: 755

1. Die Gnocchi nach Packungsanleitung kochen, dann in ein Sieb geben, mit kaltem Wasser abschrecken und gut abtropfen lassen.
2. Für das Bärlauch-Pesto Pinienkerne in einer Pfanne ohne Fett unter Rühren goldbraun rösten, herausnehmen und auf einen Teller geben. Knoblauch abziehen, durch eine Knoblauchpresse drücken.
3. Pinienkerne, Knoblauch und Olivenöl in einen Blitzhacker geben und zerkleinern.
4. Bärlauch abspülen, trocken tupfen oder trocken schleudern und die Stiele entfernen. Bärlauchblätter in feine Streifen schneiden, zu der Pinienkern-Olivenöl-Mischung geben und alles fein zerhacken.
5. Den Parmesan fein raspeln, kurz mit dem Bärlauch-Pesto vermischen, mit Salz und Pfeffer abschmecken. Bärlauch-Pesto vorsichtig unter die Gnocchi heben.
6. Die Cocktailtomaten abspülen, abtrocknen, halbieren und evtl. die Stängelansätze herausschneiden. Die Cocktailtomaten vorsichtig unter die Gnocchi mischen.

Gemüsesalat, süßsauer

VEGAN

8–10 Portionen

Zubereitungszeit: 60 Minuten, ohne Durchziehzeit

400 g Möhren
700 g festkochende Kartoffeln
400 g Zucchini
1 kleiner Staudensellerie
800 g Fleischtomaten
5 EL Speiseöl
200 ml Gemüsebrühe
340 g gut abgetropfte Ananasstücke (aus der Dose)
3–4 EL Mango-Chutney
3–4 EL milder Essig, z. B. Kräuteressig
4–5 EL Gemüsesud (von dem gegarten Gemüse)
2 gestr. TL gem. Kreuzkümmel (Cumin)
Salz
gem. Pfeffer
2 gestr. TL Currypulver
1 gestr. TL Zucker

Pro Portion:
E: 4 g, F: 2 g, Kh: 26 g,
kJ: 592, kcal: 141

1. Möhren putzen. Möhren und Kartoffeln schälen, abspülen, abtropfen lassen und würfeln.
2. Zucchini abspülen, abtrocknen und die Enden abschneiden. Zucchini in Würfel schneiden. Staudensellerie putzen, abspülen, abtropfen lassen und in Streifen oder Würfel schneiden. Tomaten abspülen, abtropfen lassen, vierteln und die Stängelansätze herausschneiden. Tomaten entkernen und würfeln.
3. Speiseöl in einem großen Bräter erhitzen. Die Möhren- und Kartoffelwürfel darin unter Rühren andünsten. Brühe hinzugießen, zum Kochen bringen und etwa 10 Minuten dünsten. Zucchiniwürfel und Staudenselleriewürfel oder -streifen hinzufügen. Das Gemüse in weiteren etwa 5 Minuten bissfest garen. Das gegarte Gemüse in einem Sieb gut abtropfen lassen, dabei den Sud auffangen. Das Gemüse in eine Salatschüssel geben.
4. Die Ananasstücke etwas kleiner schneiden. Das Mango-Chutney mit Essig, 4–5 Esslöffeln Gemüsesud, Kreuzkümmel, Salz, Pfeffer, Curry und Zucker verrühren, mit den Toma-

tenwürfeln und Ananasstücken zum Gemüse geben und unterheben.
5. Den Salat etwa 60 Minuten durchziehen lassen, anschließend nochmals mit den Gewürzen abschmecken und servieren.

Griechischer Gemüsesalat

VEGAN

4 Portionen (ohne Foto)

Zubereitungszeit: 25 Minuten, ohne Durchziehzeit

100 ml Olivenöl
100 g Blumenkohlröschen
100 g Frühlingszwiebelscheiben
100 g Möhrenstäbchen
100 g Sellerierhomben
150 g Zucchini, in halbe Scheiben geschnitten
je 4 EL abgetropfte, grüne und schwarze Oliven
4 Knoblauchzehen
Salz
1 TL bunte Pfefferkörner
1 TL Koriandersamen
gerebelter Oregano
gerebelter Thymian
2 Döschen (0,2 g) Safran
100 ml trockener Weißwein
125 ml Gemüsebrühe

Pro Portion:
E: 4 g, F: 30 g, Kh: 18 g,
kJ: 1599, kcal: 382

1. Jeweils etwas Olivenöl in einem Topf erhitzen. Das vorbereitete Gemüse darin portionsweise unter Rühren andünsten. Grüne und schwarze Oliven hinzugeben. Knoblauch abziehen und ebenfalls hinzufügen.
2. Das Gemüse gut vermischen, mit Salz, Pfefferkörnern, Koriandersamen, Oregano und Thymian würzen. Safran unterrühren.
3. Das Gemüse mit Wein und Brühe ablöschen, zum Kochen bringen und bissfest dünsten. Den Gemüsesalat in eine Schüssel geben und zugedeckt im Kühlschrank 1 Tag durchziehen lassen.
4. Den Gemüsesalat vor dem Servieren nochmals mit den Gewürzen abschmecken und servieren.

Kartoffel-Gurken-Salat

10 Portionen

VEGAN

Zubereitungszeit: 25 Minuten, ohne Abkühlzeit
Garzeit: 20–25 Minuten

2 kg festkochende Kartoffeln
Salz
1 EL Kümmelsamen
720 g abgetropfte Gewürzgurken (aus dem Glas)
1 Knoblauchzehe
1 Bund Dill
80 ml Weißweinessig
1 EL mittelscharfer Senf
1 EL Ahornsirup
50 ml Zitronensaft
200 ml Gurkensud (aus dem Glas)
50 ml Olivenöl
gem. Pfeffer
1 Prise Zucker
2 Salatgurken

Pro Portion:
E: 5 g, F: 6 g, Kh: 32 g,
kJ: 874, kcal: 208

1. Kartoffeln gründlich waschen, in einem Topf knapp mit Wasser bedeckt, zugedeckt zum Kochen bringen. Salz und Kümmel hinzugeben. Die Kartoffeln in 20–25 Minuten gar kochen. Die Kartoffeln abgießen, mit kaltem Wasser abspülen und abtropfen lassen. Kartoffeln heiß pellen, abkühlen lassen und in Scheiben schneiden. Kartoffelscheiben in eine große Schüssel geben.
2. Von den Gurken den Sud auffangen. Die Gurken in feine Scheiben schneiden und zu den Kartoffelscheiben geben.
3. Knoblauch abziehen und in kleine Würfel schneiden. Dill abspülen und trocken tupfen. Die Spitzen von den Stängeln zupfen. Die Spitzen grob zerkleinern. Essig mit Senf, Ahornsirup, Zitronensaft und dem Gurkensud verrühren. Olivenöl unterschlagen. Mit Salz, Pfeffer und Zucker würzen. Knoblauchwürfel und Dill unterrühren.
4. Die Marinade vorsichtig unter die Kartoffel- und Gurkenscheiben heben. Den Kartoffel-Gurken-Salat kräftig mit Salz abschmecken.
5. Kurz vor dem Servieren die Salatgurken schälen und die Enden abschneiden. Gurken längs halbieren und entkernen. Gurkenhälften in Scheiben schneiden und unter den Salat mischen. Den Kartoffel-Gurken-Salat nochmals mit Salz und Pfeffer abschmecken.

Kartoffel-Gurken-Salat

Mango-Papaya-Salat mit Pepp

1 Portion

VEGAN

Zubereitungszeit: 25 Minuten

1/2 reife Mango
1/2 Papaya
1/2 rotschaliger Apfel

Für das Dressing:
1 kleine, rote Zwiebel
1 rote Chilischote
1 Bio-Limette
(unbehandelt, ungewachst)
1 EL brauner Zucker
50 ml Orangensaft
1 EL Sesamöl
1 EL Sojasauce, Salz
6 Stängel Koriander
2 EL Cashewkerne
2 EL Röstzwiebeln

Pro Portion:
E: 12 g, F: 35 g, Kh: 82 g,
kJ: 2938, kcal: 702

1. Von der Mangohälfte das Fruchtfleisch vom Stein schneiden und schälen. Aus der Papayahälfte die Kerne mit einem Löffel herauslösen. Papayahälfte schälen. Die Apfelhälfte abspülen und entkernen. Die Mangostücke, Papayahälfte und die Apfelhälfte mit der Schale in gleich lange Stäbe (Stifte) schneiden.
2. Für das Dressing die Zwiebel abziehen und in kleine Würfel schneiden. Chilischote abspülen, trocken tupfen, entstielen und in sehr feine Ringe schneiden. Die Limette heiß abwaschen, abtrocknen und die Schale abreiben. Limette halbieren und den Saft auspressen.
3. Limettenschale, -saft, braunen Zucker, Orangensaft, Sesamöl und Sojasauce mit einem Schneebesen verschlagen, mit Salz würzen. Zwiebelwürfel und Chiliringe unterrühren.
4. Die vorbereiteten Fruchtstäbe (-stifte) in eine Schüssel geben und mit dem Dressing vorsichtig vermischen. Koriander abspülen und trocken tupfen (1 Stängel beiseitelegen). Die Blättchen von den Stängeln zupfen. Blättchen in grobe Streifen schneiden. Cashewkerne fein hacken.
5. Den Mango-Papaya-Salat auf einer Platte anrichten. Mit Korianderstreifen, Cashewkernen und Röstzwiebeln bestreuen. Mit dem beiseitegelegten Korianderstängel garnieren.

Löwenzahn-Spinat-Salat mit Schafskäse und Cocktailtomaten

4 Portionen

Zubereitungszeit: 15 Minuten

150 g junger Blattspinat
150 g Löwenzahnblätter
200 g Cocktailtomaten

Für die Salatsauce:
2 EL weißer Balsamico-Essig
1 TL mittelscharfer Senf
1 EL flüssiger Honig
4 EL Olivenöl
Salz, gem. Pfeffer

200 g Schafskäse
Löwenzahnblütenblätter
(von 2 Blüten)

Pro Portion:
E: 11 g, F: 20 g, Kh: 9 g,
kJ: 1096, kcal: 261

1. Blattspinat verlesen und die dicken Stiele entfernen. Löwenzahnblätter und Blattspinat gründlich waschen, abtropfen lassen und mit Küchenpapier trocken tupfen.

Mango-Papaya-Salat mit Pepp

Löwenzahn-Spinat-Salat mit Schafskäse und Cocktailtomaten

2. Tomaten abspülen, trocken tupfen, halbieren und die Stängelansätze herausschneiden.
3. Für die Sauce den Essig mit Senf und Honig verrühren, Öl unterschlagen. Mit Salz und Pfeffer würzen.
4. Löwenzahnblätter und Blattspinat in eine Schüssel geben, mit der Salatsauce gut vermischen. Den Salat auf 4 Tellern oder einer Platte anrichten.
5. Schafskäse in Würfel schneiden. Den Salat mit den Tomatenhälften und Schafskäsewürfeln garnieren.
6. Die Löwenzahnblütenblätter gründlich abspülen, trocken tupfen und auf dem Löwenzahn-Spinat-Salat verteilen.

Tipps: Die Salatsauce zusätzlich mit 2 Esslöffeln Walnussöl verfeinern. Den Salat mit gebratenen Wachteleiern belegen.

Kartoffelsalat mit frischem Gemüse

4 Portionen (ohne Foto)

Zubereitungszeit: 25 Minuten, ohne Durchziehzeit

500 g Pellkartoffeln (vom Vortag)
1 Bund Radieschen
4 Tomaten
1 Gewürzgurke
1 Zwiebel
200 g Joghurt (3,5 % Fett)
2 EL (30 g) Salatmayonnaise
Salz, gem. Pfeffer
1 Bund Schnittlauch

Pro Portion:
E: 6 g, F: 5 g, Kh: 28 g,
kJ: 791, kcal: 189

1. Kartoffeln pellen und in Scheiben schneiden.
2. Radieschen putzen, abspülen und trocken tupfen. Tomaten abspülen, trocken tupfen, halbieren und die Stängelansätze herausschneiden. Radieschen und Tomaten in Scheiben schneiden. Gewürzgurke fein würfeln. Zwiebel abziehen und klein würfeln.
3. Joghurt mit der Salatmayonnaise verrühren, mit Salz und Pfeffer würzen.
4. Schnittlauch abspülen, trocken tupfen, in Röllchen schneiden (einige Schnittlauchröllchen zum Garnieren beiseitelegen) und unter die Joghurtsauce rühren.
5. Die vorbereiteten Salatzutaten in eine Schüssel geben und mit der Joghurtsauce vermischen. Salat etwas durchziehen lassen und mit den beiseitegelegten Schnittlauchröllchen garniert servieren.

Mittelmeersalat mit Oregano

Mittelmeersalat mit Oregano

4 Portionen VEGAN

Zubereitungszeit: 40 Minuten

400 g Zucchini
400 g rote und gelbe Cocktailtomaten
2 Knoblauchzehen
5 Stängel Oregano
4 EL Olivenöl
je 170 g abgetropfte, schwarze und grüne Oliven, ohne Stein
110 g abgetropfte Kapernäpfel
80 g Pinienkerne
Salz, gem. Pfeffer
4 EL Crema di Balsamico
1 roter Chicorée (etwa 100 g)
1 gelber Chicorée (etwa 100 g)
1 Römersalat (etwa 300 g)
4 EL Olivenöl

Pro Portion:
E: 10 g, F: 36 g, Kh: 13 g,
kJ: 1745, kcal: 417

1. Zucchini abspülen, abtrocknen und die Enden abschneiden. Zucchini in Scheiben schneiden. Tomaten abspülen, trocken tupfen, halbieren und die Stängelansätze herausschneiden. Knoblauch abziehen und durch eine Knoblauchpresse drücken oder in sehr kleine Würfel schneiden.
2. Oregano abspülen und trocken tupfen. Die Blättchen von den Stängeln zupfen und klein schneiden.
3. Das Olivenöl in einer großen Pfanne erhitzen. Beide Olivensorten, Kapernäpfel, Zucchinischeiben, Pinienkerne und Tomatenhälften darin unter vorsichtigem Rühren leicht andünsten. Oregano unterrühren, mit Salz, Pfeffer, Knoblauch und Crema di Balsamico würzen.
4. Chicorée und Römersalat putzen. Chicorée jeweils längs halbieren. Die Blätter vom Römersalat im Wurzelbereich abschneiden. Salate abspülen, gut trocken tupfen, in Blätter teilen und auf einer Platte anrichten. Die angedünstete Salatzutaten darauf verteilen und mit Olivenöl beträufeln.

Beilage: Geröstetes Knoblauchbrot.

Möhren-Orangen-Rohkost

Möhren-Orangen-Rohkost

4 Portionen

Zubereitungszeit: 20 Minuten

500 g Möhren
3 Orangen
1 EL Walnussöl
1 EL flüssiger Lindenblütenhonig
60 g grob gehackte Haselnusskerne
1/2 Bund Zitronenmelisse

Pro Portion:
E: 4 g, F: 13 g, Kh: 18 g,
kJ: 886, kcal: 211

1. Möhren putzen, schälen, abspülen, abtropfen lassen und auf einer Haushaltsreibe raspeln.
2. Die Orangen so schälen, dass die weiße Haut vollständig mitentfernt wird. Die Orangen filetieren, dabei den Saft auffangen. Evtl. aus dem restlichen Orangenfleisch den Saft herausdrücken. Den aufgefangenen und ausgedrückten Orangensaft zu den Möhrenraspeln geben.
3. Orangenfilets, Walnussöl, Honig und Haselnusskerne untermischen.
4. Zitronenmelisse abspülen und trocken tupfen. Die Blättchen von den Stängeln zupfen (einige Blättchen zum Garnieren beiseitelegen). Blättchen klein schneiden.
5. Die Möhren-Orangen-Rohkost anrichten, mit der klein geschnittenen Zitronenmelisse bestreuen und den beiseitegelegten Melisseblättchen garnieren.

Käse-Gemüse-Salat

4 Portionen (ohne Foto)

Zubereitungszeit: 35 Minuten

Für den Salat:
500 g grüner Spargel
Zucker
Salz
1 Kopfsalat
4 Tomaten
(etwa 150 g)
200 g junger Gouda
100 g blaue Weintrauben

Für die Marinade:
4 EL Rotweinessig
3–4 EL Wasser
1 TL süßer Senf
gem. Pfeffer
4 EL Olivenöl
2 Schalotten
1 TL klein geschnittene
Petersilie

Pro Portion:
E: 15 g, F: 27 g, Kh: 9 g,
kJ: 1486, kcal: 355

1. Für den Salat von dem Spargel nur das untere Drittel schälen und die unteren Enden abschneiden. Den Spargel mit 1 Prise Zucker in kochendem Salzwasser 8–10 Minuten (je nach Stärke der Stangen) garen. Den Spargel in ein Sieb geben und abtropfen lassen.
2. Von dem Kopfsalat die welken Blätter entfernen. Salat vierteln und den Strunk herausschneiden. Salatblätter abspülen und gut abtropfen lassen oder trocken tupfen.
3. Tomaten abspülen, trocken tupfen, achteln und die Stängelansätze herausschneiden. Käse in mundgerechte Stücke schneiden. Weintrauben abspülen, trocken tupfen, entstielen, halbieren und entkernen. Die vorbereiteten Salatzutaten auf einer großen Platte anrichten.
4. Für die Marinade Essig mit Wasser, Senf, Salz und Pfeffer verrühren, Olivenöl unterschlagen. Schalotten abziehen, klein würfeln und mit der Petersilie unter die Marinade rühren. Den angerichteten Käse-Gemüse-Salat mit der Marinade übergießen und servieren.

Nudelsalat mit Gemüse

8–10 Portionen

VEGAN

Zubereitungszeit: 60 Minuten, ohne Durchziehzeit

je 3 l Wasser
je 3 gestr. TL Salz
600 g Penne (ohne Ei, Röhrennudeln)
1 kleine Zucchini
200 g Brokkoli
Salz
2 Zwiebeln
3 EL Olivenöl
170 g abgetropfte Pfifferlinge (aus der Dose)
3 Tomaten

Für die Sauce:
5 EL Balsamico-Essig
gem. Pfeffer

2 abgezogene, durchgepresste Knoblauchzehen
1–2 EL Salbeistreifen
7–8 EL Walnuss- oder Olivenöl

evtl. einige Salatblätter

Pro Portion:
E: 10 g, F: 17 g, Kh: 47 g,
kJ: 1685, kcal: 402

1. Wasser in einem großen Topf zugedeckt zum Kochen bringen. Dann Salz und Nudeln hinzugeben. Die Nudeln in 2 Portionen im geöffneten Topf bei mittlerer Hitze nach Packungsanleitung bissfest kochen, dabei gelegentlich umrühren.
2. Anschließend die Nudeln in ein Sieb geben, mit heißem Wasser abspülen und abtropfen lassen.
3. Zucchini abspülen, abtrocknen und die Enden abschneiden. Zucchini in kleine Würfel schneiden. Von dem Brokkoli die Blätter entfernen. Brokkoli in sehr kleine Röschen teilen, abspülen und abtropfen lassen. Brokkoliröschen in kochendem Salzwasser einige Minuten bissfest garen. Anschließend in ein Sieb geben, mit kaltem Wasser abschrecken und gut abtropfen lassen.
4. Zwiebeln abziehen und klein würfeln. Olivenöl in einem Topf erhitzen. Zwiebelwürfel darin andünsten, Pfifferlinge hinzufügen und mitdünsten lassen. Brokkoliröschen und Zucchiniwürfel hinzugeben und kurz durchschwenken. Die Tomaten abspülen, trocken tupfen, halbieren und die Stängelansätze herausschneiden. Tomaten in Würfel schneiden. Gedünstetes Gemüse mit den Nudeln und Tomatenwürfeln in einer Schüssel mischen.
5. Für die Sauce Essig mit Salz, Pfeffer, Knoblauch und Salbeistreifen verrühren, Walnuss- oder Olivenöl unterschlagen. Die Sauce über die Salatzutaten geben. Den Salat etwa 30 Minuten durchziehen lassen.
6. Den Salat nochmals mit den Gewürzen abschmecken. Nach Belieben Salatblätter abspülen und trocken tupfen. Den Salat auf den Salatblättern anrichten.

Obst-Gemüse-Salat mit Zitronenverbene

4 Portionen VEGAN

Zubereitungszeit: 40 Minuten, ohne Abkühlzeit

je 2 rote, gelbe und grüne Paprikaschoten (etwa 1,2 kg)
4 Möhren (etwa 400 g)
12–16 Zitronenverbeneblättchen
6 EL Olivenöl
120 g Cashewkerne
2 EL Zucker
Saft von je 1 Orange, Limette und Grapefruit
4 Orangen
4 Grapefruits
Salz, gem. Pfeffer
2 EL Himbeer- oder Apfelessig

Pro Portion:
E: 13 g, F: 31 g, Kh: 62 g,
kJ: 2568, kcal: 614

1. Die Paprikaschoten halbieren, entstielen, entkernen und die weißen Scheidewände entfernen. Schoten abspülen, trocken tupfen und in mundgerechte Stücke schneiden. Möhren putzen, schälen, abspülen, abtropfen lassen und in Scheiben schneiden. Verbeneblättchen abspülen und trocken tupfen.
2. Jeweils etwas Olivenöl in einem Topf erhitzen. Die Paprikastücke, Möhrenscheiben, Verbeneblättchen und Cashewkerne darin portionsweise etwa 5 Minuten unter mehrmaligem Wenden andünsten. Mit Zucker bestreuen und karamellisieren.
3. Fruchtsäfte hinzugießen, zum Kochen bringen und zugedeckt weitere etwa 5 Minuten dünsten, erkalten lassen.
4. Orangen und Grapefruits so schälen, dass die weiße Haut vollständig mitentfernt wird. Die Filets herausschneiden.
5. Gemüse-Cashewkern-Mischung in eine Schüssel geben. Orangen- und Grapefruitfilets unterheben. Den Salat mit Salz, Pfeffer und Essig würzen. Restliches Olivenöl hinzufügen.

Nudelsalat mit Gemüse

Obst-Gemüse-Salat mit Zitronenverbene

Reissalat

4 Portionen

VEGAN

Zubereitungszeit: 40 Minuten

400 ml Gemüsebrühe
220 g Langkornreis
400 g Staudensellerie
3 Fleischtomaten
1 Bund Frühlingszwiebeln
5 EL Zitronensaft
2 EL Distelöl
Salz, gem. Pfeffer
Chilipulver
1 EL klein geschnittene Pfefferminze
1 Bund Dill

Pro Portion:
E: 7 g, F: 7 g, Kh: 55 g,
kJ: 1234, kcal: 295

1. Gemüsebrühe in einem Topf zum Kochen bringen. Den Reis hinzugeben und zugedeckt bei schwacher Hitze etwa 18 Minuten garen. Reis evtl. abtropfen und erkalten lassen.
2. In der Zwischenzeit Staudensellerie putzen, abspülen, abtropfen lassen und in Scheiben schneiden. Fleischtomaten abspülen, trocken tupfen und die Stängelansätze herausschneiden. Tomaten würfeln.
3. Frühlingszwiebeln putzen, abspülen, abtropfen lassen und in kleine Stücke schneiden.
4. Die vorbereiteten Gemüsezutaten in eine Schüssel geben und den Reis untermischen. Mit Zitronensaft, Distelöl, Salz, Pfeffer, Chili und Pfefferminze würzen.
5. Dill abspülen und trocken tupfen. Die Spitzen von den Stängeln zupfen, Spitzen klein schneiden und unter den Salat heben.

Reissalat

Lauwarmer Gemüsesalat mit Basilikum

4–6 Portionen (ohne Foto)

Zubereitungszeit: 35 Minuten

3 Bund Basilikum
2–3 EL Zitronensaft
250 g Salatmayonnaise (50 % Fett)
2 Frühlingszwiebeln
Salz
etwas Zucker, gem. Pfeffer

Für den Gemüsesalat:
1 kleiner Blumenkohl (etwa 500 g)
300 g Brokkoli, 2 EL Weißweinessig
200 g Rotkohl
1/2 Kopf Friséesalat
3 EL geröstete Pinienkerne

Pro Portion:
E: 7 g, F: 31 g, Kh: 9 g,
kJ: 1422, kcal: 339

1. Basilikum abspülen und trocken tupfen. Die Blättchen von den Stängeln zupfen (4 Blättchen zum Garnieren beiseitelegen) und in feine Streifen schneiden.
2. Den Zitronensaft mit der Mayonnaise verrühren. Die Frühlingszwiebeln putzen, abspülen, abtropfen lassen, in feine Scheiben schneiden, mit den Basilikumstreifen unter die Sauce rühren, mit Salz, Zucker und Pfeffer würzen.
3. Für den Gemüsesalat Blumenkohl und Brokkoli putzen und jeweils den Strunk abschneiden. Blumenkohl und Brokkoli in Röschen teilen (große Röschen halbieren), abspülen, abtropfen lassen und in kochendem Salzwasser mit dem Essig etwa 5 Minuten kochen lassen. Die Blumenkohl- und Brokkoliröschen mit einer Schaumkelle herausnehmen, mit kaltem Wasser abschrecken und in einem Sieb abtropfen lassen.
4. Von dem Rotkohl die groben, äußeren Blätter lösen. Kohl halbieren und den Strunk herausschneiden. Die Rotkohlhälften in feine Streifen schneiden, abspülen, abtropfen lassen und in dem verbliebenen Salz-Essig-Wasser etwa 5 Minuten blanchieren. Rotkohlstreifen mit einer Schaumkelle herausnehmen, mit kaltem Wasser abschrecken und in einem Sieb gut abtropfen lassen.
5. Salat putzen, abspülen, trocken tupfen, in feine Streifen schneiden.
6. Den Salat auf 4 Tellern verteilen. Das gegarte Gemüse getrennt auf dem Friséesalat anrichten und mit der Salatsauce übergießen. Mit Pinienkernen bestreuen und beiseitegelegten Basilikumblättchen garnieren.

Olivencocktail

Spinatsalat mit Granatapfelkernen

Olivencocktail

4 Portionen

Zubereitungszeit: 20 Minuten

100 g frische Champignons
1–2 EL Zitronensaft
150 g Gouda (am Stück)
100 g abgetropfte, schwarze Oliven, ohne Stein
175 g abgetropfte Spargelspitzen (aus dem Glas)

Für die Sauce:
1 EL Weißweinessig
1 TL mittelscharfer Senf
4 EL Schlagsahne
2 EL Olivenöl
2 EL gemischte, klein geschnittene Kräuter, z. B. Petersilie, Dill, Schnittlauch
Salz, gem. Pfeffer

8 Blätter Kopfsalat

Pro Portion:
E: 12 g, F: 28 g, Kh: 3 g,
kJ: 1327, kcal: 317

1. Champignons putzen, evtl. kurz abspülen und trocken tupfen. Champignons in Scheiben schneiden und mit Zitronensaft beträufeln.
2. Den Käse in feine Stifte schneiden. Die Oliven mit Champignonscheiben, Käsestiften und Spargelspitzen vermischen.
3. Für die Sauce Essig mit Senf und Sahne verrühren. Olivenöl unterschlagen, Kräuter unterrühren. Die Sauce mit Salz und Pfeffer würzen. Salatblätter abspülen, trocken tupfen und etwas kleiner zupfen.
4. Vier Gläser mit den Salatblättern auslegen. Salatzutaten darin verteilen und mit der Sauce beträufeln.

Spinatsalat mit Granatapfelkernen

4 Portionen VEGAN

Zubereitungszeit: 20 Minuten, ohne Abkühlzeit

1 reifer, kleiner Granatapfel
30 g Pinienkerne
2 Knoblauchzehen
60 g Schalotten
3 Stängel Thymian
100 g frischer Blattspinat
5 EL Balsamico-Essig
6 EL Olivenöl
Salz, gem. Pfeffer, Zucker

Pro Portion:
E: 3 g, F: 19 g, Kh: 15 g,
kJ: 1010, kcal: 241

1. Granatapfel halbieren und die Kerne vorsichtig herauslösen. Die weißen Trennwände entfernen. Die Pinienkerne in einer Pfanne ohne Fett unter Rühren goldgelb rösten, herausnehmen und auf einem Teller erkalten lassen.
2. Knoblauch und Schalotten abziehen und in kleine Würfel schneiden. Thymian abspülen und trocken tupfen. Die Blättchen von den Stängeln zupfen. Blättchen grob zerschneiden.
3. Spinat verlesen und die dicken Stiele entfernen. Spinat gründlich waschen, gut abtropfen lassen und in breite Streifen schneiden.
4. Essig mit Knoblauch-, Schalottenwürfeln und Thymian in einer Schüssel verrühren, Olivenöl unterschlagen. Mit Salz, Pfeffer und Zucker würzen.
5. Spinat, Pinienkerne und Granatapfelkerne zur Marinade geben und unterheben.
6. Den Spinatsalat nochmals mit den Gewürzen abschmecken und auf Tellern anrichten.

Tipps: Verwenden Sie statt des Balsamico-Essigs Apfelessig und statt der Pinienkerne gehackte Mandeln. Geben Sie zusätzlich 125 g abgespülte, trocken getupfte, halbierte Cocktailtomaten mit in den Salat. Servieren Sie frisches Fladenbrot dazu.

Ananas-Papaya-Salat

Sauerkraut-Feigen-Salat

Ananas-Papaya-Salat
4 Portionen

VEGAN

Zubereitungszeit: 30 Minuten

1 frische Ananas
2 Papayas
Saft von 1 Limette
3 EL Rum
2 EL Rohrzucker (brauner Zucker)
3 EL Traubenkernöl
Chilipulver, Salz
2 EL klein geschnittene Petersilie

Pro Portion:
E: 1 g, F: 10 g, Kh: 29 g,
kJ: 1013, kcal: 241

1. Ananas schälen, vierteln und den mittleren holzigen Strunk abschneiden. Ananas-Fruchtfleisch würfeln.
2. Papayas längs halbieren und die Kerne mit einem Teelöffel herauslösen. Die Schale vom Fruchtfleisch schneiden, Fruchtfleisch würfeln.
3. Limettensaft mit Rum und Rohrzucker in einer Schüssel verrühren, Traubenkernöl unterschlagen. Mit Chili und Salz würzen. Die Ananas-, Papayawürfel und Petersilie hinzugeben und gut vermischen.

Tipp: Wer es mag, kann statt Petersilie auch frischen Koriander nehmen.

Radieschen-Pilz-Salat
4 Portionen (ohne Foto)

Zubereitungszeit: 25 Minuten

VEGAN

250 g Champignons
Saft von 1/2 Zitrone
2 Bund Radieschen
1 Kästchen Kresse

Für die Salatsauce:
2 EL Weißweinessig
Salz
gem. Pfeffer
Zucker
3–4 EL Speiseöl

Pro Portion:
E: 2 g, F: 12 g, Kh: 2 g,
kJ: 555, kcal: 132

1. Champignons putzen, evtl. kurz abspülen, gut trocken tupfen und in Scheiben schneiden. Champignonscheiben anschließend mit Zitronensaft beträufeln.
2. Radieschen putzen, abspülen, trocken tupfen und in Scheiben schneiden. Kresse abspülen, trocken tupfen und vom Beet schneiden.
3. Für die Salatsauce Essig mit Salz, Pfeffer und 1 Prise Zucker in einer Schüssel verrühren, Speiseöl unterschlagen. Die vorbereiteten Salatzutaten hinzugeben und untermischen.
4. Den Radieschen-Pilz-Salat etwas durchziehen lassen und auf Salattellern anrichten.

Sauerkraut-Feigen-Salat

6 Portionen

Zubereitungszeit: 30 Minuten

600 g Sauerkraut
150 g getrocknete Feigen
250 g Ananas-Fruchtfleisch
200 g Schlagsahne
1–2 EL flüssiger Honig
gem. Zimt
gem. Gewürznelken
1/2 TL Dr. Oetker Finesse
Geriebene Zitronenschale

Pro Portion:
E: 4 g, F: 11 g, Kh: 26 g,
kJ: 981, kcal: 235

1. Das Sauerkraut mit einer Gabel auseinanderzupfen und in eine große Schüssel geben. Von den Feigen die Stiele entfernen. Feigen in dünne Scheiben schneiden. Ananas-Fruchtfleisch in kleine Stücke schneiden.
2. Sahne halbsteif schlagen. Mit Honig, Zimt, Nelken und Zitronenschale würzen. Die Sahnesauce mit den Salatzutaten vermengen. Den Salat nochmals mit den Gewürzen abschmecken und sofort servieren.

Tipps: Statt der frischen Ananas (aus dem Kühlregal) können Sie auch 500 g abgetropfte Ananasstücke (aus der Dose) verwenden. Oder ersetzen Sie die Hälfte des Ananas-Fruchtfleisches durch Orangen-Fruchtfleisch. Dafür 3–4 Orangen filetieren. Die Salatzutaten in Portionsschälchen füllen und die Sahnesauce darauf verteilen. Den Salat mit gemahlenem Zimt bestäuben.

Linsen-Apfel-Salat
4 Personen

Zubereitungszeit: 20 Minuten, ohne Abkühl- und Durchziehzeit

VEGAN

50 g Belugalinsen
50 g rote Linsen
50 g gelbe Linsen
600 ml ungesalzene Gemüsebrühe
1–2 Möhren (etwa 100 g)
etwa 100 g Knollensellerie
1 Zwiebel (etwa 100 g)
2 EL Traubenkern- oder Olivenöl
Salz, gem. Pfeffer
2 Äpfel, süßsauer, z. B. Cox Orange
1 kleines Bund glatte Petersilie

Für die Marinade:
4 EL weißer Balsamico-Essig
abgeriebene Schale und Saft von 1 Bio-Zitrone (unbehandelt, ungewachst)
1 Prise Voll-Rohrzucker oder
1 EL Agavendicksaft
4 EL Apfelsaft
2 EL Traubenkern- oder Olivenöl

Pro Portion:
E: 11 g, F: 11 g, Kh: 35 g,
kJ: 1199, kcal: 286

1. Die Linsen mit der Gemüsebrühe in einem Topf nach Packungsanleitung gar kochen. Die gegarten Linsen in einem Sieb abtropfen und erkalten lassen.
2. Möhren und Sellerie putzen, schälen, abspülen, abtropfen lassen und jeweils in kleine Würfel schneiden. Zwiebel abziehen und ebenfalls klein würfeln.
3. Traubenkern- oder Olivenöl in einer Pfanne erhitzen. Die Zwiebelwürfel darin andünsten, Möhren- und Selleriewürfel hinzugeben und 3–4 Minuten mitdünsten lassen. Mit Salz und Pfeffer würzen. Gemüsewürfel erkalten lassen.
4. Äpfel schälen, vierten, entkernen und in erbsengroße Würfel schneiden. Petersilie abspülen und trocken tupfen. Die Blättchen von den Stängeln zupfen und klein schneiden.
5. Apfelwürfel und Petersilie in eine Schüssel geben. Linsen und die Gemüsewürfel untermischen.
6. Für die Marinade Essig mit Zitronenschale, -saft, Salz, Pfeffer, Rohrzucker oder Agavendicksaft und Apfelsaft verrühren, Traubenkern- oder Olivenöl unterschlagen. Die Marinade über den Linsensalat geben und vorsichtig unterheben. Den Salat etwa 30 Minuten durchziehen lassen. Vor dem Servieren nochmals mit den Gewürzen abschmecken.

Linsen-Apfel-Salat

Sauerkrautsalat

5–6 Portionen

VEGAN

Zubereitungszeit: 40 Minuten

125 g Feldsalat
1 kleines Bund Schnittlauch
2 1/2 EL Apfelessig
Salz
gem. Pfeffer
5 EL Nussöl
1,2 kg abgetropftes, mildes Sauerkraut (aus Dosen)
etwas Speiseöl, z. B. Rapsöl
250 g abgetropfte Pfifferlinge (aus der Dose)

Pro Portion:
E: 4 g, F: 12 g, Kh: 4 g,
kJ: 625, kcal: 149

1. Den Feldsalat verlesen und die Wurzelansätze abschneiden. Feldsalat gründlich waschen, abtropfen lassen oder trocken schleudern und auf einer großen Platte oder Schale verteilen.
2. Schnittlauch abspülen, trocken tupfen und in Röllchen schneiden.
3. Apfelessig mit Salz und Pfeffer verrühren und Nussöl unterschlagen. Sauerkraut mit der Sauce vermengen und auf dem Feldsalat anrichten.
4. Etwas Speiseöl in einer Pfanne erhitzen, die Pfifferlinge darin andünsten, mit Salz und Pfeffer würzen.
5. Pfifferlinge auf dem Sauerkraut verteilen und den Salat mit Schnittlauchröllchen bestreut servieren.

Salat „Dolma"

12 Portionen

Zubereitungszeit: 50 Minuten

1 1/2 kg türkische Paprikaschoten (Dolma biber)
3 Zwiebeln
300 g Schafskäse
150 g abgetropfte, schwarze Oliven
200 ml Zitronensaft
Salz
gem. Kreuzkümmel (Cumin)
Pul Biber (geschrotete Pfefferschoten)
1 gestr. TL Zucker
75 ml Olivenöl
6 EL Sesamsamen
2 Bund glatte Petersilie

Pro Portion:
E: 7 g, F: 15 g, Kh: 7 g,
kJ: 838, kcal: 200

1. Die Paprikaschoten entstielen, entkernen und die weißen Scheidewände entfernen. Schoten abspülen, abtrocknen und von der Spitze her in dünne Ringe schneiden. Evtl. Reste der weißen Scheidewände aus den Ringen herausschneiden und die Kerne entfernen.
2. Zwiebeln abziehen und in feine Würfel schneiden. Schafskäse ebenfalls würfeln. Die vorbereiteten Zutaten mit den Oliven in eine Schüssel geben.
3. Zitronensaft mit Salz, Kreuzkümmel, Pul Biber und Zucker verrühren, Olivenöl unterschlagen und Sesam unterrühren. Die Sauce mit den Salatzutaten vermischen.
4. Petersilie abspülen und trocken tupfen. Die Blättchen von den Stängeln zupfen. Blättchen klein schneiden und unter den Salat mischen.

Salat mit Sesam-Tofu

2 Portionen (ohne Foto)

Zubereitungszeit: 30 Minuten, ohne Marinierzeit

VEGAN

200 g Tofu
3 EL dunkles Sesamöl
2 EL Sojasauce
1 Zucchini
2 Frühlingszwiebeln
1/2 Eisbergsalat
2–3 EL Zitronensaft
Salz, gem. Pfeffer
Zucker
2 EL neutrales Speiseöl, z. B. Rapsöl
2 EL Sesamsamen

Sauerkrautsalat

Salat „Dolma"

Pro Portion:
E: 21 g, F: 21 g, Kh: 11 g,
kJ: 1347, kcal: 322

1. Tofu in kleine Würfel schneiden und in eine flache Schale legen. Die Hälfte des Sesamöls mit der Sojasauce verrühren. Die Tofuwürfel damit beträufeln und zugedeckt etwa 2 Stunden marinieren.
2. Zucchini abspülen, abtrocknen und die Enden abschneiden. Zucchini in feine Scheiben schneiden.
3. Frühlingszwiebeln putzen, abspülen, abtropfen lassen und in Scheiben schneiden. Eisbergsalat putzen und den Strunk entfernen. Eisbergsalat abspülen, trocken tupfen und in Streifen schneiden. Die Salatzutaten in einer Schüssel mischen.
4. Zitronensaft mit Salz, Pfeffer und 1 Prise Zucker verrühren, restliches Sesamöl unterschlagen. Die Sauce unter den Salat heben. Den Salat kurz durchziehen lassen.
5. Die Tofuwürfel aus der Marinade nehmen und abtropfen lassen. Das Speiseöl in einer Pfanne erhitzen. Die Tofuwürfel darin von allen Seiten knusprig braten und mit Sesam bestreuen. Die Tofuwürfel aus der Pfanne nehmen und warm auf dem Salat verteilen.

Salattorte mit Schafskäse

Salattorte mit Schafskäse

12 Portionen

Zubereitungszeit: 50 Minuten, ohne Durchziehzeit

3 Mini-Romana-Salate (je etwa 150 g)
2 Zucchini (etwa 400 g)
1/2 Bund Basilikum
500 g Tomaten
2 Bund Frühlingszwiebeln
etwa 300 g abgetropfte, extra kleine, geröstete Paprikaschoten (aus dem Glas)
5 hart gekochte Eier
300 g Möhren
70 g Rucola (Rauke)
400 g Schafskäse

Für die Salatsauce:
400 g Zaziki (aus dem Kühlregal)
250 g Joghurt (10 % Fett)
Salz, gem. Pfeffer
¼ TL Paprikapulver rosenscharf

Zum Garnieren:
8 Cocktailtomaten
16 Scheiben Salatgurke
1/2 Bund Schnittlauch

Pro Portion:
E: 12 g, F: 16 g, Kh: 13 g,
kJ: 1024, kcal: 245

1. Romana-Salate putzen, halbieren, abspülen, trocken tupfen und in grobe Streifen schneiden. Zucchini abspülen, abtrocknen und die Enden abschneiden. Die Zucchini in dünne Scheiben schneiden. Das Basilikum abspülen und trocken tupfen. Die Blättchen von den Stängeln zupfen. Tomaten abspülen, trocken tupfen, halbieren und die Stängelansätze herausschneiden. Die Tomaten in dünne Scheiben schneiden. Frühlingszwiebeln putzen, abspülen, abtropfen lassen und in feine Scheiben schneiden.
2. Paprikaschoten der Länge nach aufschneiden, aufklappen und entkernen. Schoten trocken tupfen und in Streifen schneiden. Eier pellen und in dünne Scheiben schneiden. Möhren putzen, schälen, abspülen, abtropfen lassen und fein raspeln. Rucola verlesen und die dicken Stiele abschneiden. Rucola abspülen, trocken tupfen und klein schneiden. Schafskäse zerbröseln.
3. Nacheinander Romana-Salat, Zucchinischeiben, Basilikum, Tomaten-, Frühlingszwiebelscheiben, Paprikastreifen, Eierscheiben, Möhrenraspel, Rucola und Schafskäse in eine Springform (Ø 28 cm, mit Backpapier belegt) schichten, dabei jede Lage etwas andrücken. Salattorte mit Frischhaltefolie zugedeckt im Kühlschrank 12–24 Stunden durchziehen lassen.
4. Für die Salatsauce Zaziki mit Joghurt verrühren. Mit Salz, Pfeffer und Paprika würzen.
5. Den Springformrand vorsichtig lösen. Die Torte mit dem Backpapier auf eine Platte ziehen. Das Backpapier mit einer Schere rundherum abschneiden.
6. Zum Garnieren die Tomaten abspülen, abtrocknen, halbieren und die Stängelansätze herausschneiden. Die Gurkenscheiben gleichmäßig auf dem Tortenoberflächenrand verteilen. Jeweils 1 Tomatenhälfte auf die Gurkenscheiben legen. Den Schnittlauch abspülen und trocken tupfen. Die Tortenoberfläche mit den Schnittlauchhalmen garnieren.
7. Die Salattorte mit einem elektrischen Messer oder Sägemesser in Tortenstücke schneiden. Die Salatsauce zu der Salattorte reichen.

Tomaten-Sellerie-Salat mit Tripmadam

Tomaten-Sellerie-Salat mit Tripmadam

4 Portionen VEGAN

Zubereitungszeit: 20 Minuten

400 g Staudensellerie
1 Handvoll Tripmadam (Felsen-Fetthenne, Würzkraut)
4 EL Orangensaft
4 EL weißer Balsamico-Essig
8 EL Olivenöl
Salz, gem. Pfeffer, Zucker
40 g geröstete Cashew- oder Walnusskerne
20 Cocktailtomaten
1 EL Zucker

Pro Portion:
E: 4 g, F: 25 g, Kh: 16 g,
kJ: 1272, kcal: 304

1. Den Staudensellerie putzen, abspülen, trocken tupfen und in sehr feine Scheiben schneiden. Tripmadam abspülen und trocken tupfen. Die Nadeln von den Stängeln zupfen. Nadeln sehr fein schneiden.
2. Orangensaft mit Essig verrühren. 4 Esslöffel Olivenöl unterschlagen. Mit Salz, Pfeffer und Zucker würzen.
3. Selleriescheiben in eine Schale legen und mit der Vinaigrette übergießen. Cashew- oder Walnusskerne und Tripmadam daraufstreuen.
4. Die Tomaten abspülen, trocken tupfen und die Stängelansätze herausschneiden. Restliches Olivenöl in einer Pfanne erhitzen.
5. Die Tomaten darin unter Wenden kurz anbraten. Zucker daraufstreuen und kurz karamellisieren. Mit Salz und Pfeffer würzen.
6. Den Salat in der Schale vermischen und nach Belieben auf 2 Platten anrichten. Tomaten darauf verteilen.

Shiitake-Salat mit Tofucroûtons

4 Portionen (ohne Foto)

Zubereitungszeit: 40 Minuten

VEGAN

150 g Tofu
125 ml Sojaöl
2 Knoblauchzehen
200 g Shiitakepilze
1 rote Paprikaschote
200 g Feldsalat
2–3 EL Apfel- oder heller Reisessig
2 EL Sojasauce
evtl. gem. schwarzer Pfeffer

Pro Portion:
E: 8 g, F: 17 g, Kh: 10 g,
kJ: 930, kcal: 222

1. Den Tofu mit Küchenpapier trocken tupfen und in etwa 1 cm große Würfel schneiden. 5–6 Esslöffel Sojaöl für die Sauce abnehmen und beiseitestellen. Restliches Sojaöl in einer Pfanne mit hohem Rand erhitzen. Knoblauch abziehen, halbieren und in dem erhitzten Sojaöl leicht bräunen. Knoblauch herausnehmen. Die Tofuwürfel in dem erhitzten Knoblauchöl von allen Seiten goldgelb braten.
2. Tofuwürfel mit einem Schaumlöffel herausnehmen und auf 2–3 Lagen Küchenpapier abtropfen lassen.
3. Die Pilze putzen und die Stiele herausdrehen. Die Pilzköpfe in dünne Scheiben schneiden und in dem heißen Knoblauchöl unter Rühren anbraten. Die Pilze ebenfalls mit dem Schaumlöffel herausnehmen und auf 2–3 Lagen Küchenpapier abtropfen lassen.
4. Paprikaschote halbieren, entstielen, entkernen und die weißen Scheidewände entfernen. Schote abspülen, trocken tupfen und würfeln. Den Feldsalat verlesen und die Wurzelansätze abschneiden. Feldsalat gründlich waschen und trocken tupfen oder trocken schleudern.
5. Feldsalat auf 4 Tellern verteilen. Die Pilze und Paprikawürfel daraufgeben und mit den Tofucroûtons bestreuen. Essig und Sojasauce verrühren, das beiseitegestellte Sojaöl unterschlagen. Den Feldsalat mit der Vinaigrette beträufeln und den Salat nach Belieben mit Pfeffer bestreuen.

Spargelsalat mit Waldmeister-Vinaigrette

4 Portionen VEGAN

Zubereitungszeit: 40 Minuten, ohne Abkühl- und Durchziehzeit
Garzeit: 8–10 Minuten

je 500 g weißer und grüner Spargel (dünne Spargelstangen)
Salz
je 100 g rote und gelbe Cocktailtomaten

Für die Waldmeister-Vinaigrette:
1 Schalotte
1 Bund oder 1 Topf frischer Waldmeister
4 EL weißer Balsamico-Essig

6 EL Spargelflüssigkeit
100 ml weißer Burgunder
8 EL Olivenöl
gem. Pfeffer

Pro Portion:
E: 5 g, F: 20 g, Kh: 8 g,
kJ: 1046, kcal: 250

1. Den weißen Spargel von oben nach unten schälen. Darauf achten, dass die Schalen vollständig entfernt, die Köpfe aber nicht verletzt werden. Die unteren Enden abschneiden (holzige Stellen vollkommen entfernen). Von dem grünen Spargel das untere Drittel schälen und die unteren Enden abschneiden. Spargel abspülen, abtropfen lassen und in nicht zu kleine Stücke schneiden.
2. Die Spargelstücke in kochendem Salzwasser 8–10 Minuten garen. Anschließend in einem Sieb abtropfen lassen, dabei die Spargelflüssigkeit auffangen und 6 Esslöffel abmessen. Spargelstücke erkalten lassen.
3. Tomaten abspülen, trocken tupfen, halbieren und die Stängelansätze herausschneiden.
4. Für die Vinaigrette Schalotte abziehen und in kleine Würfel schneiden. Waldmeister abspülen und trocken tupfen. Die Blättchen von den Stängeln zupfen. Blättchen klein schneiden.
5. Essig mit der abgemessenen Spargelflüssigkeit und Wein verrühren, Olivenöl unterschlagen. Mit Salz und Pfeffer würzen. Schalottenwürfel und den Waldmeister unterrühren.
6. Die Spargelstücke und Tomatenhälften vorsichtig mit der Vinaigrette vermischen. Den Salat zugedeckt im Kühlschrank 2–3 Stunden durchziehen lassen.

Ungarischer Gemüsesalat

VEGAN

etwa 5 Gläser je 1-Liter-Inhalt

Zubereitungszeit: 80 Minuten, ohne Durchziehzeit
Haltbarkeit: kühl und dunkel gestellt etwa 6 Wochen

1 kg grüne Paprikaschoten
1 kg Tomaten
1 kleiner Kopf Weißkohl (etwa 750 g)
1 große Zwiebel
1 Peperoni

Für die Essig-Zucker-Lösung:
1 l Kräuter- oder Weißweinessig
1 1/2 l Wasser, 250 g Zucker
3 EL schwarze Pfefferkörner
2 Msp. Einmach-Hilfe

Pro Glas:
E: 7 g, F: 1 g, Kh: 71 g,
kJ: 1469, kcal: 351

1. Paprikaschoten halbieren, entstielen, entkernen und die weißen Scheidewände entfernen. Schoten abspülen, abtropfen lassen und in dünne Streifen schneiden.
2. Tomaten abspülen, trocken tupfen, vierteln und die Stängelansätze herausschneiden.
3. Vom Weißkohl die äußeren, welken Blätter entfernen. Den Kohl vierteln und den Strunk herausschneiden. Kohlviertel abspülen, abtropfen lassen und in feine Streifen schneiden oder hobeln.
4. Die Zwiebel abziehen, zuerst in dünne Scheiben schneiden, dann in Ringe teilen. Peperoni entstielen, halbieren, entkernen, abspülen, trocken tupfen und in schmale Streifen schneiden.
5. Die vorbereiteten Gemüsezutaten in eine Schüssel geben, gut vermengen und in vorbereitete Gläser füllen.
6. Für die Essig-Zucker-Lösung Essig mit Wasser, Zucker und Pfefferkörnern in einem Topf zum Kochen bringen und unter Rühren kochen lassen, bis der Zucker gelöst ist.
7. Die Essig-Zucker-Lösung sofort kochendheiß über die Gemüsezutaten in die Gläser gießen und abkühlen lassen. Die Gläser mit Twist-off-Deckeln® verschließen.
8. Nach 12–24 Stunden die Essig-Zucker-Lösung abgießen und wieder zum Kochen bringen. Einmach-Hilfe unterrühren und wieder über die Gemüsezutaten gießen. Die Gläser nach dem Erkalten wieder mit den Twist-off-Deckeln® verschließen.

Spargelsalat mit Waldmeister-Vinaigrette

Ungarischer Gemüsesalat

Spaghetti-Salat mit Joghurtpesto

4 Portionen

Zubereitungszeit: 35 Minuten, ohne Abkühl- und Durchziehzeit

100 g Zuckerschoten oder TK-Erbsen
2 1/2 l Wasser
2 1/2 gestr. TL Salz
250 g Hartweizen-Spaghetti oder helle Vollkorn-Spaghetti
1 EL Olivenöl
250 g Cocktailtomaten
4 Frühlingszwiebeln oder 1 Bund frischer oder 25 g TK-Schnittlauch
150 g Joghurt (3,5 % Fett)
50 ml Gemüsebrühe
2 EL Kräuter-Pesto (aus dem Glas)
Salz, gem. Pfeffer
2 hart gekochte Eier
3–4 EL gehobelter Parmesan
einige frische Basilikumblättchen

Pro Portion:
E: 19 g, F: 17 g, Kh: 52 g,
kJ: 1886, kcal: 450

1. Von den Zuckerschoten die Enden abschneiden, evtl. abfädeln. Schoten abspülen, abtropfen lassen und halbieren.
2. Wasser in einem großen Topf zugedeckt zum Kochen bringen. Dann Salz und Spaghetti hinzugeben. Spaghetti im geöffneten Topf bei mittlerer Hitze nach Packungsanleitung bissfest kochen, dabei gelegentlich umrühren.
3. Zuckerschotenhälften oder die gefrorenen Erbsen etwa 2 Minuten vor Ende der Garzeit zu den Spaghetti in den Topf geben und mitgaren lassen.
4. Anschließend die Spaghetti mit den Zuckerschotenhälften oder den Erbsen in ein Sieb geben, mit kaltem Wasser abspülen, abtropfen lassen und mit Olivenöl beträufeln. Die Spaghetti mit einer Gabel auflockern, damit sie nicht verkleben. Spaghetti mit den Zuckerschotenhälften oder Erbsen erkalten lassen.
5. Tomaten abspülen, trocken tupfen, halbieren und die Stängelansätze herausschneiden. Frühlingszwiebeln putzen, abspülen, abtropfen lassen und in feine Scheiben schneiden. Oder Schnittlauch abspülen, trocken tupfen und in Röllchen schneiden.
6. Spaghetti mit den Zuckerschotenhälften oder Erbsen in eine große Schüssel geben. Tomatenhälften und Frühlingszwiebeln untermischen.
7. Joghurt mit Brühe und Pesto verrühren. Mit Salz und Pfeffer kräftig würzen. Die Marinade mit den Salatzutaten gut vermischen. Den Salat zugedeckt etwa 20 Minuten durchziehen lassen.
8. Eier pellen und halbieren. Den Spaghetti-Salat nochmals mit Salz und Pfeffer abschmecken. Evtl. noch etwas Brühe unterrühren. Den Spaghetti-Salat mit Parmesan, Eierhälften und abgespülten, trocken getupften Basilikumblättchen anrichten.

Spargelsalat von grünem und weißem Spargel

4 Portionen

Zubereitungszeit: 30 Minuten
Garzeit: 13–15 Minuten

600 g weißer Spargel
400 g grüner Spargel
375 ml Wasser
1 gestr. TL Salz
1 gelbe Paprikaschote
2 Schalotten
2–3 Stängel Dill
1 EL flüssiger Akazienhonig
3 EL Keimöl
Salz, gem. Pfeffer
2 kleine Galia-Melonen
2 EL Limettensaft

Pro Portion:
E: 5 g, F: 8 g, Kh: 15 g,
kJ: 659, kcal: 158

Spaghetti-Salat mit Joghurtpesto

Spargelsalat von grünem und weißem Spargel

1. Den weißen Spargel von oben nach unten schälen, darauf achten, dass die Schalen vollständig entfernt, die Köpfe aber nicht verletzt werden. Die unteren Enden abschneiden (holzige Stellen vollkommen entfernen). Von dem grünen Spargel nur das untere Drittel schälen und die unteren Enden abschneiden. Spargel in etwa 2 cm lange Stücke schneiden. Spargelstücke getrennt abspülen und abtropfen lassen.
2. Wasser mit Salz in einem Topf zum Kochen bringen. Die weißen Spargelstücke hinzufügen und zugedeckt in 8–10 Minuten bissfest kochen. Anschließend mit einer Schaumkelle herausnehmen, mit kaltem Wasser abschrecken und in einem Sieb abtropfen lassen. Dann die grünen Spargelstücke in den Spargelfond geben, wieder zum Kochen bringen und zugedeckt in etwa 5 Minuten bissfest kochen. Die Spargelstücke ebenfalls in ein Sieb geben, mit kaltem Wasser abschrecken und abtropfen lassen.
3. Paprikaschote halbieren, entstielen, entkernen und die weißen Scheidewände entfernen. Schote abspülen, abtropfen lassen und in feine Würfel schneiden. Schalotten abziehen und ebenfalls klein würfeln. Dill abspülen und trocken tupfen. Die Spitzen von den Stängeln zupfen, Spitzen klein schneiden.
4. Die weißen und grünen Spargelstücke in eine Schüssel geben, mit Paprika-, Schalottenwürfeln, Honig und Keimöl gut vermischen, mit Salz und Pfeffer würzen. Dill unterrühren.
5. Die Melonen in der Hälfte (Mitte) rundherum mit einem Messer im Zickzackmuster etwa 4 cm tief einstechen und auseinanderbrechen. Die Melonenhälften entkernen, mit einem Kugelausstecher das Fruchtfleisch herauslösen oder das Fruchtfleisch mit einem Löffel herauslösen und in Würfel schneiden.
6. Melonenkugeln oder -würfel mit Limettensaft vermengen, vorsichtig unter den Salat heben. Den Salat in den Melonenhälften servieren.

Tomatensalat mit überbackenem Ziegenkäse

Tomatensalat mit überbackenem Ziegenkäse

4–6 Portionen

Zubereitungszeit: 30 Minuten, ohne Durchziehzeit

240 g abgetropfte, weiße Bohnenkerne (aus der Dose)
einige Stängel Kräuter, z. B. Zitronenthymian und Basilikum
4–5 EL Limettensaft
3–4 TL Apfeldicksaft oder
2–3 TL flüssiger Honig
Salz, gem. Pfeffer
1/2 Knoblauchzehe
3–4 EL Olivenöl
1 kleine Fenchelknolle
800 g Fleischtomaten
300 g Ziegenkäserolle (Weichkäse mit weißem Edelpilz aus Ziegenmilch)
2–3 TL Apfeldicksaft oder
2 TL flüssiger Honig
30 g Pinienkerne

Pro Portion:
E: 16 g, F: 25 g, Kh: 21 g,
kJ: 1601, kcal: 383

1. Bohnenkerne in ein Sieb geben, mit kaltem Wasser abspülen und gut abtropfen lassen.
2. Die Kräuter abspülen und trocken tupfen. Einige Kräuterspitzen bzw. Blättchen zum Garnieren beiseitelegen. Von den restlichen Stängeln die Blättchen abzupfen und klein schneiden.
3. Limettensaft mit Apfeldicksaft oder Honig, Salz und Pfeffer verrühren. Knoblauch abziehen, durch eine Knoblauchpresse drücken und mit den Kräutern hinzufügen. Olivenöl unterschlagen. Das Dressing mit den Bohnen vermischen.
4. Fenchel putzen, abspülen und abtropfen lassen. Fenchelknolle halbieren und in sehr feine Streifen schneiden. Tomaten abspülen, abtrocknen, halbieren und die Stängelansätze herausschneiden. Tomaten in Spalten schneiden und mit den Fenchelstreifen auf einer Platte anrichten. Die Bohnen darauf verteilen, den Salat etwa 15 Minuten durchziehen lassen.
5. Den Backofengrill vorheizen.
6. Den Käse in etwa 1 1/2 cm dicke Scheiben schneiden und mit den Schnittflächen nach oben in eine Auflaufform (gefettet) setzen. Die Käsescheiben mit Apfeldicksaft oder Honig beträufeln und mit Pinienkernen bestreuen.
7. Die Form auf dem Rost unter den vorgeheizten Backofengrill schieben und den Käse kurz übergrillen, bis die Pinienkerne leicht gebräunt sind.
8. Die Käsescheiben auf dem Salat anrichten. Salat mit den beiseitegelegten Kräutern garnieren.

Zucchini-Carpaccio mit Gemüse-Vinaigrette

Zucchini-Carpaccio mit Gemüse-Vinaigrette

1 Portion

VEGAN

Zubereitungszeit: 25 Minuten, ohne Marinierzeit

1 Zucchini mit Blüte (etwa 80 g)
30 g Möhre
30 g Knollensellerie
30 g Porree (Lauch)
1 Schalotte
1 Knoblauchzehe
1 EL Himbeeressig
2 EL Gemüsebrühe
2 EL mildes Olivenöl
Salz, gem. Pfeffer
Zucker
1 EL Schnittlauchröllchen
einige Friséesalatblätter

Pro Portion:
E: 4 g, F: 21 g, Kh: 8 g,
kJ: 983, kcal: 235

1. Die Zucchiniblüte abschneiden und den Blütenstempel entfernen. Die Blütenblätter vorsichtig abspülen und abtropfen lassen. Die Zucchini beiseitelegen.
2. Möhre und Sellerie putzen, schälen, abspülen, abtropfen lassen und in sehr kleine Würfel schneiden. Porree putzen, längs halbieren, gründlich waschen und abtropfen lassen. Porree ebenfalls klein würfeln.
3. Schalotte abziehen und klein würfeln. Knoblauchzehe mit der flachen Hand anschlagen. Himbeeressig mit Gemüsebrühe verrühren, Olivenöl unterschlagen. Die Vinaigrette mit Salz, Pfeffer und 1 Prise Zucker würzen. Gemüse-, Schalottenwürfel und die Knoblauchzehe hinzugeben und etwa 30 Minuten marinieren.
4. Die beiseitegelegte Zucchini abspülen, abtrocknen und die Enden abschneiden. Die Zucchini mit einer Küchenmaschine in hauchdünne Scheiben schneiden.
5. Die Zucchinischeiben auf einem großen Teller anrichten. Die Gemüse-Vinaigrette darauf verteilen.
6. Zucchini-Carpaccio mit den Blütenblättern, den Schnittlauchröllchen und den abgespülten, trocken getupften Salatblättern garnieren.

Spargel-Tofu-Salat

4 Portionen (ohne Foto)

Zubereitungszeit: 35 Minuten

VEGAN

400 g grüner Spargel
125 ml Wasser
5 EL Sojasauce
4 EL Zitronensaft
3 TL Zucker
abgeriebene Schale von 1/2 Bio-Zitrone (unbehandelt, ungewachst)
5 EL Sesamöl
250 g Tofu
2 Frühlingszwiebeln
30 g Sauerampfer oder Kresse
etwa 3 cm frischer Ingwer

Pro Portion:
E: 9 g, F: 19 g, Kh: 12 g,
kJ: 1088, kcal: 260

1. Von dem Spargel nur das untere Drittel schälen und die unteren Enden abschneiden. Spargelstangen abspülen, abtropfen lassen und schräg in etwa 5 cm lange Stücke schneiden.
2. Wasser mit 2 Esslöffeln Sojasauce in einem Topf zum Kochen bringen. Die Spargelstücke darin etwa 5 Minuten, die Spargelspitzen nur 3 Minuten garen.
3. Die restliche Sojasauce mit dem Zitronensaft, Zucker und Zitronenschale verrühren, Sesamöl unterschlagen.
4. Tofu in kleine Würfel schneiden, mit den Spargelstücken und dem Dressing vorsichtig vermischen.
5. Frühlingszwiebeln putzen, abspülen, abtropfen lassen und in Scheiben schneiden. Sauerampfer abspülen, trocken tupfen und in Streifen schneiden. Oder Kresse abspülen, trocken tupfen und abschneiden. Frühlingszwiebelscheiben, Sauerampferstreifen oder Kresse unter den Salat heben.
6. Ingwer schälen, fein reiben und auf den Salat streuen. Den Salat mit den Spargelköpfen anrichten.

Weizenkörnersalat mit Schafskäse

10–12 Portionen

Zubereitungszeit: 70 Minuten, ohne Einweich- und Abkühlzeit

450 g Weizenkörner
2 l Wasser
Salz
1 kg Möhren
2–3 grüne Paprikaschoten
2–3 gelbe Paprikaschoten
2 Bund Frühlingszwiebeln
8–9 Tomaten
600 g Schafskäse

Für die Sauce:
125 ml Weißweinessig
75 ml Mineralwasser
3 TL körniger Senf
etwas Zucker
gem. Pfeffer
150 ml Olivenöl

Pro Portion:
E: 15 g, F: 24 g, Kh: 32 g,
kJ: 1781, kcal: 426

1. Weizenkörner abspülen, abtropfen lassen und in eine Schüssel geben. Weizenkörner mit dem Wasser übergießen und über Nacht einweichen lassen.
2. Weizenkörner mit der Einweichflüssigkeit in einem Topf zum Kochen bringen, Salz hinzufügen. Die Weizenkörner zugedeckt etwa 40 Minuten kochen lassen. Anschließend in einem Sieb abtropfen und abkühlen lassen.
3. In der Zwischenzeit Möhren putzen, schälen, abspülen, abtropfen lassen und in schmale Stifte schneiden. Paprikaschoten halbieren, entstielen, entkernen und die weißen Scheidewände entfernen. Schoten abspülen, abtropfen lassen und in Würfel schneiden.
4. Frühlingszwiebeln putzen, abspülen, abtropfen lassen und in Scheiben schneiden. Die Tomaten abspülen, abtrocknen, vierteln und die Stängelansätze herausschneiden. Schafskäse in kleine Würfel schneiden. Die vorbereiteten Salatzutaten mit den Weizenkörnern mischen.
5. Für die Sauce Essig mit Mineralwasser, Senf, Salz, Zucker und Pfeffer verrühren, Olivenöl unterschlagen. Die Sauce mit den Salatzutaten vorsichtig mischen.
6. Den Weizenkörnersalat mit dem Schafskäse gut durchziehen lassen und in einer Schüssel anrichten.

Tipp: Anstelle von Weizenkörnern können auch Dinkel- oder Grünkernkörner verwendet werden.

Kartoffelsalat, asiatisch angemacht

4 Portionen

Zubereitungszeit: 20 Minuten

Für die Sauce:
4 EL Salatmayonnaise
4 EL Joghurt (3,5 % Fett)
1 EL Sesamöl
1 EL Zitronensaft
Salz oder 1 TL Sojasauce
gem. Pfeffer
1/2 TL gem. Ingwer
1 Prise Zucker
1 Prise Chiliflocken

750 g gegarte Pellkartoffeln
2 rote Zwiebeln
1/2 Salatgurke
200 g abgetropfte Mungobohnenkeimlinge (aus dem Glas)
2 EL geschälte, geröstete Sesamsamen

Pro Portion:
E: 7 g, F: 21 g, Kh: 32 g,
kJ: 1463, kcal: 350

1. Für die Sauce Mayonnaise mit Joghurt, Sesamöl und Zitronensaft in einer Salatschüssel verrühren. Die Sauce mit Salz oder Sojasauce, Pfeffer, Ingwer, Zucker und Chili würzen.
2. Pellkartoffeln pellen und in dünne Scheiben schneiden (evtl. mit einem Eierschneider). Kartoffelscheiben unter die Sauce mischen.
3. Zwiebeln abziehen, in Streifen schneiden und unter den Salat geben. Den Salat etwa 5 Minuten durchziehen lassen.
4. In der Zwischenzeit Gurkenhälfte abspülen, abtrocknen, evtl. schälen und die Enden abschneiden. Gurkenhälfte längs vierteln und in Scheiben schneiden.
5. Mungobohnenkeimlinge und Gurkenscheiben unter den Kartoffelsalat heben. Den Salat mit Salz oder Sojasauce, Pfeffer und Ingwer abschmecken. Den Kartoffelsalat mit Sesamsamen bestreut servieren.

Weizenkörnersalat mit Schafskäse

Kartoffelsalat, asiatisch angemacht

Kartoffelsalat mit Kresse

Kartoffel-Gemüse-Salat mit Senfmarinade

Kartoffelsalat mit Kresse

4 Portionen — VEGAN

Zubereitungszeit: 25 Minuten, ohne Abkühl- und Durchziehzeit
Garzeit: 20–25 Minuten

750 g festkochende Kartoffeln

Für die Sauce:
375 ml Gemüsebrühe
3 EL weißer Balsamico-Essig
Salz, gem. Pfeffer
4 EL Olivenöl

190 g abgetropfter Karottensalat (aus dem Glas)
500 g Champignons
4 EL Olivenöl
2 Kästchen rote Daikonkresse

Pro Portion:
E: 10 g, F: 21 g, Kh: 33 g,
kJ: 1484, kcal: 354

1. Kartoffeln gründlich waschen, in einem Topf knapp mit Wasser bedeckt, zugedeckt zum Kochen bringen und in 20–25 Minuten gar kochen. Kartoffeln abgießen, abdämpfen, heiß pellen und lauwarm abkühlen lassen. Kartoffeln in Scheiben schneiden und in eine große Schüssel geben.
2. Für die Sauce Brühe mit Essig, Salz und Pfeffer verrühren. Olivenöl unterschlagen. Karottensalat und die Sauce zu den Kartoffelscheiben geben und gut untermischen. Salat etwa 30 Minuten durchziehen lassen.
3. In der Zwischenzeit Champignons putzen, evtl. kurz abspülen, trocken tupfen und in Scheiben schneiden. Olivenöl in einer Pfanne erhitzen. Die Champignonscheiben darin in 2 Portionen unter Rühren hellbraun braten. Mit Pfeffer würzen. Champignonscheiben abkühlen lassen und unter den Kartoffelsalat heben.
4. Kresse abspülen und trocken tupfen. Die Blättchen von den Stängeln schneiden. Den Salat mit Salz und Pfeffer würzen. Die Kresseblättchen unterheben.

Tipp: Die rote Daikonkresse erinnert im Geschmack an Kreuzkümmel (Cumin). Sie kann durch einfache Kresse ersetzt werden.

Kartoffel-Gemüse-Salat mit Senfmarinade

10 Portionen — VEGAN

Zubereitungszeit: 40 Minuten, ohne Abkühlzeit

1 1/2 kg Kartoffeln
250 g Staudensellerie
300 g Möhren
200 g Radieschen
3 Frühlingszwiebeln
250 g Cocktailtomaten

Für die Senfmarinade:
2 EL grobkörniger Senf
6 EL weißer Balsamico-Essig
Saft von 1 Zitrone
3 EL Olivenöl
Salz, 1 Prise Zucker
gem. Pfeffer

Pro Portion:
E: 4 g, F: 3 g, Kh: 26 g,
kJ: 655, kcal: 156

1. Die Kartoffeln gründlich waschen, in einem Topf knapp mit Wasser bedeckt, zugedeckt zum Kochen bringen und in etwa 25 Minuten gar kochen. Die Kartoffeln abgießen, mit kaltem Wasser abspülen, abtropfen und etwas abkühlen lassen. Die heißen Kartoffeln pellen, abkühlen lassen und in Scheiben schneiden.
2. In der Zwischenzeit Staudensellerie putzen, abspülen, abtropfen lassen und in dünne Scheiben schneiden. Die Möhren putzen, schälen, abspülen, abtropfen lassen und auf einem Gemüsehobel in feine Scheiben hobeln.
3. Radieschen putzen, abspülen, abtropfen lassen und ebenfalls in feine Scheiben schneiden. Frühlingszwiebeln putzen, abspülen, abtropfen lassen und in dünne Scheiben schneiden. Tomaten abspülen, trocken tupfen, halbieren und evtl. die Stängelansätze herausschneiden.
4. Die vorbereiteten Gemüsezutaten in eine große Salatschüssel geben und mit den Kartoffeln vermischen.

5. Für die Marinade den Senf mit Essig und Zitronensaft verrühren. Olivenöl unterschlagen. Mit Salz und Zucker würzen.
6. Die Marinade kurz vor dem Servieren unter die Salatzutaten mischen. Den Salat mit Salz und Pfeffer abschmecken.

Gurken-Apfel-Salat

8–10 Portionen

Zubereitungszeit: 40 Minuten, ohne Durchziehzeit

2 Salatgurken (etwa 800 g)
2–3 rote Paprikaschoten
800 g Äpfel, z. B. Jonagold
1 Bund Dill

Für die Sauce:
300 g Joghurt (3,5 % Fett)
6 EL Rotweinessig
6 EL Schlagsahne
etwas Zucker
Salz, gem. Pfeffer

Pro Portion:
E: 2 g, F: 4 g, Kh: 12 g,
kJ: 398, kcal: 94

1. Gurken schälen und die Enden abschneiden. Gurken der Länge nach halbieren, vierteln und in Würfel schneiden.
2. Paprikaschoten halbieren, entstielen, entkernen und die weißen Scheidewände entfernen. Die Schoten abspülen, abtropfen lassen und ebenfalls würfeln. Äpfel schälen, vierteln und entkernen. Apfelviertel in grobe Würfel schneiden. Dill abspülen und trocken tupfen. Die Spitzen von den Stängeln zupfen. Spitzen klein schneiden.
3. Für die Sauce Joghurt mit Essig und Sahne verrühren. Mit Zucker, Salz und Pfeffer würzen.
4. Die vorbereiteten Salatzutaten in eine Schüssel geben und mit der Sauce vermischen. Den Salat etwas durchziehen lassen.

Zuckerschoten und Tofu in Ratatouille-Vinaigrette

2 Portionen (ohne Foto)

Zubereitungszeit: 60 Minuten

VEGAN

200 g Tofu
Salz, gem. Pfeffer
3 EL Weizenmehl
2 Msp. Currypulver
200 g Zuckerschoten
je 1/2 kleine, gelbe, rote und grüne Paprikaschote
je 30 g Zucchini und Aubergine
1 Schalotte
3 EL Olivenöl
1–2 EL Reisessig
1 TL Balsamico-Essig
6 EL Speiseöl
2 EL Gemüsebrühe
2 kleine Knoblauchzehen

Pro Portion:
E: 22 g, F: 25 g, Kh: 26 g,
kJ: 1752, kcal: 418

1. Tofu in etwa 1/2 cm dicke Scheiben schneiden, von beiden Seiten mit Salz und Pfeffer würzen. Mehl mit Curry in einem Teller mischen, die Tofuscheiben darin wenden.
2. Von den Zuckerschoten die Enden abschneiden, evtl. abfädeln. Die Schoten abspülen, abtropfen lassen. Paprikahälften entstielen, entkernen und die weißen Scheidewände entfernen. Schotenhälften in kleine Würfel schneiden. Zucchini- und Auberginenstücke putzen, abspülen, abtrocknen und ebenfalls klein würfeln.
3. Schalotte abziehen und würfeln. Olivenöl in einer Pfanne erhitzen. Die Gemüse- und Schalottenwürfel darin unter Rühren anbraten.
4. Angebratene Gemüsewürfel mit Reisessig und Balsamico-Essig mischen, mit Salz und Pfeffer würzen.
5. Einen Esslöffel Speiseöl in einem Topf erhitzen. Die Zuckerschoten darin unter Rühren andünsten, die Gemüsebrühe hinzugießen. Zuckerschoten zugedeckt etwa 3 Minuten knackig dünsten, mit Salz und Pfeffer würzen.
6. Drei Esslöffel des restlichen Speiseöls in einer Pfanne erhitzen. Die Tofuscheiben darin bei mittlerer Hitze von beiden Seiten etwa 5 Minuten braten.
7. Knoblauch abziehen, klein würfeln und im restlichen Speiseöl (2 Esslöffel) rösten, aus der Pfanne nehmen und auf Küchenpapier abtropfen lassen.
8. Die Tofuscheiben auf Tellern anrichten. Die Zuckerschoten darauflegen und mit der Ratatouille-Vinaigrette beträufeln. Mit den gerösteten Knoblauchwürfeln bestreuen.

Gurken-Apfel-Salat

Avocado-Möhren-Salat

4 Portionen

VEGAN

Zubereitungszeit: 30 Minuten

4 Möhren
2 Frühlingszwiebeln
2 Avocados

Für die Sauce:
2 EL Zitronensaft
1 TL mittelscharfer Senf
Salz, gem. Pfeffer
Zucker
6 EL Olivenöl

Pro Portion:
E: 3 g, F: 38 g, Kh: 8 g,
kJ: 1678, kcal: 401

1. Möhren putzen, schälen, abspülen, abtropfen lassen und grob raspeln oder in feine Stifte schneiden. Frühlingszwiebeln putzen, abspülen, abtropfen lassen und in schräg in Scheiben schneiden.
2. Die Avocados halbieren und das Fruchtfleisch vom Stein schneiden. Das Fruchtfleisch schälen und in Spalten oder Stücke schneiden. Die vorbereiteten Salatzutaten in eine Schüssel geben und vermischen.
3. Für die Sauce Zitronensaft mit Senf, Salz, Pfeffer und etwas Zucker verrühren. Olivenöl unterschlagen. Die Salatzutaten mit der Sauce vermengen. Den Salat auf Tellern anrichten und sofort servieren.

Tipp: Nach Belieben einige Chicorée- und Radicchioblätter abspülen, trocken tupfen und auf Tellern verteilen. Den Salat auf den Blättern anrichten.

Spinatsalat mit grünem Spargel und Hummus

4 Portionen

VEGAN

Zubereitungszeit: 45 Minuten, ohne Einweichzeit
Garzeit: etwa 60 Minuten

Für den Hummus:
200 g Kichererbsen
3 Knoblauchzehen
2 EL Zitronensaft
5 EL mildes Olivenöl
Salz
Cayennepfeffer

500 g grüner Spargel
2 EL Weißweinessig
2 EL Agavendicksaft
1 EL mittelscharfer Senf
5 EL Olivenöl
gem. Pfeffer
4 mittelgroße Tomaten
200 g junger Blattspinat
2 EL geröstete Pinienkerne

Pro Portion:
E: 16 g, F: 33 g, Kh: 35 g,
kJ: 2088, kcal: 498

1. Zum Vorbereiten die Kichererbsen in kaltem Wasser über Nacht einweichen.
2. Von den eingeweichten Kichererbsen das Wasser abgießen. Die Häute von den Kichererbsen abrubbeln und entfernen. Kichererbsen in einem Topf mit kaltem Wasser bedeckt, zugedeckt zum Kochen bringen und in etwa 60 Minuten weich kochen.
3. Die gegarten Kichererbsen in einem Sieb abtropfen lassen, dabei die Kochflüssigkeit auffangen.
4. Für den Hummus den Knoblauch abziehen und halbieren. Die Kichererbsen mit Knoblauch, Zitronensaft, Olivenöl, Salz und Cayennepfeffer in einer Küchenmaschine pürieren. So viel von der aufgefangenen Kochflüssigkeit hinzugeben, dass eine cremige Konsistenz entsteht.
5. Von dem Spargel nur das untere Drittel schälen und die unteren Enden abschneiden. Spargel abspülen, abtropfen lassen und in etwa 3 cm lange Stücke schneiden. Spargelstücke in kochendem Salzwasser bissfest kochen. Spargelstücke mit einer Schaumkelle herausnehmen, mit kaltem Wasser abschrecken und in einem Sieb abtropfen lassen.
6. Essig mit Agavendicksaft und Senf verrühren, Olivenöl unterschlagen. Mit Salz und Pfeffer würzen.
7. Die Tomaten abspülen, trocken tupfen, halbieren und die Stängelansätze herausschneiden. Tomaten in Spalten (Sechstel) schneiden.

Avocado-Möhren-Salat

Spinatsalat mit grünem Spargel und Hummus

Frühjahrs-Kimtschi

Bunter Tortellini-Salat

8. Den Blattspinat verlesen und die dicken Stiele entfernen. Spinat gründlich waschen, trocken schleudern oder gut trocken tupfen und in eine Schüssel geben. Das Dressing vorsichtig untermischen. Die Spargelstücke unterheben. Den Spargelsalat auf 4 Tellern oder einer Platte anrichten. Die Tomatenspalten und Pinienkerne darauf verteilen. Den Salat mit dem Hummus servieren.

Beilage: Ofenfrisches Fladenbrot.

Tipps: Wer die Einweichzeit sparen möchte, kann Kichererbsen aus der Dose verwenden. Wer mag, kann den Hummus mit 1 Teelöffel Kreuzkümmel (Cumin) pikant abschmecken.

Frühjahrs-Kimtschi

4 Portionen

VEGAN

Zubereitungszeit: 20 Minuten, ohne Durchziehzeit

125 g Möhren
200 g Rettich
200 g Chinakohl
75 g Frühlingszwiebeln
1 rote Peperoni (etwa 15 g)
1 Knoblauchzehe
15 g frischer Ingwer
1 gestr. TL Salz
2 EL Paprikapulver rosenscharf oder edelsüß nach Geschmack

Pro Portion:
E: 2 g, F: 1 g, Kh: 7 g,
kJ: 187, kcal: 45

1. Möhren und Rettich putzen, schälen, abspülen und abtropfen lassen. Chinakohl putzen. Den Kohl vierteln und den Strunk herausschneiden. Die Kohlviertel abspülen, abtropfen lassen und in feine, kurze Streifen schneiden. Die Frühlingszwiebeln putzen, abspülen und abtropfen lassen, das dunkle Grün abschneiden. Möhren, Rettich, Chinakohl und Frühlingszwiebeln (nur das Weiße) in etwa 1 cm breite Stücke schneiden.
2. Peperoni halbieren, entstielen, entkernen, abspülen und abtropfen lassen. Die Peperoni in dünne Streifen schneiden. Den Knoblauch abziehen. Ingwer schälen. Knoblauch und Ingwer grob hacken.
3. Gemüsestücke mit Peperonistreifen, Knoblauch und Ingwer in einer Küchenmaschine mit dem Schneidmesser in kleine Stücke hacken. Die Mischung dann mit Salz und Paprika in einer Schüssel (am besten Porzellan oder Steingut) mischen, zugedeckt 2–3 Tage im Gemüsefach des Kühlschrankes durchziehen lassen.

Bunter Tortellini-Salat

10–12 Portionen

Zubereitungszeit: 35 Minuten, ohne Abkühl- und Durchziehzeit

250 g getrocknete Tortellini mit Käsefüllung, Salz
3–4 Paprikaschoten (rot und gelb, evtl. orange)
500 g abgetropfte Ananasstücke (aus der Dose)
340 g Gemüsemais (aus der Dose)
250 g Salatcreme
2 EL Tomatenketchup
3–4 EL Ananassaft (aus der Dose)
gem. Pfeffer

Pro Portion:
E: 8 g, F: 13 g, Kh: 48 g,
kJ: 1448, kcal: 345

1. Tortellini in kochendem Salzwasser nach Packungsanleitung garen. Die Tortellini in ein Sieb geben, mit kaltem Wasser übergießen, abtropfen und erkalten lassen.
2. Paprikaschoten halbieren, entstielen, entkernen und die weißen Scheidewände entfernen. Schoten abspülen, abtropfen lassen und in Streifen schneiden.
3. Von den Ananasstücken den Saft auffangen.
4. Tortellini in eine große Schüssel geben. Paprikastreifen, Ananasstücke und den Mais mit dem Saft hinzugeben. Die Zutaten gut vermengen.
5. Die Salatcreme mit Ketchup und etwas Ananassaft verrühren und unter die Salatzutaten heben. Tortellini-Salat 2–3 Stunden durchziehen lassen. Evtl. nochmals etwas Ananassaft unterrühren. Den Tortellini-Salat mit Salz und Pfeffer abschmecken.

Tipp: Den Salat in Dessertgläsern anrichten und dann mit Chicoréeblättern, Schnittlauchröllchen und Schnittlauchhalmen garnieren.

Scharfer Kürbissalat mit Walnuss-Joghurt

Scharfer Kürbissalat mit Walnuss-Joghurt

4 Portionen

Zubereitungszeit: 45 Minuten, ohne Durchziehzeit

Für die Vinaigrette:
1 Bio-Orange (unbehandelt, ungewachst)
1 Orange
50 g getrocknete Soft-Feigen
1–2 EL Harissa (scharfe Gewürzpaste, ersatzweise Cayennepfeffer)
5 EL flüssiger Honig, z. B. Akazienhonig
5 EL Zitronensaft
Salz
9 EL Olivenöl

1,2 kg Hokkaido-Kürbis
250–300 ml Wasser

Für den Walnuss-Joghurt:
4 Frühlingszwiebeln (etwa 80 g)
60 g Walnusskerne
6 Stängel Dill
500 g griechischer Sahnejoghurt (10 % Fett)

4 Stängel glatte Petersilie
2 Stängel Minze

Pro Portion:
E: 11 g, F: 48 g, Kh: 51 g,
kJ: 2859, kcal: 682

1. Für die Vinaigrette Bio-Orange heiß abwaschen, abtrocknen und ein Achtel der Schale mit einem Zestenreißer abziehen. Beide Orangen halbieren, den Saft auspressen und 200 ml Saft abmessen. Die Feigen in kleine Würfelchen schneiden, mit Harissa, Honig, Orangensaft, -schale, Zitronensaft und Salz verrühren. 6 Esslöffel Olivenöl unterschlagen.
2. Den Kürbis abspülen, abtropfen lassen, halbieren und die Kerne mit einem Löffel herausschaben. Kürbis mit der Schale zuerst in etwa 2 cm breite Scheiben, dann in Würfel schneiden. Restliches Olivenöl in einer weiten Pfanne erhitzen. Kürbiswürfel darin bei starker Hitze etwa 4 Minuten von allen Seiten leicht anbraten. Mit Wasser ablöschen und ganz einkochen lassen, bis die Kürbiswürfel gar, aber noch etwas bissfest sind. Die Pfanne von der Kochstelle nehmen und die Vinaigrette untermischen. Die Pfanne mit einem Deckel verschließen. Kürbis mindestens 30 Minuten durchziehen lassen.
3. Für den Walnuss-Joghurt die Frühlingszwiebeln putzen, abspülen, abtropfen lassen und in feine Scheiben schneiden. Die Walnusskerne grob hacken. Dill abspülen und trocken tupfen. Die Spitzen von den Stängeln zupfen. Spitzen fein schneiden. Joghurt mit Frühlingszwiebelscheiben, Walnusskernen und Dill verrühren, mit Salz würzen.
4. Petersilie und Minze abspülen und trocken tupfen. Die Blättchen von den Stängeln zupfen, Blättchen grob zerschneiden und unter den Kürbissalat mischen. Den Kürbissalat mit dem Walnuss-Joghurt anrichten und servieren.

Auberginen-Tomaten-Salat

Auberginen-Tomaten-Salat

12 Portionen VEGAN

Zubereitungszeit: 50 Minuten

5 Auberginen (etwa 1 kg)
8 Fleischtomaten (etwa 1,2 kg)
1 Bund glatte Petersilie
1 Bund Minze
3 rote Zwiebeln
8 EL Olivenöl
Salz
gem. Pfeffer
etwas Limettensaft
5 EL Olivenöl
5 EL Balsamico-Essig
50 g gehobelte, geröstete Mandeln

Pro Portion:
E: 3 g, F: 16 g, Kh: 6 g,
kJ: 777, kcal: 186

1. Auberginen und Tomaten abspülen, abtrocknen lassen und die Stängelansätze herausschneiden. Auberginen und Tomaten in Scheiben schneiden. Petersilie und Minze abspülen und trocken tupfen. Die Blättchen von den Stängeln zupfen. Blättchen klein schneiden. Zwiebeln abziehen, zuerst in dünne Scheiben schneiden, dann in Ringe teilen.
2. Olivenöl in einer Pfanne erhitzen, zunächst die Auberginenscheiben darin etwa 4 Minuten von beiden Seiten braten und herausnehmen. Dann die Zwiebelringe und Tomatenscheiben in die Pfanne geben und 2–3 Minuten braten.

3. Auberginenscheiben in eine flache Schale legen, mit Salz und Pfeffer bestreuen. Mit etwas Limettensaft, Olivenöl und Essig beträufeln. Die Hälfte der Kräuter daraufstreuen.
4. Als nächste Schicht die Tomatenscheiben darauflegen. Zuletzt Zwiebelringe darauf verteilen. Mit Salz und Pfeffer bestreuen, mit den restlichen Kräutern und den gerösteten Mandeln bestreuen. Den Salat bis zum Servieren zugedeckt in den Kühlschrank stellen.

Rotkohl-Rohkost-Salat mit Orangen

4 Portionen (ohne Foto)

Zubereitungszeit: 35 Minuten

600 g Rotkohl
2 Orangen (etwa 450 g)

Für die Sauce:
1 Banane (etwa 150 g)
300 g Joghurt (1,5 % Fett)
1 EL Nussöl
2 EL Schnittlauchröllchen
Salz, gem. Pfeffer
15 g gehackte Pinienkerne
evtl. einige Schnittlauchröllchen

Pro Portion:
E: 6 g, F: 6 g, Kh: 20 g,
kJ: 709, kcal: 170

1. Von dem Rotkohl die äußeren, groben Blätter entfernen. Den Rotkohl vierteln und den Strunk herausschneiden. Kohlviertel auf einem Gemüsehobel hobeln.
2. Die Orangen so schälen, dass die weiße Haut vollständig mitentfernt wird. Orangen filetieren, dabei den Saft auffangen.
3. Für die Sauce die Banane schälen, in Stücke schneiden, mit Joghurt und Nussöl in einen hohen Rührbecher geben und mit einem Pürierstab fein pürieren. Den aufgefangenen Orangensaft und die Schnittlauchröllchen unterrühren. Die Sauce mit Salz und Pfeffer würzen.
4. Den vorbereiteten Rotkohl mit den Orangenfilets in einer Salatschüssel mischen und die Sauce darauf verteilen. Salat mit Pinienkernen und nach Belieben mit einigen Schnittlauchröllchen bestreut servieren.

Sommerlicher Bulgursalat

4 Portionen

Zubereitungszeit: 35 Minuten, ohne Abkühlzeit

400 ml Wasser
250 g Bulgur
Salz
1 reife Wassermelone (etwa 700 g)
1 Salatgurke (etwa 400 g)
2–3 EL Zitronensaft
1–2 EL Obstessig
1 TL flüssiger Blütenhonig
4 EL Olivenöl
gem. Pfeffer
1 Msp. gem. Koriander
Cayennepfeffer
125 g Rucola (Rauke)
300 g Schafskäse

Pro Portion:
E: 20 g, F: 25 g, Kh: 54 g,
kJ: 2201, kcal: 526

1. Wasser in einem Topf zum Kochen bringen. Bulgur einstreuen, mit Salz würzen. Bulgur unter Rühren zum Kochen bringen und zugedeckt etwa 20 Minuten bei schwacher Hitze garen. Dabei gelegentlich umrühren. Gegarten Bulgur in eine große Schüssel geben und unter gelegentlichem Rühren erkalten lassen.
2. In der Zwischenzeit Wassermelone halbieren und die Kerne mit einem Löffel herauskratzen. Melonenhälften schälen. Fruchtfleisch in etwa 1 1/2 cm große Würfel schneiden.
3. Die Salatgurke abspülen, trocken tupfen und die Enden abschneiden. Gurke der Länge nach halbieren. Die Kerne mit einem Löffel herauskratzen. Gurkenhälften nochmals der Länge nach durchschneiden, dann quer in dünne Scheiben schneiden.
4. Melonenwürfel, Gurkenscheiben, Zitronensaft, Obstessig, Honig und Olivenöl unter den Bulgur rühren. Mit Salz, Pfeffer, Koriander und Cayennepfeffer würzen. Den Salat etwa 10 Minuten stehen lassen.
5. In der Zwischenzeit Rucola putzen und die dicken Stiele abschneiden. Rucola abspülen, trocken tupfen und in mundgerechte Stücke zupfen. Schafskäse mit Küchenpapier trocken tupfen, in Scheiben schneiden.
6. Rucola unter den Bulgursalat heben. Mit Salz und Pfeffer abschmecken. Bulgursalat mit dem Schafskäse anrichten.

Sommerlicher Bulgursalat

Apfel-Käse-Salat

2. Die Zwiebeln abziehen und in feine Scheiben schneiden. Die Radieschen putzen, abspülen, abtropfen lassen und ebenfalls in feine Scheiben schneiden.
3. Die beiden Käsesorten in kleine Würfel schneiden. Schnittlauch abspülen, trocken tupfen und in Röllchen schneiden.
4. Die vorbereiteten Zutaten in eine Salatschüssel geben. Mit Salz und Pfeffer bestreuen und vermischen.
5. Essig mit Senf verrühren, Olivenöl unterschlagen. Mit Salz und Zucker abschmecken.
6. Den Meerrettich schälen, fein reiben und unter die Marinade rühren. Die Marinade unter den Salat heben. Den Salat mit Salz und Pfeffer abschmecken.

Mango-Reis-Salat mit Ananas

4 Portionen (ohne Foto)

Zubereitungszeit: 20 Minuten, ohne Durchziehzeit

120 g abgetropfte Ananasstücke (aus der Dose)
100 g Delikatessmayonnaise
100 g Rosinen
100 g gehacktes Mango-Chutney
1–2 EL Currypulver
etwas Ananassaft (aus der Dose)
Salz, gem. Pfeffer
250 g gegarter Langkornreis (etwa 90 g Rohgewicht)
1 kleiner Topf Minze
1 Mango

Pro Portion:
E: 7 g, F: 9 g, Kh: 92 g,
kJ: 1994, kcal: 475

1. Von den Ananasstücken den Saft auffangen. Ananasstücke evtl. etwas kleiner schneiden. Mayonnaise mit Rosinen, Ananasstücken und Mango-Chutney verrühren. Mit Curry, Ananassaft, Salz und Pfeffer würzen und unter den Langkornreis mischen.
2. Den Salat zugedeckt etwa 60 Minuten im Kühlschrank durchziehen lassen.
3. Minze abspülen und trocken tupfen. Die Blättchen von den Stängeln zupfen. Von der Mango das Fruchtfleisch vom Stein schneiden und schälen. Das Fruchtfleisch in schmale Spalten schneiden. Den Salat in Portionsschalen anrichten, mit Mangospalten und Minze garnieren.

Apfel-Käse-Salat

5 Portionen

Zubereitungszeit: 20 Minuten

2 kleine Äpfel, z. B. Jonagold
1–2 rote Zwiebeln
250 g Radieschen
250 g Bergkäse
100 g Emmentaler
1 kleines Bund Schnittlauch
Salz
gem. Pfeffer
2 EL Weißweinessig
1 EL mittelscharfer Senf
3 EL Olivenöl
1 Prise Zucker
30 g frischer Meerrettich

Pro Portion:
E: 18 g, F: 26 g, Kh: 6 g,
kJ: 1390, kcal: 332

1. Die Äpfel abspülen und abtrocknen. Äpfel nach Belieben schälen. Äpfel halbieren und entkernen. Die Apfelhälften auf einem Gemüsehobel in feine Scheiben hobeln.

Grünkern-Trifle-Salat

4 Portionen

VEGAN

Zubereitungszeit: 30 Minuten, ohne Einweich-, Abkühl- und Durchziehzeit
Garzeit: etwa 30 Minuten

200 g Grünkern, ganz

Für die Vinaigrette:
300 ml Orangensaft
3 EL süßer Senf
4 EL Rotweinessig
Salz, gem. Pfeffer
8 EL Traubenkernöl
1 Bund Schnittlauch

100 g Römersalat
40 g Walnusskerne
300 g Möhren
300 g Knollensellerie
200 g Äpfel

Pro Portion:
E: 10 g, F: 31 g, Kh: 51 g,
kJ: 2128, kcal: 507

1. Am Vortag Grünkern in eine Schüssel geben, mit kaltem Wasser bedecken und über Nacht einweichen.

2. Am nächsten Tag den Grünkern abgießen und in einen Topf geben. So viel Wasser hinzugießen, dass der Grünkern ganz bedeckt ist, zum Kochen bringen und etwa 30 Minuten bei schwacher Hitze kochen lassen.
3. Den Topf von der Kochstelle nehmen. Grünkern in dem Kochwasser erkalten lassen. Anschließend in einem Sieb abtropfen lassen.
4. Für die Vinaigrette Orangensaft, Senf und Essig verrühren. Mit Salz und Pfeffer würzen. Traubenkernöl unterschlagen. Schnittlauch abspülen, trocken tupfen und in Röllchen schneiden. Schnittlauchröllchen unter die Vinaigrette rühren.
5. Den Römersalat putzen, abspülen, trocken tupfen und in etwa 1 cm breite Streifen schneiden. Walnusskerne grob hacken. Möhren und Sellerie putzen, schälen, abspülen und abtropfen lassen. Die Äpfel schälen, halbieren und entkernen. Möhren, Sellerie und Apfelhälften getrennt auf einer Haushaltsreibe grob raffeln. Grünkern, Möhren-, Sellerie-, Apfelraffel und Walnusskerne abwechselnd in Gläser schichten, dabei jede Schicht mit etwas von der Vinaigrette beträufeln. Etwas von der Vinaigrette für die Salatstreifen zurücklassen und beiseitestellen. Den Salat mindestens 15 Minuten gut durchziehen lassen.
6. Zum Servieren den eingeschichteten Salat mit Salatstreifen belegen und mit der restlichen, beiseitegestellten Vinaigrette beträufeln.

Tipp: Den Grünkern-Trifle-Salat zum Mitnehmen in ein großes, verschließbares Glas füllen (Foto), mit dem Deckel verschließen und kurz vor dem Verzehr kräftig durchschütteln.

Brotsalat mit roten Zwiebeln

4 Portionen VEGAN

Zubereitungszeit: 40 Minuten, ohne Abkühlzeit

300 g Fladenbrot (vom Vortag)
3 Knoblauchzehen
4 EL Olivenöl
250 g Cocktailtomaten
2 rote Zwiebeln
1 rote Paprikaschote
1 kleine Salatgurke (etwa 500 g)
1 Bund glatte Petersilie
15 abgetropfte, entsteinte Kräuteroliven
3 EL geschälte Kürbiskerne
Salz
gem. Pfeffer
Saft von 2 Zitronen
6 EL Olivenöl

Pro Portion:
E: 10 g, F: 37 g, Kh: 38 g,
kJ: 2302, kcal: 549

1. Fladenbrot in etwa 1 cm große Würfel schneiden. Den Knoblauch abziehen und fein würfeln. Olivenöl in einer Pfanne erhitzen, die Brotwürfel darin von allen Seiten anrösten. Knoblauchwürfel hinzufügen und mitbraten lassen. Die Brotwürfel aus der Pfanne nehmen und erkalten lassen.
2. Die Cocktailtomaten abspülen, abtrocknen und die Stängelansätze herausschneiden. Größere Tomaten evtl. halbieren. Zwiebeln abziehen, zuerst in dünne Scheiben schneiden, dann in Ringe teilen. Paprikaschote halbieren, entstielen, entkernen und die weißen Scheidewände entfernen. Die Schote abspülen, abtropfen lassen und in Würfel schneiden.
3. Gurke abspülen, abtrocknen und die Enden abschneiden. Die Gurke längs vierteln und in Stücke schneiden. Petersilie abspülen und trocken tupfen. Die Blättchen von den Stängeln zupfen und klein schneiden.
4. Das vorbereitete Gemüse in einer Schüssel mit Petersilie, Oliven und Kürbiskernen mischen. Mit Salz, Pfeffer und Zitronensaft würzen und mit Olivenöl beträufeln. Die Brotwürfel unterheben und den Salat sofort servieren.

Tipps: Salat und Brotwürfel erst kurz vor dem Verzehr mischen, damit die Brotwürfel nicht durchweichen. Wenn Sie den Salat einige Zeit vor dem Verzehr zubereiten, die Brotwürfel getrennt aufbewahren. Die Kürbiskerne schmecken intensiver, wenn Sie sie vorher in einer Pfanne ohne Fett rösten und erkalten lassen.

Grünkern-Trifle-Salat

Brotsalat mit roten Zwiebeln

Gemüse-Rohkost mit Käsesauce

Gemüse-Rohkost mit Käsesauce

4–6 Portionen

Zubereitungszeit: 30 Minuten

300 g Staudensellerie
1 Fenchelknolle (etwa 275 g)
2 gelbe Paprikaschoten

Für die Sauce:
3 Tomaten
100 g Gorgonzola
Salz
1 geh. Msp. gem. Anis
gem. Pfeffer

Pro Portion:
E: 6 g, F: 7 g, Kh: 7 g,
kJ: 486, kcal: 116

1. Staudensellerie und Fenchelknolle putzen, abspülen, abtropfen lassen. Fenchelgrün beiseitelegen. Die Selleriestangen und Fenchelknolle fein hobeln oder fein schneiden.
2. Die Paprikaschoten halbieren, entstielen, entkernen und die weißen Scheidewände entfernen. Schoten abspülen, trocken tupfen und in Würfel schneiden.
3. Für die Sauce die Tomaten abspülen, abtrocknen, vierteln und die Stängelansätze herausschneiden. Die Tomatenviertel mit beiseitegelegtem Fenchelgrün und grob zerbröseltem Gorgonzola in einen hohen Rührbecher geben, mit etwas Salz, Anis und 1 Prise Pfeffer würzen. Die Zutaten pürieren.
4. Das Gemüse mit der Käsesauce auf einer Platte anrichten.

Fenchelcocktail

4 Portionen (ohne Foto)

Zubereitungszeit: 15 Minuten

2 kleine Fenchelknollen
2 Tomaten
150 g Crème fraîche
3 EL Schlagsahne
Salz
gem. Pfeffer
Zucker

Pro Portion:
E: 3 g, F: 15 g, Kh: 6 g,
kJ: 732, kcal: 175

1. Fenchel putzen, abspülen, abtropfen lassen und halbieren. Fenchelgrün beiseitelegen. Fenchelhälften in dünne Scheiben hobeln.
2. Tomaten abspülen, trocken tupfen und die Stängelansätze herausschneiden, Tomaten achteln. Tomatenspalten und Fenchelscheiben in Cocktailgläsern verteilen.
3. Crème fraîche mit Sahne verrühren, mit Salz, Pfeffer und 1 Prise Zucker würzen. Beiseitegelegtes Fenchelgrün fein schneiden und unter die Sauce rühren. Die Sauce auf den Tomatenspalten und den Fenchelscheiben verteilen.

Tipps: Geben Sie zusätzlich 1 Teelöffel Senf und etwas Zitronensaft unter die Sauce. Gut schmeckt der Cocktail auch mit einer Kakifrucht statt der Tomaten.

Körnersalat mit Porree und Tofuwürfeln

4 Portionen

VEGAN

Zubereitungszeit: 25 Minuten, ohne Einweich- und Marinierzeit
Garzeit: etwa 40 Minuten

180 g Weizenkörner
1 kleine Stange Porree (Lauch)
1 Bund Radieschen
2–3 EL Weißweinessig oder Zitronensaft
Salz
gem. Pfeffer
1–2 TL Apfeldicksaft
2–3 EL Wasser
4 EL Sonnenblumenöl
125 g Tofu
1 Bund Schnittlauch

Pro Portion:
E: 11 g, F: 13 g, Kh: 31 g,
kJ: 1189, kcal: 284

1. Weizenkörner in ein Sieb geben, mit kaltem Wasser abspülen und abtropfen lassen. Anschließend die Weizenkörner in kaltem Wasser einige Stunden einweichen. Weizenkörner mit dem Einweichwasser in einem Topf zum Kochen bringen und in etwa 40 Minuten weich kochen. Den gegarten Weizen in ein Sieb geben und abtropfen lassen.
2. Porree putzen, die Stange längs halbieren, gründlich waschen, abtropfen lassen und in feine Streifen schneiden.
3. Die Radieschen putzen, abspülen, abtropfen lassen und in feine Scheiben schneiden.
4. Weißweinessig oder Zitronensaft mit Salz, Pfeffer, Apfeldicksaft und Wasser verrühren, Sonnenblumenöl unterschlagen.
5. Tofu in kleine Würfel schneiden, zusammen mit den Weizenkörnern in die Essig-Öl-Marinade geben und etwa 30 Minuten marinieren.
6. Porreestreifen und Radieschenscheiben hinzugeben. Den Salat mit Essig oder Zitronensaft, Salz und Pfeffer abschmecken.
7. Schnittlauch abspülen, trocken tupfen und in Röllchen schneiden. Den Salat in einer Schüssel anrichten und mit Schnittlauchröllchen bestreut servieren.

Tomaten-Zucchini-Salat

10–12 Portionen

Zubereitungszeit: 70 Minuten

Für den Salat:
3 mittelgroße Zucchini
(je etwa 250 g)
3 grüne Paprikaschoten
2 Gemüsezwiebeln
3 Knoblauchzehen
12 hart gekochte Eier
20–30 abgetropfte, grüne Oliven, mit Paprika gefüllt
15 mittelgroße Tomaten
1 Bund Schnittlauch

Für die Sauce:
100 ml Zitronensaft
Salz
gem. schwarzer Pfeffer
gerebelter Oregano
1 EL klein geschnittene Dillspitzen
1 EL Zucker
150 ml Olivenöl

600 g Schafskäse
einige Dillspitzen

Pro Portion:
E: 19 g, F: 32 g, Kh: 11 g,
kJ: 1687, kcal: 403

1. Für den Salat Zucchini abspülen, abtrocknen und die Enden abschneiden. Zucchini in dünne Scheiben schneiden.
2. Paprikaschoten halbieren, entstielen, entkernen und die weißen Scheidewände entfernen. Die Schoten abspülen, abtropfen lassen und in Streifen schneiden.
3. Gemüsezwiebeln und Knoblauch abziehen. Gemüsezwiebeln in feine Scheiben schneiden und den Knoblauch durch eine Knoblauchpresse drücken.
4. Eier pellen und achteln. Oliven nach Belieben in Scheiben schneiden. Tomaten abspülen, abtrocknen, halbieren und die Stängelansätze herausschneiden. Tomaten in Spalten schneiden. Schnittlauch abspülen, trocken tupfen und in Röllchen schneiden. Alle Salatzutaten in einer großen Schüssel vorsichtig vermengen.
5. Für die Sauce Zitronensaft mit Salz, Pfeffer, Oregano, Dill und Zucker verrühren, Olivenöl unterschlagen. Die Sauce auf dem Salat verteilen. Den Schafskäse zerbröseln und daraufstreuen. Den Salat nach Belieben mit abgespülten und trocken getupften Dillspitzen garnieren.

Beilage: Aufgebackenes Fladenbrot.

Körnersalat mit Porree und Tofuwürfeln

Tomaten-Zucchini-Salat

Gemüsesalat mit Knoblauchdressing

4 Portionen

Zubereitungszeit: 60 Minuten, ohne Durchziehzeit

Für den Gemüsesalat:
2 mittelgroße Köpfe Blumenkohl
5–6 Möhren
300 g grüne Bohnen
300 g TK-Erbsen
Salz
3 Zwiebeln
3 rote Paprikaschoten
600 g gekochte Kartoffeln

Für das Dressing:
5–6 Knoblauchzehen
500–600 g leichte Salatcreme
150 g Joghurt (3,5 % Fett)
3 EL mittelscharfer Senf
Saft von 1 Zitrone
gem. Pfeffer
1 gestr. TL Zucker
1–2 Msp. Cayennepfeffer

1 Bund glatte Petersilie

Pro Portion:
E: 7 g, F: 11 g, Kh: 25 g,
kJ: 953, kcal: 229

1. Für den Gemüsesalat vom Blumenkohl die Blätter und schlechten Stellen entfernen, den Strunk abschneiden. Den Blumenkohl in kleine Röschen teilen, abspülen und abtropfen lassen. Möhren putzen, schälen, abspülen, abtropfen lassen und in dünne Scheiben schneiden. Von den Bohnen die Enden abschneiden, evtl. abfädeln. Die Bohnen abspülen, abtropfen lassen, in Stücke schneiden oder brechen.
2. Das vorbereitete Gemüse und die gefrorenen Erbsen nacheinander in kochendem Salzwasser bissfest garen. Anschließend mit kaltem Wasser abschrecken, gut abtropfen lassen und in eine große Schüssel geben.
3. Zwiebeln abziehen und fein würfeln. Paprikaschoten halbieren, entstielen, entkernen und die weißen Scheidewände entfernen. Schoten abspülen, abtropfen lassen und in feine Würfel schneiden. Kartoffeln ebenfalls würfeln, mit den Zwiebel- und Paprikawürfeln zum Gemüse in die Schüssel geben und vorsichtig vermischen.
4. Für das Dressing Knoblauch abziehen, fein würfeln oder durch eine Knoblauchpresse drücken. Knoblauch mit Salatcreme, Joghurt, Senf und Zitronensaft in eine Schüssel geben und mit dem Schneebesen glatt rühren. Die Sauce mit Salz, Pfeffer, Zucker und Cayennepfeffer würzen.
5. Den Salat mit dem Dressing vermengen und zugedeckt im Kühlschrank etwas durchziehen lassen.
6. Petersilie abspülen, trocken tupfen und halbieren. Von der einen Hälfte die Blättchen von den Stängeln zupfen, Blättchen klein schneiden. Den Gemüsesalat vor dem Servieren mit der klein geschnittenen Petersilie bestreuen und mit der restlichen Petersilie garnieren.

Gemüsesalat mit Knoblauchdressing

Frühlingssalatteller mit italienischem Dressing

4 Portionen

Zubereitungszeit: 30 Minuten
Garzeit: etwa 23 Minuten

500 g weißer Spargel
Salz
1 Prise Zucker
1 TL Olivenöl
200 g Zuckerschoten
1 Bund schmale, junge Möhren (etwa 500 g)
1 kleine Salatgurke (etwa 300 g)

Für das Dressing:
1 Schalotte (etwa 25 g)
1 abgetropfte, milde, rote Peperoni (aus dem Glas)
1 TL abgetropfte Kapern (aus dem Glas)
2 EL Weißweinessig
1 EL halbtrockener Weißwein oder
2 EL frisch gepresster Orangensaft
gem. Pfeffer
Zucker
3 EL (30 g) Olivenöl
1 EL klein geschnittene Kräuter, z. B. Dill, Petersilie

Pro Portion:
E: 5 g, F: 8 g, Kh: 16 g,
kJ: 676, kcal: 161

Frühlingssalatteller mit italienischem Dressing

Tomatensalat mit Knusper-Croûtons

1. Den Spargel von oben nach unten schälen. Dabei darauf achten, dass die Schalen vollständig entfernt, die Köpfe aber nicht verletzt werden. Die unteren Enden abschneiden (holzige Stellen vollkommen entfernen). Spargel abspülen und abtropfen lassen.
2. Salzwasser mit Zucker und Olivenöl in einem hohen Topf zum Kochen bringen. Spargelstangen hineingeben und zugedeckt etwa 8 Minuten bissfest garen. Spargelstangen mit einem Schaumlöffel vorsichtig herausnehmen und abtropfen lassen.
3. Von den Zuckerschoten die Enden abschneiden, evtl. abfädeln. Die Schoten abspülen und abtropfen lassen. Die Zuckerschoten in etwas kochendem Salzwasser zugedeckt etwa 5 Minuten bissfest dünsten, anschließend mit eiskaltem Wasser abschrecken. Die Zuckerschoten in einem Sieb abtropfen lassen.
4. Möhren putzen, schälen, abspülen und abtropfen lassen. Die Möhren in etwas Salzwasser zugedeckt etwa 10 Minuten bissfest dünsten, anschließend in einem Sieb abtropfen lassen. Gurke abspülen, abtrocknen und die Enden abschneiden. Die Gurke längs halbieren, nach Belieben entkernen und in Scheiben schneiden. Spargel, Zuckerschoten, Möhren und Gurkenscheiben auf einer Platte anrichten.
5. Für das Dressing Schalotte abziehen und in kleine Würfel schneiden. Peperoni längs aufschneiden, entkernen und in feine Stücke schneiden. Kapern fein hacken. Essig mit Wein oder Orangensaft, Salz, Pfeffer und Zucker verrühren. Olivenöl unterschlagen. Kräuter, Schalottenwürfel, Peperoni- und Kapernstücke unterrühren. Das Dressing über die Salatzutaten träufeln und den Salatteller servieren.

Tomatensalat mit Knusper-Croûtons

4 Portionen

Zubereitungszeit: 20 Minuten

8 mittelgroße Strauchtomaten
1 reife Avocado
1 EL Zitronensaft
Salz, gem. Pfeffer
150 g Schafskäse
2 Schalotten, 1 Knoblauchzehe
2 EL weißer Balsamico-Essig
4 EL Olivenöl
2 Scheiben Mehrkorn-Toastbrot
5 Stängel glatte Petersilie

Pro Portion:
E: 10 g, F: 31 g, Kh: 12 g,
kJ: 1544, kcal: 368

1. Tomaten abspülen, trocken tupfen, halbieren und die Stängelansätze herausschneiden. Tomaten in fingerdicke Scheiben schneiden. Eine große Salatplatte mit den Tomatenscheiben auslegen.
2. Von der Avocado das Fruchtfleisch in Spalten vom Stein schneiden. Avocadospalten schälen, sofort mit Zitronensaft beträufeln, mit Salz und Pfeffer würzen und auf den Tomatenscheiben anrichten.
3. Den Schafskäse in kleine Würfel schneiden und auf dem Tomatensalat verteilen.
4. Schalotten und Knoblauch abziehen und in kleine Würfel schneiden. Essig mit Schalotten-, Knoblauchwürfeln, Salz und Pfeffer verrühren. 2 Esslöffel des Olivenöls unterschlagen. Den Salat mit der Marinade beträufeln.
5. Restliches Olivenöl in einer Pfanne erhitzen. Toastbrotscheiben in kleine Würfel schneiden und in dem heißen Olivenöl von allen Seiten knusprig braun braten, dabei ständig wenden.
6. Petersilie abspülen und trocken tupfen. Die Blättchen von den Stängeln zupfen und die Blättchen klein schneiden.
7. Die Croûtons auf dem Tomatensalat verteilen und mit der Petersilie bestreuen.
8. Den Tomatensalat kräftig mit Pfeffer würzen und sofort servieren.

Steirischer Kartoffelsalat

Steinpilz-Pfifferlings-Salat mit Nudeln

Steirischer Kartoffelsalat

4 Portionen

Zubereitungszeit: 25 Minuten

750 g gegarte Pellkartoffeln

Für die Sauce:
150 ml heiße Gemüsebrühe
4 EL Kräuteressig
2 EL Speiseöl, z. B. Rapsöl
1 Prise Currypulver
Salz, gem. Pfeffer
1 Prise Zucker

200 g abgetropfter, eingelegter Kürbis (aus dem Glas)
4 hart gekochte Eier
3 EL geröstete Kürbiskerne
2 EL Kürbiskernöl

Pro Portion:
E: 14 g, F: 21 g, Kh: 28 g,
kJ: 1529, kcal: 366

1. Pellkartoffeln pellen und in Scheiben schneiden.
2. Für die Sauce Brühe mit Essig in einer großen Salatschüssel verrühren. Speiseöl unterschlagen. Sauce mit Curry, Salz, Pfeffer und Zucker würzen.
3. Kürbisstücke und Kartoffelscheiben unter die Sauce mischen. Den Salat etwa 5 Minuten durchziehen lassen.
4. Eier pellen und in Stücke schneiden. Den Kartoffelsalat nochmals mit Salz und Pfeffer abschmecken. Den Kartoffelsalat mit Eierstücken und Kürbiskernen anrichten, mit Kürbiskernöl beträufeln.

Tipp: Wer den Salat lieber etwas milder mag, verwendet nur 100 ml Gemüsebrühe und mischt zusätzlich 150 g Crème fraîche unter die Sauce.

Steinpilz-Pfifferlings-Salat mit Nudeln

4–6 Portionen VEGAN

Zubereitungszeit: 45 Minuten

4 l Wasser
4 gestr. TL Salz
500 g Muschelnudeln (ohne Ei)
250 g Steinpilze
250 g kleine Pfifferlinge
4 EL Olivenöl
200 g Zuckerschoten
Salz
2 Fleischtomaten (etwa 300 g)
einige Stängel Thymian
2 EL weißer Balsamico-Essig
gem. Pfeffer
8 EL Olivenöl

Pro Portion:
E: 16 g, F: 27 g, Kh: 74 g,
kJ: 2543, kcal: 607

1. Wasser in einem großen Topf zugedeckt zum Kochen bringen. Dann Salz und Nudeln hinzugeben. Die Nudeln im geöffneten Topf bei mittlerer Hitze nach Packungsanleitung bissfest kochen, dabei gelegentlich umrühren. Anschließend die Nudeln in ein Sieb geben, mit heißem Wasser abspülen und abtropfen lassen.
2. Pilze putzen, evtl. kurz abspülen und trocken tupfen. Große Pilze halbieren. Olivenöl in einer Pfanne erhitzen. Die Pilze darin unter mehrmaligem Wenden andünsten.
3. Von den Zuckerschoten die Enden abschneiden, evtl. abfädeln. Schoten abspülen, abtropfen lassen und in kochendem Salzwasser etwa 2 Minuten blanchieren. Anschließend in ein Sieb geben, mit kaltem Wasser abschrecken und abtropfen lassen.
4. Tomaten kreuzweise einschneiden und mit kochendem Wasser übergießen. Nach 1–2 Minuten herausnehmen und mit kaltem Wasser abschrecken. Tomaten häuten, halbieren und die Stängelansätze herausschneiden. Tomaten in Würfel schneiden.
5. Die vorbereiteten Salatzutaten in einer Schüssel mischen. Thymian abspülen und trocken tupfen. Die Blättchen von den Stängeln zupfen.
6. Den Essig mit Salz und Pfeffer verrühren. Olivenöl unterschlagen. Die Thymianblättchen unterrühren. Die Marinade unter die Salatzutaten mengen.

Rote-Linsen-Salat mit Zuckerschoten und Aprikosen

2 Portionen (ohne Foto)

Zubereitungszeit: 25 Minuten, ohne Durchziehzeit

VEGAN

150 g Zuckerschoten
200 ml Gemüsebrühe
100 g rote Linsen
2 Frühlingszwiebeln (etwa 100 g)
130 g abgetropfte Aprikosenhälften (aus der Dose)
10 g frischer Ingwer
oder 1/2 TL gem. Ingwer
1–2 EL Himbeeressig
Salz
gem. Pfeffer
1 EL Sonnenblumenöl
1 1/2 EL Nussöl

Pro Portion:
E: 17 g, F: 14 g, Kh: 48 g,
kJ: 1613, kcal: 385

1. Von den Zuckerschoten die Enden abschneiden, evtl. abfädeln. Schoten abspülen und abtropfen lassen. Die Brühe in einem kleinen Topf zum Kochen bringen. Zuckerschoten darin kurz blanchieren und mit einer Schaumkelle herausnehmen. Die Schoten mit kaltem Wasser abschrecken, abtropfen lassen und halbieren.
2. Die Linsen in die Brühe geben, das Ganze wieder zum Kochen bringen und etwa 8 Minuten bei schwacher Hitze kochen lassen, bis die Brühe von den Linsen aufgesogen ist.
3. Frühlingszwiebeln putzen, abspülen, abtropfen lassen und schräg in Scheiben schneiden. Frühlingszwiebelscheiben unter die heißen Linsen heben. Die Linsen-Frühlingszwiebel-Mischung abkühlen lassen.
4. Die Aprikosen in dünne Spalten schneiden. Ingwer schälen und fein reiben. Essig mit Salz, Pfeffer und Ingwer verrühren. Sonnenblumen- und Nussöl unterschlagen. Die Salatsauce zu der Linsen-Zwiebel-Mischung geben und gut untermengen. Aprikosenspalten und Zuckerschoten unterheben.
5. Den Rote-Linsen-Salat nochmals mit den Gewürzen abschmecken und servieren. Oder noch besser, zugedeckt in den Kühlschrank stellen und etwa 1 Stunde durchziehen lassen.

Konfetti-Salat

6 Portionen

VEGAN

Zubereitungszeit: 30 Minuten

Für den Salat:
1 1/2 kg gemischte Paprikaschoten (grün, gelb, rot)
2–3 große Zwiebeln
2–3 Knoblauchzehen

Für das Dressing:
etwa 75 ml Rotweinessig
Salz, gem. Pfeffer, Zucker
Paprikapulver edelsüß
125 ml Olivenöl

evtl. 1 Bund glatte Petersilie

Pro Portion:
E: 3 g, F: 22 g, Kh: 11 g,
kJ: 1049, kcal: 251

1. Für den Salat Paprikaschoten halbieren, entstielen, entkernen und die weißen Scheidewände entfernen. Schoten abspülen, abtropfen lassen und in feine Würfel schneiden.
2. Zwiebeln und Knoblauch abziehen. Zwiebeln in feine Würfel schneiden, Knoblauch fein hacken.
3. Für das Dressing Essig mit Salz, Pfeffer, Zucker und Paprika gut verrühren, Olivenöl unterschlagen. Die Zwiebelwürfel und den Knoblauch unterrühren. Das Dressing mit den Paprikawürfeln vermischen.
4. Nach Belieben Petersilie abspülen und trocken tupfen. Die Blättchen von den Stängeln zupfen, Blättchen klein schneiden. Den Konfetti-Salat auf einer Platte anrichten und mit Petersilie bestreuen.

Tipp: Die Paprikawürfel nach Farben getrennt lassen, auf einer Platte dekorativ anrichten und das Dressing daraufgeben oder dazureichen.

Konfetti-Salat

Staudensellerie mit Gorgonzola und Feigensenf

4 Portionen

Zubereitungszeit: 25 Minuten, ohne Abkühlzeit

100 g Pinienkerne
1 kleiner Staudensellerie mit Grün
1 kleiner Radicchio
4 EL mildes Olivenöl
gem. Pfeffer, Salz
250 g Gorgonzola
60 g Feigensenf (aus dem Glas, erhältlich beim italienischen Feinkosthändler)
1 Pck. Grissini (italienische Gebäckstangen)

Pro Portion:
E: 22 g, F: 45 g, Kh: 19 g,
kJ: 2359, kcal: 563

1. Den Backofen vorheizen.
Ober-/Unterhitze: etwa 180 °C
Heißluft: etwa 160 °C
2. Pinienkerne auf einem Backblech verteilen. Das Backblech in den vorgeheizten Backofen schieben. Die Pinienkerne etwa 10 Minuten rösten. Oder Pinienkerne in einer Pfanne ohne Fett unter Rühren hellbraun rösten. Pinienkerne erkalten lassen.
3. Staudensellerie putzen, abspülen und abtropfen lassen. Selleriegrün beiseitelegen. Selleriestangen schräg in dünne Scheiben schneiden.
4. Radicchio putzen und die äußeren welken Blätter entfernen. Radicchio halbieren und den Strunk herausschneiden. Blätter abspülen, abtropfen lassen und in feine Streifen schneiden.
5. Selleriescheiben und Radicchiostreifen nebeneinander auf eine große Platte legen. Mit Olivenöl beträufeln, mit Pfeffer bestreuen und leicht salzen (vorsichtig salzen, da der Käse salzig ist).
6. Gorgonzola mit 2 Gabeln zerbröseln. Von dem beiseitegelegten Selleriegrün die Blätter von den Stängeln zupfen. Gorgonzolabrösel auf dem Salat verteilen. Mit Pinienkernen und Sellerieblättern bestreuen. Mit Feigensenf und Gebäckstangen servieren.

Staudensellerie mit Gorgonzola und Feigensenf

Drei-Bohnenkeime-Salat

VEGAN

4–6 Portionen (ohne Foto)

Zubereitungszeit: 40 Minuten, ohne Einweich- und Keimzeit (mindestens 5 Tage)

je 100 g schwarze, rote und weiße Bohnen

125 ml Wasser
125 ml Sherryessig
125 ml Olivenöl
2 Knoblauchzehen
1 Lorbeerblatt
je 1/2 TL gerebelter Thymian und Estragon
1 TL Fenchelsamen
Salz, gem. Pfeffer
50 g abgetropfte, schwarze Oliven
2 rote Zwiebeln (etwa 120 g)
1 Bund Radieschen (etwa 400 g)
1 grüne Chilischote
1 Knoblauchzehe
1 Bund glatte Petersilie

Pro Portion:
E: 14 g, F: 28 g, Kh: 24 g,
kJ: 1776, kcal: 424

1. Die Bohnen in einem Sieb abspülen und abtropfen lassen. Die Bohnen in 3 Schüsseln füllen, mit reichlich kaltem Wasser übergießen, sodass sie ganz bedeckt sind. Bohnen über Nacht quellen lassen.
2. Nicht gequollene Bohnen müssen entfernt werden, da sie nicht keimfähig sind. Bohnen in 3 Einmach- oder Keimgläser geben, mit Gaze und je einem Gummiring verschließen. Die Gläser bei Zimmertemperatur (am besten 21 °C) umgedreht hinstellen, sodass die Bohnen abtropfen können und auch mit Sauerstoff versorgt werden.
3. Bohnen zweimal täglich mit lauwarmem Wasser durch die Gaze hindurch spülen. Einige Minuten wässern, dann das Glas wieder umstülpen. Nach etwa 5 Tagen sind die Bohnen genügend gekeimt.
4. Wasser mit Essig und Olivenöl in einem Topf verrühren. Knoblauch abziehen, mit Lorbeerblatt, Thymian, Estragon, Fenchel, Salz und Pfeffer in den Topf geben und alles zum Kochen bringen.
5. Bohnenkeime mit heißem Wasser gründlich abspülen, abtropfen lassen und ebenfalls in den Topf geben, wieder zum Kochen bringen und etwa 5 Minuten bei schwacher Hitze ziehen lassen. Lorbeerblatt und Knoblauch entfernen.
6. Oliven halbieren, entsteinen und in schmale Streifen schneiden. Zwiebeln abziehen, zuerst in Scheiben schneiden, dann in Ringe teilen. Radieschen putzen, abspülen, abtropfen lassen und in dünne Stifte schneiden.
7. Chilischote halbieren, entstielen, entkernen und die Scheidewände

Rote-Bohnen-Schafskäse-Salat

Rosenkohl-Champignon-Salat mit Curry und Koriander

entfernen. Die Schote fein hacken. Knoblauch abziehen und klein würfeln. Petersilie abspülen und trocken tupfen. Blättchen von den Stängeln zupfen und klein schneiden.

8. Olivenstreifen, Zwiebelringe, Radieschenstifte, Petersilie, Chili und Knoblauch mit den Bohnenkeimen in einer Schüssel vermengen, nochmals mit Salz und Pfeffer abschmecken. Den Drei-Bohnenkeime-Salat lauwarm servieren.

Rote-Bohnen-Schafskäse-Salat

8–10 Portionen

Zubereitungszeit: 25 Minuten, ohne Durchziehzeit

1275 g rote Bohnen (aus Dosen)
500 g Schafskäse
3–4 Zwiebeln
3–4 Knoblauchzehen
5–7 EL Weißweinessig
3 TL körniger Senf
Salz
gem. Pfeffer
125 ml Olivenöl
2–3 EL Schnittlauchröllchen

Pro Portion:
E: 23 g, F: 20 g, Kh: 33 g,
kJ: 1794, kcal: 429

1. Bohnen in ein Sieb geben, mit kaltem Wasser abspülen und gut abtropfen lassen. Schafskäse würfeln.
2. Zwiebeln und Knoblauch abziehen, Zwiebeln in kleine Würfel schneiden, Knoblauch zerdrücken. Bohnen mit Schafskäse, Zwiebeln und Knoblauch in einer Schüssel vermischen.
3. Essig mit Senf verrühren. Mit Salz und Pfeffer würzen. Olivenöl unterschlagen. Die Sauce mit den Salatzutaten vermengen. Den Salat evtl. einige Stunden durchziehen lassen.
4. Den Salat vor dem Servieren mit Schnittlauchröllchen bestreuen.

Tipp: Den Salat nach Belieben auf etwa 250 g Feld- oder Rucolasalat (Raukesalat) anrichten (Foto).

Rosenkohl-Champignon-Salat mit Curry und Koriander

4 Portionen

VEGAN

Zubereitungszeit: 30 Minuten

500 g Rosenkohl
Salz, 2 EL Distelöl
2 TL Currypulver
125 g Rosinen
100 ml Gemüsebrühe
150 g rosé Champignons
1 Fleischtomate
4 Stängel Koriander

Pro Portion:
E: 7 g, F: 6 g, Kh: 27 g,
kJ: 813, kcal: 194

1. Von dem Rosenkohl die äußeren Blätter entfernen und etwas vom Strunk abschneiden. Röschen am Strunk kreuzförmig einschneiden, abspülen und abtropfen lassen. Die Rosenkohlröschen halbieren.
2. Den Rosenkohl in kochendem Salzwasser bissfest garen.
3. Rosenkohl mit kaltem Wasser abschrecken, abtropfen lassen und in eine Schüssel geben.
4. Distelöl in einem kleinen Topf erhitzen. Curry und Rosinen darin andünsten. Gemüsebrühe hinzugießen und aufkochen lassen.
5. Die Brühe auf dem Rosenkohl verteilen, gut vermischen und auf einer Platte anrichten.
6. Die Champignons putzen, evtl. kurz abspülen, gut trocken tupfen und in dünne Scheiben schneiden oder hobeln.
7. Die Tomate abspülen, vierteln, entkernen und den Stängelansatz herausschneiden. Tomate in kleine Würfel schneiden.
8. Die Champignonscheiben und Tomatenwürfel auf dem Rosenkohl verteilen. Koriander abspülen und trocken tupfen. Die Blättchen von den Stängeln zupfen.
9. Den Rosenkohl-Champignon-Salat mit Korianderblättchen garniert servieren.

Rettich-Rote-Bete-Salat

Rohkost-Teller

Rettich-Rote-Bete-Salat

4 Portionen

Zubereitungszeit: 30 Minuten, ohne Durchziehzeit

500 g Rettich
1 Rote Bete (etwa 200 g)

Für die Sauce:
3 EL weißer Balsamico-Essig
Salz, gem. Pfeffer
1–2 TL flüssiger Honig
4–5 EL Walnussöl
50 g Walnusskernhälften
1 Bund Rucola (Rauke)

Pro Portion:
E: 4 g, F: 21 g, Kh: 11 g,
kJ: 1063, kcal: 255

1. Rettich putzen, schälen, abspülen und abtropfen lassen. Rote Bete gründlich waschen (am besten mit Einweghandschuhen), abtropfen lassen und schälen. Rettich und Rote Bete mit einem Gemüsehobel in feine Streifen hobeln und in einer Schüssel mischen.
2. Für die Sauce Essig mit Salz, Pfeffer und Honig verrühren. Walnussöl unterschlagen. Die Sauce unter die Gemüsestreifen mischen. Den Salat mindestens 30 Minuten durchziehen lassen.
3. Walnusskernhälften hacken. Rucola putzen und die dicken Stiele abschneiden. Rucola abspülen, gut abtropfen lassen oder trocken schleudern und die Blätter etwas kleiner zupfen. Rucola unter den Salat heben. Den Salat anrichten, mit den gehackten Walnusskernen bestreuen und servieren.

Rohkost-Teller

4 Portionen

Zubereitungszeit: 70 Minuten

200 g Weißkohl
200 g Rotkohl
1 EL Weißweinessig
Salz
gem. Pfeffer
4 EL Sonnenblumenöl
1 EL Schnittlauchröllchen
150 g Kopfsalat oder Feldsalat
2 hart gekochte Eier
2 EL Weißweinessig
4 EL Sonnenblumenöl
1 EL klein geschnittene Kräuter, z. B. Dill und Petersilie
8 kleine, feste Tomaten
100 g Doppelrahm-Frischkäse
2–3 EL Schlagsahne

Pro Portion:
E: 9 g, F: 33 g, Kh: 6 g,
kJ: 1510, kcal: 360

1. Weißkohl und Rotkohl putzen, vierteln und jeweils den Strunk herausschneiden. Weißkohl und Rotkohl getrennt auf einem Gemüsehobel hobeln. Anschließend mit einer Teigrolle glasig rollen oder stampfen, damit der Kohl zart wird. Den Kohl jeweils mit Essig, Salz, Pfeffer und Sonnenblumenöl würzen. Zusätzlich Schnittlauchröllchen unter den Weißkohl heben.
2. Salat putzen, abspülen und trocken tupfen. Eier pellen, Eigelb herauslösen und das Eiweiß in kleine Würfel schneiden. Den Salat mit Essig, Sonnenblumenöl und Salz würzen, Kräuter und Eiweißwürfel unterheben. Den Salat kuppelartig in die Mitte eines großen Tellers geben. Die beiden Kohlsorten abwechselnd als Kranz um den Blatt- oder Feldsalat legen.
3. Die Tomaten abspülen, trocken tupfen und jeweils einen Deckel abschneiden. Tomaten vorsichtig mit einem Löffel aushöhlen. Frischkäse mit Sahne verrühren, herausgelöstes Eigelb durch ein Sieb streichen und unterrühren. Die Frischkäsemasse evtl. mit Salz und Pfeffer würzen. Die Masse in einen Spritzbeutel mit kleiner Lochtülle geben und in die ausgehöhlten Tomaten spritzen. Die Tomatendeckel wieder auflegen.
4. Die Tomaten als Abschluss auf den Tellerrand oder evtl. auch in die Mitte des Tellers setzen.

Blattsalate mit Sprossen und Ei

4 Portionen (ohne Foto)

Zubereitungszeit: 25 Minuten

1 kleiner Lollo verde
1 kleiner Radicchio
1 Bund Rucola (Rauke)
100 g Sprossen, z. B. Weizen, Roggen, Alfalfa
4 hart gekochte Eier

Für das Haselnussdressing:
3 EL Sherryessig
1 TL Dijon-Senf
Salz
Zucker
gem. Pfeffer
4 EL Haselnussöl
3 Schalotten
1 Knoblauchzehe
60 g Haselnusskerne

Pro Portion:
E: 12 g, F: 28 g, Kh: 11 g,
kJ: 1525, kcal: 364

1. Salate putzen, abspülen und gut abtropfen lassen. Rucola putzen und die dicken Stiele entfernen. Rucola abspülen und trocken tupfen. Sprossen verlesen, in ein Sieb geben, mit kaltem Wasser abspülen und gut abtropfen lassen.
2. Eier pellen, halbieren, mit dem Salat und den Sprossen auf Tellern anrichten.
3. Für das Haselnussdressing Sherryessig mit Senf, Salz, 1 Prise Zucker und Pfeffer verrühren, Haselnussöl unterschlagen. Schalotten abziehen, klein würfeln und unterrühren. Knoblauch abziehen, durch eine Knoblauchpresse in das Dressing drücken. Dressing gut verrühren und auf den angerichteten Salat träufeln.
4. Haselnusskerne in einer Pfanne ohne Fett etwa 3 Minuten unter Rühren anrösten, herausnehmen, etwas abkühlen lassen und grob hacken. Den Salat mit den Haselnusskernen bestreuen und sofort servieren.

Löwenzahnsalat mit Croûtons, gehacktem Ei und Radieschen

1 Portion

Zubereitungszeit: 25 Minuten

1 hart gekochtes Ei
100 g gelber Löwenzahn
50 g Feldsalat
1 Scheibe Toastbrot
2 EL Butter
Salz, gem. Pfeffer

Für das Dressing:
1 gekochte Pellkartoffel (vom Vortag)
2 EL Weißweinessig
1 Msp. mittelscharfer Senf
1 EL Sonnenblumenöl
25 g Schlagsahne
Zucker

4 Radieschen
2 Stängel Kerbel

Pro Portion:
E: 16 g, F: 50 g, Kh: 40 g,
kJ: 2846, kcal: 681

1. Das Ei pellen. Eiweiß und Eigelb getrennt klein hacken.
2. Löwenzahn putzen, gründlich waschen und trocken schleudern. Feldsalat verlesen und die Wurzelenden abschneiden. Feldsalat gründlich waschen und trocken schleudern.
3. Toastbrotscheibe entrinden und in gleich große Würfel schneiden. Butter in einer kleinen Pfanne zerlassen. Die Brotwürfel darin von allen Seiten goldgelb braten. Mit Salz und Pfeffer würzen. Brotwürfel aus der Pfanne nehmen und auf Küchenpapier abtropfen lassen.
4. Für das Dressing die Kartoffel pellen, auf einer Haushaltsreibe fein reiben und mit dem Essig zu einer glatten Masse verrühren. Senf, Sonnenblumenöl und Sahne unterrühren. Mit Salz, Pfeffer und 1 Prise Zucker abschmecken.
5. Die vorbereiteten Löwenzahnblätter und den Feldsalat in einer Schüssel mit dem Dressing vermischen und auf einem Teller anrichten. Croûtons und gehacktes Ei darauf verteilen.
6. Die Radieschen putzen, abspülen, trocken tupfen, dünn hobeln und dekorativ an den Salat legen. Kerbel abspülen und trocken tupfen. Die Blättchen von den Stängeln zupfen. Den Löwenzahnsalat mit den Kerbelblättchen garnieren.

Löwenzahnsalat mit Croûtons, gehacktem Ei und Radieschen

Apfel-Möhren-Salat mit Sirup-Sesam-Dressing

4 Portionen

Zubereitungszeit: 20 Minuten

1 Bio-Zitrone
(unbehandelt, ungewachst)
1 Orange
2–3 TL Ahornsirup
1 Prise gem. Zimt
1–2 EL Sesamöl oder Rapsöl
2 Äpfel
1 Bund Möhren (etwa 500 g)
3 Sesam-Krokant-Riegel (je 25 g, Fertigprodukt aus dem Reformhaus oder Naturkostladen)

Pro Portion:
E: 3 g, F: 10 g, Kh: 25 g,
kJ: 856, kcal: 205

1. Die Zitrone heiß abwaschen, abtrocknen und die Schale abreiben. Von der Zitronenschale 1 Teelöffel abmessen. Zitrone und Orange halbieren und jeweils den Saft auspressen. Zitronen- und Orangensaft in eine Schüssel geben. 1 Teelöffel Zitronenschale, Sirup und Zimt hinzufügen, mit einem Schneebesen gut verrühren. Öl unterschlagen.
2. Äpfel abspülen, abtrocknen, vierteln, entkernen und mit der Schale in dünne Spalten schneiden. Apfelspalten zu dem Dressing geben.
3. Die Möhren putzen, schälen, abspülen, abtropfen lassen, in dünne Scheiben oder Streifen schneiden, zu den Apfelspalten geben und gut untermischen.
4. Den Salat in eine Salatschüssel geben. Krokant-Riegel zerbröseln und kurz vor dem Servieren auf den Salat streuen.

Babyspinatsalat mit scharfem Harissa-Joghurt, Croûtons und pochiertem Ei

1 Portion

Zubereitungszeit: 30 Minuten

50 g Babyspinat
100 g Joghurt (3,5 % Fett)
1 TL Harissa (scharfe Gewürzpaste)
1/2 Bio-Limette
(unbehandelt, ungewachst)
Salz
1 Scheibe Vollkorntoast
1 EL Olivenöl
1 EL Butter
1 l Wasser
2 EL Weißweinessig
1 frisches Ei (Größe M)
25 g Rote-Bete-Sprossen

Pro Portion:
E: 15 g, F: 24 g, Kh: 20 g,
kJ: 1511, kcal: 381

1. Den Babyspinat putzen, gründlich waschen, abtropfen lassen und trocken schleudern oder mit Küchenpapier trocken tupfen.
2. Den Joghurt mit Harissa (nach Geschmack und Schärfe) glatt rühren. Limette heiß abwaschen, abtrocknen, die Schale abreiben und den Saft auspressen. Den Joghurt mit Salz, Limettenschale und -saft würzen.
3. Die Toastbrotscheibe entrinden und in gleich große Würfel schneiden. Das Olivenöl in einer großen Pfanne erhitzen, Butter darin zerlassen. Die Brotwürfel darin von allen Seiten rösten, leicht mit Salz würzen, aus der Pfanne nehmen und auf Küchenpapier abtropfen lassen.
4. Wasser mit Essig in einem breiten, flachen Topf zum Kochen bringen. Das Ei in 1 Tasse aufschlagen und vorsichtig in das siedende (nicht sprudelnd kochende) Wasser gleiten lassen. Eiweiß sofort mit 2 Esslöffeln an das Eigelb schieben. Das Ei bei schwacher Hitze 3–4 Minuten ohne Deckel gar ziehen lassen.
5. Das gegarte Ei mit einem Schaumlöffel aus dem Wasser nehmen, kurz in kaltes Wasser tauchen und abtropfen lassen.

Apfel-Möhren-Salat mit Sirup-Sesam-Dressing

Babyspinatsalat mit scharfem Harissa-Joghurt, Croûtons und pochiertem Ei

Blattsalat mit Austernpilzen

Ananas-Kraut-Salat mit Paprikastreifen

6. Den Babyspinat mit der vorbereiteten Joghurtsauce vermengen und mit Salz abschmecken. Den Spinatsalat auf einen Teller geben und das pochierte, warme Ei daraufsetzen. Mit Croûtons und Sprossen bestreuen.

Blattsalat mit Austernpilzen

2 Portionen

VEGAN

Zubereitungszeit: 20 Minuten

120 g gemischter Blattsalat, z. B. Eichblattsalat, Lollo rosso, Feldsalat, Eisbergsalat oder Radicchio
1–2 EL Weißweinessig
Salz
gem. Pfeffer
3 EL Olivenöl
1 kleine Zwiebel
150 g Austernpilze
4 EL Olivenöl

Pro Portion:
E: 2 g, F: 42 g, Kh: 5 g,
kJ: 1844, kcal: 440

1. Den Blattsalat putzen, abspülen, gut abtropfen lassen oder trocken schleudern.
2. Essig mit Salz und Pfeffer verrühren, Olivenöl unterschlagen.
3. Zwiebel abziehen und in kleine Würfel schneiden. Die Austernpilze putzen, evtl. kurz abspülen und gut trocken tupfen. Austernpilze klein schneiden.
4. Olivenöl in einer Pfanne erhitzen. Zwiebelwürfel darin glasig dünsten. Austernpilzstücke hinzugeben und kurz mit anbraten. Mit Salz und Pfeffer würzen.
5. Den Blattsalat auf 2 Tellern anrichten, mit der Marinade beträufeln und die Austernpilzstücke darauf verteilen. Den Salat sofort servieren.

Beilage: Körnerbaguette.

Ananas-Kraut-Salat mit Paprikastreifen

6 Portionen

VEGAN

Zubereitungszeit: 30 Minuten, ohne Durchziehzeit

750 g Weißkohl
Salz
1 rote Paprikaschote
175 g abgetropfte Ananasstücke (aus der Dose)
1 große Zwiebel
4 EL Olivenöl
4 EL Kräuteressig
1 EL mittelscharfer Senf
gem. Pfeffer
je 1/2 TL gem. Piment und Kümmelsamen
Ananassaft (aus der Dose)

Pro Portion:
E: 2 g, F: 7 g, Kh: 14 g,
kJ: 550, kcal: 131

1. Von dem Weißkohl die groben, äußeren Blätter lösen. Kohl vierteln und den Strunk herausschneiden. Kohlviertel auf einer stabilen Küchenreibe oder mit der Küchenmaschine in sehr feine Streifen hobeln bzw. schneiden. Kohlstreifen in eine große Schüssel geben. 2–3 Esslöffel Salz hinzugeben, mit den Händen gut durchkneten, bis die Kohlstreifen leicht glasig werden. Kohlstreifen etwa 1 Stunde durchziehen lassen.
2. Die Paprikaschote halbieren, entstielen, entkernen und die weißen Scheidewände entfernen. Die Schote abspülen, trocken tupfen und in schmale Streifen schneiden. Von den Ananasstücken den Saft auffangen. Ananasstücke evtl. etwas kleiner schneiden.
3. Die Kohlstreifen in ein Sieb geben, etwas abtropfen lassen und wieder zurück in die Schüssel geben. Die Paprikastreifen und Ananasstücke gut untermischen.
4. Die Zwiebel abziehen, zuerst in dünne Scheiben schneiden, dann in Ringe teilen. Olivenöl in einer Pfanne erhitzen. Die Zwiebelringe darin kurz andünsten, herausnehmen und zum Ananas-Kraut-Salat in die Schüssel geben. Das verbliebene Bratfett (Olivenöl) mit Essig, Senf, Pfeffer, Piment und Kümmel verschlagen. Die Hälfte des aufgefangenen Ananassaftes unterrühren. Die Marinade zum Ananas-Kraut-Salat geben, gut untermischen und etwa 30 Minuten durchziehen lassen. Ananas-Kraut-Salat vor dem Servieren nochmals mit Salz und Pfeffer abschmecken.

Asiatischer Schichtsalat

Brunnenkressesalat

Asiatischer Schichtsalat VEGAN

10–12 Portionen

Zubereitungszeit: 60 Minuten, ohne Abkühl- und Durchziehzeit

100 g Glasnudeln
1 kleiner Chinakohl (etwa 300 g)
1 Salatgurke
2 rote Pfefferschoten

Für die Marinade:
5 EL Reisweinessig
3 EL Limettensaft
6 EL Sojasauce
2 TL rote Currypaste (erhältlich im Asialaden)
6 EL Sesamöl
Salz, gem. Pfeffer
2 EL Zucker

150 g geraspelte Möhren
175 g abgetropfte Mungobohnensprossen (aus der Dose)
250 g Bio-Tofu

Pro Portion:
E: 5 g, F: 8 g, Kh: 14 g,
kJ: 642, kcal: 153

1. Die Glasnudeln nach Packungsanleitung garen, in einem Sieb gut abtropfen und erkalten lassen.
2. Chinakohl putzen. Den Kohl vierteln und den Strunk herausschneiden. Die Kohlviertel in schmale Streifen schneiden, abspülen und sehr gut abtropfen lassen. Die Salatgurke abspülen, abtrocknen und die Enden abschneiden. Gurke halbieren, entkernen und in dünne Scheiben schneiden. Pfefferschoten abspülen, abtrocknen, halbieren und in kleine Würfel schneiden. Die Gurkenscheiben mit den Pfefferschotenwürfeln vermischen.
3. Für die Marinade Essig mit Limettensaft, Sojasauce und Currypaste verrühren. Sesamöl unterschlagen. Mit Salz, Pfeffer und Zucker würzen.
4. Zwei Drittel der Chinakohlstreifen in eine große, hohe Glasschüssel (4–5-Liter-Inhalt) geben. Die Möhrenraspel darauf verteilen. Mit gut 2 Esslöffeln der Marinade beträufeln. Die Gurken-Pfefferschoten-Mischung daraufgeben. Wieder mit etwa 3 Esslöffeln der Marinade beträufeln.
5. Zuerst die Mungobohnensprossen, dann die Glasnudeln daraufgeben. Die restlichen Chinakohlstreifen darauf verteilen und mit der Hälfte der restlichen Marinade beträufeln.
6. Den Tofu zerbröseln, mit der restlichen Marinade verrühren und als Abschluss auf die Chinakohlstreifen geben.
7. Schichtsalat mit Frischhaltefolie zugedeckt in den Kühlschrank stellen und mindestens 5–6 Stunden durchziehen lassen.

Brunnenkressesalat

4 Portionen

Zubereitungszeit: 30 Minuten

2 Bund Brunnenkresse (etwa 300 g)
4 Scheiben Weißbrot (je etwa 20 g)
75 g Butter

Für die Salatsauce:
150 g Crème fraîche
2–3 EL Limettensaft
Salz
gem. Pfeffer
Zucker
3 hart gekochte Eier
2 EL klein geschnittene Petersilie
2 EL klein geschnittener Dill

Pro Portion:
E: 9 g, F: 32 g, Kh: 13 g,
kJ: 1573, kcal: 377

1. Brunnenkresse verlesen, gelbe Blätter und dicke Stiele entfernen. Kresse abspülen und gut abtropfen lassen.
2. Weißbrotscheiben entrinden und in kleine Würfel schneiden. Butter in einer Pfanne zerlassen. Brotwürfel darin von allen Seiten rösten, herausnehmen, etwas abkühlen lassen und in eine Schüssel geben. Kresse untermischen.
3. Für die Salatsauce Crème fraîche mit Limettensaft verrühren. Mit Salz, Pfeffer und Zucker würzen.

4. Eier pellen und klein hacken. Petersilie, Dill und zwei Drittel der gehackten Eier unter die Sauce rühren. Die Sauce auf dem Salat verteilen. Mit den restlichen gehackten Eiern bestreuen.

Blumenkohlsalat

4 Portionen

Zubereitungszeit: 35 Minuten, ohne Abkühl- und Durchziehzeit

1 Blumenkohl (etwa 750 g)
Salz

Für die Remouladensauce:
2 hart gekochte Eier
1 frisches, rohes Eigelb (Größe M)
125 ml Speiseöl
2 EL Weißweinessig oder Zitronensaft
1 TL mittelscharfer Senf
2 EL klein geschnittene Kräuter, z. B. Kerbel, Schnittlauch
Zucker

Pro Portion:
E: 7 g, F: 36 g, Kh: 3 g,
kJ: 1610, kcal: 384

1. Vom Blumenkohl die Blätter und schlechten Stellen entfernen und den Strunk abschneiden. Den Blumenkohl in Röschen teilen, abspülen und abtropfen lassen.
2. Die Blumenkohlröschen in kochendem Salzwasser 8–10 Minuten bissfest garen. Blumenkohlröschen in ein Sieb geben, mit kaltem Wasser abschrecken, abtropfen und erkalten lassen.
3. Für die Remouladensauce die Eier pellen, halbieren und jeweils das Eigelb herauslösen. Eigelb durch ein Sieb streichen, mit dem rohen Eigelb und 1 Prise Salz verrühren. Dann die Hälfte des Speiseöls tropfenweise unterschlagen, sodass eine feste Masse entsteht. Essig oder Zitronensaft und Senf hinzufügen. Restliches Speiseöl unterschlagen.
4. Das hart gekochte Eiweiß in kleine Würfel schneiden, mit den Kräutern unter die Sauce rühren, mit Salz und etwas Zucker abschmecken.
5. Die erkalteten Blumenkohlröschen vorsichtig mit der Sauce vermengen. Den Salat zugedeckt im Kühlschrank gut durchziehen lassen. Den Salat vor dem Servieren evtl. nochmals mit Salz und Zucker abschmecken.

Hinweis: Nur ganz frisches Eigelb für die Sauce verwenden, das nicht älter als 5 Tage ist (Legedatum beachten!). Den Salat im Kühlschrank aufbewahren und innerhalb 24 Stunden verzehren.

Brennnesselsalat

4 Portionen

VEGAN

Zubereitungszeit: 25 Minuten

400 g junge, zarte Brennnesseln

Für die Salatsauce:
1 Knoblauchzehe
2–3 EL Zitronensaft
Salz
gem. Pfeffer
etwas Apfeldicksaft
3 EL Sonnenblumenöl

1 kleine Möhre

Pro Portion:
E: 6 g, F: 8 g, Kh: 7 g,
kJ: 530, kcal: 126

1. Brennnesseln verlesen, vorsichtig abspülen, gut abtropfen lassen, evtl. in kleine Stücke zupfen.
2. Für die Salatsauce Knoblauch abziehen und durch eine Knoblauchpresse drücken. Den Zitronensaft mit Salz, Pfeffer, Apfeldicksaft und Knoblauch verrühren. Das Sonnenblumenöl unterschlagen.
3. Die Salatsauce vorsichtig mit den Brennnesseln vermischen und auf 4 Tellern anrichten.
4. Möhre putzen, schälen, abspülen, abtropfen lassen, grob reiben und auf dem Salat verteilen.

Blumenkohlsalat

Brennnesselsalat

Rucola mit Parmesan

4 Portionen

Zubereitungszeit: 25 Minuten, ohne Abkühlzeit

30 g Pinienkerne
125 g Rucola (Rauke)
200 g Cocktailtomaten
30 g Parmesan (am Stück)
2–3 EL Balsamico-Essig
1/2 TL flüssiger Honig
Salz
gem. Pfeffer
5 EL Olivenöl

Pro Portion:
E: 5 g, F: 19 g, Kh: 3 g,
kJ: 849, kcal: 203

1. Pinienkerne in einer Pfanne ohne Fett unter Rühren goldbraun rösten, herausnehmen und auf einem Teller erkalten lassen.
2. Rucola verlesen und die dicken Stiele abschneiden. Rucola abspülen, trocken schleudern oder trocken tupfen, größere Blätter einmal durchschneiden. Cocktailtomaten abspülen, trocken tupfen, halbieren oder vierteln und die Stängelansätze herausschneiden. Parmesan hobeln.
3. Essig mit Honig, Salz und Pfeffer verrühren. Olivenöl unterschlagen. Rucola auf einer Platte anrichten. Tomaten darauf verteilen und mit der Salatsauce beträufeln. Pinienkerne und gehobelten Parmesan daraufstreuen.

Tipp: Anstelle der Pinienkerne können Sie auch gestiftelte Mandeln oder grob gehackte Walnusskerne verwenden.

Glasnudel-Rohkost-Salat

4 Portionen

VEGAN

Zubereitungszeit: 20 Minuten

4 EL geschälte Sesamsamen
20 g frischer Ingwer
200 ml Grapefruitsaft
3–4 EL dunkles Sesamöl
Salz
1 Mango (etwa 300 g)
2 rote Paprikaschoten (etwa 200 g)
4 Möhren (etwa 400 g)
200 g Glasnudeln
einige Stängel Koriander oder Minze

Pro Portion:
E: 6 g, F: 19 g, Kh: 66 g,
kJ: 1947, kcal: 463

1. Sesam in einer Pfanne ohne Fett unter Rühren rösten, herausnehmen und auf einen Teller geben. Ingwer schälen und fein würfeln.
2. Grapefruitsaft mit Ingwerwürfeln in einer Schüssel verrühren. Sesamöl unterschlagen, mit Salz würzen.
3. Mango halbieren und den Stein herausnehmen. Mangohälften schälen und in feine Streifen schneiden. Paprikaschoten halbieren, entstielen, entkernen und die weißen Scheidewände entfernen. Schoten abspülen, abtropfen lassen und in feine Streifen schneiden.
4. Die Möhren putzen, schälen, abspülen, abtropfen lassen und in feine Streifen hobeln. Die Mango-, Paprika- und Möhrenstreifen zu der Vinaigrette in die Schüssel geben und untermischen.
5. Die Glasnudeln nach Packungsanleitung zubereiten, dann in ein Sieb geben, mit kaltem Wasser abspülen, abtropfen lassen und mit einer Küchenschere klein schneiden.
6. Die Glasnudeln unter den Salat mischen. Koriander oder Minze abspülen und trocken tupfen. Die Blättchen von den Stängeln zupfen. Blättchen in Streifen schneiden. Die Glasnudel-Rohkost mit dem gerösteten Sesam und den Kräuterstreifen bestreuen und servieren.

Rucola mit Parmesan

Glasnudel-Rohkost-Salat

Eisbergsalat mit fruchtigem Dressing

Reissalat „Balkan"

Eisbergsalat mit fruchtigem Dressing

4 Portionen

Zubereitungszeit: 15 Minuten

250 g Vanille-Joghurt (3,5 % Fett, Fertigprodukt aus dem Kühlregal)
3–4 EL Zitronensaft
1 mittelgroßer Eisbergsalat
175 g abgetropfte Mandarinen ohne Zuckerzusatz (aus der Dose)

Pro Portion:
E: 3 g, F: 3 g, Kh: 20 g,
kJ: 529, kcal: 127

1. Den Joghurt mit Zitronensaft in eine Salatschüssel geben und mit einem Schneebesen schaumig aufschlagen.
2. Von dem Eisbergsalat die äußeren, welken Blätter entfernen. Salatblätter lösen, abspülen, gut abtropfen lassen oder trocken schleudern.
3. Salatblätter in mundgerechte Stücke zupfen und zu dem Dressing in die Salatschüssel geben. Mandarinen hinzufügen. Salat und Mandarinen vorsichtig unter das Dressing mischen.

Reissalat „Balkan"

12 Portionen

Zubereitungszeit: 20 Minuten, ohne Durchziehzeit
Garzeit: etwa 20 Minuten

Für den Salat:
1 l Gemüsebrühe
500 g Reismischung (85 % Parboiled Langkorn, 15 % Wildreis)
285 g abgetropfter Gemüsemais (aus der Dose)
280 g abgetropfte Erbsen (aus der Dose)
2 rote Paprikaschoten (je etwa 160 g)
4 Frühlingszwiebeln

Für das Dressing:
2 gestr. TL Sambal Oelek
2 gestr. TL Salz
2 gestr. TL Paprikapulver edelsüß
4 EL Weißweinessig
6 EL Olivenöl
100 g Tomatenmark
125 g Schlagsahne

250 g Schafskäse

Pro Portion:
E: 10 g, F: 14 g, Kh: 43 g,
kJ: 1385, kcal: 330

1. Für den Salat Brühe in einem Topf zum Kochen bringen, die Reismischung darin etwa 20 Minuten nach Packungsanleitung ausquellen lassen. Den Reis in ein Sieb geben, mit kaltem Wasser übergießen und gut abtropfen lassen. Den Reis in eine große Schüssel geben, Mais und Erbsen hinzufügen.
2. Paprikaschoten halbieren, entstielen, entkernen und die weißen Scheidewände entfernen. Schoten abspülen, abtropfen lassen und in Würfel schneiden. Frühlingszwiebeln putzen, abspülen, abtropfen lassen und schräg in Scheiben schneiden. Paprikawürfel und Frühlingszwiebelscheiben ebenfalls zum Reis geben unter untermischen.
3. Für das Dressing Sambal Oelek mit Salz, Paprika und Essig verrühren. Olivenöl unterschlagen. Tomatenmark und Sahne unterrühren. Das Dressing zum Reissalat geben und gut unterrühren, evtl. nochmals mit den Gewürzen abschmecken. Den Salat zugedeckt einige Stunden durchziehen lassen.
4. Schafskäse würfeln. Einen Teil der Schafskäsewürfel unter den Salat heben. Restliche Schafskäsewürfel darauf verteilen.

Salatteller mit Sprossen

Spinat-Orangen-Salat

Salatteller mit Sprossen

8–10 Portionen **VEGAN**

Zubereitungszeit: 60 Minuten

250 g Feldsalat
1 Kopf Lollo bionda
200 g Radieschensprossen
375 g frische Champignons
350 g kleine Tomaten

Für die Sauce:
6–8 EL Estragon-Essig
2–3 TL körniger Senf
Salz
gem. Pfeffer
150 ml Weizenkeim- oder Sonnenblumenöl

2 EL Estragonblättchen
60 g Pinienkerne

Pro Portion:
E: 5 g, F: 21 g, Kh: 4 g,
kJ: 969, kcal: 231

1. Den Feldsalat putzen und die Wurzelenden abschneiden. Den Feldsalat gründlich waschen und abtropfen lassen. Lollo bionda ebenfalls putzen, abspülen, gut abtropfen lassen und in mundgerechte Stücke zupfen.
2. Radieschensprossen verlesen, abspülen und abtropfen lassen. Champignons putzen, evtl. kurz abspülen, trocken tupfen und in dünne Scheiben schneiden. Tomaten abspülen, abtropfen lassen, halbieren oder vierteln und die Stängelansätze herausschneiden.
3. Für die Sauce Essig und Senf verrühren, mit Salz und Pfeffer würzen, Weizenkeim- oder Sonnenblumenöl unterschlagen.
4. Die vorbereiteten Salatzutaten auf einer großen Platte anrichten, die Sauce darauf verteilen.
5. Estragonblättchen abspülen und trocken tupfen. Pinienkerne in einer Pfanne ohne Fett leicht anrösten. Estragonblättchen und Pinienkerne auf den Salat streuen.

Spinat-Orangen-Salat

10 Portionen

Zubereitungszeit: 40 Minuten, ohne Abkühlzeit

400 g feiner Blattspinat
5 Orangen
100 g Pinienkerne
150 g abgetropfte, schwarze Oliven
5 kleine Ziegenfrischkäse (etwa 200 g)
1 Bio-Orange (unbehandelt, ungewachst)
4 EL Balsamico-Essig
1 TL mittelscharfer Senf
1 EL flüssiger Honig
50 ml Olivenöl
Salz, gem. Pfeffer

Pro Portion:
E: 6 g, F: 21 g, Kh: 13 g,
kJ: 1098, kcal: 263

1. Den Spinat verlesen und die dicken Stiele entfernen. Spinat gründlich waschen und gut abtropfen lassen. Spinatblätter auf Küchenpapier legen und trocken tupfen. Eine Salatschale mit den Spinatblättern auslegen.
2. Orangen so schälen, dass die weiße Haut vollständig mitentfernt wird. Die Orangen in dicke Scheiben schneiden, dabei den Orangensaft auffangen. Orangensaft in eine Rührschüssel geben.
3. Pinienkerne in einer Pfanne ohne Fett unter Rühren rösten, herausnehmen und auf einem Teller erkalten lassen.
4. Oliven mit den Pinienkernen auf die Spinatblätter streuen. Die Orangenscheiben darauf verteilen. Den Ziegenfrischkäse grob zerbröseln. Den Salat damit bestreuen.
5. Die Bio-Orange heiß abwaschen, abtrocknen und die Schale abreiben. Orangenschale, Balsamico-Essig, Senf und Honig unter den aufgefangenen Orangensaft rühren. Olivenöl unterschlagen. Mit Salz und Pfeffer abschmecken.
6. Den Salat mit der Marinade beträufeln. Oder die Marinade zu dem Salat reichen.

Beilage: Fladenbrot.

Salat von frischen Wildkräutern VEGAN

4 Portionen (ohne Foto)

Zubereitungszeit: 60 Minuten

200 g Rucola (Rauke)
2 Kopfsalate (etwa 300 g, nur die gelblich-grünen Herzen)
100 g weiß blühende Vogelmiere
1 Bund Wasserkresse (etwa 200 g)
1 Bund Kapuzinerkresse (etwa 50 g)
100 g Taubnessel
500 g weißer oder grüner Spargel
Salz
2–3 Cocktailtomaten

Für die Salatsauce:
2 Knoblauchzehen
1 Bund Kerbel
5 EL weißer Balsamico-Essig
gem. bunter Pfeffer
8–10 EL Olivenöl

1 Pck. gemischte Kräuterblüten, z. B. Stiefmütterchen, Gänseblumen und Kapuzinerkresse

Pro Portion:
E: 7 g, F: 24 g, Kh: 10 g,
kJ: 1191, kcal: 285

1. Den Rucola und Kopfsalat putzen. Von dem Rucola die dicken Stiele abschneiden und von den Kopfsalaten die äußeren Blätter entfernen. Salate abspülen, trocken tupfen und grob zerkleinern. Vogelmiere, Kresse und Taubnessel putzen (bei der Vogelmiere zusätzlich die Fäden an den Stängeln entfernen), abspülen, trocken tupfen und ebenfalls grob zerkleinern.
2. Den weißen Spargel von oben nach unten schälen. Darauf achten, dass die Schalen vollständig entfernt, die Köpfe aber nicht verletzt werden. Die unteren Enden abschneiden (holzige Stellen vollkommen entfernen). Oder von dem grünen Spargel das untere Drittel schälen und die unteren Enden abschneiden.
3. Spargelstangen in mundgerechte Stücke schneiden, abspülen, abtropfen lassen und in kochendem Salzwasser 8–10 Minuten garen. Spargelstücke in einem Sieb abtropfen lassen. Tomaten abspülen, abtrocknen, halbieren und die Stängelansätze herausschneiden.
4. Für die Sauce Knoblauch abziehen, in kleine Würfel schneiden oder durch eine Knoblauchpresse drücken. Kerbel abspülen und trocken tupfen. Die Blättchen von den Stängeln zupfen. Blättchen grob zerschneiden (etwas Kerbel zum Garnieren beiseitelegen).
5. Essig mit Knoblauch, Salz und Pfeffer verrühren, Olivenöl unterschlagen. Die Marinade mit den vorbereiteten Salatzutaten mischen und etwas durchziehen lassen. Salat nochmals mischen und anrichten.
6. Die Kräuterblüten vorsichtig abspülen und trocken tupfen. Den Salat mit Kräuterblüten und dem beiseitegelegten Kerbel garnieren.

Spinatsalat mit Buttermilchdressing

8–10 Portionen

Zubereitungszeit: 50 Minuten

1 kg junger Blattspinat
300 g Cocktailtomaten
300 g Champignons
2 Bund Frühlingszwiebeln

Für das Buttermilchdressing:
125 g Buttermilch
3 EL Zitronensaft
Salz, gem. Pfeffer
etwas Zucker
100 ml Speiseöl

250 g zerbröselter Edelpilzkäse, z. B. Roquefort
5 TL Sesamsamen

Pro Portion:
E: 11 g, F: 21 g, Kh: 7 g,
kJ: 1137, kcal: 272

1. Spinat verlesen und die dicken Stiele entfernen. Spinat gründlich waschen und gut abtropfen lassen. Blätter evtl. etwas kleiner schneiden.
2. Cocktailtomaten abspülen, trocken tupfen, halbieren oder vierteln und die Stängelansätze herausschneiden. Champignons putzen, evtl. kurz abspülen, gut abtropfen lassen und in Scheiben schneiden.
3. Frühlingszwiebeln putzen, abspülen, abtropfen lassen und in feine Scheiben schneiden.
4. Für das Buttermilchdressing Buttermilch mit Zitronensaft verrühren, mit Salz, Pfeffer und Zucker würzen, Speiseöl unterschlagen.
5. Spinat mit Cocktailtomaten, Champignon- und Frühlingszwiebelscheiben in einer Schüssel oder auf Tellern anrichten, mit dem Buttermilchdressing übergießen, mit Edelpilzkäsebröseln und Sesam bestreuen, sofort servieren.

Spinatsalat mit Buttermilchdressing

Kapitel 05

Rezepte 401–500

Gebacken & gratiniert

Bunter Gemüseauflauf mit Polenta

Bunter Gemüseauflauf mit Polenta

4–6 Portionen

Zubereitungszeit: 60 Minuten
Garzeit: etwa 45 Minuten

500 g gemischtes Gemüse, z. B. Möhren, Porree, Blumenkohl, Kohlrabi, Zucchini
750 ml Gemüsebrühe
125 g Polenta
1 Bund Petersilie
400 g geschälte Tomaten (aus der Dose)
125 g Kräuter-Crème-fraîche
3 Eigelb (Größe M)
200 g Doppelrahm-Frischkäse mit Kräutern
125 g Kräuter-Crème-fraîche
30 g Sonnenblumenkerne
1 1/2 TL gerebelter Thymian
Salz
gem. Pfeffer
3 Eiweiß (Größe M)
2 EL Vollkorn-Semmelbrösel
20 g Margarine

Pro Portion:
E: 16 g, F: 38 g, Kh: 32 g,
kJ: 2258, kcal: 541

1. Das Gemüse putzen, evtl. schälen, abspülen und abtropfen lassen. Möhren in dünne Streifen, Porree in dicke Streifen, Blumenkohl in kleine Röschen, Kohlrabi in Würfel und Zucchini in dünne Scheiben schneiden.

2. Die Gemüsebrühe in einem Topf zum Kochen bringen. Die einzelnen Gemüsesorten darin nacheinander in 3–8 Minuten bissfest garen. Das Gemüse jeweils mit einem Schaumlöffel aus der Brühe nehmen, in ein Sieb geben, mit kaltem Wasser abschrecken und abtropfen lassen. Das Gemüse in einer Schüssel vermischen.

3. Von der verbliebenen Gemüsebrühe 500 ml abmessen (evtl. mit Wasser auffüllen), in einen Topf geben und zum Kochen bringen. Polenta unter Rühren einstreuen. Den zugedeckten Topf von der Kochstelle nehmen. Polenta etwa 10 Minuten ausquellen und anschließend etwas abkühlen lassen.

4. Den Backofen vorheizen.
Ober-/Unterhitze: etwa 200 °C
Heißluft: etwa 180 °C
5. Petersilie abspülen und trocken tupfen. Die Blättchen von den Stängeln zupfen und klein schneiden.
6. Tomaten (mit dem Saft) in einem Rührbecher klein schneiden und Crème fraîche unterrühren. Tomatensauce beiseitestellen.
7. Eigelb mit Frischkäse, Crème fraîche und Petersilie zur gequollenen Polenta geben und gut untermengen. Sonnenblumenkerne hinzugeben. Mit Thymian, Salz und Pfeffer würzen.
8. Eiweiß steif schlagen und unter die Polenta-Frischkäse-Masse heben. Die Hälfte der Polenta-Frischkäse-Masse in einer Auflaufform (gefettet) gleichmäßig verteilen und mit der Hälfte der Semmelbrösel bestreuen. Gemüse mit der beiseitegestellten Tomatensauce daraufgeben. Restliche Polenta-Frischkäse-Masse daraufstreichen und mit den restlichen Semmelbröseln bestreuen. Margarine in Flöckchen daraufsetzen.
9. Die Form auf dem Rost in den vorgeheizten Backofen schieben. Den Auflauf etwa 45 Minuten garen.

Tipp: Statt Polenta können Sie Dinkel-Vollkorngrieß verwenden.

Brokkoli-Spätzle-Auflauf

4 Portionen

Zubereitungszeit: 50 Minuten, ohne Einweichzeit
Garzeit: etwa 40 Minuten

25 g Mu-err-Pilze
kochendes Wasser
400 g Spätzle
Salz
700 g Brokkoli
300 g Champignons
3 EL Olivenöl
1 Bund Frühlingszwiebeln
250 g Joghurt (3,5 % Fett)
4 Eier (Größe M)
Salz
gem. Pfeffer
ger. Muskatnuss
150 g ger. Höhlenkäse
50 g gehobelte Mandeln

Pro Portion:
E: 33 g, F: 39 g, Kh: 24 g,
kJ: 2587, kcal: 618

1. Mu-err-Pilze in eine flache Schale legen, mit kochendem Wasser übergießen, etwa 30 Minuten einweichen.
2. Spätzle in kochendem Salzwasser nach Packungsanleitung garen. Spätzle in ein Sieb geben, mit heißem Wasser übergießen und abtropfen lassen.
3. Von dem Brokkoli die Blätter entfernen, Brokkoli in Röschen teilen. Die Stiele am Strunk schälen und kreuzförmig einschneiden. Brokkoliröschen abspülen, abtropfen lassen und in kochendem Salzwasser etwa 5 Minuten garen. Brokkoliröschen mit einer Schaumkelle herausnehmen, kurz in eiskaltem Wasser abschrecken und in einem Sieb abtropfen lassen.
4. Den Backofen vorheizen.
Ober-/Unterhitze: etwa 200 °C
Heißluft: etwa 180 °C
5. Champignons putzen, evtl. kurz abspülen, trocken tupfen und vierteln. Olivenöl in einer Pfanne erhitzen. Champignonviertel darin anbraten.
6. Die Frühlingszwiebeln putzen, abspülen, abtropfen lassen, in etwa 1 cm lange Stücke schneiden, zu den Champignonvierteln geben und kurz mit andünsten.
7. Mu-err-Pilze abgießen, evtl. etwas zerkleinern und abtropfen lassen.
8. Vorbereitete Zutaten mischen und in eine Auflaufform (gefettet)geben.
9. Joghurt und Eier verschlagen, kräftig mit Salz, Pfeffer und Muskat würzen. Den Joghurt-Eier-Guss auf dem Auflauf verteilen. Mit Käse und Mandeln bestreuen. Die Form auf dem Rost in den vorgeheizten Backofen schieben. Den Auflauf etwa 40 Minuten garen.

Brokkoli-Spätzle-Auflauf

Auberginen-Tomaten-Auflauf

2 Portionen

Zubereitungszeit: 30 Minuten
Garzeit: etwa 40 Minuten

1 kleine Aubergine
1–2 EL Sojasauce
2–3 Zwiebeln
1 1/2 EL Olivenöl
3–4 Tomaten
2 Scheiben Weizenmischbrot oder
3 Scheiben Vollkorn-Toastbrot
100 g ger. Emmentaler

Für die Kräutermasse:
200 g saure Sahne
1 Knoblauchzehe
etwa 6 frische Salbeiblättchen
2–3 Stängel Thymian oder
1 Msp. gerebelter Thymian
gem. Pfeffer

Pro Portion:
E: 26 g, F: 34 g, Kh: 39 g,
kJ: 2377, kcal: 568

1. Aubergine abspülen, abtrocknen und den Stängelansatz entfernen. Aubergine in Scheiben schneiden, auf einen Teller legen und mit Sojasauce beträufeln. Die Auberginenscheiben etwa 20 Minuten marinieren, dabei gelegentlich wenden.
2. In der Zwischenzeit Zwiebeln abziehen, zuerst in Scheiben schneiden, dann in Ringe teilen.
3. Einen Esslöffel Olivenöl in einer Pfanne erhitzen. Zwiebelringe darin andünsten.
4. Den Backofen vorheizen.
Ober-/Unterhitze: etwa 180 °C
Heißluft: etwa 160 °C
5. Die Tomaten abspülen, abtropfen lassen und die Stängelansätze herausschneiden. Tomaten in Scheiben schneiden.
6. Die Brotscheiben toasten und in eine kleine Auflaufform (mit restlichem Olivenöl bestrichen) legen. Evtl. Brotscheiben in Größe der Form zurechtschneiden. Brotscheiben mit der Hälfte des Käses bestreuen.
7. Für die Kräutermasse saure Sahne in eine Schüssel geben. Knoblauch abziehen, durch eine Knoblauchpresse drücken und unterrühren.
8. Salbeiblättchen abspülen, trocken tupfen und klein schneiden. Thymian abspülen und trocken tupfen. Die Blättchen von den Stängeln zupfen. Blättchen klein schneiden. Die Kräuter unter die saure Sahne rühren. Mit Pfeffer abschmecken.
9. Die Auberginenscheiben aus der Sojasauce nehmen, abtropfen lassen und in die Kräutermasse tauchen. Auberginenscheiben abwechselnd dachziegelartig mit den Zwiebelringen und Tomatenscheiben in die Auflaufform schichten. Restliche Kräutermasse darauf verteilen, mit restlichem Käse bestreuen.
10. Die Form auf dem Rost in den vorgeheizten Backofen schieben. Den Auberginen-Tomaten-Auflauf etwa 40 Minuten garen.

Auberginen-Tomaten-Auflauf

Bunt gefülltes Sommergemüse

4 Portionen (ohne Foto)

Zubereitungszeit: 40 Minuten
Garzeit: 20–25 Minuten

2 gelbe Paprikaschoten (je etwa 150 g)
2 Zucchini (je etwa 200 g)
Salz
4 Fleischtomaten (je etwa 200 g)
4 große Champignons (je etwa 60 g)
gem. Pfeffer
200 g Zwiebeln
10 g Butter
2 Knoblauchzehen
4 Scheiben Toastbrot
200 g mittelalter Gouda (am Stück)
je 1 Bund Petersilie und Schnittlauch
je 1–2 Stängel Thymian und Basilikum
1 Ei (Größe M)
2 EL Crème fraîche

Pro Portion:
E: 20 g, F: 28 g, Kh: 21 g,
kJ: 1722, kcal: 412

1. Paprikaschoten der Länge nach halbieren, entstielen, entkernen und die weißen Scheidewände entfernen. Schoten abspülen und abtropfen lassen. Zucchini abspülen, abtrocknen und die Enden abschneiden. Zucchini der Länge nach halbieren. Das vorbereitete Gemüse 3–4 Minuten in kochendem Salzwasser blanchieren, mit kaltem Wasser abschrecken und in einem Sieb abtropfen lassen. Zucchinihälften mit einem Löffel etwas aushöhlen, das herausgenommene Innere fein hacken und für die Füllung in eine Schüssel geben.

2. Tomaten abspülen, trocken tupfen und die Stängelansätze herausschneiden. Von den Tomaten jeweils einen Deckel abschneiden. Die Deckel würfeln und ebenfalls für die Füllung in die Schüssel geben.

3. Die Tomaten aushöhlen (Tomateninneres nicht zur Füllung geben). Die Champignons putzen, evtl. kurz abspülen und trocken tupfen. Die Stiele herauslösen und fein gehackt zur Füllung geben.

4. Paprika-, Zucchinihälften, Tomaten und Champignonköpfe auf ein Backblech (gefettet, mit Backpapier belegt) legen, mit etwas Salz und Pfeffer würzen.

5. Den Backofen vorheizen.
Ober-/Unterhitze: etwa 200 °C
Heißluft: etwa 180 °C

6. Zwiebeln abziehen und klein würfeln. Butter in einer Pfanne zerlassen, die Zwiebelwürfel darin glasig dünsten. Knoblauch abziehen, durch eine Knoblauchpresse drücken, zu den Zwiebelwürfeln geben und mitdünsten lassen. Die Zwiebel-Knoblauch-Masse zur Füllung in die Schüssel geben.

7. Toastbrotscheiben entrinden, fein würfeln und ebenfalls zur Füllung geben. Käse würfeln, Kräuter abspülen und trocken tupfen. Von der Petersilie, dem Thymian und Basilikum die Blättchen von den Stängeln zupfen, Blättchen klein schneiden. Schnittlauch in Röllchen schneiden. Käsewürfel, Kräuter, Ei und Crème fraîche mit der Füllung mischen. Mit Salz und Pfeffer würzen.

8. Die Füllung bergartig in das Gemüse (auf dem Backblech) geben und leicht andrücken.

9. Das Backblech in den vorgeheizten Backofen schieben. Das Sommergemüse 20–25 Minuten garen.

Gefüllte Gemüsezwiebeln mit einem Pilzauflauf

Gefüllte Gemüsezwiebeln mit einem Pilzauflauf

4 Portionen

Zubereitungszeit: 40 Minuten, ohne Abkühlzeit
Garzeit: 40–45 Minuten

4 Gemüsezwiebeln (je 350–400 g)
Salz

Für die Füllung:
200 g rosa Champignons
200 g Pfifferlinge
1 kleines Bund Thymian
2 EL Speiseöl
40 g abgetropfte, entsteinte, schwarze Oliven
gem. Pfeffer

2 Eier (Größe M)
125 g Schlagsahne
80 g ger. Emmentaler
einige Stängel Thymian

Pro Portion:
E: 17 g, F: 26 g, Kh: 19 g,
kJ: 1595, kcal: 383

1. Zwiebeln abziehen und die Wurzelenden gerade schneiden. Zwiebeln abspülen, trocken tupfen und waagerecht halbieren. Die Zwiebelhälften in kochendem Salzwasser etwa 15 Minuten vorgaren. Zwiebelhälften mit einer Schaumkelle herausnehmen, mit kaltem Wasser abschrecken, in einem Sieb gut abtropfen und abkühlen lassen. Zwiebelhälften bis auf 3 Schichten aushöhlen. Ausgehöhltes Zwiebelfleisch würfeln.

2. Den Backofen vorheizen.
Ober-/Unterhitze: etwa 180 °C
Heißluft: etwa 160 °C

3. Für die Füllung Champignons putzen, evtl. kurz abspülen und gut trocken tupfen. Große Champignons in kleine Stücke schneiden. Thymian abspülen und trocken tupfen. Die Blättchen von den Stängeln zupfen.

4. Speiseöl in einer großen Pfanne erhitzen. Zwiebelwürfel und Champignonstücke darin andünsten. Thymianblättchen unterrühren. Oliven fein hacken und unterheben. Die Füllung mit Salz und Pfeffer würzen.

5. Die ausgehöhlten Zwiebelhälften in eine große, flache Auflaufform (gefettet) setzen. Die Zwiebelhälften mit der Pilz-Zwiebel-Masse füllen. Eier mit Sahne verschlagen und darauf verteilen. Die Form auf dem Rost in den vorgeheizten Backofen schieben. Die gefüllten Zwiebeln etwa 30 Minuten garen.

6. Die gefüllten Zwiebelhälften mit Käse bestreuen und weitere 10–15 Minuten überbacken. Thymian abspülen und trocken tupfen. Die gefüllten Gemüsezwiebeln mit abgespülten, trocken getupften Thymianstängeln garniert servieren.

Gemüseauflauf

Gemüseauflauf
4 Portionen

Zubereitungszeit: 45 Minuten
Garzeit: etwa 45 Minuten

1 kg mehligkochende Kartoffeln
1 gestr. TL Salz
250 g Porree (Lauch)
250 g Auberginen
250 g Zucchini
125 ml heiße Milch (3,5 % Fett)
150 g Schlagsahne
Salz
ger. Muskatnuss
30 g Butter oder Margarine
gem. Pfeffer
2 EL klein geschnittene, glatte Petersilie
150 g ger. mittelalter Gouda oder Emmentaler
etwa 3 EL Sonnenblumenkerne

Pro Portion:
E: 20 g, F: 38 g, Kh: 37 g,
kJ: 2449, kcal: 585

1. Die Kartoffeln schälen, abspülen, abtropfen lassen und in Stücke schneiden. Kartoffelstücke in einem Topf knapp mit Wasser bedeckt, zugedeckt zum Kochen bringen, Salz hinzufügen. Die Kartoffeln 20–25 Minuten garen.
2. In der Zwischenzeit Porree putzen, die Stangen längs halbieren, gründlich waschen, abtropfen lassen und in Streifen schneiden.
3. Auberginen und Zucchini abspülen, abtrocknen und die Stängelansätze bzw. Enden abschneiden. Auberginen und Zucchini in Scheiben schneiden.
4. Den Backofen vorheizen.
Ober-/Unterhitze: etwa 200 °C
Heißluft: etwa 180 °C
5. Die gegarten Kartoffeln abgießen, abdämpfen und sofort durch eine Kartoffelpresse drücken oder mit einem Kartoffelstampfer zerdrücken. Die Kartoffelmasse mit Milch und Sahne verrühren, mit Salz und Muskat würzen.
6. Butter oder Margarine in einer Pfanne zerlassen. Vorbereitetes Gemüse darin 1–2 Minuten unter Rühren dünsten. Gemüse mit Salz und Pfeffer würzen, in eine flache Auflaufform (gefettet, etwa 2 1/2-Liter-Inhalt) geben und mit Petersilie bestreuen. Die Hälfte des Käses daraufstreuen. Die Kartoffelmasse darauf verteilen und mit dem restlichen Käse und den Sonnenblumenkernen bestreuen.
7. Die Form auf dem Rost in den vorgeheizten Backofen schieben. Den Gemüseauflauf etwa 45 Minuten garen.
8. Die Form aus dem Backofen nehmen. Den Auflauf etwas abkühlen lassen und servieren.

Gefüllte Gemüsezwiebeln

4 Portionen (ohne Foto)

Zubereitungszeit: 50 Minuten
Garzeit: etwa 35 Minuten

4 kleine Gemüsezwiebeln (je etwa 180 g)
1 l Gemüsebrühe
30 g Butter
3 EL Schlagsahne
3 EL Semmelbrösel
1 Ei (Größe M)
1 TL mittelscharfer Senf
1 TL Tomatenmark
Salz
gem. Pfeffer
2 EL klein geschnittene Petersilie
gerebelter Majoran
200 ml Gemüsebrühe (von den Zwiebeln)
200 g Champignons
1 EL Butterschmalz
200 g Kräuter-Schmelzkäse
1 EL Zitronensaft
1/2 Bund Petersilie
1/2 Bund Schnittlauch

Pro Portion:
E: 14 g, F: 31 g, Kh: 19 g,
kJ: 1716, kcal: 411

1. Gemüsezwiebeln abziehen. Gemüsebrühe in einem Topf zum Kochen bringen, die Zwiebeln darin etwa 15 Minuten kochen. Die Zwiebeln mit einer Schaumkelle herausnehmen (Brühe beiseitestellen) und etwas abkühlen lassen.
2. Den Backofen vorheizen.
Ober-/Unterhitze: etwa 200 °C
Heißluft: etwa 180 °C
3. Von den Zwiebeln jeweils einen Deckel abschneiden, die Zwiebeln mit einem Teelöffel aushöhlen, sodass 2–3 Schichten stehen bleiben. Das Zwiebelinnere und die Deckel in kleine Würfel schneiden.
4. Butter in einem Topf zerlassen. Zwei Drittel der Zwiebelwürfel darin andünsten. Sahne unterrühren, mit Semmelbröseln, Ei, Senf, Tomaten-

mark, Salz, Pfeffer, Petersilie und Majoran vermengen. Die Zwiebeln damit füllen und in eine Auflaufform setzen. 200 ml von der beiseitegestellten Brühe abmessen und zu den Zwiebeln in die Form geben. Die Form auf dem Rost in den vorgeheizten Backofen schieben. Die gefüllten Zwiebeln etwa 25 Minuten garen.

5. In der Zwischenzeit Champignons putzen, evtl. kurz abspülen und trocken tupfen. 50 g von den Champignons beiseitelegen, restliche Champignons klein würfeln. Butterschmalz in einer Pfanne zerlassen, Champignonwürfel darin unter Rühren andünsten. Kräuter-Schmelzkäse unterrühren und schmelzen, mit Salz, Pfeffer, Zitronensaft würzen.

6. Petersilie und Schnittlauch abspülen und trocken tupfen. Petersilienblättchen von den Stängeln zupfen, klein schneiden und 1 Esslöffel davon beiseitelegen. Schnittlauch in Röllchen schneiden. Restliche Petersilie mit Schnittlauchröllchen unter die Champignon-Käse-Masse rühren, nochmals mit den Gewürzen abschmecken.

7. Nach Ende der Garzeit die Zwiebeln herausnehmen. Die Champignon-Käse-Masse auf die gefüllten Zwiebeln geben. Die beiseitegelegten Champignons in Scheiben schneiden, mit den restlichen Zwiebelwürfeln zur Brühe in die Form geben. Die gefüllten Gemüsezwiebeln ebenfalls wieder in die Form geben und auf dem Rost in den vorgeheizten Backofen schieben. Die gefüllten Gemüsezwiebeln bei gleicher Backofentemperatur in weiteren etwa 10 Minuten fertig garen.

8. Die gefüllten Gemüsezwiebeln mit Petersilie bestreut servieren.

Gefüllte Gemüsezwiebeln auf dem Kartoffelbett

12 Portionen

Zubereitungszeit: 40 Minuten, ohne Einweichzeit
Garzeit: etwa 60 Minuten

12 Gemüsezwiebeln (etwa 2,4 kg)

Für die Füllung:
7 Brötchen (Semmeln) vom Vortag
300 ml Milch (3,5 % Fett)
3 Eier (Größe M)
30 g Speisestärke
25 g TK-Kräuter der Provence
Salz, gem. Pfeffer
ger. Muskatnuss

1,2 kg festkochende Kartoffeln
4 Knoblauchzehen
4 EL Speiseöl
500 ml Gemüsebrühe
1 Bund Thymian

Gefüllte Gemüsezwiebeln auf dem Kartoffelbett

Pro Portion:
E: 10 g, F: 8 g, Kh: 47 g,
kJ: 1293, kcal: 309

1. Zwiebeln abziehen, waagerecht durchschneiden und in kochendem Wasser etwa 5 Minuten blanchieren, mit einer Schaumkelle herausnehmen, in ein Sieb geben und erkalten lassen.

2. Für die Füllung Brötchen in Würfel schneiden, mit erwärmter Milch übergießen und etwa 10 Minuten einweichen. Eingeweichte Brötchenwürfel mit Eiern und Speisestärke verrühren, mit Kräutern der Provence, Salz, Pfeffer und Muskat würzen. Die Zutaten gut durchkneten.

3. Den Backofen vorheizen.
Ober-/Unterhitze: etwa 180 °C
Heißluft: etwa 160 °C

4. Die Zwiebelhälften vorsichtig mit einem Löffel aushöhlen, sodass noch drei Schichten erhalten bleiben. Das herausgenommene Zwiebelfruchtfleisch klein schneiden. Die ausgehöhlten Zwiebelhälften mit der Brotmasse füllen.

5. Kartoffeln schälen, abspülen, abtropfen lassen und in Würfel schneiden. Knoblauch abziehen und klein würfeln. Speiseöl in einer Pfanne erhitzen. Kartoffelwürfel, klein geschnittenes Zwiebelfruchtfleisch und Knoblauchwürfel darin unter Wenden anbraten, herausnehmen und in einer großen Auflaufform (gefettet) verteilen. Gefüllte Zwiebeln daraufsetzen. Brühe hinzugießen.

6. Die Form auf dem Rost in den vorgeheizten Backofen schieben und die gefüllten Zwiebeln etwa 60 Minuten garen.

7. Thymian abspülen und trocken tupfen (einige Spitzen zum Garnieren beiseitelegen). Nach etwa 20 Minuten Garzeit die Thymianstängel zu den Zwiebeln geben. Alles mit Salz und Pfeffer würzen. Die gefüllten Zwiebeln auf dem Kartoffelbett in etwa 40 Minuten fertig garen.

8. Die gefüllten Zwiebeln mit den beiseitegelegten Thymianspitzen garnieren.

Italienischer Gemüseauflauf

Italienischer Gemüseauflauf

4 Portionen

Zubereitungszeit: 60 Minuten
Garzeit: 25–30 Minuten

je 2 große, gelbe und rote Paprikaschoten (etwa 900 g)
4 mittelgroße Zucchini (etwa 600 g)
1 Knoblauchzehe
1 Bund Basilikum
200 g abgetropfter Mozzarella
50 g abgetropfte, schwarze Oliven
Salz
gem. Pfeffer
4 EL Sojaöl

Pro Portion:
E: 13 g, F: 26 g, Kh: 14 g,
kJ: 1432, kcal: 343

1. Den Backofen vorheizen.
Ober-/Unterhitze: etwa 220 °C
Heißluft: etwa 200 °C
2. Paprikaschoten vierteln, entstielen, entkernen und die weißen Scheidewände entfernen. Schotenviertel abspülen, trocken tupfen und nebeneinander mit der Wölbung nach oben auf ein Backblech (gefettet) legen. Das Backblech in den vorgeheizten Backofen schieben. Die Schoten rösten, bis die Haut Blasen wirft (etwa 15 Minuten).
3. Das Backblech aus dem Backofen nehmen. Schotenviertel sofort mit einem feuchten Geschirrtuch zudecken und abkühlen lassen. Die Haut abziehen. Die Schotenviertel in grobe Streifen schneiden.
4. Zucchini abspülen, abtrocknen und die Enden abschneiden. Zucchini in Scheiben schneiden. Knoblauch abziehen und klein würfeln. Basilikum abspülen und trocken tupfen. Die Blättchen von den Stängeln zupfen. Blättchen in Streifen schneiden. Mozzarella in Scheiben schneiden.
5. Paprikastreifen, Mozzarella-, Zucchinischeiben und Oliven nach Belieben dachziegelartig in eine Auflaufform (gefettet) schichten. Mit Salz und Pfeffer würzen.
6. Sojaöl mit Knoblauchwürfeln und Basilikumstreifen verrühren, auf den Auflauf träufeln. Die Form auf dem Rost in den vorgeheizten Backofen schieben. Den Auflauf 25–30 Minuten garen.

Gemüse-Vollkornnudel-Auflauf

4 Portionen (ohne Foto)

Zubereitungszeit: 60 Minuten
Garzeit: 15–20 Minuten

3 l Wasser, 3 gestr. TL Salz
300 g Vollkornnudeln
je 1 rote und grüne Paprikaschote
je 1 kleine, grüne und gelbe Zucchini (je etwa 120 g)
80 g Zuckerschoten
1 Zwiebel, 1 Knoblauchzehe
1 grüne Peperoni
300 g Tomaten
3 EL Olivenöl
125 ml Gemüsebrühe
Salz, gem. weißer Pfeffer
2 EL gemischte, klein geschnittene Kräuter, z. B. Petersilie, Thymian, Oregano
250 g abgetropfter Mozzarella
50 g Butter
1 EL klein geschnittene Petersilie

Pro Portion:
E: 26 g, F: 35 g, Kh: 56 g,
kJ: 2774, kcal: 659

1. Wasser in einem großen Topf zugedeckt zum Kochen bringen. Dann Salz und Nudeln hinzugeben. Die Nudeln im geöffneten Topf bei mittlerer Hitze nach Packungsanleitung kochen, dabei gelegentlich umrühren.
2. Anschließend die Nudeln in ein Sieb geben, mit heißem Wasser abspülen und abtropfen lassen.
3. Paprikaschoten halbieren, entstielen, entkernen und die weißen Scheidewände entfernen. Schoten abspülen, abtropfen lassen und in Streifen schneiden. Zucchini abspülen, abtrocknen und die Enden abschneiden. Zucchini in Scheiben schneiden. Von den Zuckerschoten die Enden abschneiden, evtl. abfädeln. Zuckerschoten abspülen und abtropfen lassen.
4. Zwiebel und Knoblauch abziehen, fein würfeln. Peperoni halbieren, entstielen, entkernen und die Scheidewände entfernen. Peperoni in feine Streifen schneiden. Tomaten kreuzweise einschneiden und mit kochendem Wasser übergießen. Nach 1–2 Minuten herausnehmen und mit kaltem Wasser abschrecken. Tomaten häuten, halbieren und die Stängelansätze herausschneiden. Tomaten entkernen und vierteln.
5. Den Backofen vorheizen.
Ober-/Unterhitze: etwa 180 °C
Heißluft: etwa 160 °C
6. Olivenöl in einer Pfanne erhitzen. Zwiebel- und Knoblauchwürfel darin andünsten. Paprikastreifen, Zucchinischeiben und Zuckerschoten hinzugeben, unter Rühren kurz mitdünsten lassen. Brühe hinzugeben, mit Salz und Pfeffer würzen. Das Gemüse zugedeckt etwa 5 Minuten dünsten.

7. Peperonistreifen und Tomatenviertel hinzugeben und weitere etwa 2 Minuten dünsten. Nochmals mit den Gewürzen abschmecken.
8. Die Nudeln mit dem Gemüse und den Kräutern vermischen und in eine Auflaufform (gefettet) füllen. Den Mozzarella in Scheiben schneiden und auf den Auflauf legen. Butter in Flöckchen daraufsetzen. Die Form auf dem Rost in den vorgeheizten Backofen schieben. Den Auflauf 15–20 Minuten garen.
9. Den gegarten Auflauf mit Petersilie bestreut servieren.

Backofengemüse

8 Portionen

VEGAN

Zubereitungszeit: 30 Minuten
Garzeit: 40–45 Minuten

2 kg festkochende, mittelgroße Kartoffeln
Salz
gem. Pfeffer
etwa 120 ml Olivenöl
4 rote Paprikaschoten
2 gelbe Paprikaschoten
3 Zucchini
4 Stängel Rosmarin
8 Knoblauchzehen

Pro Portion:
E: 8 g, F: 16 g, Kh: 45 g,
kJ: 1521, kcal: 362

1. Den Backofen vorheizen.
Ober-/Unterhitze: etwa 180 °C
Heißluft: etwa 160 °C
2. Kartoffeln unter fließendem Wasser gründlich abbürsten, trocken tupfen, längs vierteln und auf ein Backblech legen, mit Salz und Pfeffer würzen. 4 Esslöffel Olivenöl darauftrΓäufeln. Das Backblech in den vorgeheizten Backofen schieben. Die Kartoffelspalten etwa 20 Minuten garen.
3. In der Zwischenzeit Paprikaschoten halbieren, entstielen, entkernen und die weißen Scheidewände entfernen. Schoten abspülen, abtropfen lassen und klein schneiden.
4. Zucchini abspülen, abtrocknen und die Enden abschneiden. Zucchini ebenfalls in kleine Stücke schneiden. Das Gemüse mit Salz und Pfeffer würzen und mit dem restlichen Olivenöl vermischen.
5. Rosmarin abspülen und trocken tupfen. Knoblauch abziehen, mit dem Gemüse und den Rosmarinstängeln zu den vorgegarten Kartoffeln auf das Backblech geben und gut untermischen. Das Backblech wieder in den vorgeheizten Backofen schieben. Das Backofengemüse in weiteren 20–25 Minuten fertig garen.

Bunter Gemüseauflauf mit Kartoffeln

4 Portionen

Zubereitungszeit: 30 Minuten
Garzeit: etwa 50 Minuten

500 g gegarte Pellkartoffeln
je 1 rote und grüne Paprikaschote
200 g Champignons
1 Stange Porree (Lauch)
140 g abgetropfter Gemüsemais (aus der Dose)
Salz
gem. Pfeffer
250 g Schlagsahne
4 Eier (Größe M)
1 EL gerebeltes Basilikum
75 g ger. Gouda
3 EL Schnittlauchröllchen

Pro Portion:
E: 20 g, F: 33 g, Kh: 28 g,
kJ: 2055, kcal: 491

1. Kartoffeln pellen und in Scheiben schneiden. Paprikaschoten halbieren, entstielen, entkernen und die weißen Scheidewände entfernen. Schoten abspülen, abtropfen lassen und in Stücke schneiden.
2. Den Backofen vorheizen.
Ober-/Unterhitze: etwa 180 °C
Heißluft: etwa 160 °C
3. Champignons putzen, evtl. kurz abspülen, trocken tupfen und in Scheiben schneiden. Porree putzen, die Stange längs halbieren, gründlich waschen, abtropfen lassen und in Streifen schneiden.
4. Vorbereitete Zutaten und Mais vermischen, mit Salz und Pfeffer würzen und in eine Auflaufform (gefettet) füllen. Sahne mit Eiern verschlagen, mit Salz, Pfeffer und Basilikum würzen, Gouda unterrühren.
5. Den Eier-Sahne-Guss auf dem Auflauf verteilen. Die Form auf dem Rost in den vorgeheizten Backofen schieben. Den Auflauf etwa 50 Minuten garen.
6. Den Gemüseauflauf mit Schnittlauchröllchen bestreut servieren.

Backofengemüse

Bunter Gemüseauflauf mit Kartoffeln

Spitzkohlauflauf mit Pilzen und Möhren

4 Portionen

Zubereitungszeit: 30 Minuten
Garzeit: etwa 20 Minuten

etwa 1 kg Spitzkohl
300 g Pilze, z. B. braune Champignons
300 g Möhren
3 EL Sesamöl
Salz
gem. Pfeffer
50 ml Gemüsebrühe
200 g Doppelrahm-Frischkäse
100 ml Milch (3,5 % Fett)
ger. Muskatnuss
1 Msp. gem. Kreuzkümmel (Cumin)
2 1/2 EL Sesamsamen
einige Stängel Petersilie
oder Kerbel

Pro Portion:
E: 17 g, F: 26 g, Kh: 14 g,
kJ: 1500, kcal: 359

1. Den Spitzkohl putzen, halbieren und in 8 Spalten schneiden. Den Strunk so herausschneiden, dass die Stücke nicht auseinanderfallen. Kohlstücke kurz abspülen und abtropfen lassen.
2. Die Pilze putzen, evtl. kurz abspülen und trocken tupfen. Pilze halbieren oder vierteln. Möhren putzen, schälen, abspülen, abtropfen lassen und schräg in dünne Scheiben schneiden.
3. Den Backofen vorheizen.
Ober-/Unterhitze: etwa 180 °C
Heißluft: etwa 160 °C
4. Etwas Sesamöl in einer großen Pfanne erhitzen. Jeweils die Hälfte der Spitzkohlstücke, Pilze und Möhrenscheiben darin nacheinander anbraten. Mit Salz und Pfeffer würzen, Brühe hinzugießen. Das Gemüse zugedeckt etwa 5 Minuten bei schwacher Hitze dünsten, herausnehmen und in einer großen, flachen Auflaufform (gefettet) verteilen. Die Brühe auffangen und kurz beiseitestellen.
5. Danach das restliche Gemüse ebenso anbraten, würzen und in der beiseitegestellten Brühe dünsten. Gemüse ebenfalls in die Form geben.
6. Frischkäse mit Milch verrühren, mit Salz, Pfeffer, Muskat und Kreuzkümmel würzen. Die Frischkäsemasse auf dem Gemüse in der Form verteilen. Sesam daraufstreuen. Die Form mit Alufolie zudecken.
7. Die Form auf dem Rost in den vorgeheizten Backofen (unteres Drittel) schieben. Den Auflauf zugedeckt etwa 15 Minuten garen.
8. Die Form aus dem Backofen nehmen und die Alufolie entfernen. Den Spitzkohlauflauf wieder in den heißen Backofen schieben und bei gleicher Backofeneinstellung weitere etwa 5 Minuten garen.
9. Petersilie oder Kerbel abspülen und trocken tupfen. Die Blättchen von den Stängeln zupfen. Den Spitzkohlauflauf mit den Kräuterblättchen bestreut servieren.

Beilage: In Butter geschwenkte Petersilienkartoffeln.

Spitzkohlauflauf mit Pilzen und Möhren

Gemüseauflauf à la Italia

3 Portionen (ohne Foto)

Zubereitungszeit: 50 Minuten
Garzeit: etwa 20 Minuten

150 g Spaghetti oder Soja-Nudeln (ohne Ei)
1 1/2 l Wasser
1 1/2 gestr. TL Salz
200 g Auberginen
200 g Zucchini
7–8 EL Sojaöl
Salz
gem. Pfeffer
3 Tomaten
125 g abgetropfter Mozzarella

Für die Sauce:
1 EL (20 g) Butter
1 gestr. EL Weizenmehl
2 EL Tomatenmark
250 ml Milch (3,5 % Fett)
Paprikapulver edelsüß
1 Prise Voll-Rohrzucker
gerebelter Oregano

30 g Butter
grob gestoßener Pfeffer

Pro Portion:
E: 20 g, F: 37 g, Kh: 48 g,
kJ: 2547, kcal: 609

1. Spaghetti einmal durchbrechen. Wasser in einem Topf zugedeckt zum Kochen bringen. Dann Salz und Nudeln hinzugeben. Die Nudeln im geöffneten Topf bei mittlerer Hitze nach Packungsanleitung bissfest kochen, dabei gelegentlich umrühren. Anschließend die Nudeln in ein Sieb geben, mit heißem Wasser abspülen und abtropfen lassen.
2. Auberginen und Zucchini abspülen, abtrocknen und die Stängelansätze bzw. Enden abschneiden. Die Auberginen und Zucchini halbieren und in Scheiben schneiden.
3. Jeweils etwas Sojaöl in einer Pfanne erhitzen. Die Gemüsescheiben darin portionsweise von beiden Seiten goldbraun braten, herausnehmen und auf Küchenpapier abtropfen lassen. Gemüse mit Salz und Pfeffer würzen.
4. Tomaten abspülen, trocken tupfen und die Stängelansätze herausschneiden. Tomaten in Scheiben schneiden. Mozzarella ebenfalls in Scheiben schneiden.
5. Den Backofen vorheizen.
Ober-/Unterhitze: etwa 200 °C
Heißluft: etwa 180 °C
6. Für die Sauce Butter in einem Topf zerlassen. Mehl darin unter Rühren so lange erhitzen, bis es hellgelb ist. Tomatenmark und Milch hinzugießen und mit einem Schneebesen durchschlagen. Dabei darauf achten, dass keine Klümpchen entstehen. Die Sauce aufkochen lassen, mit Salz, Pfeffer, Paprika, Zucker und Oregano würzen.
7. Nudeln, vorbereitetes Gemüse und Mozzarellascheiben in eine Auflaufform (gefettet) schichten. Die Sauce darauf verteilen und Butter in Flöckchen daraufsetzen. Mit Pfeffer bestreuen.
8. Die Form auf dem Rost in den vorgeheizten Backofen schieben und den Gemüseauflauf à la Italia etwa 20 Minuten garen.

Süßsaurer asiatischer Auflauf

Süßsaurer asiatischer Auflauf

4 Portionen

Zubereitungszeit: 50 Minuten, ohne Einweichzeit
Garzeit: etwa 25 Minuten

25 g getrocknete Shiitakepilze
100 g Sojabohnenkeimlinge
200 g Staudensellerie
2 Stangen Porree (Lauch)
200 g Möhren
200 g Chinakohl
Salz
4 abgetropfte Scheiben Ananas (aus der Dose)
2 EL Mango-Chutney
175 g abgetropfte Bambussprossen (aus der Dose)
2 EL Sojasauce
gem. Pfeffer, etwas Sambal Oelek
etwa 5 EL Ananassaft (aus der Dose)
Currypulver
200 g Schlagsahne
150 g saure Sahne
2 Eier (Größe M)
40 g Butter

Pro Portion:
E: 12 g, F: 32 g, Kh: 25 g,
kJ: 1885, kcal: 451

1. Pilze etwa 2 Stunden in lauwarmem Wasser einweichen. Die Pilze in einem Sieb abtropfen lassen und in Streifen schneiden.
2. Sojabohnenkeimlinge verlesen, in ein Sieb geben, mit kaltem Wasser abspülen und abtropfen lassen.
3. Staudensellerie putzen, abspülen und abtropfen lassen. Porree putzen, die Stangen längs halbieren, gründlich waschen und abtropfen lassen. Möhren putzen, schälen, abspülen und abtropfen lassen.
4. Chinakohl putzen, den Kohl vierteln und den Strunk herausschneiden. Kohlviertel abspülen und abtropfen lassen. Porree, Möhren und Chinakohl in Streifen schneiden und in kochendem Salzwasser etwa 2 Minuten blanchieren. Anschließend in ein Sieb geben, mit kaltem Wasser abschrecken und abtropfen lassen. Staudensellerie in Stücke schneiden.
5. Den Backofen vorheizen.
Ober-/Unterhitze: etwa 200 °C
Heißluft: etwa 180 °C
6. Von den Ananasscheiben den Saft auffangen und 5 Esslöffel Saft abmessen. Ananasscheiben in Stücke schneiden. Mango-Chutney etwas zerkleinern.
7. Die vorbereiteten Zutaten mit den Bambussprossen gut vermischen, mit Sojasauce, Salz, Pfeffer, Sambal Oelek, Ananassaft und Curry abschmecken und in eine flache Auflaufform (gefettet) geben.
8. Schlagsahne mit saurer Sahne und Eiern verschlagen, mit Salz, Pfeffer und Curry abschmecken. Die Eiersahne auf dem Auflauf verteilen. Butter in Flöckchen daraufsetzen.
9. Die Form auf dem Rost in den vorgeheizten Backofen schieben und den asiatischen Auflauf etwa 25 Minuten garen.

Beilage: Spiegeleier.

Maisgratin

Kartoffel-Bohnen-Gratin

Maisgratin

4 Portionen

Zubereitungszeit: 25 Minuten
Garzeit: etwa 40 Minuten

je 1 rote und grüne Paprikaschote
1 Stange Porree (Lauch)
4 Eier (Größe M)
Salz
gem. Pfeffer
gem. Muskatblüte (Macis)
1 EL grob zerstoßener Koriander
30 g Maisgrieß
550 g abgetropfter Gemüsemais (aus der Dose)
60 g frisch ger. Pecorino

Pro Portion:
E: 18 g, F: 14 g, Kh: 29 g,
kJ: 1338, kcal: 320

1. Den Backofen vorheizen.
Ober-/Unterhitze: etwa 180 °C
Heißluft: etwa 160 °C
2. Paprikaschoten halbieren, entstielen, entkernen und die weißen Scheidewände entfernen. Die Schoten abspülen, trocken tupfen und in Würfel oder Streifen schneiden. Porree putzen, die Stange längs halbieren, gründlich waschen, abtropfen lassen und in etwa 1 cm lange Stücke schneiden.
3. Eier verschlagen, mit Salz, Pfeffer, Macis und Koriander würzen. Maisgrieß unterrühren. Gemüsemais, Paprikawürfel oder -streifen und Porreestücke untermischen.
4. Die Maismasse in einer flachen Auflaufform (gefettet) verteilen und mit Käse bestreuen. Die Form auf dem Rost in den vorgeheizten Backofen schieben und das Gratin etwa 40 Minuten garen.

Tipp: Maisgratin mit kalter Tomatensauce servieren.

Gemüselasagne mit Spinat

4–6 Portionen (ohne Foto)

Zubereitungszeit: 30 Minuten, ohne Auftauzeit
Garzeit: 40–45 Minuten

600 g TK-Blattspinat
2 Zwiebeln
2 Knoblauchzehen
1 kg stückige Tomaten (aus dem Tetrapak)
Salz, gem. schwarzer Pfeffer
gerebelter Oregano
1 Aubergine (etwa 300 g)
200 g abgetropfter Mozzarella
250 g Lasagneplatten (ohne Vorkochen)
60 g Pinienkerne
100 g ger. Parmesan
100 g ger. Gouda

Pro Portion:
E: 34 g, F: 30 g, Kh: 46 g,
kJ: 2485, kcal: 594

1. Den Spinat nach Packungsanleitung auftauen lassen. Zwiebeln und Knoblauch abziehen. Die Zwiebeln klein würfeln, den Knoblauch durch eine Knoblauchpresse drücken. Zwiebelwürfel und Knoblauch unter die stückigen Tomaten rühren, mit Salz, Pfeffer und Oregano würzen.
2. Aubergine abspülen, abtrocknen und den Stängelansatz entfernen. Aubergine längs in dünne Scheiben schneiden. Mozzarella in dünne Scheiben schneiden.
3. Den Backofen vorheizen.
Ober-/Unterhitze: etwa 200 °C
Heißluft: etwa 180 °C
4. Etwas von der Tomatensauce auf dem Boden einer Auflaufform (gefettet) verteilen und mit einer Schicht Lasagneplatten belegen. Dann wieder etwas Tomatensauce daraufgeben. Jeweils einige Auberginen-, Mozzarellascheiben und etwas von dem Spinat darauf verteilen, mit Salz und Pfeffer würzen, einige Pinienkerne und etwas Parmesan daraufstreuen. Nacheinander wieder Lasagneplatten, Auberginen-, Mozzarellascheiben und etwas Spinat einschichten. Mit Pinienkernen und Parmesan bestreuen, sodass mehrere Lasagneschichten entstehen. Die oberste Schicht sollte aus Lasagneplatten und etwas Tomatensauce bestehen. Die Lasagne mit Gouda bestreuen.
5. Die Form auf dem Rost in den vorgeheizten Backofen schieben. Die Lasagne 40–45 Minuten garen.

Kartoffel-Bohnen-Gratin

4 Portionen

Zubereitungszeit: 45 Minuten
Überbackzeit: etwa 15 Minuten

700 g kleine Kartoffeln
Salz
2 Knoblauchzehen
1 Stängel Thymian
1 Stängel Bohnenkraut
5–6 EL Olivenöl
500 g TK-Brechbohnen
125 ml Gemüsebrühe
gem. Pfeffer
250 g Schafskäse
1 EL Sesamsamen

Pro Portion:
E: 18 g, F: 28 g, Kh: 28 g,
kJ: 1836, kcal: 438

1. Kartoffeln gründlich waschen, abtropfen lassen, in einem Topf knapp mit Wasser bedeckt, zugedeckt zum Kochen bringen, Salz hinzufügen. Die Kartoffen 15–20 Minuten kochen lassen, dann abgießen, abdämpfen und noch warm pellen.
2. Den Backofen vorheizen.
Ober-/Unterhitze: etwa 200 °C
Heißluft: etwa 180 °C
3. Knoblauch abziehen und fein würfeln. Thymian und Bohnenkraut abspülen und trocken tupfen. Die Blättchen von den Stängeln zupfen, Blättchen grob zerschneiden.
4. Olivenöl in einem Topf erhitzen. Die gefrorene Bohnen darin andünsten. Knoblauch, Thymian, Bohnenkraut und Brühe hinzugeben und zum Kochen bringen. Die Bohnen zugedeckt etwa 5 Minuten bissfest dünsten. Mit Salz und Pfeffer würzen.
5. Schafskäse in Würfel schneiden. Die Bohnen mit Kartoffeln in einer flachen Auflaufform (gefettet) mischen. Die Schafskäsewürfel darauf verteilen und mit Sesam bestreuen. Die Form auf dem Rost in den vorgeheizten Backofen schieben. Das Gratin etwa 15 Minuten überbacken.

Steckrüben-Steinpilz-Gratin

4 Portionen

Zubereitungszeit: 40 Minuten, ohne Quellzeit
Garzeit: etwa 40 Minuten

15 g getrocknete Steinpilze
150 ml kochendes Wasser
1 kg Steckrübe
einige Stängel frischer oder
1 TL gerebelter Majoran
100 ml Steinpilz-Hefebrühe (erhältlich im Reformhaus)
250 g Schlagsahne
Salz
gem. Pfeffer
100 g ger. Käse, z. B. mittelalter Gouda, Greyerzer oder Emmentaler

Pro Portion:
E: 11 g, F: 29 g, Kh: 14 g,
kJ: 1528, kcal: 365

1. Die Steinpilze kurz unter fließendem kalten Wasser abspülen, damit evtl. vorhandener Sand entfernt wird. Die Steinpilze in eine Schüssel geben, mit 150 ml kochendem Wasser übergießen und etwa 15 Minuten quellen lassen.
2. Den Backofen vorheizen.
Ober-/Unterhitze: etwa 200 °C
Heißluft: etwa 180 °C
3. Die Steckrübe vierteln, schälen, abspülen und abtropfen lassen. Die Viertel quer in sehr feine Scheiben schneiden oder auf einem stabilen Gemüsehobel fein hobeln. Frischen Majoran abspülen und trocken tupfen. Die Blättchen von den Stängeln zupfen.
4. Steckrübenscheiben und frischen oder getrockneten Majoran in eine große Auflaufform (gefettet) geben. Brühe, Steinpilze mit dem Einweichwasser und Sahne mischen, mit Salz und Pfeffer kräftig würzen. Die Mischung auf den Steckrübenscheiben verteilen. Die Form auf dem Rost in den vorgeheizten Backofen schieben. Das Gemüse etwa 30 Minuten garen.
5. Nach etwa 30 Minuten Garzeit die Form aus dem Backofen nehmen und den Käse auf das Gemüse streuen. Die Form wieder auf dem Rost in den heißen Backofen schieben. Das Gratin bei gleicher Backofentemperatur in weiteren etwa 10 Minuten überbacken.

Steckrüben-Steinpilz-Gratin

Brokkoli, sizilianisch

4–6 Portionen

Zubereitungszeit: 30 Minuten
Gratinierzeit: 3–5 Minuten

50 g abgetropfte, schwarze Oliven, ohne Stein
30 g Rosinen
1 kleine Zwiebel
1–2 Knoblauchzehen
1 kg Brokkoli
Salz
4 EL Olivenöl
50–100 g pikanter Käse (am Stück), z. B. Höhlenkäse

Pro Portion:
E: 8 g, F: 17 g, Kh: 3 g,
kJ: 812, kcal: 194

1. Oliven in Scheiben schneiden. Die Rosinen klein hacken. Zwiebel und Knoblauch abziehen, in kleine Würfel schneiden.
2. Von dem Brokkoli die Blätter entfernen. Den Brokkoli in Röschen teilen. Die Stängel von den Röschen abschneiden. Brokkoliröschen und -stängel abspülen, abtropfen lassen und in kochendem Salzwasser etwa 5 Minuten garen. Brokkoli in ein Sieb geben und abtropfen lassen.
3. Olivenöl in einer Pfanne erhitzen. Zwiebel- und Knoblauchwürfel darin glasig dünsten.
4. Die Pfanne von der Kochstelle nehmen, die Olivenscheiben und Rosinenstückchen hinzufügen.
5. Die Hälfte der Brokkoliröschen und -stängel in eine Gratinform oder feuerfeste Auflaufform (gefettet) geben, mit etwas Salz würzen. Die Hälfte der Oliven-Rosinen-Mischung darauf verteilen. Dann den restlichen Brokkoli daraufgeben und zuletzt die restliche Oliven-Rosinen-Mischung darauf verteilen.
6. Den Backofengrill vorheizen.
7. Den Käse in kleine Würfel schneiden und auf den eingeschichteten Brokkoli streuen. Die Form auf dem Rost unter den vorgeheizten Backofengrill schieben.
8. Den Käse 3–5 Minuten gratinieren, bis er leicht gebräunt ist. Brokkoli, sizilianisch sofort servieren.

Beilage: Ofenfrisches Baguette.

Gratinierte Gemüse-Pfannkuchen

4 Portionen (ohne Foto)

Zubereitungszeit: 55 Minuten, ohne Ruhe- und Abkühlzeit
Gratinierzeit: etwa 20 Minuten

Für den Pfannkuchenteig:
200 g Weizenmehl
3 Eier (Größe M)
250 ml Milch (3,5 % Fett)
125 ml Mineralwasser
1/4 gestr. TL Salz

Für die Füllung:
250 g Staudensellerie
Salz
500 g Champignons
1 Zwiebel
100 g Butter
250 g Tomaten
1 Bund Petersilie
200 g Gouda (am Stück)

Für den Guss:
200 g Schlagsahne
gem. Pfeffer
ger. Muskatnuss

Pro Portion:
E: 31 g, F: 59 g, Kh: 45 g,
kJ: 3494, kcal: 835

1. Für den Teig Mehl in eine Rührschüssel geben. Eier mit Milch, Wasser und Salz verschlagen. Nach und nach unter Rühren zum Mehl geben. Darauf achten, dass keine Klümpchen entstehen. Den Teig etwa 30 Minuten ruhen lassen.
2. Für die Füllung in der Zwischenzeit Sellerie putzen, abspülen, abtropfen lassen und in dünne Scheiben schneiden.
3. Die Selleriescheiben in kochendem Salzwasser etwa 2 Minuten blanchieren. Anschließend mit einer Schaumkelle herausnehmen, mit kaltem Wasser abschrecken und in einem Sieb abtropfen lassen.

Brokkoli, sizilianisch

4. Die Champignons putzen, evtl. kurz abspülen, trocken tupfen und in Scheiben schneiden. Die Zwiebel abziehen und in kleine Würfel schneiden. 20 g von der Butter in einer großen Pfanne zerlassen. Zwiebelwürfel und Champignonscheiben darin evtl. portionsweise andünsten. Selleriescheiben hinzufügen und alles etwa 5 Minuten dünsten lassen.
5. Tomaten abspülen, abtrocknen, halbieren und die Stängelansätze herausschneiden. Tomaten in Würfel schneiden, unter das Gemüse heben und erhitzen.
6. Petersilie abspülen und trocken tupfen. Die Blättchen von den Stängeln zupfen. Blättchen klein schneiden und unter das gedünstete Gemüse rühren, mit etwas Salz würzen. Gemüsemasse abkühlen lassen. Käse grob reiben.
7. Jeweils etwas von der restlichen Butter in einer Pfanne (Ø etwa 20 cm) zerlassen. Den Teig gut durchrühren und eine dünne Teiglage mit einer drehenden Bewegung gleichmäßig auf dem Boden der Pfanne verteilen. Den Pfannkuchen von beiden Seiten bei mittlerer Hitze hellbraun backen, auf einen mit Backpapier belegten Kuchenrost legen und abkühlen lassen. Aus dem Teig insgesamt 8 Pfannkuchen backen.
8. Den Backofen vorheizen.
Ober-/Unterhitze: etwa 200 °C
Heißluft: etwa 180 °C
9. Eine feuerfeste Form mit der restlichen Butter einfetten. Die Hälfte des Käses unter das Gemüse mischen. Die Pfannkuchen zu Vierteln zusammenklappen, in die jeweils entstehenden Pfannkuchentaschen etwas von dem Gemüse füllen und die Pfannkuchen fächerartig in die Form schichten.
10. Für den Guss den restlichen Käse mit der Sahne verrühren, mit Salz, Pfeffer und Muskat würzen. Käse-Sahne auf den Pfannkuchen verteilen. Die Form auf dem Rost in den vorgeheizten Backofen schieben. Die Gemüse-Pfannkuchen etwa 20 Minuten gratinieren.

Champignon-Brokkoli-Auflauf

Champignon-Brokkoli-Auflauf

4 Portionen

Zubereitungszeit: 25 Minuten
Garzeit: etwa 20 Minuten

500 g Brokkoli
Salz
250 g dunkle Champignons oder Steinpilze
100 g rote Zwiebeln
3 EL Speiseöl
gem. Pfeffer
Kurkuma (Gelbwurz)
gem. Kreuzkümmel (Cumin)
2 EL geröstete Sesamsamen
150 g ger. Emmentaler

Für die Sauce:
250 g Schlagsahne
1 EL Crème fraîche
1 EL geröstete Sesamsamen

Pro Portion:
E: 20 g, F: 48 g, Kh: 7 g, kJ: 2254, kcal: 539

1. Von dem Brokkoli die Blätter entfernen. Stängel am Strunk schälen und bis kurz vor den Röschen kreuzförmig einschneiden. Den Brokkoli abspülen, abtropfen lassen und zugedeckt in kochendem Salzwasser etwa 10 Minuten garen. Brokkoli in einem Sieb abtropfen lassen.
2. Den Backofen vorheizen.
Ober-/Unterhitze: etwa 200 °C
Heißluft: etwa 180 °C
3. Pilze putzen, evtl. kurz abspülen und trocken tupfen. Zwiebeln abziehen und klein würfeln. Speiseöl in einer Pfanne erhitzen. Zwiebelwürfel darin andünsten. Pilze hinzugeben und kurz mitdünsten lassen.
4. Brokkoli und die Pilz-Masse in einer Auflaufform (gefettet) verteilen, mit Salz, Pfeffer, Kurkuma und Cumin würzen. Den Auflauf erst mit Sesam, dann mit Käse bestreuen.
5. Für die Sauce Sahne mit Crème fraîche verschlagen, Sesam unterrühren. Mit Salz und Pfeffer würzen. Die Sauce auf dem Auflauf verteilen.
6. Die Form auf dem Rost in den vorgeheizten Backofen schieben. Den Auflauf etwa 20 Minuten garen.

Kartoffel-Gemüse-Gratin

Kartoffel-Gemüse-Gratin

4–5 Portionen

Zubereitungszeit: 40 Minuten
Garzeit: etwa 25 Minuten

600 g Kartoffeln
2 Zucchini (etwa 600 g)
4 mittelgroße Tomaten
1 Knoblauchzehe
Salz, gem. Pfeffer
150 g ger. Gratin-Käse
einige Stängel Majoran

Pro Portion:
E: 15 g, F: 11 g, Kh: 28 g,
kJ: 1182, kcal: 282

1. Die Kartoffeln gründlich waschen, in einem Topf knapp mit Wasser bedeckt, zugedeckt zum Kochen bringen und dann in 20–25 Minuten gar kochen. Kartoffeln abgießen, abdämpfen, heiß pellen und abkühlen lassen.
2. Zucchini abspülen, abtrocknen und die Enden abschneiden. Tomaten abspülen, abtrocknen und die Stängelansätze herausschneiden. Zucchini und Tomaten in Scheiben schneiden. Kartoffeln ebenfalls in Scheiben schneiden.
3. Den Backofen vorheizen.
Ober-/Unterhitze: etwa 200 °C
Heißluft: etwa 180 °C
4. Knoblauch abziehen und durch eine Knoblauchpresse drücken. Eine große Gratinform damit ausreiben.
5. Die Gemüse- und Kartoffelscheiben abwechselnd dachziegelartig in die Form schichten, mit Salz und Pfeffer würzen. Gratin-Käse daraufstreuen. Die Form auf dem Rost in den vorgeheizten Backofen schieben. Das Gratin etwa 25 Minuten garen.
6. Majoran abspülen und trocken tupfen. Die Blättchen von den Stängeln zupfen. Das Kartoffel-Gemüse-Gratin mit den Majoranblättchen bestreut servieren.

Gemüsegratin

4 Portionen (ohne Foto)

Zubereitungszeit: 35 Minuten
Garzeit: etwa 60 Minuten

250 g Möhren
500 g Kartoffeln
250 g Champignons
200 g Schlagsahne
2 Eier (Größe M)
100 g ger. Butterkäse
Salz
gem. Pfeffer
ger. Muskatnuss

Pro Portion:
E: 15 g, F: 27 g, Kh: 22 g,
kJ: 1617, kcal: 386

1. Die Möhren putzen, schälen, abspülen und abtropfen lassen. Kartoffeln schälen, abspülen und abtropfen lassen. Möhren und Kartoffeln in dünne Scheiben schneiden.
2. Den Backofen vorheizen.
Ober-/Unterhitze: etwa 200 °C
Heißluft: etwa 180 °C
3. Champignons putzen, evtl. kurz abspülen, gut trocken tupfen und in dicke Scheiben schneiden.
4. Sahne mit den Eiern verschlagen. Mit Salz, Pfeffer und Muskat würzen. Drei Viertel des Käses unter die Eiersahne rühren.
5. Das vorbereitete Gemüse mit den Kartoffelscheiben in eine Auflaufform (gefettet) schichten. Die Eiersahne darauf verteilen. Die Form mit Alufolie zudecken und auf dem Rost in den vorgeheizten Backofen schieben. Das Gratin etwa 60 Minuten garen.
6. Nach etwa 40 Minuten Garzeit die Alufolie entfernen und das Gratin mit dem restlichen Käse bestreuen. Das Gratin fertig garen.

Tipp: Etwas kräftiger schmeckt das Gratin mit Höhlen- statt mit Butterkäse.

Kohlrabi-Möhren-Auflauf

4 Portionen

Zubereitungszeit: 45 Minuten
Garzeit: etwa 35 Minuten

500 g Möhren
500 g Kohlrabi
30 g Butter
2 EL Sojasauce
Salz, gem. Pfeffer
1 Stange Porree (Lauch)
1 Knoblauchzehe
2 EL Speiseöl
250 g Magerquark
200 g Schmand (Sauerrahm)
2 Eier (Größe M)
125 g Schlagsahne

3 EL klein geschnittene Petersilie
10 EL Sesamsamen
1/2 gestr. TL Kräutersalz
40 g ger. Gouda
30 g Butter

Pro Portion:
E: 26 g, F: 58 g, Kh: 18 g,
kJ: 3050, kcal: 728

1. Möhren und Kohlrabi putzen, schälen, abspülen, abtropfen lassen und jeweils in dünne Scheiben schneiden. Butter in einem Topf zerlassen. Die Möhren- und Kohlrabischeiben darin evtl. portionsweise etwa 10 Minuten unter Rühren dünsten, mit Sojasauce, Salz und Pfeffer würzen.
2. Porree putzen, die Stange längs halbieren, gründlich waschen, abtropfen lassen und in dünne Streifen schneiden. Knoblauch abziehen und fein würfeln. Speiseöl in einer kleinen Pfanne erhitzen. Die Porreestreifen und Knoblauchwürfel darin andünsten.
3. Den Backofen vorheizen.
Ober-/Unterhitze: etwa 180 °C
Heißluft: etwa 160 °C
4. Quark mit Schmand, Eiern und Sahne verschlagen, Petersilie, 6 Esslöffel Sesam und Kräutersalz unterrühren, mit Pfeffer würzen. Die Porree-Knoblauch-Mischung untermischen.
5. Die Hälfte der Möhren- und Kohlrabischeiben in eine Auflaufform (gefettet) geben, die Hälfte der Quarkcreme daraufgeben. Dann die restlichen Möhren- und Kohlrabischeiben darauflegen und die restliche Quarkcreme darauf verteilen. Den Auflauf mit Käse bestreuen und Butter in Flöckchen daraufsetzen. Mit dem restlichen Sesam bestreuen.
6. Die Form auf dem Rost in den vorgeheizten Backofen schieben. Den Auflauf etwa 35 Minuten garen.

Kürbisgratin
4 Portionen

Zubereitungszeit: 60 Minuten, ohne Abkühlzeit
Überbackzeit: etwa 35 Minuten

50 g Semmelbrösel
50 g abgezogene, gem. Mandeln
4 EL brauner Zucker (Rohrzucker)
700 g Kürbisfleisch, geputzt, ohne faserigen Innenteil
50 g Butter
3 EL brauner Zucker (Rohrzucker)
2 EL Puderzucker
1 EL gehackte Pistazienkerne

Pro Portion:
E: 7 g, F: 22 g, Kh: 49 g,
kJ: 1761, kcal: 421

1. Die Semmelbrösel und Mandeln in einer Pfanne ohne Fett unter Rühren goldbraun rösten. Zucker unterrühren. Masse abkühlen lassen.
2. Den Backofen vorheizen.
Ober-/Unterhitze: etwa 200 °C
Heißluft: etwa 180 °C
3. Das Kürbisfleisch in lange, dünne Scheiben schneiden.
4. Die Semmelbrösel-Mandel-Masse in eine Tarteform (Ø 28 cm, gut gefettet) geben. Die Kürbisscheiben rosettenförmig darauf verteilen.
5. Butter zerlassen, die Kürbisscheiben damit bestreichen und mit Zucker bestreuen. Die Form auf dem Rost in den vorgeheizten Backofen schieben. Das Gratin etwa 35 Minuten überbacken.
6. Die Form auf einen Kuchenrost stellen. Das Gratin sofort mit Puderzucker bestäuben und mit Pistazienkernen bestreuen.

Tipps: Gratin mit Vanillesauce servieren. Ersetzen Sie die Butter durch vegane Margarine und achten Sie darauf, dass die Semmelbrösel vegan sind, dann haben Sie ein veganes Gericht.

Kohlrabi-Möhren-Auflauf

Kürbisgratin

Gemüse in Alufolie

4 Portionen

Zubereitungszeit: 30 Minuten
Garzeit: etwa 40 Minuten

200 g Zucchini
je 1 rote und gelbe Paprikaschote (je etwa 200 g)
400 g Kartoffeln
250 g Cocktailtomaten
1 Bund Frühlingszwiebeln
1 Knoblauchzehe
Salz
gem. Pfeffer
4 EL Olivenöl
150 g Schafskäse
1 TL frische Rosmarinnadeln oder 1/2 TL gerebelter Rosmarin

Außerdem:
Alufolie

Pro Portion:
E: 10 g, F: 20 g, Kh: 24 g, kJ: 1348, kcal: 322

1. Zucchini abspülen, abtrocknen und die Enden abschneiden. Zucchini in Scheiben schneiden. Paprikaschoten halbieren, entstielen, entkernen und die weißen Scheidewände entfernen. Schoten abspülen, abtropfen lassen und in Stücke schneiden.
2. Den Backofen vorheizen.
Ober-/Unterhitze: etwa 200 °C
Heißluft: etwa 180 °C
3. Die Kartoffeln schälen, abspülen, abtropfen lassen und achteln. Die Tomaten abspülen, trocken tupfen, halbieren und die Stängelansätze herausschneiden. Die Frühlingszwiebeln putzen, abspülen, abtropfen lassen und in Stücke schneiden.
4. Das vorbereitete Gemüse mit den Kartoffelspalten auf ein großes Stück Alufolie legen. Knoblauch abziehen und durch eine Knoblauchpresse drücken. Die Kartoffel-Gemüse-Mischung mit Knoblauch, Salz und Pfeffer würzen. Mit Olivenöl beträufeln.
5. Schafskäse zerbröseln und mit Rosmarin auf der Kartoffel-Gemüse-Mischung verteilen.
6. Die Alufolie über die Kartoffel-Gemüse-Mischung schlagen. Seitliche Folienenden nach oben umfalten und gut zusammendrücken. Das Päckchen auf ein Backblech legen und in den vorgeheizten Backofen schieben. Das Gemüse mit den Kartoffeln etwa 40 Minuten garen.

Tipp: Verwenden Sie möglichst extrastarke Alufolie, bei normaler Alufolie besteht die Gefahr, dass das Päckchen einreißt.

Gemüse in Alufolie

Gemüseauflauf mit Kichererbsen

4–5 Portionen (ohne Foto)

Zubereitungszeit: 50 Minuten
Garzeit: etwa 50 Minuten

500 g Brokkoli
Salz
500 g Kürbisfruchtfleisch
1–2 rote Paprikaschoten (etwa 250 g)
2 EL Speiseöl
gem. Pfeffer
240 g abgetropfte Kichererbsen (aus der Dose)
200 g Schafskäse

Für den Guss:
4 Eier (Größe M)
2 EL Tomatenmark

1 TL Harissa
(afrikanische Würzpaste)
1 EL gem. Kreuzkümmel (Cumin)
250 ml Milch (3,5 % Fett)

Pro Portion:
E: 23 g, F: 23 g, Kh: 20 g,
kJ: 1676, kcal: 399

1. Von dem Brokkoli die Blätter entfernen. Den Strunk abschneiden. Brokkoli in Röschen teilen, abspülen, abtropfen lassen und in kochendem Salzwasser etwa 2 Minuten blanchieren. Brokkoliröschen in ein Sieb geben, mit kaltem Wasser abschrecken und abtropfen lassen.
2. Kürbisfruchtfleisch in 2–3 cm große Würfel schneiden. Paprikaschoten halbieren, entstielen, entkernen und die weißen Scheidewände entfernen. Schoten abspülen, abtropfen lassen und in breite Streifen schneiden.
3. Speiseöl in einer großen Pfanne erhitzen. Die Kürbiswürfel darin etwa 5 Minuten von allen Seiten anbraten. Anschließend die Kürbiswürfel aus der Pfanne nehmen.
4. Den Backofen vorheizen.
Ober-/Unterhitze: etwa 200 °C
Heißluft: etwa 180 °C
5. Paprikastreifen in dem verbliebenen Brattfett unter Rühren kurz anbraten. Die Kürbiswürfel wieder hinzufügen, alles mit Salz und Pfeffer würzen.
6. Kichererbsen in ein Sieb geben, mit kaltem Wasser abspülen und abtropfen lassen. Schafskäse sehr klein würfeln, mit dem Gemüse und den Kichererbsen vermischen und in eine große Auflaufform (gefettet) geben.
7. Für den Guss Eier mit Tomatenmark, Harissa und Kreuzkümmel verschlagen. Milch, Salz und Pfeffer gut unterrühren. Den Guss auf der Gemüse-Schafskäse-Mischung verteilen. Die Form auf dem Rost in den vorgeheizten Backofen schieben. Den Gemüseauflauf etwa 50 Minuten garen. Falls die Oberfläche zu braun werden sollte, den Auflauf mit Alufolie zudecken.

Apfelgratin mit Fenchel

Apfelgratin mit Fenchel
4 Portionen

Zubereitungszeit: 25 Minuten
Garzeit: etwa 35 Minuten

300 g Kartoffeln
Salz
600 g Äpfel
Saft von 1 Zitrone
500 g Fenchelknollen
2 Zwiebeln
200 g Doppelrahm-Frischkäse
150 g Joghurt (3,5 % Fett)
100 ml Milch (3,5 % Fett)
gem. Pfeffer
ger. Muskatnuss
Zucker
40 g Rosinen
120 g frisch ger. mittelalter Gouda
50 g frisch ger. Parmesan
30 g Butter
einige Stängel Dill

Pro Portion:
E: 25 g, F: 27 g, Kh: 48 g,
kJ: 2347, kcal: 561

1. Kartoffeln schälen, abspülen, abtropfen lassen, in einem Topf knapp mit Wasser bedeckt, zugedeckt zum Kochen bringen, dann Salz hinzugeben. Die Kartoffeln zugedeckt etwa 15 Minuten garen. Kartoffeln abgießen, in ein Sieb geben, mit kaltem Wasser abschrecken und etwas abkühlen lassen. Kartoffeln in dünne Scheiben schneiden.
2. Die Äpfel schälen, vierteln und entkernen. Apfelviertel in Spalten schneiden und mit Zitronensaft beträufeln.
3. Den Backofen vorheizen.
Ober-/Unterhitze: etwa 200 °C
Heißluft: etwa 180 °C
4. Die Fenchelknollen putzen, abspülen, abtropfen lassen, halbieren und in Streifen schneiden.
5. Abwechselnd Kartoffelscheiben, Apfelspalten und Fenchelstreifen in eine Gratinform (gefettet) schichten. Zwiebeln abziehen, in kleine Würfel schneiden, mit Frischkäse, Joghurt und Milch verrühren. Mit Salz, Pfeffer, Muskat und Zucker würzen.
6. Die Frischkäse-Joghurt-Masse auf dem Gratin verteilen. Rosinen daraufgeben, mit Gouda und Parmesan bestreuen. Butter in Flöckchen daraufsetzen. Die Form auf dem Rost in den vorgeheizten Backofen schieben. Das Gratin etwa 35 Minuten überbacken.
7. Dill abspülen und trocken tupfen. Die Spitzen von den Stängeln zupfen. Apfelgratin mit Dillspitzen garniert servieren.

Reis-Gemüse-Gratin

2 Portionen

Zubereitungszeit: 30 Minuten
Garzeit: etwa 25 Minuten

1 EL Speiseöl, z. B. Sonnenblumenöl
125 g Basmati- oder Langkornreis
1 EL Currypulver
250 ml heiße Gemüsebrühe
150 g Möhren
20 g Butter oder Margarine
150 g TK-Erbsen
Salz, gem. Pfeffer
1 Prise Zucker
1 Ei (Größe M)
100 g Schlagsahne
ger. Muskatnuss
75 g ger. mittelalter Gouda

Pro Portion:
E: 25 g, F: 47 g, Kh: 67 g,
kJ: 3331, kcal: 796

1. Speiseöl in einem Topf erhitzen. Reis hinzugeben und unter Rühren glasig dünsten. Mit Curry bestäuben und kurz mit andünsten. Heiße Brühe hinzugießen und zum Kochen bringen. Den Reis zugedeckt bei schwacher Hitze ausquellen lassen.
2. Den Backofen vorheizen.
Ober-/Unterhitze: etwa 180 °C
Heißluft: etwa 160 °C
3. In der Zwischenzeit Möhren putzen, schälen, abspülen, abtropfen lassen und klein würfeln.
4. Butter oder Margarine in einem Topf zerlassen. Die Möhrenwürfel darin 2–3 Minuten unter Rühren andünsten. Gefrorene Erbsen hinzugeben und 2–3 Minuten mitdünsten lassen. Mit Salz, Pfeffer und Zucker würzen.
5. Ei mit Sahne verschlagen, mit Salz, Pfeffer und Muskat würzen. Gouda unter die Eiersahne rühren.
6. Den gegarten Reis mit dem Gemüse vermengen und in eine flache Auflaufform (gefettet) geben. Eier-Käse-Sahne darauf verteilen. Die Form auf dem Rost in den vorgeheizten Backofen schieben. Das Reis-Gemüse-Gratin etwa 25 Minuten garen.

Reis-Gemüse-Gratin

Gemüseauflauf mit Vollkorn-Spaghetti

4 Portionen (ohne Foto)

Zubereitungszeit: 35 Minuten
Garzeit: 35–40 Minuten

2 1/2 l Wasser
2 1/2 gestr. TL Salz
250 g Vollkorn-Spaghetti
300 g Möhren
Salz
3 Stangen Porree (Lauch)
150 g ger. Gouda
4 Eier (Größe M)
125 ml Milch (3,5 % Fett)
gem. Pfeffer
ger. Muskatnuss
1 EL Sesamsamen

Pro Portion:
E: 29 g, F: 26 g, Kh: 48 g,
kJ: 2350, kcal: 558

1. Wasser in einem großen Topf zugedeckt zum Kochen bringen. Dann Salz und Spaghetti hinzugeben. Die Spaghetti im geöffneten Topf bei mittlerer Hitze nach Packungsanleitung bissfest kochen, dabei gelegentlich umrühren.
2. Anschließend die Spaghetti in ein Sieb geben, mit heißem Wasser abspülen und abtropfen lassen.
3. Möhren putzen, schälen, abspülen, abtropfen lassen. Die Möhren in etwas kochendem Salzwasser etwa 10 Minuten halb gar kochen, dann in einem Sieb abtropfen lassen. Möhren zuerst längs in Scheiben, dann in Streifen schneiden.
4. Porree putzen, die Stangen längs halbieren, gründlich waschen, abtropfen lassen und in dünne Streifen (in Länge der Möhrenstreifen) schneiden. Porreestreifen in etwas kochendem Salzwasser etwa 2 Minuten blanchieren, anschließend in einem Sieb abtropfen lassen.
5. Den Backofen vorheizen.
Ober-/Unterhitze: etwa 200 °C
Heißluft: etwa 180 °C
6. Jeweils drei Viertel der Spaghetti, der Möhren- und Porreestreifen mit gut 100 g des Käses vermengen und in eine rechteckige Auflaufform (möglichst in der Länge der Spaghetti, gefettet) füllen.
7. Restliches Gemüse und Spaghetti lagenweise, der Länge nach, als oberste Schicht darauflegen.
8. Die Eier mit Milch verschlagen, mit Salz, Pfeffer und Muskat würzen. Den Guss auf dem Auflauf verteilen. Restlichen Käse und den Sesam daraufstreuen. Die Form auf dem Rost in den vorgeheizten Backofen schieben und den Gemüseauflauf 35–40 Minuten garen.

EIN SCHWUNG FRISCHE

KRÄUTER-TARTE

Für den Teig die Zutaten zu einem glatten Teig verkneten. 30 Minuten kalt stellen. **Für den Belag** die Kräuter waschen und trocken schütteln. Petersilie von den Stielen zupfen und hacken. Schnittlauch in Röllchen schneiden. Schmand mit den Eiern verrühren. Den Schafskäse hineinbröseln und unterrühren. Die Kräuter unterheben. Etwas salzen und pfeffern. Den Backofen auf 180 Grad (Umluft) vorheizen. Die Form einfetten. Den Boden der Form mit dem Teig auskleiden und mit einer Gabel mehrfach einstechen.

Im Backofen 5 Minuten vorbacken. Den Guss auf den Boden gießen und etwa 35 Minuten weiterbacken. Den Backofen ausstellen und die Tarte etwa 10 Minuten darin ruhen lassen. Schmeckt warm und kalt.

DER WILDE KNOBLAUCH

BÄRLAUCH-PESTO

Für 1 Glas

50 g Bärlauch
40 g Hartkäse, z. B. Parmesan
1 Knoblauchzehe
2 EL Pinienkerne
50 ml Olivenöl
Salz, Pfeffer

Den Bärlauch putzen, waschen, trocken schütteln und grob hacken. Den Käse reiben. Knoblauch schälen und würfeln. Alle Zutaten kurz pürieren. Mit Salz und Pfeffer abschmecken. Im Kühlschrank ist das Pesto mit Öl bedeckt mindestens 1 Woche haltbar.

Mit Blüten und Knospen des Bärlauchs lassen sich Salate verzieren.

Süßkartoffeln in Salz gebacken

4 Portionen

Zubereitungszeit: 40 Minuten
Garzeit: etwa 55 Minuten

20 frische Lorbeerblätter
3 EL Pimentkörner
3 EL gem. Ingwer
6 EL Koriandersamen
4 kg grobes Salz
8 Süßkartoffeln (je etwa 250 g)
1 Bio-Limette
(unbehandelt, ungewachst)
1 kleine Orange
5 Stängel Koriander
1/4–1/2 grüne Chilischote
25 g frischer Ingwer
500 g reife Avocado
125 g Cheddar (am Stück)
4 Tortillafladen für Wraps
(Ø etwa 20 cm)
1 EL Paprikapulver edelsüß

Pro Portion:
E: 22 g, F: 26 g, Kh: 151 g,
kJ: 3961, kcal: 944

1. Den Backofen vorheizen.
Ober-/Unterhitze: etwa 200 °C
Heißluft: etwa 180 °C
2. Die Lorbeerblätter kurz abspülen, trocken tupfen und grob zerreißen. Mit Pimentkörnern, Ingwer, Koriander und dem groben Salz mischen. Die Kartoffeln gründlich unter fließendem kalten Wasser abbürsten und abtrocknen. 1 kg der Salzmischung in einem großen Bräter verteilen. Die Kartoffeln darauflegen und mit der restlichen Salzmischung bedecken. Den Bräter auf dem Rost in den vorgeheizten Backofen (unteres Drittel) schieben. Kartoffeln etwa 55 Minuten garen.
3. Limette heiß abwaschen, abtrocknen und die Schale fein abreiben. Limette halbieren und den Saft auspressen. Die Orange so dick schälen, dass die weiße Haut vollständig mitentfernt wird. Die Orange filetieren, Filets in kleine Stücke schneiden.
4. Koriander abspülen und trocken tupfen. Die Blättchen von den Stängeln zupfen. Blättchen klein schneiden. Chilischote entstielen, abspülen, trocken tupfen und mit den Kernen fein hacken. Ingwer schälen und in kleine Würfel schneiden. Avocado halbieren und den Stein herausnehmen. Das Fruchtfleisch mit einem Esslöffel aus der Schale lösen. Avocado-Fruchtfleisch mit Limettensaft und etwas Salz in einen hohen Rührbecher geben und mit einem Pürierstab fein pürieren. Ingwerwürfel, Chili, Koriander, Orangenstücke und Limettenschale untermischen.
5. Den Käse grob reiben. Je 2 Tortillafladen auf ein Backblech (mit Backpapier belegt) legen. Tortillafladen zuerst mit Cheddar bestreuen, dann mit Paprika bestäuben.
6. Den Bräter mit den Kartoffeln auf einen Rost stellen.
7. Die Backbleche mit den Tortillafladen nacheinander (bei Heißluft zusammen) in den heißen Backofen schieben. Anschließend die Tortillafladen bei gleicher Backofentemperatur etwa 7 Minuten backen, bis der Käse zerlaufen ist.
8. In der Zwischenzeit die Kartoffeln aus dem Salz lösen, dazu das Salz evtl. etwas aufklopfen.
9. Kartoffeln mit der Avocado-Orangen-Guacamole anrichten. Tortillas zusammenklappen und dazulegen. Kartoffeln heiß servieren.

Süßkartoffeln in Salz gebacken

Lasagne-Gemüse-Röllchen

etwa 20 Stück

Zubereitungszeit: 50 Minuten
Garzeit: etwa 20 Minuten

500 g Lasagneplatten (etwa 20 Platten)
2 Zucchini (etwa 400 g)
1 Aubergine (etwa 400 g)
Salz, gem. Pfeffer
3 EL Speiseöl
600 g Fleischtomaten
2 Knoblauchzehen
1 Bund Basilikum
evtl. frisch ger. Parmesan

Außerdem:
etwa 20 Holzstäbchen

Pro Stück:
E: 3 g, F: 4 g, Kh: 5 g,
kJ: 331, kcal: 79

1. Lasagneplatten portionsweise in reichlich kochendem Wasser einige Minuten etwas weich kochen, in ein Sieb geben, mit kaltem Wasser abschrecken und abtropfen lassen.

2. Zucchini und Aubergine abspülen, abtrocknen und die Enden bzw. Stängelansatz entfernen. Zucchini und Aubergine in dünne Längsscheiben schneiden oder hobeln. Mit Salz und Pfeffer bestreuen.

3. Jeweils etwas Speiseöl in einer großen Pfanne erhitzen. Zucchini- und Auberginenscheiben darin portionsweise von beiden Seiten leicht anbraten.

4. Den Backofen vorheizen.
Ober-/Unterhitze: etwa 180 °C
Heißluft: etwa 160 °C

5. Tomaten kreuzweise einschneiden und mit kochendem Wasser übergießen. Nach 1–2 Minuten herausnehmen und mit kaltem Wasser abschrecken. Tomaten häuten, halbieren und die Stängelansätze herausschneiden. Tomaten grob würfeln.

6. Knoblauch abziehen und in kleine Würfel schneiden. Basilikum abspülen und trocken tupfen. Die Blättchen von den Stängeln zupfen. Blättchen klein schneiden.

7. Restliches Speiseöl in einer Pfanne erhitzen. Knoblauch- und Tomatenwürfel darin andünsten, mit Salz und Pfeffer würzen. Basilikum unterrühren. Die Masse in einer großen Auflaufform (gefettet) oder in einer Fettpfanne (gefettet) verteilen.

8. Lasagneplatten auf einer Arbeitsfläche ausbreiten. Mit jeweils 1 Zucchini- und Auberginenscheibe belegen, mit Salz und Pfeffer würzen, aufrollen und mit je 1 Holzstäbchen feststecken.

9. Die Röllchen auf die Tomatenmasse setzen. Nach Belieben mit etwas Parmesan bestreuen. Die Form auf dem Rost oder die Fettpfanne in den vorgeheizten Backofen schieben. Die Röllchen etwa 20 Minuten garen.

Lasagne-Gemüse-Röllchen

Gratiniertes Spargelgemüse

(Römertopf® 3-Liter-Inhalt)

4 Portionen (ohne Foto)

Zubereitungszeit: 35 Minuten
Garzeit: etwa 70 Minuten

1 1/2 kg weißer Spargel
500 g Kartoffeln
100 g Petersilienwurzel
Salz
200 ml Gemüsefond (aus dem Glas)
50 g Greyerzer Käse (am Stück)
3 EL Olivenöl
etwa 40 g Pesto (aus dem Glas)
6 Scheiben Toastbrot (etwa 140 g)
gem. Pfeffer

Pro Portion:
E: 16 g, F: 22 g, Kh: 43 g,
kJ: 1900, kcal: 453

1. Den Spargel von oben nach unten schälen, dabei darauf achten, dass die Schalen vollständig entfernt, die Köpfe aber nicht verletzt werden. Die unteren Enden abschneiden (holzige Stellen vollkommen entfernen). Spargel abspülen, abtropfen lassen und in etwa 3 cm lange Stücke schneiden.

2. Kartoffeln schälen, abspülen, abtropfen lassen und in dünne Scheiben schneiden. Petersilienwurzel schälen, abspülen, abtropfen lassen, längs halbieren und in dünne Scheiben schneiden.

3. Die Spargelstücke mit den Petersilienwurzel- und Kartoffelscheiben in einem gewässerten Römertopf® vorsichtig vermischen, mit Salz würzen. Gemüsefond hinzugießen. Den Römertopf® mit dem Deckel verschließen und auf dem Rost in den kalten Backofen schieben.

Ober-/Unterhitze: etwa 200 °C
Heißluft: etwa 180 °C

4. Das Spargelgemüse etwa 70 Minuten garen.

5. In der Zwischenzeit Käse sehr fein reiben, in eine Schüssel geben, mit Olivenöl und Pesto verrühren. Toastbrotscheiben in kleine Würfel schneiden und unterheben.

6. Nach etwa 50 Minuten Garzeit den Deckel abnehmen und das Spargelgemüse vorsichtig umrühren, mit Salz und Pfeffer abschmecken. Die Pesto-Brotwürfel-Masse auf dem Gemüse verteilen.

7. Das Spargelgemüse ohne Deckel etwa 20 Minuten überbacken.

Polentagratin

Polentagratin

4 Portionen

Zubereitungszeit: 40 Minuten
Überbackzeit: etwa 15 Minuten

1 l Gemüsebrühe
1 gestr. TL Salz
250 g Polenta (Maisgrieß)
50 g Butter
60 g ger. Parmesan
1 Zwiebel
400 g Champignons
2 EL Olivenöl
Salz, gem. Pfeffer
3 EL klein geschnittene Basilikumblättchen
3 EL Schlagsahne
5 Tomaten
100 g Rucola (Rauke)
100 g Pecorino
1 EL Olivenöl
evtl. einige vorbereitete Basilikumblättchen

Pro Portion:
E: 25 g, F: 40 g, Kh: 50 g,
kJ: 2778, kcal: 664

1. Brühe in einem großen Topf zum Kochen bringen, Salz hinzufügen. Maisgrieß unter Rühren einrieseln lassen und nach Packungsanleitung garen.

2. Butter und Parmesan unter den noch heißen Maisbrei rühren. Die Hälfte des Maisbreis in einer großen, flachen Auflaufform (gefettet) verteilen. Restlichen Maisbrei auf ein Stück Alufolie (gefettet) streichen.

3. Den Backofen vorheizen.

Ober-/Unterhitze: etwa 200 °C
Heißluft: etwa 180 °C

4. Zwiebel abziehen und in kleine Würfel schneiden. Die Champignons putzen, evtl. kurz abspülen, trocken tupfen und in Scheiben schneiden.

5. Olivenöl in einer großen Pfanne erhitzen. Zwiebelwürfel darin andünsten. Champignonscheiben in 2–3 Portionen hinzugeben und mitdünsten lassen. Mit Salz und Pfeffer würzen, Basilikum und Sahne unterrühren.

6. Tomaten kreuzweise einschneiden und mit kochendem Wasser übergießen. Nach 1–2 Minuten herausnehmen und mit kaltem Wasser abschrecken. Tomaten häuten, halbieren und die Stängelansätze herausschneiden. Tomaten in kleine Würfel schneiden. Rucola putzen und die dicken Stiele entfernen. Rucola abspülen, abtropfen lassen und etwas kleiner schneiden.

7. Tomatenwürfel mit Rucola und den Champignonscheiben vermischen, leicht mit Salz und Pfeffer würzen und in die Auflaufform auf den Maisbrei geben.

8. Pecorino reiben und etwa ein Drittel davon auf die Gemüsemischung streuen. Den Maisbrei von der Alufolie nehmen, in Streifen schneiden und auf die Tomaten-Champignon-Mischung legen. Mit restlichem Käse bestreuen, mit Olivenöl beträufeln.

9. Die Form auf dem Rost in den vorgeheizten Backofen schieben. Das Gratin etwa 15 Minuten überbacken. Polentagratin in der Form servieren. Nach Belieben mit Basilikumblättchen garnieren.

Ofengemüse mit Walnusspesto

Pastinakengratin

Ofengemüse mit Walnusspesto

4 Portionen

Zubereitungszeit: 30 Minuten
Garzeit: etwa 60 Minuten

Für das Ofengemüse:
500 g kleine Kartoffeln (je etwa 50 g)
250 g dicke Bundmöhren
275 g dicke Pastinaken
Salz
10 Wacholderbeeren
1 TL Koriandersamen
5 EL Olivenöl
300 ml Gemüsebrühe
300 g Hokkaido-Kürbis
1 TL Zucker
Cayennepfeffer
4 Stängel Thymian

Für das Pesto:
25 g Walnusskerne
1/2 Bund glatte Petersilie
2 EL Walnussöl
1 TL mittelscharfer Senf
gem. schwarzer Pfeffer
25 g Bergkäse (am Stück)

Pro Portion:
E: 7 g, F: 24 g, Kh: 27 g,
kJ: 1503, kcal: 359

1. Den Backofen vorheizen.
Ober-/Unterhitze: etwa 200 °C
Heißluft: etwa 180 °C

2. Für das Ofengemüse Kartoffeln unter fließendem kalten Wasser gründlich abbürsten, trocken tupfen und mit der Schale halbieren. Möhren und Pastinaken putzen, schälen, abspülen, abtropfen lassen und der Länge nach halbieren. Die Kartoffel-, Möhren- und Pastinakenhälften auf ein Backblech legen. Mit Salz, Wacholderbeeren, Koriander, 2 Esslöffeln Olivenöl und 150 ml der Brühe mischen und gleichmäßig verteilen. Das Backblech in den vorgeheizten Backofen schieben. Die Kartoffeln mit dem Gemüse etwa 60 Minuten garen. Dabei nach und nach die restliche Brühe hinzugießen.

3. In der Zwischenzeit den Kürbis halbieren. Die Kerne mit einem Löffel herausschaben. Kürbishälften in etwa 3 cm breite Spalten schneiden. Kürbisspalten evtl. schälen, mit Salz, Zucker und Cayennepfeffer einreiben. Den Thymian abspülen und trocken tupfen. Kürbisspalten und Thymianstängel nach etwa 20 Minuten Garzeit zu den Kartoffeln und dem Gemüse auf das Backblech geben.

4. Für das Pesto Walnusskerne grob hacken. Petersilie abspülen und trocken tupfen. Die Blättchen von den Stängeln zupfen. Die Blättchen grob zerkleinern.

5. Walnusskerne und Petersilie mit dem Walnussöl, restlichem Olivenöl, Senf, Salz und Pfeffer im Blitzhacker zu einem Pesto pürieren. Bergkäse entrinden, fein reiben und unter das Pesto rühren.

6. Das Ofengemüse mit dem Pesto beträufeln und sofort servieren.

Pastinakengratin

4 Portionen

Zubereitungszeit: 30 Minuten
Garzeit: etwa 40 Minuten

1,2 kg Pastinaken
150 g Joghurt (3,5 % Fett)
100 g Magerquark
100 ml Milch (3,5 % Fett)
2 Eier (Größe M)
ger. Muskatnuss
Salz, gem. Pfeffer
120 g ger. Höhlenkäse
1 Bund Frühlingszwiebeln
60 g gehackte Haselnusskerne

Pro Portion:
E: 24 g, F: 25 g, Kh: 34 g,
kJ: 2030, kcal: 486

1. Den Backofen vorheizen.
Ober-/Unterhitze: etwa 180 °C
Heißluft: etwa 160 °C

2. Pastinaken putzen, schälen, abspülen, abtropfen lassen, in etwa 2 mm dicke Scheiben schneiden und dachziegelartig in eine runde Gratinform (Ø 30 cm, gefettet) schichten.

3. Joghurt mit Quark, Milch und Eiern verschlagen. Mit Muskat, Salz und Pfeffer würzen. Die Masse auf den Pastinakenscheiben verteilen und mit Käse bestreuen. Die Form auf dem Rost in den vorgeheizten Backofen schieben und das Gratin etwa 30 Minuten garen.

4. Frühlingszwiebeln putzen, abspülen, abtropfen lassen und in Schei-

ben schneiden. Die Form nach etwa 30 Minuten Garzeit aus dem Backofen nehmen und die Frühlingszwiebelscheiben und Haselnusskerne auf dem Gratin verteilen.
5. Die Form wieder auf dem Rost in den heißen Backofen schieben. Das Gratin bei gleicher Backofentemperatur in weiteren etwa 10 Minuten fertig garen.

Mit Käsesauce überbackenes Gemüse

2 Portionen (ohne Foto)

Zubereitungszeit: 30 Minuten
Garzeit: 15–20 Minuten

300 g Chinakohl
1 EL Speiseöl
1 TL Sojasauce
Currypulver
knapp 100 ml Milch (3,5 % Fett)
1 Ecke Schmelzkäse (25 g)
1 EL Vollkorn-Semmelbrösel
10 g Butter

Pro Portion:
E: 6 g, F: 20 g, Kh: 9 g,
kJ: 994, kcal: 237

1. Chinakohl putzen, halbieren und den Strunk herausschneiden. Chinakohl in Streifen schneiden.
2. Speiseöl in einem Topf erhitzen. Die Kohlstreifen darin unter Rühren andünsten. Sojasauce und 1 Prise Curry hinzufügen. Die Kohlstreifen unter Rühren etwa 5 Minuten weiterdünsten.
3. Den Backofen vorheizen.
Ober-/Unterhitze: etwa 200 °C
Heißluft: etwa 180 °C
4. Milch in einem kleinen Topf erhitzen, die Käseecke hinzugeben und darin unter Rühren schmelzen.
5. Die Kohlstreifen in eine flache Auflaufform (gefettet) geben. Die Käsesauce darauf verteilen. Mit Semmelbröseln bestreuen. Butter in Flöckchen daraufsetzen.
6. Die Form auf dem Rost in den vorgeheizten Backofen schieben. Das Gemüse 15–20 Minuten goldbraun überbacken.

Provenzalischer Gemüseauflauf

8 Portionen

Zubereitungszeit: 50 Minuten
Garzeit: 35–45 Minuten (je nach Höhe der Form)

2 mittelgroße Zucchini (etwa 500 g)
2 mittelgroße Auberginen
1 Gemüsezwiebel
4 EL Olivenöl
2 Fleischtomaten
260 g abgetropfte Kapernäpfel (aus dem Glas)
4 Eier (Größe M)
400 g Schlagsahne
Salz, gem. Pfeffer
gerebelter Thymian

Pro Portion:
E: 3 g, F: 22 g, Kh: 10 g,
kJ: 1093, kcal: 262

1. Zucchini und Auberginen abspülen, abtrocknen und die Enden bzw. Stängelansätze abschneiden. Zucchini und Auberginen in längliche, kleine Streifen schneiden. Zwiebel abziehen, halbieren und in Würfel schneiden.
2. Den Backofen vorheizen.
Ober-/Unterhitze: etwa 180 °C
Heißluft: etwa 160 °C
3. Das Olivenöl in einem Topf erhitzen. Zucchini-, Auberginenstreifen und Zwiebelwürfel darin portionsweise unter Rühren andünsten.
4. Tomaten abspülen, trocken tupfen, vierteln und die Stängelansätze herausschneiden. Tomaten entkernen und in größere Stücke schneiden.
5. Das angedünstete Gemüse mit Tomatenstücken und Kapernäpfeln mischen, in eine große, flache Auflaufform (gefettet) oder auf ein Backblech (gefettet) geben.
6. Eier mit Sahne verschlagen, mit Salz, Pfeffer und Thymian würzen. Die Eiersahne auf dem Gemüse verteilen. Die Form auf dem Rost oder das Backblech in den vorgeheizten Backofen schieben. Den Auflauf 35–45 Minuten (je nach Höhe der Form) garen.

Provenzalischer Gemüseauflauf

Kürbis-Kokosmilch-Auflauf mit Seitan

4 Portionen VEGAN

Zubereitungszeit: 50 Minuten
Garzeit: etwa 25 Minuten

750 g Kürbis, z. B. Hokkaido-Kürbis
1 Zwiebel
2 Knoblauchzehen
1 EL Rapsöl
Salz
gem. Pfeffer
1/4 TL Cayennepfeffer
400 ml Kokosmilch
250 g Tomaten
500 g Seitan
2 EL Rapsöl
2 EL Currypulver
1 Bund Frühlingszwiebeln
1 TL gem. Ingwer
1 1/2 EL vegane Semmelbrösel
2 EL vegane Margarine (zimmerwarm)
35 g gesalzene Erdnusskerne

Pro Portion:
E: 34 g, F: 43 g, Kh: 28 g,
kJ: 2647, kcal: 633

1. Den Kürbis abspülen und trocken tupfen. Kürbis vierteln, Kerne und faserigen Innenteil entfernen. Kürbis in etwa 1 cm dicke Spalten schneiden, evtl. schälen. Zwiebel und Knoblauch abziehen, fein würfeln. Das Rapsöl in einem breiten Topf erhitzen. Die Zwiebel- und Knoblauchwürfel darin andünsten. Die Kürbisspalten hinzugeben, kurz mitdünsten lassen, mit Salz, Pfeffer und Cayennepfeffer würzen. Die Kokosmilch unterrühren. Die Zutaten ohne Deckel etwa 5 Minuten garen, dabei gelegentlich umrühren.
2. Den Backofen vorheizen.
Ober-/Unterhitze: etwa 220 °C
Heißluft: etwa 200 °C
3. Tomaten abspülen, trocken tupfen, halbieren und die Stängelansätze herausschneiden. Tomaten würfeln. Kürbisspalten mit einem Schaumlöffel oder mit einer Zange aus dem Topf nehmen und mit den Tomatenwürfeln in eine große, flache Auflaufform (gefettet) geben. Den Kokosfond kräftig einkochen lassen, dabei gelegentlich umrühren.
4. In der Zwischenzeit Seitan mit Küchenpapier trocken tupfen, in etwa 1/2 cm breite Streifen schneiden. Rapsöl in einer Pfanne erhitzen. Die Seitanstreifen darin von allen Seiten anbraten, kräftig mit Curry würzen.
5. Die Frühlingszwiebeln putzen, abspülen, abtropfen lassen und in etwa 1 cm breite Scheiben schneiden. Die Frühlingszwiebelscheiben in die Pfanne geben und etwa 1/2 Minute mitbraten lassen, mit Salz und Pfeffer würzen. Die Seitan-Frühlingszwiebel-Mischung gleichmäßig auf der Gemüsemischung verteilen.
6. Ingwer mit Semmelbröseln, Margarine und etwas Cayennepfeffer vermischen, auf den Seitanstreifen verstreichen. Den eingekochten Kokosfond daraufträufeln. Die Erdnusskerne hacken und daraufstreuen.
7. Die Form auf dem Rost in den vorgeheizten Backofen schieben. Den Auflauf etwa 25 Minuten garen. Der Auflauf ist fertig, wenn die Kruste knusprig braun ist.

Kürbis-Kokosmilch-Auflauf mit Seitan

Gemüseauflauf unter der Haube

4 Portionen (ohne Foto)

Zubereitungszeit: 60 Minuten, ohne Auftauzeit
Garzeit: 25–30 Minuten

180 g TK-Blätterteig (3 quadratische Platten)
1 kleiner Blumenkohl
Salz
300 g Kartoffeln
200 g Möhren
125 g Champignons
3 Knoblauchzehen
3 Zwiebeln

40 g Butter
1 EL Garam Masala
(indische Gewürzmischung)
1 EL Currypulver
250 ml Blumenkohlwasser
150 g Crème fraîche
3 EL Zitronensaft
1 TL gem. Kreuzkümmel (Cumin)
100 g TK-Erbsen
2–3 EL Vollkorn-Semmelbrösel
1 Eigelb (Größe M)
1–2 EL Milch

Außerdem:
Vollkornmehl zum Ausrollen

Pro Portion:
E: 15 g, F: 34 g, Kh: 50 g,
kJ: 2368, kcal: 568

1. Die Blätterteigplatten nebeneinander nach Packungsanleitung auftauen lassen.
2. In der Zwischenzeit von dem Blumenkohl die Blätter entfernen und den Strunk abschneiden. Blumenkohl in Röschen teilen, abspülen, abtropfen lassen und in kochendem Salzwasser etwa 5 Minuten bissfest blanchieren. Blumenkohlröschen in einem Sieb abtropfen lassen, dabei das Kochwasser auffangen, 250 ml abmessen und beiseitestellen. Blumenkohlröschen mit kaltem Wasser abschrecken und gut abtropfen lassen.
3. Die Kartoffeln schälen, abspülen, abtropfen lassen und in kleine Würfel schneiden. Möhren putzen, schälen, abspülen, abtropfen lassen und in kleine Würfel schneiden. Die Champignons putzen, evtl. kurz abspülen, trocken tupfen und in Scheiben schneiden.
4. Knoblauch und Zwiebeln abziehen, fein würfeln. Butter in einem Topf zerlassen. Knoblauch- und Zwiebelwürfel darin andünsten. Garam Masala und Curry hinzugeben und mitdünsten lassen. Aufgefangenes Blumenkohlwasser, Crème fraîche, Zitronensaft und Kreuzkümmel hinzugeben und zum Kochen bringen. Kartoffel-, Möhrenwürfel und Champignonscheiben hinzugeben und wieder zum Kochen bringen. Die Zutaten zugedeckt etwa 10 Minuten garen.
5. Den Backofen vorheizen.
Ober-/Unterhitze: etwa 180 °C
Heißluft: etwa 160 °C
6. Die Blumenkohlröschen und gefrorenen Erbsen hinzugeben und unter Rühren kurz mitdünsten lassen. Die Gemüse-Kartoffel-Masse in eine Pieform (Ø 26 cm) geben und mit Semmelbröseln bestreuen. Die Blätterteigplatten übereinanderlegen und auf einer leicht bemehlten Arbeitsfläche zu einer runden Platte (Ø etwa 30 cm) ausrollen.
7. Eigelb mit Milch verschlagen, den Pieformrand damit bestreichen. Die Blätterteigplatte darauflegen und fest auf den Pieformrand drücken. Den überstehenden Teig abschneiden und daraus beliebige Verzierungen für den Deckel schneiden oder ausstechen.
8. In der Mitte des Deckels einen „Kamin" ausschneiden und den Deckel mit etwas von dem restlichen verschlagenen Eigelb bestreichen. Teigverzierungen darauflegen und ebenfalls mit dem verschlagenen Eigelb bestreichen. Die Form auf dem Rost in den vorgeheizten Backofen schieben und den Gemüseauflauf 25–30 Minuten backen.
9. Den Auflauf aus dem Backofen nehmen, wenn die Blätterteighaube goldbraun gebacken ist.

Kartoffeln Savoyer Art

Kartoffeln Savoyer Art
4 Portionen

Zubereitungszeit: 15 Minuten
Garzeit: etwa 45 Minuten

700 g Kartoffeln
2 Knoblauchzehen
250 ml Gemüsefond oder -brühe
2 Eier (Größe M)
Salz, grob gem. bunter Pfeffer
100 g ger. Parmesan
80 g Butter

Pro Portion:
E: 17 g, F: 26 g, Kh: 29 g,
kJ: 1822, kcal: 435

1. Den Backofen vorheizen.
Ober-/Unterhitze: etwa 180 °C
Heißluft: etwa 160 °C
2. Kartoffeln schälen, abspülen, abtropfen lassen und in Scheiben schneiden. Kartoffelscheiben in eine Gratinform (gefettet) schichten.
3. Knoblauch abziehen, fein hacken, in den Gemüsefond oder die Gemüsebrühe geben, mit Eiern verrühren, mit Salz und Pfeffer würzen. Die Sauce auf den Kartoffelscheiben verteilen und mit Parmesan bestreuen. Butter in Flöckchen daraufsetzen.
4. Die Form auf dem Rost in den vorgeheizten Backofen schieben. Die Kartoffeln etwa 45 Minuten garen.

Überbackener Kartoffelring

Überbackener Kartoffelring

4 Portionen

Zubereitungszeit: 50 Minuten
Überbackzeit: etwa 15 Minuten

1 kg Kartoffeln
Salz
75 g Butter
2 Eier (Größe M)
gem. Pfeffer
ger. Muskatnuss

Pro Portion:
E: 9 g, F: 19 g, Kh: 38 g,
kJ: 1552, kcal: 370

1. Die Kartoffeln schälen, abspülen, abtropfen lassen und in Würfel schneiden.
2. Kartoffelwürfel in kochendem Salzwasser etwa 15 Minuten garen. Kartoffelwürfel abgießen, abdämpfen und noch heiß durch eine Kartoffelpresse drücken oder zerstampfen. Butter und Eier unterrühren. Mit Salz, Pfeffer und Muskat würzen.
3. Den Backofen vorheizen.
Ober-/Unterhitze: etwa 200 °C
Heißluft: etwa 180 °C
4. Den Kartoffelbrei in einen Spritzbeutel mit großer Sterntülle (Ø etwa 10 mm) füllen und einen Kartoffelring in eine runde Auflaufform (gefettet) spritzen. Die Form auf dem Rost in den vorgeheizten Backofen schieben. Den Kartoffelring etwa 15 Minuten überbacken.

Tipp: Den Kartoffelring mit frischem Gemüse, z. B. Champignons, Schwarzwurzeln, Möhren, Erbsen oder Spargel, füllen.

Gemüse-Wan-Tan-Lasagne

4 Portionen (ohne Foto)

Zubereitungszeit: 50 Minuten, ohne Abkühl- und Ruhezeit
Garzeit: etwa 40 Minuten

1 EL Sesam- oder Erdnussöl
15 Wan-Tan-Blätter (je 8 x 8 cm)
Salz
250 g Zucchini
10 g mittelgroße Salbeiblätter
gem. Pfeffer
1 Ei (Größe M)

4 Tomaten
1 Chilischote
1 Ei (Größe M)

250 g Blattspinat
1 Knoblauchzehe
1 Ei (Größe M)
ger. Muskatnuss

150 g Shiitakepilze
1 Schalotte
1 1/2 EL Sesamöl
1 EL Sesamsamen
1 EL Sojasauce
1 Ei (Größe M)

Für die Sauce:
1 große Schalotte
1 1/2 EL Sesamöl
2 EL Sojasauce
4 EL Wasser
1 TL Zucker

Außerdem:
1 Kastenform (8 x 8 x 30 cm)

Pro Portion:
E: 19 g, F: 24 g, Kh: 23 g,
kJ: 1592, kcal: 380

1. Eine dicht schließende Kastenform mit Sesam- oder Erdnussöl bestreichen. Wan-Tan-Blätter kurz in kochendem Salzwasser blanchieren und in kaltem Wasser abschrecken. Kastenform mit 3 der Blätter auslegen.
2. Zucchini abspülen, abtrocknen und die Enden abschneiden. Zucchini der Länge nach halbieren, vierteln und in dünne Scheiben schneiden. Salbeiblätter abspülen, trocken tupfen, in feine Streifen schneiden und mit den Zucchinischeiben vermischen. Mit Salz und Pfeffer kräftig würzen. Das Ei verschlagen und ebenfalls unter die Zucchinischeiben mischen. Die Masse auf den Wan-Tan-Blättern in der Form verteilen. Auf diese erste Schicht nun wieder 3 Wan-Tan-Blätter legen.
3. Tomaten kreuzweise einschneiden und mit kochendem Wasser übergießen. Nach 1–2 Minuten herausnehmen und mit kaltem Wasser abschre-

cken. Tomaten häuten, halbieren und die Stängelansätze herausschneiden. Tomaten entkernen und in kleine Würfel schneiden. Chilischote abspülen, trocken tupfen, entstielen, halbieren, entkernen und in sehr kleine Würfel schneiden. Das Ei verschlagen, Tomaten- und Chiliwürfel untermischen, mit Salz würzen und als zweite Schicht in die Kastenform geben. Wieder 3 Wan-Tan-Blätter darauflegen.

4. Spinat verlesen und die dicken Stiele entfernen. Spinat gründlich waschen, abtropfen lassen und fein hacken. Knoblauch abziehen und sehr klein schneiden. Ei verschlagen, mit Salz, Pfeffer und Muskat würzen, Spinat und Knoblauch untermischen. Die Spinatmasse als nächste Schicht auf den Wan-Tan-Blättern in der Form verteilen. Mit 3 weiteren Blättern belegen.

5. Den Backofen vorheizen.
Ober-/Unterhitze: etwa 160 °C
Heißluft: etwa 140 °C

6. Shiitakepilze putzen, evtl. kurz abspülen, trocken tupfen und vierteln. Schalotte abziehen und fein würfeln. Sesamöl in einer Pfanne erhitzen. Die Schalottenwürfel darin andünsten, Pilze hinzugeben und darin anbraten. Sesam hinzugeben und mitrösten lassen, mit Sojasauce ablöschen. Die Masse erkalten lassen.

7. Ei verschlagen, Pilze untermischen und in die Form füllen. Die restlichen Wan-Tan-Blätter darauflegen. Die Form mit Alufolie zudecken.

8. Die Form in die zur Hälfte mit Wasser gefüllte Fettpfanne setzen. Die Gemüse-Wan-Tan-Lasagne etwa 40 Minuten garen.

9. Die Form aus dem Wasserbad nehmen. Die Lasagne etwa 5 Minuten ruhen lassen und dann auf eine Platte stürzen. Gemüselasagne in Scheiben schneiden.

10. Für die Sauce die Schalotte abziehen, in feine Würfel schneiden und mit den restlichen Zutaten verrühren. Die Lasagnescheiben damit beträufeln und servieren.

Überbackene Brokkolinudeln

4 Portionen

Zubereitungszeit: 35 Minuten
Überbackzeit: etwa 35 Minuten

2 1/2 l Wasser
2 1/2 gestr. TL Salz
250 g Fettuccine verdi mit Spinat (grüne Bandnudeln)
500 g Brokkoli
125 ml Gemüsebrühe
250 g Schlagsahne
3 Eier (Größe M)
100 g ger. mittelalter Gouda
Salz
ger. Muskatnuss

Pro Portion:
E: 20 g, F: 34 g, Kh: 47 g,
kJ: 2445, kcal: 584

1. Wasser in einem großen Topf zugedeckt zum Kochen bringen. Dann Salz und Nudeln hinzugeben. Die Nudeln im geöffneten Topf bei mittlerer Hitze nach Packungsanleitung kochen lassen, dabei gelegentlich umrühren.

2. Anschließend die Nudeln in ein Sieb geben, mit heißem Wasser abspülen und abtropfen lassen.

3. Den Backofen vorheizen.
Ober-/Unterhitze: etwa 180 °C
Heißluft: etwa 160 °C

4. Von dem Brokkoli die Blätter entfernen. Brokkoli abspülen, abtropfen lassen und in Röschen teilen. Brühe in einem Topf zum Kochen bringen. Brokkoliröschen hinzufügen und etwa 8 Minuten garen. Brokkoliröschen in einem Sieb abtropfen lassen und dabei die Brühe auffangen.

5. Brokkoliröschen mit den Nudeln mischen. Sahne mit Eiern, geriebenem Käse und der aufgefangenen Brühe verschlagen. Mit Salz und Muskat würzen. Zwei Drittel davon unter die Brokkoli-Nudel-Mischung geben und in einer Auflaufform (gefettet) verteilen. Die restliche Eier-Käse-Sahne-Mischung daraufgeben.

6. Die Form auf dem Rost in den vorgeheizten Backofen schieben. Die Brokkolinudeln etwa 35 Minuten überbacken.

Tipps: Die überbackenen Brokkolinudeln mit 50 g gerösteten Pinienkernen bestreuen (Foto).

Überbackene Brokkolinudeln

Kartoffelgnocchi, überbacken

4 Portionen

Zubereitungszeit: 50 Minuten
Überbackzeit: etwa 20 Minuten

1 kg Kartoffeln
3 Eier (Größe M)
100 g Weizenmehl
Salz, ger. Muskatnuss
50 g Crème double
50 g frisch ger. Parmesan

Pro Portion:
E: 20 g, F: 42 g, Kh: 65 g,
kJ: 3180, kcal: 760

1. Die Kartoffeln gründlich waschen, in einem Topf knapp mit Wasser bedeckt, zugedeckt zum Kochen bringen und 20–25 Minuten kochen lassen. Kartoffeln abgießen, abdämpfen und heiß pellen. Kartoffeln durch eine Kartoffelpresse drücken oder mit einem Kartoffelstampfer zerdrücken, in eine Schüssel geben und etwas abkühlen lassen.
2. Eier und Mehl zu der Kartoffelmasse geben und zu einem Teig verkneten. Mit Salz und Muskat würzen.
3. Den Backofen vorheizen.
Ober-/Unterhitze: etwa 200 °C
Heißluft: etwa 180 °C
4. Aus dem Teig fingerdicke Rollen formen und in etwa 3 cm lange Stücke schneiden oder mit 2 Teelöffeln Nocken abstechen. Gnocchi in kochendem Salzwasser 2–3 Minuten garen. Sie sind gar, wenn sie an der Oberfläche schwimmen. Die Gnocchi mit einer Schaumkelle herausnehmen und in eine Gratinform (gut gefettet) geben. Crème double darauf verteilen, mit Parmesan bestreuen.
5. Die Form auf dem Rost in den vorgeheizten Backofen schieben. Gnocchi etwa 20 Minuten goldbraun überbacken.

Gemüselasagne mit Sahnesauce

6 Portionen (ohne Foto)

Zubereitungszeit: 45 Minuten, ohne Ruhezeit
Garzeit: etwa 50 Minuten

2 Zwiebeln
400 g Porree (Lauch)
250 g Möhren
250 g Knollensellerie
3 EL Speiseöl
285 g abgetropfter Gemüsemais (aus der Dose)
Salz, gem. Pfeffer
Paprikapulver edelsüß
250 g Schlagsahne
150 g saure Sahne
200 ml Milch (3,5 % Fett)
3 Eier (Größe M)
25 g Vollkorn-Weizenmehl
1/2 Bund Petersilie
250 g Lasagneplatten (ohne Vorkochen)
100 g fein ger. Gouda

Pro Portion:
E: 19 g, F: 31 g, Kh: 47 g,
kJ: 2295, kcal: 549

1. Zwiebeln abziehen und in feine Würfel schneiden. Porree putzen, die Stangen längs halbieren, gründlich waschen, abtropfen lassen und in Streifen schneiden. Möhren und Sellerie putzen, schälen, abspülen, abtropfen lassen. Möhren und Sellerie in Würfel schneiden.
2. Speiseöl in einem Topf erhitzen. Zwiebelwürfel darin glasig dünsten. Porreestreifen, Möhren- und Selleriewürfel evtl. portionsweise hinzugeben und unter Rühren bei mittlerer Hitze etwa 5 Minuten mitdünsten lassen. Gemüsemais hinzugeben. Das Gemüse mit Salz, Pfeffer und Paprika würzen.
3. Den Backofen vorheizen.
Ober-/Unterhitze: etwa 200 °C
Heißluft: etwa 180 °C
4. Sahne, saure Sahne und Milch in eine Schüssel geben. Eier und Mehl hinzugeben. Die Zutaten mit einem Schneebesen verschlagen. Mit Salz und Pfeffer würzen.
5. Petersilie abspülen und trocken tupfen. Die Blättchen von den Stängeln zupfen, Blättchen klein schneiden und unter die Sauce geben.
6. Abwechselnd Lasagneplatten, Gemüse, Käse, Eier-Sahne-Sauce, Lasagneplatten usw. in eine große Auflaufform (gefettet) schichten. Die oberste Schicht sollte aus Käse bestehen.
7. Die Form auf dem Rost in den vorgeheizten Backofen schieben. Die Gemüselasagne etwa 50 Minuten garen.
8. Gemüselasagne noch etwa 15 Minuten im ausgeschalteten Backofen ruhen lassen und dann erst anschneiden.

Kartoffelgnocchi, überbacken

Ricottaklößchen mit Spinat

Käse-Gemüse mediterrane Art

Ricottaklößchen mit Spinat

6 Portionen

Zubereitungszeit: 35 Minuten
Gratinierzeit: 5–10 Minuten

1 kg frischer Spinat
Salz
300 g Ricotta (ital. Frischkäse)
1 Ei (Größe M)
50 g ger. Parmesan
ger. Muskatnuss
250 g Béchamelsauce (Tetrapak)
400 g Pizza-Tomaten (aus der Dose)

Pro Portion:
E: 13 g, F: 21 g, Kh: 4 g,
kJ: 1080, kcal: 259

1. Spinat verlesen und dicke Stiele entfernen. Spinat gründlich waschen, abtropfen lassen und in kochendem Salzwasser kurz blanchieren, bis er zusammengefallen ist. Spinat in einem Sieb gut abtropfen lassen, ausdrücken und in eine Schüssel geben.
2. Ricotta, Ei und 30 g des Parmesans hinzufügen. Die Zutaten zu einem Teig verarbeiten. Mit Salz und Muskat würzen.
3. Den Backofen vorheizen.
Ober-/Unterhitze: etwa 180 °C
Heißluft: etwa 160 °C
4. Aus der Masse mit angefeuchteten Händen etwa 24 tischtennisballgroße Klößchen formen und in eine große, flache Auflaufform (gefettet) geben. Béchamelsauce darauf verteilen, sodass die Klößchen bedeckt sind. Die Pizza-Tomaten in den Zwischenräumen verteilen. Den restlichen Parmesan daraufstreuen.
5. Form auf dem Rost in den vorgeheizten Backofen schieben. Ricottaklößchen 5–10 Minuten überbacken. Die Klößchen so lange gratinieren, bis sich eine leichte Kruste gebildet hat.

Käse-Gemüse mediterrane Art

4 Portionen

Zubereitungszeit: 30 Minuten
Garzeit: 30–35 Minuten

4 Romatomaten (etwa 300 g)
1 Aubergine (etwa 300 g)
1 Zucchini (etwa 300 g)
750 g Halloumi-Käse (Käse aus Zypern)
1 Topf Basilikum
250 g abgetropfte, italienische, weiße Bohnen (aus der Dose)
Salz
gem. Pfeffer
Knoblauchpulver
2 EL Olivenöl

Außerdem:
1 Stück Bratfolie oder Bratschlauch

Pro Portion:
E: 61 g, F: 67 g, Kh: 15 g,
kJ: 3638, kcal: 876

1. Den Backofen vorheizen.
Ober-/Unterhitze: etwa 180 °C
Heißluft: etwa 160 °C
2. Tomaten abspülen, trocken tupfen, halbieren und die Stängelansätze herausschneiden. Aubergine und Zucchini abspülen, abtrocknen und den Stängelansatz bzw. die Enden abschneiden. Tomaten, Aubergine und Zucchini in gleich große Würfel schneiden. Käse ebenfalls in gleich große Würfel schneiden.
3. Basilikum abspülen und trocken tupfen. Die Blättchen von den Stängeln zupfen. Bohnen und Basilikumblättchen zu den Käse- und Gemüsewürfeln geben und alles gut vermischen. Mit Salz, Pfeffer und Knoblauch würzen. Olivenöl hinzufügen.
4. Die Käse-Gemüse-Mischung auf ein großes Stück Bratfolie oder in den Bratschlauch geben, nach Packungsanleitung verschließen und auf ein Backblech legen. Das Backblech in den vorgeheizten Backofen schieben. Käse-Gemüse 30–35 Minuten garen.
5. Die Folie aufschneiden. Käse-Gemüse herausnehmen und in einer vorgewärmten Schale anrichten.

Maultaschenauflauf mit Gemüsesauce

Maultaschenauflauf mit Gemüsesauce

4 Portionen

Zubereitungszeit: 75 Minuten, ohne Auftau- und Ruhezeit
Garzeit: etwa 20 Minuten

Zum Vorbereiten für die Spinatfüllung:
600 g TK-Blattspinat

Für den Maultaschenteig:
300 g Weizenmehl
2 Eier (Größe M)
4 EL Wasser
1 gestr. TL Salz

Für die Spinatfüllung:
2 Zwiebeln
2 Knoblauchzehen
2 EL Speiseöl,
z. B. Sonnenblumen- oder Olivenöl
Salz
gem. Pfeffer
ger. Muskatnuss
1 Eigelb (Größe M)

1 Eiweiß (Größe M)
1 1/2 l Gemüsebrühe

Für die Champignon-Tomaten-Sauce:
4 Frühlingszwiebeln
200 g Champignons
30 g Butter
4 große Tomaten
gerebelter Thymian
1 EL Weizenmehl
150 g Crème fraîche
1 Bund Schnittlauch
200 g ger. Gouda
20 g Butter

Pro Portion:
E: 33 g, F: 50 g, Kh: 68 g,
kJ: 3597, kcal: 862

1. Zum Vorbereiten Blattspinat nach Packungsanleitung auftauen lassen.
2. Für den Teig das Mehl in eine Rührschüssel geben. Eier, Wasser und Salz hinzufügen. Die Zutaten mit einem Mixer (Knethaken) zu einem glatten Teig verarbeiten. Den Teig in Frischhaltefolie gewickelt etwa 1 Stunde ruhen lassen.
3. In der Zwischenzeit für die Spinatfüllung aufgetauten Blattspinat gut ausdrücken und grob hacken. Zwiebeln und Knoblauch abziehen, klein würfeln. Speiseöl in einem Topf erhitzen. Zwiebel- und Knoblauchwürfel darin andünsten. Den Spinat hinzugeben und zugedeckt bei schwacher Hitze etwa 3 Minuten dünsten. Mit Salz, Pfeffer und Muskat würzen. Spinatmasse etwas abkühlen lassen. Dann das Eigelb unterrühren.
4. Den Maultaschenteig auf der leicht bemehlten Arbeitsfläche dünn ausrollen und etwa 10 cm große Quadrate ausschneiden oder -rädeln. Etwas von der Spinatmasse auf jedes Teigquadrat geben. Die Teigränder mit verschlagenem Eiweiß bestreichen. Die Teigquadrate zu Dreiecken übereinanderklappen. Die Teigränder andrücken.
5. Die Gemüsebrühe in einem Topf zum Kochen bringen. Maultaschen darin in 2 Portionen zugedeckt bei schwacher bis mittlerer Hitze etwa 15 Minuten garen. Maultaschen mit einem Schaumlöffel herausnehmen.
6. Den Backofen vorheizen.
Ober-/Unterhitze: etwa 200 °C
Heißluft: etwa 180 °C
7. Für die Sauce die Frühlingszwiebeln putzen, abspülen, abtropfen lassen und in Scheiben schneiden. Champignons putzen, evtl. kurz abspülen, trocken tupfen und in Scheiben schneiden.
8. Butter in einem Topf zerlassen. Champignonscheiben darin unter Rühren kurz andünsten, Frühlingszwiebelscheiben unterrühren. Mit Salz und Pfeffer würzen.
9. Tomaten kreuzweise einschneiden und mit kochendem Wasser übergießen. Nach 1–2 Minuten herausnehmen und mit kaltem Wasser abschrecken. Tomaten häuten, halbieren und die Stängelansätze herausschneiden. Tomaten entkernen, in Stücke schneiden und zu den Champignonscheiben geben. Mit Salz, Pfeffer und Thymian würzen. Mehl unterrühren. Crème fraîche unterheben.
10. Schnittlauch abspülen, trocken tupfen und in Röllchen schneiden. Schnittlauchröllchen mit einem Drittel des Käses zur Tomaten-Champignon-Masse geben und unterrühren.
11. Die Hälfte der Maultaschen in eine flache Auflaufform (gefettet) geben. Etwas von der Tomaten-Champignon-Sauce darauf verteilen. Die restlichen Maultaschen und restliche Tomaten-Champignon-Sauce daraufgeben. Den Auflauf mit restlichem Käse bestreuen. Butter in Flöckchen daraufsetzen. Die Form auf dem Rost in den vorgeheizten Backofen schieben. Den Maultaschenauflauf etwa 20 Minuten garen.

Gemüse-Kartoffel-Wedges aus dem Ofen

4 Portionen (ohne Foto)

Zubereitungszeit: 40 Minuten
Garzeit: etwa 45 Minuten

500 g festkochende Kartoffeln
4 Möhren (etwa 350 g)
500 g Staudensellerie
1 Bund Frühlingszwiebeln
5 EL Olivenöl
300 ml Gemüsebrühe
1 Knoblauchzehe
25 g TK-Küchenkräuter
Salz
gem. Pfeffer
2 milde, rote Peperoni (etwa 60 g)

VEGAN

Pro Portion:
E: 5 g, F: 13 g, Kh: 29 g,
kJ: 1089, kcal: 261

1. Die Kartoffeln unter fließendem kalten Wasser gründlich abbürsten, abtropfen lassen und in Viertel schneiden.
2. Den Backofen vorheizen.
Ober-/Unterhitze: etwa 180 °C
Heißluft: etwa 160 °C
3. Möhren putzen, schälen, abspülen und abtropfen lassen. Möhren längs vierteln. Staudensellerie putzen, abspülen und abtropfen lassen. Dickere Selleriestangen längs halbieren oder vierteln. Frühlingszwiebeln putzen, abspülen und abtropfen lassen.
4. Möhren, Selleriestangen und Frühlingszwiebeln in etwa 5 cm lange Stücke schneiden.
5. Olivenöl in einer großen Pfanne erhitzen. Kartoffel-, Möhren- und Selleriestücke darin portionsweise andünsten, herausnehmen und in eine Fettpfanne geben. Brühe hinzugießen. Die Fettpfanne in den vorgeheizten Backofen schieben. Gemüse-Kartoffel-Wedges etwa 45 Minuten garen.
6. Knoblauch abziehen und durch eine Knoblauchpresse drücken. Nach 10–15 Minuten Garzeit Kräuter, Knoblauch und Frühlingszwiebelstücke unter die Kartoffel- und Gemüsestücke rühren, mit Salz und Pfeffer würzen. Die Kartoffel- und Gemüsestücke während der Garzeit mehrmals wenden.
7. Peperoni abspülen, abtrocknen, entstielen, längs halbieren, entkernen und in feine Streifen schneiden.
8. Gemüse-Kartoffel-Wedges auf 4 große Teller geben. Die Peperonistreifen darauf verteilen.

Überbackene Basilikumtomaten

4 Portionen

Zubereitungszeit: 30 Minuten
Überbackzeit: etwa 20 Minuten

8 Fleischtomaten (je etwa 180 g)
Salz, gem. Pfeffer
6 Scheiben Vollkorn-Toastbrot
2 Töpfe Basilikum
4 EL Olivenöl
1 Knoblauchzehe
200 g Schafskäse

Pro Portion:
E: 17 g, F: 25 g, Kh: 43 g,
kJ: 2044, kcal: 489

1. Tomaten abspülen und abtrocknen. Von den Tomaten jeweils einen Deckel abschneiden. Tomaten mit einem Teelöffel aushöhlen und das Fruchtfleisch beiseitelegen. Ausgehöhlte Tomaten von innen mit Salz und Pfeffer bestreuen und ebenfalls beiseitelegen.
2. Toastbrotscheiben toasten. Basilikum abspülen und trocken tupfen. Die Blättchen von den Stängeln zupfen. Blättchen in Streifen schneiden.
3. Den Backofen vorheizen.
Ober-/Unterhitze: etwa 180 °C
Heißluft: etwa 160 °C
4. Olivenöl in eine Schüssel geben, mit der Hälfte des ausgehöhlten Tomatenfleisches pürieren. Knoblauch abziehen, klein schneiden und hinzugeben. Getoastete Brotscheiben in kleine Würfel schneiden, mit dem Tomatenpüree und den Basilikumstreifen mischen, mit Salz und Pfeffer würzen.
5. Schafskäse in Würfel schneiden, mit der Tomaten-Brot-Masse in die ausgehöhlten Tomaten füllen und in eine Auflaufform (gefettet) setzen. Restliches Tomatenfleisch mit in die Form geben. Die Form auf dem Rost in den vorgeheizten Backofen schieben. Die Basilikumtomaten etwa 20 Minuten überbacken.

Überbackene Basilikumtomaten

Kartoffel-Gemüse-Auflauf

4 Portionen

Zubereitungszeit: 40 Minuten
Garzeit: 30–35 Minuten

1 kg mehligkochende Kartoffeln
Salz
200 g Schlagsahne
250 g Porree (Lauch)
250 g Auberginen
250 g Zucchini
30 g Butter oder 4 EL Speiseöl
gem. Pfeffer
1/2 Bund glatte Petersilie
200 g frisch ger. mittelalter Gouda
2 EL Sonnenblumenkerne

Pro Portion:
E: 22 g, F: 39 g, Kh: 45 g,
kJ: 2694, kcal: 643

1. Kartoffeln schälen, abspülen, abtropfen lassen, in einem Topf knapp mit Wasser bedeckt, zugedeckt zum Kochen bringen, Salz hinzufügen. Die Kartoffeln 20–25 Minuten garen.
2. Kartoffeln abgießen, abdämpfen und sofort durch eine Kartoffelpresse drücken. Die Kartoffelmasse mit Sahne verrühren und mit Salz würzen.
3. Den Backofen vorheizen.
Ober-/Unterhitze: etwa 200 °C
Heißluft: etwa 180 °C
4. Den Porree putzen, die Stange längs halbieren, gründlich waschen, abtropfen lassen und in Streifen schneiden. Auberginen und Zucchini abspülen, abtrocknen und die Stängelansätze bzw. Enden abschneiden. Auberginen und Zucchini in Scheiben schneiden.
5. Butter oder Speiseöl in einer Pfanne erhitzen. Porreestreifen, Auberginen- und Zucchinischeiben darin unter Wenden andünsten. Mit Salz und Pfeffer würzen. Das Gemüse in eine Auflaufform (gefettet) geben.
6. Petersilie abspülen und trocken tupfen. Die Blättchen von den Stängeln zupfen. Blättchen in Streifen schneiden und auf die Gemüsezutaten geben. Die Hälfte des Käses daraufstreuen und die Kartoffelmasse darauf verteilen. Mit restlichem Käse und Sonnenblumenkernen bestreuen. Die Form auf dem Rost in den vorgeheizten Backofen schieben. Den Kartoffel-Gemüse-Auflauf 30–35 Minuten garen.

Kartoffel-Gemüse-Auflauf

Pizzakartoffeln

8–10 Portionen (ohne Foto)

Zubereitungszeit: 40 Minuten, ohne Abkühlzeit
Backzeit: etwa 25 Minuten

10 große, festkochende Kartoffeln (je 130–150 g)
Kümmelsamen
Salz
gem. Pfeffer
400 g Tomaten
1 Zwiebel
1 Knoblauchzehe
30 g Butter
1 EL frische Kräuter (Rosmarin, Oregano, Thymian) oder
1 TL getrocknete Kräuter der Provence
1 EL klein geschnittene Petersilie
10 abgetropfte, schwarze, entsteinte Oliven
10 abgetropfte, grüne Oliven, mit Paprika gefüllt
250 g grob ger. mittelalter Gouda

Pro Portion:
E: 11 g, F: 13 g, Kh: 31 g,
kJ: 1239, kcal: 296

1. Kartoffeln gründlich unter fließendem kalten Wasser abbürsten, abtropfen lassen und in einen Topf geben. Kartoffeln knapp mit Wasser bedeckt, zugedeckt zum Kochen bringen. Kümmel und Salz hinzugeben. Die Kartoffeln etwa 20 Minuten garen. Die gegarten Kartoffen abgießen, abdämpfen und erkalten lassen.
2. Die Kartoffeln der Länge nach halbieren und mit einem Kugelausstecher oder einem Teelöffel gut 1/2 cm tief aushöhlen. Mit Salz und Pfeffer würzen.
3. Tomaten abspülen, trocken tupfen, halbieren und die Stängelansätze herausschneiden. Tomaten fein würfeln. Zwiebel und Knoblauch abziehen, ebenfalls in kleine Würfel schneiden. Butter in einem Topf zerlassen. Die Zwiebel- und Knoblauchwürfel darin andünsten. Tomaten-

würfel hinzugeben und 3–5 Minuten mitdünsten lassen, dabei die Flüssigkeit etwas einkochen.

4. Den Backofen vorheizen.
Ober-/Unterhitze: etwa 200 °C
Heißluft: etwa 180 °C

5. Die ausgehöhlte Kartoffelmasse mit einer Gabel zerdrücken, mit Kräutern mischen, mit Salz und Pfeffer würzen und unter die Tomatenmasse rühren. Schwarze Oliven halbieren, grüne Oliven in Scheiben schneiden.

6. Oliven mit der Hälfte des Käses unter die Tomaten-Kartoffel-Masse rühren und bergartig in die Kartoffelhälften füllen. Mit restlichem Käse bestreuen.

7. Die gefüllten Kartoffeln auf einem Backblech (mit Backpapier belegt) verteilen. Das Backblech in den vorgeheizten Backofen schieben. Pizzakartoffeln etwa 25 Minuten backen.

Tipps: Für einen **Dip** 150 g Crème fraîche und 150 g Joghurt (3,5 % Fett) verrühren, 2–3 Esslöffel gemischte, klein geschnittene Kräuter unterrühren, mit Salz und Pfeffer würzen. Den Dip zu den heißen Pizzakartoffeln servieren. Dazu schmeckt ein knackiger, gemischter Blattsalat.

Grünkernauflauf mit Wirsingstreifen

Grünkernauflauf mit Wirsingstreifen

4 Portionen

Zubereitungszeit: 35 Minuten, ohne Quellzeit
Garzeit: etwa 30 Minuten

150 g Grünkern
400 ml Gemüsebrühe
2 Zwiebeln
1 Kopf Wirsing (etwa 600 g)
200 g Möhren
100 g rosé Champignons
2 EL Butter oder Margarine
Salz
gem. Pfeffer
ger. Muskatnuss
150 ml Steinpilz-Hefebrühe (erhältlich im Reformhaus)
100 g Schlagsahne

Für den Guss:
3 Eier (Größe M)
300 g körniger Frischkäse (Hüttenkäse)
1 Knoblauchzehe

125 g ger. würziger Bergkäse

Pro Portion:
E: 33 g, F: 35 g, Kh: 36 g,
kJ: 2463, kcal: 589

1. Grünkern abspülen und abtropfen lassen. Grünkern in einen Topf geben. Gemüsebrühe hinzugießen und zugedeckt zum Kochen bringen. Grünkern zugedeckt etwa 10 Minuten bei schwacher Hitze kochen lassen (bitte Packungsanleitung beachten). Dann den Grünkern zugedeckt auf der ausgeschalteten Kochstelle etwa 45 Minuten ausquellen lassen.

2. Zwiebeln abziehen und in kleine Würfel schneiden. Von dem Wirsing die groben, äußeren Blätter ablösen. Den Wirsing halbieren und den Strunk herausschneiden. Wirsinghälften in feine Streifen schneiden, abspülen und trocken tupfen. Möhren putzen, schälen, abspülen, abtropfen lassen und in feine Scheiben schneiden.

3. Champignons putzen, evtl. kurz abspülen, trocken tupfen und in Scheiben schneiden.

4. Den Backofen vorheizen.
Ober-/Unterhitze: etwa 200 °C
Heißluft: etwa 180 °C

5. Die Butter oder Margarine in einer großen Pfanne zerlassen. Zwiebelwürfel darin andünsten. Die Wirsingstreifen, Möhren- und Champignonscheiben hinzugeben, etwa 3 Minuten unter mehrmaligem Wenden anbraten. Mit Salz, Pfeffer und Muskat würzen. Hefebrühe und Sahne hinzugießen. Die Zutaten zugedeckt etwa 10 Minuten unter gelegentlichem Wenden dünsten.

6. Für den Guss die Eier mit Frischkäse verschlagen. Mit Salz und Pfeffer würzen. Den Knoblauch abziehen, durch eine Knoblauchpresse drücken und unterrühren. Das vorbereitete Gemüse mit dem Grünkern in einer großen Auflaufform (gefettet) mischen. Den Guss darauf verteilen und mit Käse bestreuen. Die Form auf dem Rost in den vorgeheizten Backofen schieben und den Auflauf etwa 30 Minuten garen.

Grün-weißer Kohlauflauf

Grün-weißer Kohlauflauf

2 Portionen

Zubereitungszeit: 40 Minuten
Garzeit: etwa 35 Minuten

1 kleiner Blumenkohl (etwa 500 g)
500 g Brokkoli
1 gestr. TL Salz
1 kleine Zucchini (etwa 200 g)

Für die Sauce:
25 g Butter
30 g getrocknete Tomaten
20 g Weizenmehl
250 ml Gemüsebrühe
125 g Schlagsahne
50 g ger. Parmesan
Salz
gem. Pfeffer
ger. Muskatnuss

30 g ger. Gouda
1 EL Sonnenblumenkerne

Pro Portion:
E: 29 g, F: 48 g, Kh: 26 g,
kJ: 2742, kcal: 654

1. Den Backofen vorheizen.
Ober-/Unterhitze: etwa 180 °C
Heißluft: etwa 160 °C
2. Von dem Blumenkohl und Brokkoli die Blätter entfernen und den Strunk abschneiden. Blumenkohl und Brokkoli in Röschen teilen, abspülen und abtropfen lassen.
3. Wasser in einem großen Topf zum Kochen bringen, Salz hinzugeben. Die Blumenkohlröschen hineingeben, zugedeckt etwa 8 Minuten kochen lassen, herausnehmen und in einem Sieb abtropfen lassen. Die Brokkoliröschen in dem Salzwasser zugedeckt etwa 5 Minuten kochen lassen, herausnehmen und ebenfalls in einem Sieb abtropfen lassen.
4. Zucchini abspülen, abtrocknen und die Enden abschneiden. Zucchini in Scheiben schneiden. Zucchinischeiben mit den Blumenkohl- und Brokkoliröschen in eine Auflaufform (gefettet) geben.
5. Für die Sauce die Butter in einem Topf zerlassen. Tomaten würfeln und in der Butter andünsten. Mehl hinzufügen und unter Rühren so lange erhitzen, bis es hellgelb ist. Nach und nach Brühe und Sahne hinzugießen, mit einem Schneebesen durchschlagen. Dabei darauf achten, dass keine Klümpchen entstehen.
6. Die Sauce zum Kochen bringen und etwa 5 Minuten bei schwacher Hitze ohne Deckel kochen lassen, dabei gelegentlich umrühren. 1 Esslöffel Parmesan (etwa 20 g) unterrühren. Die Sauce mit Salz, Pfeffer und Muskat würzen.
7. Das Gemüse mit der Sauce übergießen, mit restlichem Parmesan, Gouda und den Sonnenblumenkernen bestreuen.
8. Die Form auf dem Rost in den vorgeheizten Backofen schieben. Den Auflauf etwa 35 Minuten garen.

Makkaroni-Gemüse-Käse-Auflauf

4 Portionen (ohne Foto)

Zubereitungszeit: 50 Minuten
Garzeit: etwa 30 Minuten

3 l Wasser, 3 gestr. TL Salz
300 g Makkaroni
2 kleine Zucchini (etwa 400 g)
350 g Möhren
300 g Shiitakepilze
4 EL Butter oder Margarine
gem. Pfeffer, Salz
ger. Muskatnuss
300 g Gouda (am Stück)
2 EL Weizenmehl
250 ml Milch (3,5 % Fett)
250 ml Wasser
1 Knoblauchzehe
1 EL Zitronensaft
1 Bund Basilikum
2 EL Sonnenblumenkerne
2 EL Semmelbrösel

Pro Portion:
E: 35 g, F: 49 g, Kh: 83 g,
kJ: 3820, kcal: 913

1. Wasser in einem großen Topf zugedeckt zum Kochen bringen. Salz und Nudeln hinzugeben. Nudeln im geöffneten Topf bei mittlerer Hitze

nach Packungsanleitung bissfest kochen, dabei gelegentlich umrühren.
2. Anschließend die Nudeln in ein Sieb geben, mit heißem Wasser abspülen und abtropfen lassen.
3. Zucchini abspülen, abtrocknen und die Enden abschneiden. Möhren putzen, schälen, abspülen und abtropfen lassen. Zucchini und Möhren mit einem Sparschäler der Länge nach in dünne Scheiben schneiden.
4. Die Pilze putzen, evtl. kurz abspülen, trocken tupfen und halbieren. Die Hälfte der Butter oder Margarine in einer Pfanne zerlassen. Die Pilze darin unter Rühren anbraten. Zucchini- und Möhrenscheiben hinzufügen und etwa 3 Minuten mitdünsten lassen, mit Salz, Pfeffer und Muskat würzen. Die Nudeln mit dem Gemüse mischen und in eine Auflaufform (gefettet) geben. Käse grob raspeln.
5. Den Backofen vorheizen.
Ober-/Unterhitze: etwa 200 °C
Heißluft: etwa 180 °C
6. Restliche Butter oder Margarine in einem Topf zerlassen. Mehl hinzufügen und unter Rühren so lange erhitzen, bis es hellgelb ist. Milch und Wasser hinzugießen und mit einem Schneebesen durchschlagen. Dabei darauf achten, dass keine Klümpchen entstehen. Die Sauce mit Salz, Pfeffer und Muskat würzen, unter Rühren zum Kochen bringen und etwa 2 Minuten unter Rühren kochen lassen. Die Hälfte des geraspelten Käses in der Sauce schmelzen.
7. Knoblauch abziehen, durch eine Knoblauchpresse drücken und unter die Sauce rühren. Die Sauce mit Zitronensaft abschmecken und auf dem Auflauf verteilen.
8. Basilikum abspülen und trocken tupfen. Die Blättchen von den Stängeln zupfen. Blättchen klein schneiden. Den restlichen Käse mit den Sonnenblumenkernen, Semmelbröseln und Basilikum mischen, mit Pfeffer würzen und gleichmäßig auf den Auflauf streuen. Die Form auf dem Rost in den vorgeheizten Backofen schieben. Den Auflauf etwa 30 Minuten garen.

Griechischer Gemüseauflauf

8 Portionen

Zubereitungszeit: 45 Minuten
Garzeit: 25–30 Minuten

4 l Wasser
4 gestr. TL Salz
250 g reisförmige Nudeln, z. B. griechische Nudeln
120 g abgetropfte, getrocknete Tomaten, in Öl
400 g Tomaten
880 g abgetropfte, grüne Bohnen (aus der Dose)
500 g abgetropfte, weiße Riesenbohnenkerne (aus der Dose)
160 g abgetropfte, schwarze Oliven, mit Stein
2–4 Knoblauchzehen
2 Eier (Größe M)
300 g Crème fraîche
4 EL klein geschnittene Petersilie
Salz, gem. Pfeffer
300–400 g abgetropfter Fetakäse
2 TL gerebelter Rosmarin
1 Stängel frischer Rosmarin

Pro Portion:
E: 22 g, F: 33 g, Kh: 41 g,
kJ: 2318, kcal: 554

1. Wasser in einem großen Topf zugedeckt zum Kochen bringen. Dann Salz und Nudeln hinzugeben. Die Nudeln im geöffneten Topf bei mittlerer Hitze nach Packungsanleitung etwa 7 Minuten vorgaren, dabei gelegentlich umrühren. Dann die Nudeln in ein Sieb geben, mit kaltem Wasser abspülen und abtropfen lassen.
2. In der Zwischenzeit den Backofen vorheizen.
Ober-/Unterhitze: etwa 220 °C
Heißluft: etwa 200 °C
3. Getrocknete Tomaten in feine Streifen schneiden. Frische Tomaten abspülen, trocken tupfen, halbieren und die Stängelansätze herausschneiden. Tomaten in Scheiben schneiden. Grüne Bohnen, weiße Bohnen, getrocknete Tomatenstreifen, Tomatenscheiben, Nudeln und Oliven in einer großen, flachen Auflaufform (gefettet) verteilen und vorsichtig vermischen.
4. Knoblauch abziehen und durch eine Knoblauchpresse drücken. Eier mit Crème fraîche, Knoblauch und Petersilie verrühren, mit Salz und Pfeffer würzen. Die Eier-Crème-fraîche-Masse gleichmäßig auf die Gemüsemischung geben. Fetakäse fein zerbröseln, mit Rosmarin vermischen und auf dem Auflauf verteilen.
5. Die Form auf dem Rost in den vorgeheizten Backofen schieben. Den Auflauf 25–30 Minuten garen.
6. Rosmarin abspülen und trocken tupfen. Die Nadeln von dem Stängel zupfen. Den Auflauf mit Rosmarinnadeln garniert servieren.

Griechischer Gemüseauflauf

Ofenkartoffeln mit Linsen- und Petersiliendip

4 Portionen

Zubereitungszeit: 40 Minuten
Backzeit: etwa 30 Minuten

8 vorwiegend festkochende Kartoffeln (je etwa 200 g)

Für den Linsendip:
3 Zwiebeln (etwa 150 g)
2 EL Olivenöl
80 g rote Linsen
125 ml Gemüsebrühe
1/2 TL gem. Fenchel

Für den Petersiliendip:
3 Zwiebeln (etwa 150 g)
500 g Petersilienwurzeln
2 EL Olivenöl
150 ml Gemüsebrühe

4 Stängel glatte Petersilie
1–2 EL Olivenöl
Salz
250 g Rote Bete (gegart, vakuumverpackt)
gem. Pfeffer
1 Msp. gem. Koriander
1–2 TL Zitronensaft
2 Stängel glatte Petersilie
2 EL Gemüsebrühe
1–2 EL Zitronensaft
Zucker

Außerdem:
Backpapier

Pro Portion:
E: 16 g, F: 17 g, Kh: 72 g, kJ: 2166, kcal: 517

1. Kartoffeln gründlich waschen, in einem Topf, knapp mit Wasser bedeckt, zugedeckt zum Kochen bringen und etwa 25 Minuten bei mittlerer Hitze vorgaren.
2. Für den Linsendip in der Zwischenzeit Zwiebeln abziehen und klein würfeln. Olivenöl in einem kleinen Topf erhitzen. Zwiebelwürfel darin andünsten.
3. Linsen, Brühe und Fenchel hinzugeben, zum Kochen bringen. Linsen zugedeckt etwa 15 Minuten bei schwacher Hitze dünsten, bis sie zerfallen. Abkühlen lassen.
4. Den Backofen vorheizen.
Ober-/Unterhitze: etwa 200 °C
Heißluft: etwa 180 °C
5. Für den Petersiliendip Zwiebeln abziehen und in kleine Würfel schneiden. Petersilienwurzeln schälen, abspülen, abtropfen lassen und in dünne Scheiben schneiden.
6. Olivenöl in einem Topf erhitzen. Zwiebelwürfel und Petersilienscheiben darin andünsten. Die Gemüsebrühe hinzugeben und zum Kochen bringen. Petersiliengemüse zugedeckt etwa 20 Minuten bei schwacher Hitze garen.
7. Die garen Kartoffeln abgießen, mit kaltem Wasser abspülen und abtropfen lassen. Kartoffeln pellen.
8. Petersilie abspülen und trocken tupfen. Die Blättchen von den Stängeln zupfen.
9. Acht Bögen Backpapier (je etwa 21 x 38 cm) ausschneiden. Olivenöl in eine Schüssel geben und mit Salz würzen. Kartoffeln darin schwenken.
10. Kartoffeln einzeln auf je 1 Bogen Backpapier legen, mit einigen Petersilienblättchen belegen und in Form eines Bonbons einwickeln, dabei die Papierenden zusammendrehen.
11. Eingewickelte Kartoffeln auf ein Backblech legen. Das Backblech in den vorgeheizten Backofen schieben. Kartoffeln etwa 30 Minuten backen.
12. In der Zwischenzeit rote Bete für den Linsendip in sehr kleine Würfel schneiden. Die Linsen mit einer Gabel fein zerdrücken, Rote-Bete-Würfel unterrühren. Mit Salz, Pfeffer, Koriander und Zitronensaft würzen.
13. Petersilie abspülen und trocken tupfen. Die Blättchen von den Stängeln zupfen und klein schneiden. Gegartes Petersiliengemüse pürieren, etwas abkühlen lassen, Brühe unterrühren. Petersiliendip mit Salz, Zitronensaft und Zucker abschmecken.
14. Die heißen Ofenkartoffeln mit den Dips servieren.

Ofenkartoffeln mit Linsen- und Petersiliendip

Gemüse-Käse-Auflauf

6 Portionen (ohne Foto)

Zubereitungszeit: 50 Minuten
Garzeit: etwa 30 Minuten

1 kg festkochende Kartoffeln
2 Zwiebeln
500 g Porree (Lauch)
300 g Tomaten
8 EL Speiseöl
Salz
gem. Pfeffer
1/2 TL gerebelter Thymian
250 g Champignons
250 g Schlagsahne
1 Ei (Größe M)
gerebelter Oregano
150 g ger. Gouda

Pro Portion:
E: 14 g, F: 37 g, Kh: 26 g,
kJ: 2062, kcal: 493

1. Kartoffeln schälen, abspülen, abtropfen lassen und in dünne Scheiben schneiden. Zwiebeln abziehen, zuerst in Scheiben schneiden, dann in Ringe teilen. Porree putzen, die Stangen längs halbieren, gründlich waschen, abtropfen lassen und in Streifen schneiden. Tomaten abspülen, trocken tupfen, halbieren und die Stängelansätze herausschneiden. Tomaten in Scheiben schneiden.
2. Die Hälfte des Speiseöls in einer Pfanne erhitzen. Kartoffelscheiben und Zwiebelringe darin etwa 20 Minuten unter mehrmaligem Wenden braten, mit Salz, Pfeffer und Thymian würzen und aus der Pfanne nehmen.
3. Champignons putzen, evtl. kurz abspülen und trocken tupfen. Restliches Speiseöl zum verbliebenen Bratfett in die Pfanne geben und erhitzen. Champignons mit den Porreestreifen evtl. in 2 Portionen hinzugeben und etwa 8 Minuten unter gelegentlichem Rühren dünsten. Tomatenscheiben unterheben. Das Gemüse mit Salz und Pfeffer würzen.
4. Den Backofen vorheizen.
Ober-/Unterhitze: etwa 200 °C
Heißluft: etwa 180 °C
5. Die gebratene Kartoffel-Zwiebel-Mischung im Wechsel mit dem angedünsteten Gemüse in eine Auflaufform (gefettet) schichten. Die obere Schicht sollte aus der Kartoffel-Zwiebel-Mischung bestehen.
6. Sahne mit Ei, Salz und Oregano verschlagen und auf dem Auflauf verteilen. Mit Käse bestreuen. Die Form ohne Deckel auf dem Rost in den vorgeheizten Backofen stellen. Den Auflauf etwa 30 Minuten garen.

Auflauf von Wurzelgemüsen

Auflauf von Wurzelgemüsen

6 Portionen

Zubereitungszeit: 30 Minuten
Garzeit: etwa 60 Minuten

400 g Steckrüben
400 g Knollensellerie
400 g Möhren
Salz
150 g Gorgonzola oder Roquefort oder Bavaria-blue
600 g Schlagsahne
6 Eier (Größe M)
15 g TK-Petersilie
gem. Pfeffer

Pro Portion:
E: 18 g, F: 45 g, Kh: 9 g,
kJ: 2245, kcal: 537

1. Steckrüben, Knollensellerie und Möhren putzen, schälen, abspülen, abtropfen lassen und klein würfeln.
2. Den Backofen vorheizen.
Ober-/Unterhitze: etwa 180 °C
Heißluft: etwa 160 °C
3. Die Gemüsewürfel in kochendem Salzwasser etwa 5 Minuten blanchieren. Anschließend in ein Sieb geben, mit kaltem Wasser abschrecken und gut abtropfen lassen.
4. Gorgonzola oder Roquefort oder Bavaria-blue durch ein Sieb streichen, mit Sahne, Eiern und Petersilie verrühren. Mit Salz und Pfeffer würzen.
5. Die Gemüsewürfel in eine flache Auflaufform(gefettet) geben. Die Käse-Eier-Sahne darauf verteilen. Die Form auf dem Rost in den vorgeheizten Backofen schieben. Den Auflauf etwa 60 Minuten garen.
6. Evtl. den Auflauf nach etwa 50 Minuten mit Backpapier zudecken.

Beilage: Gemischter Salat von Radieschen, Gurken und Tomaten in Essig-Öl-Dressing mit Schnittlauchröllchen.

Spargel mit Parmesan

Scharfe Gemüsefrittata

Spargel mit Parmesan

4 Portionen

Zubereitungszeit: 45 Minuten
Überbackzeit: etwa 5 Minuten

2 kg grüner Spargel
500 ml Wasser
1 gestr. TL Salz
40 g Butter
100 g frisch ger. Parmesan
130 g Butter

Pro Portion:
E: 17 g, F: 36 g, Kh: 9 g,
kJ: 1816, kcal: 435

1. Von dem grünen Spargel das untere Drittel schälen und die unteren Enden abschneiden. Spargelstangen abspülen und abtropfen lassen.
2. Wasser in einem hohen Topf zugedeckt zum Kochen bringen, Salz und Butter hinzugeben. Die Spargelstangen hinzufügen, wieder zum Kochen bringen und zugedeckt etwa 8 Minuten garen.
3. Den Backofen vorheizen.
Ober-/Unterhitze: etwa 220 °C
Heißluft: etwa 200 °C
4. Die Spargelstangen mit einer Schaumkelle herausnehmen, abtropfen lassen und auf eine feuerfeste Platte legen.
5. Die Spargelstangen mit Parmesan bestreuen. Butter zerlassen und darauf verteilen.
6. Die Platte auf dem Rost in den vorgeheizten Backofen schieben und den Spargel etwa 5 Minuten überbacken.

Scharfe Gemüsefrittata

4 Portionen

Zubereitungszeit: 20 Minuten
Garzeit: etwa 30 Minuten

je 1 rote und gelbe Paprikaschote
1 rote Zwiebel
1 Rispe Cocktailtomaten
(etwa 12 Tomaten)
1–2 rote Chilischoten
8 Eier (Größe M)
Salz, gem. Pfeffer
2 EL Olivenöl

Pro Portion:
E: 16 g, F: 18 g, Kh: 8 g,
kJ: 1079, kcal: 257

1. Die Paprikaschoten halbieren, entstielen, entkernen und die weißen Scheidewände entfernen. Schoten abspülen, trocken tupfen und in grobe Würfel schneiden. Zwiebel abziehen und klein würfeln.
2. Tomaten abspülen, trocken tupfen, halbieren und die Stängelansätze herausschneiden. Chilischoten abspülen, trocken tupfen, entstielen und in feine Ringe schneiden.
3. Den Backofen vorheizen.
Ober-/Unterhitze: etwa 160 °C
Heißluft: etwa 140 °C
4. Eier verschlagen und durch ein feines Sieb passieren. Mit Salz und Pfeffer würzen.
5. Olivenöl in einer großen, ofenfesten Pfanne erhitzen. Paprikawürfel darin unter Rühren leicht anbraten. Tomatenhälften hinzufügen und mit den verschlagenen Eiern übergießen. Die Pfanne auf dem Rost in den vorgeheizten Backofen schieben. Die Gemüsefrittata etwa 30 Minuten stocken lassen.
6. Die gegarte Frittata aus der Pfanne lösen, auf eine Platte stürzen und in Portionen teilen.

Süßkartoffel-Kohlrabi-Gratin

4 Portionen

Zubereitungszeit: 30 Minuten
Garzeit: etwa 60 Minuten

600 g Süßkartoffeln
2 Kohlrabi
1 Bund Frühlingszwiebeln
300 g Staudensellerie
150 g Joghurt (3,5 % Fett)
250 g Schlagsahne
Salz, gem. Pfeffer
60 g Rosinen

60 g grob gehackte Haselnusskerne
120 g frisch ger. Gouda
Paprikapulver edelsüß

Pro Portion:
E: 18 g, F: 47 g, Kh: 63 g,
kJ: 3180, kcal: 761

1. Den Backofen vorheizen.
Ober-/Unterhitze: etwa 200 °C
Heißluft: etwa 180 °C
2. Süßkartoffeln schälen, abspülen, abtropfen lassen. Kohlrabi schälen, abspülen und abtropfen lassen. Kartoffeln und Kohlrabi in etwa 1/2 cm dicke Scheiben schneiden.
3. Frühlingszwiebeln putzen, abspülen, abtropfen lassen und in Stücke schneiden. Den Staudensellerie putzen, abspülen, abtropfen lassen und ebenfalls in Stücke schneiden. Den Joghurt mit Sahne verrühren, mit Salz und Pfeffer würzen.
4. Staudenselleriestücke in einer Auflaufform (gefettet) verteilen. Abwechselnd dachziegelartig Süßkartoffeln- und Kohlrabischeiben darauflegen. Frühlingszwiebelstücke daraufgeben und die Joghurt-Sahne-Sauce darauf verteilen. Mit Rosinen, Haselnusskernen und Gouda bestreuen, mit Paprika würzen.
5. Die Form auf dem Rost in den vorgeheizten Backofen schieben. Das Gratin etwa 60 Minuten backen.
6. Das Gratin evtl. nach der Hälfte der Garzeit mit Backpapier zudecken.

Süßkartoffel-Kohlrabi-Gratin

Überbackenes Paprikagemüse

4 Portionen (ohne Foto)

Zubereitungszeit: 20 Minuten
Garzeit: etwa 20 Minuten

1 Zwiebel
2 Knoblauchzehen
Salz
je 2 rote und grüne Paprikaschoten
4 Tomaten
4 EL Olivenöl
1 TL gerebelter Thymian
gem. Pfeffer
250 g Kasar-Käse (erhältlich in türkischen Lebensmittelläden; ersatzweise Manchego-Käse)
1/2 Bund Petersilie

Pro Portion:
E: 20 g, F: 29 g, Kh: 10 g,
kJ: 1615, kcal: 386

1. Zwiebel und Knoblauch abziehen, Zwiebel klein würfeln und Knoblauch durch eine Knoblauchpresse drücken oder fein hacken. Den Knoblauch mit 1 gestrichenen Teelöffel Salz zerreiben. Paprikaschoten halbieren, entstielen, entkernen und die weißen Scheidewände entfernen. Schoten abspülen, abtropfen lassen, vierteln.
2. Tomaten kreuzweise einschneiden und mit kochendem Wasser übergießen. Nach 1–2 Minuten herausnehmen und mit kaltem Wasser abschrecken. Tomaten häuten, halbieren und die Stängelansätze herausschneiden. Tomaten entkernen und in Würfel schneiden.
3. Den Backofen vorheizen.
Ober-/Unterhitze: etwa 180 °C
Heißluft: etwa 160 °C
4. Das Olivenöl in einer hitzebeständigen Pfanne erhitzen. Den zerriebenen Knoblauch darin andünsten, Zwiebelwürfel hinzugeben und mitdünsten lassen. Paprikaviertel ebenfalls hinzugeben und kurz andünsten. Tomatenwürfel unter das Paprikagemüse rühren. Das Gemüse mit Thymian, evtl. Salz und Pfeffer kräftig würzen.
5. Die Pfanne auf dem Rost in den vorgeheizten Backofen schieben. Das Paprikagemüse etwa 20 Minuten garen.
6. In der Zwischenzeit Käse reiben und nach etwa 10 Minuten Garzeit auf dem gegarten Paprikagemüse verteilen.
7. Das Paprikagemüse wieder auf dem Rost in den heißen Backofen schieben und den Käse bei gleicher Backofentemperatur in weiteren etwa 10 Minuten goldgelb überbacken.
8. Petersilie abspülen und trocken tupfen. Die Blättchen von den Stängeln zupfen und klein schneiden.
9. Das überbackene Paprikagemüse anrichten und mit Petersilie bestreut servieren.

Grüner Spargel mit Ziegenkäse-Crêpes und Pinien-Honig-Butter

Grüner Spargel mit Ziegenkäse-Crêpes und Pinien-Honig-Butter

4 Portionen

Zubereitungszeit: 50 Minuten, ohne Ruhezeit
Überbackzeit: etwa 10 Minuten

Für den Teig:
100 g Weizenmehl
1 Ei (Größe M)
250 ml Milch (3,5 % Fett)
Salz
gem. schwarzer Pfeffer
12 Stängel Basilikum

4 TL Olivenöl

30 g getr. Soft-Tomaten (müssen ganz weich sein)
150 g Ziegenweichkäse, z. B. Picandou
40 g fein ger. Pecorino oder Parmesan
1 kg grüner Spargel
50 g Butter
50 g Pinienkerne
3 EL flüssiger Pinien- oder Akazienhonig
1 Bio-Zitrone (unbehandelt, ungewachst)

Pro Portion:
E: 25 g, F: 37 g, Kh: 41 g,
kJ: 2487, kcal: 595

1. Für den Teig das Mehl in eine Rührschüssel geben. Dann Ei und Milch verschlagen. Mit Salz und Pfeffer würzen. Die Eiermilch nach und nach unter Rühren zum Mehl in die Rührschüssel geben. Darauf achten, dass keine Klümpchen entstehen.
2. Basilikum abspülen und trocken tupfen. Die Blättchen von den Stängeln zupfen. Ein Drittel der Blättchen in feine Streifen schneiden und unter den Teig rühren. Den Teig etwa 15 Minuten ruhen lassen.
3. Den Backofen vorheizen.
Ober-/Unterhitze: etwa 200 °C
Heißluft: etwa 180 °C
4. Knapp 1 Teelöffel Olivenöl in einer beschichteten Pfanne (Ø 20 cm) erhitzen. Den Teig gut durchrühren und eine dünne Teiglage gleichmäßig auf dem Boden der Pfanne verteilen. Den Crêpe von beiden Seiten goldbraun backen. Bevor der Crêpe gewendet wird, wieder etwas Olivenöl in die Pfanne geben. Aus dem restlichen Teig weitere 3 Crêpes backen.
5. Wieder ein Drittel der Basilikumblättchen in feine Streifen schneiden. Die Tomaten ebenfalls in feine Streifen schneiden. Den Ziegenkäse zerbröseln.
6. Basilikum-, Tomatenstreifen und Ziegenkäsebrösel gleichmäßig auf den Crêpes verteilen, zu je einem Dreieck falten und auf ein Backblech (mit Backpapier belegt) legen. Die Crêpes-Dreiecke mit dem geriebenen Käse bestreuen. Das Backblech in den vorgeheizten Backofen (unteres Drittel) schieben. Die Crêpe-Dreiecke etwa 10 Minuten überbacken.
7. In der Zwischenzeit Spargel im unteren Drittel schälen und die unteren Enden abschneiden. Spargel abspülen, abtropfen lassen und in etwas kochendem Salzwasser 3–4 Minuten bissfest garen. Gleichzeitig die Butter in einer kleinen Pfanne zerlassen. Pinienkerne darin unter Rühren goldbraun rösten. Honig unterrühren. Mit Salz und Pfeffer würzen. Die Pfanne von der Kochstelle nehmen. Zitrone heiß abwaschen, abtrocknen und die Schale mit einem Zestenreißer abziehen. Zitronenschale zur Pinien-Honig-Butter geben.
8. Den gegarten Spargel in einem Sieb gut abtropfen lassen, mit den Crêpes auf vorgewärmten Tellern anrichten und mit Pinien-Honig-Butter beträufeln. Restliche Basilikumblättchen in Streifen schneiden und daraufstreuen.

Petersiliensoufflé

4 Portionen (ohne Foto)

Zubereitungszeit: 25 Minuten
Garzeit: etwa 30 Minuten

2 Bund glatte Petersilie
200 g Schlagsahne
200 ml Milch (3,5 % Fett)
80 g Kartoffelpüree-Pulver (Fertigprodukt)
100 g Doppelrahm-Frischkäse
Salz, gem. Pfeffer
Worcestersauce
4 Eigelb (Größe M)
4 Eiweiß (Größe M)
einige glatte Petersilienblättchen

Pro Portion:
E: 14 g, F: 31 g, Kh: 13 g,
kJ: 1679, kcal: 401

1. Petersilie abspülen und trocken tupfen. Die Blättchen von den Stängeln zupfen, sehr klein schneiden. Sahne und Milch in einem Topf erhitzen, Püreepulver unterschlagen.
2. Den Backofen vorheizen.
Ober-/Unterhitze: etwa 200 °C
Heißluft: etwa 180 °C

3. Frischkäse unterrühren, die Masse mit einem Mixer (Rührstäbe) etwa 2 Minuten durchschlagen. Mit Salz, Pfeffer und Worcestersauce würzen, Eigelb und die Petersilie unterziehen. Das Eiweiß steif schlagen und unterheben.
4. Die Soufflémasse in Auflaufförmchen (gefettet) füllen und auf dem Rost in den vorgeheizten Backofen schieben. Petersiliensoufflé etwa 30 Minuten garen.
5. Die Förmchen aus dem Backofen nehmen. Das Petersiliensoufflé mit abgespülten und trocken getupften Petersilienblättchen garniert servieren.

Tipp: Petersiliensoufflé als Vorspeise servieren.

Gratinierter Spargel

2 Portionen

Zubereitungszeit: 30 Minuten
Gratinierzeit: 10–15 Minuten

1 kg frischer, weißer Spargel
Salz
1 mittelgroße Tomate
50 g ger. Gratin-Käse
25 g Semmelbrösel
2 TL Pesto (aus dem Glas)
2 EL Olivenöl

Pro Portion:
E: 15 g, F: 26 g, Kh: 17 g,
kJ: 1549, kcal: 367

1. Den Spargel von oben nach unten schälen. Darauf achten, dass die Schalen vollständig entfernt, die Köpfe aber nicht verletzt werden. Die unteren Enden abschneiden (holzige Stellen vollständig entfernen). Spargelstangen abspülen und abtropfen lassen.
2. Wasser in einem hohen Topf zum Kochen bringen, Salz hinzugeben. Spargelstangen darin 10–13 Minuten bissfest kochen. Spargelstangen herausnehmen, abtropfen lassen und in eine Auflaufform (gefettet) legen.
3. Den Backofen vorheizen.
Ober-/Unterhitze: etwa 220 °C
Heißluft: etwa 200 °C
4. Tomate abspülen, abtrocknen, halbieren und den Stängelansatz herausschneiden. Die Tomate entkernen und in Würfel schneiden.
5. Gratin-Käse mit den Semmelbröseln vermischen. Die Spargelstangen mit Pesto bestreichen (nicht zu viel Pesto daraufgeben, sonst schmeckt alles nur nach Pesto). Tomatenwürfel darauf verteilen und mit der Käse-Semmelbrösel-Mischung bestreuen. Mit Olivenöl beträufeln. Die Form auf dem Rost in den vorgeheizten Backofen schieben und den Spargel 10–15 Minuten gratinieren.

Gratinierter Spargel

Kartoffelgratin mit Blattspinat

4 Portionen (ohne Foto)

Zubereitungszeit: 60 Minuten, ohne Abkühlzeit
Backzeit: etwa 25 Minuten

750 g gekochte Pellkartoffeln
75 g Butter
750 g Blattspinat
1–2 Zwiebeln
2 EL Olivenöl
Salz
gem. Pfeffer
ger. Muskatnuss
125 ml Gemüsebrühe
75 g ger. Käse, z. B. Gouda

Pro Portion:
E: 12 g, F: 29 g, Kh: 34 g,
kJ: 1910, kcal: 457

1. Die gegarten Pellkartoffeln heiß pellen, erkalten lassen und in etwa ½ cm dicke Scheiben schneiden. 25 g Butter in einer Pfanne zerlassen, die Kartoffelscheiben darin kurz durchschwenken.
2. Blattspinat verlesen und die dicken Stiele entfernen. Spinat gründlich waschen und in einem Sieb gut abtropfen lassen. Zwiebeln abziehen und in kleine Würfel schneiden.
3. Den Backofen vorheizen.
Ober-/Unterhitze: etwa 200°C
Heißluft: etwa 180°C
4. Olivenöl in einem Topf erhitzen. Die Zwiebelwürfel darin andünsten. 25 g von der restlichen Butter und den Spinat hinzufügen, Spinat zusammenfallen lassen. Mit Salz, Pfeffer und Muskat würzen.
5. Abwechselnd Kartoffelscheiben und Spinat in eine Gratinform (gefettet) schichten und mit der Brühe übergießen. Restliche Butter zerlassen. Die eingeschichteten Zutaten damit beträufeln und mit Käse bestreuen. Die Form auf dem Rost in den vorgeheizten Backofen schieben. Kartoffelgratin etwa 25 Minuten backen.

Gratinierte Pfannkuchentürme

4 Portionen

Zubereitungszeit: 60 Minuten, ohne Ruhezeit
Backzeit: etwa 20 Minuten

Für den Pfannkuchenteig:
220 g Dinkel-Vollkornmehl
4 Eier (Größe M)
1 TL flüssiger Blütenhonig
350 ml Milch (3,5 % Fett)
100 ml Mineralwasser mit Kohlensäure
1/2 gestr. TL Salz

Für die Füllung:
2 Schalotten (etwa 40 g)
500 g Fenchel
600 g Zucchini
2 EL Olivenöl
Salz
gem. Pfeffer

etwa 4 EL Olivenöl
200 g abgetropfter Mozzarella
8 Tomaten (etwa 350 g)
40 g ger. Parmesan

Pro Portion:
E: 34 g, F: 40 g, Kh: 50 g, kJ: 2936, kcal: 698

1. Für den Teig Mehl in eine Rührschüssel geben. Eier mit Honig, Milch, Mineralwasser und Salz verschlagen. Die Eiermilch nach und nach unter Rühren zum Mehl geben. Dabei darauf achten, dass keine Klümpchen entstehen. Den Teig zugedeckt etwa 30 Minuten ruhen lassen.
2. Für die Füllung die Schalotten abziehen und in Streifen schneiden. Von den Fenchelknollen die Stiele dicht oberhalb der Knollen abschneiden. Die Knollen abspülen, abtropfen lassen, halbieren und quer in Streifen schneiden. Das Fenchelgrün in eine kleine Schüssel mit Wasser geben und beiseitestellen. Zucchini abspülen, abtrocknen und die Enden abschneiden. Zucchini in schmale Scheiben schneiden.
3. Olivenöl in einem Topf erhitzen. Schalottenstreifen darin etwa 2 Minuten andünsten. Die Fenchelstreifen hinzugeben und zugedeckt etwa 5 Minuten bei mittlerer Hitze dünsten. Zucchinischeiben hinzugeben und weitere etwa 3 Minuten dünsten. Mit Salz und Pfeffer würzen, Gemüsemasse etwas abkühlen lassen.
4. Den Pfannkuchenteig durchrühren. Für jeden Pfannkuchen etwa 1/2 Teelöffel Olivenöl in einer beschichteten Pfanne (Ø etwa 16 cm) erhitzen. 3–4 Esslöffel des Teiges mit einer drehenden Bewegung auf dem Boden der Pfanne verteilen und goldbraun backen. Den Pfannkuchen wenden, wieder etwas Olivenöl hinzugeben und goldbraun fertig backen. Den Pfannkuchen herausnehmen und auf einen Kuchenrost legen. Auf diese Weise insgesamt 16 Pfannkuchen backen.
5. Den Backofen vorheizen.
Ober-/Unterhitze: etwa 200 °C
Heißluft: etwa 180 °C
6. Mozzarella in dünne Scheiben schneiden. Tomaten abspülen, trocken tupfen und die Stängelansätze herausschneiden. Die Tomaten in Scheiben schneiden.
7. Vier Pfannkuchen nebeneinander auf ein Backblech (mit Backpapier belegt) legen. Insgesamt ein Viertel der Gemüsemasse darauf verteilen und mit einem Viertel des Parmesans bestreuen. Nacheinander 2 weitere Lagen Pfannkuchen darauflegen, wie zuvor beschrieben mit der Gemüsemasse belegen und mit Parmesan bestreuen. Die letzten 4 Pfannkuchen darauflegen. Tomaten- und Mozzarellascheiben darauf verteilen.
8. Das Backblech in den vorgeheizten Backofen schieben. Die Pfannkuchentürme etwa 20 Minuten backen, bis der Mozzarella geschmolzen und goldbraun ist. Mit Pfeffer bestreuen. Beiseitegestelltes Fenchelgrün trocken tupfen. Die Pfannkuchentürme damit garniert servieren.

Gratinierte Kartoffelscheiben auf Tomatenragout

6 Portionen

Zubereitungszeit: 45 Minuten
Garzeit: etwa 40 Minuten

1,2 kg festkochende Kartoffeln
Salz

Für das Tomatenragout:
1 kg Fleischtomaten
1 Bund Frühlingszwiebeln
1 Bund Majoran
2 1/2 EL Olivenöl
gem. schwarzer Pfeffer

300 g ger. Emmentaler

Gratinierte Pfannkuchentürme

Gratinierte Kartoffelscheiben auf Tomatenragout

Gratinierte Fleischtomaten

Pro Portion:
E: 20 g, F: 20 g, Kh: 38 g,
kJ: 1814, kcal: 433

1. Kartoffeln schälen, abspülen und abtropfen lassen. Kartoffeln in nicht zu dünne Scheiben schneiden und in kochendem Salzwasser etwa 5 Minuten vorgaren. Kartoffelscheiben in einem Sieb gut abtropfen lassen.
2. Für das Tomatenragout Tomaten kreuzweise einschneiden und mit kochendem Wasser übergießen. Nach 1–2 Minuten herausnehmen und mit kaltem Wasser abschrecken. Tomaten häuten, halbieren und die Stängelansätze herausschneiden. Tomaten in Stücke schneiden.
3. Frühlingszwiebeln putzen, abspülen, abtropfen lassen und in dünne Scheiben schneiden. Majoran abspülen und trocken tupfen. Die Blättchen von den Stängeln zupfen.
4. Den Backofen vorheizen.
Ober-/Unterhitze: etwa 180 °C
Heißluft: etwa 160 °C
5. Olivenöl in einem Topf erhitzen. Frühlingszwiebelscheiben und Tomatenstücke darin evtl. in 2 Portionen andünsten. Mit Salz und Pfeffer würzen und die Majoranblättchen unterrühren.
6. Das Tomatenragout in einer Auflaufform (gefettet) verteilen. Kartoffelscheiben dachziegelartig darauflegen.
7. Die Form auf dem Rost in den vorgeheizten Backofen schieben. Die Kartoffelscheiben auf Tomatenragout etwa 40 Minuten garen.
8. Die Form aus dem Backofen nehmen. Kartoffelscheiben mit Käse bestreuen. Die Form wieder auf dem Rost in den heißen Backofen schieben. Die Kartoffelscheiben bei gleicher Backofentemperatur so lange gratinieren, bis der Käse zerlaufen ist.

Gratinierte Fleischtomaten

6 Stück

Zubereitungszeit: 45 Minuten, ohne Auftauzeit
Gratinierzeit: 5–10 Minuten

450 g TK-Blattspinat
8 Fleischtomaten (je etwa 150 g)
1 Zwiebel
2 Knoblauchzehen
250 g abgetropfter Mozzarella
75 g Kräuterbutter
Salz
gem. Pfeffer
1 Bund Petersilie
50 g Semmelbrösel
2 EL Olivenöl

Pro Stück:
E: 12 g, F: 21 g, Kh: 11 g,
kJ: 1183, kcal: 283

1. Spinat nach Packungsanleitung auftauen lassen.
2. Von den Tomaten 6 schöne Tomaten auswählen, abspülen, abtrocknen und jeweils einen Deckel abschneiden. Tomaten mit einem Löffel aushöhlen. Restliche Tomaten kreuzweise einschneiden und mit kochendem Wasser übergießen. Nach 1–2 Minuten herausnehmen und mit kaltem Wasser abschrecken. Tomaten häuten, halbieren und die Stängelansätze herausschneiden. Tomaten in Würfel schneiden.
3. Den Backofen vorheizen.
Ober-/Unterhitze: etwa 200 °C
Heißluft: etwa 180 °C
4. Zwiebel und Knoblauch abziehen, klein würfeln. Mozzarella ebenfalls in Würfel schneiden. Die Hälfte der Kräuterbutter in einer großen Pfanne zerlassen. Zwiebel- und Knoblauchwürfel darin glasig dünsten. Aufgetauten Spinat etwas abtropfen lassen, hinzufügen und kurz mit andünsten. Mit Salz und Pfeffer kräftig würzen. Tomaten- und Mozzarellawürfel vorsichtig unterheben.
5. Petersilie abspülen und trocken tupfen. Die Blättchen von den Stängeln zupfen. Blättchen klein schneiden. Ausgehöhlte Tomaten innen mit Pfeffer bestreuen und mit der Spinat-Mozzarella-Masse füllen. Semmelbrösel mit Petersilie mischen. Die gefüllten Tomaten damit bestreuen. Olivenöl daraufträufeln. Restliche Kräuterbutter in kleine Stücke schneiden und auf die Füllung legen.
6. Die Tomaten in eine große Gratinform (gefettet) setzen. Die Form auf dem Rost in den vorgeheizten Backofen schieben. Die Tomaten 5–10 Minuten gratinieren.

Gratinierte Möhren mit Quinoa und Schafskäse

Gratinierte Gemüsekartoffeln

Gratinierte Möhren mit Quinoa und Schafskäse

4 Portionen

Zubereitungszeit: 45 Minuten
Gratinierzeit: etwa 15 Minuten

170 g einfarbiges Quinoa
2 Schalotten (etwa 70 g)
200 g Staudensellerie
20 g getrocknete Tomaten
5 EL Olivenöl
500 ml Gemüsebrühe
1 1/2 kg kleine Möhren
Salz, gem. Pfeffer
200 g Schafskäse

Pro Portion:
E: 19 g, F: 25 g, Kh: 41 g,
kJ: 1943, kcal: 464

1. Quinoa gründlich waschen und in einem Sieb abtropfen lassen. Die Schalotten abziehen, zuerst in Scheiben schneiden, dann in Ringe teilen.
2. Staudensellerie putzen, abspülen, abtropfen lassen und in schmale Scheiben schneiden. Selleriegrün beiseitelegen. Tomaten in schmale Streifen schneiden.
3. Zwei Esslöffel des Olivenöls in einem Topf erhitzen. Schalottenringe, Quinoa und die Tomatenstreifen darin unter Rühren andünsten. 375 ml von der Brühe hinzugießen, zum Kochen bringen und zugedeckt etwa 12 Minuten bei mittlerer Hitze vorgaren. Selleriescheiben hinzugeben und weitere etwa 5 Minuten mitgaren lassen.
4. In der Zwischenzeit Möhren putzen, schälen, dabei etwas von dem Grün stehen lassen. Möhren abspülen und abtropfen lassen. Dicke Möhren der Länge nach halbieren oder vierteln.
5. Zwei weitere Esslöffel Olivenöl in einem großen, flachen Topf erhitzen. Die Möhren darin portionsweise andünsten. Die restliche Brühe hinzugießen und zum Kochen bringen. Möhren zugedeckt etwa 12 Minuten bei mittlerer Hitze dünsten.
6. Den Backofen vorheizen.
Ober-/Unterhitze: etwa 200 °C
Heißluft: etwa 180 °C
7. Quinoa-Gemüse mit Salz und Pfeffer würzen und in eine flache Auflaufform (etwa 2 1/2-Liter-Inhalt, gefettet) geben. Möhren darauf verteilen.
8. Den Schafskäse trocken tupfen, in kleine Stücke teilen und auf die Möhren legen. Mit restlichem Olivenöl beträufeln. Die Form auf dem Rost in den vorgeheizten Backofen schieben. Die Möhren mit Quinoa etwa 15 Minuten goldbraun überbacken.
9. Beiseitegelegtes Selleriegrün klein zupfen. Die gratinierten Möhren mit dem Selleriegrün garnieren.

Tipps: Quinoa stammt aus Südamerika. Es hat sehr kleine, runde Körner, sieht ähnlich aus wie Hirse und kann auch so verwendet werden. Es ist glutenfrei. Im Bio-Handel werden rote oder weiße Körner oder eine Mischung aus weißen, roten und schwarzen Körnern angeboten. Im Geschmack ist Quinoa etwas feiner als Hirse.

Gratinierte Gemüsekartoffeln

4 Portionen

Zubereitungszeit: 25 Minuten
Gratinierzeit: 3–5 Minuten

4 große Kartoffeln (je 200 g)
Salz
300 g geschälte Kartoffeln
4 EL feine Möhrenwürfel
4 EL feine Porreewürfel
4 EL feine Knollenselleriewürfel
3–4 EL Milch
ger. Muskatnuss
200 ml Gemüsebrühe
1 Ei (Größe M)
2 EL Schlagsahne

Pro Portion:
E: 8 g, F: 4 g, Kh: 45 g,
kJ: 1073, kcal: 255

1. Die vier großen Kartoffeln unter fließendem kalten Wasser gründlich abbürsten. Kartoffeln abtropfen lassen, längs halbieren, aushöhlen und in kochendem Salzwasser 10–15 Minuten vorgaren. Kartoffelhälften abgießen und abdämpfen.
2. Das ausgehöhlte Kartoffelfleisch mit den geschälten, klein geschnittenen Kartoffeln in kochendem Salzwasser etwa 20 Minuten garen.
3. Nach etwa 12 Minuten Garzeit die Gemüsewürfel in einem Sieb oder Dämpfeinsatz hinzugeben und mitgaren lassen.
4. Gemüse mit dem Sieb oder Dämpfeinsatz herausnehmen. Kartoffeln abgießen und durch eine Kartoffelpresse drücken, Milch unterrühren. Kartoffelpüree mit Salz und Muskat würzen und in einen Spritzbeutel mit Sterntülle (Ø 12 mm) füllen.
5. Brühe und zwei Drittel der Gemüsewürfel in eine große, flache Auflaufform (gefettet) geben. Kartoffelhälften darin verteilen. Restliche Gemüsewürfel in die Hälften füllen, darauf das Kartoffelpüree spritzen.
6. Das Ei mit der Sahne verschlagen, das Püree damit beträufeln. Die Form unter den vorgeheizten Backofengrill schieben und die Gemüsekartoffeln 3–5 Minuten gratinieren.

***Beilage:* Schneller Tomatensalat:** Dafür 500 g Tomaten abspülen, abtrocknen, halbieren und die Stängelansätze herausschneiden. Tomaten in Scheiben schneiden und in eine Schüssel geben. Für die Sauce 1 kleine Zwiebel abziehen und fein würfeln. 1 Esslöffel Essig mit Salz, Pfeffer und 1 Prise Zucker verrühren. 2 Esslöffel Olivenöl unterschlagen. Die Sauce mit den Tomatenscheiben mischen und den Salat kurz durchziehen lassen. 4 Esslöffel Schnittlauchröllchen unter den Salat geben.

Tipp: Falls kein Backofengrill vorhanden ist, können die Kartoffeln auch im vorgeheizten Backofen bei Ober-/Unterhitze: etwa 220 °C in 5–10 Minuten überbacken werden.

Getreide-Gemüse-Auflauf

4 Portionen

Zubereitungszeit: 40 Minuten
Garzeit: etwa 25 Minuten

800 g Blumenkohl
1 Bund Frühlingszwiebeln
150 g Knollensellerie
200 g Möhren
2 Zwiebeln
40 g Butter oder Margarine
200 g 5-Korn-Getreidemischung
1/2 TL gerebelter Thymian
1 TL Senfkörner
Salz
gem. Pfeffer
400 ml Gemüsebrühe
500 ml Wasser
2 EL klein geschnittene Petersilie oder Kerbel
200 g Schmand (Sauerrahm)
4 EL Milch
50 g ger. mittelalter Gouda
30 g ger. Parmesan

Pro Portion:
E: 18 g, F: 27 g, Kh: 49 g,
kJ: 2154, kcal: 512

1. Von dem Blumenkohl die Blätter entfernen und den Strunk abschneiden. Den Blumenkohl in Röschen teilen. Frühlingszwiebeln putzen, abspülen, abtropfen lassen und in etwa 3 cm lange Stücke schneiden.
2. Sellerie und Möhren putzen, schälen, abspülen, abtropfen lassen und in kleine Würfel schneiden. Zwiebeln abziehen und ebenfalls klein würfeln.
3. Butter oder Margarine in einem Topf zerlassen. Die Getreidemischung darin unter Rühren andünsten. Thymian, Senfkörner, Möhren-, Sellerie- und Zwiebelwürfel hinzufügen, mit Salz und Pfeffer würzen. Gemüsebrühe hinzugießen, zum Kochen bringen und zugedeckt etwa 20 Minuten bei schwacher Hitze garen.
4. Den Backofen vorheizen.
Ober-/Unterhitze: etwa 200 °C
Heißluft: etwa 180 °C
5. In der Zwischenzeit das Wasser in einem Topf zum Kochen bringen. 1/2 Teelöffel Salz und die Blumenkohlröschen hinzufügen, wieder zum Kochen bringen und zugedeckt etwa 5 Minuten blanchieren. Blumenkohlröschen mit einer Schaumkelle herausnehmen, mit kaltem Wasser abschrecken und in einem Sieb abtropfen lassen.
6. Petersilie oder Kerbel unter die Getreide-Gemüse-Mischung rühren und in eine flache Auflaufform (gefettet) füllen. Blumenkohl und Frühlingszwiebeln darauf verteilen.
7. Schmand mit Milch verrühren und über die Getreide-Gemüse-Mischung gießen. Mit beiden Käsesorten bestreuen. Die Form ohne Deckel auf dem Rost in den vorgeheizten Backofen schieben. Den Auflauf etwa 25 Minuten garen.

Getreide-Gemüse-Auflauf

Möhrensoufflé

4 Portionen (ohne Foto)

Zubereitungszeit: 20 Minuten
Garzeit: etwa 30 Minuten

500 g Möhren, 20 g Butter
1/2 gestr. TL Salz
1/2 TL gem. Zimt
ger. Muskatnuss
gem. Pfeffer
100 g ganze Mandeln
4 Eigelb (Größe M)
100 g Crème fraîche
4 Eiweiß (Größe M)

Pro Portion:
E: 13 g, F: 31 g, Kh: 9 g,
kJ: 1640, kcal: 392

1. Möhren putzen, schälen, abspülen, abtropfen lassen und in Scheiben schneiden. Butter in einem Topf zerlassen. Die Möhrenscheiben darin unter Rühren andünsten. Mit Salz, Zimt, Muskatnuss und Pfeffer würzen. Die Möhrenscheiben zugedeckt etwa 20 Minuten dünsten. Zuletzt den Deckel abnehmen und die Flüssigkeit verdampfen lassen.
2. Den Backofen vorheizen.
Ober-/Unterhitze: etwa 220 °C
Heißluft: etwa 200 °C
3. Die Mandeln in etwas Wasser aufkochen, mit kaltem Wasser abschrecken und enthäuten.
4. Möhrenscheiben mit den Mandeln in einen Rührbecher geben, mit einem Mixer fein pürieren und anschließend durch ein Sieb streichen. Eigelb in einer Rührschüssel cremig schlagen, Crème fraîche und Möhrenpüree unterrühren. Eiweiß steif schlagen und unterheben.
5. Die Soufflémasse in Auflaufförmchen (gefettet) füllen und auf dem Rost in den vorgeheizten Backofen schieben. Möhrensoufflé etwa 30 Minuten garen.
6. Die Förmchen aus dem Backofen nehmen und sofort servieren.

Tipp: Möhrensoufflé als Vorspeise servieren.

Gemüseauflauf mit Quarkhaube

4 Portionen

Zubereitungszeit: 35 Minuten
Garzeit: 10–15 Minuten

1 Gemüsezwiebel
2 Knoblauchzehen
600 g Zucchini
je 1 rote, grüne und gelbe Paprikaschote
2 Tomaten
5 EL Olivenöl
Salz
gem. Pfeffer
50 g TK-Kräuter der Provence
250 g Magerquark
3 Eier (Größe M)
2 EL klein geschnittene Petersilie

Pro Portion:
E: 19 g, F: 20 g, Kh: 17 g,
kJ: 1350, kcal: 323

1. Zwiebel und Knoblauch abziehen, beides klein würfeln. Zucchini abspülen, abtrocknen und die Enden abschneiden. Zucchini evtl. längs halbieren und in Scheiben schneiden.
2. Paprikaschoten halbieren, entstielen, entkernen und die weißen Scheidewände entfernen. Schoten abspülen, abtropfen lassen und in Stücke schneiden. Tomaten abspü-

Gemüseauflauf mit Quarkhaube

Mozzarella-Reis-Gratin

len, abtrocknen, halbieren und die Stängelansätze herausschneiden. Die Tomaten in Stücke schneiden.

3. Jeweils die Hälfte des Olivenöls in 2 großen Pfannen erhitzen. In einer Pfanne die Zwiebelwürfel und Paprikastücke etwa 10 Minuten unter Rühren bei mittlerer Hitze braten. In der zweiten Pfanne zuerst die Zucchinischeiben mit den Knoblauchwürfeln unter gelegentlichem Rühren braten. Zuletzt Tomatenstücke hinzugeben und kurz mitbraten lassen.

4. Den Backofen vorheizen.
Ober-/Unterhitze: etwa 180 °C
Heißluft: etwa 160 °C

5. Das vorbereitete Gemüse in einer großen Auflaufform (gefettet) mischen, mit Salz, Pfeffer und Kräutern der Provence würzen.

6. Für die Quarkhaube den Quark mit Eiern verschlagen, mit Salz und Pfeffer würzen. Die Quarkmasse auf dem Gemüse verteilen.

7. Die Form auf dem Rost in den vorgeheizten Backofen schieben. Den Auflauf 10–15 Minuten garen, bis die Quark-Eier-Masse gestockt ist.

8. Vor dem Servieren den Gemüseauflauf mit Petersilie bestreuen.

Mozzarella-Reis-Gratin

4 Portionen

Zubereitungszeit: 25 Minuten, ohne Quellzeit

250 g Naturreis (ungeschälter Reis)
750 ml kochendes Salzwasser
30 g Butter
Salz
gem. Pfeffer
Paprikapulver edelsüß
2–3 Zucchini (etwa 400 g)
1–2 Zwiebeln
1 Knoblauchzehe
6 EL kalt gepresstes Olivenöl
italienische Kräutermischung
4 Tomaten
125 g abgetropfter Mozzarella

Pro Portion:
E: 13 g, F: 34 g, Kh: 51 g,
kJ: 2473, kcal: 591

1. Reis in das kochende Salzwasser geben, wieder zum Kochen bringen und etwa 45 Minuten ausquellen lassen. Reis in ein Sieb geben, mit lauwarmem Wasser übergießen und abtropfen lassen.

2. Reis in eine Schüssel geben und die Butter unterrühren. Mit Salz, Pfeffer und Paprika würzen. Den Reis in eine Gratinform (gefettet) geben und glatt streichen.

3. Zucchini abspülen, abtrocknen und die Enden abschneiden. Zucchini in etwa 1/2 cm dicke Scheiben schneiden. Zwiebeln und Knoblauch abziehen, in kleine Würfel schneiden.

4. Olivenöl in einer Pfanne erhitzen. Zwiebel- und Knoblauchwürfel darin andünsten. Zucchinischeiben zugeben und mitdünsten lassen. Mit Salz, Pfeffer und Kräutermischung würzen.

5. Den Backofengrill vorheizen.

6. Tomaten abspülen, abtrocknen, halbieren und die Stängelansätze herausschneiden. Tomaten in Scheiben schneiden. Tomatenscheiben dachziegelartig auf den äußeren Reisrand legen. Mit Salz, Pfeffer und der Kräutermischung bestreuen.

7. Zucchinischeiben in die Mitte legen. Mozzarella in kleine Stücke schneiden, auf den Tomaten- und Zucchinischeiben verteilen.

8. Die Form auf dem Rost unter den vorgeheizten Grill schieben. Das Gratin überbacken, bis der Käse zerläuft.

Gebackener Camembert mit Preiselbeersauce

4 Portionen

Zubereitungszeit: 25 Minuten

Für die Preiselbeersauce:
1 kleine Zwiebel
4 EL Preiselbeerkonfitüre
4 EL Rotwein
2 TL scharfer Senf
Cayennepfeffer

500 ml Speiseöl
zum Ausbacken
2 Camemberts
1 Ei (Größe M)
4 EL Semmelbrösel

Pro Portion:
E: 15 g, F: 62 g, Kh: 22 g,
kJ: 3098, kcal: 740

1. Für die Sauce Zwiebel abziehen und klein würfeln. Konfitüre mit Rotwein, Senf und Zwiebelwürfeln verrühren. Mit Cayennepfeffer würzen.
2. Speiseöl in einer Fritteuse auf etwa 180 °C erhitzen.
3. Die Camemberts halbieren. Das Ei in einem tiefen Teller verschlagen, Semmelbrösel in einen tiefen Teller geben. Die Camemberthälften zuerst durch das verschlagene Ei ziehen, am Tellerrand abstreifen und dann in Semmelbröseln wenden. Die Panade gut andrücken.
4. Die Camemberthälften in dem siedenden Speiseöl von beiden Seiten goldbraun ausbacken, mit einer Schaumkelle herausnehmen und auf Küchenpapier abtropfen lassen.
5. Camembert mit der Preiselbeersauce auf Tellern anrichten und sofort servieren.

Tipp: Statt Preiselbeeren können auch Sauerkirschen verwendet werden.

Gemüse-Kartoffel-Fächer

VEGAN

4 Portionen

Zubereitungszeit: 35 Minuten
Garzeit: etwa 40 Minuten

1 Bund gemischte, italienische Kräuter, z. B. Thymian, Basilikum, Majoran, Rosmarin
3 Frühlingszwiebeln
600 g festkochende Kartoffeln
400 g Zucchini
6 mittelgroße Tomaten
400 g große, braune Champignons
Salz, gem. Pfeffer
Knoblauchpulver
5 EL Olivenöl

Pro Portion:
E: 10 g, F: 13 g, Kh: 27 g,
kJ: 1122, kcal: 267

1. Die Kräuter abspülen und trocken tupfen. Die Blättchen von den Stängeln zupfen, Blättchen grob zerschneiden. Die Frühlingszwiebeln putzen, abspülen, abtropfen lassen und in Stücke schneiden.
2. Kartoffeln schälen, abspülen und abtropfen lassen.
3. Zucchini abspülen, abtrocknen und die Enden abschneiden.
4. Die Tomaten abspülen, abtropfen lassen, halbieren und die Stängelansätze herausschneiden.
5. Die Champignons putzen, evtl. kurz abspülen und gut abtropfen lassen.
6. Das vorbereitete Gemüse und die Kartoffeln in etwa 1/2 cm dicke Scheiben schneiden.
7. Den Backofen vorheizen.
Ober-/Unterhitze: etwa 180 °C
Heißluft: etwa 160 °C
8. Den Boden einer großen Auflaufform (mit Olivenöl bestrichen) mit einem Teil der vorbereiteten Kräuter und den Frühlingszwiebelstücken bestreuen, darauf fächerförmig die Kartoffel- und Gemüsescheiben schichten.
9. Die restlichen vorbereiteten Kräuter und Frühlingszwiebelstücke darauf verteilen, mit Salz, Pfeffer und Knoblauch würzen und mit Olivenöl beträufeln.
10. Die Form auf dem Rost in den vorgeheizten Backofen schieben und Den Gemüse-Kartoffel-Fächer etwa 40 Minuten garen.

Gebackene Rote Bete mit Nuss-Schmand

4 Portionen

Zubereitungszeit: 50 Minuten, ohne Abkühlzeit
Garzeit: Rote Bete 60–90 Minuten

600 g Rote Bete
1 EL Kümmelsamen
3 Lorbeerblätter
Salz

Für den Nuss-Schmand:
80 g geröstete Nusskerne, z. B. Haselnuss-, Walnuss-, Erdnusskerne, Mandeln
200 g Schmand (Sauerrahm)
5 Stängel Thymian
1 Bio-Zitrone (unbehandelt, ungewachst)
2–3 EL Schlagsahne
gem. Pfeffer
ger. Muskatnuss

1 Mini-Roma-Salat
2 Eier (Größe M)
etwa 50 g Weizenmehl
etwa 60 g feine Semmelbrösel
4 EL Butterschmalz

Pro Portion:
E: 11 g, F: 38 g, Kh: 31 g,
kJ: 2144, kcal: 512

1. Von der Roten Bete Wurzeln und Blätter etwa 3 cm hoch über den Knollen abschneiden. Die Knollen mit der Bürste unter fließendem kalten Wasser gründlich säubern (am besten mit Einweghandschuhen).
2. Rote Bete mit Kümmel und Lorbeerblättern in kochendem Salzwasser je nach Größe in 60–90 Minuten weich kochen lassen.
3. Für den Nuss-Schmand Nusskerne fein mahlen, in eine Schüssel geben und mit dem Schmand verrühren.
4. Thymian abspülen und trocken tupfen. Von 2 Stängeln die Blättchen von den Stängeln zupfen. Blättchen klein schneiden. Restliche Stängel beiseitelegen.
5. Die Zitrone heiß abwaschen, abtrocknen und die Hälfte der Schale abreiben.
6. Klein geschnittenen Thymian, Zitronenschale und etwas Sahne zum Nuss-Schmand geben und unterrühren. Mit Salz, Pfeffer und etwas Muskat abschmecken. Den Nuss-Schmand in den Kühlschrank stellen.
7. Salat putzen und den Strunk abschneiden. Die einzelne Blätter ablösen, abspülen und trocken tupfen oder -schleudern. Die Salatblätter zugedeckt in den Kühlschrank legen.
8. Rote Bete mit einem Schaumlöffel aus dem Kochwasser nehmen, mit kaltem Wasser abschrecken, abkühlen lassen, schälen und in Scheiben schneiden.
9. Eier in einem Teller verschlagen. Rote-Bete-Scheiben zuerst in Mehl wenden, überflüssiges Mehl abklopfen. Dann die Scheiben durch die verschlagenen Eier ziehen, am Tellerrand abstreifen und zuletzt in Semmelbröseln wenden. Panade gut andrücken.
10. Jeweils etwas Butterschmalz in einer Pfanne erhitzen. Die Rote-Bete-Scheiben darin portionsweise von beiden Seiten braten, herausnehmen und auf Küchenpapier kurz abtropfen lassen.
11. Rote-Bete-Scheiben mit den Salatblättern und beiseitegelegten Thymianstängeln auf einer Platte anrichten.
12. Evtl. die restliche Sahne unter den Nuss-Schmand rühren. Nuss-Schmand mit den Rote-Bete-Scheiben servieren.

Beilage: Frischer Kopfsalat.

Tipps: Rote Bete am besten schon am Vortag kochen. Es gibt auch gegarte Rote Bete vakuumverpackt zu kaufen. Sie sind nicht gesäuert und nicht gewürzt. Wer diese Ware verwendet, spart sich Zeit.

Gebackene Rote Bete mit Nuss-Schmand

Cannelloni mit Ricotta und Spinat

4 Portionen

Zubereitungszeit: 35 Minuten
Garzeit: 35–40 Minuten

Für die Füllung:
120 g Zwiebeln
4 Knoblauchzehen
50 g gestiftelte Mandeln
4 EL Olivenöl
700 g TK-Blattspinat
500 g Ricotta (ital. Frischkäse)
Salz, gem. Pfeffer
ger. Muskatnuss

250 g Cannelloni (ohne Vorkochen)
50 g Butter oder Margarine
40 g Weizenmehl
500 ml Milch (3,5 % Fett)
375 ml Gemüsebrühe
2 Eigelb (Größe M)
100 g frisch ger. Parmesan

Pro Portion:
E: 42 g, F: 64 g, Kh: 61 g,
kJ: 4153, kcal: 992

1. Für die Füllung Zwiebeln und Knoblauch abziehen, in kleine Würfel schneiden. Mandeln in einer Pfanne ohne Fett unter Rühren hellbraun rösten, herausnehmen und auf einen Teller legen.

2. Die Hälfte des Olivenöls in einem großen Topf erhitzen. Zwiebel- und Knoblauchwürfel darin glasig dünsten. Den gefrorenen Blattspinat hinzufügen und nach Packungsanleitung auftauen lassen.

3. Den Backofen vorheizen.
Ober-/Unterhitze: etwa 180 °C
Heißluft: etwa 160 °C

4. Mandeln mit 250 g Ricotta gut vermengen und unter den Spinat rühren. Mit Salz, Pfeffer und Muskat kräftig würzen.

5. Spinatmasse in einen Spritzbeutel ohne Tülle geben. Die Spinatmasse in die Cannelloni-Hüllen spritzen und in eine Auflaufform (mit restlichem Olivenöl gefettet) geben.

6. Butter oder Margarine in einem Topf zerlassen. Mehl hinzufügen und unter Rühren so lange erhitzen, bis es hellgelb ist. Milch und Brühe hinzugießen, mit einem Schneebesen durchschlagen. Dabei darauf achten, dass keine Klümpchen entstehen. Die Sauce unter Rühren zum Kochen bringen. Den Topf von der Kochstelle nehmen, Eigelb unterrühren. Mit Salz, Pfeffer und Muskat würzen und den restlichen Ricotta unterrühren.

7. Die Sauce auf den Cannelloni verteilen und mit Käse bestreuen. Die Form auf dem Rost in den vorgeheizten Backofen schieben. Cannelloni 35–40 Minuten garen.

Cannelloni mit Ricotta und Spinat

Buntes Ofengemüse

4 Portionen (ohne Foto)

Zubereitungszeit: 40 Minuten
Garzeit: etwa 60 Minuten

400 g Paprikaschoten
(rot, grün, gelb)
300 g Auberginen
300 g Zucchini
600 g Fleischtomaten
100 g Zwiebeln
2 Knoblauchzehen
2 TL Gemüse-Hefebrühe-Extrakt
125 ml heißes Wasser
gem. Pfeffer
1 TL Kräuter der Provence
200 g grob ger. alter Gouda

Pro Portion:
E: 17 g, F: 20 g, Kh: 18 g,
kJ: 1425, kcal: 341

1. Paprikaschoten halbieren, entstielen, entkernen und die weißen Scheidewände entfernen. Die Schoten abspülen, abtropfen lassen und in Stücke schneiden. Auberginen und Zucchini abspülen, abtrocknen und die Stängelansätze bzw. Enden abschneiden. Auberginen und Zucchini in mundgerechte Stücke schneiden. Tomaten abspülen, trocken tupfen, halbieren und die Stängelansätze herausschneiden. Tomaten ebenfalls in mundgerechte Stücke schneiden.

2. Den Backofen vorheizen.
Ober-/Unterhitze: etwa 220 °C
Heißluft: etwa 200 °C

3. Zwiebeln und Knoblauch abziehen. Zwiebeln in kleine Würfel schneiden. Knoblauch durch eine Knoblauchpresse drücken. Zwiebelwürfel und Knoblauch in eine Auflaufform (gefettet) geben. Das vorbereitete Gemüse in der Form einschichten. Den Gemüse-Hefebrühe-Extrakt in heißem Wasser auflösen und über das Gemüse gießen, mit Pfeffer und Kräutern der Provence würzen. Die Form mit dem Deckel verschließen und auf dem Rost in den vorgeheizten Backofen schieben. Das Ofengemüse etwa 60 Minuten garen.

4. Etwa 10 Minuten vor Ende der Garzeit den Käse auf dem Gemüse verteilen und das Ofengemüse fertig garen.

Beilage: Frisches Bauernbrot.

Cannelloni mit Ricotta und Pilzen

10 Portionen

Zubereitungszeit: 60 Minuten, ohne Abkühlzeit
Backzeit: 40–45 Minuten

Für die Béchamelsauce:
3 kleine Zwiebeln
60 g Butter
4 EL Weizenmehl
1,2 l Milch (3,5 % Fett)
8 kleine Stängel Salbei
1 EL fein abgeriebene Schale von 1 Bio-Zitrone (unbehandelt, ungewachst)
Salz
gem. Pfeffer
ger. Muskatnuss

Für die Füllung:
100 g Pinienkerne
350 g rosa Champignons
6 EL Olivenöl
1/2 Bund glatte Petersilie
1 3/4 kg Ricotta (ital. Frischkäse)
200 g Parmesan (am Stück)
4 Eigelb (Größe M)

etwa 400 g Cannelloni (ohne Vorgaren)
10 Cocktailtomaten
12 abgetropfte Kalamata-Oliven
grob gem. Pfeffer

Pro Portion:
E: 38 g, F: 59 g, Kh: 42 g,
kJ: 3558, kcal: 849

Cannelloni mit Ricotta und Pilzen

1. Für die Sauce die Zwiebeln abziehen und in kleine Würfel schneiden. Die Butter in einem Topf zerlassen. Mehl hinzufügen und unter Rühren so lange erhitzen, bis es hellgelb ist. Milch hinzugießen und mit einem Schneebesen durchschlagen. Dabei darauf achten, dass keine Klümpchen entstehen.
2. Salbei abspülen und trocken tupfen. Von 2 Salbeistängeln die Blättchen von den Stängeln zupfen. Blättchen klein schneiden. Restliche Salbeistängel beiseitelegen.
3. Klein geschnittene Salbeiblättchen und Zitronenschale in die Sauce geben, unter Rühren zum Kochen bringen. Die Béchamelsauce mit Salz, Pfeffer und Muskat würzen.
4. Für die Füllung Pinienkerne in einer Pfanne ohne Fett unter Wenden goldbraun rösten, herausnehmen und auf einem Teller erkalten lassen. Die Pinienkerne in einem Blitzhacker sehr fein hacken oder mit einem Messer sehr klein schneiden.
5. Champignons putzen, evtl. kurz abspülen, trocken tupfen, in grobe Stücke schneiden. Olivenöl in einer Pfanne erhitzen. Champignonstücke darin unter mehrmaligem Wenden kräftig andünsten. Mit Salz würzen.
6. Petersilie abspülen und trocken tupfen. Die Blättchen von den Stängeln zupfen. Die Blättchen klein schneiden und unter die Champignonstücke rühren. Champignonmasse erkalten lassen.
7. Den Backofen vorheizen.
Ober-/Unterhitze: etwa 180 °C
Heißluft: etwa 160 °C
8. Ricotta in eine Rührschüssel geben. 150 g Parmesan fein reiben. Pinienkerne, Champignonmasse, Eigelb und den geriebenen Parmesan hinzufügen. Die Zutaten gut vermischen. Mit Salz, Pfeffer und Muskat würzen.
9. Die Béchamelsauce etwa 1 cm hoch in eine große Auflaufform (etwa 35 x 25 cm, gefettet) geben. Die Ricottamasse in einen Spritzbeutel füllen (oder in einen Gefrierbeutel füllen und eine Ecke abschneiden). Die Ricottamasse in die Cannelloni-Hülsen spritzen.
10. Eine Lage Cannelloni auf die Sauce in die Form legen und etwas von der Béchamelsauce gleichmäßig daraufgeben. Wieder eine Lage Cannelloni darauflegen. Die restliche Béchamelsauce darauf verteilen. Den restlichen Parmesan fein reiben und daraufstreuen.
11. Die Form auf dem Rost in den vorgeheizten Backofen (unteres Drittel) schieben. Die Cannelloni 40–45 Minuten goldbraun backen.
12. Tomaten abspülen, trocken tupfen, entstielen, halbieren und die Stängelansätze herausschneiden. Nach etwa 30 Minuten Backzeit die beiseitegelegten Salbeistängel, Tomatenhälften und Oliven auf die Cannelloni legen.
13. Die Cannelloni mit grob gemahlenem Pfeffer bestreuen. Cannelloni fertig backen.

Champignonauflauf

Eierkuchenauflauf

Champignonauflauf

4 Portionen

Zubereitungszeit: 30 Minuten
Garzeit: etwa 45 Minuten

300 g Staudensellerie
400 g Champignons
1 rote Paprikaschote
1 Bund Frühlingszwiebeln
Salz
gem. Pfeffer
gerebelter Thymian
5 Eier (Größe M)
200 g Schlagsahne
gem. Muskatblüte (Macis)
120 g frisch geraspelter Pecorino
60 g Sonnenblumenkerne
Paprikapulver edelsüß

Pro Portion:
E: 29 g, F: 46 g, Kh: 9 g,
kJ: 2464, kcal: 588

1. Staudensellerie putzen, abspülen, abtropfen lassen und in nicht zu dünne Scheiben schneiden. Champignons putzen, evtl. kurz abspülen, gut abtropfen lassen und vierteln.
2. Den Backofen vorheizen.
Ober-/Unterhitze: etwa 180 °C
Heißluft: etwa 160 °C
3. Paprikaschote halbieren, entstielen, entkernen und die weißen Scheidewände entfernen. Schote abspülen, abtropfen lassen und in Würfel schneiden. Frühlingszwiebeln putzen, abspülen, abtropfen lassen und in etwa 1 cm große Scheiben schneiden.
4. Selleriescheiben mit Champignonstücken, Paprikawürfeln und Frühlingszwiebelscheiben mischen. Mit Salz, Pfeffer und Thymian würzen und in eine große Auflaufform (gefettet) geben.
5. Eier mit Sahne verschlagen. Mit Salz und Macis würzen. Die Eiersahne auf dem Auflauf verteilen.
6. Den Auflauf mit Käse, Sonnenblumenkernen und Paprika bestreuen. Die Form auf dem Rost in den vorgeheizten Backofen schieben. Den Champignonauflauf etwa 45 Minuten garen.

Eierkuchenauflauf

4–6 Portionen

Zubereitungszeit: 45 Minuten, ohne Ruhe- und Abkühlzeit
Garzeit: etwa 20 Minuten

Für den Teig:
250 g Weizenmehl
4 Eier (Größe M)
1/2 gestr. TL Salz
375 ml Milch (3,5 % Fett)
125 ml Mineralwasser mit Kohlensäure
1 Bund Frühlingszwiebeln

6 EL Speiseöl

Für die Füllung:
500 g gemischte Pilze, z. B. Pfifferlinge, Champignons, Austernpilze
1 Bund Frühlingszwiebeln
3 EL Speiseöl
Salz
gem. Pfeffer
1 geh. TL Weizenmehl
150 g Crème fraîche

100 g geraspelter Gratin-Käse

Pro Portion:
E: 21 g, F: 42 g, Kh: 50 g,
kJ: 2771, kcal: 664

1. Für den Teig das Mehl in eine Rührschüssel geben. Eier mit Salz, Milch und Mineralwasser verschlagen. Nach und nach unter Rühren zum Mehl geben. Darauf achten, dass keine Klümpchen entstehen. Den Teig etwa 15 Minuten ruhen lassen.
2. Die Frühlingszwiebeln putzen, abspülen, abtropfen lassen, in schmale Scheiben schneiden und unter den Teig rühren.
3. Etwas von dem Speiseöl in einer beschichteten Pfanne erhitzen. Den Teig gut durchrühren und eine dünne Teiglage mit einer drehenden Bewegung auf dem Boden der Pfanne verteilen. Den Eierkuchen von beiden Seiten goldgelb backen. Bevor der Eierkuchen gewendet wird, wieder etwas Speiseöl in die Pfanne geben. Aus dem Teig insgesamt etwa 6 Eier-

pfannkuchen backen und übereinander auf einen flachen Teller legen.
4. Den Backofen vorheizen.
Ober-/Unterhitze: etwa 180 °C
Heißluft: etwa 160 °C
5. Für die Füllung Pilze putzen, evtl. kurz abspülen, trocken tupfen und in Stücke schneiden. Die Frühlingszwiebeln putzen, abspülen, abtropfen lassen und in schmale Scheiben schneiden (einige Frühlingszwiebelscheiben beiseitelegen).
6. Das Speiseöl in der Pfanne erhitzen. Die Pilzstücke darin anbraten, mit Salz und Pfeffer würzen, mit Mehl bestäuben. Crème fraîche unterrühren. Die Frühlingszwiebelscheiben zu den Pilzstücken in die Pfanne geben und alles einmal aufkochen lassen.
7. Die Eierkuchen auf einer Arbeitsfläche ausbreiten. Jeweils etwas von der Pilzmasse auf die Eierkuchen geben. Die Eierkuchen aufrollen, nebeneinander in eine flache Auflaufform (gefettet) legen und mit Käse bestreuen. Die Form auf dem Rost in den vorgeheizten Backofen schieben. Den Eierkuchenauflauf etwa 20 Minuten garen.

Tipp: Schneiden Sie statt der Frühlingszwiebeln 1 geputzte, abgespülte Porreestange in feine Streifen und rühren Sie diese unter den Teig.

Champignon-Zucchini-Auflauf

4 Portionen

Zubereitungszeit: 50 Minuten
Garzeit: 40–50 Minuten

600 g Zucchini
250 g rote Paprikaschoten
Salz
300 g Champignons
40 g Butter oder Margarine
1 Topf Basilikum

Für den Guss:
4 Eier (Größe M)
4 EL Milch
150 g Crème fraîche
2 Knoblauchzehen
gem. Pfeffer
ger. Muskatnuss
100 g ger. mittelalter Gouda

Pro Portion:
E: 19 g, F: 35 g, Kh: 10 g,
kJ: 1802, kcal: 433

1. Die Zucchini abspülen, abtrocknen und die Enden abschneiden. Zucchini in Scheiben schneiden. Paprikaschoten halbieren, entstielen, entkernen und die weißen Scheidewände entfernen. Schoten abspülen, abtropfen lassen und in dünne Streifen schneiden.
2. Paprikastreifen in kochendem Salzwasser 1–2 Minuten blanchieren, in ein Sieb geben, mit kaltem Wasser übergießen und abtropfen lassen.
3. Den Backofen vorheizen.
Ober-/Unterhitze: etwa 200 °C
Heißluft: etwa 180 °C
4. Champignons putzen, evtl. kurz abspülen, trocken tupfen und in dicke Scheiben schneiden.
5. Etwas Butter oder Margarine in einer Pfanne zerlassen. Die Champignon- und Zucchinischeiben darin portionsweise kurz andünsten.
6. Basilikum abspülen und trocken tupfen. Die Blättchen von den Stängeln zupfen. Die Blättchen in feine Streifen schneiden.
7. Abwechselnd die Champignon-, Zucchinischeiben, Paprika- und Basilikumstreifen in eine ovale Auflaufform (gefettet) schichten.
8. Für den Guss die Eier mit Milch und Crème fraîche verschlagen. Knoblauch abziehen, durch eine Knoblauchpresse drücken und unterrühren. Mit Salz, Pfeffer und Muskat würzen. Den Guss auf dem Auflauf verteilen. Mit Käse bestreuen. Die Form auf dem Rost in den vorgeheizten Backofen schieben. Den Auflauf 40–50 Minuten garen.

Champignon-Zucchini-Auflauf

Crespelle-Gratin mit Ricotta und Sauerampfer

4 Portionen

Zubereitungszeit: 65 Minuten, ohne Ruhe- und Abkühlzeit
Backzeit: etwa 20 Minuten

Für die Crespelle:
60 g Weizenmehl
3 Eier (Größe M)
120 ml Milch
(3,5 % Fett)
Salz

40 g Butter oder Margarine

Für die Füllung:
3 Bund Sauerampfer
250 g Ricotta (ital. Frischkäse)
250 g Magerquark
3 EL Milch
100 g gem. Haselnusskerne
gem. Pfeffer
2 säuerliche Äpfel
50 g ger. Emmentaler
30 g Butter

Pro Portion:
E: 30 g, F: 73 g, Kh: 24 g,
kJ: 3708, kcal: 886

1. Für die Crespelle das Mehl in eine Rührschüssel geben. Eier mit Milch und 1 Prise Salz verschlagen. Die Eiermilch nach und nach unter Rühren zum Mehl geben. Darauf achten, dass keine Klümpchen entstehen. Teig etwa 15 Minuten ruhen lassen.
2. Aus dem Teig 6 Crespelle backen. Dafür jeweils etwas Butter oder Margarine in einer beschichteten Pfanne (Ø etwa 22 cm) zerlassen. Je eine dünne Teiglage mit einer drehenden Bewegung auf dem Boden der Pfanne verteilen. Crespelle kurz bei schwacher Hitze von beiden Seiten hellgelb backen und herausnehmen. Bevor der Pfannkuchen gewendet wird, wieder etwas Butter oder Margarine in die Pfanne geben. Crespelle herausnehmen und erkalten lassen.
3. Für die Füllung Sauerampfer verlesen, abspülen und trocken tupfen. Ricotta mit Quark, Milch und Haselnusskernen verrühren, mit Pfeffer würzen.
4. Den Backofen vorheizen.
Ober-/Unterhitze: etwa 200 °C
Heißluft: etwa 180 °C
5. Äpfel schälen, halbieren, entkernen, fein raspeln und unter die Quarkmasse ziehen.
6. Eine Crespelle in eine Auflaufform (gefettet) legen, mit einem Sechstel der Quarkcreme bestreichen, mit einem Fünftel der Sauerampferblättchen belegen.
7. So fortfahren, bis die letzte Crespelle mit Quarkcreme bestrichen ist. Mit Käse bestreuen und Butter in Flöckchen daraufsetzen.
8. Die Form auf dem Rost in den vorgeheizten Backofen schieben. Das Crespelle-Gratin etwa 20 Minuten backen.

Crespelle-Gratin mit Ricotta und Sauerampfer

Erbsen-Minze-Soufflé

4 Portionen (ohne Foto)

Zubereitungszeit: 60 Minuten, ohne Abkühlzeit
Backzeit: etwa 30 Minuten

2 EL Butter
150 g TK-Erbsen
50 g Doppelrahm-Frischkäse
Zucker
Salz
Cayennepfeffer
2 EL klein geschnittene Petersilie
1 EL klein geschnittene Minze
25 g Butter
25 g Weizenmehl
125 ml Gemüsebrühe
3 Eigelb (Größe M)
4 Eiweiß (Größe M)

Außerdem:
4 Souffléförmchen

Pro Portion:
E: 10 g, F: 20 g, Kh: 11 g,
kJ: 1141, kcal: 272

Enchiladas, überbacken

1. Butter in einem Topf zerlassen. Die gefrorenen Erbsen darin andünsten, etwas Wasser hinzufügen und die Erbsen etwa 10 Minuten garen. Erbsen pürieren und abkühlen lassen.
2. Die Hälfte des Frischkäses unterrühren. Die Masse mit 1 Prise Zucker, Salz und Cayennepfeffer würzen. Petersilie und Minze unterrühren.
3. Den Backofen vorheizen.
Ober-/Unterhitze: etwa 180 °C
Heißluft: etwa 160 °C
4. Butter in einem kleinen Topf zerlassen. Mehl darin unter Rühren so lange erhitzen, bis es hellgelb ist. Brühe hinzugießen und mit einem Schneebesen durchschlagen. Dabei darauf achten, dass keine Klümpchen entstehen. Den Brei unter Rühren zum Kochen bringen und anschließend leicht abkühlen lassen.
5. Den warmen Brei mit Eigelb verrühren und abkühlen lassen, dann das Erbsenpüree unterrühren. Eiweiß steif schlagen und unterheben.
6. Restlichen Frischkäse in 4 Soufflé-förmchen (gefettet) verteilen und die Erbsenpüreemasse daraufgeben. Die Förmchen auf dem Rost in den vorgeheizten Backofen schieben. Die Soufflés etwa 30 Minuten backen.

Enchiladas, überbacken

4 Portionen

Zubereitungszeit: 60 Minuten, ohne Ruhezeit
Überbackzeit: etwa 25 Minuten

Für die Tortillas:
100 g Maisgrieß
200 g Weizenmehl
1 gestr. TL Salz
200 ml Wasser

Für die Füllung:
200 g Doppelrahm-Frischkäse
250 g Joghurt (3,5 % Fett)
1 Bund Frühlingszwiebeln
250 g Tomaten
1 Bund glatte Petersilie
285 g abgetropfter Gemüsemais (aus der Dose)
Salz, gem. Pfeffer
Chilipulver

120 g geraspelter Emmentaler

Pro Portion:
E: 31 g, F: 27 g, Kh: 110 g,
kJ: 3573, kcal: 854

1. Für die Tortillas Maisgrieß, Mehl, Salz und Wasser in einer Rührschüssel zu einem glatten Teig verkneten. Den Teig zugedeckt etwa 30 Minuten ruhen lassen.
2. Den Teig auf einer bemehlten Arbeitsfläche zu einer Rolle formen und in 12 gleich große Portionen teilen. Die Teigportionen je zu einer Kugel formen.
3. Die Teigkugeln jeweils zwischen einem aufgeschnittenen Gefrierbeutel zu einer runden Platte (Ø etwa 12 cm) ausrollen.
4. Eine große, schwere Pfanne erhitzen. Die Teigplatten darin nacheinander bei schwacher bis mittlerer Hitze von beiden Seiten backen, bis sich braune Punkte bilden. Die gebackenen Tortillas zugedeckt übereinanderstapeln, sie sollen weich bleiben.
5. Den Backofen vorheizen.
Ober-/Unterhitze: etwa 200 °C
Heißluft: etwa 180 °C
6. Für die Füllung Frischkäse mit Joghurt verrühren. Frühlingszwiebeln putzen, abspülen, abtropfen lassen und in Stücke schneiden. Tomaten abspülen, trocken tupfen, halbieren und die Stängelansätze herausschneiden. Tomaten in Würfel schneiden. Petersilie abspülen und trocken tupfen. Blättchen von den Stängeln zupfen, klein schneiden.
7. Frühlingszwiebelstücke, Mais, Tomatenwürfel und Petersilie unter die Frischkäsemasse heben. Mit Salz, Pfeffer und Chili würzen. Die Tortillas einzeln auf einer Arbeitsfläche ausbreiten. Jeweils 1 Esslöffel der Frischkäsemasse in die Mitte der Tortillas geben, zusammenklappen und in eine große, flache Auflaufform (gefettet) schichten.
8. Restliche Frischkäsemasse auf den Enchiladas verteilen und mit Käse bestreuen. Die Form auf dem Rost in den vorgeheizten Backofen schieben. Enchiladas etwa 25 Minuten überbacken.

Tipp: Verwenden Sie statt Emmentaler geriebenen Manchego-Käse.

Cannelloni mit Gemüsefüllung

Cannelloni mit Gemüsefüllung

(Römertopf® 3-Liter-Inhalt)

4 Portionen

Zubereitungszeit: 50 Minuten
Garzeit: etwa 70 Minuten

Für die Füllung:
500 g Zucchini
1 rote Paprikaschote (etwa 200 g)
1 Bund Basilikum
50 g geröstete, gesalzene Cashewkerne
500 g Magerquark
Salz, gem. Pfeffer

250 g Cannelloni (ohne Vorkochen)

Für den Guss:
200 g Schlagsahne
3 Eier (Größe M)
50 g frisch ger. Greyerzer Käse

Pro Portion:
E: 40 g, F: 32 g, Kh: 56 g,
kJ: 2990, kcal: 714

1. Für die Füllung Zucchini abspülen, abtrocknen und die Enden abschneiden. Zucchini in sehr kleine Würfel schneiden. Paprikaschote halbieren, entstielen, entkernen und die weißen Scheidewände entfernen. Schote abspülen, abtropfen lassen und ebenfalls klein würfeln.
2. Basilikum abspülen und trocken tupfen. Die Blättchen von den Stängeln zupfen. Blättchen (einige Blättchen zum Garnieren beiseitelegen) klein schneiden. Cashewkerne klein hacken.
3. Zucchini-, Paprikawürfel, Cashewkerne, Quark und die Hälfte des klein geschnittenen Basilikums verrühren. Mit Salz und Pfeffer kräftig würzen. Die Gemüse-Quark-Masse in einen Gefrierbeutel füllen und eine Ecke des Beutels abschneiden. Die Gemüse-Quark-Masse in die Cannelloni-Hülsen spritzen und anschließend in einen gewässerten Römertopf® schichten.
4. Für den Guss Sahne und Eier verschlagen. Käse unterrühren. Restliches Basilikum untermischen, mit Salz und Pfeffer kräftig würzen. Den Eier-Sahne-Guss auf den Cannelloni verteilen. Den Römertopf® mit dem Deckel verschließen, auf dem Rost in den kalten Backofen schieben.
Ober-/Unterhitze: etwa 200 °C
Heißluft: etwa 180 °C
5. Cannelloni etwa 70 Minuten garen.
6. Nach etwa 60 Minuten Garzeit den Deckel abnehmen und die Cannelloni fertig garen.
7. Die Cannelloni nach Belieben mit den beiseitegelegten Basilikumblättchen garniert servieren.

Beilage: Tomatensalat mit Frühlingszwiebeln.

French-Toast-Auflauf

4 Portionen

Zubereitungszeit: 45 Minuten
Garzeit: 30–35 Minuten

3 rote Paprikaschoten (je etwa 250 g)
275 g Zucchini
1 Knoblauchzehe
2 EL Olivenöl
Salz, gem. Pfeffer
12 Scheiben Toastbrot
50 g Pesto rosso (aus getrockneten Tomaten)
200 g abgetropfter Mozzarella
2 Eier (Größe M)
200 ml Milch (3,5 % Fett)
75 g fein ger. Parmesan
1 Stängel Rosmarin

Pro Portion:
E: 29 g, F: 36 g, Kh: 51 g,
kJ: 2696, kcal: 646

1. Den Backofengrill vorheizen.
2. Paprikaschoten vierteln, entstielen, entkernen und die weißen Scheidewände entfernen. Schotenviertel mit der Hautseite nach oben auf ein Backblech (gefettet) legen. Das Backblech unter den vorgeheizten Backofengrill schieben. Paprikaviertel so lange rösten, bis die Haut dunkel wird und Blasen wirft (6–8 Minuten).
3. Das Backblech auf einen Rost stellen. Paprikaviertel mit einem feuchten Geschirrtuch belegen und etwas abkühlen lassen. Die Paprikastücke enthäuten.

4. Zucchini abspülen, abtrocknen und die Enden abschneiden. Zucchini in etwa 1 cm dicke Scheiben schneiden. Den Knoblauch abziehen und in dünne Scheiben schneiden.
5. Olivenöl in einer großen Pfanne erhitzen. Zucchini- und Knoblauchscheiben darin bei starker Hitze von beiden Seiten kurz anbraten. Mit Salz und Pfeffer würzen.
6. Die Toastbrotscheiben im Toaster goldbraun rösten oder unter dem vorgeheizten Backofengrill von beiden Seiten rösten.
7. Den Backofen vorheizen.
Ober-/Unterhitze: etwa 180 °C
Heißluft: etwa 160 °C
8. Toastbrotscheiben auf einer Seite mit Pesto bestreichen. Die Hälfte der Brotscheiben mit der bestrichenen Seite nach oben nebeneinander in eine rechteckige Auflaufform (gefettet) legen. Mit Paprikavierteln und Zucchinischeiben belegen.
9. Mozzarella etwas auseinanderzupfen und auf den Brotscheiben verteilen. Die restlichen Brotscheiben mit der bestrichenen Seite nach unten darauflegen und etwas andrücken.
10. Eier mit Milch und Parmesan verschlagen, mit Salz und Pfeffer würzen. Die Eier-Parmesan-Milch auf dem Auflauf verteilen.
11. Rosmarin abspülen und trocken tupfen. Die Nadeln von dem Stängel zupfen. Den Auflauf mit Rosmarinnadeln bestreuen. Die Form auf dem Rost in den vorgeheizten Backofen (unteres Drittel) schieben. Den Auflauf 30–35 Minuten garen.
12. Die Form aus dem Backofen nehmen. Den Auflauf sofort servieren.

French-Toast-Auflauf

Buntes Gemüsegratin

2 Portionen (ohne Foto)

Zubereitungszeit: 40 Minuten
Überbackzeit: 25–30 Minuten

150 g Kohlrabi
150 g Möhren
150 g grüne Paprikaschote
150 g Kartoffeln
150 g Zucchini
150 g Brechbohnen
Salz
1 TL Kräuter der Provence
1 Knoblauchzehe
gem. Pfeffer
200 g Schlagsahne
2 Eier (Größe M)
100 g ger. Emmentaler
50 g ger. Parmesan

Pro Portion:
E: 40 g, F: 68 g, Kh: 30 g,
kJ: 3891, kcal: 929

1. Kohlrabi und Möhren putzen, schälen, abspülen, abtropfen lassen und in Stifte schneiden.
2. Paprikaschote halbieren, entstielen, entkernen und die weißen Scheidewände entfernen. Schote abspülen, abtropfen lassen und in Stifte schneiden.
3. Die Kartoffel schälen, abspülen, abtropfen lassen und in Scheiben schneiden. Zucchini abspülen, abtrocknen und die Enden abschneiden. Zucchini in Stifte schneiden.
4. Von den Bohnen die Enden abschneiden, evtl. abfädeln. Bohnen abspülen und abtropfen lassen.
5. Das vorbereitete Gemüse und die Kartoffelscheiben portionsweise etwa 2 Minuten in kochendem Salzwasser blanchieren, anschließend in ein Sieb geben, mit kaltem Wasser abschrecken, abtropfen und etwa 5 Minuten abkühlen lassen.
6. Den Backofen vorheizen.
Ober-/Unterhitze: etwa 200 °C
Heißluft: etwa 180 °C
7. Das Gemüse mit den Kartoffelscheiben in eine Auflaufform (gefettet) geben. Kräuter der Provence untermischen. Knoblauch abziehen und durch eine Knoblauchpresse drücken. Das Gemüse und die Kartoffelscheiben mit Salz, Pfeffer und Knoblauch würzen.
8. Sahne mit Eiern verschlagen, mit Salz und Pfeffer würzen. Die Eiersahne auf der Gemüse-Kartoffel-Mischung verteilen, mit Emmentaler und Parmesan bestreuen.
9. Die Form auf dem Rost in den vorgeheizten Backofen schieben. Das Gratin 25–30 Minuten überbacken.

Blumenkohl-Grünkern-Auflauf

Gratiniertes Brokkoli-Kartoffel-Pfännchen

Blumenkohl-Grünkern-Auflauf

2–4 Portionen

Zubereitungszeit: 40 Minuten
Garzeit: etwa 20 Minuten

1 l Gemüsebrühe
180 g Grünkern
1 Kopf Blumenkohl (etwa 600 g)
Meersalz
Zitronensaft
100 ml Gemüsebrühe
(von dem Blumenkohl)
1 Bund Schnittlauch
250 g Magerquark
2 Eier (Größe M)
6 EL Schlagsahne
gem. Pfeffer
ger. Muskatnuss

Pro Portion:
E: 26 g, F: 16 g, Kh: 45 g,
kJ: 1813, kcal: 433

1. Gemüsebrühe in einem Topf zum Kochen bringen. Grünkern hinzugeben, wieder zum Kochen bringen und zugedeckt etwa 40 Minuten garen.
2. Den Backofen vorheizen.
Ober-/Unterhitze: etwa 200 °C
Heißluft: etwa 180 °C
3. In der Zwischenzeit von dem Blumenkohl die Blätter und schlechten Stellen entfernen. Den Strunk abschneiden. Blumenkohl in Röschen teilen, abspülen und abtropfen lassen. Blumenkohlröschen in kochendem Wasser mit Meersalz und Zitronensaft gewürzt etwa 8 Minuten bissfest garen.
4. Grünkern und Blumenkohlröschen getrennt in je einem Sieb abtropfen lassen. Von dem Blumenkohl die Brühe auffangen und 100 ml abmessen. Grünkern und Blumenkohlröschen mit der abgemessenen Brühe in eine Auflaufform (gefettet) geben.
5. Schnittlauch abspülen, trocken tupfen und in Röllchen schneiden. Quark mit Eiern, Sahne, Meersalz, Pfeffer und Muskat verrühren, drei Viertel der Schnittlauchröllchen unterrühren. Die Quark-Eier-Masse auf der Grünkern-Mischung verteilen.
6. Die Form auf dem Rost in den vorgeheizten Backofen schieben. Den Auflauf etwa 20 Minuten garen.
7. Den Auflauf mit den restlichen Schnittlauchröllchen bestreuen.

Gratiniertes Brokkoli-Kartoffel-Pfännchen

4 Portionen

Zubereitungszeit: 30 Minuten
Gratinierzeit: etwa 15 Minuten

1 1/4 kg Brokkoli
1 Bio-Zitrone
(unbehandelt, ungewachst)
150 ml Gemüsebrühe
Salz, gem. Pfeffer
2 Msp. ger. Muskatnuss
1 kg kleine, gegarte Pellkartoffeln
4 Tomaten (etwa 250 g)
100 g Schmand (24 % Fett, Sauerrahm)
4 Scheiben Vollkorn-Knäckebrot
50 g ger. Parmesan

Pro Portion:
E: 19 g, F: 14 g, Kh: 51 g,
kJ: 1736, kcal: 413

1. Von dem Brokkoli die Blätter entfernen. Brokkoli in Röschen teilen, die Stängel am Strunk schälen und klein schneiden. Brokkoliröschen und klein geschnittene Stängel abspülen und abtropfen lassen. Zitrone heiß abwaschen, abtrocknen und die Schale abreiben. Zitrone halbieren und den Saft auspressen. Zitronenschale beiseitelegen.
2. Brühe mit Zitronensaft, Salz, Pfeffer und Muskat in einem Topf verrühren und zum Kochen bringen. Den Brokkoli hinzufügen, wieder zum Kochen bringen und etwa 5 Minuten kochen lassen.
3. Den Backofen vorheizen.
Ober-/Unterhitze: etwa 200 °C
Heißluft: etwa 180 °C
4. Die Kartoffeln pellen. Den Brokkoli abgießen, dabei die Brühe auffangen. Tomaten abspülen, abtrocknen, vierteln und die Stängelansätze herausschneiden. Kartoffeln, Brokkoli und Tomatenviertel in eine Auflaufform (gefettet) geben. Die aufgefangene Brühe mit Schmand verrühren und daraufträufeln.
5. Knäckebrotscheiben in einen Gefrierbeutel geben. Beutel fest verschließen. Das Knäckebrot mit einer Teigrolle fein zerbröseln. Knäckebrotbrösel mit der beiseitegelegten Zitronenschale und Parmesan vermischen. Den Auflauf damit bestreuen. Die Form auf dem Rost in den vorgeheizten Backofen schieben. Den Auflauf etwa 15 Minuten gratinieren.

Gemüseauflauf mit Käsekruste

(Römertopf® 4-Liter-Inhalt)

4 Portionen (ohne Foto)

Zubereitungszeit: 40 Minuten, ohne Quellzeit
Garzeit: etwa 95 Minuten

200 g Hafergrütze
200 g Schlagsahne
300 g Crème fraîche
2 Knoblauchzehen
150 g ger. alter Gouda
Salz, gem. Pfeffer
500 g Kartoffeln
600 g Möhren
300 g Frühlingszwiebeln
3 EL Wasser

Pro Portion:
E: 24 g, F: 52 g, Kh: 69 g,
kJ: 3655, kcal: 873

1. Die Hafergrütze mit Sahne und der Hälfte der Crème fraîche verrühren. Knoblauch abziehen, zerdrücken, die Hälfte davon mit 100 g des geriebenen Käses unter die Grütze rühren. Mit Salz und Pfeffer würzen. Die Masse etwa 30 Minuten quellen lassen.
2. Die Kartoffeln schälen, abspülen, abtropfen lassen und in Scheiben schneiden. Die Möhren putzen, schälen, abspülen, abtropfen lassen und in Scheiben schneiden. Die Frühlingszwiebeln putzen, abspülen, abtropfen lassen und schräg in Stücke schneiden.
3. Das vorbereitete Gemüse mit den Kartoffelscheiben in einen gewässerten Römertopf® schichten, dabei lagenweise mit Salz und Pfeffer bestreuen.
4. Die restliche Crème fraîche mit Wasser und dem restlichen zerdrückten Knoblauch verrühren und auf der Gemüse-Kartoffel-Mischung verteilen.
5. Die Hafermasse daraufgeben und glatt streichen. Den Römertopf® mit dem Deckel verschließen und auf dem Rost in den kalten Backofen schieben.
Ober-/Unterhitze: etwa 220 °C
Heißluft: etwa 200 °C
6. Den Gemüseauflauf etwa 95 Minuten garen.
7. Etwa 10 Minuten vor Ende der Garzeit den Deckel vom Römertopf® abnehmen. Den restlichen Käse auf dem Auflauf verteilen und den Auflauf ohne Deckel überbacken.

Frühlingsgemüse-Gratin

6 Portionen

Zubereitungszeit: 65 Minuten
Backzeit: etwa 25 Minuten

600 g kleine, neue Kartoffeln
Salz
Kümmelsamen
je 300 g grüner und weißer Spargel
300 g junge Möhren mit Grün
300 g junge Kohlrabi
50 g Butter
gem. Pfeffer
2 Pck. Sauce hollandaise (Fertigprodukt je 250 ml)
3 Stängel Kerbel
50 g ger. Parmesan

Pro Portion:
E: 10 g, F: 54 g, Kh: 24 g,
kJ: 2678, kcal: 639

1. Die Kartoffeln unter fließendem kalten Wasser gründlich abbürsten. Kartoffeln in einem Topf knapp mit Wasser bedeckt, zugedeckt zum Kochen bringen, Salz und Kümmel hinzugeben. Kartoffeln 20–25 Minuten kochen lassen. Kartoffeln abgießen, abdämpfen, in ein Sieb geben, abtropfen lassen und warm stellen.
2. In der Zwischenzeit den grünen Spargel im unteren Drittel dünn schälen und die unteren Enden abschneiden. Den weißen Spargel von oben nach unten schälen, darauf achten, dass die Schalen vollständig entfernt, die Köpfe aber nicht verletzt werden. Die unteren Enden abschneiden (holzige Stellen vollkommen entfernen). Spargel abspülen, abtropfen lassen. Möhren putzen, dabei das Grün bis auf 3 cm abschneiden. Möhren und Kohlrabi schälen, abspülen, abtropfen lassen.
3. Spargel, Möhren und Kohlrabi in mundgerechte Stücke teilen und in kochendem Salzwasser 8–10 Minuten blanchieren. Anschließend in ein Sieb geben, mit kaltem Wasser abschrecken und abtropfen lassen.
4. Den Backofen vorheizen.
Ober-/Unterhitze: etwa 220 °C
Heißluft: etwa 200 °C
5. Butter in einer großen Pfanne zerlassen. Gemüse und Kartoffeln darin evtl. in 2 Portionen unter Rühren andünsten. Mit Salz und Pfeffer würzen. Gemüse und Kartoffeln in eine Auflaufform (gefettet) geben. Sauce hollandaise darauf verteilen. Die Form auf dem Rost in den vorgeheizten Backofen schieben. Das Gratin etwa 25 Minuten backen.
6. Kerbel abspülen und trocken tupfen. Die Blättchen von den Stängeln zupfen. Frühlingsgemüse-Gratin mit Kerbelblättchen und Parmesan bestreut servieren.

Frühlingsgemüse-Gratin

Gebackene Kartoffelspalten mit Avocadodip

4 Portionen

VEGAN

Zubereitungszeit: 25 Minuten
Backzeit: etwa 45 Minuten

1 1/2 kg festkochende Kartoffeln
2 EL Olivenöl
2–3 gestr. TL grobes Meersalz

Für den Avocadodip:
300 g kleine Tomaten
1 Knoblauchzehe
3 reife Avocados (etwa 550 g)
4 EL Orangensaft
Salz, 1 Msp. gem. Koriander
Cayennepfeffer
1 Bund glatte Petersilie

Pro Portion:
E: 9 g, F: 30 g, Kh: 48 g,
kJ: 2095, kcal: 500

1. Den Backofen vorheizen.
Ober-/Unterhitze: etwa 200 °C
Heißluft: etwa 180 °C
2. Kartoffeln unter fließendem kalten Wasser gründlich abbürsten und abtropfen lassen.
3. Anschließend die Kartoffeln je nach Größe der Länge nach in 4 oder 6 Spalten schneiden.
4. Die Kartoffelspalten auf einem Backblech verteilen. Mit Olivenöl und Meersalz vermischen.
5. Das Backblech in den vorgeheizten Backofen schieben. Kartoffelspalten unter gelegentlichem Wenden etwa 45 Minuten backen.
6. In der Zwischenzeit für den Dip Tomaten abspülen, abtropfen lassen, halbieren und die Stängelansätze herausschneiden. Die Tomatenhälften entkernen und in kleine Würfel schneiden.
7. Den Knoblauch abziehen, durch eine Knoblauchpresse drücken und zu den Tomatenwürfeln geben.
8. Die Avocados in der Mitte längs durchschneiden und jeweils den Stein herausnehmen. Das Fruchtfleisch mit einem Löffel aus den Schalen lösen und mit einem Pürierstab grob pürieren. Püree unter die Tomatenwürfel rühren. Orangensaft unterrühren. Mit Salz, Koriander und Cayennepfeffer würzen.
9. Petersilie abspülen und trocken tupfen. Die Blättchen von den Stängeln zupfen. Die Blättchen klein schneiden und unter den Avocadodip rühren. Mit Salz, Orangensaft und Cayennepfeffer abschmecken. Die gebackenen Kartoffelspalten mit dem Avocadodip servieren.

Gebackene Kartoffelspalten mit Avocadodip

Gebackene Käsewürfel auf Kohlrabiragout

2 Portionen

Zubereitungszeit: 25 Minuten
Garzeit: Kohlrabiragout etwa 10 Minuten

etwa 400 g Kohlrabi
1 kleine Zwiebel
25 g Butter
1 Msp. gerebelter Majoran
Salz
gem. Pfeffer
50 ml Gemüsebrühe

Für die gebackenen Käsewürfel:
200 g Gouda oder Edamer (am Stück)
1 Ei (Größe M)
2 EL Semmelbrösel
etwa 80 g Butterschmalz
1/2 EL klein geschnittene Petersilie oder TK-Petersilie

Gebackene Käsewürfel auf Kohlrabiragout

Buchweizenauflauf

Pro Portion:
E: 33 g, F: 51 g, Kh: 17 g,
kJ: 2761, kcal: 660

1. Von dem Kohlrabi die Blätter entfernen. Die zarten Blätter abspülen, trocken tupfen und zum Garnieren beiseitelegen.
2. Den Kohlrabi schälen, abspülen, abtropfen lassen und in etwa 1 cm große Würfel schneiden.
3. Zwiebel abziehen und klein würfeln. Die Butter in einem Topf zerlassen. Die Zwiebelwürfel darin glasig dünsten. Kohlrabiwürfel, Majoran, Salz und Pfeffer hinzufügen, unter Rühren kurz mitdünsten lassen. Die Brühe hinzugießen und zum Kochen bringen. Kohlrabiragout zugedeckt bei schwacher Hitze etwa 10 Minuten unter gelegentlichem Rühren dünsten.
4. Für die Käsewürfel in der Zwischenzeit den Käse in etwa 2 cm große Würfel schneiden. Ei in einem tiefen Teller verschlagen. Semmelbrösel ebenfalls in einen tiefen Teller geben.
5. Die Käsewürfel zunächst durch das verschlagene Ei ziehen, am Tellerrand abstreifen und dann in den Semmelbröseln wenden. Panade leicht andrücken.
6. Jeweils die Hälfte des Butterschmalzes in einer großen Pfanne erhitzen. Käsewürfel darin in 2 Portionen von allen Seiten bei mittlerer Hitze goldgelb braten. Käsewürfel herausnehmen und auf Küchenpapier abtropfen lassen.
7. Das Kohlrabiragout auf einer Platte anrichten. Mit Petersilie und beiseitegelegten Kohlrabiblättern garnieren. Die gebackenen Käsewürfel auf dem Kohlrabiragout verteilen und servieren.

Buchweizenauflauf

4 Portionen

Zubereitungszeit: 45 Minuten
Garzeit: etwa 25 Minuten

2 Zwiebeln
3 Knoblauchzehen
3 EL Speiseöl
750 ml Gemüsebrühe
220 g geschroteter Buchweizen
800 g Steckrüben
1 rote Paprikaschote
2 Stangen Porree (Lauch)
Salz
gem. Pfeffer
ger. Muskatnuss
5 EL Cornflakes
120 g Greyerzer Käse

Pro Portion:
E: 19 g, F: 19 g, Kh: 65 g,
kJ: 2153, kcal: 514

1. Zwiebeln und Knoblauch abziehen, in kleine Würfel schneiden. Speiseöl in einem Topf erhitzen. Zwiebel- und Knoblauchwürfel darin andünsten. Mit Brühe ablöschen. Buchweizenschrot hinzugeben, zum Kochen bringen und etwa 10 Minuten bei mittlerer Hitze kochen lassen.
2. Steckrüben schälen, abspülen, abtropfen lassen und in kleine Würfel schneiden. Paprikaschote halbieren, entstielen, entkernen und die weißen Scheidewände entfernen. Schote abspülen, abtropfen lassen und in Streifen schneiden.
3. Steckrübenwürfel und Paprikastreifen zu der Buchweizenmasse in den Topf geben, wieder zum Kochen bringen und weitere etwa 10 Minuten kochen lassen.
4. Den Backofengrill vorheizen.
5. Den Porree putzen, die Stangen längs halbieren, gründlich waschen, abtropfen lassen und in Streifen schneiden, ebenfalls in den Topf geben und kurz mitkochen lassen. Mit Salz, Pfeffer und Muskat abschmecken. Buchweizen-Gemüse-Masse in eine Auflaufform (gefettet) geben.
6. Cornflakes mit einem Löffel fein zerdrücken. Die Buchweizen-Gemüse-Masse damit bestreuen. Den Käse fein reiben und daraufstreuen. Die Form auf dem Rost unter den vorgeheizten Backofengrill schieben. Den Buchweizenauflauf kurz überbacken.

Geschmort & gedünstet

Chili con Sojaschnetzel

Chili con Sojaschnetzel

4 Portionen

Zubereitungszeit: 35 Minuten, ohne Quellzeit
Garzeit: etwa 15 Minuten

150 g Sojaschnetzel, fein
950 ml Gemüsebrühe
100 g Zwiebeln
2 Knoblauchzehen
1/2–1 rote Chilischote
je 300 g rote und grüne Paprikaschoten
4 EL Olivenöl
1 TL gem. Kreuzkümmel (Cumin)
1 TL Paprikapulver edelsüß
500 g passierte Tomaten (aus der Dose)
285 g Gemüsemais (aus der Dose)
250 g Kidneybohnen (aus der Dose)
Salz
5 Stängel glatte Petersilie
3 Stängel Koriander
150 g saure Sahne

Pro Portion:
E: 32 g, F: 19 g, Kh: 38 g,
kJ: 1958, kcal: 467

1. Sojaschnetzel in einer großen Schüssel mit 450 ml kochender Gemüsebrühe übergießen. Sojaschnetzel etwa 30 Minuten quellen lassen.

2. Zwiebeln und Knoblauch abziehen. Die Zwiebeln in kleine Würfel und Knoblauch in dünne Scheiben schneiden. Chilischote entstielen, abspülen, trocken tupfen und mit den Kernen in dünne Ringe schneiden. Paprikaschoten halbieren, entstielen, entkernen und die weißen Scheidewände entfernen. Schoten abspülen, abtropfen lassen und in etwa 2 cm große Stücke schneiden.

3. Das Olivenöl in einem weiten Topf erhitzen. Zwiebelwürfel und Knoblauchscheiben darin kräftig andünsten. Kreuzkümmel und Paprika unterrühren, ganz kurz mitrösten lassen. Chilischotenringe unterrühren. Die restliche Gemüsebrühe mit den passierten Tomaten hinzugeben. Sojaschnetzel und die Paprikastücke unterheben. Chili zum Kochen bringen und etwa 15 Minuten bei schwacher Hitze garen.

4. Mais und Kidneybohnen jeweils in ein Sieb geben, mit kaltem Wasser abspülen und gut abtropfen lassen.

5. Mais und Kidneybohnen nach etwa 10 Minuten Garzeit zum Chili in den Topf geben und mitgaren lassen. Chili mit Salz abschmecken.

6. Petersilie und Koriander abspülen und trocken tupfen. Petersilie und Koriander getrennt klein schneiden. Petersilie unter das Chili mischen.

7. Das Chili auf Tellern anrichten und je einen Klecks saure Sahne hineingeben. Mit Koriander bestreuen und servieren.

Auberginen-Süßkartoffel-Gemüse

4 Portionen

Zubereitungszeit: 50 Minuten
Garzeit: etwa 30 Minuten

400 g Auberginen
250 g Zwiebeln
1 Knoblauchzehe
300 g Bataten (Süßkartoffeln)
4 EL Olivenöl
2 EL Senfkörner
1 EL Currypulver
1/2 TL gem. Koriander
2 gestr. TL Salz
Saft von 1 Zitrone
250 g Schafskäse

Pro Portion:
E: 14 g, F: 27 g, Kh: 23 g,
kJ: 1676, kcal: 400

1. Auberginen abspülen, abtrocknen und die Stängelansätze entfernen. Auberginen in Scheiben schneiden. Zwiebeln und Knoblauch abziehen, in kleine Würfel schneiden. Bataten schälen, abspülen, abtropfen lassen und in Würfel schneiden.

2. Olivenöl in einer großen Pfanne erhitzen. Senfkörner darin unter Rühren rösten, bis sie aufplatzen. Die Pfanne von der Kochstelle nehmen.

3. Curry, Knoblauchwürfel und Koriander hinzugeben und gut verrühren. Auberginenscheiben, Zwiebel- und Batatenwürfel in die Pfanne geben. Salz und Zitronensaft untermischen. Auberginen-Süßkartoffel-Gemüse zum Kochen bringen und zugedeckt etwa 30 Minuten garen.

4. Schafskäse fein zerbröseln und dazureichen.

Tipp: Statt Süßkartoffeln können auch normale Kartoffeln verwendet werden.

Buntes Kohlrabigemüse

4 Portionen

Zubereitungszeit: 40 Minuten
Garzeit: etwa 15 Minuten

500 g Kohlrabi
1 kleine, rote Paprikaschote
1 Möhre
1 Fleischtomate
250 g Chinakohl
40 g Margarine
125 ml Gemüsebrühe
Salz, gem. Pfeffer
2 EL Crème fraîche
ger. Muskatnuss
1 EL klein geschnittene Petersilie

Pro Portion:
E: 3 g, F: 13 g, Kh: 8 g,
kJ: 682, kcal: 163

1. Kohlrabi schälen, abspülen, abtropfen lassen, vierteln und in Stifte schneiden. Paprikaschote halbieren, entstielen, entkernen und die weißen Scheidewände entfernen. Die Schote abspülen, abtropfen lassen und in Streifen schneiden.

2. Möhre putzen, schälen, abspülen, abtropfen lassen und in Scheiben schneiden. Tomate kreuzweise einschneiden und mit kochendem Wasser übergießen. Nach 1–2 Minuten herausnehmen und mit kaltem Wasser abschrecken. Tomate häuten, halbieren, entkernen und den Stängelansatz herausschneiden. Tomate in Spalten schneiden.

3. Chinakohl putzen und den Strunk herausschneiden. Den Chinakohl in Streifen schneiden, abspülen und abtropfen lassen.

4. Margarine in einer Pfanne zerlassen. Kohlrabistifte, Paprikastreifen, Möhrenscheiben und Chinakohlstreifen darin unter Rühren andünsten. Brühe hinzugießen, mit Salz und Pfeffer würzen. Das Gemüse zum Kochen bringen und etwa 15 Minuten garen.

5. Die Tomatenspalten und Crème fraîche unterrühren und erhitzen. Kohlrabigemüse mit Salz, Pfeffer und Muskat abschmecken. Die Petersilie unterrühren.

Auberginen-Süßkartoffel-Gemüse

Buntes Kohlrabigemüse

Blumenkohlcurry

4 Portionen

Zubereitungszeit: 40 Minuten
Garzeit: etwa 30 Minuten

1 Blumenkohl (etwa 900 g)
2 Zwiebeln
4 Knoblauchzehen
40 g frischer Ingwer
400 g Kartoffeln
1 Apfel
4 EL Maiskeimöl
2 EL Currypulver
2 EL Weizenmehl
300 ml Gemüsebrühe
2 EL Zitronensaft
2 TL Paprikapulver edelsüß
2 TL Garam Masala
(indische Gewürzmischung)
Salz
250 g Joghurt (3,5 % Fett)
2 rote Paprikaschoten
80 g grüne Kürbiskerne, ohne Schale

Pro Portion:
E: 18 g, F: 24 g, Kh: 38 g,
kJ: 1854, kcal: 443

1. Von dem Blumenkohl die Blätter entfernen und den Strunk abschneiden. Blumenkohl in kleine Röschen teilen, abspülen und abtropfen lassen. Zwiebeln und Knoblauch abziehen, klein würfeln. Den Ingwer schälen und ebenfalls klein würfeln. Kartoffeln schälen, abspülen, abtropfen lassen und in etwa 2 cm große Würfel schneiden. Den Apfel schälen, vierteln, entkernen und klein würfeln.
2. Maiskeimöl in einem großen Topf erhitzen. Nach und nach Knoblauch-, Zwiebel- und Ingwerwürfel mit dem Curry andünsten. Mehl hinzufügen und unter Rühren so lange erhitzen, bis es hellgelb ist. Brühe hinzugießen und mit einem Schneebesen durchschlagen. Dabei darauf achten, dass keine Klümpchen entstehen.
3. Die Kartoffel-, Apfelwürfel und Blumenkohlröschen hinzugeben und zum Kochen bringen. Mit Zitronensaft, Paprika, Garam Masala und Salz würzen. Joghurt unterrühren. Die Zutaten zugedeckt etwa 30 Minuten bei schwacher Hitze garen, dabei ab und zu umrühren.
4. Paprikaschoten halbieren, entstielen, entkernen und die weißen Scheidewände entfernen. Schoten abspülen, abtropfen lassen und würfeln. Nach etwa 25 Minuten Garzeit Paprikawürfel und Kürbiskerne hinzufügen, etwa 5 Minuten mitgaren lassen.

Blumenkohlcurry

Bohnen-Tomaten-Gemüse

VEGAN

4 Portionen (ohne Foto)

Zubereitungszeit: 40 Minuten
Garzeit: 15–20 Minuten

600 g frische grüne Bohnen
oder 450 g TK-Brechbohnen
1 Zwiebel
1 TL Speiseöl
ger. Muskatnuss, gem. Pfeffer
1 geh. TL gerebeltes Bohnenkraut
etwa 100 ml Wasser
250 g Tomaten
2 EL klein geschnittene Petersilie
3 gestr. TL vegane Margarine
Salz

Pro Portion:
E: 4 g, F: 5 g, Kh: 9 g,
kJ: 399, kcal: 95

1. Von den Bohnen die Enden abschneiden, evtl. abfädeln. Bohnen abspülen, abtropfen lassen und in 4–5 cm lange Stücke schneiden oder brechen. Zwiebel abziehen und in kleine Würfel schneiden.
2. Speiseöl in einem Topf erhitzen. Zwiebelwürfel darin glasig dünsten. Die Bohnenstücke oder die gefrorenen Bohnen hinzugeben. Mit Muskat, Pfeffer und Bohnenkraut würzen. Wasser hinzugießen. Die Bohnen zum Kochen bringen und zugedeckt bei schwacher Hitze 15–20 Minuten dünsten, dabei ab und zu umrühren (Garzeit TK-Bohnen 10 Minuten).
3. Tomaten kreuzweise einschneiden und mit kochendem Wasser übergießen. Nach 1–2 Minuten herausnehmen und mit kaltem Wasser abschrecken. Tomaten häuten, halbieren und die Stängelansätze herausschneiden. Tomaten evtl. entkernen und in kleine Würfel schneiden.
4. Vor dem Servieren Tomatenwürfel, Petersilie und Margarine zu den gegarten Bohnen geben und nochmals kurz erhitzen. Das Bohnen-Tomaten-Gemüse mit Salz abschmecken und anrichten.

Kichererbsengemüse

Kartoffel-Tofu-Gulasch mit Zitrone und Knoblauch

Kichererbsengemüse

4 Portionen

VEGAN

Zubereitungszeit: 35 Minuten, ohne Einweichzeit
Garzeit: etwa 25 Minuten

250 g Kichererbsen
2 Möhren (etwa 250 g)
200 g Knollensellerie
1 Stange Porree (Lauch)
40 g vegane Margarine
250 ml Gemüsebrühe
Salz, gem. Pfeffer
2 EL Schnittlauchröllchen

Pro Portion:
E: 7 g, F: 11 g, Kh: 22 g,
kJ: 933, kcal: 223

1. Kichererbsen über Nacht in kaltem Wasser einweichen, dann in ein Sieb geben und abtropfen lassen.
2. Möhren und Sellerie putzen, schälen, abspülen, abtropfen lassen und in Würfel schneiden. Porree putzen, die Stange längs halbieren, gründlich waschen, abtropfen lassen und in Streifen schneiden.
3. Margarine in einem Topf zerlassen, Kichererbsen und das vorbereitete Gemüse darin evtl. in 2 Portionen andünsten.
4. Brühe hinzugießen, mit Salz und Pfeffer würzen, zum Kochen bringen. Das Kichererbsengemüse etwa 25 Minuten dünsten.
5. Nach Belieben die Hälfte des Gemüses pürieren und mit dem restlichen Gemüse vermengen. Mit Schnittlauchröllchen bestreuen.

Kartoffel-Tofu-Gulasch mit Zitrone und Knoblauch

4 Portionen

VEGAN

Zubereitungszeit: 45 Minuten
Garzeit: etwa 20 Minuten

2 rote Zwiebeln
1 große, gelbe Paprikaschote
800 g festkochende Kartoffeln, z. B. Linda
600 g Tofu (natur, aus dem Kühlregal)
2 EL Olivenöl
2 EL Tomatenmark
1 EL Paprikapulver edelsüß
1 TL Kümmelsamen
1,2 l Gemüsebrühe
Salz, gem. Pfeffer

1 Bio-Zitrone (unbehandelt, ungewachst)
2 Knoblauchzehen
1 kleines Bund Petersilie

Pro Portion:
E: 30 g, F: 14 g, Kh: 37 g,
kJ: 1679, kcal: 400

1. Zwiebeln abziehen und in kleine Würfel schneiden. Paprikaschote halbieren, entstielen, entkernen und die weißen Scheidewände entfernen. Schote abspülen, abtropfen lassen und würfeln. Die Kartoffeln schälen, abspülen, abtropfen lassen und in etwa 2 cm große Würfel schneiden. Den Tofu ebenfalls in etwa 2 cm große Würfel schneiden.
2. Olivenöl in einem Topf erhitzen. Die Zwiebel-, Paprika- und Kartoffelwürfel darin portionsweise andünsten. Tomatenmark, Paprika und Kümmel unterrühren. Die Gemüsebrühe hinzugießen. Mit Salz und Pfeffer würzen. Gulasch zugedeckt etwa 20 Minuten bei schwacher Hitze kochen lassen.
3. In der Zwischenzeit Zitrone heiß abwaschen, abtrocknen und die Schale abreiben. Knoblauch abziehen und fein hacken. Petersilie abspülen und trocken tupfen. Die Blättchen von den Stängeln zupfen, Blättchen klein schneiden. Zitronenschale mit Knoblauch und Petersilie vermischen und zugedeckt beiseitestellen.
4. Nach etwa 20 Minuten Garzeit die Tofuwürfel zum Gulasch geben und miterhitzen. Mit Salz und Pfeffer abschmecken.
5. Das Kartoffel-Tofu-Gulasch mit der beiseitegestellten Kräutermischung bestreuen. Oder die Kräutermischung dazureichen.

Knackiges Currygemüse

Linsen-Gemüse-Curry

Knackiges Currygemüse

4 Portionen

Zubereitungszeit: 50 Minuten

1,2 kg frisches, gemischtes Gemüse, z. B. Möhren, grüne Bohnen, gelbe und rote Paprikaschoten
4 EL Speiseöl
125 ml Gemüsebrühe
40 g Puderzucker
150 g Crème fraîche
1 EL Currypulver
Salz, gem. grüner Pfeffer
1–2 TL Weißweinessig
1 EL klein geschnittene Kräuter, z. B. Kerbel oder Petersilie

Pro Portion:
E: 7 g, F: 22 g, Kh: 22 g,
kJ: 1332, kcal: 318

1. Die Möhren putzen, schälen, abspülen, abtropfen lassen und in Streifen schneiden. Von den Bohnen die Enden abschneiden, evtl. abfädeln. Bohnen abspülen, abtropfen lassen, lange Bohnen halbieren. Paprikaschoten halbieren, entstielen, entkernen und die weißen Scheidewände entfernen. Schoten abspülen, abtropfen lassen und in Streifen schneiden.
2. Jeweils etwas Speiseöl in einem großen Topf erhitzen. Das vorbereitete Gemüse darin in 3 Portionen unter Rühren andünsten. Das ganze Gemüse wieder in den Topf geben, Brühe hinzugießen, zum Kochen bringen und zugedeckt etwa 10 Minuten bei mittlerer Hitze dünsten.
3. Puderzucker in einem zweiten großen Topf schmelzen und leicht bräunen lassen (karamellisieren). Das gedünstete Gemüse in einem Sieb gut abtropfen lassen und kurz in dem Karamell schwenken.
4. Crème fraîche unterrühren, das Gemüse mit Curry, Salz, Pfeffer und Essig pikant abschmecken. Das Gemüse anrichten und mit den Kräutern bestreut servieren.

Beilage: Körnig gekochter Reis oder ofenfrisches Baguette.

Linsen-Gemüse-Curry

4 Portionen

Zubereitungszeit: 25 Minuten
Garzeit: etwa 45 Minuten

2 Zwiebeln, 2 Knoblauchzehen
2 EL Speiseöl
150 g braune Linsen
1 EL Currypulver
1 TL Kurkuma (Gelbwurz)
400 ml Gemüsebrühe
je 1 rote und grüne Paprikaschote
2–3 EL Weißweinessig
Salz, gem. Pfeffer
3 EL Crème fraîche
1 Stück (etwa 10 g) geschälter, frischer Ingwer

Pro Portion:
E: 11 g, F: 12 g, Kh: 23 g,
kJ: 1079, kcal: 258

1. Zwiebeln und Knoblauch abziehen. Zwiebeln in Scheiben und Knoblauch in kleine Würfel schneiden. Speiseöl in einem Topf erhitzen. Zwiebelscheiben und Knoblauchwürfel darin andünsten.
2. Linsen, Curry und Kurkuma hinzugeben. Brühe hinzugießen und zum Kochen bringen. Die Linsen zugedeckt etwa 45 Minuten bei schwacher Hitze garen.
3. In der Zwischenzeit Paprikaschoten halbieren, entstielen, entkernen und die weißen Scheidewände entfernen. Schoten abspülen, abtropfen lassen und in kleine Würfel schneiden.
4. Etwa 10 Minuten vor Garzeitende der Linsen die Paprikawürfel hinzugeben und alles in weiteren etwa 10 Minuten fertig garen.
5. Linsen-Curry-Gemüse mit Essig, Salz und Pfeffer abschmecken und auf Tellern anrichten.
6. Die Crème fraîche auf dem Linsen-Gemüse-Curry verteilen und zum Schluss mit frisch geriebenem Ingwer bestreuen.

Beilage: Indisches Fladenbrot.

Tipp: Linsen-Gemüse-Curry in einer geputzten, roten Paprikaschotenhälfte anrichten (Foto).

Gemüse auf Murcia-Art

4–6 Portionen (ohne Foto)

Zubereitungszeit: 60 Minuten, ohne Ziehzeit

VEGAN

750 g Kartoffeln
200 ml Olivenöl
750 g Auberginen, Salz
750 g Paprikaschoten
350 g Tomaten, 350 g Zwiebeln
gem. Pfeffer
1/2–1 TL gerebelter Thymian

Pro Portion:
E: 6 g, F: 22 g, Kh: 33 g,
kJ: 1485, kcal: 354

1. Die Kartoffeln schälen, abspülen, abtropfen lassen und in Scheiben schneiden. Das Olivenöl in einem Topf erhitzen, die Kartoffelscheiben darin portionsweise von beiden Seiten frittieren, ohne dass sie braun werden. Kartoffelscheiben herausnehmen und auf Küchenpapier abtropfen lassen.
2. Inzwischen Auberginen abspülen, abtrocknen und die Stängelansätze entfernen. Auberginen in Scheiben schneiden, mit Salz bestreuen und etwa 10 Minuten stehen lassen, mit Küchenpapier trocken tupfen.
3. Die Paprikaschoten halbieren, entstielen, entkernen und die weißen Scheidewände entfernen. Schoten abspülen, abtropfen lassen und in Streifen schneiden. Tomaten abspülen, trocken tupfen und vierteln. Die Gemüsestücke sollten alle etwa die gleiche Größe haben. Die Zwiebeln abziehen, zuerst in Scheiben schneiden, dann in Ringe teilen.
4. Die vorbereiteten Gemüsestücke mit den Zwiebelringen in dem verbliebenen, erhitzten Olivenöl unter Wenden erhitzen und herausnehmen. Das verbliebene Olivenöl entfernen.
5. Die Kartoffelscheiben mit dem Gemüse in dem Topf einschichten, dabei schichtweise mit etwas Salz, Pfeffer und Thymian würzen. Alles in etwa 10 Minuten bei schwacher Hitze ohne Deckel fertig garen.

Mildes Kartoffel-Ei-Curry mit Erbsen

4 Portionen

Zubereitungszeit: 25 Minuten
Garzeit: etwa 30 Minuten

600 g kleine Kartoffeln
4–6 Eier (Größe M)
1 Zwiebel
25 g Butter oder Margarine
25 g Weizenmehl
mildes Currypulver nach Geschmack
300 ml Gemüsebrühe
250 ml Milch (3,5 % Fett)
300 g Möhren-Erbsen-Mischung (TK oder aus der Dose)
Salz, gem. Pfeffer
evtl. einige Kräuterblättchen

Pro Portion:
E: 18 g, F: 16 g, Kh: 36 g,
kJ: 1507, kcal: 359

1. Kartoffeln unter fließendem kalten Wasser gründlich abbürsten. Kartoffeln in einem Topf knapp mit Wasser bedeckt, zugedeckt zum Kochen bringen und 15–18 Minuten garen. Kartoffeln abgießen, abdämpfen, heiß pellen und leicht abkühlen lassen. Kartoffeln halbieren.
2. Eier in kochendem Wasser etwa 8 Minuten hart kochen. Eier abschrecken und pellen.
3. Zwiebel abziehen und in kleine Würfel schneiden. Butter oder Margarine in einem Topf zerlassen. Die Zwiebelwürfel darin glasig dünsten. Mehl hinzufügen und unter Rühren so lange erhitzen, bis es hellgelb ist, Curry unterrühren.
4. Anschließend die Gemüsebrühe und Milch hinzugießen und mit einem Schneebesen durchschlagen. Dabei darauf achten, dass keine Klümpchen entstehen.
5. Die gefrorene Möhren-Erbsen-Mischung hinzugeben, zum Kochen bringen und 5–8 Minuten bei schwacher Hitze kochen lassen, dabei gelegentlich umrühren (abgetropfte Möhren-Erbsen-Mischung aus der Dose nur mit den Kartoffelhälften in der Sauce erhitzen).
6. Die Sauce mit Salz, Pfeffer und evtl. noch etwas Curry abschmecken. Kartoffelhälften unter die Sauce rühren und etwa 4 Minuten miterhitzen.
7. Eier waagerecht halbieren. Das Kartoffel-Curry mit den Eierhälften anrichten und nach Belieben mit abgespülten, trocken getupften Kräuterblättchen bestreuen.

Mildes Kartoffel-Ei-Curry mit Erbsen

Mexikanisches Maisgemüse

(Römertopf® 3-Liter-Inhalt)

4 Portionen VEGAN

Zubereitungszeit: 25 Minuten
Garzeit: etwa 75 Minuten

4 Maiskolben (je etwa 200 g)
1–2 Chilischoten
500 g Möhren
220 g kleine Zwiebeln
1–2 Knoblauchzehen
750 ml Gemüsebrühe
2 grüne Paprikaschoten
(je etwa 150 g)
1 Bund Koriander
Salz, gem. Pfeffer
Paprikapulver rosenscharf

Pro Portion:
E: 22 g, F: 10 g, Kh: 142 g,
kJ: 3287, kcal: 784

1. Die Maiskolben putzen, abspülen, abtropfen lassen und quer vierteln. Chilischoten abspülen, trocken tupfen, entstielen und in breite Stücke schneiden.
2. Möhren putzen, schälen, abspülen, abtropfen lassen und in dicke Scheiben schneiden. Zwiebeln abziehen und in Spalten schneiden. Knoblauch abziehen und in Scheiben schneiden.
3. Maiskolben, Chilischotenstücke, Möhrenscheiben, Zwiebelspalten und Knoblauchscheiben mit der Brühe in einen gewässerten Römertopf® geben und vermischen. Den Römertopf® mit dem Deckel verschließen und auf dem Rost in den kalten Backofen schieben.
Ober-/Unterhitze: etwa 220 °C
Heißluft: etwa 200 °C
4. Das Maisgemüse etwa 75 Minuten garen.
5. In der Zwischenzeit Paprikaschoten halbieren, entstielen, entkernen und die weißen Scheidewände entfernen. Schoten abspülen, abtropfen lassen und in grobe Würfel schneiden. Die Paprikawürfel nach etwa 60 Minuten Garzeit zu dem Maisgemüse in den Römertopf® geben und alles zugedeckt fertig garen.
6. Koriander abspülen und trocken tupfen. Blättchen von den Stängeln zupfen, Blättchen grob zerschneiden. Das Maisgemüse mit Salz, Pfeffer und Paprika würzen und mit Koriander bestreut servieren.

Gemüsespaghetti mit Thymian-Weinsauce

4 Portionen (ohne Foto)

Zubereitungszeit: 55 Minuten

Für die Sauce:
1 Zwiebel
20 g Butter
250 ml trockener Bio-Weißwein
7 Stängel Thymian
250 g Schlagsahne
Salz, gem. Pfeffer
Voll-Rohrzucker

Für die Gemüsespaghetti:
5 Möhren (etwa 500 g)
4 kleine Zucchini (etwa 500 g)
1 Fleischtomate
40 g Butter

10 Basilikumblättchen

Pro Portion:
E: 5 g, F: 33 g, Kh: 14 g,
kJ: 1760, kcal: 421

1. Für die Sauce die Zwiebel abziehen und klein würfeln. Die Butter in einem Topf zerlassen. Die Zwiebelwürfel darin glasig dünsten. Den Wein hinzugießen, zum Kochen bringen und etwa 3 Minuten einkochen lassen.
2. Thymian abspülen und trocken tupfen. Die Blättchen von den Stängeln zupfen. Die Sahne und zwei Drittel der Thymianblättchen zum Weinsud geben, wieder zum Kochen bringen und etwa 15 Minuten bei mittlerer Hitze kochen lassen. Mit Salz, Pfeffer und Rohrzucker würzen.
3. In der Zwischenzeit für die Gemüsespaghetti die Möhren putzen, schälen, abspülen, abtropfen lassen. Zucchini abspülen, abtrocknen und die Enden abschneiden. Möhren und Zucchini zuerst in dünne Längsscheiben, dann in lange Streifen schneiden. Möhrenstreifen etwa 1 Minute und Zucchinistreifen ganz kurz in kochendem Wasser blanchieren, in ein Sieb geben, mit kaltem Wasser abschrecken und gut abtropfen lassen.
4. Die Tomate abspülen, abtrocknen, halbieren und den Stängelansatz herausschneiden. Tomate in Würfel schneiden.

Mexikanisches Maisgemüse

5. Jeweils die Hälfte der Butter in einer großen Pfanne zerlassen. Die Gemüsestreifen darin in 2 Portionen unter Rühren kurz andünsten. Restliche Thymianblättchen untermischen, mit Salz und Pfeffer würzen.
6. Gemüsestreifen mit den Tomatenwürfeln mischen und wie Spaghetti auf einer großen Gabel aufrollen, sodass kleine „Nester" entstehen. Die Gemüsenester vorsichtig auf Tellern verteilen.
7. Basilikumblättchen abspülen, trocken tupfen und in Streifen schneiden. Die Gemüsenester mit der Sauce übergießen und mit Basilikumstreifen bestreuen.

Beilage: Italienisches Weißbrot (Ciabatta).

Möhren-Süßkartoffel-Gemüse

Möhren-Süßkartoffel-Gemüse

(Zubereitung im Topf mit Dämpfeinsatz Ø etwa 24 cm)

4 Portionen

Zubereitungszeit: 25 Minuten
Dämpfzeit: 10–15 Minuten

300 g Möhren
300 g Süßkartoffeln
Salz
1 Döschen (0,1 g) gem. Safran oder 1 Döschen (0,1 g) Safranfäden
2 EL Butter

Pro Portion:
E: 2 g, F: 9 g, Kh: 18 g,
kJ: 667, kcal: 159

1. Die Möhren putzen. Süßkartoffeln und Möhren schälen, abspülen, abtropfen lassen und in gleich große Würfel schneiden. Gemüsewürfel in einen hitzebeständigen, tiefen Teller geben, mit Salz bestreuen und mit Safran vermischen.
2. Etwa 3 cm hoch Wasser in den Topf füllen und zum Kochen bringen. Den Teller in den Dämpfeinsatz stellen. Darauf achten, dass am Rand die Dampfaustrittslöcher nicht bedeckt sind.
3. Den Dämpfeinsatz in den Topf hängen und mit einem Deckel verschließen. Das Gemüse 10–15 Minuten dämpfen.
4. Butter in einer Pfanne zerlassen und unter das gedämpfte Möhren-Süßkartoffel-Gemüse rühren.

Okraschoten, geschmort

VEGAN

4 Portionen (ohne Foto)

Zubereitungszeit: 30 Minuten
Garzeit: etwa 10 Minuten

500 g Okraschoten
1 l kochendes Salzwasser
2 Fleischtomaten
2 Zwiebeln
4 EL Olivenöl
Salz
gem. Pfeffer
1–2 EL Balsamico-Essig
1 Knoblauchzehe
einige Basilikumblättchen

Pro Portion:
E: 3 g, F: 12 g, Kh: 6 g,
kJ: 635, kcal: 152

1. Die Okraschoten putzen und die Stielansätze mit den Spitzen (Kappen) abschneiden. Okraschoten abspülen, abtropfen lassen und in kochendem Salzwasser etwa 5 Minuten kochen. Okraschoten in einem Sieb abtropfen lassen.
2. Tomaten kreuzweise einschneiden und mit kochendem Wasser übergießen. Nach 1–2 Minuten herausnehmen und mit kaltem Wasser abschrecken. Tomaten häuten, halbieren und die Stängelansätze herausschneiden. Tomaten in Spalten schneiden. Zwiebeln abziehen und würfeln.
3. Olivenöl in einer Pfanne erhitzen, Zwiebelwürfel darin glasig dünsten. Tomatenspalten und Okraschoten hinzugeben, mit Salz, Pfeffer und Essig würzen. Knoblauch abziehen, durch eine Knoblauchpresse drücken und hinzufügen. Die Okraschoten mit den Tomatenspalten zugedeckt etwa 10 Minuten dünsten, anrichten und mit abgespülten, trocken getupften Basilikumblättchen garnieren.

Tofu mit Bohnengemüse

6. Schnittlauch abspülen, trocken tupfen und in Röllchen schneiden.
7. Das Olivenöl in einer beschichteten Pfanne erhitzen. Tofustreifen mit der Marinade darin bei mittlerer Hitze heiß werden lassen. Gegarte Kartoffeln abgießen, mit kaltem Wasser abschrecken und evtl. pellen.
8. Das Gemüse mit Salz, Pfeffer und Muskat würzen. Tofu mit dem Gemüse und den Kartoffeln anrichten. Schnittlauchröllchen auf den Tofu streuen.

Tofu mit Bohnengemüse

VEGAN

4 Portionen

Zubereitungszeit: 35 Minuten, ohne Marinierzeit
Garzeit: Gemüse etwa 11 Minuten

Für den Tofu:
450 g Tofu
4 EL süßer Senf
1–2 TL scharfer Senf
2 EL Balsamico-Essig
Salz

1 kg festkochende Kartoffeln

Für das Bohnengemüse:
450 g TK-Dicke Bohnen
1 Knoblauchzehe
2 EL Olivenöl
450 g TK-Blattspinat
40 g Korinthen oder Rosinen
1 Bund Frühlingszwiebeln (etwa 150 g)

1/2 Bund Schnittlauch
1 EL Olivenöl
gem. Pfeffer, ger. Muskatnuss

Pro Portion:
E: 36 g, F: 20 g, Kh: 56 g,
kJ: 2330, kcal: 556

1. Für den Tofu den Tofu trocken tupfen, in etwa 2 cm breite Streifen schneiden und in eine Schale legen. Beide Senfsorten mit Essig verrühren, mit Salz würzen. Die Marinade auf den Tofustreifen verteilen und den Tofu anschließend zugedeckt etwa 40 Minuten marinieren.
2. Kartoffeln gründlich waschen, abtropfen lassen, knapp mit Wasser bedeckt, zugedeckt zum Kochen bringen und etwa 25 Minuten garen.
3. In der Zwischenzeit für das Gemüse die gefrorenen Bohnen in kochendem Salzwasser etwa 3 Minuten kochen. Die Bohnen in ein Sieb geben, mit kaltem Wasser abspülen und etwas abkühlen lassen. Die Kerne jeweils aus der Schale drücken.
4. Knoblauch abziehen und in kleine Stücke schneiden. Olivenöl in einem breiten Topf erhitzen. Gefrorenen Blattspinat, Knoblauch und Korinthen oder Rosinen darin kurz unter Rühren andünsten. Den Spinat zugedeckt etwa 5 Minuten bei mittlerer Hitze dünsten.
5. Die Frühlingszwiebeln putzen, abspülen, abtropfen lassen und in etwa 2 cm lange Stücke schneiden. Die Frühlingszwiebelstücke mit den Bohnenkernen zum Spinat geben und zugedeckt etwa 3 Minuten bei mittlerer Hitze dünsten.

Wirsingwickel mit Austernpilzen und Kümmel

4 Portionen

VEGAN

Zubereitungszeit: 30 Minuten
Garzeit: etwa 25 Minuten

Salz
1 Wirsing (etwa 1 1/2 kg)
100 g Austernpilze
1 Zwiebel
4 EL vegane Margarine
1/2 TL Kümmelsamen
200 ml Gemüsebrühe
2 EL Schnittlauchröllchen
1 EL klein geschnittene Petersilie
gem. Pfeffer

Pro Portion:
E: 9 g, F: 19 g, Kh: 10 g,
kJ: 1026, kcal: 245

1. In einem großen Topf reichlich Wasser zum Kochen bringen. Salz hinzufügen (auf 1 Liter Wasser 1 Teelöffel Salz).
2. In der Zwischenzeit von dem Wirsing die äußeren, welken Blätter entfernen. Den Kohl abspülen, abtropfen lassen und den Strunk keilförmig herausschneiden.
3. Den Wirsing so lange in das kochende Wasser legen, bis sich die äußeren Blätter lösen. Diesen Vorgang wiederholen, bis sich etwa 12 Blät-

ter lösen lassen (nicht zu weich kochen!). Den restlichen Wirsingkopf vierteln und in sehr feine Streifen schneiden.
4. Austernpilze putzen, evtl. kurz abspülen, trocken tupfen und in kleine Stücke schneiden. Die Zwiebel abziehen und klein würfeln.
5. Die Hälfte der Margarine in einem Topf zerlassen. Zwiebelwürfel, Pilzstücke und Kümmel darin andünsten. Die Kohlstreifen hinzugeben und kurz mitdünsten lassen. 100 ml der Gemüsebrühe hinzugießen und zum Kochen bringen. Das Gemüse zugedeckt etwa 10 Minuten garen. Die Schnittlauchröllchen und Petersilie unterrühren. Gemüsemasse mit Salz und Pfeffer würzen und in 12 Portionen teilen.
6. Den Backofen vorheizen.
Ober-/Unterhitze: etwa 200 °C
Heißluft: etwa 180 °C
7. Ein sauberes, angefeuchtetes Geschirrtuch in eine Suppentasse legen. Ein Wirsingblatt hineinlegen. Eine Gemüseportion in das Wirsingblatt legen. Das Wirsingblatt mithilfe des Geschirrtuches über der Füllung zu einem Wickel formen.
8. Die Wirsingwickel mit der gefalteten Seite nach unten in eine Form (gefettet) setzen. Restliche Gemüsebrühe hinzugießen. Restliche Margarine daraufsetzen.
9. Die Form auf dem Rost in den vorgeheizten Backofen schieben und die Wirsingwickel etwa 25 Minuten garen.

Tofu-Gemüse-Ragout

2 Portionen

VEGAN

Zubereitungszeit: 35 Minuten
Garzeit: etwa 20 Minuten

1 Knoblauchzehe, 1 Zwiebel
je 1/2 grüne und rote Paprikaschote
125 g Zucchini
200 g Auberginen
200 g Tomaten
3 EL Olivenöl
Salz, gem. Pfeffer
je 1 Msp. gerebelter Rosmarin, Thymian und Oregano
200–250 g Tofu
75 g abgetropfte Oliven mit Kräutern (aus dem Glas)

Pro Portion:
E: 22 g, F: 27 g, Kh: 12 g,
kJ: 1631, kcal: 389

1. Knoblauch und Zwiebel abziehen, in kleine Würfel schneiden. Paprikaschotenhälften entstielen, entkernen und die weißen Scheidewände entfernen. Schotenhälften abspülen, abtropfen lassen und würfeln.
2. Zucchini und Auberginen abspülen, abtropfen lassen und die Enden bzw. Stängelansätze entfernen. Zucchini und Auberginen grob würfeln.
3. Tomaten abspülen, abtropfen lassen, halbieren und die Stängelansätze herausschneiden. Tomaten ebenfalls in grobe Würfel schneiden.
4. Zwei Esslöffel Olivenöl in einem Topf erhitzen. Die Knoblauch- und Zwiebelwürfel darin kurz andünsten. Zucchini- und Auberginenwürfel hinzugeben, mit Salz, Pfeffer und Kräutern würzen. Das Gemüse zugedeckt 5–8 Minuten bei schwacher Hitze unter gelegentlichem Rühren dünsten.
5. Paprikawürfel hinzugeben und zugedeckt weitere etwa 5 Minuten dünsten. Tomatenwürfel unterheben. Das Gemüse einmal aufkochen lassen.
6. In der Zwischenzeit den Tofu in Würfel schneiden. Restliches Olivenöl in einer Pfanne erhitzen. Tofuwürfel darin von allen Seiten bei mittlerer Hitze anbraten.
7. Die Tofuwürfel mit den Oliven (evtl. halbiert) zum Gemüse geben und untermischen. Das Ragout zugedeckt noch etwa 5 Minuten garen und mit den Gewürzen abschmecken.

Beilage: **Rosmarin-Kartoffeln** (2 Portionen). Dafür 500 g neue Kartoffeln gründlich unter fließendem kalten Wasser abbürsten und abtropfen lassen. Kartoffeln der Länge nach in dünne Spalten schneiden. 4–5 Esslöffel Olivenöl in einer großen Pfanne erhitzen. Die Kartoffelspalten hinzugeben, mit Salz und Pfeffer würzen. 1 großen Stängel Rosmarin abspülen und gut trocken tupfen. Die Nadeln von dem Stängel zupfen. Nadeln klein schneiden und zu den Kartoffelspalten geben. Kartoffelspalten etwa 20 Minuten unter mehrmaligem Wenden braten, bis sie eine braune Kruste haben.

Wirsingwickel mit Austernpilzen und Kümmel

Tofu-Gemüse-Ragout

Kohlrabi in Kohlrabisauce

6 Portionen (ohne Foto)

Zubereitungszeit: 35 Minuten, ohne Quellzeit
Garzeit: 15–20 Minuten

6 Kohlrabi (je etwa 200 g)
375 ml Gemüsebrühe
75 g Grünkernschrot
50 g Schlagsahne
150 g ger. Emmentaler
2 EL Schnittlauchröllchen
25 g Butter oder Margarine

Pro Portion:
E: 23 g, F: 30 g, Kh: 30 g,
kJ: 2086, kcal: 498

1. Kohlrabi putzen und das zarte Grün beiseitelegen. Kohlrabi schälen, abspülen und abtropfen lassen. Kohlrabi mit einem Teelöffel so aushöhlen, dass ein etwa 1/2 cm breiter Rand stehen bleibt. Kohlrabifleisch klein schneiden und beiseitelegen.
2. Von der Gemüsebrühe 225 ml abmessen und in einem flachen Topf zum Kochen bringen. Die ausgehöhlten Kohlrabi darin 5–10 Minuten vorgaren.
3. In der Zwischenzeit die restliche Gemüsebrühe in einem zweiten Topf zum Kochen bringen, Grünkernschrot hineinstreuen und etwa 15 Minuten bei schwacher Hitze quellen lassen.
4. Die vorgegarten Kohlrabi aus dem Topf nehmen und die Flüssigkeit beiseitestellen. 2 1/2 Esslöffel der Sahne mit Emmentaler und Schnittlauchröllchen vermischen und unter die Grünkernmasse geben. Die Masse in die Kohlrabi füllen.
5. Butter oder Margarine in einem Topf zerlassen. Das beiseitegelegte Kohlrabifleisch mit dem abgespülten, trocken getupftem Kohlrabigrün darin andünsten. Die beiseitegestellte Kohlrabiflüssigkeit (von den vorgegarten Kohlrabi) hinzugießen. Kohlrabi in den Topf setzen und zugedeckt 15–20 Minuten dünsten.
6. Den Backofengrill vorheizen.
7. Die gefüllten Kohlrabi aus der Sauce nehmen, in eine Auflaufform (leicht gefettet) setzen und einige Minuten unter dem vorgeheizten Backofengrill überbacken.
8. Die Sauce mit einem Pürierstab fein pürieren, restliche Sahne unterrühren und nochmals erhitzen. Die gefüllten Kohlrabi mit der Sauce anrichten und servieren.

Spinatgemüse mit Pinienkernen

4 Portionen VEGAN

Zubereitungszeit: 30 Minuten
Garzeit: etwa 10 Minuten

500 g frischer Blattspinat
5 EL Olivenöl
2 Knoblauchzehen
Salz
Saft von 1 Zitrone
100 ml Gemüsebrühe
gem. Pfeffer
ger. Muskatnuss
Cayennepfeffer
Zucker
2 Tomaten
100 g eingeweichte Korinthen
250 g gegarter Reis (Rohgewicht etwa 90 g)
1 Bund Zitronenmelisse
75 g Pinienkerne

Pro Portion:
E: 9 g, F: 23 g, Kh: 36 g,
kJ: 1643, kcal: 392

1. Spinat verlesen und die dicken Stiele entfernen. Spinat gründlich waschen und in einem Sieb gut abtropfen lassen.
2. Olivenöl in einem Topf erhitzen. Knoblauch abziehen, mit 1/2 Teelöffel Salz zerreiben, hinzugeben und kurz andünsten.
3. Spinat in das Knoblauchfett geben, mit Zitronensaft beträufeln und zugedeckt bei schwacher Hitze etwa 5 Minuten dünsten. Brühe hinzugießen. Den Spinat mit Salz, Pfeffer, Muskat, Cayennepfeffer und 1 Prise Zucker kräftig würzen.
4. Tomaten kreuzweise einschneiden und mit kochendem Wasser übergießen. Nach 1–2 Minuten herausnehmen und mit kaltem Wasser abschrecken. Tomaten häuten, halbieren, Stängelansätze herausschneiden. Tomaten entkernen und würfeln.
5. Korinthen, Tomatenwürfel und den gegarten Reis unter den Spinat rühren, bei schwacher Hitze weitere etwa 5 Minuten garen, dabei ab und zu umrühren. Den Spinat nochmals mit den Gewürzen kräftig abschmecken.
6. Zitronenmelisse abspülen und trocken tupfen. Die Blättchen von den Stängeln zupfen. Blättchen klein schneiden, mit den Pinienkernen unter den Spinat heben, nochmals erhitzen und servieren.

Spinatgemüse mit Pinienkernen

Wirsing-Spinat-Gemüse

Rosenkohltopf mit karamellisierten Nüssen

Wirsing-Spinat-Gemüse

4 Portionen

Zubereitungszeit: 30 Minuten
Garzeit: etwa 15 Minuten

500 g Wirsing
2 Knoblauchzehen
2 Zwiebeln
20 g Butterschmalz
450 g TK-Blattspinat
70 g Rosinen
125 ml Gemüsebrühe
Salz, Sambal Oelek
gem. Pfeffer, gem. Koriander
150 g Schmand (Sauerrahm)
einige Scheiben von
1 Bio-Zitrone
(unbehandelt, ungewachst)

Pro Portion:
E: 10 g, F: 17 g, Kh: 19 g,
kJ: 1182, kcal: 282

1. Vom Wirsing die äußeren, welken Blätter entfernen. Den Wirsing achteln, abspülen, abtropfen lassen und den Strunk herausschneiden. Wirsing in Streifen schneiden.
2. Knoblauch und Zwiebeln abziehen. Zwiebeln in Spalten und Knoblauch in Scheiben schneiden.
3. Butterschmalz in einem Wok oder einer großen, beschichteten Pfanne erhitzen. Die Zwiebelspalten, Knoblauchscheiben und Wirsingstreifen darin bei mittlerer Hitze unter Rühren anbraten.
4. Den gefrorenen Spinat mit den Rosinen unterrühren und die Gemüsebrühe hinzugießen. Das Gemüse zugedeckt etwa 15 Minuten bei mittlerer Hitze dünsten, dabei gelegentlich umrühren.
5. Das Wirsing-Spinat-Gemüse mit Salz, Sambal Oelek, Pfeffer und Koriander würzen, Schmand unterrühren. Das Gemüse mit Zitronenscheiben auf Tellern anrichten und servieren.

Rosenkohltopf mit karamellisierten Nüssen

4 Portionen

Zubereitungszeit: 40 Minuten
Garzeit: etwa 25 Minuten

800 g Rosenkohl
Salz
4 Möhren
500 g festkochende Kartoffeln
1 Zwiebel
2 EL Rapsöl
250 ml Gemüsebrühe
gem. Pfeffer
60 g Walnusskerne
20 g Butter
60 g Zucker
40 g flüssiger Honig
1–2 EL kaltes Wasser
1–2 EL Schnittlauchröllchen

Pro Portion:
E: 13 g, F: 21 g, Kh: 51 g,
kJ: 1850, kcal: 442

1. Rosenkohl putzen, abspülen, abtropfen lassen und am Strunk kreuzweise einschneiden.
2. Den Rosenkohl in kochendem Salzwasser etwa 5 Minuten kochen. Dann den Rosenkohl mit kaltem Wasser abschrecken und abtropfen lassen.
3. In der Zwischenzeit Möhren putzen. Möhren und Kartoffeln schälen, abspülen, abtropfen lassen und in kleine Würfel schneiden. Zwiebel abziehen und würfeln.
4. Das Rapsöl in einem Topf erhitzen. Die Zwiebelwürfel darin glasig dünsten. Die Möhren- und Kartoffelwürfel hinzugeben und mitdünsten lassen.
5. Die Brühe hinzugießen und zum Kochen bringen. Das Gemüse mit Salz und Pfeffer würzen und etwa 10 Minuten bei schwacher Hitze garen, dabei gelegentlich umrühren.
6. Die Walnusskerne grob hacken. Die Butter in einer Pfanne zerlassen. Den Zucker darin unter Rühren karamellisieren. Walnusskerne, Honig und kaltes Wasser mit einem Holzlöffel unterrühren und kurz aufkochen lassen. Die karamellisierten Walnusskerne auf einen Bogen Backpapier geben und erkalten lassen.
7. Den vorgegarten Rosenkohl unter das Gemüse rühren. Den Rosenkohlkopf weitere etwa 10 Minuten garen.
8. Die karamellisierten Walnusskerne hacken oder auseinanderbrechen. Den Rosenkohltopf mit den karamellisierten Nüssen und den Schnittlauchröllchen bestreut servieren.

Ratatouille

2–3 Portionen

VEGAN

Zubereitungszeit: 25 Minuten

1 Tomate
1 gelbe Paprikaschote
1 Zucchini
1 kleine Aubergine
1 Stängel Rosmarin
4–5 EL Olivenöl
2 Knoblauchzehen
Salz
gem. Pfeffer
etwas Balsamico-Essig

Pro Portion:
E: 4 g, F: 19 g, Kh: 10 g,
kJ: 937, kcal: 223

1. Tomate abspülen und trocken tupfen. Tomate vierteln, entkernen und den Stängelansatz herausschneiden. Tomatenviertel nochmals quer oder längs halbieren. Die Paprikaschote mit einem Sparschäler grob schälen, vierteln, entkernen und die weißen Scheidewände entfernen. Schotenviertel abspülen, trocken tupfen und in Größe der Tomaten schneiden.
2. Zucchini und Aubergine abspülen, trocken tupfen und die Enden bzw. den Stängelansatz abschneiden. Die Zucchini in etwa 5 mm dicke Scheiben schneiden. Aubergine der Länge nach vierteln und in etwa 5 mm dicke Stücke schneiden. Rosmarin abspülen und trocken tupfen. Die Nadeln von dem Stängel zupfen.
3. Die vorbereiteten Tomatenstücke in eine große Schüssel geben (sie werden nicht angebraten, sondern sollen durch das daraufgegebene, angebratene Gemüse nur etwas Hitze abbekommen).
4. Einen Esslöffel des Olivenöls in einer Pfanne erhitzen. Paprikastücke darin mit 1 nicht geschälten, angedrückten Knoblauchzehe etwa 1 Minute scharf anbraten. Mit Salz und Pfeffer würzen und anschließend mit 1 Spritzer Balsamico-Essig ablöschen. Die Paprikastücke mit der Knoblauchzehe auf den Tomatenstücken in der Schüssel verteilen.
5. Wieder 1 Esslöffel des Olivenöls in der Pfanne erhitzen. Zucchinischeiben darin mit der restlichen, nicht geschälten, angedrückten Knoblauchzehe etwa 1 Minute scharf anbraten. Mit Salz, Pfeffer und Balsamico-Essig würzen. Zucchinischeiben und die Knoblauchzehe herausnehmen, auf die Paprikastücke geben.
6. Restliches Olivenöl in der Pfanne erhitzen. Auberginenstücke darin 3–4 Minuten anbraten. Mit Salz, Pfeffer und Balsamico-Essig würzen. Rosmarinnadeln unterrühren. Die Auberginenstücke auf die Zucchinischeiben geben. Das geschichtete Gemüse vermischen. Mit Salz, Pfeffer und Essig abschmecken. Ratatouille noch warm servieren.

Pastinaken-Möhren-Gemüse

4 Portionen

VEGAN

Zubereitungszeit: 25 Minuten
Garzeit: 11–13 Minuten

300 g Möhren
700 g Pastinaken
3 EL Speiseöl, z. B. Sonnenblumenöl
125 ml Gemüsebrühe
Salz, gem. Pfeffer
1 EL klein geschnittene, glatte Petersilie

Pro Portion:
E: 2 g, F: 11 g, Kh: 19 g,
kJ: 782, kcal: 187

1. Möhren und Pastinaken putzen, schälen, abspülen und abtropfen lassen. Möhren in dünne Scheiben schneiden. Von den Pastinaken jeweils die Spitzen in dünne Scheiben schneiden, untere Enden vierteln und in dünne Scheiben schneiden.
2. Öl in einem Topf zerlassen. Die Möhrenscheiben darin etwa 5 Minuten bei schwacher Hitze unter Rühren dünsten. Die Pastinakenscheiben hinzugeben und Gemüsebrühe hinzugießen. Das Gemüse mit Salz und Pfeffer würzen, zum Kochen bringen und zugedeckt in 6–8 Minuten gar dünsten, dabei gelegentlich umrühren.

3. Das Gemüse mit Salz und Pfeffer abschmecken und mit Petersilie bestreut servieren.

Kohlrabigemüse in Nusssahne

4 Portionen (ohne Foto)

Zubereitungszeit: 40 Minuten
Garzeit: 10–15 Minuten

1 Zwiebel
1 kg Kohlrabi
2 EL Butter
125 ml heiße Gemüsebrühe
250 g Schlagsahne
Salz
gem. Pfeffer
ger. Muskatnuss
Cayennepfeffer
Zucker
2 EL gem. Walnusskerne
2 EL gem. Haselnusskerne
1 EL abgezogene, gem. Mandeln

Pro Portion:
E: 7 g, F: 29 g, Kh: 12 g,
kJ: 1472, kcal: 352

1. Die Zwiebel abziehen und fein würfeln. Den Kohlrabi putzen, schälen, abspülen, abtropfen lassen und in Stifte schneiden. Das zarte Kohlrabigrün beiseitelegen.
2. Butter in einem Topf zerlassen, die Zwiebelwürfel darin andünsten, Kohlrabistifte hinzufügen. Die Brühe und Sahne hinzugießen, zum Kochen bringen und 10–15 Minuten dünsten. Das Ganze mit Salz, Pfeffer, Muskat, Cayennepfeffer und 1 Prise Zucker abschmecken.
3. Nusskerne und Mandeln in einer Pfanne ohne Fett unter Rühren anrösten, zum Kohlrabigemüse geben und unterheben.
4. Das beiseitegelegte Kohlrabigrün abspülen, trocken tupfen und klein schneiden. Das Kohlrabigemüse anrichten und mit dem Kohlrabigrün bestreut servieren.

Paprikagemüse in Orangensauce

4 Portionen

Zubereitungszeit: 25 Minuten
Garzeit: 4–6 Minuten

1 Zwiebel
2 Knoblauchzehen
3 EL Maiskeimöl
400 ml Orangensaft
150 ml Portwein
2 EL flüssiger Honig
2 Döschen (0,2 g) Safran
gerebelter Thymian
Salz
gem. Pfeffer
je 1 große, gelbe, rote und grüne Paprikaschote (je etwa 250 g)
2 Orangen
1 Bund Petersilie
3–4 Stängel Thymian

Pro Portion:
E: 3 g, F: 8 g, Kh: 32 g,
kJ: 1091, kcal: 260

1. Zwiebel und Knoblauch abziehen und in kleine Würfel schneiden. Das Maiskeimöl in einem großen, flachen Topf erhitzen, Zwiebel- und Knoblauchwürfel darin andünsten.
2. Orangensaft, Portwein und Honig hinzufügen. Die Zutaten zum Kochen bringen und bei starker Hitze ohne Deckel um gut die Hälfte einkochen lassen. Den Sud mit Safran, Thymian, Salz und Pfeffer würzen.
3. Paprikaschoten halbieren, entstielen, entkernen und die weißen Scheidewände entfernen. Schoten abspülen, abtropfen lassen und in etwa 2 cm große Würfel schneiden. Orangen so schälen, dass die weiße Haut vollständig mitentfernt wird. Orangenfilets herausschneiden.
4. Die Paprikawürfel in den eingekochten Sud geben und 4–6 Minuten dünsten.
5. Petersilie und Thymian abspülen, trocken tupfen (1–2 Stängel Thymian beiseitelegen). Die Blättchen von den Stängeln zupfen. Petersilienblättchen klein schneiden. Orangenfilets und Petersilie unter das Gemüse heben und in einer Schüssel anrichten. Mit Thymianblättchen bestreuen und mit beiseitegelegten Thymianstängeln garnieren.

Beilage: Basmatireis.

Paprikagemüse in Orangensauce

Wirsingrouladen mit Schafskäse

4 Portionen

Zubereitungszeit: 65 Minuten, ohne Einweichzeit
Garzeit: etwa 30 Minuten

Für die Füllung:
130 g Weizenkörner
200 ml Wasser
2 Zwiebeln
2 Knoblauchzehen
3 EL Olivenöl
60 g getrocknete Tomaten
50 g schwarze Oliven, trocken eingelegt
1 Ei (Größe M)
3 EL Semmelbrösel
200 g Schafskäse
Salz
gem. Pfeffer
gerebelter Thymian

1 großer Kopf Wirsing (etwa 1 kg)

Für die Sauce:
1 Pck. Zwiebelsuppenpulver (für 750 ml Suppe)

Pro Portion:
E: 22 g, F: 25 g, Kh: 40 g,
kJ: 2090, kcal: 499

1. Für die Füllung die Weizenkörner in kaltem Wasser über Nacht einweichen.
2. Zwiebeln und Knoblauch abziehen, in kleine Würfel schneiden. Olivenöl in einem Topf erhitzen.
3. Die Zwiebel- und Knoblauchwürfel darin andünsten. Die eingeweichten Weizenkörner mit der Flüssigkeit hinzugeben und zum Kochen bringen. Die Weizenkörner zugedeckt etwa 15 Minuten bei schwacher Hitze garen und abkühlen lassen.
4. Tomaten in Streifen schneiden, Oliven halbieren. Die Weizenkörnermasse in eine Schüssel geben. Ei, Tomatenstreifen, Olivenhälften, Semmelbrösel und grob zerbröselten Schafskäse hinzugeben und gut untermischen. Mit Salz, Pfeffer und Thymian würzen.
5. Vom Wirsing die groben, äußeren Blätter lösen und den Strunk herausschneiden. Den Wirsing abspülen, abtropfen lassen und vorsichtig 8 große Blätter ablösen. Wirsingblätter in kochendem Wasser etwa 2 Minuten blanchieren, mit kaltem Wasser abschrecken und in einem Sieb abtropfen lassen. Von den Wirsingblättern evtl. die dicken Blattrippen etwas flach schneiden.
6. Den Backofen vorheizen.
Ober-/Unterhitze: etwa 200 °C
Heißluft: etwa 180 °C

Wirsingrouladen mit Schafskäse

7. Wirsingblätter auf einer Arbeitsfläche ausbreiten und die Weizenkörnermasse darauf verteilen. Die Wirsingblätter zum Stielende hin aufrollen, dabei die Seiten etwas einschlagen. Die Wirsingrouladen mit der Öffnung nach unten in eine feuerfeste Form (gefettet) legen.
8. Für die Sauce Zwiebelsuppenpulver nach Packungsanleitung zubereiten, dabei aber nur 600 ml Wasser verwenden. Die Wirsingrouladen mit der Sauce übergießen. Die Form auf dem Rost in den vorgeheizten Backofen (untere Schiene) schieben. Die Wirsingrouladen etwa 30 Minuten garen.

Paprika „Mexikanisch“

4 Portionen

VEGAN

Zubereitungszeit: 25 Minuten
Garzeit: etwa 45 Minuten

4 große, grüne Paprikaschoten
1 kleine Aubergine (etwa 250 g)
2 Zwiebeln
3 Knoblauchzehen
8 EL Olivenöl
120 g Arborio Reis (Rundkornreis)
350 g Tomaten
400 ml Gemüsebrühe
Salz
Chilipulver
1 Bund Koriander
1 Bund glatte Petersilie

Pro Portion:
E: 6 g, F: 25 g, Kh: 35 g,
kJ: 1688, kcal: 402

1. Paprikaschoten abspülen, abtrocknen und am Stielende jeweils einen Deckel abschneiden. Aus den Paprikaschoten mithilfe eines Löffels die Kerne und weißen Scheidewände entfernen. Schoten evtl. nochmals von innen ausspülen und abtropfen lassen. Aubergine abspülen, abtrocknen und den Stängelansatz entfernen. Aubergine in etwa 1 cm große Würfel schneiden. Zwiebeln

Paprika „Mexikanisch"

Zucchini mit Kürbis-Paprika-Gemüse

und Knoblauch abziehen, in kleine Würfel schneiden.

2. Olivenöl in einer Pfanne erhitzen. Die Auberginenwürfel darin von allen Seiten kräftig anbraten. Zwiebel- und Knoblauchwürfel hinzugeben und mitdünsten lassen. Dann den Reis hinzugeben und unter Rühren glasig dünsten.

3. Den Backofen vorheizen.
Ober-/Unterhitze: etwa 200 °C
Heißluft: etwa 180 °C

4. Tomaten abspülen, abtropfen lassen, halbieren und die Stängelansätze herausschneiden. Tomaten grob würfeln und zu der Reismischung in die Pfanne geben. 300 ml der Brühe hinzugießen, zum Kochen bringen und etwa 10 Minuten bei schwacher Hitze kochen lassen. Die Reismischung noch etwa 5 Minuten auf der abgeschalteten Kochstelle ausquellen lassen. Mit Salz und Chili würzen.

5. Koriander abspülen und trocken tupfen. Die Blättchen von den Stängeln zupfen, Blättchen klein schneiden und unter die Reismischung geben. Die Reismasse in die vorbereiteten Paprikaschoten füllen und in eine Auflaufform (gefettet) setzen. Die restliche Reismasse und restliche Brühe darum verteilen. Die Paprikadeckel wieder aufsetzen.

6. Die Form auf dem Rost in den vorgeheizten Backofen schieben. Paprikaschoten etwa 45 Minuten garen.

7. Petersilie abspülen und trocken tupfen. Die Blättchen von den Stängeln zupfen, Blättchen klein schneiden. Die Paprikaschoten anrichten, mit Petersilie bestreuen und nach Belieben mit etwas Garflüssigkeit servieren.

Zucchini mit Kürbis-Paprika-Gemüse

12 Portionen VEGAN

Zubereitungszeit: 70 Minuten
Garzeit: etwa 40 Minuten

12 kleine Zucchini (etwa 1,2 kg)
Salz
500 g Langkornreis
400 g abgetropfte Tomaten (aus der Dose)
1 Bund glatte Petersilie
gerebelter Thymian
gerebelter Majoran
gem. Pfeffer

Für das Gemüse:
400 g abgetropfte Kürbisstücke (aus dem Glas)
je 4 rote und grüne Paprikaschoten (etwa 800 g)
2 mittelgroße Zwiebeln
4 EL Olivenöl
3 EL Tomatenmark
400 ml Gemüsebrühe

Pro Portion:
E: 7 g, F: 7 g, Kh: 40 g,
kJ: 1056, kcal: 253

1. Zucchini abspülen, abtrocknen und die Enden abschneiden. Zucchini längs halbieren und eine dünne Standfläche abschneiden. Zucchinihälften in kochendem Salzwasser etwa 5 Minuten kochen, in einem Sieb abtropfen und etwas abkühlen lassen. Aus den Zucchinihälften mithilfe eines Teelöffels etwas Fruchtfleisch herausschaben. Dabei darauf achten, dass eine gleichmäßig starke Wand stehen bleibt. Herausgenommenes Fruchtfleisch klein schneiden.

2. Den Langkornreis in kochendem Salzwasser nach Packungsanleitung in 12–15 Minuten bissfest kochen. Anschließend in einem Sieb abtropfen lassen. Tomaten klein schneiden. Die Petersilie abspülen und trocken tupfen. Blättchen von den Stängeln zupfen. Blättchen klein schneiden.

3. Den Reis mit Tomatenstücken, Zucchinifleisch, Petersilie, Thymian und Majoran mischen. Mit Salz und Pfeffer würzen. Die vorbereiteten Zucchinihälften mit der Reis-Gemüse-Mischung füllen.

4. Den Backofen vorheizen.
Ober-/Unterhitze: etwa 180 °C
Heißluft: etwa 160 °C

5. Für das Gemüse die Kürbisstücke nochmals halbieren. Paprikaschoten halbieren, entstielen, entkernen und die weißen Scheidewände entfernen. Schoten abspülen, abtropfen lassen und in grobe Würfel schneiden.

6. Zwiebeln abziehen und klein würfeln. Etwas Olivenöl in einer hitzebeständigen Auflaufform erhitzen. Die Zwiebelwürfel und Paprikawürfel darin unter Rühren andünsten, Tomatenmark untermischen. Gemüsebrühe hinzugießen und vermengen.

7. Die gefüllten Zucchinihälften daraufsetzen und mit restlichem Olivenöl beträufeln. Die Form auf dem Rost in den vorgeheizten Backofen schieben. Die Zucchini etwa 40 Minuten garen.

8. Nach etwa 30 Minuten Garzeit die Kürbisstücke zu dem Gemüse in die Auflaufform geben und alles fertig garen. Gemüse nochmals mit Salz und Pfeffer abschmecken.

Paksoi-Gemüse

Okragemüse

Paksoi-Gemüse

4 Portionen

Zubereitungszeit: 35 Minuten
Garzeit: etwa 15 Minuten

500 g Paksoi
2 Zwiebeln
2 EL Olivenöl
1 EL Butter
2 Knoblauchzehen
Salz, gem. Pfeffer

Pro Portion:
E: 0 g, F: 8 g, Kh: 2 g,
kJ: 349, kcal: 83

1. Paksoi putzen, die Stielenden abschneiden und entfernen. Die Blätter von den Stielen streifen. Stiele in schmale Streifen schneiden, Blätter grob zerkleinern. Paksoistreifen und -blätter abspülen und trocken tupfen.
2. Zwiebeln abziehen und in kleine Würfel schneiden. Olivenöl in einem Topf erhitzen. Butter darin zerlassen. Zwiebelwürfel hinzugeben und glasig dünsten. Knoblauch abziehen, in Scheiben schneiden und mit andünsten.
3. Paksoistreifen hinzugeben und alles zugedeckt etwa 10 Minuten dünsten. Paksoiblätter untermischen. Mit Salz und Pfeffer würzen, weitere etwa 3 Minuten dünsten.

Tipp: Paksoi ist eine Kohlsorte, er schmeckt ähnlich wie Mangold oder Spinat.

Okragemüse

4 Portionen

Zubereitungszeit: 45 Minuten
Garzeit: etwa 10 Minuten

500 g Okraschoten
1 Bund Frühlingszwiebeln
2 Knoblauchzehen
500 g Markkürbis
500 g Fleischtomaten
1 rote Chilischote
3 EL Olivenöl
Salz, gem. Pfeffer
Zitronensaft
Chilipulver
Tabasco

Pro Portion:
E: 6 g, F: 11 g, Kh: 15 g,
kJ: 803, kcal: 192

1. Die Okraschoten putzen und die Stielansätze mit den Spitzen (Kappen) abschneiden. Die Okraschoten abspülen, abtropfen lassen und in kochendem Wasser kurz blanchieren, anschließend in ein Sieb geben (damit nicht so viel Schleim austritt) und abtropfen lassen. Frühlingszwiebeln putzen, abspülen, abtropfen lassen und in Scheiben schneiden.
2. Knoblauch abziehen und fein würfeln. Markkürbis halbieren, die Kerne mit einem Löffel herauskratzen und den faserigen Innenteil entfernen. Aus dem Fruchtfleisch mit einem Kugelausstecher Kugeln ausstechen.
3. Tomaten kreuzweise einschneiden und mit kochendem Wasser übergießen. Nach 1–2 Minuten herausnehmen und mit kaltem Wasser abschrecken. Tomaten häuten, halbieren und die Stängelansätze herausschneiden. Tomaten in Würfel schneiden. Chilischote abspülen, abtropfen lassen, entstielen, halbieren, entkernen und fein würfeln.
4. Olivenöl in einem Topf erhitzen, Frühlingszwiebelscheiben, Tomaten- und Chiliwürfel darin andünsten, mit Salz, Pfeffer, Zitronensaft, Chili und Knoblauchwürfeln würzen.
5. Okraschoten und Kürbiskugeln hinzugeben und in etwa 10 Minuten gar dünsten.
6. Das Okragemüse mit Tabasco abschmecken, in einer Schüssel anrichten und sofort servieren.

Kurkuma-Gemüse

4 Portionen (ohne Foto)

Zubereitungszeit: 35 Minuten
Garzeit: etwa 7 Minuten

500 g Möhren
1 Fenchelknolle (etwa 300 g)
1 Bund Frühlingszwiebeln (etwa 250 g)
4 EL Sesamöl
1 EL Kurkuma (Gelbwurz)
125 ml Gemüsebrühe
1–2 TL Essig-Essenz
1–2 TL Zucker
Salz, gem. Pfeffer
1 TL Speisestärke
1 EL Reiswein

Pro Portion:
E: 4 g, F: 13 g, Kh: 17 g,
kJ: 878, kcal: 209

1. Die Möhren putzen, schälen, abspülen, abtropfen lassen und in schmale Streifen schneiden. Fenchel putzen, abspülen, abtropfen lassen und halbieren. Fenchelhälften zuerst in dünne Scheiben, dann in Streifen schneiden. Frühlingszwiebeln putzen, abspülen, abtropfen lassen. Die Stangen halbieren und in je 3 Stücke schneiden.
2. Einen heißen Wok zweimal mit Sesamöl ausschwenken, dann das Sesamöl darin gut erhitzen. Kurkuma einrühren, Möhren- und Fenchelstreifen hinzugeben und unter Rühren etwa 5 Minuten anbraten.
3. Die Hitze reduzieren, die Gemüsebrühe hinzugießen und zum Kochen bringen. Das Gemüse mit Essig-Essenz, Zucker, Salz und Pfeffer würzen.
4. Frühlingszwiebelstücke hinzugeben und das Gemüse noch weitere etwa 2 Minuten garen. Speisestärke mit Reiswein anrühren, unter das Gemüse rühren und unter Rühren kurz aufkochen lassen. Das Gemüse nochmals kräftig mit den Gewürzen abschmecken.

Kartoffel-Pastinaken-Stampf mit weiß-grünem Gemüse

4 Portionen

Zubereitungszeit: 45 Minuten

Für den Stampf:
300 g Pastinaken
1 kg mehligkochende Kartoffeln
250 ml Gemüsebrühe

Für das Gemüse:
1 kleiner Blumenkohl (etwa 800 g)
1 Bund Frühlingszwiebeln
(etwa 200 g)
250 g Zuckerschoten
125 ml Gemüsebrühe

50 g Kürbiskerne
100 ml Milch (3,5 % Fett)
30 g Butter
Salz, gem. Pfeffer
ger. Muskatnuss
evtl. etwa 4 EL Kürbiskernöl

Pro Portion:
E: 14 g, F: 14 g, Kh: 44 g,
kJ: 1519, kcal: 363

1. Für den Stampf die Pastinaken putzen, schälen, abspülen, abtropfen lassen und in etwa 1/2 cm dicke Scheiben schneiden. Kartoffeln schälen, abspülen, abtropfen lassen und vierteln.
2. Die Brühe, Kartoffelstücke und Pastinakenscheiben in einem Topf zum Kochen bringen und zugedeckt etwa 25 Minuten bei schwacher Hitze dünsten.
3. In der Zwischenzeit für das Gemüse von dem Blumenkohl die Blätter entfernen. Blumenkohl in kleine Röschen teilen, abspülen und abtropfen lassen. Frühlingszwiebeln putzen, abspülen, abtropfen lassen und schräg in 1 cm breite Stücke schneiden. Von den Zuckerschoten die Enden abschneiden, evtl. abfädeln. Zuckerschoten abspülen, abtropfen lassen und 1–2-mal schräg durchschneiden.
4. Gemüsebrühe in einem breiten Topf zum Kochen bringen. Blumenkohlröschen hinzugeben und zugedeckt etwa 5 Minuten bei mittlerer Hitze dünsten.
5. In der Zwischenzeit Kürbiskerne in einer Pfanne ohne Fett unter Rühren hellbraun rösten, bis sie aufspringen. Kürbiskerne herausnehmen und auf einem Teller abkühlen lassen.
6. Frühlingszwiebel- und Zuckerschotenstücke zum Blumenkohl in den Topf geben und etwa 3 Minuten mitgaren lassen.
7. Milch aufkochen. Die garen Kartoffelstücke und Pastinakenscheiben in der verbliebenen Brühe mit einem Kartoffelstampfer zerdrücken. Milch und Butter unter das Püree rühren. Mit Salz, Pfeffer und Muskat abschmecken.
8. Das Gemüse mit Salz und Pfeffer würzen und mit dem Kartoffel-Pastinaken-Stampf anrichten. Das Gemüse mit den Kürbiskernen bestreuen und nach Belieben mit Kürbiskernöl beträufeln.

Tipp: Wer anstelle der Kürbiskerne Nusskerne bevorzugt, kann auch gehobelte Haselnusskerne rösten und das Gemüse z. B. mit Nussöl oder leicht gebräunter Butter beträufeln.

Kartoffel-Pastinaken-Stampf mit weiß-grünem Gemüse

Gurkengemüse

4 Portionen

VEGAN

Zubereitungszeit: 20 Minuten
Garzeit: 8–10 Minuten

1 kg Schmorgurken
30 g vegane Margarine oder
3 EL Speiseöl, z. B. Sonnenblumenöl
Salz, gem. Pfeffer
1 EL klein geschnittene Dillspitzen

Pro Portion:
E: 1 g, F: 7 g, Kh: 3 g,
kJ: 333, kcal: 80

1. Gurken schälen und die Enden abschneiden. Gurken längs halbieren und die Kerne mit einem Löffel herausschaben. Gurkenhälften in etwa 1 cm breite Streifen schneiden.
2. Die Margarine oder Speiseöl in einem Topf zerlassen bzw. erhitzen. Gurkenstreifen darin zugedeckt bei schwacher Hitze 8–10 Minuten unter gelegentlichem Rühren dünsten. Das Gurkengemüse mit Salz und Pfeffer abschmecken und mit Dill bestreut servieren.

Abwandlung: 2 Esslöffel Senfkörner in 100 ml Weißwein etwa 1 Stunde marinieren. 2 Schalotten abziehen, zuerst in Scheiben schneiden, dann in Ringe teilen. 1 Teelöffel Speiseöl in einer Pfanne zerlassen, Schalottenringe darin andünsten. Mit der Senfkörner-Wein-Marinade ablöschen. Gurkenstreifen hinzufügen und wie im Rezept beschrieben weiter zubereiten. Das Gemüse zusätzlich mit 1 Esslöffel mittelscharfem Senf und Crème fraîche abschmecken.

Indisches Currygemüse

12 Portionen

Zubereitungszeit: 30 Minuten
Garzeit: Reis etwa 15 Minuten

Für die Currysauce:
1 Zwiebel (etwa 100 g)
2 Äpfel (etwa 200 g)
80 g Butter oder Margarine
2 gestr. EL Currypulver
2 gestr. EL Weizenmehl
250 g Schlagsahne
200 ml Gemüsebrühe
Salz
gem. Pfeffer

3 dicke Möhren (etwa 300 g)
300 g Zuckerschoten
900 g Langkornreis
100 g Butter oder Margarine
460 g abgetropfte Bambussprossen, in Streifen (aus der Dose)
460 g abgetropfte Sojabohnenkeimlinge (aus der Dose)
250 g Mango-Chutney

Pro Portion:
E: 11 g, F: 21 g, Kh: 78 g,
kJ: 2268, kcal: 541

1. Für die Currysauce Zwiebel abziehen und in kleine Würfel schneiden. Die Äpfel schälen, vierteln und entkernen. Apfelviertel ebenfalls klein würfeln.
2. Butter oder Margarine in einem Topf zerlassen. Zwiebel- und Apfelwürfel darin andünsten. Mit Curry und Mehl bestäuben und unterrühren. Sahne und Brühe hinzugießen, zum Kochen bringen und etwa 15 Minuten unter gelegentlichem Rühren kochen lassen. Die Sauce mit Salz und Pfeffer würzen.
3. In der Zwischenzeit Möhren putzen, schälen, abspülen, abtropfen lassen und in feine Streifen schneiden. Von den Zuckerschoten die Enden abschneiden, evtl. abfädeln. Zuckerschoten abspülen und abtropfen lassen.
4. Die Möhrenstreifen und Zuckerschoten in kochendem Salzwasser etwa 2 Minuten blanchieren, mit einer Schaumkelle herausnehmen, mit kaltem Wasser abschrecken und anschließend in einem Sieb abtropfen lassen.
5. Den Reis in kochendem Salzwasser nach Packungsanleitung etwa 15 Minuten garen, in ein Sieb geben und abtropfen lassen.

Gurkengemüse

Indisches Currygemüse

6. Butter oder Margarine in einem Topf zerlassen. Das blanchierte Gemüse darin mit den Bambussprossen, Sojabohnenkeimlingen, Mango-Chutney und Reis portionsweise unter Rühren andünsten. Das Currygemüse auf Tellern anrichten und mit der heißen Currysauce umgießen.

Indisches Kürbiscurry

5 Portionen

VEGAN

Zubereitungszeit: 40 Minuten
Garzeit: etwa 37 Minuten

1 kg Hokkaido-Kürbis
2 kleine Zwiebeln
1 Stück (etwa 10 g) frischer Ingwer
2–3 EL Speiseöl
je 1/2 TL Kurkuma, Kreuzkümmel, Anissamen, Fenchelsamen, Kardamom (alles gemahlen)
Salz, 1 TL Voll-Rohrzucker
480 g geschälte Tomaten (aus der Dose)
250 ml Gemüsebrühe

Pro Portion:
E: 4 g, F: 6 g, Kh: 12 g,
kJ: 490, kcal: 117

1. Den Kürbis abspülen, abtropfen lassen, halbieren und die Kerne mit einem Löffel herausschaben. Die Kürbishälften in mundgerechte Stücke schneiden. Zwiebeln abziehen und klein würfeln. Ingwer schälen und ebenfalls klein würfeln.

2. Speiseöl in einem Topf erhitzen. Gewürze hinzugeben und unter Rühren einmal aufschäumen lassen. Zwiebel- und Ingwerwürfel hinzugeben, etwa 3 Minuten unter Rühren glasig dünsten. Kürbiswürfel hinzufügen und unter Rühren etwa 4 Minuten mitdünsten lassen. Mit Salz und Zucker würzen.

3. Geschälte Tomaten mit der Flüssigkeit und Gemüsebrühe hinzugeben. Mit Salz abschmecken. Kürbiscurry zum Kochen bringen und etwa 30 Minuten bei schwacher Hitze leicht kochen lassen.

Geschmorter Tofu

4 Portionen

VEGAN

Zubereitungszeit: 40 Minuten

500 g Tofu
150 ml Speiseöl
1 rote Paprikaschote (etwa 200 g)
1 gelbe Paprikaschote (etwa 200 g)
4 Zwiebeln
2–3 Knoblauchzehen
2 EL Speiseöl
2 Msp. Sambal Oelek
2 EL Sojasauce
2 TL gem. Koriander
2 EL Reis-Essig (5 %)
1 TL Zucker
250 ml Gemüsebrühe
Salz
evtl. Zucker
einige Korianderblättchen

Pro Portion:
E: 22 g, F: 15 g, Kh: 14 g,
kJ: 1157, kcal: 276

1. Tofu in etwa 1 cm kleine Würfel schneiden. Das Speiseöl in einem Wok erhitzen.

2. Tofuwürfel darin in 2 Portionen etwa 2 Minuten von allen Seiten goldbraun frittieren. Tofuwürfel mit einer Schaumkelle herausnehmen und auf Küchenpapier abtropfen lassen. Das Öl in ein Vorratsgefäß zurückgießen.

3. Paprikaschoten halbieren, entstielen, entkernen und die weißen Scheidewände entfernen. Schoten abspülen, abtropfen lassen und in feine Streifen schneiden. Zwiebeln und Knoblauch abziehen, in kleine Würfel schneiden.

4. Speiseöl (2 Esslöffel) in dem Wok erhitzen. Zwiebel- und Knoblauchwürfel darin andünsten. Sambal Oelek, Sojasauce, Koriander, Reis-Essig und Zucker unterrühren. Paprikastreifen hinzugeben und alles 2–3 Minuten dünsten.

5. Gemüsebrühe hinzugießen, zum Kochen bringen und 2–3 Minuten kochen lassen. Die frittierten Tofuwürfel untermischen und erhitzen. Mit Salz und nach Belieben mit etwas Zucker abschmecken. Den geschmorten Tofu mit abgespülten und trocken getupften Korianderblättchen bestreut servieren.

Tipp: Statt Reis-Essig einen hellen Balsamico-Essig verwenden.

Paprika-Tomaten-Gemüse

Paprika-Tomaten-Gemüse

VEGAN

2 Portionen

Zubereitungszeit: 25 Minuten
Garzeit: etwa 8 Minuten

1 kleine Zwiebel
2 kleine, grüne Paprikaschoten (etwa 300 g)
4 mittelgroße Tomaten (etwa 250 g)
1–1 1/2 EL Olivenöl
gerebelter Thymian
Salz, gem. Pfeffer
Paprikapulver edelsüß
50 ml Wasser oder Gemüsebrühe
evtl. 1–2 Stängel Thymian

Pro Portion:
E: 3 g, F: 8 g, Kh: 8 g,
kJ: 505, kcal: 120

1. Zwiebel abziehen und in kleine Würfel schneiden. Paprikaschoten halbieren, entstielen, entkernen und die weißen Scheidewände entfernen. Schoten abspülen, abtropfen lassen und in große Stücke schneiden.
2. Tomaten kreuzweise einschneiden und mit kochendem Wasser übergießen. Nach 1–2 Minuten herausnehmen und mit kaltem Wasser abschrecken. Tomaten häuten, halbieren und die Stängelansätze herausschneiden. Tomaten achteln und evtl. entkernen.
3. Olivenöl in einem Topf erhitzen. Die Zwiebelwürfel darin glasig dünsten. Paprikastücke hinzugeben und kurz mitdünsten lassen. Mit Thymian, Salz, Pfeffer und Paprika würzen. Wasser oder Gemüsebrühe hinzugeben, zum Kochen bringen. Das Gemüse zugedeckt etwa 8 Minuten bei schwacher Hitze garen. Dann Tomatenspalten unterheben.
4. Das Paprika-Tomaten-Gemüse nochmals erhitzen und mit den Gewürzen abschmecken. Nach Belieben mit abgespülten, trocken getupften Thymianstängeln garnieren.

Kürbisgemüse in Kokossauce

6 Portionen (ohne Foto)

Zubereitungszeit: 50 Minuten
Garzeit: etwa 20 Minuten

2 kg Kürbis (1 kg Fruchtfleisch)
100 g Zwiebeln
400 g Porree (Lauch)
2 kleine Chilischoten
3 EL Speiseöl
500 ml Gemüsebrühe
3 TL Essig-Essenz
2 TL gem. Koriander
Salz, gem. Pfeffer
100 g Schlagsahne
800 ml Kokosmilch
2 Bund Koriander

Pro Portion:
E: 3 g, F: 8 g, Kh: 16 g,
kJ: 617, kcal: 147

1. Kürbis schälen, halbieren und die Kerne mit einem Löffel herauskratzen. Das Kürbisfleisch würfeln. Zwiebeln abziehen und würfeln.
2. Porree putzen, die Stangen längs halbieren, gründlich waschen, abtropfen lassen und in Streifen schneiden.
3. Chilischoten abspülen, trocken tupfen, entstielen, längs aufschneiden und entkernen. Schoten klein würfeln.
4. Speiseöl in einem Topf erhitzen. Zwiebel- und Chiliwürfel darin andünsten. Die Kürbiswürfel evtl. portionsweise hinzufügen und kurz mitdünsten lassen. Gemüsebrühe hinzugießen. Mit Essig-Essenz, Koriander, Salz und Pfeffer würzen. Das Kürbisgemüse zugedeckt etwa 10 Minuten dünsten.
5. Porreestreifen hinzufügen und das Gemüse weitere etwa 8 Minuten garen. Sahne und Kokosmilch hinzugießen und ohne Deckel aufkochen lassen. Das Gemüse mit den Gewürzen kräftig abschmecken.
6. Koriander abspülen und trocken tupfen. Die Blättchen von den Stängeln zupfen, Blättchen klein schneiden. Das Gemüse anrichten und mit Koriander bestreut servieren.

Geschmorte Gemüse

4 Portionen

VEGAN

Zubereitungszeit: 40 Minuten
Garzeit: etwa 45 Minuten

2 Stangen Porree (Lauch)
1 Staudensellerie (etwa 500 g)
12 junge, dünne Möhren mit Grün
4 kleine Fenchelknollen
4 dicke Kartoffeln
300 g Wirsing
1 Zwiebel
1 Fleischtomate
1 Bund Petersilie
2 EL Speiseöl
Salz
gem. Pfeffer
200 ml heiße Gemüsebrühe

Pro Portion:
E: 9 g, F: 1 g, Kh: 32 g,
kJ: 742, kcal: 177

1. Porree putzen, die Stangen längs halbieren, gründlich waschen, abtropfen lassen. Den Staudensellerie putzen, abspülen, abtropfen lassen. Die Möhren putzen, schälen, dabei etwas Grün stehen lassen. Möhren abspülen, abtropfen lassen. Fenchelknollen putzen, abspülen, abtropfen lassen und halbieren.
2. Den Backofen vorheizen.
Ober-/Unterhitze: etwa 180 °C
Heißluft: etwa 160 °C
3. Kartoffeln schälen, abspülen, abtropfen lassen. Vom Wirsing die groben äußeren Blätter entfernen und den Strunk herausschneiden. Den Wirsing abspülen, abtropfen lassen. Zwiebel abziehen und würfeln.
4. Den Porree und Staudensellerie in 8–10 cm lange Stücke schneiden. Möhren ganz lassen. Fenchelknollen, Kartoffeln und Wirsing jeweils vierteln. Tomate abspülen, trocken tupfen, halbieren und den Stängelansatz herausschneiden. Die Tomate in Würfel schneiden. Petersilie abspülen und trocken tupfen. Die Blättchen von den Stängeln zupfen, Blättchen klein schneiden.
5. Speiseöl in einem großen Bräter erhitzen. Die Kartoffelstücke darin von allen Seiten etwa 8 Minuten dünsten, dann Zwiebel- und Tomatenwürfel hinzugeben und mitdünsten lassen. Das vorbereitete Gemüse darauf verteilen, mit Salz und Pfeffer würzen. Das Gemüse mit Petersilie bestreuen und die heiße Brühe hinzugießen.
6. Den Bräter zugedeckt auf dem Rost in den vorgeheizten Backofen schieben. Das Gemüse etwa 45 Minuten garen.

Gemüseragout mit Kartoffeln

(Römertopf® 3-Liter-Inhalt)

4 Portionen VEGAN

Zubereitungszeit: 50 Minuten
Garzeit: 50–60 Minuten

1 Gemüsezwiebel (etwa 250 g)
2 Zucchini (etwa 450 g)
2 rote Paprikaschoten (etwa 500 g)
2 grüne Paprikaschoten (etwa 450 g)
200 g Knollensellerie
1 Aubergine (etwa 250 g)
4 Tomaten (etwa 400 g)
400 g festkochende Kartoffeln
1 Bund Thymian
1/2 Bund Majoran
4 Knoblauchzehen
80 ml Olivenöl
Salz
gem. Pfeffer

Pro Portion:
E: 8 g, F: 22 g, Kh: 31 g,
kJ: 1498, kcal: 357

1. Zwiebel abziehen. Zucchini abspülen, abtrocknen und die Enden abschneiden. Paprikaschoten halbieren, entstielen, entkernen und die weißen Scheidewände entfernen. Schoten abspülen und abtropfen lassen. Knollensellerie putzen, schälen, abspülen und abtropfen lassen. Aubergine abspülen, abtrocknen und den Stängelansatz entfernen. Die Tomaten abspülen, trocken tupfen, halbieren und die Stängelansätze herausschneiden.
2. Kartoffeln schälen, abspülen und abtropfen lassen. Die vorbereiteten Zutaten in Würfel schneiden.
3. Thymian und Majoran abspülen und trocken tupfen. Die Blättchen von den Stängeln zupfen. Einige Majoranblättchen beiseitelegen. Knoblauch abziehen und durch eine Knoblauchpresse drücken.
4. Jeweils ein Drittel des Olivenöls in einer großen Pfanne erhitzen. Die Gemüse- und Kartoffelwürfel darin in 3 Portionen bei mittlerer Hitze andünsten. Thymian-, Majoranblättchen und Knoblauch unterrühren. Mit Salz und Pfeffer kräftig abschmecken. Die Gemüse-Kartoffel-Masse in einen gewässerten Römertopf® geben.
5. Den Römertopf® mit dem Deckel verschließen und auf dem Rost in den kalten Backofen schieben.
Ober-/Unterhitze: etwa 200 °C (untere Schiene)
Heißluft: etwa 180 °C
6. Gemüseragout 50–60 Minuten garen.
7. Das gegarte Gemüseragout auf Tellern verteilen und mit dem beiseitegelegten Majoran garnieren.

Geschmorte Gemüse

Gemüseragout mit Kartoffeln

Gemüsecurry mit Brokkoli und Minz-Joghurt

4 Portionen

Zubereitungszeit: 35 Minuten
Garzeit: Gemüsecurry etwa 25 Minuten

Für den Minz-Joghurt:
4 Stängel Minze
250 g Joghurt (3,5 % Fett)
Salz
1 Msp. gem. Koriander

Für das Gemüsecurry:
3 Zwiebeln (etwa 150 g)
2 Knoblauchzehen
500 g Brokkoli
300 g TK-Brechbohnen
20 g Butterschmalz
80 g gelbe Linsen
1–2 EL Currypulver, z. B. Madras-Curry
400 ml Kokosmilch
125 ml Wasser

Für den Reis:
200 g Basmatireis
2 Kapseln grüner Kardamom
1 EL schwarze Sesamsamen (erhältlich im Asialaden)

Pro Portion:
E: 18 g, F: 28 g, Kh: 60 g,
kJ: 2418, kcal: 581

1. Für den Minz-Joghurt die Minze abspülen und trocken tupfen. Die Blättchen von den Stängeln zupfen (einige Blättchen zum Garnieren beiseitelegen). Blättchen in feine Streifen schneiden.
2. Minzestreifen mit dem Joghurt verrühren. Mit Salz und Koriander würzen, zugedeckt in den Kühlschrank stellen.
3. Für das Curry die Zwiebeln abziehen und in feine Spalten schneiden. Knoblauch abziehen und in dünne Streifen schneiden. Von dem Brokkoli die Blätter entfernen. Brokkoli in kleine Röschen teilen. Brokkolistiele schälen und in etwa 1 cm große Würfel schneiden. Brokkoliröschen und -würfel abspülen, abtropfen lassen.
4. Gefrorene Bohnen in kochendem Salzwasser etwa 7 Minuten garen.
5. In der Zwischenzeit Butterschmalz in einem Topf erhitzen. Zwiebelspalten und Knoblauchstreifen darin andünsten. Gelbe Linsen und Curry hinzugeben, kurz mitdünsten lassen. Kokosmilch und Wasser hinzugießen, zum Kochen bringen. Linsen etwa 15 Minuten bei schwacher Hitze garen.
6. Gegarte Bohnen in ein Sieb geben, mit eiskaltem Wasser abspülen und abtropfen lassen. Brokkoliröschen und -würfel in kochendem Salzwasser etwa 3 Minuten kochen. Brokkoli in ein Sieb geben, mit eiskaltem Wasser abspülen, abtropfen lassen.
7. Für den Reis den Reis 2–3-mal waschen und in einem Sieb abtropfen lassen. Reis nach Packungsanleitung mit kaltem Wasser und Kardamom in einem Topf zum Kochen bringen und bei schwacher Hitze garen.
8. Sesam in einer Pfanne ohne Fett rösten, bis er duftet. Sesam herausnehmen und auf einem Teller abkühlen lassen.
9. Bohnen und Brokkoli zum Linsen-Gemüse geben. Das Gemüse unter Rühren aufkochen. Mit Salz abschmecken.
10. Die Hälfte des gerösteten Sesams unter den Reis rühren. Den Reis mit Salz abschmecken.
11. Gemüsecurry mit Reis und dem Minz-Joghurt anrichten. Den Reis mit restlichem Sesam bestreuen. Gemüsecurry mit beiseitegelegten Minzeblättchen garnieren.

Baby-Auberginen mit Joghurt

2 Portionen

Zubereitungszeit: 35 Minuten, ohne Ziehzeit
Garzeit: etwa 25 Minuten

600 g Baby-Auberginen
Meersalz
4 Knoblauchzehen
2 rote Chilischoten
4 EL Olivenöl
2 EL Rosmarinnadeln

Für den Joghurt:
2 Bio-Limetten (unbehandelt, ungewachst)
200 g Joghurt (3,5 % Fett)
2 TL Ras el Hanout (marokkanische Gewürzmischung)

2 Stängel Rosmarin
4 EL Granatapfelkerne

Pro Portion:
E: 9 g, F: 15 g, Kh: 21 g,
kJ: 1130, kcal: 269

Gemüsecurry mit Brokkoli und Minz-Joghurt

Baby-Auberginen mit Joghurt

Gedämpftes Gemüse mit Zitronensahne

1. Die Auberginen abspülen, abtrocknen und die Enden abschneiden. Auberginen längs halbieren. Die Schnittflächen mehrmals mit einer Gabel einstechen und mit Meersalz bestreuen. Auberginenhälften etwa 15 Minuten zum Wasserziehen stehen lassen.
2. Den Backofen vorheizen.
Ober-/Unterhitze: etwa 220 °C
Heißluft: etwa 200 °C
3. Anschließend die Auberginenhälften abspülen, trocken tupfen und in eine Auflaufform (gefettet) legen.
4. Knoblauch abziehen und durch eine Knoblauchpresse drücken. Chilischoten abspülen, trocken tupfen, entstielen und in Ringe schneiden. Olivenöl mit Knoblauch, Rosmarinnadeln und Chiliringen verrühren. Die Marinade zu den Auberginenhälften in die Form geben und vermischen. Die Form auf dem Rost in den vorgeheizten Backofen schieben. Die Auberginen etwa 25 Minuten garen.
5. Für den Joghurt die Limette heiß abwaschen, abtrocknen und die Schale abreiben. Limette halbieren und den Saft auspressen. Joghurt mit Ras el Hanout, Salz, Limettenschale und -saft abschmecken.
6. Rosmarin abspülen und trocken tupfen. Die Nadeln von 1 Stängel zupfen.
7. Die gegarten Auberginenhälften aus der Form nehmen und auf Küchenpapier abtropfen lassen.
8. Die Auberginenhälften auf einer Platte anrichten, mit Granatapfelkernen, Rosmarinnadeln und -stängel garnieren und mit dem Joghurt servieren.

Gedämpftes Gemüse mit Zitronensahne

(Zubereitung im großen Topf mit Dämpfeinsatz)

4 Portionen

Zubereitungszeit: 45 Minuten
Garzeit: Gemüse etwa 10 Minuten

1 ¼ kg gemischtes Gemüse,
z. B. Möhren, Zuckerschoten, Bohnen, Kohlrabi, Staudensellerie
1 Bio-Zitrone
(unbehandelt, ungewachst)
500 ml Wasser

Für die Sauce:
50 g Butter
2 EL Zitronensaft
(von der Bio-Zitrone)
Salz, gem. Pfeffer
200 g Schlagsahne

2 EL klein geschnittener Kerbel
oder 2–3 EL Schnittlauchröllchen

Pro Portion:
E: 7 g, F: 26 g, Kh: 15 g,
kJ: 1392, kcal: 333

1. Die Möhren putzen, schälen, abspülen, abtropfen lassen und längs vierteln. Von den Zuckerschoten und Bohnen die Enden abschneiden, evtl. abfädeln. Zuckerschoten und Bohnen abspülen, trocken tupfen.
2. Kohlrabi schälen, abspülen, abtropfen lassen. Kohlrabi zuerst in Scheiben, dann in Streifen schneiden. Sellerie putzen, abspülen, abtropfen lassen und in Stücke schneiden. Die Gemüsestücke sollten nach Möglichkeit in gleich große Stücke geschnitten werden.
3. Die Zitrone heiß abwaschen, abtrocknen und die Schale mit einem Sparschäler hauchdünn abschälen (es darf keine weiße Haut mit abgeschält werden, sonst wird die Zitronensahne bitter). Zitrone halbieren, von einer Zitronenhälfte den Saft auspressen, 2 Esslöffel Saft abmessen und für die Sauce beiseitestellen.
4. Das Wasser in einem Topf erhitzen. Die Zitronenschalenstücke kurz in das kochende Wasser geben. Dann etwa die Hälfte der Zitronenschale mit einem Schaumlöffel herausnehmen, mit kaltem Wasser abspülen und abtropfen lassen. Die Schale in feine Streifen schneiden und für die Sauce beiseitelegen.
5. Das Zitronenwasser wieder zum Kochen bringen. Das Gemüse nebeneinander in einen Dämpfeinsatz geben. Den Dämpfeinsatz vorsichtig in den Topf über das kochende Zitronenwasser stellen bzw. hängen. Das Gemüse zugedeckt etwa 10 Minuten dämpfen.
6. In der Zwischenzeit für die Sauce die Butter in einem Topf zerlassen. Beiseitegestellten Zitronensaft und beiseitegelegte Zitronenschalenstreifen hinzufügen, mit Salz und Pfeffer würzen.
7. Sahne halbsteif schlagen und hinzugeben, dabei die Sauce mit einem Schneebesen kräftig aufschlagen.
8. Gemüse auf einer vorgewärmten Platte anrichten, mit Kräutern bestreuen und mit der Sauce servieren.

Artischocken-Mangold-Gemüse

Austernpilze mit Staudensellerie

2 Portionen (ohne Foto)

Zubereitungszeit: 20 Minuten
Garzeit: etwa 10 Minuten

200 g Staudensellerie
200 g Austernpilze
1 Zwiebel
2 EL Speiseöl
gem. Koriander
gem. Pfeffer
etwas Zitronensaft
2 EL Schlagsahne
Salz

Pro Portion:
E: 4 g, F: 18 g, Kh: 10 g,
kJ: 972, kcal: 232

1. Den Sellerie putzen, abspülen, abtropfen lassen und in Scheiben schneiden. Die Austernpilze putzen, evtl. kurz abspülen, gut trocken tupfen und in etwa 1 1/2 cm breite Streifen schneiden.
2. Zwiebel abziehen und in kleine Würfel schneiden. Speiseöl in einer Pfanne erhitzen, die Zwiebelwürfel darin glasig dünsten.
3. Pilzstreifen hinzugeben und bei starker Hitze unter Rühren kräftig anbraten, Staudenselleriescheiben untermischen. Das Gemüse mit Koriander, Pfeffer und etwas Zitronensaft würzen und zugedeckt weitere 4–5 Minuten bei schwacher Hitze garen.
4. Sahne unterrühren. Die Austernpilze mit Staudensellerie mit Salz abschmecken.

Tipp: Dazu ein würziges Bauernbrot oder Vollkornbrot reichen.

Artischocken-Mangold-Gemüse

4 Portionen

Zubereitungszeit: 60 Minuten
Garzeit: 80–90 Minuten

8 kleine Artischocken (je 250–300 g)
8 EL Olivenöl
3 EL Zitronensaft
Salz, gem. Pfeffer
12 Knoblauchzehen
100 ml Madeira (Dessertwein)
225 ml trockener Weißwein
375–400 ml Gemüsebrühe
400 g Mangold
30 getrocknete Soft-Tomaten
4 Stängel Thymian
16 abgetropfte, schwarze Oliven, mit Stein, z. B. Kalamata
5 Stängel glatte Petersilie
4 Stängel Basilikum
50 g Parmesan (am Stück)

Pro Portion:
E: 13 g, F: 27 g, Kh: 12 g,
kJ: 1724, kcal: 411

1. Den Backofen vorheizen.
Ober-/Unterhitze: etwa 180 °C
Heißluft: etwa 160 °C
2. Von den Artischocken die äußeren harten, grünen Blätter entfernen. Das dunkle Grün am Stielansatz der Artischocken mit einem scharfen Messer entfernen. Die Stiele dick schälen. Das Heu mit einem Kugelausstecher jeweils aus der Artischockenmitte herauslösen.
3. Artischocken vierteln, mit 4 Esslöffeln des Olivenöls und Zitronensaft mischen, mit Salz und Pfeffer würzen. Die Artischockenviertel in einen großen Bräter oder in eine Fettpfanne legen.
4. Knoblauchzehen mit der Schale hinzugeben. Madeira, Weißwein und Brühe hinzugießen.
5. Den Bräter auf dem Rost oder die Fettpfanne in den vorgeheizten Backofen (untere Schiene) schieben. Die Artischocken 80–90 Minuten garen, dabei ab und zu wenden.
6. Mangold putzen, gründlich waschen und abtropfen lassen. Die Stiele von den Blättern schneiden. Die Blätter in große Stücke zupfen und die Stiele in etwa 8 cm lange Stücke schneiden. Tomaten in dünne Streifen schneiden. Thymian abspülen und trocken tupfen. Die Blättchen von den Stängeln zupfen.
7. Nach etwa 65 Minuten Garzeit die Mangoldstiele mit Thymianblättchen, Tomatenstreifen und Oliven zu den Artischocken in den Bräter oder in die Fettpfanne legen und fertig garen.

8. Etwa 10 Minuten vor Ende der Garzeit das restliche Olivenöl in einer großen Pfanne erhitzen. Mangoldblätter darin 4–5 Minuten bei mittlerer Hitze unter Wenden leicht anbraten. Mit Salz und Pfeffer würzen. Petersilie und Basilikum abspülen und trocken tupfen. Die Blättchen von den Stängeln zupfen. Blättchen klein schneiden und kurz vor dem Servieren mit den Mangoldblättern unter die Artischocken mischen.
9. Parmesan dünn hobeln. Artischocken-Mangold-Gemüse auf Tellern anrichten und mit Parmesanhobeln bestreut servieren.

Mangoldblätter in Tomatensauce

4 Portionen (ohne Foto)

VEGAN

Zubereitungszeit: 10 Minuten
Garzeit: etwa 5 Minuten

2 Knoblauchzehen
2 EL Olivenöl
800 g passierte Tomaten (aus der Dose)
500 g blanchierte Mangoldblätter
Salz, gem. Pfeffer
Cayennepfeffer

Pro Portion:
E: 5 g, F: 6 g, Kh: 8 g,
kJ: 464, kcal: 110

1. Knoblauch abziehen und durch eine Knoblauchpresse drücken. Olivenöl in einem Topf erhitzen. Knoblauch darin andünsten.
2. Passierte Tomaten hinzugeben, zum Kochen bringen und etwa 5 Minuten bei schwacher Hitze unter gelegentlichem Rühren einkochen lassen.
3. Mangoldblätter in der Sauce erhitzen. Mit Salz, Pfeffer und Cayennepfeffer abschmecken.

Tipp: Schmeckt gut zu Nudelgerichten.

Asiatisches Paprika-Porree-Gemüse

4 Portionen

VEGAN

Zubereitungszeit: 30 Minuten
Garzeit: 7–10 Minuten

2 rote Paprikaschoten (je etwa 200 g)
1 Stange Porree (Lauch)
2 mittelgroße Zucchini (je etwa 200 g)
200 g Sojabohnensprossen
2 EL Speiseöl
1 Knoblauchzehe
gem. Pfeffer
1–2 EL Zitronensaft
3–4 EL Sojasauce

Pro Portion:
E: 6 g, F: 6 g, Kh: 11 g,
kJ: 529, kcal: 126

1. Die Paprikaschoten halbieren, entstielen, entkernen und die weißen Scheidewände entfernen. Schoten abspülen, abtropfen lassen und in kleine Stücke schneiden. Porree putzen, die Stange längs halbieren, gründlich waschen, abtropfen lassen und in dünne Streifen schneiden.
2. Zucchini abspülen, abtrocknen und die Enden abschneiden. Zucchini in Streifen schneiden. Sojabohnensprossen verlesen, in ein Sieb geben, mit kaltem Wasser abspülen und abtropfen lassen.
3. Speiseöl in einer großen Pfanne oder in einem Wok erhitzen. Paprikastücke, Porree- und Zucchinistreifen hinzufügen. Die Zutaten unter ständigem Rühren bei starker Hitze 5–8 Minuten bissfest garen.
4. Die Sojabohnensprossen hinzufügen und weitere etwa 2 Minuten mitgaren lassen. Knoblauch abziehen, durch eine Knoblauchpresse drücken und unterrühren.
5. Das Paprika-Porree-Gemüse mit Pfeffer, Zitronensaft und Sojasauce abschmecken, sofort servieren.

Beilage: Körnig gekochter Reis.

Asiatisches Paprika-Porree-Gemüse

Möhrengemüse mit Kerbel

4 Portionen (ohne Foto)

Zubereitungszeit: 40 Minuten
Garzeit: 10–12 Minuten

800 g Möhren
1 Zwiebel
200 g Frühlingszwiebeln
3–4 EL Olivenöl
250 ml Gemüsebrühe
Salz
gem. Pfeffer
1 Prise Muskatnuss
1 Prise Voll-Rohrzucker
1 Lorbeerblatt
1 Stange Zimt
3–4 Gewürznelken
1 Bund Kerbel

Pro Portion:
E: 2 g, F: 9 g, Kh: 16 g,
kJ: 661, kcal: 158

1. Möhren putzen, schälen, abspülen, abtropfen lassen und in dünne Scheiben schneiden. Zwiebel abziehen und fein würfeln. Frühlingszwiebeln putzen, abspülen, abtropfen lassen und in Scheiben schneiden.
2. Olivenöl in einem Topf erhitzen, die Zwiebelwürfel darin andünsten. Frühlingszwiebelscheiben hinzugeben und mitdünsten lassen. Die Möhrenscheiben hinzugeben und unter Rühren kurz mit andünsten.
3. Brühe hinzugießen. Mit Salz, Pfeffer, Muskat und Zucker kräftig würzen. Lorbeerblatt, Zimtstange und Gewürznelken hinzugeben. Die Zutaten zum Kochen bringen und zugedeckt 10–12 Minuten bei schwacher Hitze dünsten.
4. In der Zwischenzeit Kerbel abspülen und trocken tupfen. Die Blättchen von den Stängeln zupfen, Blättchen klein schneiden.
5. Das gegarte Möhrengemüse (Lorbeerblatt, Zimtstange und Gewürznelken entfernen) nochmals mit den Gewürzen abschmecken und den Kerbel unterheben.

Kürbiscurry mit Reis

4 Portionen

Zubereitungszeit: 40 Minuten
Garzeit: Kürbiscurry etwa 25 Minuten

150 g Basmatireis
225 ml kaltes Wasser
1 gestr. TL Salz
40 g Butter

1 kg Hokkaido-Kürbis
100 g Zwiebeln
1/2 grüne Chilischote
10 grüne Kardamomkapseln
4 EL Speiseöl, z. B. Maiskeimöl
1 gestr. EL gem. Zimt
1 gestr. EL Paprikapulver edelsüß
1 TL braune Senfkörner
1 gestr. EL Currypulver
600 ml ungesüßte Kokosmilch
300 ml Gemüsebrühe
Salz
2 EL Zitronensaft
3 Stängel Minze

Pro Portion:
E: 9 g, F: 45 g, Kh: 46 g,
kJ: 2620, kcal: 629

1. Den Reis in einem Sieb kurz mit lauwarmem Wasser abspülen und gut abtropfen lassen. Reis mit Wasser und Salz im offenem Topf bei starker Hitze kochen lassen, bis das Wasser den Reis nicht mehr bedeckt. Dann die Butter hinzugeben. Den Reis zugedeckt etwa 15 Minuten bei schwacher Hitze quellen lassen. Den Topf von der Kochstelle nehmen und den Reis zugedeckt warm halten.
2. In der Zwischenzeit Kürbis abspülen, abtrocknen und halbieren. Kerne und faserigen Innenteil entfernen. Kürbis nach Belieben schälen und in etwa 3 1/2 cm große Stücke schneiden. Zwiebeln abziehen und in dünne Spalten schneiden.
3. Chilischote abspülen, abtropfen lassen, entstielen, entkernen und fein würfeln. Kardamomsamen aus den Kapseln lösen und im Mörser fein zerstoßen.
4. Das Speiseöl in einem weiten Topf erhitzen. Kürbisstücke und Zwiebelspalten darin unter Wenden bei starker Hitze anbraten. Die Chiliwürfel, Kardamomsamen, Zimt, Paprika, Senfkörner und Curry unterrühren

Kürbiscurry mit Reis

und noch 1 weitere Minute braten. Kokosmilch, Gemüsebrühe und Salz unterrühren.

5. Das Kürbiscurry im offenem Topf bei starker Hitze etwa 15 Minuten schmoren lassen. Dabei ab und zu umrühren. Zitronensaft unterrühren. Minze abspülen und trocken tupfen. Die Blättchen von den Stängeln zupfen, Blättchen grob zerschneiden. Kürbiscurry anrichten und mit Minze bestreut servieren. Den Reis dazureichen.

Blattspinat mit Pilzen

2 Portionen (ohne Foto)

Zubereitungszeit: 20 Minuten
Garzeit: etwa 5 Minuten

250 g frischer Blattspinat
1 Zwiebel
100 g Champignons
1 EL Speiseöl
1 Knoblauchzehe
ger. Muskatnuss
oder gem. Koriander
Salz
gem. Pfeffer
20 g Butter

Pro Portion:
E: 5 g, F: 16 g, Kh: 3 g,
kJ: 779, kcal: 186

1. Den Spinat verlesen und die dicken Stiele entfernen. Spinat gründlich waschen und abtropfen lassen. Zwiebel abziehen und in kleine Würfel schneiden. Champignons putzen, evtl. kurz abspülen, trocken tupfen und in Scheiben schneiden.

2. Speiseöl in einem breiten Topf erhitzen. Die Zwiebelwürfel darin andünsten. Den Spinat hinzufügen und unter Rühren in etwa 2 Minuten gar dünsten.

3. Knoblauch abziehen und zerdrücken. Den Spinat mit Knoblauch, Muskat oder Koriander, Salz und Pfeffer würzen. Spinat aus dem Topf nehmen und warm stellen.

4. Die Butter in dem Topf zerlassen. Die Champignonscheiben darin bei starker Hitze unter Rühren etwa 2 Minuten braten. Mit Muskat oder Koriander, Salz und Pfeffer würzen.

5. Spinat mit den Champignonscheiben vermischen. Mit Salz und Pfeffer abschmecken, anrichten und sofort servieren.

Farmergemüse

Farmergemüse

4 Portionen

Zubereitungszeit: 25 Minuten
Garzeit: etwa 20 Minuten

300 g Kartoffeln
2–3 EL Sonnenblumenöl
1 Bund Möhren
2 mittelgroße, rote Zwiebeln
1 Bund Schnittlauch
200 g TK-Brechbohnen
285 g abgetropfter Gemüsemais (aus der Dose)
Salz
gem. Pfeffer
Paprikapulver edelsüß
50 g Kräuterbutter

Pro Portion:
E: 7 g, F: 15 g, Kh: 29 g,
kJ: 1193, kcal: 286

1. Kartoffeln schälen, abspülen, abtropfen lassen und in etwa 1 cm große Würfel schneiden. Sonnenblumenöl in einem Wok erhitzen. Die Kartoffelwürfel darin von allen Seiten 8–10 Minuten bei mittlerer Hitze braten.

2. In der Zwischenzeit Möhren putzen, schälen, abspülen, abtropfen lassen und in Scheiben schneiden. Zwiebeln abziehen und in schmale Spalten schneiden. Schnittlauch abspülen, trocken tupfen und in Röllchen schneiden.

3. Die Kartoffelwürfel aus dem Wok nehmen und beiseitestellen. Möhrenscheiben und Zwiebelspalten darin bei starker Hitze unter Rühren anbraten. Die gefrorenen Bohnen hinzugeben und nach Packungsanleitung garen.

4. Beiseitegestellte Kartoffelwürfel und den Mais hinzugeben. Das Gemüse mit Salz, Pfeffer und Paprika würzen. Schnittlauchröllchen und Kräuterbutter unterrühren.

Dill-Gurken-Gemüse

Gemischtes, gedünstetes Kohlgemüse

Dill-Gurken-Gemüse

4 Portionen

VEGAN

Zubereitungszeit: 25 Minuten
Garzeit: 12–13 Minuten

750 g Salatgurken
2 mittelgroße Tomaten
2 mittelgroße Zwiebeln
2 EL Speiseöl
Salz
gem. Pfeffer
2 EL klein geschnittene Dillspitzen

Pro Portion:
E: 2 g, F: 7 g, Kh: 5 g,
kJ: 404, kcal: 97

1. Die Gurken schälen und die Enden abschneiden. Gurken halbieren und evtl. die Kerne mit einem Löffel herausschaben. Gurkenhälften in etwa 2 cm breite Stücke schneiden. Die Tomaten kreuzweise einschneiden, mit kochendem Wasser übergießen. Nach 1–2 Minuten herausnehmen und mit kaltem Wasser abschrecken. Tomaten häuten, halbieren, entkernen und die Stängelansätze herausschneiden. Tomaten in Stücke schneiden.
2. Die Zwiebeln abziehen und in kleine Würfel schneiden. Das Speiseöl in einem Topf erhitzen. Zwiebelwürfel darin andünsten. Gurkenstücke hinzufügen, mit Salz und Pfeffer würzen.
3. Die Gurkenstücke zugedeckt etwa 10 Minuten dünsten. Tomatenstücke hinzufügen und noch weitere 2–3 Minuten mitdünsten lassen. Das Gemüse mit Salz und Pfeffer abschmecken und mit Dill bestreuen.

Gemischtes, gedünstetes Kohlgemüse

6 Portionen

Zubereitungszeit: 40 Minuten
Garzeit: etwa 20 Minuten

1 kleiner Blumenkohl (etwa 500 g)
250 g Brokkoli
400 g Kohlrabi
400 g Rosenkohl
350 g Wirsing
Salz
gem. Pfeffer
ger. Muskatnuss
100 g Butter oder Margarine
100 g gehackte Erdnusskerne
50 g Semmelbrösel

Pro Portion:
E: 14 g, F: 23 g, Kh: 15 g,
kJ: 1337, kcal: 319

1. Von dem Blumenkohl und Brokkoli die Blätter entfernen. Von dem Blumenkohl den Strunk abschneiden. Blumenkohl und Brokkoli abspülen, abtropfen lassen und in Röschen teilen. Kohlrabi putzen, schälen, abspülen, abtropfen lassen. Kohlrabi zunächst in Scheiben, dann in Stifte schneiden.
2. Rosenkohl von den schlechten, äußeren Blättern befreien und etwas vom Strunk abschneiden. Röschen am Strunk kreuzweise einschneiden, abspülen und abtropfen lassen. Von dem Wirsing die groben, äußeren Blätter lösen. Wirsing vierteln und den Strunk herausschneiden. Wirsing abspülen, abtropfen lassen und grob würfeln.
3. Den Backofen vorheizen.
Ober-/Unterhitze: etwa 180 °C
Heißluft: etwa 160 °C
4. Das vorbereitete Gemüse getrennt voneinander in kochendem Salzwasser 3–4 Minuten bissfest garen. Anschließend das Gemüse in ein Sieb geben, mit eiskaltem Wasser abschrecken und abtropfen lassen.
5. Die einzelnen Gemüsesorten nebeneinander in eine große, flache Auflaufform (gefettet) legen und anschließend mit Salz, Pfeffer und Muskat würzen.
6. Butter oder Margarine in einer Pfanne zerlassen. Erdnusskerne und Semmelbrösel darin unter Rühren leicht anrösten, herausnehmen und auf den Gemüsesorten verteilen.
Die Form auf dem Rost in den vorgeheizten Backofen schieben. Das Kohlgemüse etwa 20 Minuten garen.

Tipp: Dazu passen sehr gut eine holländische Sauce und gebratene Rosmarinkartoffeln.

Austernpilze mit Knoblauch in Sahnesauce

4 Portionen (ohne Foto)

Zubereitungszeit: 25 Minuten, ohne Marinierzeit
Garzeit: etwa 10 Minuten

700 g kleine Austernpilze
1 große Zwiebel
2 Knoblauchzehen
2 TL Zitronensaft
6 EL Speiseöl
Salz, gem. Pfeffer
ger. Muskatnuss
125 g Schlagsahne
2 EL glatte, klein geschnittene Petersilie

Pro Portion:
E: 4 g, F: 29 g, Kh: 9 g,
kJ: 1516, kcal: 362

1. Austernpilze putzen, evtl. kurz abspülen und trocken tupfen. Die Pilze je nach Größe halbieren oder vierteln.
2. Zwiebel abziehen und sehr klein würfeln. Knoblauch abziehen, durch eine Knoblauchpresse drücken.
3. Zwiebelwürfel mit Knoblauch und Zitronensaft verrühren, Speiseöl unterschlagen. Mit Salz, Pfeffer und Muskat würzen. Pilze untermischen und etwa 10 Minuten marinieren.
4. Die marinierten Pilze in einer erhitzten Pfanne in 2 Portionen etwa 5 Minuten unter Rühren braten. Die Sahne hinzugießen und einmal aufkochen lassen. Petersilie unterrühren. Die Austernpilze nochmals mit den Gewürzen abschmecken, anrichten und sofort servieren.

Tipp: Sie können statt Schlagsahne auch eine pflanzliche Sahne verwenden, z. B. Dinkel-, Hafer- oder Sojasahne, dann ist das Gericht vegan.

Kartoffelcurry

2 Portionen

Zubereitungszeit: 25 Minuten
Garzeit: etwa 30 Minuten

500 g festkochende Kartoffeln
4 EL Speiseöl, z. B. Sonnenblumenöl
Salz
2 Zwiebeln
1–2 Knoblauchzehen
1 kleines Stück frischer Ingwer
3 TL Currypulver
200 ml Wasser
2–4 EL Sesamsamen

Pro Portion:
E: 9 g, F: 32 g, Kh: 38 g,
kJ: 2008, kcal: 479

1. Kartoffeln schälen, abspülen, abtropfen lassen und in grobe Würfel schneiden. Das Speiseöl in einer Pfanne erhitzen. Kartoffelwürfel hinzufügen, mit Salz würzen und unter gelegentlichem Wenden 10–12 Minuten bei mittlerer Hitze goldbraun braten.
2. In der Zwischenzeit Zwiebeln und Knoblauch abziehen, in kleine Würfel schneiden. Ingwer schälen, abspülen, abtropfen lassen und sehr fein hacken (etwa 2 Teelöffel werden benötigt).
3. Die Zwiebel- und Knoblauchwürfel mit dem gehackten Ingwer zu den Kartoffelwürfeln in die Pfanne geben und weitere etwa 5 Minuten unter gelegentlichem Wenden braten.
4. Curry hinzufügen und Wasser hinzugießen. Kartoffel-Curry zugedeckt etwa 12 Minuten unter gelegentlichem Wenden bei mittlerer Hitze garen.
5. Kartoffel-Curry mit Salz und Curry abschmecken, mit Sesam bestreuen.

Kartoffelcurry

Kartoffel-Pilz-Topf

4 Portionen

VEGAN

Zubereitungszeit: 45 Minuten

1 Möhre (etwa 150 g)
1 1/2 kg große, festkochende Kartoffeln
300 g Zwiebeln
30 g getrocknete Steinpilze
6 Wacholderbeeren
7 EL Olivenöl
1 TL gerebelter Thymian
300 ml Gemüsebrühe
700 g braune Champignons
60 g Buchweizen
Salz, gem. Pfeffer
1/2 Bund glatte Petersilie

Pro Portion:
E: 15 g, F: 19 g, Kh: 62 g,
kJ: 2036, kcal: 486

1. Möhre putzen, schälen, abspülen, abtropfen lassen, längs halbieren und in dünne Scheiben schneiden.
2. Kartoffeln schälen, abspülen, abtropfen lassen und in etwa 2 cm große Würfel schneiden.
3. Zwiebeln abziehen und in Streifen schneiden. Steinpilze in einem Sieb abspülen und abtropfen lassen. Wacholderbeeren in einem Mörser grob zerstoßen.
4. Zwei Esslöffel des Olivenöls in einem großen Topf erhitzen. Möhrenscheiben, Zwiebelstreifen, Steinpilze, Thymian und Wacholderbeeren darin unter Rühren andünsten.
5. Kartoffelwürfel und Brühe hinzugeben, zum Kochen bringen und zugedeckt etwa 20 Minuten bei mittlerer Hitze dünsten.
6. In der Zwischenzeit die Champignons putzen, evtl. kurz abspülen und trocken tupfen. Champignons je nach Größe halbieren oder vierteln.
7. Einen Esslöffel des restlichen Olivenöls in einer kleinen Pfanne erhitzen. Buchweizen darin bei mittlerer Hitze rösten, bis er duftet. Buchweizen mit Salz würzen und etwas abkühlen lassen. Anschließend im Mörser grob zerstoßen.
8. Restliches Olivenöl in einer großen Pfanne erhitzen. Champignons darin etwa 3 Minuten bei starker Hitze anbraten. Mit Salz und Pfeffer würzen. Sobald die Champignons Flüssigkeit abgeben, die Champignons mit der Flüssigkeit zu den Kartoffelwürfeln in den Topf geben und etwa 5 Minuten mitgaren.
9. Petersilie abspülen und trocken tupfen. Die Blättchen von den Stängeln zupfen. Blättchen in breite Streifen schneiden.
10. Kartoffel-Pilz-Topf aufkochen. Die Hälfte der Petersilienstreifen unterrühren. Den Kartoffel-Pilz-Topf mit Salz und Pfeffer würzen, mit dem Buchweizen und restlichen Petersilienstreifen bestreuen.

Currygemüse

4 Portionen (ohne Foto)

Zubereitungszeit: 40 Minuten
Garzeit: etwa 10 Minuten

VEGAN

400 g Möhren
400 g Wirsing
1 Zwiebel
2 EL Speiseöl
1–2 TL Currypulver
1/2 TL gem. Ingwer
gem. Pfeffer
125 ml Gemüsebrühe
300 g TK-Erbsen
1 EL Schnittlauchröllchen

Pro Portion:
E: 8 g, F: 16 g, Kh: 20 g,
kJ: 1114, kcal: 266

1. Möhren putzen, schälen, abspülen, abtropfen lassen und in Stifte schneiden. Von dem Wirsing die äußeren, welken Blätter entfernen. Wirsing vierteln, abspülen, abtropfen lassen und den Strunk herausschneiden. Wirsing in Streifen schneiden. Zwiebel abziehen und fein würfeln.
2. Speiseöl in einem Topf erhitzen. Möhrenstifte und Wirsingstreifen mit den Zwiebelwürfeln darin unter Rühren andünsten. Mit Curry, Ingwer und Pfeffer würzen. Gemüsebrühe hinzugießen und zum Kochen bringen. Das Currygemüse in etwa 10 Minuten bissfest garen, dabei ab und zu umrühren.
3. Nach etwa 6 Minuten Garzeit die gefrorenen Erbsen hinzugeben und das Gemüse fertig garen. Schnittlauchröllchen unterheben. Das Gemüse nochmals mit den Gewürzen abschmecken.

Kartoffel-Pilz-Topf

Italienisches Gemüse

Kartoffel-Möhren-Gemüse

2 Portionen (ohne Foto)

Zubereitungszeit: 25 Minuten
Garzeit: etwa 15 Minuten

200 g Möhren
500 g mehligkochende Kartoffeln
125 ml Wasser
1 Lorbeerblatt
3–4 Blätter Liebstöckel oder
1–2 Stängel Petersilie
ger. Muskatnuss
gem. Pfeffer
2 EL klein geschnittene,
glatte Petersilie
1 EL saure Sahne
2 gestr. TL Butter
evtl. Salz

Pro Portion:
E: 7 g, F: 5 g, Kh: 43 g,
kJ: 1048, kcal: 250

1. Möhren putzen, schälen, abspülen, abtropfen lassen. Kartoffeln schälen, abspülen, abtropfen lassen. Möhren und Kartoffeln in etwa 1 cm große Würfel schneiden und in einen Topf geben.
2. Wasser, Lorbeerblatt und abgespülte, trocken getupfte Liebstöckelblätter oder Petersilienstängel hinzugeben. Mit Muskat und Pfeffer würzen. Die Zutaten zum Kochen bringen und etwa 15 Minuten bei schwacher Hitze bissfest dünsten.
3. Lorbeerblatt und Liebstöckelblätter oder Petersilienstängel aus dem gegarten Gemüse entfernen.
4. Petersilie, Sahne und Butter untermischen. Evtl. mit Salz abschmecken. Das Kartoffel-Möhren-Gemüse anrichten und sofort servieren.

Italienisches Gemüse

4 Portionen VEGAN

Zubereitungszeit: 75 Minuten

1 kleine Aubergine
1 gestr. EL Salz
je 1 kleine, rote und grüne
Paprikaschote
1 kleine Zucchini (etwa 200 g)
3 EL Olivenöl
2–3 EL Weißwein
2–3 EL Weißweinessig
1 EL klein geschnittene
Basilikumblättchen
1 EL klein geschnittene
Oreganoblättchen
Salz, gem. Pfeffer
Voll-Rohrzucker
1 mittelgroße Zwiebel
1 Knoblauchzehe
1 EL Tomatenmark
125 ml Tomatensaft
evtl. 1 Stängel Basilikum

Pro Portion:
E: 2 g, F: 6 g, Kh: 6 g,
kJ: 414, kcal: 99

1. Aubergine abspülen, abtrocknen und den Stängelansatz entfernen. Aubergine in Würfel schneiden, mit Salz bestreuen und etwa 10 Minuten ziehen lassen.
2. In der Zwischenzeit Paprikaschoten halbieren, entstielen, entkernen und die weißen Scheidewände entfernen. Schoten abspülen, abtropfen lassen und getrennt in dünne Streifen schneiden. Zucchini abspülen, abtrocknen und die Enden abschneiden. Zucchini in dünne Scheiben schneiden.
3. Die Auberginenwürfel in ein Sieb geben, mit kaltem Wasser abspülen und abtropfen lassen.
4. Etwa 1/2 Esslöffel Olivenöl in einem kleinen Topf erhitzen. Zunächst Auberginenwürfel darin unter Rühren etwa 5 Minuten andünsten. Jeweils etwas von dem Wein, Essig und den Kräutern hinzufügen, mit Salz, Pfeffer und Zucker würzen. Die Auberginenwürfel zugedeckt etwa 10 Minuten garen, herausnehmen und auf einer Platte anrichten.
5. Die Paprikastreifen und Zucchinischeiben portionsweise in etwas Olivenöl anbraten (Garzeit: Paprikastreifen etwa 5 Minuten, Zucchinischeiben 5–7 Minuten).
6. Zwiebel und Knoblauch abziehen und klein würfeln. Restliches Olivenöl in einem Topf erhitzen, die Zwiebel- und Knoblauchwürfel darin andünsten. Tomatenmark und Tomatensaft hinzugießen, einmal aufkochen lassen und mit den Gewürzen abschmecken. Die heiße Tomatensauce auf dem Gemüse verteilen und nach Belieben mit einem abgespülten, trocken getupften Basilikumstängel garnieren.

Wirsing

Wirsing

4 Portionen

VEGAN

Zubereitungszeit: 55 Minuten
Garzeit: 15–20 Minuten

1 kg Wirsing
1 Zwiebel
40 g vegane Margarine
etwa 125 ml Gemüsebrühe
Salz, gem. Pfeffer, Zucker
1 Msp. abgeriebene Schale von 1 Bio-Zitrone (unbehandelt, ungewachst)
1–2 EL Zitronensaft oder Weißwein

Pro Portion:
E: 6 g, F: 9 g, Kh: 6 g,
kJ: 548, kcal: 132

1. Von dem Wirsing die äußeren, welken Blätter entfernen. Wirsing vierteln und den Strunk herausschneiden. Wirsingviertel in feine Streifen schneiden, abspülen und abtropfen lassen. Zwiebel abziehen und in kleine Würfel schneiden.
2. Margarine in einem großen Topf zerlassen. Die Zwiebelwürfel darin kurz andünsten. Kohlstreifen hinzugeben und mitdünsten lassen. Die Gemüsebrühe hinzugießen. Mit Salz und Pfeffer würzen. Wirsingstreifen zum Kochen bringen und zugedeckt 15–20 Minuten bei schwacher Hitze garen.
3. Wirsing mit Salz, Pfeffer, 1 Prise Zucker, Zitronenschale, -saft oder Wein abschmecken.

Weißkohlrouladen mit Spinat

12 Portionen (ohne Foto)

Zubereitungszeit: 70 Minuten
Schmorzeit: etwa 45 Minuten

450–500 g TK-Blattspinat
1 großer Weißkohl (etwa 1 1/2 kg)
1 Gemüsezwiebel (etwa 200 g)
80 g Butter
Salz, gem. Pfeffer
1,2 kg festkochende Kartoffeln
3 dicke Möhren (etwa 300 g)
2 Bund Majoran
5 EL Speiseöl
500 ml Gemüsebrühe

Außerdem:
Küchengarn

Pro Portion:
E: 6 g, F: 11 g, Kh: 21 g,
kJ: 893, kcal: 213

1. Den Blattspinat nach Packungsanleitung auftauen lassen. Vom Weißkohl die groben, äußeren Blätter lösen. Kohl abspülen und den Strunk herausschneiden. Den Kohlkopf in reichlich kochendem Wasser etwa 20 Minuten garen.
2. Anschließend mit kaltem Wasser abschrecken und 6 Blätter vorsichtig vom Kopf lösen, damit sie nicht beschädigt werden. Den Kohlkopf nochmals etwa 10 Minuten garen, abschrecken und weitere 6 Blätter lösen.
3. Aufgetauten Blattspinat in einem Sieb abtropfen lassen. Gemüsezwiebel abziehen, halbieren und in kleine Würfel schneiden.
4. Butter in einem Topf zerlassen. Die Zwiebelwürfel darin andünsten, Spinat hinzugeben und mitdünsten lassen. Die Spinatmasse mit Salz und Pfeffer würzen.
5. Die Kartoffeln schälen, abspülen, abtropfen lassen und klein würfeln. Möhren putzen, schälen, abspülen, abtropfen lassen und ebenfalls in kleine Würfel schneiden. Majoran abspülen und trocken tupfen. Die Blättchen von den Stängeln zupfen, Blättchen klein schneiden.
6. Die Rippen der Weißkohlblätter flach schneiden und die Blätter auf einer Arbeitsplatte ausbreiten. Mit Salz und Pfeffer bestreuen.
7. Die Spinatmasse auf den Weißkohlblättern verteilen und dann zu Rouladen aufrollen oder falten. Die Rouladen mit Küchengarn fest verschnüren.
8. Speiseöl in einem großen Bräter erhitzen. Rouladen darin in 2 Portionen von allen Seiten anbraten und herausnehmen.
9. Die Möhren- und Kartoffelwürfel in den Bräter geben und etwa 5 Minuten anbraten. Die Rouladen wieder in den Bräter geben. Gemüsebrühe hinzugießen.
10. Die Rouladen zugedeckt etwa 45 Minuten schmoren.
11. Majoran unter die Kartoffel-Möhren-Mischung rühren, mit Salz und Pfeffer würzen.

Okragemüse mit Pfefferminze

4 Portionen (ohne Foto)

Zubereitungszeit: 35 Minuten
Garzeit: 15–20 Minuten

VEGAN

1 kg Okraschoten
2 Knoblauchzehen
Salz
2 Zwiebeln
1 Peperoni
4–5 Tomaten (etwa 500 g)
4–5 EL Olivenöl
200 ml Gemüsebrühe
gem. Pfeffer
Cayennepfeffer
Voll-Rohrzucker
1 Bund Pfefferminze

Pro Portion:
E: 6 g, F: 12 g, Kh: 10 g,
kJ: 733, kcal: 175

1. Die Okraschoten putzen und die Stielansätze mit den Spitzen (Kappen) abschneiden. Die Okraschoten abspülen und trocken tupfen. Den Knoblauch abziehen, durch eine Knoblauchpresse drücken oder fein hacken, mit 1 gestrichenen Teelöffel Salz zerreiben.
2. Die Zwiebeln abziehen und klein würfeln. Peperoni abspülen, trocken tupfen und fein hacken.
3. Tomaten kreuzweise einschneiden und mit kochendem Wasser übergießen. Nach 1–2 Minuten herausnehmen und mit kaltem Wasser abschrecken. Tomaten häuten, halbieren und die Stängelansätze herausschneiden. Tomaten entkernen und in Würfel schneiden.
4. Das Olivenöl in einer Pfanne erhitzen. Den Knoblauch darin andünsten. Zwiebelwürfel und Peperoni hinzugeben und mitdünsten lassen.
5. Tomatenwürfel zu den Zwiebelwürfeln in die Pfanne geben und untermischen. Gemüsebrühe hinzugießen und die Okraschoten hinzugeben. Mit Pfeffer, Cayennepfeffer und Rohrzucker kräftig würzen.
6. Das Gemüse zum Kochen bringen und zugedeckt 15–20 Minuten bei schwacher Hitze dünsten.
7. Pfefferminze abspülen und trocken tupfen. Die Blättchen von den Stängeln zupfen, klein schneiden und unter das gegarte Okragemüse heben. Gemüse nochmals mit den Gewürzen kräftig abschmecken.

Kichererbsen-Süßkartoffel-Curry

2 Portionen

VEGAN

Zubereitungszeit: 25 Minuten
Garzeit: etwa 10 Minuten

2 rote Zwiebeln
2 Knoblauchzehen
2 Süßkartoffeln (etwa 120 g)
2 EL Sesamöl
360 g abgetropfte Kichererbsen (aus der Dose)
4 EL rote Currypaste
400 ml Gemüsebrühe
400 ml ungesüßte Kokosmilch
100 g Blattspinat
4 Stängel Thai-Basilikum
2 Bio-Limetten (unbehandelt, ungewachst)

Pro Portion:
E: 23 g, F: 56 g, Kh: 62 g,
kJ: 3564, kcal: 857

1. Zwiebeln abziehen und in Spalten schneiden. Knoblauch abziehen und in Scheiben schneiden. Süßkartoffeln schälen, abspülen, abtropfen lassen und etwa 1 cm groß würfeln.
2. Sesamöl in einem Topf erhitzen. Zwiebelspalten, Knoblauchscheiben, Kartoffelwürfel und die Kichererbsen darin evtl. in 2 Portionen andünsten. Currypaste unterrühren und kurz mitdünsten lassen. Mit Gemüsebrühe ablöschen. Kokosmilch hinzugießen. Die Zutaten zum Kochen bringen. Das Curry etwa 10 Minuten bei schwacher Hitze kochen lassen.
3. Blattspinat verlesen und die dicken Stiele entfernen. Spinat gründlich waschen, abtropfen lassen, zum Curry in den Topf geben und zusammenfallen lassen.
4. Basilikum abspülen und trocken tupfen. Die Blättchen von den Stängeln zupfen. Limetten heiß abwaschen, abtrocknen und die Schale fein abreiben. Limetten halbieren und den Saft auspressen. Die Kichererbsencurry mit Limettenschale und -saft abschmecken. Die Basilikumblättchen unterheben.

Kichererbsen-Süßkartoffel-Curry

Gebackene Gemüsebällchen auf Kartoffelragout

4–6 Portionen

Zubereitungszeit: 70 Minuten

Für die Gemüsebällchen:
40 g Butter
60 g Weizenmehl
200 g Schlagsahne
300 g Knollensellerie
450 g Mairübe
250 g Möhren
Salz
1 Bund Petersilie
1 Ei (Größe M)
100 g ger. Käse, z. B. Gouda
100 g Semmelbrösel
gem. Pfeffer
ger. Muskatnuss

Für das Kartoffelragout:
600 g festkochende Kartoffeln
300 g Frühlingszwiebeln
40 g Butter
250 ml Gemüsebrühe

1 l Speiseöl, z. B. Sonnenblumenöl
einige Stängel Majoran

Pro Portion:
E: 15 g, F: 52 g, Kh: 54 g,
kJ: 3126, kcal: 747

1. Für die Bällchen Butter in einer Pfanne zerlassen. Das Mehl darin unter Rühren so lange erhitzen, bis es hellgelb ist.
2. Die Sahne hinzugießen und mit einem Schneebesen gut durchschlagen, dabei darauf achten, dass keine Klümpchen entstehen.
3. Die Sauce zum Kochen bringen und etwa 5 Minuten ohne Deckel leicht kochen lassen, dabei gelegentlich umrühren. Anschließend Sahnesauce erkalten lassen.
4. In der Zwischenzeit Sellerie, Mairübe und Möhren putzen, schälen, abspülen und abtropfen lassen. Das Gemüse fein raspeln (das gelingt am besten mit einer Küchenmaschine, dazu das Gemüse vor dem Raspeln in grobe Stücke schneiden).
5. Die Gemüseraspel in kochendem Salzwasser etwa 5 Minuten garen. Anschließend die Gemüseraspel in ein Sieb geben, mit kaltem Wasser abschrecken und gut abtropfen lassen. Gegebenenfalls die Raspel mit der Hand noch etwas ausdrücken.

Gebackene Gemüsebällchen auf Kartoffelragout

6. Petersilie abspülen und trocken tupfen. Die Blättchen von den Stängeln zupfen und die Blättchen klein schneiden.
7. Die gut abgetropften Gemüseraspel in eine Schüssel geben. Petersilie, Ei, geriebenen Käse, die Hälfte der Semmelbrösel und die Sahnesauce hinzugeben und gut vermischen. Die Masse mit Salz, Pfeffer und Muskat kräftig abschmecken.
8. Die restlichen Semmelbrösel auf einen Teller geben. Aus der Gemüsemasse etwa 60 walnussgroße Bällchen formen und in den Semmelbröseln wälzen. (Achtung: Die Bällchen sollten eine glatte Oberfläche haben, damit sie beim Ausbacken nicht aufreißen.)
9. Für das Kartoffelragout die Kartoffeln schälen, abspülen, abtropfen lassen und würfeln. Die Frühlingszwiebeln putzen, abspülen, abtropfen lassen und in feine Scheiben schneiden.
10. Butter in einem Topf zerlassen. Zwiebelscheiben und Kartoffelwürfel darin andünsten, die Brühe hinzugießen, zum Kochen bringen und etwa 20 Minuten leicht kochen lassen.
11. In der Zwischenzeit das Speiseöl in einem tiefen Topf oder in einer Fritteuse auf etwa 180 °C erhitzen. Für die richtige Frittiertemperatur des Öls einen Holzlöffelstiel in das Fett halten. Bilden sich Bläschen um den Holzlöffelstiel, ist die richtige Temperatur erreicht.
12. Die Gemüsebällchen portionsweise schwimmend in dem siedenden Ausbackfett ausbacken. Die Gemüsebällchen dann mit einer Schaumkelle herausnehmen, kurz auf Küchenpapier abtropfen lassen und warm halten.
13. Majoran abspülen und trocken tupfen. Die Blättchen von den Stängeln zupfen, Blättchen klein schneiden. Das Kartoffelragout mit Salz und Pfeffer würzen, Majoran unterrühren.
14. Die warmen Gemüsebällchen auf dem Kartoffelragout anrichten und servieren.

Gemüse-Kartoffel-Brei

4 Portionen (ohne Foto)

Zubereitungszeit: 30 Minuten

600 g Kartoffeln
Salz
2 Möhren (etwa 150 g)
1 Zwiebel
1 Stange Porree (Lauch, etwa 150 g)
40 g Butter
100 ml heiße Gemüsebrühe
200 ml heiße Milch (3,5 % Fett)
gem. Pfeffer
ger. Muskatnuss
2 EL Crème fraîche
2 EL klein geschnittene Petersilie

Pro Portion:
E: 6 g, F: 11 g, Kh: 28 g,
kJ: 1026, kcal: 244

1. Kartoffeln schälen, abspülen, abtropfen lassen. Kartoffeln in einem Topf knapp mit Wasser bedeckt, zugedeckt zum Kochen bringen, Salz hinzufügen. Kartoffeln etwa 20 Minuten kochen lassen.
2. In der Zwischenzeit Möhren putzen, schälen, abspülen, abtropfen lassen und klein würfeln. Zwiebel abziehen und in kleine Würfel schneiden. Porree putzen, die Stange längs halbieren, gründlich waschen, abtropfen lassen, in Stücke schneiden.
3. Die Hälfte der Butter in einem Topf zerlassen, Möhren-, Zwiebelwürfel und Porreestücke darin andünsten. Gemüsebrühe hinzugießen und zum Kochen bringen. Das Gemüse etwa 10 Minuten garen.
4. Die gegarten Kartoffeln abgießen, abdämpfen und sofort mit dem Gemüse durch eine Kartoffelpresse in einen Topf drücken.
5. Restliche Butter, Milch und restliche Brühe von dem Gemüse hinzufügen. Den Topf wieder auf die Kochstelle setzen, den Gemüse-Kartoffel-Brei so lange rühren, bis eine einheitliche Masse entstanden ist, mit Salz, Pfeffer und Muskat würzen. Crème fraîche und Petersilie unterrühren.

Kartoffel-Petersilienwurzel-Durcheinander

Kartoffel-Petersilienwurzel-Durcheinander

4 Portionen

Zubereitungszeit: 45 Minuten

150 g Schalotten
2 Knoblauchzehen
700 g Petersilienwurzeln
800 g große, festkochende Kartoffeln
150 g Brunnenkresse
250 g Schlagsahne
50 g Butter
125 ml trockener Weißwein
3 EL grobkörniger Senf
850 ml Gemüsebrühe
Salz
ger. Muskatnuss
75 g Comte-Käse
(französischer Hartkäse)
1 Bund glatte Petersilie oder
das Grün der Petersilienwurzeln
grob gem. schwarzer Pfeffer

Pro Portion:
E: 17 g, F: 35 g, Kh: 37 g,
kJ: 2349, kcal: 560

1. Schalotten und Knoblauch abziehen. Schalotten in kleine Würfel und Knoblauch in dünne Scheiben schneiden. Petersilienwurzeln (evtl. vorhandenes Grün beiseitelegen) und Kartoffeln schälen, abspülen, abtropfen lassen und beides sehr fein würfeln. Von der Brunnenkresse (einige Stängel zum Garnieren beiseitelegen) die gelben Blätter und dicken Stiele entfernen. Die Kresse abspülen und trocken tupfen. 100 g der Sahne steif schlagen und in den Kühlschrank stellen.
2. Butter in einem Topf zerlassen. Schalotten-, Kartoffel- und Petersilienwurzelwürfel darin unter Rühren andünsten. Mit Wein ablöschen und ganz einkochen lassen. Senf unterrühren. 800 ml Brühe und die restliche Sahne hinzugießen. Mit etwas Salz und Muskat würzen. Die Zutaten ohne Deckel unter gelegentlichem Rühren zum Kochen bringen und etwa 15 Minuten garen, bis die Kartoffeln weich sind. Käse entrinden und in dünne Scheiben schneiden.
3. Petersilie oder das beiseitegelegte Petersiliengrün abspülen, trocken tupfen und grob hacken. Petersilie mit der restlichen Brühe in einen hohen Rührbecher geben und mit einem Pürierstab sehr fein pürieren.
4. Beiseitegelegte Brunnenkressestängel abspülen und gut trocken tupfen.
5. Kurz vor dem Servieren das Kräuterpüree mit der steif geschlagenen Sahne unter die Kartoffeln heben.
6. Das Ganze anrichten. Mit Brunnenkresse und Käsescheiben garnieren. Mit etwas grob gemahlenem Pfeffer bestreut servieren.

Spargel mit fruchtigem Linsengemüse

Spargel mit fruchtigem Linsengemüse

2 Portionen

Zubereitungszeit: 50 Minuten

1 kg weißer Spargel
4 Frühlingszwiebeln (etwa 100 g)
1 reife Mango (etwa 450 g)
3 Eier (Größe M)
175 ml Gemüsebrühe
80 g rote Linsen
20 g Butter
200 ml Wasser
Salz
6 Stängel Kerbel
1 EL braune Senfkörner
abgeriebene Schale von 1/2 Bio-Zitrone (unbehandelt, ungewachst)
1–2 EL Olivenöl
gem. Pfeffer
Cayennepfeffer

Pro Portion:
E: 32 g, F: 21 g, Kh: 58 g,
kJ: 2323, kcal: 552

1. Den Spargel von oben nach unten schälen. Darauf achten, dass die Schalen vollständig entfernt, die Köpfe aber nicht verletzt werden. Die Spargelstangen abspülen und abtropfen lassen. Frühlingszwiebeln putzen, abspülen, abtropfen lassen und dann schräg in dünne Scheiben schneiden. Die Mango halbieren, das Fruchtfleisch vom Stein schneiden und schälen. Fruchtfleisch in sehr kleine Würfel schneiden.
2. Eier in kochendem Wasser etwa 8 Minuten wachsweich kochen, herausnehmen und in kaltem Wasser kurz abschrecken.
3. Die Brühe in einem Topf zum Kochen bringen. Die Linsen hinzugeben, wieder zum Kochen bringen und zugedeckt etwa 8 Minuten bei schwacher Hitze garen.
4. In der Zwischenzeit Butter und Wasser in einem breiten, flachen Topf zum Kochen bringen. Mit Salz würzen. Spargelstangen hineinlegen, wieder zum Kochen bringen und zugedeckt etwa 8 Minuten bei mittlerer Hitze dünsten.
5. Kerbel abspülen und trocken tupfen. Die Blättchen von den Stängeln zupfen. Senfkörner in einer Pfanne ohne Fett bei mittlerer Hitze kurz anrösten, bis sie duften, herausnehmen und auf einem Teller abkühlen lassen.
6. Mangowürfel, Zitronenschale, Frühlingszwiebelscheiben und Olivenöl zu den Linsen geben, untermischen und nochmals erhitzen. Das Linsengemüse mit Salz, Pfeffer und Cayennepfeffer würzen. Die Hälfte der Kerbelblättchen unterheben.
7. Eier pellen und längs halbieren. Spargelstangen mit einer Schaumkelle aus dem Sud nehmen und gut abtropfen lassen. Spargelstangen mit dem Linsengemüse und den Eierhälften auf einer Platte anrichten. Mit Senfkörnern bestreuen und mit dem restlichen Kerbel garnieren.

Rote-Bete-Gemüse

4 Portionen (ohne Foto)

Zubereitungszeit: 40 Minuten
Garzeit: etwa 35 Minuten

750 g Rote Bete
40 g Butter
Salz
gem. Pfeffer
250 ml Gemüsebrühe
2 kleine Gemüsezwiebeln
150 g Crème fraîche
2 EL Schnittlauchröllchen

Pro Portion:
E: 5 g, F: 20 g, Kh: 20 g,
kJ: 1184, kcal: 285

1. Die Rote Bete gründlich waschen, schälen (am besten mit Gummihandschuhen, da die Rote Bete sehr stark färbt), in dünne Scheiben schneiden, große Scheiben halbieren.
2. Butter in einem Topf zerlassen, Rote-Bete-Scheiben darin andünsten, mit Salz und Pfeffer würzen. Brühe hinzugießen, zum Kochen bringen und etwa 20 Minuten bei schwacher Hitze dünsten.
3. In der Zwischenzeit Gemüsezwiebeln abziehen, in Scheiben schneiden, zu der Roten Bete geben und

noch etwa 15 Minuten mitdünsten lassen.

4. Gemüse mit Salz und Pfeffer abschmecken und auf einer Platte anrichten. Crème fraîche darauf verteilen und mit Schnittlauchröllchen bestreuen.

Pilz-Paprika-Gemüse

4 Portionen (ohne Foto)

Zubereitungszeit: 35 Minuten
Garzeit: etwa 15 Minuten

VEGAN

400 g Austernpilze
je 1 rote, grüne und gelbe Paprikaschote (etwa 300 g)
4 Frühlingszwiebeln
3 EL Speiseöl
250 ml Gemüsebrühe
1 mittelgroße Kartoffel
Salz, gem. Pfeffer
1 EL klein geschnittene Petersilie

Pro Portion:
E: 5 g, F: 8 g, Kh: 13 g,
kJ: 593, kcal: 141

1. Austernpilze putzen, evtl. kurz abspülen, trocken tupfen und in dünne Streifen schneiden. Paprikaschoten halbieren, entstielen, entkernen und die weißen Scheidewände entfernen. Schoten abspülen, abtropfen lassen und in feine Streifen schneiden.

2. Frühlingszwiebeln putzen, abspülen, abtropfen lassen und in Scheiben schneiden. Speiseöl in einem Topf erhitzen, Frühlingszwiebelscheiben darin glasig dünsten, Pilz- und Paprikastreifen hinzufügen und alles etwa 5 Minuten dünsten.

3. Die Gemüsebrühe hinzugießen und zum Kochen bringen.

4. Die Kartoffel schälen, abspülen, trocken tupfen, auf einer Haushaltsreibe reiben und zum Gemüse in den Topf geben. Das Gemüse etwa 10 Minuten dünsten, mit Salz und Pfeffer würzen.

5. Pilz-Paprika-Gemüse anrichten und mit Petersilie bestreut servieren.

Paksoi und breite, grüne Bohnen

4 Portionen

VEGAN

Zubereitungszeit: 30 Minuten
Garzeit: etwa 20 Minuten

600 g Paksoi (chinesischer Senfkohl)
600 g breite, grüne Bohnen
Salz
1 walnussgroßes Stück frischer Ingwer
200 ml Gemüsebrühe
1 EL Wasabipaste
gem. Pfeffer
2 EL geschälte Sesamsamen (etwa 15 g)

Außerdem:
2 Bratschläuche

Pro Portion:
E: 6 g, F: 3 g, Kh: 10 g,
kJ: 398, kcal: 95

1. Paksoi-Stauden putzen und die Stielenden abschneiden. Die Paksoi-Stauden abspülen, abtropfen lassen.

2. Von den Bohnen die Enden abschneiden, evtl. abfädeln. Bohnen abspülen, abtropfen lassen und in etwa 5 cm lange Stücke schneiden.

3. Wasser in einem großen Topf zum Kochen bringen, Salz hinzugeben. Paksoi und Bohnenstücke darin nacheinander je etwa 3 Minuten blanchieren, anschließend mit kaltem Wasser abschrecken und gut abtropfen lassen.

4. Ingwer schälen und fein hacken. Die Gemüsebrühe mit gehacktem Ingwer und Wasabipaste verrühren, mit Salz und Pfeffer würzen.

5. Den Backofen vorheizen.
Ober-/Unterhitze: etwa 180 °C
Heißluft: etwa 160 °C

6. Die Bratschläuche zunächst von einer Seite nach Packungsanleitung fest verschließen. Jeweils die Hälfte von dem Paksoi-Gemüse und den Bohnenstücken in einen Bratschlauch füllen und je die Hälfte der gewürzten Gemüsebrühe hinzugießen.

7. Die Bratschläuche nach Packungsanleitung verschließen und nebeneinander auf ein Backblech legen.

8. Das Backblech in den vorgeheizten Backofen schieben. Das Gemüse etwa 20 Minuten garen.

9. Zum Servieren die Bratschläuche öffnen und das Gemüse mit Sesam bestreut servieren.

Paksoi und breite, grüne Bohnen

Paprikagemüse

4 Portionen (ohne Foto)

Zubereitungszeit: 50 Minuten, ohne Abkühlzeit

VEGAN

1 kg rote und gelbe Paprikaschoten
200 g Zwiebeln
500 g Tomaten
4 EL Olivenöl
2 Knoblauchzehen
Salz, gerebelter Oregano

Pro Portion:
E: 4 g, F: 11 g, Kh: 15 g,
kJ: 749, kcal: 178

1. Den Backofen vorheizen.
Ober-/Unterhitze: etwa 220 °C
Heißluft: etwa 200 °C
2. Paprikaschoten vierteln, entstielen, entkernen und die weißen Scheidewände entfernen. Schotenviertel abspülen, trocken tupfen und mit der Hautseite nach oben auf ein Backblech (gefettet) legen. Das Backblech in den vorgeheizten Backofen schieben und die Paprikaviertel 10–15 Minuten rösten, bis die Haut Blasen wirft.
3. Das Backblech aus dem Backofen nehmen. Schotenviertel mit einem feuchten Geschirrtuch bedecken und etwas abkühlen lassen. Dann die Haut abziehen. Paprikaviertel in Streifen schneiden.
4. Zwiebeln abziehen und in Scheiben schneiden. Tomaten kreuzweise einschneiden und mit kochendem Wasser übergießen. Nach 1–2 Minuten herausnehmen und mit kaltem Wasser abschrecken. Tomaten häuten, halbieren und die Stängelansätze herausschneiden. Tomaten entkernen und in Stücke schneiden.
5. Olivenöl in einer großen Pfanne erhitzen, die Zwiebelscheiben darin goldgelb andünsten. Knoblauch abziehen, in Scheiben schneiden, mit den Paprikastreifen und Tomatenstücken zu den Zwiebeln geben und verrühren. Mit Salz und Oregano würzen. Das Paprikagemüse zugedeckt 3–4 Minuten dünsten.

Mallorquinischer Schmortopf

6 Portionen

VEGAN

Zubereitungszeit: 60 Minuten
Garzeit: 40–50 Minuten

6 festkochende Kartoffeln (etwa 500 g)
3 mittelgroße Zucchini (etwa 400 g)
3 mittelgroße, rote Paprikaschoten (etwa 400 g)
1 Gemüsezwiebel (etwa 150 g)
3 Knoblauchzehen
3–4 große Fleischtomaten (etwa 400 g)
je 1 kleines Bund Basilikum, Oregano, glatte Petersilie
150 ml Olivenöl
Salz, gem. Pfeffer

Pro Portion:
E: 4 g, F: 25 g, Kh: 19 g,
kJ: 1404, kcal: 335

1. Die Kartoffeln schälen, abspülen, abtropfen lassen und in Scheiben hobeln oder schneiden. Zucchini abspülen, abtrocknen und die Enden abschneiden. Zucchini ebenfalls in Scheiben schneiden. Paprikaschoten halbieren, entstielen, entkernen und die weißen Scheidewände entfernen. Schoten abspülen, abtropfen lassen und in grobe Stücke schneiden.
2. Zwiebel und Knoblauch abziehen. Die Zwiebel achteln und in einzelne Schichten zerlegen. Knoblauch in kleine Würfel schneiden. Fleischtomaten abspülen, trocken tupfen, vierteln und die Stängelansätze herausschneiden. Die Tomaten in nicht zu dünne Scheiben schneiden. Die Kräuter abspülen und trocken tupfen. Die Blättchen von den Stängeln zupfen. Blättchen grob zerschneiden.
3. Den Backofen vorheizen.
Ober-/Unterhitze: etwa 180 °C
Heißluft: etwa 160 °C
4. Jeweils etwas Olivenöl in einem großen Topf erhitzen. Vorbereitete Gemüsezutaten und die Kartoffeln darin nacheinander andünsten, herausnehmen und dachziegelartig in der Reihenfolge Kartoffel-, Zucchinischeiben, Paprikastücke, Zwiebel- und Tomatenscheiben in eine große Auflaufform (gefettet) schichten. Die einzelnen Schichten jeweils mit Salz, Pfeffer, Knoblauchwürfeln und den Kräutern bestreuen. Mit dem restlichen Olivenöl beträufeln.
5. Die Form auf dem Rost in den vorgeheizten Backofen schieben. Den Schmortopf 40–50 Minuten garen.

Mallorquinischer Schmortopf

Rahmwirsing

Rahmwirsing

4 Portionen

Zubereitungszeit: 30 Minuten
Garzeit: 15–20 Minuten

1 kg Wirsing
1 EL Butter
Salz
gem. Pfeffer
125 ml Gemüsebrühe
75 g Schlagsahne oder
2 EL Crème fraîche
1 EL Schnittlauchröllchen

Pro Portion:
E: 6 g, F: 10 g, Kh: 5 g,
kJ: 555, kcal: 134

1. Die groben, äußeren Blätter vom Wirsing entfernen. Wirsing vierteln und den Strunk herausschneiden. Wirsingviertel in Streifen schneiden, abspülen und abtropfen lassen.
2. Butter in einem Topf zerlassen, Wirsingstreifen darin unter Rühren andünsten, mit Salz und Pfeffer würzen. Brühe hinzugießen und zum Kochen bringen. Den Wirsing 15–20 Minuten dünsten. Sahne oder Crème fraîche unterrühren und kurz miterwärmen.
3. Den Rahmwirsing nochmals mit Salz und Pfeffer abschmecken. Mit Schnittlauch bestreut servieren.

Auberginen-Paprika-Gemüse

VEGAN

4 Portionen (ohne Foto)

Zubereitungszeit: 25 Minuten, ohne Zieh- und Abkühlzeit
Garzeit: 10–12 Minuten

1 Aubergine (etwa 275 g)
Salz
je 1 rote und grüne Paprikaschote
1 Zwiebel
2 Knoblauchzehen
1 Peperoni
3 EL Olivenöl
200 g passierte Tomaten (aus dem Tetrapak)
gem. Pfeffer
Cayennepfeffer
Voll-Rohrzucker
1 gestr. TL gerebelter Oregano
1/2 Bund Petersilie

Pro Portion:
E: 3 g, F: 8 g, Kh: 8 g,
kJ: 494, kcal: 118

1. Die Aubergine abspülen, abtrocknen und den Stängelansatz entfernen. Aubergine in Würfel schneiden, in eine Schüssel geben, mit 1 Esslöffel Salz bestreuen und mindestens 10 Minuten ziehen lassen. Anschließend die Auberginenwürfel in ein Sieb geben, unter fließendem kalten Wasser abspülen und gut abtropfen lassen.
2. Paprikaschoten halbieren, entstielen, entkernen und die weißen Scheidewände entfernen. Schoten in kleine Würfel schneiden. Zwiebel abziehen und ebenfalls in kleine Würfel schneiden.
3. Knoblauch abziehen, sehr klein würfeln und mit 1 gestrichenen Teelöffel Salz zu einer Paste zerreiben. Peperoni abspülen, trocken tupfen, entstielen und in sehr kleine Würfel schneiden.
4. Olivenöl in einem Topf erhitzen. Das vorbereitete Gemüse mit der Knoblauchpaste und der Peperoni darin unter Rühren andünsten. Passierte Tomaten hinzugeben, mit Salz, Pfeffer, 1 Prise Cayennepfeffer, 1 Prise Voll-Rohrzucker und Oregano kräftig würzen. Das Gemüse zum Kochen bringen und zugedeckt bei schwacher Hitze 10–12 Minuten dünsten.
5. Den Topf von der Kochstelle nehmen. Das gegarte Gemüse erkalten lassen.
6. Petersilie abspülen und trocken tupfen. Die Blättchen von den Stängeln zupfen. Blättchen klein schneiden und unter das erkaltete Auberginen-Paprika-Gemüse mischen. Das Gemüse nochmals mit den Gewürzen abschmecken, anrichten und kalt servieren.

Tofu mit Grünkern-Gemüse

2 Portionen

Zubereitungszeit: 40 Minuten
Garzeit: Gemüse etwa 70 Minuten

Für das Grünkern-Gemüse:
20 g Butter oder Margarine
100 g Grünkern
375 ml Gemüsebrühe

Für den Tofu:
1 Bio-Zitrone (unbehandelt, ungewachst)
gem. Pfeffer
250 g Tofu

300 g Porree (Lauch)
250 g frische Brech- oder Wachsbohnen
20 g abgetropfte Kapern (aus dem Glas)
4 Stängel Basilikum
1 Eiweiß (Größe M)
Salz
20 g Weizenmehl
3 EL Speiseöl
1 TL körniger Senf
brauner Zucker (Rohrzucker)

Pro Portion:
E: 33 g, F: 26 g, Kh: 47 g, kJ: 2347, kcal: 561

1. Für das Gemüse Butter oder Margarine in einem Topf zerlassen. Grünkern darin unter Rühren andünsten. Brühe hinzugießen, zum Kochen bringen und zugedeckt etwa 60 Minuten bei schwacher Hitze garen.
2. Für den Tofu Zitrone heiß abwaschen, abtrocknen und die Schale fein abreiben. Die Zitronenschale mit 1/2 Teelöffel gemahlenem Pfeffer mischen. Den Tofu trocken tupfen, in etwa 1 cm dicke Scheiben schneiden und mit der Zitronen-Pfeffer-Mischung bestreuen. Tofu zugedeckt stehen lassen.
3. Porree putzen, die Stangen längs halbieren, gründlich waschen, gut abtropfen lassen und quer in etwa 1 cm dicke Stücke schneiden. Von den Bohnen die Enden abschneiden, evtl. abfädeln. Bohnen abspülen, abtropfen lassen und schräg in etwa 1/2 cm dicke Scheiben schneiden. Die Bohnen und Porreestücke zum Grünkern in den Topf geben, wieder zum Kochen bringen und zugedeckt etwa 10 Minuten bei mittlerer Hitze garen. Kapern hinzugeben.
4. Basilikum abspülen und trocken tupfen. Die Blättchen von den Stängeln zupfen (einige Blättchen zum Garnieren beiseitelegen). Blättchen in breite Streifen schneiden.
5. Eiweiß verschlagen. Tofu mit Salz bestreuen, vorsichtig in dem verschlagenen Eiweiß wenden, abtropfen lassen und anschließend in Mehl wenden. Überschüssiges Mehl abschütteln.
6. Speiseöl in einer großen Pfanne erhitzen. Tofuscheiben darin etwa 2 Minuten von jeder Seite bei mittlerer Hitze goldbraun braten.
7. Das gegarte Grünkern-Gemüse mit Salz, Pfeffer, Senf und Zucker würzen. Die Basilikumstreifen unterheben. Die Tofuscheiben mit dem Gemüse anrichten. Mit dem beiseitegelegten Basilikum garnieren.

Sizilianische Caponata

4 Portionen

VEGAN

Zubereitungszeit: 50 Minuten
Garzeit: etwa 40 Minuten

1 kleiner Staudensellerie
3 große Auberginen
1 Bund Frühlingszwiebeln
3 dicke Fleischtomaten
2 Knoblauchzehen
1 Topf Basilikum
4 EL Olivenöl
Salz, gem. Pfeffer
200 g abgetropfte, grüne Oliven, ohne Stein (aus dem Glas)
200 g abgetropfte, schwarze Oliven, ohne Stein (aus dem Glas)
200 g abgetropfte Kapernäpfel oder Kapern (aus dem Glas)

Tofu mit Grünkern-Gemüse

Sizilianische Caponata

Pro Portion:
E: 9 g, F: 27 g, Kh: 22 g,
kJ: 1594, kcal: 380

1. Staudensellerie putzen, abspülen und abtropfen lassen. Auberginen abspülen, abtrocknen und die Stängelansätze entfernen.
2. Den Backofen vorheizen.
Ober-/Unterhitze: etwa 160 °C
Heißluft: etwa 140 °C
3. Frühlingszwiebeln putzen, abspülen, abtropfen lassen. Tomaten abspülen, abtropfen lassen, halbieren und die Stängelansätze herausschneiden. Das vorbereitete Gemüse grob würfeln. Knoblauch abziehen und durch eine Knoblauchpresse drücken. Basilikum abspülen und trocken tupfen. Die Blättchen von den Stängeln zupfen.
4. Das Olivenöl in einem großen Bräter erhitzen, die Gemüsewürfel darin portionsweise andünsten. Mit Salz und Pfeffer würzen. Knoblauch und Basilikumblättchen unterrühren. Das Gemüse etwa 10 Minuten leicht kochen lassen.
5. Oliven und Kapern zum angedünsteten Gemüse in den Bräter geben. Den Bräter auf dem Rost in den vorgeheizten Backofen schieben. Die Caponata etwa 30 Minuten garen.

Pastinakengemüse

4 Portionen (ohne Foto)

Zubereitungszeit: 25 Minuten
Garzeit: etwa 8 Minuten

750 g junge Pastinaken
2 EL Butter oder Margarine
knapp 125 ml Gemüsebrühe
Salz, gem. Pfeffer
1 EL klein geschnittene Dillspitzen
1 EL klein geschnittene Petersilie

Pro Portion:
E: 2 g, F: 5 g, Kh: 16 g,
kJ: 519, kcal: 124

1. Pastinaken putzen, schälen, abspülen, abtropfen lassen und in Würfel schneiden. Butter oder Margarine in einem Topf zerlassen. Pastinaken darin von allen Seiten andünsten.
2. Brühe hinzugießen. Mit Salz und Pfeffer würzen, zum Kochen bringen. Pastinakenwürfel zugedeckt etwa 8 Minuten dünsten, dabei ab und zu umrühren.
3. Pastinakengemüse in einer Schüssel anrichten. Mit Dill und Petersilie bestreuen.

Rotes Linsengemüse

Rotes Linsengemüse

4–6 Portionen

VEGAN

Zubereitungszeit: 35 Minuten
Garzeit: 8–12 Minuten

1 Zwiebel
2 Knoblauchzehen, Salz
1 Bund Suppengrün (Möhren, Sellerie, Porree)
3 EL Olivenöl
2–3 EL Tomatenmark
750 ml Gemüsebrühe
400 g rote Linsen
3–4 EL Weißweinessig
gem. Pfeffer, Cayennepfeffer
1–2 EL Frucht-Dicksaft
1 Bund Schnittlauch

Pro Portion:
E: 11 g, F: 27 g, Kh: 31 g,
kJ: 1793, kcal: 428

1. Zwiebel und Knoblauch abziehen, Zwiebel in kleine Würfel schneiden. Knoblauch fein würfeln oder durch eine Knoblauchpresse drücken und mit 1/2 gestrichenen Teelöffel Salz zerreiben.
2. Suppengrün putzen, abspülen, abtropfen lassen und in kleine Würfel schneiden.
3. Das Olivenöl in einem Topf erhitzen, zerriebenen Knoblauch darin andünsten.
4. Die vorbereiteten Gemüsewürfel hinzugeben und unter Rühren kurz mitdünsten lassen, Tomatenmark unterrühren und kurz andünsten. Brühe hinzugießen und zum Kochen bringen.
5. Die roten Linsen in den Gemüsesud geben, wieder zum Kochen bringen und zugedeckt 10–12 Minuten garen.
6. Essig unter das gegarte Linsengemüse rühren. Mit Salz, Pfeffer, 1 Prise Cayennepfeffer und Frucht-Dicksaft würzen.
7. Schnittlauch abspülen, trocken tupfen und in Röllchen schneiden. Das Linsengemüse in einer Schüssel anrichten und mit Schnittlauchröllchen bestreut servieren.

Kürbisgemüse

Kürbisgemüse
4 Portionen

Zubereitungszeit: 25 Minuten
Garzeit: etwa 8 Minuten

1,2 kg Kürbis
30 g Butter oder Margarine
125 ml Gemüsebrühe
Salz
gem. Pfeffer
etwas Zucker
Weißweinessig
2 EL klein geschnittener Dill
2 EL klein geschnittene Petersilie

Pro Portion:
E: 3 g, F: 7 g, Kh: 11 g,
kJ: 473, kcal: 113

1. Kürbis zuerst halbieren und dann in Spalten schneiden. Kürbisspalten schälen, Kerne und den faserigen Innenteil entfernen. Kürbisfruchtfleisch in Stifte schneiden.
2. Butter oder Margarine in einem Topf zerlassen. Die Kürbisstifte darin evtl. portionsweise unter Rühren andünsten. Brühe hinzugießen und zum Kochen bringen. Kürbisstifte zugedeckt etwa 8 Minuten bei schwacher Hitze dünsten, dabei gelegentlich umrühren.
3. Das Kürbisgemüse mit Salz, Pfeffer, Zucker und Essig würzen, Dill und Petersilie unterheben.

Kohlrabi-Rahm-Kartoffeln mit Zuckerschoten zu wachsweichem Ei
4 Portionen (ohne Foto)

Zubereitungszeit: 20 Minuten
Garzeit: etwa 20 Minuten

2 mittelgroße Kohlrabi
4 mittelgroße Kartoffeln
250 g Zuckerschoten
2 EL Butter oder Margarine
1 TL flüssiger Honig
1 EL Zitronensaft
Salz, gem. Pfeffer
ger. Muskatnuss
200 g Schlagsahne
evtl. 1 Bund Kerbel
4 EL Weißweinessig
4 Eier (Größe M)

Pro Portion:
E: 14 g, F: 30 g, Kh: 27 g,
kJ: 1869, kcal: 446

1. Kohlrabi putzen, schälen, abspülen, abtropfen lassen und in kleine Würfel schneiden. Kartoffeln schälen, abspülen, abtropfen lassen und ebenfalls klein würfeln. Von den Zuckerschoten die Enden abschneiden, evtl. abfädeln. Die Zuckerschoten abspülen, gut trocken tupfen und halbieren.
2. Butter oder Margarine in einem weiten Topf zerlassen. Die Kohlrabi- und Kartoffelwürfel darin unter Rühren andünsten. Honig, Zitronensaft, Salz, Pfeffer und Muskat hinzugeben. Kohlrabi- und Kartoffelwürfel zugedeckt etwa 7 Minuten dünsten. Zuckerschotenhälften und 100 ml Wasser hinzugeben, zum Kochen bringen und zugedeckt weitere etwa 5 Minuten garen.
3. Sahne unterrühren und etwas einkochen lassen. Nach Belieben Kerbel abspülen und trocken tupfen. Die Blättchen von den Stängeln zupfen. Blättchen klein schneiden und zu den Kohlrabi-Rahm-Kartoffeln geben. Nochmals mit den Gewürzen abschmecken.
4. Zwei Liter Wasser mit Essig und 1 Esslöffel Salz in einem Topf aufkochen lassen. Die Temperatur reduzieren, sodass das Wasser sich nur leicht bewegt. Die Eier einzeln in einer Tasse oder Suppenkelle aufschlagen und vorsichtig in das siedende Wasser gleiten lassen. Die Eier nach etwa 4 Minuten mit einer Schaumkelle aus dem Salzwasser heben und mit den Kohlrabi-Rahm-Kartoffeln servieren.

Gemüseragout mit Dill
4 Portionen

VEGAN

Zubereitungszeit: 45 Minuten
Garzeit: Gemüseragout
10–15 Minuten

4 Möhren (etwa 400 g)
2 Kohlrabi (etwa 400 g)
1 Salat- oder Schmorgurke
(etwa 400 g)
500 g grüner Spargel
400 g kleine, festkochende
Bio-Kartoffeln
Salz
1 Bund Dill
2 Knoblauchzehen
6 EL Olivenöl
200 ml Gemüsebrühe
gem. Pfeffer

Pro Portion:
E: 7 g, F: 16 g, Kh: 25 g,
kJ: 1145, kcal: 274

1. Möhren putzen, schälen, abspülen, abtropfen lassen und in Scheiben schneiden. Die Kohlrabi putzen, schälen, abspülen und abtropfen lassen. Kohlrabi in Stifte schneiden. Salat- oder Schmorgurke abspülen, trocken tupfen und die Enden abschneiden. Die Gurke längs halbieren und die Kerne mit einem Löffel entfernen. Gurkenhälften in etwa 2 cm dicke Stücke schneiden.
2. Von dem Spargel das untere Drittel schälen und die unteren Enden abschneiden. Spargelstangen abspülen, abtropfen lassen, je nach Größe halbieren oder dritteln.
3. Kartoffeln unter fließendem Wasser sehr gründlich abbürsten und zugedeckt in kochendem Salzwasser etwa 15 Minuten garen.
4. In der Zwischenzeit den Dill abspülen und trocken tupfen. Die Spitzen von den Stängeln zupfen. Spitzen klein schneiden. Knoblauch abziehen und in kleine Würfel schneiden.
5. Möhrenscheiben und Spargelspitzen in kochendem Salzwasser je etwa 5 Minuten, Kohlrabistifte in kochendem Salzwasser 3–5 Minuten garen. Die Gemüsezutaten jeweils in einem Sieb abtropfen lassen.
6. Die gegarten Kartoffeln abgießen und in einem Sieb abtropfen lassen.
7. Jeweils etwas Olivenöl in einer Pfanne erhitzen. Die Kartoffeln und vorbereiteten Gemüsezutaten darin nacheinander unter Rühren andünsten, herausnehmen und in einen großen Topf geben. Brühe hinzugießen. Mit Salz und Pfeffer würzen. Dill und Knoblauchwürfel unterrühren. Die Zutaten zum Kochen bringen und zugedeckt 10–15 Minuten bei schwacher Hitze garen. Das Gemüse sollte noch etwas Biss haben.

Kohlrabi in Kressecreme

4 Portionen

Zubereitungszeit: 40 Minuten
Garzeit: 10–15 Minuten

1 kg Kohlrabi (mit Herzblättchen)
Salz

150 g Crème fraîche
3 EL klein geschnittene Kresseblättchen
gem. Pfeffer
ger. Muskatnuss
etwas Zitronensaft
evtl. 1 Kressesträußchen

Pro Portion:
E: 4 g, F: 12 g, Kh: 9 g,
kJ: 664, kcal: 159

1. Kohlrabi putzen, schälen, abspülen, abtropfen lassen und in dünne Stifte schneiden. Kohlrabiblättchen in sehr feine Streifen schneiden und beiseitelegen.
2. Kohlrabistifte in etwas kochendem Salzwasser zugedeckt 10–15 Minuten dünsten. Anschließend warm stellen.
3. Die Crème fraîche in einem Topf erhitzen, abgespülte Kresseblättchen unterrühren. Mit Salz, Pfeffer, Muskat und Zitronensaft würzen.
4. Die Kohlrabistifte und -blättchen hinzufügen, kurz erhitzen und evtl. nochmals mit den Gewürzen abschmecken.
5. Kohlrabi in Kressecreme anrichten und nach Belieben mit einem abgespülten, trocken getupften Kressesträußchen garnieren.

Tipps: Geben Sie zusätzlich 1 Teelöffel Senf mit in die Creme. Sie können auch andere Gemüse in der Kressecreme anrichten. Gut schmecken alle Gemüsesorten, die Sie dünsten oder dämpfen können, z. B. Blumenkohl, Brokkoli, Möhren, Zuckerschoten oder Spargel. Wenn Sie Crème fraîche durch pflanzliche Sahne ersetzen, haben Sie ein veganes Gericht.

Gemüseragout mit Dill

Kohlrabi in Kressecreme

Gemüsekasserolle mit Maiskölbchen

6 Portionen

Zubereitungszeit: 30 Minuten, ohne Auftauzeit
Garzeit: etwa 15 Minuten

360 g TK-Brechbohnen
360 g TK-Erbsen
360 g TK-Möhren, gewürfelt oder in Scheiben
500 g gegarte Kartoffeln
je 1/2 Bund Schnittlauch, Petersilie, Kerbel
2 1/2 EL Speiseöl
6 kleine Maiskölbchen
Salz, gem. Pfeffer
60 g ger. Parmesan
evtl. einige Kerbelblättchen

Pro Portion:
E: 11 g, F: 8 g, Kh: 33 g,
kJ: 1084, kcal: 258

1. TK-Brechbohnen, -Erbsen und -Möhren nach Packungsanleitung auftauen. Die Kartoffeln in Würfel schneiden.
2. Schnittlauch, Petersilie und Kerbel abspülen und trocken tupfen. Den Schnittlauch in feine Röllchen schneiden. Petersilien- und Kerbelblättchen von den Stängeln zupfen. Blättchen klein schneiden.
3. Speiseöl in einem großen Topf erhitzen. Aufgetautes Gemüse und die Kartoffelwürfel darin evtl. in 2 Portionen mit den Kräutern unter Rühren andünsten und in gut 10 Minuten gar dünsten. Maiskölbchen putzen, abspülen, trocken tupfen und hinzufügen.
4. Gemüsekasserolle mit Salz und Pfeffer würzen, anrichten und mit Parmesan bestreut servieren. Nach Belieben mit abgespülten und trocken getupften Kerbelblättchen garnieren.

Gemüsekasserolle mit Maiskölbchen

Tofu in Gemüsepüree

3 Portionen (ohne Foto)

Zubereitungszeit: 35 Minuten

VEGAN

20 g eingeweichte Shiitakepilze
30 g Tomaten-Fruchtfleisch
30 g geschälte Möhre
500 g Tofu
1 l Speiseöl
3 EL Speiseöl
1 EL fein gehackter frischer Ingwer
1 EL klein geschnittene Knoblauchzehen
375 ml Gemüsebrühe
1 1/2 EL Zucker
1 gestr. TL Salz
2 EL Sojasauce
20 g frische, ausgepalte Erbsen
1 EL klein geschnittene Frühlingszwiebeln (nur die weißen Teile)
1 1/2 TL Kartoffelstärke
3 EL Wasser
2 EL Sesamöl

Pro Portion:
E: 15 g, F: 45 g, Kh: 22 g,
kJ: 2357, kcal: 562

1. Shiitakepilze abtropfen lassen. Tomaten-Fruchtfleisch, Pilze und Möhren fein hacken. Den Tofu in 5 x 3 x 1 cm große Stücke schneiden.
2. Einen heißen Wok zweimal mit Speiseöl ausschwenken. 1 Liter Speiseöl hinzugeben und erhitzen. Die Tofustücke darin etwa 2 Minuten frittieren, herausnehmen und abtropfen lassen. Das Öl in ein Vorratsgefäß zurückgießen.
3. Den Wok wieder erhitzen. 3 Esslöffel Speiseöl hineingeben und die Shiitakepilze darin kurz anbraten. Dann die Möhren kurz mitbraten lassen und zuletzt den Ingwer und Knoblauch hinzugeben. Mit Gemüsebrühe ablöschen und aufkochen lassen, dabei Zucker, Salz und Sojasauce unterrühren.
4. Die Tofustücke in die kochende Brühe geben und im offenen Wok etwa 10 Minuten garen, bis die Flüssigkeit stark eingekocht ist.
5. Erbsen abspülen, abtropfen lassen und mit dem Tomaten-Fruchtfleisch hinzugeben. Frühlingszwiebeln unterrühren. Die Zutaten zum Kochen bringen und etwa 1 Minute kochen lassen. Kartoffelstärke mit Wasser anrühren, in die Sauce rühren und unter Rühren kurz aufkochen lassen.
6. Tofu in Gemüsepüree anrichten, mit Sesamöl beträufeln und heiß servieren.

Buntes Fenchelgemüse

2 Portionen (ohne Foto)

Zubereitungszeit: 40 Minuten

2 Fenchelknollen (etwa 600 g)
1 Bio-Zitrone (unbehandelt, ungewachst)
150 ml Gemüsebrühe
Salz
3 Schalotten
2 Knoblauchzehen
1 grüne Chilischote
2 Tomaten (etwa 100 g)
2 EL Olivenöl
8 abgetropfte, schwarze Oliven, ohne Stein
frisch gem. Pfeffer

VEGAN

Pro Portion:
E: 8 g, F: 18 g, Kh: 16 g,
kJ: 1134, kcal: 270

1. Fenchelknollen putzen, abspülen, abtropfen lassen und halbieren. Fenchelhälften längs in Spalten schneiden. Das Fenchelgrün beiseitelegen.
2. Zitrone heiß abwaschen und abtrocknen. Brühe in einem Topf zum Kochen bringen, Fenchelspalten hineinlegen. Von der Zitrone etwa ein Drittel der Schale abreiben, hinzugeben, zum Kochen bringen und zugedeckt etwa 10 Minuten bei schwacher Hitze dünsten, mit Salz würzen. Fenchelspalten in einem Sieb abtropfen lassen, den Sud auffangen.
3. Schalotten und Knoblauch abziehen, in dünne Scheiben schneiden. Chili abspülen, trocken tupfen, der Länge nach halbieren, entkernen. Chili in schmale Streifen schneiden.
4. Tomaten kreuzweise einschneiden und mit kochendem Wasser übergießen. Nach 1–2 Minuten herausnehmen und mit kaltem Wasser abschrecken. Tomaten häuten, halbieren und die Stängelansätze herausschneiden. Tomaten grob würfeln.
5. Olivenöl in einem Topf erhitzen. Schalotten-, Knoblauchwürfel und Chilistreifen hinzufügen, zugedeckt etwa 10 Minuten bei mittlerer Hitze dünsten.
6. Oliven in Ringe schneiden. Zitrone quer halbieren. Eine Zitronenhälfte in dünne Scheiben schneiden. Von der zweiten Zitronenhälfte den Saft auspressen. Fenchelspalten auf einer Platte oder einem Teller anrichten. Zitronenscheiben an den Rand legen.
7. Den aufgefangenen Fenchelsud und die Tomatenwürfel zur Schalotten-Chili-Masse geben und aufkochen lassen. Mit Salz, Pfeffer und Zitronensaft abschmecken.
8. Die Masse auf den Fenchelspalten verteilen. Das beiseitegelegte Fenchelgrün abspülen, trocken tupfen und etwas kleiner schneiden. Das Fenchelgemüse mit dem Fenchelgrün und den Olivenringen bestreuen, heiß oder kalt servieren.

Gemüsegulasch in Zitronensahne

Gemüsegulasch in Zitronensahne

4 Portionen

Zubereitungszeit: 50 Minuten
Garzeit: etwa 15 Minuten

1 Bund Frühlingszwiebeln (etwa 250 g)
250 g weiße Champignons
500 g grüner Spargel
250 g Zuckerschoten
250 g Möhren
Salz
2 EL Olivenöl
150 ml Gemüsebrühe
200 g Schlagsahne
gem. Pfeffer
einige Stängel Zitronenmelisse und Zitronenthymian

Pro Portion:
E: 8 g, F: 19 g, Kh: 15 g,
kJ: 1113, kcal: 266

1. Frühlingszwiebeln putzen, abspülen, abtropfen lassen und in etwa 4 cm lange Stücke schneiden. Champignons putzen, evtl. kurz abspülen und trocken tupfen. Größere Champignons halbieren oder vierteln.
2. Von dem grünen Spargel das untere Drittel schälen und die unteren Enden abschneiden. Spargel abspülen, abtropfen lassen und in etwa 4 cm lange Stücke schneiden. Von den Zuckerschoten die Enden abschneiden, evtl. abfädeln. Schoten abspülen und abtropfen lassen.
3. Möhren putzen, schälen, abspülen, abtropfen lassen und in Stifte schneiden. Die Möhrenstifte in kochendem Salzwasser etwa 5 Minuten blanchieren, anschließend in ein Sieb geben, mit kaltem Wasser abschrecken und abtropfen lassen.
4. Olivenöl in einem großen Topf erhitzen. Vorbereitetes Gemüse darin portionsweise andünsten. Gemüsebrühe und Sahne hinzugießen, mit Salz und Pfeffer würzen. Die Zutaten zum Kochen bringen und etwa 10 Minuten bei schwacher Hitze garen.
5. Melisse und Thymian abspülen und trocken tupfen. Blättchen von den Stängeln zupfen, klein schneiden, zum Gemüsegulasch geben und unterrühren. Gemüsegulasch mit Salz und Pfeffer abschmecken.

Chinesisches Gemüse

Chili sin Carne

Chinesisches Gemüse
4 Portionen

Zubereitungszeit: 50 Minuten, ohne Einweichzeit
Garzeit: etwa 10 Minuten

2 mittelgroße Zwiebeln
2 Möhren (etwa 250 g)
1 Fenchelknolle (etwa 250 g)
4 Stangen Staudensellerie
150 g Sojabohnenkeimlinge
4 EL Sesamöl
200 ml Gemüsebrühe
4 EL trockener Sherry
2 EL Sojasauce
1 EL flüssiger Honig
2 EL Weißweinessig
Salz, gem. Pfeffer
gem. Ingwer
Currypulver
Cayennepfeffer
20 g Speisestärke
2 EL Wasser

Pro Portion:
E: 6 g, F: 11 g, Kh: 19 g,
kJ: 924, kcal: 221

1. Zwiebeln abziehen und in kleine Würfel schneiden. Möhren putzen, schälen, abspülen, abtropfen lassen und in dünne Stifte schneiden. Fenchel putzen, abspülen, gut abtropfen lassen, halbieren und in feine Streifen schneiden. Staudensellerie putzen, abspülen, abtropfen lassen und in feine Scheiben schneiden. Sojabohnenkeimlinge verlesen, in ein Sieb geben, mit kaltem Wasser abspülen und gut abtropfen lassen.
2. Sesamöl in einer großen Pfanne erhitzen. Vorbereitetes Gemüse, außer Sojabohnenkeimlinge, hinzufügen und evtl. in 2 Portionen unter Rühren andünsten. Brühe hinzugießen und zum Kochen bringen. Das Gemüse 5–10 Minuten garen.
3. Sojabohnenkeimlinge hinzufügen und noch weitere etwa 2 Minuten garen. Sherry, Sojasauce, Honig und Essig unterrühren. Mit Salz, Pfeffer, Ingwer, Curry und Cayennepfeffer würzen.
4. Speisestärke mit Wasser anrühren, unter das Gemüse rühren und unter Rühren aufkochen lassen. Gemüse in Schalen anrichten und servieren.

Chili sin Carne
4 Portionen

VEGAN

Zubereitungszeit: 60 Minuten
Garzeit: etwa 45 Minuten

1 Gemüsezwiebel
2 Knoblauchzehen
1 dicke Möhre
je 1 rote, gelbe und grüne Paprikaschote
1 kleine Aubergine (etwa 250 g)
1 Zucchini (etwa 300 g)
2–3 EL Olivenöl
1 Stängel Rosmarin
1 Bund Thymian
800 g geschälte Tomaten (aus der Dose)
500 g Kidneybohnen (aus der Dose)
Salz, gem. Pfeffer
1–2 EL klein geschnittene Kräuter

Pro Portion:
E: 14 g, F: 8 g, Kh: 31 g,
kJ: 1071, kcal: 256

1. Gemüsezwiebel und Knoblauch abziehen, in kleine Würfel schneiden. Möhre putzen, schälen, abspülen, abtropfen lassen, klein würfeln. Die Paprikaschoten abspülen, abtropfen lassen, vierteln, entstielen, entkernen und die weißen Scheidewände entfernen. Aubergine und Zucchini abspülen, abtrocknen und die Enden bzw. Stängelansätze entfernen. Die Aubergine und Zucchini in 1/2–1 cm große Würfel schneiden.
2. Olivenöl in einem Topf erhitzen. Zuerst die Zwiebel- und Möhrenwürfel darin bei nicht zu starker Hitze leicht anbraten. Dann Paprikaviertel und Knoblauchwürfel und zuletzt Auberginen- und Zucchiniwürfel hinzugeben und mit andünsten.
3. Rosmarin und Thymian abspülen und trocken tupfen.
4. Die Tomaten pürieren, zusammen mit den Kidneybohnen (mit der Flüssigkeit) und den Kräuterstängeln in den Topf geben, zum Kochen bringen und zugedeckt etwa 45 Minuten bei schwacher Hitze kochen lassen. Dabei ab und zu umrühren. Mit Salz und Pfeffer abschmecken. Kräuterstängel entfernen.
5. Chili sin Carne in Schalen anrichten und nach Belieben mit klein geschnittenen Kräutern bestreuen.

Beilage: Reis, Nudeln oder gegarte Kartoffelwürfel oder einfach Baguette, Fladenbrot oder Tortillachips.

Kohlgemüse süßsauer

4 Portionen (ohne Foto)

Zubereitungszeit: 50 Minuten

VEGAN

2 Möhren (etwa 200 g)
400 g Tomaten
5 EL Sonnenblumenöl
200 ml Orangensaft
1 EL Sojasauce
1 EL Frucht-Dicksaft
1–2 EL Vollkorn-Weizenmehl
etwa 700 g Spitzkohl oder Wirsing

Pro Portion:
E: 6 g, F: 14 g, Kh: 20 g,
kJ: 968, kcal: 231

1. Möhren putzen, schälen, abspülen, abtropfen lassen und raspeln. Tomaten abspülen, trocken tupfen, halbieren und die Stängelansätze herausschneiden. Tomaten in Scheiben schneiden.
2. Einen Esslöffel Sonnenblumenöl in einem Topf erhitzen. Möhrenraspel und Tomatenscheiben darin etwa 8 Minuten dünsten, bis die Möhrenraspel weich sind.
3. Das Gemüse durch ein Sieb streichen, wieder zurück in den Topf geben, mit Orangensaft, Sojasauce und Dicksaft verrühren. Mehl mit 2–3 Esslöffeln Wasser anrühren, in die Gemüsesauce rühren und unter Rühren zum Kochen bringen. Sauce bei schwacher Hitze etwa 5 Minuten kochen lassen. Den Topf von der Kochstelle nehmen.
4. Von dem Spitzkohl oder Wirsing die äußeren Blätter entfernen. Kohl oder Wirsing halbieren und den Strunk herausschneiden. Die Blätter lösen, in etwa 2 cm große Quadrate schneiden und in 4 Portionen teilen.
5. Jeweils 1 Esslöffel des restlichen Öls in einer Pfanne erhitzen. Je eine Kohlportion darin bei starker Hitze unter ständigem Rühren etwa 5 Minuten anbraten (sautieren).
6. Die Kohlportionen in die Sauce geben und weitere etwa 5 Minuten kochen lassen. Das Kohlgemüse anrichten und sofort servieren.

Blattspinat mit Rosinen und Pinienkernen

2 Portionen

VEGAN

Zubereitungszeit: 20 Minuten
Garzeit: etwa 7 Minuten

2 EL Rosinen (etwa 30 g)
1 kg frischer Blattspinat
1 EL Pinienkerne
2 Knoblauchzehen
1 Zwiebel
2 EL Olivenöl
Salz, gem. Pfeffer

Pro Portion:
E: 13 g, F: 14 g, Kh: 15 g,
kJ: 1033, kcal: 248

1. Rosinen in warmem Wasser einweichen. In der Zwischenzeit Spinat verlesen und die dicken Stiele entfernen. Spinat gründlich waschen und leicht abtropfen lassen.
2. Die Pinienkerne in einem Wok oder in einer Pfanne ohne Fett unter Rühren leicht bräunen, herausnehmen und auf einen Teller geben.
3. Knoblauch und Zwiebel abziehen. Knoblauch in dünne Scheiben schneiden und die Zwiebel klein würfeln.
4. Olivenöl im Wok oder in der Pfanne erhitzen. Knoblauchscheiben und Zwiebelwürfel darin anbraten.
5. Den tropfnassen Spinat hinzufügen, unter Rühren zusammenfallen lassen und etwa 5 Minuten garen. Anschließend den Spinat mit Salz und Pfeffer würzen.
6. Rosinen abgießen und zusammen mit den Pinienkernen unter den Spinat geben. Den Blattspinat auf Tellern anrichten und servieren.

Erbsen-Möhren-Gemüse

4 Portionen (ohne Foto)

Zubereitungszeit: 30 Minuten
Garzeit: etwa 10 Minuten

500 g Möhren, 40 g Butter
100 ml Wasser oder Gemüsebrühe
Salz
250 g TK-Erbsen
gem. Pfeffer

Pro Portion:
E: 6 g, F: 9 g, Kh: 13 g,
kJ: 654, kcal: 154

1. Möhren putzen, schälen, abspülen, abtropfen lassen und in dünne Scheiben schneiden. Butter in einem Topf zerlassen. Möhrenscheiben evtl. in 2 Portionen darin 2–3 Minuten unter Rühren andünsten.
2. Wasser oder Brühe hinzugießen, mit etwas Salz würzen. Die Möhren zugedeckt etwa 5 Minuten unter gelegentlichem Rühren garen. Gefrorenen Erbsen hinzufügen und weitere etwa 5 Minuten mitdünsten lassen.
3. Erbsen-Möhren-Gemüse mit Salz und Pfeffer abschmecken, in einer Schüssel anrichten und servieren.

Blattspinat mit Rosinen und Pinienkernen

Chicorée, geschmort

4 Portionen

Zubereitungszeit: 25 Minuten
Garzeit: etwa 10 Minuten

750 g Chicorée
50 g Butter
Salz, gem. Pfeffer
Zucker
2 säuerliche Äpfel, z. B. Boskop

Pro Portion:
E: 2 g, F: 11 g, Kh: 7 g,
kJ: 591, kcal: 142

1. Chicorée putzen, längs halbieren, abspülen und gut abtropfen lassen.
2. Butter in einer Pfanne zerlassen. Chicoréehälften darin etwa 6 Minuten von allen Seiten leicht anbraten. Mit Salz, Pfeffer und Zucker würzen.
3. Äpfel schälen, vierteln, entkernen, in kleine Stücke schneiden, zu den Chicoréehälften geben und kurz mitdünsten lassen.
4. Chicorée zugedeckt 4–5 Minuten schmoren. Mit Salz, Pfeffer und Zucker nochmals abschmecken.

Chicorée mit Kerbel-Ei-Sauce

4 Portionen

Zubereitungszeit: 50 Minuten
Garzeit: Chicorée etwa 10 Minuten

4 Eier (Größe M)
je 4 rote und weiße Chicorée
(je etwa 150 g)
1 Zwiebel
je 1 Bund Kerbel und Petersilie
50 g Knoblauchbutter
500 ml Gemüsebrühe
Salz
gem. Pfeffer
200 g Butter
einige Stängel Petersilie
oder Kerbel

Pro Portion:
E: 11 g, F: 48 g, Kh: 4 g,
kJ: 2389, kcal: 571

1. Eier in kochendem Wasser etwa 8 Minuten kochen lassen, in kaltem Wasser abschrecken, pellen, erkalten lassen und klein würfeln.
2. Vom Chicorée die äußeren, welken Blätter entfernen. Chicorée längs halbieren, abspülen und abtropfen lassen.
3. Zwiebel abziehen und in kleine Würfel schneiden. Kerbel und Petersilie abspülen, trocken tupfen. Die Blättchen von den Stängeln zupfen. Blättchen klein schneiden.
4. Knoblauchbutter in einem Bräter zerlassen. Zwiebelwürfel darin glasig dünsten. Vorbereiteten Chicorée hineingeben und die Brühe hinzugießen. Mit Salz und Pfeffer würzen. Die Brühe zum Kochen bringen. Den Chicorée etwa 10 Minuten dünsten.
5. Butter in einer Pfanne zerlassen. Kerbel, Petersilie und Eierwürfel darin vorsichtig andünsten.
6. Gedünsteten Chicorée mit einer Schaumkelle aus der Brühe nehmen, auf einer Platte anrichten und mit der Kerbel-Ei-Butter übergießen. Mit abgespülten und trocken getupften Kräuterstängeln garnieren.

Beilage: Kleine, neue Kartoffeln, mit Schale gegart und in Butter gebraten.

Chicorée, geschmort

Chicorée mit Kerbel-Ei-Sauce

Champignongemüse mit Rucola

Currygemüse mit Nüssen

Champignongemüse mit Rucola

4 Portionen

Zubereitungszeit: 30 Minuten

4 Zwiebeln
1–2 Knoblauchzehen
500 g braune Champignons
300 g weiße Champignons
2 EL Olivenöl
1 TL Weizenmehl
200 g Schlagsahne
1 Bund Rucola (40 g, Rauke)
Salz, gem. Pfeffer

Pro Portion:
E: 10 g, F: 22 g, Kh: 7 g,
kJ: 1053, kcal: 252

1. Zwiebeln und Knoblauch abziehen, Zwiebeln in Spalten und Knoblauch in dünne Scheiben schneiden. Beide Champignonsorten putzen, evtl. kurz abspülen, trocken tupfen und je nach Größe halbieren oder vierteln.
2. Olivenöl in einer großen Pfanne erhitzen. Zwiebelspalten und Knoblauchscheiben darin hellgelb andünsten. Die Champignons darin in 2 Portionen andünsten.
3. Alle Champignons in die Pfanne geben, mit Mehl bestäuben und kurz andünsten. Sahne hinzugießen und unterrühren. Die Champignons etwa 5 Minuten garen.
4. In der Zwischenzeit Rucola putzen und die dicken Stiele entfernen. Rucola abspülen, trocken tupfen und klein schneiden.
5. Champignongemüse mit Salz und Pfeffer abschmecken. Rucola unterheben. Gemüse sofort servieren.

Beilage: Kartoffelpuffer.

Currygemüse mit Nüssen

(Römertopf® 3-Liter-Inhalt)

4 Portionen

VEGAN

Zubereitungszeit: 20 Minuten
Garzeit: etwa 80 Minuten

1 Spitzkohl (etwa 600 g)
4 Möhren (etwa 400 g)
600 g Staudensellerie
50 g Kokos-Chips (erhältlich im Reformhaus)
50 g geröstete, gesalzene Cashewkerne
50 g geröstete, gesalzene Erdnusskerne
1 EL grüne Currypaste
Salz, gem. Pfeffer
200 ml Gemüsebrühe

Pro Portion:
E: 11 g, F: 21 g, Kh: 16 g,
kJ: 1229, kcal: 296

1. Spitzkohl putzen, vierteln und den Strunk herausschneiden. Spitzkohl in grobe Würfel schneiden, abspülen und abtropfen lassen. Möhren putzen, schälen, abspülen, abtropfen lassen und in Scheiben schneiden.
2. Sellerie putzen, abspülen, abtropfen lassen und in etwa 3 cm lange Stücke schneiden.
3. Vorbereitetes Gemüse in einer Schüssel mischen, die Kokos-Chips, Cashew- und Erdnusskerne untermengen. Mit Currypaste, Salz und Pfeffer würzen. Die Gemüsemischung in einen gewässerten Römertopf® geben, Brühe hinzugießen.
4. Den Römertopf® mit dem Deckel verschließen und auf dem Rost in den kalten Backofen schieben.
Ober-/Unterhitze: etwa 200 °C (untere Schiene)
Heißluft: etwa 180 °C
5. Das Currygemüse etwa 80 Minuten garen.

Beilage: Basmati- oder Duftreis.

Tipp: Einige Kokos-Chips beiseitelegen und nach dem Garen auf das angerichtete Currygemüse streuen (Foto).

Okras in Curry-Tomaten-Sauce

Wirsing-Möhren-Gemüse

VEGAN

4 Portionen (ohne Foto)

Zubereitungszeit: 60 Minuten
Garzeit: 20–30 Minuten

2 Zwiebeln
375 g Möhren
500 g Wirsing
2 EL Speiseöl
Salz, gem. Pfeffer
125 ml Gemüsebrühe
2 gestr. TL vegane Margarine
1 EL klein geschnittene Petersilie

Pro Portion:
E: 4 g, F: 10 g, Kh: 9 g,
kJ: 587, kcal: 140

1. Zwiebeln abziehen, in Scheiben schneiden. Möhren putzen, schälen, abspülen, abtropfen lassen und in dünne Scheiben schneiden.
2. Von dem Wirsing die groben, äußeren Blätter entfernen. Wirsing vierteln und den Strunk herausschneiden. Die Wirsingviertel abspülen, abtropfen lassen und in Streifen schneiden.
3. Speiseöl in einem Topf erhitzen. Zwiebel-, Möhrenscheiben und Wirsingstreifen in 2 Portionen hinzufügen und unter Rühren andünsten, mit Salz und Pfeffer würzen.
4. Brühe hinzugießen. Das Gemüse zum Kochen bringen und zugedeckt 20–30 Minuten bei schwacher bis mittlerer Hitze gar dünsten, dabei gelegentlich umrühren.
5. Margarine unter das Gemüse rühren. Gemüse nochmals mit Salz und Pfeffer abschmecken, auf Tellern anrichten und mit Petersilie bestreuen.

Okras in Curry-Tomaten-Sauce

4 Portionen

VEGAN

Zubereitungszeit: 30 Minuten

75 g Schalotten
75 g Frühlingszwiebeln
650 g Strauchtomaten
1/2–1 rote Chilischote
2 getrocknete Curryblätter
je 2 Stängel Koriander, Thai-Basilikum und Minze
1 Bio-Limette (unbehandelt, ungewachst)
75 g vegane Margarine
1 TL gem. Ingwer
1 EL Currypulver, mild
1/4 TL gem. Gewürznelken
1 kg frische Okraschoten
etwa 1 l Speiseöl
Salz

Pro Portion:
E: 7 g, F: 20 g, Kh: 13 g,
kJ: 1107, kcal: 265

1. Schalotten abziehen und in kleine Würfel schneiden. Frühlingszwiebeln putzen, abspülen, abtropfen lassen und in etwa 1 cm breite Scheiben schneiden. Tomaten abspülen, abtrocknen, halbieren und die Stängelansätze herausschneiden. Tomaten in kleine Stücke schneiden. Chilischote abspülen, trocken tupfen, entstielen und mit den Kernen fein würfeln.
2. Curryblätter fein zerreiben. Koriander, Thai-Basilikum und Minze abspülen, trocken tupfen. Die Blättchen von den Stängeln zupfen. Die Limette heiß abwaschen, abtrocknen und in kleine Stücke schneiden.
3. Margarine in einer Pfanne zerlassen. Schalottenwürfel und Frühlingszwiebelscheiben darin bei mittlerer Hitze unter Rühren kräftig andünsten. Chili, Curryblätter, Ingwer, Curry und Nelken untermischen. Die Gewürze kurz mit anrösten. Tomatenstücke unterrühren und zum Kochen bringen. Die Curry-Tomaten-Sauce etwa 5 Minuten bei mittlerer Hitze stark kochen lassen.
4. Okraschoten putzen und die Stielansätze mit den Spitzen (Kappen) abschneiden. Okraschoten abspülen und trocken tupfen.
5. Speiseöl in einem hohen Topf oder in einer Fritteuse auf etwa 180 °C erhitzen. Die Okraschoten darin in 2–3 Portionen 3–4 Minuten frittieren, dabei jeweils einmal wenden. Die Okraschoten mit einer Schaumkelle herausnehmen und auf Küchenpapier abtropfen lassen.
6. Okraschoten in der heißen Curry-Tomaten-Sauce schwenken, mit Salz würzen und auf Tellern anrichten. Die Okraschoten mit den Kräuterblättchen bestreuen und den Limettenstücken servieren. Nach Belieben den Saft der Limettenstücke auf die Okraschoten träufeln.

Beilage: Basmatireis.

Möhren-Kartoffel-Püree

4 Portionen

Zubereitungszeit: 30 Minuten
Garzeit: etwa 20 Minuten

500 g Möhren
500 g mehligkochende Kartoffeln
50 g Butter
250 ml Milch (3,5 % Fett)
1–2 Stängel Estragon
1 TL ger. Meerrettich
Salz, gem. Pfeffer

Pro Portion:
E: 6 g, F: 13 g, Kh: 28 g,
kJ: 1066, kcal: 254

1. Möhren putzen, schälen, abspülen, abtropfen lassen. Kartoffeln schälen, abspülen, abtropfen lassen. Möhren und Kartoffeln klein würfeln.
2. Butter in einem Topf zerlassen. Kartoffel- und Möhrenwürfel hinzufügen.
3. Milch hinzugießen und zum Kochen bringen. Die Kartoffel- und Möhrenwürfel darin bei schwacher Hitze etwa 20 Minuten garen. Kartoffel-Möhren-Masse mit einem Kartoffelstampfer zu einem feinen Püree zerstampfen.
4. Estragon abspülen und trocken tupfen. Die Blättchen von den Stängeln zupfen. Blättchen klein schneiden. Estragon und Meerrettich unter das Püree geben. Mit Salz und Pfeffer abschmecken.

Tipps: Nach diesem Rezept können Sie auch andere Gemüsepürees zubereiten. Gut schmecken folgende Kombinationen: Süßkartoffel und Kürbis, gewürzt mit 1 Teelöffel Raz el Hanout. Kürbis und Kartoffel, gewürzt mit geriebener Muskatnuss und fein geschnittenen Minzeblättchen. Kartoffeln und Petersilienwurzeln, abgeschmeckt mit 1 Teelöffel Senf und 3 Zweigen fein geschnittenen Petersilienblättern. Pastinaken und Möhren, gewürzt mit Sesamöl und Koriander. Steckrüben und Möhren, gewürzt mit Blattpetersilie und Ingwer. Sellerie und Kartoffeln, gewürzt mit Apfelessig und gehackten Walnusskernen. Alle Pürees können Sie in einer gefetteten Gratinform mit Butter und geriebenem Hartkäse überbacken.

Möhren-Kartoffel-Püree

Maisgemüse mit Parmesan

4 Portionen (ohne Foto)

Zubereitungszeit: 25 Minuten
Garzeit: etwa 11 Minuten

1 Zwiebel
1 Knoblauchzehe
1 grüne Paprikaschote
3 EL Olivenöl
100 ml Gemüsebrühe
3 Tomaten
400 g abgetropfter Gemüsemais (aus der Dose)
Salz, gem. Pfeffer
Chilipulver
100 g ger. Parmesan
1 EL klein geschnittene, glatte Petersilie

Pro Portion:
E: 13 g, F: 17 g, Kh: 20 g,
kJ: 1249, kcal: 299

1. Zwiebel und Knoblauch abziehen, klein würfeln. Paprikaschote halbieren, entstielen, entkernen und die weißen Scheidewände entfernen. Schote abspülen, abtropfen lassen und in kleine Würfel schneiden.
2. Olivenöl in einem Topf erhitzen. Zuerst die Zwiebel- und Knoblauchwürfel darin andünsten. Dann die Paprikawürfel hinzugeben und mitdünsten lassen.
3. Brühe hinzugießen und zum Kochen bringen. Das Gemüse zugedeckt etwa 8 Minuten dünsten.
4. Tomaten kreuzweise einschneiden und mit kochendem Wasser übergießen. Nach 1–2 Minuten herausnehmen und mit kaltem Wasser abschrecken. Tomaten häuten, halbieren und die Stängelansätze herausschneiden. Die Tomaten würfeln, mit dem Mais zu den Paprikawürfeln in den Topf geben und weitere etwa 3 Minuten mitgaren lassen.
5. Das Maisgemüse mit Salz, Pfeffer und Chili würzen und in einer Schüssel anrichten. Mit Parmesan und Petersilie bestreut servieren.

Kapitel 07

Rezepte 601–700

Pfannengerichte

Gemüse-Crêpes

Gemüse-Crêpes

4 Portionen

Zubereitungszeit: 70 Minuten, ohne Ruhezeit

Für den Crêpeteig:
125 g Weizenmehl
2 Eier (Größe M)
250 ml Milch (3,5 % Fett)
Salz
ger. Muskatnuss

Für die Füllung:
je 1 rote und grüne Paprikaschote (etwa 700 g)
1–2 Möhren (etwa 100 g)
1 Gemüsezwiebel (etwa 200 g)
100 g Champignons
50 g Butter
gem. Pfeffer
75 g Crème fraîche

6 EL Speiseöl

Pro Stück:
E: 6 g, F: 18 g, Kh: 16 g,
kJ: 1030, kcal: 246

1. Für den Teig Mehl in eine Rührschüssel geben. Eier mit Milch verschlagen, mit Salz und Muskat würzen. Nach und nach unter Rühren zum Mehl geben. Darauf achten, dass keine Klümpchen entstehen. Teig etwa 20 Minuten ruhen lassen.

2. Für die Füllung Paprikaschoten halbieren, entstielen, entkernen und die weißen Scheidewände entfernen. Schoten abspülen und trocken tupfen. Möhren putzen, schälen, abspülen, abtropfen lassen. Paprikaschoten und Möhren in feine Streifen schneiden. Gemüsezwiebel abziehen und in kleine Würfel schneiden. Champignons putzen, evtl. kurz abspülen, trocken tupfen und in Scheiben schneiden.

3. Butter in einer Pfanne zerlassen. Zwiebelwürfel, Champignonscheiben, Paprika- und Möhrenstreifen darin unter Rühren andünsten. Mit Salz und Pfeffer würzen. Das Gemüse etwa 5 Minuten bei schwacher Hitze unter gelegentlichem Rühren garen, Crème fraîche unterrühren.

4. Etwas von dem Speiseöl in einer beschichteten Pfanne erhitzen. Den Teig gut durchrühren und eine dünne Teiglage gleichmäßig auf dem Boden der Pfanne verteilen. Crêpe von beiden Seiten goldbraun backen. Bevor der Crêpe gewendet wird, etwas Speiseöl in die Pfanne geben. Aus dem restlichen Teig weitere 7 Crêpes zubereiten. Crêpes warm stellen.

5. Die Crêpes mit dem Gemüse belegen und aufrollen.

Eier-Gemüse-Pfanne
4 Portionen

Zubereitungszeit: 35 Minuten
Garzeit: 6–8 Minuten

1 Gemüsezwiebel
je 1 rote und gelbe Paprikaschote
1 Knoblauchzehe
3 EL Olivenöl
1 TL gerebeltes Basilikum
280 g abgetropfte Erbsen (aus der Dose)
Salz, gem. Pfeffer
8 Eier (Größe S)
1 Bund Schnittlauch
1 TL Paprikapulver edelsüß

Pro Portion:
E: 19 g, F: 19 g, Kh: 14 g,
kJ: 1259, kcal: 301

1. Gemüsezwiebel abziehen, halbieren und in kleine Würfel schneiden. Paprikaschoten halbieren, entstielen, entkernen und die weißen Scheidewände entfernen. Die Schoten in schmale Streifen schneiden. Knoblauch abziehen und klein würfeln.
2. Das Olivenöl in einer großen, beschichteten Pfanne erhitzen. Die Zwiebelwürfel darin glasig dünsten. Paprikastreifen hinzugeben und unter gelegentlichem Rühren 6–8 Minuten mitdünsten lassen. Knoblauch hinzugeben und kurz mit andünsten. Mit Basilikum bestreuen.
3. Die Erbsen hinzugeben und unter Rühren kurz miterhitzen. Das Gemüse mit Salz und Pfeffer kräftig würzen. Die Eier aufschlagen, auf das Gemüse setzen, mit Salz und Pfeffer bestreuen und zugedeckt bei mittlerer bis großer Hitze in 6-8 Minuten stocken lassen.
4. Schnittlauch abspülen, trocken tupfen und in Röllchen schneiden. Eier-Gemüse-Pfanne mit Schnittlauchröllchen und Paprika bestreut servieren.

Kartoffel-Zucchini-Puffer mit Spinatsalat und Hummus
2 Portionen

VEGAN

Zubereitungszeit: 30 Minuten

2 große, festkochende Kartoffeln
1 Zucchini
Salz, gem. Pfeffer

Für den Spinatsalat:
250 g junger Blattspinat
4 dünne Frühlingszwiebeln
12 Cocktailtomaten
2 EL Zitronensaft
4 EL Olivenöl

4 EL Olivenöl zum Braten
4 EL Hummus (Kichererbsenpüree)

Pro Portion:
E: 12 g, F: 46 g, Kh: 42 g,
kJ: 2673, kcal: 638

1. Die Kartoffeln schälen, abspülen, abtropfen lassen und auf einer Haushaltsreibe grob reiben. Die Zucchini abspülen, abtrocknen und die Enden abschneiden. Zucchini ebenfalls reiben. Kartoffel- und Zucchiniraspel mit Salz und Pfeffer würzen.
2. Für den Salat den Blattspinat verlesen und die dicken Stiele abschneiden. Den Spinat gründlich waschen, abtropfen lassen und trocken schleudern. Die Frühlingszwiebeln putzen, abspülen, abtropfen lassen und in feine Scheiben schneiden. Die Cocktailtomaten abspülen, trocken tupfen, halbieren und die Stängelansätze herausschneiden.
3. Zitronensaft mit Salz und Pfeffer verrühren, Olivenöl unterschlagen.
4. Olivenöl in einer großen Pfanne erhitzen. Den Kartoffel-Zucchini-Teig in 6 Portionen in die Pfanne geben und etwas flach drücken. Die Puffer bei mittlerer Hitze von beiden Seiten goldbraun braten, herausnehmen und auf Küchenpapier abtropfen lassen.
5. Den Blattspinat mit den Frühlingszwiebelscheiben, den Tomatenhälften und dem Dressing vermischen. Die Kartoffel-Zucchini-Puffer mit dem Spinatsalat und dem Hummus anrichten.

Eier-Gemüse-Pfanne

Kartoffel-Zucchini-Puffer mit Spinatsalat und Hummus

Frittata mit Gemüse
4 Portionen

Zubereitungszeit: 35 Minuten
Garzeit: 14–16 Minuten

2 rote Paprikaschoten
(je etwa 150 g)
3 Frühlingszwiebeln
1 Bund Basilikum
4 EL Olivenöl
6 Eier (Größe M)
4 EL Schlagsahne
Salz, gem. Pfeffer
evtl. einige Basilikumblättchen

Pro Portion:
E: 12 g, F: 23 g, Kh: 7 g,
kJ: 1160, kcal: 277

1. Paprikaschoten halbieren, entstielen, entkernen und die weißen Scheidewände entfernen. Die Schoten abspülen, abtrocknen und grob raspeln oder in ganz feine Streifen schneiden.
2. Frühlingszwiebeln putzen, abspülen, abtropfen lassen und in feine Scheiben schneiden. Basilikum abspülen und trocken tupfen. Die Blättchen von den Stängeln zupfen.
3. Zwei Esslöffel des Olivenöls in einer Pfanne erhitzen. Paprikaraspel oder -streifen und Frühlingszwiebelscheiben darin etwa 6 Minuten unter gelegentlichem Rühren dünsten.
4. Die Gemüsemasse aus der Pfanne nehmen und etwas abkühlen lassen. Basilikumblättchen unterrühren.
5. Eier mit Sahne verschlagen, mit Salz und Pfeffer würzen. Die Gemüsemasse unterrühren.
6. Restliches Olivenöl in der Pfanne erhitzen. Die Eier-Gemüse-Masse hineingeben und zugedeckt 8–10 Minuten bei schwacher Hitze stocken lassen.
7. Frittata aus der Pfanne auf einen großen Teller gleiten lassen. Frittata in Tortenstücke schneiden. Lauwarm oder kalt servieren. Nach Belieben mit abgespülten, trocken getupften Basilikumblättchen garnieren.

Buntes Gemüse
4 Portionen

VEGAN

Zubereitungszeit: 30 Minuten
Garzeit: etwa 15 Minuten

2 Zwiebeln
1–2 Knoblauchzehen
2 rote Paprikaschoten (etwa 400 g)
1–2 rote Chilischoten
200 g Porree (Lauch)
285 g abgetropfter Gemüsemais
(aus der Dose)
1–2 EL Speiseöl
150 g TK-Grüne Bohnen
150 ml Gemüsebrühe
100 g Sojasprossen
1/2 Bund Petersilie
Salz, gem. Pfeffer
Paprikapulver rosenscharf

Pro Portion:
E: 7 g, F: 6 g, Kh: 20 g,
kJ: 684, kcal: 164

1. Zwiebeln und Knoblauch abziehen. Die Zwiebeln grob würfeln. Den Knoblauch in Scheiben schneiden.
2. Die Paprikaschoten halbieren, entstielen, entkernen und die weißen Scheidewände entfernen. Schoten abspülen, abtropfen lassen und in feine Streifen schneiden.
3. Die Chilischoten abspülen, abtrocknen, längs aufschneiden, entkernen und die weißen Scheidewände entfernen. Die Schoten abspülen, trocken tupfen und in feine Streifen schneiden.
4. Porree putzen, die Stange längs halbieren, gründlich waschen und abtropfen lassen. Porree in feine Streifen schneiden. Mais mit kaltem Wasser abspülen und gut abtropfen lassen.
5. Das Speiseöl in einer großen Pfanne oder in einem Wok erhitzen. Zwiebelwürfel, Knoblauchscheiben und gefrorene Bohnen darin kurz unter Rühren anbraten.
6. Porree-, Paprika-, Chilistreifen, Mais und die Brühe hinzufügen. Das

Frittata mit Gemüse

Buntes Gemüse

Gemüse zum Kochen bringen und zugedeckt bei mittlerer Hitze etwa 10 Minuten garen.

7. In der Zwischenzeit die Sojasprossen mit kaltem Wasser abspülen und gut abtropfen lassen. Petersilie abspülen und trocken tupfen. Die Blättchen von den Stängeln zupfen. Einige Blättchen zum Garnieren beiseitelegen. Restliche Blättchen in feine Streifen schneiden. Die Sprossen in die Pfanne oder in den Wok geben und ohne Deckel noch etwa 2 Minuten mitkochen lassen.

8. Das Gemüse mit Salz, Pfeffer und Paprika würzen. Die Petersilienstreifen unterheben. Das Pfannengemüse mit den beiseitegelegten Petersilienblättchen garniert servieren.

Austernpilz-Schnitzel

8–10 Portionen

Zubereitungszeit: 45 Minuten, ohne Ruhezeit

16–24 sehr große Austernpilze (etwa 1 kg)
40 g Weizenmehl
200 g Weizenmehl
50 g ger. Parmesan
2 Eier (Größe M)
250 ml Weißwein
Salz, gem. Pfeffer
ger. Muskatnuss
1 TL getrocknete Petersilie
evtl. etwas Mineralwasser
150 ml Speiseöl

Pro Portion:
E: 9 g, F: 11 g, Kh: 16 g,
kJ: 844, kcal: 202

1. Pilze putzen und die dicken Stiele entfernen. Pilze evtl. kurz abspülen, gut trocken tupfen und mit Mehl bestäuben.

2. Mehl in eine Rührschüssel geben. Parmesan, Eier, Wein, Salz, Pfeffer, Muskat und Petersilie hinzugeben. Die Zutaten mit einem Mixer (Rührstäbe) zu einem dickflüssigen Teig verrühren. Den Teig zugedeckt etwa 15 Minuten ruhen lassen, evtl. etwas Mineralwasser unterrühren.

3. Speiseöl (Boden etwa 1 cm bedeckt) in einer großen Pfanne erhitzen. Die Pilze mithilfe von 2 Gabeln durch den Teig ziehen, am Schüsselrand etwas abstreifen und portionsweise in dem erhitzten Speiseöl von beiden Seiten knusprig braun braten. Pilze mit einem Pfannenwender herausnehmen und auf Küchenpapier abtropfen lassen. Austerpilz-Schnitzel heiß servieren.

Austernpilz-Schnitzel

Gemüsepalatschinken mit Spinat

4 Portionen (ohne Foto)

Zubereitungszeit: 20 Minuten, ohne Ruhezeit
Gratinierzeit: 5–7 Minuten

Für den Palatschinkenteig:
120 g Weizenmehl
4 Eier (Größe M)
250 ml Milch (3,5 % Fett)
Salz
2 TL klein geschnittene Petersilie
40 g Butter

Für die Füllung:
100 g Zwiebeln
2 EL Olivenöl
100 g rote Paprikawürfel
300 g TK-Blattspinat
1 Msp. frisch gepresster Knoblauch
150 g enthäutete Tomaten
gem. Pfeffer
1 TL Zitronensaft
100 g ger. Gruyère-Käse

Pro Portion:
E: 22 g, F: 32 g, Kh: 30 g,
kJ: 2065, kcal: 494

1. Für den Teig Mehl in eine Rührschüssel geben. Eier mit Milch, Salz und Petersilie verschlagen. Eiermilch nach und nach unter Rühren zum Mehl geben. Darauf achten, dass keine Klümpchen entstehen. Den Teig 20–30 Minuten ruhen lassen.

2. Etwas Butter in einer beschichteten Pfanne (Ø etwa 20 cm) zerlassen. Den Teig gut durchrühren und eine dünne Teiglage mit einer drehenden Bewegung auf dem Boden der Pfanne verteilen. Palatschinken von beiden Seiten etwa 2 Minuten goldbraun braten. Bevor der Palatschinken gewendet wird, wieder etwas Butter in die Pfanne geben. Palatschinken warm stellen. Aus dem restlichen Teig weitere 5 Palatschinken backen.

3. Den Backofengrill vorheizen.

4. Für die Füllung Zwiebeln abziehen und klein würfeln. Olivenöl in einem Topf erhitzen. Die Zwiebelwürfel darin zugedeckt glasig dünsten. Zunächst die Paprikawürfel, dann den gefrorenen Spinat und den Knoblauch hinzugeben und zugedeckt weitere etwa 10 Minuten dünsten. Die Tomaten halbieren, entkernen, in Würfel schneiden, unter das gedünstete Gemüse heben und erhitzen. Etwas Flüssigkeit verdampfen lassen. Das Gemüse mit Salz, Pfeffer und Zitronensaft würzen.

5. Die Füllung in die warmen Palatschinken füllen. Die Palatschinken aufrollen, in eine Auflaufform (gefettet) legen und mit Käse bestreuen. Die Form auf dem Rost unter den vorgeheizten Backofengrill schieben. Gemüsepalatschinken 5–7 Minuten goldgelb gratinieren.

Gemüsepfanne mit Kokos und Eiern

Griechische Kartoffelpfanne

Gemüsepfanne mit Kokos und Eiern

2 Portionen

Zubereitungszeit: 40 Minuten

100 g Zuckerschoten
4 Frühlingszwiebeln
4 Bundmöhren
100 g frische, kleine Maiskölbchen
1 rote Paprikaschote
100 g Shiitakepilze oder Champignons
2 Knoblauchzehen
1 rote Chilischote
8 Wachteleier oder 2 Hühnereier
2–3 EL Speiseöl
Salz
1 EL Kokosraspel
250 ml Kokosmilch
100 g Sojasprossen
1/2 Bund Koriander
evtl. einige Kokosnussstreifen

Pro Portion:
E: 19 g, F: 45 g, Kh: 43 g,
kJ: 2720, kcal: 654

1. Von den Zuckerschoten die Enden abschneiden, evtl. abfädeln. Die Zuckerschoten abspülen, abtropfen lassen und schräg halbieren. Frühlingszwiebeln putzen, abspülen, abtropfen lassen und in feine Scheiben schneiden.
2. Möhren putzen, schälen, abspülen, abtropfen lassen und in dünne Scheiben schneiden. Die Maiskölbchen kurz abspülen, abtropfen lassen und längs halbieren. Paprikaschote halbieren, entstielen, entkernen und die weißen Scheidewände entfernen. Schote abspülen, abtropfen lassen und in Würfel schneiden.
3. Pilze putzen, evtl. kurz abspülen und trocken tupfen. Von den Pilzen die Stiele abschneiden. Pilzköpfe halbieren. Knoblauch abziehen und durch eine Knoblauchpresse drücken. Die Chilischote halbieren, entstielen und entkernen. Schotenhälften abspülen, trocken tupfen und in kleine Würfel schneiden. Eier in kochendem Wasser wachsweich kochen, mit kaltem Wasser abschrecken und warm stellen.
4. Speiseöl in einem Wok erhitzen. Zuckerschoten, Möhren- und Frühlingszwiebelscheiben darin unter Rühren bissfest braten. Mit Salz würzen. Knoblauch, Chiliwürfel und Kokosraspel hinzufügen und mitbraten lassen. Kokosmilch hinzugießen und aufkochen lassen.
5. Sojasprossen verlesen, in ein Sieb geben, mit kaltem Wasser abspülen und abtropfen lassen. Maiskölbchen, Paprikawürfel, Pilzköpfe und Sojasprossen in den Wok geben und mit der Gemüsemasse gut vermischen. Das Gemüse wieder zum Kochen bringen und 2–3 Minuten kochen lassen. Gemüsepfanne nochmals mit Salz abschmecken.
6. Koriander abspülen und trocken tupfen. Die Blättchen von den Stängeln zupfen und grob zerschneiden.
7. Warm gestellte Eier pellen und halbieren. Die Gemüsepfanne mit Eierhälften, Koriander und nach Belieben mit Kokosnussstreifen garniert servieren.

Griechische Kartoffelpfanne

4 Portionen

Zubereitungszeit: 35 Minuten
Garzeit: 25–30 Minuten

je 1 kleine, rote und gelbe Paprikaschote
1 Stange Porree (Lauch)
800 g Kartoffeln
1 Knoblauchzehe
80 g Butterschmalz
200 g Fetakäse
1 Topf Thymian
Salz
gem. Pfeffer

Pro Portion:
E: 13 g, F: 32 g, Kh: 31 g,
kJ: 1973, kcal: 471

1. Paprikaschoten halbieren, entstielen, entkernen und die weißen Scheidewände entfernen. Schoten abspülen, abtropfen lassen und in Streifen schneiden. Porree putzen, die Stange längs halbieren, gründlich waschen, abtropfen lassen und in Streifen schneiden.

2. Kartoffeln schälen, abspülen, abtropfen lassen und in dünne Scheiben schneiden. Knoblauch abziehen und in Scheiben schneiden.
3. Die Hälfte des Butterschmalzes in einer großen Pfanne erhitzen und die Kartoffelscheiben darin unter Wenden 15–20 Minuten goldbraun braten.
4. Fetakäse in Würfel schneiden. Thymian abspülen und trocken tupfen. Die Blättchen von den Stängeln zupfen. Gebratene Kartoffeln mit Salz und Pfeffer würzen, aus der Pfanne nehmen.
5. Restliches Butterschmalz in dem verbliebenen Bratfett erhitzen. Die Knoblauchscheiben, Paprika- und Porreestreifen darin etwa 10 Minuten unter Rühren andünsten, mit Salz und Pfeffer würzen. Kartoffeln, Käsewürfel und Thymianblättchen untermengen. Die Kartoffelpfanne nochmals erhitzen und servieren.

Gebratener Mandel-Tofu

VEGAN

2 Portionen (ohne Foto)

Zubereitungszeit: 20 Minuten, ohne Marinierzeit

300 g Tofu
4 EL Sojasauce
1 EL Weißweinessig
1/2 TL Ahornsirup
2 EL abgezogene, gem. Mandeln
4 EL Sesamöl

Pro Portion:
E: 18 g, F: 38 g, Kh: 10 g,
kJ: 1963, kcal: 468

1. Tofu in etwa 1/2 cm dicke Scheiben schneiden. Sojasauce mit Essig und Ahornsirup in einer flachen Schale verrühren. Tofuscheiben darin zugedeckt etwa 2 Stunden marinieren.
2. Die Tofuscheiben aus der Marinade nehmen, etwas abtropfen lassen und in Mandeln wälzen.
3. Sesamöl in einer Pfanne erhitzen. Die Tofuscheiben darin von beiden Seiten braun braten.

Käsespätzle-Gemüse-Rösti

24 Stück

Zubereitungszeit: 50 Minuten, ohne Ruhezeit

300 g Weizenmehl
3 Eier (Größe M)
1 Prise Salz
250 ml Milch (3,5 % Fett)
1,2 kg Spätzle
Salz
4 Möhren (etwa 400 g)
1 kleine Stange Porree (Lauch, etwa 300 g)
200 g Butter oder Margarine
gem. Pfeffer, ger. Muskatnuss
200 g ger. Parmesan
einige Basilikumblättchen

Pro Stück:
E: 8 g, F: 12 g, Kh: 16 g,
kJ: 879, kcal: 210

1. Mehl in eine Rührschüssel geben. Eier mit Salz und Milch verschlagen, nach und nach unter Rühren zum Mehl geben. Dabei darauf achten, dass keine Klümpchen entstehen. Teig etwa 20 Minuten ruhen lassen.
2. Die Spätzle in 2 Portionen in kochendem Salzwasser nach Packungsanleitung bissfest garen. Die Spätzle in ein Sieb geben, mit warmem Wasser übergießen und in einem Sieb abtropfen lassen.
3. Möhren putzen, schälen, abspülen, abtropfen lassen. Porree putzen, die Stange längs halbieren, gründlich waschen und abtropfen lassen. Möhren und Porree in sehr feine Streifen schneiden und in kochendem Salzwasser etwa 2 Minuten blanchieren, mit kaltem Wasser abschrecken und in einem Sieb abtropfen lassen.
4. Etwas von der Butter oder Margarine in einer kleinen, beschichteten Pfanne zerlassen. Einen Teil der Spätzle, Möhren- und Porreestreifen darin anbraten, mit Salz, Pfeffer und Muskat würzen, etwas von dem Teig gleichmäßig darauf verteilen und etwas Parmesan daraufstreuen. Den Rösti von beiden Seiten goldbraun braten, herausnehmen und zugedeckt warm stellen.
5. Diesen Vorgang so lange wiederholen, bis alle Zutaten aufgebraucht sind (ergibt etwa 24 Stück).
6. Die Rösti anrichten und mit abgespülten, trocken getupften Basilikumblättchen garnieren.

Käsespätzle-Gemüse-Rösti

Kerbelomelett mit Kohlrabi

2 Portionen

Zubereitungszeit: 30 Minuten

350 g festkochende Kartoffeln
Salz

Für die Füllung:
500 g Kohlrabi
1 EL Butter
2 EL Wasser

Für das Omelett:
1 Topf Kerbel
1 Zwiebel
6 Eier (Größe M)
ger. Muskatnuss
2 EL Butter

Pro Portion:
E: 28 g, F: 44 g, Kh: 30 g,
kJ: 2637, kcal: 629

1. Die Kartoffeln schälen, abspülen und abtropfen lassen. Kartoffeln in einem Topf knapp mit Wasser bedeckt, zugedeckt zum Kochen bringen, Salz hinzufügen. Kartoffeln in 15–20 Minuten gar kochen.
2. Für die Füllung in der Zwischenzeit den Kohlrabi putzen, schälen, abspülen, trocken tupfen, halbieren und in dünne Scheiben schneiden. Die Kohlrabischeiben je nach Größe nochmals halbieren oder vierteln. Butter in einer großen Pfanne zerlassen, Wasser hinzufügen. Die Kohlrabistücke darin etwa 10 Minuten unter gelegentlichem Rühren garen. Kohlrabistücke mit etwas Salz würzen.
3. Für das Omelett Kerbel abspülen und trocken tupfen. Die Blättchen von den Stängeln zupfen. Einige Blättchen zum Garnieren beiseitelegen. Restliche Blättchen grob zerschneiden. Zwiebel abziehen und in kleine Würfel schneiden.
4. Eier in eine Rührschüssel geben und mit den geschnittenen Kerbelblättchen verschlagen, mit Salz und Muskat würzen.
5. Einen Esslöffel Butter in einer beschichteten Pfanne (Ø 24 cm) zerlassen. Die Hälfte der Zwiebelwürfel darin andünsten. Die Hälfte der Eiermasse hinzugießen. Das Omelett zugedeckt etwa 5 Minuten bei schwacher Hitze stocken lassen.
6. Gegarte Kartoffeln abgießen und warm stellen.
7. Das Omelett auf einen vorgewärmten Teller gleiten lassen und ebenfalls warm stellen. Das zweite Omelett auf die gleiche Weise zubereiten.
8. Kohlrabistücke auf der Hälfte der Omeletts verteilen und die andere Hälfte jeweils darüberklappen. Omeletts mit den beiseitegelegten Kerbelblättchen garnieren und mit den Kartoffeln servieren.

Omeletts mit Schnittknoblauch und Schafskäse

2 Portionen

Zubereitungszeit: 10 Minuten

4 Eier (Größe M)
Salz, gem. Pfeffer
1 kleines Bund Schnittknoblauch
200 g Schafskäse
40 g Butter

Pro Portion:
E: 32 g, F: 48 g, Kh: 1 g,
kJ: 2340, kcal: 558

1. Die Eier in einer Rührschüssel verschlagen. Mit Salz und Pfeffer würzen. Schnittknoblauch abspülen, trocken tupfen und in feine Ringe schneiden. Den Schafskäse in etwa 1 1/2 cm große Würfel schneiden. Schnittknoblauchringe und Schafs-

Kerbelomelett mit Kohlrabi

Omeletts mit Schnittknoblauch und Schafskäse

käsewürfel unter die verschlagenen Eier rühren.

2. Die Hälfte der Butter in einer Pfanne (Ø 22–24 cm) zerlassen. Die Hälfte der Eiermasse hineingeben und zugedeckt bei schwacher Hitze 4–5 Minuten stocken lassen.

3. Omelett vorsichtig wenden, von der zweiten Seite kurz anbraten, herausnehmen und warm stellen. Das zweite Omelett ebenso zubereiten.

Reispfanne mit Pistazien

4 Portionen (ohne Foto)

Zubereitungszeit: 40 Minuten

4 EL Butter oder Margarine
2 EL Currypulver, mild
2 EL Weizenmehl
500 ml Gemüsebrühe
60 g Crème double
Salz, gem. Pfeffer
4 Möhren
4 Stangen Staudensellerie
4 Frühlingszwiebeln
4 EL gehackte Pistazienkerne
250 g gegarter Reis
(etwa 90 g Rohgewicht)
2 EL Kresse

Pro Portion:
E: 11 g, F: 23 g, Kh: 67 g,
kJ: 2100, kcal: 501

1. Butter oder Margarine in einem Topf zerlassen, Curry und Mehl unter Rühren darin andünsten, Brühe hinzugießen und mit einem Schneebesen durchschlagen. Darauf achten, dass keine Klümpchen entstehen. Die Sauce unter Rühren zum Kochen bringen und etwa 5 Minuten unter gelegentlichem Rühren kochen lassen. Crème double unterrühren, mit Salz und Pfeffer würzen.

2. Möhren putzen, schälen, abspülen und abtropfen lassen. Sellerie putzen, abspülen, abtropfen lassen. Frühlingszwiebeln putzen, abspülen, abtropfen lassen. Möhren, Sellerie und Frühlingszwiebeln in feine Streifen schneiden. Die Gemüsestreifen mit den Pistazienkernen unter die Sauce rühren und etwa 5 Minuten ziehen lassen.

3. Den gegarten Reis unterheben, kurz erwärmen, anrichten und mit Kresse bestreut servieren.

Pikante Gemüsepfanne mit Sesam

Pikante Gemüsepfanne mit Sesam

VEGAN

4 Portionen

Zubereitungszeit: 40 Minuten

1 1/2 EL geschälter Sesamsamen
350 g abgetropfte Ananasstücke
(aus der Dose)
190 g abgetropfte Mini-Maiskölbchen (aus der Dose)
150 g Zuckerschoten
etwa 700 g Chinakohl
1 rote Paprikaschote
2 EL Speiseöl, z. B. Sonnenblumenöl
oder Erdnussöl
1 kleines Stück frischer Ingwer
1 TL Speisestärke
2 Msp. Fünf-Gewürze-Pulver
Salz
gem. Pfeffer

Pro Portion:
E: 6 g, F: 9 g, Kh: 38 g,
kJ: 1108, kcal: 265

1. Sesamsamen in einem Wok ohne Fett unter Rühren goldbraun rösten, herausnehmen und auf einem Teller abkühlen lassen.

2. Von den Ananasstücken den Saft auffangen. Maiskölbchen in kleine Stücke schneiden.

3. Von den Zuckerschoten die Enden abschneiden, evtl. abfädeln. Zuckerschoten abspülen und abtropfen lassen. Chinakohl putzen, halbieren und den Strunk herausschneiden. Chinakohl abspülen, abtropfen lassen und in Streifen schneiden.

4. Paprika halbieren, entstielen, entkernen und die weißen Scheidewände entfernen. Schote abspülen, abtropfen lassen und grob würfeln.

5. Speiseöl in einem Wok erhitzen. Chinakohlstreifen, Zuckerschoten und Paprikawürfel darin unter Rühren bei starker Hitze etwa 5 Minuten braten.

6. Ingwer schälen, auf einer Küchenreibe fein reiben oder fein würfeln, mit dem aufgefangenen Ananassaft und der Speisestärke verrühren.

7. Ananasstücke und Maiskölbchen unter das Gemüse rühren. Das Gemüse mit Fünf-Gewürze-Pulver, Salz und Pfeffer würzen. Angerührten Ananassaft unterrühren und alles bei starker Hitze unter Rühren kurz aufkochen lassen. Gemüse nochmals mit den Gewürzen abschmecken, mit Sesam bestreuen und servieren.

Beilage: Natur- oder Wildreis.

Curry-Gemüse-Pfanne mit Tomatensauce

Reis mit gebratenem Gemüse

Curry-Gemüse-Pfanne mit Tomatensauce

4 Portionen

VEGAN

Zubereitungszeit: 30 Minuten
Garzeit: etwa 15 Minuten

2 Zucchini (etwa 500 g)
1–2 Gemüsezwiebeln (etwa 300 g)
2 Knoblauchzehen
je 1 rote, gelbe und grüne Paprikaschote (je etwa 200 g)
1 rote Chilischote
1 grüne Spitzpaprika (etwa 150 g)
3 EL Olivenöl
Salz, gem. Pfeffer
1–2 TL Currypulver
2 große Möhren
400 g stückige Tomaten (aus der Dose)
einige Stängel glatte Petersilie

Pro Portion:
E: 6 g, F: 9 g, Kh: 17 g,
kJ: 748, kcal: 178

1. Zucchini abspülen, abtrocknen und die Enden abschneiden. Zucchini längs halbieren und in dünne Scheiben schneiden. Gemüsezwiebeln und Knoblauch abziehen. Gemüsezwiebeln halbieren und in Würfel schneiden. Knoblauch klein würfeln.
2. Paprikaschoten und Chilischote halbieren, entstielen, entkernen und die weißen Scheidewände entfernen. Die Schoten abspülen und abtropfen lassen. Paprika in große Stücke schneiden. Die Chilischote in dünne Streifen schneiden.
3. Spitzpaprika entstielen, entkernen und evtl. die weißen Scheidewände entfernen. Paprika abspülen, abtropfen lassen und in Ringe schneiden.
4. Olivenöl in einem Wok oder einer großen Pfanne erhitzen. Vorbereitetes Gemüse darin nacheinander in 2 Portionen andünsten, mit Salz, Pfeffer und Curry würzen. Das Gemüse zugedeckt etwa 10 Minuten garen.
5. In der Zwischenzeit Möhren putzen, schälen, abspülen, abtropfen lassen, grob reiben, mit den stückigen Tomaten zum Gemüse geben, vorsichtig unterrühren und kurz erhitzen.
6. Kräuter abspülen und trocken tupfen. Die Blättchen von den Stängeln zupfen. Blättchen klein schneiden. Das Curry-Gemüse nochmals mit den Gewürzen abschmecken und mit den Kräutern bestreuen.

Reis mit gebratenem Gemüse

VEGAN

4 Portionen

Zubereitungszeit: 45 Minuten

500 ml Wasser
200 g Basmati- oder Duftreis
1/2 gestr. TL Salz

Für die Gemüsepfanne:
200 g Zuckerschoten
200 g Möhren
1 Stange Staudensellerie
2 kleine Zucchini (gelb und grün)
1 rote Paprikaschote
3–4 Cocktailtomaten
250 g Champignons
3 EL Olivenöl
200 ml Gemüsebrühe
2–3 EL helle Sojasauce
2–3 EL Sherry
100 g Sojabohnensprossen
1 TL Speisestärke
1 EL Wasser
Salz, gem. Pfeffer
gem. Koriander

Pro Portion:
E: 13 g, F: 9 g, Kh: 54 g,
kJ: 1502, kcal: 359

1. Wasser mit Reis in einem Topf zum Kochen bringen, Salz hinzufügen. Den Reis zugedeckt bei schwacher Hitze etwa 8 Minuten quellen lassen, dabei gelegentlich umrühren (die Packungsanleitung beachten).
2. In der Zwischenzeit für die Gemüsepfanne von den Zuckerschoten die Enden abschneiden, evtl. abfädeln. Zuckerschoten abspülen, abtropfen lassen und schräg halbieren. Möhren putzen, schälen, abspülen, abtropfen lassen und in dünne Scheiben schneiden.
3. Staudensellerie putzen, abspülen, abtropfen lassen und in dünne Scheiben schneiden. Zucchini abspülen, abtrocknen und die Enden abschneiden. Zucchini längs halbieren und in dünne Scheiben schneiden.
4. Paprikaschote halbieren, entstielen, entkernen und die weißen Scheidewände entfernen. Schote abspü-

len, abtropfen lassen und in Stücke schneiden. Cocktailtomaten abspülen, abtrocknen, halbieren und die Stängelansätze herausschneiden.
5. Champignons putzen, evtl. kurz abspülen, gut abtropfen lassen oder trocken tupfen und in Scheiben schneiden.
6. Olivenöl in einem Wok erhitzen. Champignonscheiben darin etwa 2 Minuten unter Rühren braten und herausnehmen. Nach und nach die Möhren-, Selleriescheiben, Zuckerschoten, Zucchinischeiben und Paprikastücke kurz darin unter Rühren anbraten. Brühe, Sojasauce und Sherry hinzugießen und unterrühren. Das Gemüse zugedeckt 3–5 Minuten bei schwacher Hitze garen.
7. In der Zwischenzeit die Sojabohnensprossen verlesen, in ein Sieb geben, mit kaltem Wasser abspülen und abtropfen lassen. Champignonscheiben wieder zum Gemüse geben und unterrühren.
8. Die Speisestärke mit Wasser anrühren, unter das Gemüse rühren und kurz unter Rühren aufkochen lassen.
9. Sojabohnensprossen und Tomatenhälften unterrühren, mit Salz, Pfeffer und Koriander abschmecken. Den Reis hinzugeben, unterrühren und kurz erwärmen.

Zucchini-Dinkel-Puffer

4 Portionen (ohne Foto)

Zubereitungszeit: 50 Minuten ohne Ruhezeit

300 g Kartoffeln
300 g Zucchini
1 Ei (Größe M)
2 Eigelb (Größe M)
100 g grob gem. Dinkel
50 g ger. Parmesan
10 abgetropfte, schwarze, entsteinte Oliven
Salz
gem. Pfeffer
2 Knoblauchzehen
100 ml Speiseöl

Pro Portion:
E: 14 g, F: 35 g, Kh: 29 g,
kJ: 2121, kcal: 506

1. Kartoffeln schälen, abspülen und abtropfen lassen. Zucchini abspülen, abtrocknen und die Enden abschneiden. Kartoffeln und Zucchini auf einer Röstireibe reiben (raffeln).
2. Kartoffel- und Zucchiniraffel in eine Rührschüssel geben. Ei, Eigelb, Dinkel, Parmesan und Oliven hinzugeben und gut untermischen. Mit Salz und Pfeffer würzen.
3. Knoblauch abziehen, zerdrücken und unter den Pufferteig rühren. Den Teig etwa 15 Minuten ruhen lassen.
4. Jeweils etwas Speiseöl in einer Pfanne erhitzen. Den Teig portionsweise hineingeben, flach drücken. Die Puffer bei mittlerer Hitze von beiden Seiten knusprig braun braten.

Scharfer Tofu mit Möhren-Rettich-Relish

4 Portionen VEGAN

Zubereitungszeit: 45 Minuten, ohne Durchziehzeit

225 g Möhren
1 gestr. TL Salz
300 g Rettich
25 g frischer Ingwer
2 EL Reisessig
2 EL Zucker

Für die Sauce:
1/2–1 rote Chilischote
2 Knoblauchzehen, 2 EL Reisessig
1 EL Kurkuma (Gelbwurz)
4 EL Soja-Pilzsauce (erhältlich im Asialaden)
2 EL Sojasauce

450 g Tofu
6 EL Speiseöl, z. B. Maiskeimöl

Pro Portion:
E: 20 g, F: 22 g, Kh: 19 g,
kJ: 1501, kcal: 358

1. Die Möhren putzen, schälen, abspülen, abtropfen lassen und grob raspeln. Die Möhrenraspel mit Salz mischen, zugedeckt etwa 2 Stunden stehen lassen.
2. Den Rettich putzen, schälen, abspülen, abtropfen lassen und ebenfalls grob raspeln. Den Ingwer schälen und fein reiben. Möhren und Rettich mit Reisessig, Zucker und Ingwer mischen. Relish evtl. nochmals mit Salz abschmecken.
3. Für die Sauce Chilischote entstielen, halbieren, abspülen, abtropfen lassen und fein hacken. Knoblauch abziehen, klein würfeln. Chili und Knoblauchwürfel mit Reisessig, Kurkuma, Pilz- und Sojasauce mischen.
4. Tofu zuerst in etwa 1 1/2 cm dicke Scheiben, dann in 12 jeweils etwa 5 x 8 cm große Stücke schneiden. Jedes Tofustück auf einer Seite mehrmals der Länge nach quer mit einem Messer leicht einritzen.
5. Jeweils die Hälfte des Speiseöls am besten in zwei großen Pfannen erhitzen. Die Tofustücke bei mittlerer Hitze von beiden Seiten goldbraun braten. Dann die Sauce hinzugeben und etwa 1 Minute leicht dickflüssig einkochen lassen. Tofu mit dem Relish servieren.

Beilage: Duftreis.

Scharfer Tofu mit Möhren-Rettich-Relish

Vollkorn-Gemüseschnitzel

4 Portionen

Zubereitungszeit: 35 Minuten

600 g Gemüse, z. B. Knollensellerie, Kohlrabi, Pastinaken, Petersilienwurzeln, Kürbis, Steckrüben, Zucchini
Salz
2 Eier (Größe M)
gem. Pfeffer
gerebelter Thymian
60 g Kichererbsenmehl
100 g Vollkorn-Semmelbrösel
5 EL Traubenkernöl

Pro Portion:
E: 10 g, F: 28 g, Kh: 42 g,
kJ: 1962, kcal: 468

1. Gemüse putzen, schälen, abspülen, abtropfen lassen und in etwa 1 cm dicke Scheiben oder Stücke schneiden. Die Gemüsescheiben oder -stücke (außer Zucchini) in kochendem Salzwasser vorgaren: Sellerie 5 Minuten, Kohlrabi 6 Minuten, Pastinaken 2 Minuten, Petersilienwurzeln 2 Minuten, Kürbis 2 Minuten und Steckrüben 5 Minuten.
2. Die vorgegarten Gemüsescheiben oder -stücke in ein Sieb geben, mit kaltem Wasser abschrecken und abtropfen lassen. Anschließend mit Küchenpapier trocken tupfen.
3. Eier in einer flachen Schüssel verschlagen, mit Salz, Pfeffer und Thymian würzen. Gemüsescheiben oder -stücke zuerst in Mehl wenden, dann durch die verschlagenen Eier ziehen, am Schüsselrand abstreifen und zuletzt in Semmelbröseln wenden. Panade gut andrücken.
4. Traubenkernöl in einer großen Pfanne erhitzen. Gemüsescheiben oder -stücke darin evtl. in 2 Portionen von beiden Seiten knusprig goldbraun braten.
5. Gemüseschnitzel auf Tellern anrichten und servieren.

Roggenpuffer mit Kohlrabi-Paprika-Gemüse

4 Portionen

Zubereitungszeit: 60 Minuten, ohne Einweichzeit

Für die Roggenpuffer:
150 g Roggenschrot
450 ml Gemüsebrühe
1 Zwiebel
1 Ei (Größe M)
Salz, gem. Pfeffer
Paprikapulver edelsüß
Currypulver
1 TL scharfer Senf
2–3 EL Speiseöl

Für das Kohlrabi-Paprika-Gemüse:
600 g Kohlrabi
2 grüne Paprikaschoten (etwa 400 g)
250 ml Gemüsebrühe
100 g saure Sahne (10 % Fett)
1 TL Speisestärke
ger. Muskatnuss

Pro Portion:
E: 10 g, F: 11 g, Kh: 32 g,
kJ: 1140, kcal: 272

1. Für die Puffer Roggenschrot mit der Brühe in einem Topf etwa 30 Minuten einweichen. Danach den eingeweichten Roggenschrot zugedeckt etwa 25 Minuten bei schwacher Hitze garen, dabei gelegentlich umrühren. Dann den Topf von der Kochstelle nehmen. Roggenschrot weitere etwa 15 Minuten ausquellen lassen.
2. Zwiebel abziehen, klein würfeln, mit dem Ei zum Roggenschrot geben, untermischen. Mit Salz, Pfeffer, Paprika, Curry und Senf kräftig würzen.
3. Speiseöl in einer großen Pfanne erhitzen und 8 Puffer darin braten. Dafür je 1 knapp gehäuften Esslöffel Pufferteig in die Pfanne geben, glatt streichen und von jeder Seite etwa 5 Minuten braten, dabei vorsichtig wenden.
4. Für das Gemüse in der Zwischenzeit Kohlrabi putzen und die zarten Blättchen beiseitelegen. Kohlrabi schälen, abspülen, abtropfen lassen und in Stifte schneiden. Papri-

Vollkorn-Gemüseschnitzel

Roggenpuffer mit Kohlrabi-Paprika-Gemüse

kaschoten halbieren, entstielen, entkernen und die weißen Scheidewände entfernen. Schoten abspülen, abtropfen lassen und in Streifen schneiden.

5. Gemüsebrühe in einem Topf zum Kochen bringen, Kohlrabistifte darin zugedeckt 12–15 Minuten dünsten. Etwa 5 Minuten vor Garzeitende die Paprikastreifen hinzufügen, unterheben und in etwa 5 Minuten fertig garen. Saure Sahne mit Speisestärke anrühren, unter das Gemüse rühren und unter Rühren aufkochen lassen. Das Gemüse mit Salz, Pfeffer und Muskat abschmecken.

6. Beiseitegelegte Kohlrabiblättchen abspülen, trocken tupfen und klein schneiden. Das Gemüse in eine Schüssel geben und mit den Kohlrabiblättchen bestreuen.

7. Die Roggenpuffer mit dem Kohlrabi-Paprika-Gemüse servieren.

Leichte Reis-Gemüse-Pfanne

Leichte Reis-Gemüse-Pfanne

4 Portionen

Zubereitungszeit: 30 Minuten
Garzeit: 5–10 Minuten

je 1 rote, grüne und gelbe Paprikaschote
3 Zwiebeln
2 EL Sonnenblumenöl
100 g Sojabohnenkeimlinge
150 g Crème fraîche
570 g gegarter Naturreis (etwa 200 g Rohgewicht)
Salz, gem. Pfeffer
1 TL Paprikapulver rosenscharf

Pro Portion:
E: 8 g, F: 18 g, Kh: 48 g,
kJ: 1642, kcal: 395

1. Paprikaschoten halbieren, entstielen, entkernen und die weißen Scheidewände entfernen. Schoten abspülen, abtropfen lassen und in Streifen schneiden.

2. Zwiebeln abziehen und in Scheiben schneiden. Sonnenblumenöl in einem Wok erhitzen. Zwiebelscheiben darin glasig dünsten. Paprikastreifen hinzufügen und zugedeckt 5–10 Minuten mitdünsten lassen.

3. Sojabohnenkeimlinge verlesen, in ein Sieb geben, mit kaltem Wasser abspülen, abtropfen lassen und zum Gemüse in den Wok geben. Crème fraîche unterrühren, nochmals erhitzen. Zuletzt den gegarten Reis unter das Gemüse heben.

4. Die Reis-Gemüse-Pfanne mit Salz, Pfeffer und Paprika abschmecken und servieren.

Zucchinikrusteln

4 Portionen (ohne Foto)

Zubereitungszeit: 45 Minuten, ohne Abkühlzeit

120 g geschroteter Grünkern
70 g geschroteter Buchweizen
500 g Zucchini
1 Bund Frühlingszwiebeln
1 Bund Schnittlauch
3 Knoblauchzehen
150 g Crème fraîche
4 Eier (Größe M)
200 g Ziegenkäse
2 EL Vollkorn-Weizenmehl
1 EL Vollkorn-Roggenschrot
Salz
gem. Pfeffer
einige frische Rosmarinnadeln
gerebelter Thymian
125 ml Olivenöl

Pro Portion:
E: 28 g, F: 61 g, Kh: 52 g,
kJ: 3759, kcal: 898

1. Grünkern und Buchweizen in einem Topf mit Wasser bedeckt zum Kochen bringen und zugedeckt bei schwacher Hitze etwa 20 Minuten ausquellen lassen. Masse erkalten lassen.

2. In der Zwischenzeit Zucchini abspülen, abtrocknen und die Enden abschneiden. Zucchini in kleine Würfel schneiden. Frühlingszwiebeln putzen, abspülen, abtropfen lassen und in Scheiben schneiden. Schnittlauch abspülen, trocken tupfen und in Röllchen schneiden. Knoblauch abziehen und klein würfeln.

3. Grünkern-Buchweizen-Masse mit den Zucchiniwürfeln, Frühlingszwiebelscheiben, Schnittlauchröllchen und Knoblauch in eine Schüssel geben. Crème fraîche und Eier hinzufügen. Ziegenkäse in kleine Würfel schneiden und ebenfalls hinzugeben. Zutaten gut vermischen. Die Masse mit Vollkorn-Weizenmehl und -Roggenschrot binden, mit Salz, Pfeffer, Rosmarin und Thymian würzen.

4. Aus dem Teig etwa 20 Puffer (Krusteln) backen. Zuvor etwas Olivenöl in einer Pfanne erhitzen und einen Zucchinipuffer zur Probe backen. Bei fehlender Bindung noch etwas Weizenmehl hinzufügen.

5. Jeweils etwas Speiseöl in einer großen Pfanne erhitzen. Den Teig portionsweise hineingeben und sofort flach drücken. Die Puffer bei mittlerer Hitze von beiden Seiten knusprig goldbraun backen.

Wokgemüse mit Sojabohnen und Tofu

Griechische Pfannkuchenröllchen

Wokgemüse mit Sojabohnen und Tofu

4 Portionen VEGAN

Zubereitungszeit: 35 Minuten, ohne Einweichzeit
Garzeit: Sojabohnen etwa 2 Stunden

175 g getrocknete Sojabohnen
50 g frischer Ingwer
3 Knoblauchzehen
1/2–1 rote Chilischote
4 EL Zucker
7 EL Sojasauce
400 ml Gemüsebrühe
2 EL dunkles, asiatisches Sesamöl
2 rote Zwiebeln
200 g Zuckerschoten
450 g rote Paprikaschoten
6 Frühlingszwiebeln (etwa 100 g)
500 g abgetropfter Tofu
50 g geröstete, gesalzene Cashewkerne
1 gestr. EL Speisestärke
4 EL Sonnenblumenöl
6 Stängel Thai-Basilikum

Pro Portion:
E: 45 g, F: 37 g, Kh: 44 g,
kJ: 2901, kcal: 693

1. Am Vortag die Sojabohnen in eine Schüssel geben. Mit kaltem Wasser übergießen, sodass sie ganz bedeckt sind, und über Nacht einweichen.
2. Am nächsten Tag die Sojabohnen abgießen, in einen Topf geben und so viel Wasser hinzugießen, dass die Bohnen ganz bedeckt sind. Sojabohnen zugedeckt etwa 2 Stunden bei schwacher Hitze kochen lassen.
3. In der Zwischenzeit Ingwer schälen. Knoblauch abziehen, beides in kleine Würfel schneiden. Chilischote abspülen, trocken tupfen und entstielen. Chilischote mit den Kernen fein hacken.
4. Ingwer-, Knoblauchwürfel, Chili, Zucker, Sojasauce, Gemüsebrühe und Sesamöl in einer Schüssel vermischen, beiseitestellen.
5. Zwiebeln abziehen und in etwa 1 cm breite Spalten schneiden. Von den Zuckerschoten die Enden abschneiden, evtl. abfädeln. Zuckerschoten abspülen, trocken tupfen und schräg halbieren.
6. Paprikaschoten halbieren, entstielen, entkernen und die weißen Scheidewände entfernen. Schoten abspülen, abtropfen lassen und in etwa 1 1/2 cm breite Streifen schneiden. Frühlingszwiebeln putzen, abspülen, abtropfen lassen und der Länge nach schräg in etwa 1 cm breite Scheiben schneiden. Tofu in etwa 2 cm breite Streifen schneiden. Gegarte Sojabohnen in einem Sieb abtropfen lassen. Cashewkerne grob hacken. Speisestärke mit 3 Esslöffeln kaltem Wasser anrühren.
7. Jeweils die Hälfte des Sonnenblumenöls in einem großen Wok erhitzen. Das vorbereitete Gemüse darin in 2 Portionen mit den Sojabohnen unter Rühren bei starker Hitze kräftig andünsten, bis es leicht zusammenfällt. Dann die beiseitegestellte Soja-Sesamöl-Mischung hinzugeben und unter Rühren so lange einkochen lassen, bis nur noch etwa ein Viertel der Flüssigkeit vorhanden und das Gemüse knackig gegart ist.
8. Die Tofustreifen vorsichtig untermischen und kurz erhitzen. Angerührte Speisestärke unterrühren und unter vorsichtigem Rühren einmal aufkochen lassen.
9. Thai-Basilikum abspülen und trocken tupfen. Die Blättchen von den Stängeln zupfen. Blättchen grob zerschneiden. Cashewkerne mit dem Basilikum unter das Gemüse heben.
10. Das Wokgemüse auf Tellern anrichten und sofort servieren.

Griechische Pfannkuchenröllchen

4 Portionen

Zubereitungszeit: 60 Minuten, ohne Ruhezeit
Garzeit: etwa 20 Minuten

250 g Weizenmehl
3 Eier (Größe M)
250 ml Milch (3,5 % Fett)
75 ml Mineralwasser
Salz
2 EL Speiseöl, z. B. Olivenöl

Für die Füllung:
600 g frischer Spinat oder 300 g TK-Spinat
1 Knoblauchzehe
1 TL Butter oder Margarine
gem. Pfeffer
ger. Muskatnuss
200 g milder Schafskäse
450 g abgetropfte, geröstete Paprikahälften (aus dem Glas)

150 g Crème fraîche
2 Eigelb (Größe M)
1–2 EL klein geschnittene Kräuter

Pro Portion:
E: 29 g, F: 38 g, Kh: 53 g,
kJ: 2823, kcal: 676

1. Mehl in eine Rührschüssel geben und in die Mitte eine Vertiefung drücken. Eier mit Milch, Mineralwasser und 1 Teelöffel Salz verschlagen. Etwas davon in die Vertiefung geben. Von der Mitte aus die Eierflüssigkeit mit dem Mehl verrühren. Die restliche Eierflüssigkeit nach und nach hinzugeben. Dabei darauf achten, dass keine Klümpchen entstehen. Den Teig etwa 10 Minuten ruhen lassen.
2. Etwas Speiseöl in einer Pfanne erhitzen. Eine dünne Teiglage mit einer drehenden Bewegung gleichmäßig auf dem Boden der Pfanne verteilen. Sobald die Ränder goldgelb sind, den Pfannkuchen vorsichtig mit einem Pfannenwender wenden. Die zweite Seite ebenfalls goldbraun backen. Bevor der Pfannkuchen gewendet wird, wieder etwas Speiseöl in die Pfanne geben. Aus dem Teig 6–8 sehr dünne Pfannkuchen backen und warm stellen.
3. Den Backofen vorheizen.
Ober-/Unterhitze: etwa 180 °C
Heißluft: etwa 160 °C
4. Für die Füllung Spinat verlesen und die dicken Stiele entfernen. Spinat gründlich waschen und gut abtropfen lassen. Knoblauch abziehen und klein würfeln. Die Butter oder Margarine in einem Topf zerlassen. Die Knoblauchwürfel und den vorbereiteten oder den gefrorenen Spinat darin unter Rühren andünsten, bis der Spinat zusammenfällt. Mit Salz, Pfeffer und Muskat würzen. Spinat in einem Sieb abtropfen lassen, dabei die Flüssigkeit auffangen.
5. Schafskäse zerbröseln, kräftig mit Pfeffer würzen.
6. Die Pfannkuchen ausbreiten. Die Hälfte der Pfannkuchen mit Spinat und der Hälfte des Schafskäses, die restlichen Pfannkuchen mit Paprikahälften und restlichem Schafskäse belegen. Die Pfannkuchen aufrollen und nebeneinander in eine große Auflaufform (gefettet) setzen.
7. Die aufgefangene Spinatflüssigkeit mit Crème fraîche und Eigelb verschlagen. Mit Salz und Pfeffer würzen, auf die Pfannkuchen träufeln. Die Form auf dem Rost in den vorgeheizten Backofen schieben. Die Pfannkuchenröllchen etwa 20 Minuten garen und mit Kräutern bestreut servieren.

Gefüllte Kartoffelplätzchen

2 Portionen (8 Plätzchen)

Zubereitungszeit: 45 Minuten, ohne Abkühlzeit

Für die Kartoffelplätzchen:
600 g mehligkochende Kartoffeln
Salz
1/2 Zwiebel
gem. Pfeffer
ger. Muskatnuss

Für die Füllung:
1 Knoblauchzehe
60 g abgetropfte, getrocknete Tomaten, in Öl
1/2 Bund glatte Petersilie
30 g geraspelter Emmentaler

4 EL Olivenöl

Pro Portion:
E: 12 g, F: 27 g, Kh: 44 g,
kJ: 1994, kcal: 476

1. Für die Kartoffelplätzchen die Kartoffeln schälen, abspülen, abtropfen lassen. Die Kartoffeln in einem großen Topf knapp mit Wasser bedeckt, zugedeckt zum Kochen bringen. Salz hinzufügen. Kartoffeln etwa 10 Minuten kochen.
2. Kartoffeln abgießen, abdämpfen, etwas abkühlen lassen und auf der Haushaltsreibe grob raspeln. Zwiebelhälfte abziehen und fein würfeln. Zwiebelwürfel mit den Kartoffelraspeln vermengen. Mit Salz, Pfeffer und Muskat würzen.
3. Für die Füllung Knoblauch abziehen und durch eine Knoblauchpresse drücken. Tomaten klein würfeln.
4. Petersilie abspülen und trocken tupfen. Die Blättchen von den Stängeln zupfen. Blättchen klein schneiden. Petersilie, Knoblauch und Tomatenwürfel mit den Käseraspeln vermischen.
5. Aus dem Kartoffelteig eine Rolle formen und in 16 gleich große Stücke teilen. Teigstücke etwas flach drücken. Jeweils 1 Teigplatte mit 2 Teelöffeln von der Füllung belegen, mit einer zweiten Teigplatte bedecken und etwas andrücken. Gefüllte Teigplatten zu runden Plätzchen formen.
6. Olivenöl in einer großen Pfanne erhitzen. Die Kartoffelplätzchen darin von jeder Seite 5–6 Minuten knusprig braun braten.

Gefüllte Kartoffelplätzchen

Gemischte Pilzpfanne

2 Portionen VEGAN

Zubereitungszeit: 20 Minuten
Garzeit: etwa 10 Minuten

500 g gemischte Pilze (Champignons, Pfifferlinge, Steinpilze, Austernpilze)
4–5 Frühlingszwiebeln
1/2 Bund glatte Petersilie
2 EL Speiseöl
Salz, gem. Pfeffer

Pro Portion:
E: 8 g, F: 10 g, Kh: 8 g,
kJ: 666, kcal: 160

1. Die Pilze putzen, evtl. kurz abspülen und trocken tupfen. Große Pilze halbieren oder vierteln. Frühlingszwiebeln putzen, abspülen, abtropfen lassen und in feine Scheiben schneiden. Petersilie abspülen und trocken tupfen. Blättchen von den Stängeln zupfen, klein schneiden.
2. Speiseöl in einer großen Pfanne oder einem Wok erhitzen. Die Pilze und Frühlingszwiebelscheiben darin evtl. portionsweise kräftig unter Rühren anbraten. Mit Salz und Pfeffer würzen, weitere 2–3 Minuten dünsten.
3. Klein geschnittene Petersilieblättchen unter die Pilzpfanne heben und sofort servieren.

Tipp: Die Pilzpfanne ist eine ideale Beilage zu gedünstetem Reis.

Gemüsecurry mit Koriander

2 Portionen VEGAN

Zubereitungszeit: 30 Minuten
Garzeit: etwa 3 Minuten

1 rote Paprikaschote
100 g Shiitakepilze
2 Frühlingszwiebeln
100 g Zuckerschoten
1–2 Knoblauchzehen
1/2 rote Chilischote
1 kleines Stück frischer Ingwer
1 EL Speiseöl
200 ml Gemüsebrühe
200 ml Kokosmilch
1 Bio-Limette
(unbehandelt, ungewachst)
Salz
1 TL Speisestärke
3–4 Stängel Koriander

Pro Portion:
E: 5 g, F: 23 g, Kh: 21 g,
kJ: 1280, kcal: 309

1. Paprikaschote halbieren, entstielen, entkernen und die weißen Scheidewände entfernen. Schote abspülen, abtropfen lassen und in sehr feine Streifen schneiden.
2. Pilze putzen, dabei die Stiele abschneiden. Pilze evtl. kurz abspülen, trocken tupfen und in dünne Scheiben schneiden.
3. Frühlingszwiebeln putzen, abspülen und abtropfen lassen. Frühlingszwiebeln mit dem hellen Grün schräg in Scheiben schneiden.
4. Von den Zuckerschoten die Enden abschneiden, evtl. abfädeln. Zuckerschoten abspülen, abtropfen lassen und längs durchschneiden. Knoblauch abziehen und klein würfeln.
5. Chilischote abspülen, trocken tupfen, entstielen und mit den Kernen in dünne Streifen schneiden. Ingwer schälen und fein reiben.
6. Speiseöl in einem Wok erhitzen. Zuerst Zuckerschotenhälften, Paprikastreifen und Pilzscheiben darin etwa 1 Minute unter Wenden bei starker Hitze andünsten. Dann Frühlingszwiebelscheiben, Chilistreifen,

Gemischte Pilzpfanne

Gemüsecurry mit Koriander

Shiitake-Gemüse-Pfanne

Knoblauchwürfel und Ingwer hinzugeben, kurz mitdünsten lassen. Die Brühe und Kokosmilch hinzugießen, zum Kochen bringen und etwa 2 Minuten kochen lassen.

7. Die Limette heiß abwaschen, abtrocknen und die Schale fein abreiben. Limette halbieren und den Saft auspressen. Limettenschale und 2 Esslöffel des Limettensaftes unter das Gemüsecurry rühren. Mit Salz würzen.

8. Speisestärke mit etwas Wasser anrühren, in das Curry rühren und unter Rühren aufkochen lassen.

9. Koriander abspülen und trocken tupfen. Blättchen von den Stängeln zupfen. Blättchen grob zerschneiden und unter das Curry mischen.

Gebratene Austernpilze

2 Portionen (ohne Foto)

Zubereitungszeit: 20 Minuten

VEGAN

1 Zwiebel
250 g Austernpilze
1 EL Speiseöl
gem. Koriander
Salz, gem. Pfeffer
2 EL klein geschnittenes Basilikum

Pro Portion:
E: 2 g, F: 7 g, Kh: 6 g,
kJ: 552, kcal: 132

1. Zwiebel abziehen und in feine Würfel schneiden. Austernpilze putzen, evt. kurz abspülen, trocken tupfen und in Stücke schneiden.

2. Speiseöl in einer Pfanne erhitzen. Die Zwiebelwürfel darin goldgelb dünsten.

3. Gebratene Pilzestücke hinzufügen und bei starker Hitze unter Rühren anbraten. Anschließend mit Koriander, Salz und Pfeffer würzen.

4. Klein geschnittenes Basilikum unter die Austernpilze mischen und nochmals mit den Gewürzen abschmecken.

Shiitake-Gemüse-Pfanne

VEGAN

2 Portionen

Zubereitungszeit: 40 Minuten, ohne Einweichzeit

60 g Weizenkörner
125 ml Gemüsebrühe
2 EL Sojasauce
200 g Möhren
1 Kohlrabi
1 kleine Zucchini
1 kleine Zwiebel
400 g Shiitakepilze
2 EL Speiseöl
Salz
gem. Pfeffer
Zitronensaft
1 Knoblauchzehe
1 Kästchen Kresse

Pro Portion:
E: 12 g, F: 18 g, Kh: 54 g,
kJ: 1708, kcal: 406

1. Die Weizenkörner über Nacht in kaltem Wasser einweichen. Anschließend die Körner in einem Sieb abtropfen lassen.

2. Brühe und Sojasauce in einem Topf zum Kochen bringen. Die Weizenkörner darin etwa 15 Minuten kochen lassen.

3. In der Zwischenzeit Möhren putzen, schälen, abspülen, abtropfen lassen. Den Kohlrabi schälen, abspülen und abtropfen lassen. Möhren und Kohlrabi in kleine Würfel schneiden. Zucchini abspülen, abtrocknen und die Enden abschneiden. Zucchini längs vierteln und in kleine Stücke schneiden.

4. Zwiebel abziehen und in kleine Würfel schneiden. Shiitakepilze putzen und die dickeren Stängel abschneiden. Pilze evtl. kurz abspülen und trocken tupfen.

5. Speiseöl in einem Wok zerlassen. Die Zwiebelwürfel darin glasig dünsten. Shiitakepilze hinzugeben und kurz und kräftig andünsten.

6. Das vorbereitete Gemüse hinzugeben und untermischen. Mit Salz, Pfeffer und Zitronensaft würzen.

7. Knoblauch abziehen, durch eine Knoblauchpresse drücken, zu der Gemüse-Pilz-Mischung in den Wok geben und etwa 5 Minuten schmoren. Weizenkörner mit der Hälfte der Kochbrühe hinzufügen und weitere etwa 5 Minuten schmoren, evtl. nochmals mit Salz, Pfeffer und Zitronensaft abschmecken.

8. Kresse abspülen, abtropfen lassen, abschneiden, auf der Shiitake-Gemüse-Pfanne verteilen und sofort servieren.

Tipp: Verwenden Sie statt der Kresse einige abgespülte, abgetropfte Korianderstängel, die Sie fein hacken.

Bunte Linsenpfanne mit Tomaten

Apfel-Waldpilz-Kaiserschmarren

Bunte Linsenpfanne mit Tomaten

4 Portionen

VEGAN

Zubereitungszeit: 25 Minuten
Garzeit: etwa 10 Minuten

2 Frühlingszwiebeln
4 Tomaten (etwa 400 g)
2 Bund glatte Petersilie
3 EL Olivenöl
300 g gegarte, rote Linsen (etwa 150 g Rohgewicht)
300 g gegarte, gelbe Linsen (etwa 150 g Rohgewicht)
300 g gegarte, grüne Linsen (etwa 130 g Rohgewicht)
Salz, gem. Pfeffer
300 ml Gemüsebrühe oder -fond

Pro Portion:
E: 28 g, F: 9 g, Kh: 58 g,
kJ: 1792, kcal: 428

1. Frühlingszwiebeln putzen, abspülen, abtropfen lassen und in feine Scheiben schneiden. Tomaten abspülen, trocken tupfen, halbieren und die Stängelansätze herausschneiden. Tomaten grob würfeln.
2. Petersilie abspülen und trocken tupfen. Die Blättchen von den Stängeln zupfen. Die Blättchen klein schneiden.
3. Olivenöl in einer großen Pfanne erhitzen. Frühlingszwiebelscheiben und Tomatenwürfel darin unter Rühren andünsten. Die roten, gelben und grünen Linsen mit der Petersilie hinzufügen, mit Salz und Pfeffer kräftig würzen.
4. Brühe oder Fond hinzugießen, zum Kochen bringen und etwa 5 Minuten bei schwacher Hitze kochen lassen.

Apfel-Waldpilz-Kaiserschmarren

2 Portionen

Zubereitungszeit: 35 Minuten
Backzeit: 5–8 Minuten

2 Eigelb (Größe M)
100 ml Weißwein (lieblich)
100 ml Milch (3,5 % Fett)
120 g Weizenmehl
1 Msp. Dr. Oetker Backin
Salz, ger. Muskatnuss, Zucker
150 g gemischte Pilze, z. B. Pfifferlinge, Steinpilze oder Maronen
1 Schalotte
1 Stängel Thymian
1 großer Apfel
1 TL Butter
gem. Pfeffer
2 Eiweiß (Größe M)
4 Stängel glatte Petersilie
1 EL Butter

Pro Portion:
E: 17 g, F: 20 g, Kh: 61 g,
kJ: 2228, kcal: 533

1. Eigelb mit Wein und Milch in einer Rührschüssel gut verrühren. Mehl mit Backpulver vermischen und hinzugeben. Die Zutaten zu einem glatten Teig verrühren. Mit Salz, Muskat und Zucker würzen.
2. Den Backofen vorheizen.
Ober-/Unterhitze: etwa 180 °C
Heißluft: etwa 160 °C
3. Die Pilze putzen, evtl. kurz abspülen, trocken tupfen und in Stücke schneiden. Schalotte abziehen und in kleine Würfel schneiden. Thymian abspülen und trocken tupfen. Die Blättchen von den Stängeln zupfen.
4. Apfel schälen, abtrocknen, vierteln und entkernen. Apfelviertel in kleine Würfel schneiden.
5. Butter in einer feuerfesten Pfanne zerlassen. Die Pilzstücke darin unter mehrmaligem Wenden andünsten. Die Schalottenwürfel hinzufügen und mitdünsten lassen. Die Apfelwürfel und Thymianblättchen zu der Pilzmasse geben und unterheben. Mit Salz und Pfeffer leicht würzen.
6. Eiweiß steif schlagen und unter den Teig heben. Den Teig auf der Waldpilz-Apfel-Masse verteilen. Die Pfanne auf dem Rost in den vorgeheizten Backofen schieben. Kaiserschmarren 5–8 Minuten backen.
7. In der Zwischenzeit die Petersilie abspülen und trocken tupfen. Die Blättchen von den Stängeln zupfen. Blättchen grob zerschneiden.
8. Kaiserschmarren aus der Pfanne nehmen, mit 2 Pfannenwendern in kleine Stücke reißen. Butter in der Pfanne zerlassen. Die Kaiserschmarrenstücke hinzufügen, in der Butter schwenken und mit der Petersilie bestreut servieren.

Sauerkrautpuffer

4 Portionen (ohne Foto)

Zubereitungszeit: 45 Minuten, ohne Ruhezeit

2 mittelgroße Kartoffeln (etwa 200 g)
1 Apfel
2 Zwiebeln
250 g frisches Sauerkraut
2 Eier (Größe M)
2 EL Vollkorn-Weizenmehl
Salz
60 g Kokosfett zum Braten
1 Bund Schnittlauch
150 g Crème fraîche
gem. Pfeffer

Zum Garnieren:
evtl. einige Schnittlauchhalme

Pro Portion:
E: 8 g, F: 30 g, Kh: 17 g,
kJ: 1612, kcal: 385

1. Kartoffeln schälen, abspülen und abtropfen lassen. Den Apfel gründlich waschen und trocken tupfen. Kartoffeln und Apfel auf einer Haushaltsreibe fein reiben.
2. Die Zwiebeln abziehen und in feine Würfel schneiden. Das Sauerkraut gut ausdrücken.
3. Die Zwiebelwürfel und das Sauerkraut zur Kartoffel-Apfel-Mischung geben und gut untermengen.
4. Eier mit Mehl und Salz zu einem Teig verarbeiten, zu der Sauerkraut-Kartoffel-Apfel-Masse geben und etwa 15 Minuten ruhen lassen.
5. Aus dem Teig 8 mittelgroße Puffer braten. Dafür jeweils die Hälfte des Kokosfettes in einer Pfanne erhitzen. Je 4 Portionen des Teiges in die Pfanne geben und sofort flach drücken. Die Puffer bei mittlerer Hitze von beiden Seiten goldbraun braten.
6. Schnittlauch abspülen, trocken tupfen und in Röllchen schneiden. Mit Crème fraîche und Pfeffer verrühren und jeweils zu den Puffern servieren. Nach Belieben mit einigen Schnittlauchhalmen garnieren.

Crêpes mit Champignons und Gemüse

2 Portionen

Zubereitungszeit: 55 Minuten

Für den Crêpeteig:
100 g Vollkorn-Weizenmehl
1 Ei (Größe M)
120 ml Milch (3,5 % Fett)
Salz

Für die Füllung:
150 g Champignons
1 Möhre
1 Kohlrabi
1 Zucchini
1 Zwiebel
4–5 EL Speiseöl, z. B. Rapsöl
gem. Pfeffer
1 Bund Kerbel

Pro Portion:
E: 18 g, F: 29 g, Kh: 42 g,
kJ: 2090, kcal: 500

1. Für den Teig das Mehl in eine Rührschüssel geben. Ei mit Milch und Salz verschlagen. Die Eimilch nach und nach unter Rühren zum Mehl geben. Darauf achten, dass keine Klümpchen entstehen. Den Teig etwa 30 Minuten ruhen lassen.
2. In der Zwischenzeit für die Füllung Champignons putzen, evtl. kurz abspülen, trocken tupfen und in Scheiben schneiden. Möhre und Kohlrabi putzen, schälen, abspülen und abtropfen lassen. Zucchini abspülen, abtrocknen, die Enden abschneiden.
3. Möhre, Kohlrabi und Zucchini in kleine Würfel schneiden. Die Zwiebel abziehen und ebenfalls klein würfeln. 1 1/2–2 Esslöffel Rapsöl in einem Topf erhitzen. Die Zwiebelwürfel darin glasig dünsten. Die Champignonscheiben, Möhren-, Kohlrabi- und Zucchiniwürfel hinzugeben und etwa 5 Minuten mitdünsten lassen. Mit Salz und Pfeffer würzen.
4. Kerbel abspülen und trocken tupfen. Blättchen von den Stängeln zupfen, klein schneiden und zu dem Gemüse geben. Gemüse warm stellen.
5. Einen Esslöffel Speiseöl in einer beschichteten Pfanne erhitzen. Den Teig gut durchrühren und eine dünne Teiglage mit einer drehenden Bewegung gleichmäßig auf dem Boden der Pfanne verteilen. Crêpe von beiden Seiten goldbraun backen. Bevor der Crêpe gewendet wird, wieder etwas Speiseöl in die Pfanne geben. Crêpe warm stellen. Aus dem restlichen Teig einen weiteren Crêpe zubereiten.
6. Das warm gestellte Gemüse auf den Crêpes verteilen und die Crêpes zur Hälfte über die Füllung schlagen.

Crêpes mit Champignons und Gemüse

Andalusische Pilzpfanne

VEGAN

2 Portionen

Zubereitungszeit: 35 Minuten, ohne Marinierzeit
Garzeit: etwa 10 Minuten

je 250 g möglichst kleine Champignons, Austern- und Shiitakepilze
Saft von 1/2 Zitrone
2 Knoblauchzehen
1/2 Bund Petersilie
5 EL Olivenöl
Salz, gem. Pfeffer

Pro Portion:
E: 10 g, F: 25 g, Kh: 14 g,
kJ: 1280, kcal: 306

1. Die Pilze putzen, evtl. kurz abspülen und trocken tupfen. Austernpilze in Streifen schneiden. Von den Shiitakepilzen die Stängel abschneiden. Shiitakepilzköpfe halbieren oder vierteln.
2. Die vorbereiteten Pilze in eine Schüssel geben, mit Zitronensaft beträufeln und etwa 10 Minuten marinieren.
3. In der Zwischenzeit Knoblauch abziehen und klein schneiden. Petersilie abspülen und trocken tupfen. Die Blättchen von den Stängeln zupfen. Blättchen klein schneiden.
4. Das Olivenöl in einer großen Pfanne erhitzen. Knoblauch darin glasig dünsten.
5. Die marinierten Pilze hinzugeben und 5–6 Minuten bei mittlerer Hitze dünsten, dabei ab und zu umrühren. Anschließend die Pilze bei starker Hitze kurz anbraten.
6. Die Pilzpfanne mit Salz und Pfeffer kräftig würzen. Die Petersilie unterrühren. Die Pilzpfanne sofort heiß servieren.

Gebratener Reis (Fried Rice)

4 Portionen

Zubereitungszeit: 45 Minuten

225 g Vollkorn-Basmatireis
Salz
3 Knoblauchzehen
40 g frischer Ingwer
1/2–1 rote Chilischote
2 rote Zwiebeln
250 g Möhren
250 g Paksoi
(erhältlich im Asialaden)
150 g Mungobohnensprossen
150 g Ananas-Fruchtfleisch
2 Eier (Größe M)
1 TL Currypulver, mild
7 EL Speiseöl
2 EL brauner Rohrzucker
3 EL asiatische Pilzsauce,
z. B. Mushroom-Sojasauce
3 EL Sojasauce
fein abgeriebene Schale von 1 Bio-Limette (unbehandelt, ungewachst)
8 Stängel Koriander

Pro Portion:
E: 12 g, F: 23 g, Kh: 67 g,
kJ: 2197, kcal: 524

1. Reis in kochendem Salzwasser nach Packungsanleitung garen. Den Reis in einem Sieb abtropfen lassen, in eine Schüssel geben und erkalten lassen. Den Reis mit einer Gabel auflockern.
2. Knoblauch abziehen, Ingwer schälen, beides in kleine Würfel schneiden. Chilischote abspülen, trocken tupfen und entstielen. Chilischote mit den Kernen fein hacken.
3. Zwiebeln abziehen und in etwa 1 cm breite Spalten schneiden. Möhren putzen, schälen, abspülen, abtropfen lassen und in dünne Streifen schneiden.
4. Paksoi putzen, Stielenden abschneiden und entfernen. Paksoi gründlich abspülen, abtropfen lassen, die Blätter abschneiden und grob zerzupfen. Anschließend die Stiele einmal längs durchschneiden.
5. Die Sprossen verlesen, in ein Sieb geben, abspülen und gut abtropfen

Andalusische Pilzpfanne

Gebratener Reis (Fried Rice)

lassen. Ananas-Fruchtfleisch in etwa 1 cm breite Stücke schneiden. Die Eier mit etwas Salz und Curry verschlagen.

6. Das Speiseöl in einem großen Wok erhitzen. Möhrenstreifen, Zwiebelspalten, Chili, Ingwer- und Knoblauchwürfel darin etwa 2 Minuten unter Rühren anbraten. Reis hinzugeben und kurz mitbraten lassen.

7. Die Paksoi-Stiele und Sprossen untermischen, etwa 1/2 Minute mit anbraten. Dann die Paksoi-Blätter und Ananasstücke mit Zucker, Pilzsauce, Sojasauce und Limettenschale unterrühren. Alle Zutaten an den Wokrand schieben.

8. Die verschlagenen Eier in die Mitte des Woks geben, stocken lassen und mit dem Pfannenwender grob zerteilen.

9. Koriander abspülen und trocken tupfen. Die Blättchen von den Stängeln zupfen. Die Blättchen grob zerkleinern. Gebratenen Reis auf vorgewärmten Tellern anrichten und mit Koriander bestreuen.

Gemüse-Grünkernschrot-Bratlinge

etwa 12 Bratlinge (ohne Foto)

VEGAN

Zubereitungszeit: 30 Minuten, ohne Quellzeit
Bratzeit: etwa 10 Minuten

300 ml Gemüsebrühe
150 g Grünkernschrot
1 Lorbeerblatt
200 g Zucchini
200 g Möhren
1 kleine Stange Porree (Lauch, etwa 180 g)
50 g zarte Haferflocken
1/2 TL mittelscharfer Senf (vegan)
1 TL Tomatenmark
ger. Muskatnuss
Salz, gem. Pfeffer
gerebelter Oregano
Worcestersauce
4 EL Speiseöl

Pro Stück:
E: 8 g, F: 15 g, Kh: 37 g,
kJ: 1370, kcal: 327

1. Brühe in einem Topf zum Kochen bringen. Grünkernschrot mit dem Lorbeerblatt hinzugeben, Grünkernschrot etwa 30 Minuten ausquellen lassen, Lorbeerblatt entfernen. Die Grünkernmasse in eine Rührschüssel geben und abkühlen lassen.

2. Zucchini abspülen, abtrocknen und die Enden abschneiden. Möhren putzen, schälen, abspülen, abtropfen lassen. Zucchini und Möhren raspeln. Porree putzen, die Stange längs halbieren, gründlich waschen, abtropfen lassen, in Streifen schneiden.

3. Das vorbereitete Gemüse mit den Haferflocken zur Grünkernmasse geben und gut vermischen. Mit Senf, Tomatenmark, Muskat, Salz, Pfeffer, Oregano und Worcestersauce kräftig würzen.

4. Aus der Masse mit angefeuchteten Händen etwa 12 Bratlinge formen. Das Speiseöl in einer großen Pfanne erhitzen. Die Bratlinge darin etwa 10 Minuten von beiden Seiten braten.

Asiatisches Pfannengemüse

4 Portionen

VEGAN

Zubereitungszeit: 25 Minuten
Garzeit: etwa 7 Minuten

300 g Zuckerschoten
300 g Sojabohnensprossen
4 Möhren (etwa 350 g)
1 Stange Porree (Lauch)
1 Bund Schnittknoblauch oder Schnittlauch
4 EL Speiseöl, z. B. Sesamöl
300 g abgetropfte Bambussprossen, in Streifen (aus der Dose)
100 ml Gemüsebrühe
Salz, gem. Pfeffer
etwa 250 ml süßsaure Asia-Sauce
50 g geschälte, geröstete Sesamsamen

Asiatisches Pfannengemüse

Pro Portion:
E: 13 g, F: 18 g, Kh: 35 g,
kJ: 1728, kcal: 412

1. Von den Zuckerschoten die Enden abschneiden, evtl. abfädeln. Zuckerschoten abspülen und abtropfen lassen. Sojabohnensprossen verlesen, in ein Sieb geben, abspülen und abtropfen lassen. Möhren putzen, schälen, abspülen, abtropfen lassen, zuerst längs in dünne Scheiben, dann in feine Stifte schneiden.

2. Porree putzen. Die Stange längs halbieren, gründlich waschen, abtropfen lassen und längs in feine Streifen schneiden.

3. Schnittknoblauch oder Schnittlauch abspülen und trocken tupfen. Einige Halme zum Garnieren beiseitelegen. Restliche Halme in etwa 3 cm lange Stücke schneiden.

4. Das Speiseöl in einem Wok erhitzen. Das vorbereitete Gemüse, die Schnittlauchstücke und die Bambussprossen darin etwa 5 Minuten unter Rühren andünsten. Brühe hinzugießen, zum Kochen bringen und etwas einkochen lassen. Mit Salz und Pfeffer würzen. Asia-Sauce unter das Gemüse rühren.

5. Das Pfannengemüse mit Sesam bestreuen und mit den beiseitegelegten Schnittknoblauch- oder Schnittlauchhalmen garnieren.

Gemüse-Linsen-Curry

Gebratenes Gemüse

Gemüse-Linsen-Curry

2 Portionen

VEGAN

Zubereitungszeit: 20 Minuten
Garzeit: etwa 13 Minuten

3 Frühlingszwiebeln
200 g Möhren, 1 Knoblauchzehe
2 TL Speiseöl, z. B. Sonnenblumenöl
100 g TK-Erbsen
80 g rote Linsen
2 TL Currypulver
1/2 TL Cayennepfeffer
1/2 TL gem. Kreuzkümmel (Cumin)
200 ml Kokosmilch (ungesüßt)
Salz, etwas Zitronensaft
evtl. einige Minzeblättchen

Pro Portion:
E: 17 g, F: 23 g, Kh: 41 g,
kJ: 1844, kcal: 442

1. Frühlingszwiebeln putzen, abspülen, abtropfen lassen und in schräg in Stücke schneiden. Möhren putzen, schälen, abspülen, abtropfen lassen und in dünne, schräge Scheiben schneiden. Knoblauch abziehen und sehr klein schneiden.
2. Speiseöl in einer Pfanne erhitzen. Frühlingszwiebelstücke und Möhrenscheiben darin kurz andünsten. Gefrorene Erbsen, Linsen, Knoblauch, Curry, Cayennepfeffer und Kreuzkümmel hinzufügen, unter Rühren mitdünsten lassen. Kokosmilch unterrühren, mit Salz würzen und zugedeckt etwa 13 Minuten garen.
3. Gemüse-Linsen-Curry mit Zitronensaft und den Gewürzen abschmecken. Nach Belieben mit abgespülten und trocken getupften Minzeblättchen garniert servieren.

Tipp: Servieren Sie einen **Minze-Joghurt-Dip** dazu. Dazu einige Stängel Minze abspülen und trocken tupfen. Die Blättchen von den Stängeln zupfen. Blättchen in feine Streifen schneiden. 150 g Joghurt mit etwas geriebener Zitronenschale (von einer unbehandelten, heiß abgewaschenen Bio-Zitrone) und den Minzestreifen verrühren. Dip mit Salz und 1 Prise Zucker abschmecken.

Gebratenes Gemüse

4 Portionen

VEGAN

Zubereitungszeit: 30 Minuten, ohne Auftauzeit
Garzeit: etwa 10 Minuten

200 g TK-Zuckerschoten
200 g Möhren
1 Salatgurke
1 rote Paprikaschote
3 EL Speiseöl, z. B. Sonnenblumenöl
250 g TK-Champignonscheiben
200 ml Gemüsebrühe
2–3 EL Sojasauce
100 g frische Sojabohnensprossen
1/2 Bund Estragon
1 EL Speisestärke
3 EL Wasser
Salz, gem. Pfeffer
gem. Koriander

Pro Portion:
E: 18 g, F: 18 g, Kh: 34 g,
kJ: 1554, kcal: 372

1. Zuckerschoten nach Packungsanleitung auftauen lassen und anschließend 1–2-mal schräg durchschneiden. Möhren putzen, schälen, abspülen, abtropfen lassen und in Scheiben schneiden. Gurke abspülen, trocken tupfen und die Enden abschneiden. Gurke längs halbieren und die Kerne mit einem Löffel herausschaben. Gurkenhälften nochmals längs halbieren und quer in Stücke schneiden.
2. Paprikaschote halbieren, entstielen, entkernen und die weißen Scheidewände entfernen. Schote abspülen, abtropfen lassen und würfeln.
3. Speiseöl in einem Wok erhitzen. Gefrorene Champignonscheiben hinzugeben, etwa 2 Minuten unter Rühren anbraten, mit einer Schaumkelle herausnehmen und beiseitelegen. Möhrenscheiben und Paprikawürfel in dem verbliebenen Bratfett unter Rühren kurz anbraten. Mit Brühe und Sojasauce ablöschen. Das Gemüse zugedeckt etwa 5 Minuten bei schwacher Hitze garen.
4. In der Zwischenzeit Sojabohnensprossen verlesen, in ein Sieb geben, mit kaltem Wasser abspülen und abtropfen lassen. Estragon abspülen und trocken tupfen. Einige Stängel zum Garnieren beiseitelegen. Von den restlichen Stängeln die Blättchen abzupfen. Die Blättchen klein schneiden. Gurkenstücke und die beiseitegelegten Champignonscheiben zum Gemüse in den Wok geben und etwa 2 Minuten unter Rühren mitgaren lassen.
5. Speisestärke mit Wasser anrühren, unter das Gemüse rühren und unter Rühren aufkochen lassen. Sojabohnensprossen und klein geschnittenen Estragon unterheben. Das Gemüse mit Salz, Pfeffer und Koriander

abschmecken, noch etwa 1 Minute unter Rühren garen. Das Gemüse mit den beiseitegelegten Estragonstängeln garniert servieren.

Gemüseküchle

2 Portionen (ohne Foto)

Zubereitungszeit: 30 Minuten, ohne Abkühlzeit

50 g rote Paprikaschoten (vorbereitet gewogen)
50 g Zucchini (vorbereitet gewogen)
50 g Porree (Lauch, vorbereitet gewogen)
1 TL Speiseöl
100 g Weizenflocken
100 ml Milch (3,5 % Fett)
je 1/2 Bund Bohnenkraut und Majoran oder 1 Bund Petersilie
1 Eigelb (Größe M)
ger. Muskatnuss
Currypulver oder Paprikapulver edelsüß
gem. Koriander
gem. Pfeffer
1 Eiweiß (Größe M)
1 EL Speiseöl

Pro Portion:
E: 13 g, F: 14 g, Kh: 37 g,
kJ: 1349, kcal: 322

1. Vorbereitete Paprika und Zucchini abspülen, abtropfen lassen. Porreestange längs halbieren, gründlich waschen und abtropfen lassen. Das Gemüse sehr klein würfeln.
2. Speiseöl in einem Topf erhitzen. Die Gemüsewürfel darin andünsten. Weizenflocken hinzugeben und die Milch hinzugießen. Die Zutaten unter Rühren aufkochen lassen. Den Topf von der Kochstelle nehmen. Die Masse etwas abkühlen lassen.
3. Kräuter abspülen und trocken tupfen. Die Blättchen von den Stängeln zupfen. Blättchen klein schneiden. Eigelb und die Kräuter unter die Gemüsemasse rühren. Mit Muskat, Curry oder Paprika, Koriander und Pfeffer kräftig würzen. Eiweiß sehr steif schlagen und unter die Gemüsemasse heben.
4. Speiseöl in einer Pfanne erhitzen. Von der Gemüsemasse jeweils 1 Esslöffel abnehmen, in die Pfanne geben und zu Küchlein formen. Die Gemüseküchlein von beiden Seiten bei mittlerer Hitze goldgelb ausbacken, herausnehmen und sofort servieren.

Gemüsebratlinge

4 Portionen

Zubereitungszeit: 40 Minuten
Garzeit: etwa 6 Minuten je Portion

100 g Vollkorn-Dinkelmehl
3 Eier (Größe M)
300 g Kartoffeln
250 g Möhren
150 g Knollensellerie
150 g Zucchini
1 Knoblauchzehe
1 Zwiebel
50 g Roggenflocken
2 EL Sesamsamen
1 Bund Frühlingszwiebeln
1 Stängel Liebstöckel
1 Bund glatte Petersilie
Salz, gem. Pfeffer
150 ml Olivenöl

Pro Portion:
E: 15 g, F: 46 g, Kh: 46 g,
kJ: 2851, kcal: 681

1. Vollkornmehl in eine Rührschüssel geben und mit den Eiern gut verrühren.
2. Die Kartoffeln schälen, abspülen, abtropfen lassen. Möhren und Sellerie putzen, schälen, abspülen, abtropfen lassen. Zucchini waschen, abtrocknen und die Enden abschneiden. Knoblauch und Zwiebel abziehen, in Streifen schneiden.
3. Kartoffeln, Möhren, Sellerie und Zucchini grob raspeln, mit den Knoblauch- und Zwiebelstreifen unter den Eierteig rühren. Roggenflocken und Sesam unterrühren.
4. Frühlingszwiebeln putzen, abspülen, abtropfen lassen und in kleine Stücke schneiden. Liebstöckel und Petersilie abspülen, trocken tupfen. Die Blättchen von den Stängeln zupfen. Blättchen klein schneiden. Frühlingszwiebelstücke, Liebstöckel und Petersilie unter den Gemüseteig rühren. Mit Salz und Pfeffer würzen.
5. Jeweils etwas Olivenöl in einer Pfanne erhitzen. Den Teig portionsweise mit einem Esslöffel hineingeben und sofort flach drücken. Die Puffer etwa 6 Minuten von beiden Seiten bei mittlerer Hitze goldbraun braten.

Gemüsebratlinge

Gemüse-Piccata mit Tomatensauce

4 Portionen

Zubereitungszeit: 50 Minuten
Garzeit: etwa 10 Minuten

Für die Gemüse-Piccata:
1 Knollensellerie (etwa 300 g)
1 Kohlrabi (etwa 250 g)
1 Rote Bete (etwa 250 g)
Salz
3 Eier (Größe M)
100 g ger. Parmesan
gem. Pfeffer
60 g Weizenmehl
4 EL Olivenöl

Für die Tomatensauce:
3 Fleischtomaten
1 kleine Zwiebel
1 Knoblauchzehe
3 EL Olivenöl
1 TL abgetropfte, grüne Pfefferkörner (in Lake)
gerebelter Thymian

Pro Portion:
E: 19 g, F: 33 g, Kh: 23 g,
kJ: 2046, kcal: 489

1. Für die Gemüse-Piccata Sellerie und Kohlrabi putzen, schälen, abspülen, abtropfen lassen und in etwa 1/2 cm dicke Scheiben schneiden. Die Rote Bete gründlich waschen, schälen (am besten mit Gummihandschuhen, da die Rote Bete stark färbt), abspülen, abtropfen lassen und in dünne Scheiben schneiden.
2. Die vorbereiteten Gemüsescheiben getrennt in kochendem Salzwasser 5–10 Minuten (je nach Gemüsesorte) blanchieren, in ein Sieb geben, mit kaltem Wasser abschrecken und in einem Sieb abtropfen lassen.
3. Eier in einer Schüssel verschlagen, Parmesan unterrühren. Die Gemüsescheiben mit Salz und Pfeffer bestreuen. Gemüsescheiben zuerst in Mehl wenden, dann durch die Eier-Käse-Masse ziehen und am Schüsselrand abstreifen.
4. Olivenöl in einer großen Pfanne erhitzen. Die Gemüsescheiben darin evtl. in 2 Portionen etwa 10 Minuten bei schwacher Hitze von beiden Seiten goldbraun braten, herausnehmen und warm stellen.
5. In der Zwischenzeit für die Tomatensauce Tomaten kreuzweise einschneiden und mit kochendem Wasser übergießen. Nach 1–2 Minuten herausnehmen und mit kaltem Wasser abschrecken. Tomaten häuten, halbieren und die Stängelansätze herausschneiden. Tomaten in kleine Würfel schneiden. Zwiebel und Knoblauch abziehen, klein würfeln.
6. Olivenöl in einem Topf erhitzen. Zwiebel- und Knoblauchwürfel darin andünsten, Tomatenwürfel hinzufügen. Mit Salz, Pfeffer, Pfefferkörnern und Thymian würzen. Die Sauce unter Rühren aufkochen lassen.
7. Gemüse-Piccata mit der Tomatensauce servieren.

Getreidebratlinge mit Basilikumsauce

4 Portionen (etwa 20 Stück)

Zubereitungszeit: 30 Minuten, ohne Einweichzeit
Bratzeit: etwa 10 Minuten pro Portion

Für die Getreidebratlinge:
250 g Fünf-Korn-Mischung
250 ml kochende Gemüsebrühe
200 g Möhren
200 g Zucchini
2 Eier (Größe M)
100 g Magerquark
Kräutersalz
gem. Pfeffer
8 EL Speiseöl

Für die Basilikumsauce:
150 g Magerquark
150 g Crème fraîche
100 ml Milch (3,5 % Fett)
1 EL Basilikumstreifen
2 EL geraspelte Zucchini

Pro Portion:
E: 22 g, F: 34 g, Kh: 48 g,
kJ: 2493, kcal: 598

Gemüse-Piccata mit Tomatensauce

Getreidebratlinge mit Basilikumsauce

1. Für die Getreidebratlinge Fünf-Korn-Mischung mit kochender Gemüsebrühe übergießen und etwa 45 Minuten einweichen.
2. Möhren putzen, schälen, abspülen, abtropfen lassen. Zucchini abspülen, abtrocknen und die Enden abschneiden. Möhren und Zucchini auf einer Haushaltsreibe reiben, mit den Eiern unter die eingeweichten Körner geben. Quark unterrühren, mit Kräutersalz und Pfeffer würzen.
3. Jeweils etwas von dem Speiseöl in einer Pfanne erhitzen. Den Teig portionsweise mit einem Esslöffel hineingeben und sofort flach drücken. Die Bratlinge jeweils von beiden Seiten etwa 10 Minuten bei mittlerer Hitze goldbraun braten.
4. Für die Basilikumsauce Quark mit Crème fraîche und Milch gut verrühren. Basilikumstreifen und Zucchiniraspel unterrühren, mit Kräutersalz und Pfeffer abschmecken.
5. Getreidebratlinge mit der Sauce servieren.

Gemüsefrikadellen

4 Portionen (ohne Foto)

Zubereitungszeit: 25 Minuten
Bratzeit: etwa 10 Minuten

200 g Kartoffeln
200 g Möhren
200 g Sojakeimlinge
Salz
1 Zwiebel
1 Ei (Größe M)
50 g Semmelbrösel
Kräutersalz
gem. Pfeffer
Paprikapulver edelsüß
3–4 EL Speiseöl

Pro Portion:
E: 8 g, F: 13 g, Kh: 22 g,
kJ: 1047, kcal: 250

1. Kartoffeln schälen, abspülen, abtropfen lassen. Möhren putzen, schälen, abspülen und abtropfen lassen. Kartoffeln und Möhren fein raspeln. Sojakeimlinge verlesen, abspülen und abtropfen lassen. Sojakeimlinge in kochendem Salzwasser kurz blanchieren, mit kaltem Wasser abschrecken und in einem Sieb gut abtropfen lassen.
2. Die Kartoffel- und Möhrenraspel mit den Sojakeimlingen in einer Schüssel mischen. Zwiebel abziehen und fein würfeln. Mit Ei und Semmelbrösel zu der Kartoffel-Gemüse-Mischung geben und gut vermischen. Mit Kräutersalz, Pfeffer und Paprika würzen.
3. Aus der Masse mit angefeuchteten Händen 8 Frikadellen formen. Öl in einer Pfanne erhitzen. Die Gemüsefrikadellen darin etwa 10 Minuten von beiden Seiten braten.

Grünkernbratlinge auf Wurzeln

4 Portionen

Zubereitungszeit: 30 Minuten, ohne Quellzeit

250 ml Gemüsebrühe
75 g Grünkernschrot
4 Frühlingszwiebeln
1/2 Bund Kerbel
2 Bund Möhren (je etwa 500 g)
6 Pastinaken (je etwa 200 g)
75 g blütenzarte Haferflocken
2 Eier (Größe M)
2 EL Weizenmehl
Salz
gem. Pfeffer
3 EL Olivenöl
2 EL Butter
1/2 Bund Petersilie

Pro Portion:
E: 15 g, F: 22 g, Kh: 78 g,
kJ: 2417, kcal: 575

1. Die Gemüsebrühe in einem Topf zum Kochen bringen. Grünkernschrot hinzugeben und bei schwacher Hitze etwa 20 Minuten ausquellen lassen.

Grünkernbratlinge auf Wurzeln

2. Die Frühlingszwiebeln putzen, abspülen, abtropfen lassen und in feine Scheiben schneiden. Kerbel abspülen und trocken tupfen. Die Blättchen von den Stängeln zupfen. Blättchen klein schneiden. Möhren und Pastinaken putzen, schälen, abspülen, abtropfen lassen und längs vierteln.
3. Den gequollenen Grünkernschrot in eine Schüssel geben. Frühlingszwiebelscheiben, Kerbel, Haferflocken, Eier und Mehl hinzugeben. Die Zutaten gut vermengen. Mit Salz und Pfeffer würzen. Aus der Grünkernmasse mit angefeuchteten Händen 8 gleich große Bratlinge formen.
4. Zwei Esslöffel des Olivenöls in einer Pfanne erhitzen. Die Bratlinge darin bei schwacher Hitze von jeder Seite etwa 4 Minuten braten.
5. Restliches Olivenöl mit der Butter in einem Topf erhitzen. Die Möhren- und Pastinakenstreifen darin unter mehrmaligem Rühren anbraten, bis das Gemüse leicht gebräunt ist. Mit Salz würzen. Petersilie abspülen und trocken tupfen. Die Blättchen von den Stängeln zupfen. Blättchen klein schneiden. Das Gemüse mit der Petersilie bestreuen und mit den Grünkernbratlingen anrichten.

Gemüseschnitzel

2 Portionen

Zubereitungszeit: 30 Minuten

400 g Gemüse, z. B. Knollensellerie, Zucchini, Steckrübe, Süßkartoffel, Rote Bete
Salz
gem. Pfeffer
4 EL Weizenmehl
8 EL Semmelbrösel
2 Eier (Größe S)
3 EL Speiseöl, z. B. Rapsöl
30 g Butter

Pro Portion:
E: 12 g, F: 21 g, Kh: 51 g, kJ: 1851, kcal: 442

1. Gemüse putzen, schälen, abspülen und abtropfen lassen. Das Gemüse in etwa 1/2 cm dicke Scheiben schneiden und in kochendem Salzwasser 3–5 Minuten garen. Gemüsescheiben in einem Sieb gut abtropfen lassen. Mit Salz und Pfeffer würzen.
2. Mehl, Semmelbrösel und Eier in je einen tiefen Teller geben. Eier verschlagen. Die Gemüsescheiben zunächst in Mehl wenden, dann durch die verschlagenen Eier ziehen, am Tellerrand abstreifen und zuletzt in Semmelbröseln wenden. Panade leicht andrücken.
3. Speiseöl in einer großen Pfanne erhitzen. Gemüsescheiben darin von jeder Seite etwa 2 Minuten goldgelb braten. Kurz vor Ende der Bratzeit die Butter zu den Gemüsescheiben in die Pfanne geben und zerlassen. Gemüsescheiben herausnehmen und auf Tellern anrichten.

Beilage: **Kräuterquark** (2 Portionen). Dafür 1 Zwiebel abziehen, klein würfeln. 200 g Magerquark mit 2 Esslöffeln Milch, 4 Esslöffeln Crème fraîche und den Zwiebelwürfeln verrühren. Mit Salz und Pfeffer würzen. 4 Esslöffel klein geschnittene Kräuter, z. B. Schnittlauch, glatte Petersilie, Kerbel, Dill, unterrühren.

Gemüseschnitzel

Tipp: Knollensellerie-, Zucchini- und Steckrübenscheiben müssen nicht vorgegart werden. Es reicht, wenn die Gemüsescheiben sofort in der Pfanne gebraten werden, dann die Scheiben jedoch 3–4 Minuten je Scheibe braten.

Polentaschnitten mit Paprikagemüse

4 Portionen (ohne Foto)

Zubereitungszeit: 40 Minuten, ohne Quell- und Abkühlzeit

500 ml Gemüsebrühe
150 g Maisgrieß
2 EL (30 g) Butter
2 grüne Paprikaschoten
1 rote Paprikaschote
6 Tomaten
125 ml Gemüsebrühe
190 g abgetropfte Silberzwiebeln
70 g Tomatenmark
Jodsalz
gem. Pfeffer
Paprikapulver edelsüß
2 EL Tomatenketchup
1/2 Bund Petersilie

Pro Portion:
E: 7 g, F: 14 g, Kh: 41 g, kJ: 1397, kcal: 334

1. Die Gemüsebrühe in einem Topf zum Kochen bringen. Maisgrieß einstreuen und bei schwacher Hitze unter gelegentlichem Rühren in etwa 15 Minuten zu einem dicken Brei ausquellen lassen.
2. Polenta fingerdick auf ein Backblech (mit Speiseöl bestrichen) streichen und erkalten lassen.
3. Polenta in Rauten schneiden. Butter in einer großen Pfanne zerlassen. Die Polentarauten darin von beiden Seiten goldbraun braten, herausnehmen und warm stellen.
4. Für das Gemüse Paprikaschoten halbieren, entstielen, entkernen und die weißen Scheidewände entfernen. Die Paprikaschoten abspülen, abtropfen lassen und in feine Streifen schneiden.
5. Tomaten kreuzweise einschneiden und mit kochendem Wasser übergießen. Nach 1–2 Minuten herausnehmen und mit kaltem Wasser abschrecken. Tomaten häuten, halbieren und die Stängelansätze herausschneiden. Tomaten in Stücke schneiden.

6. Gemüsebrühe in einem Topf zum Kochen bringen. Paprikastreifen, Tomatenstücke und Silberzwiebeln darin zugedeckt etwa 10 Minuten bei schwacher Hitze garen.
7. Tomatenmark unterrühren, mit Jodsalz, Pfeffer, Paprika und Tomatenketchup abschmecken. Petersilie abspülen und trocken tupfen. Die Blättchen von den Stängeln zupfen, Blättchen klein schneiden.
8. Das Paprikagemüse anrichten, mit Petersilie bestreuen und mit den Polentaschnitten servieren.

Hirsepfanne mit Schnittlauchsauce

4 Portionen

Zubereitungszeit: 40 Minuten, ohne Quellzeit

2 Knoblauchzehen
2 grüne Pfefferschoten
4 EL Olivenöl
Currypulver
200 g Hirse
500 ml Gemüsebrühe
Meersalz
250 g Frühlingszwiebeln
250 g Möhren
250 g Zucchini

Für die Schnittlauchsauce:
150 g Joghurt (3,5 % Fett)
250 g Schlagsahne
gem. Pfeffer
Knoblauchpulver
2 Bund Schnittlauch

Pro Portion:
E: 11 g, F: 34 g, Kh: 46 g,
kJ: 2235, kcal: 535

1. Knoblauch abziehen und zerdrücken. Pfefferschoten halbieren, entstielen, entkernen und die weißen Scheidewände entfernen. Schoten abspülen, abtropfen lassen und quer in dünne Streifen schneiden.
2. Einen Esslöffel Olivenöl in einer großen Pfanne erhitzen. Knoblauch und Pfefferschotenstreifen darin andünsten. Curry unterrühren und leicht mitdünsten lassen.
3. Hirse unterrühren, Brühe hinzugießen und zum Kochen bringen, mit Salz würzen. Hirse zugedeckt etwa 20 Minuten bei mittlerer Hitze quellen lassen.
4. Frühlingszwiebeln putzen, abspülen, abtropfen lassen und in dünne Scheiben schneiden. Möhren putzen, schälen, abspülen und würfeln. Zucchini abspülen, abtrocknen und die Enden abschneiden. Zucchini in Würfel schneiden.
5. Restliches Olivenöl in einer Pfanne erhitzen. Vorbereitetes Gemüse darin zugedeckt dünsten (Möhren etwa 10 Minuten, Frühlingszwiebeln und Zucchini 4–5 Minuten).
6. Das Gemüse locker unter die Hirsemasse heben, evtl. nochmals mit Salz würzen. Hirsepfanne etwa 2 Minuten ziehen lassen.
7. Für die Schnittlauchsauce Joghurt mit Sahne verrühren, mit Salz, Pfeffer und etwas Knoblauch würzen.
8. Schnittlauch abspülen, trocken tupfen, in feine Röllchen schneiden und unter die Sauce rühren.
9. Die Sauce getrennt zur Hirsepfanne servieren.

Kartoffel-Gemüse-Puffer

4 Portionen

Zubereitungszeit: 50 Minuten

500 g rohe Kartoffeln
250 g Möhren
250 g Zwiebeln
2 Eier (Größe M)
100 g Weizen, sehr fein geschrotet
Salz, gem. weißer Pfeffer
Hefewürze
60 g Butterschmalz

Pro Portion:
E: 11 g, F: 19 g, Kh: 46 g,
kJ: 1731, kcal: 414

1. Kartoffeln schälen, abspülen und abtropfen lassen. Möhren putzen, schälen, abspülen und abtropfen lassen. Zwiebeln abziehen. Kartoffeln, Möhren und Zwiebeln raspeln, in einer Schüssel vermischen und mit beiden Händen leicht ausdrücken.
2. Eier und Weizenschrot unterrühren. Mit Salz, Pfeffer und Hefewürze würzen.
3. Etwas Butterschmalz in einer Pfanne zerlassen. Den Teig portionsweise hineingeben und sofort flach drücken. Die Puffer bei mittlerer Hitze von beiden Seiten in 6–8 Minuten knusprig braun braten und sofort servieren.

Hirsepfanne mit Schnittlauchsauce

Kartoffel-Gemüse-Puffer

Kartoffel-Rösti mit Chicorée-Petersilien-Salat

4 Portionen

Zubereitungszeit: 50 Minuten, ohne Abkühlzeit

1 kg festkochende Kartoffeln

Für den Salat:
1 Bund Radieschen (etwa 350 g)
1 Bund glatte Petersilie
1/2 Salatgurke (etwa 250 g)
Salz
2 Chicorée (etwa 500 g)
2–3 EL Weißweinessig
gem. Pfeffer
1–2 TL flüssiger Honig
1 TL mittelscharfer Senf
5 EL Olivenöl

6–8 EL Olivenöl
50 g Sonnenblumenkerne

Für die pochierten Eier:
1 l Wasser
3 EL Weißweinessig
8 Eier (Größe M)

Pro Portion:
E: 24 g, F: 49 g, Kh: 44 g,
kJ: 2994, kcal: 714

1. Kartoffeln gründlich waschen, abtropfen lassen, in einem Topf knapp mit Wasser bedeckt, zugedeckt zum Kochen bringen und in etwa 25 Minuten gar kochen. Die Kartoffeln abgießen, mit kaltem Wasser abspülen, abtropfen lassen, heiß pellen und erkalten lassen.
2. Für den Salat in der Zwischenzeit die Radieschen putzen, abspülen, abtropfen lassen und in Scheiben schneiden. Petersilie abspülen und trocken tupfen. Die Blättchen von den Stängeln zupfen.
3. Die Salatgurke abspülen, trocken tupfen, der Länge nach halbieren und mit einem Teelöffel die Kerne herauskratzen. Gurke quer in dünne Scheiben schneiden, leicht mit Salz bestreuen und zum Saft ziehen stehen lassen. Chicorée putzen, längs halbieren und quer in etwa 1 cm breite Streifen schneiden. Chicoréestreifen abspülen und abtropfen lassen.
4. Essig mit Salz, Pfeffer, Honig und Senf verrühren. Olivenöl unterschlagen. Die Sauce abschmecken.
5. Den Backofen vorheizen.
Ober-/Unterhitze: etwa 80 °C
6. Für die Rösti die gegarten Kartoffeln auf der groben Seite der Haushaltsreibe raspeln. 1 Esslöffel des Olivenöls in einer beschichteten Pfanne (Ø 16 cm) erhitzen. Jeweils ein Viertel der Kartoffelraspel und der Sonnenblumenkerne in die Pfanne geben, kurz anbraten. Mit Salz und Pfeffer würzen. Die Röstimasse mit einem Pfannenwender zu einer runden Platte, einem Rösti formen, zusammendrücken und etwa 3 Minuten bei schwacher bis mittlerer Hitze braten.
7. Den Rösti auf einen Teller stürzen und wieder zurück in die Pfanne gleiten lassen. Etwas von dem restlichen Olivenöl in die Pfanne geben. Den Rösti von der zweiten Seite weitere etwa 3 Minuten braten. Den fertigen Rösti auf ein Backblech legen und im vorgeheizten Backofen warm halten. Anschließend auf die gleiche Weise 3 weitere Rösti zubereiten.
8. Für die pochierten Eier Wasser mit Essig in einem Topf zum Kochen bringen. 1 Teelöffel Salz hinzugeben. Eier einzeln in einer Kelle aufschlagen, vorsichtig in das siedende (nicht sprudelnd kochende) Wasser gleiten lassen. Eiweiß sofort mit 2 Löffeln an das Eigelb schieben und formen. Eier bei schwacher Hitze etwa 4 Minuten ohne Deckel gar ziehen lassen (maximal 4 Eier auf einmal garen).
9. Die gegarten Eier mit einem Schaumlöffel herausnehmen, kurz in kaltes Wasser tauchen, abtropfen lassen und die Ränder glatt schneiden. Restliche Eier auf die gleiche Weise garen.
10. Gurkenscheiben etwas abtropfen lassen, mit den restlichen, vorbereiteten Salatzutaten in eine Salatschüssel geben und mit der Salatsauce vermischen. Rösti evtl. kurz unter dem Backofengrill rösten und auf 4 Teller legen. Jeweils 1 Salatportion und 2 Eier auf den Rösti anrichten. Sofort servieren.

Kartoffel-Rösti mit Chicorée-Petersilien-Salat

Palak Paneer (Spinat mit Weichkäse indischer Art)

Steinpilze, gebraten

Palak Paneer (Spinat mit Weichkäse indischer Art)

4 Portionen

Zubereitungszeit: 45 Minuten
Zeit für die Käseherstellung: etwa 4 Stunden

Für den Weichkäse:
2 l frische Vollmilch (3,5 % Fett)
4–6 EL Zitronensaft
1 gestr. TL Salz

750 g Babyspinat oder Blattspinat
2 kleine Zwiebeln
2 Knoblauchzehen
20 g frischer Ingwer
etwa 2 EL Weizenmehl
8 EL Sonnenblumenöl oder Ghee (geklärte Butter)
1 EL Koriandersamen
1 TL gem. Kreuzkümmel (Cumin)
2 EL Currypulver, mild
150 g Schlagsahne, Salz

Pro Portion:
E: 20 g, F: 47 g, Kh: 28 g,
kJ: 2597, kcal: 621

1. Für den Weichkäse die Milch in einem Topf unter Rühren zum Kochen bringen. Den Topf von der Kochstelle nehmen. Zitronensaft und Salz in die Milch geben, dabei gelegentlich mit einem Kochlöffel rühren, bis die Milch gerinnt und sich die Molke absetzt. Die Molke sollte leicht gelbgrünlich sein.
2. Durchschlag oder stabiles Sieb mit einem Geschirrtuch auslegen und geronnene Milch hineingießen. Das Tuch leicht zusammendrehen, dabei möglichst viel Flüssigkeit auspressen. Das Ganze so etwa 1 1/2 Stunden gut abtropfen lassen.
3. Dann den Käse im Tuch auf ein Backblech legen und etwa 2 cm hoch darauf verteilen. Den Käse mit einem weiteren Geschirrtuch bedecken und ein Küchenbrett darauflegen. Dieses mit Gewichten (z. B. Konservendose) gleichmäßig beschweren. Den Käse weitere etwa 1 1/2 Stunden stehen lassen.
4. Spinat verlesen und die dicken Stiele entfernen. Spinat gründlich waschen und gut abtropfen lassen. Zwiebeln und Knoblauch abziehen, fein würfeln. Ingwer schälen und in kleine Würfel schneiden.
5. Den Käse (Paneer) in 3–4 cm große Stücke schneiden. Das Mehl auf einen Teller geben und die Paneerstücke darin wenden.
6. Vom Sonnenblumenöl oder Ghee etwa 6 Esslöffel in einer großen Pfanne erhitzen. Die Paneerstücke darin rundherum goldbraun anbraten.
7. In der Zwischenzeit das restliche Sonnenblumenöl oder das restliche Ghee in einem Wok oder großem Topf erhitzen. Den Koriandersamen darin leicht anrösten, Kreuzkümmel und Curry unterrühren, bis es duftet.
8. Zwiebel-, Knoblauch- und Ingwerwürfel hinzugeben, unter Rühren andünsten. Die Sahne hinzugießen und den Spinat untermischen. Den Spinat zugedeckt kurz zusammenfallen lassen und mit etwas Salz abschmecken. Spinat anrichten und den gebratenen Paneer darauf verteilen.

Steinpilze, gebraten

2 Portionen

VEGAN

Zubereitungszeit: 20 Minuten
Garzeit: 5–7 Minuten

500 g Steinpilze
1 Knoblauchzehe
150 g Tomaten
5 EL Olivenöl
Salz, gem. Pfeffer
1 EL klein geschnittene Petersilie

Pro Portion:
E: 8 g, F: 26 g, Kh: 4 g,
kJ: 1148, kcal: 274

1. Die Pilze putzen, evtl. kurz abspülen und trocken tupfen. Pilze in Scheiben schneiden. Knoblauch abziehen und klein würfeln. Tomaten kreuzweise einschneiden und mit kochendem Wasser übergießen. Nach 1–2 Minuten herausnehmen und mit kaltem Wasser abschrecken. Tomaten häuten, halbieren, entkernen und die Stängelansätze herausschneiden. Tomaten in Würfel schneiden.
2. Das Olivenöl in einer großen Pfanne erhitzen. Die Pilzscheiben darin 5–7 Minuten bei mittlerer Hitze braten, mit Salz und Pfeffer würzen. Die Pilzscheiben herausnehmen und warm stellen.
3. Die Knoblauchwürfel in dem verbliebenen Bratfett in der Pfanne andünsten. Tomatenwürfel in die Pfanne geben und erhitzen.
4. Petersilie und Steinpilze unterrühren. Die Steinpilze mit Salz und Pfeffer abschmecken.

Rübenschnitzel mit Feldsalat-Kartoffelpüree

Scharfe Tofuwürfel mit Wasserkastanien

Rübenschnitzel mit Feldsalat-Kartoffelpüree

4 Portionen

Zubereitungszeit: 60 Minuten

800 g Steckrüben
Salz
1,6 kg festkochende Kartoffeln
300 g Zwiebeln
40 g Butter
125 g Feldsalat
100 g Weizenmehl
300 g Semmelbrösel
2 EL gem. Koriander
2 Eier (Größe M)
150 ml Speiseöl zum Braten
gem. Pfeffer

Pro Portion:
E: 20 g, F: 24 g, Kh: 119 g,
kJ: 3284, kcal: 783

1. Die Steckrüben putzen, schälen, abspülen, abtropfen lassen und in etwa 1 cm breite Scheiben schneiden. Steckrübenscheiben zugedeckt in kochendem Salzwasser in etwa 13 Minuten gar kochen. Anschließend mit einer Schaumkelle herausnehmen, in einem Sieb gut abtropfen und erkalten lassen.
2. Kartoffeln schälen, abspülen, abtropfen lassen und in grobe Stücke schneiden. Kartoffelstücke zugedeckt in kochendem Salzwasser in 15–20 Minuten gar kochen.
3. In der Zwischenzeit Zwiebeln abziehen und klein würfeln. Butter in einer Pfanne zerlassen. Die Zwiebelwürfel darin goldbraun braten. Die Pfanne von der Kochstelle nehmen.
4. Den Backofen vorheizen.
Ober-/Unterhitze: etwa 80 °C
5. Den Feldsalat putzen und die Wurzelenden abschneiden. Feldsalat in einzelne Blätter teilen, gründlich abspülen und gut abtropfen lassen. Mehl in einen Teller geben. Semmelbrösel mit Koriander in einem tiefen Teller vermischen. Die Eier in einem tiefen Teller verschlagen. Die Steckrübenscheiben zuerst in Mehl wenden, dann durch die verschlagenen Eier ziehen, am Tellerrand abstreifen und zuletzt in Semmelbröseln wenden. Panade leicht andrücken.
6. Jeweils die Hälfte des Speiseöls in 2 großen Pfannen erhitzen. Die Schnitzel darin von jeder Seite bei mittlerer bis starker Hitze goldbraun und knusprig braten.
7. Schnitzel mit einem Pfannenwender herausnehmen, auf Küchenpapier abtropfen lassen und auf einem Backblech (mit Backpapier belegt) verteilen. Das Backblech in den vorgeheizten Backofen schieben und die Schnitzel warm halten.
8. Die beiseitegestellte Pfanne mit den angebratenen Zwiebeln erhitzen. Die Feldsalatblätter darin kurz zusammenfallen lassen. Die Kartoffelstücke abgießen und wieder zurück in den Topf geben. Die Zwiebel-Feldsalat-Mischung hinzugeben und alles mit einem Kartoffelstampfer grob zerstampfen. Mit Salz und Pfeffer würzen.
9. Das Feldsalat-Kartoffelpüree auf vorgewärmten Tellern anrichten. Die Schnitzel gestapelt darauflegen.

Tipp: Mit einer **Meerrettichsauce** aus 250 g Crème fraîche, 4 Esslöffeln Sahnemeerrettich, Salz und 2 Esslöffeln Schnittlauchröllchen servieren.

Scharfe Tofuwürfel mit Wasserkastanien

4 Portionen VEGAN

Zubereitungszeit: 35 Minuten

325 g abgetropfter Tofu
2 TL Sambal Oelek
1 TL Currypulver
2 Knoblauchzehen
10 g frischer Ingwer
1 Bund Frühlingszwiebeln
200 g Mungobohnensprossen
170 g abgetropfte Wasserkastanien (aus der Dose)
6 EL Sojaöl, 250 ml Reiswein
1 EL Sojabohnenpaste (erhältlich im Asialaden)
2 TL Speisestärke
1 EL kaltes Wasser
1 TL Zucker

Pro Portion:
E: 18 g, F: 22 g, Kh: 18 g,
kJ: 1589, kcal: 380

1. Tofu in etwa 1 cm große Würfel schneiden. Tofuwürfel mit Sambal Oelek und Curry vermischen.
2. Knoblauch abziehen und Ingwer schälen. Knoblauch und Ingwer in feine Würfel schneiden. Frühlingszwiebeln putzen, abspülen, abtropfen lassen und in etwa 2 cm breite

Stücke schneiden. Mungobohnensprossen in ein Sieb geben, mit kaltem Wasser abspülen und abtropfen lassen. Wasserkastanien halbieren.

3. Das Sojaöl in einem Wok erhitzen. Die Tofuwürfel darin von allen Seiten anbraten. Mungobohnensprossen, Knoblauch- und Ingwerwürfel unterrühren, kurz mitbraten lassen. Kastanienhälften unterrühren und Reiswein hinzugießen. Die Zutaten kurz aufkochen lassen, Sojabohnenpaste unterrühren.

4. Frühlingszwiebelstücke in den Wok geben und unterrühren. Speisestärke mit Wasser anrühren, unter die Tofupfanne rühren und unter Rühren aufkochen lassen. Das Ganze mit Zucker abschmecken, anrichten und sofort servieren.

Rösti mit Thymian

4 Portionen (ohne Foto)

Zubereitungszeit: 65 Minuten, ohne Abkühlzeit

1 kg festkochende Kartoffeln
2 kleine Stängel Thymian
2 Zwiebeln
125 g Butter
Salz
gem. Pfeffer

Pro Portion:
E: 6 g, F: 26 g, Kh: 39 g,
kJ: 1752, kcal: 418

1. Kartoffeln gründlich waschen, abtropfen lassen, in einem Topf knapp mit Wasser bedeckt, zugedeckt zum Kochen bringen und in etwa 10 Minuten halb gar kochen. Kartoffeln abgießen, abdämpfen, heiß pellen und erkalten lassen. Kartoffeln auf einer großen Reibe (Röstiraffel) grob reiben (raffeln).

2. Thymian abspülen und trocken tupfen. Die Blättchen von den Stängeln zupfen, Blättchen klein schneiden. Zwiebeln abziehen und klein würfeln.

3. Jeweils ein Viertel der Butter in einer Pfanne zerlassen. Ein Viertel der Zwiebelwürfel darin bei mittlerer Hitze dünsten, ein Viertel der Kartoffelraffel hinzufügen und etwas festdrücken. Rösti mit Thymian, Salz und Pfeffer würzen und in etwa 10 Minuten von beiden Seiten goldgelb braten, herausnehmen und warm stellen. Aus den restlichen Zutaten weitere 3 Rösti zubereiten.

Tofu mit Tomaten-Sambal

VEGAN

4 Portionen

Zubereitungszeit: 40 Minuten, ohne Abkühlzeit

Für das Sambal:
1/2–1 rote Chilischote
15 g frischer Ingwer
1 Bio-Limette
(unbehandelt, ungewachst)
4 EL Ketjap Manis
(indonesische Sojasauce)
1 EL Limettensaft
2 EL Zucker
600 g Strauchtomaten

40 g geröstete, gesalzene Erdnusskerne
12–16 Blättchen Thai-Basilikum oder Basilikum
2 EL Weizenmehl
1 EL Currypulver, mild
Salz
500 g Tofu
5 EL Speiseöl, z. B. Maiskeimöl
30 g Röstzwiebeln

Pro Portion:
E: 25 g, F: 18 g, Kh: 35 g,
kJ: 1676, kcal: 399

1. Für das Sambal Chilischote entstielen, halbieren, abspülen, abtropfen lassen und fein hacken. Ingwer schälen und fein reiben.

2. Limette heiß abwaschen, abtrocknen, die Schale fein abreiben und beiseitelegen. Limette halbieren, den Saft auspressen und 1 Esslöffel Saft abmessen. Chili und Ingwer mit Ketjap Manis, Limettensaft und Zucker verrühren.

3. Tomaten abspülen, abtropfen lassen, halbieren und die Stängelansätze herausschneiden. Tomaten in etwa 2 cm breite Spalten schneiden. Aus den Spalten das Fruchtfleisch mit den Kernen herausschneiden. Etwa eine Handvoll des Fruchtfleisches mit den Kernen in einem feinen Sieb auspressen. Dabei den Saft auffangen und zum Sambal geben.

4. Die „Tomatenschiffchen“ in einer Pfanne ohne Fett bei starker Hitze etwa 1/2 Minute schwenken. Sambal hinzugeben und unter Rütteln der Pfanne knapp 1/2 Minute schwenken. Das Tomaten-Sambal sofort aus der Pfanne nehmen und erkalten lassen.

5. Erdnusskerne fein hacken. Basilikumblättchen abspülen und trocken tupfen. Blättchen grob zerschneiden. Das Mehl mit Curry und etwas Salz mischen. Den Tofu in etwa 1 cm breite Scheiben schneiden und mit Küchenpapier trocken tupfen. Die Tofuscheiben im Currymehl wenden, überschüssiges Mehl abklopfen.

6. Speiseöl in einer großen Pfanne erhitzen. Die Tofuscheiben darin bei starker Hitze rundherum knusprig und goldbraun braten. Den Tofu sofort mit dem kalten Sambal anrichten, mit Erdnusskernen, Röstzwiebeln, Basilikum und beiseitegelegter Limettenschale bestreut servieren.

Tofu mit Tomaten-Sambal

Türkische Grieß-Käse-Schnitten

4 Portionen

Zubereitungszeit: 60 Minuten, ohne Ruhezeit
Bratzeit: etwa 5 Minuten

250 ml lauwarmes Wasser
3 EL Olivenöl
1/2 gestr. TL Salz
175 g Hartweizengrieß
2 Eigelb (Größe M)
150 g Schafskäse
2 EL klein geschnittene, glatte Petersilie
1 Eigelb (Größe M)
375 ml Speiseöl
einige glatte Petersilienblättchen

Pro Portion:
E: 13 g, F: 33 g, Kh: 32 g,
kJ: 2113, kcal: 505

1. Wasser mit Olivenöl und Salz in einem Topf zum Kochen bringen. Grieß unter Rühren einstreuen, zu einem glatten Kloß rühren, noch etwa 1 Minute erhitzen, dann den heißen Kloß in eine Schüssel geben.

Türkische Grieß-Käse-Schnitten

2. Eigelb unter den heißen Kloß rühren, etwa 15 Minuten stehen lassen.
3. Schafskäse mit einer Gabel zerdrücken und mit glatter Petersilie vermischen.
4. Aus dem Grießteig walnussgroße Kugeln formen. Die Kugeln auf einer mit Grieß bestreuten Arbeitsfläche oval ausrollen.
5. Die Schafskäsemasse jeweils auf einer Hälfte der Teigstücke verteilen und die Ränder mit verschlagenem Eigelb bestreichen. Die Teigstücke zu Halbmonden zusammenklappen und die Ränder andrücken.
6. Speiseöl in einer Pfanne mit hohem Rand erhitzen. Die Grieß-Käse-Schnitten darin etwa 5 Minuten von beiden Seiten goldbraun ausbacken, herausnehmen und auf Küchenpapier abtropfen lassen.
7. Die Grieß-Käse-Schnitten anrichten und mit abgespülten, trocken getupften Petersilienblättchen garnieren.

Tofuschnitzel, mit Käse gefüllt

4 Portionen (ohne Foto)

Zubereitungszeit: 35 Minuten

4 Scheiben Tofu (je etwa 100 g)
4 Scheiben mittelalter Gouda (etwas kleiner als die Tofuscheiben)
1 Ei (Größe M)
80 g Weizenmehl
etwa 150 g Sesamsamen
100 g Butter

Für das Gemüse:
400 g Möhren
400 g Fenchel
40 g Butter
Salz, gem. Pfeffer
1 Msp. Zucker
1 EL klein geschnittene Petersilie

Pro Portion:
E: 29 g, F: 63 g, Kh: 29 g,
kJ: 3359, kcal: 827

1. Tofu mit Küchenpapier trocken tupfen. Die Scheiben jeweils waagerecht halbieren. Die Hälfte der Tofuscheiben mit je 1 Käsescheibe belegen und mit den restlichen Tofuscheiben belegen. Ei verschlagen.
2. Die Tofuschnitzel zuerst in Mehl wenden, dann durch das verschlagene Ei ziehen, am Schüsselrand abstreifen und zuletzt in Sesam wenden. Panade gut andrücken.
3. Butter in einer großen Pfanne zerlassen. Die Tofuschnitzel darin 4–5 Minuten von jeder Seite bei schwacher bis mittlerer Hitze goldbraun braten.
4. Für das Gemüse in der Zwischenzeit die Möhren putzen, schälen, abspülen, abtropfen lassen und in Scheiben schneiden. Fenchel putzen, abspülen, abtropfen lassen und in Scheiben schneiden. Etwas Fenchelgrün beiseitelegen.
5. Möhren- und Fenchelscheiben getrennt in jeweils 20 g Butter andünsten, mit Salz, Pfeffer und Zucker abschmecken. Jeweils 2–3 Esslöffel Wasser hinzugeben. Das Gemüse etwa 10 Minuten garen.
6. Fenchel mit dem beiseitegelegten Fenchelgrün und Möhren mit Petersilie bestreuen. Die Tofuschnitzel mit dem Gemüse anrichten.

Tofuschnitzel auf Paksoi mit Zitronengrassahne

4 Portionen

VEGAN

Zubereitungszeit: 30 Minuten, ohne Marinierzeit

400 g fester Tofu
2 Knoblauchzehen
200 ml Sojasauce
600 g kleiner Paksoi (erhältlich im Asialaden)
4 Stängel Zitronengras
1 kleines Stück frischer Ingwer
1 EL Sesamöl
200 ml Gemüsebrühe

Tofuschnitzel auf Paksoi mit Zitronengrassahne

Spanisches Omelett

200 ml Sojasahne
Salz
100 g Semmelbrösel
2 EL geröstete Sesamsamen
1–2 EL Erdnussöl zum Braten
1 Topf Thai-Basilikum
2 Bio-Limetten
(unbehandelt, ungewachst)

Pro Portion:
E: 22 g, F: 25 g, Kh: 22 g,
kJ: 1712, kcal: 409

1. Den Tofu in 4 gleich große Scheiben schneiden und in eine flache Schale legen. Knoblauch abziehen und durch eine Knoblauchpresse drücken. Sojasauce mit dem Knoblauch verrühren und auf den Tofuscheiben verteilen. Die Tofuscheiben etwa 60 Minuten marinieren.
2. Paksoi putzen, Stielenden abschneiden und entfernen. Paksoi gründlich abspülen, abtropfen lassen. Die Blätter von den Stielen streifen, Stiele in schmale Streifen schneiden. Blätter grob zerkleinern. Zitronengras abspülen, abtropfen lassen und mit einem Messerrücken aufschlagen. Zitronengras in große Stücke schneiden. Ingwer schälen und klein würfeln.
3. Sesamöl in einem Topf erhitzen. Die Zitronengrasstücke und Ingwerwürfel darin andünsten. Vorbereitete Paksoistiele hinzugeben und kurz mitdünsten lassen. Gemüsebrühe und Sojasahne hinzugießen. Die Zutaten zum Kochen bringen und mit Salz würzen. Paksoiblätter ebenfalls hinzugeben und alles in 3–5 Minuten bissfest garen, warm stellen.
4. Semmelbrösel und Sesamsamen in einem flachen Teller vermischen. Die Tofuscheiben aus der Marinade nehmen und tropfnass in der Semmelbrösel-Sesam-Mischung wälzen. Die Panade andrücken.
5. Erdnussöl in einer großen Pfanne erhitzen. Die Tofuschnitzel darin langsam von beiden Seiten goldbraun braten. Die Schnitzel herausnehmen und auf Küchenpapier abtropfen lassen.
6. Thai-Basilikum abspülen und trocken tupfen. Die Blättchen von den Stängeln zupfen. Limette heiß abwaschen, abtrocknen und in Spalten schneiden.
7. Die Tofuschnitzel mit dem Paksoi-Gemüse anrichten. Mit Basilikum und Limettenspalten garnieren.

Spanisches Omelett
4 Portionen

Zubereitungszeit: 25 Minuten
Garzeit: etwa 20 Minuten

1 kg Kartoffeln, 2 Knoblauchzehen
je 1 rote und grüne Paprikaschote
1 Bund Frühlingszwiebeln
5 EL Olivenöl
Salz, gem. Pfeffer
100 g geraspelter Manchego
(spanischer Käse)
15 abgetropfte, grüne Oliven,
ohne Stein
8 Eier (Größe M)
Cayennepfeffer

Pro Portion:
E: 26 g, F: 33 g, Kh: 41 g,
kJ: 2400, kcal: 573

1. Kartoffeln schälen, abspülen, abtropfen lassen und in etwa 2 cm große Würfel schneiden. Knoblauch abziehen und sehr klein schneiden.
2. Paprikaschoten halbieren, entstielen, entkernen und die weißen Scheidewände entfernen. Schoten abspülen, abtropfen lassen und in Würfel schneiden. Frühlingszwiebeln putzen, abspülen, abtropfen lassen und in etwa 1/2 cm große Stücke schneiden.
3. Das Olivenöl in einer großen Pfanne erhitzen. Die Kartoffelwürfel darin etwa 5 Minuten bei starker Hitze von allen Seiten anbraten, kräftig mit Salz und Pfeffer würzen. Die Kartoffelwürfel zugedeckt etwa 8 Minuten bei mittlerer Hitze braten.
4. Dann Knoblauch und Paprikawürfel unterrühren, kurz mit anbraten. Frühlingszwiebelstücke, Manchegoraspel und Oliven hinzugeben und erhitzen.
5. Eier mit Salz und Cayennepfeffer verschlagen, auf der Kartoffel-Gemüse-Masse verteilen und zugedeckt etwa 6 Minuten bei schwacher Hitze stocken lassen. Das spanische Omelett in der Pfanne servieren.

Kartoffel-Frühlingszwiebel-Pfanne

Kartoffel-Frühlings-zwiebel-Pfanne

6 Portionen

Zubereitungszeit: 50 Minuten
Garzeit: etwa 60 Minuten

1,2 kg festkochende Kartoffeln
2 Bund Frühlingszwiebeln
3 EL Olivenöl
1/2 gestr. EL Paprikapulver edelsüß
2 EL Tomatenmark
250 ml Gemüsebrühe
400 g Sauerkraut (aus der Dose)
Salz, gem. Pfeffer
gem. Kümmelsamen
1 Bund glatte Petersilie
200 g saure Sahne

Pro Portion:
E: 6 g, F: 12 g, Kh: 33 g,
kJ: 1131, kcal: 270

1. Kartoffeln schälen, abspülen, abtropfen lassen und in grobe Würfel schneiden. Frühlingszwiebeln putzen, abspülen, abtropfen lassen und in etwa 2 cm lange Stücke schneiden.
2. Olivenöl in einer großen Pfanne erhitzen. Kartoffelwürfel und Frühlingszwiebelstücke darin unter Wenden leicht anbraten, mit Paprika bestäuben. Tomatenmark unterrühren. Brühe hinzugießen. Sauerkraut evtl. etwas klein schneiden, hinzufügen und alles gut vermischen. Mit Salz, Pfeffer und Kümmel würzen. Die Zutaten zum Kochen bringen und zugedeckt etwa 50 Minuten bei schwacher Hitze garen.
3. Petersilie abspülen und trocken tupfen. Die Blättchen von den Stängeln zupfen und grob zerschneiden. Petersilie unter die Kartoffel-Frühlingszwiebel-Pfanne geben.
4. Das Pfannengericht mit saurer Sahne verfeinern, auf Tellern anrichten und sofort servieren.

Pilzpfanne

4 Portionen

VEGAN

Zubereitungszeit: etwa 40 Minuten
Garzeit: 5–6 Minuten

300 g Austernpilze
300 g Shiitakepilze
400 g Champignons
2 große Zwiebeln
6 EL Speiseöl, z. B. Olivenöl
Salz, gem. Pfeffer
einige Petersilienstängel

Pro Portion:
E: 8 g, F: 15 g, Kh: 9 g
kJ: 797, kcal: 191

1. Die Pilze putzen, evtl. kurz abspülen und trocken tupfen. Trockene Stiele der Shiitakepilze entfernen. Die Pilze je nach Größe in Streifen schneiden, halbieren oder vierteln.
2. Zwiebeln abziehen, halbieren und in Scheiben schneiden.
3. Zwei Esslöffel von dem Speiseöl in der Pfanne erhitzen. Die Zwiebelscheiben unter Rühren darin andünsten. Dann die Zwiebeln herausnehmen und beiseitestellen.
4. Restliches Speiseöl in der Pfanne erhitzen. Die Pilze portionsweise darin unter gelegentlichem Rühren anbraten.
5. Beiseitegestellte Zwiebeln wieder in die Pfanne geben. Die Pilzpfanne unter Rühren bei mittlerer Hitze noch 3–4 Minuten braten, mit Salz und Pfeffer kräftig würzen.
6. Petersilie abspülen und trocken tupfen. Die Blättchen von den Stängeln zupfen. Die Pilzpfanne mit Petersilie bestreut servieren.

Pikante Bratkartoffeln

4 Portionen (ohne Foto)

Zubereitungszeit: 30 Minuten, ohne Abkühlzeit

500 g Kartoffeln
je 1/2 rote, grüne und gelbe Paprikaschote
1/2 Gemüsezwiebel
1 Fleischtomate
100 ml Speiseöl
50 g Butter oder Margarine
265 g abgetropfter Gemüsemais (aus der Dose)
285 g abgetropfte Kidneybohnen (aus der Dose)
Salz
gem. Pfeffer
Tabascosauce
2 Knoblauchzehen

Pro Portion:
E: 16 g, F: 37 g, Kh: 57 g,
kJ: 2746, kcal: 656

1. Kartoffeln gründlich waschen, in einem Topf knapp mit Wasser be-

deckt, zugedeckt zum Kochen bringen und in etwa 20 Minuten gar kochen. Kartoffeln heiß pellen, abkühlen lassen, in Würfel schneiden.
2. Paprikahälften entstielen, entkernen und die weißen Scheidewände entfernen. Schotenhälften abspülen, abtropfen lassen und in Streifen schneiden.
3. Gemüsezwiebel abziehen, in Würfel oder sehr feine Scheiben schneiden.
4. Tomate kreuzweise einschneiden und mit kochendem Wasser übergießen. Nach 1–2 Minuten herausnehmen und mit kaltem Wasser abschrecken. Tomate häuten, halbieren und den Stängelansatz herausschneiden. Tomate entkernen und würfeln.
5. Etwas Speiseöl in einer beschichteten Pfanne erhitzen, etwas Butter oder Margarine hinzugeben und darin zerlassen. Kartoffelwürfel in dem Fett unter Wenden knusprig anbraten, herausnehmen und warm stellen.
6. Restliches Speiseöl und restliche Butter oder Margarine in die Pfanne geben und erhitzen. Die Paprikastreifen, Zwiebelwürfel oder -scheiben, Gemüsemais, Kidneybohnen und Tomatenwürfel darin anbraten, die Kartoffelwürfel hinzugeben und vorsichtig umrühren. Mit Salz, Pfeffer und etwas Tabascosauce würzen.
7. Knoblauch abziehen, durch eine Knoblauchpresse drücken, zu den Bratkartoffeln geben und nochmals vorsichtig umrühren.

Schnelles Pfannengemüse mit kaltem Orangen-Couscous

2 Portionen

Zubereitungszeit: 35 Minuten
Garzeit: etwa 15 Minuten

175 ml Orangensaft
100 g Couscous

1 gelbe Paprikaschote (etwa 150 g)
100 g Staudensellerie
2 rote Zwiebeln (etwa 120 g)
3 EL Olivenöl
1 Msp. getrocknete Chiliflocken
300 g Zucchini
250 g Cocktailtomaten
4 Stängel Zitronenverbene oder
3 Stängel Zitronenthymian
Salz, gem. Pfeffer
evtl. einige Stängel Zitronenverbene oder -thymian
100 g griechischer Sahnejoghurt (10 % Fett)

Pro Portion:
E: 16 g, F: 22 g, Kh: 53 g,
kJ: 2036, kcal: 484

1. Den Orangensaft leicht erhitzen (nicht kochen) und in eine Schüssel geben. Den Couscous unter Rühren einstreuen und zugedeckt etwa 30 Minuten quellen lassen.
2. In der Zwischenzeit die Paprikaschote vierteln, entstielen, entkernen und die weißen Scheidewände entfernen. Schotenviertel abspülen, trocken tupfen und längs in schmale Streifen schneiden.
3. Staudensellerie putzen, abspülen, abtropfen lassen und in feine Scheiben schneiden. Zwiebeln abziehen, halbieren und in feine Spalten schneiden.
4. Das Olivenöl in einer großen Pfanne oder einem Wok erhitzen. Zwiebelspalten, Selleriescheiben und Paprikastreifen darin unter Rühren andünsten, mit Chiliflocken würzen. Das Gemüse etwa 10 Minuten bei mittlerer Hitze unter Rühren dünsten.
5. Zucchini abspülen, abtrocknen und die Enden abschneiden. Zucchini in Scheiben schneiden. Tomaten abspülen, abtropfen lassen, halbieren und die Stängelansätze herausschneiden. Zitronenverbene oder -thymian abspülen und trocken tupfen. Die Blättchen von den Stängeln zupfen. Zitronenverbeneblättchen evtl. kleiner schneiden.
6. Tomatenhälften, Zucchinischeiben und Kräuter zu dem Gemüse in die Pfanne oder den Wok geben und etwa 3 Minuten mitdünsten lassen.
7. Das Orangen-Couscous mit Salz abschmecken. Das Gemüse mit Salz und Pfeffer abschmecken und anrichten. Nach Belieben mit abgespülten und trocken getupften Verbene- oder Thymianstängeln garnieren. Orangen-Couscous und Joghurt zum Pfannengemüse servieren.

Pilzpfanne

Schnelles Pfannengemüse mit kaltem Orangen-Couscous

Omelett mit Gemüsefüllung „Japan"

4 Portionen (ohne Foto)

Zubereitungszeit: 45 Minuten

Für die Füllung:
2 Stangen Porree (Lauch)
50 g Sojabohnenkeimlinge
1 EL Erdnussöl
100 ml Gemüsebrühe
2 EL Sojasauce
1 TL Speisestärke
gem. Pfeffer

Für das Omelett:
6–8 Eier (Größe M)
1–2 EL Wasser oder Milch
2 TL Sojasauce
2 EL Butter

Pro Portion:
E: 14 g, F: 20 g, Kh: 6 g,
kJ: 1094, kcal: 262

1. Für die Füllung Porree putzen, die Stangen längs halbieren, gründlich waschen, abtropfen lassen und in feine Streifen schneiden. Sojabohnenkeimlinge verlesen, in ein Sieb geben, mit kaltem Wasser abspülen und in kochendem Wasser kurz blanchieren. Sojabohnenkeimlinge mit einer Schaumkelle herausnehmen, mit kaltem Wasser abschrecken und in einem Sieb abtropfen lassen.
2. Das Erdnussöl in einer großen Pfanne oder in einem Wok erhitzen. Die Porreestreifen darin unter Rühren bissfest garen. Die Sojabohnenkeimlinge hinzufügen und kurz mit andünsten. Gemüsebrühe und die Sojasauce mit der Speisestärke anrühren, unter das Gemüse rühren und unter Rühren kurz aufkochen lassen. Mit Pfeffer würzen.
3. Für das Omelett die Eier mit etwas Wasser oder Milch und Sojasauce verschlagen, mit Pfeffer würzen. Die Butter in einer großen Pfanne zerlassen. Die Eiermasse hineingeben und 1–2 Minuten bei mittlerer Hitze stocken lassen, dabei die Eiermasse langsam mit dem Pfannenwender immer wieder zur Mitte hin schieben. Das Omelett soll feucht bleiben. Die Füllung daraufgeben, einschlagen und servieren.

Kräuterpfannkuchen mit Quarkcreme

4 Portionen

Zubereitungszeit: 50 Minuten, ohne Ruhezeit

Für die Quarkcreme:
250 g Magerquark
4 EL Schlagsahne
1 TL ger. Meerrettich (aus dem Glas)
3 EL Instant-Haferflocken
1–2 EL Schnittlauchröllchen
Salz

Für die Kräuterpfannkuchen:
150 g Weizenmehl
2 EL kernige Haferflocken
3 Eier (Größe M)
250 ml Mineralwasser
50 g frisch ger. Käse
2 EL gemischte, klein geschnittene Kräuter, z. B. Estragon, Kerbel, Petersilie, Schnittlauch, Thymian
je 1 EL klein geschnittenes Basilikum und Dill
1 Zwiebel
8 EL Speiseöl zum Backen
etwas glatte Petersilie
Schnittlauchhalme und -röllchen

Pro Portion:
E: 22 g, F: 34 g, Kh: 39 g,
kJ: 2317, kcal: 553

1. Für die Quarkcreme Quark mit Sahne gut verrühren. Meerrettich, Haferflocken und Schnittlauchröllchen unterrühren, mit Salz würzen.
2. Für die Kräuterpfannkuchen Mehl in eine Rührschüssel geben, mit Haferflocken mischen. Eier mit Mineralwasser verschlagen, nach und nach unter Rühren zur Mehl-Haferflocken-Mischung geben. Darauf achten, dass keine Klümpchen entstehen. Teig etwa 20 Minuten ruhen lassen.
3. Käse und Kräuter unter den Teig rühren. Zwiebel abziehen, in kleine Würfel schneiden und hinzufügen. Den Teig mit Salz würzen.
4. Etwas Speiseöl in einer Pfanne erhitzen. Eine dünne Teiglage mit einer drehenden Bewegung gleichmäßig auf dem Boden der Pfanne verteilen. Den Pfannkuchen von beiden Seiten goldgelb backen. Bevor der Pfannkuchen gewendet wird, wieder etwas Speiseöl in die Pfanne geben. Pfannkuchen herausnehmen, auf einen Teller legen und warm stellen.
5. Den restlichen Teig auf die gleiche Weise verarbeiten.
6. Petersilie abspülen und trocken tupfen. Die Blättchen von den Stängeln zupfen.
7. Die Pfannkuchen mit der Quarkcreme auf Tellern anrichten. Mit Petersilienblättchen, Schnittlauchhalmen und -röllchen garniert servieren.

Kräuterpfannkuchen mit Quarkcreme

Nudel-Gemüse-Pfanne

Kürbispuffer

Nudel-Gemüse-Pfanne

4 Portionen

Zubereitungszeit: 30 Minuten

2 1/2 l Wasser
2 1/2 gestr. TL Salz
250 g Bandnudeln
250 g Möhren
250 g Rettich
1–2 Knoblauchzehen
1 Bund Frühlingszwiebeln (etwa 250 g)
1–2 EL geschälte Sesamsamen
2 EL Speiseöl
1–2 EL dunkles Sesamöl
Salz, gem. Pfeffer
4–5 EL Sojasauce

Pro Portion:
E: 13 g, F: 16 g, Kh: 51 g,
kJ: 1737, kcal: 415

1. Wasser in einem großen Topf zugedeckt zum Kochen bringen. Dann Salz und Nudeln hinzugeben. Die Nudeln im geöffneten Topf bei mittlerer Hitze nach Packungsanleitung bissfest kochen, dabei gelegentlich umrühren.
2. In der Zwischenzeit Möhren putzen, schälen, abspülen, abtropfen lassen und auf einem Gemüsehobel in dünne Streifen (Julienne) schneiden. Rettich schälen, abspülen, abtropfen lassen, längs halbieren und in dünne Scheiben schneiden.
3. Knoblauch abziehen und in Scheiben schneiden. Frühlingszwiebeln putzen, abspülen, abtropfen lassen und in Scheiben schneiden. Sesam in einem Wok ohne Fett unter Rühren goldbraun rösten, herausnehmen und abkühlen lassen.
4. Die garen Nudeln in ein Sieb geben, mit heißem Wasser abspülen und abtropfen lassen.
5. Zwei Esslöffel Speiseöl in dem Wok erhitzen. Die Möhrenstreifen darin etwa 2 Minuten unter Rühren anbraten. Rettich- und Knoblauchscheiben hinzufügen, unter Rühren weitere 3–4 Minuten braten. Die Nudeln mit einer Schere mehrmals durchschneiden, zu dem Gemüse in den Wok geben und mit anbraten.
6. Frühlingszwiebelscheiben, Sesamöl und den gerösteten Sesam hinzugeben, kurz mitbraten lassen. Die Nudel-Gemüse-Pfanne mit Salz, Pfeffer und Sojasauce würzen.

Kürbispuffer

4 Portionen

Zubereitungszeit: 40 Minuten

700 g Kürbis
2 Zwiebeln
300 g Kartoffeln
2 Eier (Größe M)
3 EL Semmelbrösel
2 EL Roggenflocken
2 EL Gerstenflocken
2 EL Leinsamen
25 g gehackte Pistazienkerne
Salz
gem. Pfeffer
Paprikapulver edelsüß
1 Bund Petersilie
75 ml Olivenöl

Pro Portion:
E: 11 g, F: 27 g, Kh: 30 g,
kJ: 1707, kcal: 408

1. Kürbis schälen, halbieren, die Kerne mit einem Löffel herauskratzen und den faserigen Innenteil entfernen. Das Kürbisfleisch in Spalten schneiden und grob raspeln. Zwiebeln abziehen. Kartoffeln schälen, abspülen und abtropfen lassen. Zwiebeln und Kartoffeln ebenfalls grob raspeln.
2. Kürbis-, Kartoffel- und Zwiebelraspel in eine Rührschüssel geben. Eier, Semmelbrösel, Roggen-, Gerstenflocken, Leinsamen und Pistazienkerne hinzugeben. Die Zutaten gut vermischen. Mit Salz, Pfeffer und Paprika würzen.
3. Petersilie abspülen und trocken tupfen. Die Blättchen von den Stängeln zupfen. Die Blättchen grob zerkleinern und unter die Kürbismasse heben.
4. Jeweils etwas Olivenöl in einer Pfanne erhitzen. Den Teig portionsweise mit einer Saucenkelle oder einem Esslöffel hineingeben und sofort flach drücken. Die Puffer bei mittlerer Hitze von jeder Seite etwa 2 Minuten goldbraun braten, herausnehmen und sofort servieren.

Gemüsepfanne mit geröstetem Sesam

Kartoffelschmarren

Gemüsepfanne mit geröstetem Sesam

4 Portionen VEGAN

Zubereitungszeit: 50 Minuten

50 g geschälte Sesamsamen
400 g Möhren
700 g Brokkoli
300 g Porree (Lauch)
4 Stangen Staudensellerie
Salz
3 EL Speiseöl, z. B. Olivenöl
frisch gem. Pfeffer

Pro Portion:
E: 9 g, F: 14 g, Kh: 12 g,
kJ: 885, kcal: 211

1. Sesamsamen in einer Pfanne ohne Fett bei schwacher Hitze unter Rühren goldbraun rösten, herausnehmen und auf einem Teller erkalten lassen.
2. Die Möhren putzen, schälen, abspülen, abtropfen lassen, in Stifte schneiden. Von dem Brokkoli die Blätter entfernen, die Röschen abschneiden. Die Stängel schälen und in Stücke schneiden. Brokkoli abspülen und abtropfen lassen.
3. Porree putzen, die Stangen längs halbieren, gründlich waschen, abtropfen lassen, in Streifen schneiden. Staudensellerie putzen, abspülen, abtropfen lassen und in dünne Scheiben schneiden.
4. Wasser in einem Topf zum Kochen bringen, Salz hinzufügen (auf 1 Liter Wasser 1 Teelöffel Salz). Möhrenstifte, Selleriescheiben und den Brokkoli in dem kochenden Salzwasser etwa 3 Minuten blanchieren. Anschließend in ein Sieb geben, mit kaltem Wasser abschrecken und gut abtropfen lassen.
5. Speiseöl in einer großen Pfanne oder einem Wok erhitzen. Das vorbereitete Gemüse hinzugeben und bei mittlerer Hitze etwa 5 Minuten unter ständigem Rühren braten. Mit Salz und Pfeffer würzen. Mit Sesam bestreut servieren.

Kartoffelschmarren

4 Portionen VEGAN

Zubereitungszeit: 50 Minuten, ohne Abkühlzeit

1,2 kg Kartoffeln
Salz
1 TL Kümmelsamen
gem. Pfeffer
ger. Muskatnuss
160 g Weizenmehl
6 EL Olivenöl
1 Bund Schnittlauch

Pro Portion:
E: 10 g, F: 16 g, Kh: 72 g,
kJ: 1980, kcal: 472

1. Die Kartoffeln gründlich waschen, in einem Topf knapp mit Wasser bedeckt, zugedeckt zum Kochen bringen, Salz und Kümmel hinzugeben. Die Kartoffeln etwa 20 Minuten kochen lassen, dann abgießen, abdämpfen und warm pellen. Kartoffeln erkalten lassen.
2. Kartoffeln grob raffeln, in eine große Schüssel geben, mit Salz, Pfeffer und Muskat würzen. Mehl untermischen (alle Kartoffelraspel müssen mehliert sein).
3. Olivenöl in einer großen Pfanne erhitzen. Kartoffelmasse hineingeben und bei mittlerer Hitze unter ständigem, vorsichtigem Rühren in etwa 15 Minuten knusprig braun braten.
4. Den Schnittlauch abspülen, trocken tupfen und in kleine Röllchen schneiden. Den Kartoffelschmarren mit Schnittlauchröllchen bestreut servieren.

Grünkernküchle mit Sprossensalat

2 Portionen (ohne Foto)

Zubereitungszeit: 65 Minuten

200 g Porree (Lauch)
250 g Möhren
250 g Knollensellerie
2 Zwiebeln, 3 EL Speiseöl
250 ml Gemüsebrühe
125 g Grünkernschrot
Salz, gem. Pfeffer
1 EL Magerquark
2 Eier (Größe M)
2 EL klein geschnittene, glatte Petersilie
8 EL Speiseöl

Für den Sprossensalat:
1 Kopf Lollo rosso
2 rote Zwiebeln
2 Möhren
150 g Mungosprossen
4 EL Kräuteressig
2 EL Wasser
6 EL Speiseöl

1 Prise Zucker
2 EL Sesamsamen
1 TL Schnittlauchröllchen

Pro Portion:
E: 28 g, F: 99 g, Kh: 71 g,
kJ: 5373, kcal: 1284

1. Porree putzen, der Länge nach halbieren, gründlich waschen, abtropfen lassen und in feine Streifen schneiden. Möhren und Sellerie putzen, schälen, abspülen, abtropfen lassen und in kleine Stücke schneiden. Zwiebeln abziehen und in feine Würfel schneiden.
2. Speiseöl in einem Topf erhitzen, das vorbereitete Gemüse darin etwa 5 Minuten unter Rühren dünsten. Brühe zugießen, zum Kochen bringen und weitere etwa 5 Minuten garen.
3. Grünkernschrot unterrühren, mit Salz und Pfeffer würzen und weitere etwa 5 Minuten mitgaren lassen. Die Grünkern-Masse mit einem Pürierstab pürieren und abkühlen lassen.
4. Quark und Eier unter die Gemüse-Grünkern-Masse rühren, Petersilie untermischen.
5. Speiseöl in einer großen Pfanne erhitzen. Aus der Gemüse-Grünkern-Masse mit angefeuchteten Händen kleine Küchle formen und in dem Speiseöl von beiden Seiten goldbraun braten. Küchle warm stellen.
6. Für den Sprossensalat Lollo rosso putzen und den Strunk abschneiden. Lollo rosso abspülen, trocken tupfen oder trocken schleudern. Zwiebeln abziehen und in Streifen schneiden. Die Möhren putzen, schälen, abspülen, abtropfen lassen und in dünne Scheiben schneiden. Mungosprossen verlesen, in ein Sieb geben, mit kaltem Wasser abspülen und gut abtropfen lassen. Die Salatzutaten in eine Schüssel geben.
7. Essig mit Wasser verrühren, Speiseöl unterschlagen, mit Salz, Pfeffer und Zucker würzen. Die Salatsauce vorsichtig unter die Salatzutaten heben. Den Salat mit Sesam und Schnittlauchröllchen bestreuen und zu den Küchle reichen.

Kartoffelpuffer mit dreierlei Blitz-Salsa

4 Portionen

Zubereitungszeit: 20 Minuten

10–12 TK-Kartoffelpuffer

Für die Tomatensalsa:
1 große Fleischtomate (etwa 250 g)
2 EL Speiseöl
Salz
gem. Pfeffer
1 Schalotte
4 Stängel Basilikum
1 TL flüssiger Honig

Für den Schnittlauch-Eier-Dip:
2 hart gekochte Eier
1/2 Bund Schnittlauch
2 EL mittelscharfer Senf
1 EL saure Sahne

Für die Feta-Tomaten-Salsa:
3 Frühlingszwiebeln
100 g Fetakäse
Zucker

Pro Portion:
E: 11 g, F: 14 g, Kh: 38 g,
kJ: 1357, kcal: 324

1. Den Backofen vorheizen.
Ober-/Unterhitze: etwa 200 °C
Heißluft: etwa 180 °C
2. Die gefrorenen Kartoffelpuffer auf einem Backblech (mit Backpapier belegt) verteilen. Das Backblech in den vorgeheizten Backofen schieben. Die Kartoffelpuffer nach Packungsanleitung 15–18 Minuten knusprig braun backen.
3. In der Zwischenzeit für die Tomatensalsa Tomate abspülen, trocken tupfen, halbieren und den Stängelansatz herausschneiden. Tomate in sehr kleine Würfel schneiden. Die Hälfte der Tomatenwürfel in eine kleine Schüssel geben und Speiseöl untermischen. Mit Salz und Pfeffer würzen.
4. Schalotte abziehen und in kleine Würfel schneiden. Basilikum abspülen und trocken tupfen. Die Blättchen von den Stängeln zupfen. Blättchen klein schneiden. Schalottenwürfel und Basilikum zu den Tomatenwürfeln geben und untermischen. Salsa mit Honig, Salz und Pfeffer würzen.
5. Für den Schnittlauch-Eier-Dip Eier pellen und in kleine Würfel schneiden. Schnittlauch abspülen, trocken tupfen und in Röllchen schneiden. Senf mit der sauren Sahne verrühren. Mit Salz und Pfeffer würzen. Eierwürfel und Schnittlauchröllchen unterrühren.
6. Für die Feta-Tomaten-Salsa die Frühlingszwiebeln putzen, abspülen, abtropfen lassen und in sehr kleine Stücke schneiden. Fetakäse in kleine Würfel schneiden. Die restlichen Tomatenwürfel mit den Käsewürfeln und Frühlingszwiebelstücken mischen. Mit Zucker und evtl. noch etwas Salz und Pfeffer abschmecken.
7. Kartoffelpuffer aus dem Backofen nehmen und anrichten. Tomatensalsa, Schnittlauch-Eier-Dip und die Feta-Tomaten-Salsa dazureichen.

Kartoffelpuffer mit dreierlei Blitz-Salsa

Buchweizen-Pfannkuchen mit Pilzen und Misch-Salat

4 Portionen

Zubereitungszeit: 60 Minuten, ohne Quellzeit

Für den Pfannkuchenteig:
75 g Buchweizenmehl
Salz
100 ml Milch (3,5 % Fett)
1 Ei (Größe M)
125 ml eiskaltes Wasser
25 g zerlassene, abgekühlte Butter

300 g Champignons
450 g Kräutersaitlinge
75 g Schalotten
50 g Greyerzer Käse
je 75 g Frisée- und Endiviensalat
50 g Rucola (Rauke)
4 EL Rotweinessig
125 ml Cidre (Apfelwein)
gem. Pfeffer
1 EL Zucker
2 EL Walnussöl
4 EL Sonnenblumenöl

40 g Butter
125 g Schlagsahne
2 EL grobkörniger Senf
2 Stängel Estragon
40 g Butter zum Backen

Pro Portion:
E: 16 g, F: 54 g, Kh: 24 g, kJ: 2716, kcal: 649

1. Für den Teig das Buchweizenmehl, Salz, Milch und Ei in einer Rührschüssel glatt rühren. Eiskaltes Wasser und zerlassene Butter unterrühren. Den Teig etwa 60 Minuten quellen lassen.
2. In der Zwischenzeit Champignons und Saitlinge putzen, evtl. kurz abspülen, trocken tupfen und in Scheiben schneiden. Schalotten abziehen und klein würfeln. Käse entrinden.
3. Frisée-, Endiviensalat und Rucola putzen, abspülen und trocken tupfen. Von dem Rucola die groben Stiele abschneiden. Die Salate in sehr kleine Stücke zupfen.
4. Essig mit 3 Esslöffeln Cidre, Salz, Pfeffer und Zucker verrühren. Nussöl und Sonnenblumenöl unterschlagen.
5. Butter in einem Topf zerlassen. Schalottenwürfel darin andünsten. Pilzscheiben hinzugeben und mitdünsten lassen. Mit dem restlichen Cidre und Sahne ablöschen. Senf und etwas Salz unterrühren. Das Pilzragout unter gelegentlichem Rühren cremig einkochen lassen.
6. Estragon abspülen und trocken tupfen. Die Blättchen von den Stängeln zupfen. Blättchen klein schneiden und unter das Pilzragout rühren.
7. Den Backofen vorheizen.
Ober-/Unterhitze: etwa 60 °C
8. Etwas Butter in einer beschichteten Pfanne (Ø 20–22 cm) zerlassen. Aus dem Teig nacheinander 8 dünne Pfannkuchen backen. Dafür den Pfannkuchenteig gut durchrühren. Jeweils eine dünne Teiglage mit einer drehenden Bewegung gleichmäßig auf dem Boden der Pfanne verteilen. Den Pfannkuchen von beiden Seiten goldbraun backen. Bevor der Pfannkuchen gewendet wird, wieder etwas Butter in die Pfanne geben.
9. Die gebackenen Pfannkuchen im vorgeheizten Backofen warm halten.
10. Den vorbereiteten Salat mit der Vinaigrette vermischen.
11. Jeweils etwas Pilzragout in der Mitte eines Pfannkuchens verteilen. Die Seiten der Pfannkuchen je zur Mitte falten. Pfannkuchen mit dem Salat auf Tellern anrichten. Den Käse dünn darüberhobeln.

Kartoffel-Grünkohl-Frikadellen (Bubble and Squeak)

4 Portionen

Zubereitungszeit: 60 Minuten

800 g festkochende Kartoffeln
Salz
450 g Grünkohlblätter
75 g Zwiebeln, 30 g Butter
75 g grob ger. Cheddar-Käse
5 sehr frische Eier (Größe M)
2 EL Speisestärke
gem. Pfeffer
1 l Wasser
100 ml Weißweinessig
6 EL Speiseöl zum Braten
1/2 Bund Schnittlauch
etwa 1/2 TL Chiliflocken

Buchweizen-Pfannkuchen mit Pilzen und Misch-Salat

Kartoffel-Grünkohl-Frikadellen (Bubble and Squeak)

Pro Portion:
E: 19 g, F: 28 g, Kh: 33 g,
kJ: 1936, kcal: 462

1. Kartoffeln schälen, abspülen, in einem Topf knapp mit Wasser bedeckt, zugedeckt zum Kochen bringen, Salz hinzufügen. Die Kartoffeln in etwa 25 Minuten gar kochen.
2. In der Zwischenzeit von den Grünkohlblättern die dicken Blattrippen entfernen. Grünkohlblätter gründlich abspülen, abtropfen lassen und in kochendem Salzwasser etwa 4 Minuten kochen lassen. Grünkohlblätter mit einem Schaumlöffel herausnehmen, mit kaltem Wasser abschrecken und in einem Sieb abtropfen lassen. Grünkohlblätter anschließend mit den Händen gut ausdrücken und grob zerkleinern.
3. Die Zwiebeln abziehen und in kleine Würfel schneiden. Butter in einer Pfanne zerlassen. Die Zwiebelwürfel darin glasig dünsten.
4. Die gegarten Kartoffeln abgießen, abdämpfen und sofort durch eine Kartoffelpresse in eine Rührschüssel drücken. Grünkohl, Zwiebelwürfel, geriebenen Käse, 1 Ei, Speisestärke, Salz und Pfeffer hinzufügen. Die Zutaten zu einem Teig verkneten und 8 Frikadellen daraus formen.
5. Wasser mit Essig in einem Topf zum Kochen bringen. Die restlichen Eier einzeln in einer Kelle aufschlagen und vorsichtig in das siedende (nicht sprudelnd kochende) Wasser gleiten lassen. Eiweiß sofort mit 2 Esslöffeln an das Eigelb schieben.
6. Das Essigwasser mit den Eiern ganz kurz aufkochen lassen. Den Topf von der Kochstelle nehmen. Die Eier 3–5 Minuten gar ziehen lassen.
7. In der Zwischenzeit das Speiseöl in einer großen Pfanne erhitzen. Die Frikadellen darin von jeder Seite 3–4 Minuten goldbraun braten.
8. Schnittlauch abspülen, trocken tupfen und in Röllchen schneiden.
9. Bubble and Squeak (Frikadellen) mit den Eiern auf Tellern anrichten, mit Schnittlauchröllchen und Chiliflocken bestreut servieren.

Gebratenes Gemüse mit Sesam-Grießnocken

Gebratenes Gemüse mit Sesam-Grießnocken

2 Portionen

Zubereitungszeit: 45 Minuten
Garzeit: Gemüse etwa 15 Minuten

Für die Sesam-Grießnocken:
30 g geschälte Sesamsamen
100 ml Gemüsebrühe
20 g Butter oder Margarine
60 g Dinkelgrieß
1 Ei (Größe M)
Salz

Für das Gemüse:
1 Kohlrabi (etwa 300 g)
300 g Möhren
1 Bund Frühlingszwiebeln (etwa 150 g)
2 EL Speiseöl
1/2 Bund Koriander
70 ml Gemüsebrühe
gem. Pfeffer, ger. Muskatnuss
1–2 TL Zitronensaft

Pro Portion:
E: 14 g, F: 30 g, Kh: 37 g,
kJ: 2007, kcal: 478

1. Für die Grießnocken Sesam in einer Pfanne ohne Fett unter Rühren goldbraun rösten, herausnehmen und auf einem Teller erkalten lassen.
2. Die Brühe und Butter oder Margarine in einem Topf zum Kochen bringen. Grieß unter Rühren einstreuen. So lange mit einem Kochlöffel weiterrühren, bis sich die Masse als Kloß vom Topfboden löst. Die Grießmasse in eine Rührschüssel geben. Zuerst Sesam, dann das Ei unterrühren. Die Grießmasse mit Salz würzen und etwas abkühlen lassen.
3. Für das Gemüse Kohlrabi und Möhren putzen, schälen, abspülen, abtropfen lassen und in dünne, etwa 4 cm lange Stifte schneiden. Frühlingszwiebeln putzen, abspülen, abtropfen lassen, schräg in etwa 2 cm lange Stücke schneiden.
4. In einem breiten Topf etwa 2 1/2 Liter Wasser zum Kochen bringen und 1–2 Teelöffel Salz hinzufügen. Von der Grießmasse mit 2 kalt abgespülten Esslöffeln 12 Nocken abstechen und in das siedende Wasser (Wasser darf sich nur leicht bewegen) geben. Nocken etwa 10 Minuten ohne Deckel gar ziehen lassen.
5. Speiseöl in einer großen Pfanne erhitzen. Kohlrabi- und Möhrenstifte darin bei starker Hitze anbraten. Das Gemüse etwa 8 Minuten bei mittlerer Hitze unter Wenden braten.
6. In der Zwischenzeit Koriander abspülen und trocken tupfen. Die Blättchen von den Stängeln zupfen.
7. Frühlingszwiebelstücke zu dem Gemüse in die Pfanne geben und etwa 3 Minuten bei schwacher Hitze mitgaren.
8. Die Brühe hinzugießen und zum Kochen bringen. Das Gemüse mit Salz, Pfeffer, Muskat und Zitronensaft würzen. Zwei Drittel der Korianderblättchen unterheben. Das Gemüse auf einer Platte anrichten.
9. Die Nocken mit einer Schaumkelle aus dem Salzwasser nehmen, abtropfen lassen und auf dem Gemüse verteilen. Mit den restlichen Korianderblättchen bestreut servieren.

Kürbis-Feta-Puffer

Kürbis-Feta-Puffer
4 Portionen

Zubereitungszeit: 30 Minuten

½–1 Bund Koriander
300 g Kürbis-Fruchtfleisch
200 g Fetakäse
1–2 Knoblauchzehen
50 g Maismehl
50 g Weizenmehl
3 Eier (Größe M)
Salz
gem. Pfeffer
6 EL Speiseöl

Pro Portion:
E: 18 g, F: 29 g, Kh: 23 g,
kJ: 1820, kcal: 434

1. Koriander abspülen und trocken tupfen. Die Blättchen von den Stängeln zupfen. Einige Blättchen zum Garnieren beiseitelegen, restliche Blättchen klein schneiden. Kürbis-Fruchtfleisch auf der groben Seite einer Haushaltsreibe raspeln.
2. Die Hälfte des Käses in einer Schüssel mithilfe einer Gabel zerdrücken. Knoblauch abziehen, durch eine Knoblauchpresse drücken und unterrühren.
3. Beide Mehlsorten in eine Rührschüssel geben. Eier, Kürbisraspel und Koriander hinzugeben. Die Zutaten zu einem Teig verrühren, mit Salz und Pfeffer würzen.
4. Aus dem Teig 12 Puffer braten. Dafür jeweils etwas von dem Speiseöl in einer Pfanne erhitzen. Den Teig portionsweise hineingeben und sofort flach drücken. Die Puffer bei mittlerer Hitze von beiden Seiten goldbraun braten. Die fertigen Puffer warm stellen.
5. Die Puffer auf Tellern anrichten. Den restlichen Fetakäse zerbröseln und auf die Puffer streuen. Mit den beiseitegelegten Korianderblättern garnieren.

Tofugeschnetzeltes
4 Portionen (ohne Foto)

Zubereitungszeit: 40 Minuten, ohne Marinierzeit

VEGAN

500 g Tofu
2 Knoblauchzehen
200 ml Olivenöl
Saft von 3 Zitronen
25 g TK-Kräuter der Provence
1 Zwiebel
2 grüne Paprikaschoten
350 g Tomaten
150 g abgetropfte, schwarze Oliven
125 ml Gemüsebrühe
gem. Pfeffer

Pro Portion:
E: 22 g, F: 16 g, Kh: 10 g,
kJ: 1146, kcal: 273

1. Den Tofu zuerst in Scheiben, dann in dünne Streifen schneiden und in eine flache Form legen. Knoblauch abziehen, in dünne Scheiben schneiden und auf den Tofustreifen verteilen.
2. Das Olivenöl mit dem Zitronensaft und den Kräutern der Provence verrühren. Die Tofustreifen mit der Marinade übergießen und zugedeckt etwa 1 Stunde durchziehen lassen.
3. Inzwischen die Zwiebel abziehen, zuerst in Scheiben schneiden, dann in Ringe teilen. Die Paprikaschoten halbieren, entstielen, entkernen und die weißen Scheidewände entfernen. Schoten abspülen, abtropfen lassen und in Streifen schneiden. Die Tomaten abspülen, trocken tupfen, halbieren und die Stängelansätze entfernen. Die Tomaten vierteln.
4. Die Tofustreifen aus der Marinade nehmen und in einem Sieb etwas abtropfen lassen. Eine beschichtete Pfanne erhitzen, die Tofustreifen von allen Seiten darin anbraten. Die Zwiebelringe und Paprikastreifen zu den Tofustreifen geben und unter Rühren kurz andünsten.
5. Tomatenviertel und Oliven zu den Tofustreifen geben. Die Gemüsebrühe hinzugießen. Das Tofugeschnetzelte weitere etwa 5 Minuten schmoren lassen, mit Pfeffer abschmecken.

Kichererbsenpuffer mit Möhrensalat

2 Portionen

Zubereitungszeit: 45 Minuten, ohne Abkühl- und Stehzeit

Für den Salat:
500 g Möhren
2 EL Sonnenblumenöl
Salz
3 EL Limettensaft
1–2 TL flüssiger Blütenhonig

Für die Kichererbsenpuffer:
1 Frühlingszwiebel (etwa 30 g)
1 Bund Koriander
450 g abgetropfte Kichererbsen (aus der Dose)
1 Eiweiß (Größe M)
50 g Weichweizengrieß

1 Bund Radieschen (etwa 250 g)
1 EL schwarze Sesamsamen
gem. Pfeffer
1 Msp. gem. Zimt
Cayennepfeffer
3 EL Sonnenblumenöl

Pro Portion:
E: 25 g, F: 36 g, Kh: 77 g,
kJ: 3079, kcal: 736

1. Für den Salat die Möhren putzen, schälen, abspülen, abtropfen lassen und in dünne Scheiben schneiden. Sonnenblumenöl in einem Topf erhitzen. Die Möhrenscheiben darin etwa 3 Minuten unter Rühren dünsten, mit Salz, Limettensaft und Honig würzen, erkalten lassen.
2. Für die Puffer Frühlingszwiebel putzen, abspülen, abtropfen lassen und in kleine Stücke schneiden. Den Koriander abspülen und trocken tupfen. Die Hälfte der Blättchen von den Stängeln zupfen. Blättchen klein schneiden. Restlichen Koriander für den Salat beiseitelegen.
3. Kichererbsen, Eiweiß und 30 g Weichweizengrieß in einen hohen Rührbecher geben, mit einem Pürierstab fein pürieren. Die Frühlingszwiebelstückchen und den klein geschnittenen Koriander unterrühren, etwa 15 Minuten stehen lassen.
4. Radieschen putzen, abspülen, abtropfen lassen und in feine Scheiben schneiden. Sesam in einer Pfanne ohne Fett rösten, bis er duftet, leicht salzen und im Mörser leicht zerstoßen. Sesam abkühlen lassen.
5. Von dem beiseitegelegten Koriander die Blättchen von den Stängeln zupfen.
6. Die Kichererbsenmasse mit Salz, Pfeffer, Zimt und Cayennepfeffer abschmecken. Aus der Masse 12 Bällchen formen, im restlichen Weichweizengrieß wälzen und etwas flach drücken.
7. Das Sonnenblumenöl in einer beschichteten Pfanne erhitzen. Kichererbsenpuffer hineingeben und von jeder Seite etwa 2 Minuten bei mittlerer Hitze goldbraun backen. Puffer herausnehmen und auf Küchenpapier abtropfen lassen.
8. Radieschen-, Möhrenscheiben und Korianderblättchen mischen, mit Salz, Pfeffer und Cayennepfeffer würzen. Kichererbsenpuffer mit dem Möhrensalat anrichten und den Salat mit Sesam bestreuen.

Tofu mit Champignons auf Spinatbett

2 Portionen

VEGAN

Zubereitungszeit: 25 Minuten
Garzeit: etwa 10 Minuten

300 g Tofu
120 g Champignons
4 EL Speiseöl,
z. B. Sonnenblumenöl
200 g TK-Blattspinat (aufgetaut)
Salz, 1 Prise Zucker
1 1/2 EL Sweet-Chili-Sauce
250 ml Gemüsebrühe
1 geh. TL Speisestärke
2 EL Wasser
2 EL süße Sojasauce
1 EL Zucker
1/2 gestr. TL Salz
3 TL Sesamöl

Pro Portion:
E: 30 g, F: 35 g, Kh: 22 g,
kJ: 2210, kcal: 528

1. Den Tofu in etwa 2 cm große Würfel schneiden. Die Champignons putzen, evtl. kurz abspülen und trocken tupfen. Champignons in kleine Stücke schneiden.
2. Zwei Esslöffel des Speiseöls in einem Wok oder einer beschichteten Pfanne erhitzen. Aufgetauten Spinat hinzugeben und unter Rühren andünsten. Mit Salz und Zucker würzen. Spinat etwa 1 Minute garen, herausnehmen und warm stellen.
3. Restliches Speiseöl in dem Wok oder in der Pfanne erhitzen. Sweet-Chili-Sauce hinzugeben, mit Brühe ablöschen. Die Tofuwürfel und Champignonstücke hinzufügen und 5–6 Minuten bei schwacher Hitze garen. Speisestärke mit Wasser anrühren, mit Sojasauce, Zucker und Salz unter die Tofu-Champignon-Masse rühren und kurz unter Rühren aufkochen lassen.
4. Den warm gestellten Spinat auf Tellern anrichten. Die Tofu-Champignon-Mischung mit Sesamöl beträufeln, auf dem Spinatbett anrichten und servieren.

Beilage: Basmatireis.

Tipp: Ersetzen Sie die Champignons durch Shiitakepilze und das Sonnenblumenöl durch Erdnussöl.

Kichererbsenpuffer mit Möhrensalat

Tofu mit Champignons auf Spinatbett

Tofugeschnetzeltes mit Kräuterreis

4 Portionen

Zubereitungszeit: 60 Minuten, ohne Marinierzeit

400 g Tofu, 4 EL Zitronensaft
4 EL Sherry, 2 EL Sojasauce
ger. Muskatnuss
Kräutersalz, gem. Pfeffer
Currypulver
2 Zwiebeln
1 Knoblauchzehe
300 g Champignons
3 Möhren
1 Stange Porree (Lauch)

Für den Kräuterreis:
500 ml Gemüsebrühe
250 g Naturreis

5 EL Sonnenblumenöl
250 ml Gemüsebrühe
2 EL Sherry
150 g Crème fraîche

2 EL klein geschnittene, gemischte Kräuter, z. B. Basilikum, Kerbel, Petersilie, Kresse, Schnittlauch

Pro Portion:
E: 12 g, F: 29 g, Kh: 55 g,
kJ: 2409, kcal: 575

1. Tofu in feine Streifen schneiden und in eine flache Schale legen. Zitronensaft mit Sherry, Sojasauce, Muskat, Kräutersalz, Pfeffer und Curry verrühren. Die Marinade über die Tofustreifen geben. Tofustreifen darin etwa 60 Minuten marinieren, dabei zwischendurch wenden.
2. In der Zwischenzeit Zwiebeln und Knoblauch abziehen, Zwiebeln fein würfeln, Knoblauch hacken. Champignons putzen, evtl. kurz abspülen, trocken tupfen und in feine Scheiben schneiden. Die Möhren putzen, schälen, abspülen, abtropfen lassen und in Stifte schneiden. Porree putzen, längs halbieren, gründlich waschen, abtropfen lassen und in 4–5 cm lange, feine Streifen schneiden.
3. Für den Kräuterreis die Brühe in einem Topf zum Kochen bringen, den Reis hinzugeben und zugedeckt bei schwacher Hitze 30–35 Minuten garen.
4. In der Zwischenzeit 2 Esslöffel Sonnenblumenöl in einer Pfanne erhitzen. Die Zwiebelwürfel und den gehackten Knoblauch darin andünsten. Champignonscheiben, Möhrenstifte und Porreestreifen hinzugeben und kurz mitdünsten lassen. Brühe hinzugießen und zum Kochen bringen. Das Gemüse etwa 5 Minuten garen.
5. Restliches Sonnenblumenöl in einer großen Pfanne erhitzen. Die marinierten Tofustreifen abtropfen lassen und in dem Sonnenblumenöl von allen Seiten anbraten. Sherry, das gedünstete Gemüse und Crème fraîche unterheben.
6. Das Geschnetzelte mit den Gewürzen abschmecken.
7. Die Kräuter unter den Reis rühren. Tofugeschnetzeltes mit dem Kräuterreis anrichten.

Tofu-Pilz-Pfanne

2 Portionen (ohne Foto)

Zubereitungszeit: 25 Minuten
Garzeit: etwa 10 Minuten

200 g Tofu
2 EL Sojasauce
100 g Zuckerschoten
125 ml Gemüsebrühe
200 g Sojabohnensprossen
200 g Shiitakepilze
1 rote Chilischote
30 g Butter
3 EL Sesamöl
2 Knoblauchzehen
Salz, gem. Pfeffer

Pro Portion:
E: 26 g, F: 34 g, Kh: 24 g,
kJ: 2065, kcal: 493

1. Den Tofu in etwa 1 1/2 cm große Würfel schneiden, in eine Schüssel geben und mit der Sojasauce vermengen.
2. Von den Zuckerschoten die Enden abschneiden, evtl. abfädeln. Zuckerschoten abspülen und abtropfen lassen. Die Brühe in einem Topf erhitzen. Die Zuckerschoten darin etwa 2 Minuten garen. Zuckerschoten in einem Sieb abtropfen lassen, dabei die Brühe auffangen.
3. Die Sojabohnensprossen verlesen, abspülen und abtropfen lassen. Pilze putzen, evtl. kurz abspülen und trocken tupfen. Von den Pilzstielen die dicken, unteren Enden abschneiden. Pilze in Streifen schneiden. Die Chilischote abspülen, abtropfen lassen, halbieren und entkernen. Schotenhälften in Streifen schneiden.
4. Die Butter in einem Wok oder in einer großen, beschichteten Pfanne zerlassen, Sesamöl hinzugeben und miterhitzen. Die Pilzstreifen darin unter Rühren andünsten.
5. Knoblauch abziehen, durch eine Knoblauchpresse drücken und zu den Pilzstreifen geben. Mit Salz und Pfeffer würzen. Chilistreifen, Zuckerschoten, Sojabohnensprossen und die aufgefangene Brühe hinzugeben,

gut verrühren, zum Kochen bringen und etwa 5 Minuten garen.
6. Die Tofuwürfel mit der Sojasauce hinzufügen, kurz miterhitzen und nochmals mit den Gewürzen und der Sojasauce abschmecken.

Scharfe Gemüse-Nudel-Pfanne

2 Portionen (ohne Foto)

VEGAN

Zubereitungszeit:
40 Minuten, ohne Ziehzeit

250 g Auberginen
Salz
3–4 Knoblauchzehen
1 Zwiebel
2 Stangen Staudensellerie (etwa 100 g)
400 g feste Fleischtomaten
250 g Zucchini
1 EL Olivenöl
250 ml Gemüsebrühe
1 l Wasser
1 gestr. TL Salz
100 g Muschelnudeln (ohne Ei)
1–2 Chilischoten
20 kleine Basilikumblättchen
gem. Pfeffer
Paprikapulver rosenscharf

Pro Portion:
E: 13 g, F: 7 g, Kh: 49 g,
kJ: 1320, kcal: 315

1. Die Aubergine abspülen, abtrocknen und den Stängelansatz entfernen. Aubergine in etwa 2 cm große Stücke schneiden, mit Salz bestreuen und etwa 20 Minuten ziehen lassen. Die Auberginenstücke in ein Sieb geben, mit kaltem Wasser abspülen und abtropfen lassen.
2. Knoblauch und Zwiebel abziehen, klein würfeln. Staudensellerie putzen, abspülen, abtropfen lassen und Selleriestangen in dünne Scheiben schneiden. Tomaten kreuzweise einschneiden und mit kochendem Wasser übergießen. Nach 1–2 Minuten herausnehmen und mit kaltem Wasser abschrecken. Tomaten häuten, halbieren und die Stängelansätze herausschneiden. Tomaten entkernen und achteln. Zucchini abspülen, abtrocknen und die Enden abschneiden. Zucchini in etwa 1/2 cm dicke Scheiben schneiden.
3. Olivenöl in einer großen Pfanne erhitzen. Knoblauch- und Zwiebelwürfel darin andünsten. Selleriescheiben hinzugeben und mitdünsten lassen.
4. Auberginenstücke, Tomatenachtel und Zucchinischeiben zu dem angedünsteten Gemüse geben. Gemüsebrühe hinzugießen und zum Kochen bringen. Das Gemüse etwa 10 Minuten bei schwacher Hitze garen.
5. In der Zwischenzeit Wasser in einem Topf zugedeckt zum Kochen bringen. Dann Salz und Nudeln hinzugeben. Die Nudeln im geöffneten Topf bei mittlerer Hitze nach Packungsanleitung kochen lassen, dabei gelegentlich umrühren.
6. Anschließend die Nudeln in ein Sieb geben, mit heißem Wasser abspülen, abtropfen lassen, in die Gemüsepfanne geben und gut untermischen.
7. Chilischoten halbieren, entkernen, weiße Scheidewände entfernen. Chilischoten abspülen, trocken tupfen und in feine Streifen schneiden. Basilikumblättchen abspülen, trocken tupfen und mit den Chilistreifen unter die Gemüse-Nudel-Pfanne heben. Mit Salz, Pfeffer und Paprika würzen.

Tofuburger

4 Portionen

Zubereitungszeit: 20 Minuten
Bratzeit: 6–8 Minuten

600 g Tofu
4 EL Schnittlauchröllchen
2 gestr. TL Kräutersalz
4 EL Sojasauce
gem. Pfeffer
60 g Sesamsamen

Tofuburger

5 EL Sojaöl
4 große Friséesalatblätter
1 Stück Gurke
1 große Fleischtomate
einige klein geschnittene Kräuter
4 Hamburger-Brötchen mit Sesam
4 EL Tomatenketchup

Pro Portion:
E: 32 g, F: 22 g, Kh: 40 g,
kJ: 2028, kcal: 484

1. Tofu zerbröseln, mit Schnittlauchröllchen, Kräutersalz, Sojasauce, Pfeffer und 40 g der Sesamsamen zu einem Teig verarbeiten.
2. Aus dem Teig 4 Bratlinge formen und in dem restlichen Sesam wälzen.
3. Sojaöl in einer Pfanne erhitzen, die Bratlinge darin von jeder Seite 3–4 Minuten braten, dabei vorsichtig wenden.
4. Salatblätter und Gurkenstück abspülen und trocken tupfen. Gurke in Scheiben schneiden. Tomate abspülen, trocken tupfen und den Stängelansatz entfernen. Die Tomate in 8 dünne Scheiben schneiden.
5. Die Brötchen waagerecht halbieren. Die Schnittflächen der Brötchenhälften mit jeweils etwas von dem Ketchup bestreichen.
6. Die unteren Brötchenhälften mit je 1 Salatblatt und 2 Tomatenscheiben belegen. Die Bratlinge darauflegen und die Gurkenscheiben mit den Kräutern darauf verteilen. Die oberen Brötchenhälften darauflegen und servieren.

Rösti mit Pfefferbirne, Blauschimmel-Käse und Feldsalat

Tofu-Käse-Schnitzel

Rösti mit Pfefferbirne, Blauschimmel-Käse und Feldsalat

4 Portionen

Zubereitungszeit: 50 Minuten

40 g Walnusskerne
160 g Feldsalat
4 EL Rotweinessig
8 EL Gemüsebrühe
Salz, gem. schwarzer Pfeffer
1 TL Zucker
2 EL Walnussöl
2 EL Sonnenblumenöl
600 g festkochende Kartoffeln
ger. Muskatnuss
12 EL Sonnenblumenöl (etwa 120 ml)
2 reife Williams-Christ-Birnen (je etwa 250 g)
20 g Butter
2 EL flüssiger Honig
200 g Blauschimmel-Käse

Pro Portion:
E: 16 g, F: 66 g, Kh: 41 g,
kJ: 3422, kcal: 818

1. Die Walnusskerne grob hacken und in einer Pfanne ohne Fett unter Rühren goldbraun rösten.
2. Feldsalat putzen und die Wurzelenden abschneiden. Feldsalat abspülen und trocken tupfen. Essig mit Brühe, Salz, Pfeffer und Zucker verrühren. Walnussöl und Sonnenblumenöl unterschlagen.
3. Den Backofen vorheizen.
Ober-/Unterhitze: etwa 80 °C
4. Kartoffeln schälen, abspülen, abtropfen lassen und in feine Streifen schneiden oder hobeln. Die Kartoffeln mit Salz und Muskat würzen.
5. Aus der Kartoffelmasse 4 Rösti backen. Für jeden Rösti 2 Esslöffel Sonnenblumenöl in einer Pfanne (Ø 20 cm) erhitzen. Ein Viertel der Kartoffelmasse in der Pfanne verteilen. Den Rand mit einem Esslöffel nachformen.
6. Die Rösti von jeder Seite bei mittlerer Hitze goldbraun und knusprig braten. Dabei nach dem Wenden nochmals 1 Esslöffel Sonnenblumenöl hinzugeben.
7. Die fertigen Rösti auf ein Backblech (mit Backpapier gelegt) legen. Das Backblech in den vorgeheizten Backofen schieben und die Rösti warm halten.
8. Die Birnen schälen, längs halbieren, entkernen und die Stängelansätze entfernen. Die Birnenhälften in je 3 Spalten schneiden.
9. Butter in einer Pfanne zerlassen. Die Birnenspalten darin bei starker Hitze von allen Seiten leicht braun anbraten und mit reichlich Pfeffer würzen. Den Honig hinzugeben, Birnenspalten kurz glasieren.
10. In der Zwischenzeit Feldsalat mit der Vinaigrette vermischen.
11. Die Rösti auf vorgewärmten Tellern anrichten. Den Käse in 8 dünne Scheiben schneiden und mit den warmen Birnenspalten auf den Rösti verteilen.
12. Den Feldsalat mit Walnusskernen bestreuen und dazu servieren.

Tofu-Käse-Schnitzel

4 Portionen

Zubereitungszeit: 25 Minuten, ohne Marinierzeit

300 g Tofu, 1 Knoblauchzehe
3 EL Sojasauce
125 ml Gemüsebrühe
gem. Pfeffer
1 Ei (Größe M)
2 EL kaltes Wasser
3 EL Vollkorn-Weizenmehl
150 g frisch ger. Parmesan
1 l Sonnenblumenöl

Pro Portion:
E: 23 g, F: 65 g, Kh: 10 g,
kJ: 3136, kcal: 748

1. Tofu in etwa 1/2 cm dicke Scheiben schneiden und in eine flache Schale legen. Knoblauch abziehen, fein würfeln, mit Sojasauce, Brühe und Pfeffer verrühren. Die Marinade auf den Tofu geben und 5–6 Stunden marinieren, dabei gelegentlich wenden.
2. Tofuscheiben aus der Marinade nehmen und etwas abtropfen lassen. Ei mit Wasser verschlagen. Den Tofu zuerst in Mehl, dann in verschlagenem Ei und zuletzt in Parmesan wenden. Panade etwas andrücken.
3. Das Sonnenblumenöl in einer hohen Pfanne oder in einer Fritteuse auf etwa 180 °C erhitzen. Tofu-Käse-Schnitzel darin von beiden Seiten goldgelb backen. Mit einem Schaumlöffel herausnehmen und auf Küchenpapier abtropfen lassen.

Käseomelett mit Sommergemüse

4 Portionen (ohne Foto)

Zubereitungszeit: 45 Minuten

Für das Sommergemüse:
400 g Möhren
200 g Zuckerschoten
1 Bund Frühlingszwiebeln
30 g Butter
5 EL Wasser
Salz, gem. Pfeffer

Für die Käseomeletts:
8 Eier (Größe M)
4 EL Wasser
80 g Butter
150 g ger. Gouda
Paprikapulver edelsüß

Pro Portion:
E: 27 g, F: 47 g, Kh: 13 g,
kJ: 2580, kcal: 616

1. Für das Sommergemüse Möhren putzen, schälen, abspülen, abtropfen lassen und in Streifen schneiden. Von den Zuckerschoten die Enden abschneiden, evtl. abfädeln. Schoten abspülen und abtropfen lassen. Frühlingszwiebeln putzen, abspülen, abtropfen lassen und in Scheiben schneiden.
2. Butter in einem Topf zerlassen. Möhrenstreifen und Zuckerschoten darin etwa 5 Minuten unter Rühren dünsten.
3. Die Frühlingszwiebelscheiben und Wasser hinzugeben und das Gemüse in weiteren etwa 5 Minuten fertig garen, mit Salz und Pfeffer würzen.
4. Für die Omeletts Eier mit Salz und Wasser verschlagen. Aus der Eiermasse insgesamt 4 Omeletts backen.
5. Dafür jeweils 20 g Butter in einer kleinen, beschichteten Pfanne zerlassen. Eine Kelle (etwa 1/4) von der Eiermasse hineingeben. Das Omelett zugedeckt etwa 5 Minuten backen, bis die Unterseite goldbraun ist. Etwas Käse daraufstreuen.
6. Den Backofengrill vorheizen.
7. Das Omelett bis zur Hälfte auf einen Teller gleiten lassen und auf dieser Hälfte ein Viertel des Gemüses anrichten. Die andere Hälfte des Omeletts darüberklappen.
8. Die fertigen Omeletts mit restlichem Käse und etwas Paprika bestreuen. Die Omeletts kurz vor dem Servieren etwa 2 Minuten unter den vorgeheizten Backofengrill schieben und überbacken.

Pfannengerührtes Gemüse

VEGAN

4 Portionen

Zubereitungszeit: 35 Minuten

200 g Hokkaido-Kürbis
225 g Aubergine
175 g Frühlingszwiebeln
175 g Paksoi
(erhältlich im Asialaden)
4 Knoblauchzehen
5 EL Sonnenblumenöl
40 g geröstete, gesalzene Cashewkerne
6 Stängel Koriander
4 Minzeblätter
4 große Basilikumblätter
150 ml Gemüsebrühe
4 EL Sojasauce

Pro Portion:
E: 5 g, F: 18 g, Kh: 11 g,
kJ: 919, kcal: 220

1. Kürbis abspülen, abtrocknen und halbieren. Kerne und faserigen Innenteil entfernen. Kürbis evtl. schälen und in etwa 3 mm breite Scheiben schneiden.
2. Die Aubergine abspülen, abtropfen lassen und den Stängelansatz abschneiden. Aubergine längs halbieren und in etwa 2 cm breite Streifen schneiden.
3. Frühlingszwiebeln putzen, abspülen, abtropfen lassen, längs halbieren und in etwa 6 cm lange Stücke schneiden. Paksoi putzen und in einzelne Blätter teilen. Die Blätter abspülen und abtropfen lassen.
4. Knoblauch abziehen und in sehr dünne Scheiben schneiden. 2 Esslöffel des Sonnenblumenöls in einer kleinen Pfanne erhitzen. Die Knoblauchscheiben darin goldgelb rösten und die Pfanne beiseitestellen.
5. Cashewkerne grob hacken. Kräuter abspülen und trocken tupfen. Die Korianderblätter von den Stängeln zupfen. Die Blätter mit den Minze- und Basilikumblättern grob zerschneiden.
6. Das restliche Sonnenblumenöl in einem Wok oder großen Pfanne erhitzen.
7. Die Kürbisscheiben, Auberginensteifen und Frühlingszwiebelstücke darin evtl. in 2 Portionen bei starker Hitze unter Rühren kräftig anbraten.
8. Etwa ein Drittel der Brühe hinzugießen, zum Kochen bringen und ganz einkochen lassen. Diesen Vorgang noch zweimal wiederholen, bis das Gemüse knackig-bissfest gegart ist, dabei gelegentlich umrühren, die Sojasauce hinzugeben.
9. Die Paksoi-Blätter unterheben und kurz zusammenfallen lassen.
10. Beiseitegestelltes Knoblauchöl mit den Knoblauchscheiben unter das Gemüse rühren. Das Gemüse mit Cashewkernen und Kräutern bestreut servieren.

Pfannengerührtes Gemüse

Pikanter Körnerschmarren

4 Portionen

Zubereitungszeit: 35 Minuten

1 Bund Frühlingszwiebeln
1 Fenchelknolle
250 g Weizenkeimlinge
250 g Hirsekeimlinge
350 g Magerquark
200 g Vollkorn-Weizenmehl
250 ml Wasser
1 gestr. TL Salz
gem. Pfeffer
ger. Muskatnuss
50 g Sonnenblumenkerne
50 g Butter
100 g ger. Emmentaler

Pro Portion:
E: 33 g, F: 24 g, Kh: 60 g,
kJ: 2450, kcal: 586

1. Die Frühlingszwiebeln putzen, abspülen, abtropfen lassen und in Scheiben schneiden. Die Fenchelknolle putzen, abspülen, abtropfen lassen, halbieren und in kleine Würfel schneiden. Weizen- und Hirsekeimlinge in ein Sieb geben, unter fließendem kalten Wasser abspülen und abtropfen lassen.
2. Quark mit Mehl, Wasser, Salz, Pfeffer und Muskat verrühren, Sonnenblumenkerne untermengen. Die Frühlingszwiebelscheiben, Fenchelwürfel und Keimlinge unterrühren.
3. Die Hälfte der Butter in einer großen Pfanne zerlassen. Die Hälfte der Teigmasse hineingeben und etwa 5 Minuten bei mittlerer Hitze backen, bis sich auf der Unterseite eine Kruste gebildet hat. Dann den Schmarren wenden und von der anderen Seite ebenfalls knusprig backen.
4. Körnerschmarren mit 2 Gabeln in mehrere Stücke zerteilen, diese unter Wenden weitere etwa 2 Minuten bräunen lassen und mit der Hälfte des Käses bestreuen. Aus der restlichen Teigmasse wie beschrieben einen zweiten Schmarren backen und mit dem restlichen Käse bestreuen. Den Körnerschmarren heiß servieren.

Beilage: Frischer Salat.

Pikanter Körnerschmarren

Rahmkürbis mit gerösteten Kernen

4 Portionen (ohne Foto)

Zubereitungszeit: 25 Minuten

1 kg Hokkaido-Kürbisfleisch mit Schale, Salz
4 Schalotten
20 g Butter
20 g Weizenmehl
2 EL Weißweinessig
125 g Crème double
100 ml Gemüsebrühe
gem. Pfeffer
Paprikapulver edelsüß
1 EL klein geschnittener Estragon
80 g Kürbiskerne

Pro Portion:
E: 10 g, F: 27 g, Kh: 21 g,
kJ: 1610, kcal: 384

1. Kürbisfleisch abspülen, abtropfen lassen und auf einer Haushaltsreibe raffeln, leicht mit Salz bestreuen und Saft ziehen lassen.
2. Schalotten abziehen und in kleine Würfel schneiden. Butter in einem Topf zerlassen, Schalottenwürfel darin andünsten, mit Mehl bestäuben und, ohne Farbe nehmen zu lassen, leicht rösten, mit Essig ablöschen. Crème double unterrühren. Die Schalottenwürfel bei schwacher Hitze etwa 3 Minuten garen.
3. Kürbisraffel mit der entstandenen Flüssigkeit und die Gemüsebrühe hinzugeben. Kürbismasse einkochen lassen, mit Salz, Pfeffer und Paprika würzen. Den Estragon unterheben.
4. Kürbiskerne in einer Pfanne ohne Fett unter Rühren rösten. Den Rahmkürbis anrichten und mit Kürbiskernen bestreut servieren. garnieren und sofort servieren. Karamellisierte Walnusskerne nach Belieben hacken oder zerteilen und dazu servieren.

Tipp: Verwenden Sie statt der Butter 2 Esslöffel Sonnenblumenöl und statt der Crème double 125 ml Hafersahne, dann ist dieses Gericht vegan.

Eierpfannkuchen mit Gemüse

2 Portionen (ohne Foto)

Zubereitungszeit: 40 Minuten, ohne Ruhezeit

Für den Pfannkuchenteig:
125 g Weizenmehl
2 Eier (Größe M)
Salz
250 ml Milch (3,5 % Fett)
60 g Schlagsahne
30 g ger. Käse, z. B. Gouda

Für die Füllung:
1/4 Blumenkohl (etwa 250 g)
1 Zwiebel (etwa 60 g)
1 Möhre (etwa 120 g)
250 g Champignons
2 EL Speiseöl
60 g TK-Erbsen
2 EL klein geschnittene Petersilie
gem. Pfeffer

etwa 1 EL Speiseöl zum Backen

Pro Portion:
E: 31 g, F: 40 g, Kh: 64 g,
kJ: 3094, kcal: 739

1. Für den Teig das Mehl in eine Rührschüssel geben. Eier mit 1 Prise Salz, Milch und Sahne verschlagen, nach und nach unter Rühren zum Mehl geben. Darauf achten, dass keine Klümpchen entstehen. Käse unter den Teig rühren. Den Teig etwa 15 Minuten ruhen lassen.
2. Für die Füllung den Blumenkohl putzen, in Röschen teilen, abspülen und abtropfen lassen. Die Blumenkohlröschen in kochendem Salzwasser etwa 2 Minuten blanchieren, mit einer Schaumkelle herausnehmen, mit kaltem Wasser abschrecken und abtropfen lassen. Die Zwiebel abziehen und klein würfeln. Die Möhre putzen, schälen, abspülen, abtropfen lassen und in feine Scheiben schneiden. Champignons putzen, evtl. kurz abspülen, trocken tupfen und in Scheiben schneiden.
3. Speiseöl in einer Pfanne erhitzen. Die gefrorenen Erbsen, Zwiebelwürfel, Möhren- und Champignonscheiben darin etwa 5 Minuten unter Rühren dünsten. Blumenkohlröschen und Petersilie hinzugeben, mit Salz und Pfeffer würzen.
4. Etwas Speiseöl in einer beschichteten Pfanne erhitzen. Pfannkuchenteig gut durchrühren und ein Viertel des Teiges mit einer drehenden Bewegung gleichmäßig auf dem Boden der Pfanne (Ø etwa 22 cm) verteilen. Den Pfannkuchen von beiden Seiten etwa 3 Minuten backen. Bevor der Pfannkuchen gewendet wird, wieder etwas Speiseöl in die Pfanne geben. Aus dem restlichen Teig weitere 3 Pfannkuchen backen. Pfannkuchen warm stellen.
5. Jeweils ein Viertel der Gemüsefüllung auf eine Pfannkuchenhälfte geben, zusammenklappen, anrichten und servieren.

Kartoffelfrikadellen

4 Portionen

Zubereitungszeit: 30 Minuten, ohne Durchziehzeit
Bratzeit: etwa 5 Minuten je Portion

1 kg mehligkochende Kartoffeln
Salz
50 g Kürbiskerne
2 kleine Zwiebeln
1 Knoblauchzehe
5–6 EL Speiseöl, z. B. Rapsöl
1 kleines Bund Petersilie
gem. Pfeffer
2 Eier (Größe M)
etwas Weizenmehl
Semmelbrösel

Pro Portion:
E: 14 g, F: 22 g, Kh: 57 g,
kJ: 2020, kcal: 482

Kartoffelfrikadellen

1. Kartoffeln schälen, abspülen, abtropfen lassen, in einem Topf knapp mit Wasser bedeckt, zugedeckt zum Kochen bringen, Salz hinzugeben. Die Kartoffeln in etwa 20 Minuten gar kochen.
2. In der Zwischenzeit die Kürbiskerne in einer Pfanne ohne Fett unter Rühren rösten, herausnehmen, abkühlen lassen, dann die Kerne hacken. Zwiebeln und Knoblauch abziehen und in feine Würfel schneiden. 1 Esslöffel von dem Speiseöl in einer Pfanne erhitzen. Zwiebel- und Knoblauchwürfel darin andünsten. Petersilie abspülen und trocken tupfen. Die Blättchen von den Stängeln zupfen. Blättchen klein schneiden und mit den Kürbiskernen zu der Zwiebel-Knoblauch-Masse geben.
3. Die gegarten Kartoffeln abgießen, abdämpfen und mit einem Kartoffelstampfer zerdrücken. Die Zwiebel-Kräuter-Masse mit den Kartoffeln vermengen, mit Salz und Pfeffer kräftig würzen. Die Kartoffelmasse etwa 20 Minuten durchziehen lassen.
4. Eier verschlagen. Die Kartoffelmasse zu kleinen Bällchen formen und flach drücken. Bällchen zuerst in Mehl, dann in den Eiern und zuletzt in Semmelbröseln wenden. Restliches Speiseöl portionsweise in einer großen Pfanne erhitzen. Die Frikadellen darin bei mittlerer Hitze in etwa 5 Minuten von beiden Seiten goldbraun braten.

Beilage: Rucolasalat und Saure-Sahne-Dip.

Buchweizen-Bohnen-Puffer

Buchweizen-Bohnen-Puffer

4 Portionen

Zubereitungszeit: 30 Minuten, ohne Ruhezeit

Für den Teig:
100 g fein gemahlener Buchweizen
100 g Vollkorn-Weizenmehl
2 gestr. TL Dr. Oetker Backin
150 g Schlagsahne
150 ml Gemüsebrühe
2 Eier (Größe M)
Salz, gem. Pfeffer
ger. Muskatnuss

Für den Belag:
50 g Pinienkerne
200 g grüne Bohnen
500 ml Gemüsebrühe
gerebeltes Bohnenkraut
2 kleine, rote Paprikaschoten (etwa 300 g)
150 g Schafskäse
3 EL Olivenöl

100 g Schafskäse
125 ml Speiseöl

Pro Portion:
E: 26 g, F: 53 g, Kh: 43 g,
kJ: 3293, kcal: 786

1. Für den Teig Buchweizen, Vollkorn-Weizenmehl und Backpulver in einer Rührschüssel mischen. Sahne mit Brühe, Eiern, Salz, Pfeffer und Muskat verschlagen. Die Eiersahne nach und nach unter Rühren zum Mehl geben. Darauf achten, dass keine Klümpchen entstehen. Den Teig etwa 30 Minuten ruhen lassen.
2. In der Zwischenzeit für den Belag Pinienkerne in einer Pfanne ohne Fett unter Rühren leicht rösten und abkühlen lassen.
3. Von den Bohnen die Enden abschneiden, evtl. abfädeln. Die Bohnen abspülen, abtropfen lassen und in Stücke schneiden oder brechen. Brühe in einem Topf zum Kochen bringen. Die Bohnen darin etwa 10 Minuten kochen lassen. Dann die Bohnen in ein Sieb geben, mit kaltem Wasser abschrecken und abtropfen lassen. Etwas Bohnenkraut unter die Bohnen mischen.
4. Paprikaschoten halbieren, entstielen, entkernen und die weißen Scheidewände entfernen. Schoten abspülen, abtropfen lassen und in kleine Würfel schneiden. Schafskäse in Würfel schneiden. Bohnen, Paprika-, Schafskäsewürfel und Pinienkerne in eine Schüssel geben. Olivenöl hinzugeben und alles vorsichtig vermengen.
5. Schafskäse in Würfel schneiden. Den Teig gut durchrühren und die Schafskäsewürfel unterheben. Jeweils etwas Speiseöl in einer Pfanne erhitzen. Für jeden Puffer gut 1 Esslöffel des Teiges in die Pfanne geben, etwas flach drücken und bei mittlerer Hitze etwa 5 Minuten von beiden Seiten backen. Fertige Puffer aus der Pfanne nehmen, auf Küchenpapier abtropfen lassen und warm stellen.
6. Die Puffer auf Tellern anrichten und das Gemüse darauf verteilen.

Gemüseomelett

2 Portionen (ohne Foto)

Zubereitungszeit: 30 Minuten

4 Eier (Größe M)
Salz
ger. Muskatnuss
gem. Pfeffer
200 g Zucchini
je 1 kleine, rote und grüne Paprikaschote (je etwa 150 g)
1 Zwiebel
300 g Tomaten
1 EL Speiseöl
1–2 Stängel Estragon

Pro Portion:
E: 20 g, F: 20 g, Kh: 12 g,
kJ: 1386, kcal: 331

1. Die Eier verschlagen, mit Salz, Muskat und Pfeffer würzen.
2. Zucchini abspülen, trocken tupfen und die Enden abschneiden. Paprikaschoten halbieren, entstielen, entkernen und die weißen Scheidewände entfernen. Zwiebel abziehen. Zucchini, Paprikaschoten und Zwiebel in feine Streifen schneiden.
3. Tomaten kreuzweise einschneiden und mit kochendem Wasser übergießen. Nach 1–2 Minuten herausnehmen und mit kaltem Wasser abschrecken. Tomaten enthäuten, halbieren und die Stängelansätze herausschneiden. Tomaten vierteln.
4. Speiseöl in einer großen Pfanne erhitzen. Die Zwiebelstreifen darin goldgelb dünsten.
5. Paprika- und Zucchinistreifen hinzugeben und unter Rühren 2–3 Minuten mitdünsten lassen. Mit Salz und Pfeffer würzen.
6. Estragon abspülen und trocken tupfen. Die Blättchen von den Stängeln zupfen, Blättchen klein schneiden und unter die verschlagenen Eier rühren.
7. Tomatenspalten und die Eiermasse zum Gemüse in die Pfanne geben. Das Omelett zugedeckt bei schwacher Hitze stocken lassen.

Gebratener Reis mit Gemüse

4 Portionen

Zubereitungszeit: 35 Minuten

150 g Möhren
150 g Porree (Lauch)
1 rote Paprikaschote (etwa 150 g)
1 Bund Frühlingszwiebeln
150 g Chinakohl
1 Knoblauchzehe
50 g frische Sojabohnensprossen
7 EL Speiseöl
1–2 Eier (Größe M)
500 g gegarter Langkornreis (etwa 180 g Rohgewicht)
3 EL Sojasauce
1 gestr. TL Salz
1 1/2 EL Zucker
1/2 TL gem. Pfeffer

Pro Portion:
E: 9 g, F: 20 g, Kh: 52 g,
kJ: 1788, kcal: 428

1. Möhren putzen, schälen, abspülen, abtropfen lassen und in Streifen schneiden. Porree putzen, die Stange längs halbieren, gründlich waschen, abtropfen lassen und in Streifen schneiden.
2. Paprikaschote halbieren, entstielen, entkernen und die weißen Scheidewände entfernen. Schote abspülen, abtropfen lassen und in Streifen schneiden. Frühlingszwiebeln putzen, abspülen, abtropfen lassen und in dünne Scheiben schneiden. Chinakohl putzen und den unteren Strunk abschneiden. Schlechte Blätter entfernen. Chinakohl in Streifen schneiden, abspülen und abtropfen lassen. Knoblauch abziehen und sehr klein schneiden. Sojabohnensprossen verlesen, in ein Sieb geben, mit kaltem Wasser abspülen, abtropfen lassen.
3. Speiseöl in einem Wok erhitzen, Knoblauch darin kurz anbraten.
4. Eier verschlagen, abwechselnd mit dem Reis hinzugeben und etwa 1 Minute braten. Das vorbereitete Gemüse und die Sojabohnensprossen hinzufügen, etwa 3 Minuten mitbraten lassen.
5. Mit Sojasauce, Salz, Zucker und Pfeffer würzen. Den Reis mit dem Gemüse noch etwa 1 Minute unter Rühren braten und heiß servieren.

Gemüse-Cheeseburger

4 Portionen

Zubereitungszeit: 30 Minuten
Gratinierzeit: 5–8 Minuten

150 g gegarte Salzkartoffeln (vom Vortag)
1 Möhre (etwa 150 g)
1 abgetropfte Gewürzgurke (etwa 80 g)
1 Ei (Größe M)
1 geh. EL Weizenmehl
Salz, gem. Pfeffer
evtl. gem. Piment
2 EL Speiseöl, z. B. Sonnenblumenöl
6 Hamburger-Brötchen mit Sesam
6 EL fettreduzierte Sandwich-Creme (Fertigsauce)
6 kleine Scheiben Gouda (je etwa 20 g)
6 große Salatblätter
1/2 Salatgurke

Pro Portion:
E: 21 g, F: 22 g, Kh: 61 g,
kJ: 2198, kcal: 526

1. Kartoffeln auf einer groben Gemüsereibe in eine Schüssel raspeln. Möhre putzen, schälen, abspülen und abtropfen lassen. Möhre und Gurke ebenfalls raspeln und zu den Kartoffelraspeln in die Schüssel geben. Ei, Mehl, Salz, Pfeffer und nach Belieben 1 Prise Piment untermengen.
2. Den Backofengrill bzw. Backofen vorheizen.
Ober-/Unterhitze: etwa 220 °C
Heißluft: etwa 200 °C
3. Speiseöl in einer Pfanne erhitzen. Von dem Teig mit einem Esslöffel 6 große Teigplätzchen evtl. in 2 Portionen in die Pfanne geben und etwas glatt streichen. Die Bratlinge von einer Seite knusprig braun braten, dann mit einem Pfannenwender umdrehen und die zweite Seite weitere etwa 3 Minuten bei mittlerer Hitze braten.
4. Brötchen halbieren. Die unteren Brötchenhälften auf ein Backblech (mit Backpapier belegt) setzen und dünn mit jeweils etwas von der Sandwich-Creme bestreichen. Jeweils 1 Gemüseburger und 1 Scheibe Käse darauflegen.
5. Das Backblech in den vorgeheizten Backofen bzw. unter den vorgeheizten Backofengrill schieben. Gemüse-Cheeseburger 5–8 Minuten goldbraun gratinieren.
6. Salatblätter und Gurke abspülen und gut trocken tupfen. Die Gurke in Scheiben hobeln oder schneiden. Die oberen Brötchenhälften mit der restlichen Sandwich-Creme bestreichen. Die gratinierten Brötchenhälften aus dem Backofen nehmen. Mit den Salatblättern und Gurkenscheiben belegen. Die oberen Brötchenhälften darauflegen. Gemüse-Cheeseburger sofort servieren.

Gebratener Reis mit Gemüse

Gemüse-Cheeseburger

Champignon-Frikadellen

2 Portionen

Zubereitungszeit: 35 Minuten, ohne Abkühlzeit
Bratzeit: etwa 8 Minuten

400 g Champignons
2 Schalotten
3–4 EL Speiseöl,
z. B. Sonnenblumenöl
1 Brötchen (Semmel) vom Vortag
1 Knoblauchzehe
1 Ei (Größe M)
Salz, gem. Pfeffer
1/2 TL klein geschnittene Majoranblättchen
3–4 EL Semmelbrösel
evtl. einige Majoranblättchen
evtl. einige Gewürzgurkenscheiben

Pro Portion:
E: 17 g, F: 19 g, Kh: 36 g,
kJ: 1596, kcal: 381

1. Champignons putzen, evtl. kurz abspülen, trocken tupfen und in kleine Würfel schneiden. Schalotten abziehen und klein würfeln.
2. Einen Esslöffel Speiseöl in einer großen Pfanne erhitzen. Schalottenwürfel darin glasig dünsten. Champignonwürfel hinzufügen und unter gelegentlichem Rühren bei mittlerer Hitze so lange dünsten, bis die Flüssigkeit verdampft ist (etwa 5 Minuten). Die Champignonmasse herausnehmen, in eine Schüssel geben und etwas abkühlen lassen.
3. Brötchen in kaltem Wasser einweichen. Knoblauch abziehen und klein schneiden. Eingeweichtes Brötchen gut ausdrücken, mit dem Knoblauch und Ei zu der Champignonmasse geben. Mit Salz, Pfeffer und Majoran würzen. Die Zutaten gut vermengen.
4. Semmelbrösel in einen tiefen Teller geben. Aus der Champignonmasse 6 flache Frikadellen formen und in den Semmelbröseln wenden.
5. Restliches Speiseöl in der Pfanne erhitzen. Die Frikadellen darin etwa 4 Minuten von jeder Seite bei mittlerer Hitze knusprig braun braten. Champignon-Frikadellen herausnehmen und auf einem Teller anrichten. Nach Belieben mit abgespülten und trocken getupften Majoranblättchen und Gurkenscheiben garnieren.

Tipp: Zu den Champignon-Frikadellen einen **Kräuterdip** reichen. Dafür je 75 g Joghurt (3,5 % Fett) und Crème fraîche verrühren. 2 Esslöffel gehackte Kräuter (frisch oder TK, z. B. Schnittlauch oder Petersilie) unterrühren. Dip mit Salz und Pfeffer abschmecken.

Couscous mit Gemüseragout

4 Portionen (ohne Foto)

Zubereitungszeit: 50 Minuten
Garzeit: Gemüseragout etwa 15 Minuten

500 ml Gemüsebrühe
250 g Couscous (vorgekocht)
1 Bund Koriander oder glatte Petersilie
1 kleine Aubergine (etwa 250 g)
2 Zucchini (etwa 300 g)
je 1 gelbe und grüne Paprikaschote
2 Möhren
1 große Zwiebel
2 Knoblauchzehen
2 EL Speiseöl
Salz, gem. Pfeffer
400 g Tomaten (aus der Dose)
2 EL Tomatenmark
50 g Rosinen
100 g gesalzene Erdnusskerne

Pro Portion:
E: 11 g, F: 21 g, Kh: 25 g,
kJ: 1489, kcal: 355

1. Brühe in einem Topf zum Kochen bringen. Couscous einstreuen und zugedeckt etwa 15 Minuten quellen lassen, bis die Brühe von dem Couscous fast aufgesaugt ist.
2. Den Backofen vorheizen.
Ober-/Unterhitze: etwa 70 °C
3. Koriander oder Petersilie abspülen und trocken tupfen. Die Blättchen von den Stängeln zupfen. Die Hälfte der Kräuterblättchen unter den Couscous mischen. Couscous auf einer Platte verteilen und zugedeckt auf dem Rost in den vorgeheizten Backofen schieben. Couscous warm halten.
4. Aubergine und Zucchini abspülen, abtrocknen und den Stängelansatz bzw. Enden abschneiden. Aubergine und Zucchini in Würfel schneiden.
5. Paprikaschoten halbieren, entstielen, entkernen und die weißen Scheidewände entfernen. Schoten abspülen, abtropfen lassen und in Streifen schneiden. Möhren putzen, schälen, abspülen, abtropfen lassen und in Würfel schneiden. Zwiebel und Knoblauch abziehen, klein würfeln.
6. Speiseöl in einer großen Pfanne erhitzen. Das vorbereitete Gemüse darin portionsweise andünsten, mit Salz und Pfeffer würzen. Das Gemüse in etwa 6 Minuten gar dünsten.

Champignon-Frikadellen

7. Tomaten mit dem Saft, Tomatenmark, Rosinen und Erdnusskerne zum Gemüse in die Pfanne geben, unter Rühren zum Kochen bringen und weitere etwa 5 Minuten bei schwacher Hitze unter gelegentlichem Rühren garen. Tomaten mit einer Gabel etwas zerkleinern.
8. Restliche Kräuterblättchen unterrühren, evtl. nochmals mit Salz und Pfeffer abschmecken. Gemüseragout auf dem Couscous anrichten.

Bulgur-Küchlein mit Green Bull

Bulgur-Küchlein mit Green Bull

4 Portionen (16 Stück)

Zubereitungszeit: 45 Minuten

Für die Bulgur-Küchlein:
75 g Bulgur, 200 ml Wasser
2 Frühlingszwiebeln
2 Stängel Minze
1/2 Bund glatte Petersilie
100 g abgetropfter Fetakäse
25 g Rosinen
1 TL gem. Kreuzkümmel (Cumin)
Salz
2 Eier (Größe M)
75 g Weizenmehl
125 g Buttermilch
4 EL Speiseöl

Für Green Bull:
1 Salatgurke, 4 Kiwis
8 Minzeblättchen
2 EL Limettensaft
1 EL Weizenkeimöl
4 EL flüssiger Honig
400 ml Mineralwasser
ohne Kohlensäure
evtl. Eiswürfel

Pro Portion:
E: 14 g, F: 21 g, Kh: 55 g,
kJ: 2004, kcal: 478

1. Für die Küchlein den Bulgur in ein Sieb geben, mit kaltem Wasser abspülen und abtropfen lassen. Bulgur in einen Topf geben, Wasser hinzugießen und zum Kochen bringen. Die Kochstelle ausschalten. Bulgur zugedeckt etwa 7 Minuten ziehen lassen.
2. Die Frühlingszwiebeln putzen, abspülen, abtropfen lassen und in sehr feine Scheiben schneiden. Minze und Petersilie abspülen, trocken tupfen. Blättchen jeweils von den Stängeln zupfen. Blättchen klein schneiden. Den Fetakäse fein zerbröseln.
3. Den Bulgur mit Frühlingszwiebelscheiben, Minze, Petersilie, Käsebröseln und Rosinen vermischen. Mit Kreuzkümmel und Salz würzen. Eier, Mehl und Buttermilch in einer Rührschüssel verschlagen. Die Bulgur-Käse-Mischung gut unterrühren.
4. Die Küchlein in 2 Portionen braten. Dafür jeweils die Hälfte des Speiseöls in einer großen Pfanne erhitzen. Je 1 gehäuften Esslöffel des Teiges in die Pfanne geben. Die Küchlein von beiden Seiten bei mittlerer Hitze goldbraun braten.
5. Für Green Bull die Gurke abspülen, abtrocknen und die Enden abschneiden. Die Gurke mit Schale und Kernen in grobe Würfel schneiden. Kiwis schälen, grob würfeln. Minzeblättchen abspülen und trocken tupfen. Gurken-, Kiwiwürfel und Minzeblättchen in einen Rührbecher geben. Limettensaft, Weizenkeimöl, Honig und Mineralwasser hinzugeben. Die Zutaten fein pürieren und in 4 Gläsern verteilen. Green Bull nach Belieben mit Eiswürfeln servieren. Die Bulgur-Küchlein dazureichen.

Tofuschnitten, paniert

4 Portionen (ohne Foto)

Zubereitungszeit: 25 Minuten, ohne Durchziehzeit
Bratzeit: 3–5 Minuten

500 g Tofu
5–7 EL Sojasauce
Salz
1 Knoblauchzehe

1 Ei (Größe M)
2 EL Wasser
4 EL feiner Weizenschrot
4 EL Sesamsamen
125 g Kokosfett

Pro Portion:
E: 18 g, F: 45 g, Kh: 13 g,
kJ: 2300, kcal: 549

1. Tofu der Länge nach in Scheiben schneiden, mit Sojasauce beträufeln und mit Salz bestreuen. Knoblauch abziehen, zerdrücken, auf den Tofuschnitten verteilen und einige Stunden durchziehen lassen.
2. Ei mit Wasser verschlagen. Tofuschnitten zuerst durch das verschlagene Ei ziehen, am Schüsselrand abstreifen. Dann in Weizenschrot und zuletzt in Sesam wenden. Die Panade etwas andrücken.
3. Kokosfett in einer großen Pfanne erhitzen. Die Tofuschnitten darin von beiden Seiten 3–5 Minuten goldgelb braten.

Kapitel 08

Rezepte 701–800

Nudel-, Reis- & Getreidegerichte

Grüner Gemüsereis

Grüner Gemüsereis

2 Portionen

Zubereitungszeit: 5 Minuten
Garzeit: etwa 20 Minuten

175 ml Gemüsebrühe
1 TL Butter
80 g Langkornreis
50 g TK-Erbsen
1 Handvoll junger Blattspinat oder
125 g aufgetauter TK-Blattspinat
Salz
gem. Pfeffer
2 EL ger. Parmesan

Pro Portion:
E: 12 g, F: 9 g, Kh: 35 g,
kJ: 1146, kcal: 274

1. Brühe und Butter in einem Topf zum Kochen bringen. Reis hinzugeben und unterrühren. Den Reis zugedeckt etwa 10 Minuten bei schwacher Hitze garen.
2. Die gefrorenen Erbsen hinzugeben, wieder zum Kochen bringen und weitere etwa 5 Minuten mitgaren lassen.
3. Spinat verlesen und die dicken Stiele entfernen. Spinat gründlich waschen, trocken tupfen und grob zerschneiden (TK-Spinat gut ausdrücken und grob zerschneiden).
4. Den Spinat zum Reis in den Topf geben. Den Gemüsereis in 3–5 Minuten fertig garen. Mit Salz und Pfeffer abschmecken, anrichten und mit Käse bestreut servieren.

Grünkern-Tagliatelle mit Rucola

4 Portionen

Zubereitungszeit: 40 Minuten, ohne Ruhe- und Trockenzeit

150 g Grünkernkörner
230 g Weizenmehl
2 Eier (Größe M)
2 EL Haselnussöl
4 EL Wasser
2 gestr. TL Salz
4 l Wasser
4 gestr. TL Salz
3 Bund Rucola (Rauke, etwa 300 g)
3 EL Haselnussöl
40 g Butter
Salz, ger. Muskatnuss
60 g frisch gehobelter Parmesan

Pro Portion:
E: 20 g, F: 32 g, Kh: 67 g,
kJ: 2801, kcal: 669

1. Grünkern fein mahlen, mit Mehl in einer Rührschüssel mischen. Eier, Haselnussöl, Wasser und Salz hinzufügen. Die Zutaten mit einem Mixer (Knethaken) zunächst kurz auf niedrigster, dann auf höchster Stufe gut durcharbeiten.
2. Anschließend auf einer bemehlten Arbeitsfläche zu einem glatten Teig verkneten. Den Teig in Frischhaltefolie gewickelt im Kühlschrank etwa 30 Minuten ruhen lassen.
3. Teig portionsweise auf einer bemehlten Arbeitsfläche dünn ausrollen und zum Trocknen auf bemehlte Geschirrtücher legen. Wenn die Teigplatten soweit getrocknet sind (nach etwa 20 Minuten), dass sie nicht mehr kleben, aber auch nicht zerbrechen, daraus Nudeln in etwa 1/2 cm breite Streifen schneiden.
4. Wasser in einem großen Topf zugedeckt zum Kochen bringen. Dann Salz und Nudeln hinzugeben. Die Nudeln im geöffneten Topf bei mittlerer Hitze 3–5 Minuten bissfest kochen, dabei gelegentlich umrühren.
5. Anschließend die Nudeln in ein Sieb geben, mit heißem Wasser abspülen und abtropfen lassen.
6. Rucola verlesen und die dicken Stiele abschneiden. Rucola abspülen, trocken tupfen und klein schneiden. Haselnussöl in einer Pfanne erhitzen, Butter darin zerlassen. Rucola kurz darin andünsten und herausnehmen.
7. Tagliatelle mit Rucola mischen, mit Salz und Muskat würzen und auf Tellern anrichten. Mit Parmesan bestreut servieren.

Tipps: Tagliatelle lassen sich sehr gut vorbereiten, indem man sie vollständig trocknen lässt und luftdicht verpackt. Grünkern-Tagliatelle zusätzlich mit Rucola garnieren.

Hirseauflauf mit Gemüse

4 Portionen

Zubereitungszeit: 50 Minuten
Garzeit: etwa 15 Minuten

200 g Hirse
1 Zwiebel
2 EL Speiseöl
500 ml Gemüsebrühe
Hefewürze
Meersalz
gem. Pfeffer
1 Lorbeerblatt
200 g Champignons
1 Knoblauchzehe
300 g TK-Erbsen
10 g Sojamehl
2 Eier (Größe M)
5 EL Schlagsahne
ger. Muskatnuss
50 g frisch ger. Käse, z. B. Gouda

Pro Portion:
E: 17 g, F: 21 g, Kh: 45 g,
kJ: 1927, kcal: 460

1. Hirse in ein Sieb geben, unter fließendem kalten Wasser abspülen und abtropfen lassen. Zwiebel abziehen und in kleine Würfel schneiden.
2. Speiseöl in einem Topf erhitzen. Zwiebelwürfel und Hirse darin kurz unter Rühren andünsten. Brühe hinzugießen, mit Hefewürze, Salz und Pfeffer würzen, Lorbeerblatt hinzugeben. Die Zutaten zum Kochen bringen und zugedeckt etwa 15 Minuten bei mittlerer Hitze garen.
3. Den Backofen vorheizen.
Ober-/Unterhitze: etwa 200 °C
Heißluft: etwa 180 °C
4. Champignons putzen und die dicken Stiele abschneiden. Champignons kurz abspülen, trocken tupfen und in feine Scheiben schneiden. Knoblauch abziehen und zerdrücken. Die gefrorenen Erbsen, Sojamehl, Champignonscheiben und Knoblauch mit der Hirsemasse vermengen und in eine Auflaufform (gefettet) geben.
5. Eier mit Sahne verschlagen, mit Salz, Pfeffer und Muskat würzen. Die Eiersahne auf der Gemüse-Hirse-Masse verteilen. Mit dem geriebenen Käse bestreuen.
6. Die Form auf dem Rost in den vorgeheizten Backofen schieben. Den Hirseauflauf mit Gemüse etwa 15 Minuten garen.

Grünkern-Tagliatelle mit Rucola

Hirseauflauf mit Gemüse

Bandnudeln mit italienischem Bohnengemüse

2 Portionen VEGAN

Zubereitungszeit: 40 Minuten

250 g grüne Bohnen (Brechbohnen; ersatzweise 250 g TK-Bohnen)
Salz
2 l Wasser
2 gestr. TL Salz
200 g Bandnudeln
40 g getrocknete Tomaten
1–2 Knoblauchzehen
1/2 Bund Basilikum
1 EL Olivenöl
50 ml Gemüsebrühe
gem. schwarzer Pfeffer

Pro Portion:
E: 19 g, F: 8 g, Kh: 83 g,
kJ: 2040, kcal: 486

1. Von den Bohnen die Enden abschneiden, evtl. abfädeln. Bohnen abspülen, abtropfen lassen und in Stücke schneiden oder brechen. In einem Topf wenig Wasser zum Kochen bringen. Bohnen und Salz (auf 375 ml Wasser 1/3 Teelöffel Salz) in das kochende Wasser geben, wieder zum Kochen bringen. Die Bohnen zugedeckt bei mittlerer Hitze etwa 15 Minuten bissfest garen (TK-Bohnen nach Packungsanleitung garen). Anschließend die Bohnen in ein Sieb geben, mit kaltem Wasser abschrecken und abtropfen lassen.
2. Wasser in einem großen Topf zugedeckt zum Kochen bringen. Dann Salz und Nudeln hinzugeben. Die Nudeln im geöffneten Topf bei mittlerer Hitze nach Packungsanleitung bissfest kochen, dabei gelegentlich umrühren. Anschließend die Nudeln in ein Sieb geben, mit heißem Wasser abspülen und abtropfen lassen.
3. In der Zwischenzeit Tomaten in Streifen schneiden. Knoblauch abziehen und in Scheiben schneiden. Basilikum abspülen und trocken tupfen. Die Blättchen von den Stängeln zupfen. Blättchen in Streifen schneiden und beiseitelegen.
4. Olivenöl in einer beschichteten Pfanne erhitzen. Tomatenstreifen und Knoblauchscheiben darin kurz andünsten. Brühe hinzugießen und einmal aufkochen lassen. Die abgetropften Bohnen hinzufügen und unter Rühren kurz erwärmen. Alles mit Salz und Pfeffer abschmecken. Die Basilikumstreifen unterheben.
5. Die Nudeln mit Bohnengemüse auf Tellern anrichten und servieren.

Bandnudeln mit italienischem Bohnengemüse

Hirse-Spinat-Auflauf

4 Portionen (ohne Foto)

Zubereitungszeit: 40 Minuten
Garzeit: 20–25 Minuten

2 große Zwiebeln (etwa 200 g)
3 TL Speiseöl
200 g Hirse
gem. Pfeffer
400 ml Gemüsebrühe
3 Stängel Salbei
20 g Butter oder Margarine
600 g TK-Blattspinat
ger. Muskatnuss
Paprikapulver edelsüß
2 Knoblauchzehen
750 g Fleischtomaten (vorbereitet gewogen)
250 g Champignons (vorbereitet gewogen)
1–2 Knoblauchzehen
1 TL Speiseöl
Saft von 1 Zitrone
100 g ger. Käse, z. B. Emmentaler

Pro Portion:
E: 22 g, F: 21 g, Kh: 42 g,
kJ: 1875, kcal: 448

1. Die Zwiebeln abziehen und in feine Würfel schneiden. Speiseöl in einem Topf erhitzen. Die Hälfte der Zwiebelwürfel darin goldgelb dünsten. Die Hirse hinzufügen und unter Rühren anrösten, mit Pfeffer würzen, Brühe hinzugießen und zum Kochen bringen. Hirse zugedeckt etwa 20 Minuten garen.
2. Salbei abspülen und trocken tupfen. Die Blättchen von den Stängeln zupfen, Blättchen klein schneiden.
3. Butter oder Margarine in einem zweiten Topf zerlassen. Die Hälfte der restlichen Zwiebeln darin goldgelb dünsten. Den gefrorenen Spinat hinzufügen und zugedeckt bei schwacher Hitze auftauen lassen. Mit Pfeffer, Muskat und Paprika würzen. Den Knoblauch abziehen, zerdrücken und hinzugeben.
4. Den Spinat in einer Auflaufform (gefettet) verteilen. Die Tomaten kreuzweise einschneiden und mit ko-

chendem Wasser übergießen. Nach 1–2 Minuten herausnehmen und mit kaltem Wasser abschrecken. Die Tomaten häuten, halbieren und die Stängelansätze herausschneiden. Tomaten entkernen und in Würfel schneiden.
5. Den Backofen vorheizen.
Ober-/Unterhitze: etwa 200 °C
Heißluft: etwa 180 °C
6. Die gegarte Hirse mit Tomatenwürfeln und Salbei vermischen, mit den Gewürzen abschmecken und auf dem Spinat verteilen.
7. Champignons putzen, evtl. kurz abspülen, trocken tupfen, vierteln oder in Scheiben schneiden. Knoblauch abziehen und in kleine Würfel schneiden. Speiseöl in einer Pfanne erhitzen, die restlichen Zwiebelwürfel darin glasig dünsten. Die Champignons mit den Knoblauchwürfeln hinzugeben, mit etwas Zitronensaft beträufeln, mit Pfeffer würzen. Die Champignons bei starker Hitze unter Rühren anbraten (sie sollen kein Wasser ziehen), herausnehmen und auf der Hirse-Tomaten-Masse verteilen. Mit Käse bestreuen.
8. Die Form auf dem Rost in den vorgeheizten Backofen schieben. Den Auflauf 20–25 Minuten garen.

Vollkorn-Ravioli mit Ratatouille

Vollkorn-Ravioli mit Ratatouille

8 Portionen

Zubereitungszeit: 90 Minuten, ohne Ruhezeit

Für die Ravioli:
600 g Vollkorn-Weizenmehl
8 Eier (Größe M)
2 gestr. TL Salz
8 EL Wasser
2 EL Weißweinessig
400 g Schafskäse
4 Eiweiß (Größe M)
je 4 l Wasser
je 4 gestr. TL Salz
6 EL Speiseöl

Für das Ratatouille:
600 g Gemüsezwiebeln
10 EL Speiseöl
800 g grüne Paprikaschoten
500 g Zucchini, 500 g Auberginen
4 Knoblauchzehen
Salz, gem. Pfeffer
gerebelter Thymian
1 kg Fleischtomaten
4 EL Basilikumstreifen
4 EL Speiseöl

Pro Portion:
E: 31 g, F: 48 g, Kh: 70 g,
kJ: 3709, kcal: 887

1. Für die Ravioli Mehl in eine große Rührschüssel geben und in die Mitte eine Vertiefung eindrücken. Eier, Salz, Wasser und Essig verschlagen, in die Vertiefung geben. Mit einer Gabel nach und nach etwas von dem Mehl einrühren. Anschließend mit einem Mixer (Knethaken) zu einem glatten Teig verkneten. Sollte der Teig kleben, noch etwas Mehl hinzufügen. Den Teig in Frischhaltefolie wickeln, etwa 1 Stunde ruhen lassen.
2. Den Teig in 2 Portionen auf einer bemehlten Arbeitsfläche dünn ausrollen. Auf einem Teigstück Quadrate (etwa 6 x 6 cm) markieren.
3. Schafskäse würfeln, auf jedes Teigquadrat 1 Schafskäsewürfel legen.
4. Eiweiß verschlagen, die Teigzwischenräume mit dem Eiweiß bestreichen. Das zweite Teigstück darauflegen. Die Teigstücke jeweils zwischen der Füllung fest andrücken, dann die Quadrate ausrädeln.
5. Die Ravioli in 2 Portionen kochen. Dafür jeweils Wasser in einem großen Topf zum Kochen bringen. Dann Salz, Speiseöl und Ravioli hinzugeben. Ravioli bei schwacher Hitze etwa 8 Minuten garen. Ravioli mit einer Schaumkelle herausnehmen und warm stellen.
6. Für das Ratatouille in der Zwischenzeit Gemüsezwiebeln abziehen, halbieren und in Scheiben schneiden. Speiseöl in einem großen Topf erhitzen. Zwiebelscheiben darin andünsten. Paprikaschoten halbieren, entstielen, entkernen und die weißen Scheidewände entfernen. Schoten abspülen, abtropfen lassen, in Stücke schneiden, zu den Zwiebeln geben und kurz mitdünsten lassen.
7. Zucchini und Auberginen abspülen, abtrocknen und die Stängelansätze bzw. Enden abschneiden. Zucchini und Auberginen in Stücke schneiden und zu der Zwiebel-Paprika-Masse geben. Die Zutaten zum Kochen bringen und zugedeckt etwa 10 Minuten garen. Knoblauch abziehen, zerdrücken und zu dem Ratatouille geben. Mit Salz, Pfeffer und Thymian würzen.
8. Tomaten kreuzweise einschneiden und mit kochendem Wasser übergießen. Nach 1–2 Minuten herausnehmen und mit kaltem Wasser abschrecken. Tomaten häuten, halbieren, entkernen und die Stängelansätze herausschneiden. Tomaten in Würfel schneiden, zum Ratatouille geben und miterhitzen, evtl. nochmals mit den Gewürzen abschmecken, mit den Basilikumstreifen bestreuen.
9. Speiseöl in einem Topf erhitzen, Ravioli darin schwenken. Ravioli mit Ratatouille servieren.

Basilikum-Hirse-Spätzle

Basilikum-Hirse-Spätzle

4 Portionen

Zubereitungszeit: 35 Minuten, ohne Quellzeit

Für den Spätzleteig:
440 g fein gemahlenes Hirsemehl
4 Eier (Größe M)
Salz
60 ml Wasser
1–2 Bund frisches Basilikum

400 g Frühlingszwiebeln
1 EL Butter oder Margarine
4 EL Kürbiskerne
3 l Wasser
3 gestr. TL Salz
2 EL Butter
200 g fein ger. Gouda

Pro Portion:
E: 36 g, F: 36 g, Kh: 84 g,
kJ: 3572, kcal: 853

1. Für den Teig das Hirsemehl in eine Schüssel geben, in die Mitte eine Vertiefung drücken. Eier mit Salz und Wasser verschlagen, etwas davon in die Vertiefung geben. Die Zutaten mit einem Mixer (Knethaken) von der Mitte aus mit dem Mehl verrühren. Nach und nach die restliche Eierflüssigkeit hinzugießen. Darauf achten, dass keine Klümpchen entstehen. Den Teig so lange rühren, bis er Blasen wirft, evtl. noch etwas Wasser hinzufügen.
2. Basilikum abspülen und trocken tupfen. Die Blättchen von den Stängeln zupfen (einige Blättchen zum Garnieren beiseitelegen). Blättchen sehr klein schneiden und unter den Teig rühren. Den Teig zugedeckt etwa 20 Minuten quellen lassen.
3. Die Frühlingszwiebeln putzen, abspülen, abtropfen lassen und in Scheiben schneiden. Butter oder Margarine in einer Pfanne zerlassen. Frühlingszwiebelscheiben darin unter Rühren braun rösten und abkühlen lassen. Kürbiskerne in einer Pfanne ohne Fett hellbraun rösten, herausnehmen und auf einem Teller abkühlen lassen.
4. Wasser in einem großen Topf zum Kochen bringen, Salz hinzufügen. Den Teig portionsweise mit einem Spätzlehobel oder durch eine Spätzlepresse in das kochende Salzwasser geben und in 3–5 Minuten gar kochen (die Spätzle sind gar, wenn sie an der Oberfläche schwimmen).
5. Gare Spätzle mit einer Schaumkelle aus dem Salzwasser nehmen, in ein Sieb geben, mit kaltem Wasser abschrecken und abtropfen lassen.
6. Butter, Käse und die gerösteten Frühlingszwiebelscheiben zu den Spätzle geben und unterheben (evtl. in einem Topf nochmals kurz erwärmen, bis der Käse geschmolzen ist).
7. Die Basilikum-Hirse-Spätzle auf Tellern verteilen, mit den gerösteten Kürbiskernen bestreuen und mit den beiseitegelegten Basilikumblättchen garnieren.

Tipp: Wenn Sie ganz sicher gehen möchten, dass die Spätzle gelingen, kochen Sie zuerst einige „Probespätzle". Evtl. müssen Sie noch etwas Mehl hinzugeben, falls die Spätzle auseinanderfallen.

Kartoffel-Maultaschen mit Rucola-Butter-Sauce

4 Portionen (ohne Foto)

Zubereitungszeit: 70 Minuten

Für die Füllung:
200 g Champignons
30 g Butter
Salz, gem. Pfeffer
1 Fleischtomate
1 EL Crème double

Für die Kartoffelmaultaschen:
1 1/2 kg mehligkochende Kartoffeln
20 g Butter
ger. Muskatnuss
1 Eigelb (Größe M)
100 g Weizenmehl
1 1/2 l Salzwasser

Für die Rucola-Butter-Sauce:
100 g Rucola (Rauke)
1 EL Zitronensaft
100 g Butter (zimmerwarm)
1 Schalotte
250 ml Weißwein
1 EL Schlagsahne

Pro Portion:
E: 14 g, F: 36 g, Kh: 79 g,
kJ: 3141, kcal: 749

1. Für die Füllung die Champignons putzen, evtl. kurz abspülen, trocken tupfen und fein würfeln. Butter in einer Pfanne zerlassen. Die Cham-

pignonwürfel darin andünsten, mit Salz und Pfeffer würzen.
2. Tomate kreuzweise einschneiden und mit kochendem Wasser übergießen. Nach 1–2 Minuten herausnehmen und mit kaltem Wasser abschrecken. Tomate häuten, halbieren und den Stängelansatz herausschneiden. Die Tomate in Würfel schneiden, mit Crème double unter die Champignonwürfel rühren, erkalten lassen.
3. Für die Kartoffelmaultaschen Kartoffeln gründlich waschen, in einem Topf knapp mit Wasser bedeckt, zugedeckt zum Kochen bringen und in 20–25 Minuten gar kochen. Kartoffeln abgießen, abdämpfen, heiß pellen und durch eine Kartoffelpresse in eine Schüssel drücken. Butter, Muskat, Salz und Eigelb unterrühren, etwas abkühlen lassen.
4. Mehl unter die Kartoffelmasse rühren. Den Kartoffelteig auf einer bemehlten Arbeitsfläche in kleinen Portionen etwa 1/2 cm dick ausrollen, mit einem gezackten Ausstechförmchen Kreise (Ø 8 cm) ausstechen. Gut 1 Teelöffel der Füllung darauf verteilen, übereinanderschlagen und die Ränder andrücken.
5. Die Kartoffelmaultaschen portionsweise in kochendem Salzwasser 6–8 Minuten ziehen lassen, bis sie an die Oberfläche steigen. Dann die Maultaschen mit einem Schaumlöffel herausnehmen und warm stellen.
6. Für die Rucola-Butter-Sauce Rucola verlesen und die dicken Stiele herausschneiden. Rucola abspülen, trocken tupfen und klein schneiden. Rucola mit Zitronensaft und Butter verrühren. Schalotte abziehen und fein würfeln. Weißwein mit den Schalottenwürfeln zum Kochen bringen und um die Hälfte einkochen lassen, Sahne unterrühren.
7. Die Rucola-Butter in die Sauce geben und mit dem Pürierstab aufschlagen (Rucola darf nicht zu stark erhitzt werden, er wird sonst braun), mit Salz und Pfeffer abschmecken. Die Kartoffel-Maultaschen anrichten und mit der Rucola-Butter-Sauce servieren.

Buntes Paprikagemüse mit Buchweizengrütze

2 Portionen VEGAN

Zubereitungszeit: 40 Minuten, ohne Quellzeit
Garzeit: Gemüse etwa 15 Minuten

Für das Paprikagemüse:
500 g Paprikaschoten (rot, grün, gelb)
2 Stangen Staudensellerie (etwa 100 g)
1 Knoblauchzehe
1 Zwiebel (etwa 50 g)
2 Stängel Thymian
1 Stängel Rosmarin
3 EL Olivenöl
75 ml Gemüsebrühe

Für die Buchweizengrütze:
370 ml Gemüsebrühe
1 EL Olivenöl
120 g Buchweizengrütze
5 Stängel glatte Petersilie
Salz

1 EL Tomatenmark
gem. Pfeffer
1 TL Ahornsirup

Pro Portion:
E: 9 g, F: 22 g, Kh: 58 g,
kJ: 1939, kcal: 463

1. Für das Gemüse Paprikaschoten der Länge nach vierteln, entstielen, entkernen und die weißen Scheidewände entfernen. Die Schotenviertel abspülen, trocken tupfen und der Länge nach in schmale Streifen schneiden.
2. Staudensellerie putzen, abspülen, abtropfen lassen, zuerst in etwa 5 cm lange Stücke, danach längs in dünne Streifen schneiden. Knoblauch und die Zwiebel abziehen. Zwiebel halbieren und längs in dünne Streifen schneiden, Knoblauch klein schneiden. Thymian und Rosmarin abspülen, trocken tupfen. Blättchen bzw. Nadeln von den Stängeln zupfen.
3. Das Olivenöl in einem Topf erhitzen. Zwiebelstreifen darin etwa 5 Minuten andünsten. Knoblauch, Paprika-, Selleriestreifen, Thymianblättchen, Rosmarinnadeln und die Brühe hinzugeben, zum Kochen bringen. Das Gemüse zugedeckt etwa 10 Minuten dünsten.
4. Für die Grütze Brühe und Olivenöl in einem Topf zum Kochen bringen. Die Buchweizengrütze einstreuen und unter Rühren aufkochen. Die Grütze zugedeckt etwa 12 Minuten bei schwacher Hitze quellen lassen.
5. In der Zwischenzeit die Petersilie abspülen und trocken tupfen. Die Blättchen von den Stängeln zupfen (einige Blättchen zum Garnieren beiseitelegen). Die Blättchen grob zerschneiden und unter die Grütze rühren. Mit Salz abschmecken.
6. Tomatenmark zum Paprikagemüse geben und unter Rühren aufkochen. Das Gemüse mit Salz, Pfeffer und Ahornsirup abschmecken.
7. Das Paprikagemüse mit der Buchweizengrütze anrichten und mit den beiseitegelegten Petersilienblättchen garnieren.

Buntes Paprikagemüse mit Buchweizengrütze

Gnocchi in Basilikumsahne

4 Portionen

Zubereitungszeit: 25 Minuten
Garzeit: etwa 10 Minuten

1 Zwiebel
500 g Champignons
300 g Zucchini
40 g abgetropfte, getrocknete Tomaten, in Öl
3 EL Speiseöl
Salz, gem. Pfeffer
750 g Gnocchi (aus dem Kühlregal)
125 ml heiße Gemüsebrühe
100 g Schlagsahne
1 TL heller Saucenbinder
1 Topf Basilikum
1–2 EL Weißwein

Pro Portion:
E: 15 g, F: 17 g, Kh: 76 g,
kJ: 2187, kcal: 523

1. Zwiebel abziehen und klein würfeln. Champignons putzen, evtl. kurz abspülen, abtropfen lassen und je nach Größe halbieren oder vierteln.
2. Zucchini abspülen, abtrocknen und die Enden abschneiden. Zucchini der Länge nach halbieren und in Scheiben schneiden. Tomaten in Streifen schneiden.
3. Speiseöl in einer großen Pfanne oder in einem Topf erhitzen. Die Zwiebelwürfel, Champignons und Zucchinischeiben darin portionsweise unter Rühren andünsten. Mit Salz und Pfeffer würzen. Tomatenstreifen unterrühren.
4. Gnocchi, heiße Brühe und Sahne hinzugeben, zum Kochen bringen und etwa 4 Minuten garen. Anschließend Saucenbinder einstreuen und unter Rühren aufkochen lassen.
5. Basilikum abspülen und trocken tupfen. Die Blättchen von den Stängeln zupfen, in Streifen schneiden.
6. Gnocchi mit Salz, Pfeffer und Weißwein würzen. Basilikumstreifen unterheben. Die Sauce mit den Gewürzen abschmecken.

Gnocchi in Basilikumsahne

Nudeln in Kürbisrahm

2–3 Portionen (ohne Foto)

Zubereitungszeit: 30 Minuten

2 1/2 l Wasser
2 1/2 gestr. TL Salz
250 g Bandnudeln
150 g abgetropfter, eingelegter Kürbis, süßsauer (aus dem Glas)
20 kleine Salbeiblättchen
2 EL Butter
40 g grüne Kürbiskerne
2 EL Korinthen
125 g Schlagsahne

Pro Portion:
E: 12 g, F: 20 g, Kh: 52 g,
kJ: 1922, kcal: 459

1. Wasser in einem großen Topf zugedeckt zum Kochen bringen. Dann Salz und Nudeln hinzugeben. Die Nudeln im geöffneten Topf bei mittlerer Hitze nach Packungsanleitung bissfest kochen, dabei gelegentlich umrühren. Anschließend die Nudeln in ein Sieb geben, mit heißem Wasser abspülen und abtropfen lassen.
2. Kürbis in kleine Würfel schneiden. Salbeiblättchen abspülen und trocken tupfen.
3. Butter in einer Pfanne zerlassen. Die Kürbiskerne und Salbeiblättchen darin unter Rühren anbraten, Kürbiswürfel und Korinthen hinzufügen. Die Zutaten 4–5 Minuten dünsten. Sahne hinzugießen und kurz einkochen lassen.
4. Die Nudeln mit dem Kürbisrahm in einer Schüssel anrichten und sofort servieren.

Farfalle mit Tomaten-Pesto-Ragout

4 Portionen

Zubereitungszeit: 20 Minuten
Überbackzeit: 15–20 Minuten

2 1/2 l Wasser
2 1/2 gestr. TL Salz
250 g Farfalle (Schleifchennudeln)
1/2 Bund Frühlingszwiebeln
6 kleine Fleischtomaten
1 mittelgroße Aubergine
2 EL Olivenöl
Salz
gem. Pfeffer
1 Prise Zucker
3 EL Basilikum-Pesto (aus dem Glas)
125 g abgetropfter Mozzarella
4–5 EL ger. Parmesan

Farfalle mit Tomaten-Pesto-Ragout

Pro Portion:
E: 42 g, F: 26 g, Kh: 57 g,
kJ: 2700, kcal: 644

1. Das Wasser in einem großen Topf zugedeckt zum Kochen bringen. Salz und Nudeln hinzugeben. Nudeln im geöffneten Topf bei mittlerer Hitze nach Packungsanleitung kochen lassen, dabei gelegentlich umrühren.
2. Anschließend die Nudeln in ein Sieb geben, mit heißem Wasser abspülen und abtropfen lassen.
3. In der Zwischenzeit die Frühlingszwiebeln putzen, abspülen, abtropfen lassen und in Scheiben schneiden. Tomaten abspülen, trocken tupfen, halbieren und die Stängelansätze herausschneiden. Tomaten in grobe Stücke schneiden. Die Aubergine abspülen, abtrocknen und den Stängelansatz entfernen. Aubergine in Würfel schneiden.
4. Den Backofen vorheizen.
Ober-/Unterhitze: etwa 180 °C
Heißluft: etwa 160 °C
5. Einen Esslöffel des Olivenöls in einer Pfanne erhitzen. Frühlingszwiebelscheiben darin unter Rühren kräftig anbraten und herausnehmen.
6. Das restliche Olivenöl in die Pfanne geben und erhitzen. Auberginenwürfel darin kräftig anbraten.
7. Die Tomatenstücke hinzugeben und mit den Auberginenwürfeln etwa 4 Minuten unter Rühren dünsten. Mit Salz, Pfeffer und Zucker würzen. Das Basilikum-Pesto unterrühren.
8. Die Nudeln mit den Frühlingszwiebelscheiben und dem Tomaten-Ragout in eine Auflaufform (gefettet) geben und gut vermischen.
9. Mozzarella in dünne Scheiben schneiden und darauf verteilen. Mit Parmesan bestreuen.
10. Die Form auf dem Rost in den vorgeheizten Backofen schieben. Den Auflauf 15–20 Minuten überbacken.

Couscous mit Gemüse

4 Portionen

VEGAN

Zubereitungszeit: 45 Minuten
Garzeit: etwa 15 Minuten

2 Knoblauchzehen
2 Zwiebeln
250 g Zucchini
300 g Auberginen
5 Fleischtomaten
250 g Kürbis
200 g Möhren
6 EL Olivenöl
Salz
gem. Pfeffer
1 Döschen (0,1 g) Safran
gem. Zimt
1 TL Paprikapulver edelsüß
1 EL Harissa (scharfe Gewürzpaste)
gem. Gewürznelken und Kreuzkümmel (Cumin)
250 g Couscous
300 ml heiße Gemüsebrühe
1 Bund glatte Petersilie

Couscous mit Gemüse

Pro Portion:
E: 6 g. F: 21 g, Kh: 19 g,
kJ: 1236, kcal: 295

1. Knoblauch und Zwiebeln abziehen, in kleine Würfel schneiden. Zucchini und Auberginen abspülen, abtrocknen und die Stängelansätze bzw. Enden abschneiden. Zucchini und Auberginen in etwa 1 1/2 cm große Würfel schneiden.
2. Die Tomaten abspülen, trocken tupfen und die Stängelansätze herausschneiden. Tomaten würfeln.
3. Kürbis und Möhren putzen, schälen, abspülen, abtropfen lassen und in Würfel schneiden. Olivenöl in einer großen Pfanne erhitzen. Zuerst Knoblauch- und Zwiebelwürfel, dann Zucchini-, Auberginen-, Kürbis-, Möhren- und Tomatenwürfel darin andünsten. Mit Salz, Pfeffer, Safran, Zimt, Paprika, Harissa, Nelken und Kreuzkümmel würzen. Das Gemüse etwa 15 Minuten bei schwacher Hitze schmoren.
4. In der Zwischenzeit Couscous in einen Topf geben, mit heißer Gemüsebrühe übergießen und zugedeckt bei schwacher Hitze etwa 15 Minuten quellen lassen. Couscous mit 2 Gabeln auflockern und auf Tellern oder in Schälchen verteilen.
5. Petersilie abspülen und trocken tupfen. Blättchen von den Stängeln zupfen. Couscous mit Petersilienblättchen garnieren und mit dem Gemüse servieren.

Gnocchi in Salbeibutter

Gnocchi mit Kapern, Oliven und Rucola

Gnocchi in Salbeibutter

2 Portionen

Zubereitungszeit: 60 Minuten
Garzeit: etwa 6 Minuten

500 g Kartoffeln
Salz
100 g Weizenmehl
2 Eier (Größe M)
2 Fleischtomaten
60 g Butter
1 EL in Streifen geschnittene Salbeiblätter

Pro Portion:
E: 18 g, F: 32 g, Kh: 73 g,
kJ: 2784, kcal: 664

1. Kartoffeln schälen, abspülen, abtropfen lassen, in einem Topf knapp mit Wasser bedeckt, zugedeckt zum Kochen bringen und Salz hinzufügen. Die Kartoffeln in etwa 20 Minuten gar kochen. Kartoffeln abgießen und sofort durch eine Kartoffelpresse in eine Schüssel drücken, mit Mehl und Eiern zu einem Teig verarbeiten.
2. Den Teig auf einer mit Mehl bestäubten Arbeitsfläche zu länglichen Rollen formen, in etwa 2 cm lange Stücke schneiden und mit der Gabel ein Muster eindrücken.
3. Gnocchi in kochendem Salzwasser etwa 6 Minuten gar ziehen lassen, bis sie an der Oberfläche schwimmen. Die Gnocchi mit einem Schaumlöffel herausnehmen.
4. Tomaten kreuzweise einschneiden und mit kochendem Wasser übergießen. Nach 1–2 Minuten herausnehmen und mit kaltem Wasser abschrecken. Tomaten häuten, halbieren und die Stängelansätze herausschneiden. Tomaten in Stücke schneiden.
5. Butter in einem Topf zerlassen, Tomatenstücke und Salbeistreifen darin andünsten, salzen. Gnocchi zufügen und kurz durchschwenken.

Gnocchi mit Kapern, Oliven und Rucola

4 Portionen

Zubereitungszeit: 60 Minuten

600 g mehligkochende Kartoffeln
Salz, ger. Muskatnuss
1 Ei (Größe M)
2 Eigelb (Größe M)
etwa 180 g Weizenmehl
125 g Rucola (Rauke)
2 EL Butter, 1 EL Olivenöl
2 EL abgetropfte, feine Kapern
100 g abgetropfte, schwarze Oliven

Pro Portion:
E: 12 g, F: 20 g, Kh: 57 g,
kJ: 1962, kcal: 468

1. Die Kartoffeln gründlich waschen, abtropfen lassen und in einem Topf knapp mit Wasser bedeckt, zugedeckt zum Kochen bringen. Salz hinzugeben. Die Kartoffeln etwa 25 Minuten kochen. Die garen Kartoffeln abgießen, abdämpfen und heiß pellen. Kartoffeln durch eine Kartoffelpresse direkt auf die Arbeitsfläche drücken. Salz und Muskat auf die Kartoffelmasse streuen.
2. Ei und Eigelb verschlagen. Das Mehl und die verschlagenen Eier auf der Kartoffelmasse verteilen und mit den Händen kurz zu einem glatten Teig verkneten.
3. Teig auf der bemehlten Arbeitsfläche zu gleichmäßigen Rollen formen. Die Teigrollen dann in etwa 3 cm lange Stücke schneiden.
4. In einem Topf so viel Wasser zum Kochen bringen, dass die Gnocchi schwimmen können. Die Gnocchi mit Salz in das kochende Wasser geben und ohne Deckel bei schwacher Hitze gar ziehen lassen (das Wasser muss sich leicht bewegen), bis sie an der Oberfläche schwimmen.
5. In der Zwischenzeit Rucola putzen und die harten Stiele abschneiden. Rucola abspülen und trocken tupfen. Butter mit dem Olivenöl in 2 großen Pfannen erhitzen. Die Kapern und Oliven darin andünsten. Gnocchi mit einem Schaumlöffel aus dem Topf nehmen, abtropfen lassen und in den Pfannen verteilen. Mit Salz und Pfeffer würzen, durchschwenken und auf eine vorgewärmte Platte geben. Mit Rucola bestreuen und servieren.

Gemüsereis

4 Portionen

Zubereitungszeit: 20 Minuten, ohne Quellzeit

2 Möhren
100 g Knollensellerie
1 kleine Stange Porree (Lauch)
1 Zwiebel
1 EL Butter
1 EL Speiseöl
200 g Naturreis (ungeschält)
250 ml Weißwein
250 ml Gemüsebrühe
100 g gut abgetropfte Mungobohnenkeimlinge (aus dem Glas)
150 g Schafskäse

Pro Portion:
E: 14 g, F: 14 g, Kh: 45 g,
kJ: 1738, kcal: 415

1. Möhren und Sellerie putzen, schälen, abspülen und abtropfen lassen. Porree putzen, die Stange längs halbieren, gründlich waschen und abtropfen lassen. Möhren, Sellerie und Porree in feine Streifen schneiden. Zwiebel abziehen und klein würfeln.
2. Butter in einem Topf zerlassen, Speiseöl miterhitzen. Die Gemüsestreifen und Zwiebelwürfel darin etwa 5 Minuten unter Rühren dünsten. Reis kurz mit andünsten.
3. Wein und Brühe hinzugießen, zum Kochen bringen. Den Reis zugedeckt etwa 25 Minuten bei schwacher Hitze quellen lassen (Packungsanleitung beachten). Dabei ab und zu umrühren, bis der Reis bissfest ist und die ganze Flüssigkeit aufgenommen hat.
4. Etwa 2 Minuten vor Ende der Garzeit die Mungobohnenkeimlinge hinzugeben. Schafskäse zerbröseln und auf den Reis streuen.

Gemüsereis

Maultaschen mit Tofufüllung

4 Portionen (ohne Foto)

Zubereitungszeit: 60 Minuten, ohne Ruhezeit

Für den Teig:
200 g Vollkorn-Weizenmehl
50 g Buchweizenmehl
5 EL Maiskeimöl
2 Eier (Größe M)
evtl. 1–2 EL Wasser
1 TL Kurkuma (Gelbwurz)
1/2 gestr. TL Salz

Für die Füllung:
25 g Korinthen, 2 EL Zitronensaft
1 EL Sojasauce
1/2 EL klein geschnittene Zitronenmelisse
gem. Pfeffer
100 g Tofu
125 g Zuckerschoten
1/2 Stange Porree (Lauch)
1 1/2 EL Butter
50 g Crème fraîche
25 g gehackte Haselnusskerne
1 Knoblauchzehe
Sojasauce

etwa 1 l Gemüsebrühe
2–3 EL Nussöl
ger. Käse, z. B. alter Gouda

Pro Portion:
E: 17 g, F: 44 g, Kh: 58 g,
kJ: 3042, kcal: 726

1. Für den Teig Vollkorn-Weizenmehl mit Buchweizenmehl in eine Rührschüssel geben. Maiskeimöl, Eier, Wasser, Kurkuma und Salz hinzufügen. Die Zutaten mit einem Mixer (Knethaken) zu einem festen, formbaren Teig verkneten. Den Teig in Frischhaltefolie gewickelt über Nacht bei Zimmertemperatur ruhen lassen.
2. Für die Füllung Korinthen abspülen, trocken tupfen, mit Zitronensaft, Sojasauce, Zitronenmelisse und Pfeffer vermengen. Tofu in Würfel schneiden und untermischen. Von den Zuckerschoten die Enden abschneiden, evtl. abfädeln. Zuckerschoten abspülen, abtropfen lassen und in etwa 1 cm lange Stücke schneiden. Porree putzen, längs halbieren, gründlich waschen, abtropfen lassen und in dünne Streifen schneiden.
3. Butter in einem Topf zerlassen, Porreestreifen und Zuckerschotenstücke darin etwa 5 Minuten dünsten, Crème fraîche und Haselnusskerne untermischen. Knoblauch abziehen, zerdrücken und unterrühren, mit Sojasauce abschmecken.
4. Den Teig messerrückendick oder dünn ausrollen, mit einem Teigrädchen Rechtecke von etwa 5 x 12 cm ausrädeln. Teigränder mit Wasser bestreichen.
5. Auf eine Teighälfte jeweils 1 Esslöffel von der Füllung geben, die freien Teighälften über die Füllung klappen, Ränder gut zusammendrücken. Die Maultaschen mindestens 15 Minuten ruhen lassen.
6. Brühe in einem Topf zum Kochen bringen, Maultauschen portionsweise hineingeben. Sobald sie an die Oberfläche steigen, etwa 10 Minuten bei schwacher Hitze kochen lassen. Maultaschen mit einem Schaumlöffel herausnehmen, abtropfen lassen und in Nussöl schwenken.
7. Die Maultaschen mit dem Käse bestreut servieren.

Drei-Körner-Nockerln

Drei-Körner-Nockerln

4 Portionen

Zubereitungszeit: 40 Minuten, ohne Quell- und Abkühlzeit
Backzeit: etwa 10 Minuten

Für die Maisnockerln:
1 TL Butter
100 g Maisgrieß
125 ml Milch (3,5 % Fett)
125 ml Gemüsebrühe
50 g Schafskäse

Für die Grünkernnockerln:
1 TL Butter
125 g Grünkernschrot
125 ml Milch (3,5 % Fett)
125 ml Gemüsebrühe
50 g ger. Cheddar-Käse

Für die Hirsenockerln:
1 TL Butter, 100 g Hirse
125 ml Milch (3,5 % Fett)
125 ml Gemüsebrühe
2 EL Hartweizengrieß
50 g Blauschimmelkäse
1 Bund Petersilie

Für die Tomatensauce:
1 kg Tomaten
40 g Butter
2 EL Vollkorn-Weizenmehl
1 abgezogene, zerdrückte Knoblauchzehe
Meersalz, gem. Pfeffer
Paprikapulver edelsüß
6 EL Schlagsahne

Pro Portion:
E: 23 g, F: 34 g, Kh: 77 g,
kJ: 3088, kcal: 738

1. Für die Maisnockerln die Butter in einem Topf zerlassen, Maisgrieß darin andünsten. Milch und Brühe hinzugießen, zum Kochen bringen und etwa 15 Minuten bei schwacher Hitze ausquellen lassen, Schafskäse unterrühren, nochmals aufkochen und abkühlen lassen.
2. Für die Grünkernnockerln Butter in einem Topf zerlassen, Grünkernschrot darin andünsten. Milch und Brühe hinzugießen und 15–20 Minuten bei schwacher Hitze ausquellen lassen. Die Masse nochmals aufkochen, Käse unterrühren und abkühlen lassen.
3. Für die Hirsenockerln Butter in einem Topf zerlassen, Hirse darin andünsten. Milch und Brühe hinzugießen, Grieß unterrühren, zum Kochen bringen und 15–20 Minuten bei schwacher Hitze ausquellen lassen, Käse unterrühren. Die Masse nochmals aufkochen und abkühlen lassen. Petersilie abspülen und trocken tupfen. Die Blättchen von den Stängeln zupfen, Blättchen klein schneiden und unter den Hirsebrei rühren.
4. Den Backofen vorheizen.
Ober-/Unterhitze: etwa 180 °C
Heißluft: etwa 160 °C
5. Von den abgekühlten, fest gewordenen Massen mit 2 kalt abgespülten Esslöffeln Nockerln abstechen und in eine große Auflaufform (gefettet) setzen. Die Form auf dem Rost in den vorgeheizten Backofen schieben. Die Nockerln etwa 10 Minuten backen.
6. Für die Tomatensauce inzwischen Tomaten abspülen, trocken tupfen, halbieren und die Stängelansätze herausschneiden. Tomaten pürieren.
7. Butter mit Mehl verkneten. Tomatenpüree in einen Topf geben, unter Rühren zum Kochen bringen und die Mehlpaste in Flöckchen hinzugeben. Knoblauch unterrühren, mit Salz, Pfeffer und Paprika würzen. Die Püreemasse etwa 10 Minuten unter ständigem Rühren kochen lassen.
8. Sahne unterrühren. Die Nockerln mit der Tomatensauce servieren.

Nudeln süßsauer mit Gemüsesalat

4 Portionen (ohne Foto)

Zubereitungszeit: 45 Minuten

2 mittelgroße Möhren
100 g Zuckerschoten
150 g Brokkoliröschen
2 rote Paprikaschoten
125 g Chinakohl
2 rote Chilischoten
1 kleines Stück frischer Ingwer
2 Knoblauchzehen
2 EL Erdnussöl
100 g abgetropfte Bambussprossen (aus der Dose)

1 1/2 l Wasser
1 1/2 gestr. TL Salz
125 g Spaghettini

Für die Sauce:
2 gestr. TL Zucker
2 EL Limettensaft
2 EL Reis-Essig
2 EL Erdnussöl
Salz, gem. Pfeffer

175 g ungesalzene, geröstete Erdnusskerne
3 EL klein geschnittener, frischer Koriander

Pro Portion:
E: 20 g, F: 36 g, Kh: 38 g,
kJ: 2452, kcal: 586

1. Möhren putzen, schälen, abspülen, abtropfen lassen und in Stifte schneiden. Von den Zuckerschoten die Enden abschneiden, evtl. abfädeln. Zuckerschoten abspülen, abtropfen lassen und schräg halbieren. Brokkoliröschen putzen, abspülen und abtropfen lassen.
2. Paprikaschoten halbieren, entstielen, entkernen und die weißen Scheidewände entfernen. Schoten abspülen und trocken tupfen. Die Hälfte der Schoten in Streifen, die restlichen Schoten in Würfel schneiden. Chinakohl putzen und den Strunk entfernen. Chinakohl grob zerschneiden, abspülen und abtropfen lassen.
3. Chilischoten abspülen, abtropfen lassen, entstielen, halbieren, entkernen und in Würfel schneiden. Die Hälfte der Chiliwürfel für die Sauce beiseitelegen. Ingwer schälen und reiben. Knoblauch abziehen und klein würfeln.
4. Erdnussöl in einem Wok erhitzen. Knoblauch-, Chiliwürfel und Ingwer darin anbraten. Das vorbereitete Gemüse und die Bambussprossen hinzugeben und 3–4 Minuten unter Rühren mit anbraten.
5. Wasser in einem großen Topf zugedeckt zum Kochen bringen. Dann Salz und Nudeln hinzugeben. Die Nudeln im geöffneten Topf bei mittlerer Hitze nach Packungsanleitung bissfest kochen, dabei gelegentlich umrühren.
6. In der Zwischenzeit für die Sauce Zucker, Limettensaft, Reis-Essig und beiseitegelegte Chiliwürfel gut verrühren, Erdnussöl unterschlagen. Mit Salz und Pfeffer würzen.
7. Die gegarten Nudeln in ein Sieb geben, mit heißem Wasser abspülen und abtropfen lassen.
8. Die Nudeln mit der Sauce, den Erdnusskernen und Koriander zum Gemüse in den Wok geben, gut vermischen und sofort servieren.

Grüne Bandnudeln auf Tomaten-Paprika-Ragout

8–10 Portionen

Zubereitungszeit: 60 Minuten

4 rote Paprikaschoten (etwa 600 g)
2 Bund Frühlingszwiebeln
je 5 l Wasser
je 5 gestr. TL Salz
1 kg grüne Bandnudeln (ohne Ei)
4 EL Speiseöl, z. B. Olivenöl
800 g geschälte Tomaten (aus der Dose)
330 g Ajvar (aus dem Glas)
Salz
gem. Pfeffer
etwas Zucker
süße Chilisauce
einige Basilikumblättchen

Pro Portion:
E: 13 g, F: 7 g, Kh: 64 g,
kJ: 1635, kcal: 390

1. Paprikaschoten halbieren, entstielen, entkernen und die weißen Scheidewände entfernen. Schoten abspülen, abtropfen lassen und in kleine Würfel schneiden.
2. Die Frühlingszwiebeln putzen, abspülen, abtropfen lassen, in kleine Stücke oder Scheiben schneiden (etwas Frühlingszwiebelgrün zum Garnieren beiseitelegen).
3. Die Nudeln in 2 Portionen kochen. Dafür jeweils Wasser in einem großen Topf zugedeckt zum Kochen bringen. Dann Salz und Nudeln hinzugeben. Die Nudeln im geöffneten Topf bei mittlerer Hitze nach Packungsanleitung bissfest kochen, dabei gelegentlich umrühren.
4. In der Zwischenzeit das Speiseöl in einem großen Topf erhitzen. Zunächst Paprikawürfel darin andünsten, dann Frühlingszwiebelstücke oder -scheiben hinzufügen und mitdünsten lassen. Tomaten in der Dose mit einer Gabel grob zerkleinern. Tomaten mit der Flüssigkeit und Ajvar zum angedünsteten Gemüse in den Topf geben und unterrühren. Ragout mit Salz, Pfeffer, Zucker und Chilisauce pikant würzen. Das Tomaten-Paprika-Ragout unter gelegentlichem Rühren im geöffneten Topf etwa 10 Minuten garen.
5. Die gegarten Nudeln in ein Sieb abgießen, mit heißem Wasser abspülen und abtropfen lassen.
6. Beiseitegelegtes Frühlingszwiebelgrün abspülen, trocken tupfen, in dünne Scheiben schneiden.
7. Grüne Bandnudeln auf dem Tomaten-Paprika-Ragout anrichten. Mit den Frühlingszwiebelscheiben bestreuen und evtl. mit abgespülten und trocken getupften Basilikumblättchen garnieren.

Grüne Bandnudeln auf Tomaten-Paprika-Ragout

Hirsetopf mit Spargel und Brokkoli

4 Portionen

Zubereitungszeit: 50 Minuten
Garzeit: etwa 20 Minuten

800 g grüner Spargel
500 g Brokkoli
3 Zwiebeln (etwa 150 g)
800 ml Gemüsebrühe
350 g Hirse
40 g Butterschmalz
1 Döschen (0,1 g) gem. Safran
250 ml Milch (3,5 % Fett)
40 g gehobelte Mandeln
etwa 50 g ger. Parmesan
grobes Meersalz
gem. Pfeffer, ger. Muskatnuss

Pro Portion:
E: 24 g, F: 26 g, Kh: 71 g,
kJ: 2595, kcal: 621

1. Von dem Spargel das untere Drittel schälen und die unteren Enden abschneiden. Stangen abspülen, abtropfen lassen und in etwa 5 cm lange Stücke schneiden.
2. Von dem Brokkoli die Blätter entfernen. Brokkoli abspülen, abtropfen lassen und in kleine Röschen teilen. Brokkolistiele schälen und in Würfel schneiden. Zwiebeln abziehen und in Streifen schneiden.
3. Brühe in einem Topf zum Kochen bringen. Spargelstücke, Brokkoliröschen und -würfel hinzugeben, wieder zum Kochen bringen und etwa 3 Minuten bei mittlerer Hitze vorgaren.
4. In der Zwischenzeit Hirse in ein Sieb geben, unter fließendem kalten Wasser abspülen und abtropfen lassen. Vorgegarte Spargelstücke, Brokkoliröschen und -würfel in einem Sieb abtropfen lassen, dabei die Brühe auffangen.
5. Die Hälfte von dem Butterschmalz in einem Topf erhitzen. Zwiebelstreifen und Hirse darin unter Rühren andünsten. Aufgefangene Brühe und Safran hinzugeben, unter Rühren zum Kochen bringen. Hirse zugedeckt etwa 15 Minuten bei schwacher Hitze garen. Milch nach und nach unterrühren.
6. Mandeln in einer Pfanne ohne Fett goldbraun rösten, herausnehmen, auf einem Teller abkühlen lassen.
7. Das restliche Butterschmalz in einer Pfanne erhitzen. Die Spargelstücke, Brokkoliröschen und -würfel darin unter Rühren anbraten. Mit Meersalz würzen.
8. Zwei Drittel des geriebenen Parmesans unter den Hirsetopf rühren. Mit Salz, Pfeffer und Muskat würzen. Mit restlichem Käse bestreuen. Das Gemüse auf dem Hirsetopf verteilen und mit Mandeln bestreuen.

Gefülltes Gemüse

4 Portionen (Titelrezept)

Zubereitungszeit: 20 Minuten
Garzeit: etwa 20 Minuten

2 gelbe Paprikaschoten
4 große Strauchtomaten
250 g gegarter Reis oder Bulgur (Rohgewicht etwa 100 g)
100 g TK-Erbsen
Salz
gem. Pfeffer
1 kleine Zucchini
2 TL Olivenöl
50 g Schafskäse

Pro Portion:
E: 9 g, F: 8 g, Kh: 28 g,
kJ: 936, kcal: 223

1. Paprikaschoten halbieren und die weißen Scheidewände entfernen. Schoten abspülen und trocken tupfen. Tomaten abspülen, trocken tupfen und einen Deckel abschneiden. Die Tomaten mit einem Löffel aushöhlen und das Fruchtfleisch in den Paprikahälften verteilen.
2. Den Backofen vorheizen.
Ober-/Unterhitze: etwa 180 °C
Heißluft: etwa 160 °C
3. Den gegarten Reis oder Bulgur mit den gefrorenen Erbsen mischen, mit Salz und Pfeffer würzen und je 1 gehäuften Teelöffel davon in die Tomaten geben. Restliche Reis- oder Bulgur-Mischung in die Paprikahälften füllen.
4. Zucchini abspülen, abtrocknen und die Enden abschneiden. Zucchini in dünne Scheiben schneiden, mit Olivenöl beträufeln, mit Salz und Pfeffer würzen. Die Tomaten mit den Zucchinischeiben belegen und mit zerbröseltem Schafskäse bestreuen. Den Deckel auflegen. Gefülltes Gemüse in eine flache Auflaufform (gefettet) setzen.
5. Die Form auf dem Rost in den vorgeheizten Backofen schieben. Gefülltes Gemüse etwa 20 Minuten garen.

Hirsetopf mit Spargel und Brokkoli

Gnocchi-Champignon-Pfanne

Krautfleckerl

Gnocchi-Champignon-Pfanne

4 Portionen

Zubereitungszeit: 30 Minuten

100 g weiß blühende Vogelmiere
800 g Gnocchi
(aus dem Kühlregal)
Salz
300 g braune, kleine
Champignons
4 Roma- oder Fleischtomaten
(etwa 400 g)
2 Knoblauchzehen
40 g Butter
2 EL Olivenöl
bunter gem. Pfeffer

Pro Portion:
E: 12 g, F: 15 g, Kh: 78 g,
kJ: 2062, kcal: 492

1. Die Vogelmiere verlesen, abspülen, trocken tupfen, klein schneiden.
2. Gnocchi in kochendem Salzwasser etwa 2 Minuten blanchieren. Anschließend in einem Sieb abtropfen lassen.
3. Die Champignons putzen, evtl. kurz abspülen, trocken tupfen und in Scheiben schneiden. Tomaten abspülen, trocken tupfen, halbieren, entkernen und die Stängelansätze herausschneiden. Tomaten in Würfel schneiden. Knoblauch abziehen und durch eine Knoblauchpresse drücken oder in kleine Würfel schneiden.
4. Die Butter in einer Pfanne zerlassen, Olivenöl miterhitzen. Zuerst die Champignonscheiben, dann Vogelmiere und zuletzt Gnocchi darin unter vorsichtigem Wenden leicht anbraten. Mit Salz, Pfeffer und Knoblauch würzen. Tomatenwürfel unterheben.

Krautfleckerl

4–6 Portionen

Zubereitungszeit: 30 Minuten

30 g Butterschmalz
50 g Zucker
150 g Zwiebeln
600 g Weißkohl
125 ml Gemüsebrühe
Salz
gem. Pfeffer

5 l Wasser
5 gestr. TL Salz
500 g Farfalle
(Schmetterlingsnudeln)

60 g Butter
1–2 Stängel glatte Petersilie

Pro Portion:
E: 16 g, F: 19 g, Kh: 82 g,
kJ: 2493, kcal: 595

1. Schmalz in einem Topf erhitzen. Zucker hinzufügen und unter Rühren bei mittlerer Hitze karamellisieren. Zwiebeln abziehen, in kleine Würfel schneiden, in den Topf geben und in dem Karamell andünsten.
2. Weißkohl putzen, vierteln und den Strunk herausschneiden. Kohlviertel abspülen, abtropfen lassen und in etwa 5 cm große Würfel schneiden. Kohlwürfel zu den Zwiebelwürfeln geben und unter Rühren kurz mitdünsten lassen. Brühe hinzugießen, mit Salz und Pfeffer würzen. Die Zutaten zum Kochen bringen und etwa 20 Minuten garen, dabei gelegentlich umrühren.
3. In der Zwischenzeit Wasser in einem großen Topf zugedeckt zum Kochen bringen. Dann Salz und Nudeln hinzugeben. Die Nudeln im geöffneten Topf bei mittlerer Hitze nach Packungsanleitung bissfest kochen, dabei gelegentlich umrühren.
4. Anschließend die Nudeln in ein Sieb geben, mit heißem Wasser abspülen und abtropfen lassen.
5. Butter in einer Pfanne zerlassen. Die Nudeln darin schwenken, zu dem gegarten Kohl geben und untermischen. Die Krautfleckerl mit Salz und Pfeffer abschmecken.
6. Petersilie abspülen und trocken tupfen. Die Blättchen von den Stängeln zupfen. Blättchen klein schneiden. Die Krautfleckerl mit Petersilie bestreut servieren.

Käse-Kräuter-Nudeln mit Spinat und Champignons

Kürbisrisotto

Käse-Kräuter-Nudeln mit Spinat und Champignons

3 Portionen

Zubereitungszeit: 30 Minuten

2 1/2 l Wasser
2 1/2 gestr. TL Salz
250 g Spätzle oder Penne (Röhrennudeln)
100 g Blattspinat
100 g Champignons
80 g Kräuterbutter
Salz
gem. Pfeffer
1 abgezogene, zerdrückte Knoblauchzehe
80 g ger. Gouda

Pro Portion:
E: 11 g, F: 29 g, Kh: 12 g,
kJ: 1538, kcal: 367

1. Wasser in einem großen Topf zugedeckt zum Kochen bringen. Dann Salz und Nudeln hinzugeben. Die Nudeln im geöffneten Topf bei mittlerer Hitze nach Packungsanleitung bissfest kochen, dabei gelegentlich umrühren.
2. In der Zwischenzeit Blattspinat verlesen und die dicken Stiele entfernen. Spinat gründlich waschen, abtropfen lassen, in kochendem Wasser etwa 1 Minute blanchieren, mit kaltem Wasser abschrecken und in einem Sieb abtropfen lassen.
3. Champignons putzen, evtl. kurz abspülen, trocken tupfen und in Scheiben schneiden.
4. Die gegarten Nudeln in ein Sieb geben, mit heißem Wasser abspülen und abtropfen lassen.
5. Den Backofengrill vorheizen.
6. Die Kräuterbutter in einer großen Pfanne zerlassen. Champignonscheiben, Nudeln und Blattspinat darin unter mehrmaligem Wenden andünsten. Mit Salz, Pfeffer und Knoblauch würzen.
7. Die Kräuter-Nudeln auf einer feuerfesten Platte anrichten, mit Käse bestreuen und unter dem vorgeheizten Backofengrill kurz überbacken, bis der Käse anfängt zu zerlaufen.

Kürbisrisotto

6 Portionen

Zubereitungszeit: 45 Minuten
Garzeit: etwa 35 Minuten

1 kg Kürbis, am besten orangefarbener italienischer Gemüsekürbis
1 Knoblauchzehe
2 Stängel Rosmarin
4 EL Olivenöl
Salz, gem. Pfeffer
100 g Butter
100 g Schalottenwürfel
400 g Risottoreis
750 ml Gemüsebrühe
50 g Butter
30 g ger. Parmesan

Pro Portion:
E: 22 g, F: 25 g, Kh: 55 g,
kJ: 2244, kcal: 535

1. Kürbis schälen, halbieren und den faserigen Innenteil entfernen. Kürbishälften vierteln und die Kerne mit einem Löffel herauskratzen. Kürbisviertel etwa 1 cm groß würfeln.
2. Knoblauch abziehen. Rosmarin abspülen und trocken tupfen. Olivenöl in einem Topf erhitzen. Kürbiswürfel, Knoblauch und Rosmarin hinzugeben. Mit Salz und Pfeffer würzen. Die Zutaten zugedeckt bei schwacher Hitze gar dünsten lassen.
3. Butter in einem großen Topf zerlassen. Schalottenwürfel hinzufügen und kurz andünsten.
4. Reis abspülen, abtropfen lassen, hinzufügen und andünsten, ohne dass der Reis Farbe annimmt. Mit etwas Gemüsebrühe ablöschen. Den Reis unter ständigem Rühren bei mittlerer Hitze und in wenig Brühe garen. Immer wieder etwas von der Brühe hinzugießen.
5. Nach etwa 15 Minuten Garzeit die gedünsteten Kürbiswürfel hinzugeben. Reis-Kürbis-Masse 18–20 Minuten weitergaren.
6. Den Topf von der Kochstelle nehmen. Butter und Parmesan-Käse unterrühren. Mit Salz und Pfeffer abschmecken.
7. Risotto in tiefen Tellern servieren.

Tipp: Träufeln Sie etwas Kürbiskernöl über das fertige Risotto.

Pennini mit Gemüsemix

4 Portionen (ohne Foto)

Zubereitungszeit: 25 Minuten
Garzeit: Gemüse etwa 10 Minuten

VEGAN

2 1/2 l Wasser
2 1/2 gestr. TL Salz
250 g Pennini

250 g rote Paprikaschoten
2 Möhren
300 g kleine Zucchini
150 g Zuckerschoten
3 Frühlingszwiebeln
2 EL vegane Margarine
4 EL Olivenöl
2 EL Schnittlauchröllchen
Salz
gem. Pfeffer
4 EL Sonnenblumenkerne

Pro Portion:
E: 14 g, F: 24 g, Kh: 52 g,
kJ: 2118, kcal: 506

1. Wasser in einem großen Topf zugedeckt zum Kochen bringen. Dann Salz und Nudeln hinzugeben. Die Nudeln im geöffneten Topf bei mittlerer Hitze nach Packungsanleitung bissfest kochen, dabei gelegentlich umrühren.
2. Paprikaschoten halbieren, entstielen, entkernen und die weißen Scheidewände entfernen. Schoten abspülen, abtropfen lassen und in Streifen schneiden.
3. Möhren putzen, schälen, abspülen, abtropfen lassen und in Streifen schneiden. Zucchini abspülen, abtrocknen, halbieren und in Scheiben schneiden.
4. Von den Zuckerschoten die Enden abschneiden, evtl. abfädeln. Zuckerschoten abspülen, abtropfen lassen und evtl. halbieren. Frühlingszwiebeln putzen, abspülen, abtropfen lassen und in Scheiben schneiden.
5. Fett in einem großen Topf zerlassen, Olivenöl miterhitzen. Die Paprika- und Möhrenstreifen hinzufügen und etwa 5 Minuten unter Rühren dünsten, dann die Zucchinischeiben, Zuckerschoten und Frühlingszwiebelscheiben hinzugeben. Das Gemüse in weiteren etwa 5 Minuten fertig dünsten.
6. Die gegarten Nudeln in ein Sieb geben, mit heißem Wasser abspülen und abtropfen lassen. Schnittlauchröllchen und die Nudeln zum Gemüse in den Topf geben und gut unterrühren, mit Salz und Pfeffer würzen.
7. Sonnenblumenkerne in einer Pfanne ohne Fett unter Rühren rösten. Pennini mit Gemüsemix in 4 tiefen Tellern verteilen und mit den Sonnenblumenkernen bestreut sofort servieren.

Nudeln mit Kürbis-Oliven-Sauce

4 Portionen

VEGAN

Zubereitungszeit: 40 Minuten
Garzeit: Sauce etwa 8 Minuten

1 Hokkaido-Kürbis (etwa 900 g)
250 g Porree (Lauch)
1–2 Knoblauchzehen
30 g Kürbiskerne
80 g abgetropfte, schwarze Oliven, ohne Stein
4 l Wasser
4 gestr. TL Salz
400 g Vollkornnudeln (ohne Ei), z. B. Dinkel-Penne
2 EL Speiseöl
250 ml Gemüsebrühe
Salz, gem. Pfeffer
Cayennepfeffer
gem. Koriander
1–2 TL Zitronensaft
2–3 EL Kürbiskernöl

Pro Portion:
E: 19 g, F: 24 g, Kh: 76 g,
kJ: 2514, kcal: 596

1. Kürbis abspülen, abtropfen lassen, halbieren und in Spalten schneiden. Kürbisspalten entkernen und mit der Schale quer in dünne Scheiben schneiden.
2. Den Porree putzen, die Stange längs halbieren, gründlich waschen, abtropfen lassen und quer in etwa 1/2 cm breite Streifen schneiden. Knoblauch abziehen und in dünne Scheiben schneiden.
3. Kürbiskerne in einer Pfanne ohne Fett unter Rühren goldbraun rösten, herausnehmen und auf einen Teller geben. Oliven quer dritteln, sodass Ringe entstehen.
4. Das Wasser in einem großen Topf zugedeckt zum Kochen bringen. Dann Salz und Nudeln hinzugeben. Die Nudeln im geöffneten Topf bei mittlerer Hitze nach Packungsanleitung kochen lassen, dabei gelegentlich umrühren.
5. In der Zwischenzeit Speiseöl in einem Topf erhitzen. Porreestreifen und Knoblauchscheiben darin andünsten. Brühe und Kürbisscheiben hinzugeben, zum Kochen bringen und zugedeckt etwa 8 Minuten bei mittlerer Hitze dünsten.
6. Anschließend die Nudeln in ein Sieb geben, mit heißem Wasser abspülen und abtropfen lassen.
7. Olivenringe unter die Kürbissauce rühren und aufkochen. Mit Salz, Pfeffer, Cayennepfeffer, Koriander und Zitronensaft abschmecken.
8. Die Nudeln mit der Sauce anrichten, mit Kürbiskernen bestreuen und mit Kürbiskernöl beträufeln.

Nudeln mit Kürbis-Oliven-Sauce

Zucchini mit Couscous-Füllung

4 Portionen

Zubereitungszeit: 45 Minuten
Garzeit: 15–20 Minuten

2 Zwiebeln
2 Knoblauchzehen
3 EL Olivenöl
800 g stückige Tomaten (aus der Dose)
1 Bund Majoran
3 Fleischtomaten
4 mittelgroße Zucchini (je etwa 250 g)
Salz, gem. Pfeffer
300 ml Gemüsebrühe
250 g Instant-Couscous
Cayennepfeffer
100 g ger. Manchego oder Emmentaler

Pro Portion:
E: 23 g, F: 18 g, Kh: 52 g, kJ: 1955, kcal: 463

1. Zwiebeln und Knoblauch abziehen, in kleine Würfel schneiden. Olivenöl in einem Topf erhitzen. Die Zwiebel- und Knoblauchwürfel darin andünsten. Die stückigen Tomaten hinzufügen, zum Kochen bringen und unter gelegentlichem Rühren etwa 10 Minuten leicht kochen lassen.
2. Majoran abspülen und trocken tupfen. Die Blättchen von den Stängeln zupfen und die Blättchen klein schneiden. Tomaten kreuzweise einschneiden und mit kochendem Wasser übergießen. Nach 1–2 Minuten herausnehmen und mit kaltem Wasser abschrecken. Tomaten häuten, halbieren, entkernen und die Stängelansätze herausschneiden. Tomaten in Stücke schneiden.
3. Zucchini abspülen, abtrocknen und die Enden abschneiden. Zucchini halbieren. Zucchinihälften mit einem Löffel leicht aushöhlen und das Fruchtfleisch in Würfel schneiden.
4. Den Backofen vorheizen.
Ober-/Unterhitze: etwa 200 °C
Heißluft: etwa 180 °C
5. Majoran unter die Tomatensauce rühren, mit Salz und Pfeffer würzen. Die Sauce halbieren und eine Hälfte beiseitestellen. Die Gemüsebrühe unter die zweite Saucenhälfte rühren und zum Kochen bringen. Couscous, Zucchiniwürfel und Tomatenstücke hinzufügen, mit Salz und Cayennepfeffer würzen. Den Topf von der Kochstelle nehmen.
6. Die ausgehöhlten Zucchinihälften auf ein Backblech (mit Backpapier belegt) legen, mit Salz und Pfeffer bestreuen. Die Zucchinihälften mit der Couscous-Zucchini-Tomaten-Masse füllen und mit Käse bestreuen. Das Backblech in den vorgeheizten Backofen schieben und die Zucchini 15–20 Minuten garen.
7. Die beiseitegestellte Tomatensauce erhitzen. Die gefüllten Zucchini mit der Sauce servieren.

Zucchini mit Couscous-Füllung

Petersilienspätzle

4 Portionen (ohne Foto)

Zubereitungszeit: 40 Minuten

50 g Petersilie
4 Eier (Größe M)
10 EL Wasser
Salz, gem. Pfeffer
400 g Weizenmehl
80 g Butter

Pro Portion:
E: 17 g, F: 82 g, Kh: 73 g, kJ: 2493, kcal: 596

1. Petersilie abspülen und trocken tupfen. Die Blättchen von den Stängeln zupfen, Blättchen klein schneiden. Eier verschlagen, Petersilie und Wasser unterrühren, mit 1 gestrichenen Teelöffel Salz und Pfeffer würzen. Die Eiermasse nach und nach unter Rühren zum Mehl geben. Darauf achten, dass keine Klümpchen entstehen.
2. Den Teig so lange mit einem Rührlöffel schlagen, bis er Blasen wirft. Den Teig durch einen Spätzleseiher oder durch ein groblöcheriges Sieb (Gemüsedämpfer) portionsweise in kochendes Salzwasser geben, wieder zum Kochen bringen und gar ziehen lassen (die Spätzle sind gar, wenn sie an der Oberfläche schwimmen). Die Spätzle dann nochmals aufkochen lassen.
3. Die gegarten Spätzle in ein Sieb geben, mit kaltem Wasser übergießen und abtropfen lassen.
4. Butter in einer Pfanne leicht bräunen, die Spätzle darin schwenken.

Mandel-Safran-Reis

Linguine mit Tomatensugo und Picandou

Mandel-Safran-Reis

4 Portionen

VEGAN

Zubereitungszeit: 25 Minuten
Garzeit: etwa 20 Minuten

300 g Möhren
1 Stange Porree (Lauch)
2 Zwiebeln
3 EL Speiseöl
220 g Langkornreis
500 ml Gemüsebrühe
125 g getrocknete Aprikosen
70 g Rosinen
100 g abgezogene, ganze Mandeln
2 Döschen (je 0,1 g) Safran
gem. Kreuzkümmel (Cumin)
Salz

Pro Portion:
E: 14 g, F: 22 g, Kh: 78 g,
kJ: 2393, kcal: 571

1. Möhren putzen, schälen, abspülen, abtropfen lassen und in dicke Scheiben schneiden. Porree putzen, die Stange längs halbieren, gründlich waschen, abtropfen lassen und in Streifen schneiden. Zwiebeln abziehen und in kleine Würfel schneiden.
2. Speiseöl in einer Pfanne erhitzen. Zwiebelwürfel darin andünsten. Den Reis hinzugeben, ebenfalls kurz mitdünsten lassen, Brühe hinzugießen. Die Aprikosen, Rosinen, Möhrenscheiben, Mandeln und Porreestreifen zum Reis in die Pfanne geben, mit Safran, Cumin und Salz würzen.
3. Die Zutaten zum Kochen bringen und zugedeckt etwa 20 Minuten bei schwacher Hitze garen.
4. Den Mandel-Safran-Reis sofort servieren.

Linguine mit Tomatensugo und Picandou

2 Portionen

Zubereitungszeit: 40 Minuten
Garzeit: Tomatensugo 50–60 Minuten

Für die Sauce (Tomatensugo):
500 g Tomaten
1 Zwiebel (etwa 75 g)
2 große Knoblauchzehen
2 Stängel Minze
1/2–1 rote Chilischote
3 EL Olivenöl
125 ml Tomatensaft
125 ml Gemüsebrühe
Salz
2 EL Zucker
75 g abgetropfte, schwarze Oliven, mit Stein
20 g Rosinen
40 g geröstete und gesalzene Pistazienkerne

2 l Wasser
2 gestr. TL Salz
175 g Linguine
1 kleine Bio-Orange (unbehandelt, ungewachst)
50 g Picandou (junger Ziegenweichkäse)

Pro Portion:
E: 19 g, F: 42 g, Kh: 98 g,
kJ: 3561, kcal: 851

1. Für die Sauce Tomaten kreuzweise einschneiden, mit kochendem Wasser übergießen. Nach 1–2 Minuten herausnehmen und mit kaltem Wasser abschrecken. Tomaten häuten, halbieren, entkernen und die Stängelansätze herausschneiden. Tomaten etwa 1 1/2 cm groß würfeln.
2. Zwiebel und Knoblauch abziehen, jeweils in kleine Würfel schneiden. Minzestängel und Chilischote abspülen und trocken tupfen.
3. Das Olivenöl in einem Topf erhitzen. Die Zwiebel-, Knoblauchwürfel, 1 Minzestängel und die Chilischote darin unter Rühren kräftig andünsten. Tomatenwürfel unterrühren. Tomatensaft und Brühe hinzugießen, mit Salz und Zucker würzen.
4. Die Zutaten zum Kochen bringen. Tomatensauce 50–60 Minuten bei mittlerer Hitze ohne Deckel einkochen lassen.
5. Oliven vom Stein schneiden und grob hacken. Die Oliven und Rosinen etwa 15 Minuten vor Ende der Garzeit in die Sauce geben.
6. Pistazienkerne aus der Schale lösen und grob hacken. Von dem restlichen Minzestängel die Blättchen von den Stängeln zupfen. Blättchen klein schneiden.
7. Wasser in einem großen Topf zugedeckt zum Kochen bringen. Dann Salz und Nudeln hinzugeben. Die Nudeln im geöffneten Topf bei mittlerer Hitze nach Packungsanleitung bissfest kochen, dabei gelegentlich umrühren. Anschließend die Nudeln in ein Sieb geben, mit heißem Wasser abspülen und gut abtropfen lassen.
8. Die Orange heiß abwaschen und abtrocknen. Nudeln mit der Sauce und der klein geschnittenen Minze mischen, kurz erhitzen und in einer Schüssel anrichten. Käse zerbröseln und daraufstreuen. Ein wenig Orangenschale fein darüberreiben. Mit den Pistazienkernen bestreuen.

Pasta mit Zucchinisauce

Pasta mit feinem Gemüse in Kräuter-Rahm-Sauce

Pasta mit Zucchinisauce

4 Portionen

Zubereitungszeit: 25 Minuten

4 l Wasser
4 gestr. TL Salz
400 g Pasta,
z. B. dreifarbige Spaghetti
1 Zwiebel
2 Knoblauchzehen
500 g kleine Zucchini
4 EL Speiseöl
125 g Schlagsahne
Salz, gem. Pfeffer
2 EL gemischte, klein geschnittene Kräuter, z. B. Estragon, Kerbel, Schnittlauch
1 Fleischtomate

Pro Portion:
E: 17 g, F: 25 g, Kh: 73 g,
kJ: 2553, kcal: 610

1. Wasser in einem großen Topf zugedeckt zum Kochen bringen. Dann Salz und Nudeln hinzugeben. Die Nudeln im geöffneten Topf bei mittlerer Hitze nach Packungsanleitung bissfest kochen, dabei gelegentlich umrühren.
2. In der Zwischenzeit Zwiebel und Knoblauch abziehen, in kleine Würfel schneiden. Zucchini abspülen, abtrocknen und die Enden abschneiden. Zucchini in Stifte schneiden.
3. Die gegarten Nudeln in ein Sieb geben, mit heißem Wasser abspülen und abtropfen lassen.
4. Das Speiseöl in einem Topf erhitzen. Zwiebel- und Knoblauchwürfel darin andünsten. Zucchinistifte hinzugeben und etwa 5 Minuten unter gelegentlichem Rühren mitdünsten lassen.
5. Sahne hinzugießen, mit Salz und Pfeffer würzen. Die Sauce unter Rühren aufkochen lassen und Kräuter unterrühren.
6. Tomate kreuzweise einschneiden und mit kochendem Wasser übergießen. Nach 1–2 Minuten herausnehmen und mit kaltem Wasser abschrecken. Tomate häuten, halbieren, entkernen und den Stängelansatz herausschneiden. Tomate in Würfel schneiden, in die Zucchinisauce geben und miterhitzen. Spaghetti mit der Sauce anrichten, servieren.

Pasta mit feinem Gemüse in Kräuter-Rahm-Sauce

4–5 Portionen

Zubereitungszeit: 60 Minuten

300 g Champignons
150 g Zuckerschoten
Salz
20 g Butter oder Margarine
1 EL Speiseöl
gem. Pfeffer
125 ml Gemüsebrühe
4 l Wasser
4 gestr. TL Salz
400 g Bandnudeln
75 g Crème fraîche
125 g Schlagsahne
1 kleines Bund gemischte, klein geschnittene Kräuter

Pro Portion:
E: 16 g, F: 22 g, Kh: 66 g,
kJ: 2222, kcal: 531

1. Champignons putzen, evtl. kurz abspülen, trocken tupfen und in Scheiben schneiden. Von den Zuckerschoten die Enden abschneiden, evtl. abfädeln. Schoten abspülen, abtropfen lassen und in kochendem Salzwasser etwa 5 Minuten garen. Zuckerschoten mit eiskaltem Wasser abschrecken und in einem Sieb abtropfen lassen.
2. Butter oder Margarine in einer großen Pfanne zerlassen, Speiseöl miterhitzen. Champignonscheiben darin unter mehrmaligem Wenden andünsten. Mit Salz und Pfeffer würzen. Zuckerschoten hinzufügen. Brühe hinzugießen. Die Zutaten aufkochen lassen. Die Pfanne von der Kochstelle nehmen.
3. Wasser in einem großen Topf zugedeckt zum Kochen bringen. Dann Salz und Nudeln hinzugeben. Die Nudeln im geöffneten Topf bei mittlerer Hitze nach Packungsanleitung bissfest kochen, dabei gelegentlich umrühren. Anschließend die Nudeln in ein Sieb geben, mit heißem Wasser abspülen und abtropfen lassen.
4. Crème fraîche und Sahne unter die Champignon-Zuckerschoten-Masse rühren. Nochmals mit Salz und Pfeffer abschmecken.

5. Kräuter abspülen und trocken tupfen. Die Blättchen von den Stängeln zupfen. Blättchen klein schneiden. Die Nudeln und Kräuter unter die Champignon-Zuckerschoten-Masse geben und anrichten.

Pilz-Gemüse-Risotto

4 Portionen (ohne Foto)

Zubereitungszeit: 40 Minuten

1 Zwiebel
1 EL Butter
250 g Langkornreis
125 g Kräuter-Crème-fraîche
375 ml Gemüsebrühe
1 Bund Frühlingszwiebeln
250 g Pfifferlinge oder Austernpilze
1 EL Butter
Salz
gem. Pfeffer
300 g TK–Erbsen
1–2 EL klein geschnittene Petersilie

Pro Portion:
E: 13 g, F: 16 g, Kh: 66 g,
kJ: 1903, kcal: 454

1. Zwiebel abziehen und klein würfeln. Butter in einem Topf zerlassen, Zwiebelwürfel darin andünsten, den Reis hinzufügen und unter Rühren glasig dünsten.
2. Crème fraîche mit Brühe verrühren, auf 500 ml Flüssigkeit auffüllen, zum Reis in den Topf geben und zum Kochen bringen. Den Reis in etwa 20 Minuten ausquellen lassen.
3. In der Zwischenzeit die Frühlingszwiebeln putzen, abspülen, abtropfen lassen und in dünne Scheiben schneiden. Pilze putzen, evtl. kurz abspülen und trocken tupfen. Große Pfifferlinge halbieren oder vierteln, Austernpilze in Streifen schneiden.
4. Butter in einem Topf zerlassen, Frühlingszwiebelscheiben darin andünsten, Pilze hinzufügen, mit Salz und Pfeffer würzen. Die gefrorenen Erbsen hinzufügen. Gemüse zum Kochen bringen und zugedeckt 5–7 Minuten dünsten.
5. Den gegarten Reis mit der Petersilie unter das gedünstete Gemüse rühren. Pilz-Gemüse-Risotto evtl. nochmals mit Salz und Pfeffer abschmecken.

Penne all'arrabbiata

4 Portionen

Zubereitungszeit: 30 Minuten

2 1/2 l Wasser
2 1/2 gestr. TL Salz
250 g Penne (Röhrennudeln)

Für die Sauce:
4 Schalotten
2 Knoblauchzehen
2 rote Chilischoten
40 g Butter
1 TL Tomatenmark
500 ml Tomatensaft
Salz
gem. Pfeffer
50 g ger. Parmesan
1 EL grob geschnittene Basilikumblättchen

Pro Portion:
E: 14 g, F: 13 g, Kh: 49 g,
kJ: 1564, kcal: 374

1. Das Wasser in einem großen Topf zugedeckt zum Kochen bringen. Dann Salz und Nudeln hinzugeben. Die Nudeln im geöffneten Topf bei mittlerer Hitze nach Packungsanleitung bissfest kochen, dabei gelegentlich umrühren. Anschließend die Nudeln in ein Sieb geben, mit heißem Wasser abspülen und abtropfen lassen.
2. Für die Sauce Schalotten und Knoblauch abziehen, klein schneiden. Chilischoten abspülen, trocken tupfen, entstielen, halbieren, entkernen und sehr klein würfeln.
3. Butter in einem Topf zerlassen. Schalotten- und Knoblauchstückchen darin glasig dünsten. Tomatenmark und Chiliwürfel kurz mit anrösten. Tomatensaft hinzugießen, zum Kochen bringen und auf ein Drittel einkochen lassen. Die Sauce durch ein feines Sieb passieren. Mit Salz und Pfeffer abschmecken.
4. Die Nudeln in die heiße Tomatensauce geben, gut unterrühren und in Schalen oder auf Tellern anrichten. Mit Parmesan und Basilikum bestreut servieren.

Penne all'arrabbiata

Schmorgurken mit Feta-Reis-Füllung

4 Portionen

Zubereitungszeit: 25 Minuten, ohne Quellzeit
Garzeit: etwa 40 Minuten

175 g Langkornreis
Salz
200 g Fetakäse
etwa 130 g abgetropfte, getrocknete Tomaten, in Öl
6 Stängel Basilikum
gem. Pfeffer
2 mittelgroße Schmorgurken (etwa 800 g)
3 große Fleischtomaten
2 Knoblauchzehen
2 EL Olivenöl
2 EL abgetropfte Kapern
1–2 EL Balsamico-Essig
1 EL flüssiger Honig
1 Prise gem. Piment
100 ml Gemüsebrühe
einige vorbereitete Basilikumstreifen

Pro Portion:
E: 17 g, F: 21 g, Kh: 53 g,
kJ: 2004, kcal: 478

1. Den Langkornreis in kochendem Salzwasser etwa 18 Minuten nach Packungsanleitung quellen lassen.
2. In der Zwischenzeit den Fetakäse in kleine Würfel schneiden. Von den getrockneten Tomaten das Öl auffangen. 1–2 Esslöffel des Tomatenöls mit den Käsewürfeln mischen.
3. Den gegarten Reis in einem Sieb abtropfen lassen und mit den Käsewürfeln vermischen. Getrocknete Tomaten in feine Streifen schneiden und unterheben.
4. Basilikum abspülen und trocken tupfen. Die Blättchen von den Stängeln zupfen. Blättchen in Streifen schneiden. Die Hälfte der Basilikumstreifen unter die Reis-Käse-Masse heben. Mit Pfeffer würzen.
5. Von den Schmorgurken die Enden abschneiden. Schmorgurken schälen und der Länge nach halbieren. Die Kerne mit einem Löffel herausschaben. Die Gurkenhälften in eine große Auflaufform (gefettet) setzen. Die Reis-Käse-Masse in den Gurkenhälften verteilen.
6. Den Backofen vorheizen.
Ober-/Unterhitze: etwa 200 °C
Heißluft: etwa 180 °C
7. Tomaten abspülen, trocken tupfen, halbieren und die Stängelansätze herausschneiden. Tomaten grob würfeln. Knoblauch abziehen und in kleine Würfel schneiden.
8. Das Olivenöl in einer Pfanne erhitzen. Tomaten- und Knoblauchwürfel darin unter Rühren etwa 5 Minuten dünsten. Kapern hinzugeben. Mit Essig, Honig, Salz, Piment und Pfeffer pikant würzen. Restliche Basilikumstreifen unterrühren.
9. Tomatensugo um die Gurkenhälften herum verteilen, die Brühe hinzugießen. Die Form mit Alufolie zudecken und auf dem Rost in den vorgeheizten Backofen schieben. Die Schmorgurken etwa 40 Minuten garen.
10. Die Form aus dem Backofen nehmen. Schmorgurken mit dem Tomatensugo auf Tellern anrichten. Die Feta-Reis-Füllung zusätzlich mit Basilikumstreifen bestreuen.

Schmorgurken mit Feta-Reis-Füllung

Schupfnudeln mit Tofu-Gemüse

4 Portionen (ohne Foto)

Zubereitungszeit: 70 Minuten

Für die Schupfnudeln:
750 g mehligkochende Kartoffeln
Salz
3 Eier (Größe M)
150 g Weizenmehl
ger. Muskatnuss

Für das Tofu-Gemüse:
2 EL Worcestersauce
2 EL klein geschnittene, gemischte Kräuter, z. B. Dill, Basilikum, Kerbel
2 EL Zitronensaft
3 EL Sojaöl
200 g Tofu
1 Zucchini
1 Stange Porree (Lauch)
1 große Möhre
2 Zwiebeln
4 EL Speiseöl
150 g Steinpilze
150 g Champignons
150 g Austernpilze
gem. Pfeffer
40 g Butter
1 EL Weizenmehl
250 g Schlagsahne
100 g ger. Emmentaler
Kressesträußchen

Pro Portion:
E: 32 g, F: 66 g, Kh: 74 g,
kJ: 4478, kcal: 1068

1. Für die Schupfnudeln Kartoffeln gründlich waschen, abtropfen lassen und in einem Topf knapp mit Wasser bedeckt, zugedeckt zum Kochen bringen, Salz hinzugeben. Die Kartoffeln 20–25 Minuten kochen. Kartoffeln abgießen, mit kaltem Wasser abspülen, heiß pellen und sofort durch eine Kartoffelpresse drücken.
2. Die Kartoffelmasse in eine Rührschüssel geben. Eier, Mehl, Muskat und Salz hinzugeben. Die Zutaten zu einem glatten Teig verkneten und anschließend auf einer bemehlten Arbeitsfläche zu einer etwa 5 cm dicken Rolle formen. Teigrolle in etwa 1 cm dicke Scheiben schneiden und jeweils zu spitz zulaufenden Rollen (Schupfnudeln) formen.
3. Die Schupfnudeln in leicht kochendem Salzwasser bei schwacher Hitze etwa 5 Minuten ziehen lassen. Schupfnudeln mit einer Schaumkelle herausnehmen, mit kaltem Wasser abschrecken und warm stellen.
4. Für das Tofu-Gemüse Worcestersauce mit Kräutern, Salz und Zitronensaft verrühren, Sojaöl unterschlagen. Tofu in etwa 2 mm dicke Scheiben schneiden und in die Marinade legen.
5. Zucchini abspülen, abtrocknen und die Enden abschneiden. Porree putzen, die Stange längs halbieren, gründlich waschen, abtropfen lassen. Möhre putzen, schälen, abspülen, abtropfen lassen. Das vorbereitete Gemüse in Streifen schneiden. Zwiebeln abziehen und klein würfeln.
6. Speiseöl in einem Topf erhitzen. Die Gemüsestreifen mit den Zwiebelwürfeln darin evtl. portionsweise andünsten.
7. Die 3 Pilzsorten putzen, evtl. kurz abspülen, trocken tupfen und in Stücke oder Scheiben schneiden. Die Pilze zum Gemüse in den Topf geben. Mit Salz und Pfeffer würzen.
8. Butter in einem Topf zerlassen, Mehl hinzufügen und unter Rühren so lange erhitzen, bis es hellgelb ist. Sahne hinzugießen und mit einem Schneebesen durchschlagen. Dabei darauf achten, dass keine Klümpchen entstehen. Sauce unter Rühren zum Kochen bringen und 2–3 Minuten kochen lassen. Mit Salz und Muskat würzen.
9. Das Gemüse und die Tofuscheiben unter die Sauce rühren, nochmals kurz erhitzen, aber nicht mehr kochen lassen.
10. Das Tofu-Gemüse anrichten, mit Käse bestreuen und mit einem abgespülten, trocken getupften Kressesträußchen garnieren. Die Schupfnudeln dazureichen.

Hirse-Gemüse-Topf

Hirse-Gemüse-Topf
4 Portionen

Zubereitungszeit: 50 Minuten, ohne Quellzeit

VEGAN

600 ml Gemüsebrühe
100 g Hirse
3 Möhren (etwa 250 g)
1 Stück Knollensellerie (etwa 250 g)
3 Tomaten (etwa 300 g)
2 Stangen Porree (Lauch, etwa 300 g)
2 EL vegane Margarine oder Speiseöl
evtl. 1 Hefeflocken (aus dem Reformhaus oder Naturkostladen)
2 EL klein geschnittene, gemischte Kräuter, z. B. Petersilie, Schnittlauch, Kresse

Pro Portion:
E: 6 g, F: 8 g, Kh: 24 g,
kJ: 807, kcal: 193

1. Die Gemüsebrühe in einem Topf zum Kochen bringen. Hirse in die kochende Brühe geben und zugedeckt etwa 15 Minuten bei schwacher Hitze ausquellen lassen.
2. In der Zwischenzeit die Möhren putzen, schälen, abspülen, abtropfen lassen und in dünne Scheiben schneiden. Sellerie putzen, schälen, abspülen, abtropfen lassen und in kleine Würfel schneiden.
3. Tomaten kreuzweise einschneiden und mit kochendem Wasser übergießen. Nach 1–2 Minuten herausnehmen und mit kaltem Wasser abschrecken. Tomaten häuten, halbieren und die Stängelansätze herausschneiden. Tomaten entkernen und in Spalten schneiden. Porree putzen, die Stangen längs halbieren, gründlich waschen, abtropfen lassen und in feine Streifen schneiden.
4. Margarine oder Speiseöl in einer großen Pfanne erhitzen. Möhrenscheiben, Selleriewürfel und Porreestreifen darin etwa 5 Minuten unter gelegentlichem Rühren andünsten. Dann das angedünstete Gemüse mit den Tomatenspalten zur Hirse geben und untermischen. Den Hirse-Gemüse-Topf in weiteren etwa 5 Minuten fertig garen. Hefeflocken und Kräuter unterrühren.

Semmelknödel auf gebratenen Pilzen mit frittiertem Gemüsestroh

Schupfnudelragout mit Gemüsestreifen

Semmelknödel auf gebratenen Pilzen mit frittiertem Gemüsestroh

4 Portionen

Zubereitungszeit: 90 Minuten

Für die Knödel:
6 Laugenbrezeln (vom Vortag)
500 ml Milch (3,5 % Fett)
Salz, gem. Pfeffer
ger. Muskatnuss
2 Zwiebeln
2 EL Butter
3 kleine Eier (Größe S)
2 EL klein geschnittene Petersilie
1 Möhre
50 g Porree (Lauch)

500 ml Speiseöl zum Frittieren
600 g gemischte Pilze (Champignons, Austernpilze, Shiitake)
2 EL Olivenöl
1/2 Bund glatte Petersilie
160 g Butter

Pro Portion:
E: 26 g, F: 61 g, Kh: 88 g,
kJ: 4194, kcal: 1002

1. Für die Knödel von den Laugenbrezeln das Salz abreiben. Die Brezeln in möglichst kleine Würfel schneiden und in eine Schüssel geben. Die Milch mit Salz, Pfeffer und etwas Muskat in einen Topf geben und erhitzen. Die Milch zu den Brezelwürfeln geben und gut durchrühren.
2. Die Zwiebeln abziehen und klein würfeln. Butter in einer kleinen Pfanne zerlassen. Die Zwiebelwürfel darin andünsten, herausnehmen und zu den Brezelwürfeln in die Schüssel geben. Die Eier verschlagen, mit der Petersilie ebenfalls zu den Brezelwürfeln geben und unterrühren. Mit Salz und Pfeffer würzen.
3. Möhre putzen, schälen, abspülen, abtropfen lassen und in sehr feine Streifen schneiden. Das Porreestück gründlich waschen, abtropfen lassen und ebenfalls in sehr feine Streifen schneiden.
4. Speiseöl in einem hohen Topf oder in einer Fritteuse auf etwa 150 °C erhitzen. Die Gemüsestreifen darin kurz vorfrittieren und mit einer Schaumkelle herausnehmen. Das Speiseöl nun auf etwa 180 °C erhitzen. Die Gemüsestreifen in dem Speiseöl knusprig braun ausbacken. Gemüsestreifen wieder mit einer Schaumkelle herausnehmen, auf Küchenpapier abtropfen lassen. Mit Salz würzen. Gemüsestreifen warm halten.
5. Aus der Knödelmasse mit angefeuchteten Händen 8 oder 12 Knödel formen. In einem großen Topf so viel Wasser zum Kochen bringen, dass die Knödel in dem Wasser „schwimmen" können. Die Knödel mit Salz in das kochende Wasser geben, wieder zum Kochen bringen und etwa 15 Minuten gar ziehen lassen (das Wasser muss sich leicht bewegen).
6. In der Zwischenzeit die Pilze putzen, evtl. kurz abspülen, trocken tupfen und in mundgerechte Stücke schneiden. Olivenöl in einer großen Pfanne erhitzen. Die Pilzstücke darin unter Rühren braten. Mit Salz und Pfeffer würzen.
7. Petersilie abspülen und trocken tupfen. Die Blättchen von den Stängeln zupfen. Blättchen klein schneiden und unter die Pilze heben.
8. Butter in einem kleinen Topf zerlassen und unter ständigem Rühren braun werden lassen, damit sie einen nussigen Geschmack bekommt.
9. Die Pilze auf 4 Tellern verteilen. Jeweils 2 oder 3 Knödel daraufgeben. Die braune Butter über die Knödel träufeln und mit dem warm gehaltenen Gemüsestroh garnieren.

Schupfnudelragout mit Gemüsestreifen

3–4 Portionen

Zubereitungszeit: 25 Minuten

1 Kohlrabi
300 g Zuckerschoten
300 g feine, grüne Bohnen
Salz
80 g Butter oder Margarine
500–600 g Schupfnudeln (aus dem Kühlregal)
gem. Pfeffer
1 Bund Kerbel

Pro Portion:
E: 8 g, F: 18 g, Kh: 26 g,
kJ: 1325, kcal: 316

1. Kohlrabi putzen, schälen, abspülen und abtropfen lassen. Kohlrabi zuerst in Scheiben, dann in dünne Stifte schneiden. Von den Zuckerschoten und Bohnen die Enden ab-

schneiden, evtl. abfädeln. Bohnen und Zuckerschoten nach Belieben einmal durchschneiden, abspülen und abtropfen lassen.
2. Die Kohlrabistifte, Bohnen und Zuckerschoten nacheinander in kochendem Salzwasser (3 gestrichene Teelöffel Salz auf 750 ml Wasser) bissfest blanchieren (Zuckerschoten etwa 2 Minuten, Kohlrabi etwa 3 Minuten, Bohnen etwa 5 Minuten). Das Gemüse in ein Sieb geben und mit kaltem Wasser abschrecken.
3. Die Butter oder Margarine in einer beschichteten Pfanne zerlassen. Zunächst die Schupfnudeln, dann das blanchierte Gemüse darin andünsten und mit Salz und Pfeffer würzen.
4. Kerbel abspülen und trocken tupfen. Die Blättchen von den Stängeln zupfen. Schupfnudelragout anrichten und mit den Kerbelblättchen garniert servieren.

Pilze mit Reis

4 Portionen (ohne Foto)

Zubereitungszeit: 30 Minuten
Garzeit: etwa 25 Minuten

VEGAN

125 g rote Zwiebeln
500 g Champignons oder andere Pilze
6 EL Olivenöl
2 Knollensellerieblätter
2 EL klein geschnittene Petersilie
500 ml Gemüsebrühe
250 ml Weißwein
Salz
gem. Pfeffer
200 g Langkornreis

Pro Portion:
E: 11 g, F: 22 g, Kh: 47 g,
kJ: 1976, kcal: 471

1. Zwiebeln abziehen und in kleine Würfel schneiden. Champignons putzen, evtl. kurz abspülen, trocken tupfen und etwas kleiner schneiden.
2. Olivenöl in einem Topf erhitzen. Zwiebelwürfel darin andünsten. Die Champignons hinzugeben und unter ständigem Rühren etwa 2 Minuten mitdünsten lassen.
3. Sellerieblätter abspülen, trocken tupfen und in feine Streifen schneiden, mit der Petersilie zu den Champignons geben. Anschließend Gemüsebrühe und Wein hinzugießen, mit Salz und Pfeffer würzen und zum Kochen bringen.
4. Den Reis unterrühren und das Ganze etwa 20 Minuten bei schwacher Hitze garen.

Spaghetti mit Frischkäse und Tomatensauce

4 Portionen

Zubereitungszeit: 40 Minuten

400 g Tomaten
2 Schalotten
3 EL Olivenöl
Salz
gem. Pfeffer
gerebelter Majoran
125 ml Gemüsebrühe
300 g Frischkäse mit französischen Kräutern
2 EL Weißwein

4 l Wasser
4 gestr. TL Salz
400 g Spaghetti

1 Topf Basilikum
50 g gehobelter Parmesan

Pro Portion:
E: 24 g, F: 31 g, Kh: 75 g,
kJ: 2849, kcal: 680

1. Tomaten kreuzweise einschneiden und mit kochendem Wasser übergießen. Nach 1–2 Minuten herausnehmen und mit kaltem Wasser abschrecken. Tomaten häuten, halbieren und die Stängelansätze herausschneiden. Tomaten in Stücke schneiden.
2. Schalotten abziehen und klein würfeln. Olivenöl in einem Topf erhitzen, Schalottenwürfel darin glasig dünsten. Tomatenstücke hinzugeben und kurz mit andünsten, mit Salz, Pfeffer und Majoran würzen. Gut die Hälfte der Tomaten-Schalotten-Masse abnehmen und warm stellen.
3. Brühe zu der restlichen Tomaten-Schalotten-Masse geben, zum Kochen bringen und einkochen lassen, bis die Sauce leicht cremig ist. Den Frischkäse unter die Sauce rühren, erhitzen und mit Wein abschmecken.
4. Wasser in einem großen Topf zugedeckt zum Kochen bringen. Dann Salz und Spaghetti hinzugeben. Die Spaghetti im geöffneten Topf bei mittlerer Hitze nach Packungsanleitung bissfest kochen, dabei gelegentlich umrühren.
5. Anschließend die Spaghetti in ein Sieb geben, mit heißem Wasser abspülen und abtropfen lassen.
6. Basilikum abspülen und trocken tupfen. Die Blättchen von den Stängeln zupfen (einige Blättchen zum Garnieren beiseitelegen), Blättchen klein schneiden und unter die warm gestellte Tomaten-Schalotten-Sauce geben.
7. Spaghetti als Nudelnester mit der Frischkäse- und Tomatensauce auf Tellern anrichten. Mit gehobeltem Parmesan und den beiseitegelegten Basilikumblättchen garnieren.

Spaghetti mit Frischkäse- und Tomatensauce

Spinatspätzle mit geschmorten Schalotten und buntem Salat

4 Portionen

Zubereitungszeit: 60 Minuten, ohne Ruhezeit

125 g Blattspinat
Salz
2 Eier (Größe L)
50 ml Milch (3,5 % Fett)
gem. Pfeffer
ger. Muskatnuss
200 g Weizenmehl
10 Schalotten (etwa 150 g)
2–3 EL Rapsöl
125 g Sahnejoghurt
Zucker
etwas Zitronensaft
1 Bund Radieschen
1 kleine Salatgurke
200 g Blattsalatmix (aus dem Kühlregal)
2 EL Butter
2 EL Schnittlauchröllchen

Pro Portion:
E: 13 g, F: 22 g, Kh: 44 g, kJ: 1801, kcal: 430

Spinatspätzle mit geschmorten Schalotten und buntem Salat

1. Blattspinat verlesen und die dicken Stiele entfernen. Spinat gründlich waschen, abtropfen lassen, in kochendes Salzwasser geben und zusammenfallen lassen. Spinat mit einer Schaumkelle herausnehmen, mit kaltem Wasser abschrecken, abtropfen lassen und gut ausdrücken.
2. Eier mit Milch, Salz, Pfeffer und etwas Muskat in einem hohen Rührbecher verschlagen. Spinat hinzugeben und alles mit einem Pürierstab fein pürieren. Mehl mit einem Kochlöffel unter die Püreemasse arbeiten. Den Teig so lange rühren, bis er eine zähe, dickflüssige Konsistenz hat und Blasen wirft. Den Spätzleteig zugedeckt etwa 20 Minuten ruhen lassen.
3. In der Zwischenzeit Schalotten abziehen und in Scheiben schneiden. Rapsöl in einer kleinen Pfanne erhitzen. Die Schalottenscheiben darin bei schwacher Hitze goldgelb rösten. Schalottenscheiben aus der Pfanne nehmen, auf Küchenpapier abtropfen lassen, mit Salz würzen und warm stellen.
4. Joghurt, Zucker, Salz und Zitronensaft zu einem Dressing verrühren.
5. Reichlich Wasser in einem großen Topf zum Kochen bringen, Salz hinzugeben. Den Teig portionsweise mit einem Spätzlehobel oder durch eine Spätzlepresse in das kochende Salzwasser geben und in 3–5 Minuten gar kochen (Spätzle sind gar, wenn sie an der Oberfläche schwimmen). Spätzle mit einer Schaumkelle herausnehmen, in ein Sieb geben, mit kaltem Wasser abschrecken und abtropfen lassen.
6. In der Zwischenzeit Radieschen putzen, abspülen, trocken tupfen und in Scheiben hobeln oder schneiden. Gurke heiß abspülen, trocken tupfen und die Enden abschneiden. Die Gurke mit der Schale in Scheiben hobeln oder schneiden. Den Blattsalatmix abspülen und trocken tupfen oder trocken schleudern. Die Radieschen-, Gurkenscheiben und Blattsalatmix mit dem Dressing mischen.
7. Die Butter zerlassen. Die Spätzle darin schwenken. Mit Salz und etwas Muskat würzen.
8. Die Spätzle auf Tellern anrichten. Die gerösteten Schalottenscheiben darauf verteilen und mit Schnittlauchröllchen bestreuen. Die Spätzle mit dem Salat servieren.

Tipp: Zusätzlich 250 g Champignons putzen und mit den Schalotten anrösten.

Penne in Roquefortsahne

6 Portionen

Zubereitungszeit: 35 Minuten

Für die Roquefortsahne:
300 g Roquefort-Käse
750 g Schlagsahne
Salz
gem. weißer Pfeffer
375 g Champignons
75 g Butter

5 l Wasser
5 gestr. TL Salz
500 g bunte Penne (Röhrennudeln)

Pro Portion:
E: 28 g, F: 67 g, Kh: 72 g, kJ: 4407, kcal: 1053

1. Roquefort zerbröseln und in einen Topf geben. Sahne hinzugießen und unter Rühren zum Kochen bringen. Mit Salz und Pfeffer würzen. Käse-Sahne-Flüssigkeit zu einer cremigen Sauce einkochen lassen.
2. In der Zwischenzeit Champignons putzen, evtl. kurz abspülen, trocken tupfen und in dünne Scheiben schneiden. Butter in einem großen Topf zerlassen. Champignonscheiben darin unter Rühren kurz andünsten, mit Salz und Pfeffer würzen.
3. Die Roquefortsahne warm stellen.
4. Wasser in einem großen Topf zugedeckt zum Kochen bringen. Dann

Penne in Roquefortsahne

Weizenklöße mit Kapern auf Möhrengemüse

Salz und Nudeln hinzugeben. Die Nudeln im geöffneten Topf bei mittlerer Hitze nach Packungsanleitung bissfest kochen, dabei gelegentlich umrühren.

5. Anschließend die Nudeln in ein Sieb geben, mit heißem Wasser abspülen, abtropfen lassen und zu den Champignonscheiben in den Topf geben.

6. Die warm gestellte Roquefortsahne unterrühren, evtl. nochmals kurz erhitzen, in tiefen Tellern anrichten und sofort servieren.

Weizenklöße mit Kapern auf Möhrengemüse

2 Portionen

Zubereitungszeit: 60 Minuten
Garzeit: etwa 12 Minuten

125 g vorgegarter Weizen (1 Kochbeutel)
600 g Möhren
2 rote Zwiebeln (etwa 200 g)
etwa 2 1/2 l Wasser
Salz
1 Bund Schnittlauch
1 EL abgetropfte Kapern (etwa 15 g, aus dem Glas)
200 g Magerquark
1 Ei (Größe M)
30 g Weizenmehl
gem. Pfeffer
40 g Butter oder Margarine
1 TL Anissamen
20 g Zucker
50 ml Wasser
1–2 EL Zitronensaft

Pro Portion:
E: 30 g, F: 22 g, Kh: 86 g,
kJ: 2824, kcal: 675

1. Den Weizen nach Packungsanleitung im Kochbeutel garen. Weizen abtropfen lassen, aus dem Beutel in eine Schüssel geben und etwas abkühlen lassen.

2. Die Möhren putzen, schälen, abspülen, abtropfen lassen und in etwa 5 cm lange Stücke schneiden. Die Möhrenstücke mit dem Gemüsehobel oder mit einem Messer der Länge nach in dünne Scheiben schneiden.

3. Die Zwiebeln abziehen und in Streifen schneiden.

4. Für die Klöße Wasser in einem breiten Topf zum Kochen bringen. 1–2 Teelöffel Salz hinzugeben. Den Schnittlauch abspülen, trocken tupfen (einige Schnittlauchhalme zum Garnieren beiseitelegen) und in feine Röllchen schneiden. Die Kapern grob hacken.

5. Quark, Ei, Schnittlauchröllchen, Kapern und Mehl zu dem Weizen in die Schüssel geben und gut verrühren. Mit Salz und Pfeffer würzen.

6. Aus der Masse mit einem kalt abgespülten Eiskugelformer (Ø etwa 4 1/2 cm) oder 2 kalt abgespülten Esslöffeln etwa 12 Klöße formen, in das siedende Wasser geben und kurz aufkochen lassen.

7. Die Klöße ohne Deckel etwa 12 Minuten bei schwacher bis mittlerer Hitze garen (das Wasser nicht sprudelnd kochen lassen, sonst zerfallen die Klöße).

8. Für das Gemüse in der Zwischenzeit Butter oder Margarine zerlassen. Zwiebelstreifen darin etwa 2 Minuten andünsten.

9. Anissamen in einem Mörser grob zerstoßen, mit den Möhrenscheiben zu den Zwiebelstreifen geben. Mit Salz würzen. Das Gemüse zugedeckt etwa 5 Minuten bei mittlerer Hitze dünsten.

10. Das Möhrengemüse mit der Flüssigkeit in eine Schüssel geben und warm halten. Zucker in einem Topf goldbraun karamellisieren. Wasser hinzugeben. Den Topf von der Kochstelle nehmen.

11. Das Möhrengemüse mit der Flüssigkeit in den Topf geben, umrühren und kurz aufkochen. Mit Salz und Zitronensaft abschmecken.

12. Die gegarten Klöße mit einem Schaumlöffel aus dem Salzwasser nehmen und abtropfen lassen.

13. Weizenklöße mit dem Gemüse anrichten und mit beiseitegelegten Schnittlauchhalmen garnieren.

Tagliolini mit Waldpilzen

2 Portionen

Zubereitungszeit: 65 Minuten, ohne Ruhe- und Trockenzeit

300 g Weizenmehl
3 Eier (Größe M)
Salz
1 EL Olivenöl
300 g Waldpilze, z. B. Steinpilze, Pfifferlinge, Maronen
2 Schalotten
4 Stängel glatte Petersilie
2 EL Butter
gem. Pfeffer
3 l Wasser
3 gestr. TL Salz

Pro Portion:
E: 29 g, F: 33 g, Kh: 112 g,
kJ: 3638, kcal: 869

1. Mehl in eine große Rührschüssel geben und eine Vertiefung eindrücken. Eier mit 1 Prise Salz verschlagen, mit Olivenöl in die Vertiefung geben.
2. Die Zutaten mit einem Mixer (Knethaken) zu einem glatten Teig verarbeiten. Anschließend auf einer leicht bemehlten Arbeitsfläche mit den Händen etwa 3 Minuten durchkneten. Den Teig in Frischhaltefolie gewickelt mindestens 1 Stunde im Kühlschrank ruhen lassen.
3. Den Teig auf der leicht bemehlten Arbeitsfläche mit einer Teigrolle etwa 2 mm dünn ausrollen, mit einem scharfen Messer oder mit der Nudelmaschine in 2–3 mm breite Bandnudeln schneiden, mit Mehl bestäubt etwa 3 Stunden trocknen lassen.
4. Pilze putzen, evtl. kurz abspülen, trocken tupfen und je nach Größe halbieren oder vierteln. Schalotten abziehen und in kleine Würfel schneiden. Petersilie abspülen und trocken tupfen. Die Blättchen von den Stängeln zupfen, in Streifen schneiden.
5. Butter in einer Pfanne zerlassen. Schalottenwürfel darin andünsten. Pilze hinzugeben. Mit Salz und Pfeffer würzen, etwa 5 Minuten unter Rühren dünsten. Pilze herausnehmen und warm stellen.
6. Wasser in einem großen Topf zugedeckt zum Kochen bringen. Dann Salz und Nudeln hinzugeben. Die Nudeln im geöffneten Topf bei mittlerer Hitze 2–3 Minuten kochen lassen, dabei zwischendurch umrühren.
7. Anschließend die Nudeln in ein Sieb geben, mit heißem Wasser abspülen und abtropfen lassen.
8. Nudeln in eine vorgewärmte große Schüssel geben und mit den warm gestellten Pilzen mischen. Mit Petersiliestreifen bestreut servieren.

Penne-Auflauf mit Brokkoli und Tomaten

4 Portionen

Zubereitungszeit: 30 Minuten
Garzeit: 30–35 Minuten

2 1/2 l Wasser
2 1/2 gestr. TL Salz
250 g Penne (Röhrennudeln)
500 g Brokkoli
Salz
1 Zwiebel
30 g Butter
30 g Weizenmehl
125 ml Brokkoli-Kochflüssigkeit
250 g Schlagsahne
2 Eier (Größe M)
125 g frisch ger. Emmentaler
Kräutersalz, gem. Pfeffer
150 g Cocktailtomaten

Pro Portion:
E: 25 g, F: 39 g, Kh: 54 g,
kJ: 2837, kcal: 678

1. Wasser in einem großen Topf zugedeckt zum Kochen bringen. Dann Salz und Nudeln hinzugeben. Die Nudeln im geöffneten Topf bei mittlerer Hitze nach Packungsanleitung bissfest kochen, dabei gelegentlich umrühren.
2. In der Zwischenzeit von dem Brokkoli die Blätter entfernen. Brokkoli in Röschen teilen, abspülen, abtropfen lassen und in kochendem Salzwasser etwa 5 Minuten bissfest garen.
3. Die Brokkoliröschen in ein Sieb geben, dabei die Kochflüssigkeit auffangen und 125 ml abmessen. Brokkoliröschen mit kaltem Wasser abschrecken und abtropfen lassen.
4. Die gegarten Nudeln in ein Sieb geben, mit heißem Wasser abspülen und abtropfen lassen.
5. Den Backofen vorheizen.
Ober-/Unterhitze: etwa 200 °C
Heißluft: etwa 180 °C
6. Zwiebel abziehen und klein würfeln. Butter in einem Topf zerlassen. Zwiebelwürfel darin glasig dünsten. Mehl hinzufügen und unter Rühren so lange erhitzen, bis es hellgelb ist. Brokkoli-Kochflüssigkeit und die Sahne hinzugießen, mit einem Schneebesen durchschlagen. Dabei

darauf achten, dass keine Klümpchen entstehen. Die Sauce unter Rühren gut aufkochen lassen. Den Topf von der Kochstelle nehmen. Eier und Käse unterrühren. Die Sauce mit Kräutersalz und Pfeffer würzen.

7. Tomaten abspülen, abtrocknen, halbieren und die Stängelansätze herausschneiden. Nudeln mit Brokkoliröschen, Tomatenhälften und der Sauce vermengen, in eine Auflaufform (gefettet) geben. Form auf dem Rost in den vorgeheizten Backofen schieben. Den Auflauf 30–35 Minuten garen.

Ravioli mit Selleriefüllung auf Paprikaschaum

4 Portionen

Zubereitungszeit: 80 Minuten, ohne Ruhezeit

Für den Nudelteig:
250 g Weizenmehl
2 Eier (Größe M)
1 EL Walnussöl
2 EL Wasser, Salz

Für die Selleriefüllung:
1 Schalotte
200 g Knollensellerie
120 g Staudensellerie
30 g Butter
150 g Crème fraîche
1 Eigelb (Größe M)
60 g ger. Parmesan
50 g klein gehackte Walnusskerne
gem. Pfeffer
1 Bund Petersilie

1 verschlagenes Eigelb

Für den Paprikaschaum:
2 Zwiebeln
3 EL Traubenkernöl
2 rote Paprikaschoten
1 TL Paprikapulver edelsüß
250 ml Gemüsefond oder -brühe

Pro Portion:
E: 23 g, F: 48 g, Kh: 59 g,
kJ: 3320, kcal: 793

1. Für den Nudelteig Mehl in eine Rührschüssel geben, in die Mitte eine Vertiefung eindrücken. Eier mit Walnussöl, Wasser und Salz verschlagen, in die Vertiefung geben. Mit einer Gabel nach und nach etwas von dem Mehl einrühren. Anschließend mit einem Mixer (Knethaken) zu einem glatten Teig verkneten. Sollte der Teig kleben, noch etwas Weizenmehl hinzugeben. Den Teig mit etwas Mehl bestäuben, in Frischhaltefolie wickeln, etwa 1 Stunde ruhen lassen.

2. Für die Selleriefüllung Schalotte abziehen und in kleine Würfel schneiden. Knollensellerie putzen, schälen, abspülen, abtropfen lassen und in kleine Würfel schneiden. Staudensellerie putzen, abspülen, abtropfen lassen und in Scheiben schneiden.

3. Butter in einem Topf zerlassen, Schalottenwürfel darin andünsten. Vorbereitetes Gemüse hinzugeben. Crème fraîche unterrühren, zum Kochen bringen und etwa 2 Minuten kochen lassen.

4. Eigelb, Parmesan und Walnusskerne unterheben, mit Salz und Pfeffer würzen. Petersilie abspülen und trocken tupfen. Blättchen von den Stängeln zupfen, klein schneiden.

5. Teig auf einer bemehlten Arbeitsfläche oder mit der Nudelmaschine dünn ausrollen. Aus der Teigplatte etwa 8 cm große Kreise ausstechen oder -rädeln. In die Mitte der Teigkreise jeweils 1 Teelöffel der Selleriefüllung geben. Die Teigränder mit Eigelb bestreichen und zu Halbkreisen übereinanderklappen. Teigränder fest andrücken.

6. Ravioli in kochendem Salzwasser bei schwacher bis mittlerer Hitze etwa 5 Minuten gar ziehen lassen. Ravioli mit einer Schaumkelle herausnehmen, abtropfen lassen und warm stellen.

7. Für den Paprikaschaum Zwiebeln abziehen und sehr klein würfeln. Das Traubenkernöl in einer Pfanne erhitzen, Zwiebelwürfel darin andünsten.

8. Paprikaschoten halbieren, entstielen, entkernen und die weißen Scheidewände entfernen. Schoten abspülen, abtropfen lassen und in kleine Würfel schneiden. Paprikawürfel zu den Zwiebelwürfeln in die Pfanne geben. Mit Paprika, Salz und Pfeffer würzen. Gemüsefond oder -brühe hinzugießen, zum Kochen bringen und etwa 10 Minuten kochen lassen. Die Paprikamasse mit einem Pürierstab pürieren.

9. Die Ravioli mit dem Paprikaschaum anrichten und servieren.

Penne-Auflauf mit Brokkoli und Tomaten

Ravioli mit Selleriefüllung auf Paprikaschaum

Weizen-Risotto mit Pastinaken und glasierten Zwiebeln

4 Portionen

Zubereitungszeit: 50 Minuten, ohne Einweichzeit
Garzeit: Risotto etwa 20 Minuten

150 g ganze Weizenkörner
300 g Zwiebeln
1 Knoblauchzehe
1 Bund Petersilie
500 g Pastinaken
2–2,2 l Gemüsebrühe
100 g Butter
300 g Risotto-Reis
200 ml trockener Weißwein
Salz, gem. schwarzer Pfeffer
2 geh. EL Zucker
200 ml Birnensaft
2 EL Balsamico-Essig
125 g ger. Bergkäse
4 EL Walnussöl

Pro Portion:
E: 22 g, F: 43 g, Kh: 112 g, kJ: 4057, kcal: 968

1. Am Vortag die Weizenkörner in eine Schüssel geben, mit kaltem Wasser übergießen, sodass sie ganz bedeckt sind. Weizenkörner über Nacht einweichen.
2. Weizenkörner abgießen, in einen Topf geben, so viel Wasser hinzugießen, dass sie ganz bedeckt sind, zum Kochen bringen. Weizenkörner zugedeckt 40–45 Minuten bei schwacher Hitze kochen lassen. Den Topf von der Kochstelle nehmen.
3. In der Zwischenzeit Zwiebeln und Knoblauch abziehen. 100 g der Zwiebeln in kleine Würfel schneiden. Den Knoblauch in dünne Scheiben schneiden. Restliche Zwiebeln zuerst in dünne Scheiben schneiden, dann in Ringe teilen.
4. Petersilie abspülen und trocken tupfen. Die Blättchen von den Stängeln zupfen. Blättchen klein schneiden. Pastinaken schälen, abspülen, abtropfen lassen und in dünne Scheiben schneiden, große Pastinaken evtl. zuvor durchschneiden.
5. Die Brühe aufkochen lassen. Die Hälfte der Butter in einem Topf zerlassen. Die Zwiebelwürfel und Knoblauchscheiben darin bei mittlerer Hitze andünsten. Den Reis hinzugeben und kurz glasig-weiß andünsten. Mit Wein ablöschen und fast vollständig einkochen lassen.
6. Die Weizenkörner hinzugeben, ein Achtel der heißen Brühe hinzugießen und bei mittlerer Hitze kochen lassen. Mit Salz und Pfeffer würzen.
7. Das Risotto etwa 20 Minuten unter häufigem Rühren al dente garen. Dabei nach und nach die restliche, heiße Brühe (sobald die Brühe vom Reis aufgenommen wurde) hinzugießen.
8. Pastinakenscheiben nach etwa 10 Minuten Garzeit unter den Reis rühren und mitgaren lassen.
9. In der Zwischenzeit restliche Butter in einer Pfanne zerlassen. Zwiebelringe mit Zucker, etwas Salz und Pfeffer kräftig andünsten.
10. Nach und nach den Birnensaft mit dem Essig hinzugeben und immer wieder ganz einkochen lassen, bis die Zwiebelringe weich sind.
11. Den Bergkäse und die Petersilie unter das Risotto rühren, evtl. nachwürzen. Weizen-Risotto anrichten. Glasierte Zwiebelringe darauf verteilen und mit Walnussöl beträufeln.

Grünkern-Tagliatelle mit Pilzen

4 Portionen (ohne Foto)

Zubereitungszeit: 40 Minuten, ohne Ruhe- und Trockenzeit

Für die Nudeln:
200 g Vollkorn-Weizenmehl
100 g Grünkernschrot
2 Eier (Größe M)
2 EL Walnussöl
2 EL Wasser
1 gestr. TL Salz
3 l Wasser
3 gestr. TL Salz
60 g Butter

Für die Sauce:
600 g Egerlinge oder braune Champignons
2 Knoblauchzehen
1 Zwiebel
60 ml Olivenöl
1 EL Zitronensaft
200 ml Pilzfond
40 g Butter
20 g Weizenmehl
125 g Crème double
Salz
gem. Pfeffer

Pro Portion:
E: 18 g, F: 60 g, Kh: 62 g, kJ: 3747, kcal: 895

Weizen-Risotto mit Pastinaken und glasierten Zwiebeln

1. Für die Nudeln das Mehl und Grünkernschrot in einer Rührschüssel mischen. Eier, Walnussöl, Wasser und Salz hinzufügen. Die Zutaten mit einem Mixer (Knethaken) zunächst kurz auf niedrigster, dann auf höchster Stufe zu einem Teig verarbeiten. Sollte der Teig kleben, evtl. noch etwas Mehl hinzufügen.
2. Anschließend auf einer bemehlten Arbeitsfläche zu einem glatten Teig verkneten. Den Teig in Frischhaltefolie gewickelt mindestens 1 Stunde im Kühlschrank ruhen lassen.
3. Teig portionsweise auf einer bemehlten Arbeitsfläche dünn ausrollen und zum Trocknen auf Geschirrtücher legen. Wenn die Teigplatten soweit getrocknet sind (nach etwa 20 Minuten), dass sie nicht mehr kleben, aber auch nicht zerbrechen, daraus Tagliatelle in 1/2–1 cm breite Streifen schneiden.
4. Wasser in einem großen Topf zugedeckt zum Kochen bringen. Dann Salz und Tagliatelle hinzugeben. Die Tagliatelle im geöffneten Topf bei mittlerer Hitze etwa 5 Minuten bissfest kochen, dabei gelegentlich umrühren. Anschließend die Tagliatelle in ein Sieb geben, mit heißem Wasser abspülen und abtropfen lassen.
5. Die Butter in einem Topf zerlassen. Die Tagliatelle darin schwenken und warm stellen.
6. Für die Sauce die Egerlinge oder Champignons putzen, evtl. kurz abspülen, trocken tupfen und in Scheiben schneiden. Knoblauch und Zwiebel abziehen, klein würfeln. Olivenöl in einem Topf erhitzen, Knoblauch- und Zwiebelwürfel darin andünsten. Pilzscheiben hinzugeben und unter Rühren kräftig anbraten.
7. Mit Zitronensaft und Pilzfond ablöschen, zum Kochen bringen und 2–3 Minuten bei mittlerer Hitze garen. Butter mit Mehl verkneten und unterrühren. Die Pilzmasse damit binden. Crème double untermischen. Mit Salz und Pfeffer würzen. Tagliatelle untermischen.
8. Grünkern-Tagliatelle mit Pilzen in einer Schüssel servieren.

Zitronenrisotto mit gegrilltem Kürbis

Zitronenrisotto mit gegrilltem Kürbis

4 Portionen

Zubereitungszeit: 45 Minuten
Garzeit: 18–20 Minuten

1 kleiner Hokkaido-Kürbis
750 ml Gemüsebrühe
3 Bio-Zitronen (unbehandelt, ungewachst)
1 Zwiebel
2 EL Olivenöl
300 g Rundkornreis, z. B. Arborio
100 ml trockener Weißwein
Salz, gem. schwarzer Pfeffer
80 g Butter
100 g frisch ger. Parmesan

100 ml Olivenöl
1 EL frische Thymianblättchen
1 EL frische Rosmarinnadeln
1 TL Chiliflocken
2 EL grob geschnittene, glatte Petersilie

Pro Portion:
E: 17 g, F: 55 g, Kh: 71 g, kJ: 3674, kcal: 878

1. Den Kürbis abspülen, trocken tupfen und vierteln. Aus den Kürbisvierteln die Kerne mit einem Löffel herausschaben. Die Kürbisstücke in etwa 2 cm breite Spalten schneiden. Die Kürbisspalten in einer erhitzten Grillpfanne von allen Seiten goldbraun rösten, herausnehmen und warm stellen.
2. Die Gemüsebrühe in einem Topf zum Kochen bringen. Die Zitronen heiß abwaschen und abtrocknen. Von 2 Zitronen die Schale ganz fein abreiben. Von der letzten Zitrone mit einem Zestenreißer schmale Streifen abziehen. Die Zitronen halbieren und jeweils den Saft auspressen. Zwiebel abziehen und klein würfeln.
3. Olivenöl in einem Topf erhitzen. Die Zwiebelwürfel darin glasig dünsten. Den Reis hinzugeben und unter Rühren kurz mitdünsten lassen. Mit Weißwein ablöschen. So lange rühren, bis der Reis den Wein aufgenommen hat.
4. Mit einer Suppenkelle immer wieder etwas von der kochenden Brühe zum Reis geben. Reis unter ständigem Rühren garen, bis die ganze Brühe vom Reis aufgenommen wurde. Den Reis mit Salz und Pfeffer würzen. Der Reis ist nach 18–20 Minuten gar.
5. Die Butter und den Parmesan unter den Reis rühren. Den Reis mit der abgeriebenen Zitronenschale und dem Zitronensaft abschmecken (die Konsistenz soll cremig sein).
6. Aus Olivenöl, Thymian, Rosmarin und Chili ein Würzöl herstellen. Die warm gestellten Kürbisspalten mit dem Würzöl bestreichen und mit Salz würzen.
7. Das Risotto auf 4 Tellern anrichten. Mit Zitronenzesten und Petersilie garnieren. Die Kürbisspalten auf den Tellern verteilen oder dazureichen.

Tipp: Die Schale von dem Hokkaido-Kürbis kann mitgegessen werden.

Kürbis-Gnocchi mit Pfifferlingen

Überbackener Kürbis mit Zartweizen

Kürbis-Gnocchi mit Pfifferlingen

4 Portionen

Zubereitungszeit: 50 Minuten
Garzeit: etwa 25 Minuten

400 g Pfifferlinge
300 g mehligkochende Kartoffeln
700 g Hokkaido-Kürbis
Salz
125 ml Wasser
1 Ei (Größe L)
175 g Weizenmehl
50 g Weichweizengrieß
ger. Muskatnuss
3 EL Olivenöl
75 g Butter
gem. schwarzer Pfeffer
16 schöne Salbeiblättchen
1 EL Paprikapulver edelsüß

Pro Portion:
E: 13 g, F: 26 g, Kh: 61 g,
kJ: 2227, kcal: 532

1. Die Pfifferlinge putzen, evtl. kurz abspülen, gut abtropfen lassen und auf einem Geschirrtuch trocknen lassen. Größere Pfifferlinge halbieren oder vierteln. Kartoffeln gründlich waschen, in einem Topf knapp mit Wasser bedeckt, zugedeckt zum Kochen bringen und etwa 20 Minuten garen.

2. Den Backofen vorheizen.
Ober-/Unterhitze: etwa 200 °C
Heißluft: etwa 180 °C

3. In der Zwischenzeit Kürbis abspülen, abtropfen lassen und halbieren. Die Kerne mit einem Löffel herausschaben. Kürbis mit der Schale in etwa 4 cm große Würfel schneiden, mit Salz würzen. Kürbiswürfel auf einem Backblech (mit Backpapier belegt) verteilen. Wasser hinzugießen. Das Backblech in den vorgeheizten Backofen schieben. Die Kürbiswürfel etwa 25 Minuten garen, dabei einmal umdrehen.

4. Die gegarten Kartoffeln abgießen, abdämpfen und noch warm pellen. Kartoffeln mit den gegarten Kürbiswürfeln durch eine Kartoffelpresse in eine Rührschüssel drücken. Ei, Mehl und Grieß hinzugeben, noch warm unterkneten. Die Masse mit Salz und Muskat würzen. Teig auf einer leicht bemehlten Arbeitsfläche zu 3 etwa 50 cm langen Rollen formen. Rollen in 2 1/2–3 cm breite Stücke schneiden. Gnocchi auf der leicht bemehlten Arbeitsfläche liegen lassen.

5. Olivenöl in einer sehr großen Pfanne erhitzen. Die Pfifferlinge darin 2–3 Minuten kräftig anbraten, dabei wenig rühren. Pfifferlinge mit Salz leicht würzen.

6. Die Butter in einem kleinen Topf goldbraun rösten, mit Salz und Pfeffer würzen.

7. Gleichzeitig Wasser in einem Topf zum Kochen bringen. Etwas Salz hinzugeben. Gnocchi in das kochende Salzwasser geben und bei schwacher Hitze 4–5 Minuten gar ziehen lassen (das Wasser darf sich nur leicht bewegen). Gnocchi mit einer Schaumkelle herausnehmen und gut abtropfen lassen. In der Zwischenzeit die braune Butter nochmals erhitzen. Die abgespülten und trocken getupften Salbeiblättchen darin leicht rösten.

8. Die Gnocchi auf vorgewärmten Tellern anrichten, die Pfifferlinge darauf verteilen und mit der Salbeibutter beträufeln. Dann mit Paprika bestreuen und sofort servieren.

Überbackener Kürbis mit Zartweizen

2 Portionen

Zubereitungszeit: 25 Minuten
Überbackzeit: etwa 20 Minuten

125 g Zartweizen
(vorgegarter Weizen)
1 l Gemüsebrühe
1 Zwiebel
etwa 650 g Kürbis, z. B. Hokkaido
1 EL Sonnenblumenöl
50–75 ml Gemüsebrühe
(von dem Zartweizen)

2 EL Schnittlauchröllchen
etwa 1/2 TL abgeriebene Schale von 1 Bio-Zitrone (unbehandelt, ungewachst)
200 g körniger Frischkäse
Salz
gem. Pfeffer
ger. Muskatnuss
1–2 TL zerstoßene, rosa Pfefferbeeren

Pro Portion:
E: 24 g, F: 14 g, Kh: 60 g,
kJ: 1937, kcal: 463

1. Zartweizen mit der Gemüsebrühe nach Packungsanleitung zubereiten. Den Zartweizen in ein Sieb geben, dabei die Gemüsebrühe auffangen und 50–75 ml abmessen, beiseitestellen.
2. Zwiebel abziehen und klein würfeln. Kürbis abspülen, abtropfen lassen, halbieren, schälen und die Kerne mit einem Löffel herauskratzen. Das Kürbisfleisch (etwa 400 g) in etwa 1 1/2 cm große Würfel schneiden.
3. Den Backofen vorheizen.
Ober-/Unterhitze: etwa 200 °C
Heißluft: etwa 180 °C
4. Sonnenblumenöl in einem Topf erhitzen. Zwiebelwürfel darin andünsten. Kürbiswürfel hinzufügen und etwa 2 Minuten unter gelegentlichem Rühren mitdünsten. Beiseitegestellte Gemüsebrühe hinzugießen. Die Kürbiswürfel zugedeckt etwa 8 Minuten bissfest dünsten, dabei sollte die Gemüsebrühe fast verdampft sein.
5. In der Zwischenzeit Schnittlauchröllchen mit Zitronenschale und Frischkäse mischen, mit Salz und Pfeffer würzen. Das Kürbisgemüse mit Salz und Muskat würzen. Den Zartweizen untermischen. Die Kürbis-Weizen-Mischung in einer Auflaufform (gefettet) verteilen.
6. Käsemasse löffelweise daraufgeben und vorsichtig verstreichen. Rosa Pfefferbeeren daraufstreuen. Die Form auf dem Rost in den vorgeheizten Backofen (unteres Drittel) schieben. Kürbisgemüse etwa 20 Minuten überbacken und servieren.

Überbackene Käsespätzle

4 Portionen

Zubereitungszeit: 45 Minuten, ohne Teigruhezeit
Überbackzeit: 10–15 Minuten

400 g Weizenmehl
4 Eier (Größe M)
Salz
125 ml Wasser
4 l Wasser
4 gestr. TL Salz
250 g mittelalter, ger. Käse

Nach Belieben:
300 g Zwiebeln
75 g Butter

Pro Portion:
E: 29 g, F: 32 g, Kh: 71 g,
kJ: 2903, kcal: 694

1. Mehl in eine Rührschüssel geben und in die Mitte eine Vertiefung drücken. Eier mit 1 gestrichenen Teelöffel Salz und Wasser verschlagen. Etwas von der Eierflüssigkeit in die Vertiefung gießen und mit einem Mixer (Knethaken) von der Mitte aus mit dem Mehl verrühren. Restliche Eierflüssigkeit nach und nach hinzugießen. Dabei darauf achten, dass keine Klümpchen entstehen.
2. Den Teig so lange rühren, bis er Blasen wirft. Anschließend etwa 15 Minuten ruhen lassen.
3. Den Backofen vorheizen.
Ober-/Unterhitze: etwa 220 °C
Heißluft: etwa 200 °C
4. Wasser in einem großen Topf zugedeckt zum Kochen bringen, dann Salz hinzugeben. Den Teig portionsweise mit einem Spätzlehobel oder durch eine Spätzlepresse in das kochende Salzwasser geben. Die Spätzle in 3–5 Minuten gar kochen (die Spätzle sind gar, wenn sie an der Oberfläche schwimmen).
5. Spätzle in ein Sieb geben, kurz mit kaltem Wasser abspülen und abtropfen lassen. Die Spätzle abwechselnd mit dem Käse in eine große, flache Auflaufform (gefettet) schichten (die oberste Schicht soll aus Käse bestehen). Die Form auf dem Rost in den vorgeheizten Backofen schieben. Spätzle 10–15 Minuten überbacken.
6. Nach Belieben Zwiebeln abziehen, zuerst in Scheiben schneiden, dann in Ringe teilen. Butter in einer Pfanne zerlassen, Zwiebelringe darin goldbraun braten, herausnehmen und auf den Spätzle verteilen.

Tipp: Geben Sie auf jede Käseschicht noch einige abgetropfte, klein geschnittene, getrocknete Tomaten (in Öl) und frische, klein geschnittene Liebstöckelblätter.

Überbackene Käsespätzle

Tagliatelle mit Rucola und getrockneten Tomaten

4 Portionen VEGAN

Zubereitungszeit: 30 Minuten

200 g Rucola (Rauke)
120 g etwas abgetropfte, getrocknete Tomaten, in Öl
2 Zwiebeln
2 Knoblauchzehen
3 EL Olivenöl
40 g Pinienkerne
1 Bund glatte Petersilie
Salz, gem. Pfeffer
5 l Wasser
5 gestr. TL Salz
500 g Tagliatelle

Pro Portion:
E: 5 g, F: 21 g, Kh: 5 g,
kJ: 945, kcal: 226

1. Rucola putzen und die dicken Stiele abschneiden. Rucola abspülen und abtropfen lassen. Tomaten in Streifen schneiden. Zwiebeln und Knoblauch abziehen und würfeln.
2. Olivenöl in einer großen Pfanne zerlassen. Zwiebel- und Knoblauchwürfel darin andünsten. Pinienkerne hinzugeben und mitbräunen lassen. Tomatenstreifen unterrühren.
3. Petersilie abspülen und trocken tupfen. Die Blättchen von den Stängeln zupfen. Rucola in Stücke zupfen und mit den Petersilienblättchen kurz in der Pfanne miterwärmen. Die Sauce mit Salz und Pfeffer abschmecken, warm stellen.
4. Wasser in einem großen Topf zugedeckt zum Kochen bringen. Dann Salz und Nudeln hinzugeben. Die Nudeln im geöffneten Topf bei mittlerer Hitze nach Packungsanleitung bissfest kochen, dabei gelegentlich umrühren.
5. Anschließend die Nudeln in ein Sieb geben, mit heißem Wasser abspülen und abtropfen lassen.
6. Tagliatelle in eine vorgewärmte Schüssel geben, mit der Sauce vermengen und sofort servieren.

Tagliatelle mit Rucola und getrockneten Tomaten

Grünkern-Gemüse-Gericht

4 Portionen (ohne Foto)

Zubereitungszeit: 45 Minuten
Überbackzeit: etwa 15 Minuten

2 Zwiebeln
1 EL Speiseöl
120 g Grünkern
250 ml Gemüsebrühe
1 EL gerebelter Majoran
1 TL Paprikapulver edelsüß oder Currypulver
gem. Pfeffer
500 g Möhren
500 g Wirsing
Salz, ger. Muskatnuss
gem. Kümmel
evtl. etwas Gemüsebrühe
150 g Joghurt (3,5 % Fett)
70 g ger. Käse, z. B. Gouda
20 g gehackte Haselnusskerne

Pro Portion:
E: 14 g, F: 12 g, Kh: 32 g,
kJ: 1305, kcal: 312

1. Zwiebeln abziehen und klein würfeln. 1 Teelöffel Speiseöl in einem Topf erhitzen. Die Hälfte der Zwiebelwürfel darin goldgelb dünsten, Grünkern hinzugeben und kurz anrösten, Brühe hinzugießen. Mit Majoran, Paprika oder Curry und Pfeffer würzen. Die Brühe zum Kochen bringen. Grünkern bei schwacher Hitze etwa 20 Minuten ausquellen lassen. Grünkernmasse etwas abkühlen lassen.
2. Möhren putzen, schälen, abspülen, abtropfen lassen, in Würfel oder Streifen schneiden. Wirsing putzen, vierteln und den Strunk abschneiden. Wirsingviertel abspülen, abtropfen lassen und in Streifen schneiden.
3. Restliches Speiseöl in einem Topf erhitzen. Die restlichen Zwiebelwürfel darin andünsten. Vorbereitetes Gemüse hinzugeben, mit Salz, Muskat und Kümmel würzen. Das Gemüse zugedeckt etwa 10 Minuten bei schwacher Hitze dünsten, evtl. etwas Brühe hinzugeben.
4. Den Backofen vorheizen.
Ober-/Unterhitze: etwa 200 °C
Heißluft: etwa 180 °C
5. Joghurt und die Hälfte des Käses unter den etwas abgekühlten Grünkern rühren und mit den Gewürzen abschmecken.
6. Das gedünstete Gemüse in eine runde flache Auflaufform (gefettet) füllen. Die Grünkernmasse darauf verteilen. Mit dem restlichen Käse und den Haselnusskernen bestreuen. Die Form auf dem Rost in den vorgeheizten Backofen schieben. Das Grünkern-Gemüse-Gericht etwa 15 Minuten überbacken.

Spargelrisotto

Tagliatelle mit grünem Spargel

Spargelrisotto
4 Portionen

Zubereitungszeit: 60 Minuten
Garzeit: etwa 45 Minuten

1,2 kg weißer Spargel
1 l Wasser
60 g Butter
250 g Risotto-Reis
400 ml Gemüsebrühe
150 g Crème fraîche
Salz, gem. Pfeffer
ger. Muskatnuss
1 Bund Rucola (Rauke)
80 g geraspelter Greyerzer Käse

Pro Portion:
E: 16 g, F: 31 g, Kh: 55 g,
kJ: 2381, kcal: 571

1. Den Spargel von oben nach unten schälen. Darauf achten, dass die Schalen vollständig entfernt, die Köpfe aber nicht verletzt werden. Die unteren Enden abschneiden (holzige Stellen vollkommen entfernen). Die Spargelstangen, -schalen und -enden abspülen und abtropfen lassen. Spargelstangen in etwa 2 cm lange Stücke schneiden.
2. Spargelschalen und -enden mit Wasser in einem Topf zum Kochen bringen und zugedeckt etwa 15 Minuten leicht kochen lassen. Anschließend in ein Sieb geben, den Spargelfond dabei auffangen und 500 ml davon abmessen.
3. Butter in einem großen Topf zerlassen. Den Reis darin unter Rühren anrösten. Etwa 300 ml von dem Spargelfond hinzugießen und zum Kochen bringen. Den Reis bei mittlerer Hitze unter gelegentlichem Rühren etwa 30 Minuten garen. Nach und nach restlichen Fond und die Brühe hinzugießen.
4. Nach etwa 15 Minuten Garzeit die Spargelstücke zum Risotto geben und alles fertig garen. Crème fraîche unterrühren. Risotto mit Salz, Pfeffer und Muskat würzen.
5. Rucola verlesen und die dicken Stiele abschneiden. Den Rucola abspülen, abtropfen lassen und klein schneiden. Rucola und Käseraspel unter das Risotto rühren, anrichten und sofort servieren.

Tagliatelle mit grünem Spargel

4 Portionen

Zubereitungszeit: 30 Minuten

500 g grüner Spargel
350 ml Gemüsebrühe
1 Bund glatte Petersilie
150 g Crème fraîche
Salz, gem. Pfeffer
40 g Haselnusskerne
5 l Wasser, 5 gestr. TL Salz
500 g Tagliatelle

Pro Portion:
E: 5 g, F: 18 g, Kh: 5 g,
kJ: 821, kcal: 198

1. Von dem Spargel das untere Drittel schälen und die unteren Enden abschneiden. Den Spargel abspülen, abtropfen lassen und in etwa 1 cm lange Stücke schneiden, dabei die Spargelspitzen 2–3 cm lang lassen.
2. Gemüsebrühe in einem Topf zum Kochen bringen. Die Spargelstücke und -spitzen darin etwa 6 Minuten garen. Die Spargelspitzen mit einer Schaumkelle aus der Brühe nehmen und beiseitelegen.
3. Petersilie abspülen und trocken tupfen. Die Blättchen von den Stängeln zupfen. Blättchen klein schneiden. Petersilie in die Spargelbrühe geben.
4. Die Brühe mit den Spargelstücken und der Petersilie mit einem Pürierstab fein pürieren, Crème fraîche unterrühren. Die Sauce mit Salz und Pfeffer würzen, warm stellen.
5. Die Haselnusskerne grob hacken und in einer Pfanne ohne Fett leicht bräunen.
6. Wasser in einem großen Topf zugedeckt zum Kochen bringen. Dann Salz und Nudeln hinzugeben. Die Nudeln im geöffneten Topf bei mittlerer Hitze nach Packungsanleitung bissfest kochen, dabei gelegentlich umrühren.
7. Anschließend die Nudeln in ein Sieb geben, mit heißem Wasser abspülen und abtropfen lassen.
8. Die Tagliatelle in eine vorgewärmte Schüssel geben und mit der grünen Sauce vermengen. Mit den beiseitegelegten Spargelspitzen und Haselnusskernen garniert servieren.

Spaghetti aglio olio mit Petersilie

Spinatklöße auf Tomaten-Salbei-Sauce

Spaghetti aglio olio mit Petersilie

5 Portionen

Zubereitungszeit: 20 Minuten

5 l Wasser
5 gestr. TL Salz
500 g Spaghetti
3 Knoblauchzehen
1 Bund Petersilie
60 ml Olivenöl
Salz, gem. Pfeffer
etwa 150 g ger. Parmesan

Pro Portion:
E: 20 g, F: 23 g, Kh: 69 g,
kJ: 2389, kcal: 570

1. Das Wasser in einem großen Topf zugedeckt zum Kochen bringen. Dann Salz und Spaghetti hinzugeben. Die Spaghetti im geöffneten Topf bei mittlerer Hitze nach Packungsanleitung bissfest kochen, dabei gelegentlich umrühren. Spaghetti in ein Sieb geben, mit heißem Wasser abspülen und abtropfen lassen.
2. Den Knoblauch abziehen und in dünne Scheiben schneiden. Petersilie abspülen und trocken tupfen. Die Blättchen von den Stängeln zupfen. Blättchen klein schneiden.
3. Olivenöl in einer Pfanne erhitzen. Die Knoblauchscheiben darin glasig bis hellbraun dünsten. Spaghetti und Petersilie in das heiße Knoblauchöl geben und gut vermischen. Mit Salz und Pfeffer würzen.
4. Spaghetti aglio olio am besten in einer vorgewärmten Schüssel oder in Tellern anrichten und mit Parmesan bestreuen.

Tipp: Wer es sehr scharf mag, kann beim Andünsten zum Olivenöl noch 1 getrocknete rote Pfefferschote (Peperoncino) hinzugeben (Foto).

Spinatklöße auf Tomaten-Salbei-Sauce

6 Portionen

Zubereitungszeit: 60 Minuten, ohne Auftau- und Kühlzeit

Für die Spinatklöße:
450 g TK-Blattspinat
250 g Ricotta (ital. Frischkäse)
100 g frisch ger. Parmesan
2 Eier (Größe S)
2 EL Weizenmehl
1 1/2 EL Semmelbrösel
Salz, gem. Pfeffer
ger. Muskatnuss

Für die Sauce:
4 Fleischtomaten (etwa 500 g)
1 Bund Salbei
1 1/2 EL Olivenöl

einige Salbeiblättchen

Pro Portion:
E: 17 g, F: 16 g, Kh: 8 g,
kJ: 1084, kcal: 259

1. Für die Spinatklöße Spinat nach Packungsanleitung auftauen und in einem Sieb abtropfen lassen. Den Blattspinat ausdrücken, grob hacken und in eine Rührschüssel geben. Ricotta und Parmesan gut untermischen. Eier, Mehl und Semmelbrösel unterrühren. Mit Salz, Pfeffer und Muskat kräftig würzen. Die Masse etwa 45 Minuten in den Kühlschrank stellen und fest werden lassen.
2. Für die Sauce in der Zwischenzeit Tomaten kreuzweise einschneiden und mit kochendem Wasser übergießen. Nach 1–2 Minuten herausnehmen und mit kaltem Wasser abschrecken. Tomaten häuten, halbieren und die Stängelansätze herausschneiden. Tomaten in Würfel schneiden.
3. Salbei abspülen und trocken tupfen. Die Blättchen von den Stängeln zupfen. Die Blättchen in Streifen schneiden.
4. Olivenöl in einem Topf erhitzen. Tomatenwürfel darin unter Rühren andünsten, Salbeistreifen hinzugeben. Mit Salz und Pfeffer würzen.
5. Wasser in einem Topf zum Kochen bringen. Aus der Spinat-Ricotta-Masse mit 2 Teelöffeln kleine Klößchen formen, in das siedende Wasser geben und garen. Die Klößchen sind gar, wenn sie an der Oberfläche schwimmen.
6. Spinatklöße mit einer Schaumkelle herausnehmen, auf der Tomatensauce anrichten und mit einigen abgespülten und trocken getupften Salbeiblättchen garnieren.

Grüne Bandnudeln in Gemüserahm

4 Portionen (ohne Foto)

Zubereitungszeit: 30 Minuten

5 l Wasser
5 gestr. TL Salz
500 g feine, grüne Bandnudeln
je 1 rote, grüne und gelbe Paprikaschote
2 Fleischtomaten
100 g Champignons
40 g Butter
200 g Schlagsahne
1 TL Weizenmehl
150 g Crème fraîche
gerebelter Oregano
Salz, gem. Pfeffer
2 abgezogene, zerdrückte Knoblauchzehen
1 EL Basilikumstreifen
2 EL Olivenöl

Pro Portion:
E: 21 g, F: 45 g, Kh: 92 g,
kJ: 3730, kcal: 891

1. Wasser in einem großen Topf zugedeckt zum Kochen bringen. Dann Salz und Nudeln hinzugeben. Die Nudeln im geöffneten Topf bei mittlerer Hitze nach Packungsanleitung bissfest kochen, dabei gelegentlich umrühren.
2. In der Zwischenzeit Paprikaschoten halbieren, entstielen, entkernen und die weißen Scheidewände entfernen. Schoten abspülen, abtropfen lassen und in Würfel schneiden. Tomaten abspülen, trocken tupfen, halbieren und die Stängelansätze herausschneiden. Tomaten in Würfel schneiden. Champignons putzen, evtl. kurz abspülen, trocken tupfen und in Scheiben schneiden.
3. Die gegarten Nudeln in ein Sieb geben, mit heißem Wasser abspülen, abtropfen lassen und warm stellen.
4. Butter in einem Topf zerlassen. Die Paprikawürfel und Champignonscheiben darin unter Rühren andünsten. Sahne mit Mehl verrühren, unter das angedünstete Gemüse rühren und aufkochen lassen. Crème fraîche und Tomatenwürfel unterrühren und erhitzen. Den Gemüserahm mit Oregano, Salz, Pfeffer und Knoblauch würzen, Basilikum unterrühren.
5. Die warm gestellten Bandnudeln in Olivenöl schwenken, auf Tellern anrichten und mit dem Gemüserahm übergießen.

Spinatnudeln

3 Portionen

Zubereitungszeit: 30 Minuten

250 g Spaghetti
2 1/2 l Wasser
2 1/2 gestr. TL Salz
40 g Pinienkerne oder gestiftelte Mandeln
1–2 rote Peperoni
2 Zwiebeln
4 EL Olivenöl
450 g TK-Blattspinat
Salz, gem. Pfeffer
40 g gehobelter Parmesan

Pro Portion:
E: 22 g, F: 26 g, Kh: 63 g,
kJ: 2435, kcal: 581

1. Spaghetti zweimal durchbrechen. Wasser in einem großen Topf zugedeckt zum Kochen bringen. Dann Salz und Spaghetti hinzugeben. Die Spaghetti im geöffneten Topf bei mittlerer Hitze nach Packungsanleitung bissfest kochen, dabei gelegentlich umrühren.
2. In der Zwischenzeit Pinienkerne oder Mandeln in einer Pfanne ohne Fett unter Rühren goldbraun rösten, herausnehmen und auf einem Teller erkalten lassen.
3. Peperoni abspülen, abtropfen lassen, entstielen, der Länge nach aufschneiden, entkernen und die weißen Scheidewände entfernen. Peperoni in Ringe schneiden. Zwiebeln abziehen und in kleine Würfel schneiden.
4. Die gegarten Spaghetti in ein Sieb geben, mit heißem Wasser abspülen und gut abtropfen lassen.
5. Die Hälfte des Olivenöls in der Pfanne erhitzen. Zwiebelwürfel darin andünsten. Den gefrorenen Blattspinat hinzugeben. Den Spinat zugedeckt etwa 10 Minuten garen. Anschließend den Deckel abnehmen und den Spinat weitergaren, bis die Flüssigkeit verdampft ist. Spinat aus der Pfanne nehmen.
6. Restliches Olivenöl in der Pfanne erhitzen. Die Spaghetti darin unter Rühren anbraten. Peperoniringe hinzufügen und kurz mitbraten lassen. Spinat und die Pinienkerne unter die Spaghetti heben und erhitzen.
7. Spinatnudeln mit Salz und Pfeffer abschmecken, auf Tellern anrichten, mit Parmesan bestreut servieren.

Spinatnudeln

Rote-Bete-Spätzle mit Gorgonzolasauce

6 Portionen

Zubereitungszeit: 30 Minuten, ohne Abkühlzeit
Garzeit: Rote Bete etwa 45 Minuten

300 g Rote Bete
Salz
gem. Pfeffer
gem. Piment
2 Eier (Größe M)
400 g Weizenmehl
150 ml Milch (3,5 % Fett)
2 EL Butter (zimmerwarm)

Für die Gorgonzolasauce:
125 ml Milch (3,5 % Fett)
200 g Gorgonzola
125 g Schlagsahne

Pro Portion:
E: 21 g, F: 26 g, Kh: 57 g,
kJ: 2380, kcal: 569

1. Rote Bete gründlich waschen, schälen, abspülen und abtropfen lassen (evtl. mit Haushaltshandschuhen, da Rote Bete stark färbt). Rote Bete in kochendem Salzwasser etwa 45 Minuten weich kochen, mit einer Schaumkelle herausnehmen, etwas abkühlen lassen, pellen und in Stücke schneiden. Rote-Bete-Stücke erkalten lassen, in eine Schüssel geben und mit einem Pürierstab pürieren. Mit Salz, Pfeffer und Piment würzen.
2. Eier, Mehl und Milch zum Rote-Bete-Püree geben und mit einem Mixer (Knethaken) verrühren. Nur so viel Milch verwenden, dass ein geschmeidiger Spätzleteig entsteht.
3. Wasser in einem Topf zum Kochen bringen, Salz hinzugeben. Den Teig portionsweise mit einem Spätzlehobel oder durch eine Spätzlepresse in das kochenden Salzwasser geben und in 3–5 Minuten garen (die Spätzle sind gar, wenn sie an der Oberfläche schwimmen).
4. Die gegarten Spätzle mit einer Schaumkelle aus dem Salzwasser nehmen, in ein Sieb geben, mit kaltem Wasser abschrecken und abtropfen lassen. Die Spätzle in eine Schüssel geben, Butter darauf verteilen, Spätzle warm stellen.
5. Für die Sauce Milch in einem Topf erhitzen. Gorgonzola etwas zerbröseln, zu der heißen Milch in den Topf geben und unter Rühren aufkochen lassen. Sahne unterrühren. Käse in der Sahnemilch bei schwacher Hitze langsam schmelzen, bis eine cremeartige Sauce entstanden ist.
6. Die warm gestellten Spätzle mit der Gorgonzolasauce servieren.

Rote-Bete-Spätzle mit Gorgonzolasauce

Gewürzreis

4 Portionen (ohne Foto)

Zubereitungszeit: 40 Minuten
Garzeit: etwa 20 Minuten

VEGAN

2 Knoblauchzehen
1 Stück frischer Ingwer (etwa 1 1/2 cm)
2 rote Chilischoten
2 EL Speiseöl
300 g Basmatireis
400 ml Kokosmilch
etwa 350 ml Wasser
2 Stück Sternanis
1 Stück (10 cm) Zimtrinde oder Stangenzimt
Salz
50 g Cashewkerne
1/2 TL scharfes Currypulver
1/2 TL Schwarzkümmel
1/2–1 TL gem. Kreuzkümmel (Cumin)

Pro Portion:
E: 9 g, F: 28 g, Kh: 66 g,
kJ: 2312, kcal: 555

1. Knoblauch abziehen und in dünne Scheiben schneiden. Ingwer abspülen, trocken tupfen und in kleine Würfel schneiden.
2. Chilischoten abspülen, trocken tupfen, entstielen, längs halbieren, entkernen und in sehr kleine Stücke schneiden.
3. Einen Esslöffel Speiseöl in einem Topf erhitzen. Reis hinzugeben und glasig dünsten. Knoblauchscheiben, Ingwerwürfel und Chilistücke unterrühren. Die Kokosmilch mit Wasser, Sternanis, Zimtrinde oder Stangenzimt und Salz hinzufügen. Den Reis zum Kochen bringen und etwa 20 Minuten garen, evtl. noch etwas Wasser hinzugießen.
4. Restliches Speiseöl in einer Pfanne erhitzen. Cashewkerne darin unter Rühren bräunen lassen. Mit Curry und Schwarzkümmel würzen. Cashewkerne herausnehmen.
5. Den Reis mit Salz und Kreuzkümmel abschmecken, mit Cashewkernen bestreuen.

Scharfe Linguine mit Oliven, Kapern, eingelegten Tomaten und Artischocken

Rosa Reis

Scharfe Linguine mit Oliven, Kapern, eingelegten Tomaten und Artischocken

4 Portionen

VEGAN

Zubereitungszeit: 30 Minuten

2 kleine, rote Chilischoten
2 Knoblauchzehen
100 g abgetropfte, getrocknete Tomaten, in Öl
180 g abgetropfte Artischockenböden (in Lake, aus dem Glas)
1 Bund Rucola (Rauke)
5 l Wasser
5 gestr. TL Salz
500 g Linguine
4 EL entsteinte Taggiasca-Oliven
2 EL abgetropfte, feine Kapern
2 EL Olivenöl

Pro Portion:
E: 17 g, F: 21 g, Kh: 99 g,
kJ: 2780, kcal: 659

1. Chilischoten abspülen, trocken tupfen und entstielen. Chilischoten in feine Ringe schneiden. Knoblauch abziehen und in feine Scheiben schneiden. Von den getrockneten Tomaten das Öl auffangen, die Tomaten vierteln. Artischockenböden abspülen, abtropfen lassen und in gleich große Tortenstücke schneiden.
2. Rucola verlesen und die dicken Stiele entfernen. Rucola abspülen und gut trocken tupfen. Rucola grob zerschneiden.
3. Wasser in einem großen Topf zugedeckt zum Kochen bringen. Dann Salz und Nudeln hinzugeben. Die Nudeln im geöffneten Topf bei mittlerer Hitze nach Packungsanleitung bissfest kochen, dabei gelegentlich umrühren.
4. In der Zwischenzeit das aufgefangene Öl von den Tomaten in einer Pfanne erhitzen. Die Chiliringe, Knoblauchscheiben, Tomatenviertel und Artischocken darin andünsten. Eine Suppenkelle von dem kochenden Nudelwasser hinzugeben, Oliven und Kapern unterrühren.
5. Die gegarten Nudeln in ein Sieb geben, mit heißem Wasser abspülen und abtropfen lassen. Mit dem Olivenöl und dem Gemüse vermengen.
6. Scharfe Linguine anrichten und mit Rucola bestreut servieren.

Rosa Reis

4 Portionen

VEGAN

Zubereitungszeit: 25 Minuten

250 g 8-Minuten-Reis
1–2 EL Senfkörner
300 g rote Zwiebeln
250 g abgetropfte, rote Bohnen (aus der Dose)
1 Salatgurke
3 EL Speiseöl
440 g abgetropfte Rote Bete, in Scheiben (aus dem Glas)
einige Stängel Zitronenmelisse
Salz, gem. Pfeffer

Pro Portion:
E: 13 g, F: 10 g, Kh: 69 g,
kJ: 1467, kcal: 416

1. Den Reis nach Packungsanleitung zubereiten. Anschließend in ein Sieb geben und abtropfen lassen. Den Reis warm stellen.
2. In der Zwischenzeit Senfkörner in einem Wok oder in einer großen Pfanne ohne Fett rösten, bis die Körner zu springen beginnen. Dann die Körner in einen Mörser geben und zerstoßen.
3. Die Zwiebeln abziehen und in Streifen schneiden. Bohnen in ein Sieb geben, mit kaltem Wasser abspülen und abtropfen lassen. Von der Gurke die Enden abschneiden. Gurke schälen, der Länge nach halbieren und mit einem Löffel die Kerne herausschaben. Die Gurkenhälften würfeln.
4. Das Speiseöl in dem Wok oder in der beschichteten Pfanne erhitzen. Zwiebelstreifen, Gurkenwürfel und den Reis darin anbraten. Dann die Hitze reduzieren und den Deckel auflegen. Die Reis-Gurken-Mischung bei mittlerer Hitze etwa 3 Minuten garen.
5. Rote Bete in Streifen schneiden. Zitronenmelisse abspülen und trocken tupfen. Die Blättchen von den Stängeln zupfen. Die roten Bohnen und Rote-Bete-Streifen zum Gurken-Reis geben und erhitzen.
6. Den rosa Reis mit Salz, Pfeffer und den zerstoßenen Senfkörnern würzen. Die Zitronenmelisse unterheben oder den rosa Reis damit garnieren.

Ricotta-Spinat-Ravioli mit Daikonkresse

Reisauflauf mit Mangold und Zuckerschoten

Ricotta-Spinat-Ravioli mit Daikonkresse

4 Portionen

Zubereitungszeit: 10 Minuten
Backzeit: 25–30 Minuten

500 g frische Ravioli mit Ricotta-Spinat-Füllung
Salz
2 Fleischtomaten
20 g Butter
1 Ei (Größe M)
150 g Schlagsahne
gem. Pfeffer
75 g ger. Parmesan oder Pecorino

2 Kästchen Daikonkresse

Pro Portion:
E: 17 g, F: 33 g, Kh: 42 g,
kJ: 2258, kcal: 540

1. Ravioli in kochendem Salzwasser nach Packungsanleitung al dente kochen. Ravioli in ein Sieb geben, kurz mit kaltem Wasser abspülen und gut abtropfen lassen. Tomaten abspülen, trocken tupfen, halbieren, entkernen und die Stängelansätze herausschneiden. Tomaten in Würfel schneiden.
2. Den Backofen vorheizen.
Ober-/Unterhitze: etwa 200 °C
Heißluft: etwa 180 °C
3. Ravioli in eine Auflaufform (etwa 20 x 30 cm, gefettet) schichten. Dabei jeweils die einzelnen Schichten mit einigen Butterflöckchen belegen.
4. Ei mit Sahne verschlagen. Die Ravioli damit übergießen. Tomatenwürfel darauf verteilen. Mit Salz und Pfeffer würzen, mit Käse bestreuen.
5. Die Form auf dem Rost in den vorgeheizten Backofen schieben. Die Ravioli 25–30 Minuten backen.
6. In der Zwischenzeit Daikonkresse abspülen, trocken tupfen und abschneiden. Ravioli mit Daikonkresse bestreut servieren.

Reisauflauf mit Mangold und Zuckerschoten

4 Portionen

Zubereitungszeit: 50 Minuten
Garzeit: etwa 30 Minuten

1 EL Butter
1 gestr. TL Kurkuma (Gelbwurz)
150 g Langkornreis
375 ml Gemüsebrühe
200 g Zuckerschoten
750 g Mangold
Salz
2 Bund glatte Petersilie
gem. Pfeffer
3 Eier (Größe M)
200 g Schlagsahne
125 g Magerquark
ger. Muskatnuss
50 g ger. Parmesan
40 g Butter

Pro Portion:
E: 23 g, F: 39 g, Kh: 39 g,
kJ: 2547, kcal: 609

1. Butter in einem Topf zerlassen. Kurkuma unterrühren. Dann den Reis hinzugeben und andünsten. Die Gemüsebrühe hinzugießen und zum Kochen bringen. Den Reis zugedeckt bei schwacher Hitze etwa 20 Minuten garen, bis die gesamte Flüssigkeit vom Reis aufgenommen wurde.
2. Den Backofen vorheizen.
Ober-/Unterhitze: etwa 200 °C
Heißluft: etwa 180 °C
3. In der Zwischenzeit von den Zuckerschoten die Enden abschneiden, evtl. abfädeln. Zuckerschoten abspülen und abtropfen. Mangold putzen, gründlich waschen und abtropfen lassen. Die Mangoldblätter von den Stielen schneiden. Die Stiele abziehen. Die Mangoldblätter und -stiele in Streifen schneiden.
4. Salzwasser in einem Topf zum Kochen bringen, darin nacheinander die Mangoldstiele 3–4 Minuten, die Mangoldblätter etwa 1 Minute und die Zuckerschoten 2–3 Minuten blanchieren. Das Gemüse jeweils in ein Sieb geben, mit kaltem Wasser abschrecken und gut abtropfen lassen.
5. Die Petersilie abspülen und trocken tupfen. Die Blättchen von den Stängeln zupfen. Einige Blättchen zum Garnieren beiseitelegen. Die restlichen Blättchen klein schneiden.
6. Reis, Mangold, Zuckerschoten und Petersilie nacheinander schichtweise in eine Auflaufform (gefettet) geben, mit Salz und Pfeffer würzen.
7. Die Eier mit Sahne verschlagen, Quark unterrühren. Die Eiersahne mit Salz, Pfeffer und Muskat würzen und auf den eingeschichteten Zutaten verteilen. Den Auflauf mit Parmesan bestreuen. Die Butter in Flöckchen daraufsetzen.

8. Die Form auf dem Rost in den vorgeheizten Backofen schieben. Den Auflauf etwa 30 Minuten garen.
9. Den Auflauf mit den beiseitegelegten Petersilienblättchen bestreuen und servieren.

Gemüsereis Primavera

4 Portionen (ohne Foto)

Zubereitungszeit: 25 Minuten
Garzeit: 15–20 Minuten

150 g weißer Spargel
150 g grüner Spargel
1 große Möhre
2 Zwiebeln, 40 g Butter
250 g Langkornreis
500 ml Gemüsebrühe
100 g TK-Brechbohnen
100 g TK-Erbsen
Salz, gem. Pfeffer
30 g ger. Käse, z. B. Parmesan, Gouda
1 EL klein geschnittene Kräuter, z. B. Petersilie, Schnittlauch

Pro Portion:
E: 11 g, F: 12 g, Kh: 57 g,
kJ: 1603, kcal: 383

1. Den weißen Spargel von oben nach unten schälen. Dabei darauf achten, dass die Schalen vollständig entfernt, die Köpfe aber nicht verletzt werden. Die unteren Enden abschneiden (holzige Stellen vollkommen entfernen). Von dem grünen Spargel das untere Drittel schälen und die unteren Enden abschneiden. Spargelstangen abspülen, abtropfen lassen und in Stücke schneiden.
2. Die Möhre putzen, schälen, abspülen, abtropfen lassen, würfeln. Zwiebeln abziehen und klein würfeln.
3. Etwa 15 g von der Butter in einem Topf zerlassen, den Reis darin glasig dünsten. Gemüsebrühe hinzugießen und zum Kochen bringen. Den Reis nach Packungsanleitung 15–20 Minuten bei schwacher Hitze garen.
4. Die restliche Butter in einem Topf zerlassen, die Zwiebelwürfel darin glasig dünsten. Vorbereitetes Gemüse mit den gefrorenen Bohnen und Erbsen und etwa 3 Esslöffeln Wasser hinzugeben, mit Salz und Pfeffer würzen. Das Gemüse 12–15 Minuten unter gelegentlichem Rühren bissfest dünsten.
5. Den Reis zum Gemüse geben und gut untermischen. Mit Salz und Pfeffer würzen. Den Käse und die Kräuter unter den Gemüsereis heben.

Pizza-Risotto mit Mozzarella- und Tomatenstückchen

4 Portionen

Zubereitungszeit: 15 Minuten
Garzeit: etwa 25 Minuten

1 Knoblauchzehe, 1 Zwiebel
2 EL Butter oder Margarine
1–2 TL Pizzagewürz (fertige Gewürzmischung aus dem Supermarkt) oder je 1 Prise gerebelter Oregano, Thymian und Rosmarin
300 g Risotto-Reis
etwa 1 l heiße Gemüsebrühe
125 g abgetropfter Mozzarella
2 mittelgroße Tomaten
50 g ger. Parmesan
Salz, gem. Pfeffer
evtl. 1 Stängel Basilikum

Pro Portion:
E: 17 g, F: 20 g, Kh: 61 g,
kJ: 2072, kcal: 495

1. Knoblauch und Zwiebel abziehen, in sehr kleine Würfel schneiden. Butter oder Margarine in einem Topf zerlassen. Zwiebel- und Knoblauchwürfel darin glasig dünsten. Pizzagewürz hinzufügen und kurz mit andünsten.
2. Reis hinzugeben und unter Rühren glasig dünsten. Etwas von der heißen Brühe hinzugießen. Die Brühe unter Rühren von dem Reis aufnehmen lassen. Nach und nach die gesamte heiße Brühe hinzugießen, sodass der Reis stets gerade mit der Brühe bedeckt ist. Den Reis etwa 25 Minuten bei schwacher Hitze garen.
3. In der Zwischenzeit Mozzarella in kleine Würfel schneiden. Tomaten abspülen, trocken tupfen, halbieren und die Stängelansätze herausschneiden. Tomaten klein würfeln.
4. Zwei Esslöffel des Parmesans, die Tomaten- und Mozzarellawürfel unter den gegarten Risotto-Reis heben. Risotto-Reis mit Salz, Pfeffer und evtl. noch etwas Pizzagewürz abschmecken.
5. Nach Belieben Basilikum abspülen und trocken tupfen. Die Blättchen von den Stängeln zupfen.
6. Pizza-Risotto mit restlichem Parmesan und Basilikumblättchen anrichten.

Pizza-Risotto mit Mozzarella- und Tomatenstückchen

Gemüsefleckerl

Gemüsefleckerl

4 Portionen

Zubereitungszeit: 60 Minuten, ohne Ruhe- und Trockenzeit

Für den Nudelteig:
180 g Weizenmehl
80 g Hartweizengrieß
7 Eigelb (Größe M)
40 ml Wasser
1 TL Olivenöl
¼ gestr. TL Salz

Für das Gemüse:
100 g Zuckerschoten
100 g gelbe oder grüne Zucchini
1 Möhre (etwa 100 g), Salz
100 g Blattspinat oder
100 g TK-Blattspinat

1 Schalotte
1 Knoblauchzehe
20 g Butter
250 g Crème fraîche oder
Crème double
gem. Pfeffer
1 TL frische Thymianblättchen
1 EL klein geschnittene, glatte Petersilie

Pro Portion:
E: 16 g, F: 40 g, Kh: 55 g,
kJ: 2694, kcal: 647

1. Für den Nudelteig Mehl in eine Rührschüssel geben. Grieß, Eigelb, Wasser, Olivenöl und Salz hinzufügen. Die Zutaten mit einem Mixer (Knethaken) zu einem glatten Teig verarbeiten. Den Teig mit Frischhaltefolie zudecken und bei Zimmertemperatur etwa 1 Stunde ruhen lassen.

2. Den Teig halbieren und auf einer bemehlten Arbeitsfläche so dünn wie möglich (etwa 30 x 35 cm) ausrollen. Den Teig in etwa 5 cm breite Streifen schneiden. Die Teigstreifen in je 2 1/2 cm lange Stücke schneiden und in der Mitte leicht zusammendrücken (wie Schmetterlinge). Teigfleckerl auf einem Geschirrtuch mindestens 30 Minuten antrocknen lassen. Die restliche Teighälfte ebenso ausrollen, ausschneiden, zusammendrücken und antrocknen lassen.

3. In der Zwischenzeit für das Gemüse von den Zuckerschoten die Enden abschneiden, evtl. abfädeln. Die Zuckerschoten abspülen und abtropfen lassen. Zucchini abspülen, abtrocknen und die Enden abschneiden. Die Zucchini in Scheiben schneiden. Möhre putzen, schälen, abspülen, abtropfen, in Scheiben schneiden.

4. Das Gemüse evtl. portionsweise in kochendem Salzwasser 1/2–1 Minute blanchieren. Gemüse jeweils mit einer Schaumkelle herausnehmen, in Eiswasser abschrecken und abtropfen lassen.

5. Den Spinat verlesen und die dicken Stiele entfernen. Spinat gründlich waschen, abtropfen lassen und etwas kleiner schneiden. Spinat mit heißem Wasser übergießen und gut abtropfen lassen. TK-Spinat nach Packungsanleitung auftauen, Spinat gut ausdrücken und etwas kleiner schneiden.

6. Wasser in einem großen Topf zugedeckt zum Kochen bringen. Dann Salz und Teigfleckerl hinzugeben.

7. Die Nudeln im geöffneten Topf bei mittlerer bis großer Hitze in 3–5 Minuten bissfest kochen, dabei gelegentlich umrühren (je trockener die Teigfleckerl sind, desto länger die Garzeit). Anschließend die gegarten Teigfleckerl in ein Sieb geben, mit heißem Wasser abspülen und abtropfen lassen.

8. Schalotte und Knoblauch abziehen, beides klein würfeln. Butter in einer großen Pfanne zerlassen, Schalotten- und Knoblauchwürfel darin glasig dünsten. Crème fraîche oder Crème double hinzugeben und zum Kochen bringen.

9. Das Gemüse und die gegarten Fleckerl in die Sauce geben, gut vermischen und kurz darin erwärmen. Alles mit Salz und Pfeffer würzen. Thymian und Petersilie unterrühren. Gemüsefleckerl anrichten.

Gemüse-Tagliatelle-Nester

4 Portionen (ohne Foto)

Zubereitungszeit: 35 Minuten

2 1/2 l Wasser
2 1/2 gestr. TL Salz
250 g Tagliatelle (Bandnudeln)
1 große Zucchini (etwa 250 g)
2 große Möhren (etwa 300 g)
je 1/2 Bund Estragon, glatte Petersilie und Dill
6 EL Sojaöl
Salz, gem. Pfeffer
2 EL Weißweinessig
1 TL mittelscharfer Senf
200 ml Gemüsebrühe
200 g Blauschimmelkäse
Zucker

Pro Portion:
E: 21 g, F: 38 g, Kh: 48 g,
kJ: 2708, kcal: 647

1. Wasser in einem großen Topf zugedeckt zum Kochen bringen. Dann Salz und Nudeln hinzugeben. Die Nudeln im geöffneten Topf bei mittlerer Hitze nach Packungsanleitung bissfest kochen, dabei gelegentlich umrühren. Anschließend die Nudeln in ein Sieb geben, mit heißem Wasser abspülen und abtropfen lassen.
2. Zucchini abspülen, abtrocknen und die Enden abschneiden. Zucchini der Länge nach mit einer Haushaltsreibe in sehr feine Streifen schneiden. Möhren putzen, schälen, abspülen, abtropfen lassen und in sehr feine Streifen schneiden.
3. Die Kräuter abspülen und trocken tupfen. Die Blättchen bzw. Spitzen von den Stängeln zupfen, Blättchen und Spitzen klein schneiden.
4. Die Hälfte des Sojaöls in einer großen Pfanne erhitzen, die Gemüsestreifen darin in 2 Portionen andünsten, mit Salz und Pfeffer würzen. Die Nudeln hinzugeben und gut untermischen. Die Nudeln und das Gemüse mithilfe einer Gabel zu Nestern aufrollen und warm stellen.
5. Restliches Sojaöl in einer Pfanne erhitzen, die Pfanne von der Kochstelle nehmen. Weinessig, Senf und Gemüsebrühe hineingeben und unter Rühren aufkochen lassen. Den Blauschimmelkäse in Würfel schneiden, mit den klein geschnittenen Kräutern in die Brühe geben, Käse schmelzen lassen. Mit Salz, Pfeffer und 1 Prise Zucker abschmecken. Die Gemüse-Tagliatelle-Nester mit der Sauce auf Tellern anrichten und servieren.

Pilz-Reis-Gemüse

4 Portionen

Zubereitungszeit: 50 Minuten

3 EL Speiseöl
200 g Langkornreis
500 ml Gemüsebrühe
2 Döschen (je 0,1 g) gem. Safran
2 mittelgroße Zwiebeln
150 g Brechbohnen
Salz
200 g Champignons
200 g Shiitakepilze
200 g Pfifferlinge
8 EL Speiseöl
gem. Pfeffer
2 mittelgroße Tomaten
gerebeltes Bohnenkraut
40 g Butter

Pro Portion:
E: 12 g, F: 43 g, Kh: 81 g,
kJ: 3238, kcal: 772

1. Speiseöl in einem Topf erhitzen. Den Reis darin unter Rühren andünsten. Brühe hinzugießen und Safran unterrühren. Die Brühe zum Kochen bringen, den Reis etwa 20 Minuten bei schwacher Hitze garen. Anschließend in einem Sieb abtropfen lassen und den Reis warm stellen.
2. Die Zwiebeln abziehen, zuerst in Scheiben schneiden, dann in Ringe teilen. Von den Bohnen die Enden abschneiden, evtl. abfädeln. Bohnen abspülen, abtropfen lassen und in Stücke schneiden. Die Bohnen in kochendem Salzwasser etwa 15 Minuten garen, in ein Sieb geben, mit kaltem Wasser abschrecken und abtropfen lassen.
3. Pilze putzen, evtl. kurz abspülen, trocken tupfen und nach Belieben in Scheiben schneiden.
4. Speiseöl in einem Topf erhitzen, erst die Zwiebelringe darin andünsten, dann portionsweise die Pilze hinzugeben und anbraten. Mit Salz und Pfeffer würzen.
5. Tomaten kreuzweise einschneiden und mit kochendem Wasser übergießen. Nach 1–2 Minuten herausnehmen und mit kaltem Wasser abschrecken. Tomaten häuten, halbieren und die Stängelansätze herausschneiden. Tomaten achteln.
6. Tomatenspalten mit den Bohnen zu den Pilzen geben, mit Salz, Pfeffer und Bohnenkraut abschmecken.
7. Butter in einer großen Pfanne zerlassen. Den Reis darin schwenken, das Pilz-Gemüse unterheben.

Pilz-Reis-Gemüse

Kräuternudeln

4 Portionen

Zubereitungszeit: 65 Minuten, ohne Ruhezeit

Für den Nudelteig:
400 g Weizenmehl
4 Eier (Größe M)
2 Eigelb (Größe M)
1 gestr. TL Salz

2 Bund oder 2 Töpfe junger Liebstöckel oder Salbei
4 Tomaten (etwa 450 g)
2 Knoblauchzehen
3 EL Olivenöl
100 ml trockener Weißwein
Salz, gem. Pfeffer
4 l Wasser
4 gestr. TL Salz
4 EL Olivenöl
frische Kräuterblättchen

Pro Portion:
E: 20 g, F: 28 g, Kh: 76 g,
kJ: 2749, kcal: 656

1. Für den Teig Mehl in eine Rührschüssel geben und eine kleine Vertiefung eindrücken. Eier, Eigelb und Salz in die Vertiefung geben. Die Zutaten von der Mitte aus mit einem Mixer (Knethaken) zu einem glatten Teig verarbeiten. Den Teig zu einer Kugel formen und in Frischhaltefolie gewickelt etwa 1 Stunde ruhen lassen.
2. Liebstöckel oder Salbei abspülen und trocken tupfen. Die Blättchen von den Stängeln zupfen.
3. Den Nudelteig halbieren. Jeweils eine Teighälfte auf einer leicht bemehlten Arbeitsfläche zu einer dünnen, rechteckigen Platte ausrollen. Eine Teigplatte mit Wasser bestreichen und mit einem Teil der Kräuterblättchen belegen.
4. Die zweite Teigplatte ebenfalls mit Wasser bestreichen, darauflegen und mit einer Teigrolle darüberrollen, bis beide Nudelplatten aneinanderhaften. Nochmals etwa 5 Minuten ruhen lassen. Die Teigplatte in beliebige Formen schneiden oder ausstechen.
5. Tomaten abspülen, trocken tupfen, vierteln, entkernen und die Stängelansätze herausschneiden. Tomaten in Würfel schneiden. Knoblauch abziehen und klein würfeln.
6. Olivenöl in einer Pfanne erhitzen. Die Knoblauch-, Tomatenwürfel und restliche Kräuterblättchen darin andünsten. Mit Wein ablöschen, mit Salz und Pfeffer würzen.
7. Wasser in einem großen Topf zugedeckt zum Kochen bringen. Dann Salz und Nudeln hinzugeben. Die Nudeln im geöffneten Topf etwa 5 Minuten unter gelegentlichem Rühren bissfest garen.
8. Die Nudeln in ein Sieb geben, mit heißem Wasser abspülen und abtropfen lassen. Olivenöl in einer Pfanne erhitzen. Die Nudeln darin schwenken und in eine Schüssel geben. Tomaten-Kräuter-Sauce darauf verteilen. Mit abgespülten und trocken getupften Kräuterblättchen garnieren.

Kräuternudeln

Kürbis-Orangen-Risotto mit gebratenem Rotkohl

4 Portionen

Zubereitungszeit: 40 Minuten
Garzeit: Risotto etwa 20 Minuten

Für den Rotkohl:
500 g Rotkohl
Salz

Für das Risotto:
1 Zwiebel (etwa 80 g)
2 Bio-Orangen (unbehandelt, ungewachst)
20 g Butterschmalz
350 g Risotto-Reis
750 ml Gemüsebrühe
500 g Hokkaido-Kürbis
150 ml Orangensaft (von den Orangen)

20 g Butterschmalz
100 g Schlagsahne
gem. Pfeffer
1 EL brauner Zucker
gem. Gewürznelken
gem. Zimt
grobes Meersalz

Pro Portion:
E: 11 g, F: 19 g, Kh: 95 g,
kJ: 2529, kcal: 605

1. Für den Rotkohl von dem Rotkohl die welken, äußeren Blätter entfernen. Kohl vierteln und den Strunk herausschneiden.
2. Die Kohlviertel abspülen, abtropfen lassen und in lange, dünne Strei-

fen schneiden. Kohlstreifen in eine Schüssel geben, mit etwa 1/2 gestrichenen Teelöffel Salz bestreuen und beiseitestellen.

3. Für das Risotto die Zwiebel abziehen und in kleine Würfel schneiden. Die Orangen heiß abwaschen und abtrocknen. Die Schale von 1 Orange fein abreiben. Die Schale der zweiten Orange mit einem Zestenreißer in feinen Streifen abziehen. Beide Orangen halbieren und den Saft auspressen (ergibt etwa 150 ml Saft).

4. Butterschmalz in einem breiten Topf erhitzen. Risotto-Reis und Zwiebelwürfel darin glasig dünsten. Geriebene Orangenschale unterheben.

5. Die Hälfte der Brühe unterrühren und zum Kochen bringen. Reis zugedeckt etwa 10 Minuten bei schwacher Hitze garen, dabei gelegentlich umrühren. Die restliche Brühe hinzugeben.

6. In der Zwischenzeit den Kürbis gründlich abspülen, abtropfen lassen und ungeschält in Spalten schneiden. Kürbisspalten entkernen und in etwa 1 cm große Würfel schneiden.

7. Die Kürbiswürfel mit dem Orangensaft unter den Reis rühren und etwa 10 Minuten bei schwacher Hitze mitgaren lassen. Risotto dabei gelegentlich umrühren.

8. Beiseitegestellte Rotkohlstreifen leicht ausdrücken. Butterschmalz in einer großen Pfanne erhitzen. Kohl darin unter Rühren anbraten.

9. Kohl etwa 5 Minuten bei mittlerer Hitze braten, dabei immer wieder umrühren. Kurz vor Ende der Garzeit die Orangenschalenstreifen unterrühren und mitgaren lassen.

10. Die Sahne unter das Risotto rühren. Risotto mit Salz und Pfeffer abschmecken. Den Topf von der Kochstelle nehmen.

11. Den Zucker auf die Kohlstreifen streuen und unter Rühren kurz karamellisieren lassen. 3 Esslöffel Wasser hinzugeben. Den Kohl mit gemahlenen Nelken, Zimt und Pfeffer würzen.

12. Risotto und die Kohlstreifen portionsweise anrichten. Kohlstreifen mit grobem Meersalz bestreuen.

Kürbis-Orangen-Risotto mit gebratenem Rotkohl

Bunter Safran-Reis

Bunter Safran-Reis

2 Portionen

Zubereitungszeit: 40 Minuten

5 EL Speiseöl,
z. B. Sonnenblumenöl
100–125 g Langkornreis
etwa 250 ml Gemüsebrühe
1 Döschen (0,1 g) gem. Safran
Salz
75 g TK-Grüne Bohnen
2 mittelgroße Tomaten
1 mittelgroße Zwiebel
100 g Champignons
(möglichst kleine)
100 g Shiitakepilze
(möglichst kleine)
100 g Pfifferlinge (möglichst kleine)
gem. Pfeffer
gerebeltes Bohnenkraut

Pro Portion:
E: 10 g, F: 24 g, Kh: 55 g,
kJ: 1969, kcal: 470

1. 1 1/2 Esslöffel des Speiseöls in einem Topf erhitzen. Den Langkornreis hinzugeben und glasig dünsten, Brühe hinzugießen. Mit Safran und Salz würzen. Den Reis zum Kochen bringen und zugedeckt etwa 20 Minuten nach Packungsanleitung quellen lassen, bis der Reis die Brühe aufgesogen hat. Den Reis in ein Sieb geben und warm stellen.

2. In der Zwischenzeit die Bohnen in kochendem Wasser nach Packungsanleitung garen. Anschließend die Bohnen in ein Sieb geben, mit kaltem Wasser abschrecken und abtropfen lassen.

3. Tomaten kreuzweise einschneiden und mit kochendem Wasser übergießen. Nach 1–2 Minuten herausnehmen und mit kaltem Wasser abschrecken. Die Tomaten häuten, halbieren, entkernen und die Stängelansätze herausschneiden. Die Tomaten in Spalten schneiden. Die Zwiebel abziehen, zuerst in Scheiben schneiden, dann in Ringe teilen. Pilze putzen, evtl. kurz abspülen und trocken tupfen. Größere Pilze halbieren oder vierteln.

4. 1 1/2 Esslöffel des restlichen Speiseöls in einer großen Pfanne erhitzen. Zuerst die Zwiebelringe darin andünsten, dann die Pilze hinzugeben und unter gelegentlichem Rühren mitdünsten lassen. Mit Salz und Pfeffer würzen.

5. Bohnen mit den Tomatenspalten zu den Pilzen in die Pfanne geben. Mit Salz, Pfeffer und Bohnenkraut würzen und nochmals kurz erwärmen.

6. Das restliche Speiseöl in einem Topf zerlassen. Safran-Reis hinzufügen und unter Rühren erwärmen. Das Pilzgemüse hinzugeben und mit dem Reis vermengen. Safran-Reis sofort servieren.

Couscous mit grünem und weißem Spargel, Minze und Ei

Couscous mit grünem und weißem Spargel, Minze und Ei

4 Portionen

Zubereitungszeit: 35 Minuten

2 hart gekochte Eier
500 g weißer Spargel
500 g grüner Spargel
2 Schalotten
200 g Cocktailtomaten
60 g junger Blattspinat
2 EL Butter
150 ml Gemüsebrühe
Salz, gem. Pfeffer

150 g Couscous
1 Bio-Zitrone
(unbehandelt, ungewachst)
1 Bund Minze
3 EL Olivenöl

Pro Portion:
E: 13 g, F: 19 g, Kh: 36 g,
kJ: 1552, kcal: 370

1. Die Eier pellen und evtl. mit einem Eierschneider achteln.
2. Den weißen Spargel von oben nach unten schälen. Darauf achten, dass die Schalen vollständig entfernt, die Köpfe aber nicht verletzt werden. Die unteren Enden abschneiden (holzige Stellen vollkommen entfernen). Den Spargel abspülen, abtropfen lassen, schräg in mundgerechte Stücke schneiden. Von dem grünen Spargel nur das untere Drittel schälen und die Enden abschneiden. Spargel abspülen, abtropfen lassen und ebenfalls schräg in mundgerechte Stücke schneiden.
3. Die Schalotten abziehen, zuerst in Scheiben schneiden, dann in Ringe teilen. Die Cocktailtomaten abspülen, trocken tupfen und die Stängelansätze herausschneiden. Den Blattspinat verlesen und die dicken Stiele entfernen. Spinat gründlich waschen und abtropfen lassen.
4. Butter in einem Topf zerlassen. Schalottenringe darin andünsten. Weiße Spargelstücke hinzugeben, Brühe hinzugießen. Mit Salz und Pfeffer würzen. Die weißen Spargelstücke etwa 5 Minuten bei mittlerer Hitze unter Rühren dünsten. Die grünen Spargelstücke hinzugeben, weitere etwa 5 Minuten mitdünsten lassen. Die Cocktailtomaten zu den Spargelstücken geben und kurz mit andünsten.
5. In der Zwischenzeit Couscous nach Packungsanleitung zubereiten. Die Zitrone heiß abwaschen, abtrocknen und die Schale fein abreiben. Zitrone halbieren und den Saft auspressen. Minze abspülen und trocken tupfen. Die Blättchen von den Stängeln zupfen, Blättchen klein schneiden.
6. Den gegarten Couscous mit einer Gabel auflockern und vorsichtig unter das Gemüse heben. Mit Olivenöl, Zitronenschale, -saft, Minze, Salz und Pfeffer abschmecken.
7. Couscous auf einer großen Platte anrichten, mit Eierspalten und Spinat garnieren.

Gemüse-Servietten-Knödel

4 Portionen (ohne Foto)

Zubereitungszeit: 45 Minuten, ohne Abkühlzeit
Garzeit: etwa 40 Minuten

Für den Teig:
4 Brötchen (Semmeln) vom Vortag
250 ml lauwarme Milch
(3,5 % Fett)
1 Zwiebel
2 Möhren
100 g Champignons
100 g Brokkoliröschen
200 g Blattspinat
Salz
20 g Butter
gem. Pfeffer
ger. Muskatnuss
100 g TK-Erbsen

2 Eier (Größe M)
1/2 Bund glatte, klein
geschnittene Petersilie
evtl. 2–3 EL Semmelbrösel

Für die Käsesauce:
250 ml Gemüsebrühe
1 EL Speisestärke
250 g Schlagsahne
200 g ger. Butterkäse
1/2 Bund glatte, klein
geschnittene Petersilie

Außerdem:
Küchengarn

Pro Portion:
E: 28 g, F: 41 g, Kh: 51 g,
kJ: 2863, kcal: 685

1. Für den Teig die Brötchen in Würfel schneiden und in der lauwarmen Milch einweichen. Die Zwiebel abziehen und klein würfeln. Möhren putzen, schälen, abspülen, abtropfen lassen und in kleine Würfel schneiden. Die Champignons putzen, evtl. kurz abspülen, trocken tupfen und in kleine Stücke schneiden. Brokkoliröschen putzen, abspülen und abtropfen lassen. Den Spinat verlesen und die dicken Stiele entfernen. Spinat gründlich waschen und in einem Sieb abtropfen lassen.

2. Brokkoliröschen in kochendem Salzwasser etwa 2 Minuten blanchieren, in ein Sieb geben, mit kaltem Wasser abschrecken und abtropfen lassen.

3. Die Butter in einem Topf zerlassen, die Zwiebelwürfel, Möhrenwürfel und Champignonstücke darin unter Rühren andünsten, mit Salz, Pfeffer und Muskat würzen. Das Gemüse etwa 5 Minuten bissfest dünsten. Erbsen und abgetropften Spinat unterheben. Das Gemüse abkühlen lassen.

4. Brötchenwürfel ausdrücken. Mit Eiern und Petersilie in einer Schüssel gut vermengen. Das abgekühlte Gemüse unterkneten. Die Masse mit den Gewürzen kräftig würzen. Evtl. die Semmelbrösel unterarbeiten.

5. Die Masse als länglichen Kloß auf ein ausgespültes Geschirrtuch geben und fest zusammenwickeln. Die Enden mit Küchengarn zusammenbinden, mit einer Schlaufe versehen und einen Kochlöffelstiel durchziehen. Das Tuch in einen großen Topf mit leicht siedendem Salzwasser hängen. Die Serviettenknödel etwa 40 Minuten garen.

6. Für die Sauce die Brühe in einem Topf zum Kochen bringen. Speisestärke mit etwas Wasser anrühren und in die kochende Brühe rühren. Sahne und Käse unterrühren. Die Sauce unter Rühren aufkochen lassen. Die Sauce kräftig mit Salz, Pfeffer und Muskat abschmecken, Petersilie unterrühren.

7. Servietten-Knödel aufschneiden und mit der Käsesauce anrichten.

Erbsen-Paprika-Gemüse mit Hirse

4 Portionen

VEGAN

Zubereitungszeit: 25 Minuten
Garzeit: etwa 25 Minuten

250 g Hirse
500 ml Wasser
1/2 gestr. TL Salz
250 ml Wasser
1/2 gestr. TL Salz
600 g TK-Erbsen
1 Zwiebel (etwa 65 g)
2 rote Paprikaschoten
(je etwa 200 g)
1 Bund Frühlingszwiebeln
(etwa 250 g)
1 EL Speiseöl, z. B. Rapsöl
1–1 1/2 EL Zitronensaft
1 Msp. Currypulver
Cayennepfeffer
1 EL TK-Petersilie

Pro Portion:
E: 19 g, F: 6 g, Kh: 72 g,
kJ: 1785, kcal: 427

1. Die Hirse mit Wasser in einem Topf zugedeckt zum Kochen bringen, Salz hinzugeben. Hirse etwa 5 Minuten bei mittlerer Hitze kochen lassen. Anschließend bei schwacher Hitze etwa 10 Minuten ausquellen lassen.

2. In der Zwischenzeit in einem zweiten Topf Wasser zum Kochen bringen. Salz und die Erbsen hinzugeben, wieder zum Kochen bringen. Die Erbsen zugedeckt etwa 3 Minuten bei mittlerer Hitze garen. Dabei gelegentlich umrühren. Die Erbsen in ein Sieb geben, dabei etwas Kochflüssigkeit auffangen. Die Erbsen mit kaltem Wasser abschrecken und abtropfen lassen.

3. Die Zwiebel abziehen und klein würfeln. Die Paprikaschoten halbieren, entstielen, entkernen und die weißen Scheidewände entfernen. Schoten abspülen, abtropfen lassen und in kleine Stücke schneiden. Die Frühlingszwiebeln putzen, abspülen, abtropfen lassen und in 4–5 cm lange Stücke schneiden.

4. Speiseöl in einer großen Pfanne erhitzen. Zwiebelwürfel, Paprika- und Frühlingszwiebelstücke darin bei mittlerer Hitze etwa 3 Minuten unter gelegentlichem Rühren andünsten. Erbsen und 3–4 Esslöffel der aufgefangenen Kochflüssigkeit unterrühren. Das Gemüse zugedeckt etwa 2 Minuten bei mittlerer Hitze garen.

5. Erbsen-Paprika-Gemüse mit Zitronensaft, Curry und Cayennepfeffer abschmecken, etwas Petersilie unterrühren. Das Gemüse mit Hirse anrichten. Restliche Petersilie auf die Hirse streuen.

Erbsen-Paprika-Gemüse mit Hirse

Blumenkohlcurry mit Reis

4 Portionen

Zubereitungszeit: 30 Minuten
Garzeit: etwa 12 Minuten

800 g Blumenkohl
200 g Porree (Lauch)
2 Möhren (etwa 200 g)
1 Schalotte
1 rote Pfefferschote
20 g Joghurt-Butter
1/2 gestr. TL Salz
2 gestr. TL Currypulver
1 TL gem. Piment
Saft von 1 Zitrone (50–60 ml)
6 EL Wasser
1–2 TL flüssiger Honig
300 g Joghurt (1,5 % Fett)
4 hart gekochte Eier
350 g gegarter Naturreis
(etwa 125 g Rohgewicht)

Pro Portion:
E: 16 g, F: 12 g, Kh: 38 g,
kJ: 1373, kcal: 333

1. Von dem Blumenkohl die Blätter entfernen und den Strunk abschneiden. Den Blumenkohl in kleine Röschen teilen, abspülen und abtropfen lassen.
2. Porree putzen, die Stange längs halbieren, gründlich waschen und abtropfen lassen. Möhren putzen, schälen, abspülen und abtropfen lassen. Porree in Streifen und Möhren in dünne Scheiben schneiden.
3. Schalotte abziehen und klein würfeln. Pfefferschote halbieren, entstielen, entkernen und die Scheidewände entfernen. Schote abspülen, abtropfen lassen und in feine Streifen schneiden.
4. Joghurt-Butter in einem großen Topf zerlassen. Die Schalottenwürfel und Pfefferschoten darin andünsten. Möhrenscheiben- und Porreestreifen hinzufügen und unter Rühren kurz mitdünsten lassen. Die Blumenkohlröschen hinzugeben, mit Salz, Curry und Piment würzen. Zitronensaft, Wasser und Honig hinzufügen. Blumenkohlcurry etwa 10 Minuten unter gelegentlichem Rühren dünsten.
5. Den Joghurt unter das Blumenkohlcurry rühren (Curry nicht mehr kochen lassen) und evtl. nochmals mit den Gewürzen abschmecken.
6. Eier pellen und vierteln. Blumenkohlcurry mit den Eierspalten garnieren. Den Reis dazureichen.

Blumenkohlcurry mit Reis

Gemüse-Bulgur

2 Portionen (ohne Foto)

Zubereitungszeit: 35 Minuten

VEGAN

125 g Porree (Lauch)
125 g Möhren
1 EL Speiseöl
100 g Bulgur
250 ml Gemüsebrühe
gem. Kreuzkümmel (Cumin)
ger. Muskatnuss, gem. Pfeffer
2 EL klein geschnittene Petersilie
evtl. Salz

Pro Portion:
E: 7 g, F: 8 g, Kh: 34 g,
kJ: 1031, kcal: 246

1. Porree putzen, längs halbieren, gründlich waschen und abtropfen lassen. Möhren putzen, schälen, abspülen, abtropfen lassen. Porree und Möhren in feine Streifen schneiden.
2. Speiseöl in einem Topf erhitzen. Bulgur darin unter Rühren anrösten. Porree- und Möhrenstreifen hinzufügen und kurz mit andünsten. Gemüsebrühe hinzugießen. Mit Kreuzkümmel, Muskat und Pfeffer würzen. Die Zutaten zum Kochen bringen und 10–15 Minuten bei schwacher Hitze garen, dabei gelegentlich umrühren.
3. Die Petersilie zum Gemüse-Bulgur geben und untermischen. Evtl. mit etwas Salz abschmecken.

Fenchel-Hirse-Auflauf mit Ziegenkäse

4 Portionen

Zubereitungszeit: 35 Minuten
Garzeit: etwa 20 Minuten

175 g Hirse
750 g Fenchelknollen
1 Stängel frischer Rosmarin
1 Zwiebel
1 EL Butter
Salz, gem. Pfeffer
knapp 500 ml Gemüsebrühe

Fenchel-Hirse-Auflauf mit Ziegenkäse

Feine Bandnudeln mit Trüffeln

Für die Eiersahne:
2 Eier (Größe M)
200 g Schlagsahne

Außerdem:
200 g Ziegenkäserolle
2 EL Haselnusskerne

Pro Portion:
E: 23 g, F: 40 g, Kh: 40 g,
kJ: 2590, kcal: 620

1. Hirse gründlich mit heißem Wasser abspülen und in einem Sieb abtropfen lassen. Fenchel putzen, abspülen, abtropfen lassen, halbieren und klein würfeln. Rosmarinstängel abspülen und trocken tupfen. Die Nadeln von dem Stängel zupfen, Nadeln klein schneiden. Zwiebel abziehen und klein würfeln.
2. Den Backofen vorheizen.
Ober-/Unterhitze: etwa 200 °C
Heißluft: etwa 180 °C
3. Butter in einem Topf zerlassen, Rosmarin und Fenchelwürfel darin etwa 3 Minuten dünsten, mit Salz und Pfeffer würzen. Hirse hinzugeben und die Brühe hinzugießen. Die Zutaten zum Kochen bringen und zugedeckt bei schwacher Hitze etwa 5 Minuten kochen lassen.
4. Für die Eiersahne Eier mit Sahne verschlagen, mit Salz und Pfeffer würzen. Hirse-Gemüse-Mischung in eine große Auflaufform (gefettet) geben und Eiersahne darauf verteilen.
5. Ziegenkäserolle in dicke Scheiben schneiden und darauflegen. Nusskerne grob hacken und den Auflauf damit bestreuen.
6. Die Form auf dem Rost in den vorgeheizten Backofen schieben. Den Auflauf etwa 20 Minuten garen.

Tipps: Wenn Sie Ziegenkäse nicht mögen, versuchen Sie den Auflauf mit Camembert oder mit Butterkäse. Geben Sie statt der Haselnusskerne Kürbiskerne auf den Auflauf.

Feine Bandnudeln mit Trüffeln

2 Portionen

Zubereitungszeit: 50 Minuten, ohne Ruhe- und Trockenzeit

300 g Weizenmehl
3 Eier (Größe L)
1/2 gestr. TL Salz
1 EL Olivenöl
Salz
3 l Wasser
3 gestr. TL Salz
80 g Butter
40 g frisch ger. Parmesan
50 g schwarze Trüffel

Pro Portion:
E: 34 g, F: 56 g, Kh: 112 g,
kJ: 4577, kcal: 1094

1. Mehl in eine Rührschüssel geben. In die Mitte eine Vertiefung eindrücken. Eier mit Salz verschlagen und durch ein feines Sieb in die Vertiefung laufen lassen. Olivenöl hinzufügen.
2. Die Zutaten mit einem Mixer (Knethaken) zu einem glatten Teig verkneten. Den Teig auf einer bemehlten Arbeitsfläche etwa 3 Minuten gut durcharbeiten, in Frischhaltefolie wickeln, etwa 1 Stunde in den Kühlschrank legen und ruhen lassen.
3. Den Teig portionsweise mit einer Nudelmaschine bis zur gewünschten Stärke ausrollen. Die Nudelbahnen mit dem Vorsatz 2–3 mm breit in Bahnen schneiden. Falls kein Vorsatz vorhanden ist, die Nudelbahnen locker zur Schnecke aufrollen und diese dann in 2–3 mm breite Bandnudeln schneiden. Die Nudeln zum Trocknen auf eine Leine hängen, damit sie sich beim Kochen nicht verformen.
4. Wasser in einem großen Topf zugedeckt zum Kochen bringen. Salz und Nudeln hinzugeben. Die Nudeln im geöffneten Topf bei mittlerer Hitze nach Packungsanleitung bissfest kochen, dabei gelegentlich umrühren.
5. Anschließend die Nudeln in ein Sieb geben, mit heißem Wasser abspülen und abtropfen lassen.
6. Die Nudeln mit Butter und Käse vermischen, auf 2 Tellern verteilen. Trüffel mit einem Trüffelhobel hauchdünn darüberhobeln.

Mangold-Hirse-Gemüse

Frühlingsgemüse mit Penne

Mangold-Hirse-Gemüse

4 Portionen

VEGAN

Zubereitungszeit: 40 Minuten
Garzeit: etwa 30 Minuten

70 g getrocknete Aprikosen
150 g Zwiebeln
2–3 Knoblauchzehen
1 Stange Zimt
2 EL Sonnenblumenöl
1–2 TL gem. Kreuzkümmel (Cumin)
150 g Hirse
70 g Rosinen
650 ml Gemüsebrühe
800 g Mangold
2 EL Zitronensaft
Salz
Cayennepfeffer

Pro Portion:
E: 9 g, F: 10 g, Kh: 63 g,
kJ: 1597, kcal: 381

1. Aprikosen in Streifen schneiden. Zwiebeln und Knoblauch abziehen. Die Zwiebeln halbieren und in Spalten schneiden. Knoblauch in Scheiben schneiden. Zimtstange in Stücke brechen.
2. Sonnenblumenöl in einem Wok erhitzen. Zimtstücke und Kreuzkümmel darin unter Rühren kurz anrösten. Zwiebelspalten und Knoblauchscheiben hinzufügen, unter Rühren anbraten. Hirse, Rosinen und Aprikosenstreifen hinzufügen. Die Hälfte der Brühe hinzugießen und zum Kochen bringen. Die Hirse zugedeckt etwa 15 Minuten bei mittlerer Hitze garen. Restliche Brühe nach und nach hinzugießen.
3. In der Zwischenzeit Mangold putzen, gründlich waschen und abtropfen lassen. Die Mangoldblätter von den Stielen schneiden. Die Stiele abziehen, in Streifen schneiden und sofort in Zitronensaft schwenken.
4. Mangoldstiele zur Hirse in den Wok geben und 8–10 Minuten mitgaren. Mangoldblätter in Streifen schneiden, ebenfalls zur Hirse geben und noch etwa 5 Minuten weitergaren. Das Mangold-Hirse-Gemüse mit Salz, Cayennepfeffer und Kreuzkümmel abschmecken.

Frühlingsgemüse mit Penne

12 Portionen

Zubereitungszeit: 50 Minuten

je 1,2 kg weißer oder grüner Spargel
600 g junge, kleine Bundmöhren
600 g Zuckerschoten
Salz
je 5 l Wasser
je 5 gestr. TL Salz
1 kg Penne (Röhrennudeln)
120 g Butter
gem. Pfeffer
1–2 Bund Kerbel

Pro Portion:
E: 16 g, F: 11 g, Kh: 64 g,
kJ: 1843, kcal: 440

1. Den weißen Spargel von oben nach unten schälen. Darauf achten, dass die Schalen vollständig entfernt, die Köpfe aber nicht verletzt werden. Die unteren Enden abschneiden (holzige Stellen vollständig entfernen). Von dem grünen Spargel nur das untere Drittel schälen und die unteren Enden abschneiden. Spargel abspülen, abtropfen lassen und in etwa 5 cm lange Stücke schneiden.
2. Möhren putzen, dabei etwas Grün stehen lassen. Die Möhren unter fließendem kalten Wasser gründlich waschen (das Schälen entfällt bei jungen Möhren) und abtropfen lassen.
3. Von den Zuckerschoten die Enden abschneiden, evtl. abfädeln. Zuckerschoten abspülen und abtropfen lassen. Spargelstücke, Möhren und Zuckerschoten nacheinander jeweils 5–10 Minuten in kochendem Salzwasser bissfest garen, mit einer Schaumkelle herausnehmen, mit kaltem Wasser abschrecken und in einem Sieb abtropfen lassen.
4. Die Nudeln in 2 Portionen kochen. Dafür jeweils Wasser in einem großen Topf zugedeckt zum Kochen bringen. Dann Salz und Nudeln hinzugeben. Die Nudeln im geöffneten Topf bei mittlerer Hitze nach Packungsanleitung kochen lassen, dabei gelegentlich umrühren. Anschließend in ein Sieb abgießen, mit heißem Wasser abspülen und abtropfen lassen.
5. Butter in einem großen Topf zerlassen. Das vorbereitete Gemüse und die Nudeln darin schwenken. Mit Salz und Pfeffer würzen.

6. Kerbel abspülen und trocken tupfen. Die Blättchen von den Stängeln zupfen. Das Frühlingsgemüse mit Kerbelblättchen bestreuen.

Frühlingsnudeln mit Kürbiskernen

4 Portionen (ohne Foto)

Zubereitungszeit: 40 Minuten

VEGAN

4 l Wasser
4 gestr. TL Salz
400 g Penne (Röhrennudeln)
je 1 rote, grüne und gelbe Paprikaschote (je etwa 150 g)
1 mittelgroße Zucchini (etwa 250 g)
4 EL Olivenöl
200 ml Gemüsebrühe
2 Frühlingszwiebeln
1 Knoblauchzehe
Salz, gem. Pfeffer
100 g geschälte, geröstete Kürbiskerne

Pro Portion:
E: 26 g, F: 22 g, Kh: 96 g,
kJ: 2905, kcal: 695

1. Wasser in einem großen Topf zugedeckt zum Kochen bringen. Dann Salz und Nudeln hinzugeben. Die Nudeln im geöffneten Topf bei mittlerer Hitze nach Packungsanleitung bissfest kochen, dabei gelegentlich umrühren.
2. Anschließend die Nudeln in ein Sieb geben, mit heißem Wasser abspülen und abtropfen lassen.
3. Für das Gemüse Paprikaschoten halbieren, entstielen, entkernen und die weißen Scheidewände entfernen. Schoten abspülen, abtropfen lassen und quer in Streifen schneiden. Zucchini abspülen, abtrocknen und die Enden abschneiden. Zucchini der Länge nach halbieren und anschließend in Scheiben schneiden.
4. Olivenöl in einem Wok erhitzen. Paprikastreifen und Zucchinischeiben darin andünsten.
5. Die Brühe hinzugießen und zum Kochen bringen. Das Gemüse zugedeckt etwa 8 Minuten garen.
6. In der Zwischenzeit Frühlingszwiebeln putzen, abspülen, abtropfen lassen und in Scheiben schneiden. Knoblauch abziehen und in kleine Würfel schneiden.
7. Abgetropfte Nudeln mit den Frühlingszwiebelscheiben zum Gemüse geben. Mit Salz, Pfeffer und Knoblauchwürfeln würzen, nochmals kräftig erhitzen.
8. Kürbiskerne über die Frühlingsnudeln streuen und sofort servieren.

Gemüselasagne mit Shiitakepilzen

4 Portionen

Zubereitungszeit: 55 Minuten
Garzeit: etwa 30 Minuten

200 g Möhren
300 g Fenchel
2 mittelgroße Zwiebeln
50 g Butterschmalz
30 g Weizenmehl
400 g Schlagsahne
Kräutersalz, gem. Pfeffer
400 g Shiitakepilze
25 g Butterschmalz
250 g abgetropfter Mozzarella
6 Lasagneplatten (ohne Vorkochen)
30 g Butter

Pro Portion:
E: 30 g, F: 70 g, Kh: 103 g,
kJ: 5080, kcal: 1214

1. Möhren putzen, schälen, abspülen, abtropfen lassen und in dünne Scheiben hobeln. Fenchel putzen, abspülen, abtropfen lassen, halbieren und in feine Streifen schneiden. Zwiebeln abziehen und in Scheiben schneiden.
2. Butterschmalz in einem Topf erhitzen, Möhren-, Zwiebelscheiben und Fenchelstreifen darin unter häufigem Wenden etwa 8 Minuten dünsten, mit Mehl bestäuben. Sahne hinzugießen und aufkochen lassen. Das Gemüse mit 1/2 gestrichenen Teelöffel Kräutersalz und Pfeffer würzen.
3. Shiitakepilze putzen, evtl. kurz abspülen und trocken tupfen. Die Stiele in dünne Scheiben schneiden und die Pilzkappen vierteln.
4. Den Backofen vorheizen.
Ober-/Unterhitze: etwa 180 °C
Heißluft: etwa 160 °C
5. Das Butterschmalz in einer Pfanne erhitzen, die Pilzstücke darin etwa 5 Minuten unter gelegentlichem Rühren dünsten, mit Kräutersalz und Pfeffer würzen.
6. Den Mozzarella längs in Scheiben schneiden. Eine Lasagne- oder rechteckige Auflaufform (gefettet) mit 3 Lasagneplatten auslegen. Die Hälfte des Gemüses und die Hälfte der Pilze daraufschichten und mit den restlichen Lasagneplatten belegen. Das restliche Gemüse und die restlichen Pilze darauf verteilen, mit den Mozzarellascheiben belegen und Butter in Flöckchen daraufsetzen.
7. Die Form auf dem Rost in den vorgeheizten Backofen schieben. Die Lasagne etwa 30 Minuten garen.

Gemüselasagne mit Shiitakepilzen

Gemüse mit chinesischen Nudeln

4 Portionen VEGAN

Zubereitungszeit: 45 Minuten

Für die Würzsauce:
2 EL helle Sojasauce
Saft von 1 Limette
2 EL Kokosmilch
1 TL Currypulver

2 Möhren
je 1 grüne und gelbe Zucchini
2 gelbe Paprikaschoten
2 Chilischoten
1 Knoblauchzehe
20 g frischer Ingwer
1–2 Stängel Basilikum
4 EL Speiseöl
100 g Wok-Nudeln (ohne Vorkochen)
170 ml Gemüsebrühe
Salz
Zucker

Pro Portion:
E: 9 g, F: 15 g, Kh: 33 g,
kJ: 1303, kcal: 312

1. Für die Sauce Sojasauce, Limettensaft, Kokosmilch und Curry in einer kleinen Schüssel mit einem Schneebesen verrühren.

2. Möhren putzen, schälen, abspülen und abtropfen lassen. Möhren schräg in Scheiben schneiden.

3. Zucchini abspülen, abtrocknen und die Enden abschneiden. Zucchini halbieren und in etwas dickere Scheiben schneiden.

4. Paprikaschoten halbieren, entstielen, entkernen und die weißen Scheidewände entfernen. Schoten abspülen, trocken tupfen und in Streifen schneiden. Chilischoten längs einschneiden, entkernen, abspülen, trocken tupfen und in schräge Ringe schneiden. Knoblauch abziehen und sehr klein würfeln. Ingwer schälen und in kleine Würfel schneiden. Basilikum abspülen und trocken tupfen. Die Blättchen von den Stängeln zupfen, in Streifen schneiden.

5. Speiseöl in einem Wok erhitzen. Die Knoblauch- und Ingwerwürfel darin andünsten. Möhren- und Zucchinischeiben hinzugeben, unter ständigem Rühren etwa 3 Minuten braten. Paprikastreifen und Chilischotenringe unterrühren, weitere etwa 2 Minuten mitbraten lassen.

6. Die Würzsauce, Wok-Nudeln und Gemüsebrühe hinzugeben, zum Kochen bringen. Gemüse mit Nudeln unter mehrmaligem Wenden bissfest garen. Mit Salz und Zucker abschmecken. Basilikumstreifen unterheben.

Gemüse mit chinesischen Nudeln

7. Das Gemüse mit Nudeln auf einer Platte oder in Schälchen anrichten und sofort servieren.

Tipp: Geputzten Mangold und Chinakohl abspülen, trocken tupfen, in Streifen schneiden und kurz in kochendem Salzwasser blanchieren. Gemüsestreifen in kaltem Wasser abschrecken und zusammen mit den Chilischotenringen unterrühren und mitbraten lassen.

Gemüse-Käse-Lasagne

4 Portionen

Zubereitungszeit: 40 Minuten, ohne Antauzeit
Garzeit: etwa 35 Minuten

450 g TK-Erbsen
3 Tomaten

Für die Sauce:
60 g Butter
50 g Weizenmehl
300 ml heiße Gemüsebrühe
500 ml Milch (3,5 % Fett)
250 g Schlagsahne
200 g ger. Käse, z. B. Greyerzer oder Emmentaler
2–3 TL Instant-Gemüsebrühe
Salz
gem. Pfeffer
ger. Muskatnuss

280 g abgetropfter Gemüsemais (aus der Dose)
250 g Lasagneplatten (ohne Vorkochen)

Pro Portion:
E: 40 g, F: 55 g, Kh: 85 g,
kJ: 4263, kcal: 1019

1. Erbsen nach Packungsanleitung antauen lassen.

2. Tomaten kreuzweise einschneiden und mit kochendem Wasser übergießen. Nach 1–2 Minuten herausnehmen und mit kaltem Wasser abschrecken. Tomaten häuten, halbieren

Gemüse-Käse-Lasagne

Zucchinirisotto

und die Stängelansätze herausschneiden. Tomaten entkernen und in Würfel schneiden.
3. Den Backofen vorheizen.
Ober-/Unterhitze: etwa 200 °C
Heißluft: etwa 180 °C
4. Für die Sauce Butter in einem Topf zerlassen. Mehl darin unter Rühren so lange erhitzten, bis es hellgelb ist. Nach und nach die Brühe, Milch und Sahne hinzugießen. Mit einem Schneebesen durchschlagen. Darauf achten, dass keine Klümpchen entstehen.
5. Die Hälfte des Käses in der Sauce unter Rühren schmelzen lassen, mit Instant-Brühe, Salz, Pfeffer und Muskat kräftig würzen. Ein Drittel der Sauce abnehmen. Angetaute Erbsen, Gemüsemais und Tomatenwürfel in die restliche Sauce geben, unter Rühren erhitzen. Nochmals mit den Gewürzen abschmecken.
6. Etwas von der Gemüsesauce auf dem Boden einer eckigen, flachen Auflaufform (gefettet) verteilen. Darauf eine Schicht Lasagneplatten legen. Dann wieder etwas von der Gemüsesauce daraufgeben und wieder mit Lasagneplatten belegen. So weiter verfahren, bis Gemüsesauce und Lasagneplatten aufgebraucht sind. Die letzte Schicht sollte aus Lasagneplatten bestehen.
7. Die abgenommene Käsesauce darauf verteilen und mit dem restlichen Käse bestreuen. Die Form auf dem Rost in den vorgeheizten Backofen schieben. Die Lasagne etwa 35 Minuten garen.

Zucchinirisotto
4 Portionen

Zubereitungszeit: 60 Minuten
Garzeit: etwa 30 Minuten

500 g Zucchini
2 Gemüsezwiebeln
30 g Butter
300 g italienischer Rundkornreis
1 gestr. TL Salz
gem. Pfeffer, ger. Muskatnuss
750 ml Gemüsebrühe
klein geschnittene Petersilienblättchen
1–2 EL Butter

Pro Portion:
E: 9 g, F: 12 g, Kh: 69 g,
kJ: 1787, kcal: 427

1. Zucchini abspülen, abtrocknen und die Enden abschneiden. Zucchini in Scheiben schneiden.
2. Gemüsezwiebeln abziehen, halbieren und in etwa 1 cm große Würfel schneiden.
3. Butter in einem Topf zerlassen. Zuerst Zwiebelwürfel darin andünsten, dann den Reis hinzufügen und mit andünsten. Mit Salz, Pfeffer und Muskat würzen.
4. 250 ml von der Brühe hinzugießen und zum Kochen bringen. Den Reis bei schräg aufliegendem Deckel etwa 30 Minuten garen. Dabei die restliche Brühe nach und nach dazugeben.
5. Nach etwa 20 Minuten Garzeit die Zucchinischeiben zum Reis geben (evtl. zuletzt noch etwas Wasser hinzugeben).
6. Petersilie und Butter unter den Reis rühren und nochmals mit den Gewürzen abschmecken.

Tipp: Ersetzen Sie die Petersilie durch fein geschnittenes Basilikum.

Tomaten mit Basmati-Linsen-Füllung

Ravioli mit Frischkäse-Spinat-Füllung

Tomaten mit Basmati-Linsen-Füllung

4 Portionen

Zubereitungszeit: 40 Minuten, ohne Einweichzeit
Garzeit: etwa 20 Minuten

100 g Puy-Linsen
200 ml Gemüsebrühe
8 große Tomaten (je etwa 225 g)
75 g getrocknete Datteln, ohne Stein
8 Stängel glatte Petersilie
1 Zwiebel (etwa 75 g)
30 g Butter
1 Döschen (0,1 g) Safranfäden
250 g gekochter Basmatireis (vakuumverpackt)
200 g Fetakäse
Salz
Cayennepfeffer
8 frische Lorbeerblätter
4 EL Olivenöl

Pro Portion:
E: 21 g, F: 30 g, Kh: 56 g,
kJ: 2445, kcal: 581

1. Die Linsen in eine Schüssel geben, mit kalten Wasser übergießen, sodass sie ganz bedeckt sind. Linsen über Nacht einweichen.
2. Am nächsten Tag Linsen abgießen, mit der Gemüsebrühe in einem Topf zum Kochen bringen und 15–18 Minuten bei schwacher Hitze kochen lassen. Die Linsen in einem Sieb abtropfen lassen, dabei die Brühe auffangen.
3. Tomaten abspülen, trocken tupfen und je einen Deckel abschneiden. Das innere Fruchtfleisch vorsichtig herauslösen. Die Hälfte davon beiseitestellen. Tomaten mit der Öffnung nach unten auf Küchenpapier gut abtropfen lassen.
4. Datteln fein schneiden. Petersilie abspülen und trocken tupfen. Die Blättchen von den Stängeln zupfen. Blättchen klein schneiden. Zwiebel abziehen und klein würfeln.
5. Den Backofen vorheizen.
Ober-/Unterhitze: etwa 200 °C
Heißluft: etwa 180 °C
6. Butter in einem Topf zerlassen. Die Zwiebelwürfel darin andünsten. Safran, Basmatireis, das beiseitegestellte Tomatenfruchtfleisch und die aufgefangene Brühe hinzugeben. Die Zutaten zum Kochen bringen und bei schwacher Hitze so lange kochen lassen, bis der Reis auseinanderfällt und fast keine Flüssigkeit mehr vorhanden ist. Dann Datteln, Petersilie und Linsen untermischen.
7. Fetakäse zerbröseln und unter den Reis mischen, mit etwas Salz (Vorsicht, Käse ist schon sehr salzig!) und Cayennepfeffer würzen.
8. Die Tomaten mit der Reismischung füllen. Die Tomatendeckel darauflegen. Die Tomaten in eine feuerfeste Form (gefettet) setzen. Lorbeerblätter abspülen, etwas kleiner zupfen und mit in die Form geben. Tomaten mit Olivenöl beträufeln.
9. Die Form auf dem Rost in den vorgeheizten Backofen schieben. Die Tomaten etwa 20 Minuten garen.

Ravioli mit Frischkäse-Spinat-Füllung

4 Portionen

Zubereitungszeit: 80 Minuten, ohne Ruhe- und Abkühlzeit
Garzeit: Ravioli 6–8 Minuten

Für den Nudelteig:
250 g Weizenmehl
1 Ei (Größe M)
2 Eigelb (Größe M)
2 EL Speiseöl
1/2 gestr. TL Salz
3–4 EL Wasser

Für die Füllung:
500 g Blattspinat
40 g Butter
Salz
gem. Pfeffer
ger. Muskatnuss
200 g Doppelrahm-Frischkäse
50 g geröstete Sesamsamen
Cayennepfeffer

Pro Portion:
E: 24 g, F: 38 g, Kh: 51 g,
kJ: 2830, kcal: 677

1. Für den Nudelteig Mehl in eine Rührschüssel geben, in die Mitte eine Vertiefung drücken. Ei mit Eigelb, Speiseöl, Salz und Wasser verschlagen, in die Vertiefung geben. Mit einer Gabel nach und nach etwas von dem Mehl einrühren. Anschließend mit einem Mixer (Knethaken) zu einem glatten Teig verkneten.

Sollte der Teig kleben, noch etwas Mehl hinzugeben. Den Nudelteig mit etwas Mehl bestäuben, in Frischhaltefolie gewickelt etwa 1 Stunde ruhen lassen.

2. Für die Füllung Blattspinat verlesen und dicke Stiele entfernen. Spinat gründlich waschen und gut abtropfen lassen. Butter in einem Topf zerlassen. Den Spinat hinzufügen, mit Salz, Pfeffer und Muskat würzen. Spinat so lange dünsten, bis er zusammenfällt, herausnehmen und in einem Sieb abtropfen lassen.

3. Spinat mit Frischkäse und Sesam vermengen, mit Salz und Cayennepfeffer würzen, abkühlen lassen.

4. Den Nudelteig auf einer bemehlten Arbeitsfläche zu etwa 15 cm breiten Bahnen ausrollen. Jeweils 1 Esslöffel der Spinatmasse mit einer Handbreit Abstand auf die Nudelbahnen geben. Eine Längskante des Teiges mit Wasser bestreichen, dann die andere Längsseite darüberschlagen. Mit einem gezackten Förmchen oder Teigrädchen Quadrate oder nach Belieben Halbmonde ausschneiden, mit einer Gabel einmal einstechen. Die Teigränder andrücken.

5. Ravioli in kochendem Salzwasser bei schwacher bis mittlerer Hitze in 6–8 Minuten gar ziehen lassen.

Tipp: Dazu **gelben Paprikaschaum** servieren. Dafür 2 gewürfelte Zwiebeln in 3 Esslöffeln Traubenkernöl andünsten. 2 fein gewürfelte, gelbe Paprikaschoten dazugeben und mit 1 Teelöffel Paprika edelsüß, Salz und Pfeffer würzen. Mit 250 ml Gemüsefond auffüllen, etwa 10 Minuten kochen lassen und pürieren.

Rigatoni mit Erbsenpesto

4 Portionen

Zubereitungszeit: 35 Minuten

7 EL Olivenöl
75 g Pinienkerne
2 Knoblauchzehen
450 g TK-Erbsen
Salz
6 Stängel Basilikum
grob gem. schwarzer Pfeffer
50 g getrocknete Tomaten
100 ml Wasser
50 g Rucola (Rauke)
4 l Wasser
4 gestr. TL Salz
400 g Rigatoni (Röhrennudeln)
60 g fein ger. Parmesan

Rigatoni mit Erbsenpesto

Pro Portion:
E: 31 g, F: 34 g, Kh: 90 g,
kJ: 3297, kcal: 788

1. Einen Esslöffel Olivenöl in einer Pfanne erhitzen. Die Pinienkerne darin unter Rühren goldbraun rösten. Den Knoblauch abziehen, durch eine Knoblauchpresse drücken und unter die Pinienkerne rühren.

2. Die gefrorenen Erbsen in kochendem Salzwasser etwa 3 Minuten bei starker Hitze kochen lassen. Anschließend die Erbsen kurz in Eiswasser abschrecken und in einem Sieb gut abtropfen lassen.

3. Basilikum abspülen und trocken tupfen. Von 4 Stängeln die Blättchen abzupfen. Restliche Basilikumstängel beiseitelegen.

4. Die Erbsen mit den Basilikumblättchen, Pinienkernen und dem restlichen Olivenöl in eine Küchenmaschine mit Schneidmesser geben und grob pürieren. Oder mit einem Pürierstab grob pürieren. Püree mit Salz und grob gemahlenem Pfeffer würzen.

5. Tomaten in kleine Stücke schneiden, mit 100 ml Wasser in einem kleinen Topf zum Kochen bringen und bei mittlerer Hitze einkochen lassen, bis fast keine Flüssigkeit mehr vorhanden ist.

6. Rucola verlesen und die dicken Stiele entfernen. Rucola abspülen und trocken tupfen.

7. Das Wasser in einem großen Topf zugedeckt zum Kochen bringen. Dann Salz und Nudeln hinzugeben. Die Nudeln im geöffneten Topf bei mittlerer Hitze nach Packungsanleitung bissfest kochen, dabei gelegentlich umrühren. Anschließend die Nudeln in ein Sieb geben, mit heißem Wasser abspülen und abtropfen lassen.

8. Von den beiseitegelegten Basilikumstängeln die Blättchen abzupfen. Blättchen grob zerschneiden.

9. Die Nudeln mit dem Erbsenpesto und den Tomatenstücken mischen und sofort in vorgewärmten Tellern anrichten. Mit Basilikum, Rucola und Parmesan bestreut sofort servieren.

Pasta mit Gorgonzola-Möhren-Sauce

4 Portionen

Zubereitungszeit: 15 Minuten
Garzeit: Sauce etwa 15 Minuten

5 l Wasser
5 gestr. TL Salz
500 g Nudeln, z. B. Spirelli, Penne

Für die Gorgonzola-Möhren-Sauce:
1 Knoblauchzehe
1 Zwiebel
300 g Möhren
1 EL Speiseöl
Salz, gem. Pfeffer
1/2 TL gerebelter Thymian
1/2 TL Instant-Gemüsebrühe
200 g Schlagsahne
oder 200 ml Milch (3,5 % Fett)
150 g passierte Tomaten
(aus Dose oder Tetrapak)
150 g milder Gorgonzola
1/2 Bund frisches Basilikum

Pro Portion:
E: 24 g, F: 23 g, Kh: 86 g,
kJ: 2771, kcal: 665

1. Das Wasser in einem großen Topf zugedeckt zum Kochen bringen. Dann Salz und Nudeln hinzugeben. Die Nudeln im geöffneten Topf bei mittlerer Hitze nach Packungsanleitung kochen lassen, dabei gelegentlich umrühren.
2. Anschließend die Nudeln in ein Sieb geben, mit heißem Wasser abspülen und abtropfen lassen.
3. Für die Sauce in der Zwischenzeit Knoblauch und Zwiebel abziehen, klein würfeln. Möhren putzen, schälen, abspülen, abtropfen lassen und würfeln. Speiseöl in einem Topf erhitzen. Knoblauch- und Zwiebelwürfel darin glasig dünsten. Die Möhrenwürfel hinzugeben und mitdünsten lassen. Mit Salz, Pfeffer, Thymian und Brühe würzen.
4. Die Sahne oder Milch hinzugießen, unter Rühren zum Kochen bringen und zugedeckt etwa 10 Minuten bei schwacher Hitze kochen lassen. Die passierten Tomaten hinzugeben, wieder zum Kochen bringen und weitere etwa 5 Minuten unter gelegentlichem Rühren kochen.
5. Den Käse entrinden und in kleine Würfel schneiden. Das Basilikum abspülen und trocken tupfen. Die Blättchen von den Stängeln zupfen (einige Blättchen zum Garnieren beiseitelegen). Blättchen in Streifen schneiden, zu der Möhren-Tomaten-Masse geben und pürieren (Achtung, kann spritzen!). Die Käsewürfel hinzugeben und unter Rühren schmelzen. Die Sauce nicht mehr kochen lassen. Mit Salz und Pfeffer abschmecken.
6. Die Nudeln mit der Sauce mischen, evtl. etwas Nudel-Kochwasser unterrühren, unter vorsichtigem Rühren nochmals kurz erhitzen. Mit beiseitegelegtem Basilikum garnieren.

Tipp: Sehr lecker schmeckt es auch, wenn Sie zusätzlich noch ein paar gewürfelte, rote Paprikaschoten und Schafskäse über die Nudeln streuen.

Penne mit Fenchel-Gorgonzola-Sauce

4–6 Portionen

Zubereitungszeit: 30 Minuten
Garzeit: Sauce etwa 20 Minuten

500 g Fenchelknollen
1 Zwiebel
3 EL Rapsöl
150 ml trockener Wermut
250 g Crème fraîche
5 l Wasser
5 gestr. TL Salz
500 g Penne (Röhrennudeln)
1 Apfel
Salz, gem. Pfeffer
100 g Gorgonzola
50 g Sonnenblumenkerne

Pasta mit Gorgonzola-Möhren-Sauce

Penne mit Fenchel-Gorgonzola-Sauce

Pro Portion:
E: 23 g, F: 34 g, Kh: 83 g,
kJ: 3162, kcal: 759

1. Fenchelknollen putzen, abspülen, abtropfen lassen, vierteln und quer in etwa 1 cm breite Streifen schneiden. Fenchelgrün beiseitelegen.
2. Die Zwiebel abziehen und klein würfeln. Das Rapsöl in einem Topf erhitzen, die Zwiebelwürfel darin andünsten.
3. Die Fenchelstreifen hinzugeben und unter Rühren mitdünsten lassen. Danach Wermut und Crème fraîche unterrühren.
4. Die Sauce unter Rühren zum Kochen bringen und etwa 15 Minuten bei schwacher Hitze unter gelegentlichem Rühren kochen lassen.
5. In der Zwischenzeit das Wasser in einem großen Topf zugedeckt zum Kochen bringen. Dann Salz und Nudeln hinzugeben.
6. Die Nudeln im geöffneten Topf bei mittlerer Hitze nach Packungsanleitung bissfest kochen, dabei gelegentlich umrühren.
7. Apfel abwaschen, abtrocknen, vierteln, entkernen und mit der Schale in sehr kleine Würfel schneiden. Apfelwürfel nach etwa 15 Minuten Garzeit in die Sauce geben und etwa 5 Minuten mitdünsten lassen. Anschließend die Sauce mit Salz und Pfeffer würzen.
8. Gorgonzola mit einer Gabel zerdrücken, in die Sauce geben und unter Rühren schmelzen lassen. Die Sauce warm stellen.
9. Die gegarten Nudeln in ein Sieb geben, mit heißem Wasser abspülen und abtropfen lassen.
10. In der Zwischenzeit die Sonnenblumenkerne in einer Pfanne ohne Fett leicht bräunen und aus der Pfanne nehmen.
11. Die Fenchel-Gorgonzola-Sauce in einer flachen Schüssel anrichten und mit Sonnenblumenkernen und dem klein geschnittenen Fenchelgrün bestreuen.
12. Die Penne-Nudeln mit der Fenchel-Gorgonzola-Sauce servieren.

Penne mit Kürbis und Kapern

Penne mit Kürbis und Kapern

VEGAN

3 Portionen

Zubereitungszeit: 25 Minuten

3 l Wasser
3 gestr. TL Salz
300 g Penne (Röhrennudeln)
2 Schalotten
2 Fleischtomaten
(etwa 300 g)
3 EL Olivenöl
100 g abgetropfte, eingelegte Kürbisstückchen
(aus dem Glas)
25 g abgetropfte Kapern
einige Stängel Minze
Salz
gem. Pfeffer
ger. Muskatnuss

Pro Portion:
E: 14 g, F: 12 g, Kh: 75 g,
kJ: 1947, kcal: 465

1. Wasser in einem großen Topf zugedeckt zum Kochen bringen. Dann Salz und Nudeln hinzugeben. Die Nudeln im geöffneten Topf bei mittlerer Hitze nach Packungsanleitung bissfest kochen, dabei gelegentlich umrühren.
2. In der Zwischenzeit Schalotten abziehen und in Scheiben schneiden. Tomaten abspülen, trocken tupfen, halbieren und die Stängelansätze herausschneiden. Tomaten in Stücke schneiden.
3. Olivenöl in einem Topf erhitzen. Schalottenscheiben darin andünsten. Kürbisstückchen, Kapern und Tomatenstücke hinzufügen, unter Rühren mit andünsten.
4. Minze abspülen und trocken tupfen. Die Blättchen von den Stängeln zupfen (einige Blättchen zum Garnieren beiseitelegen). Blättchen in Streifen schneiden.
5. Die gegarten Nudeln in ein Sieb geben, mit heißem Wasser abspülen und abtropfen lassen. Die Nudeln mit dem angedünsteten Gemüse vermengen und nochmals kurz erhitzen. Mit Salz, Pfeffer und Muskat würzen. Minzestreifen unterheben.
6. Penne mit den beiseitegelegten Minzeblättchen garniert servieren.

Beilage: Geröstetes, italienisches Weißbrot.

Pastasotto mit halb getrockneten Tomaten

Tagliatelle mit Linsen und Pilzen

Pastasotto mit halb getrockneten Tomaten

4 Portionen

Zubereitungszeit: 40 Minuten, ohne Trockenzeit
Garzeit: Pastasotto 17–20 Minuten

650 g Cocktailtomaten
9 EL Olivenöl
Meersalz
gem. schwarzer Pfeffer
1 EL Puderzucker
100 g Zwiebeln
1–2 Knoblauchzehen
2 l Gemüsebrühe
400 g Risone-Nudeln (Nudeln, wie große Reiskörner aussehend)
75 ml Weißwein
100 g Parmesan (am Stück)
75 g Rucola (Rauke)
5 Stängel Basilikum
evtl. etwas Olivenöl

Pro Portion:
E: 24 g, F: 33 g, Kh: 81 g,
kJ: 3046, kcal: 722

1. Den Backofen vorheizen.
Ober-/Unterhitze: etwa 130 °C

2. Tomaten abspülen, trocken tupfen, halbieren und die Stängelansätze herausschneiden. Tomatenhälften mit der Schnittfläche nach oben auf ein Backblech (mit Backpapier belegt) legen. Mit 4 Esslöffeln Olivenöl beträufeln, mit Salz und Pfeffer bestreuen, mit Puderzucker bestäuben.

3. Das Backblech in den vorgeheizten Backofen schieben. Die Tomatenhälften etwa 2 Stunden garen (trocknen), dabei die Backofentür einen Spalt breit offen lassen.

4. Zwiebeln und Knoblauch abziehen, in kleine Würfel schneiden. Brühe erhitzen. Restliches Olivenöl in einem Topf erhitzen. Zwiebel- und Knoblauchwürfel darin kräftig andünsten. Nudeln hinzugeben und ebenfalls kräftig mitdünsten lassen. Mit Wein ablöschen und ganz einkochen lassen. 250 ml der heißen Brühe hinzugießen und zum Kochen bringen. Mit Salz und Pfeffer würzen.

5. Pastasotto 17–20 Minuten bei schwacher bis mittlerer Hitze al dente garen. Während der Garzeit nach und nach die restliche Brühe hinzugießen und sehr häufig umrühren. Pastasotto sollte schön sämig sein.

6. Parmesan fein reiben. Rucola verlesen und die dicken Stiele entfernen. Rucola abspülen, trocken tupfen oder -schleudern. Rucola grob zerschneiden. Basilikum ebenfalls abspülen und trocken tupfen. Die Blättchen von den Stängeln zupfen. Blättchen grob zerschneiden. Den geriebenen Parmesan unter das Pastasotto rühren.

7. Pastasotto auf Tellern anrichten. Die warmen Tomatenhälften vom Backblech nehmen und darauf verteilen. Mit Rucola und Basilikum bestreuen. Nach Belieben noch etwas Olivenöl daraufträufeln.

Tagliatelle mit Linsen und Pilzen

4 Portionen

Zubereitungszeit: 60 Minuten, ohne Ruhezeit
Garzeit: Linsen etwa 20 Minuten

Für den Nudelteig:
200 g Weizenmehl
2 Eier (Größe M)
2 EL TK-Spinat
Salz
1 TL Speiseöl
1 TL gerebelter Oregano

300 g Pilze, z. B. Champignons
40 g Butter
200 g rote Linsen
40 g Butter
4 EL Olivenöl
je 1 TL frische Oregano- und Thymianblättchen
500 ml Gemüsebrühe
gem. Pfeffer

Pro Portion:
E: 21 g, F: 19 g, Kh: 99 g,
kJ: 2853, kcal: 682

1. Für den Teig das Mehl in eine Rührschüssel geben und in die Mitte eine Vertiefung eindrücken. Die Eier mit 2 Esslöffeln aufgetautem, leicht ausgedrückten Spinat, Salz, Speiseöl und Oregano pürieren, in die Vertiefung geben. Mit einer Gabel nach und nach etwas von dem Mehl einrühren.

2. Anschließend mit einem Mixer (Knethaken) zu einem glatten Teig verkneten. (Sollte der Teig kleben, noch etwas Mehl hinzufügen.) Den Teig in Frischhaltefolie wickeln und etwa 60 Minuten ruhen lassen.
3. Die Pilze putzen, evtl. kurz abspülen, trocken tupfen und in Scheiben schneiden. Butter in einer Pfanne zerlassen und die Pilze darin unter Rühren andünsten.
4. Linsen in kochendem Salzwasser etwa 15 Minuten garen.
5. In der Zwischenzeit den Nudelteig auf einer bemehlten Arbeitsfläche oder mit der Nudelmaschine etwa 1 mm dick ausrollen. Bandnudeln in gewünschter Länge und Breite (evtl. etwa 2 cm breit) ausschneiden.
6. Wasser in einem großen Topf zugedeckt zum Kochen bringen. Dann Salz und Bandnudeln hinzugeben. Die Nudeln im geöffneten Topf bei mittlerer Hitze etwa 8 Minuten kochen lassen, dabei gelegentlich umrühren.
7. Anschließend die Nudeln in ein Sieb geben, mit heißem Wasser abspülen und abtropfen lassen. Nudeln in zerlassener Butter schwenken und warm stellen.
8. Die gegarten Linsen in einem Sieb abtropfen lassen. Olivenöl in einem Topf erhitzen. Linsen darin andünsten, abgespülte, trocken getupfte Oregano- und Thymianblättchen und die Brühe hinzufügen, zum Kochen bringen und etwa 5 Minuten kochen lassen.
9. Nudeln, Pilze und Linsengemüse miteinander vermengen, mit Salz und Pfeffer abschmecken, sofort servieren.

Gemüsespaghetti mit Käsesauce

4 Portionen

Zubereitungszeit: 50 Minuten, ohne Auftauzeit

200 g Blumenkohlröschen
200 g Möhren
150 g Zucchini
150 g Blattspinat
100 g TK-Erbsen
4 l Wasser
4 gestr. TL Salz
400 g Spaghetti
40 g Butter

Für die Käsesauce:
2 Zwiebeln
40 g Butter
500 g Schlagsahne
100 g ger. Käse, z. B. Edamer, Gouda
Salz
ger. Muskatnuss

Gemüsespaghetti mit Käsesauce

Pro Portion:
E: 26 g, F: 64 g, Kh: 82 g,
kJ: 4326, kcal: 1034

1. Blumenkohlröschen putzen, abspülen und abtropfen lassen. Möhren putzen, schälen, abspülen, abtropfen lassen und in dünne Scheiben schneiden.
2. Zucchini abspülen, abtrocknen und die Enden abschneiden. Zucchini in Scheiben schneiden.
3. Blattspinat verlesen und die dicken Stiele entfernen. Spinat gründlich waschen und abtropfen lassen. Erbsen nach Packungsanleitung auftauen lassen.
4. Wasser in einem großen Topf zugedeckt zum Kochen bringen. Dann Salz und Spaghetti hinzugeben. Die Spaghetti im geöffneten Topf bei mittlerer Hitze nach Packungsanleitung bissfest kochen, dabei gelegentlich umrühren.
5. Etwa 5 Minuten vor Ende der angegebenen Garzeit der Spaghetti die Blumenkohlröschen hinzugeben und mitgaren lassen. Etwa 3 Minuten vor Ende der Garzeit die Möhrenscheiben hinzufügen. Zucchinischeiben, Spinat und die gefrorenen Erbsen etwa 1 Minute vor Ende der Garzeit hinzugeben (bei der Gemüsezugabe zuerst immer wieder das Wasser zum Kochen bringen).
6. Anschließend Gemüsespaghetti in ein Sieb geben, mit heißem Wasser abspülen und abtropfen lassen. Gemüsespaghetti in eine vorgewärmte Schüssel geben, Butter hinzufügen und durchschwenken und die Gemüsespaghetti warm stellen.
7. Für die Sauce Zwiebeln abziehen und in kleine Würfel schneiden. Butter in einem kleinen Topf zerlassen, Zwiebelwürfel darin glasig dünsten. Sahne hinzugießen, zum Kochen bringen und das Ganze cremig einkochen lassen.
8. Käse hinzufügen und unter Rühren schmelzen lassen. Die Sauce mit Salz und Muskat abschmecken.
9. Gemüsespaghetti mit der Käsesauce sofort servieren.

Kapitel 09

Rezepte 801–900

Pikantes Gebäck

Fruchtige Gorgonzolapizza

Fruchtige Gorgonzolapizza

8–10 Portionen

Zubereitungszeit: 30 Minuten
Backzeit: 25 Minuten je Backblech

Für den Joghurtteig:
800 g Weizenmehl
2 Pck. Dr. Oetker Backin
300 g Joghurt (3,5 % Fett)
200 ml Speiseöl, z. B. Sonnenblumenöl
1 gestr. TL Salz
2 Eier (Größe M)

150 g Crème fraîche

Für den Belag:
480 g abgetropfte Aprikosenhälften (aus der Dose)
460 g abgetropfte Birnenhälften (aus der Dose)
200 g Walnusskerne
300 g Blau- und Weißschimmelkäse, z. B. Gorgonzola, Roquefort

Pro Portion:
E: 24 g, F: 57 g, Kh: 89 g,
kJ: 3994, kcal: 954

1. Den Backofen vorheizen.
Ober-/Unterhitze: etwa 200 °C
Heißluft: etwa 180 °C

2. Für den Teig Mehl mit Backpulver mischen und in eine Rührschüssel geben. Joghurt, Speiseöl, Salz und Eier hinzufügen. Die Zutaten mit einem Mixer (Knethaken) kurz zu einem glatten Teig verarbeiten.

3. Den Teig halbieren. Jeweils eine Teighälfte auf einem Backblech (30 x 40 cm, gefettet) ausrollen und mit Crème fraîche bestreichen.

4. Für den Belag Aprikosen- und Birnenhälften getrennt in Würfel schneiden. Walnusskerne hacken. Käse in Würfel schneiden.

5. Auf einer Teighälfte die Aprikosenwürfel, auf der anderen die Birnenwürfel verteilen. Käsewürfel mit den gehackten Walnusskernen auf beiden Teighälften verteilen. Die Backbleche nacheinander (bei Heißluft zusammen) in den vorgeheizten Backofen schieben. Die Pizzen etwa 25 Minuten je Backblech backen.

Blätterteigtaschen mit Gemüsefüllung

6 Portionen (ohne Foto)

Zubereitungszeit: 50 Minuten, ohne Antauzeit
Backzeit: etwa 20 Minuten

Für die Füllung:
150 g Porree (Lauch)
125 g Weißkohl (vorbereitet gewogen)
150 g Champignons
40 g Butter

1/2 Bund Petersilie
1/2 Bund Schnittlauch
100 g Schnittkäse mit Kümmel (am Stück)
Salz, gem. weißer Pfeffer
Kümmelsamen

450 g TK- Blätterteig (6 Platten)
1 verschlagenes Eiweiß
1 Eigelb, 2 EL Schlagsahne

Pro Portion:
E: 12 g, F: 31 g, Kh: 28 g,
kJ: 1816, kcal: 434

1. Für die Füllung Porree putzen, längs halbieren, gründlich waschen, abtropfen lassen und in dünne Streifen schneiden. Den Weißkohl in feine Streifen schneiden, abspülen, abtropfen lassen. Champignons putzen, evtl. kurz abspülen, gut trocken tupfen und in Scheiben schneiden.
2. Butter in einem Topf zerlassen. Die Weißkohlstreifen darin etwa 10 Minuten dünsten, dann Porreestreifen und Pilzscheiben hinzufügen und etwa 5 Minuten mitdünsten lassen.
3. Kräuter abspülen und trocken tupfen. Von der Petersilie die Blättchen von den Stängeln zupfen, Blättchen klein schneiden. Schnittlauch in feine Röllchen schneiden. Petersilie und Schnittlauchröllchen zum gedünsteten Gemüse in den Topf geben. Käse in kleine Würfel schneiden und unterheben. Mit 1 Prise Salz, Pfeffer und Kümmel würzen.
4. Inzwischen die Blätterteigplatten nebeneinander nach Packungsanleitung etwa 10 Minuten antauen lassen, dann die Platten quer halbieren.
5. Den Backofen vorheizen.
Ober-/Unterhitze: etwa 200 °C
Heißluft: etwa 180 °C
6. Das gedünstete Gemüse in die Mitte der einzelnen halbierten Platten geben. Die Teigränder mit verschlagenem Eiweiß bestreichen. Die Teigstücke zu Dreiecken zusammenfalten und die Ränder mit einer Gabel fest andrücken. Die Teigtaschen auf einem Backblech (gefettet, mit Backpapier belegt) verteilen.
7. Eigelb und Sahne verschlagen, die Teigtaschen damit bestreichen. Das Backblech in den vorgeheizten Backofen schieben. Blätterteigtaschen etwa 20 Minuten backen.
8. Die gebackenen Blätterteigtaschen vom Backblech nehmen und heiß servieren.

Reismehl-Kräcker

30 Stück

VEGAN

Zubereitungszeit: 60 Minuten

Für den Teig:
je 1 rote und grüne Chilischote (mittelgroß)
100 g Reismehl (erhältlich im Reformhaus)
70 g Weizenmehl
1 1/2 gestr. TL Salz
1/2 TL Zucker
1 EL Speiseöl
100–125 ml Wasser
etwa 1 l Speiseöl
200 g Mango-Chutney (aus dem Glas)

Pro Stück:
E: 1 g, F: 1 g, Kh: 7 g,
kJ: 178, kcal: 42

1. Für den Teig Chilischoten abspülen, trocken tupfen, entstielen, der Länge nach aufschneiden und entkernen. Chilischoten sehr fein hacken. Die beiden Mehlsorten in eine Rührschüssel geben. Mit Salz, Zucker und Chilistückchen mischen. Speiseöl unterrühren.
2. Wasser in einem kleinen Topf zum Kochen bringen und zur Mehlmasse geben. Die Zutaten mit einem Mixer (Knethaken) zunächst kurz auf niedrigster, dann auf höchster Stufe zu einem glatten Teig verarbeiten. Den Teig mit den Händen so lange weiterkneten, bis er abgekühlt ist.
3. Den Teig auf einer bemehlten Arbeitsfläche zu einer Rolle formen und in 30 Scheiben schneiden. Die Teigscheiben je zu walnussgroßen Kugeln formen und mit Mehl bestäuben.
4. Die Teigkugeln auf der bemehlten Arbeitsfläche zu hauchdünnen Fladen ausrollen.
5. Speiseöl in einer Fritteuse auf etwa 180 °C erhitzen. Die Teigfladen portionsweise in dem siedenden Speiseöl unter gelegentlichem Wenden goldbraun backen. Mit einem Schaumlöffel herausnehmen und auf Küchenpapier abtropfen lassen.
6. Die Kräcker mit Mango-Chutney servieren.

Reismehl-Kräcker

Blätterteig-Tarteletts

48 Stück

Zubereitungszeit: 50 Minuten, ohne Auftauzeit
Backzeit: 20–25 Minuten je Form

450 g TK-Blätterteig (10 quadratische Platten)
250 g TK-Blattspinat
250 g weiße Spargelspitzen (oder Bruchspargel)
250 ml Wasser
1/2 gestr. TL Salz
1 Prise Zucker
2 Tomaten (etwa 200 g)
3 Eier (Größe M)
200 g Schlagsahne
Salz, gem. Pfeffer
ger. Muskatnuss

Pro Stück:
E: 1 g, F: 4 g, Kh: 3 g,
kJ: 210, kcal: 50

1. Blätterteigplatten nebeneinander zugedeckt nach Packungsanleitung auftauen lassen. Blattspinat nach Packungsanleitung auftauen lassen.
2. Spargelspitzen evtl. vorsichtig schälen, abspülen und abtropfen lassen. Wasser in einem Topf zum Kochen bringen. Salz, Zucker und die Spargelspitzen hinzufügen, wieder zum Kochen bringen und in etwa 6 Minuten bissfest kochen. Spargelspitzen mit einer Schaumkelle herausnehmen, mit kaltem Wasser abschrecken und in einem Sieb abtropfen lassen.
3. Aus den Blätterteigplatten mit einer runden Ausstechform oder mit einem Wasserglas (Ø etwa 5 cm) 48 Kreise ausstechen. Teigkreise in eine Minimuffinform (für 24 Minimuffins, gefettet) legen und leicht andrücken (restliche Teigkreise zunächst in den Kühlschrank legen).
4. Aufgetauten Blattspinat in einem Sieb abtropfen lassen und gut ausdrücken. Spinat evtl. etwas kleiner schneiden. Spargelspitzen in kleine Stücke schneiden. Tomaten abspülen, trocken tupfen, vierteln, entkernen und die Stängelansätze herausschneiden. Tomaten in kleine Würfel schneiden. Eier mit Sahne verschlagen, mit Salz, Pfeffer und Muskat kräftig würzen.
5. Die Teigkreise in der Muffinform mit der Hälfte des Spinats, der Tomatenwürfel und der Spargelstückchen füllen. Die Hälfte der Eiersahne daraufgeben. Die Form auf dem Rost in den vorgeheizten Backofen schieben. Die Tarteletts 20–25 Minuten backen.
6. Die Tarteletts aus den Formen lösen und auf einen Kuchenrost legen.
7. Die kalt gestellten Teigkreise ebenso zubereiten und backen. Die Tarteletts warm oder kalt servieren.

Gemüsestrudel à la Hollandaise

8–10 Portionen (ohne Foto)

Zubereitungszeit: 70 Minuten, ohne Ruhezeit
Backzeit: 45–53 Minuten

Für den Teig:
30 g Butter
250 g Weizenmehl (Type 1050)
Salz
1 Ei (Größe M)
1 EL Weißweinessig
100 ml lauwarmes Wasser

Für die Füllung:
500 g Möhren
200 g Knollensellerie
je 1 rote und grüne Paprikaschote
40 g Butter
2 Bund Frühlingszwiebeln
1 Bund Schnittlauch
2 EL Crème fraîche
gem. weißer Pfeffer
300 g Gouda (am Stück)
90 g Butter
100 g Semmelbrösel
1 TL geschälte Sesamsamen

Pro Portion:
E: 15 g, F: 29 g, Kh: 37 g,
kJ: 1955, kcal: 467

1. Für den Teig Butter zerlassen und abkühlen lassen. Mehl in eine Rührschüssel geben. Restliche Zutaten für den Teig hinzufügen und mit einem Mixer (Knethaken) zunächst kurz auf niedrigster, dann auf höchster Stufe zu einem glatten Teig verarbeiten. Den Teig mit Frischhaltefolie zudecken und bei Zimmertemperatur etwa 30 Minuten ruhen lassen.
2. Für die Füllung Möhren und Sellerie putzen, schälen, abspülen, abtropfen lassen und in ganz feine Stifte schneiden. Paprikaschoten achteln, entstielen, entkernen und die weißen Scheidewände entfernen. Schoten abspülen, abtropfen lassen und quer in dünne Streifen schneiden. Portionsweise Butter in einem Topf zer-

Blätterteig-Tarteletts

lassen und das vorbereitete Gemüse nacheinander darin bei schwacher Hitze garen. Gemüse abkühlen und Paprikastreifen abtropfen lassen.
3. Frühlingszwiebeln putzen, abspülen, abtropfen lassen und in feine Scheiben schneiden. Schnittlauch abspülen, trocken tupfen und in feine Röllchen schneiden. 1 Esslöffel Schnittlauchröllchen beiseitelegen. Restliche Schnittlauchröllchen mit Crème fraîche und Frühlingszwiebelscheiben unter das Gemüse mischen, mit Salz und Pfeffer pikant würzen.
4. 200 g von dem Käse fein reiben. 40 g von der Butter in einer Pfanne zerlassen. Die Semmelbrösel darin goldbraun rösten. Restliche Butter in einer zweiten Pfanne zerlassen.
5. Den Backofen vorheizen.
Ober-/Unterhitze: etwa 180 °C
Heißluft: etwa 160 °C
6. Ein großes Geschirrtuch auf der Arbeitsfläche ausbreiten und hauchdünn mit Mehl bestäuben. Den Strudelteig ebenfalls leicht mit Mehl bestäuben und auf dem Tuch so dünn wie möglich zu einem Rechteck (etwa 50 x 70 cm) ausrollen. Anschließend mit den Handrücken unter den Teig fahren und ihn nach allen Seiten vorsichtig so dünn wie möglich ausziehen, dabei darf der Teig aber nicht reißen. Den Teig mit zerlassener Butter dünn bestreichen.
7. Knapp zwei Drittel des Teiges mit den gerösteten Semmelbröseln bestreuen, dabei an den schmalen Seiten jeweils einen etwa 5 cm breiten Rand frei lassen. Zuerst das Gemüse, dann den geriebenen Käse auf den bestreuten Teig geben und die nicht bestreuten Ränder nach innen umklappen. Den Teig von der belegten Seite aus durch Anheben des Tuchs aufrollen und mit der Nahtseite nach unten zum U geformt in eine Fettpfanne (mit Backpapier belegt) legen. Den Strudel mit der restlichen Butter bestreichen. Die Fettpfanne in den vorgeheizten Backofen schieben. Den Strudel 40–45 Minuten backen.
8. Restlichen Käse in feine Streifen schneiden. Die Fettpfanne aus dem Backofen nehmen und die Backofentemperatur um etwa 20 °C heraufschalten. Den gebackenen Strudel mit den Käsestreifen gitterartig belegen und mit Sesam bestreuen. Die Fettpfanne in den vorgeheizten Backofen schieben. Den Gemüsestrudel 5–8 Minuten überbacken, bis der Käse zerlaufen ist.
9. Den überbackenen Strudel sofort in Stücke schneiden und mit den beiseitegelegten Schnittlauchröllchen bestreut servieren.

Currywaffeln mit Mango-Mozzarella-Salat

Currywaffeln mit Mango-Mozzarella-Salat

4 Portionen

Zubereitungszeit: 45 Minuten

1 rote Peperoni
150 g Butter (zimmerwarm)
Salz
3 EL Currypulver, mild
4 Eier (Größe L, zimmerwarm)
200 g Weizenmehl
100 ml Milch (3,5 % Fett)
150 g Mango-Fruchtfleisch
1 Bio-Limette (unbehandelt, ungewachst)
150 g Joghurt (3,5 % Fett)
1–2 EL Wasabipaste
500 g gut abgetropfter Mini-Mozzarella
4 Stängel Koriander
100 g Babysalat-Mix

Außerdem:
etwas Speiseöl für das Waffeleisen

Pro Portion:
E: 42 g, F: 72 g, Kh: 52 g,
kJ: 4303, kcal: 1031

1. Jeweils das Waffeleisen und den Backofen vorheizen.
Ober-/Unterhitze: etwa 80 °C
2. Peperoni abspülen, trocken tupfen und den Stängelansatz entfernen. Die Peperoni fein hacken.
3. Die Butter in einer Rührschüssel mit etwas Salz, Curry und Peperoni weiß-schaumig schlagen. Die Eier einzeln mit je 2 Esslöffeln Mehl unterrühren. Das restliche Mehl und die Milch unterrühren.
4. Das Waffeleisen mit Speiseöl bestreichen. Aus dem Teig 8 Waffeln backen. Für jede Waffel 4 Esslöffel Teig in die Mitte des Waffeleisens geben und etwa 4 Minuten backen. Die fertigen Waffeln herausnehmen und im vorgeheizten Backofen warm halten.
5. In der Zwischenzeit das Mango-Fruchtfleisch in kleine Würfel schneiden. Limette heiß abwaschen, abtrocknen und die Schale abreiben. Limette halbieren, den Saft auspressen und 3 Esslöffel Saft abmessen.
6. Mangowürfel mit Limettenschale, -saft, Joghurt, Wasabipaste und etwas Salz verrühren. Mozzarella hinzugeben. Koriander abspülen und trocken tupfen. Die Blättchen von den Stängeln zupfen. Blättchen klein schneiden und untermischen.
7. Baby-Salate putzen, abspülen, trocken tupfen oder trocken schleudern. Mango-Mozzarella-Salat mit den Salatblättern auf den Waffeln anrichten und sofort servieren.

Gemüse-Quark-Torte

12 Stücke

Zubereitungszeit: 60 Minuten, ohne Abkühlzeit
Backzeit: Knetteig 15–20 Minuten, Brandteig 25–30 Minuten

Für den Knetteig:
125 g Weizenmehl
1 Msp. Dr. Oetker Backin
Salz, gem. Pfeffer
Paprikapulver edelsüß
1 Eigelb (Größe M)
75 g Butter oder Margarine

150 g ger. Gouda

Für den Brandteig:
125 ml Wasser
25 g Butter oder Margarine
75 g Weizenmehl
15 g Speisestärke
1 Prise Salz
2–3 Eier (Größe M)
1/2 gestr. TL Dr. Oetker Backin

Für die Füllung:
1/2 Kopf Lollo rosso
250 g Magerquark
150 g Crème fraîche
gem. Kümmelsamen
1 Bund Frühlingszwiebeln
1 Bund Radieschen
285 g abgetropfter Gemüsemais (aus der Dose)
2 EL abgetropfte Kapern, gehackt
4 abgetropfte Gewürzgurken, gehackt

Pro Stück:
E: 11 g, F: 17 g, Kh: 19 g,
kJ: 1205, kcal: 288

1. Für den Knetteig Mehl mit Backpulver in einer Rührschüssel mischen. Salz, Pfeffer, Paprika, Eigelb und Butter oder Margarine hinzufügen. Die Zutaten mit einem Mixer (Knethaken) zunächst kurz auf niedrigster, dann auf höchster Stufe gut durcharbeiten. Den Teig in Frischhaltefolie gewickelt kurz in den Kühlschrank stellen.

2. In der Zwischenzeit den Backofen vorheizen.
Ober-/Unterhitze: etwa 200 °C
Heißluft: etwa 180 °C

3. Den Teig auf dem Boden einer Springform (Ø 28 cm, gefettet) ausrollen. Den Teig mehrmals mit einer Gabel einstechen. Mit der Hälfte des Käses bestreuen. Den Springformrand darumlegen. Die Form auf dem Rost in den vorgeheizten Backofen schieben und den Knetteigboden 15–20 Minuten backen.

4. Den gebackenen Knetteigboden aus der Form lösen und auf einem Kuchenrost erkalten lassen.

5. Für den Brandteig Wasser mit der Butter oder Margarine am besten in einem Stieltopf zum Kochen bringen. Mehl mit Speisestärke und Salz mischen, auf einmal in die von der Kochstelle genommene Flüssigkeit schütten, zu einem glatten Kloß rühren und unter Rühren etwa 1 Minute erhitzen. Den heißen Kloß sofort in eine Schüssel geben.

6. Nach und nach Eier mit einem Mixer (Knethaken) auf höchster Stufe unterarbeiten. Die Eiermenge hängt von der Beschaffenheit des Teiges ab, er muss stark glänzen und so vom Löffel abreißen, dass lange Spitzen hängen bleiben. Backpulver in den erkalteten Teig arbeiten.

7. Den Teig in die gesäuberte Springform (Ø 28 cm, Boden gefettet, gemehlt) geben und glatt verstreichen. Mit restlichem Käse bestreuen. Teig in den heißen Backofen schieben. Teigboden bei gleicher Backofentemperatur 25–30 Minuten backen.

8. Den gebackenen Brandteigboden sofort aus der Form lösen und auf einem Kuchenrost erkalten lassen.

9. Für die Füllung Salat putzen und den Strunk herausschneiden. Salat abspülen und trocken tupfen. Den Knetteigboden mit den Salatblättern belegen. Quark und Crème fraîche verrühren, mit Salz, Pfeffer und Kümmel würzen.

10. Frühlingszwiebeln putzen, abspülen, trocken tupfen und in Scheiben schneiden (die Hälfte der Frühlingszwiebelscheiben beiseitelegen). Radieschen putzen, abspülen, abtropfen lassen und vierteln. Mais, Kapern-, Gurkenstückchen, Frühlingszwiebelscheiben und Radieschen unter die Quarkmasse rühren und auf den Salatblättern verteilen. Den Brandteigboden darauflegen und mit den beiseitegelegten Frühlingszwiebelscheiben bestreuen.

Börek mit Minzejoghurt

20 Stück (ohne Foto)

Zubereitungszeit: 45 Minuten

500 g runde Yufkablätter (erhältlich in türkischen Lebensmittelläden)
1 Bund Basilikum
450 g Schafskäse
gem. Pfeffer
1 Ei (Größe M)
1 Bund Minze
1 kg Süzmejoghurt (besonders cremiger türkischer Joghurt)
Salz
1 l Pflanzenöl

Pro Stück:
E: 8 g, F: 13 g, Kh: 17 g,
kJ: 919, kcal: 219

1. Yufkablätter auseinanderfalten und mit je einem feuchten Geschirrtuch belegen. Die Teigblätter in insgesamt etwa 20 Quadrate (etwa 18 x 18 cm) schneiden.
2. Basilikum abspülen und trocken tupfen. Die Blättchen von den Stängeln zupfen, Blättchen in Streifen schneiden.
3. Den Schafskäse zerbröseln und als Streifen in die Mitte der Teigquadrate streuen. Oberen und unteren Rand frei lassen. Basilikumstreifen darauf verteilen. Mit Pfeffer würzen. Ei verschlagen. Teigränder damit bestreichen, Seitenränder auf die Füllung legen. Yufkablätter aufrollen.
4. Minze abspülen und trocken tupfen. Die Blättchen von den Stängeln zupfen, Blättchen klein schneiden. Joghurt mit Minze verrühren. Minzejoghurt mit Salz und Pfeffer würzen.
5. Das Pflanzenöl in einer Fritteuse oder in einem breiten Topf auf etwa 180 °C erhitzen. Die Röllchen darin portionsweise 3–4 Minuten kross backen, dabei einmal vorsichtig wenden. Mit einer Schaumkelle herausnehmen und auf Küchenpapier abtropfen lassen.
6. Börek mit dem Minzejoghurt warm servieren.

Gemüse-Quark-Kuchen

12 Stücke

Zubereitungszeit: 20 Minuten, ohne Abkühlzeit
Backzeit: 30–35 Minuten

1 rote Paprikaschote (etwa 200 g)
1/2 Bund Koriander oder glatte Petersilie
400 g Kräuterquark
200 g Schlagsahne
3 Eier (Größe M)
60 g Hartweizengrieß
140 g abgetropfter Gemüsemais (aus der Dose)
140 g abgetropfte Erbsen (aus der Dose)
Salz
gem. Pfeffer
Paprikapulver rosenscharf
etwas Koriander oder glatte Petersilie

Pro Stück:
E: 7 g, F: 8 g, Kh: 9 g,
kJ: 639, kcal: 153

1. Paprikaschote halbieren, entstielen, entkernen und die weißen Scheidewände entfernen. Schote abspülen, abtropfen lassen und in etwa 1/2 cm große Würfel schneiden.
2. Den Backofen vorheizen.
Ober-/Unterhitze: etwa 200 °C
Heißluft: etwa 180 °C
3. Koriander oder Petersilie abspülen und trocken tupfen. Die Blättchen von den Stängeln zupfen, Blättchen klein schneiden.
4. Kräuterquark, Sahne, Eier und Grieß in eine Rührschüssel geben und mit einem Schneebesen verrühren. Mais, Erbsen, Paprikawürfel und Kräuter kurz unterrühren. Die Masse mit Salz, Pfeffer und Paprika würzen und in eine Tarteform (Ø 26–28 cm, gefettet) füllen.
5. Die Form auf dem Rost in den vorgeheizten Backofen schieben. Den Kuchen 30 –35 Minuten backen.
6. Die Form auf einen Kuchenrost stellen. Den Kuchen in der Form erkalten lassen. Mit abgespülten, trocken getupften Koriander- oder Petersilienblättchen garnieren.

Gemüse-Quark-Kuchen

Gemüsekuchen mit Cocktailtomaten

12 Stücke

Zubereitungszeit: 45 Minuten
Backzeit: etwa 30 Minuten

Für den Belag:
200 g Porree (Lauch)
300 g Zucchini
3 EL Olivenöl
1 TL gerebelter Thymian
Salz
gem. Pfeffer
150 g Cocktailtomaten

Für den Quark-Öl-Teig:
200 g Weizenmehl
3 gestr. TL Dr. Oetker Backin
100 g Magerquark
50 ml kaltes Wasser
3 EL Speiseöl
1 gestr. TL Salz
1 TL Zucker

2 Eier (Größe M)
150 g Crème fraîche
4 EL Milch
einige Stängel glatte Petersilie

Pro Stück:
E: 5 g, F: 10 g, Kh: 15 g,
kJ: 739, kcal: 177

1. Für den Belag Porree putzen, die Stange längs halbieren, gründlich waschen, abtropfen lassen und quer in etwa 2 cm breite Streifen schneiden. Zucchini abspülen, trocken tupfen und die Enden abschneiden. Die Zucchini etwa 1 cm groß würfeln.
2. Olivenöl in einem Topf erhitzen, die Porreestreifen darin zugedeckt etwa 5 Minuten bei schwacher Hitze dünsten. Thymian und Zucchiniwürfel hinzugeben. Das Gemüse zugedeckt weitere etwa 3 Minuten dünsten. Mit Salz und Pfeffer würzen. Das Gemüse etwa 15 Minuten abkühlen lassen.
3. Tomaten abspülen, trocken tupfen, halbieren und die Stängelansätze herausschneiden.
4. Für den Quark-Öl-Teig das Mehl mit Backpulver mischen und in eine Rührschüssel geben. Quark, Wasser, Speiseöl, Salz und Zucker hinzufügen. Die Zutaten mit einem Mixer (Knethaken) zunächst kurz auf niedrigster, dann auf höchster Stufe in etwa 1 Minute zu einem glatten Teig verarbeiten (nicht zu lange, Teig klebt sonst).
5. Den Backofen vorheizen.
Ober-/Unterhitze: etwa 200 °C
Heißluft: etwa 180 °C
6. Den Teig auf einer bemehlten Arbeitsfläche zu einer runden Platte (Ø etwa 32 cm) ausrollen. Den Teig vorsichtig von 4 Seiten zur Mitte falten, in eine Tarte- oder Quicheform (Ø 26–28 cm, gefettet) legen und auseinanderfalten. Teigränder andrücken. Den Teigboden mehrmals mit einer Gabel einstechen.
7. Das abgekühlte Gemüse in der Form verteilen. Die Eier mit Crème fraîche und Milch verschlagen, mit Salz und Pfeffer würzen und auf das Gemüse gießen. Tomaten mit der Schnittfläche nach oben auf dem Gemüse verteilen. Die Form auf dem Rost in den vorgeheizten Backofen schieben. Den Gemüsekuchen etwa 30 Minuten garen.
8. Die Form auf einen Kuchenrost stellen.
9. Petersilie abspülen und trocken tupfen. Blättchen von den Stängeln zupfen, Blättchen klein schneiden. Gemüsekuchen heiß oder kalt, mit Petersilie bestreut, servieren.

Gemüsekuchen mit Cocktailtomaten

Brokkoli-Käse-Säckchen

12 Stücke (ohne Foto)

Zubereitungszeit: 60 Minuten, ohne Ruhezeit
Backzeit: etwa 20 Minuten

Für den Strudelteig:
250 g Weizenmehl
Salz
100 ml lauwarmes Wasser
1 Ei (Größe M)
1 EL Speiseöl, z. B. Sonnenblumenöl

Für die Füllung:
50 g Pinienkerne
500 g Brokkoli
125 g Kräuter-Crème-fraîche
etwa 30 g Kräuter-Frischkäse
75 g ger. Gouda
gem. Pfeffer
1 geh. EL Speisestärke

Zum Bestreichen und Bestreuen:
50 g Butter
2 EL Semmelbrösel

Pro Stück:
E: 7 g, F: 13 g, Kh: 19 g,
kJ: 921, kcal: 220

1. Für den Strudelteig Mehl in eine Rührschüssel geben. 1 Prise Salz, Wasser, Ei und Speiseöl hinzufügen. Die Zutaten mit einem Mixer (Knethaken) zunächst kurz auf niedrigster, dann auf höchster Stufe zu einem glatten Teig verarbeiten. In einem kleinen Kochtopf Wasser kochen, das Wasser ausgießen und den Topf abtrocknen. Den Teig auf Backpapier in den heißen Topf legen, mit einem Deckel verschließen und den Teig etwa 30 Minuten ruhen lassen.
2. In der Zwischenzeit den Backofen vorheizen.
Ober-/Unterhitze: etwa 200 °C
Heißluft: etwa 180 °C
3. Für die Füllung die Pinienkerne hacken, in einer Pfanne ohne Fett unter Rühren goldgelb rösten, herausnehmen und auf einem Teller erkalten lassen. Von dem Brokkoli die Blätter entfernen. Brokkoli in Röschen teilen, abspülen, abtropfen lassen und in kochendem Salzwasser etwa 5 Minuten garen. Brokkoliröschen mit einer Schaumkelle herausnehmen, mit kaltem Wasser abschrecken und in einem Sieb gut abtropfen lassen. Crème fraîche mit Frischkäse und geriebenem Käse in einer Schüssel verrühren, mit Salz und Pfeffer würzen. Pinienkerne und Speisestärke unterrühren.
4. Zum Bestreichen Butter in einem kleinen Topf zerlassen.
5. Den Strudelteig auf einem leicht bemehlten großen Geschirrtuch zu einem großen Rechteck ausrollen, dann mit dem Handrücken vorsichtig ausziehen (etwa 60 x 45 cm) und dünn mit etwas von der zerlassenen Butter bestreichen. Teig in 12 Quadrate (etwa 15 x15 cm) teilen und in die Mitte jeweils etwas von den Semmelbröseln streuen. Käsecreme und Brokkoliröschen gleichmäßig darauf verteilen, dabei die Ränder frei lassen. Den Teig so über der Füllung zusammendrücken, dass kleine Säckchen entstehen. Die Säckchen auf ein Backblech (mit Backpapier belegt) setzen und mit etwas von der restlichen Butter bestreichen. Das Backblech in den vorgeheizten Backofen schieben. Die Brokkoli-Käse-Säckchen etwa 20 Minuten backen.
6. Die Brokkoli-Käse-Säckchen während der Backzeit mit der restlichen Butter bestreichen. Die gebackenen Brokkoli-Käse-Säckchen mit dem Backpapier vom Backblech auf einen Kuchenrost ziehen und erkalten lassen oder warm servieren.

Gemüsequiche mit Blätterteig

Gemüsequiche mit Blätterteig

4 Portionen

Zubereitungszeit: 35 Minuten, ohne Auftauzeit
Backzeit: etwa 35 Minuten

225 g TK-Blätterteig
(3 rechteckige Platten)

Für den Belag:
1 Zwiebel
2 Knoblauchzehen
2 EL Olivenöl
450 g TK-Suppengemüse
Salz
gem. Pfeffer
200 g Schlagsahne
3 Eier (Größe M)
2–3 TL mittelscharfer Senf

1 EL Semmelbrösel
1 Bund Schnittlauch

Pro Portion:
E: 11 g, F: 41 g, Kh: 28 g,
kJ: 2260, kcal: 540

1. Blätterteigplatten nebeneinander zugedeckt nach Packungsanleitung auftauen lassen.
2. Für den Belag Zwiebel und Knoblauch abziehen, klein würfeln. Olivenöl in einer Pfanne erhitzen. Zwiebel- und Knoblauchwürfel darin glasig dünsten, evtl. etwas Wasser hinzufügen. Das gefrorene Suppengemüse hinzugeben, zum Kochen bringen und zugedeckt etwa 5 Minuten bei mittlerer Hitze dünsten. Mit 1 Prise Salz und Pfeffer würzen.
3. Den Backofen vorheizen.
Ober-/Unterhitze: etwa 200 °C
Heißluft: etwa 180 °C
4. Sahne mit Eiern und Senf verschlagen und mit Salz und Pfeffer würzen.
5. Die Blätterteigplatten wieder aufeinanderlegen und auf einer bemehlten Arbeitsfläche zu einem Quadrat (etwa 32 x 32 cm) ausrollen. Den Teig in eine Tarteform (Ø 28 cm, gefettet) legen und die Ränder abschneiden. Den Teigboden mehrmals mit einer Gabel einstechen und mit Semmelbröseln bestreuen.
6. Schnittlauch abspülen, trocken tupfen, in Röllchen schneiden und zu dem angedünsteten Gemüse geben.
7. Das Gemüse auf den Blätterteigboden geben. Eiersahne darauf verteilen.
8. Die Form auf dem Rost in den vorgeheizten Backofen (untere Schiene) schieben. Die Gemüsequiche etwa 35 Minuten garen.

Gemüsequiche

Gemüsequiche

4 Portionen

Zubereitungszeit: 50 Minuten, ohne Kühlzeit
Backzeit: etwa 40 Minuter

Für den Knetteig:
200 g Weizenmehl
1 gestr. TL Salz
1 Ei (Größe M)
100 g Butter (zimmerwarm)

Für den Belag:
1 kleine Stange Porree (Lauch, etwa 150 g)
250 g Zucchini
Salz
300 g TK-Brokkoli
1 rote Paprikaschote (etwa 200 g)
4 Tomaten
gem. Pfeffer
200 g Gouda (am Stück)
150 g Crème fraîche
2 Eier (Größe M)
1 TL scharfer Senf
1 EL klein geschnittene Kräuter
ger. Muskatnuss

Pro Portion:
E: 29 g, F: 51 g, Kh: 47 g,
kJ: 3359, kcal: 803

1. Für den Teig das Mehl in eine Rührschüssel geben. Salz, Ei und Butter hinzufügen. Die Zutaten mit einem Mixer (Knethaken) zunächst kurz auf niedrigster, dann auf höchster Stufe gut durcharbeiten. Anschließend auf einer leicht bemehlten Arbeitsfläche zu einem glatten Teig verkneten. Den Teig zugedeckt etwa 1 Stunde in den Kühlschrank stellen.
2. Für den Belag den Porree putzen, gründlich waschen und abtropfen lassen. Porree in Streifen schneiden. Zucchini abspülen, abtrocknen und in Scheiben schneiden. Porreestreifen und Zucchinischeiben portionsweise in kochendem Salzwasser aufkochen, mit einer Schaumkelle herausnehmen, mit kaltem Wasser abschrecken und abtropfen lassen. Gefrorenen Brokkoli etwa 3 Minuten in dem kochenden Salzwasser blanchieren. Brokkoli mit einer Schaumkelle herausnehmen, mit kaltem Wasser abschrecken, in einem Sieb abtropfen und erkalten lassen.
3. Paprikaschote halbieren, entstielen, entkernen und die weißen Scheidewände entfernen. Schote abspülen, abtropfen lassen und in kleine Würfel schneiden. Tomaten kreuzweise einschneiden und mit kochendem Wasser übergießen. Nach 1–2 Minuten herausnehmen und mit kaltem Wasser abschrecken. Tomaten häuten, vierteln und die Stängelansätze herausschneiden. Tomaten entkernen.
4. Den Backofen vorheizen.
Ober-/Unterhitze: etwa 180 °C
Heißluft: etwa 160 °C
5. Den Teig auf der leicht bemehlten Arbeitsfläche zu einer runden Platte (Ø etwa 30 cm) ausrollen, in eine Spring- oder Pieform (Ø etwa 26 cm, Boden gefettet) legen, einen 2–3 cm hohen Rand andrücken. Den Teigboden mehrmals mit einer Gabel einstechen.
6. Das vorbereitete Gemüse dekorativ auf dem Boden verteilen, mit Salz und Pfeffer würzen.
7. Den Käse in Würfel schneiden und auf das Gemüse geben. Crème fraîche mit Eiern, Senf und Kräutern verschlagen, mit Salz und Muskat würzen und auf dem Gemüse verteilen. Die Form auf dem Rost in den vorgeheizten Backofen (untere Schiene) schieben. Die Gemüsequiche etwa 40 Minuten garen.

Gemüsestrudel mit Shiitakepilzen

4–6 Portionen (ohne Foto)

Zubereitungszeit: 60 Minuten, ohne Ruhezeit
Backzeit: etwa 20 Minuten

Für den Strudelteig:
300 g Vollkorn-Weizenmehl
Salz
1 Ei (Größe M)
80 g Butter
150 g Crème fraîche

Für die Füllung:
1 rote Paprikaschote
500 g Brokkoli
60 g Pinienkerne
200 g Shiitakepilze
2 Knoblauchzehen
2 EL Speiseöl
gem. Pfeffer
50 g frische Sprossen
200 g Roquefortkäse

1 Eiweiß
1 Eigelb

Pro Portion:
E: 26 g, F: 49 g, Kh: 48 g,
kJ: 3053, kcal: 731

1. Für den Teig Mehl in eine Rührschüssel geben. Restliche Zutaten für den Teig hinzufügen und mit einem Mixer (Knethaken) zunächst kurz auf niedrigster, dann auf höchster Stufe zu einem glatten Teig verarbeiten. Den Teig mit Frischhaltefolie zudecken und bei Zimmertemperatur etwa 30 Minuten ruhen lassen.
2. Für die Füllung Paprikaschote halbieren, entstielen, entkernen und die weißen Scheidewände entfernen. Schote abspülen, abtropfen lassen und in kleine Würfel schneiden. Von dem Brokkoli die Blätter entfernen und den dicken Strunk abschneiden. Brokkoli in Röschen teilen, abspülen und abtropfen lassen.
3. Die Pinienkerne in einer Pfanne ohne Fett unter Rühren anrösten, auf einen Teller geben und beiseitestellen. Pilze putzen, evtl. kurz abspülen, trocken tupfen und klein schneiden. Knoblauch abziehen und klein würfeln.
4. Das Speiseöl in einem Topf erhitzen. Knoblauchwürfel darin andünsten. Die Pilzstücke hinzugeben und unter Rühren anbraten. Danach die Paprikawürfel und Brokkoliröschen hinzugeben und etwa 5 Minuten unter gelegentlichem Rühren mitbraten lassen. Mit Salz und Pfeffer würzen. Die Gemüsemasse abkühlen lassen.
5. Sprossen verlesen, heiß abspülen oder mit kochendem Wasser übergießen und abtropfen lassen. Den Käse würfeln, mit den Pinienkernen und den Sprossen zum Gemüse geben und untermischen.
6. Den Backofen vorheizen.
Ober-/Unterhitze: etwa 200 °C
Heißluft: etwa 180 °C
7. Ein großes Geschirrtuch gleichmäßig mit Mehl bestäuben. Den Strudelteig hauchdünn darauf ausrollen, sodass das Muster des Geschirrtuches hindurchscheint. Zwei Drittel des Teiges mit der Gemüsemasse belegen. Die Teigränder mit verschlagenem Eiweiß bestreichen und etwa 3 cm einschlagen. Durch Anheben des Tuches den Strudel von der längeren Seite aus von unten nach oben fest aufrollen, dabei die Nahtstelle vorsichtig festdrücken (damit nichts ausläuft). Strudel (mit der Nahtseite nach unten) auf ein Backblech (mit Backpapier belegt) legen. Den Strudel mit verschlagenem Eigelb bestreichen.
8. Das Backblech in den vorgeheizten Backofen schieben. Den Gemüsestrudel etwa 20 Minuten backen.

Tarte von grünem und weißem Spargel

2 Portionen

Zubereitungszeit: 30 Minuten
Garzeit: etwa 20 Minuten

500 g weißer Spargel
500 g grüner Spargel
Salz
4 Filoteigblätter
(aus dem Kühlregal)
2 EL zerlassene Butter
125 g Crème double
2 Eier (Größe M)
1 EL gerebelter Estragon
Cayennepfeffer
1 EL ger. Parmesan

Pro Portion:
E: 22 g, F: 55 g, Kh: 35 g,
kJ: 3040, kcal: 731

1. Den weißen Spargel von oben nach unten schälen. Dabei darauf achten, dass die Schalen vollständig entfernt, die Köpfe aber nicht verletzt werden. Untere Enden abschneiden (holzige Stellen vollkommen entfernen). Von dem grünen Spargel das untere Drittel schälen und die unteren Enden abschneiden.
2. Den weißen Spargel in kochendem Salzwasser etwa 10 Minuten garen. Anschließend mit einer Schaumkelle herausnehmen, mit kaltem Wasser abschrecken und in einem Sieb abtropfen lassen. Den grünen Spargel in dem verbliebenen Spargelwasser etwa 3 Minuten garen, ebenfalls mit der Schaumkelle herausnehmen, abschrecken und abtropfen lassen.
3. Den Backofen vorheizen.
Ober-/Unterhitze: etwa 220 °C
Heißluft: etwa 200 °C
4. Die Filoteigblätter mit der Butter bestreichen und leicht überlappend in eine rechteckige Form (etwa 30 x 20 cm, gefettet) legen. Den überhängenden Teig abschneiden.
5. Crème double mit den Eiern verschlagen, mit Salz, Estragon, Cayennepfeffer und Parmesan würzen. Die Eiermasse auf den Teigblättern verstreichen. Die Spargelstangen darauf verteilen.
6. Die Form auf dem Rost in den vorgeheizten Backofen schieben. Die Tarte etwa 20 Minuten backen.

Tarte von grünem und weißem Spargel

Gemüsetorteletts

4 Stück (ohne Foto)

Zubereitungszeit: 50 Minuten
Backzeit: 16–21 Minuten

400 g vorbereitete Blumenkohlröschen
Salz
1 Ei (Größe M)
40 g Semmelbrösel
60 g Butter (zimmerwarm)
gem. Pfeffer
2 EL Semmelbrösel
400 g vorbereitete Brokkoliröschen
3 Tomaten
25 g Weizenmehl
125 ml Gemüsebrühe
125 g Schlagsahne
100 g Greyerzer Käse (am Stück)
1 Döschen (0,1 g) gem. Safran
ger. Muskatnuss
30 g gebräunte, gehobelte Mandeln
evtl. einige Salatblätter

Außerdem:
4 Tortelett- oder Gratinförmchen (Ø 12 cm)

Pro Stück:
E: 20 g, F: 36 g, Kh: 23 g,
kJ: 2196, kcal: 525

1. Die Blumenkohlröschen abspülen, abtropfen lassen und in kochendem Salzwasser zugedeckt 10–15 Minuten garen.
2. Den Backofen vorheizen.
Ober-/Unterhitze: etwa 200 °C
Heißluft: etwa 180 °C
3. Die gegarten Blumenkohlröschen in einem Sieb abtropfen lassen, in eine Rührschüssel geben und mit einem Pürierstab pürieren. Ei, Semmelbrösel und 2 Esslöffel Butter untermischen, mit Salz und Pfeffer würzen.
4. Vier Tortelett- oder Gratinförmchen mit 1 Esslöffel Butter ausstreichen und mit Semmelbröseln ausstreuen. Die Blumenkohlmasse darin verteilen. Die Förmchen auf dem Rost in den vorgeheizten Backofen schieben. Die Torteletts 10–15 Minuten backen.
5. Die gebackenen Torteletts vorsichtig vom Rand lösen und aus den Förmchen auf eine Platte stürzen.
6. Brokkoliröschen abspülen, abtropfen lassen und in kochendem Salzwasser zugedeckt etwa 8 Minuten garen. Brokkoliröschen mit einer Schaumkelle herausnehmen, in Eiswasser tauchen und in einem Sieb abtropfen lassen.
7. Tomaten abspülen, trocken tupfen, halbieren und die Stängelansätze herausschneiden. Tomaten entkernen und in Streifen schneiden.
8. Restliche Butter in einem Topf zerlassen. Mehl hinzufügen und unter Rühren so lange erhitzen, bis es hellgelb ist. Brühe und Sahne hinzugießen, mit einem Schneebesen durchschlagen. Dabei darauf achten, dass keine Klümpchen entstehen. Die Sauce unter Rühren zum Kochen bringen und unter Rühren etwa 2 Minuten kochen lassen. Käse reiben und mit Safran unter die Sauce rühren, mit Salz, Pfeffer und Muskat würzen.
9. Die Brokkoliröschen und Tomatenstreifen auf den Blumenkohltörtchen anrichten. Die Sauce darauf verteilen.
10. Die Gemüsetorteletts auf ein Backblech (mit Backpapier belegt) legen und in den heißen Backofen schieben. Die Gemüsetorteletts bei gleicher Backofentemperatur etwa 6 Minuten überbacken.
11. Die Gemüsetorteletts auf einer Platte anrichten und mit Mandeln bestreuen. Nach Belieben mit abgespülten, trocken getupften Salatblättern garnieren und servieren.

Grüne Gemüsetorte (Torta verde)

12 Stücke

Zubereitungszeit: 50 Minuten, ohne Auftau- und Abkühlzeit
Garzeit: etwa 45 Minuten

450 g TK-Blätterteig
300 ml Wasser
150 g Rundkornreis
1 gestr. TL Salz
500 g Mangold
800 g Spinat
1 Zwiebel
2 Knoblauchzehen
2 EL Olivenöl
Salz, gem. Pfeffer
ger. Muskatnuss
3 Eier (Größe M)
100 g ger. Parmesan
Milch zum Bestreichen

Grüne Gemüsetorte (Torta verde)

Pro Stück:
E: 9 g, F: 16 g, Kh: 25 g,
kJ: 1174, kcal: 281

1. Die Blätterteigplatten nebeneinander nach Packungsanleitung auftauen lassen.
2. Wasser in einem Topf zugedeckt zum Kochen bringen. Dann Reis und Salz hinzugeben, umrühren, wieder zum Kochen bringen. Den Reis zugedeckt etwa 15 Minuten garen. Dann den Reis in einem Sieb abtropfen und abkühlen lassen.
3. Mangold und Spinat putzen und die großen Blattstiele entfernen. Den Mangold und Spinat mehrmals gründlich waschen und abtropfen lassen. Mangoldstiele in etwa 1 cm breite Streifen, Mangoldblätter in etwa 2 cm breite Streifen schneiden.
4. Zwiebel und Knoblauch abziehen, in kleine Würfel schneiden. Olivenöl in einem großen Topf erhitzen. Zwiebel- und Knoblauchwürfel darin glasig dünsten. Mangoldstreifen und Spinatblätter hinzugeben, erhitzen und zusammenfallen lassen. Mit Salz, Pfeffer und Muskat kräftig würzen. Den Topf von der Kochstelle nehmen, Gemüse etwas abkühlen lassen. Eier und Parmesan verschlagen.
5. Den Backofen vorheizen.
Ober-/Unterhitze: etwa 180 °C
Heißluft: etwa 160 °C
6. Die Blätterteigplatten aufeinanderlegen und auf der bemehlten Arbeitsfläche zu einer runden Platte (Ø etwa 40 cm) ausrollen. Die Teigplatte mit Milch bestreichen und in eine Springform (Ø 28 cm, Boden gefettet, mit Wasser besprenkelt) legen, dabei den Teigboden etwas andrücken. Mangold mit Spinat und Reis mischen, auf dem Teigboden verteilen. Die Eier-Parmesan-Masse daraufgeben. Den überhängenden Teigrand auf die Gemüsemasse legen und mit Milch bestreichen.
7. Die Form auf dem Rost in den vorgeheizten Backofen (untere Schiene) schieben und die Gemüsetorte etwa 45 Minuten garen.

Kartoffeltorte mit Oregano

8. Die Form auf einen Kuchenrost stellen. Die Gemüsetorte etwas abkühlen lassen, dann aus der Form lösen und auf eine Platte legen. Gemüsetorte warm oder kalt servieren.

Kartoffeltorte mit Oregano

4 Portionen

Zubereitungszeit: 30 Minuten
Garzeit: etwa 60 Minuten

800 g festkochende Kartoffeln
1 Bund Oregano
Salz
gem. Pfeffer
Knoblauchpulver
400 g Schlagsahne
6 Eier (Größe M)
100 g ger. Käse, z. B. Gouda
oder fester Mozzarella
einige Stängel blühender Oregano

Außerdem:
Alufolie

Pro Portion:
E: 23 g, F: 48 g, Kh: 28 g,
kJ: 2689, kcal: 642

1. Den Backofen vorheizen.
Ober-/Unterhitze: etwa 200 °C
Heißluft: etwa 180 °C
2. Kartoffeln schälen, abspülen, abtropfen lassen und in sehr dünne Scheiben schneiden oder hobeln.
3. Oregano abspülen und trocken tupfen. Die Blättchen von den Stängeln zupfen und die Blättchen klein schneiden.
4. Kartoffelscheiben mit Oregano bestreuen, mit Salz, Pfeffer und Knoblauch würzen. Sahne und Eier verschlagen, mit Salz, Pfeffer und Knoblauch würzen.
5. Zwei Springformen (Ø 18 cm, gefettet, etwa 7 cm Höhe) mit Alufolie auslegen, damit die Formen dicht sind. Anschließend die Alufolie einfetten.
6. Jeweils die Hälfte der Kartoffelscheiben in eine Form schichten. Je die Hälfte der Eier-Sahne-Mischung darauf verteilen, sodass die Kartoffelscheiben ganz bedeckt sind.
7. Die Formen auf ein Backblech stellen und in den vorgeheizten Backofen schieben. Die Kartoffeltorten etwa 60 Minuten garen.
8. Kartoffeltorten nach etwa 45 Minuten Garzeit mit Käse bestreuen und fertig garen.
9. Die Formen auf einen Rost stellen. Die Kartoffeltorten etwa 5 Minuten in den Formen stehen lassen, dann aus den Formen lösen und in Stücke schneiden. Die Oreganostängel vorsichtig abspülen und trocken tupfen. Die Kartoffeltorten mit den Oreganostängeln garniert sofort servieren.

Käsemuffins
12 Stück

Zubereitungszeit: 25 Minuten, ohne Abkühlzeit
Backzeit: etwa 25 Minuten

250 g Weizenmehl
3 gestr. TL Dr. Oetker Backin
1/2 gestr. TL Salz
3 Eier (Größe M)
125 g Buttermilch
75 ml Olivenöl
1 TL Paprikapulver edelsüß
200 g ger. Emmentaler

Pro Stück:
E: 9 g, F: 14 g, Kh: 16 g,
kJ: 939, kcal: 224

1. Den Backofen vorheizen.
Ober-/Unterhitze: etwa 200 °C
Heißluft: etwa 180 °C
2. Mehl mit Backpulver mischen und in eine Rührschüssel geben. Salz, Eier, Buttermilch und Olivenöl hinzufügen. Die Zutaten mit einem Mixer (Rührstäbe) in etwa 1 Minute zu einem glatten Teig verarbeiten. Paprika und Käse unterrühren.
3. Den Teig mit einem Löffel in die Vertiefungen einer Muffinform (für 12 Muffins, gefettet, gemehlt) füllen. Die Form auf dem Rost in den vorgeheizten Backofen schieben. Die Muffins etwa 25 Minuten backen.
4. Die Muffins in der Form etwa 5 Minuten auf einem Kuchenrost abkühlen lassen. Dann die Muffins aus der Form lösen und auf einem mit Backpapier belegten Kuchenrost erkalten lassen.

Dinkelpastete
4 Portionen (ohne Foto)

Zubereitungszeit: 90 Minuten, ohne Einweich- und Kühlzeit
Garzeit: etwa 60 Minuten

200 g Dinkel
350 ml Wasser

Für den Knetteig:
320 g Weizenmehl
1 Eigelb (Größe M)
1 gestr. TL Salz
160 g Butter

Für die Füllung:
1 Zwiebel
2 Knoblauchzehen
2 Eier (Größe M)
1 Bund Frühlingszwiebeln
150 g Picandou (Ziegenkäse)
120 g Äpfel
70 g gem. Haselnusskerne
2 EL Grünkernschrot
Salz, gem. Pfeffer
gerebelter Thymian
120 g grüne Bohnen
etwas Milch

Pro Portion:
E: 29 g, F: 60 g, Kh: 110 g,
kJ: 4619, kcal: 1105

1. Den Dinkel in kaltem Wasser über Nacht einweichen.
2. Für den Knetteig das Mehl in eine Rührschüssel geben. Eigelb, Salz und Butter hinzufügen. Die Zutaten mit einem Mixer (Knethaken) zunächst kurz auf niedrigster, dann auf höchster Stufe gut durcharbeiten.
3. Anschließend auf einer bemehlten Arbeitsfläche zu einem glatten Teig verkneten. Den Teig in Frischhaltefolie gewickelt etwa 30 Minuten in den Kühlschrank legen.
4. Für die Füllung Zwiebel und Knoblauch abziehen, klein würfeln. Den eingeweichten Dinkel mit dem Einweichwasser, Knoblauch- und Zwiebelwürfeln in einen Topf geben, zum Kochen bringen und zugedeckt etwa 30 Minuten garen. Den Topf von der Kochstelle nehmen. Dinkelmasse abkühlen lassen. Die Eier unterrühren.
5. Den Backofen vorheizen.
Ober-/Unterhitze: etwa 180 °C
Heißluft: etwa 160 °C
6. Frühlingszwiebeln putzen, abspülen, abtropfen lassen und in dünne Scheiben schneiden. Picandou zerbröseln. Äpfel schälen, vierteln, entkernen und in kleine Würfel schneiden. Frühlingszwiebelscheiben mit Käsebröseln, Apfelwürfeln, Haselnusskernen und Grünkernschrot unter die Dinkel-Masse rühren, mit Salz, Pfeffer und Thymian würzen.
7. Von den Bohnen die Enden abschneiden, evtl. abfädeln. Bohnen abspülen, abtropfen lassen, etwa 3 Minuten in kochendem Salzwasser blanchieren, mit einer Schaumkelle herausnehmen, mit kaltem Wasser abschrecken und abtropfen lassen.
8. Den kalt gelegten Teig nochmals gut durchkneten. Drei Viertel des Teiges auf der bemehlten Arbeitsfläche zu einem Rechteck ausrollen und eine Pastetenform (oder Kastenform 24 x 10 cm) damit auslegen. Die Hälfte der Dinkelmasse mit einem Löffel in die Form geben, dabei die Füllung festdrücken, sodass keine Hohlräume entstehen.
9. Die Bohnen auf die festgedrückte Dinkelmasse legen. Restliche Dinkelmasse darauf verteilen.
10. Restlichen Teig auf der bemehlten Arbeitsfläche zu einem Rechteck (in Größe der Form) ausrollen und zwei Löcher in die Teigplatte schneiden, damit der Dampf entweichen kann. Die Teigplatte auf die Füllung legen, Ränder fest andrücken.

11. Den Teig mit Milch bestreichen. Die Form auf dem Rost in den vorgeheizten Backofen schieben. Die Pastete etwa 60 Minuten garen.
12. Die Pastete aus der Form lösen und auf einem mit Backpapier belegten Rost erkalten lassen. Vor dem Anschneiden mindestens 60 Minuten ruhen lassen.

Pikante Krapfen mit Kräuterquark

12 Stück

Zubereitungszeit: 45 Minuten, ohne Teiggeh-, Abkühl- und Ruhezeit

Für den Hefeteig:
150 g Weizenmehl
100 g Buchweizen-Vollkornmehl
80 g Vollkorn-Weizenmehl
42 g frische Hefe, 1 TL Zucker
125 ml lauwarme Milch (3,5 % Fett)
1 Ei (Größe M)
1 gestr. EL Salz
gem. Pfeffer
2 EL Olivenöl

Für die Füllung:
2 Knoblauchzehen
2 Zwiebeln
100 g Zucchini
30 g Butter
50 g Kürbiskerne
30 g Sonnenblumenkerne
1 EL Tomatenmark
2 TL Harissa
(scharfe Gewürzpaste)
1 Bund Schnittlauch
2 EL Haferflocken

1 l Sonnenblumenöl

Für den Kräuterquark:
250 g Magerquark
100 ml Milch (3,5 % Fett)
1 Bund gemischte Kräuter, z. B. Petersilie, Sauerampfer, Schnittlauch, Dill
1 Schalotte, Salz
1 EL Kürbiskernöl

Pro Stück:
E: 11 g, F: 15 g, Kh: 25 g,
kJ: 1184, kcal: 283

1. Für den Teig alle Mehlsorten in einer Rührschüssel mischen. In die Mitte eine Vertiefung eindrücken und die Hefe hineinbröckeln. Zucker und etwas Milch hinzufügen. Mit einem kleinen Teil des Mehls mit einer Gabel vorsichtig verrühren und 10–15 Minuten gehen lassen.
2. Ei, Salz, Pfeffer, Olivenöl und restliche Milch hinzufügen. Die Zutaten mit einem Mixer (Knethaken) zunächst kurz auf niedrigster, dann auf höchster Stufe in etwa 5 Minuten zu einem glatten Teig verarbeiten. Den Teig mit Mehl bestäuben und zugedeckt so lange an einem warmen Ort gehen lassen, bis er sich sichtbar vergrößert hat (etwa 30 Minuten).
3. Für die Füllung in der Zwischenzeit Knoblauch und Zwiebeln abziehen, klein würfeln. Zucchini abspülen, abtrocknen und die Enden abschneiden. Zucchini in kleine Würfel schneiden. Butter in einem Topf zerlassen. Knoblauch- und Zwiebelwürfel darin andünsten, Zucchiniwürfel hinzugeben und mitdünsten lassen.
4. Kürbis- und Sonnenblumenkerne in einer Pfanne ohne Fett unter Rühren kräftig anrösten, mit Tomatenmark und Harissa würzen, dann zu den Zucchiniwürfeln in den Topf geben. Schnittlauch abspülen, trocken tupfen, in feine Röllchen schneiden und hinzugeben. Haferflocken unterrühren. Die Masse erkalten lassen.
5. Den gegangenen Teig leicht mit Mehl bestäuben, aus der Schüssel nehmen, auf einer leicht bemehlten Arbeitsfläche nochmals gut durchkneten. Teig zu einer Rolle (Ø etwa 5 cm) formen. Diese in 12 etwa 1 cm dicke Scheiben schneiden. Die Scheiben mit den Fingern zu 8 cm großen Fladen formen.
6. Die Füllung auf den Fladen verteilen. Jeden Fladen so verschließen, dass eine Kugel entsteht. Die Krapfen auf eine bemehlte Arbeitsfläche legen und zugedeckt etwa 10 Minuten ruhen lassen.
7. In der Zwischenzeit das Sonnenblumenöl in einer Fritteuse auf etwa 180 °C erhitzen. Die Krapfen darin portionsweise in 3–4 Minuten goldbraun ausbacken, dabei nach der Hälfte der Backzeit die Krapfen wenden. Die Krapfen mit einem Schaumlöffel herausnehmen und auf Küchenpapier abtropfen lassen.
8. Für den Kräuterquark Quark mit Milch verrühren. Die Kräuter abspülen und trocken tupfen. Die Blättchen bzw. Spitzen von den Stängeln zupfen. Blättchen und Spitzen klein schneiden. Schnittlauch in Röllchen schneiden. Schalotte abziehen und klein würfeln. Kräuter und Schalottenwürfel unter den Quark rühren, mit Salz, Pfeffer und Kürbiskernöl würzen.
9. Die Krapfen mit dem Kräuterquark servieren.

Pikante Krapfen mit Kräuterquark

Pikante Gemüsetorte
12 Stücke

Zubereitungszeit: 60 Minuten, ohne Kühlzeit
Backzeit: etwa 60 Minuten

Für den Knetteig:
275 g Weizenmehl
2 Eier (Größe M)
Salz, ger. Muskatnuss
1 TL Weißweinessig
1 TL Wasser
100 g Butter oder Margarine

Für das Gemüse:
je 150 g Möhren und Zucchini
150 g Cocktailtomaten
150 g Brokkoliröschen
150 g Blumenkohlröschen
100 g weiße Champignons

Für den Guss:
200 g Schlagsahne
3 Eier (Größe M)
gem. Pfeffer
50 g TK-Kräuter der Provence

Pro Stück:
E: 7 g, F: 15 g, Kh: 21 g,
kJ: 1049, kcal: 251

1. Für den Teig Mehl in eine Rührschüssel geben. Eier, Salz, Muskat, Essig, Wasser und Butter oder Margarine hinzufügen. Die Zutaten mit einem Mixer (Knethaken) zunächst kurz auf niedrigster, dann auf höchster Stufe gut durcharbeiten.
2. Anschließend auf einer bemehlten Arbeitsfläche zu einem glatten Teig verkneten. Sollte der Teig kleben, noch etwas Mehl unterarbeiten. Den Teig in Frischhaltefolie gewickelt etwa 30 Minuten in den Kühlschrank legen.
3. Für das Gemüse in der Zwischenzeit Möhren putzen, schälen, abspülen, abtropfen lassen. Zucchini abspülen, abtrocknen und die Enden abschneiden. Cocktailtomaten abspülen, abtropfen lassen und die Stängelansätze herausschneiden, Tomaten halbieren. Brokkoli- und Blumenkohlröschen abspülen und abtropfen lassen.
4. Champignons putzen, evtl. kurz abspülen und trocken tupfen. Möhren, Zucchini und Champignons in Scheiben schneiden. Möhren-, Brokkoli- und Blumenkohlröschen in kochendem Salzwasser etwa 5 Minuten bissfest vorgaren, anschließend in ein Sieb geben, mit kaltem Wasser abschrecken und abtropfen lassen.
5. Für den Guss Sahne und Eier verschlagen, mit Salz, Pfeffer und Kräutern der Provence würzen.
6. Den Backofen vorheizen.
Ober-/Unterhitze: etwa 180 °C
Heißluft: etwa 160 °C
7. Den Teig auf der leicht bemehlten Arbeitsfläche zu einer runden Platte (Ø etwa 32 cm) ausrollen und in eine Springform (Ø 28 cm, gefettet) legen, dabei einen Rand andrücken.
8. Das vorbereitete Gemüse fächerartig auf dem Teigboden einschichten. Den Guss vorsichtig darauf verteilen. Die Form auf dem Rost in den vorgeheizten Backofen schieben. Die Torte etwa 60 Minuten backen.
9. Die Form auf einen Kuchenrost stellen. Die Gemüsetorte lauwarm oder kalt servieren.

Drei-Pilze-Pizza
4 Portionen (ohne Foto)

Zubereitungszeit: 50 Minuten, ohne Teiggehzeit
Backzeit: etwa 20 Minuten

Für den Hefeteig:
250 g Weizenmehl (Type 550)
21 g frische Hefe
1/2 TL Zucker
150 ml lauwarmes Wasser
Salz
3 EL Olivenöl

Für den Belag:
je 200 g Pfifferlinge, Steinpilze und Champignons
4 Schalotten
100 g Butter
1 Knoblauchzehe
2 EL Schnittlauchröllchen
2 EL klein geschnittene Petersilie
gem. Pfeffer

250 g Käse (am Stück), z. B. Emmentaler

Pro Portion:
E: 31 g, F: 51 g, Kh: 51 g,
kJ: 3280, kcal: 784

1. Für den Teig Mehl in eine Rührschüssel geben, in die Mitte eine Vertiefung eindrücken und die Hefe hineinbröckeln. Zucker und etwas Wasser hinzugeben. Mit einem kleinen Teil des Mehls mit einer Gabel vorsichtig verrühren und etwa 10 Minuten gehen lassen.
2. Restliches Wasser, Salz und Olivenöl hinzufügen. Die Zutaten mit einem Mixer (Knethaken) zunächst kurz auf niedrigster, dann auf höchster Stufe in etwa 5 Minuten zu einem glatten Teig verarbeiten.
3. Danach den Teig mit etwas Mehl bestäuben und zugedeckt so lange an einem warmen Ort gehen lassen, bis er sich sichtbar vergrößert hat (etwa 30 Minuten).
4. In der Zwischenzeit für den Belag Pfifferlinge, Steinpilze und Champignons putzen, evtl. kurz abspülen, trocken tupfen und klein schneiden. Schalotten abziehen und in kleine Würfel schneiden.
5. Jeweils die Hälfte der Butter in einer großen Pfanne zerlassen. Die Zwiebelwürfel darin andünsten. Die Pilze in 2 Portionen hinzufügen und mitdünsten lassen.
6. Den Backofen vorheizen.
Ober-/Unterhitze: etwa 200 °C
Heißluft: etwa 180 °C
7. Knoblauch abziehen, zerdrücken, mit Schnittlauchröllchen und Petersilie zu den Pilzen in die Pfanne geben. Die Pilzmasse mit Salz und Pfeffer würzen.
8. Den gegangenen Teig leicht mit Mehl bestäuben, aus der Schüssel nehmen und auf einem Backblech (30 x 40 cm, mit Olivenöl bestrichen) ausrollen. Die Pilzmasse gleichmäßig darauf verteilen. Käse reiben und daraufstreuen.
9. Das Backblech in den vorgeheizten Backofen schieben. Die Drei-Pilze-Pizza etwa 20 Minuten backen.

Tipp: Würzen Sie die Pizza entweder mit 1 Teelöffel Tessiner Gewürz oder 1 gestrichenen Teelöffel abgeriebener Zitronenschale von 1 Bio-Zitrone (unbehandelt, ungewachst).

Yufkarollen mit Gemüse-Feta-Füllung

Yufkarollen mit Gemüse-Feta-Füllung

4 Portionen

Zubereitungszeit: 20 Minuten
Garzeit: 2–5 Minuten

2 Knoblauchzehen
2 kleine Tomaten
450 g abgetropfte, geröstete Paprikahälften (aus dem Glas)
1/2 Bund glatte Petersilie
200 g Fetakäse
1/2 TL fein abgeriebene Schale von 1 Bio-Zitrone (unbehandelt, ungewachst)
gem. Pfeffer
evtl. gem. Kreuzkümmel (Cumin)
8–12 große, runde Yufka-Teigblätter (in türkischen Lebensmittelläden)
etwa 250 ml Speiseöl

Pro Portion:
E: 22 g, F: 34 g, Kh: 96 g, kJ: 3311, kcal: 791

1. Den Knoblauch abziehen und sehr fein würfeln.
2. Tomaten abspülen, abtropfen lassen, halbieren und die Stängelansätze herausschneiden. Tomaten in sehr kleine Würfel schneiden. Paprikahälften mit Küchenpapier trocken tupfen, nach Belieben längs in feine Streifen schneiden. Petersilie abspülen und trocken tupfen. Die Blättchen von den Stängeln zupfen. Blättchen grob zerschneiden.
3. Fetakäse fein zerbröseln und in eine Schüssel geben. Petersilie und Zitronenschale untermischen. Mit Pfeffer und nach Belieben mit etwas Kreuzkümmel würzen.
4. Yufka-Teigblätter auf der Arbeitsfläche ausbreiten und dünn mit Speiseöl bestreichen. Jeweils 2 Teigblätter übereinanderlegen. Mit einem scharfen Messer in Viertel schneiden. Vorbereitete Gemüsezutaten und die Fetakäse-Petersilien-Mischung auf den runden Seiten der einzelnen Teigstücke verteilen, dabei die Teigränder jeweils etwas frei lassen. Die Seiten etwas einklappen. Die Teigdreiecke je zur Spitze hin aufrollen. Die Ränder leicht andrücken.
5. Jeweils etwas Speiseöl in einer großen Pfanne erhitzen. Die Teigrollen darin portionsweise schwimmend etwa 2 Minuten von allen Seiten knusprig braun braten. Yufkarollen mit einem Schaumlöffel herausnehmen, auf Küchenpapier legen und abtropfen lassen.

Beilage: **Würziger Joghurt-Kräuter-Dip.** Dazu 200 g Joghurt (3,5 % Fett) mit Salz, Pfeffer und 1 zerdrückten Knoblauchzehe verrühren. 2 Esslöffel Olivenöl und klein geschnittene Kräuter nach Geschmack, z. B. Basilikum, Petersilie, Koriander oder Minze, gut unterrühren.

Grüne Polentapizza

8–10 Portionen

Zubereitungszeit: 50 Minuten
Backzeit: etwa 20 Minuten
je Backblech

Für den Boden:
2 1/2 l Gemüsebrühe
625 g Maisgrieß (Polenta)
Salz

Für den Belag:
400 g Zucchini
6 EL Wasser
600 g gemischtes TK-Gemüse, z. B. Brokkoli, Erbsen, Zuckerschoten und Petersilie

175 g ger. Parmesan
300 g Schmand (Sauerrahm)
90 g grünes Pesto (aus dem Glas)
5 EL Olivenöl

Pro Portion:
E: 17 g, F: 29 g, Kh: 59 g,
kJ: 2390, kcal: 571

1. Für den Boden Brühe in einem Topf zum Kochen bringen. Den Topf von der Kochstelle nehmen. Maisgrieß unter Rühren einstreuen, bei mittlerer Hitze etwa 30 Minuten quellen lassen, dabei zwischendurch mehrmals umrühren. Die Polentamasse mit Salz würzen.
2. Für den Belag in der Zwischenzeit Zucchini abspülen, abtrocknen und die Enden abschneiden. Zucchini in dünne Scheiben schneiden. Wasser in einem großen Topf zum Kochen bringen, das gefrorene Gemüse hinzugeben, wieder zum Kochen bringen und 3–5 Minuten bei schwacher Hitze kochen lassen. Dann die Zucchinischeiben hinzugeben und etwa 1 Minute mitgaren lassen. Das Gemüse in einem Sieb gut abtropfen lassen.
3. Den Backofen vorheizen.
Ober-/Unterhitze: etwa 200 °C
Heißluft: etwa 180 °C
4. Die Hälfte des Parmesans unter die Polentamasse rühren. Die Polentamasse gleichmäßig auf 2 Backbleche (30 x 40 cm, gefettet) geben und glatt verstreichen. Schmand mit Pesto verrühren, die Polentaböden gleichmäßig damit bestreichen. Das Gemüse darauf verteilen und mit Olivenöl bestreichen. Mit restlichem Parmesan bestreuen. Die Backbleche nacheinander (bei Heißluft zusammen) in den vorgeheizten Backofen schieben. Die Pizzen etwa 20 Minuten je Backblech backen.

Grüne Polentapizza

Spargelpizza

4 Portionen (ohne Foto)

Zubereitungszeit: 40 Minuten, ohne Teiggehzeit
Backzeit: etwa 20 Minuten

Für den Hefeteig:
300 g Weizenmehl
1 Pck. Dr. Oetker Trockenbackhefe
150 ml lauwarmes Wasser
2–3 EL Olivenöl
1 gestr. TL Salz
1/2 gestr. TL Zucker

800 g weißer Spargel
200 g Cocktailtomaten
150 g Crème fraîche
100 g Doppelrahm-Frischkäse
Salz, gem. Pfeffer
100 g geraspelter Pizza-Käse
30 g Sonnenblumenkerne, mit Honig geröstet
1 Bund Rucola (Rauke)

Pro Portion:
E: 24 g, F: 39 g, Kh: 39 g,
kJ: 2945, kcal: 705

1. Für den Teig Mehl in eine Rührschüssel geben und mit der Trockenbackhefe sorgfältig vermischen. Wasser, Olivenöl, Salz und Zucker hinzufügen. Die Zutaten mit einem Mixer (Knethaken) zunächst kurz auf niedrigster, dann auf höchster Stufe in etwa 5 Minuten zu einem glatten Teig verarbeiten. Den Teig zugedeckt so lange an einem warmen Ort gehen lassen, bis er sich sichtbar vergrößert hat (etwas 30 Minuten).
2. In der Zwischenzeit Spargel von oben nach unten schälen. Darauf achten, dass die Schalen vollständig entfernt, die Köpfe aber nicht verletzt werden. Die unteren Enden abschneiden (holzige Stellen vollkommen entfernen). Spargelstangen abspülen, abtropfen lassen und der Länge nach halbieren. Tomaten abspülen, trocken tupfen und die Stängelansätze herausschneiden. Tomaten halbieren. Crème fraîche mit dem Frischkäse verrühren, mit Salz und Pfeffer würzen.
3. Den gegangenen Teig leicht mit Mehl bestäuben, aus der Schüssel nehmen und auf einer bemehlten Arbeitsfläche nochmals kurz durchkneten. Den Teig auf einem Backblech (30 x 40 cm, gefettet) ausrollen und nochmals zugedeckt so lange an einem warmen Ort gehen lassen, bis

er sich sichtbar vergrößert hat (etwa 20 Minuten).

4. In der Zwischenzeit den Backofen vorheizen.

Ober-/Unterhitze: etwa 200 °C
Heißluft: etwa 180 °C

5. Den Teig mit der Crème-fraîche-Masse bestreichen. Die Spargelstangen und Tomatenhälften darauf verteilen. Mit Käse und Sonnenblumenkernen bestreuen. Das Backblech in den vorgeheizten Backofen schieben. Die Pizza etwa 20 Minuten backen.

6. Rucola verlesen und die dicken Stiele entfernen. Rucola abspülen, trocken tupfen und in feine Streifen schneiden. Die gebackene Spargelpizza damit bestreuen und sofort servieren.

Zwiebeltarte

8 große Stücke

Zubereitungszeit: 70 Minuten, ohne Kühlzeit
Backzeit: 33–38 Minuten

Für den Teig:
100 g kalte Butter
250 g Weizenmehl
1 gestr. TL Salz
100 ml sehr kaltes Wasser
1 TL Weißweinessig

Für den Belag:
700 g Gemüsezwiebeln
2 Knoblauchzehen
5 EL Olivenöl
1 TL Fenchelsamen
Salz
gem. schwarzer Pfeffer
175 ml trockener Weißwein
75 g Crème fraîche
50 g Schlagsahne
1 Ei (Größe L)
1 Eigelb (Größe L)
je 3 Stängel Thymian
und Oregano
50 g abgetropfte, schwarze Oliven, mit Stein, z. B. Kalamata
75 g Parmesan (am Stück)

Pro Stück:
E: 9 g, F: 28 g, Kh: 29 g,
kJ: 1771, kcal: 424

1. Für den Teig die kalte Butter in kleine Würfel schneiden. Mehl mit Salz in einer Rührschüssel mischen. Die Butterwürfel darauf verteilen. Kaltes Wasser mit Essig verrühren und in die Mitte des Mehls geben.

2. Die Zutaten schnell mit den Händen zu einem Teig verkneten und zu einer Kugel formen.

3. Die Kugel in Frischhaltefolie gewickelt etwa 30 Minuten in den Kühlschrank legen.

4. Für den Belag Zwiebeln und Knoblauch abziehen. Zwiebeln längs halbieren und in etwa 1/2 cm dicke Spalten schneiden. Knoblauch sehr klein schneiden.

5. Olivenöl in einem weiten Topf erhitzen. Zwiebelspalten, Knoblauch und Fenchelsamen darin bei starker Hitze unter Rühren kräftig andünsten. Die Zwiebelmasse mit Salz und Pfeffer würzen.

6. Mit Weißwein ablöschen und ganz einkochen lassen, bis fast keine Flüssigkeit mehr vorhanden ist. Dabei ab und zu umrühren.

7. Den Backofen vorheizen.

Ober-/Unterhitze: etwa 200 °C
Heißluft: etwa 180 °C

8. Den Teig auf einer leicht bemehlten Arbeitsfläche zu einer runden Platte (Ø 31–32 cm) ausrollen, in eine Tarteform (Ø 28 cm, gefettet) legen und leicht andrücken. Den Teigrand glatt abschneiden, den Teigboden mehrmals mit einer Gabel einstechen.

9. Die Form auf dem Rost in den vorgeheizten Backofen (unteres Drittel) schieben. Den Boden 15–18 Minuten vorbacken.

10. Die Form auf einen Kuchenrost stellen. Die Backofentemperatur um 20 °C herunterschalten.

11. Crème fraîche mit Sahne, Ei und Eigelb verrühren, mit etwas Salz würzen. Thymian und Oregano abspülen und trocken tupfen. Blättchen von den Stängeln zupfen, klein schneiden und unter die Eiersahne rühren. Die Oliven vom Stein schneiden.

12. Die Zwiebelmasse mit den Oliven auf den vorgebackenen Boden geben. Die Eier-Kräuter-Sahne darauf verteilen. Den Käse grob raffeln und daraufstreuen.

13. Die Form wieder auf dem Rost in den heißen Backofen (unteres Drittel) schieben. Die Zwiebeltarte 18–20 Minuten backen.

14. Die Form auf einen Kuchenrost stellen. Die Tarte etwas abkühlen lassen und lauwarm servieren.

Zwiebeltarte

Edelpilz-Nuss-Törtchen

4 Portionen (ohne Foto)

Zubereitungszeit: 30 Minuten, ohne Auftau- und Ruhezeit
Backzeit: etwa 30 Minuten

300 g TK-Blätterteig
3 Eigelb (Größe M)
150 g Edelpilzkäse
50 g gehackte Walnusskerne
125 g Magerquark

Außerdem:
4 kleine Tortenförmchen (Ø je etwa 12 cm, mit herausnehmbarem Boden)

Pro Portion:
E: 18 g, F: 43 g, Kh: 27 g,
kJ: 2448, kcal: 585

1. Die Blätterteigplatten nebeneinander zugedeckt nach Packungsanleitung auftauen lassen.
2. Die Platten wieder aufeinanderlegen, auf einer leicht bemehlten Arbeitsfläche etwa 3 mm dick ausrollen und etwa 5 Minuten ruhen lassen. Aus dem Teig 4 runde Platten (Ø je etwa 16 cm) ausstechen und die Tortenförmchen (Boden jeweils gefettet) damit auskleiden.
3. Den Backofen vorheizen.
Ober-/Unterhitze: etwa 220 °C
Heißluft: etwa 200 °C
4. Eigelb verschlagen, 1 Teelöffel von dem Eigelb abnehmen, zudecken und beiseitestellen. Käse mit einer Gabel zerdrücken, mit restlichem Eigelb, Nusskernen und Quark verrühren. Die Käsemasse auf dem Blätterteig in den Förmchen verteilen.
5. Die Blätterteigreste aufeinanderlegen, ausrollen, etwa 5 Minuten ruhen lassen und in schmale Streifen schneiden. Die Blätterteigstreifen als Gitter auf die Füllung legen.
6. Das beiseitegestellte Eigelb mit 1 Esslöffel Wasser verschlagen. Die Törtchenoberfläche damit bestreichen. Förmchen auf dem Rost in den vorgeheizten Backofen schieben. Die Törtchen etwa 30 Minuten backen.

Zwiebeltarte mit Feigen

8 Stücke

Zubereitungszeit: 60 Minuten
Backzeit: etwa 30 Minuten

Für den Belag:
600 g rote Zwiebeln
3 Stängel Rosmarin
8 Stängel Thymian
2 EL Olivenöl
500 ml roter Traubensaft
Salz, gem. Pfeffer

Für den Quark-Öl-Teig:
150 g Dinkelmehl (Type 630)
1 gestr. TL Dr. Oetker Backin
80 g Magerquark
50 ml Milch (3,5 % Fett)
50 ml Speiseöl, z. B. Sonnenblumenöl

1 EL Semmelbrösel
8 reife Feigen (etwa 500 g)
150 g Schafskäse
50 g Walnusskerne
2 EL Weizenmehl

Pro Stück:
E: 10 g, F: 18 g, Kh: 41 g,
kJ: 1530, kcal: 366

1. Für den Belag Zwiebeln abziehen und in Spalten schneiden. Rosmarin und Thymian abspülen, trocken tupfen. Die Blättchen bzw. Nadeln von den Stängeln zupfen. Einige Thymianblättchen und Rosmarinnadeln zum Garnieren beiseitelegen.
2. Olivenöl in einem breiten Topf erhitzen. Die Zwiebelspalten, Thymianblättchen und Rosmarinnadeln darin kurz andünsten. Die Hälfte des Traubensaftes hinzugießen und zum Kochen bringen.
3. Die Zwiebelspalten zugedeckt etwa 20 Minuten bei mittlerer Hitze garen. Mit Salz und Pfeffer würzen. Zwiebelspalten in einem Sieb abtropfen lassen, dabei den Sud auffangen, die Zwiebelspalten etwas abkühlen lassen.
4. Für den Teig Mehl mit Backpulver und 1/2 Teelöffel Salz in einer Rührschüssel mischen. Quark, Milch und Speiseöl hinzufügen.
5. Die Zutaten mit einem Mixer (Knethaken) zunächst kurz auf niedrigster, dann auf höchster Stufe zu einem glatten Teig verarbeiten (nicht zu lange, der Teig klebt sonst).
6. Den Backofen vorheizen.
Ober-/Unterhitze: etwa 200 °C
Heißluft: etwa 180 °C
7. Den Teig auf einer leicht bemehlten Arbeitsfläche zu einer runden Platte (Ø etwa 32 cm) ausrollen und in eine Tarteform (Ø 28 cm, gefettet, mit Semmelbröseln bestreut) legen. Den Rand dabei andrücken. Teigboden mehrmals mit einer Gabel einstechen.
8. Feigen abspülen, abtrocknen und evtl. die Haut abziehen. Feigen entstielen und halbieren. Schafskäse trocken tupfen. Walnusskerne grob hacken.

Zwiebeltarte mit Feigen

9. Mehl unter die lauwarmen Zwiebelspalten heben. Zwiebelspalten auf dem Teig verteilen. Die Feigen mit der Schnittfläche nach oben darauflegen. Walnusskerne in die Zwischenräume geben. Schafskäse grob zerbröseln und auf den Zwiebelspalten und Feigen verteilen.
10. Form auf dem Rost in den vorgeheizten Backofen (untere Schiene) schieben und die Zwiebeltarte etwa 30 Minuten backen.
11. In der Zwischenzeit den restlichen Traubensaft und aufgefangenen Zwiebelsud in einen weiten Topf geben, zum Kochen bringen und so lange einkochen lassen, bis ein dickflüssiger Sirup entstanden ist (etwa 3 Esslöffel).
12. Die Form auf einen Rost stellen. Die Tarte in Stücke schneiden, mit den beiseitegelegten Kräutern garnieren und mit dem Sirup beträufeln. Sollte der Sirup zu fest geworden sein, etwas Wasser daruntergeben und unter Rühren kurz erhitzen.

Pizza vom Blech

Pizza vom Blech

4 Portionen

Zubereitungszeit: 50 Minuten, ohne Abkühl- und Teiggehzeit
Backzeit: etwa 20 Minuten

Für die Sauce:
2 Zwiebeln
2 Knoblauchzehen
2 EL Olivenöl
200 g passierte Tomaten (aus dem Tetrapak)
2 EL Tomatenmark
1 EL gerebelter Oregano
1 gestr. TL Salz
gem. Pfeffer

Für den Hefeteig:
400 g Weizenmehl (Type 405 oder 550)
42 g frische Hefe
220 ml lauwarmes Wasser
2 EL Olivenöl
2 gestr. TL Salz

Für den Belag:
200 g abgetropfte Artischockenherzen (aus dem Glas)
2 Tomaten
120 g Champignons
1 kleine Zucchini
50 g abgetropfte, schwarze Oliven
2 EL abgetropfte Kapern
125 g abgetropfter Mozzarella
80 g Gouda (am Stück)
70 g Gorgonzola
1 EL gerebelter Oregano

Pro Portion:
E: 30 g, F: 33 g, Kh: 83 g,
kJ: 3293, kcal: 787

1. Für die Sauce Zwiebeln und Knoblauch abziehen, klein würfeln. Olivenöl in einem Topf erhitzen, Zwiebel- und Knoblauchwürfel darin andünsten.
2. Passierte Tomaten, Tomatenmark, Oregano, Salz und Pfeffer hinzugeben. Die Zutaten zum Kochen bringen und etwa 5 Minuten bei schwacher Hitze kochen lassen. Die Sauce abkühlen lassen.
3. Für den Teig das Mehl in eine Rührschüssel geben und in die Mitte eine Vertiefung eindrücken. Hefe hineinbröckeln, etwas Wasser hinzufügen. Mit einem kleinen Teil des Mehls mit einer Gabel vorsichtig verrühren und 10–15 Minuten gehen lassen.
4. Restliches Wasser, Olivenöl und Salz hinzufügen. Die Zutaten mit einem Mixer (Knethaken) zunächst kurz auf niedrigster, dann auf höchster Stufe in etwa 5 Minuten zu einem glatten Teig verarbeiten. Den Teig mit Mehl bestäuben und zugedeckt so lange an einem warmen Ort gehen lassen, bis er sich sichtbar vergrößert hat (etwa 30 Minuten).
5. Für den Belag Artischockenherzen halbieren. Tomaten abspülen, abtrocknen und die Stängelansätze herausschneiden. Tomaten in Scheiben schneiden.
6. Den Backofen vorheizen.
Ober-/Unterhitze: etwa 220 °C
Heißluft: etwa 200 °C
7. Champignons putzen, evtl. kurz abspülen, trocken tupfen und in Scheiben schneiden. Zucchini abspülen, abtrocknen und die Enden abschneiden. Zucchini in Scheiben schneiden.
8. Den gegangenen Teig leicht mit Mehl bestäuben, aus der Schüssel nehmen und auf der leicht bemehlten Arbeitsfläche nochmals kurz durchkneten. Den Teig auf einem Backblech (30 x 40 cm, gefettet) ausrollen und nochmals etwa 10 Minuten gehen lassen.
9. Die Tomatensauce gleichmäßig auf den Teig streichen. Vorbereitetes Gemüse, Oliven und Kapern darauf verteilen.
10. Mozzarella in dünne Scheiben schneiden, Gouda raspeln. Gorgonzola würfeln. Die Käsesorten gleichmäßig auf das Gemüse geben, mit Oregano bestreuen. Das Backblech in den vorgeheizten Backofen schieben. Die Pizza etwa 20 Minuten backen.

Vollkorn-Pizza mit getrockneten Tomaten

Vollkorn-Pizza mit getrockneten Tomaten

8–10 Portionen

Zubereitungszeit: 50 Minuten, ohne Teiggehzeit
Backzeit: etwa 20 Minuten je Backblech

Für den Hefeteig:
750 g Vollkorn-Weizenmehl
84 g frische Hefe
1/2 TL Zucker
400 ml lauwarmes Wasser
1 gestr. TL Salz
100 ml Olivenöl

Für den Belag:
4 kleine Zwiebeln
400 g Schafskäse
400 g abgetropfte, getrocknete Tomaten, in Öl
740 g stückige Tomaten mit Kräuter-Knoblauch (aus Dosen)
6 EL Öl von den Tomaten

125 g Rucola (Rauke)
gem. Pfeffer

Pro Portion:
E: 22 g, F: 35 g, Kh: 60 g,
kJ: 2712, kcal: 648

1. Für den Teig das Mehl in eine Rührschüssel geben. In die Mitte eine Vertiefung drücken und die Hefe hineinbröckeln. Zucker und etwas Wasser hinzufügen. Mit einem kleinen Teil des Mehls mit einer Gabel vorsichtig verrühren und etwa 10 Minuten gehen lassen.
2. Restliches Wasser, Salz und Olivenöl hinzufügen. Die Zutaten mit einem Mixer (Knethaken) zunächst kurz auf niedrigster, dann auf höchster Stufe in etwa 5 Minuten zu einem glatten Teig verarbeiten. Den Teig mit Mehl bestäuben und zugedeckt so lange an einem warmen Ort gehen lassen, bis er sich sichtbar vergrößert hat (etwa 30 Minuten).
3. In der Zwischenzeit für den Belag Zwiebeln abziehen, zuerst in dünne Scheiben schneiden, dann in Ringe teilen. Schafskäse würfeln bzw. zerbröseln. Von den getrocknete Tomaten das Öl auffangen und 6 Esslöffel Öl abmessen. Tomaten evtl. etwas kleiner schneiden.
4. Den Backofen vorheizen.
Ober-/Unterhitze: etwa 220 °C
Heißluft: etwa 200 °C
5. Den gegangenen Teig leicht mit Mehl bestäuben, aus der Schüssel nehmen und auf einer leicht bemehlten Arbeitsfläche nochmals gut durchkneten. Den Teig halbieren. Jede Teighälfte auf einem Backblech (30 x 40 cm, gefettet) ausrollen und jeweils die Hälfte der stückigen Tomaten darauf verteilen.
6. Die Pizzen mit getrockneten Tomaten, Schafskäsewürfeln oder -bröseln und Zwiebelringen belegen. Mit dem Tomatenöl beträufeln. Die Backbleche nacheinander (bei Heißluft zusammen) in den vorgeheizten Backofen schieben. Die Pizzen etwa 20 Minuten je Backblech backen.
7. In der Zwischenzeit Rucola verlesen und die harten Stiele entfernen. Rucola abspülen, trocken tupfen.
8. Die gebackenen Pizzen mit Pfeffer bestreuen und den Rucola darauf verteilen, sofort servieren.

Erbsenbiskuitroulade mit Möhrenfüllung

6 Portionen (ohne Foto)

Zubereitungszeit: 60 Minuten, ohne Abkühlzeit
Backzeit: etwa 20 Minuten

Für die Füllung:
400 g Möhren
20 g Butter
1 EL flüssiger Honig
Salz
1 EL fein gehackter Ingwer
1 gestr. TL Agar Agar (etwa 2 1/2 g)
30 ml kaltes Wasser

Für die Roulade:
1 Zwiebel
300 g TK-Erbsen oder frisch
35 g Butter
40 g Weizenmehl
140 ml Milch (3,5 % Fett)
3 Eigelb (Größe M)
gem. Pfeffer, ger. Muskatnuss
3 Eiweiß (Größe M)
Zucker

Pro Portion:
E: 9 g, F: 12 g, Kh: 20 g,
kJ: 959, kcal: 229

1. Für die Füllung die Möhren putzen, schälen, abspülen, abtropfen lassen, in feine Scheiben schneiden und in einen Topf geben. Butter, Honig, Salz und Ingwer hinzugeben. Die Möhrenscheiben zugedeckt bei mittlerer Hitze etwa 10 Minuten dünsten. Agar Agar mit dem Wasser verrühren, zu den Möhren geben, unter Rühren etwa 1 Minute kochen lassen und fein pürieren. Abkühlen lassen.
2. Für die Roulade Zwiebel abziehen und in kleine Würfel schneiden. Die gefrorenen oder frischen Erbsen mit etwas Wasser und den Zwiebelwürfeln in einem kleinen Topf zum Kochen bringen und etwa 7 Minuten garen. Erbsen abtropfen lassen und fein pürieren.
3. Die Butter in einem Topf zerlassen. Mehl hinzufügen und unter Rühren so lange erhitzen, bis es hellgelb ist. Milch hinzugießen und mit einem Schneebesen durchschlagen. Dabei darauf achten, dass keine Klümpchen entstehen. Den Brei unter Rühren aufkochen lassen, den Topf von der Kochstelle nehmen und den Brei etwa 10 Minuten abkühlen lassen.
4. Den Backofen vorheizen.
Ober-/Unterhitze: etwa 180 °C
Heißluft: etwa 160 °C
5. Eigelb einzeln unter den lauwarmen Brei rühren, abkühlen lassen. Dann das Erbsenpüree unterrühren, mit Salz, Pfeffer und Muskat würzen.
6. Auf einen Bogen Backpapier ein Rechteck (etwa 30 x 35 cm) zeichnen. Das Backpapier umgedreht auf ein Backblech legen. Das Eiweiß mit 1 Prise Zucker steif schlagen und vorsichtig unter die Erbsenmasse heben. Den Erbsenbiskuitteig auf das markierte Rechteck geben und glatt streichen. Das Backblech in den vorgeheizten Backofen schieben und das Erbsenbiskuit etwa 20 Minuten backen.
7. Einen Bogen Backpapier auf die Arbeitsfläche legen. Den Biskuit daraufstürzen und etwas abkühlen lassen. Die pürierten Möhren auf den Biskuit geben gleichmäßig dünn verstreichen.
8. Die Erbsenbiskuitplatte mithilfe des Backpapiers von der längeren Seite aus fest aufrollen. Die Enden der Rolle abschneiden und die Rolle in etwa 18 Scheiben schneiden.
9. Die Erbsenbiskuitscheiben auf Tellern anrichten und servieren.

Würzige Käse-Preiselbeer-Muffins

12 Stück

Zubereitungszeit: 25 Minuten
Backzeit: 30–35 Minuten

100 g Camembert (Rahmstufe)
250 g Weizenmehl (Type 550)
1 gestr. TL Salz
3 gestr. TL Dr. Oetker Backin
100 g Crème fraîche
2 Eier (Größe M)
50 ml Speiseöl
75 ml Mineralwasser mit Kohlensäure
75 g abgetropfte Preiselbeeren (aus dem Glas)
40 g ger. Parmesan

Pro Stück:
E: 6 g, F: 12 g, Kh: 19 g,
kJ: 866, kcal: 207

1. Den Backofen vorheizen.
Ober-/Unterhitze: etwa 180 °C
Heißluft: etwa 160 °C
2. Camembert in sehr kleine Würfel schneiden. Mehl, Salz und Backpulver in einer Rührschüssel mischen. Crème fraîche, Eier, Speiseöl und Mineralwasser hinzufügen. Die Zutaten mit einem Mixer (Knethaken) zunächst kurz auf niedrigster, dann auf höchster Stufe zu einem glatten Teig verarbeiten. Preiselbeeren, Parmesan und Camembertwürfel hinzugeben und kurz unter den Teig kneten.
3. Den Teig in eine Muffinform (für 12 Muffins, gefettet, gemehlt) füllen und glatt streichen. Die Form auf dem Rost in den vorgeheizten Backofen schieben. Die Muffins 30–35 Minuten backen.
4. Die Form auf einen Kuchenrost stellen. Die Muffins etwa 5 Minuten in der Form abkühlen lassen, dann aus der Form lösen und auf einem mit Backpapier belegten Kuchenrost abkühlen lassen.

Würzige Käse-Preiselbeer-Muffins

Kartoffelpizza

4 Portionen (ohne Foto)

Zubereitungszeit: 50 Minuten
Bratzeit: etwa 8 Minuten je Pizza
Grillzeit: 5–8 Minuten je Pizza

1,2 kg Kartoffeln
2 Zwiebeln
1 Knoblauchzehe
Salz, gem. Pfeffer
10 EL Olivenöl
4 Tomaten
60 g abgetropfte, schwarze Oliven, ohne Stein
180 g ger. Gouda
1 Bund Schnittlauch

Pro Portion:
E: 18 g, F: 45 g, Kh: 49 g,
kJ: 2928, kcal: 699

1. Kartoffeln schälen, abspülen und abtropfen lassen. Kartoffeln in einem Topf knapp mit Wasser bedeckt, zugedeckt zum Kochen bringen und etwa 10 Minuten kochen lassen. Die Kartoffeln abgießen, abdämpfen und etwas abkühlen lassen.
2. Zwiebeln und Knoblauch abziehen, klein würfeln. Kartoffeln grob raspeln, mit Zwiebel- und Knoblauchwürfeln mischen, mit Salz und Pfeffer würzen.
3. Vier Esslöffel Olivenöl in einer großen Pfanne erhitzen. Die Hälfte der Kartoffelraspel hineingeben und gleichmäßig zu einer Pizza andrücken. Die Kartoffelpizza bei mittlerer Hitze von jeder Seite etwa 4 Minuten braten. Zum Wenden einen Deckel auflegen. Die Pfanne mit Deckel umdrehen, Kartoffelpizza vom Deckel in die Pfanne gleiten lassen. Evtl. noch etwas Olivenöl in die Pfanne geben.
4. Tomaten abspülen, abtrocknen, halbieren und in Scheiben schneiden.
5. Die gebratene Kartoffelpizza auf eine runde Platte gleiten lassen. Jeweils die Hälfte der Tomatenscheiben und Oliven darauflegen und mit der Hälfte des Käses bestreuen. Mit Salz und Pfeffer leicht würzen.
6. Den Backofengrill vorheizen.
7. Schnittlauch abspülen, trocken tupfen und in Röllchen schneiden. Die Kartoffelpizza mit der Hälfte der Schnittlauchröllchen bestreuen. Die Platte auf dem Rost unter den vorgeheizten Backofengrill schieben. Pizza 5–8 Minuten überbacken.
8. Eine zweite Pizza mit restlichen Zutaten wie beschrieben zubereiten.

Mini-Pizza-Herzen

4 Portionen

Zubereitungszeit: 45 Minuten, ohne Teiggehzeit
Backzeit: etwa 15 Minuten je Backblech

Für den Hefeteig:
300 g Vollkorn-Weizenmehl
21 g frische Hefe
200 ml lauwarmes Wasser
1 Bund Petersilie
1 Bund Sauerampfer
2 Knoblauchzehen
1 EL Maiskeimöl
1/2 gestr. TL Salz

Für den Belag:
300 g Möhren
1 EL Maiskeimöl
Salz
300 g kleine Tomaten
300 g kleine Zucchini
300 g abgetropfter Mozzarella
gem. Pfeffer
4 EL Maiskeimöl
1 EL klein geschnittenes Basilikum

Pro Portion:
E: 26 g, F: 34 g, Kh: 63 g,
kJ: 2928, kcal: 700

1. Für den Teig Mehl in eine Rührschüssel geben. In die Mitte eine Vertiefung eindrücken und die Hefe hineinbröckeln, etwas Wasser hinzufügen. Mit einem kleinen Teil des Mehls mit einer Gabel vorsichtig verrühren und etwa 10 Minuten gehen lassen.
2. In der Zwischenzeit Petersilie und Sauerampfer abspülen und trocken tupfen. Die Blättchen von den Stängeln zupfen, Blättchen klein schneiden. Knoblauch abziehen und fein hacken.

Mini-Pizza-Herzen

3. Restliches Wasser, Maiskeimöl, Salz, Kräuter und Knoblauch zum Vorteig in die Rührschüssel geben. Die Zutaten mit einem Mixer (Knethaken) zunächst kurz auf niedrigster, dann auf höchster Stufe in etwa 5 Minuten zu einem glatten Teig verarbeiten. Den Teig mit Mehl bestäuben und zugedeckt an einem warmen Ort gehen lassen, bis er sich sichtbar vergrößert hat (etwa 30 Minuten).
4. Den gegangenen Teig leicht mit Mehl bestäuben, aus der Schüssel nehmen und in 12 Portionen teilen. Aus den einzelnen Teigportionen mit bemehlten Händen 12 herzförmige Pizzaböden mit kleinem Rand formen und auf 2 Backbleche (mit Backpapier belegt) legen.
5. Den Teig zugedeckt nochmals so lange an einem warmen Ort gehen lassen, bis er sich sichtbar vergrößert hat (etwa 20 Minuten).
6. Für den Belag die Möhren putzen, schälen, abspülen, abtropfen lassen, in Scheiben schneiden. Maiskeimöl in einem Topf erhitzen. Die Möhrenscheiben darin andünsten, mit wenig Salz würzen und in etwa 6 Minuten bissfest dünsten.
7. Den Backofen vorheizen.
Ober-/Unterhitze: etwa 200 °C
Heißluft: etwa 180 °C
8. Tomaten abspülen, trocken tupfen, halbieren und die Stängelansätze herausschneiden. Die Tomaten in Scheiben schneiden. Zucchini abspülen, abtrocknen und die Enden abschneiden. Die Zucchini in Scheiben schneiden. Mozzarella in Würfel schneiden.
9. Vier Pizzaherzen mit den Zucchinischeiben, 4 mit Möhrenscheiben und 4 mit Tomatenscheiben dicht belegen. Die Pizzaherzen mit Mozzarellawürfeln, Salz und Pfeffer bestreuen. Die Backbleche nacheinander (bei Heißluft zusammen) in den vorgeheizten Backofen schieben. Die Pizzaherzen etwa 15 Minuten je Backblech backen.
10. Die gebackenen Pizzaherzen mit Maiskeimöl beträufeln, mit Basilikum bestreuen und heiß servieren.

Schafskäse-Tarte

Schafskäse-Tarte

4–6 Portionen

Zubereitungszeit: 45 Minuten
Backzeit: 35–45 Minuten

5 Stängel Rosmarin
150 g Zucchini
300 g Schafskäse
100 g Weizenmehl (Type 550)
30 g Vollkorn-Weizengrieß
2 gestr. TL Dr. Oetker Backin
1 gestr. TL Salz
1 gestr. TL Dr. Oetker Finesse Geriebene Zitronenschale
50 ml Wasser
2 Eier (Größe M)
80 ml Olivenöl
Semmelbrösel für die Form
30 g Pinienkerne
1–2 EL Olivenöl
grob gem. schwarzer Pfeffer

Pro Portion:
E: 9 g, F: 37 g, Kh: 22 g,
kJ: 2039, kcal: 487

1. Rosmarin abspülen und trocken tupfen. Von 3 Stängeln die Nadeln abzupfen und grob hacken. Zucchini abspülen, abtrocknen und die Enden abschneiden. Die Zucchini in kleine Würfel schneiden. 150 g von dem Schafskäse zerbröseln.
2. Den Backofen vorheizen.
Ober-/Unterhitze: etwa 200 °C
Heißluft: etwa 180 °C
3. Mehl, Grieß, Backpulver, Salz, gehackten Rosmarin und Zitronenschale in eine Rührschüssel geben und verrühren. Wasser, Eier und Olivenöl hinzufügen und mit einem Mixer (Rührstäbe) unterrühren. Die Zucchiniwürfel und Schafskäsebrösel vorsichtig unterrühren.
4. Dann den Teig in eine Tarteform (Ø 26–28 cm, gefettet, mit Semmelbröseln ausgestreut) füllen und glatt streichen.
5. Restlichen Schafskäse grob zerbröseln und auf dem Teig verteilen. Restlichen Rosmarin in kleine Zweige zupfen, zusammen mit den Pinienkernen auf den mit Schafskäse belegten Teig streuen. Die Tarte mit Olivenöl beträufeln und mit Pfeffer bestreuen.
6. Die Form auf dem Rost in den vorgeheizten Backofen schieben. Die Tarte 35–45 Minuten backen.
7. Die Form auf einen Kuchenrost stellen. Die Tarte in der Form etwas abkühlen lassen und lauwarm oder kalt servieren.

Kleine Kartoffel-Gemüse-Kuchen

Kleine Kartoffel-Gemüse-Kuchen

12 Portionen

Zubereitungszeit: 90 Minuten, ohne Abkühl- und Ruhezeit
Garzeit: etwa 30 Minuten

Zum Vorbereiten für den Belag:
1 l Wasser
3 Beutel (je 3 Portionen) Kartoffelpüree
90 g Butter
Salz, ger. Muskatnuss

Für den Quark-Öl-Teig:
1 1/2 kg Weizenmehl
4 Pck. Dr. Oetker Backin
1 1/4 kg Speisequark
200 ml Milch (3,5 % Fett)
200 ml Speiseöl

Für den Belag:
3 Köpfe Brokkoli (etwa 1050 g)
je 1 rote, grüne und gelbe Paprikaschote (etwa 600 g)
60 Cocktailtomaten (etwa 1 1/2 kg)
2 Bund Thymian
gem. Pfeffer

Pro Portion:
E: 33 g, F: 28 g, Kh: 119 g,
kJ: 3784, kcal: 904

1. Zum Vorbereiten Wasser in einem Topf zum Kochen bringen. Püreepulver nach Packungsanleitung (aber nur mit 1 Liter Wasser) zubereiten. Butter unterrühren. Mit Salz und Muskat würzen. Püreemasse erkalten lassen.

2. Für den Teig Mehl mit Backpulver mischen, in eine große Rührschüssel geben. Quark, Milch, Speiseöl und etwas Salz hinzufügen. Die Zutaten mit einem Mixer (Knethaken) auf höchster Stufe in etwa 1 Minute zu einem glatten Teig verarbeiten (nicht zu lange, Teig klebt sonst). Den Teig zugedeckt etwa 30 Minuten ruhen lassen (den Teig evtl. in 2 Portionen zubereiten).

3. Für den Belag von dem Brokkoli die Blätter entfernen und jeweils den Strunk abschneiden. Brokkoli abspülen, abtropfen lassen und in kleine Röschen teilen. Paprikaschoten halbieren, entstielen, entkernen und die weißen Scheidewände entfernen. Schoten abspülen, abtropfen lassen und in Würfel schneiden. Brokkoliröschen und Paprikawürfel getrennt in kochendem Salzwasser etwa 2 Minuten blanchieren, in ein Sieb geben, mit kaltem Wasser abschrecken und abtropfen lassen.

4. Den Backofen vorheizen.
Ober-/Unterhitze: etwa 180 °C
Heißluft: etwa 160 °C

5. Tomaten abspülen, abtropfen lassen und halbieren. Thymian abspülen und trocken tupfen. Die Blättchen von den Stängeln zupfen.

6. Den Quark-Öl-Teig portionsweise auf einer bemehlten Arbeitsfläche etwa 5 mm dick ausrollen und insgesamt 60 kleine, runde Platten (Ø etwa 6 cm) ausstechen. Die Teigplatten jeweils mit Kartoffelpüree bestreichen und auf Backbleche (gefettet, mit Backpapier belegt) legen.

7. Brokkoliröschen, Paprikawürfel und Tomatenhälften nach Belieben auf dem Püree verteilen (je Teigplatte etwa 1 Brokkoliröschen, 2 Tomatenhälften und einige bunt gemischte Paprikawürfel). Mit Salz, Pfeffer und Thymianblättchen würzen.

8. Die Backbleche nacheinander (bei Heißluft zusammen) in den vorgeheizten Backofen schieben. Die Kartoffel-Gemüse-Kuchen etwa 30 Minuten backen. Sofort servieren.

Kleine Käse-Gemüse-Kuchen

10 Stück (ohne Foto)

Zubereitungszeit: 55 Minuten
Backzeit: 18–20 Minuten je Backblech

Für den Teig:
1 Pck. Pizzateig italienischer Art
100 g ger. Gouda

Für den Belag:
300 g Cocktailtomaten
2 kleine Zwiebeln
1 kleine Zucchini
100 g Pilze, z. B. Austernpilze oder Champignons
je 1 rote und gelbe Paprikaschote
3 Knoblauchzehen
150 g Emmentaler
150 g Edelpilzkäse, z. B. Gorgonzola
150 g Camembert
Salz, gem. Pfeffer
gerebelter Thymian und Majoran
5 TL Speiseöl

Pro Stück:
E: 17 g, F: 21 g, Kh: 25 g,
kJ: 1491, kcal: 355

1. Für den Teig aus der Backmischung nach Packungsanleitung einen Teig zubereiten. Gouda unter den Teig kneten. Den Teig halbieren. Jede Teighälfte zu einer Rolle formen. Diese in je 5 gleich große Stücke schneiden. Die Teigstücke zu Kugeln formen, auf einer leicht bemehlten Arbeitsfläche zu runden Platten ausrollen (Ø etwa 10 cm) und dann auf 2 Backbleche (mit Backpapier belegt) legen. Mit dem Daumen jeweils einen Rand in die Teigplatten eindrücken und etwas hochziehen. Die Böden mehrmals mit einer Gabel einstechen.
2. Für den Belag Tomaten abspülen, abtrocknen und in Scheiben oder Viertel schneiden. Zwiebeln abziehen, zuerst in Scheiben schneiden, dann in Ringe teilen. Zucchini abspülen, abtrocknen und die Enden abschneiden. Zucchini in Scheiben schneiden. Pilze putzen, evtl. kurz abspülen, gut trocken tupfen und in Scheiben schneiden.
3. Paprikaschoten halbieren, entstielen, entkernen und die weißen Scheidewände entfernen. Schoten abspülen, abtropfen lassen und in Würfel schneiden. Knoblauch abziehen und fein würfeln.
4. Den Emmentaler grob reiben. Den Edelpilzkäse grob zerteilen und den Camembert in Scheiben schneiden.
5. Den Backofen vorheizen.
Ober-/Unterhitze: etwa 180 °C
Heißluft: etwa 160 °C
6. Den Teig beispielsweise mit folgenden Kombinationen belegen: Tomatenscheiben und gelbe Paprikawürfel, mit Salz, Pfeffer, Thymian und Knoblauch würzen. Mit geriebenem Emmentaler bestreuen. Oder Tomatenscheiben und Zwiebelringe, mit Pfeffer und Majoran würzen. Mit Edelpilzkäse belegen. Oder Pilzscheiben und rote Paprikawürfel, mit Knoblauch, Salz und Pfeffer würzen. Mit Camembertscheiben belegen. Oder Zucchinischeiben, Tomatenscheiben, Paprikawürfel und Zwiebelringe, mit Thymian, Salz und Pfeffer würzen. Mit geriebenem Emmentaler bestreuen.
7. Die belegten Gemüsekuchen mit Speiseöl beträufeln. Die Backbleche nacheinander (bei Heißluft zusammen) in den vorgeheizten Backofen schieben und die Gemüsekuchen 18–20 Minuten je Backblech backen.

Lauchkuchen

4 Portionen

Zubereitungszeit: 25 Minuten, ohne Auftauzeit
Backzeit: etwa 20 Minuten

200 g TK-Blätterteig
2 Schalotten oder kleine Zwiebeln
1 Stange Porree (Lauch)
50 g Butter
1/2 TL ganzer Kümmelsamen
1/2 TL Koriandersamen
1/2 TL rote Pfefferbeeren
1/2 TL Fenchelsamen
Salz, gem. Pfeffer
125 g Schlagsahne
2 Eier (Größe M)

Pro Portion:
E: 8 g, F: 36 g, Kh: 23 g,
kJ: 1876, kcal: 449

1. Blätterteigplatten nebeneinander zugedeckt nach Packungsanleitung auftauen lassen.
2. Die Schalotten oder Zwiebeln abziehen, zuerst in Scheiben schneiden, dann in Ringe teilen. Porree putzen, die Stange längs halbieren, gründlich waschen, gut abtropfen lassen und in dünne Streifen schneiden.
3. Den Backofen vorheizen.
Ober-/Unterhitze: etwa 200 °C
Heißluft: etwa 180 °C
4. Die Butter in einer Pfanne zerlassen. Schalotten- oder Zwiebelwürfel und Porreestreifen darin andünsten. Kümmel, Koriander, Pfefferbeeren und Fenchelsamen hinzufügen. Mit Salz und Pfeffer würzen. Sahne mit den Eiern verschlagen und untermischen. Die Masse bei schwacher Hitze leicht stocken lassen.
5. Die Blätterteigplatten aufeinanderlegen, auf einer leicht bemehlten Arbeitsfläche zu einer runden Platte (Ø etwa 30 cm) ausrollen und in eine Springform (Ø 28 cm, gefettet) legen, dabei den Rand andrücken.
6. Die leicht gestockte Eier-Sahne-Masse auf dem Teig verteilen.
7. Die Form auf dem Rost in den vorgeheizten Backofen schieben und den Lauchkuchen etwa 20 Minuten backen.
8. Die Form auf einen Kuchenrost stellen. Den Lauchkuchen etwas abkühlen lassen, dann aus der Form lösen, auf eine Platte legen und warm servieren.

Lauchkuchen

Käsepizza vom Blech
9 Stücke

Zubereitungszeit: 45 Minuten, ohne Teiggehzeit
Backzeit: etwa 30 Minuten

Für den Hefeteig:
21 g frische Hefe
200 ml warmes Wasser
300 g Weizenmehl
50 ml Olivenöl
1 gestr. TL Salz

Für den Belag:
500 g Tomaten
20 abgespülte Basilikumblättchen
Salz
gem. schwarzer Pfeffer
250 g abgetropfter Mozzarella
100 g Parmesan (am Stück)
1 Knoblauchzehe
2–3 EL Olivenöl

Pro Stück:
E: 13 g, F: 18 g, Kh: 28 g,
kJ: 1374, kcal: 328

1. Für den Teig die Hefe in eine Rührschüssel geben und zerbröckeln. Warmes Wasser hinzugeben und die Hefe darin unter Rühren auflösen. Mehl, Olivenöl und Salz hinzugeben. Die Zutaten mit einem Mixer (Knethaken) zu einem weichen Teig verkneten. Den Teig mit Mehl bestäuben und etwa 2 Minuten ruhen lassen.
2. Den Teig aus der Schüssel nehmen, auf ein Backblech (30 x 40 cm, gefettet, mit Backpapier belegt) geben, mit Mehl bestäuben und in Größe des Backblechs ausrollen. Den Teig zugedeckt an einem warmen Ort etwa 30 Minuten gehen lassen.
3. In der Zwischenzeit den Backofen vorheizen.
Ober-/Unterhitze: etwa 200 °C
Heißluft: etwa 180 °C
4. Für den Belag Tomaten abspülen, trocken tupfen und die Stängelansätze herausschneiden. Tomaten in dünne Scheiben schneiden und nebeneinander auf den gegangenen Teig legen. Trocken getupfte Basilikumblättchen darauf verteilen. Mit Salz und Pfeffer würzen.
5. Mozzarella in Scheiben schneiden und darauflegen. Parmesan grob raspeln und daraufstreuen. Knoblauch abziehen, in feine Scheiben schneiden und darauf verteilen. Die Pizza mit Olivenöl beträufeln.
6. Das Backblech in den vorgeheizten Backofen schieben. Die Käsepizza in etwa 30 Minuten goldbraun backen.
7. Das Backblech auf einen Kuchenrost stellen. Die Pizza in Stücke schneiden und sofort servieren.

Käsepizza vom Blech

Lauchquiche
4 Portionen (ohne Foto)

Zubereitungszeit: 50 Minuten, ohne Kühlzeit
Backzeit: etwa 40 Minuten

Für den Knetteig:
200 g Weizenmehl
50 g Grünkernschrot
125 g Butter
oder Margarine
75 g saure Sahne
1 Ei (Größe M)
1 gestr. TL Salz

Für die Füllung:
600 g Porree (Lauch)
Salz
Joghurt (3,5 % Fett)
75 g ger. Gouda
3 Eier (Größe M)
2 EL Hefeflocken
gem. Pfeffer
ger. Muskatnuss

Zum Bestreuen:
50 g Sonnenblumenkerne

Pro Portion:
E: 30 g, F: 50 g, Kh: 55 g,
kJ: 3476, kcal: 830

1. Für den Teig das Mehl mit Grünkernschrot in einer Rührschüssel mischen. Butter oder Margarine, saure Sahne, Ei und Salz hinzufügen. Die Zutaten mit einem Mixer (Knethaken) zunächst kurz auf niedrigster, dann auf höchster Stufe zu einem Teig verarbeiten.
2. Anschließend auf einer bemehlten Arbeitsfläche zu einem glatten Teig verkneten. Den Teig in Frischhaltefolie gewickelt etwa 30 Minuten in den Kühlschrank legen.
3. Den Backofen vorheizen.
Ober-/Unterhitze: etwa 200 °C
Heißluft: etwa 180 °C
4. Für die Füllung Porree putzen, die Stangen längs halbieren, gründlich waschen, abtropfen lassen und in Streifen schneiden. Porreestreifen in kochendem Salzwasser 3–4 Minuten

blanchieren, mit kaltem Wasser abschrecken und in einem Sieb abtropfen lassen. Joghurt mit Käse, Eiern und Hefeflocken verrühren. Mit Salz, Pfeffer und Muskat würzen.

5. Den Teig nochmals kurz durchkneten. Zwei Drittel des Teiges auf der bemehlten Arbeitsfläche zu einer runden Platte (Ø etwa 28 cm) ausrollen und auf den Boden einer Quicheform (Ø 28 cm, gefettet) legen. Teigboden mehrmals mit einer Gabel einstechen. Die Form auf dem Rost in den vorgeheizten Backofen schieben. Den Knetteigboden etwa 20 Minuten vorbacken.

6. Restlichen Teig zu einer langen Rolle formen, sie als Rand auf den vorgebackenen Boden legen und so an die Form drücken, dass ein Rand entsteht.

7. Porreestreifen unter die Joghurt-Käse-Masse rühren und auf dem vorgebackenen Boden verteilen. Die Form wieder auf dem Rost in den heißen Backofen schieben. Die Quiche bei gleicher Backofentemperatur in etwa 20 Minuten fertig backen.

8. Sonnenblumenkerne in einer Pfanne ohne Fett unter Rühren anrösten und herausnehmen.

9. Die Form auf einen Rost stellen. Die gebackene Quiche mit den Sonnenblumenkernen bestreuen und warm servieren.

Grüne Riesenpizza

4 Portionen

Zubereitungszeit: 80 Minuten
Backzeit: etwa 30 Minuten

Für den Quark-Öl-Teig:
200 g Vollkorn-Weizenmehl
50 g Maismehl
1 gestr. TL Dr. Oetker Backin
150 g Magerquark
6 EL Olivenöl
1 Ei (Größe M)
1 TL gerebelter Oregano
1 gestr. TL Meersalz
2–3 EL Wasser

Grüne Riesenpizza

Für den Belag:
300 g Brokkoli
Salz
200 g Zuckerschoten
4 Frühlingszwiebeln
200 g Zucchini
1 Bund glatte Petersilie
1 Topf Basilikum
300 g saure Sahne
2 Eier (Größe M)
250 g abgetropfter Mozzarella
125 g Emmentaler
(am Stück)

Pro Portion:
E: 36 g, F: 44 g, Kh: 60 g,
kJ: 3454, kcal: 825

1. Für den Teig Vollkorn-Weizenmehl, Maismehl und Backpulver in einer Rührschüssel mischen. Quark mit Olivenöl, Ei, Oregano, Meersalz und Wasser hinzufügen. Die Zutaten mit einem Mixer (Knethaken) zunächst kurz auf niedrigster, dann auf höchster Stufe in etwa 1 Minute zu einem glatten Teig verarbeiten (nicht zu lange, Teig klebt sonst). Anschließend auf einer bemehlten Arbeitsfläche zu einer Rolle formen.

2. Für den Belag von dem Brokkoli die Blätter entfernen und den Strunk abschneiden. Brokkoli in Röschen teilen, abspülen und abtropfen lassen. Brokkoliröschen in kochendem Salzwasser etwa 4 Minuten blanchieren, mit einer Schaumkelle herausnehmen, mit kaltem Wasser abschrecken und in einem Sieb abtropfen lassen.

3. Von den Zuckerschoten die Enden abschneiden, evtl. abfädeln. Zuckerschoten abspülen, abtropfen lassen, nach Belieben halbieren und in dem verbliebenen kochenden Salzwasser etwa 2 Minuten blanchieren. Mit einer Schaumkelle herausnehmen, mit kaltem Wasser abschrecken und abtropfen lassen. Frühlingszwiebeln putzen, abspülen, abtropfen lassen und in Scheiben schneiden. Zucchini abspülen, abtrocknen und die Enden abschneiden. Zucchini in etwa 1/2 cm dicke Scheiben schneiden.

4. Den Backofen vorheizen.
Ober-/Unterhitze: etwa 180 °C
Heißluft: etwa 160 °C

5. Petersilie und Basilikum abspülen, trocken tupfen. Die Blättchen von den Stängeln zupfen. Die Kräuterblättchen mit saurer Sahne und Eiern in einen hohen Rührbecher geben und mit einem Pürierstab pürieren.

6. Die Teigrolle auf der bemehlten Arbeitsfläche nochmals kurz durchkneten und auf einem Backblech (30 x 40 cm, gefettet) ausrollen. Mit der Kräuter-Eier-Sahne bestreichen. Je ein Viertel des Teiges dekorativ mit je einer Gemüsesorte belegen.

7. Mozzarella und Emmentaler in Würfel schneiden und auf dem Gemüse verteilen. Das Backblech in den vorgeheizten Backofen schieben. Die Riesenpizza etwa 30 Minuten backen.

Kartoffeltarte

Kartoffeltarte

8 Stücke

Zubereitungszeit: 60 Minuten, ohne Abkühlzeit
Backzeit: etwa 42 Minuten

500 g mittelgroße, festkochende Kartoffeln

Für den Teig:
200 g Vollkorn-Weizenmehl
1 Msp. Dr. Oetker Backin
1/2 gestr. TL Salz
120 g Butter
2 EL kaltes Wasser

1 Süßkartoffel (etwa 300 g)

Für den Guss:
3 Eier (Größe M)
150 ml Milch (3,5 % Fett)
150 g Crème fraîche
Salz
gem. Pfeffer
ger. Muskatnuss

Außerdem:
etwa 20 g Alfalfa-Sprossen

Pro Stück:
E: 9 g, F: 23 g, Kh: 33 g, kJ: 1556, kcal: 373

1. Die Kartoffeln gründlich waschen, in einem Topf knapp mit Wasser bedeckt, zugedeckt zum Kochen bringen, in etwa 25 Minuten gar kochen.
2. Für den Teig in der Zwischenzeit Mehl mit Backpulver mischen und in eine Rührschüssel geben. Salz, Butter in kleinen Stücken und 2 Esslöffel kaltes Wasser hinzugeben.
3. Die Zutaten mit einem Mixer (Rührstäbe) zunächst kurz auf niedrigster, dann auf höchster Stufe zu einem glatten Teig verkneten. Sollte er kleben, ihn in Frischhaltefolie gewickelt eine Zeit lang in den Kühlschrank legen.
4. Den Backofen vorheizen.
Ober-/Unterhitze: etwa 200 °C
Heißluft: etwa 180 °C
5. Die Hälfte des Teiges auf einer leicht bemehlten Arbeitsfläche zu einer runden Platte (Ø etwa 28 cm) ausrollen und in eine Tarteform (Ø 28 cm, gefettet) legen. Den Teigboden mehrmals mit einer Gabel einstechen.
6. Restlichen Teig in Frischhaltefolie gewickelt wieder in den Kühlschrank legen.
7. Die Form auf dem Rost in den vorgeheizten Backofen schieben. Den Boden etwa 12 Minuten vorbacken.
8. Die Form auf einen Kuchenrost stellen. Den Boden etwas abkühlen lassen.
9. Die gegarten Pellkartoffeln abgießen, mit kaltem Wasser abspülen, abtropfen lassen und heiß pellen. Kartoffeln etwas abkühlen lassen.
10. Süßkartoffel schälen, abspülen, abtropfen lassen, der Länge nach halbieren und quer in etwa 1/2 cm dicke Scheiben schneiden. Die abgekühlten Kartoffeln ebenfalls in Scheiben schneiden.
11. Aus dem restlichen kalt gestellten Teig 2 etwa 38 cm lange Rollen formen, in die Tarteform legen und einen Rand andrücken. Die Kartoffelscheiben (auch Süßkartoffelscheiben) dachziegelartig auf dem vorgebackenen Boden verteilen.
12. Für den Guss die Eier mit Milch und Crème fraîche verschlagen. Mit Salz, Pfeffer und Muskat würzen. Die Kartoffelscheiben mit dem Eierguss übergießen.
13. Die Form wieder auf dem Rost in den heißen Backofen schieben. Die Kartoffeltarte bei gleicher Backofentemperatur in etwa 30 Minuten fertig backen.
14. Die Alfalfa-Sprossen in ein Sieb geben, mit warmem Wasser abspülen und abtropfen lassen. Die Tarte heiß oder kalt mit den Sprossen servieren.

Gemüse im Teig

2–4 Portionen (ohne Foto)

Zubereitungszeit: 40 Minuten, ohne Ruhezeit

4 Möhren
200 g Blumenkohlröschen
200 g Brokkoliröschen
Salz
1 Lorbeerblatt
3–4 Gewürznelken
3–4 Pfefferkörner
2–3 Wacholderbeeren

Für den Teig:
200 g Vollkorn-Weizenmehl
2 Eigelb (Größe M)
250 ml Milch (3,5 % Fett)
ger. Muskatnuss
2 Eiweiß (Größe M)

1 l Speiseöl, z. B. Sonnenblumenöl

Pro Portion:
E: 15 g, F: 69 g, Kh: 45 g, kJ: 3756, kcal: 897

1. Möhren putzen, schälen, abspülen, abtropfen lassen. Blumenkohl- und Brokkoliröschen putzen, abspülen und gut abtropfen lassen. Das Gemüse in mundgerechte Stücke schneiden.
2. Etwas Wasser in einem Topf erhitzen. Salz, Lorbeerblatt, Gewürznelken, Pfefferkörner und Wacholderbeeren hinzugeben und 5–6 Minuten bei schwacher Hitze kochen lassen.
3. Die Gemüsestücke portionsweise in das Gewürzwasser geben und bei schwacher Hitze je nach Sorte 5–10 Minuten bissfest garen. Gemüsestücke mit einer Schaumkelle herausnehmen und auf Küchenpapier abtropfen lassen.
4. Für den Teig Mehl in eine Rührschüssel geben, Eigelb und Milch hinzugeben. Die Zutaten mit einem Mixer (Rührstäbe) zu einem glatten Teig verrühren. Mit Salz und 1 Prise Muskat würzen. Den Teig 20–30 Minuten ruhen lassen. Dann Eiweiß sehr steif schlagen und unterheben.
5. Speiseöl in einem hohen Topf oder in einer Fritteuse auf etwa 180 °C erhitzen. Die Gemüsestücke mithilfe einer Gabel durch den Teig ziehen, am Schüsselrand abstreifen und in dem siedenden Speiseöl goldgelb ausbacken, dabei einmal wenden. Das Gemüse mit einer Schaumkelle herausnehmen und auf Küchenpapier abtropfen lassen. Gemüse im Teig sofort servieren.

Abruzzenpizza

4 Portionen

Zubereitungszeit: 50 Minuten, ohne Teiggehzeit
Backzeit: etwa 35 Minuten

Für den Hefeteig:
250 g Vollkorn-Weizenmehl
250 g fein gem. Hirse
1 Pck. Dr. Oetker Trockenbackhefe
1 TL Zucker, Meersalz
250 ml lauwarme Milch (3,5 % Fett)
100 g Butter (zimmerwarm)

Für den Belag:
400 g Fleischtomaten
2 Knoblauchzehen
gem. schwarzer Pfeffer
2 TL gerebelter Oregano
1 TL gerebeltes Basilikum
2 grüne Paprikaschoten
1 rote Paprikaschote
4 Peperoni, 4 Zwiebeln
100 g frische Champignons
30 g abgetropfte Oliven, mit Paprika gefüllt
200 g ger. Bergkäse oder Gouda
1 TL grob gem. Pfeffer

Pro Portion:
E: 30 g, F: 42 g, Kh: 101 g,
kJ: 3950, kcal: 944

1. Für den Teig das Mehl mit Hirse mischen und in eine Rührschüssel geben. Mit der Trockenbackhefe sorgfältig vermischen. Zucker, Meersalz, Milch und Butter hinzufügen. Die Zutaten mit einem Mixer (Knethaken) zunächst kurz auf niedrigster, dann auf höchster Stufe in etwa 5 Minuten zu einem glatten Teig verarbeiten. Den Teig mit Mehl bestäuben und zugedeckt so lange an einem warmen Ort gehen lassen, bis er sich sichtbar vergrößert hat (etwa 20 Minuten).
2. Für den Belag Tomaten kreuzweise einschneiden und mit kochendem Wasser übergießen. Nach 1–2 Minuten herausnehmen und mit kaltem Wasser abschrecken. Tomaten häuten, halbieren und die Stängelansätze herausschneiden. Tomaten entkernen und pürieren.
3. Knoblauch abziehen und zerdrücken. Tomatenpüree mit Knoblauch, Meersalz, Pfeffer, Oregano und Basilikum in einen Topf geben und kurz aufkochen lassen. Den Topf von der Kochstelle nehmen, die Tomatenmasse erkalten lassen.
4. Den gegangenen Teig leicht mit Mehl bestäuben, aus der Schüssel nehmen, auf einer bemehlten Arbeitsfläche nochmals kurz durchkneten und auf einem Backblech (30 x 40 cm, gefettet) ausrollen. Die Tomatenmasse darauf verteilen.
5. Den Backofen vorheizen.
Ober-/Unterhitze: etwa 180 °C
Heißluft: etwa 160 °C
6. Paprikaschoten halbieren, entstielen, entkernen und die weißen Scheidewände entfernen. Schoten abspülen, abtropfen lassen und in feine Streifen schneiden. Peperoni abspülen, trocken tupfen, entstielen und in dünne Scheiben schneiden.
7. Die Zwiebeln abziehen, zuerst in Scheiben schneiden, dann in Ringe teilen. Champignons putzen, evtl. kurz abspülen, trocken tupfen und in Scheiben schneiden. Die Oliven halbieren.
8. Die vorbereiteten Zutaten gleichmäßig auf der Tomatenmasse verteilen. Mit Käse und Pfeffer bestreuen. Das Backblech in den vorgeheizten Backofen schieben. Die Pizza etwa 35 Minuten backen.

Abruzzenpizza

Bohnen-Schafskäse-Strudel mit würziger Tomatensauce

4 Portionen

Zubereitungszeit: 30 Minuten
Backzeit: etwa 30 Minuten je Backblech

750 g junge Bohnen
1 kleines Bund Bohnenkraut
4 Tomaten (etwa 500 g)
1 Knoblauchzehe
Salz
gem. Pfeffer
7 EL Olivenöl
4 Blätter fertiger Strudelteig (etwa 125 g, aus dem Kühlregal)
150 g Crème fraîche
400 g Schafskäse
3–4 EL Olivenöl

Pro Portion:
E: 26 g, F: 59 g, Kh: 29 g,
kJ: 3123, kcal: 746

1. Von den Bohnen die Enden abschneiden, evtl. abfädeln. Die Bohnen abspülen, abtropfen lassen, halbieren und in kochendem Wasser 1–2 Minuten blanchieren.
2. Die Bohnen in kaltem Wasser abschrecken und in einem Sieb abtropfen lassen. Bohnenkraut abspülen und trocken tupfen. Die Blättchen von den Stängeln zupfen.
3. Tomaten abspülen, abtropfen lassen, vierteln, entkernen und die Stängelansätze herausschneiden. Tomaten in Würfel schneiden.
4. Knoblauch abziehen und zerdrücken. Mit Salz, Pfeffer und Olivenöl verrühren.
5. Den Backofen vorheizen.
Ober-/Unterhitze: etwa 180 °C
Heißluft: etwa 160 °C
6. Die Strudelblätter auf je ein zur Hälfte zusammengelegtes Geschirrtuch legen. Die Strudelblätter mit Crème fraîche bestreichen und mit Bohnenkrautblättchen bestreuen. Schafskäse zerbröseln, mit den Bohnen und Tomatenwürfeln auf den Strudelblättern verteilen. Das Ganze mit dem vorbereiteten Knoblauchöl beträufeln.
7. Die belegten Strudelblätter jeweils mithilfe des Geschirrtuchs aufrollen und nebeneinander auf Backbleche (mit Backpapier belegt) legen, dabei die Enden nach unten einschlagen.
8. Die Bohnen-Schafskäse-Strudel mit Olivenöl bestreichen.
9. Die Backbleche nacheinander (bei Heißluft zusammen) in den vorgeheizten Backofen schieben. Strudel etwa 30 Minuten je Backblech backen.
10. Die Bohnen-Schafskäse-Strudel von den Backblechen nehmen, anrichten und sofort servieren.

Tipp: Die gebackenen Strudel mit einer **würzigen Tomatensauce** servieren. Dafür 3 kleine Zwiebeln abziehen, klein würfeln. 4 Esslöffel Olivenöl in einem Topf erhitzen. 400 g geschälte Tomaten (aus der Dose) hinzugeben, zum Kochen bringen und etwa 20 Minuten kochen lassen. 1 Esslöffel Tomatenmark unterrühren. Mit etwa 1/2 Esslöffel Zucker, etwa 1/2 Teelöffel Paprikapulver rosenscharf, Salz und Pfeffer würzen. Die Tomatensauce nach Belieben mit einigen entsteinten, klein geschnittenen Oliven und abgespülten, trocken getupften Thymianblättchen verfeinern.

Gemüse und Gemüseblätter im Teigmantel

6 Portionen (ohne Foto)

Zubereitungszeit: 50 Minuten, ohne Ruhezeit

1 1/2 kg frisches, zartes Gemüse der Saison, z. B. Möhren, Blumenkohl, Brokkoli, kleine Zucchini, Zuckerschoten, Champignons
Salz
je 12 Spinat, Sellerie-, Kohlrabi-, Rote-Bete- und Salbeiblätter

Für den Bierteig:
200 g Weizenmehl
2 Eier (Größe M)
2 Eigelb (Größe M)
250 ml Bier
1 gestr. TL Salz
2 Eiweiß (Größe M)

1 1/2 l Speisöl oder
1 1/2 kg Pflanzenfett

Pro Portion:
E: 10 g, F: 22 g, Kh: 22 g,
kJ: 1398, kcal: 334

1. Gemüse vorbereiten: Möhren putzen und dünn schälen. Blumenkohl und Brokkoli putzen, in Röschen teilen. Von der Zucchini und den Zuckerschoten die Enden abschneiden,

Bohnen-Schafskäse-Strudel mit würziger Tomatensauce

Champignons putzen. Das Gemüse abspülen und trocken tupfen. Zucchini und Champignons in Scheiben schneiden.
2. Das vorbereitete Gemüse evtl. in 2 Portionen in wenig kochendem Salzwasser in 5–10 Minuten fast gar kochen. Gemüse in einem Sieb abtropfen lassen, trocken tupfen und auf einer Platte anrichten.
3. Die Spinat-, Sellerie-, Kohlrabi-, Rote-Bete- und Salbeiblätter abspülen, trocken tupfen und zum angerichteten Gemüse auf die Platte legen.
4. Für den Bierteig Mehl in eine Rührschüssel geben. Eier mit Eigelb und Bier verschlagen, mit Salz würzen. Nach und nach unter Rühren zum Mehl geben. Darauf achten, dass keine Klümpchen entstehen. Den Teig etwa 30 Minuten ruhen lassen. Eiweiß steif schlagen und unterheben.
5. Speiseöl oder Pflanzenfett in einem Fonduetopf auf der Kochstelle erhitzen (der Topf sollte zur Hälfte mit Fett gefüllt sein). Den Topf auf den Rechaud stellen. Das Gemüse auf Fonduegabeln spießen, zuerst in den Bierteig, dann in das heiße Fett tauchen und goldbraun frittieren.
6. Kräuter- und Gemüseblätter ebenfalls in den Bierteig tauchen und frittieren.

Gemüse-Brot-Pastete

Gemüse-Brot-Pastete
12 Portionen

Zubereitungszeit: 60 Minuten, ohne Abkühl- und Ruhezeit
Garzeit: etwa 60 Minuten

1 1/2 kg Toastbrot- oder Weißbrotscheiben
3 Möhren (etwa 300 g)
2 grüne Paprikaschoten (etwa 400 g)
1 Gemüsezwiebel
500 g kleine, weiße Champignons
5 EL Speiseöl
1,2 l Milch (3,5 % Fett)
Salz, gem. Pfeffer
ger. Muskatnuss
150 g Weizenmehl
100 g TK-Kräuter der Provence
8 Eier (Größe M)

Außerdem:
3 Bögen Alufolie

Pro Portion:
E: 21 g, F: 17 g, Kh: 77 g,
kJ: 2289, kcal: 546

1. Toastbrot- oder Weißbrotscheiben evtl. entrinden und grob würfeln.
2. Möhren putzen, schälen, abspülen und abtropfen lassen. Paprikaschoten halbieren, entstielen, entkernen und die weißen Scheidewände entfernen. Schoten abspülen und abtropfen lassen. Gemüsezwiebel abziehen und halbieren. Möhren, Paprikaschoten- und Zwiebelhälften in kleine Würfel schneiden. Champignons putzen, evtl. kurz abspülen und trocken tupfen. Champignons halbieren.
3. Den Backofen vorheizen.
Ober-/Unterhitze: etwa 200 °C
Heißluft: etwa 180 °C
4. Speiseöl in einer großen Pfanne erhitzen. Das vorbereitete Gemüse darin portionsweise etwa 10 Minuten unter gelegentlichem Rühren dünsten. Das gedünstete Gemüse etwas abkühlen lassen.
5. Die Milch in einem Topf erhitzen. Salz, Pfeffer und Muskat hinzugeben. Brotwürfel, Mehl, gedünstetes Gemüse und Kräuter der Provence in einer großen Schüssel vermischen. Eier verschlagen und unterrühren. Milch hinzugießen und untermengen. Die Brot-Gemüse-Masse in 3 Portionen teilen.
6. Jeweils ein Drittel der Brot-Gemüse-Masse in Form einer Rolle auf je einen doppelt gelegten Bogen Alufolie (gefettet) geben und zu einer Rolle einwickeln. Die Enden jeweils fest verschließen.
7. Heißes Wasser in eine Fettpfanne geben. Die Rollen hineingeben. Die Fettpfanne in den vorgeheizten Backofen schieben. Die Brot-Pasteten darin etwa 60 Minuten gar ziehen lassen (das Wasser sollte immer unterhalb des Siedepunktes sein).
8. Die Rollen aus der Fettpfanne nehmen. Die Gemüse-Brot-Pasteten etwa 10 Minuten ruhen lassen.
9. Die Gemüse-Brot-Pasteten aus der Alufolie wickeln und in Scheiben schneiden.

Beilage: Salat von frischen, gemischten Pilzen mit Essig-Öl-Dressing.

Tipp: Die Pastetenscheiben auf einer runden Platte anrichten. Mit Schnittlauchröllchen und roten Paprikawürfeln bestreuen.

Gemüse-Haferflocken-Waffeln mit Feldsalat

Gemüse-Haferflocken-Waffeln mit Feldsalat

14 kleine Waffeln

Zubereitungszeit: 60 Minuten

Für den Teig:
100 g Möhren
100 g Staudensellerie
50 g Porree (Lauch)
60 g Butterschmalz
1 große Kartoffel (etwa 150 g)
4 Eier (Größe M)
2 gestr. TL Salz
gem. schwarzer Pfeffer
50 g Weizenmehl
100 g blütenzarte Haferflocken

Für den Feldsalat:
200 g Feldsalat
1 EL Estragonessig oder Kräuteressig
1 geh. TL Honigsenf oder milder Senf
Salz
gem. Pfeffer
evtl. Zucker
3 EL Olivenöl

Pro Stück:
E: 7 g, F: 11 g, Kh: 10 g,
kJ: 683, kcal: 163

1. Für den Teig Möhren putzen, schälen, abspülen, trocken tupfen und fein raspeln. Staudensellerie putzen, abspülen, trocken tupfen und in sehr feine Würfel schneiden. Porree putzen, gründlich waschen, abtropfen lassen und in sehr feine Streifen schneiden.
2. Etwa 1 Esslöffel von dem Butterschmalz in einer Pfanne erhitzen. Das vorbereitete Gemüse hinzugeben und unter Rühren etwa 3 Minuten dünsten. Das Gemüse aus der Pfanne nehmen und abkühlen lassen. Die Kartoffel schälen, abspülen, abtropfen lassen und fein raspeln.
3. Das restliche Butterschmalz in einer Rührschüssel mit einem Mixer (Rührstäbe) geschmeidig rühren. Die Eier nach und nach unterrühren (jedes Ei etwa 1/2 Minute), Salz und Pfeffer hinzugeben. Mehl mit Haferflocken mischen und unterrühren. Die Gemüsemischung und die Kartoffelraspel unter den Teig heben.
4. Den Backofen vorheizen.
Ober-/Unterhitze: etwa 50 °C
5. Den Teig in nicht zu großen Portionen in ein gut erhitztes, gefettetes Waffeleisen füllen und verstreichen. Die Waffeln goldbraun backen, mit einer Gabel oder einem Pfannenwender herausnehmen und im vorgeheizten Backofen warm halten.
6. Für den Salat Feldsalat verlesen und die Wurzelansätze abschneiden. Feldsalat gründlich waschen, gut abtropfen lassen und trocken tupfen. Essig mit Senf, Salz, Pfeffer und evtl. Zucker verrühren, Olivenöl unterschlagen. Die Sauce mit dem Feldsalat vermischen.
7. Gemüse-Haferflocken-Waffeln mit dem Feldsalat anrichten und servieren.

Mallorquinischer Gemüsekuchen

12 Stücke (ohne Foto)

Zubereitungszeit: 60 Minuten, ohne Teiggehzeit
Backzeit: etwa 25 Minuten

Für den Hefeteig:
400 g Weizenmehl
21 g frische Hefe
knapp 1 EL Voll-Rohrzucker
3 EL lauwarmes Wasser
3 EL Sonnenblumenöl
2 Eier (Größe M)
Salz
Paprikapulver edelsüß

Für den Belag:
2 große, rote Paprikaschoten
500 g Mangold oder Paksoi
3 EL Olivenöl
1 Gemüsezwiebel

Pro Portion:
E: 6 g, F: 7 g, Kh: 28 g,
kJ: 851, kcal: 203

1. Für den Teig Mehl in eine Rührschüssel geben und in die Mitte eine Vertiefung eindrücken. Hefe hineinbröckeln, mit Rohrzucker und Wasser verrühren und etwa 15 Minuten gehen lassen.
2. Sonnenblumenöl, Eier, Salz und Paprika hinzufügen, evtl. noch etwas

Wasser hinzugeben. Die Zutaten mit einem Mixer (Knethaken) zunächst kurz auf niedrigster, dann auf höchster Stufe in etwa 5 Minuten zu einem glatten Teig verarbeiten.

3. Den Teig zugedeckt so lange an einem warmen Ort gehen lassen, bis er sich sichtbar vergrößert hat (etwa 30 Minuten).

4. Den Backofengrill vorheizen.

5. Für den Belag die Paprikaschoten vierteln, entstielen, entkernen und die weißen Scheidewände entfernen. Schotenviertel abspülen, trocken tupfen, auf ein Backblech (gefettet) legen und unter dem vorgeheizten Backofengrill so lange rösten, bis die Haut schwarz wird und Blasen wirft. Das Backblech aus dem Backofen nehmen. Die Paprikaviertel etwa 20 Minuten mit einem feuchten Geschirrtuch belegen.

6. Von den Paprikavierteln die Haut abziehen, Paprikaviertel in Streifen schneiden. Mangold oder Paksoi putzen, gründlich waschen, abtropfen lassen und mit den Stielen in Streifen schneiden. Etwa 2 Esslöffel Olivenöl in einem Topf erhitzen. Die Mangold- oder die Paksoi-Streifen darin etwa 10 Minuten unter Rühren andünsten.

7. Die Gemüsezwiebel abziehen, halbieren und in etwas größere Würfel schneiden. Die Zwiebelwürfel zu den Gemüsestreifen geben und mitdünsten lassen.

8. Den Backofen vorheizen.
Ober-/Unterhitze: etwa 200 °C
Heißluft: etwa 180 °C

9. Den gegangenen Teig nochmals kurz durchkneten, aus der Schüssel nehmen und auf einem Backblech (30 x 40 cm, gefettet) ausrollen. Das Gemüse darauf verteilen und mit Salz würzen. Restliches Olivenöl darauf träufeln.

10. Das Backblech in den vorgeheizten Backofen schieben. Den Gemüsekuchen etwa 25 Minuten backen.

Tipp: Statt der selbst gehäuteten Paprikaschoten etwa 300 g abgetropfte Tomatenpaprika (aus dem Glas) verwenden.

Mini-Pizzen

4 Stück

Zubereitungszeit: 65 Minuten, ohne Teiggehzeit
Backzeit: etwa 20 Minuten je Backblech

Für den Hefeteig:
250 g Weizenmehl
1 Pck. Dr. Oetker Trockenbackhefe
1 TL Zucker, 1/2 gestr. TL Salz
2 EL Speiseöl
200 ml warmes Wasser

Für den Belag:
2–3 Stängel Basilikum
200 g Doppelrahm-Frischkäse
1 geh. TL mittelscharfer Senf
Salz
3 Tomaten
150 g Blauschimmelkäse
170 g abgetropfte Champignonscheiben (aus dem Glas)

evtl. einige Baslilikumblättchen

Pro Stück:
E: 25 g, F: 33 g, Kh: 54 g,
kJ: 2576, kcal: 615

1. Für den Teig das Mehl in eine Rührschüssel geben und mit der Trockenbackhefe sorgfältig vermischen. Zucker, Salz, Speiseöl und das Wasser hinzufügen. Die Zutaten mit einem Mixer (Knethaken) zunächst kurz auf niedrigster, dann auf höchster Stufe in etwa 5 Minuten zu einem glatten Teig verarbeiten. Den Teig zugedeckt so lange an einem warmen Ort gehen lassen, bis er sich sichtbar vergrößert hat (etwa 30 Minuten).

2. Für den Belag Basilikum abspülen und trocken tupfen. Die Blättchen von den Stängeln zupfen. Blättchen klein schneiden. Frischkäse mit Senf, Basilikum und Salz verrühren. Tomaten abspülen, abtrocknen, halbieren und die Stängelansätze herausschneiden. Tomaten würfeln. Blauschimmelkäse klein würfeln.

3. Den Backofen vorheizen.
Ober-/Unterhitze: etwa 200 °C
Heißluft: etwa 180 °C

4. Den gegangenen Teig leicht mit Mehl bestäuben, aus der Schüssel nehmen und auf einer leicht bemehlten Arbeitsfläche nochmals kurz durchkneten. Den Teig in 4 gleich große Stücke teilen, zu Kugeln formen und jeweils zu einer runden Platte (Ø etwa 14 cm) ausrollen.

5. Die Teigplatten auf 2 Backbleche (mit Backpapier belegt) legen und mit der Frischkäsemasse bestreichen. Tomatenwürfel, Champignonscheiben und Käsewürfel gleichmäßig darauf verteilen. Die Backbleche nacheinander (bei Heißluft zusammen) in den vorgeheizten Backofen schieben und die Mini-Pizzen etwa 20 Minuten je Backblech backen.

6. Nach Belieben mit abgespülten, trocken getupften Basilikumblättchen garnieren.

Mini-Pizzen

Gemüse-Käse-Taschen

12 Stück (ohne Foto)

Zubereitungszeit: 40 Minuten,
ohne Auftauzeit
Backzeit: 10–15 Minuten
je Backblech

450 g TK-Blätterteig
(6 rechteckige Platten)
100 g Leerdamer (am Stück)
50 g abgetropfte Oliven,
mit Paprika gefüllt
100 g Cocktailtomaten
100 g abgetropfter Gemüsemais
(aus der Dose)
Salz, gem. Pfeffer
1 Spritzer Tabasco
1 Eigelb
40 g ger. Gouda
einige Zitronenmelisseblättchen

Pro Stück:
E: 6 g, F: 13 g, Kh: 15 g,
kJ: 845, kcal: 202

1. Blätterteigplatten zugedeckt nach Packungsanleitung auftauen lassen.
2. Leerdamer fein reiben. Oliven in Scheiben schneiden (einige Scheiben zum Garnieren beiseitelegen). Tomaten abspülen, trocken tupfen und die Stängelansätze herausschneiden. Tomaten vierteln.
3. Den geriebenen Käse mit Olivenscheiben, Tomatenvierteln und Mais mischen. Mit Salz, Pfeffer und Tabasco würzen.
4. Den Backofen vorheizen.
Ober-/Unterhitze: etwa 220 °C
Heißluft: etwa 200 °C
5. Die Blätterteigplatten quer halbieren, sodass jeweils 2 Quadrate entstehen. Die Quadrate auf einer leicht bemehlten Arbeitsfläche etwas auseinanderrollen. Die Teigränder mit Wasser bestreichen. Die Käse-Gemüse-Mischung in die Mitte der Teigstücke geben.
6. Den nicht belegten Teig diagonal über die Mischung klappen und den Rand fest andrücken. Die Teigtaschen auf ein bis zwei Backbleche (mit Backpapier belegt) legen, mit verschlagenem Eigelb bestreichen und mit Käse bestreuen. Die Backbleche nacheinander (bei Heißluft zusammen) in den vorgeheizten Backofen schieben. Die Gemüse-Käse-Taschen 10–15 Minuten je Backblech backen.
7. Die Gemüse-Käse-Taschen vom Backblech nehmen und anrichten. Mit den beiseitegelegten Olivenscheiben und abgespülten, trocken getupften Zitronenmelisseblättchen garnieren.

Gemüse-Blätterteig-Pastete

4 Portionen (ohne Foto)

Zubereitungszeit: 40 Minuten,
ohne Auftauzeit
Backzeit: 25–30 Minuten

450 g TK-Blätterteig
1 kleiner Blumenkohl (etwa 400 g)
200 ml Gemüsebrühe
200 g Möhren
300 g Kartoffeln
200 g Champignons
2 Knoblauchzehen
1 Zwiebel, 30 g Butter
150 g TK-Erbsen
1 EL Weizenmehl
150 g Crème fraîche
150 ml Blumenkohlbrühe
1 EL Garam Masala
(indische Gewürzmischung)
1 EL Currypulver
1 TL gem. Kreuzkümmel (Cumin)
2–3 EL Semmelbrösel
1 Eigelb
1 EL Milch

Pro Portion:
E: 19 g, F: 48 g, Kh: 75 g,
kJ: 3372, kcal: 807

1. Die Blätterteigplatten nebeneinander nach Packungsanleitung auftauen lassen.
2. Von dem Blumenkohl die Blätter entfernen und den Strunk abschneiden. Blumenkohl in kleine Röschen teilen, abspülen und gut abtropfen lassen.
3. Gemüsebrühe in einem Topf zum Kochen bringen. Die Blumenkohlröschen darin etwa 5 Minuten kochen lassen. Blumenkohl in einem Sieb abtropfen lassen, dabei die Gemüsebrühe auffangen und 150 ml Brühe abmessen.
4. Die Möhren putzen. Die Kartoffeln und Möhren schälen, abspülen, abtropfen lassen und in kleine Würfel schneiden. Champignons putzen, evtl. kurz abspülen, abtropfen lassen und in Scheiben schneiden.
5. Knoblauch und Zwiebel abziehen, klein würfeln. Butter in einer Pfanne zerlassen. Zwiebel- und Knoblauchwürfel darin unter Rühren andünsten. Kartoffel- und Möhrenwürfel hinzufügen und unter gelegentlichem Rühren etwa 8 Minuten dünsten.
6. Champignonscheiben, gefrorene Erbsen und Blumenkohlröschen unterrühren und kurz mitdünsten lassen, mit Mehl bestäuben.
7. Den Backofen vorheizen.
Ober-/Unterhitze: etwa 200 °C
Heißluft: etwa 180 °C
8. Crème fraîche und die Blumenkohlbrühe unterrühren, aufkochen lassen. Mit Garam Masala, Curry und Kreuzkümmel würzen.
9. Jeweils die Hälfte der Blätterteigplatten aufeinanderlegen und auf einer bemehlten Arbeitsfläche zu 2 runden Platten (Ø je etwa 32 cm) ausrollen. Eine Blätterteigplatte in eine Pie-Form (Ø 30 cm, gefettet) legen. Die Gemüsemischung darauf verteilen und mit Semmelbröseln bestreuen.
10. Die zweite Platte auf das Gemüse legen und am Rand etwas andrücken. 2–3 kleine Löcher in die Blätterteigplatte schneiden, damit der Dampf entweichen kann. Eigelb mit Milch verschlagen, die Oberfläche damit bestreichen.
11. Die Form auf dem Rost in den vorgeheizten Backofen (unteres Drittel) schieben und die Gemüsepastete 25–30 Minuten backen.

Frühlings-Gemüse-Wähe

4 Portionen

Zubereitungszeit: 25 Minuten
Garzeit: 20–25 Minuten

Für den Belag:
150 g Möhren
150 g Kohlrabi
150 g Zuckerschoten
250 ml Gemüsebrühe

Für den Guss:
200 g ger. Gouda
150 g Crème fraîche
2 Eier (Größe M)
1–2 EL Milch
1 TL Speisestärke
Salz, gem. Pfeffer

230 g Blätterteig
(aus dem Kühlregal, Ø 32 cm)

Zum Garnieren:
einige Stängel Kerbel

Pro Portion:
E: 22 g, F: 42 g, Kh: 27 g,
kJ: 2390, kcal: 573

1. Für den Belag Kohlrabi und Möhren putzen, schälen, abspülen, abtropfen lassen und in dünne Scheiben schneiden. Von den Zuckerschoten die Enden abschneiden, evtl. abfädeln. Schoten abspülen und abtropfen lassen.
2. Gemüsebrühe in einem Topf zum Kochen bringen. Die einzelnen Gemüsesorten darin nacheinander je etwa 3 Minuten garen. Das Gemüse jeweils mit einem Schaumlöffel herausnehmen, mit kaltem Wasser abschrecken und in einem Sieb gut abtropfen lassen.
3. Den Backofen vorheizen.
Ober-/Unterhitze: etwa 200 °C
Heißluft: etwa 180 °C
4. Für den Guss Käse mit Crème fraîche, Eiern, Milch und Speisestärke verrühren, mit Salz und Pfeffer würzen.
5. Den Blätterteig in eine Tarteform (Ø etwa 28 cm, gefettet) legen. Etwa ein Drittel von dem Guss auf den Teigboden geben und glatt streichen. Gemüse daraufgeben, den restlichen Guss gleichmäßig darauf verteilen.
6. Die Form auf dem Rost in den vorgeheizten Backofen (unteres Drittel) schieben. Die Wähe 20–25 Minuten garen.
7. Zum Garnieren Kerbel abspülen und trocken tupfen. Die Blättchen von den Stängeln zupfen. Die Frühlings-Gemüse-Wähe mit den Kerbelblättchen garniert warm servieren.

Tipp: Würzen Sie den Käseguss zusätzlich mit etwas frisch geriebener Muskatnuss.

Rezeptvariante: Für eine **Spargelwähe** je 250 g weißen und grünen Spargel vorbereiten. Dazu den weißen Spargel von oben nach unten schälen, darauf achten, dass die Schalen vollständig entfernt, die Köpfe aber nicht verletzt werden. Die unteren Enden abschneiden (holzige Stellen vollkommen entfernen). Den grünen Spargel nur im unteren Drittel schälen und die unteren Enden abschneiden. Spargel abspülen und abtropfen lassen. Den weißen Spargel in der Gemüsebrühe etwa 8 Minuten und den grünen Spargel etwa 3 Minuten garen. Den weißen und grünen Spargel jeweils gut abtropfen lassen und weiterverwenden, wie im Rezept ab Punkt 3 beschrieben.

Frühlings-Gemüse-Wähe

Kleine Pilzquiches

12 Stück

Zubereitungszeit: 50 Minuten, ohne Auftau-, Abkühl- und Ruhezeit
Backzeit: 25–30 Minuten

450 g TK-Blätterteig (6 Platten)

Für die Füllung:
500 g Champignons
2 Frühlingszwiebeln
2 EL Olivenöl
Salz, gem. Pfeffer
1 Scheibe Toastbrot
30 g ger. Emmentaler
200 g Schmand (Sauerrahm)
2 Eier (Größe M)
Paprikapulver rosenscharf

Pro Stück:
E: 6 g, F: 15 g, Kh: 14 g,
kJ: 898, kcal: 215

1. Die Blätterteigplatten zugedeckt nebeneinander nach Packungsanleitung auftauen lassen.
2. Für die Füllung Champignons putzen, evtl. kurz abspülen, trocken tupfen und vierteln. Frühlingszwiebeln putzen, abspülen, abtropfen lassen und in sehr dünne Scheiben schneiden.
3. Olivenöl in einer Pfanne erhitzen. Champignonviertel darin unter Rühren goldbraun braten. Mit Salz und Pfeffer würzen, Frühlingszwiebelscheiben unterheben. Die Champignonmasse erkalten lassen.
4. Den Backofen vorheizen.
Ober-/Unterhitze: etwa 200 °C
Heißluft: etwa 180 °C
5. Die Toastbrotscheibe mit einem Pürierstab zerbröseln, mit Emmentaler vermischen.
6. Schmand und Eier verschlagen, mit Salz, Pfeffer und Paprika würzen.
7. Je 3 Blätterteigplatten aufeinanderlegen, auf einer leicht bemehlten Arbeitsfläche zu je einem Rechteck (etwa 33 x 23 cm) ausrollen und etwa 5 Minuten ruhen lassen.
8. Aus den Blätterteigrechtecken jeweils 6 runde Platten (Ø etwa 11 cm) ausstechen. Die Teigplatten in eine Muffinform (für 12 Muffins, gefettet) legen. Teigboden jeweils mit einer Gabel mehrmals einstechen. Die Champignonmasse auf dem Teig verteilen. Die Schmand-Eier-Masse daraufgeben und mit der Brot-Käse-Mischung bestreuen. Die Form auf dem Rost in den vorgeheizten Backofen schieben. Pilzquiches 25–30 Minuten backen.
9. Die Form auf einen Kuchenrost stellen. Die Pilzquiche etwa 10 Minuten in der Form abkühlen lassen, dann aus der Form lösen und sofort servieren.

Kleine Pilzquiches

Mini-Pizzen mit Mozzarella und Tomaten

12 Stück (ohne Foto)

Zubereitungszeit: 30 Minuten, ohne Teiggehzeit
Backzeit: etwa 12 Minuten

Für den Pizzateig:
250 g Weizenmehl
21 g frische Hefe
125 ml lauwarmes Wasser
20 ml Olivenöl

Für die Tomatensauce:
150 g Tomaten
200 g abgetropfter Mozzarella
100 g Zwiebeln
3 EL Olivenöl
80 g Tomatenmark
200 g geschälte Tomaten (aus der Dose)
200 ml Tomatensaft
1 1/2 Knoblauchzehen
3 Stängel Basilikum
Salz, gem. Pfeffer

10 Basilikumblättchen

Außerdem:
1 Backblech für Mini-Pizzen (12 Förmchen)

Pro Stück:
E: 6 g, F: 8 g, Kh: 19 g,
kJ: 733, kcal: 175

1. Für den Teig Mehl in eine Rührschüssel geben und in die Mitte eine Vertiefung eindrücken. Hefe hineinbröckeln, etwas Wasser hinzufügen. Mit einem kleinen Teil des Mehls mit einer Gabel vorsichtig verrühren und 10–15 Minuten gehen lassen.
2. Restliches Wasser und Olivenöl hinzufügen. Die Zutaten mit einem Mixer (Knethaken) zunächst kurz auf niedrigster, dann auf höchster Stufe in etwa 5 Minuten zu einem glatten Teig verarbeiten. Den Teig mit Mehl bestäuben und zugedeckt so lange an einem warmen Ort gehen lassen, bis er sich sichtbar vergrößert hat (etwa 30 Minuten).
3. Den gegangenen Teig leicht mit Mehl bestäuben, aus der Schüssel nehmen und auf einer leicht bemehlten Arbeitsfläche dünn ausrollen.

Aus dem Teig mit einer runden Ausstechform 12 Taler (Ø etwa 8 cm) ausstechen. Die Backförmchen damit auslegen. Den Teig mit einer Gabel mehrmals einstechen und nochmals zugedeckt so lange an einem warmen Ort gehen lassen, bis er sich sichtbar vergrößert hat (etwa 20 Minuten).

4. In der Zwischenzeit für die Tomatensauce Tomaten kreuzweise einschneiden und mit kochendem Wasser übergießen. Nach 1–2 Minuten herausnehmen und mit kaltem Wasser abschrecken. Tomaten häuten, halbieren und die Stängelansätze herausschneiden. Die Tomaten entkernen und in Würfel schneiden, Mozzarella ebenfalls klein würfeln. Die Tomaten- und Mozzarellawürfel beiseitelegen.

5. Zwiebeln abziehen und klein würfeln. Das Olivenöl in einem Topf erhitzen. Die Zwiebelwürfel darin glasig dünsten. Tomatenmark hinzugeben und kurz mitdünsten lassen. Tomaten mit dem Saft aus der Dose und den Tomatensaft hinzugießen. Knoblauch abziehen. Basilikum abspülen und trocken tupfen. Knoblauch und Basilikumstängel zu den Tomaten in den Topf geben und alles unter Rühren zum Kochen bringen. Die Tomatensauce unter gelegentlichem Rühren stark einkochen lassen, bis fast keine Flüssigkeit mehr vorhanden ist.

6. Den Backofen vorheizen.
Ober-/Unterhitze: etwa 200 °C
Heißluft: etwa 180 °C

7. Die Tomatensauce pürieren und anschließend durch ein Sieb passieren, mit Salz und Pfeffer abschmecken. Beiseitegelegte Tomaten- und Mozzarellawürfel unter die passierte Sauce mischen. Die Tomaten-Käse-Sauce auf dem Teig in den Förmchen verteilen. Das Backblech auf dem Rost in den vorgeheizten Backofen schieben und die Mini-Pizzen etwa 12 Minuten backen.

8. Basilikumblättchen abspülen, trocken tupfen und in feine Streifen schneiden. Die Mini-Pizzen mit Basilikumstreifen bestreut servieren.

Paprikapastete mit Blätterteig

4 Portionen

Zubereitungszeit: 30 Minuten, ohne Auftauzeit
Backzeit: 30–35 Minuten

225 g TK-Blätterteig
je 1 rote, gelbe und grüne Paprikaschote
2 Zwiebeln
1 Zucchini (etwa 150 g)
1 Bund glatte Petersilie
Salz
gem. Pfeffer
200 g Doppelrahm-Frischkäse
4 Eier (Größe M)
1/4 TL Pul Biber (geschrotete Pfefferschoten)

Pro Portion:
E: 18 g, F: 36 g, Kh: 31 g,
kJ: 2168, kcal: 518

1. Blätterteigplatten zugedeckt nebeneinander nach Packungsanleitung auftauen lassen.

2. Die Paprikaschoten halbieren, entstielen, entkernen und die weißen Scheidewände entfernen. Schoten abspülen, abtropfen lassen und in Viertel schneiden. Die Paprikaviertel in kochendem Wasser etwa 6 Minuten blanchieren, danach in ein Sieb geben, mit kaltem Wasser abschrecken und enthäuten.

3. Die Zwiebeln abziehen, halbieren und in Scheiben schneiden. Zucchini abspülen, abtropfen lassen und die Enden abschneiden. Zucchini längs halbieren und klein würfeln.

4. Petersilie abspülen und trocken tupfen. Die Blättchen von den Stängeln zupfen. Blättchen klein schneiden. Zwiebel- und Zucchiniwürfel mit der Petersilie vermischen, mit Salz und Pfeffer würzen. Frischkäse mit Eiern verschlagen, mit Salz, Pfeffer und Pul Biber würzen.

5. Den Backofen vorheizen.
Ober-/Unterhitze: etwa 200 °C
Heißluft: etwa 180 °C

6. Die Blätterteigplatten aufeinanderlegen und auf einer leicht bemehlten Arbeitsfläche zu einer runden Platte (Ø 30–32 cm) ausrollen. Die Blätterteigplatte in eine Tarte- oder Pizzaform (Ø 28 cm, gefettet) legen und mehrmals mit einer Gabel einstechen.

7. Die Zucchinimischung auf dem Teigboden verteilen und die Paprikaviertel darauflegen. Die Frischkäsemasse daraufgeben und vorsichtig verstreichen. Die Form auf dem Rost in den vorgeheizten Backofen (unteres Drittel) schieben. Die Pastete 30–35 Minuten backen.

8. Die gebackene Paprikapastete vierteln, anrichten und servieren.

Paprikapastete mit Blätterteig

Gemüse-Pakoras (Gemüse in Kichererbsenteig)

VEGAN

2–4 Portionen (ohne Foto)

Zubereitungszeit: 45 Minuten, ohne Quell- und Ziehzeit

Für den Kichererbsenteig:
250 g Kichererbsenmehl (erhältlich im Asialaden)
etwa 280 ml kaltes Wasser
1 gestr. TL Salz
1 Msp. Chilipulver
1 TL gem. Kreuzkümmel (Cumin)
1/2 gestr. TL Dr. Oetker Backin

1 Aubergine
Salz
2 kleine Zucchini
1–2 feste Bananen
1 l Speiseöl

Pro Portion:
E: 13 g, F: 29 g, Kh: 37 g,
kJ: 1912, kcal: 457

1. Für den Teig das Kichererbsenmehl in eine Rührschüssel geben. Nach und nach das Wasser mit einem Schneebesen einrühren, sodass ein dickflüssiger Teig entsteht. Salz, Chili, Kreuzkümmel und Backpulver unterrühren. Den Teig 30–60 Minuten quellen lassen.
2. Die Aubergine abspülen, abtrocknen und den Stängelansatz entfernen. Die Aubergine in etwa 1/2 cm dicke Scheiben schneiden, mit Salz bestreuen und etwa 30 Minuten stehen lassen. Anschließend die Auberginenscheiben mit Küchenpapier trocken tupfen.
3. Die Zucchini abspülen, abtrocknen und die Enden abschneiden. Zucchini schräg in etwa 1/2 cm dicke Scheiben schneiden. Die Bananen schälen und in etwa 1 cm dicke Scheiben schneiden.
4. Den Backofen vorheizen.
Ober-/Unterhitze: etwa 100 °C
5. Speiseöl in einer Fritteuse auf etwa 180 °C erhitzen. Auberginen-, Zucchini- und Bananenscheiben jeweils in den Teig tauchen, am Schüsselrand abstreifen und portionsweise in dem siedenden Speiseöl von beiden Seiten hellbraun ausbacken. Gemüse- und Bananenscheiben mit einer Schaumkelle herausnehmen und auf Küchenpapier abtropfen lassen.
6. Gemüsescheiben im vorgeheizten Backofen warm halten, bis alle Gemüse- und Bananenscheiben ausgebacken sind.

Gemüsestrudel mit zwei Saucen

8–10 Portionen (ohne Foto)

Zubereitungszeit: 70 Minuten, ohne Ruhezeit
Backzeit: 30–35 Minuten

Für den Strudelteig:
300 g Weizenmehl (Type 1050)
Salz
1 Prise Zucker
1 Ei (Größe M)
100 ml Wasser

Für die Gemüsefüllung:
500 g grüne Bohnen oder
450 g TK-Brechbohnen
500 g Brokkoli
250 g Zucchini
1 EL Weißweinessig
gem. Pfeffer
2 abgezogene, zerdrückte Knoblauchzehen
2 EL Speiseöl

Für die Quarkfüllung:
750 g Magerquark
150 g Crème fraîche
4 Eier (Größe M)
Cayennepfeffer
2 abgezogene, zerdrückte Knoblauchzehen
2 Bund glatte Petersilie oder Kerbel
2 Bund Basilikum
50 g zerlassene Butter
100 g fein zerbröseltes Roggenknäckebrot

Für die Zwiebelsauce:
125 g halbierte Zwiebelringe
15 g Butter
15 g Weizenmehl (Type 405)
125 ml Milch (3,5 % Fett)
125 ml Wasser
ger. Muskatnuss
1 TL Worcestersauce

Für die Tomatensauce:
400 g geschälte Tomaten (aus der Dose)
1 EL Tomatenmark
Zucker

Pro Portion:
E: 25 g, F: 18 g, Kh: 44 g,
kJ: 1857, kcal: 444

1. Für den Teig Mehl in eine Rührschüssel geben. Restliche Zutaten für den Teig hinzufügen und mit einem Mixer (Knethaken) zunächst kurz auf niedrigster, dann auf höchster Stufe zu einem glatten Teig verarbeiten. Den Teig mit Frischhaltefolie zugedeckt bei Zimmertemperatur mindestens 30 Minuten ruhen lassen.
2. In der Zwischenzeit für die Gemüsefüllung von den Bohnen die Enden abschneiden, evtl. abfädeln. Bohnen abspülen, abtropfen lassen, in Stücke schneiden und in kochendem Salzwasser etwa 10 Minuten vorgaren. TK-Bohnen nach Packungsanleitung knapp gar kochen.
3. Von dem Brokkoli die Blätter entfernen und den Strunk abschneiden. Brokkoli abspülen, abtropfen lassen und in sehr kleine Röschen teilen. Die groben Stiele schälen und evtl. längs halbieren. Brokkolistiele in kochendem Salzwasser etwa 3 Minuten vorgaren. Röschen hinzugeben und kurz blanchieren. Das blanchierte Gemüse mit einer Schaumkelle herausnehmen, mit kaltem Wasser abschrecken und in einem Sieb abtropfen lassen.

4. Zucchini abspülen, abtrocknen und die Enden abschneiden. Zucchini in etwa 4 cm kurze Streifen schneiden, etwa 1 Minute in kochendem Salzwasser blanchieren, mit einer Schaumkelle herausnehmen, mit kaltem Wasser abschrecken und in einem Sieb abtropfen lassen.

5. Essig mit Salz, Pfeffer und Knoblauch verrühren, das Speiseöl unterschlagen. Die Bohnen und Zucchinistreifen darin wenden. Blanchiertes Gemüse erkalten lassen.

6. Für die Quarkfüllung Quark, Crème fraîche und Eier verrühren, mit Salz und Cayennepfeffer würzen. Knoblauch und klein geschnittene Kräuter unterrühren.

7. Den Backofen vorheizen.
Ober-/Unterhitze: etwa 200 °C
Heißluft: etwa 180 °C

8. Den Strudelteig auf einem leicht mit Mehl bestäubten Geschirrtuch zu einem Rechteck (etwa 50 x 70 cm) ausrollen und ausziehen. Mit etwas Butter bestreichen. Die Quarkmasse daraufstreichen und mit den Knäckebrotbröseln bestreuen.

9. Die einzelnen, abgetropften Gemüsesorten auf dem Teig verteilen, dabei einen etwa 2 cm breiten Rand frei lassen. Ränder auf das Gemüse schlagen, den Strudel mithilfe des Geschirrtuches von der kürzeren Seite aus aufrollen.

10. Den Strudel mit der Nahtstelle nach unten auf ein Backblech (mit Backpapier belegt) legen und zu einem U formen. Den Strudel mit der restlichen Butter bestreichen. Das Backblech in den vorgeheizten Backofen schieben und den Strudel 30–35 Minuten backen.

11. Inzwischen für die Zwiebelsauce Zwiebeln in zerlassener Butter goldgelb andünsten. Mit Mehl bestäuben und mitdünsten lassen. Milch und Wasser hinzugießen und mit einem Schneebesen durchschlagen. Darauf achten, dass keine Klümpchen entstehen. Die Sauce unter gelegentlichem Rühren etwa 10 Minuten bei schwacher Hitze kochen lassen. Mit Salz, Pfeffer, Muskat und Worcestersauce abschmecken. Die Sauce warm halten.

12. Für die Tomatensauce Tomaten grob zerkleinern und mit dem Saft zum Kochen bringen. Tomatenmark unterrühren. Mit Salz, Cayennepfeffer und 1 Prise Zucker abschmecken. Die Sauce zum Kochen bringen und etwa 10 Minuten bei starker Hitze einkochen lassen. Die Sauce durch ein Sieb streichen. Tomatensauce kurz erhitzen. Gemüsestrudel mit den Saucen servieren.

Gemüsetörtchen mit Ziegenkäse

12 Stück

Zubereitungszeit: 20 Minuten
Backzeit: etwa 20 Minuten

9 Yufka-Teigblätter (27 x 27 cm)
300 g Zucchini
300 g kleine Tomaten
250 g Ziegenkäse, z. B. Ziegen-Gouda
6 Stängel Thymian
gem. Pfeffer

Pro Stück:
E: 5 g, F: 4 g, Kh: 4 g,
kJ: 758, kcal: 181

1. Yufka-Teigblätter mit kaltem Wasser bestreichen und etwas einweichen lassen. Die Teigblätter anschließend in je 4 gleich große Quadrate schneiden (am besten mit einer Haushaltsschere).

2. Den Backofen vorheizen.
Ober-/Unterhitze: etwa 200 °C
Heißluft: etwa 180 °C

3. Zucchini abspülen, abtrocknen und die Enden abschneiden. Zucchini in dünne Scheiben schneiden. Tomaten abspülen, abtrocknen, vierteln und die Stängelansätze herausschneiden. Käse in Würfel schneiden.

4. Je 3 Teigquadrate versetzt übereinanderlegen und in eine Muffinform (für 12 Muffins, gefettet) legen und je in eine Vertiefung drücken. Zucchinischeiben, Tomatenviertel und Käsewürfel darin verteilen.

5. Thymian abspülen und trocken tupfen. Die Blättchen von den Stängeln zupfen. Die Törtchen damit bestreuen. Mit Pfeffer würzen. Die Muffinform auf dem Rost in den vorgeheizten Backofen schieben. Die Gemüsetörtchen etwa 20 Minuten backen.

6. Die Form auf einen Rost stellen. Die Törtchen etwa 10 Minuten in der Form stehen lassen. Dann aus der Form lösen. Gemüsetörtchen heiß oder kalt servieren.

Gemüsetörtchen mit Ziegenkäse

Griechische Schafskäsepastete

Griechische Schafskäsepastete

4–6 Portionen

Zubereitungszeit: 40 Minuten, ohne Teiggeh- und Ruhezeit
Backzeit: etwa 40 Minuten

Für den Hefeteig:
350 g Weizenmehl
150 g Vollkorn-Weizenmehl
1 Pck. Dr. Oetker Trockenbackhefe
200 ml lauwarmes Wasser
1 Ei (Größe M)
3 EL Olivenöl
1 gestr. TL Salz

Für die Füllung:
750 g frischer Spinat
2 Zwiebeln, 1 Knoblauchzehe
5 EL Olivenöl
gem. Pfeffer
ger. Muskatnuss
300 g Schafskäse

1 verschlagenes Eigelb

Pro Portion:
E: 27 g, F: 32 g, Kh: 69 g,
kJ: 2841, kcal: 679

1. Für den Teig Weizenmehl in eine Schüssel geben, mit Vollkorn-Weizenmehl und Trockenbackhefe sorgfältig vermischen. Die restliche Zutaten für den Teig hinzufügen und mit einem Mixer (Knethaken) zunächst kurz auf niedrigster, dann auf höchster Stufe zu einem glatten Teig verarbeiten. Den Teig zugedeckt so lange an einem warmen Ort gehen lassen, bis er sich sichtbar vergrößert hat (etwa 30 Minuten).
2. Für die Füllung in der Zwischenzeit Spinat verlesen, dicke Stiele abschneiden. Spinat gründlich waschen und abtropfen lassen. Zwiebeln und Knoblauch abziehen, klein würfeln.
3. Olivenöl in einem Topf erhitzen. Zwiebel- und Knoblauchwürfel darin andünsten. Spinat hinzufügen, mit Pfeffer und Muskat würzen und zugedeckt etwa 5 Minuten garen, bis der Spinat zusammengefallen ist. Schafskäse zerbröseln und unterrühren.
4. Gegangenen Teig leicht mit Mehl bestäuben, aus der Schüssel nehmen. Zwei Drittel des Teiges auf der leicht bemehlten Arbeitsfläche zu einer runden Platte (Ø etwa 30 cm) ausrollen. Teigplatte so in eine Pie- oder Tarteform (Ø 26 cm, gefettet) legen, dass der Rand etwa 1 cm übersteht. Den Teigboden mehrmals mit einer Gabel einstechen und die Spinat-Masse darauf verteilen.
5. Den Rand über die Füllung legen und mit etwas Eigelb bestreichen. Den restlichen Teig auf der leicht bemehlten Arbeitsfläche zu einem Deckel in Größe der Form ausrollen. In der Mitte des Deckels mit einem runden Ausstechförmchen (Ø etwa 2 cm) ein Loch ausstechen. Den Teigdeckel auf die Pastete legen und den Rand gut andrücken.
6. Die Teigreste ausrollen. Mit Ausstechförmchen Motive ausstechen. Die Pastetenoberfläche mit Eigelb bestreichen und mit den ausgestochenen Teigmotiven belegen. Diese ebenfalls mit Eigelb bestreichen. Die Pastete 15–20 Minuten ruhen lassen.
7. Inzwischen Backofen vorheizen.
Ober-/Unterhitze: etwa 200 °C
Heißluft: etwa 180 °C
8. Die Form auf dem Rost in den vorgeheizten Backofen schieben. Die Pastete etwa 40 Minuten backen.

Sprossenpizza

4 Portionen (ohne Foto)

Zubereitungszeit: 50 Minuten, ohne Teiggeh- und Abkühlzeit
Backzeit: etwa 25 Minuten je Backblech

Für den Hefeteig:
400 g Vollkorn-Weizenmehl
21 g frische Hefe
1/2 TL Zucker
250 ml lauwarmes Wasser
2 Zwiebeln (etwa 120 g)
1 Knoblauchzehe
2 EL Speiseöl, z. B. Rapsöl
Salz, gem. Pfeffer

Für den Belag:
1 kg Fleischtomaten
350 gemischte Keimlinge, z. B. Mungobohnen, Azuki, Linsen, Kichererbsen, Rettich
160 g ger. Parmesan
4 EL Nussöl
30 g Alfalfasprossen

Pro Portion:
E: 31 g, F: 31 g, Kh: 73 g,
kJ: 2921, kcal: 699

1. Für den Teig das Mehl in eine Rührschüssel geben. In die Mitte eine Vertiefung drücken und die Hefe hineinbröckeln. Zucker und 100 ml Wasser hinzufügen. Mit einem kleinen Teil des Mehls mit einer Gabel vorsichtig verrühren und zugedeckt etwa 10 Minuten gehen lassen.
2. Zwiebeln und Knoblauch abziehen. Zwiebeln klein würfeln, Knoblauch hacken. Speiseöl in einer kleinen Pfanne erhitzen, Zwiebelwürfel und gehackten Knoblauch darin andünsten. Mit Salz und Pfeffer würzen.
3. Restliches Wasser (150 ml) und die Zwiebel-Knoblauch-Masse zum Vorteig in die Schüssel geben und mit einem Mixer (Knethaken) zunächst kurz auf niedrigster, dann auf höchster Stufe in etwa 5 Minuten zu einem glatten Teig verarbeiten. Den Teig mit Mehl bestäuben und zugedeckt so lange an einem warmen Ort gehen lassen, bis er sich sichtbar vergrößert hat (etwa 30 Minuten).
4. Den Backofen vorheizen.
Ober-/Unterhitze: etwa 200 °C
Heißluft: etwa 180 °C
5. Den gegangenen Teig leicht mit Mehl bestäuben, aus der Schüssel nehmen und in 4 Portionen teilen. Die Teigportionen jeweils zu runden Platten (Ø etwa 28 cm) ausrollen und auf Backbleche (mit Backpapier belegt) legen.
6. Für den Belag Tomaten abspülen, trocken tupfen, halbieren und die Stängelansätze herausschneiden. Tomaten in Scheiben schneiden, auf die Teigplatten legen und mit Salz und Pfeffer würzen.
7. Gemischte Keimlinge verlesen, heiß abspülen, trocken tupfen und auf den Teigplatten verteilen. Mit Parmesan bestreuen und mit Nussöl beträufeln.
8. Die Backbleche nacheinander (bei Heißluft 2 Backbleche zusammen) in den vorgeheizten Backofen schieben. Die Sprossenpizzen etwa 25 Minuten je Backblech backen.
9. Die Pizzen mit abgespülten, trocken getupften Alfalfasprossen bestreuen und servieren.

Kürbis-Erdnuss-Kuchen mit Basilikum

15 Stücke

Zubereitungszeit: 40 Minuten, ohne Abkühlzeit
Backzeit: etwa 50 Minuten

100 g gesalzene Erdnusskerne
250 g vorbereitetes Kürbisfleisch, z. B. Hokkaido
1 Bio-Zitrone (unbehandelt, ungewachst)
4–5 Stängel Basilikum
1 gestr. TL Sambal Oelek

Für den Teig:
150 g Weizenmehl (Type 1050)
30 g Hartweizengrieß
4 gestr. TL Dr. Oetker Backin
1 gestr. TL Salz
2 Eier (Größe M)
100 g Doppelrahm-Frischkäse
2 TL Basilikumpesto
50 ml Olivenöl

Semmelbrösel
50 g gesalzene Erdnusskerne

Pro Stück:
E: 6 g, F: 12 g, Kh: 11 g,
kJ: 731, kcal: 175

1. Erdnusskerne in einer Pfanne ohne Fett unter Rühren goldbraun rösten und auf einem Teller erkalten lassen. Den Kürbis auf der groben Seite der Haushaltsreibe raspeln. Zitrone heiß abwaschen und abtrocknen. Die Hälfte der Zitronenschale auf der feinen Seite der Haushaltsreibe abreiben. Zitrone halbieren und den Saft auspressen.
2. Basilikum abspülen und trocken tupfen. Die Blättchen von den Stängeln zupfen, Blättchen in Streifen schneiden. Kürbisraspel mit Zitronenschale, 2 Esslöffeln von dem Zitronensaft, Sambal Oelek und Basilikumstreifen mischen.
3. Den Backofen vorheizen.
Ober-/Unterhitze: etwa 180 °C
Heißluft: etwa 160 °C
4. Für den Teig Mehl mit Grieß, Backpulver, Salz und den gerösteten Erdnusskernen in einer Rührschüssel mischen. Eier, Frischkäse, Pesto und Olivenöl hinzugeben und mit einem Mixer (Rührstäbe) zu einem Teig verrühren. Kürbis-Basilikum-Masse kurz unterrühren.
5. Den Teig in eine Kastenform (25 x 11 cm, gefettet, mit Semmelbröseln ausgestreut) geben und verstreichen und mit Erdnusskernen bestreuen. Die Form auf dem Rost in den vorgeheizten Backofen schieben. Den Kuchen etwa 50 Minuten backen.
6. Die Form auf einen Kuchenrost stellen. Den gebackenen Kuchen etwa 10 Minuten in der Form stehen lassen, dann auf einen mit Backpapier belegten Kuchenrost stürzen. Den Kuchen wieder umdrehen und erkalten lassen.

Kürbis-Erdnuss-Kuchen mit Basilikum

Knusprige Zwiebelpizzen

priger). Die Fladen mit Tomaten belegen und mit Kräutern und Pfeffer bestreuen. Zwiebelringe darauf verteilen und mit Zucker bestreuen.
6. Die Backbleche nacheinander (bei Heißluft zusammen) in den vorgeheizten Backofen schieben. Die Zwiebelfladen etwa 20 Minuten je Backblech backen.
7. Die Fladen mit Käseraspeln bestreuen und etwa 5 Minuten überbacken, bis der Käse zerlaufen ist.

Knusprige Zwiebelpizzen

4 Stück

Zubereitungszeit: 40 Minuten, ohne Teiggehzeit
Backzeit: etwa 25 Minuten je Backblech

Für den Hefeteig:
250 g Vollkorn-Weizenmehl
21 g frische Hefe
150 ml lauwarmes Wasser
2 EL Speiseöl
1 TL gerebelter Thymian
Salz

Für den Belag:
je 150 g rote und weiße Zwiebeln
350 g schnittfeste Tomaten
1 TL Speiseöl
gerebelter Rosmarin
gerebelter Oregano
gerebelter Thymian
gem. Pfeffer
1/2 TL Zucker
100 g geraspelter Emmentaler

Pro Stück:
E: 17 g, F: 15 g, Kh: 49 g,
kJ: 1705, kcal: 407

1. Für den Teig das Mehl in eine Rührschüssel geben und in die Mitte eine Vertiefung eindrücken. Die Hefe hineinbröckeln. 50 ml von dem Wasser hinzufügen und mit einer Gabel mit etwas Mehl zu einem Brei verrühren, 10–15 Minuten gehen lassen.
2. Restliches Wasser (100 ml), Speiseöl, Thymian und 1/2 gestrichenen Teelöffel Salz hinzufügen. Die Zutaten mit einem Mixer (Knethaken) zunächst kurz auf niedrigster, dann auf höchster Stufe in etwa 5 Minuten zu einem glatten Teig verarbeiten. Den Teig mit Mehl bestäuben und zugedeckt so lange an einem warmen Ort gehen lassen, bis er sich sichtbar vergrößert hat (etwa 30 Minuten).
3. Für den Belag in der Zwischenzeit Zwiebeln abziehen, zuerst in Scheiben schneiden, dann in Ringe teilen. Tomaten kreuzweise einschneiden und mit kochendem Wasser übergießen. Nach 1–2 Minuten herausnehmen und mit kaltem Wasser abschrecken. Tomaten häuten, halbieren und die Stängelansätze herausschneiden. Tomaten in Scheiben schneiden.
4. Den Backofen vorheizen.
Ober-/Unterhitze: etwa 200 °C
Heißluft: etwa 180 °C
5. Den gegangenen Teig leicht mit Mehl bestäuben, aus der Schüssel nehmen, auf einer bemehlten Arbeitsfläche nochmals gut durchkneten und 4 gleich große Kugeln daraus formen. Die Teigkugeln mit bemehlten Händen jeweils zu runden Fladen (Ø etwa 22 cm) formen und auf zwei Backbleche (mit Backpapier belegt) legen. Die Teigränder mit Speiseöl bestreichen (sie werden dann knus-

Peperoni-Pizza

4 Portionen (ohne Foto)

Zubereitungszeit: 30 Minuten, ohne Teiggehzeit
Backzeit: 20–25 Minuten

Für den Hefeteig:
300 g Weizenmehl
25 g frische Hefe
1 TL Zucker
150 ml lauwarmes Wasser
Salz
3–4 EL Olivenöl

Für den Belag:
2 rote Peperoni
1 rote Paprikaschote
2 Zwiebeln
200 g Cocktailtomaten
200 g passierte Tomaten (aus dem Tetrapak)
gem. Pfeffer
2 EL abgetropfte Kapern
1 TL gerebelter Oregano
150 g ger. Gouda

Pro Portion:
E: 19 g, F: 24 g, Kh: 62 g,
kJ: 2375, kcal: 568

1. Für den Teig Mehl in eine Rührschüssel geben und in die Mitte eine Vertiefung eindrücken. Hefe hineinbröckeln. Zucker und etwas Wasser hinzufügen, mit einem kleinen Teil des Mehls mit einer Gabel vorsichtig verrühren und etwa 15 Minuten gehen lassen.

2. Restliches Wasser, Salz und Olivenöl hinzufügen. Die Zutaten mit einem Mixer (Knethaken) zunächst kurz auf niedrigster, dann auf höchster Stufe in etwa 5 Minuten zu einem glatten Teig verarbeiten. Den Teig mit Mehl bestäuben und zugedeckt so lange an einem warmen Ort gehen lassen, bis er sich sichtbar vergrößert hat (etwa 30 Minuten).
3. Den gegangenen Teig leicht mit Mehl bestäuben, aus der Schüssel nehmen, auf einer leicht bemehlten Arbeitsfläche nochmals gut durchkneten. Dann auf einem Backblech (30 x 40 cm, gefettet) ausrollen. Den Teig zugedeckt etwa 10 Minuten ruhen lassen.
4. Den Backofen vorheizen.
Ober-/Unterhitze: etwa 200 °C
Heißluft: etwa 180 °C
5. Für den Belag in der Zwischenzeit Peperoni und Paprikaschote halbieren, entstielen, entkernen und die weißen Scheidewände entfernen. Schoten abspülen, abtropfen lassen und in kleine Stücke schneiden. Zwiebeln abziehen und in Scheiben schneiden. Tomaten abspülen, abtrocknen, halbieren und die Stängelansätze herausschneiden.
6. Die passierten Tomaten auf den Pizzateig streichen und mit den Peperoni-, Paprikastücken, Zwiebelscheiben und Tomatenhälften belegen, mit Salz, Pfeffer, Kapern und Oregano würzen. Die Pizza mit dem Käse bestreuen. Das Backblech in den vorgeheizten Backofen schieben. Die Pizza 20–25 Minuten backen.

Pikante Brandteigringe

20 Stück

Zubereitungszeit: 70 Minuten, ohne Abkühlzeit
Backzeit: 25–30 Minuten je Backblech

Für den Brandteig:
250 ml Wasser
50 g Butter oder Margarine
150 g Weizenmehl
30 g Speisestärke
Salz, gem. Pfeffer
Paprikapulver edelsüß
4–5 Eier (Größe M)
1 Msp. Dr. Oetker Backin

20 g Sesamsamen

Für den Quark:
4 Frühlingszwiebeln
2 rote Zwiebeln
1 kg Speisequark (20 % Fett)
6 EL Schnittlauchröllchen
6 EL klein geschnittene Petersilie
4 EL Tomatenketchup
2 EL Tomatenmark
2 TL mittelscharfer Senf

Pikante Brandteigringe

Pro Stück:
E: 9 g, F: 10 g, Kh: 10 g,
kJ: 738, kcal: 176

1. Für den Teig Wasser mit Butter oder Margarine am besten in einem Stieltopf zum Kochen bringen. Mehl mit Speisestärke mischen, Salz, Pfeffer und Paprika untermischen. Auf einmal in die von der Kochstelle genommene Flüssigkeit schütten, zu einem glatten Kloß rühren und unter Rühren etwa 1 Minute erhitzen.
2. Den heißen Kloß sofort in eine Schüssel geben. Nach und nach Eier mit einem Mixer (Knethaken) auf höchster Stufe unterarbeiten. Die Eiermenge hängt von der Beschaffenheit des Teiges ab, er muss stark glänzen und so von einem Löffel abreißen, dass lange Spitzen hängen bleiben.
3. Den Backofen vorheizen.
Ober-/Unterhitze: etwa 200 °C
Heißluft: etwa 180 °C
4. Backpulver in den erkalteten Teig arbeiten. Den Teig in einen Spritzbeutel ohne Tülle geben und insgesamt 20 Ringe (Ø 6–8 cm) nicht zu dicht nebeneinander auf 3 Backbleche (gefettet, gemehlt) spritzen. Die Teigringe mit Sesam bestreuen. Die Backbleche nacheinander (bei Heißluft zusammen) in den vorgeheizten Backofen schieben. Die Gebäckringe 25–30 Minuten je Backblech backen.
5. Die Gebäckringe von den Backblechen lösen, auf einen Kuchenrost legen, noch warm waagerecht durchschneiden und erkalten lassen.
6. Für den Quark Frühlingszwiebeln putzen, abspülen, abtropfen lassen, in feine Scheiben schneiden. Zwiebeln abziehen, klein würfeln. Quark mit den Frühlingszwiebeln, Zwiebelwürfeln, Schnittlauchröllchen und Petersilie verrühren. Mit Ketchup, Tomatenmark und Senf verrühren. Mit Salz, Pfeffer und Paprika würzen.
7. Die unteren Hälften der Gebäckringe mit der Quarkmasse bestreichen, die oberen Hälften darauflegen und etwas andrücken.

Pikante Ratatouille-Pizza mit Kapernäpfeln und Oliven

4 Portionen

VEGAN

Zubereitungszeit: 35 Minuten, ohne Teiggehzeit
Backzeit: 12–15 Minuten

250 g Weizenmehl
15 g frische Hefe
125 ml warmes Wasser
1 EL Zucker, Salz
2 EL Olivenöl

Für den Belag:
2 rote Paprikaschoten
1 Zucchini
2 rote Zwiebeln
2 Knoblauchzehen
2 EL Olivenöl
1 Msp. Chilipulver
250 ml Tomatensaft
50 g abgetropfte Kapernäpfel
50 g abgetropfte, schwarze Oliven
1 Bund Basilikum

Pro Portion:
E: 11 g, F: 16 g, Kh: 63 g,
kJ: 1850, kcal: 442

1. Für den Teig Mehl in eine Rührschüssel geben. In die Mitte eine Vertiefung eindrücken und die Hefe hineinbröckeln. 125 ml warmes Wasser, Zucker, 1 Prise Salz und das Olivenöl hinzufügen. Die Zutaten mit einem Mixer (Knethaken) zu einem glatten Teig verarbeiten. Den Teig auf der bemehlten Arbeitsfläche nochmals kräftig durchkneten und zugedeckt an einem warmen Ort etwa 45 Minuten gehen lassen.
2. In der Zwischenzeit für den Belag die Paprikaschoten halbieren, entstielen, entkernen und die weißen Scheidewände entfernen. Schoten abspülen, abtropfen lassen und in etwa 1 cm große Würfel schneiden. Zucchini abspülen, trocken tupfen und die Enden abschneiden. Zucchini ebenfalls in etwa 1 cm große Würfel schneiden. Die Zwiebeln abziehen und klein würfeln. Knoblauch abziehen und durch eine Knoblauchpresse drücken.
3. Olivenöl in einer Pfanne erhitzen. Das vorbereitete Gemüse mit den Zwiebel- und Knoblauchwürfeln darin unter Rühren andünsten. Mit Chili und Salz würzen. Tomatensaft hinzugießen und aufkochen lassen.
4. Den Backofen vorheizen.
Ober-/Unterhitze: etwa 240 °C
Heißluft: etwa 220 °C
5. Gegangenen Teig auf der bemehlten Arbeitsfläche zu einem Rechteck (etwa 30 x 40 cm) ausrollen und auf ein Backblech (30 x 40 cm, gefettet) legen. Das Ratatouille-Gemüse darauf verteilen. Das Backblech in den vorgeheizten Backofen schieben. Die Pizza 12–15 Minuten backen.

Pikante Ratatouille-Pizza mit Kapernäpfeln und Oliven

6. Backblech auf einen Rost stellen. Die Pizza mit Kapernäpfeln und Oliven belegen. Basilikum abspülen und trocken tupfen. Basilikumblättchen auf der Pizza verteilen.

Gemüsekuchen

4 Portionen (ohne Foto)

Zubereitungszeit: 40 Minuten, ohne Teiggeh- und Abkühlzeit
Backzeit: etwa 40 Minuten

Für den Hefeteig:
250 g Weizenmehl (Type 550)
21 g frische Hefe
1 TL Zucker
5 EL lauwarme Milch
1/2 gestr. TL Salz
5 EL Olivenöl

Für den Belag:
1 Zucchini (etwa 200 g)
1 Stange Porree (Lauch, etwa 200 g)
200 g Champignons (möglichst kleine)
300 g TK-Brokkoli
Salz
4 kleine Tomaten
gem. Pfeffer
gerebelte, italienische Kräuter
200 g mittelalter Gouda oder Emmentaler
150 g Crème fraîche
2 Eier (Größe M)
1 TL scharfer Senf
1 EL klein geschnittene Kräuter
ger. Muskatnuss

1 Eigelb
2 EL Milch

Pro Portion:
E: 34 g, F: 48 g, Kh: 63 g,
kJ: 3437, kcal: 823

1. Für den Teig Mehl in eine Rührschüssel geben. In die Mitte eine Vertiefung drücken und die Hefe hineinbröckeln. Zucker und Milch hinzufügen. Mit einem kleinen Teil des Mehls mit einer Gabel vorsichtig verrühren und 10–15 Minuten gehen lassen.

2. Salz und Olivenöl hinzufügen. Die Zutaten mit einem Mixer (Knethaken) zunächst kurz auf niedrigster, dann auf höchster Stufe in etwa 5 Minuten zu einem glatten Teig verarbeiten.

3. Den Teig mit Mehl bestäuben und zugedeckt so lange an einem warmen Ort gehen lassen, bis er sich sichtbar vergrößert hat (etwa 30 Minuten).

4. Den gegangenen Teig leicht mit Mehl bestäuben, aus der Schüssel nehmen, auf einer bemehlten Arbeitsfläche nochmals gut durchkneten und wieder zugedeckt so lange an einem warmen Ort gehen lassen, bis er sich sichtbar vergrößert hat (etwa 30 Minuten).

5. Knapp zwei Drittel des Teiges auf einer bemehlten Arbeitsfläche zu einer runden Platte (Ø etwa 30 cm) ausrollen und in eine Springform (Ø 28 cm, gefettet) legen, einen etwa 2 cm hohen Rand andrücken.

6. Für den Belag Zucchini abspülen, abtrocknen und die Enden abschneiden. Zucchini in Scheiben schneiden. Porree putzen, die Stange längs halbieren, gründlich waschen, abtropfen lassen und in etwa 1 cm breite Streifen schneiden. Champignons putzen, evtl. kurz abspülen, trocken tupfen und klein schneiden.

7. Das vorbereitete Gemüse und den gefrorenen Brokkoli nacheinander in kochendem Salzwasser 2–3 Minuten blanchieren. Das Gemüse jeweils in ein Sieb geben, mit kaltem Wasser abschrecken, abtropfen und abkühlen lassen.

8. Den Backofen vorheizen.
Ober-/Unterhitze: etwa 180 °C
Heißluft: etwa 160 °C

9. Tomaten kreuzweise einschneiden und mit kochendem Wasser übergießen. Nach 1–2 Minuten herausnehmen und mit kaltem Wasser abschrecken. Tomaten häuten und die Stängelansätze herausschneiden.

10. Das abgekühlte Gemüse auf den Teigboden geben. Die Tomaten darauf verteilen.

Pikanter Käsekuchen mit Korinthen

11. Gemüse mit Pfeffer und Kräutern würzen. Käse in Würfel schneiden und auf dem Gemüse verteilen. Crème fraîche mit Eiern, Senf und Kräutern verschlagen, mit Salz und Muskat würzen. Das Gemüse mit dem Eierguss übergießen.

12. Aus dem restlichen Teig 2 Rollen formen (Länge = Umfang des Springformrandes), umeinanderschlingen und innen an den Formrand legen. Eigelb mit Milch verschlagen. Den Teigrand damit bestreichen.

13. Die Form auf dem Rost in den vorgeheizten Backofen schieben. Den Gemüsekuchen etwa 40 Minuten backen.

Pikanter Käsekuchen mit Korinthen

15 Stücke

Zubereitungszeit: 45 Minuten, ohne Einweich- und Abkühlzeit
Backzeit: 40–45 Minuten

100 g Korinthen
4 EL roter Portwein
100 g Butter oder Margarine
100 g Weizenmehl (Type 550)
50 g Hartweizengrieß
4 gestr. TL Dr. Oetker Backin
1 TL gerebelter Thymian
100 g ger. Parmesan
50 g Buttermilch
2 Eier (Größe M)
100 g Edelpilzkäse, z. B. Blauschimmelkäse (50 % Fett)
Semmelbrösel

Pro Stück:
E: 6 g, F: 11 g, Kh: 13 g,
kJ: 751, kcal: 179

1. Korinthen in ein Sieb geben, mit heißem Wasser abspülen und abtropfen lassen. Portwein leicht erwärmen und die Korinthen darin einweichen. Butter oder Margarine zerlassen und abkühlen lassen.

2. Den Backofen vorheizen.
Ober-/Unterhitze: etwa 180 °C
Heißluft: etwa 160 °C

3. Mehl mit Grieß, Backpulver, Thymian und Parmesan in einer Rührschüssel mischen. Buttermilch, Eier und Butter oder Margarine hinzugeben und mit einem Mixer (Rührstäbe) zu einem Teig verrühren.

4. Edelpilzkäse in kleine Stücke teilen und zusammen mit den eingeweichten Korinthen und der Flüssigkeit unter den Teig rühren.

5. Den Teig in eine Kastenform (25 x 11 cm, gefettet, mit Semmelbröseln ausgestreut) füllen und glatt streichen. Die Form auf dem Rost in den vorgeheizten Backofen schieben. Den Käsekuchen 40–45 Minuten backen.

6. Die Form auf einen Kuchenrost stellen. Den Kuchen etwa 10 Minuten in der Form stehen lassen, dann auf einen mit Backpapier belegten Kuchenrost stürzen. Kuchen wieder umdrehen und erkalten lassen.

Pizza mit karamellisierten Zwiebeln

Pizza mit karamellisierten Zwiebeln

4 Portionen

Zubereitungszeit: 45 Minuten, ohne Auftau- und Ruhezeit
Backzeit: etwa 20 Minuten

300 g TK-Blätterteig
1 Bund Salbei
2 EL Olivenöl
Salz

Für den Belag:
400 g rote Zwiebeln
100 g feiner Kristallzucker
50 g Butter
200 g Gorgonzola

150 g Rucola (Rauke)
2–3 Olivenöl
1 EL weißer Balsamico-Essig
gem. schwarzer Pfeffer

Pro Portion:
E: 16 g, F: 51 g, Kh: 59 g,
kJ: 3186, kcal: 762

1. Die Blätterteigplatten nebeneinander zugedeckt nach Packungsanleitung auftauen.
2. Die Blätterteigplatten aufeinanderlegen und auf einer bemehlten Arbeitsfläche zu einer runden Platte (Ø etwa 32 cm) ausrollen.
3. Die Teigplatte auf ein Backblech (mit Backpapier belegt) legen, mit einer Gabel mehrmals einstechen und etwa 15 Minuten ruhen lassen.
4. Salbei abspülen und trocken tupfen. Die Blättchen von den Stängeln zupfen. Salbeiblättchen auf der Teigplatte verteilen. Olivenöl darauf träufeln und mit Salz bestreuen.
5. Den Backofen vorheizen.
Ober-/Unterhitze: etwa 180 °C
Heißluft: etwa 160 °C
6. Für den Belag Zwiebeln abziehen und in dünne Scheiben schneiden. Zucker in einem Topf bei mittlerer Hitze unter Rühren karamellisieren. Den Topf von der Kochstelle nehmen. Butter hinzugeben, unter Rühren darin zerlassen, bis der Karamell gelöst ist. Zwiebelscheiben hinzufügen und in der Karamellmasse unter mehrmaligem Wenden anbraten.
7. Die Zwiebelscheiben auf der vorbereiteten Pizzaplatte verteilen. Gorgonzola in Stücke schneiden und darauflegen. Das Backblech in den vorgeheizten Backofen schieben. Die Pizza etwa 20 Minuten backen.
8. In der Zwischenzeit Rucola putzen und die harten Stiele abschneiden. Rucola abspülen, trocken tupfen und in eine Schüssel geben. Olivenöl mit Essig, Salz und Pfeffer verrühren und untermischen.
9. Die gebackene Pizza vom Backblech lösen und auf einen großen Teller legen. Angerichteten Rucola auf der heißen Pizza verteilen, mit reichlich frisch gemahlenem Pfeffer bestreuen und sofort servieren.

Gemüsekuchen mit Käsestreuseln

12 Stücke (ohne Foto)

Zubereitungszeit: 50 Minuten, ohne Teiggehzeit
Backzeit: 40–45 Minuten

Für den Hefeteig:
400 g Weizenmehl
1 Pck. Dr. Oetker Trockenbackhefe
1 TL Zucker
1 gestr. TL Salz
gem. Pfeffer
Paprikapulver edelsüß
1 Ei (Größe M)
175 ml lauwarme Milch (3,5 % Fett)
50 g zerlassene, abgekühlte Butter

Für den Gemüsebelag:
250 g Möhren
250 g Kohlrabi
je 200 g Zucchini, Fenchel und Staudensellerie
250 ml kochende Gemüsebrühe
150 g Zwiebeln
250 g Tomaten

Für den Kartoffelguss:
500 g gegarte, mehligkochende Kartoffeln
250–300 ml Milch (3,5 % Fett)
4 Eier (Größe M)
2 TL scharfer Senf
Salz
ger. Muskatnuss

Für die Käsestreusel:
50 g Butter (zimmerwarm)
60 g Semmelbrösel
30–40 g ger. Parmesan

Pro Stück:
E: 12 g, F: 13 g, Kh: 44 g,
kJ: 1424, kcal: 340

1. Für den Teig Mehl in eine Rührschüssel geben und mit der Trockenbackhefe sorgfältig vermischen. Die restlichen Zutaten für den Teig hinzufügen und mit einem Mixer (Knethaken) zunächst kurz auf niedrigster, dann auf höchster Stufe in etwa

5 Minuten zu einem glatten Teig verarbeiten. Den Teig zugedeckt so lange einem warmen Ort gehen lassen, bis er sich sichtbar vergrößert hat (etwa 30 Minuten).

2. Für den Gemüsebelag in der Zwischenzeit Möhren und Kohlrabi putzen, schälen, abspülen, abtropfen lassen. Die Zucchini abspülen, abtrocknen und die Enden abschneiden. Möhren, Kohlrabi und Zucchini in etwa 5 cm lange, bleistiftdicke Streifen schneiden. Den Fenchel und Staudensellerie putzen, abspülen, abtropfen lassen und in etwa 1/2 cm dicke Streifen schneiden. Die einzelnen Gemüsesorten getrennt, nacheinander in der kochenden Gemüsebrühe etwa 1 Minute blanchieren, anschließend in ein Sieb geben und abtropfen lassen (dabei jeweils die Gemüsebrühe auffangen). Zwiebeln abziehen und klein würfeln. Tomaten abspülen, abtropfen lassen, halbieren und die Stängelansätze herausschneiden. Tomaten in Scheiben schneiden.

3. Den Backofen vorheizen.
Ober-/Unterhitze: etwa 200 °C
Heißluft: etwa 180 °C

4. Den gegangenen Teig leicht mit Mehl bestäuben, aus der Schüssel nehmen und auf einer bemehlten Arbeitsfläche zu einem Rechteck (etwa 35 x 45 cm) ausrollen. Teig in eine Fettpfanne (30 x 40 cm, gefettet) legen, dabei den Teig am Rand etwas hochdrücken. Das vorbereitete Gemüse auf dem Teig verteilen.

5. Für den Kartoffelguss die Kartoffeln mit der Milch in eine Schüssel geben und pürieren. Eier und Senf unterrühren, mit Salz, Paprika und Muskat würzen. Den Guss auf dem Gemüse verteilen.

6. Für die Käsestreusel Butter, Semmelbrösel und Parmesan in eine Rührschüssel geben und mit dem Mixer (Knethaken) zu Streuseln verarbeiten. Die Streusel auf dem Gemüsekuchen verteilen. Das Backblech in den vorgeheizten Backofen schieben und den Gemüsekuchen 40–45 Minuten backen.

Pikanter Schichtkuchen

6 Portionen

Zubereitungszeit: 40 Minuten
Grillzeit: etwa 20 Minuten

Für die Füllung:
60 g Pinienkerne
80 g abgetropfte, grüne Oliven, ohne Stein
90 g grünes Pesto (aus dem Glas)
30 g Semmelbrösel
6 EL Wasser

Für den All-in-Teig:
100 g Weizenmehl
100 g Speisestärke
3 gestr. TL Dr. Oetker Backin
4 Eier (Größe M)
7 EL Milch
200 g Butter oder Margarine (zimmerwarm)

Pro Portion:
E: 10 g, F: 46 g, Kh: 32 g,
kJ: 2462, kcal: 588

1. Für die Füllung Pinienkerne fein hacken, in einer Pfanne ohne Fett unter Rühren goldbraun rösten und auf einem Teller erkalten lassen.

2. Oliven fein hacken, mit Pesto, Pinienkernen, Semmelbröseln und Wasser verrühren. Füllung in 3 gleich große Portionen teilen.

3. Für den Teig Mehl mit Speisestärke und Backpulver in einer Rührschüssel mischen. Eier, Milch und Butter oder Margarine hinzugeben. Die Zutaten mit einem Mixer (Rührstäbe) in etwa 1 Minute zu einem glatten Teig verarbeiten. Den Teig in 4 gleich große Portionen teilen.

4. Den Backofengrill vorheizen.

5. Eine Teigportion in eine Springform (Ø 26 cm, gefettet) füllen und mit einer Teigkarte glatt streichen. Die Form auf dem Rost unter den vorgeheizten Backofengrill schieben und den Teig in 4–5 Minuten goldbraun backen.

6. Die Form auf einen Kuchenrost stellen. Eine Portion der Füllung auf den vorgebackenen Teig streichen. Eine weitere Teigportion daraufgeben und glatt streichen. Die Form wieder auf dem Rost unter den vorgeheizten Backofengrill schieben und den Teig 4–5 Minuten goldbraun backen und den Vorgang noch zweimal wiederholen, bis der Teig und die Füllung aufgebraucht sind.

7. Die Form auf einen Kuchenrost stellen und den Schichtkuchen etwa 10 Minuten abkühlen lassen. Dann den Springformrand mit einem Messer vorsichtig lösen und entfernen. Den Schichtkuchen warm oder kalt servieren, vorher in kleine Würfel oder Streifen schneiden.

Pikanter Schichtkuchen

Paprika-Auberginen-Pie

4–6 Portionen

Zubereitungszeit: 65 Minuten, ohne Kühlzeit
Backzeit: 35–40 Minuten

Für den Teig:
325 g Weizenmehl
100 g Maismehl
1/2 gestr. TL Salz
1 TL Zucker
125 g kalte Butter
175 g gut gekühlte Buttermilch

700 g Auberginen
450 g rote Paprikaschoten
125 g Zwiebeln
2 Knoblauchzehen
6 EL Olivenöl
1 TL Fenchelsamen
125 ml trockener Weißwein
2 Stängel Rosmarin
etwa 20 abgetropfte, schwarze Oliven, mit Stein, z. B. Kalamata
Salz, gem. schwarzer Pfeffer
200 g Cocktailtomaten
125 g Parmesan (am Stück)
100 g Semmelbrösel
10 schöne Basilikumblättchen

Pro Portion:
E: 23 g, F: 47 g, Kh: 90 g,
kJ: 3747, kcal: 895

1. Für den Teig Mehl, Maismehl, Salz und Zucker in einer Rührschüssel mischen. Klein gewürfelte Butter mit den Händen krümelig untermischen (nicht kneten). Buttermilch schnell untermengen. Die Zutaten kurz geschmeidig kneten. Den Teig flach drücken, in Frischhaltefolie wickeln und 3–4 Stunden in den Kühlschrank legen.
2. Auberginen abspülen, abtrocknen und die Stängelansätze entfernen. Auberginen in etwa 2 cm große Würfel schneiden. Paprikaschoten halbieren, entstielen, entkernen, weiße Scheidewände entfernen. Schoten abspülen, abtropfen lassen, in etwa 2 cm große Stücke schneiden. Zwiebeln und Knoblauch abziehen. Zwiebeln in kleine Würfel, Knoblauchzehen in dünne Scheiben schneiden.
3. Olivenöl in einem Topf erhitzen. Auberginenwürfel, Paprikastücke, Zwiebelwürfel, Knoblauchscheiben und Fenchelsamen darin kräftig andünsten. Die Zutaten mit Wein ablöschen und ganz einkochen lassen.
4. Den Backofen vorheizen.
Ober-/Unterhitze: etwa 200 °C
Heißluft: etwa 180 °C
5. Rosmarin abspülen und trocken tupfen. Die Nadeln von den Stängeln zupfen. Nadeln fein hacken, unter das Auberginen-Paprika-Gemüse geben. Oliven vom Stein schneiden und untermischen. Mit Salz und Pfeffer würzen. Tomaten abspülen, trocken tupfen, halbieren und die Stängelabsätze herausschneiden. Parmesan grob reiben.
6. Den Teig auf einer bemehlten Arbeitsfläche zu einem Oval (etwa 48 x 35 cm) ausrollen und vorsichtig auf ein Backblech (30 x 40 cm, mit Backpapier belegt) legen, dabei die Teigränder überhängen lassen. Den Teig so belegen, dass ein etwa 10 cm breiter Rand frei bleibt. Dafür zuerst den Teig mit Semmelbröseln bestreuen. Dann den Parmesan darauf verteilen. Zuletzt das Auberginen-Paprika-Gemüse daraufgeben und mit den Tomatenhälften belegen. Den überhängenden Teigrand darüberschlagen und leicht nachformen.
7. Das Backblech in den vorgeheizten Backofen (untere Schiene) schieben. Pie 35–40 Minuten goldbraun backen.
8. Die Pie heiß oder kalt mit abgespülten, trocken getupften Basilikumblättchen bestreut servieren.

Pizza mit Auberginen und Steinpilzen

4 Portionen

Zubereitungszeit: 40 Minuten, ohne Teiggehzeit
Backzeit: etwa 20 Minuten

Für den Hefeteig:
250 g Weizenmehl
21 g frische Hefe
125 ml lauwarmes Wasser
1 gestr. TL Salz
2 EL Olivenöl

Für den Belag:
1 Aubergine (etwa 300 g)
Salz
3 EL Olivenöl
500 g Steinpilze
60 g Butter
gem. Pfeffer
3 EL klein geschnittene Petersilie

Paprika-Auberginen-Pie

700–800 g Tomaten
375–500 g abgetropfter Mozzarella

Pro Portion:
E: 21 g, F: 31 g, Kh: 64 g,
kJ: 2603, kcal: 622

1. Für den Teig das Mehl in eine Rührschüssel geben, in die Mitte eine Vertiefung drücken und die Hefe hineinbröckeln, etwas Wasser hinzugeben, mit einer Gabel vorsichtig verrühren und etwa 10 Minuten gehen lassen.
2. Restliches Wasser, Salz und Olivenöl hinzufügen. Die Zutaten mit einem Mixer (Knethaken) zunächst kurz auf niedrigster, dann auf höchster Stufe zu einem glatten Teig verkneten. Den Teig zugedeckt so lange an einem warmen Ort gehen lassen, bis er sich sichtbar vergrößert hat (etwa 30 Minuten).
3. Für den Belag in der Zwischenzeit die Aubergine abspülen, abtrocknen und den Stängelansatz entfernen. Aubergine in Scheiben schneiden, mit Salz bestreuen und etwa 10 Minuten stehen lassen. Anschließend die Auberginenscheiben mit Küchenpapier trocken tupfen.
4. Jeweils etwas Olivenöl in einer Pfanne erhitzen. Die Auberginenscheiben darin portionsweise von beiden Seiten anbraten, herausnehmen und auf Küchenpapier abtropfen lassen.
5. Den Backofen vorheizen.
Ober-/Unterhitze: etwa 200 °C
Heißluft: etwa 180 °C
6. Steinpilze putzen, evtl. kurz abspülen, trocken tupfen und in Scheiben schneiden. Butter in einer Pfanne zerlassen. Die Pilzscheiben darin evtl. in 2 Portionen anbraten. Mit Salz und Pfeffer würzen. Petersilie unterrühren. Tomaten abspülen, abtrocknen, halbieren und die Stängelansätze herausschneiden. Tomaten in Würfel schneiden.
7. Den gegangenen Teig leicht mit Mehl bestäuben, aus der Schüssel nehmen, auf einer leicht bemehlten Arbeitsfläche nochmals kurz durchkneten. Den Teig zu einer runden

Pizza mit Auberginen und Steinpilzen

Platte von (Ø etwa 28 cm) ausrollen, auf ein Pizzablech (gefettet) legen und mit den Tomatenwürfeln belegen. Auberginen- und Pilzscheiben darauf verteilen. Mozzarella in Scheiben schneiden und darauflegen.
8. Die Form auf dem Rost in den vorgeheizten Backofen schieben. Die Pizza etwa 20 Minuten backen.

Pfannkuchen-Pizza

4 Portionen (ohne Foto)

Zubereitungszeit: 50 Minuten, ohne Ruhezeit

Für den Teig:
250 g Weizenmehl
4 Eier (Größe M), Salz
250 ml Milch (3,5 % Fett)
250 ml Wasser
2 EL klein geschnittene Petersilie

Für den Belag:
125 g Champignons
4 Fleischtomaten
einige abgetropfte, entsteinte, schwarze Oliven
250 g abgetropfter Mozzarella
gem. Pfeffer
1 EL klein gerebelter Majoran

Außerdem:
etwa 100 ml Speiseöl

Pro Portion:
E: 29 g, F: 39 g, Kh: 56 g,
kJ: 2885, kcal: 689

1. Für den Teig das Mehl in eine Rührschüssel geben. Eier mit 1 Prise Salz, Milch und Wasser verschlagen, dann nach und nach unter Rühren zum Mehl geben. Dabei darauf achten, dass keine Klümpchen entstehen. Petersilie unter den Teig rühren. Den Teig etwa 15 Minuten ruhen lassen.
2. Für den Belag die Champignons putzen, evtl. kurz abspülen, trocken tupfen und in Scheiben schneiden. Tomaten abspülen, abtrocknen, halbieren und die Stängelansätze herausschneiden. Tomaten in Scheiben schneiden. Die Oliven halbieren oder vierteln. Mozzarella in Scheiben schneiden.
3. Etwas Speiseöl in einer beschichteten Pfanne erhitzen. Den Pfannkuchenteig gut durchrühren. Eine dünne Teiglage (etwa ein Achtel des Teiges) mit einer drehenden Bewegung gleichmäßig auf dem Boden der Pfanne verteilen. Den Pfannkuchen in etwa 4 Minuten goldbraun backen. Dann den Pfannkuchen wenden.
4. Die vorbereiteten Zutaten für den Belag jeweils in 8 Portionen teilen. Den Pfannkuchen jeweils mit 1 Portion Champignon-, Tomaten-, Mozzarellascheiben und Olivenstücken belegen. Mit Salz, Pfeffer und Majoran würzen. Die Pfanne mit dem Deckel verschließen. Den Pfannkuchen bei mittlerer Hitze so lange backen, bis der Mozzarella zerläuft.
5. Aus dem restlichen Teig weitere 7 Pfannkuchen-Pizzen zubereiten. Die Pfannkuchen-Pizzen bis zum Verzehr warm stellen.

Pizza aus Quark-Öl-Teig

6 Portionen (ohne Foto)

Zubereitungszeit: 30 Minuten
Backzeit: etwa 20 Minuten

Für den Quark-Öl-Teig:
300 g Weizenmehl (Typ 1050)
1 Pck. Dr. Oetker Backin
150 g Magerquark
2–3 EL Milch
5 EL Speiseöl
1 Ei (Größe M)

Für den Belag:
70 g Tomatenmark
gerebelter Thymian
gerebelter Oregano
Salz, gem. Pfeffer
2–3 abgezogene, zerdrückte Knoblauchzehen
10 Tomaten
185 g abgetropfte Champignonscheiben (aus dem Glas)
3 Zwiebeln
200 g ger. Käse, z. B. Edamer

Pro Portion:
E: 23 g, F: 22 g, Kh: 41 g,
kJ: 1912, kcal: 456

1. Für den Teig Mehl mit Backpulver in einer Rührschüssel mischen. Quark, Milch, Speiseöl und Ei hinzufügen. Die Zutaten mit einem Mixer (Knethaken) kurz auf niedrigster, dann auf höchster Stufe in etwa 1 Minute zu einem glatten Teig verarbeiten (nicht zu lange, Teig klebt sonst). Teig auf einem Backblech (30 x 40 cm, gefettet) ausrollen.
2. Den Backofen vorheizen.
Ober-/Unterhitze: etwa 200 °C
Heißluft: etwa 180 °C
3. Für den Belag Tomatenmark mit Thymian, Oregano, Salz, Pfeffer und Knoblauch verrühren und auf den Teig streichen. Tomaten abspülen, trocken tupfen, halbieren und die Stängelansätze herausschneiden. Tomaten in Scheiben schneiden. Zuerst die Tomatenscheiben, dann die Champignonscheiben auf dem bestrichenen Teig verteilen.
4. Zwiebeln abziehen, in Scheiben schneiden und ebenfalls auf die Pizza legen. Nochmals mit den Gewürzen bestreuen und den Käse darauf verteilen. Das Backblech in den vorgeheizten Backofen schieben. Die Pizza etwa 20 Minuten backen.

Pikanter Gemüsekuchen

Pikanter Gemüsekuchen

6 Portionen

Zubereitungszeit: 55 Minuten, ohne Abkühl- und Ruhezeit
Backzeit: etwa 60 Minuten

Für den Belag:
150 g Möhren
200 g Zucchini
175 g Brokkoli (vorbereitet gewogen)
6 mittelgroße Tomaten
150 g Gouda (am Stück)
gem. Pfeffer
6 Eier (Größe M)

Für den Quark-Öl-Teig:
200 g Vollkorn-Weizenmehl
4 gestr. TL Dr. Oetker Backin
100 g Magerquark
40 ml Milch (3,5 % Fett)
40 ml Speiseöl
1 Ei (Größe M)
1/2 gest. TL Salz

Für den Guss:
2 Eier (Größe M)
100 ml Milch (3,5 % Fett)
125 g Kräuter-Crème-fraîche
ger. Muskatnuss

50 g geraspelter Gouda

Pro Portion:
E: 27 g, F: 33 g, Kh: 29 g,
kJ: 2192, kcal: 524

1. Für den Belag die Möhren putzen, schälen, abspülen und abtropfen lassen. Zucchini abspülen, abtrocknen und die Enden abschneiden. Möhren und Zucchini längs vierteln, jeweils in Scheiben schneiden. Brokkoli putzen, abspülen, abtropfen lassen und in kleine Röschen teilen. Den Stängel kurz unterhalb der Röschen abschneiden, schälen und in Streifen schneiden. Das vorbereitete Gemüse nacheinander in kochendem Salzwasser gar kochen (Möhren und Brokkoli jeweils etwa 3 Minuten, Zucchini etwa 1 Minute). Das Gemüse mit einer Schaumkelle herausnehmen, mit kaltem Wasser abschrecken, gut abtropfen und erkalten lassen.
2. Tomaten kreuzweise einschneiden und mit kochendem Wasser über-

gießen. Nach 1–2 Minuten herausnehmen und mit kaltem Wasser abschrecken. Tomaten häuten. Von den Tomaten jeweils am Stielende einen Deckel abschneiden. Das Fruchtfleisch mit einem Löffel herauslösen. Die Tomaten von innen evtl. mit Küchenpapier trocken tupfen. Käse in Würfel schneiden.

3. Für den Teig Mehl mit Backpulver in einer Rührschüssel mischen. Quark, Milch, Speiseöl, Ei und Salz hinzufügen. Die Zutaten mit einem Mixer (Knethaken) zunächst kurz auf niedrigster, dann auf höchster Stufe in etwa 1 Minute zu einem glatten Teig verarbeiten (nicht zu lange, Teig klebt sonst). Den Teig auf einer leicht bemehlten Arbeitsfläche zu einer runden Platte (Ø etwa 33 cm) ausrollen, in eine Springform (Ø 28 cm, gefettet) legen und einen etwa 5 cm hohen Rand andrücken.

4. Den Backofen vorheizen.
Ober-/Unterhitze: etwa 190 °C
Heißluft: etwa 170 °C

5. Die ausgehöhlten Tomaten innen mit Salz und Pfeffer würzen und auf den Teigboden setzen. Die Hälfte des Gemüses darum verteilen und mit Käsewürfeln bestreuen.

6. Von den 6 Eiern jeweils 1 Eigelb und so viel Eiweiß in die ausgehöhlten Tomaten geben, dass sie knapp gefüllt sind. Restliches Eiweiß beiseitestellen. Restliches Gemüse darauf verteilen.

7. Für den Guss Eier, beiseitegestelltes Eiweiß mit Milch und Kräuter-Crème-fraîche verschlagen, mit Salz, Pfeffer und Muskat würzen. Die Eiermilch auf dem Gemüse verteilen. Die Form auf dem Rost in den vorgeheizten Backofen schieben. Den Gemüsekuchen etwa 60 Minuten backen.

8. Nach etwa 50 Minuten Backzeit den Gemüsekuchen (nicht die Tomaten) mit geraspeltem Gouda bestreuen und fertig backen.

9. Die Form auf einen Rost stellen. Den Gemüsekuchen etwa 10 Minuten in der Form ruhen lassen, dann aus der Form lösen, auf eine Platte setzen und in 6 Stücke schneiden.

Paprika-Blätterteig-Schnitten

24 Stück

Zubereitungszeit: 60 Minuten, ohne Auftauzeit
Backzeit: etwa 20 Minuten je Backblech

900 g TK-Blätterteig (12 rechteckige Platten)
je 2 rote, grüne und gelbe Paprikaschoten (etwa 700 g)
4 Fleischtomaten (etwa 600 g)
1 Zwiebel
3 EL Olivenöl
100 ml Gemüsebrühe
je 1 Bund Thymian und Basilikum
3 EL Tomatenmark
Salz
gem. Pfeffer
Knoblauchsalz

Pro Stück:
E: 3 g, F: 12 g, Kh: 14 g,
kJ: 749, kcal: 179

1. Blätterteigplatten nebeneinander nach Packungsanleitung auftauen lassen. Die einzelnen Platten halbieren, sodass insgesamt 24 Teile entstehen (dabei das Messer sägend bewegen, nicht drücken).

2. Paprikaschoten halbieren, entstielen, entkernen und die weißen Scheidewände entfernen. Schoten abspülen, abtropfen lassen, würfeln.

3. Tomaten kreuzweise einschneiden und mit kochendem Wasser übergießen. Nach 1–2 Minuten herausnehmen und mit kaltem Wasser abschrecken. Tomaten häuten, halbieren und die Stängelansätze herausschneiden. Tomaten würfeln. Die Zwiebel abziehen und klein würfeln.

4. Olivenöl in einem Topf erhitzen, Zwiebelwürfel darin andünsten, Paprikawürfel hinzugeben und mitdünsten lassen. Brühe hinzugießen.

5. Den Backofen vorheizen.
Ober-/Unterhitze: etwa 180 °C
Heißluft: etwa 160 °C

6. Thymian und Basilikum abspülen und trocken tupfen. Die Blättchen von den Stängeln zupfen. Basilikumblättchen evtl. etwas kleiner schneiden. Die Kräuter mit Tomatenmark und den Tomatenwürfeln zu den Paprikawürfeln in den Topf geben. Das Gemüse mit Salz, Pfeffer und Knoblauchsalz würzen.

7. Die vorbereiteten Blätterteigplatten auf 2 Backbleche (gefettet, mit Backpapier belegt) legen. In jede Platte einen etwa 1 cm breiten Rand ritzen, auf die Mitte der Platten jeweils etwas Gemüseragout geben.

8. Die Backbleche nacheinander (bei Heißluft zusammen) in den vorgeheizten Backofen schieben. Paprika-Blätterteig-Schnitten etwa 20 Minuten je Backblech backen.

9. Die Paprika-Blätterteig-Schnitten von den Backblechen nehmen und warm oder kalt servieren.

Paprika-Blätterteig-Schnitten

Gemüsepizza mit Mozzarella

8–10 Portionen

Zubereitungszeit: 50 Minuten
Backzeit: etwa 30 Minuten je Backblech

Für den Teig:
2 Pck. (je 350 g) Grundmischung Pizzateig italienischer Art
340 ml Wasser

Für den Belag:
800 g Brokkoli
Salz
1 Bund Frühlingszwiebeln
2 rote Paprikaschoten
2 kleine Zucchini (je etwa 200 g)
3 Knoblauchzehen
800 g Pizzatomaten (stückige Tomaten, aus Dosen)
190 g abgetropfte Maiskölbchen (aus dem Glas)
gem. Pfeffer
4 Kugeln abgetropfter Mozzarella (je 125 g)
1 Bund Basilikum

Pro Portion:
E: 21 g, F: 25 g, Kh: 55 g,
kJ: 2243, kcal: 534

1. Den Backofen vorheizen.
Ober-/Unterhitze: etwa 220 °C
Heißluft: etwa 200 °C

2. Für den Teig die Grundmischung beider Packungen (4 Beutel) in eine Schüssel geben, Wasser hinzugießen und nach Packungsanleitung zu einem glatten Teig verarbeiten. Den Teig halbieren. Jeweils eine Teighälfte auf einem Backblech (30 x 40 cm, gefettet) ausrollen. Die Backbleche nacheinander (bei Heißluft zusammen) in den vorgeheizten Backofen schieben. Die Böden etwa 10 Minuten je Backblech vorbacken.

3. In der Zwischenzeit für den Belag von dem Brokkoli die Blätter entfernen und den Strunk abschneiden. Brokkoli in Röschen teilen. Den Strunk schälen und in Stücke schneiden. Brokkoli abspülen und abtropfen lassen. Brokkoli in kochendem Salzwasser blanchieren (Stängel etwa 5 Minuten, Röschen etwa 3 Minuten). Brokkoli mit einer Schaumkelle herausnehmen, mit kaltem Wasser abschrecken und abtropfen lassen.

4. Frühlingszwiebeln putzen, abspülen, abtropfen lassen und in Scheiben schneiden. Paprikaschoten halbieren, entstielen, entkernen und die weißen Scheidewände entfernen. Schoten abspülen, abtropfen lassen und grob würfeln. Zucchini abspülen, abtrocknen und die Enden abschneiden. Zucchini in Scheiben schneiden.

5. Backbleche mit den vorgebackenen Böden auf Kuchenroste stellen.

6. Knoblauch abziehen, in kleine Würfel schneiden und unter die Pizzatomaten rühren. Die Pizzatomaten auf den vorgebackenen Böden verteilen. Das vorbereitete Gemüse mit den Maiskölbchen gleichmäßig daraufgeben. Das Gemüse kräftig mit Salz und Pfeffer würzen.

7. Mozzarella in Stücke zupfen und auf dem Gemüse verteilen. Die Backbleche wieder nacheinander (bei Heißluft zusammen) in den heißen Backofen schieben. Die Pizzen bei gleicher Backofentemperatur in etwa 20 Minuten je Backblech backen.

8. In der Zwischenzeit Basilikum abspülen und trocken tupfen. Die Blättchen von den Stängeln zupfen. Die Pizzen vor dem Servieren mit Basilikumblättchen bestreuen.

Gemüsepizza mit Mozzarella

Gemüsepastete

4 Portionen (ohne Foto)

Zubereitungszeit: 50 Minuten
Backzeit: 30–40 Minuten

Für den Knetteig:
200 g Weizenkörner
150 g Weizenmehl (Type 1050)
1 Ei (Größe M)
100 g Butter
etwa 75 ml kaltes Wasser
1 gestr. TL Meersalz

Für die Füllung:
1 kg vorbereitetes Gemüse, z. B. Blumenkohl, grüne Bohnen, Möhren, Porree, Sellerie
1 l Gemüsebrühe
150 g Joghurt (3,5 % Fett)
150 g saure Sahne
2 Eier (Größe M)
ger. Muskatnuss
Paprikapulver edelsüß
gem. schwarzer Pfeffer

3–4 EL gemischte, klein geschnittene Kräuter, z. B. Petersilie, Kerbel, Schnittlauch

2 EL Milch
1 Eigelb

Pro Portion:
E: 25 g, F: 45 g, Kh: 67 g,
kJ: 3381, kcal: 807

1. Für den Teig den Weizen sehr fein schroten, mit Weizenmehl in einer Rührschüssel mischen. Ei, Butter, Wasser und Meersalz hinzufügen. Die Zutaten mit einem Mixer (Knethaken) zunächst kurz auf niedrigster, dann auf höchster Stufe gut durcharbeiten. Anschließend auf einer bemehlten Arbeitsfläche zu einem glatten Teig verkneten. Sollte er kleben, ihn in Frischhaltefolie gewickelt eine Zeit lang in den Kühlschrank legen.
2. Für die Füllung Gemüse putzen, abspülen, abtropfen lassen und in Stücke schneiden. Brühe in einem Topf zum Kochen bringen. Die Gemüsestücke darin etwa 10 Minuten garen. Anschließend in einem Sieb abtropfen lassen.
3. Joghurt mit saurer Sahne und Eiern kräftig verschlagen. Mit Muskat, Paprika und Pfeffer würzen, Kräuter unterrühren.
4. Den Backofen vorheizen.
Ober-/Unterhitze: etwa 200 °C
Heißluft: etwa 180 °C
5. Etwa ein Drittel des Knetteiges auf der bemehlten Arbeitsfläche für den Deckel in Größe der Springform (Ø 26 cm) ausrollen. Dan den restlichen Teig zu einer runden Platte (Ø 32 cm) ausrollen und eine Springform (Ø 26 cm, gefettet) damit auslegen.
6. Das gegarte Gemüse auf dem Teig verteilen und den Eiersahneguss daraufgeben. Den Teigdeckel darauflegen. Milch mit Eigelb verschlagen. Die Teigdecke damit bestreichen. Die Form auf dem Rost in den vorgeheizten Backofen stellen. Die Gemüsepastete 30–40 Minuten backen.

Pilzkuchen

Pilzkuchen

15 Stücke

Zubereitungszeit: 50 Minuten, ohne Abkühlzeit
Backzeit: 45–55 Minuten

10 g getrocknete Steinpilze
250 g Champignons
125 ml Olivenöl
1 TL gerebelter Thymian
gem. Pfeffer

Für den Teig:
100 g Weizenmehl (Type 550)
40 g Hartweizengrieß
3 gestr. TL Dr. Oetker Backin
1 gestr. TL Salz
150 g saure Sahne
2 Eier (Größe M)
30 g Sonnenblumen- oder Kürbiskerne

1–2 EL Semmelbrösel

Pro Stück:
E: 4 g, F: 11 g, Kh: 8 g,
kJ: 62, kcal: 148

1. Steinpilze in ein Sieb geben, mit kaltem Wasser abspülen und abtropfen lassen.
2. Champignons putzen, evtl. kurz abspülen, abtropfen lassen und in Scheiben schneiden. Steinpilze grob hacken.
3. Drei Esslöffel Olivenöl in einem flachen Topf erhitzen. Champignonscheiben, gehackte Steinpilze und Thymian darin andünsten, zugedeckt etwa 5 Minuten bei schwacher Hitze dünsten, mit Pfeffer würzen. Pilzmasse abkühlen lassen.
4. Den Backofen vorheizen.
Ober-/Unterhitze: etwa 180 °C
Heißluft: etwa 160 °C
5. Für den Teig Mehl mit Grieß, Backpulver und Salz in einer Rührschüssel mischen. Saure Sahne, Eier und restliches Olivenöl hinzugeben. Die Zutaten mit einem Mixer (Rührstäbe) zu einem Teig verrühren. Sonnenblumen- oder Kürbiskerne und die Pilzmasse mit der Flüssigkeit kurz unterrühren.
6. Den Pilzteig in eine Kastenform (25 x 11 cm, gefettet, mit Semmelbröseln ausgestreut) füllen und glatt streichen. Die Form auf dem Rost in den vorgeheizten Backofen schieben. Den Pilzkuchen 45–55 Minuten backen.
7. Die Form auf einen Kuchenrost stellen. Den Kuchen etwa 10 Minuten in der Form abkühlen lassen, dann auf einen mit Backpapier belegten Kuchenrost stürzen. Den Kuchen wieder umdrehen und erkalten lassen.

Tipp: Den Kuchen mit grünem Blattsalat, Tomatenspalten und etwas Thymian anrichten.

Gemüsefladen

Pizza nach Art von Apulien

2–4 Portionen (ohne Foto)

Zubereitungszeit: 30 Minuten, ohne Teiggehzeit
Backzeit: etwa 25 Minuten

Für den Hefeteig:
300 g Weizenmehl
1 Pck. Dr. Oetker Trockenbackhefe
1/2 TL Zucker
1 gestr. TL Salz
3–4 EL Olivenöl
125 ml lauwarmes Wasser

Für die Sauce:
2 EL Tomatenmark
4 EL Wasser
1 TL gerebelter Oregano
Salz
gem. Pfeffer
1 Prise Zucker
1 EL Olivenöl

Für den Belag:
4 große Zwiebeln
100 g ger. Pecorino
3 EL Olivenöl

gem. schwarzer Pfeffer

Pro Portion:
E: 23 g, F: 37 g, Kh: 84 g,
kJ: 3185, kcal: 761

1. Für den Teig Mehl in eine Rührschüssel geben und mit der Trockenbackhefe sorgfältig vermischen. Zucker, Salz, Olivenöl und Wasser hinzufügen. Die Zutaten mit einem Mixer (Knethaken) zunächst kurz auf niedrigster, dann auf höchster Stufe in etwa 5 Minuten zu einem glatten Teig verarbeiten. Den Teig zugedeckt so lange an einem warmen Ort gehen lassen, bis er sich sichtbar vergrößert hat (etwa 30 Minuten).
2. Den gegangenen Teig leicht mit Mehl bestäuben, aus der Schüssel nehmen, auf einer leicht bemehlten Arbeitsfläche nochmals kurz durchkneten und zu einer runden Platte (Ø etwa 28 cm) ausrollen. Die Teigplatte auf ein Backblech (mit Backpapier belegt) legen.
3. Für die Sauce Tomatenmark mit Wasser, Oregano, Salz, Pfeffer und Zucker verrühren. Öl unterschlagen. Sauce auf der Teigplatte verteilen.
4. Den Backofen vorheizen.
Ober-/Unterhitze: etwa 200 °C
Heißluft: etwa 180 °C
5. Für den Belag Zwiebeln abziehen, halbieren und in grobe Würfel schneiden. Zwiebelwürfel auf der bestrichenen Teigplatte verteilen. Pecorino daraufstreuen und mit Olivenöl beträufeln. Das Backblech in den vorgeheizten Backofen schieben. Die Pizza etwa 25 Minuten backen.
6. Die gebackene Pizza mit Pfeffer bestreuen.

Gemüsefladen

24 Stück

Zubereitungszeit: 65 Minuten, ohne Teiggehzeit
Backzeit: 15–20 Minuten je Backblech

Für den Hefeteig:
600 g Vollkorn-Weizenmehl
42 g frische Hefe
500 ml lauwarmes Wasser
Salz

Für den Tomatenbelag:
8–9 kleine Tomaten (etwa 800 g)
1/2 Topf Basilikum
gem. Pfeffer
150 g ger. Käse, z. B. Gouda, Emmentaler

Für den Zucchinibelag:
800 g Zucchini (möglichst kleine)
3–4 Knoblauchzehen
4–5 TL Olivenöl
1/2 Topf Basilikum
150 g ger. Käse, z. B. Gouda, Emmentaler

Pro Stück (Fladen mit Tomatenbelag):
E: 7 g, F: 4 g, Kh: 16 g,
kJ: 548, kcal: 131

Pro Stück (Fladen mit Zucchinibelag):
E: 7 g, F: 6 g, Kh: 15 g,
kJ: 613, kcal: 147

1. Für den Teig Mehl in eine Rührschüssel geben und in die Mitte eine Vertiefung eindrücken. Hefe hineinbröckeln, mit 5–6 Esslöffeln Wasser verrühren und etwa 15 Minuten gehen lassen.
2. Anschließend das restliche Wasser (gut 400 ml) und etwas Salz hinzugeben, mit einem Mixer (Knethaken) zunächst kurz auf niedrigster, dann auf höchster Stufe in etwa 5 Minuten zu einem glatten Teig verarbeiten. Den Teig zugedeckt so lange an einem warmen Ort gehen lassen, bis

er sich sichtbar vergrößert hat (etwa 30 Minuten).

3. Gegangenen Teig leicht mit Mehl bestäuben, aus der Schüssel nehmen und auf einer leicht bemehlten Arbeitsfläche nochmals gut durchkneten. Teig halbieren. Jede Teighälfte etwa 1 cm dick ausrollen. Danach aus jeder Teighälfte 12 runde Fladen (Ø etwa 12 cm) ausstechen.

4. Den Backofen vorheizen.
Ober-/Unterhitze: etwa 200 °C
Heißluft: etwa 180 °C

5. Für den Tomatenbelag Tomaten abspülen, abtrocknen und die Stängelansätze herausschneiden. Tomaten in Scheiben schneiden. Basilikum abspülen und trocken tupfen, die Blättchen von den Stängeln zupfen, Blättchen in Streifen schneiden.

6. Tomatenscheiben auf 12 Fladen legen, mit Salz und Pfeffer würzen, mit Basilikumstreifen und Käse bestreuen. Die Fladen auf 2 Backbleche (mit Backpapier belegt) legen. Die Backbleche nacheinander (bei Heißluft zusammen) in den vorgeheizten Backofen schieben. Die Fladen 15–20 Minuten je Backblech backen.

7. In der Zwischenzeit für den Zucchinibelag Zucchini abspülen, abtrocknen und die Enden abschneiden. Zucchini evtl. längs halbieren und in dünne Scheiben schneiden. Knoblauch abziehen und durch eine Knoblauchpresse drücken. Olivenöl in einer Pfanne erhitzen. Die Zucchinischeiben darin von beiden Seiten anbraten, mit Knoblauch und etwas Salz würzen. Basilikum abspülen und trocken tupfen. Die Blättchen von den Stängeln zupfen und in Streifen schneiden.

8. Die restlichen 12 Fladen mit den Zucchinischeiben belegen, mit Basilikumstreifen und Käse bestreuen und auf Backbleche (mit Backpapier belegt) legen.

9. Die Backbleche wie zuvor beschrieben in den heißen Backofen schieben und die restlichen Gemüsefladen bei gleicher Backofentemperatur 15–20 Minuten je Backblech backen.

Pizza Margherita

4 Portionen

Zubereitungszeit: 60 Minuten, ohne Teiggehzeit
Backzeit: 25–30 Minuten

Für den Hefeteig:
300 g Weizenmehl
1 Pck. Dr. Oetker Trockenbackhefe
1/2 TL Zucker
1 gestr. TL Salz
3 EL Speiseöl
125 ml lauwarmes Wasser

Für den Belag:
400 g Tomaten
250 g abgetropfter Mozzarella
Salz
gem. Pfeffer
12 Basilikumblättchen
50 g frisch ger. Parmesan
3 EL Olivenöl

Pro Portion:
E: 25 g, F: 35 g, Kh: 58 g,
kJ: 2713, kcal: 648

1. Für den Teig das Mehl in eine Rührschüssel geben und mit der Trockenbackhefe sorgfältig vermischen. Zucker, Salz, Speiseöl und Wasser hinzufügen. Die Zutaten mit einem Mixer (Knethaken) zunächst kurz auf niedrigster, dann auf höchster Stufe in etwa 5 Minuten zu einem glatten Teig verarbeiten. Den Teig zugedeckt so lange an einem warmen Ort gehen lassen, bis er sich sichtbar vergrößert hat (etwa 30 Minuten).

2. Den gegangenen Teig leicht mit Mehl bestäuben, aus der Schüssel nehmen, auf einer bemehlten Arbeitsfläche nochmals kurz durchkneten und auf einem Backblech (30 x 40 cm, gefettet) ausrollen.

3. Den Backofen vorheizen.
Ober-/Unterhitze: etwa 200 °C
Heißluft: etwa 180 °C

4. Für den Belag Tomaten kreuzweise einschneiden und mit kochendem Wasser übergießen. Nach 1–2 Minuten herausnehmen und mit kaltem Wasser abschrecken. Tomaten häuten, halbieren und die Stängelansätze herausschneiden. Tomaten in Scheiben schneiden. Mozzarella ebenfalls in Scheiben schneiden.

5. Tomaten- und Mozzarellascheiben gleichmäßig auf dem Teig verteilen. Mit Salz und Pfeffer würzen. Basilikumblättchen abspülen, trocken tupfen, grob zerschneiden und auf den Tomaten- und Mozzarellascheiben verteilen. Die Pizza mit Parmesan bestreuen und mit Olivenöl beträufeln.

6. Das Backblech in den vorgeheizten Backofen schieben. Die Pizza 25–30 Minuten backen.

Pizza Margherita

Pizzafladen mit Rosmarin und Oliven

8–10 Portionen

VEGAN

Zubereitungszeit: 40 Minuten, ohne Teiggehzeit
Backzeit: etwa 15 Minuten je Backblech

Für den Hefeteig:
500 g Weizenmehl
2 Pck. Dr. Oetker Trockenbackhefe
1 1/2 gestr. TL Salz
250 ml lauwarmes Wasser
2 EL Olivenöl

100 g trocken eingelegte, schwarze Oliven
2 EL gerebelter Rosmarin
8 EL Olivenöl
2–3 TL grobes Meersalz

Pro Portion:
E: 7 g, F: 17 g, Kh: 42 g, kJ: 1466, kcal: 350

1. Für den Teig Mehl in eine Rührschüssel geben und mit Trockenbackhefe sorgfältig vermischen. Salz, Wasser und Olivenöl hinzufügen. Die Zutaten mit einem Mixer (Knethaken) zunächst kurz auf niedrigster, dann auf höchster Stufe in etwa 5 Minuten zu einem glatten Teig verarbeiten. Den Teig zugedeckt so lange an einem warmen Ort gehen lassen, bis er sich sichtbar vergrößert hat (etwa 30 Minuten).
2. In der Zwischenzeit Oliven entsteinen und in Würfel schneiden.
3. Den gegangenen Teig leicht mit Mehl bestäuben, aus der Schüssel nehmen und auf einer leicht bemehlten Arbeitsfläche nochmals kurz durchkneten. Den Teig halbieren. Unter eine Teighälfte Olivenwürfel und unter die andere Teighälfte Rosmarin kneten.
4. Den Backofen vorheizen.
Ober-/Unterhitze: etwa 220 °C
Heißluft: etwa 200 °C
5. Beide Teigportionen nochmals halbieren und jeweils auf der bemehlten Arbeitsfläche zu runden Fladen (Ø etwa 20 cm) ausrollen. Je 2 Fladen auf ein Backblech (30 x 40 cm, gefettet) legen und mit dem Daumen mehrere Vertiefungen in den Teig drücken.
6. Olivenöl auf den Fladen verteilen, sodass es sich in den Vertiefungen sammelt. Die Rosmarinfladen mit Meersalz bestreuen. Die Backbleche nacheinander (bei Heißluft zusammen) in den vorgeheizten Backofen schieben. Die Fladen etwa 15 Minuten je Backblech backen.
7. Die Pizzafladen von den Backblechen lösen und auf einem Kuchenrost etwas abkühlen lassen. Pizzafladen warm oder kalt servieren.

Pizzafladen mit Rosmarin und Oliven

Gemüsepie

4 Portionen (ohne Foto)

Zubereitungszeit: 50 Minuten, ohne Kühlzeit
Backzeit: etwa 30 Minuten

Für den Knetteig:
200 g Vollkorn-Weizenmehl
1 gestr. TL Meersalz
1 Ei (Größe M)
100 g kalte Butter

Für den Belag:
1 Zucchini (etwa 200 g)
1 Stange Porree (Lauch, etwa 200 g)
200 g kleine Champignons
Meersalz
300 g TK-Brokkoli
4 kleine Tomaten
gem. Pfeffer
gerebelte italienische Kräuter
200 g geraspelter Gouda
150 g Crème fraîche
2 Eier (Größe M)
1 TL scharfer Senf
1 EL klein geschnittene Kräuter, z. B. Petersilie, Oregano
ger. Muskatnuss

Pro Portion:
E: 29 g, F: 52 g, Kh: 68 g, kJ: 3415, kcal: 817

1. Für den Teig das Mehl in eine Rührschüssel geben. Salz, Ei und Butter in Stücken hinzugeben. Die Zutaten mit einem Mixer (Knethaken) zunächst kurz auf niedrigster, dann auf höchster Stufe gut durcharbeiten.
2. Anschließend auf einer leicht bemehlten Arbeitsfläche zu einem glatten Teig verkneten. Teig in Frischhaltefolie gewickelt etwa 30 Minuten in den Kühlschrank legen.
3. Für den Belag Zucchini abspülen, abtrocknen und die Enden abschneiden. Zucchini in Scheiben schneiden. Porree putzen, die Stange längs halbieren, gründlich waschen, abtropfen lassen und in etwa 1 cm breite Streifen schneiden. Champignons putzen, evtl. kurz abspülen und trocken tupfen.

4. Porreestreifen in kochendem Salzwasser kurz aufkochen lassen, mit einem Schaumlöffel herausnehmen, mit kaltem Wasser abschrecken und abtropfen lassen. Dann den Brokkoli in dem kochenden Salzwasser 3–5 Minuten blanchieren, mit dem Schaumlöffel herausnehmen, mit kaltem Wasser abschrecken und in einem Sieb abtropfen lassen.
5. Tomaten kreuzweise einschneiden und mit kochendem Wasser übergießen. Nach 1–2 Minuten herausnehmen und mit kaltem Wasser abschrecken. Tomaten häuten und die Stängelansätze herausschneiden. Das Gemüse erkalten lassen.
6. Den Backofen vorheizen.
Ober-/Unterhitze: etwa 200 °C
Heißluft: etwa 180 °C
7. Den Teig auf der bemehlten Arbeitsfläche zu einer runden Platte (Ø etwa 30 cm) ausrollen und in eine Pieform (Ø 26 cm, gefettet) legen, dabei einen Rand andrücken. Den Teigboden mehrmals mit einer Gabel einstechen.
8. Gemüse auf den Teigboden geben, mit Pfeffer und Kräutern bestreuen. Käse gleichmäßig auf dem Gemüse verteilen. Crème fraîche mit Eiern, Senf und Kräutern verschlagen, mit Meersalz und Muskat abschmecken, die Pie damit übergießen.
9. Die Form auf dem Rost in den vorgeheizten Backofen (untere Schiene) schieben. Die Pie etwa 30 Minuten backen.

Pizza-Waffeln

Pizza-Waffeln
8–10 Portionen

Zubereitungszeit: 35 Minuten
Überbackzeit: etwa 10 Minuten je Backblech

Für den All-in-Teig:
1 spitze, grüne Paprikaschote
75 g abgetropfte, getrocknete Tomaten, in Öl
200 g Schafskäse
250 g Weizenmehl
3 gestr. TL Dr. Oetker Backin
4 Eier (Größe M)
1/2 gestr. TL Salz
Paprikapulver edelsüß
300 g saure Sahne
100 g ger. Pizza-Käse

Zum Überbacken:
250 g abgetropfter Mozzarella
10 mittelgroße Tomaten

Pro Portion:
E: 19 g, F: 21 g, Kh: 28 g,
kJ: 1576, kcal: 376

1. Für den Teig Paprikaschote halbieren, entstielen, entkernen und die weißen Scheidewände entfernen. Schote abspülen, trocken tupfen und klein würfeln. Getrocknete Tomaten ebenfalls klein würfeln. Schafskäse zerbröseln. Mehl mit Backpulver in einer Rührschüssel mischen. Eier, Salz, Paprikapulver und saure Sahne hinzufügen.
2. Die Zutaten mit einem Mixer (Rührstäbe) zunächst kurz auf niedrigster, dann auf höchster Stufe in etwa 2 Minuten zu einem glatten Teig verarbeiten. Pizza-Käse unterrühren. Dann Paprika-, Tomatenwürfel und Schafskäsebrösel unterheben.
3. Jeweils 2 Esslöffel Teig in ein gut erhitztes, gefettetes Waffeleisen geben und verstreichen. Die Waffeln goldbraun backen, mit einer Gabel oder einem Pfannenwender herausnehmen und einzeln auf einem Kuchenrost erkalten lassen. Auf diese Weise 10–12 Waffeln backen.
4. Den Backofen vorheizen.
Ober-/Unterhitze: etwa 200 °C
Heißluft: etwa 180 °C
5. Zum Überbacken Mozzarella waagerecht halbieren und dann in dünne Scheiben schneiden. Tomaten abspülen, trocken tupfen, halbieren und die Stängelansätze herausschneiden. Tomaten ebenfalls in dünne Scheiben schneiden. Die Waffeln in Herzen teilen und auf Backbleche legen. Die einzelnen Herzen mit je 1 Tomaten- und Mozzarellascheibe belegen. Die Backbleche nacheinander (bei Heißluft zusammen) in den vorgeheizten Backofen schieben. Die Pizza-Waffeln etwa 10 Minuten überbacken.

Pizzakringel mit getrockneten Tomaten

24 Stück

VEGAN

Zubereitungszeit: 50 Minuten, ohne Teiggehzeit
Backzeit: etwa 45 Minuten je Backblech

Für den Hefeteig:
100 g abgetropfte, getrocknete Tomaten, in Öl
500 g Weizenmehl
1 Pck. Dr. Oetker Trockenbackhefe
1 1/2 gestr. TL Salz
Zucker
100 ml lauwarmes Wasser
100 ml trockener Weißwein
50 ml Öl (von den getrockneten Tomaten)
50 ml Olivenöl
2 EL Weizenmehl
2 EL gerebelter Rosmarin
etwas getrocknete, zerstoßene Chilischote
Salz

Pro Stück:
E: 3 g, F: 5 g, Kh: 16 g,
kJ: 499, kcal: 119

1. Für den Teig von den getrockneten Tomaten das Öl auffangen und 50 ml abmessen (evtl. mit Olivenöl auffüllen).
2. Das Mehl in eine Rührschüssel geben und mit der Trockenbackhefe sorgfältig vermischen. Salz, 1 Prise Zucker, Wasser, Weißwein und beide Ölsorten hinzufügen. Die Zutaten mit einem Mixer (Knethaken) zunächst kurz auf niedrigster, dann auf höchster Stufe in etwa 5 Minuten zu einem glatten Teig verarbeiten. Den Teig zugedeckt so lange an einem warmen Ort gehen lassen, bis er sich sichtbar vergrößert hat (etwa 30 Minuten).
3. Getrocknete Tomaten gut trocken tupfen, klein hacken und mit Mehl bestäuben. Tomatenstückchen, Rosmarin und Chili unter den gegangenen Teig kneten. Teig in 24 Portionen teilen.
4. Den Backofen vorheizen.
Ober-/Unterhitze: etwa 180 °C
Heißluft: etwa 160 °C
5. Jede Teigportion auf der leicht bemehlten Arbeitsfläche zu einem etwa 15 cm langen Strang rollen, den Strang zu einem Kringel zusammenlegen und an den Enden andrücken. Die Kringel portionsweise in leicht siedendem Salzwasser jeweils etwa 1/2 Minute ziehen lassen, mit einer Schaumkelle herausnehmen und auf Küchenpapier gut abtropfen lassen.
6. Die Kringel auf 2 Backbleche (mit Backpapier belegt) legen. Die Backbleche nacheinander (bei Heißluft zusammen) in den vorgeheizten Backofen schieben. Die Kringel etwa 45 Minuten je Backblech backen.
7. Die Pizzakringel von den Backblechen nehmen und auf Kuchenrosten abkühlen lassen.

Spargeltarte

12 Portionen

Zubereitungszeit: 45 Minuten, ohne Teiggeh- und Ruhezeit
Backzeit: etwa 35 Minuten

Für den Hefeteig:
150 ml warmes Wasser
21 g frische Hefe
1 Prise Zucker
350 g Weizenmehl
20 g ger. Parmesan
1 gestr. TL Salz
50 ml Olivenöl

Für den Belag:
750 g grüner Spargel
Salz

Für den Guss:
2 Eier (Größe M)
200 g Schlagsahne
200 ml Milch (3,5 % Fett)
gem. Pfeffer
ger. Muskatnuss
50 g ger. Parmesan

Pro Portion:
E: 8 g, F: 14 g, Kh: 24 g,
kJ: 1081, kcal: 259

1. Für den Teig Wasser mit zerbröselter Hefe und Zucker in einer Rührschüssel verrühren. Die Hälfte des Mehls unterrühren. Restliches Mehl, Parmesan und Salz daraufstreuen. Olivenöl hinzugießen. Den Hefeteig zugedeckt etwa 20 Minuten an einen warmen Ort gehen lassen.
2. Wenn das aufgestreute Mehl Risse zeigt, alles mit einem Mixer (Knethaken) zunächst kurz auf niedrigster, dann auf höchster Stufe zu einem glatten Teig verkneten. Den Teig etwa 10 Minuten ruhen lassen.
3. Den Teig leicht mit Mehl bestäuben, aus der Schüssel nehmen und auf der leicht bemehlten Arbeitsfläche zu einer runden Platte (Ø etwa 34 cm) ausrollen. Die Teigplatte in

Pizzakringel mit getrockneten Tomaten

eine Springform (Ø 28 cm, mit Backpapier belegt, den Rand mit Butter bestrichen) legen und einen etwa 3 cm hohen Rand andrücken.

4. Den Backofen vorheizen.
Ober-/Unterhitze: etwa 200 °C
Heißluft: etwa 180 °C

5. Für den Belag von dem Spargel das untere Drittel schälen und die unteren Enden abschneiden. Den Spargel in kochendem Salzwasser etwa 2 Minuten blanchieren, mit einer Schaumkelle herausnehmen, in ein Sieb geben, mit kaltem Wasser abschrecken und abtropfen lassen. Den Spargel kreisförmig auf den Teigboden legen.

6. Für den Guss Eier mit Sahne und Milch in einer Rührschüssel verschlagen. Den Guss mit Salz, Pfeffer und 1 Prise Muskat abschmecken. Den Guss auf dem Spargel verteilen und mit Parmesan bestreuen.

7. Tarte auf dem Rost in den vorgeheizten Backofen schieben. Die Tarte etwa 35 Minuten goldbraun backen.

8. Die Tarte aus der Form lösen, auf eine Platte legen und warm oder kalt servieren.

Spargeltarte

Gemüsequiche (Hefeteig)

6–8 Portionen (ohne Foto)

Zubereitungszeit: 60 Minuten, ohne Teiggehzeit
Backzeit: etwa 25 Minuten

Für den Hefeteig:
350 g Weizenmehl
1 Pck. Dr. Oetker Trockenbackhefe
1 Prise Zucker
1/2 gestr. TL Salz
4 EL Speiseöl
200 ml lauwarmes Wasser
100 g geraspelter Gouda

Für den Belag:
400 g passierte Tomaten (aus der Dose)
Salz, gem. Pfeffer
gerebelter Oregano
3 rote Zwiebeln
200 g Zucchini
150 g Champignons
1 gelbe Paprikaschote
4 EL Olivenöl
250 g Tomaten
150 g grob ger. Emmentaler
250 g Schlagsahne
4 Eier (Größe M)
Paprikapulver edelsüß

Pro Portion:
E: 22 g, F: 39 g, Kh: 44 g,
kJ: 2571, kcal: 614

1. Für den Teig das Mehl in eine Rührschüssel geben, mit Trockenbackhefe sorgfältig vermischen. Zucker, Salz, Speiseöl und Wasser hinzufügen. Die Zutaten mit einem Mixer (Knethaken) zunächst kurz auf niedrigster Stufe, dann auf höchster Stufe in etwa 5 Minuten zu einem glatten Teig verarbeiten. Den Teig zugedeckt so lange an warmem Ort gehen lassen, bis er sich sichtbar vergrößert hat (etwa 30 Minuten).

2. Den geraspelten Käse unter den gegangenen Teig arbeiten. Den Teig nochmals kurz durchkneten, aus der Schüssel nehmen und in einer Fettpfanne (30 x 40 cm, gefettet) ausrollen. Den Teig an den Seiten etwas hochdrücken.

3. Für den Belag die passierten Tomaten auf dem Teig verstreichen, mit Salz, Pfeffer und Oregano bestreuen. Den Teig zugedeckt nochmals etwa 15 Minuten gehen lassen. In der Zwischenzeit Zwiebeln abziehen und in Scheiben schneiden. Zucchini abspülen, abtrocknen und die Enden abschneiden. Zucchini in Scheiben schneiden. Champignons putzen, evtl. kurz abspülen, trocken tupfen und ebenfalls in Scheiben schneiden. Paprikaschote halbieren, entstielen, entkernen und die weißen Scheidewände entfernen. Schote abspülen, abtropfen lassen und in Streifen schneiden.

4. Den Backofen vorheizen.
Ober-/Unterhitze: etwa 200 °C
Heißluft: etwa 180 °C

5. Etwas Olivenöl in einer Pfanne erhitzen, das vorbereitete Gemüse darin portionsweise andünsten, mit Salz, Pfeffer und Oregano würzen.

6. Tomaten abspülen, trocken tupfen und die Stängelansätze herausschneiden. Tomaten in Scheiben schneiden, mit dem gedünsteten Gemüse und dem Käse gleichmäßig auf dem Teig verteilen.

7. Sahne mit Eiern verschlagen, mit Salz, Pfeffer und Paprika würzen und auf dem Gemüse verteilen. Die Fettpfanne in den vorgeheizten Backofen schieben. Gemüsequiche etwa 25 Minuten backen.

Gemüsepizza

4–6 Portionen (ohne Foto)

Zubereitungszeit: 70 Minuten, ohne Teiggeh- und Ruhezeit
Backzeit: 20–30 Minuten je Backblech

Für den Hefeteig:
300 g Weizenmehl
1 Pck. Dr. Oetker Trockenbackhefe
4 EL Speiseöl
200 ml lauwarmes Wasser
1 gestr. TL Salz

Für den Belag:
850 g Tomaten (aus Dosen)
1 abgezogene, zerdrückte Knoblauchzehe
Salz
gem. Pfeffer
gerebelter Oregano
gerebelter Rosmarin
500 g Brokkoli
2 Tomaten
250 g Bel Paese (ital. Weichkäse)
70 g abgetropfte, schwarze Oliven

Pro Portion:
E: 25 g, F: 27 g, Kh: 55 g,
kJ: 2365, kcal: 564

1. Für den Teig Mehl in eine Rührschüssel geben und mit der Trockenbackhefe sorgfältig vermischen. Speiseöl, Wasser und Salz hinzufügen. Die Zutaten mit einem Mixer (Knethaken) zunächst kurz auf niedrigster, dann auf höchster Stufe in etwa 5 Minuten zu einem glatten Teig verarbeiten. Den Teig zugedeckt so lange an einem warmen Ort gehen lassen, bis er sich sichtbar vergrößert hat (etwa 30 Minuten).
2. Für den Belag Tomaten in einem Topf mit einer Gabel zerdrücken. Mit Knoblauch, Salz, Pfeffer, Oregano und Rosmarin würzen. Die Tomaten unter Rühren zum Kochen bringen und unter gelegentlichem Rühren dicklich einkochen lassen. Tomatensauce etwas abkühlen lassen.
3. Den gegangenen Teig leicht mit Mehl bestäuben, aus der Schüssel nehmen und auf einer leicht bemehlten Arbeitsfläche nochmals kurz durchkneten. Den Teig nach Belieben zu 2 runden Platten (Ø 30 cm) ausrollen, auf 2 Backbleche (mit Backpapier belegt) legen und zugedeckt etwa 15 Minuten ruhen lassen.
4. In der Zwischenzeit den Backofen vorheizen.
Ober-/Unterhitze: etwa 200 °C
Heißluft: etwa 180 °C
5. Von dem Brokkoli die Blätter entfernen und den Strunk abschneiden. Brokkoli in Röschen teilen, abspülen und abtropfen lassen. Die Brokkoliröschen in kochendem Salzwasser etwa 5 Minuten garen, mit einer Schaumkelle herausnehmen, mit kaltem Wasser abschrecken und gut abtropfen lassen.
6. Tomaten abspülen, abtrocknen, halbieren und die Stängelansätze herausschneiden. Tomaten in Scheiben schneiden. Käse in kleine Stücke teilen.
7. Die Teigplatten mit der Tomatensauce bestreichen. Brokkoliröschen, Tomatenscheiben und Oliven darauf verteilen, mit Käsestücken bestreuen.
8. Die Backbleche nacheinander (bei Heißluft zusammen) in den vorgeheizten Backofen schieben. Gemüsepizza 20–30 Minuten je Backblech backen.

Tomaten-Basilikum-Törtchen

12 Stück

Zubereitungszeit: 30 Minuten, ohne Auftau- und Ruhezeit
Backzeit: etwa 20 Minuten

450 g TK-Blätterteig
36 Cocktailtomaten
6 Eier (Größe M)
150 g ger. Gouda
6 EL Crème fraîche
gem. Pfeffer
ger. Muskatnuss
1 Topf Basilikum

Pro Stück:
E: 10 g, F: 19 g, Kh: 18 g,
kJ: 1174, kcal: 281

1. Blätterteigplatten nebeneinander zugedeckt nach Packungsanleitung auftauen.
2. Den Backofen vorheizen.
Ober-/Unterhitze: etwa 220 °C
Heißluft: etwa 200 °C
3. Tomaten kreuzweise einschneiden und mit kochendem Wasser übergießen. Nach 1–2 Minuten herausnehmen und mit kaltem Wasser abschrecken. Tomaten häuten, halbieren und die Stängelansätze herausschneiden.

Tomaten-Basilikum-Törtchen

Tomatenpizza mit Kräuterteig

4. Eier verschlagen, Käse und Crème fraîche unterrühren. Mit Pfeffer und Muskat würzen.
5. Basilikum abspülen und trocken tupfen. Die Blättchen von den Stängeln zupfen. Einige Blättchen zum Garnieren beiseitelegen. Restliche Blättchen klein schneiden.
6. Zwölf hitzebeständige Förmchen (Ø etwa 12 cm) mit kaltem Wasser ausspülen. Jeweils die Hälfte der Blätterteigplatten aufeinanderlegen und auf einer leicht bemehlten Arbeitsfläche messerdick ausrollen. Aus den Teigplatten insgesamt 12 runde Platten (Ø etwa 10 cm) ausstechen und etwa 10 Minuten ruhen lassen.
7. Die Förmchen mit den ausgestochenen Blätterteigplatten auskleiden, dabei jeweils einen Rand hochdrücken. Klein geschnittenes Basilikum auf den Teig streuen.
8. Tomatenhälften und die Eier-Käse-Masse darauf verteilen. Die Förmchen auf dem Rost in den vorgeheizten Backofen (untere Schiene) schieben. Die Törtchen etwa 20 Minuten backen.
9. Nach etwa 10 Minuten Backzeit den Rost auf die mittlere Schiene schieben. Die Törtchen in weiteren etwa 10 Minuten fertig backen.
10. Die Förmchen vom Rost nehmen. Törtchen in der Form mit beiseitegelegtem Basilikum garniert servieren.

Tomatenpizza mit Kräuterteig

8–10 Portionen

Zubereitungszeit: 50 Minuten, ohne Teiggehzeit
Backzeit: etwa 25 Minuten je Backblech

Für den Hefeteig:
600 g Weizenmehl
2 Pck. Dr. Oetker Trockenbackhefe
2 gestr. TL Salz
4 EL gemischte, klein geschnittene Kräuter, z. B. Rosmarin, Thymian, Oregano
300 ml lauwarmes Wasser
4 EL Olivenöl

Für den Belag:
1 kg Tomaten
150 g Schalotten
500 g Ricotta (ital. Frischkäse)
150 g Crème fraîche
2 Knoblauchzehen
Salz
gem. Pfeffer

Pro Portion:
E: 15 g, F: 21 g, Kh: 53 g,
kJ: 1902, kcal: 455

1. Für den Teig das Mehl in eine Rührschüssel geben und mit der Trockenbackhefe sorgfältig vermischen. Salz, Kräuter, Wasser und Olivenöl hinzufügen. Die Zutaten mit einem Mixer (Knethaken) zunächst kurz auf niedrigster, dann auf höchster Stufe in etwa 5 Minuten zu einem glatten Teig verarbeiten.
2. Den Hefeteig zugedeckt so lange an einem warmen Ort gehen lassen, bis er sich sichtbar vergrößert hat (etwa 30 Minuten).
3. Den gegangenen Teig leicht mit Mehl bestäuben, aus der Schüssel nehmen und auf einer leicht bemehlten Arbeitsfläche nochmals gut durchkneten. Den Teig halbieren. Jede Teighälfte auf einem Backblech (30 x 40 cm, gefettet) ausrollen.
4. Den Backofen vorheizen.
Ober-/Unterhitze: etwa 200 °C
Heißluft: etwa 180 °C
5. Für den Belag Tomaten abspülen, trocken tupfen, halbieren und die Stängelansätze herausschneiden. Tomaten in Scheiben schneiden. Schalotten abziehen und in feine Spalten schneiden.
6. Ricotta mit Crème fraîche verrühren. Knoblauch abziehen, durch eine Knoblauchpresse drücken und unter die Creme rühren. Die Creme mit Salz und Pfeffer würzen, auf den Pizzen verteilen, mit Tomatenscheiben und Schalottenspalten belegen.
7. Die Backbleche nacheinander (bei Heißluft zusammen) in den vorgeheizten Backofen schieben. Die Pizzen etwa 25 Minuten je Backblech backen.

Gemüsetorte mit Tacos

Gemüsetorte mit Tacos
4 Portionen

Zubereitungszeit: 30 Minuten,
ohne Kühlzeit
Backzeit: etwa 35 Minuten

Für den Knetteig:
175 g Weizenmehl
1 Msp. Dr. Oetker Backin
1 Eigelb (Größe M)
100 g Butter
Salz

Für den Belag und den Guss:
je 1/2 gelbe und rote Paprikaschote
1 Chilischote
1 Bund Frühlingszwiebeln
285 g abgetropfter Gemüsemais (aus der Dose)
2 Eier (Größe M)
250 g Schlagsahne
gem. Pfeffer
Cayennepfeffer
100 g Schafskäse
30 g Butter

6 Tacoschalen (Fertigprodukt)

Pro Portion:
E: 23 g, F: 74 g, Kh: 86 g,
kJ: 4630, kcal: 1107

1. Für den Teig Mehl mit Backpulver mischen und in eine Rührschüssel geben. Eigelb, Butter und etwas Salz hinzufügen. Die Zutaten mit einem Mixer (Knethaken) zunächst kurz auf niedrigster, dann auf höchster Stufe gut durcharbeiten.
2. Anschließend auf einer bemehlten Arbeitsfläche zu einem glatten Teig verkneten. Den Teig in Frischhaltefolie gewickelt etwa 60 Minuten in den Kühlschrank legen.
3. Für den Belag in der Zwischenzeit Paprikaschotenhälften entstielen, entkernen und die weißen Scheidewände entfernen. Schotenhälften abspülen, abtropfen lassen und in Streifen schneiden. Chilischote abspülen, abtropfen lassen, entstielen, halbieren, entkernen und in Streifen schneiden.
4. Den Backofen vorheizen.
Ober-/Unterhitze: etwa 200 °C
Heißluft: etwa 180 °C
5. Frühlingszwiebeln putzen, abspülen, abtropfen lassen und in Scheiben schneiden. Das vorbereitete Gemüse mit dem Mais vermengen.
6. Den Teig auf der bemehlten Arbeitsfläche zu einer runden Platte (Ø etwa 34 cm) ausrollen und eine Quicheform (Ø 28 cm, gefettet) damit auskleiden, den Rand etwas andrücken. Das vorbereitete Gemüse auf dem Teigboden verteilen.
7. Für den Guss Eier mit Sahne verschlagen, mit Salz, Pfeffer und Cayennepfeffer würzen. Den Schafskäse zerbröseln und unterrühren. Den Guss auf dem Gemüse verteilen. Die Butter in Flöckchen daraufsetzen. Die Form auf dem Rost in den vorgeheizten Backofen schieben. Die Gemüsetorte etwa 35 Minuten backen.
8. Nach Ende der Backzeit die Tacoschalen längs durchbrechen, in die Oberfläche der Torte stecken (auf diese Weise 12 Tortenstücke bilden) und die Torte noch etwa 5 Minuten in den ausgeschalteten Backofen schieben.

Pizza Phantasia
2 Portionen (ohne Foto)

Zubereitungszeit: 40 Minuten,
ohne Teiggehzeit
Backzeit: etwa 25 Minuten

Für den Hefeteig:
200 g Weizenmehl
1/2 Pck. Dr. Oetker Trockenbackhefe
1/2 TL Zucker
1 gestr. TL Salz
1–2 EL Olivenöl
125 ml lauwarmes Wasser

Für den Belag:
2 EL Tomatenmark
4 EL Wasser
1 TL gerebelter Oregano
Salz, gem. Pfeffer
1 Prise Zucker
1 EL Olivenöl
5 Stangen grüner Spargel
75 g Champignons
100 g Cocktailtomaten
2 EL abgetropfte Kapern
6 abgetropfte, schwarze Oliven
100 g rote Paprikastreifen
150 g geraspelter Käse, z. B. Mozzarella, Emmentaler, Gouda

Pro Portion:
E: 35 g, F: 36 g, Kh: 95 g,
kJ: 3555, kcal: 849

1. Für den Teig Mehl in eine Rührschüssel geben und mit der Trockenbackhefe sorgfältig vermischen. Zucker, Salz, Olivenöl und Wasser hinzufügen. Die Zutaten mit einem Mixer (Knethaken) zunächst kurz auf niedrigster, dann auf höchster Stufe in etwa 5 Minuten zu einem glatten Teig verarbeiten.
2. Den Hefeteig zugedeckt so lange an einem warmen Ort gehen lassen, bis er sich sichtbar vergrößert hat (etwa 20 Minuten).
3. Den gegangenen Teig leicht mit Mehl bestäuben, aus der Schüssel nehmen, auf einer leicht bemehlten Arbeitsfläche nochmals kurz durchkneten und zu einer runden Platte (Ø etwa 28 cm) ausrollen. Die Teig-

platte auf ein Backblech (mit Backpapier belegt) legen.
4. Für den Belag Tomatenmark mit Wasser, Oregano, Salz, Pfeffer und Zucker verrühren. Das Olivenöl unterschlagen. Die Sauce auf der Teigplatte verteilen.
5. Den Backofen vorheizen.
Ober-/Unterhitze: etwa 200 °C
Heißluft: etwa 180 °C
6. Den Spargel im unteren Drittel schälen und die unteren Enden abschneiden. Spargelstangen in Stücke schneiden, abspülen und abtropfen lassen. Die Champignons putzen, evtl. kurz abspülen, trocken tupfen und in Scheiben schneiden. Tomaten abspülen, trocken tupfen, halbieren und die Stängelansätze herausschneiden.
7. Spargelstücke, Champignonscheiben, Tomatenhälften, Kapern, Oliven und Paprikastreifen dekorativ auf der Teigplatte verteilen. Käseraspel darauflegen. Das Backblech in den vorgeheizten Backofen schieben. Die Pizza etwa 25 Minuten backen.

Pro Portion:
E: 30 g, F: 51 g, Kh: 34 g,
kJ: 3018, kcal: 722

Bunter Gemüsekuchen

4–6 Portionen

Zubereitungszeit: 45 Minuten, ohne Kühlzeit
Backzeit: etwa 35 Minuten

Für den Knetteig:
180 g Vollkorn-Weizenmehl
Salz
200 g Magerquark
200 g Butter (zimmerwarm)

Für den Belag:
3 Tomaten (etwa 200 g)
300 g Magerquark
3 Eier (Größe M)
1 Zwiebel
gem. Pfeffer
1 Zucchini
je 1 rote, gelbe und grüne Paprikaschote
40 g abgetropfte Kapern
150 g ger. Käse

1. Für den Teig Mehl in eine Rührschüssel geben. 1 gestrichenen Teelöffel Salz, Quark und Butter hinzufügen.
2. Die Zutaten mit einem Mixer (Knethaken) zunächst kurz auf niedrigster, dann auf höchster Stufe gut durcharbeiten.
3. Anschließend auf einer leicht bemehlten Arbeitsfläche zu einem glatten Teig verkneten. Den Teig in Frischhaltefolie gewickelt mindestens 60 Minuten in den Kühlschrank legen.
4. Für den Belag die Tomaten abspülen, trocken tupfen, halbieren und die Stängelansätze herausschneiden. Tomaten in dünne Scheiben schneiden. Den Quark mit den Eiern gut verrühren. Zwiebel abziehen, klein würfeln und unterrühren. Mit Salz und Pfeffer würzen.
5. Den Backofen vorheizen.
Ober-/Unterhitze: etwa 180 °C
Heißluft: etwa 160 °C
6. Teig nochmals kurz durchkneten, auf einem Backblech (30 x 40 cm, gefettet) ausrollen, dabei den Teig am Rand etwas hochdrücken. Die Tomatenscheiben auf dem Teig verteilen und mit der Quark-Eier-Masse bestreichen. Die Zucchini abspülen, abtrocknen und die Enden abschneiden. Zucchini in Scheiben schneiden. Paprikaschoten abspülen und trocken tupfen. Von den Paprikaschoten jeweils den Stängelansatz herausschneiden. Schoten in Ringe schneiden, dabei die Kerne und weißen Scheidewände entfernen.
7. Das vorbereitete Gemüse gleichmäßig auf der Quark-Eier-Masse verteilen, mit Kapern bestreuen, mit Salz und Pfeffer würzen und mit Käse bestreuen. Das Backblech in den vorgeheizten Backofen schieben. Den Gemüsekuchen etwa 35 Minuten backen.

Bunter Gemüsekuchen

Pizza zu jeder Jahreszeit

4 Portionen (ohne Foto)

Zubereitungszeit: 30 Minuten, ohne Teiggehzeit
Backzeit: 20–30 Minuten

Für den Hefeteig:
300 g Vollkorn-Weizenmehl
10 g frische Hefe
6 EL lauwarmes Wasser
150 g Magerquark
1 Ei (Größe M)
3 EL Speiseöl
1 gestr. TL Salz

Für den Belag:
2 rote Paprikaschoten
300 g mittelgroße Tomaten
200 g grob ger. Käse, z. B. Edamer
2 EL klein geschnittene Kräuter, z. B. Basilikum, Schnittlauch oder Petersilie

Pro Portion:
E: 30 g, F: 28 g, Kh: 58 g,
kJ: 2561, kcal: 612

1. Für den Teig Mehl in eine Rührschüssel geben und in die Mitte eine Vertiefung eindrücken. Hefe hineinbröckeln, Wasser hinzufügen. Mit einem kleinen Teil des Mehls mit einer Gabel vorsichtig verrühren und etwa 20 Minuten gehen lassen.
2. Quark, Ei, Speiseöl und Salz hinzufügen. Die Zutaten mit einem Mixer (Knethaken) zunächst kurz auf niedrigster, dann auf höchster Stufe in etwa 5 Minuten zu einem glatten Teig verarbeiten. Teig mit Mehl bestäuben, zugedeckt an einem warmen Ort gehen lassen, bis er sich sichtbar vergrößert hat (etwa 30 Minuten).
3. Den Backofen vorheizen.
Ober-/Unterhitze: etwa 200 °C
Heißluft: etwa 180 °C
4. Den gegangenen Teig leicht mit Mehl bestäuben, aus der Schüssel nehmen, auf einer leicht bemehlten Arbeitsfläche nochmals gut durchkneten und auf einem Backblech (30 x 40 cm, gefettet) ausrollen. Den Teig zugedeckt nochmals mindestens 10 Minuten gehen lassen.
5. Für den Belag in der Zwischenzeit die Paprikaschoten halbieren, entstielen, entkernen und die weißen Scheidewände entfernen. Schoten abspülen, abtropfen lassen und in feine Streifen schneiden. Tomaten abspülen, abtrocknen, halbieren und die Stängelansätze herausschneiden. Die Tomaten in dünne Scheiben schneiden. Die Paprikastreifen und Tomatenscheiben auf dem Teig verteilen und mit Käse bestreuen.
6. Das Backblech in den vorgeheizten Backofen schieben. Pizza 20–30 Minuten backen. Pizza mit den klein geschnittenen Kräutern bestreuen.

Polentawaffeln mit gebratenen Pfifferlingen

10 Waffeln

Zubereitungszeit: 55 Minuten, ohne Abkühlzeit

Für den Teig:
1 l Milch (3,5 % Fett)
140 g Weichweizengrieß
200 g Schlagsahne
4 Eigelb (Größe M)
4 Eiweiß (Größe M)
Salz, gem. Pfeffer
ger. Muskatnuss
50 g ger. Parmesan
300 g frische Pfifferlinge
100 g Butter
1 kleines Bund Thymian

Pro Stück:
E: 8 g, F: 21 g, Kh: 15 g,
kJ: 1207, kcal: 289

1. Für den Teig Milch in einem Topf zum Kochen bringen. Grieß unter Rühren einstreuen, wieder zum Kochen bringen und 1–2 Minuten unter Rühren kochen lassen. Den Topf von der Kochstelle nehmen. Grießmasse etwa 5 Minuten abkühlen lassen.
2. Sahne und Eigelb unter die Grießmasse rühren. Eiweiß steif schlagen und unterheben. Mit Salz, Pfeffer und Muskat würzen, Käse unterrühren.
3. Pfifferlinge putzen, mit einem trockenen Pinsel reinigen (Pfifferlinge nach Möglichkeit nicht abspülen, da sie stark an Geschmack verlieren).
4. Butter in einer Pfanne zerlassen. Pfifferlinge darin unter mehrmaligem Wenden anbraten. Thymian abspülen und trocken tupfen. Die Blättchen von den Stängeln zupfen. Thymianblättchen unter die Pilzmasse rühren. Mit Salz und Pfeffer würzen.
5. Den Waffelteig in nicht zu großen Portionen in ein gut erhitztes, gefettetes Waffeleisen füllen und verstreichen. Die Waffeln goldbraun backen, mit einer Gabel oder einem Pfannenwender herausnehmen und einzeln auf einen Kuchenrost legen.
6. Die warmen Waffeln anrichten und mit den Pfifferlingen servieren.

Polentawaffeln mit gebratenen Pfifferlingen

Süßkartoffel-Muffins mit Kapern

12 Stück

Zubereitungszeit: 45 Minuten
Backzeit: 30–35 Minuten

Zum Vorbereiten:
1 Süßkartoffel (etwa 400 g)
30 g abgetropfte Kapern (aus dem Glas)

Für den Teig.
170 g Weizenmehl (Type 1050)
3 gestr. TL Dr. Oetker Backin
1 1/2 gestr. TL Salz
75 ml Milch (3,5 % Fett)
2 Eier (Größe M)
100 ml Olivenöl

Außerdem:
Semmelbrösel

Pro Stück:
E: 4 g, F: 10 g, Kh: 17 g,
kJ: 737, kcal: 176

1. Den Backofen vorheizen.
Ober-/Unterhitze: etwa 180 °C
Heißluft: etwa 160 °C
2. Zum Vorbereiten die Süßkartoffel schälen, abspülen, abtropfen lassen und auf der groben Seite der Haushaltsreibe raspeln. Kapern hacken.
3. Für den Teig Mehl mit Backpulver und Salz in einer Rührschüssel mischen. Milch, Eier und Olivenöl hinzufügen. Die Zutaten mit einem Mixer (Rührstäbe) geschmeidig rühren. Kartoffelraspel und die Kapern kurz unterrühren.
4. Den Teig in eine Muffinform (für 12 Muffins, gefettet, mit Semmelbröseln ausgestreut) geben und glatt streichen. Die Form auf dem Rost in den vorgeheizten Backofen schieben. Die Muffins 30–35 Minuten backen.
5. Die Muffins etwa 10 Minuten in der Form stehen lassen, dann aus der Form lösen und auf einem mit Backpapier belegten Kuchenrost erkalten lassen.

Süßkartoffel-Muffins mit Kapern

Zucchini-Porree-Tarte

12 Stücke (ohne Foto)

Zubereitungszeit: 50 Minuten, ohne Abkühlzeit
Backzeit: 35–40 Minuten

50 g Porree (Lauch)
450 g Zucchini
100 ml Olivenöl
2 EL Senfkörner
gem. Pfeffer
120 g Weizenmehl (Type 550)
30 g Hartweizengrieß
3 gestr. TL Dr. Oetker Backin
1 gestr. TL Salz
50 g Buttermilch
2 Eier (Größe M)
70 g ger. alter Gouda

2 EL Semmelbrösel

Pro Stück:
E: 5 g, F: 13 g, Kh: 11 g,
kJ: 762, kcal: 182

1. Porree putzen, der Länge nach halbieren, gründlich waschen, abtropfen lassen und quer in etwa 1 cm breite Streifen schneiden. Zucchini abspülen, abtrocknen und die Enden abschneiden. Zucchini zuerst der Länge nach in etwa 1/2 cm dicke Scheiben, dann quer in dünne Streifen schneiden.
2. Zwei Esslöffel Olivenöl in einem kleinen Topf erhitzen. Porreestreifen darin zugedeckt etwa 3 Minuten dünsten. Zucchinistreifen und Senfkörner hinzufügen und kurz miterhitzen. Den Topf von der Kochstelle nehmen. Die Gemüsemasse lauwarm abkühlen lassen, dann mit Pfeffer würzen.
3. Den Backofen vorheizen.
Ober-/Unterhitze: etwa 180 °C
Heißluft: etwa 160 °C
4. Mehl, Grieß, Backpulver und Salz in einer Rührschüssel mischen. Buttermilch, Eier und restliches Olivenöl hinzugeben und mit einem Mixer (Rührstäbe) unterrühren. Jeweils drei Viertel der Gemüsemasse und des geriebenen Käses unter den Teig rühren.
5. Teig in eine Tarteform (Ø 26–28 cm, gefettet, mit Semmelbröseln ausgestreut) füllen und glatt streichen. Restliches Gemüse darauf verteilen und mit restlichem Käse bestreuen. Die Form auf dem Rost in den vorgeheizten Backofen schieben. Die Tarte 35–40 Minuten backen.
6. Die Form auf einen Kuchenrost stellen. Die Tarte in der Form erkalten lassen.

Kapitel **10**

Rezepte 901–1000

Süßes & Gebäck

Einfacher Platenkuchen mit Mandeln

Einfacher Platenkuchen mit Mandeln

etwa 20 Stücke

VEGAN

Zubereitungszeit: 15 Minuten
Backzeit: etwa 30 Minuten

Für den Tofu-Öl-Teig:
300 g Weizenmehl
3 gestr. TL Dr. Oetker Backin
150 g Seidentofu
100 ml Mandelmilch
100 ml Sonnenblumenöl
75 g feiner Voll-Rohrzucker
1 Pck. Dr. Oetker Vanillin-Zucker
Salz
75 g Rosinen

Für den Belag:
125 g vegane Margarine
75 g feiner Voll-Rohrzucker
1 Pck. Dr. Oetker Vanillin-Zucker
75 g gehobelte Mandeln

Pro Portion:
E: 3 g, F: 12 g, Kh: 22 g,
kJ: 889, kcal: 212

1. Für den Teig Mehl mit Backpulver mischen und in eine Rührschüssel geben. Seidentofu, Mandelmilch, Sonnenblumenöl, Rohrzucker, Vanillin-Zucker und 1 Prise Salz hinzufügen. Den Teig mit einem Mixer (Knethaken) zunächst kurz auf niedrigster, dann auf höchster Stufe in etwa 1 Minute zu einem glatten Teig verarbeiten (nicht zu lange, der Teig klebt sonst). Rosinen unterrühren (der Teig ist relativ weich).

2. Den Backofen vorheizen.
Ober-/Unterhitze: etwa 180 °C
Heißluft: etwa 160 °C

3. Den Teig mit einem Teigschaber auf einem Backblech (30 x 40 cm, gefettet, mit Backpapier belegt) glatt verstreichen.

4. Für den Belag Margarine in Flöckchen gleichmäßig auf dem Teig verteilen oder Margarine zerlassen und abgekühlt auf den Teig streichen. Rohrzucker mit Vanillin-Zucker und Mandeln mischen und gleichmäßig auf dem Teig verteilen. Vor den Teig einen mehrfach geknickten Streifen Alufolie legen. Das Backblech in den vorgeheizten Backofen schieben. Den Platenkuchen etwa 30 Minuten backen.

5. Das Backblech auf einen Kuchenrost stellen, den einfachen Platenkuchen erkalten lassen und in Stücke schneiden.

Kokosmilchsorbet

4–6 Portionen

VEGAN

Zubereitungszeit: 10 Minuten
Gefrierzeit: etwa 4 Stunden

400 ml Kokosmilch
150 ml Kokossirup
Saft von 1 Limette
40 ml weißer Rum (40 Vol.-%)
1 gestr. TL gem. Zitronengras

Nach Belieben:
1 frische Ananas

Pro Portion:
E: 2 g, F: 18 g, Kh: 26 g,
kJ: 1230, kcal: 296

1. Kokosmilch mit Kokossirup, Limettensaft, Rum und Zitronengras in einer gefriergeeigneten Schüssel verrühren. Die Schüssel zudecken und in den Gefrierschrank stellen. Die Kokosmasse etwa 4 Stunden gefrieren lassen.
2. Während der Gefrierzeit die Kokosmasse etwa alle 30 Minuten mit einem Schneebesen kräftig durchrühren.
3. Nach Belieben von der Ananas Blatt- und Strunkende abschneiden. Ananas mit der Schale in etwa 1 cm dicke Scheiben schneiden. Das Kokosmilchsorbet mit einem Eisportionierer darauf anrichten.

Tipp: Kokosnussfleisch mit einem Sparschäler in sehr dünne Streifen schneiden und mit dem Kokosmilchsorbet servieren.

Exotischer Obstsalat mit Zitronengras-Sirup

4 Portionen

VEGAN

Zubereitungszeit: 30 Minuten, ohne Kühl- und Durchziehzeit

Für den Zitronengras-Sirup:
5 Stängel Zitronengras
50 g frischer Ingwer
200 g Voll-Rohrzucker
600 ml Apfelsaft
12 EL Limettensaft

Für den Obstsalat:
1–2 Mangos (etwa 600 g)
1 Papaya (etwa 400 g)
600 g Ananas-Fruchtfleisch (aus dem Kühlregal)
20 g Kokos-Chips

Pro Portion:
E: 2 g, F: 4 g, Kh: 45 g,
kJ: 954, kcal: 2290

1. Für den Sirup Zitronengras abspülen, trocken tupfen und mit einem schweren Gegenstand (Hammer) faserig platt klopfen. Die Stangen mit einer Küchenschere in etwa 2 cm lange Stücke schneiden. Den Ingwer schälen und in dünne Scheiben schneiden.
2. Rohrzucker mit Zitronengrasstücken, Ingwerscheiben, Apfel- und Limettensaft in einem Topf zum Kochen bringen und auf etwa die Hälfte sirupartig einkochen lassen. Den Sirup durch ein feines Sieb in ein verschließbares Gefäß gießen, abkühlen lassen, verschließen und in den Kühlschrank stellen.
3. Für den Obstsalat Mangos halbieren und das Fruchtfleisch vom Stein schneiden. Papaya halbieren und die Kerne mit einem Löffel herauskratzen. Mango und Papaya schälen. Mango, Papaya und Ananas in mundgerechte Stücke schneiden und in einer Schüssel mischen.
4. Etwa 100 ml von dem Sirup abmessen und mit dem Obst vermischen. Salat etwa 5 Minuten durchziehen lassen.
5. Den Obstsalat mit den Kokos-Chips bestreuen und servieren.

Tipps: Den restlichen Zitronengras-Sirup (etwa 300 ml) verschlossen im Kühlschrank aufbewahren. Man kann ihn auch sehr gut für kalte Getränke oder im Tee verwenden. Zum Mitnehmen Obststücke, Kokos-Chips und Sirup jeweils getrennt verpacken.

Kokosmilchsorbet

Exotischer Obstsalat mit Zitronengras-Sirup

Mangosorbet

4 Portionen (ohne Foto)

Zubereitungszeit: 30 Minuten, ohne Abkühl- und Gefrierzeit
Gefrierzeit: etwa 4 Stunden

1/2 Bio-Limette (unbehandelt, ungewachst)
125 ml Wasser
80 g Zucker
2 EL Limettenschale (von der Limette)
2 Mangos

VEGAN

Pro Portion:
E: 1 g, F: 1 g, Kh: 37 g,
kJ: 671, kcal: 161

1. Die Limette heiß abwaschen, abtrocknen und von einer Hälfte die Schale dünn abschälen. Von der Limettenhälfte den Saft auspressen und 2 Esslöffel Saft abmessen. Wasser mit Zucker, Limettenschale und -saft in einem kleinen Topf zum Kochen bringen und bei starker Hitze etwa 5 Minuten ohne Deckel siruppartig einkochen lassen (ergibt etwa 80 ml Sirup). Den Sirup erkalten lassen. Limettenschale entfernen.
2. Mangos halbieren und das Fruchtfleisch jeweils vom Stein schneiden. Fruchtfleisch schälen, würfeln und pürieren. Den Sirup unterrühren.
3. Die Püreemasse in eine gefriergeeignete Schüssel geben und etwa 4 Stunden im Gefrierschrank gefrieren lassen. Sorbet nach der ersten Stunde 1–2-mal umrühren.
4. Das Mangosorbet mit einem Eisportionierer in 4 Portionsschüsseln verteilen.

Birnenmus-Trifle

4 Portionen

Zubereitungszeit: 25 Minuten

Für das Birnenmus:
4 Birnen (etwa 700 g)
3–4 EL Wasser
4 EL Zitronensaft
etwas Zucker
etwas gem. Zimt

100 g gepuffter, ungesüßter Quinoa Vollkorn (Quinoa-Pops, erhältlich im Naturkostladen oder Reformhaus)
400 g Joghurt (1,5 % Fett)
etwas Frucht-Dicksaft, z. B. Birnen- oder Agavendicksaft

Pro Portion:
E: 8 g, F: 3 g, Kh: 44 g,
kJ: 997, kcal: 237

1. Für das Birnenmus die Birnen schälen, vierteln, entkernen und in kleine Stücke schneiden. Die Birnenstücke mit Wasser und Zitronensaft in einem Topf zum Kochen bringen und zugedeckt bei schwacher Hitze etwa 8 Minuten kochen lassen, bis die Birnenstücke weich sind.
2. Die Birnenmasse pürieren (Vorsicht: Die Masse ist heiß!), mit Zucker und Zimt abschmecken, etwas abkühlen lassen.
3. Gepufften Quinoa mit dem Joghurt verrühren. Die Quinoa-Joghurt-Masse nach Belieben mit etwas Frucht-Dicksaft nachsüßen.
4. Die Hälfte der Quinoa-Joghurt-Masse in ein hohes Glas füllen. Birnenmus daraufgeben. Die restliche Quinoa-Joghurt-Masse darauf verteilen und nach Belieben mit Zimt bestreuen.

Tipps: Für geschichtetes Birnenkompott mit Quinoa (im Foto links) die stückigen Birnen (mit der Flüssigkeit) nicht pürieren. Birnenkompott ebenso mit Zucker und Zimt abschmecken. Abwechselnd in einem

Birnenmus-Trifle

Kokos-Mango-Reis

Mangogelee in Zitronen-Sternanis-Zuckersirup

hohen Glas etwas Quinoa, etwas Joghurt und etwas Birnenkompott einschichten. So lange wiederholen, bis alle Zutaten verbraucht sind. Birnenmus-Trifle mit einigen abgespülten, trocken getupften Zitronenmelisse- oder Minzeblättchen garnieren.

Kokos-Mango-Reis

6 Portionen

VEGAN

Zubereitungszeit: 40 Minuten, ohne Quell- und Abkühlzeit
Garzeit: etwa 30 Minuten

500 ml Kokosmilch
100 ml Orangensaft
125 g Milchreis
75 g Zucker, Salz
1 reife Mango
Saft von 1 Zitrone

Pro Portion:
E: 6 g, F: 29 g, Kh: 75 g,
kJ: 2471, kcal: 595

1. Kokosmilch und Orangensaft in einem Topf verrühren. Milchreis, Zucker und 1 Prise Salz unterrühren. Den Milchreis etwa 1 Stunde quellen lassen.
2. Dann den Reis in ein Sieb geben und abtropfen lassen. Die Kokosmilch dabei auffangen und wieder zurück in den Topf gießen. Kokosmilch zum Kochen bringen.
3. Den Reis wieder hinzugeben, zum Kochen bringen und unter Rühren etwa 5 Minuten bei mittlerer Hitze kochen lassen. Den Reis bei schwacher Hitze weitere etwa 25 Minuten unter gelegentlichem Rühren garen.
4. Den Reis auf der ausgeschalteten Kochstelle nachquellen lassen. Den Kokosreis abkühlen lassen und anschließend zugedeckt in den Kühlschrank stellen.
5. Die Mango halbieren. Das Fruchtfleisch vom Stein schneiden, schälen und in mundgerechte Würfel schneiden. Zwei Drittel der Mangowürfel in eine Schüssel geben. Zitronensaft hinzugeben und untermischen.
6. Den Kokosreis in 6 Portionsschälchen oder Gläser füllen. Die restlichen Mangostücke auf dem Kokosreis verteilen und servieren.

Mangogelee in Zitronen-Sternanis-Zuckersirup

4 Portionen

VEGAN

Zubereitungszeit: 40 Minuten, ohne Kühlzeit

1–2 reife Mangos
(etwa 400 g Fruchtfleisch)
6 EL Zitronensaft
125 ml Sojamilch (natur)
1 geh. TL Agar Agar (5 g)
100 g Zucker

Für den Sirup:
100 ml Pflaumenwein
275 ml Wasser
4 Sternanis

Pro Portion:
E: 4 g, F: 1 g, Kh: 41 g,
kJ: 934, kcal: 223

1. Die Mangos halbieren. Das Fruchtfleisch vom Stein schneiden und schälen. Fruchtfleisch grob würfeln. Mangowürfel mit 3 Esslöffeln des Zitronensaftes so fein wie möglich pürieren.
2. Die Sojamilch, Agar Agar und 2 Esslöffel des Zuckers in einem kleinen Topf verrühren und unter Rühren aufkochen lassen.
3. Den Topf von der Kochstelle nehmen. Das Mangopüree nach und nach unterrühren.
4. Eine kleine Auflaufform (etwa 22 x 15 cm) glatt mit Frischhaltefolie auslegen und die Püreemasse hineinfüllen.
5. Die Auflaufform zugedeckt etwa 4 Stunden in den Kühlschrank stellen und das Mangopüree fest werden lassen.
6. Für den Sirup in der Zwischenzeit Pflaumenwein mit restlichem Zucker und restlichem Zitronensaft, Wasser und Sternanis in einem Topf verrühren, kurz aufkochen lassen, etwa 5 Minuten kochen lassen.
7. Anschließend den Topf von der Kochstelle nehmen. Den Sirup erkalten lassen und zugedeckt in den Kühlschrank stellen.
8. Das Püree mit der Frischhaltefolie aus der Form stürzen und die Folie entfernen. Das Mangogelee mit einem Messer in 3–4 cm große Rauten schneiden, in Dessertschüsseln verteilen und mit dem Sirup auffüllen.

Marinierter Tofu mit Erdbeeren

Marinierter Tofu mit Erdbeeren

4 Portionen VEGAN

Zubereitungszeit: 25 Minuten, ohne Durchziehzeit

250 g Tofu
1 Bio-Orange (unbehandelt, ungewachst)
1 TL gem. Zimt
2 EL Agavendicksaft
1 Prise gem. Kardamom
1 Prise gem. Ingwer
500 g Erdbeeren

Pro Portion:
E: 6 g, F: 3 g, Kh: 18 g, kJ: 528, kcal: 126

1. Tofu in kleine Würfel schneiden. Orange heiß abwaschen, abtrocknen und die Schale abreiben. Orange halbieren und den Saft auspressen.
2. Den Orangensaft und -schale mit Zimt, Agavendicksaft, Kardamom und Ingwer in einer Schüssel verrühren. Tofuwürfel in die Marinade geben und zugedeckt über Nacht im Kühlschrank durchziehen lassen.
3. Erdbeeren putzen, abspülen, abtropfen lassen, entstielen und halbieren. Die Erdbeerhälften zu den marinierten Tofuwürfeln geben und untermengen.
4. Marinierten Tofu mit Erdbeeren zugedeckt etwa 1 Stunde im Kühlschrank durchziehen lassen.

Erdbeersorbet

4 Portionen (ohne Foto)

Zubereitungszeit: 30 Minuten, ohne Abkühlzeit
Gefrierzeit: etwa 4 Stunden

VEGAN

1/2 Bio-Zitrone (unbehandelt, ungewachst)
150 ml Wasser
100 g Zucker
500 g frische Erdbeeren

Pro Portion:
E: 1 g, F: 0 g, Kh: 32 g, kJ: 581, kcal: 139

1. Die Zitrone heiß abwaschen, abtrocknen und von einer Hälfte die Schale dünn abschälen. Wasser mit Zucker und Zitronenschale in einem kleinen Topf zum Kochen bringen und bei starker Hitze etwa 5 Minuten ohne Deckel sirupartig einkochen lassen (ergibt etwa 100 ml Sirup). Den Sirup erkalten lassen. Zitronenschale entfernen.
2. Die Erdbeeren putzen, abspülen, abtropfen lassen, entstielen und in Stücke schneiden. Erdbeerstücke mit der Hälfte des Sirups in einen hohen Rührbecher geben und pürieren. Restlichen Sirup unterrühren.
3. Die Püreemasse in eine gefriergeeignete Schüssel geben und etwa 1 Stunde im Gefrierschrank gefrieren lassen, dann umrühren. Sorbet noch weitere etwa 3 Stunden gefrieren lassen, dabei mehrmals umrühren, sodass eine cremige Masse entsteht.
4. Erdbeersorbet in einen Spritzbeutel mit großer Sterntülle (Ø 12 mm) füllen und in 4 Portionsschälchen spritzen.

Schoko-Mango-Stäbchen

80 Stück

Zubereitungszeit: 60 Minuten, ohne Kühlzeit
Garzeit: etwa 3 1/2 Stunden
Haltbarkeit: gekühlt etwa 2 Wochen

2 reife Mangos (etwa 850 g)
1 kg Äpfel, z. B. Boskop
75 ml Zitronensaft
275 g Zucker
1 EL Sonnenblumenöl
200 g Edelbitter-Schokolade (etwa 70 % Kakaoanteil)
30 g Schlagsahne
4 EL brauner Zucker

Pro Stück:
E: 0 g, F: 1 g, Kh: 7 g, kJ: 174, kcal: 42

1. Die Mangos halbieren und das Fruchtfleisch vom Stein schneiden. Mangos schälen. Das Fruchtfleisch in grobe Würfel schneiden.
2. Äpfel schälen, vierteln, entkernen und grob würfeln. Mango- und Apfelwürfel mit dem Zitronensaft in einen Topf geben und zugedeckt bei mittlerer Hitze etwa 1 Stunde weich kochen. Dabei ab und zu umrühren.
3. Die gekochten Früchte durch ein grobes Sieb oder eine flotte Lotte passieren. Das Fruchtpüree mit dem Zucker verrühren. Dann das Püree bei schwacher Hitze im offenen Topf etwa 2 1/2 Stunden sehr dick einkochen lassen. Dabei gelegentlich, zum Schluss häufiger umrühren. Den Topf von der Kochstelle nehmen und das Püree etwas abkühlen lassen.
4. Ein Backblech mit Sonnenblumenöl bestreichen und möglichst glatt mit Frischhaltefolie auslegen. Das lauwarme Püree auf dem Backblech verteilen und mit einer Palette oder einem Tortenheber glatt verstreichen. Das Püree vollständig erkalten lassen.
5. Dann das Püree mit Frischhaltefolie zudecken und am besten über Nacht in den Kühlschrank stellen.
6. Das fest gewordene Püree am nächsten Tag mit einem scharfen Messer in etwa 4 cm lange und 1 cm breite Stäbchen schneiden. Die Mangostäbchen zugedeckt wieder in den Kühlschrank stellen.
7. Schokolade in Stücke brechen und mit der Sahne in einem kleinen Topf im Wasserbad bei schwacher Hitze unter Rühren schmelzen, lauwarm abkühlen lassen.
8. Die Mangostäbchen aus dem Kühlschrank nehmen, etwa 3 Minuten bei Zimmertemperatur stehen lassen und mit einer Gabel in die Schokolade tauchen. Die überschüssige Schokolade durch vorsichtiges Schütteln abtropfen lassen. Die Stäbchen auf Backpapier legen.
9. Die Stäbchen mit dem Zucker bestreuen, solange der Schokoladenguss noch etwas feucht ist. Schokolade fest werden lassen.
10. Die Stäbchen in gut schließenden Dosen zwischen Lagen von Backpapier gekühlt aufbewahren.

Sojamilchreis

2 Portionen

VEGAN

Zubereitungszeit: 15 Minuten, ohne Quellzeit

500 ml Sojamilch
1 TL Voll-Rohrzucker
125 g Rundkornreis (Milchreis)
130 g abgetropfte Aprikosenhälften (aus der Dose)
2 Kiwis
7–8 EL Orangensaft
1–2 TL Ahornsirup

Pro Portion:
E: 13 g, F: 5 g, Kh: 80 g,
kJ: 1796, kcal: 430

1. Die Sojamilch mit Rohrzucker in einem kleinen Topf verrühren und zugedeckt zum Kochen bringen. Den Reis einstreuen, dann umrühren und zum Kochen bringen. Den Reis bei schwacher Hitze mit halb aufgelegtem Deckel etwa 30 Minuten quellen lassen, dabei gelegentlich umrühren.
2. In der Zwischenzeit Aprikosenhälften in schmale Spalten schneiden. Kiwis schälen, längs vierteln und in kleine Stücke schneiden.
3. Orangensaft mit Ahornsirup in einer Schüssel verrühren. Aprikosenspalten und Kiwistücke unterrühren und darin so lange ziehen lassen, bis der Reis gar ist. Die Obstmischung gelegentlich umrühren.
4. Den Sojamilchreis in Müslischalen oder tiefen Tellern verteilen und mit dem marinierten Obst dekorativ anrichten.

Tipps: 1–2 Esslöffel Sonnenblumenkerne oder gestiftelte Mandeln in einer Pfanne ohne Fett unter Rühren goldbraun rösten, kurz abkühlen lassen und auf den Reis streuen. Wenn es schnell gehen soll, können Sie auch grob gehackten fertigen Krokant auf den Milchreis geben. Für Erwachsene rühren Sie 2 Esslöffel Aprikosenlikör unter das Obst.

Schoko-Mango-Stäbchen

Sojamilchreis

Soja-Schoko-Crêpes mit Mandarinenquark

8 Stück

Zubereitungszeit: 35 Minuten, ohne Ruhezeit

Für die Crêpes:
180 g Weizenmehl
3 Eier (Größe M)
300 ml Soja-Schoko-Drink (Fertigprodukt)
100 ml Mineralwasser
2 TL Zucker

Für den Mandarinenquark:
175 g abgetropfte Mandarinen (aus der Dose)
250 g Speisequark (20 % Fett)
5 EL Mandarinensaft (aus der Dose)
1 Pck. Dr. Oetker Vanillin-Zucker
1 EL flüssiger Honig
1 EL Zitronensaft

2 Stängel Zitronenmelisse
8 EL Speiseöl, z. B. Rapsöl
30 g gehobelte Mandeln

Pro Stück:
E: 11 g, F: 13 g, Kh: 30 g,
kJ: 1181, kcal: 282

1. Für den Crêpes-Teig Mehl in eine Rührschüssel geben. Eier mit Soja-Schoko-Drink, Mineralwasser und Zucker verschlagen, nach und nach unter Rühren zum Mehl geben. Darauf achten, dass keine Klümpchen entstehen. Den Teig etwa 30 Minuten ruhen lassen.
2. Für den Mandarinenquark von den Mandarinen den Saft auffangen und 5 Esslöffel abmessen.
3. Den Quark mit dem abgemessenen Mandarinensaft, Vanillin-Zucker, Honig und Zitronensaft verrühren. Die Mandarinen vorsichtig unter die Quarkmasse heben.
4. Zitronenmelisse abspülen und trocken tupfen. Die Blättchen von den Stängeln zupfen und beiseitelegen.
5. Etwas von dem Speiseöl in einer beschichteten Pfanne (Ø 28 cm) erhitzen. Den Teig gut durchrühren und eine dünne Teiglage mit einer drehenden Bewegung auf dem Boden der Pfanne verteilen. Einige Mandeln auf den noch flüssigen Teig streuen. Crêpe von beiden Seiten etwa 2 Minuten backen. Bevor der Crêpe gewendet wird, wieder etwas Speiseöl in die Pfanne geben. Crêpe herausnehmen und warm stellen. Weitere 7 Crêpes ebenso zubereiten.
6. Mandarinenquark gleichmäßig auf den Crêpes verteilen und die Crêpes jeweils zu einer Spitztüte zusammenlegen. Mit den beiseitegelegten Zitronenmelisseblättchen garnieren.

Mandelmilchreis

4 Portionen

Zubereitungszeit: 10 Minuten
Garzeit: etwa 35 Minuten

1 l Milch (3,5 % Fett)
1 Prise Salz
20 g Zucker
175 g Milchreis (Rundkornreis)
40 g gehobelte Mandeln
etwas flüssiger Honig

Pro Portion:
E: 11 g, F: 9 g, Kh: 51 g,
kJ: 1395, kcal: 333

1. Die Milch mit Salz und Zucker in einem Topf zum Kochen bringen. Milchreis unterrühren, zum Kochen bringen und bei schwacher Hitze etwa 35 Minuten mit halb aufgelegtem Deckel quellen lassen, dabei gelegentlich umrühren.
2. Den gegarten Milchreis mit Mandeln bestreuen und mit Honig beträufeln. Den Mandelmilchreis heiß oder kalt servieren.

Tipp: Den Milchreis als süßes Hauptgericht mit 75 g zerlassener, gebräunter Butter und etwas Zimt-Zucker (Foto) servieren. Als Dessert reicht der Mandelmilchreis auch für 6 Portionen.

Soja-Schoko-Crêpes mit Mandarinenquark

Mandelmilchreis

Knusprige Apfelspeise

Eierpfannkuchen mit Erdbeerjoghurt

Knusprige Apfelspeise

4 Portionen

VEGAN

Zubereitungszeit: 20 Minuten

15 g (1 EL) vegane Margarine
20 g kernige Haferflocken
200 ml Sojaprodukt zum Aufschlagen
1 Pck. Sahnesteif
400 g Äpfel
100 g gehackte Mandeln
2 TL Agavendicksaft
1 Prise gem. Zimt
1 TL Zitronensaft

Pro Portion:
E: 9 g, F: 25 g, Kh: 24 g,
kJ: 1484, kcal: 355

1. Die Margarine in einer Pfanne bei mittlerer Hitze zerlassen. Die Haferflocken hinzugeben, unter Rühren goldbraun rösten, herausnehmen und auf einem Teller erkalten lassen.
2. Das Sojaprodukt in einem Rührbecher leicht aufschlagen, dann unter weiterem Schlagen Sahnesteif einrieseln lassen.
3. Die Äpfel abspülen und abtrocknen. Äpfel vierteln und das Kerngehäuse herausschneiden. Apfelviertel auf einer Haushaltsreibe grob raspeln, unter die Sojamasse heben.
4. Mandeln unterheben. Die Apfelspeise mit Agavendicksaft, Zimt und Zitronensaft abschmecken.
5. Die Apfelspeise mit den gerösteten Haferflocken in eine Schüssel schichten und sofort servieren, da die Haferflocken sonst weich werden.

Eierpfannkuchen mit Erdbeerjoghurt

2 große Portionen

Zubereitungszeit: 30 Minuten, ohne Ruhe- und Durchziehzeit

Für den Teig:
85 g Weizenmehl
125 ml Milch (3,5 % Fett)
1 Eigelb (Größe M)
Salz, gem. Ingwer
1 TL Zucker
1 Eiweiß (Größe M)

Für den Erdbeerjoghurt:
125 g Erdbeeren
1/2–1 EL Zucker
1 EL Weinbrand
2 EL (70 g) Joghurt (3,5 % Fett)
1 EL gestiftelte Mandeln
1 EL gehackte Haselnusskerne
1–2 TL gehackte Pistazienkerne
evtl. etwas Zucker

Außerdem:
1–2 EL Sonnenblumenöl

Pro Portion:
E: 14 g, F: 25 g, Kh: 48 g,
kJ: 2075, kcal: 496

1. Für den Teig das Mehl in eine Rührschüssel geben, mit Milch, Eigelb, je 1 Prise Salz, Ingwer und Zucker zu einem glatten Teig verrühren. Dabei darauf achten, dass keine Klümpchen entstehen. Den Teig etwa 20 Minuten ruhen lassen.
2. Für den Erdbeerjoghurt in der Zwischenzeit Erdbeeren putzen, abspülen, gut abtropfen lassen, entstielen. Erdbeeren halbieren oder in Scheiben schneiden.
3. Erdbeeren mit Zucker bestreuen und mit Weinbrand beträufeln. Zugedeckt im Kühlschrank etwa 10 Minuten durchziehen lassen.
4. Das Eiweiß für den Teig kurz vor dem Backen steif schlagen und unter den Teig heben.
5. Die Hälfte des Sonnenblumenöls in einer beschichteten Pfanne (Ø 24–28 cm) erhitzen.
6. Die Hälfte des Teiges mit einer Kelle hineingeben. Pfanne leicht schwenken, damit sich der Teig gleichmäßig auf dem Boden der Pfanne verteilen kann. Sobald die Ränder goldgelb sind, den Pfannkuchen vorsichtig mit einem Pfannenwender wenden und auf der anderen Seite goldgelb backen. Den fertig gebackenen Pfannkuchen auf einen Teller gleiten lassen, warm stellen.
7. Den zweiten Pfannkuchen auf die gleiche Weise backen, dabei vor dem Backen den Teig umrühren und restliches Sonnenblumenöl in der Pfanne erhitzen.
8. Die marinierten Erdbeeren mit Joghurt, Mandeln, Haselnusskernen und Pistazienkernen vermengen. Die Erdbeeren nach Geschmack mit Zucker süßen.
9. Nach Belieben die Pfannkuchen in Stücke schneiden, mit Erdbeerjoghurt in Glasschalen anrichten und sofort servieren.

Hochzeitsreis

4 Portionen

VEGAN

Zubereitungszeit: 20 Minuten, ohne Abkühlzeit
Garzeit: etwa 40 Minuten

1 l Mandelmilch (erhältlich im Bioladen)
75 g feiner Voll-Rohrzucker
Salz
125 g Milchreis
abgeriebene Schale von 1/2 Bio-Zitrone (unbehandelt, ungewachst)
Mark von 1 Vanilleschote
2 EL Wasser
1 Döschen (0,1 g) gem. Safran
1 großer Granatapfel
100 g in Wasser eingeweichte Rosinen
50 g Pistazienkerne
einige Tropfen Rosenwasser
einige Melisseblättchen

Pro Portion:
E: 8 g, F: 13 g, Kh: 82 g,
kJ: 2024, kcal: 482

1. Mandelmilch, Zucker und 1 Prise Salz in einem Topf zum Kochen bringen. Milchreis mit Zitronenschale und Vanillemark zur Mandelmilch geben.
2. Die Zutaten unter ständigem Rühren zum Kochen bringen, den Reis bei schwacher Hitze etwa 20 Minuten quellen lassen. Dabei gelegentlich umrühren.
3. Wasser mit Safran verrühren, unter den Reis rühren und bei schwacher Hitze weitere etwa 20 Minuten quellen lassen.
4. In der Zwischenzeit den Granatapfel halbieren und die Kerne herauslösen. Rosinen in einem Sieb abtropfen lassen.
5. Rosinen, Pistazienkerne, Granatapfelkerne und Rosenwasser unter den Reis rühren und abschmecken. Den Hochzeitsreis vollständig erkalten lassen.
6. Melisseblättchen abspülen und trocken tupfen. Den Reis mit Melisseblättchen anrichten.

Hochzeitsreis

Knusperpäckchen

6 Stück

Zubereitungszeit: 20 Minuten
Backzeit: 25–30 Minuten

750 g frische Aprikosen oder 540 g abgetropfte Aprikosenhälften (aus der Dose)
1/2 Bio-Zitrone (unbehandelt, ungewachst)
gem. Zimt
1 Pck. Dr. Oetker Vanillin-Zucker
evtl. 3–4 EL flüssiger Honig
12 kleine, runde Blätter Filoteig (Fertigprodukt aus dem Kühlregal, erhältlich in türkischen Lebensmittelläden)
3–4 EL zerlassene Butter
250 g Magerquark
1 Ei (Größe M)
2 gestr. EL Dr. Oetker Pudding-Pulver Vanille-Geschmack
2 EL gehackte Pistazienkerne

Pro Stück:
E: 10 g, F: 14 g, Kh: 30 g,
kJ: 1222, kcal: 291

1. Die frischen Aprikosen abspülen, abtropfen lassen, halbieren und entsteinen. 8 Aprikosenhälften in kleine Würfel schneiden und in eine Schüssel geben.
2. Zitrone heiß abwaschen, abtrocknen, die Schale fein abreiben und den Saft auspressen. 2 Esslöffel von dem Zitronensaft und 1 Prise Zimt zu den Aprikosenwürfeln geben und untermischen.
3. Restliche Aprikosenhälften mit Vanillin-Zucker und restlichem Zitronensaft in einem hohen Rührbecher fein pürieren, evtl. mit Honig abschmecken.
4. Den Backofen vorheizen.
Ober-/Unterhitze: etwa 180 °C
Heißluft: etwa 160 °C
5. Die Hälfte der Filoteigblätter auf der leicht bemehlten Arbeitsfläche ausbreiten. Die Filoteigblätter dünn mit etwas von der Butter bestreichen und jeweils mit einem zweiten Filoteigblatt belegen. Ebenfalls dünn mit Butter bestreichen.
6. Sechs Vertiefungen einer Muffinform mit der restlichen Butter ausstreichen. Die doppelt aufeinanderliegenden Filoteigblätter in die Vertiefungen legen, dabei jeweils den Rand und Boden leicht andrücken. Überstehenden Teig am oberen Rand abschneiden.
7. Die marinierten Aprikosenwürfel in einem Sieb abtropfen lassen, dabei den Saft auffangen. Den Aprikosensaft mit Zitronenschale, Quark, restlichem Honig, Ei, Pudding-Pulver und

1 Esslöffel Pistazienkernen glatt rühren. Aprikosenwürfel unterheben. Die Quark-Aprikosen-Masse in die mit Filoteigblättern ausgelegten Förmchen geben. Mit den restlichen Pistazienkernen bestreuen.

8. Die Form auf dem Rost in den vorgeheizten Backofen schieben. Knusperpäckchen 25–30 Minuten backen. Die Knusperpäckchen evtl. kurz vor Ende der Backzeit mit Backpapier zudecken, damit der Teig nicht zu stark bräunt.

9. Die Form auf einen Kuchenrost stellen. Knusperpäckchen kurz in der Form ruhen lassen. Vorsichtig aus den Förmchen lösen, mit dem Aprikosenpüree anrichten und servieren.

Schoko-Brownies

28 Stück

VEGAN

Zubereitungszeit: 40 Minuten, ohne Abkühlzeit
Backzeit: etwa 25 Minuten

50 g getrocknete Soft-Aprikosen
100 g Walnusskerne
50 g vegane Schokolade
(aus Reformhaus, Naturkostladen oder Online-Versand)

Für den Teig:
100 g Weizenmehl (Type 1050)
50 g Dinkelmehl (Type 1050)
2 EL Johannisbrotkernmehl oder Pfeilwurzelmehl (etwa 20 g)
4 EL Carobpulver (aus Reformhaus oder Naturkostladen)
Salz
1/2 TL Natron
1 Vanilleschote
75 g Voll-Rohrzucker
250 ml Agavendicksaft
100 ml Speiseöl, z. B. Sonnenblumen- oder Rapsöl
1 EL Zitronensaft
50 g getrocknete Cranberrys

Für den Guss:
200 g vegane Schokolade
(aus Reformhaus, Naturkostladen oder Online-Versand)
100 g Sojasahne

Außerdem:
1 Stück Backpapier

Pro Stück:
E: 2 g, F: 11 g, Kh: 20 g,
kJ: 773, kcal: 184

1. Die Aprikosen in kleine Würfel schneiden. Die Walnusskerne und die Schokolade fein hacken.

2. Den Backofen vorheizen.
Ober-/Unterhitze: etwa 180 °C
Heißluft: etwa 160 °C

3. Für den Teig Weizenmehl mit Dinkelmehl, Johannisbrotkern- oder Pfeilwurzelmehl, Carobpulver, 1 Prise Salz und Natron in einer Rührschüssel mischen. Vanilleschote der Länge nach aufschneiden und das Mark mit dem Messerrücken herausschaben. Vanillemark mit Rohrzucker, Agavendicksaft, Speiseöl und Zitronensaft zu der Mehlmischung geben.

4. Die Zutaten mit einem Mixer (Rührstäbe) zunächst kurz auf niedrigster, dann auf höchster Stufe in etwa 1 Minute zu einem glatten Teig verarbeiten. Aprikosenwürfel, gehackte Walnusskerne, Schokolade und Cranberrys kurz unterheben.

5. Den Teig in eine Auflaufform (etwa 14 x 26 cm, gefettet, mit Backpapier ausgelegt) geben und glatt streichen. Die Form auf dem Rost in den vorgeheizten Backofen schieben. Den Brownie-Kuchen etwa 25 Minuten backen.

6. Die Form auf einen Kuchenrost stellen. Den Brownie-Kuchen erkalten lassen.

7. Für den Guss Schokolade in kleine Stücke brechen und mit Sojasahne in einem kleinen Topf im Wasserbad bei schwacher Hitze unter Rühren schmelzen. So lange rühren, bis eine geschmeidige Masse entstanden ist.

8. Guss mit einem Teigschaber oder einem Esslöffel auf dem Kuchen verteilen und trocknen lassen. Kuchen in Würfel (etwa 4 x 4 cm) schneiden.

Tipp: Bestreuen Sie den noch feuchten Guss mit klein geschnittenen Trockenfrüchten.

Knusperpäckchen

Schoko-Brownies

Maronen-Cappuccino-Creme

etwa 500 g (ohne Foto)

Zubereitungszeit: 5 Minuten
Haltbarkeit: im Kühlschrank 3–4 Tage

200 g Maronenpüree (aus der Dose, Esskastanien-Püree)
3–4 EL Apfeldicksaft
250 g Sahnequark
2–3 TL Instant-Cappuccino-Pulver

Insgesamt:
E: 33 g, F: 32 g, Kh: 132 g,
kJ: 4097, kcal: 976

1. Maronenpüree und Apfeldicksaft mit einem Mixer (Rührstäbe) glatt rühren. Quark unterrühren. Die Creme mit Cappuccino-Pulver abschmecken.
2. Dann die Creme in ein verschließbares Gefäß füllen und in den Kühlschrank stellen.

Tipp: Die Creme schmeckt auch als Füllung für Pfannkuchen lecker.

Orangen-Mandel-Kugeln

VEGAN

35 Stück

Zubereitungszeit: 50 Minuten, ohne Kühlzeit
Backzeit: 15–18 Minuten

Für den Orangenkaramell:
150 g feiner Voll-Rohrzucker
50 ml Orangensaft
2 Pck. Dr. Oetker Finesse Orangenschalen-Aroma

Für den Teig:
100 g blütenzarte Haferflocken
100 g Weizenmehl (Type 550)
Salz
100 g abgezogene, gem. Mandeln
125 g vegane Margarine
2 EL Mandelmilch
50 g abgezogene Mandeln

Pro Stück:
E: 2 g, F: 5 g, Kh: 8 g,
kJ: 374, kcal: 89

1. Für den Karamell Rohrzucker mit Orangensaft und Orangenschalen-Aroma in einem kleinen Topf verrühren und unter Rühren etwa 3 Minuten kochen lassen. Die Karamellmasse auf ein Stück Backpapier gießen, glatt verstreichen und über Nacht fest werden lassen.
2. Für den Teig Haferflocken in einem Blitzhacker zerkleinern. Mehl mit Haferflocken und 1 Prise Salz mischen und in eine Rührschüssel geben. Die Mandeln und Margarine hinzugeben. Den vorbereiteten Karamell in Stücke brechen und ebenfalls hinzugeben.
3. Die Zutaten mit einem Mixer (Knethaken) zunächst kurz auf niedrigster, dann auf höchster Stufe zu einem glatten Teig verkneten. Den Teig zu einer Rolle formen, in Frischhaltefolie wickeln und über Nacht in den Kühlschrank legen.
4. Den Backofen vorheizen.
Ober-/Unterhitze: etwa 180 °C
Heißluft: etwa 160 °C
5. Die Teigrolle zuerst in Scheiben schneiden, dann jeweils zu Kugeln formen und auf ein Backblech (mit Backpapier belegt) setzen.
6. Die Orangen-Mandel-Kugeln mit Mandelmilch bestreichen. Jeweils 1 halbierte Mandel in die Mitte der Kugeln drücken.
7. Anschließend das Backblech in den vorgeheizten Backofen schieben und die Orangen-Mandel-Kugeln 15–18 Minuten backen.
8. Das Gebäck mit dem Backpapier vom Backblech auf einen Kuchenrost ziehen. Orangen-Mandel-Kugeln erkalten lassen.

Orangen-Mandel-Kugeln

Orangen-Campari-Sorbet

Obstsalat mit Maraschino

Orangen-Campari-Sorbet

6 Portionen VEGAN

Zubereitungszeit: 20 Minuten, ohne Abkühlzeit
Gefrierzeit: 4–5 Stunden

Für das Sorbet:
60 g Voll-Rohrzucker, 60 ml Wasser
500 ml frisch gepresster Orangensaft (von etwa 5 Orangen)
40 ml Campari
2 Bio-Orangen (unbehandelt, ungewachst)

Pro Portion:
E: 0 g, F: 0 g, Kh: 23 g,
kJ: 481, kcal: 115

1. Für das Sorbet den Rohrzucker mit Wasser in einem Topf verrühren und zum Kochen bringen. Den Topf von der Kochstelle nehmen. Die Zuckerlösung erkalten lassen.
2. Die Zuckerlösung mit Orangensaft und Campari verrühren und in eine gefriergeeignete Schüssel füllen. Die Schüssel zugedeckt in den Gefrierschrank stellen. Die Sorbetflüssigkeit 4–5 Stunden gefrieren lassen, dabei das Sorbet alle 30 Minuten kräftig durchrühren oder pürieren.
3. Orangen heiß abwaschen und abtrocknen. Von der Schale schmale Streifen abschälen, sodass Spiralen entstehen. Orangen so schälen, dass die weiße Haut vollständig mitentfernt wird. Orangen filetieren.
4. Orangen-Campari-Sorbet in Gläsern anrichten und mit den Orangenfilets garniert servieren. Die Glasränder mit den Orangenspiralen garnieren.

Obstsalat mit Maraschino

4–6 Portionen VEGAN

Zubereitungszeit: 45 Minuten, ohne Durchziehzeit

5 frische Aprikosen
4 reife Pfirsiche
2 Mandarinen
2 reife Birnen
2 mittelgroße Äpfel
je 125 g blaue und grüne Weintrauben
2 Scheiben frische Ananas
2 EL Maraschino-Kirschen
2 EL Puderzucker
2–3 EL Zitronensaft
2 EL Maraschino (Kirschlikör)

Pro Portion:
E: 2 g, F: 1 g, Kh: 46 g,
kJ: 890, kcal: 212

1. Frische Aprikosen und Pfirsiche kurz in heißes Wasser legen und in kaltem Wasser abschrecken. Von den Aprikosen und Pfirsiche die Haut abziehen. Aprikosen und Pfirsiche halbieren und entsteinen. Pfirsichhälften in Spalten schneiden. Mandarinen pellen, in Spalten teilen und evtl. entkernen. Birnen und Äpfel schälen, halbieren, entkernen und in Spalten schneiden. Weintrauben abspülen, abtropfen lassen, entstielen, halbieren und entkernen. Ananascheiben in Stücke schneiden.
2. Das vorbereitete Obst und die Maraschino-Kirschen in einer Schüssel gut vermengen. Puderzucker mit Zitronensaft und Maraschino gut verrühren und unter den Obstsalat mischen.
3. Den Obstsalat in eine Glasschüssel füllen, zugedeckt in den Kühlschrank stellen und gut durchziehen lassen.

Tipp: Den Obstsalat vor dem Servieren mit gehackten Walnusskernen, Pistazienkernen oder Mandeln bestreuen und mit abgespülten, trocken getupften Melisseblättchen garnieren.

Karamellisierte Pfirsiche mit Rosenblütensirup und Himbeeren

Nussplätzchen

Karamellisierte Pfirsiche mit Rosenblütensirup und Himbeeren

4 Portionen

Zubereitungszeit: 30 Minuten

4 Pfirsiche
1 Vanilleschote
250 ml Wasser
100 g Zucker
1 TL Rosenwasser
1 frische Rosenblüte (unbehandelt)
125 g Himbeeren
50 g Zucker

Pro Portion:
E: 1 g, F: 0 g, Kh: 51 g,
kJ: 911, kcal: 218

1. Die Pfirsiche kurz in kochendes Wasser legen, dann sofort in kaltem Wasser abschrecken. Von den Pfirsichen die Haut abziehen. Pfirsiche halbieren und entsteinen.
2. Vanilleschote längs aufschneiden und das Mark mit einem Messerrücken herausschaben. Wasser mit Zucker, Vanilleschote, -mark und dem Rosenwasser in einem kleinen Topf aufkochen.
3. Die Rosenblüte vorsichtig abspülen und trocken tupfen. Die Blütenblätter von der Rose zupfen. Die Himbeeren verlesen.
4. Zucker in einer unbeschichteten Pfanne hell karamellisieren lassen. Die Pfirsichhälften darin schwenken und in 4 Glasschälchen verteilen. Den Rosenblütensirup daraufgeben.
5. Die karamellisierten Pfirsiche mit den Himbeeren und Blütenblättern garnieren.

Nussplätzchen

45 Stück

Zubereitungszeit: 60 Minuten, ohne Kühl-, Abkühl- und Trockenzeit
Backzeit: etwa 10 Minuten je Backblech

Für den Knetteig:
150 g Weizenmehl
100 g feiner Voll-Rohrzucker
1 Pck. Dr. Oetker Vanillin-Zucker
Salz
100 g vegane Margarine
100 g gemahlene Haselnusskerne
1 EL kaltes Wasser

Für die Füllung:
60 g Johannisbeergelee

Für den Guss:
100 g Puderzucker
1 gestr. TL Zimt
etwa 1 EL lauwarmes Wasser

evtl. 50 g vegane, gehackte Schokolade

Pro Stück:
E: 1 g, F: 4 g, Kh: 9 g,
kJ: 297, kcal: 71

1. Für den Teig das Mehl in eine Rührschüssel geben. Rohrzucker, Vanillin-Zucker, 1 Prise Salz, die Margarine in Stücke geschnitten, Haselnusskerne und Wasser hinzufügen. Die Zutaten mit einem Mixer (Knethaken) zunächst kurz auf niedrigster, dann auf höchster Stufe gut durcharbeiten.
2. Anschließend auf einer leicht bemehlten Arbeitsfläche zu einem glatten Teig verkneten. Den Teig in Frischhaltefolie gewickelt mindestens 1 Stunde in den Kühlschrank legen.
3. Den Backofen vorheizen.
Ober-/Unterhitze: etwa 180 °C
Heißluft: etwa 160 °C
4. Den Teig auf der leicht bemehlten Arbeitsfläche evtl. in 2 Portionen dünn ausrollen, mit einer runden Ausstechform (Ø etwa 4 cm) insgesamt 90 Taler ausstechen und auf Backbleche (mit Backpapier belegt) legen.
5. Die Backbleche nacheinander (bei Heißluft zusammen) in den vorgeheizten Backofen schieben und die Taler etwa 10 Minuten je Backblech backen.
6. Die Taler mit dem Backpapier von den Backblechen auf Kuchenroste ziehen und erkalten lassen.
7. Für die Füllung das Gelee in einem kleinen Topf unter Rühren leicht erwärmen. Mit einem Teelöffel jeweils einen Klecks Gelee auf die Unterseite von 45 erkalteten Talern geben, die restlichen Taler mit der Unterseite darauflegen und gut andrücken.

8. Für den Guss Puderzucker mit Zimt und Wasser zu einem dickflüssigen Guss verrühren. Mit einem Teelöffel jeweils einen Klecks Guss auf die Plätzchen geben und nach Belieben sofort mit gehackter Schokolade bestreuen. Guss trocknen lassen.

Mango-Melonen-Sekt-Sorbet

2 Portionen

VEGAN

Zubereitungszeit: 20 Minuten, ohne Durchziehzeit
Gefrierzeit: 4–5 Stunden

125 ml Wasser
150 g Zucker
150 g Honigmelone
1/2 kleine Mango (etwa 100 g)
Saft von 1/2 Zitrone
200 ml Sekt

Pro Portion:
E: 0 g, F: 0 g, Kh: 34 g,
kJ: 683, kcal: 163

1. Wasser mit Zucker in einem Topf zum Kochen bringen und etwa 1 Minute kochen lassen.
2. Honigmelone entkernen, in Spalten schneiden, schälen und in Stücke schneiden. Das Mango-Fruchtfleisch vom Stein schneiden, schälen und ebenfalls in Stücke schneiden.
3. Die Obststücke in eine Schale geben, mit Zitronensaft und Sekt übergießen und etwa 1 Stunde durchziehen lassen.
4. Anschließend das vorbereitete Obst durch ein Sieb passieren und die Wasser-Zucker-Lösung gut unterrühren. Die Obstmasse in eine gefrierfeste Schüssel geben. Die Schüssel zugedeckt in den Gefrierschrank stellen. Die Sorbetmasse 4–5 Stunden gefrieren lassen. Dabei das Sorbet alle 30 Minuten mit einem Schneebesen kräftig durchschlagen.
5. Das Sorbet in Gläsern anrichten und servieren.

Obst in weiße und braune Schokolade getaucht

4 Portionen

VEGAN

Zubereitungszeit: 30 Minuten

250 g weiße Schokolade (Reismilch, laktosefrei)
250 g Zartbitter-Schokolade (Reismilch, laktosefrei)
500 g Erdbeeren
2 Bananen
etwas Zitronensaft
1/2 frische Ananas
1/2 Cantaloupe-Melone
250 g Physalis

Außerdem:
Holzspieße

Pro Portion:
E: 12 g, F: 40 g, Kh: 110 g,
kJ: 3578, kcal: 854

1. Den Backofen vorheizen.
Ober-/Unterhitze: etwa 80 °C
2. Die Schokoladen getrennt grob hacken und in 2 ofenfeste Schüsseln geben. Die Schüsseln auf dem Rost in den vorgeheizten Backofen schieben. Die Schokoladen unter mehrmaligem Umrühren schmelzen.
3. Die Erdbeeren putzen, abspülen und abtropfen lassen. Etwas von dem Grün stehen lassen. Die Bananen schälen, vierteln und mit Zitronensaft bestreichen. Die Ananas schälen und den mittleren harten Strunk herausschneiden. Ananashälfte in mundgerechte Stücke schneiden. Die Melone halbieren und entkernen. Die Melone in große Stücke (Keile) schneiden und schälen. Die Lampions der Physalis aufreißen und in Form eines Stiels zusammendrehen.
4. Die geschmolzenen Schokoladen auf Stövchen warm halten. Die Obststücke auf Holzspieße gesteckt in die Schokolade tunken.

Mango-Melonen-Sekt-Sorbet

Obst in weiße und braune Schokolade getaucht

Johannisbeersorbet

4 Portionen

VEGAN

Zubereitungszeit: 30 Minuten, ohne Abkühlzeit
Gefrierzeit: etwa 4 Stunden

1/2 Bio-Zitrone (unbehandelt, ungewachst)
150 ml Wasser
160 g Zucker
500 g frische Johannisbeeren

Pro Portion:
E: 1 g, F: 0 g, Kh: 46 g,
kJ: 337, kcal: 200

1. Zitrone heiß abwaschen, abtrocknen und von einer Hälfte die Schale dünn abschälen. Wasser mit Zucker und Zitronenschale in einem kleinen Topf zum Kochen bringen und bei starker Hitze etwa 5 Minuten ohne Deckel sirupartig einkochen lassen (ergibt etwa 100 ml Sirup). Den Sirup erkalten lassen. Die Zitronenschale entfernen.
2. Johannisbeeren putzen, abspülen, abtropfen lassen und die Beeren von den Rispen streifen. Die Johannisbeeren mit der Hälfte des Sirups in einen hohen Rührbecher geben, pürieren und durch ein Sieb streichen. Restlichen Sirup unterrühren.
3. Die Püreemasse in eine gefriergeeignete Schüssel geben und etwa 1 Stunde im Gefrierschrank gefrieren lassen, dann umrühren. Sorbet noch weitere etwa 3 Stunden gefrieren lassen, dabei mehrmals umrühren, sodass eine cremige Masse entsteht.
4. Das Johannisbeersorbet in einen Spritzbeutel mit großer Sterntülle (Ø 12 mm) füllen und in 4 Portionsschälchen spritzen.

Karamellcreme

4 Portionen

Zubereitungszeit: 25 Minuten, ohne Abkühlzeit

100 g Zucker
1 EL Butter
500 ml Milch (3,5 % Fett)
40 g Speisestärke
20 g Zucker
100 g Mini-Florentiner-Gebäck
125 g Schlagsahne (mind. 30 % Fett)

Pro Portion:
E: 7 g, F: 27 g, Kh: 56 g,
kJ: 2132, kcal: 511

1. Zucker in einem Edelstahltopf goldgelb karamellisieren lassen. Den Topf von der Kochstelle nehmen, die Butter unterrühren. 375 ml Milch vorsichtig in den Topf geben (Achtung: Es spritzt!) und unter gelegentlichem Rühren zum Kochen bringen.
2. Speisestärke mit Zucker und der restlichen Milch anrühren und unter Rühren zu der Karamellmilch geben. Die Karamellmasse aufkochen lassen. Dann den Topf von der Kochstelle nehmen. Während des Erkaltens ab und zu durchrühren.
3. Florentiner (2 Stück zum Garnieren beiseitelegen) in kleine Stücke brechen oder hacken. Sahne steif schlagen und unter die kalte Karamellmasse heben. Die Karamellcreme mit den Florentiner-Stücken in eine Glasschüssel oder in Portionsschälchen schichten und zugedeckt in den Kühlschrank stellen. Die beiseitegelegten Florentiner halbieren, die Karamellcreme damit garnieren.

Haselnuss-Plätzchen

etwa 60 Stück

VEGAN

Zubereitungszeit: 25 Minuten, ohne Kühlzeit
Backzeit: etwa 15 Minuten je Backblech

Für den Teig:
150 g vegane Margarine
30 g Agavendicksaft
50 g brauner Voll-Rohrzucker
Salz
100 g Dinkel-Vollkornmehl
150 g Dinkelmehl (Type 630)
100 g grob gem. Haselnusskerne
1/2 gestr. TL Dr. Oetker Backin
1/2 gestr. TL gem. Ingwer
1/2 gestr. TL gem. Zimt

Johannisbeersorbet

Karamellcreme

Haselnuss-Plätzchen

Kokosklebreis mit Banane

Für den Belag:
etwa 60 Haselnusskerne (etwa 60 g)
20 g Agavendicksaft

Pro Stück:
E: 1 g, F: 4 g, Kh: 5 g,
kJ: 234, kcal: 56

1. Für den Teig die Margarine in eine Rührschüssel geben und mit einem Mixer (Rührstäbe) geschmeidig rühren. Agavendicksaft, Rohrzucker und 1 kleine Prise Salz unterrühren.
2. Beide Mehlsorten mit Nusskernen, Backpulver, Ingwer und Zimt mischen. Die Hälfte davon unter den Teig rühren. Die restliche Mischung unterkneten.
3. Den Teig auf der leicht bemehlten Arbeitsfläche halbieren und zu 2 Stangen oder Rollen (jeweils etwa 24 cm Länge) formen. Stangen oder Rollen zugedeckt mindestens 2 Stunden in den Kühlschrank legen.
4. Den Backofen vorheizen.
Ober-/Unterhitze: etwa 180 °C
Heißluft: etwa 160 °C
5. Von den Teigstangen oder -rollen jeweils etwa 30 Scheiben schneiden und auf 2 Backbleche (mit Backpapier belegt) legen.
6. Für den Belag die Nusskerne einzeln etwa zur Hälfte in den Dicksaft tauchen, etwas abtropfen lassen, dann in die Mitte der Teigscheiben legen und leicht andrücken.
7. Die Backbleche nacheinander (bei Heißluft zusammen) in den vorgeheizten Backofen schieben. Die Plätzchen etwa 15 Minuten je Backblech backen.
8. Plätzchen mit dem Backpapier von den Backblechen auf Kuchenroste ziehen. Plätzchen erkalten lassen.

Kokosklebreis mit Banane

VEGAN

4–6 Portionen

Zubereitungszeit: 25 Minuten, ohne Einweich- und Abkühlzeit
Garzeit: etwa 20 Minuten

250 g Klebreis (Online-Versand)
325 ml ungesüßte Kokosmilch
1 gestr. TL Salz
75 g Zucker
2 EL geschälte Sesamsamen
350 g Bananen
2 EL Limettensaft
1 Bio-Limette
(unbehandelt, ungewachst)

Pro Portion:
E: 5 g, F: 14 g, Kh: 66 g,
kJ: 1725, kcal: 414

1. Den Klebreis über Nacht in reichlich kaltem Wasser einweichen. Danach den Reis in ein Sieb geben, mit kaltem Wasser abspülen und gut abtropfen lassen. Den Reis am besten in einen beschichteten Topf oder eine beschichtete Pfanne geben. Kokosmilch, Salz und Zucker hinzugeben und unterrühren. Den Reis zugedeckt bei schwacher Hitze zum Kochen bringen und etwa 20 Minuten garen.
2. Den Reis erkalten lassen. Sesamsamen in einer Pfanne ohne Fett unter Rühren goldbraun rösten. Bananen schälen, in dünne Scheiben schneiden und mit dem Limettensaft vermischen.
3. Reis halbieren. Eine Reishälfte auf eine Sushimatte (mit Frischhaltefolie belegt) geben, gleichmäßig rechteckig (etwa 23 x 19 cm) ausbreiten und leicht andrücken. Die Hälfte der Bananenscheiben der Länge nach in die Mitte von dem Reis legen. Die Matte von beiden Seiten so über den Bananenscheiben zusammenführen, dass eine „dreieckige" Rolle entsteht, fest andrücken.
4. Die andere Reishälfte mit den Bananenscheiben auf die gleiche Weise zubereiten.
5. Die Rollen mit einem scharfen Messer in etwa 3 cm dicke Scheiben schneiden. Die Limette heiß abwaschen, abtrocknen und vierteln oder sechsteln. Kokosklebreisscheiben mit Sesam bestreuen, mit den Limettenspalten garniert servieren.

Ananasreis

4 Portionen

VEGAN

Zubereitungszeit: 10 Minuten, ohne Abkühlzeit
Garzeit: 20 Minuten

1/2 reife Ananas (etwa 500 g)
50 g Datteln
1 Bio-Orange (unbehandelt, ungewachst)
175 g Milchreis
50 g gehackte Mandeln
40 g Voll-Rohrzucker
1–2 EL Agavendicksaft
1–2 EL Zitronensaft

Pro Portion:
E: 7 g, F: 7 g, Kh: 67 g,
kJ: 1543, kcal: 368

1. Ananas schälen, der Länge nach vierteln und den Strunk entfernen. Ananas in kleine Würfel schneiden. Die Datteln halbieren und entsteinen. Datteln der Länge nach in Streifen schneiden und mit den Ananaswürfeln mischen. Die Orange heiß abwaschen und abtrocknen. Die Hälfte der Orangenschale fein abreiben. Die Orange halbieren, den Saft auspressen und 100 ml Saft abmessen.
2. 500 ml Wasser und die Orangenschale in einem Topf zum Kochen bringen. Den Reis unter Rühren hinzugeben, zum Kochen bringen und zugedeckt bei schwacher Hitze etwa 10 Minuten garen, dabei gelegentlich umrühren.
3. Dattel-Ananas-Gemisch und den Orangensaft zum Reis in den Topf geben, unterrühren und alles noch weitere etwa 10 Minuten garen.
4. In der Zwischenzeit die Mandeln in einer Pfanne ohne Fett goldbraun rösten, herausnehmen und auf einen Teller geben. Rohrzucker in die heiße Pfanne geben und hellbraun karamellisieren lassen. Die heißen Mandeln wieder hinzugeben und in dem Karamell wenden. Mandelkaramell auf ein Stück Backpapier geben und erkalten lassen.
5. Abgekühlten Mandelkaramell grob hacken, die Hälfte davon unter den Ananasreis rühren. Den Ananasreis mit Agavendicksaft und Zitronensaft abschmecken und mit dem restlichem Mandelkaramell bestreuen.

Hafer-Weizen-Brötchen

20 Stück

Zubereitungszeit: 45 Minuten, ohne Abkühl- und Teiggehzeit
Backzeit: Früchtebrötchen 35–40 Minuten, Mohn-Sesam-Brötchen 30–35 Minuten

Zum Vorbereiten:
175 g Hafer
1/2 TL Anissamen
1 gestr. TL Koriandersamen

Für den Hefeteig:
350 g Weizenkörner, fein gemahlen
1 Pck. Dr. Oetker Trockenbackhefe
1 gestr. TL Meersalz
1 TL flüssiger Honig
375 ml lauwarmes Wasser

250 g gewürfelte Trockenfrüchte, z. B. Pflaumen, Aprikosen, Birnen, Apfelringe, Korinthen, Weinbeeren
50 g gehackte Walnuss- oder Haselnusskerne
2 EL Wasser
kernige, grobe Haferflocken
Mohnsamen
geschälter Sesamsamen

Pro Stück:
E: 5 g, F: 4 g, Kh: 26 g,
kJ: 672, kcal: 160

1. Den Backofen vorheizen.
Ober-/Unterhitze: etwa 100 °C
Heißluft: etwa 80 °C
2. Zum Vorbereiten Hafer mit Anis- und Koriandersamen mischen und auf einem Backblech verteilen. Das Backblech in den vorgeheizten Backofen schieben und die Mischung etwa 45 Minuten rösten. Samenmischung während des Röstens ab und zu wenden. Anschließend vom Backblech nehmen und abkühlen lassen.
3. Für den Teig gemahlene Weizenkörner in eine Rührschüssel geben und mit der Trockenbackhefe sorgfältig vermischen. Meersalz, Honig und Wasser hinzufügen. Die Zutaten

mit einem Mixer (Knethaken) zunächst kurz auf niedrigster, dann auf höchster Stufe in etwa 5 Minuten zu einem glatten Teig verarbeiten. Vorbereitete, geröstete Samenmischung unterkneten.

4. Den Teig halbieren. Unter eine Teighälfte die gewürfelten Trockenfrüchte, Nusskerne und Wasser kneten. Beide Teige zugedeckt so lange an einem warmen Ort gehen lassen, bis sie sich sichtbar vergrößert haben (etwa 30 Minuten).

5. Beide Teige leicht mit Mehl bestäuben, jeweils aus der Schüssel nehmen und getrennt auf einer bemehlten Arbeitsfläche nochmals gut durchkneten. Aus dem Früchteteig 12 Brötchen und aus dem restlichen Teig 8 Brötchen formen. Die Teigbrötchen mit der Oberfläche in Wasser tauchen.

6. Die Früchtebrötchen mit der Oberfläche in Haferflocken drücken und auf ein Backblech (mit Backpapier belegt) legen.

7. Mohn- mit Sesamsamen mischen. Die Oberfläche der restlichen Brötchen mit der Mohn-Sesam-Mischung bestreuen und auf ein zweites Backblech (mit Backpapier belegt) legen. Die Teigbrötchen nochmals zugedeckt so lange an einem warmen Ort gehen lassen, bis sie sich sichtbar vergrößert haben (etwa 20 Minuten).

8. In der Zwischenzeit den Backofen vorheizen.
Ober-/Unterhitze: etwa 200 °C
Heißluft: etwa 180 °C

9. Die Teigbrötchen auf der Oberfläche längs einschneiden und mit Wasser bestreichen. Die Backbleche nacheinander (bei Heißluft zusammen) in den vorgeheizten Backofen schieben. Die Früchtebrötchen 35–40 Minuten, die Mohn-Sesam-Brötchen 30–35 Minuten backen.

10. Die Brötchen mit dem Backpapier von den Backblechen auf Kuchenroste ziehen. Brötchen erkalten lassen.

Ananas-Mandarinen-Salat mit Passionsfruchtsauce

4 Portionen

Zubereitungszeit: 30 Minuten

Für die Blätterteigstangen:
100 g Blätterteig
(aus dem Kühlregal)
1 Eigelb
1 EL geschälte Sesamsamen
1 EL Zucker

Für den Salat:
500 g Ananas-Fruchtfleisch
(aus dem Kühlregal)
4 Mandarinen

Für die Fruchtsauce:
5–6 frische Minzeblättchen
4 Passionsfrüchte (je etwa 50 g)
75 g heller Zuckerrübensirup
(ersatzweise flüssiger Honig oder Ahornsirup)
2 EL Limettensaft
2 EL Butter

Pro Portion:
E: 5 g, F: 11 g, Kh: 50 g,
kJ: 1385, kcal: 330

1. Den Backofen vorheizen.
Ober-/Unterhitze: etwa 220 °C
Heißluft: etwa 200 °C

2. Den Blätterteig auf der Arbeitsfläche ausbreiten und in etwa 12 gleich breite Streifen schneiden. Das Eigelb verschlagen und die Streifen damit bestreichen. Die Teigstreifen mehrmals mit einer Gabel einstechen, mit Sesam und Zucker bestreuen. Die Streifen mit etwas Abstand auf ein Backblech (30 x 40 cm, mit Backpapier belegt) legen.

3. Das Backblech in den vorgeheizten Backofen schieben. Die Blätterteigstangen etwa 10 Minuten backen. Dann das Backblech auf einen Kuchenrost stellen und die Blätterteigstangen abkühlen lassen.

4. Für den Salat in der Zwischenzeit das Ananas-Fruchtfleisch zuerst in Scheiben und dann in Stücke schneiden. Mandarinen schälen und in Stücke (Segmente) teilen.

5. Für die Fruchtsauce Minzeblättchen abspülen, trocken tupfen und klein schneiden. Passionsfrüchte halbieren. Das Fruchtfleisch herauslösen, mit Zuckerrübensirup, Limettensaft und Minze verrühren.

6. Butter in einer Pfanne zerlassen. Die Ananasstücke darin unter Rühren etwa 3 Minuten dünsten, aus der Pfanne nehmen und noch heiß mit den Mandarinen und der Fruchtsauce mischen. Salat mit den Blätterteigstangen servieren.

Hafer-Weizen-Brötchen

Ananas-Mandarinen-Salat mit Passionsfruchtsauce

Schoko-Hafer-Knusperchen

25–35 Stück (ohne Foto)

Zubereitungszeit: 20 Minuten, ohne Kühlzeit
Haltbarkeit: im Kühlschrank etwa 10 Tage

100 g getrocknete Aprikosen
100 g knusprige Haferfleks
200 g Zartbitter-Schokolade
1 TL Speiseöl

Pro Stück:
E: 1 g, F: 3 g, Kh: 7 g,
kJ: 233, kcal: 55

1. Die Aprikosen in sehr kleine Würfel schneiden und mit den Haferfleks in einer Schüssel gut vermischen. Schokolade in kleine Stücke brechen, mit Speiseöl in einem Topf im Wasserbad bei schwacher Hitze unter Rühren schmelzen.
2. Aprikosen-Haferfleks-Mischung mit der Schokolade vermischen und auf eine mit Backpapier belegte Tortenplatte geben (Backpapier evtl. mit ein paar Tupfen flüssiger Schokolade an der Tortenplatte festkleben). Die Masse mit einem großen glatten Messer zu einem Kreis (Ø etwa 30 cm) flach verstreichen.
3. Die Tortenplatte etwa 1 Stunde in den Kühlschrank stellen, bis die Schokolade fest geworden ist. Dann die Schokoplatte vom Backpapier lösen, in kleine Stücke brechen und gut verpackt im Kühlschrank aufbewahren.

Ananas-Feigen-Auflauf

(Römertopf® 3-Liter-Inhalt)

4 Portionen

Zubereitungszeit: 30 Minuten, ohne Abkühlzeit
Garzeit: etwa 60 Minuten

60 g Pinienkerne
1 Bio-Limette (unbehandelt, ungewachst)
200 g Soft-Feigen
4 Eigelb (Größe M)
50 g Zucker
6 EL Schlagsahne
4 Eiweiß (Größe M)
1 Pck. Dr. Oetker Vanillin-Zucker
250 g gut abgetropfte Ananasstücke (aus der Dose)
50 g Weizenmehl

evtl. 1 Bio-Limette (unbehandelt, ungewachst)

Pro Portion:
E: 17 g, F: 22 g, Kh: 60 g,
kJ: 2241, kcal: 5365

1. Pinienkerne fein hacken, in einer Pfanne ohne Fett unter Rühren rösten, herausnehmen und auf einem Teller abkühlen lassen.
2. Limette heiß abwaschen, abtrocknen, Schale dünn abreiben. Limette halbieren und den Saft auspressen. Von den Feigen die Stiele abschneiden, Feigen in Streifen schneiden.
3. Eigelb und Zucker in einer Rührschüssel mit einem Mixer (Rührstäbe) zu einer dicklichen Creme aufschlagen, Sahne unterrühren. Eiweiß mit Vanillin-Zucker steif schlagen.
4. Ananasstücke in Mehl wenden, zur Eigelbcreme geben und unterheben. Pinienkerne, Limettenschale, -saft und Feigenstreifen unterrühren. Eischnee unterheben. Die Masse in einen gewässerten Römertopf® geben. Den Römertopf® mit dem Deckel verschließen und auf dem Rost in den kalten Backofen schieben.
Ober-/Unterhitze: etwa 200 °C
Heißluft: etwa 180 °C
5. Auflauf etwa 60 Minuten garen.
6. Nach Belieben Limette heiß abwaschen, abtrocknen und in sehr dünne Scheiben schneiden. Ananas-Feigen-Auflauf in Schalen anrichten und mit Limettenscheiben garniert servieren.

Ananas-Feigen-Auflauf

Walnussplätzchen

Rossumada

Walnussplätzchen
50 Stück

VEGAN

Zubereitungszeit: 90 Minuten, ohne Kühlzeit
Backzeit: etwa 10 Minuten je Backblech

Für den Knetteig:
300 g Weizenmehl
180 g feiner Voll-Rohrzucker
1 Pck. Dr. Oetker Vanillin-Zucker
1 Msp. gem. Kardamom
etwas Salz
200 g vegane Margarine
150 g gem. Walnusskerne

3–4 EL rotes Johannisbeergelee
50 g vegane Zartbitter-Schokolade
1 TL Speiseöl
etwa 200 g halbierte Walnusskerne
200 g Puderzucker
etwa 3 EL Zitronensaft

Pro Stück:
E: 2 g, F: 9 g, Kh: 14 g,
kJ: 596, kcal: 142

1. Für den Teig das Mehl in eine Rührschüssel geben. Rohrzucker, Vanillin-Zucker, Kardamom, etwas Salz, Margarine und Walnusskerne hinzufügen. Die Zutaten mit einem Mixer (Knethaken) zunächst kurz auf niedrigster Stufe, dann auf höchster Stufe gut durcharbeiten.
2. Anschließend mit den Händen auf der mit Mehl bestäubten Arbeitsfläche zu einem glatten Teig verkneten. Sollte der Teig kleben, ihn in Frischhaltefolie gewickelt eine Zeit lang in den Kühlschrank legen.
3. Den Backofen vorheizen.
Ober-/Unterhitze: etwa 180 °C
Heißluft: etwa 160 °C
4. Den Knetteig portionsweise auf der leicht bemehlten Arbeitsfläche dünn ausrollen, mit einer runden Ausstechform (Ø etwa 4 cm) etwa 100 Taler ausstechen und auf Backbleche (mit Backpapier belegt) legen. Die Backbleche nacheinander (bei Heißluft 2–3 Backbleche zusammen) in den vorgeheizten Backofen schieben. Die Taler etwa 10 Minuten je Backblech backen.
5. Die Plätzchen mit dem Backpapier von den Backblechen auf Kuchenroste ziehen und erkalten lassen.
6. Johannisbeergelee glatt rühren. Die Hälfte der erkalteten Plätzchen auf der Unterseite mit Gelee bestreichen, die restlichen Plätzchen darauflegen und gut andrücken.
7. Die Schokolade in Stücke brechen und mit Speiseöl in einem kleinen Topf im Wasserbad bei schwacher Hitze unter Rühren schmelzen. Die Walnusskerne jeweils zur Hälfte in die Schokolade tauchen und zum Trocknen auf Backpapier legen.
8. Den Puderzucker mit Zitronensaft zu einer geschmeidigen Masse verrühren. Die Plätzchen damit bestreichen und mit den Walnusshälften garnieren. Guss trocknen lassen.

Rossumada
4 Portionen

Zubereitungszeit: 20 Minuten, ohne Kühlzeit

2 Eiweiß (Größe M)
5 Eigelb (Größe M)
120 g Zucker, gem. Zimt
300 ml Rotwein
50 g Zartbitter-Raspelschokolade

Pro Portion:
E: 7 g, F: 11 g, Kh: 39 g,
kJ: 1363, kcal: 325

1. Eiweiß steif schlagen. Eigelb, Zucker und 1 Prise Zimt in einer Edelstahlschüssel im heißen Wasserbad mit einem Mixer (Rührstäbe) schaumig schlagen. Unter ständigem Schlagen nach und nach den Rotwein hinzugießen. So lange weiterschlagen, bis die Creme anfängt fest zu werden. (Die Creme darf nicht kochen!) Eischnee hinzufügen und in etwa 1 Minute unterschlagen.
2. Die Creme in 4 Portionsgläser füllen und etwa 1 Stunde in den Kühlschrank stellen. Rossumada mit Schokolade bestreut servieren.

Hinweis: Nur ganz frische Eier verwenden, die nicht älter als 5 Tage sind (Legedatum beachten!). Die fertige Speise im Kühlschrank aufbewahren und innerhalb von 24 Stunden verzehren.

Rotweincreme mit schwarzen Johannisbeeren

4 Portionen

Zubereitungszeit: 30 Minuten, ohne Saftziehzeit

200 g schwarze Johannisbeeren
2 EL Puderzucker
1 Pck. Rotweincreme
75 ml Wasser
200 g Schlagsahne (mind. 30 % Fett)
100 g Doppelrahm-Frischkäse
1 EL Zucker
1 TL Dr. Oetker Bourbon-Vanille-Zucker

Pro Portion:
E: 6 g, F: 23 g, Kh: 39 g,
kJ: 1794, kcal: 428

1. Johannisbeeren abspülen, abtropfen lassen und von den Rispen streifen. Beeren mit Puderzucker mischen und Saft ziehen lassen.
2. Rotwein (aus der Packung) und Wasser (beides Zimmertemperatur) in eine fettfreie Rührschüssel füllen. Dessertpulver hinzugeben und mit einem Mixer (Rührstäbe) kurz auf niedrigster Stufe verrühren. Dann etwa 2 Minuten auf höchster Stufe aufschlagen, bis die Masse schaumig und dicklich wird.
3. Die Schlagsahne steif schlagen. Frischkäse mit Zucker, Vanille-Zucker und 3 Esslöffeln der Sahne verrühren, restliche Sahne unterheben. Die Hälfte der Frischkäse-Sahne unter die Rotweincreme heben.
4. Rotweincreme und vorbereitete Beeren schichtweise in Dessertgläser füllen. Mit restlicher Frischkäse-Sahne garnieren.

Sesam-Mandel-Splitter

30 Stück

VEGAN

Zubereitungszeit: 15 Minuten
Backzeit: etwa 12 Minuten

50 g geschälte Sesamsamen
100 g gestiftelte Mandeln
30 g vegane Margarine
100 ml Mandelmilch
30 g Agavendicksaft
60 g feiner Voll-Rohrzucker
2 Pck. Dr. Oetker Bourbon-Vanille-Zucker
20 g Reisflakes

Pro Stück:
E: 1 g, F: 4 g, Kh: 4 g,
kJ: 223, kcal: 53

1. Den Backofen vorheizen.
Ober-/Unterhitze: etwa 180 °C
Heißluft: etwa 160 °C
2. Sesam, Mandeln, Margarine, Mandelmilch, Dicksaft, Rohrzucker und Vanille-Zucker in eine Pfanne geben und bei mittlerer Hitze unter Rühren so lange erhitzen (etwa 5 Minuten), bis die Flüssigkeit vollständig verdampft ist. Reisflakes unterrühren.
3. Von der heißen Masse mit 2 Teelöffeln walnussgroße Häufchen abstechen und auf ein Backblech (mit Backpapier belegt) setzen.
4. Die Sesam-Mandel-Splitter im vorgeheizten Backofen etwa 12 Minuten hellbraun backen. Das Backblech auf ein Kuchenrost stellen. Das Gebäck vollständig erkalten lassen.

Soja-Quitten-Eis (Grundrezept)

4 Portionen

VEGAN

Zubereitungszeit: 15 Minuten, ohne Abkühlzeit
Gefrierzeit: Eismaschine etwa 45 Minuten

3 Messlöffel pflanzliches Bindemittel (3 g, z. B. Bindobin, erhältlich im Bioladen oder Reformhaus)
500 ml Sojadrink (ungesüßt, erhältlich im Bioladen oder Reformhaus)
1/2 Vanilleschote
200 g Quittengelee
1 Stange Zimt

Pro Portion:
E: 4 g, F: 2 g, Kh: 35 g,
kJ: 746, kcal: 178

1. Bindemittel in einen Topf geben, Sojadrink unter Rühren hinzugeben.
2. Vanilleschote längs aufschneiden und das Mark mit einem Messerrücken herausschaben. Quittengelee, Zimtstange, Vanillemark und -schote zum Sojadrink in den Topf geben, gut verrühren, unter Rühren zum Kochen bringen und etwa 10 Minuten bei schwacher Hitze kochen lassen. Den Topf von der Kochstelle nehmen. Sojadrink-Masse abkühlen lassen. Die Zimtstange und Vanilleschote entfernen.
3. Masse in eine vorbereitete Eismaschine geben und in etwa 45 Minuten zu einem cremigen Eis gefrieren lassen. Das Eis in den Gefrierschrank stellen.
4. Das Eis etwa 30 Minuten vor dem Servieren in den Kühlschrank stellen und antauen lassen.

Tipps: Wenn Sie kein Quittengelee bekommen, können Sie auch Apfel- oder Johannisbeergelee verwenden. Sojadrink können Sie durch ungesüßten Reisdrink ersetzen. Wenn Sie keine Eismaschine haben, können Sie die Eismasse auch in eine gefrierfeste Schale geben, zugedeckt in den Gefrierschrank stellen und etwa 4 Stunden gefrieren lassen. Dabei die Masse alle 30 Minuten umrühren. Statt Bindobin können Sie auch Johannisbrotkernmehl verwenden.

Soja-Quitten-Eis (Grundrezept)

Türkischer Strudel mit Walnusskernen und Mandeln

6–8 Portionen

Zubereitungszeit: 45 Minuten, ohne Abkühlzeit
Backzeit: etwa 25 Minuten

Für den Teig:
250 g Baklava-Blätter (Strudelteigblätter, erhältlich in türkischen Lebensmittelläden)
100 g vegane Margarine

Für die Füllung:
100 g gehackte Walnusskerne
120 g abgezogene, gem. Mandeln
50 g Zucker

Für den Sirup:
175 ml Wasser
200 g Zucker
2 EL Zitronensaft
3 grüne Kardamomkapseln

Pro Portion:
E: 7 g, F: 40 g, Kh: 51 g,
kJ: 2553, kcal: 610

1. Für den Teig Teigblätter der Länge nach in der Mitte durchschneiden. Die Margarine langsam zerlassen, sodass sich die Molke absetzt. Danach das Butterfett vorsichtig in eine kleine Schüssel gießen. Die Molke etwas abschöpfen.
2. Einen Backrahmen (25 x 40 cm) auf ein Backblech (gefettet, mit Backpapier belegt) stellen.
3. Den Backofen vorheizen.
Ober-/Unterhitze: etwa 200 °C
Heißluft: etwa 180 °C
4. Für die Füllung die Walnusskerne, Mandeln und Zucker mischen.
5. Die Hälfte der Teigblätter in den Backrahmen legen, dabei jedes Blatt dünn mit Butterfett bestreichen. Die Füllung darauf verteilen und restliche Blätter auf die gleiche Weise auf die Füllung schichten.
6. Die oberen Teigblätter ebenfalls dünn mit Butterfett bestreichen. Mit einem scharfen Messer Rauten in den Teig schneiden.
7. Das Backblech in den vorgeheizten Backofen schieben. Den Strudel etwa 25 Minuten backen.
8. Fünf Minuten vor Ende der Backzeit den Sirup kochen. Für den Sirup Wasser, Zucker, Zitronensaft und Kardamomkapseln in einem Topf erhitzen, bis der Zucker gelöst ist. Die Masse etwa 5 Minuten ohne Deckel bei schwacher Hitze kochen lassen. Kardamomkapseln entfernen.
9. Das Backblech auf einen Kuchenrost stellen. Den Strudel sofort mit dem heißen Sirup besprenkeln. Strudel mindestens 1 Stunde erkalten lassen.

Türkischer Strudel mit Walnusskernen und Mandeln

Zimtwaffeln mit Heidelbeeren

4 Stück

Zubereitungszeit: 40 Minuten, ohne Ruhe- und Abkühlzeit

60 g Butter
2 EL Zucker
gem. Zimt
3 EL Rum
2 Eier (Größe M)
60 g Weizenmehl
60 g Speisestärke
125 ml warme Milch (3,5 % Fett)
350 g TK-Heidelbeeren
30 g Puderzucker

Pro Stück:
E: 8 g, F: 18 g, Kh: 48 g,
kJ: 1734, kcal: 414

1. Für den Teig Butter, Zucker, Zimt und Rum mit einem Mixer (Rührstäbe) geschmeidig rühren. Eier nach und nach unterrühren (jedes Ei etwa 1/2 Minute).
2. Mehl mit Speisestärke mischen und abwechselnd in 2 Portionen mit der Milch unterrühren, sodass ein dickflüssiger Teig entsteht. Den Teig etwa 20 Minuten ruhen lassen.
3. Den Teig in nicht zu großen Portionen in ein gut erhitztes, gefettetes Waffeleisen füllen. Die Waffeln goldbraun backen und einzeln auf einem Kuchenrost etwas abkühlen lassen.
4. Die Heidelbeeren in einem Topf auftauen lassen und erwärmen, mit Puderzucker bestäuben. Die Heidelbeeren zu den Waffeln reichen.

Vanillepudding mit Erdbeer-Rhabarber-Kompott

4 Portionen

Zubereitungszeit: 30 Minuten, ohne Kühlzeit

Für den Vanillepudding:
60 g Maisstärke
800 ml Sojamilch (natur, ungesüßt)
1 Vanilleschote
50 g Voll-Rohrzucker

300 g junger Rhabarber
100 g Voll-Rohrzucker
250 g Erdbeeren
evtl. einige Minzeblättchen

Pro Portion:
E: 8 g, F: 4 g, Kh: 35 g,
kJ: 889, kcal: 212

1. Für den Pudding die Maisstärke mit einer Tasse Sojamilch glatt rühren. Vanilleschote längs aufschneiden und das Mark mit einem Messerrücken herausschaben. Die restliche Sojamilch mit dem Rohrzucker, der Vanilleschote und dem Vanillemark in einem Topf zum Kochen bringen.
2. Angerührte Maisstärke in die von der Kochstelle genommene Sojamilch rühren und unter Rühren gut aufkochen lassen. Den Topf von der Kochstelle nehmen und die Vanilleschote entfernen.
3. Den Vanillepudding in kalt ausgespülten Puddingschalen verteilen, zugedeckt leicht abkühlen lassen und in den Kühlschrank stellen.
4. Rhabarber nach Belieben abziehen. Stangen abspülen, abtropfen lassen, die Stielenden und Blattansätze entfernen. Die Stangen in etwa 3 cm lange Stücke schneiden. Rohrzucker mit 125 ml Wasser in einem Topf zum Kochen bringen. Rhabarberstücke darin etwa 3 Minuten kochen lassen, sodass die Stücke nicht zerfallen. Rhabarberstücke sofort aus dem Topf nehmen, abkühlen lassen und in den Kühlschrank stellen.
5. Die Erdbeeren putzen, abspülen, abtropfen lassen, entstielen und vierteln. Die Erdbeerstücke mit dem Rhabarber vorsichtig vermischen.
6. Das Erdbeer-Rhabarber-Kompott auf dem Vanillepudding verteilen und nach Belieben mit abgespülten, trocken getupften Minzeblättchen garnieren.

Zimtwaffeln mit Heidelbeeren

Vanillepudding mit Erdbeer-Rhabarber-Kompott

Sesambananen

Rhabarberkompott mit Spätzlehaube

Sesambananen

4 Portionen

VEGAN

Zubereitungszeit: 15 Minuten

4 Bananen (je etwa 160 g)
30 g vegane Margarine
1 Bio-Zitrone
(unbehandelt, ungewachst)
4 EL Agavendicksaft
2 EL (10 g) geröstete Sesamsamen

Pro Portion:
E: 2 g, F: 8 g, Kh: 35 g,
kJ: 928, kcal: 221

1. Bananen schälen und längs durchschneiden. Margarine in einer Pfanne zerlassen. Die Bananenhälften darin von beiden Seiten braun anbraten.
2. Die Zitrone heiß abwaschen und trocken tupfen. Die Hälfte der Zitronenschale fein abreiben, Zitrone halbieren und den Saft auspressen. Zitronenschale mit dem -saft, Agavendicksaft und Sesam verrühren.
3. Die Bananen aus der Pfanne nehmen und auf Tellern verteilen. Das Saft-Sesam-Gemisch zum Bratsud in die Pfanne geben, einmal aufkochen und auf die Bananen träufeln.

Rhabarberkompott mit Spätzlehaube

(Römertopf® 3-Liter-Inhalt)

4 Portionen

Zubereitungszeit: 30 Minuten
Garzeit: etwa 50 Minuten

750 g Rhabarber
1 Pck. Dr. Oetker Pudding-Pulver Vanille-Geschmack
170 g Zucker
2–3 EL Erdbeerkonfitüre
200 g Spätzle
Salz, 1/2 TL gem. Zimt
40 g Butter

Pro Portion:
E: 8 g, F: 10 g, Kh: 93 g,
kJ: 2130, kcal: 508

1. Rhabarber abziehen, Stielenden und Blattansätze entfernen. Rhabarberstangen abspülen, abtropfen lassen und in etwa 2 cm lange Stücke schneiden. Rhabarberstücke, Pudding-Pulver und 100 g des Zuckers mit der Erdbeerkonfitüre verrühren und in einen gewässerten Römertopf® füllen. Den Römertopf® mit dem Deckel verschließen und auf dem Rost in den kalten Backofen schieben.
Ober-/Unterhitze: etwa 200 °C
Heißluft: etwa 180 °C
2. Kompott etwa 40 Minuten garen.
3. In der Zwischenzeit Spätzle leicht brechen und in kochendem Salzwasser nach Packungsanleitung gar kochen. Spätzle in ein Sieb geben, mit heißem Wasser abspülen und gut abtropfen lassen.
4. Den restlichen Zucker mit Zimt mischen. Spätzle mit der Butter und mit einem Drittel des Zimt-Zuckers vermengen.
5. Nach Ende der Garzeit den Deckel vom Römertopf® abnehmen und das Rhabarberkompott durchrühren.
6. Die Spätzle darauf verteilen und mit dem restlichen Zimt-Zucker bestreuen. Den Römertopf® ohne Deckel wieder auf dem Rost in den heißen Backofen schieben. Rhabarberkompott mit Spätzlehaube bei gleicher Backofentemperatur in weiteren etwa 10 Minuten fertig garen.

Tipp: Wenn Sie Spätzle ohne Ei und vegane Margarine verwenden, ist das Gericht vegan.

Vollkornbrötchen

Pfirsiche mit Schokopudding

Vollkornbrötchen

14 Stück

VEGAN

Zubereitungszeit: 20 Minuten, ohne Teiggehzeit
Backzeit: 20–25 Minuten

300 g Weizenmehl (Type 1050)
200 g Dinkelmehl (Type 1050 oder 630)
21 g frische Hefe
250 ml lauwarmes Wasser
1 Prise Zucker
1 EL Mohnsamen
1 EL Sesamsamen
1 EL Sonnenblumenkerne
1 EL Kürbiskerne
1 gestr. TL Salz
1 TL Olivenöl

Zum Bestreuen:
Samen und Körner nach Wahl

Pro Stück:
E: 7 g, F: 4 g, Kh: 26 g,
kJ: 711, kcal: 169

1. Für den Teig beide Mehlsorten in einer Rührschüssel vermischen und in die Mitte eine Vertiefung eindrücken. Hefe hineinbröckeln, mit etwas Wasser und Zucker verrühren und zugedeckt etwa 15 Minuten gehen lassen.
2. Anschließend restliche Zutaten mit dem restlichen Wasser hinzufügen und mit einem Mixer (Knethaken) zunächst auf niedrigster, dann auf höchster Stufe in etwa 5 Minuten zu einem glatten Teig verarbeiten (der Teig darf noch etwas feucht sein). Den Teig zugedeckt so lange an einem warmen Ort gehen lassen, bis er sich sichtbar vergrößert hat (etwa 30 Minuten).
3. Gegangenen Teig leicht mit Mehl bestäuben, aus der Schüssel nehmen und auf einer leicht bemehlten Arbeitsfläche mit den Händen etwas durchkneten. Dann in 14 Stücke von je etwa 60 g teilen und Brötchen daraus formen. Die Brötchen auf ein Backblech (mit Backpapier belegt) setzen, etwas flach drücken und in der Mitte der Brötchen eine Vertiefung einschneiden. Brötchen nochmals zugedeckt etwa 15 Minuten an einem warmen Ort gehen lassen, bis sie sich sichtbar vergrößert haben.
4. In der Zwischenzeit den Backofen vorheizen.
Ober-/Unterhitze: etwa 220 °C
Heißluft: etwa 200 °C
Dabei ein ofenfestes Gefäß mit heißem Wasser füllen und auf einen Metall-Kuchenrost auf den Boden des Backofens stellen (die Brötchen werden durch den heißen Wasserdampf besonders locker).
5. Die Brötchen mit etwas Wasser bestreichen und nach Belieben mit Samen und Körnern bestreuen. Das Backblech in den vorgeheizten Backofen schieben und die Brötchen 20–25 Minuten backen.
6. Die Brötchen mit dem Backpapier von dem Backblech auf einen Kuchenrost ziehen und etwas abkühlen lassen.

Pfirsiche mit Schokopudding

4 Portionen

Zubereitungszeit: 20 Minuten, ohne Abkühlzeit

1 Pck. Dr. Oetker Pudding-Pulver Schokoladen-Geschmack
2 EL Zucker
400 ml Milch (3,5 % Fett)
8 abgetropfte Pfirsichhälften (aus der Dose)
150 g Crème fraîche

Pro Portion:
E: 5 g, F: 15 g, Kh: 37 g,
kJ: 1277, kcal: 306

1. Aus Pudding-Pulver, Zucker und Milch einen Pudding nach Packungsanleitung, aber mit der hier angegebenen Milchmenge zubereiten. Den Pudding erkalten lassen, dabei ab und zu durchrühren oder Frischhaltefolie sofort nach dem Kochen direkt auf die Puddingoberfläche legen, damit sich auf dem Pudding keine Haut bildet.

2. Pfirsichhälften mit der Wölbung nach unten auf einen großen Teller oder eine Platte legen.
3. Von der Crème fraîche 4 Teelöffel abnehmen. Restliche Crème fraîche unter den Pudding rühren und die Pfirsichhälften damit füllen.
4. Je 1 Teelöffel der abgenommenen Crème fraîche in die Mitte des Schokoladenpuddings geben und mit einem Holzstäbchen durchziehen, sodass ein Marmormuster entsteht.

Cappuccino-Schichtcreme

4 Portionen

Zubereitungszeit: 20 Minuten, ohne Abkühlzeit

10 g Edelbitter-Schokolade (etwa 70 % Kakaoanteil)
1 gestr. TL Butter
12 geröstete Kaffeebohnen
100 g Schlagsahne (mind. 30 % Fett)
500 g Joghurt (1,5 % Fett)
2–3 geh. EL Puderzucker
1 Beutel (10 g) Instant-Cappuccino-Pulver
2–3 TL Kaffeelikör oder Amaretto
etwas Puderzucker

Pro Portion:
E: 6 g, F: 10 g, Kh: 19 g,
kJ: 853, kcal: 204

1. Die Schokolade in Stücke brechen, mit Butter in einem kleinen Topf im Wasserbad bei schwacher Hitze unter Rühren schmelzen. Den Topf von der Kochstelle nehmen. Kaffeebohnen mit der Schokolade vermischen, herausnehmen und auf einem Stück Backpapier verteilen. Schokolade fest werden lassen.
2. Sahne steif schlagen. Joghurt mit Puderzucker gut verrühren, Sahne unterheben. Unter eine Hälfte der Joghurt-Sahne-Creme das Cappuccino-Pulver rühren. Beide Cremes abwechselnd in Dessertgläser schichten. Mit den Schokobohnen, Likör und Puderzucker anrichten.

Rhabarber-Himbeer-Suppe mit Erdbeeren

4 Portionen

Zubereitungszeit: 40 Minuten
Garzeit: etwa 10 Minuten

500 g Rhabarber
125 g Zucker
250 ml Weißwein
250 g TK-Himbeeren
500 g Erdbeeren
1 Eiweiß (Größe M)
1 TL Zucker

5 TL Zucker
1 TL gem. Zimt

Pro Portion:
E: 4 g, F: 1 g, Kh: 56 g,
kJ: 1223, kcal: 292

1. Rhabarber putzen (nicht abziehen), Stielenden und Blattansätze entfernen. Die Rhabarberstangen abspülen, abtropfen lassen und in kleine Stücke schneiden.
2. Zucker in einem Topf unter Rühren bei schwacher Hitze leicht bräunen (karamellisieren) lassen. Wein hinzugießen und unter Rühren erhitzen. Rhabarberstücke und gefrorene Himbeeren (einige Himbeeren beiseitelegen) hinzufügen, zum Kochen bringen und etwa 10 Minuten kochen lassen. Die Suppe durch ein Sieb streichen.
3. Die Erdbeeren putzen, abspülen, gut abtropfen lassen, entstielen, halbieren und mit den beiseitegelegten Himbeeren in die Suppe geben.
4. Eiweiß steif schlagen, Zucker kurz unterschlagen. Vom dem Eischnee kleine Klößchen abstechen.
5. Wasser in einem Topf zum Kochen bringen. Die Klößchen auf das kochende Wasser setzen. Die Klößchen zugedeckt in etwa 5 Minuten fest werden lassen, mit einer Schaumkelle herausnehmen und auf die Suppe setzen.
6. Zucker mit Zimt vermischen. Die Schneeklößchen damit bestreuen.

Tipp: Ohne die Schneeklößchen haben Sie eine vegane Suppe.

Cappuccino-Schichtcreme

Rhabarber-Himbeer-Suppe mit Erdbeeren

Ananas-Beeren-Salat
2 Portionen

Zubereitungszeit: 10 Minuten, ohne Durchziehzeit

Saft von 1 Zitrone
1 EL flüssiger Honig
1 Msp. gem. Zimt
2 Bananen (je etwa 150 g)
200 g frisches Ananas-Fruchtfleisch (aus dem Kühlregal)
150 g TK-Beerencocktail
2 Vollkorn-Reiswaffeln (je 12 g)

Pro Portion:
E: 4 g, F: 1 g, Kh: 57 g,
kJ: 1118, kcal: 267

1. Zitronensaft mit Honig und Zimt in einer Schüssel verrühren. Bananen schälen, in dünne Scheiben schneiden und mit der Zitronensaftmischung verrühren.
2. Ananas-Fruchtfleisch in kleine Stücke schneiden, mit den gefrorenen Beeren in die Schüssel geben und unterheben. Den Salat mindestens 30 Minuten durchziehen lassen. Dazu Reiswaffeln reichen.

Tipp: Dieser Salat schmeckt am besten, wenn er gut durchgezogen ist. Er eignet sich deshalb gut zum Mitnehmen.

Streuselkuchen
etwa 20 Stücke

VEGAN

Zubereitungszeit: 35 Minuten, ohne Teiggehzeit
Backzeit: etwa 20 Minuten

Für den Hefeteig:
200 ml Mandelmilch
50 g vegane Margarine
375 g Weizenmehl (Type 550)
42 g frische Hefe
50 g feiner Voll-Rohrzucker
1 Pck. Dr. Oetker Vanillin-Zucker
Salz
75 g Seidentofu

Für die Streusel:
275 g Weizenmehl (Type 550)
150 g feiner Voll-Rohrzucker
1 Pck. Dr. Oetker Vanillin-Zucker
175 g vegane Margarine (zimmerwarm)

Zum Bestreichen:
25 g vegane Margarine (zimmerwarm)

Pro Stück:
E: 4 g, F: 11 g, Kh: 36 g,
kJ: 1091, kcal: 260

1. Für den Teig die Mandelmilch in einem kleinen Topf erwärmen. Die Margarine darin zerlassen.
2. Mehl in eine Rührschüssel geben. In die Mitte eine Vertiefung drücken und die Hefe hineinbröckeln. Etwas Rohrzucker und etwas von der Mandelmilch hinzufügen. Mit einem kleinen Teil des Mehls mit einer Gabel vorsichtig verrühren und etwa 15 Minuten gehen lassen.
3. Restlichen Rohrzucker, Vanillin-Zucker, 1 Prise Salz, Seidentofu und restliche Mandelmilch hinzugeben. Die Zutaten mit einem Mixer (Knethaken) zunächst kurz auf niedrigster, dann auf höchster Stufe in etwa 5 Minuten zu einem glatten Teig verarbeiten. Den Teig mit Mehl bestäuben und zugedeckt an einem warmen Ort gehen lassen, bis er sich sichtbar vergrößert hat (etwa 30 Minuten).
4. Gegangenen Teig leicht mit Mehl bestäuben, aus der Schüssel nehmen, auf einer bemehlten Arbeitsfläche nochmals gut durchkneten und zu einer Rolle formen. Teigrolle auf einem Backblech (30 x 40 cm, gefettet) ausrollen.
5. Für die Streusel Mehl in eine Rührschüssel geben. Rohrzucker, Vanillin-Zucker und Margarine hinzufügen. Die Zutaten mit dem Mixer (Rührstäbe) zunächst kurz auf niedrigster, dann auf höchster Stufe zu Streuseln von gewünschter Größe verarbeiten.
6. Zum Bestreichen Margarine zerlassen. Den Hefeteig damit bestrei-

Ananas-Beeren-Salat

Streuselkuchen

Blanc Manger (Mandelmilchcreme) mit Beerenkompott

Cassis-Sorbet

chen und die Streusel gleichmäßig darauf verteilen. Den Teig nochmals zugedeckt so lange an einem warmen Ort gehen lassen, bis er sich sichtbar vergrößert hat (etwa 20 Minuten).
7. In der Zwischenzeit den Backofen vorheizen.
Ober-/Unterhitze: etwa 200 °C
Heißluft: etwa 180 °C
8. Das Backblech in den vorgeheizten Backofen schieben. Den Streuselkuchen etwa 20 Minuten backen.
9. Das Backblech auf einen Kuchenrost stellen. Den Kuchen erkalten lassen und in Stücke schneiden.

Blanc Manger (Mandelmilchcreme) mit Beerenkompott

4 Portionen

Zubereitungszeit: 30 Minuten, ohne Kühlzeit

6 g Agar Agar
600 ml Mandelmilch
1/2 Vanilleschote
80 g Voll-Rohrzucker
1/2 Stange Zimt
8 Tropfen Bittermandel-Aroma
500 g Erdbeeren
2 EL Dr. Oetker Bourbon-Vanille-Zucker
250 g Himbeeren
125 g Heidelbeeren
4 EL geröstete, gehobelte Mandeln
evtl. einige Minzeblättchen

Pro Portion:
E: 7 g, F: 12 g, Kh: 48 g,
kJ: 1434, kcal: 342

1. Agar Agar in 1/2 Tasse Mandelmilch glatt rühren. Vanilleschote aufschneiden und das Mark herauskratzen. Die restliche Mandelmilch mit der Vanilleschote, dem Vanillemark, Rohrzucker, Zimt und Bittermandel-Aroma in einem Topf zum Kochen bringen. Das angerührte Agarpulver unter ständigem Rühren in den Topf geben und 1–2 Minuten unter Rühren kochen lassen.
2. Die Mandelmilch durch ein ganz feines Sieb passieren und sofort in 4 kalt ausgespülten Förmchen verteilen. Die Förmchen mit Frischhaltefolie zudecken und etwa 2 Stunden in den Kühlschrank stellen.
3. Die Erdbeeren putzen, abspülen, gut abtropfen lassen, entstielen und vierteln. Die Hälfte der Erdbeeren mit Vanille-Zucker pürieren. Himbeeren und Heidelbeeren verlesen, evtl. kurz abspülen, trocken tupfen und mit den restlichen Erdbeeren in die pürierte Erdbeersauce geben.
4. Die Förmchen mit der Mandelmilchcreme kurz in heißes Wasser tauchen und anschließend auf Dessertteller stürzen. Mit dem Beerenkompott, den Mandeln und nach Belieben mit abgespülten, trocken getupften Minzeblättchen garnieren.

Tipp: Servieren Sie die Creme im Winter mit einem Kompott aus Mango, Orange und Granatapfelkernen.

Cassis-Sorbet

4 Portionen

Zubereitungszeit: 20 Minuten, ohne Antauzeit
Gefrierzeit: etwa 3 Stunden

150 g rote Johannisbeeren
150 g schwarze Johannisbeeren
50 g Zucker
2 cl Crème de cassis (Johannisbeerlikör)

Zum Garnieren:
einige Johannisbeerrispen

Pro Portion:
E: 1 g, F: 0 g, Kh: 21 g,
kJ: 427, kcal: 102

1. Die Johannisbeeren abspülen, abtropfen lassen und von den Rispen streifen. Beeren mit Zucker im Mixer oder mit einem Pürierstab pürieren. Mit Likör abschmecken.
2. Püree durch ein Sieb streichen, in einen gefriergeeigneten Behälter füllen und mindestens 3 Stunden gefrieren lassen.
3. Sorbet etwa 15 Minuten vor dem Servieren im Kühlschrank antauen lassen, in einen Spritzbeutel mit großer Sterntülle (Ø 12 mm) füllen und in 4 Gläser spritzen.
4. Das Sorbet mit abgespülten, trocken getupften Johannisbeerrispen garnieren.

Tipp: Gießen Sie das Sorbet zusätzlich mit 250 ml Sekt auf.

Ananas, überbacken

Amaretti-Pfirsiche

Ananas, überbacken

4 Portionen

VEGAN

Zubereitungszeit: 20 Minuten
Backzeit: etwa 15 Minuten

8 abgetropfte Ananasscheiben
(aus der Dose, 490 g)
2 EL Orangenmarmelade
50 g vegane Margarine
100 g kernige Haferflocken
50 g feiner Voll-Rohrzucker
50 g gehackte Mandeln
1 Bio-Orange
(unbehandelt, ungewachst)

Pro Portion:
E: 7 g, F: 20 g, Kh: 58 g,
kJ: 1882, kcal: 448

1. Den Backofen vorheizen.
Ober-/Unterhitze: etwa 200 °C
Heißluft: etwa 180 °C
2. Die Ananasscheiben in eine Tarteform (Ø 28 cm, gefettet) legen und mit Orangenmarmelade bestreichen.
3. Die Margarine in einem Topf zerlassen. Haferflocken, Rohrzucker und Mandeln hinzugeben und gut verrühren.
4. Die Haferflocken-Mandel-Masse auf den Ananasscheiben verteilen. Die Form auf dem Rost in den vorgeheizten Backofen schieben. Die Ananas etwa 15 Minuten backen.
5. Die Orange heiß abwaschen, abtrocknen und die Hälfte der Schale mit einem Zestenreißer abziehen. Anschließend die Orange so schälen, dass die weiße Haut vollständig mitentfernt wird. Die Fruchtfilets herausschneiden.
6. Überbackene Ananas mit Orangenschalenstreifen und Orangenfilets garnieren und warm oder kalt servieren.

Amaretti-Pfirsiche

4 Portionen

Zubereitungszeit: 20 Minuten, ohne Abkühlzeit

4 reife Pfirsiche
1 Bio-Zitrone
(unbehandelt, ungewachst)
1 Vanilleschote
200 ml halbtrockener Weißwein
oder Traubensaft
75 ml Wasser
1 EL Zucker
einige Blättchen frische
Minze
200 g frische Himbeeren oder
Johannisbeeren
4 TL Crème fraîche
etwa 8 kleine Amarettini
(ital. Mandelmakronen)

Pro Portion:
E: 2 g, F: 3 g, Kh: 15 g,
kJ: 411, kcal: 99

1. Pfirsiche abspülen, kurze Zeit in kochendes Wasser legen (nicht kochen lassen), in kaltem Wasser abschrecken und enthäuten. Pfirsiche halbieren und entsteinen.
2. Zitrone heiß abwaschen, abtrocknen und in Scheiben schneiden. Vanilleschote längs aufschneiden.
3. Wein oder Saft, Wasser, Zucker, Vanilleschote und Zitronenscheiben in einem breiten Topf zum Kochen bringen. Die Pfirsichhälften hinzugeben und alles kurz aufkochen lassen. Den Topf von der Kochstelle nehmen. Minzeblättchen abspülen, trocken tupfen, in Streifen schneiden und in den Weinsud geben. Pfirsichhälften im Weinsud erkalten lassen.
4. Die Himbeeren verlesen oder Johannisbeeren abspülen, abtropfen lassen und entstielen. Pfirsichhälften mit einer Schaumkelle aus dem Weinsud nehmen und in einem Sieb abtropfen lassen.
5. Die Pfirsichhälften mit Himbeeren oder Johannisbeeren auf Tellern anrichten. Jeweils 1 Teelöffel Crème fraîche daraufgeben.
6. Amarettini in einen Gefrierbeutel geben, den Beutel fest verschließen. Amarettini mit einer Teigrolle fein zerbröseln. Die Pfirsichhälften damit bestreuen. Sofort servieren.

Tipp: Die Pfirsichhälften können schon einen Tag vor dem Verzehr zubereitet werden.

Beeren-Quark-Creme

4 Portionen

Zubereitungszeit: 20 Minuten

250 g Magerquark
3 EL Milch (3,5 % Fett)
25 g Zucker
1 EL Zitronensaft
100 g Erdbeeren
100 g gemischte Beeren (Himbeeren, Brombeeren, Heidelbeeren)
einige Zitronenmelisseblättchen

Pro Portion:
E: 18 g, F: 1 g, Kh: 22 g,
kJ: 773, kcal: 185

1. Den Quark mit der Milch cremig rühren. Zucker und Zitronensaft unterrühren.
2. Die Erdbeeren abspülen, abtropfen lassen, entstielen und vierteln. Gemischte Beeren verlesen, kurz abspülen und auf Küchenpapier abtropfen lassen.
3. Drei Viertel der Erdbeeren mit der Hälfte der gemischten Beeren unter die Quarkcreme heben.
4. Die Creme in Dessertschalen geben, mit den restlichen Früchten und abgespülten, trocken getupften Zitronenmelisseblättchen garnieren.

Apfel-Pflaumen-Salat mit gerösteten Haferflocken und Vanillejoghurt

4 Portionen

Zubereitungszeit: 30 Minuten, ohne Durchziehzeit

Für das Topping:
125 g kernige Haferflocken
100 g gehobelte Mandeln
2 EL Puderzucker

Für das Fruchtdressing:
200 g Quitten- oder Johannisbeergelee
75 ml Apfelsaft
2 EL Zitronensaft
20 g Rosinen
1 TL gem. Ingwer

Für den Salat:
3 rotschalige Äpfel (etwa 450 g)
8 rote Pflaumen (etwa 750 g)
500 g Joghurt (3,5 % Fett)
1 Pck. Dr. Oetker Bourbon-Vanille-Zucker

Pro Portion:
E: 15 g, F: 21 g, Kh: 97 g,
kJ: 2728, kcal: 651

1. Den Backofengrill auf etwa 240 °C vorheizen.
2. Für das Topping Haferflocken und gehobelte Mandeln auf einem Backblech (mit Backpapier belegt) vermischen und gleichmäßig verteilen. Den Puderzucker daraufsieben.
3. Das Backblech unter den vorgeheizten Backofengrill schieben und die Haferflocken-Mandel-Mischung etwa 6 Minuten goldbraun rösten. Dann herausnehmen, auf einem großen Teller verteilen und abkühlen lassen.
4. Für das Fruchtdressing Gelee, Apfelsaft, Zitronensaft, Rosinen und Ingwer in einem Topf verrühren und unter Rühren einmal kurz aufkochen. Den Topf von der Kochstelle nehmen.
5. Für den Salat Äpfel und Pflaumen abspülen und abtrocknen. Äpfel vierteln, entkernen und in Spalten schneiden. Pflaumen halbieren, entsteinen und ebenfalls in dünne Spalten schneiden.
6. Die Apfel- und Pflaumenspalten zur heißen Fruchtsauce in den Topf geben, untermischen und etwa 10 Minuten ziehen lassen.
7. Joghurt mit Vanille-Zucker verrühren. Den Apfel-Pflaumen-Salat mit Vanillejoghurt und dem Topping anrichten und servieren.

Beeren-Quark-Creme

Apfel-Pflaumen-Salat mit gerösteten Haferflocken und Vanillejoghurt

Bananen in orientalischer Honigsauce

4 Portionen

Zubereitungszeit: 20 Minuten

2 EL geschälte Sesamsamen
3 EL Pistazienkerne
6 getrocknete Datteln, ohne Stein
1–2 Bio-Orangen (unbehandelt, ungewachst)
2 EL Zitronensaft
100 g flüssiger Akazienhonig
1 TL gem. Zimt
4 Rosinenstuten-Scheiben (etwa 200 g)
6 Bananen (je etwa 150 g)

Pro Portion:
E: 9 g, F: 15 g, Kh: 86 g,
kJ: 2187, kcal: 523

1. Sesamsamen in einer Pfanne ohne Fett unter Rühren goldbraun rösten, herausnehmen und auf einen Teller geben. Pistazienkerne grob hacken. Datteln in kleine Würfel schneiden.
2. Orangen heiß abwaschen und gut abtrocknen. Etwa 1 Esslöffel Orangenzesten von der Schale abziehen. Die Orangen halbieren, den Saft auspressen und etwa 75 ml davon abmessen.
3. Orangenzesten mit Orangen-, Zitronensaft, Honig, Pistazienkernen und Zimt in einem Topf vermischen. Die Honigsauce bei schwacher Hitze langsam erhitzen.
4. Die Rosinenstuten-Scheiben goldbraun toasten und in Streifen schneiden.
5. Bananen schälen, längs halbieren und jeweils 3 Bananenhälften auf einem Teller anrichten. Die Bananenhälften mit der heißen Honigsauce beträufeln und mit gerösteten Sesamsamen bestreut servieren. Rosinenstuten-Streifen dazureichen.

Beerengrütze mit Vanille-Joghurt-Sauce

4 Portionen

Zubereitungszeit: 30 Minuten, ohne Abkühlzeit

Für die Beerengrütze:
750 g gemischte Früchte, z. B. Johannisbeeren, Himbeeren, Erdbeeren, Brombeeren, Stachelbeeren, Kirschen (ersatzweise TK-Früchte)
1 Bio-Orange (unbehandelt, ungewachst)
1 leicht geh. EL Speisestärke
375 ml roter Traubensaft
evtl. 1 Pck. Dr. Oetker Vanillin-Zucker

Für die Vanille-Joghurt-Sauce:
1 Vanilleschote
1–2 EL Zucker
300 g Joghurt (3,5 % Fett)

einige Melisseblättchen

Pro Portion:
E: 5 g, F: 4 g, Kh: 44 g,
kJ: 1035, kcal: 247

1. Für die Grütze Früchte verlesen, abspülen, entstielen, evtl. entkernen und gut abtropfen lassen. Orange heiß abwaschen, abtrocknen und die Schale abreiben. Orange halbieren und den Saft auspressen.
2. Speisestärke mit Orangensaft und 2–3 Esslöffeln Traubensaft anrühren. Restlichen Saft, Orangenschale und evtl. Vanillin-Zucker in einem Topf zum Kochen bringen. Die angerührte Speisestärke in den von der Kochstelle genommenen Saft rühren und unter Rühren aufkochen lassen. Den Topf von der Kochstelle nehmen und die Früchte unterrühren. Beerengrütze in eine Schale oder in 4 Schälchen füllen und abkühlen lassen.

Bananen in orientalischer Honigsauce

Beerengrütze mit Vanille-Joghurt-Sauce

Ananas-Nachtisch

Erdbeeren à la Piemont

3. Für die Sauce die Vanilleschote längs aufschneiden und das Mark mit einem Messer herausschaben. Vanillemark, Zucker und Joghurt mit einem Schneebesen gut verrühren, bis sich der Zucker gelöst hat. Die Grütze mit Vanille-Joghurt-Sauce anrichten. Nach Belieben mit abgespülten, trocken getupften Melisseblättchen garnieren.

Ananas-Nachtisch

4 Portionen

VEGAN

Zubereitungszeit: 20 Minuten, ohne Abkühlzeit

350 g abgetropfte Ananasscheiben (aus der Dose, natursüß)
1 Bio-Limette (unbehandelt, ungewachst)
50 g getrocknete Cranberrys
200 ml Ananassaft (von den Ananasscheiben)
200 ml Reis-Kokos-Getränk (ungesüßt)
25 g Speisestärke
10 g brauner Voll-Rohrzucker

Zum Bestreuen:
evtl. Kokosraspel

Pro Portion:
E: 1 g, F: 1 g, Kh: 35 g,
kJ: 638, kcal: 152

1. Von den Ananasscheiben den Saft auffangen, 200 ml Saft abmessen.
2. Die Limette heiß abwaschen, abtrocknen und die Schale fein abreiben. Die Limette halbieren und den Saft auspressen. Die Hälfte der Limettenschale, 1 Esslöffel Limettensaft, die Cranberrys und 100 ml Ananassaft in einem Topf zum Kochen bringen und so lange bei mittlerer Hitze kochen lassen, bis die Flüssigkeit fast verdampft ist.
3. Ananasscheiben in kleine Stücke schneiden und unter die Cranberrys mischen, abkühlen lassen.
4. Reis-Kokos-Getränk und restliche Limettenschale in einem Topf zum Kochen bringen. Die Speisestärke mit dem restlichen Ananassaft verrühren, unter Rühren zum Reis-Kokos-Getränk geben und unter Rühren etwa 1 Minute kochen lassen. Rohrzucker unterrühren.
5. Abwechselnd Früchtegemisch und Pudding in 4 hitzebeständige Gläser füllen, die letzte Schicht sollte aus Früchten bestehen. Den Nachtisch erkalten lassen und nach Belieben mit Kokosraspeln bestreuen.

Erdbeeren à la Piemont

4 Portionen

VEGAN

Zubereitungszeit: 20 Minuten

750 g Erdbeeren
2 Orangen
75–100 g Zucker
150 ml trockener Weißwein
etwa 50 g abgezogene, gehobelte, geröstete Mandeln
Eiswürfel

Pro Portion:
E: 5 g, F: 8 g, Kh: 39 g,
kJ: 1172, kcal: 280

1. Die Erdbeeren abspülen, gut abtropfen lassen und entstielen. Orangen so schälen, dass die weiße Haut vollständig mitentfernt wird. Orangen halbieren und in dünne Scheiben schneiden. Erdbeeren und Orangenscheiben mit Zucker vermischen und in eine Glasschale füllen.
2. Wein über die Erdbeeren und Orangenscheiben gießen und mit Mandeln bestreuen.
3. Schale auf Eiswürfeln anrichten.

Tipp: Wer auf Alkohol verzichten möchte, schüttet die Früchte mit Maracuja-Mango-Nektar auf.

Apfel-Karamell-Creme

Erdbeer-Trifle

Apfel-Karamell-Creme
4 Portionen

Zubereitungszeit: 15 Minuten, ohne Abkühlzeit

1 Pck. Dr. Oetker Pudding-Pulver Mandel-Geschmack
40 g Zucker
500 ml Milch (3,5 % Fett)
1 kleiner Apfel
etwas Butter
30 g Sonnenblumenkerne
50 g Zucker
5 EL Schlagsahne

Pro Portion:
E: 7 g, F: 14 g, Kh: 42 g,
kJ: 1344, kcal: 321

1. Aus Pudding-Pulver, Zucker und Milch einen Pudding nach Packungsanleitung zubereiten. Frischhaltefolie direkt auf den Pudding legen, damit sich während des Erkaltens keine Haut bildet. Pudding erkalten lassen.
2. Den Apfel schälen, vierteln und entkernen. Die Apfelviertel in Spalten schneiden. Butter in einer Pfanne zerlassen, Apfelspalten darin von beiden Seiten bräunen, herausnehmen (einige Apfelspalten zum Garnieren beiseitelegen) und in 4 Dessertgläsern verteilen.
3. Den erkalteten Pudding mit einem Schneebesen durchschlagen und anschließend ebenfalls in die Dessertgläser füllen.
4. Die Sonnenblumenkerne in einer Pfanne ohne Fett goldbraun rösten, herausnehmen, auf einen Teller geben und abkühlen lassen.
5. Den Zucker in einem Topf hellbraun karamellisieren. Den Topf von der Kochstelle nehmen. Die Sahne in den Topf geben, die Masse unter Rühren so lange erhitzen, bis sich eine cremige Karamellmasse gebildet hat. Sonnenblumenkerne in die Karamellmasse geben. Den Topf von der Kochstelle nehmen. Beiseitegelegte Apfelspalten kurz in der Karamellmasse wenden und mit der restlichen Karamellmasse auf dem Pudding anrichten.

Erdbeer-Trifle
4–6 Portionen

Zubereitungszeit: 25 Minuten, ohne Kühlzeit

150 ml Wasser
70 g Zucker
1 Vanilleschote
200 g große, weiche Amarettini (ital. Mandelmakronen) oder Kuchenreste aus Biskuitteig
4 EL Sherry medium oder Marsala (Dessertwein)
500 g Erdbeeren

Für die Mascarponecreme:
250 g Mascarpone (ital. Frischkäse)
200 g Schlagsahne (mind. 30 % Fett)
60 g Zucker

Pro Portion:
E: 6 g, F: 35 g, Kh: 70 g,
kJ: 2691, kcal: 641

1. Wasser und Zucker in einem Topf zum Kochen bringen. Vanilleschote längs aufschneiden, das Mark mit einem Messerrücken herausschaben und beiseitelegen. Die Vanilleschote in den Topf geben und mit dem Zuckerwasser etwa 3 Minuten kochen lassen. Die Vanilleschote entfernen, den Vanillesirup abkühlen lassen und in den Kühlschrank stellen.
2. Die Amarettini oder Kuchenreste grob zerbröseln und in Gläsern verteilen. Jeweils 1 Esslöffel von dem Vanillesirup sowie den Sherry oder Wein daraufträufeln.
3. Erdbeeren abspülen, gut abtropfen lassen und entstielen. Erdbeeren vierteln, in eine Schüssel geben und mit dem restlichen Vanillesirup vermischen. Die Vanille-Erdbeeren in die Gläser auf die getränkten Amarettini bzw. Kuchenreste geben.
4. Für die Mascarponecreme den Mascarpone mit Sahne, beiseitegelegtem Vanillemark und Zucker in einer Rührschüssel glatt rühren. Die Mascarponecreme auf die Erdbeeren schichten.

Birnen in Rotwein

6 Portionen

VEGAN

Zubereitungszeit: 20 Minuten, ohne Abkühlzeit
Garzeit: etwa 60 Minuten

12 kleine, saftige Birnen
500 ml Rotwein
200 g Voll-Rohrzucker
einige Gewürznelken

Pro Portion:
E: 1 g, F: 1 g, Kh: 64 g,
kJ: 1300, kcal: 310

1. Den Backofen vorheizen.
Ober-/Unterhitze: etwa 200 °C
Heißluft: etwa 180 °C
2. Die Birnen heiß abspülen und trocken tupfen. Mit einem spitzen Messer die Blütenansätze der Birnen entfernen, die Stängel aber nicht abschneiden.
3. Die ungeschälten Birnen nebeneinander in eine große, hohe Auflaufform setzen. So viel Rotwein hinzugießen, dass die Stängelansätze bedeckt sind. Rohrzucker und Gewürznelken hinzufügen.
4. Die Form auf dem Rost in den vorgeheizten Backofen schieben. Die Birnen in etwa 60 Minuten weich dünsten lassen. Der Rotwein sollte in der angegebenen Garzeit sirupartig eingedickt sein.
5. Die Form auf einen Rost stellen. Birnen in dem Sirup erkalten lassen.

Ananas im Backteig

4 Portionen

Zubereitungszeit: 30 Minuten

1 Bio-Limette
(unbehandelt, ungewachst)
175 g flüssiger Honig
500 g frische Ananas
(aus dem Kühlregal)

Für den Ausbackteig:
125 g Weizenmehl
40 g Speisestärke
1 gestr. TL Dr. Oetker Backin
1 Ei (Größe M), 1 EL Zucker
150 ml Sojamilch (natur)

Zum Frittieren:
etwa 1 l Speiseöl,
z. B. Sonnenblumenöl

2 EL Kokosraspel

Pro Portion:
E: 5 g, F: 22 g, Kh: 62 g,
kJ: 1979, kcal: 473

1. Limette heiß abwaschen und abtrocknen. Von der Limette mit einem Zestenreißer die Schale abziehen. Limette halbieren, den Saft auspressen und 3 Esslöffel Saft abmessen. Limettenschale mit dem -saft und Honig verrühren. Die Ananas in etwa 3 x 6 cm große Stücke scheiden.
2. Für den Ausbackteig das Mehl mit Speisestärke und Backpulver in einer Rührschüssel mischen.
3. Ei, Zucker und Sojamilch hinzugeben. Die Zutaten zu einem glatten Teig verrühren.
4. Zum Frittieren das Speiseöl in einem tiefen Topf oder in einer Fritteuse auf etwa 180 °C erhitzen. Für die richtige Frittiertemperatur des Öls einen Holzlöffelstiel in das Fett halten. Bilden sich Bläschen um den Holzlöffelstiel, ist die richtige Temperatur erreicht.
5. Die Ananasstücke mithilfe einer Gabel in den Ausbackteig tauchen, kurz abtropfen lassen und portionsweise schwimmend in dem siedenden Speiseöl goldbraun ausbacken. Die Ananasstücke mit einer Schaumkelle herausnehmen und kurz auf Küchenpapier abtropfen lassen.
6. Die Ananas im Backteig mit dem Limettenhonig beträufeln und mit den Kokosraspeln bestreut heiß servieren.

Birnen in Rotwein

Ananas im Backteig

Cannelloni mit Topfenfüllung und Kirschen

4 Portionen

Zubereitungszeit: 25 Minuten
Garzeit: etwa 50 Minuten

500 g Magerquark (Topfen)
2 Eier (Größe M)
3 EL Zucker, 1 EL Speisestärke
1 EL Zitronensaft
1 Pck. Dr. Oetker Bourbon-Vanille-Zucker
100 g Rosinen
250 g Cannelloni (ohne Vorkochen)
370 g abgetropfte Sauerkirschen (aus dem Glas)

Für den Guss:
500 g Joghurt (3,5 % Fett)
150 ml Milch (3,5 % Fett)
2 EL flüssiger Kastanienhonig
2 EL gehobelte Mandeln

Pro Portion:
E: 33 g, F: 25 g, Kh: 66 g,
kJ: 2754, kcal: 657

1. Den Backofen vorheizen.
Ober-/Unterhitze: etwa 180 °C
Heißluft: etwa 160 °C
2. Quark mit Eiern, Zucker, Speisestärke, Zitronensaft und dem Vanille-Zucker geschmeidig rühren, Rosinen unterheben.
3. Die Quarkmasse in einen Spritzbeutel ohne Tülle geben und in die Cannelloni spritzen. Cannelloni in eine Auflaufform (gefettet) legen. Die Sauerkirschen gleichmäßig daraufgeben.
4. Für den Guss Joghurt mit Milch und Honig verrühren und auf den Cannelloni verteilen. Mit Mandeln bestreuen. Die Form auf dem Rost in den vorgeheizten Backofen schieben. Cannelloni etwa 50 Minuten garen.

Dinkel-Kirsch-Muffins

12 Stück

VEGAN

Zubereitungszeit: 20 Minuten, ohne Abkühlzeit
Backzeit: etwa 30 Minuten

Für den Teig:
225 g Weizenmehl (Type 1050)
75 g Dinkelmehl (Type 1050)
75 g gehackte Mandeln oder Haselnusskerne
1 TL Natron
abgeriebene Schale von 1 Bio-Zitrone (unbehandelt, ungewachst)
Salz
150 ml Sojamilch
150 g Agavendicksaft
75 ml Speiseöl, z. B. Sonnenblumen- oder Rapsöl
1 EL Zitronensaft
175 g abgetropfte Sauerkirschen (aus dem Glas)

Außerdem:
12 Muffin-Papierbackförmchen

Pro Stück:
E: 5 g, F: 11 g, Kh: 30 g,
kJ: 987, kcal: 235

1. Den Backofen vorheizen.
Ober-/Unterhitze: etwa 180 °C
Heißluft: etwa 160 °C
2. Für den Teig beide Mehlsorten mit Mandeln oder Nusskernen, Natron, Zitronenschale und 1 Prise Salz in einer Rührschüssel mit einem Schneebesen verrühren.
3. Sojamilch, Agavendicksaft, Speiseöl und Zitronensaft in einem Rührbecher mit dem Schneebesen gut verrühren. Die flüssigen Zutaten zu der Mehlmischung in die Rührschüssel geben und zu einem glatten Teig verrühren (der Teig sollte leicht schwer reißend vom Löffel fallen).
4. Die Hälfte des Teiges in die Mulden einer Muffinform (für 12 Muffins, mit Papierbackförmchen ausgelegt) geben. Die Kirschen gleichmäßig darauf verteilen. Den restlichen Teig daraufgeben.
5. Die Form auf dem Rost in den vorgeheizten Backofen schieben. Dinkel-Kirsch-Muffins etwa 30 Minuten backen.

Erdbeer-Pfirsich-Kaltschale

Exotische Granita

6. Die Form auf einen Kuchenrost stellen. Die Muffins etwa 5 Minuten in der Form stehen lassen, dann aus der Form nehmen und auf dem Kuchenrost erkalten lassen.

Erdbeer-Pfirsich-Kaltschale

VEGAN

4 Portionen

Zubereitungszeit: 20 Minuten, ohne Kühlzeit

500 ml Orangensaft
200 ml Weißwein
50 g (3 EL) Perlsago
(gekörnte Stärke)
3 Pfirsiche
500 g Erdbeeren
etwas Zucker
gem. Zimt

Zum Garnieren:
einige Zitronenmelisseblättchen

Pro Portion:
E: 2 g, F: 1 g, Kh: 39 g,
kJ: 911, kcal: 218

1. Den Orangensaft mit Weißwein in einem Topf zum Kochen bringen, Sago einrühren, wieder zum Kochen bringen und zugedeckt 15–20 Minuten bei schwacher Hitze kochen lassen, dabei gelegentlich umrühren.

2. In der Zwischenzeit Pfirsiche abspülen, kurz in kochendes Wasser tauchen, anschließend in kaltem Wasser abschrecken. Von den Pfirsichen die Haut abziehen. Die Pfirsiche halbieren und entsteinen. Das Fruchtfleisch würfeln.

3. Erdbeeren abspülen, abtropfen lassen und entstielen. Große Erdbeeren halbieren. Pfirsichwürfel etwa 5 Minuten, Erdbeeren etwa 2 Minuten vor Ende der Kochzeit in die Orangen-Wein-Flüssigkeit geben und mitgaren lassen. Mit Zucker und 1 Prise Zimt abschmecken.

4. Die Erdbeer-Pfirsich-Kaltschale abkühlen lassen und anschließend in den Kühlschrank stellen.

Tipp: Für Kinder den Weißwein durch Apfelsaft ersetzen.

Exotische Granita

4 Portionen

VEGAN

Zubereitungszeit: 30 Minuten, ohne Gefrierzeit

2 Bio-Limetten
(unbehandelt, ungewachst)
1 reife Mango
300 g Bananen
125 ml weißer Rum
650 ml Orangensaft
200 ml Zuckerrohrsirup
10 Passionsfrüchte (je 40–50 g)

Pro Portion:
E: 4 g, F: 1 g, Kh: 80 g,
kJ: 1850, kcal: 442

1. Limetten heiß abwaschen, abtrocknen und die Schale abreiben. Limetten halbieren und den Saft auspressen.

2. Mango halbieren und das Fruchtfleisch vom Stein schneiden. Fruchtfleisch schälen und in Stücke schneiden. Bananen schälen und in Stücke schneiden.

3. Limettenschale, -saft, Mango- und Bananenstücke in einen Rührbecher geben. Den weißen Rum, den Orangensaft und den Zuckerrohrsirup hinzugeben und die Zutaten fein pürieren.

4. Passionsfrüchte halbieren, die Kerne und den Saft herausschaben. Kerne und Saft durch ein feines Sieb streichen.

5. Den Passionsfruchtsaft unter die Orangen-Rum-Mischung rühren.

6. Die Fruchtmasse in eine möglichst große, flache Form (am besten eine Metallschale) gießen und in den Gefrierschrank stellen. Nach jeweils etwa 30 Minuten mit einer Teigkarte oder einem Spachtel die sich am Rand bildenden Eiskristalle zur Mitte schieben.

7. So lange wiederholen, bis die ganze Flüssigkeit gefroren ist und sich trockene, locker auseinanderfallende Eiskristalle gebildet haben.

8. Granita in Gläsern servieren.

Exotische Früchte aus dem Limettendampf

Exotischer Obstsalat

Exotische Früchte aus dem Limettendampf

(Zubereitung im Bambusdämpfer Ø etwa 26 cm)

4 Portionen

Zubereitungszeit: 30 Minuten
Dämpfzeit: etwa 4 Minuten

4 Bio-Limetten (unbehandelt, ungewachst)
2 kleine Bananen
2 Kiwis
1 Sternfrucht (Karambole)
1 Granatapfel
etwa 10 Stängel Zitronenmelisse

Für die Limettensauce:
80 g Zucker
3 Eigelb (Größe M)
75 ml Limettenensaft (von den Limetten)
50 ml Wasser

Pro Portion:
E: 4 g, F: 5 g, Kh: 41 g, kJ: 998, kcal: 238

1. Limetten heiß abwaschen und abtrocknen. Von 2 Limetten die Schale mit einem Sparschäler dünn abschälen. Von den restlichen Limetten die Schale dünn abreiben. Die Limetten halbieren und den Saft auspressen. 75 ml Limettensaft abmessen und beiseitestellen.
2. Die Bananen schälen, längs halbieren und mit dem Limettensaft beträufeln. Kiwis dünn schälen und in etwa 1 cm dicke Scheiben schneiden. Sternfrucht abspülen, trocken tupfen und ebenfalls in etwa 1 cm dicke Scheiben schneiden. Die vorbereiteten Früchte in den beiden Dämpfeinsätzen (dünn mit Speiseöl ausgestrichen) verteilen.
3. Den Granatapfel mit einem Messer halbieren und die Kerne herauslösen. Zitronenmelisse abspülen und trocken tupfen. Die Blättchen von den Stängeln zupfen. Einige Blättchen zum Garnieren beiseitelegen.
4. In einer großen Pfanne oder einem Wok etwa 3 cm hoch Wasser einfüllen, abgeschälte Limettenschale, Zitronenmelisseblättchen, evtl. restlichen Limettensaft hinzufügen und zum Kochen bringen.
5. Für die Limettensauce Zucker, Eigelb, Limettensaft, abgeriebene Limettenschale und Wasser in einen breiten Stieltopf geben und mit einem Schneebesen verschlagen. Die Zutaten bei mittlerer Hitze unter ständigem Rühren mit dem Schneebesen zu einer Schaumsauce aufschlagen (die Sauce darf dabei nicht kochen).
6. Die Dämpfeinsätze aufeinandersetzen, mit dem Deckel verschließen und in die Pfanne oder den Wok mit dem kochenden Limettenwasser stellen. Die Früchte etwa 4 Minuten dämpfen.
7. Die Limettensauce und Früchte auf 4 Tellern anrichten, mit Granatapfelkernen bestreuen und mit beiseitegelegten Zitronenmelisseblättchen garnieren.

Exotischer Obstsalat

2 Portionen

Zubereitungszeit: 10 Minuten, ohne Durchziehzeit

Saft von 1 Zitrone
1 gestr. EL (15 g) flüssiger Honig
1 Msp. gem. Zimt
1 Mango (etwa 400 g)
1 Papaya (etwa 400 g)
2 Kaktusfeigen (etwa 250 g)
100 g Physalis (Kapstachelbeeren, etwa 24 Stück)

Pro Portion:
E: 3 g, F: 2 g, Kh: 39 g, kJ: 808, kcal: 193

1. Zitronensaft mit Honig und Zimt verrühren. Die Mango halbieren und das Fruchtfleisch vom Stein schneiden. Fruchtfleisch schälen, in Spalten schneiden und mit 2 Esslöffeln der Zitronensaftmischung beträufeln. Papaya halbieren, entkernen, schälen und in Spalten schneiden.
2. Von den Kaktusfeigen jeweils die Enden abschneiden. Die Schale vorsichtig abziehen. Kaktusfeigen in Scheiben schneiden. Physalis aus der Hülle lösen, abspülen, trocken tupfen und nach Belieben halbieren. Das vorbereitete Obst in 2 Schälchen anrichten und mit der restlichen Zitronensaftmischung beträufeln.

Tipp: Statt der Kaktusfeigen können Sie auch 2 Kiwis verwenden. Kiwis schälen und in Scheiben schneiden.

Obstsalat „Exotische Art"

4 Portionen

Zubereitungszeit: 30 Minuten, ohne Kühlzeit

1 Papaya (etwa 350 g)
1 Baby-Ananas
2 Kiwis
1/2 Galiamelone
1 rosa Grapefruit
1 Granatapfel
1 EL Zucker

Für die Zitronensauce:
150 g Crème fraîche
2–3 EL Milch
1 EL Zucker
Saft von 1 Zitrone
1 EL klein geschnittene Zitronenmelisse

Pro Portion:
E: 2 g, F: 12 g, Kh: 46 g,
kJ: 1344, kcal: 323

1. Papaya längs halbieren und die Kerne mit einem Teelöffel herauslösen. Papayahälften schälen und das Fruchtfleisch klein schneiden.
2. Von der Ananas Blatt- und Stielansatz abschneiden. Die Ananas schälen, halbieren und den mittleren Strunk herausschneiden. Ananashälften in kleine Stücke schneiden.
3. Kiwis schälen. Melone entkernen und schälen. Kiwi- und Melonenfruchtfleisch klein schneiden. Grapefruit so schälen, dass die weiße Haut vollständig mitentfernt wird. Fruchtfilets herausschneiden und halbieren. Granatapfel waagerecht halbieren und die Kerne herauslösen. Alle Obstsorten mit dem Zucker in einer Schüssel vermengen und zugedeckt etwa 1 Stunde in den Kühlschrank stellen.
4. Für die Zitronensauce Crème fraîche mit Milch, Zucker, Zitronensaft und -melisse verrühren. Die Sauce zum Obstsalat servieren.

Feigen in Karamellsirup mit Ananasminz-Zabaione

4 Portionen

Zubereitungszeit: 15 Minuten, ohne Abkühlzeit

4 Stängel frische Ananasminze
50 g Zucker
250 ml Wasser
16 frische Feigen
2 Eigelb (Größe M)

Pro Portion:
E: 5 g, F: 5 g, Kh: 49 g,
kJ: 1095, kcal: 261

1. Ananasminze abspülen und gut trocken tupfen. Die Spitzen von den Stängeln schneiden und zum Garnieren beiseitelegen. Restliche Blättchen von den Stängeln zupfen. Blättchen in feine Streifen schneiden. Die Stängel mit dem Messerrücken etwas schlagen, damit sie ihr Aroma nachher im Karamellsirup besser entfalten können.
2. Den Zucker in einem Topf goldgelb karamellisieren. Den Topf von der Kochstelle nehmen. Mit dem Wasser ablöschen (Vorsicht. Es spritzt!). Minzestängel hinzugeben. Die Karamellmasse zum Kochen bringen und bei schwacher Hitze kochen lassen, bis sich der Karamell aufgelöst hat. Dabei gelegentlich umrühren.
3. Die Feigen entstielen, vorsichtig schälen und in den Karamellsirup legen. Wieder zum Kochen bringen und 1–2 Minuten bei schwacher Hitze kochen lassen. Den Topf von der Kochstelle nehmen.
4. Die Feigen mit einer Schaumkelle aus dem Sirup heben, abtropfen lassen und beiseitelegen. Karamellsirup durch ein Sieb passieren, wieder in den Topf geben, zum Kochen bringen und um die Hälfte (etwa 150 ml) einkochen lassen, abkühlen lassen.
5. Eigelb in einer Edelstahlschüssel mit einem Schneebesen verrühren. Nach und nach den Karamellsirup unterrühren. Die Eigelb-Sirup-Masse über dem heißen Wasserbad schlagen, bis ein dicklicher Schaum entstanden ist (Das Wasser im Topf sollte kurz vorm Kochen sein/nicht kochen). Dann die Minzestreifen unter die Zabaione heben.
6. Feigen mit der Zabaione anrichten und mit den beiseitegelegten Minzespitzen garniert sofort servieren.

Obstsalat „Exotische Art"

Feigen in Karamellsirup mit Ananasminz-Zabaione

Rosa-Grapefruit-Sorbet

VEGAN

8 Stück

Zubereitungszeit: 20 Minuten, ohne Kühlzeit
Gefrierzeit: etwa 4 Stunden

4 rosa Grapefruits
100 g Puderzucker
50 ml Grenadine-Sirup
einige Zitronenmelisseblättchen

Pro Stück:
E: 0 g, F: 0 g, Kh: 21 g,
kJ: 384, kcal: 92

1. Grapefruits heiß abwaschen, abtrocknen, halbieren, den Saft auspressen und 400 ml davon abmessen.
2. Grapefruitsaft, Puderzucker und Sirup in einer Rührschüssel mit einem Schneebesen verrühren. Die Flüssigkeit in eine gefriergeeignete Schüssel füllen.
3. Die Schüssel zugedeckt in den Gefrierschrank stellen. Das Sorbet etwa 4 Stunden gefrieren lassen, dabei das Sorbet alle 30 Minuten kräftig umrühren.
4. Die Grapefruithälften mit einem Löffel auskratzen. Grapefruithälften in den Kühlschrank stellen.
5. Zum Garnieren die Melisseblättchen abspülen und trocken tupfen. Das Rosa-Grapefruit-Sorbet in die Grapefruithälften füllen. Mit Melisseblättchen garniert servieren.

Rote Fruchtgrütze

6 Portionen

VEGAN

Zubereitungszeit: 20 Minuten, ohne Abkühlzeit

je 250 g Brombeeren, Himbeeren, Erdbeeren und Johannisbeeren (vorbereitet gewogen)
35 g Speisestärke
75 g Zucker
500 ml Fruchtsaft, z. B. Sauerkirsch- oder Johannisbeersaft

Pro Portion:
E: 2 g, F: 1 g, Kh: 34 g,
kJ: 693, kcal: 165

1. Brombeeren und Himbeeren verlesen, evtl. kurz abspülen und trocken tupfen. Die Erdbeeren abspülen, abtropfen lassen, entstielen, halbieren oder vierteln. Die Johannisbeeren abspülen, abtropfen lassen und die Beeren von den Rispen streifen.
2. Speisestärke und Zucker in eine kleine Schüssel geben. 6 Esslöffel von dem Saft dazugeben und mit einem Schneebesen unterrühren. Den restlichen Saft in einem Topf zum Kochen bringen. Angerührte Stärke unter den kochenden Saft rühren, das Ganze nochmals aufkochen lassen und den Topf von der Kochstelle nehmen. Die Beeren unterrühren.
3. Die Rote Grütze abkühlen lassen, dann in eine Glasschale oder in Dessertschälchen füllen. Die Grütze bis zum Servieren zugedeckt kalt stellen.

Nusshörnchen

8 Stück

VEGAN

Zubereitungszeit: 30 Minuten, ohne Abkühlzeit
Backzeit: etwa 25 Minuten

Für den Tofu-Ölteig:
200 g Weizenmehl
2 gestr. TL Dr. Oetker Backin
150 g Seidentofu
2 EL Hafer-Cuisine (erhältlich im Bioladen)
2 EL Speiseöl, z. B. Sonnenblumenöl
50 g feiner Voll-Rohrzucker
1 Pck. Dr. Oetker Vanillin-Zucker

Rosa-Grapefruit-Sorbet

Rote Fruchtgrütze

Nusshörnchen

Rhabarber-Crumble

Für die Füllung:
75 g gem. Haselnusskerne
2 Tropfen Bittermandel-Aroma
50 g feiner Voll-Rohrzucker
2 EL kaltes Wasser

Zum Bestreichen und für den Guss:
2 EL Hafer-Cuisine
50 g Puderzucker
2–3 TL Zitronensaft

Pro Stück:
E: 5 g, F: 10 g, Kh: 40 g,
kJ: 1140, kcal: 272

1. Für den Teig Mehl und Backpulver in einer Rührschüssel mischen. Restliche Zutaten für den Teig hinzugeben und mit einem Mixer (Knethaken) zunächst kurz auf niedrigster, dann auf höchster Stufe in etwa 1 Minute zu einem glatten Teig verarbeiten (nicht zu lange, Teig klebt sonst).
2. Den Backofen vorheizen.
Ober-/Unterhitze: etwa 180 °C
Heißluft: etwa 160 °C
3. Anschließend auf der bemehlten Arbeitsfläche zu einer Kugel formen und zu einer runden Platte (Ø etwa 36 cm) ausrollen. Diese viermal diagonal durchschneiden, sodass 8 Dreiecke entstehen.
4. Für die Füllung die Nusskerne mit Aroma, Rohrzucker und Wasser zu einer streichfähigen Masse verrühren und zu 8 Röllchen formen.
5. Auf die kurze Seite jedes Dreiecks ein Röllchen der Füllung legen. Den Teig zu Hörnchen aufrollen und auf ein Backblech (mit Backpapier belegt) legen.
6. Zum Bestreichen die Hörnchen mit Hafer-Cuisine bestreichen. Das Backblech in den vorgeheizten Backofen schieben. Die Hörnchen etwa 25 Minuten backen.
7. Backblech auf einen Kuchenrost stellen, Hörnchen erkalten lassen.
8. Für den Guss Puderzucker mit Zitronensaft zu einem Guss verrühren und auf die erkalteten Hörnchen streichen. Guss trocknen lassen.

Rhabarber-Crumble

6–8 Portionen

VEGAN

Zubereitungszeit: 65 Minuten
Backzeit: etwa 30 Minuten

etwa 1 kg Rhabarber
80 g brauner Voll-Rohrzucker
3 EL Orangensaft
150 g Weizenmehl
25 g kernige Haferflocken
80 g brauner Voll-Rohrzucker
100 g vegane Margarine (zimmerwarm)

Pro Portion:
E: 4 g, F: 12 g, Kh: 43 g,
kJ: 1285, kcal: 307

1. Rhabarber abziehen, die Stielenden und Blattansätze entfernen. Die Rhabarberstangen abspülen, abtropfen lassen. Dickere Stangen längs halbieren. Die Stangen in etwa 4 cm lange Stücke schneiden.
2. Rhabarberstücke in 6–8 ofenfeste Förmchen (gefettet) geben und mit Rohrzucker bestreuen. Orangensaft darauf verteilen.
3. Den Backofen vorheizen.
Ober-/Unterhitze: etwa 200 °C
Heißluft: etwa 180 °C
4. Mehl in eine Rührschüssel geben, mit Haferflocken und Rohrzucker mischen und die Margarine hinzufügen. Die Zutaten mit einem Mixer (Rührstäbe) oder mit den Händen zu Streuseln von gewünschter Größe verarbeiten.
5. Die Streusel auf den Rhabarberstücken verteilen. Die Form auf dem Rost in den vorgeheizten Backofen schieben. Rhabarber-Crumble etwa 30 Minuten backen.

Tipp: Gut schmeckt Crumble auch mit klein gewürfelten Äpfeln. Geben Sie dann Zitronensaft und Zucker mit 1 Teelöffel gemahlenem Zimt über die Äpfel.

Pfefferminz-Granita

Rhabarber-Ofenschlupfer

Pfefferminz-Granita
4–6 Portionen

Zubereitungszeit: 30 Minuten, ohne Abkühlzeit
Gefrierzeit: 4–5 Stunden

2–3 Stängel frische Pfefferminze
500 ml Wasser
90 g Zucker
60 g Schoko-Minz-Täfelchen

Zum Garnieren:
1–2 Stängel frische Pfefferminze

Pro Portion:
E: 0 g, F: 2 g, Kh: 30 g,
kJ: 565, kcal: 135

1. Pfefferminzstängel abspülen und abtropfen lassen. Das Wasser mit Zucker in einem Topf verrühren und zum Kochen bringen. Den Topf von der Kochstelle nehmen. Pfefferminzstängel etwa 2 Minuten in die Zuckerlösung legen und dann herausnehmen. Pfefferminz-Zucker-Lösung erkalten lassen.
2. Die erkaltete Pfefferminz-Zucker-Lösung in eine gefriergeeignete Schüssel füllen und zugedeckt in den Gefrierschrank stellen. Die Masse 4–5 Stunden gefrieren lassen. Dabei die Masse alle 30 Minuten kräftig durchrühren.
3. Die Schoko-Minz-Täfelchen etwa 30 Minuten in den Gefrierschrank legen und ebenfalls gefrieren lassen. Schoko-Minz-Täfelchen herausnehmen, in kleine Stücke schneiden und unter die Granita rühren.
4. Zum Garnieren die Pfefferminze abspülen und trocken tupfen. Die Blättchen von den Stängeln zupfen. Pfefferminz-Granita nach Belieben in Gläser füllen und mit Pfefferminzblättchen garniert servieren.

Rhabarber-Ofenschlupfer

4 Portionen

Zubereitungszeit: 20 Minuten, ohne Trockenzeit
Backzeit: etwa 20 Minuten

300 g Brioche oder Hefezopf
250 g Rhabarber
120 g Zucker
50 g Rosinen oder Korinthen
5 cl Rum
50 g gehobelte Mandeln
1 Vanilleschote
4 Eier (Größe M)
200 g Schlagsahne
300 ml Milch (3,5 % Fett)
1/2 TL gem. Zimt
Salz
Semmelbrösel

Pro Portion:
E: 20 g, F: 41 g, Kh: 84 g,
kJ: 3411, kcal: 815

1. Brioche oder Hefezopf in etwa 1 cm große Würfel schneiden und über Nacht (z. B. auf einem Backblech ausgebreitet) trocknen lassen.
2. Rhabarber abziehen, Stielenden und Blattansätze entfernen. Rhabarberstangen abspülen, abtropfen lassen, in kleine Stücke schneiden und in eine Schüssel geben, Zucker untermischen.
3. Die Rosinen oder Korinthen mit Rum in einen Topf geben und kurz aufkochen lassen. Den Topf von der Kochstelle nehmen.
4. Mandeln in einer Pfanne ohne Fett unter Rühren leicht bräunen, herausnehmen und auf einen Teller legen.
5. Die Vanilleschote der Länge nach aufschneiden und das Mark mit einem Messerrücken herausschaben.
6. Den Backofen vorheizen.
Ober-/Unterhitze: etwa 200 °C
Heißluft: etwa 180 °C
Gleichzeitig eine Fettpfanne etwa 1 cm hoch mit Wasser füllen und im unteren Drittel in den Backofen schieben.
7. Eier mit Sahne und Milch verschlagen. Vanillemark unterrühren. Die Eiersahne mit Zimt und 1 Prise Salz würzen.
8. Die Brioche- oder Hefezopfwürfel, Rhabarberstücke und Rumrosinen oder -korinthen vermischen und in eine Auflaufform (etwa 25 x 30 cm, gefettet, mit Semmelbröseln ausgestreut) füllen. Die Eiersahne über die vorbereitete Masse gießen.
9. Die Form in das erwärmte Wasser der Fettpfanne stellen und in den vorgeheizten Backofen schieben. Den Ofenschlupfer etwa 20 Minuten backen.
10. Ofenschlupfer mit gebräunten Mandeln bestreuen und servieren.

Nussbrötchen-Rad

1 Stück mit 12 Brötchen

Zubereitungszeit: 45 Minuten, ohne Teiggeh- und Abkühlzeit
Backzeit: etwa 25 Minuten

Für den Teig:
75 g vegane Margarine
500 g Weizenmehl
1 Pck. Dr. Oetker Trockenbackhefe
25 g feiner Voll-Rohrzucker
1 gestr. TL Salz
250 ml Sojadrink
je 30 g gem. Pistazienkerne, Walnusskerne, Haselnusskerne

Zum Bestreichen und Bestreuen:
50 ml Wasser
1/2 TL Speisestärke
25 g Mohnsamen
25 g Sesamsamen

Pro Brötchen:
E: 2 g, F: 12 g, Kh: 34 g,
kJ: 1165, kcal: 278

1. Für den Teig Margarine zerlassen. Mehl in eine Rührschüssel geben und mit der Trockenbackhefe sorgfältig vermischen. Rohrzucker, Salz, Sojadrink und die zerlassene Margarine hinzufügen.
2. Die Zutaten mit einem Mixer (Knethaken) zunächst kurz auf niedrigster, dann auf höchster Stufe in etwa 5 Minuten zu einem glatten Teig verarbeiten. Den Teig zugedeckt so lange an einem warmen Ort gehen lassen, bis er sich sichtbar vergrößert hat (etwa 30 Minuten).
3. In der Zwischenzeit zum Bestreichen Wasser und Speisestärke in einem kleinen Topf verrühren und unter Rühren kurz aufkochen lassen. Die Flüssigkeit erkalten lassen.
4. Den Teig dritteln und jede Portion mit einer Sorte Nusskerne verkneten. Jede Portion zu jeweils 4 runden Brötchen formen. 4 Brötchen in die Mitte eines Backbleches (mit Backpapier belegt) aneinandersetzen (nicht zu dicht). Die restlichen Brötchen nicht zu eng kreisförmig darumsetzen.
5. Brötchen mit Speisestärke-Flüssigkeit bestreichen. Anschließend im Wechsel mit Mohn und Sesam bestreuen. Die Brötchen nochmals zugedeckt so lange an einem warmen Ort gehen lassen, bis sie sich sichtbar vergrößert haben (etwa 20 Minuten).
6. Den Backofen vorheizen.
Ober-/Unterhitze: etwa 180 °C
Heißluft: etwa 160 °C
7. Das Backblech in den vorgeheizten Backofen schieben. Das Brötchenrad etwa 25 Minuten backen.
8. Das Brötchenrad mit dem Backpapier vom Backblech auf einen Kuchenrost ziehen und erkalten lassen.

Orangen-Feigen-Salat

4 Portionen

Zubereitungszeit: 15 Minuten

4 Orangen
5 frische Feigen
200 g Rosinen
2 EL Voll-Rohrzucker
evtl. Zitronensaft oder Wein
abgezogene, halbierte Mandeln
Rosinen

Pro Portion:
E: 5 g, F: 4 g, Kh: 69 g,
kJ: 1473, kcal: 352

1. Die Orangen so schälen, dass die weiße Haut vollständig mitentfernt wird. Orangen in Scheiben schneiden. Feigen abspülen, abtrocknen, entstielen und vierteln. Rosinen kurz unter fließendem kaltem Wasser abspülen und abtropfen lassen.
2. Die vorbereiteten Zutaten mit Rohrzucker in eine Glasschüssel schichten. Nach Belieben mit Zitronensaft oder Wein übergießen.
3. Mit Mandeln und Rosinen garniert servieren.

Tipps: Für eine herbere Variante den Salat mit rosa Grapefruits zubereiten und getrocknete Cranberrys statt der Rosinen verwenden.

Nussbrötchen-Rad

Orangen-Feigen-Salat

Apfelmus

4 Portionen

VEGAN

Zubereitungszeit: 15 Minuten
Garzeit: etwa 15 Minuten

750 g säuerliche Äpfel,
z. B. Boskop oder Elstar
5 EL Wasser
etwa 50 g Zucker
gem. Zimt

Pro Portion:
E: 0 g, F: 1 g, Kh: 30 g,
kJ: 537, kcal: 129

1. Äpfel schälen, vierteln, entkernen und in kleine Stücke schneiden. Die Apfelstücke mit Wasser in einem Topf zum Kochen bringen und mit Deckel bei schwacher Hitze etwa 15 Minuten kochen.
2. Die Apfelmasse nach Belieben pürieren und das Apfelmus evtl. mit Zucker und gemahlenem Zimt abschmecken.

Tipps: Apfelmus pur als Dessert oder zu Kartoffelpuffern servieren. Sie können auch ungeschälte Äpfel verwenden. Die Äpfel dann waschen, Stiele und Blütenansätze entfernen. Die Äpfel in Stücke schneiden und wie im Rezept beschrieben kochen. Die Masse durch ein Sieb streichen.

Kokos-Nektar-Würfel mit Litschis

6 Portionen

VEGAN

Zubereitungszeit: 30 Minuten, ohne Abkühlzeit
Garzeit: etwa 50 Minuten

Für die erste Schicht:
40 g Tapiokamehl
(erhältlich im Asialaden)
25 g Reismehl
(erhältlich im Asialaden)
75 g Zucker, Salz
125 ml Kokosmilch

Für die zweite Schicht:
40 g Tapiokamehl
25 g Reismehl
75 g Zucker
125 ml schwarzer Johannisbeernektar
1 gestr. TL Zitronensäure

280 g abgetropfte Litschis
(aus der Dose)

Pro Portion:
E: 2 g, F: 10 g, Kh: 92 g,
kJ: 1977, kcal: 473

1. Den Backofen vorheizen.
Ober-/Unterhitze: etwa 140 °C
Heißluft: etwa 120 °C
2. Für die erste Schicht Tapiokamehl mit Reismehl, Zucker, 1 Prise Salz und Kokosmilch in eine Rührschüssel geben und mit einem Schneebesen glatt rühren. Die Masse in eine kleine, flache Auflaufform (gefettet) gießen. Die Form mit Alufolie verschließen.
3. Ein Backblech mit hohem Rand oder eine Fettpfanne etwa 2 cm hoch mit heißem Wasser füllen. Die Auflaufform auf das Backblech oder in die Fettpfanne setzen. Das Backblech oder die Fettpfanne in den vorgeheizten Backofen schieben. Die Kokosmasse etwa 25 Minuten stocken lassen.
4. Für die zweite Schicht in der Zwischenzeit Tapiokamehl mit Reismehl, Zucker, Johannisbeersaft und Zitronensäure mit einem Schneebesen glatt rühren. Die Fruchtmasse auf der gestockten Kokosmasse verteilen. Die Form wieder mit der Alufolie verschließen.
5. Das Backblech oder die Fettpfanne wieder zurück in den Backofen schieben. Die Kokosmasse mit der Fruchtmasse weitere etwa 25 Minuten bei gleicher Backofentemperatur stocken lassen.
6. Die Form auf einen Kuchenrost stellen, die Alufolie entfernen und die Kokos-Nektar-Masse erkalten lassen.

Apfelmus

Kokos-Nektar-Würfel mit Litschis

7. Anschließend die Kokos-Nektar-Masse aus der Form lösen, auf ein Schneidbrett legen und in etwa 3 cm große Würfel schneiden. Die Kokos-Nektar-Würfel auf kleinen Tellern mit den Litschis anrichten.

Himbeersorbet

4 Portionen

VEGAN

Zubereitungszeit: 30 Minuten, ohne Abkühlzeit
Gefrierzeit: etwa 4 Stunden

1/2 Bio-Zitrone (unbehandelt, ungewachst)
150 ml Wasser
160 g Zucker
500 g frische Himbeeren
evtl. 1 EL Himbeergeist

Pro Portion:
E: 2 g, F: 0 g, Kh: 45 g,
kJ: 838, kcal: 200

1. Zitrone heiß abwaschen, abtrocknen und die Schale dünn abschälen. Wasser mit Zucker und Zitronenschale in einem kleinen Topf zum Kochen bringen und bei starker Hitze etwa 5 Minuten ohne Deckel sirupartig einkochen lassen (ergibt etwa 100 ml Sirup). Den Sirup erkalten lassen. Zitronenschale entfernen.

2. Himbeeren verlesen (nicht waschen). Die Himbeeren mit der Hälfte des Sirups in einen hohen Rührbecher geben, pürieren und nach Belieben durch ein Sieb streichen. Restlichen Sirup unterrühren, evtl. mit Himbeergeist abschmecken.

3. Die Püreemasse in eine gefriergeeignete Schüssel geben und etwa 1 Stunde im Gefrierschrank gefrieren lassen, dann umrühren. Das Himbeersorbet noch weitere etwa 3 Stunden gefrieren lassen, dabei mehrmals umrühren, sodass eine cremige Masse entsteht.

4. Das Himbeersorbet mit einem Eisportionierer in 4 Portionsschüsseln verteilen.

Himbeer-Zitronen-Sorbet

VEGAN

2 Portionen

Zubereitungszeit: 25 Minuten
Gefrierzeit: 5–6 Stunden

Saft von 2 Zitronen
250 ml Wasser
2–3 TL Agavendicksaft
200 g Himbeeren
1 TL Puderzucker

4–5 Minzeblättchen

Pro Portion:
E: 1 g, F: 0 g, Kh: 15 g,
kJ: 356, kcal: 85

1. Zitronensaft mit Wasser und Agavendicksaft in einem kleinen Topf zum Kochen bringen und bei starker Hitze ohne Deckel etwa 5 Minuten sirupartig einkochen lassen (ergibt etwa 250 ml Sirup).

2. Den Sirup in eine gefriergeeignete Schüssel füllen und erkalten lassen.

3. Dann die Schüssel in den Gefrierschrank stellen und die Masse etwa 1 Stunde halbfest gefrieren lassen, dann umrühren. Die Masse noch weitere 3–4 Stunden gefrieren. Dabei mehrmals umrühren, sodass eine cremige Masse entsteht. Anschließend die Masse pürieren.

4. Himbeeren verlesen, evtl. kurz abspülen und trocken tupfen. Die Hälfte der Himbeeren beiseitestellen, restliche Himbeeren in einem Rührbecher pürieren. Himbeerpüree durch ein Sieb streichen und mit dem Puderzucker verrühren. Das Püree mit einer Gabel unter das Sorbet ziehen. Das Sorbet nochmals 30–45 Minuten gefrieren lassen.

5. Anschließend mit einem Eisportionierer Kugeln abstechen und auf zwei Tellern verteilen. Mit den beiseitegestellten Himbeeren und abgespülten, trocken getupften Minzeblättchen garnieren.

Gebackene Holunderblüten mit Erdbeer-Rhabarber-Salat

Gebackene Holunderblüten mit Erdbeer-Rhabarber-Salat

4 Portionen

Zubereitungszeit: 40 Minuten, ohne Ziehzeit

Für den Salat:
4 Stangen Rhabarber
100 g Zucker
250 g Erdbeeren
6 Blättchen Minze
2 cl Grand Marnier

etwa 8 Holunderblüten
etwas Puderzucker

Für den Ausbackteig:
200 g Weizenmehl
250 ml Weißwein
2 EL Speiseöl
10 g Zucker
2 Eigelb (Größe M)
1 Prise Salz
2 Eiweiß (Größe M)

etwa 700 g Pflanzenfett oder Butterschmalz
2 EL Zucker
1 TL gem. Zimt

Pro Portion:
E: 7 g, F: 14 g, Kh: 68 g,
kJ: 1990, kcal: 475

1. Für den Salat Rhabarber putzen, Stielenden und Blattansätze entfernen. Rhabarberstangen abziehen, abspülen, abtropfen lassen. Rhabarber zuerst in Stücke, dann in feine Streifen schneiden und in eine Schüssel geben. Zucker hinzufügen, untermischen und etwa 30 Minuten ziehen lassen.
2. Erdbeeren putzen, abspülen, abtropfen lassen, entstielen und vierteln. Minzeblättchen abspülen und trocken tupfen. Erdbeerviertel und Minzeblättchen mit den Rhabarberstreifen vermengen. Den Salat mit Grand Marnier abschmecken.
3. Die Holunderblüten vorsichtig abspülen, trocken tupfen und mit Puderzucker bestäuben. Durch den Puderzucker bleibt der Teig besser haften.
4. Für den Teig Mehl in eine Rührschüssel geben. Wein, Speiseöl, Zucker, Eigelb und Salz hinzufügen. Die Zutaten mit einem Schneebesen nur kurz verrühren, damit der Teig nicht zäh wird. Eiweiß steif schlagen und unterheben.
5. Pflanzenfett oder Butterschmalz in einem Topf oder in einer Fritteuse auf etwa 180 °C erhitzen.
6. Die Holunderblüten jeweils an den Stielansätzen anfassen, durch den Ausbackteig ziehen und in dem Ausbackfett knusprig backen. Holunderblüten mit einer Schaumkelle herausnehmen, kurz auf Küchenpapier legen und abtropfen lassen.
7. Zucker mit Zimt mischen. Die Holunderblüten in Zimtzucker wenden und mit dem Salat servieren.

Hafer-Quark-Keulchen mit Kompott

4 Portionen

Zubereitungszeit: 20 Minuten, ohne Ruhe- und Abkühlzeit

2 Eigelb (Größe M)
50 g Zucker
200 g Magerquark
50 g kernige Haferflocken
2 geh. EL Weizenmehl (Type 550)
1 Bio-Zitrone (unbehandelt, ungewachst)
Salz, 2 Eiweiß (Größe M)

Für das Erdbeer-Rhabarber-Kompott:
250 g Erdbeeren
500 g Rhabarber
250 ml Wasser
3–4 EL Zucker
1 Pck. Dr. Oetker Pudding-Pulver Vanille-Geschmack

3 EL Speiseöl, z. B. Sonnenblumenöl
1 EL Puderzucker

Pro Portion:
E: 14 g, F: 12 g, Kh: 55 g,
kJ: 1648, kcal: 393

1. Eigelb, Zucker, Quark, Haferflocken und Mehl in eine Rührschüssel geben und mit einem Mixer (Rührstäbe) zu einer cremigen Masse verrühren. Die Zitrone heiß abwaschen, abtrocknen, die Schale abreiben und 1 Teelöffel abmessen. Die Zitrone halbieren. Von einer Zitronenhälfte den Saft auspressen.

2. Abgemessene Zitronenschale, -saft und 1 Prise Salz unter die Quarkmasse rühren. Eiweiß steif schlagen und unterheben. Den Quarkteig etwa 10 Minuten ruhen lassen.

3. Für das Kompott die Erdbeeren putzen, abspülen, abtropfen lassen, entstielen und halbieren. Rhabarber putzen, Stielenden und Blattansätze entfernen. Rhabarberstangen abziehen, abspülen, abtropfen lassen und in fingerdicke Stücke schneiden.

4. Erdbeerhälften und Rhabarberstücke in einem Topf vermischen. Wasser hinzugießen und zum Kochen bringen. Die Früchte etwa 4 Minuten bei schwacher Hitze kochen lassen. Zucker unterrühren, abschmecken.

5. Pudding-Pulver mit 4 Esslöffeln Wasser anrühren, unter das Kompott rühren und unter Rühren kurz aufkochen lassen. Das Kompott in eine Schüssel füllen und erkalten lassen.

6. Jeweils etwas Speiseöl in einer großen Pfanne erhitzen. Von dem Quarkteig mit einem Esslöffel Teighäufchen abnehmen und in die Pfanne setzen.

7. Die Keulchen portionsweise bei mittlerer Hitze leicht bräunen lassen, dann vorsichtig wenden und jede Portion in etwa 3 Minuten fertig backen.

8. Die Keulchen auf einer vorgewärmten Platte anrichten und mit Puderzucker bestäuben. Das Erdbeer-Rhabarber-Kompott dazureichen.

Granita von Erdbeeren

1 Portion

VEGAN

Zubereitungszeit: 15 Minuten, ohne Abkühlzeit
Gefrierzeit: 1–2 Stunden

30 g (etwa 3 EL) Zucker
125 ml Wasser
100 g frische Erdbeeren
3 EL frisch gepresster Zitronensaft

Pro Portion:
E: 1 g, F: 0 g, Kh: 36 g,
kJ: 670, kcal: 160

1. Zucker mit Wasser in einem kleinen Topf zum Kochen bringen, bis sich der Zucker vollständig gelöst hat. Das Zuckerwasser abkühlen lassen.

2. Erdbeeren putzen, abspülen, abtropfen lassen, entstielen und in einen hohen Rührbecher geben. Die Erdbeeren mit einem Pürierstab fein pürieren. Zitronensaft unterrühren. Zuckerwasser hinzufügen und gut unterrühren, sodass eine glatte Masse entsteht.

3. Die Erdbeermasse in eine gefrierfeste Schüssel geben und zugedeckt in den Gefrierschrank stellen. Erdbeerpüree in 1–2 Stunden zu leicht gefrorenem Fruchtsaft anfrieren lassen, dabei die Masse etwa alle 15 Minuten umrühren.

4. Granita vor dem Servieren mit einem Löffel herausschaben und in einem hohen Glas anrichten.

Tipps: Das Fruchtpüree gut mit dem Zuckerwasser verrühren. Sonst können sich beim Gefrieren Klümpchen bilden, da die Masse nicht einheitlich glatt ist. Wenn die Gefriertemperatur zu hoch ist, kann die Granita von der Konsistenz leicht körnig werden. Dann die Fruchtmasse lieber einmal öfter umrühren und den Gefrierprozess etwas verlängern. Ist die Gefriertemperatur zu niedrig, dann einmal weniger umrühren.

Variante: Granita statt mit Erdbeeren mit Himbeeren oder roten Johannisbeeren zubereiten. Hierfür 100 g frische Himbeeren verlesen und nicht waschen. Himbeeren pürieren und anschließend durch ein Sieb streichen, damit die Kerne entfernt werden. 125 g frische rote Johannisbeeren abspülen und gut abtropfen lassen. Die Beeren von den Rispen streifen. Johannisbeeren ebenso zunächst pürieren, dann durch ein Sieb streichen. Das Fruchtmark (Himbeer- oder Johannisbeermark) mit Zitronensaft und Zuckerwasser gut verrühren und gefrieren lassen.

Hafer-Quark-Keulchen mit Kompott

Granita von Erdbeeren

Gebratene Ananasscheiben

4 Portionen

Zubereitungszeit: 30 Minuten, ohne Durchziehzeit

490 g abgetropfte Ananasscheiben (aus der Dose)
30 g Kokosraspel
1–2 EL brauner Rum
70 g Cornflakes
30 g Weizenmehl
2 Eiweiß (Größe M)
50 g Butterschmalz
300 g Joghurt (3,5 % Fett)
1–2 EL Zucker

Pro Portion:
E: 8 g, F: 20 g, Kh: 43 g,
kJ: 1742, kcal: 416

1. Von den Ananasscheiben den Saft auffangen. 6 Esslöffel von dem Saft mit Kokosraspeln verrühren und etwa 1 Stunde stehen lassen.
2. Ananasscheiben mit Rum beträufeln und ebenfalls etwa 1 Stunde durchziehen lassen.
3. Cornflakes, Mehl und Eiweiß in je einen tiefen Teller geben. Cornflakes zerbröseln. Eiweiß verschlagen.
4. Ananasscheiben nochmals abtropfen lassen, dabei die Rumflüssigkeit auffangen und unter die eingeweichten Kokosraspel mischen. Ananasscheiben trocken tupfen.
5. Ananasscheiben zuerst in Mehl wenden, dann durch die Eiweißmasse ziehen, am Tellerrand abstreifen und zuletzt in Cornflakes wenden. Cornflakes leicht andrücken.
6. Etwas Butterschmalz in einer Pfanne erhitzen. Die Ananasscheiben darin portionsweise etwa 1 Minute von jeder Seite braten, herausnehmen und auf Küchenpapier abtropfen lassen.
7. Eingeweichte Kokosraspel, Joghurt und Zucker verrühren. Die Ananasscheiben mit der Joghurt-Kokosraspel-Creme servieren.

Früchte-Mix mit Kokosschaum

4 Portionen

Zubereitungszeit: 30 Minuten, ohne Abkühlzeit

2 Orangen
1 rosa Grapefruit
1 Ogen- oder Galiamelone
50 g Kokosraspel
500 ml Milch (3,5 % Fett)
40 g Zucker
40 g Hartweizengrieß
1–2 TL Zitronensaft

Pro Portion:
E: 7 g, F: 12 g, Kh: 37 g,
kJ: 1257, kcal: 300

1. Orangen und Grapefruit so schälen, dass die weiße Haut vollständig mitentfernt wird. Die Filets zwischen den Trennhäuten herausschneiden.
2. Die Melone waagerecht halbieren. Die Kerne mit einem Löffel herauskratzen. Melonenhälften in Spalten schneiden, schälen und das Fruchtfleisch würfeln. Die Melonenwürfel, Orangen- und Grapefruitfilets auf 4 Tellern oder in 4 Gläsern verteilen.
3. 20 g Kokosraspel in einer Pfanne ohne Fett unter Rühren goldbraun rösten.
4. Milch und Zucker in einem Topf zum Kochen bringen. Grieß und die restlichen Kokosraspel unterrühren, wieder zum Kochen bringen und etwa 4 Minuten unter Rühren kochen lassen.
5. Den Topf von der Kochstelle nehmen. Die Grießmasse mit einem Mixer (Rührstäbe) etwa 3 Minuten schaumig schlagen. Mit Zitronensaft abschmecken, etwas abkühlen lassen.
6. Den Kokosschaum lauwarm auf die Früchte geben und mit den gerösteten Kokosraspeln bestreuen.

Tipp: Anstelle von Zitronensaft kann die Grießmasse auch mit Kokoslikör abgeschmeckt werden.

Gebratene Ananasscheiben

Früchte-Mix mit Kokosschaum

Feiner Obstsalat mit Mandeln

Frittierte Feigenröllchen

Feiner Obstsalat mit Mandeln

4 Portionen VEGAN

Zubereitungszeit: 30 Minuten

3 mittelgroße Äpfel
1 Mango
4 Nektarinen
4 Kiwis
2 Orangen
250 g Erdbeeren
3–4 EL Zitronensaft
4 EL Orangensaft
50 g Voll-Rohrzucker
50 g gehobelte Mandeln

Pro Portion:
E: 6 g, F: 8 g, Kh: 61 g,
kJ: 1543, kcal: 369

1. Die Äpfel schälen, vierteln und entkernen. Mango halbieren, das Fruchtfleisch vom Stein lösen und schälen. Nektarinen abspülen, abtrocknen, halbieren und entsteinen. Kiwis schälen. Das Obst in Spalten schneiden.
2. Orangen so schälen, dass die weiße Haut vollständig mitentfernt wird. Orangenfilets herausschneiden. Die Erdbeeren abspülen, gut abtropfen lassen, entstielen und in Stücke schneiden. Obstspalten, -stücke und -filets vorsichtig miteinander vermischen.
3. Zitronensaft mit Orangensaft und Zucker verrühren und unter das Obst mischen. Mandeln in einer Pfanne ohne Fett rösten und den Obstsalat damit bestreuen.

Tipp: Statt der gehobelten Mandeln können Sie auch 2 Esslöffel gehackten Nusskrokant über den Obstsalat geben.

Frittierte Feigenröllchen

4 Portionen

Zubereitungszeit: 30 Minuten, ohne Abkühlzeit

Für die Füllung:
250 g getrocknete Feigen
200 ml Wasser
1–2 EL Zitronensaft
1–2 EL Orangenblütenwasser (erhältlich in der Apotheke)

12 dreieckige Yufka-Teigblätter
1 l Speiseöl, z. B. Sonnenblumenöl
300 g Joghurt (3,5 % Fett)
25 g gehackte Pistazienkerne

Pro Portion:
E: 10 g, F: 15 g, Kh: 66 g,
kJ: 1884, kcal: 450

1. Für die Füllung die Feigen entstielen und in Streifen schneiden. Die Feigenstreifen mit Wasser und Zitronensaft in einem kleinen Topf zum Kochen bringen. Die Feigenstreifen bei schwacher Hitze so lange kochen lassen, bis die Flüssigkeit verdampft ist, mit Orangenblütenwasser abschmecken. Die Feigenmasse abkühlen lassen und in 12 Portionen teilen.
2. Ein Teigblatt mit der kurzen Seite nach unten auf eine Arbeitsfläche legen. 1 Portion der Feigenmasse an die untere Teigkante legen. Das restliche Teigblatt um die Füllung herum dünn mit heißem Wasser bestreichen. Die Seiten nach innen klappen und ebenfalls bestreichen. Die Feigenmasse einrollen. Die restlichen Teigblätter auf die gleiche Weise zubereiten.
3. Speiseöl in einem großen Topf oder in einer Fritteuse auf etwa 180 °C erhitzen. Die Feigenröllchen darin portionsweise unter Wenden goldbraun frittieren.
4. Die Feigenröllchen jeweils mit einer Schaumkelle herausnehmen, auf einem mit Küchenpapier belegten Kuchenrost abtropfen lassen.
5. Die Feigenröllchen warm mit Joghurt und Pistazienkernen servieren.

Tipp: Die gefüllten Röllchen vor dem Frittieren mit verschlagenem Eiweiß bestreichen und in geschältem Sesamsamen wälzen.

Crêpes mit Quark-Bananen-Füllung

Aprikosen mit Löwenzahnhonig und Hirse

Crêpes mit Quark-Bananen-Füllung

6 Stück

Zubereitungszeit: 40 Minuten, ohne Ruhezeit

Für die Crêpes:
40 g Butter
130 g Weizenmehl
2 Eier (Größe M)
150 ml Milch (3,5 % Fett)
100 g Schlagsahne
2 EL Zucker

Für die Füllung:
250 g Magerquark
2 EL Schlagsahne
2 EL brauner Zucker (Rohrzucker)
1 Pck. Dr. Oetker Vanillin-Zucker
1 EL Zitronensaft
2 Bananen
60 g Rosinen

60 g Butter
3 EL Zartbitter-Raspelschokolade

Pro Stück:
E: 12 g, F: 24 g, Kh: 46 g,
kJ: 1911, kcal: 456

1. Für die Crêpes die Butter in einer kleinen Pfanne zerlassen und etwas abkühlen lassen. Das Mehl in eine Rührschüssel geben. Eier mit Milch, Sahne und Zucker verschlagen. Die Eiermilch nach und nach unter Rühren zum Mehl geben. Darauf achten, dass keine Klümpchen entstehen. Flüssige Butter unter den Teig rühren. Den Teig etwa 30 Minuten ruhen lassen.
2. Für die Füllung Quark mit Sahne, Zucker, Vanillin-Zucker und Zitronensaft verrühren. Bananen schälen, in dünne Scheiben schneiden und mit den Rosinen unter die Quarkmasse heben.
3. Etwas Butter in einer beschichteten Pfanne (Ø 28 cm) zerlassen. Den Teig gut durchrühren und eine dünne Teiglage mit einer drehenden Bewegung gleichmäßig auf dem Boden der Pfanne verteilen. Crêpe von beiden Seiten goldgelb backen, herausnehmen, warm stellen. Bevor der Crêpe gewendet wird, wieder etwas Butter in die Pfanne geben.
4. Aus dem restlichen Teig weitere 5 Crêpes backen.
5. Jeden Crêpe zur Hälfte mit Quark-Bananen-Füllung belegen. Die unbelegte Hälfte so über die Füllung zu einem Dreieck klappen, dass eine Tasche entsteht.
6. Crêpes mit Raspelschokolade bestreut servieren.

Aprikosen mit Löwenzahnhonig und Hirse

2 Portionen

Zubereitungszeit: 15 Minuten, ohne Quellzeit

6 EL Bio-Hirse
200 ml Wasser
6 reife Aprikosen
4 EL flüssiger Löwenzahnhonig (veganer Sirup aus Zucker und Löwenzahnblüten)
250 g Soja-Naturjoghurt
Saft von 1 Zitrone
2 Msp. gem. Zimt
2 TL Dr. Oetker Bourbon-Vanille-Zucker

Pro Portion:
E: 10 g, F: 5 g, Kh: 72 g,
kJ: 1611, kcal: 385

1. Die Hirse mit Wasser in einem Topf zum Kochen bringen und etwa 5 Minuten kochen lassen. Anschließend die Hirse auf der ausgeschalteten Kochstelle etwa 15 Minuten ausquellen lassen. Hirse in ein Sieb geben und abtropfen lassen.
2. Die Aprikosen kurz mit kochendem Wasser überbrühen, mit kaltem Wasser abschrecken und die Haut ab-

ziehen. Die Aprikosen halbieren und entsteinen. Die Aprikosenhälften mit dem Löwenzahnhonig überziehen.
3. Den Joghurt mit etwas Zitronensaft, Zimt und Vanille-Zucker glatt rühren. Die Hirse unterrühren. Die Aprikosen mit der Hirse servieren.

Avocado-Limetten-Sorbet

VEGAN

4 Portionen

Zubereitungszeit: 20 Minuten, ohne Abkühlzeit
Gefrierzeit: etwa 4 Stunden

1 Bio-Limette (unbehandelt, ungewachst)
1 Limette
100 g Zucker
200 ml Orangensaft
2 reife Avocados (je etwa 200 g), z. B. Hass-Avocados

Pro Portion:
E: 2 g, F: 18 g, Kh: 30 g,
kJ: 1202, kcal: 288

1. Die Bio-Limette heiß abwaschen und abtrocknen. Die Limettenschale mit einem Sparschäler möglichst dünn abschälen. Beide Limetten halbieren, den Saft auspressen und 50 ml Saft abmessen.
2. Limettenschale, -saft, Zucker und Orangensaft in einem Topf verrühren, zum Kochen bringen und etwa 5 Minuten bei schwacher Hitze kochen lassen. Den Zitrussirup durch ein Sieb in ein Gefäß gießen und abkühlen lassen. Ergibt 250 ml Zitrussirup.
3. Avocados halbieren und die Steine herauslösen. Das Fruchtfleisch mit einem Löffel aus den Schalen lösen und klein schneiden.
4. Die Avocadostücke und den abgekühlten Zitrussirup in einen Rührbecher geben und mit einem Pürierstab zu einer glatten, glänzenden Masse pürieren.
5. Die Sorbetmasse in eine gefrierfeste Schüssel füllen und zugedeckt in den Gefrierschrank stellen. Sorbet etwa 4 Stunden gefrieren lassen. Dabei das Sorbet alle 30 Minuten umrühren.

Äpfel mit Karamell

4 Stück

Zubereitungszeit: 30 Minuten
Backzeit: etwa 35 Minuten

Für den Karamell:
6 EL Zucker
2 EL Wasser
100 ml heißes Wasser

Für die Äpfel:
4 Äpfel, z. B. Boskop
150 ml Wasser
2 TL Zucker
30 g Butter

Für die Füllung:
150 g Schlagsahne (mind. 30 % Fett)
1/2 Pck. Dr. Oetker Vanillin-Zucker

Pro Stück:
E: 1 g, F: 19 g, Kh: 41 g,
kJ: 1418, kcal: 339

1. Den Backofen vorheizen.
Ober-/Unterhitze: etwa 200 °C
Heißluft: etwa 180 °C
2. Für den Karamell Zucker und Wasser in einem Edelstahltopf so lange ohne umzurühren erhitzen, bis der Zucker honiggelb ist. Das heiße Wasser vorsichtig (Achtung: Es spritzt!) hinzugießen. Alles bei schwacher Hitze etwa 5 Minuten leicht dicklich einkochen.
3. Für die Äpfel die Äpfel abwaschen, abtrocknen und das Kerngehäuse mit einem Apfelausstecher ausstechen. Wasser in eine Auflaufform gießen und die Äpfel hineinsetzen.
4. Zucker und Butter gleichmäßig auf den Äpfeln verteilen. Die Form auf dem Rost in den vorgeheizten Backofen schieben. Die Äpfel etwa 35 Minuten backen, dabei evtl. nach etwa 25 Minuten die Äpfel mit Alufolie zudecken. Die Äpfel etwas abkühlen lassen.
5. Für die Füllung Sahne mit Vanillin-Zucker steif schlagen. Äpfel mit der Sahne füllen, die Karamellsauce darübergießen und die Äpfel sofort servieren.

Avocado-Limetten-Sorbet

Äpfel mit Karamell

Aprikosenkaltschale

4 Portionen

VEGAN

Zubereitungszeit: 30 Minuten
Garzeit: etwa 20 Minuten

600 g Aprikosen
375 ml Weißwein
375 ml Aprikosennektar
80 g Zucker
1 Pck. Dr. Oetker Vanillin-Zucker
1/2 Stange Zimt
30 g Sago
etwas Zitronensaft

Pro Portion:
E: 2 g, F: 0,5 g, Kh: 52 g,
kJ: 1173, kcal: 280

1. Aprikosen entstielen, abspülen, kurze Zeit in kochendes Wasser legen und in kaltem Wasser abschrecken. Aprikosen häuten, halbieren, entsteinen und in Spalten schneiden.
2. Weißwein, Aprikosennektar, Zucker, Vanillin-Zucker, Zimtstange und Sago in einem Topf zum Kochen bringen. Sago etwa 20 Minuten bei schwacher Hitze ausquellen lassen.
3. Aprikosenspalten hinzugeben und noch etwa 5 Minuten ziehen lassen.
4. Die Kaltschale mit Zitronensaft abschmecken und erkalten lassen.

Apfelreis

4 Portionen

VEGAN

Zubereitungszeit: 50 Minuten
Garzeit: 20–25 Minuten

1 l Wasser
1 Prise Salz
50 g Zucker
1 TL Zitronensaft
200 g Milchreis (Rundkornreis)
500 g Äpfel, z. B. Elstar

Zucker
gem. Zimt
evtl. einige Apfelspalten
evtl. einige Minzeblättchen

Pro Portion:
E: 1 g, F: 1 g, Kh: 30 g,
kJ: 603, kcal: 144

1. Das Wasser mit Salz, Zucker und Zitronensaft in einem Topf zum Kochen bringen.
2. Den Reis hinzugeben und unter Rühren zum Kochen bringen. Den Reis zugedeckt bei schwacher Hitze etwa 10 Minuten quellen lassen.
3. In der Zwischenzeit die Äpfel schälen, vierteln, entkernen und in kleine Stücke schneiden. Apfelstücke unter den Reis rühren. Den Milchreis weitere 10–15 Minuten quellen lassen, dabei gelegentlich umrühren. Den Apfelreis mit Zucker abschmecken.
4. Den Apfelreis anrichten und mit Zucker und Zimt bestreuen. Nach Belieben mit Apfelspalten und abgespülten, trocken getupften Minzeblättchen garnieren.

Apfelpfannkuchen

2 Stück

VEGAN

Zubereitungszeit: 20 Minuten, ohne Ruhezeit

Für den Teig:
150 g Weizenmehl (Type 1050)
1/2 TL Natron
150 ml naturtrüber Apfelsaft
150 ml Sojamilch
1 EL Zitronensaft
1 EL Zucker
1 Msp. gem. Zimt
1 Prise Salz

2 Äpfel, z. B. Boskop
2 EL Speiseöl, z. B. Sonnenblumenöl
je 1 EL selbst gemachte Marmelade oder Konfitüre, Ahornsirup oder Dicksaft von Agave, Apfel oder Birne

Aprikosenkaltschale

Apfelreis

Apfelpfannkuchen

Apfelauflauf

Pro Stück:
E: 12 g, F: 13 g, Kh: 86 g,
kJ: 2151, kcal: 514

1. Für den Teig Mehl mit Natron in einer Rührschüssel mischen. Apfelsaft und Sojamilch mit Zitronensaft, Zucker, Zimt und Salz hinzufügen. Die Zutaten mit einem Mixer (Rührstäbe) zunächst kurz auf niedrigster, dann auf höchster Stufe in etwa 2 Minuten zu einem glatten Teig verarbeiten. Den Teig 20–30 Minuten ruhen lassen.
2. Äpfel schälen, vierteln, entkernen und in dünne Spalten schneiden.
3. Von dem Speiseöl 1 Esslöffel in einer großen, beschichteten Pfanne erhitzen. Den Teig gut durchrühren. Die Hälfte des Teiges mit einer Suppenkelle in die Pfanne geben, etwas verstreichen und die Hälfte der Apfelspalten dekorativ darauflegen. Den Pfannkuchen bei mittlerer bis starker Hitze von beiden Seiten goldbraun backen. Aus dem restlichen Teig und den restlichen Apfelspalten in dem restlichen Speiseöl einen weiteren Pfannkuchen backen.
4. Die fertigen Pfannkuchen mit Marmelade, Konfitüre, Ahornsirup oder Dicksaft bestreichen und servieren.

Beilage: Kompott oder frisches Obst.

Tipps: Geben Sie statt Natron 1/2 Teelöffel Backpulver in den Teig und statt Weizenmehl Dinkelmehl.

Apfelauflauf

4 Portionen

Zubereitungszeit: 35 Minuten, ohne Teigruhezeit
Backzeit: etwa 45 Minuten

Für den Knetteig:
125 g Vollkorn-Weizenmehl
1 1/2 EL flüssiger Honig
1–2 EL kaltes Wasser
1/2 gestr. TL Meersalz
80 g Butter (zimmerwarm)

Für den Belag:
750 g säuerliche Äpfel
1 EL Zitronensaft
75 g Butter (zimmerwarm)
3–4 EL flüssiger Honig
2 Eier (Größe M)

Pro Portion:
E: 8 g, F: 37 g, Kh: 56 g,
kJ: 2491, kcal: 595

1. Für den Teig Vollkorn-Weizenmehl in eine Rührschüssel geben. Honig, Wasser, Meersalz und Butter hinzufügen. Die Zutaten mit einem Mixer (Knethaken) zunächst kurz auf niedrigster, dann auf höchster Stufe gut durcharbeiten. Teig zu einer Kugel formen und zugedeckt etwa 1 Stunde im Kühlschrank ruhen lassen.
2. Den Teig in eine runde, flache Auflaufform (gefettet) geben, zu einem Boden andrücken und gleichzeitig einen kleinen Rand hochziehen.
3. Den Backofen vorheizen.
Ober-/Unterhitze: etwa 200 °C
Heißluft: etwa 180 °C
4. Für den Belag Äpfel schälen, vierteln, entkernen, grob raspeln und mit Zitronensaft beträufeln.
5. Butter und Honig in einer Rührschüssel mit einem Mixer (Rührstäbe) geschmeidig rühren. Eier nach und nach unterrühren. Apfelraspel unterheben. Die Masse auf dem Teig in der Form verteilen und glatt streichen. Die Form auf dem Rost in den vorgeheizten Backofen schieben.
Den Apfelauflauf etwa 45 Minuten backen.

Tipp: Den Apfelauflauf mit Vanillesauce servieren.

Vegetarische Ernährung

Wer sich vegetarisch ernährt, verzichtet ganz bewusst auf Fleisch, Geflügel, Fisch sowie auf Wurstwaren inklusive Rinder- und Hühnerbrühe. Dazu noch auf sogenannte Zusatzstoffe und Aromen auf tierischer Basis.

Ist fleischlos essen gesünder?

Die neusten Untersuchungen zeigen, dass Vegetarier oft älter werden als der Durchschnittsbürger. Studien belegen, dass durch eine vegetarische Ernährung folgende Werte verändert werden:

- Harnsäurewert (geringeres Gichtrisiko)
- Cholesterinwerte (geringeres Risiko für Herzkrankheiten)
- Blutdruck (geringeres Schlaganfallrisiko)
- Körpergewicht (besserer Allgemeinzustand)
- höhere Widerstandskraft gegen Krankheiten

Prinzipiell ist eine vegetarische Kost damit bedenkenlos möglich.
Diese Tatsache beruht auch darauf, dass sich die meisten Vegetarier mehr Gedanken um eine gesunde Ernährung machen. Das heißt, sie leben oft bewusster und gesünder, weil sie meist auf Alkohol und aufs Rauchen verzichten. Sie bewegen sich im Alltag viel und treiben regelmäßig Sport.
Vegetarier leben gesundheits- und umweltbewusst, indem sie Lebensmittel aus dem Bio-Segment bevorzugen und durch ihren Einkauf die natürlichen Ressourcen unser Natur und Umwelt schonen.
Durch ihre fleischfreie Ernährung essen sie gleichzeitig weniger Fett und Eiweiß (Protein). Das schützt vor den sogenannten Zivilisationskrankheiten wie Diabetes, Gicht oder Fettstoffwechselstörungen.
Fleisch ist als tierische Proteinquelle nicht unbedingt nötig. Wer jedoch einfach Fleisch und Fleischprodukte weglässt, bei dem kann es zu Mangelerscheinungen kommen, da er seine Nahrung möglicherweise falsch zusammenstellt.
Wichtig ist immer ein abwechslungsreicher Speiseplan, dann kann man sich – auch ohne Fleisch – gesund ernähren. Dazu sollte man auf die richtige Kombination verschiedener Proteinträger achten, damit das pflanzliche Eiweiß besser ausgenutzt werden kann.
Vegetarier ernähren sich vorwiegend (Veganer ausschließlich) von pflanzlichen Lebensmitteln und verzichten weitgehend auf tierische Lebensmittel. Die Argumente für vegetarisches Essen sind verschieden. Für einige ist der Gesundheitsaspekt besonders wichtig, andere lehnen aus religiösen oder Umweltgründen den Verzehr von tierische Produkte ab.
Bei der vegetarischen Ernährung gibt es verschiedene Ausprägungen – abhängig von dem Anteil erlaubter tierischer Lebensmittel. Hier finden Sie eine Übersicht über die wichtigsten drei vegetarischen Ernährungsformen:

Ovo-lacto-vegetabile Ernährung

Neben der pflanzlichen Kost (wie etwa Gemüse und Hülsenfrüchte) werden auch tierische Produkte von lebenden Nutztieren wie Milch, Milchprodukte und Eier verzehrt. Wenn möglich alles aus Bio-Qualität. Ovo-lacto-Vegetarier konsumieren generell kein Fleisch, dazu zählen auch Wurstwaren, Wild, Geflügel, Fisch und Meerestiere.
In Deutschland ernähren sich die allermeisten Vegetarier ovo-lacto-vegetabil.

Lacto-vegetabile Ernährung

Diese Ernährungsform ähnelt der von Ovo-lacto-Vegetariern, allerdings wird zusätzlich auch noch vollkommen auf den Verzehr von Eiern verzichtet – pur oder in Form von Teigwaren, Kuchen, Saucen und anderem mehr.

Vegane Ernährung

Die Ernährung des Veganers besteht ausschließlich aus Pflanzenkost. Tierische Produkte (egal von welchem Nutztier) werden generell aus Tierliebe und Respekt gegenüber dem Lebewesen Tier abgelehnt. Dazu zählen nicht nur Fleisch und Wurst, Fisch und Meerestiere, Wild und Geflügel, sondern auch Milch, Milchprodukte, Eier und Honig.
Die vegane Ernährung ist nach der Empfehlung der DGE nur für gesunde Erwachsene als dauerhafte Ernährungsweise geeignet, unter der Voraussetzung, dass Veganer sich unbedingt detaillierte Ernährungskenntnisse aneignen. Denn durch diese Ernährungsform kann es leicht zu einem Nährstoff-Mangel kommen (Schwangere, Kinder und ältere Menschen sollten sich möglichst nicht vegan ernähren).

Auf die Mischung kommt es an

Die vegetarische Ernährung beruht auf folgenden Nahrungsmittelgruppen, die möglichst täglich – in abwechslungsreicher Zusammenstellung – verzehrt werden sollten:

Kohlenhydrate machen satt und fit

Getreideprodukte wie Bulgur, Couscous, Dinkel oder Weizen, Hafer, Hirse und auch Kartoffeln machen angenehm satt. (Vollkorn-)Reis, (Vollkorn-)Nudeln und Hülsenfrüchte (wie Erbsen oder Linsen) enthalten viele sättigende Kohlenhydrate, die gleichzeitig unseren Körper mit Energie versorgen.

Fünf am Tag: Gemüse und Obst

Es wird empfohlen, zwei Händevoll Obst und drei Gemüseportionen am Tag (insgesamt etwa 600 g) zu essen (egal ob roh oder gekocht). In den bunten Lebensmitteln stecken viele Vitamine, Mineralstoffe, sekundäre Pflanzenstoffe und Ballaststoffe. Besonders die Gruppe der Ballast-

stoffe (stecken auch in Getreide, (Vollkorn-)Reis & Co.) macht uns satt, ist hilfreich für die Verdauung, reguliert den Blutzucker und senkt den Cholesterinspiegel.
Ballaststoffe sind im Darmtrakt zu vergleichen mit kleinen Schwämmen: Sie nehmen Flüssigkeiten auf, vergrößern den Darminhalt und können so schneller den Darm durchlaufen. Die Folge: Eventuelle Schadstoffe bleiben kürzer im Darm und werden rechtzeitig ausgeschieden.
Wer täglich genügend Ballaststoffe aufnimmt, beugt Verstopfungen vor und mindert die damit verbundenen Risiken wie Erkrankung des Verdauungstraktes oder Darmkrebs.

Milch und Milchprodukte

Neben Eiweiß und Calcium liefern sie vor allem die fettlöslichen Vitamine A, D, E und K. Allerdings: Je fettreicher die Milch oder die Milchprodukte sind, desto mehr Fett und Cholesterin enthalten sie. Deshalb fettarmen Produkten den Vorzug geben.

Veganer lehnen Milch und Milchprodukte ab. Für sie (oder Menschen mit einer Lactoseintoleranz) kann Sojamilch eine geeignete Alternative zu Milch sein. Sojamilch hat lediglich 3 mg Calcium/100 ml und damit deutlich weniger Calcium als Kuhmilch (120 mg/100 ml) zu bieten (stattdessen ist Sojamilch eine sehr gute Eiweißquelle).
Veganer sollten mit Blick auf ihren Calciumhaushalt beispielsweise calciumhaltiges Mineralwasser (mindestens 150 mg Calcium/1 Liter) oder grüne Gemüsesorten (wie etwa Brokkoli, Grünkohl, Lauch, Spinat und Wirsing) regelmäßig in ihrem Speiseplan einplanen.
Die Aufnahme von Calcium wird gefördert durch Vitamin D (steckt allerdings am meisten in Leber und Fisch). Der Mensch kann dieses Vitamin allerdings auch selbst bilden: Durch Sonnenlicht entsteht es in der Haut – deshalb sollten vor allem Vegetarier einen Spaziergang von mindestens 15 Minuten am Tag einplanen.

Hülsenfrüchte (und eventuell ein Ei)

Eiweiß ist notwendig für den Erhalt der körpereigenen Proteine, den Muskelaufbau, die Immunabwehr und die tägliche Energiezufuhr. Der Eiweißbedarf liegt beim Richtwert in Höhe von 0,8 g Eiweiß/kg Körpergewicht – eine Menge, die mit vegetarischer Ernährung (und auch veganer Ernährung) problemlos erreichbar ist. Vorausgesetzt, dass man genügend isst (auf ausreichende Energiezufuhr achtet) und sich nicht extrem einseitig ernährt.
Hülsenfrüchte und Eier liefern dafür hochwertiges Eiweiß. Hintergrund: Unser Körper benötigt 20 Aminosäuren, von denen er zwölf selbst herstellen kann. Die anderen acht essentiellen, lebensnotwenigen Aminosäuren müssen wir in ausgewogener Kombination mit unserer Nahrung zuführen.
Alle acht lebensnotwenigen, essentiellen Aminosäuren kommen in pflanzlichen Proteinquellen vor. Wichtig ist nur, dass man sich nicht einseitig ernährt (z. B. ohne Hülsenfrüchte, Getreide und Nüsse), denn dann klappt es nicht mit der sogenannten biologischen Wertigkeit.

Biologische Wertigkeit
Unter biologischer Wertigkeit versteht man einen Index, der angibt, wie ähnlich das Nahrungsprotein dem menschlichen Eiweiß kommt. Enthält ein Protein die essentiellen Aminosäuren genau im vom Menschen benötigten Verhältnis, wird ihm ein hoher biologischer Wert zugesprochen.
Im Allgemeinen wird pflanzlichen Eiweißen eine geringere biologische Wertigkeit zugeteilt, weil ihre Aminosäuren stärker von den menschlichen Aminosäuren abweichen.
Allerdings kann man die biologische Wertigkeit erhöhen, indem man verschiedene Proteinquellen miteinander kombiniert. Gute Ergänzungswerte haben Getreideerzeugnisse mit Milch oder Ei, Kartoffeln mit Milch, Hülsenfrüchte mit Milch, Ei oder Getreideprodukten.
Eier sind nur bei der ovo-lacto-vegetabilen Ernährung erlaubt. Sie sollten aber auch dort nur sparsam eingesetzt werden, weil verschiedene Fertigprodukte wie Nudeln, Saucen, Kuchen, Kekse oder Desserts schon Eier enthalten. Deshalb reicht der wöchentliche Verzehr von 1–3 Eiern vollkommen aus (inklusive „versteckter Eier" aus Teigwaren & Co.).

Pflanzenöle und -fette sind wichtig

Aus ernährungsphysiologischer Sicht sind pflanzliche Fette und Öle wertvoller als tierische, weil sie wichtige einfach und mehrfach ungesättigte Fettsäuren enthalten, die sich u.a. positiv auf den Cholesterinspiegel auswirken.

Unser Körper benötigt lebensnotwenige Fettsäuren, die er selbst nicht produzieren kann. Deshalb muss Fett zugeführt werden. Kleiner Nebeneffekt: Die fettlöslichen Vitamine (A, D, E und K) können so besser wirken. Allerdings liefert Fett viele Kalorien. Deshalb sparsam einsetzen (nicht mehr als 60–80 g pro Tag). Nicht vergessen: Viele Fertigprodukte (auch vegetarische) enthalten versteckte Fette.

Kräuter statt Salz

Wie bei der vollwertigen Ernährung, sollte auch bei der vegetarischen Ernährung Salz stets nur sparsam eingesetzt werden (maximal 5 g/Tag), da kleine Salzmengen vielen Produkten zugesetzt werden.
In der vegetarischen Ernährung wird viel Wert auf Kräuter gelegt, diese ersetzen auf natürliche Weise das Salz. Alle bekannten Würzkräuter wie Petersilie, Schnittlauch, Kresse u.a.m. haben unterschiedliche Vitalstoffe. Je nach Kraut enthalten

sie mehr oder weniger Harze, Bitter-, Gerb- und Schleimstoffe, Mineralstoffe oder Vitamine.
Frisch geerntet sind sie am wertvollsten (ideal ist ein Kräuterbeet im Garten oder im Balkonkasten). Nicht vergessen: Kräuter erst kurz vor dem Gebrauch kurz abspülen, trocken tupfen und anschließend – möglichst mit einem großen Messer – klein schneiden (und nicht hacken), auf diese Weise bleibt ihr Aroma am ehesten erhalten.

Trinken nicht vergessen

Getränke sind wichtig und lebensnotwenig: Mindestens 1 ½ Liter (besser mehr pro Tag). Ideal sind Wasser, Mineralwasser, Kräuter- oder Früchtetee und selbst gemixte Fruchtsaftschorlen (ideal im Verhältnis 1:3 bis 1:4). Ein größeres Verhältnis (1:1 oder 1:2) ist langfristig ungesund, da ein erhöhter Fruchtsaftkonsum sich negativ auf unseren Kohlenhydrat-Haushalt auswirkt (Stichwort: Übergewicht, Diabetes). Außerdem schadet es unserer Zahngesundheit. Wer am Tag seine Obst- und Gemüseration nicht schafft (etwa 5 Portionen pro Tag) trinkt stattdessen ein Glas Frucht- oder Gemüsesaft. Entweder frisch gepresst oder Direktsaft aus der Packung.

Hier kann es kritisch werden

Wer ohne Fleisch gesund leben will, sollte ein paar Ernährungsregeln im Alltag beachten.

Die richtigen Eiweißquellen

Nach den neuesten Untersuchungen führt der übermäßige Verzehr von tierischem Eiweiß zu Krankheiten. Eiweiß aus Pflanzen und Milch ist dagegen hochwertig und bei einer ausgewogenen vegetarischen bzw. veganen Ernährung kommt es im Allgemeinen zu keinen Mangelerscheinungen in puncto Eiweiß.
Sollte durch eine Fehlernährung zu wenig Eiweiß verzehrt werden, so kann es zum Muskelabbau, einem geschwächten Immunsystem oder schlimmstenfalls zu Proteinmangelerkrankungen kommen.
Bei einer Überdosierung von Eiweiß (bis 2 g/kg Körpergewicht) kann es auf Dauer zu einer negativen Calciumbilanz kommen.
Wer zu wenig Eiweiß am Tag isst, sollte auf einen hohen Anteil an Leguminosen (Hülsenfrüchte und Sojabohnen) achten und ausreichend Nüsse und Samen verzehren. Sojabohnen haben den Vorteil, dass sie alle Aminosäuren enthalten und damit unverzichtbar für eine vegane Ernährung sind.

Vitamin B 12 – gut gegen Blässe

Vitamin B 12 kommt vor allem in tierischen Produkten wie Leber, Fleisch, Fisch, Milch und Milchprodukten sowie Eiern vor.
In pflanzlichen Lebensmitteln vor allem im Sauerkraut, das mittels Milchsäure-Gärung (hat aber nichts mit Milch zu tun) hergestellt wird. Vitamin B 12 steckt darüberhinaus in Sprossen, Miso-Produkten oder Tempeh. Der Vitamin B 12-Spiegel kann gesenkt werden durch die Antibabypille, bestimmte Medikamente (gegen Tuberkulose) und einen Vitamin C-Überschuss.
Bei einem Vitamin B 12-Mangel sieht man nicht nur müde-blass aus, sondern man fühlt sich auch angeschlagen. Schlimmstenfalls kommt es zur Blutarmut (Anämie).

Eisen – macht uns fit

Eisen findet man vor allem in Fleisch (Steaks, Rinderfilet), aber auch in Getreide (Vollkornhaferflocken, Hirse), Hülsenfrüchten (rote Linsen), Gemüse (wie Rote Bete, Spinat, Dicke Bohnen) und getrockneten Früchten.
Eisen ist wichtig für den Sauerstofftransport im Blut. Wenn wir zu wenig Eisen aufnehmen oder unter

einer Resorptionsstörung leiden, kann es zu Erschöpfung, Blutarmut und erhöhter Infektionsanfälligkeit kommen.
Schwarzer Tee und Kaffee verringern die Eisenaufnahme im Körper bis zu 50 % (!), dagegen fördert die gleichzeitige Aufnahme von Vitamin C die Eisenresorption erheblich.
Frauen haben generell einen höheren Eisenbedarf als Männer (wegen der Menstruation).

Jod – gut fürs Wachstum

Jod steckt vor allem in Seefisch, ebenso in Jodsalz, Milch und Eiern. In der vegetarischen Ernährung sollte deshalb unbedingt mit Jodsalz gewürzt werden.
Wenn möglich darauf achten, dass Lebensmittel wie Brot, evtl. Milchprodukte, Teigwaren usw. mit Jodsalz angereichert sind (siehe Zutatenliste). Jod beeinflusst unseren Stoffwechsel (Schilddrüsenhormon und das Wachstum).

Risikogruppen: Kinder, Schwangere und Ältere

Generell rät die DGE aufgrund des erhöhten Nährstoffbedarfs bei Schwangeren, Stillenden und Kindern von einer veganen Ernährung ab. Hintergrund: Wenn während der Schwangerschaft nicht genügend Jod (mit der Nahrung) zugeführt wird, kann es beim Neugeborenen zu Kretinismus (Schwachsinn und Kleinwuchs) oder Entwicklungsverzögerungen kommen.
Für voll gestillte Kinder kann es zu Problemen in Bezug auf Vitamin B 12 kommen, wenn die Mütter sich rein vegan ernähren. Die Säuglinge können eventuell unter Blutarmut leiden.
Außerdem sollten besonders ältere Frauen in den Wechseljahren bei einer veganen Ernährung auf genügend Eisen achten.

Aufgepasst in der Veggie-Küche

Vegetarier bevorzugen in der Regel beim Einkauf naturbelassene Lebensmittel – und das ist sehr gut so. Wenn weiterverarbeitete Lebensmittel wie Käse, Brotaufstriche, fertig gekauftes Brot, Marmelade, Pizza, vegane Würstchen u.a.m. im Einkaufskorb landen, ist der Blick auf die Zutatenliste unverzichtbar. Hier kann man nachlesen, ob die Zutaten wirklich auf pflanzlicher Basis hergestellt sind. Manche Hersteller werben auch mit speziellen Aufdrucken für vegane Kost.

Gelatine – nicht nur in Gummibärchen

Gelatine ist ein Geliermittel, das aus Teilen von Rind und Schwein hergestellt wird. Es ist ein durchsichtiges, geruchs- und geschmacksneutrales Lebensmittel.
Gelatine kann in Gummibärchen (und anderen Süßwaren), Puddings, Joghurtzubereitungen, Frischkäse, Backwaren u.a.m. vorkommen.
In der vegetarischen Ernährung werden pflanzliche Gelier- und Bindestoffe eingesetzt. Dazu zählen z.B. Alginsäure (E 400), Agar Agar (E 406), Carageen (E 407), Guarkernmehl (E 412), Johanniskernbrotmehl (E 410), Pektin (E 440), Sago (hier gibt es keine E-Nummer, da es ein Lebensmittel ist), Traganth (E 413).
Als Vegetarier sollte man trüben Fruchtsäften und evtl. Weinen den Vorzug geben. Denn Gelatine wird bei Getränken oftmals zum Binden der Trübstoffe verwendet, damit diese schön klar werden.
Wer Medikamente einnehmen muss, wird feststellen, dass viele Kapseln, Zäpfchen usw. auch aus Gelatine bestehen – ggfs. Arzt und Apotheker fragen.

Lab – steckt im Käse

Die Käseherstellung funktioniert durch das Säuern mit Milchsäurebakterien (Dickmilch, Joghurt) oder durch eiweißspaltende Enzyme (Lab). Die Herstellung von fast allen Weich-, Schnitt- und Hartkäsen sieht die Zugabe von Lab vor.
Lab stammt aus dem Kälbermagen und wird von Veganern abgelehnt. Es gibt pflanzliche Labaustauschstoffe (diese werden noch nicht zur Käseherstellung benutzt, da sie den Käsegeschmack zu sehr verändern) und mikrobielle (auf der Basis von bestimmten Schimmelpilzkulturen). Gentechnisches Lab ist seit 1997 in Deutschland zugelassen.
Käse der biologischen Anbau-Verbände (im Naturkostladen) erzeugen bisher keinen Käse mit Gen-Lab. Auf der Verpackung steht, ob der Käse mit tierischem oder mikrobiellem Lab versetzt wurde, oder fragen Sie beim Verkaufspersonal nach.

Fertigprodukte

Viele Supermärkte bieten mittlerweile vegetarische Schnitzel, Würste, Aufschnitt, vegetarische Brotaufstriche u.v.m. an. Dies hat den praktischen Vorteil, dass man dieselbe Mahlzeit kochen kann für Vegetarier und Nicht-Vegetarier. Allerdings sind besonders die Fleischersatzprodukte verhältnismäßig teuer.
Bevor neue Produkte in den Einkaufswagen gelangen: Unbedingt die Zutatenliste lesen!
Bei Vegetariern sind Sojaprodukte besonders beliebt, z.B. in Form von Sojasaucen (Miso), -milch, -kaffee, -mehl oder -quark (Tofu). Die Basis sind Sojabohnen, die ballaststoffreich sind und viele essentielle Aminosäuren haben.

Wo verstecken sich eventuell tierische Lebensmittel?
Die Zutatenliste soll dem Verbraucher darüber Auskunft geben, was in einem Lebensmittel steckt. Konkret: Was an erster Stelle steht, ist auch mengenmäßig am meisten enthalten.

Ausnahmen bestehen unter anderem bei der „25 %-Regelung". Das heißt, dass zusammengesetzte Zutaten, die weniger als 25 % eines Produktes ausmachen, nicht in ihren Einzelheiten deklariert werden müssen. Lose Waren (Obst, Gemüse und Kartoffeln sowie Süß- und Backwaren) und auch figürliche Zuckerwaren (Osterhase, Weihnachtsmann) müssen ebenfalls nicht gekennzeichnet sein.
Je höher ein Fertigprodukt weiterverarbeitet wurde, desto häufiger stehen viele zusammengesetzte Zutaten auf der Zutatenliste. Diesen weiterverarbeiteten Lebensmitteln werden häufig Zusatz-, Farb-, Aroma- und Konservierungsstoffe, Emulgatoren sowie Geschmacksverstärker zugesetzt. Sie werden zwar deklariert – aber nicht ihre Herkunft (deshalb können einige aus dem Tierreich kommen, Beispiel: E 120 (Kamin) ist ein roter Farbstoff, der aus Schildläusen gewonnen wird). Insgesamt sind knapp 300 Zusatzstoffe in der EU erlaubt (Verbraucherzentralen und ähnliche Organisationen bieten eine Übersicht der gängigen E-Nummern an). Vegetarier und Veganer sollten deshalb die Zutatenliste genauestens studieren. Auch hier können Kennzeichnungen von Anbau-Verbänden hilfreich sein. Hier einige Beispiele aus der Praxis, bei denen man nicht auf den ersten Blick vermutet, dass diese Produkte aus dem Tierreich kommen:

- Molke: Restflüssigkeit, die bei der Käseherstellung entsteht. Molke wird Kuchen, Keksen, Broten und Süßigkeiten zugesetzt. Alternativ: Sojamolke verwenden
- Ölsäure: Eine Mischung aus pflanzlichen und tierischen Ölen. Alternativ: Pflanzenöle
- Schellack: Wird gewonnen aus Ausscheidungen der Lackschildlaus. Überzug für Süßigkeiten. Alternativ: pflanzliche Wachse
- Frittierfette: Enthalten oft tierische Fette. Alternativ: Pflanzenöle
- Stearinsäure: Stammt vom Schwein, Pflanzen oder der Kokosnuss. Verwendung in Kaugummis oder als Geschmacksverstärker
- Farbstoffe: (E 100 bis E 180) können aus tierischen Quellen stammen
- Glycin: Stammt zum Teil vom Tier, Verwendung als Geschmacksverstärker (E 640)

Tipps für den Einkauf:

- Wer vegetarisch kocht, achtet meist beim Einkauf schon darauf, dass alles möglichst frisch ist. Der Einkauf sollte sich nach der Jahreszeit und dem jeweiligen Angebot der Saison richten. Der Vorteil: Obst, Gemüse, Salat und Kräuter haben dann das beste Aroma und sind zudem preisgünstiger.
- Nicht vergessen: Nach dem Einkauf alles zügig kühl und dunkel lagern, denn Wärme, Sauerstoff und Licht schaden den empfindlichen Nährstoffen.
- Übrigens: Bio-Ware ist oft länger lagerfähig, da die Pflanzen durch geeignete Sorten, organische Düngung oder eine vielfältige Fruchtfolge widerstandsfähiger sind.
- Wer keinen Bio-Bauern oder Naturkostläden in der Nähe hat, greift auf das Angebot der Supermärkte zurück.
- Ein Muss: Der Blick auf die Zutatenliste (besonders wenn man neue Produkte auswählt).
- Tipps für Veggie-Anfänger: Nach und nach auf Bio-Produkte umsteigen. Persönliche Lieblingslebensmittel in Bio-Qualität bevorzugen und auf das saisonale Angebot zurückgreifen.
- Ideal ist auch der Service der sogenannten grünen Kisten, die wöchentlich ins Haus geliefert werden mit Obst und Gemüse der Saison aus dem näheren Umkreis.
- Öko-Gemüse hat weniger Nitrat, da es nicht mineralisch gedüngt wird.

Tipps für den Vegetarier-Alltag:

- Möglichst abwechslungsreich vegetarisch essen.
- Dem Energiebedarf angepasst ernähren.
- Möglichst naturbelassene Lebensmittel verwenden: Vollkornbrot statt Weißbrot, Vollkornreis statt geschältem Reis.
- Jeden Tag verschiedene Eiweißquellen einplanen: Hülsenfrüchte, Sojaprodukte, Nüsse, Samen, Getreide und eiweißreiche Gemüsesorten (wie beispielsweise Rosenkohl, Spinat, Topinambur, Okraschoten oder verschiedene Sprossen).
- Lebensmitteln aus dem Bio-Segment den Vorzug geben. Dieses hat – durch den Anbau – meist mehr Vitamine und Mineralstoffe.

Kapitelregister

Frühstück, Getränke & Co.

Vorspeisen, Snacks & Saucen

Suppen & Eintöpfe

Salate & Rohkost

Gebacken & gratiniert

Geschmort & gedünstet

Pfannengerichte

Nudel-, Reis- & Getreidegerichte

Pikantes Gebäck

Süßes & Gebäck

Beilagen

Alphabetisches Register

T

U

V

Abkürzungen

EL	=	Esslöffel
TL	=	Teelöffel
Msp.	=	Messerspitze
Pck.	=	Packung/Päckchen
g	=	Gramm
kg	=	Kilogramm
ml	=	Milliliter
l	=	Liter
evtl.	=	eventuell
geh.	=	gehäuft
gem.	=	gemahlen
ger.	=	gerieben
gestr.	=	gestrichen
TK	=	Tiefkühlprodukt
°C	=	Grad Celsius
Ø	=	Durchmesser

Kalorien-/Nährwertangaben

E	=	Eiweiß
F	=	Fett
Kh	=	Kohlenhydrate
kJ	=	Kilojoule
kcal	=	Kilokalorien

Bei den Nährwertangaben in den Rezepten handelt es sich um auf- bzw. abgerundete ganze Werte. Aufgrund von ständigen Rohstoffschwankungen und/oder Rezepturveränderungen bei Lebensmitteln, kann es zu Abweichungen kommen. Die Nährwertangaben dienen daher lediglich Ihrer Orientierung und eignen sich nur bedingt für die Berechnung eines Diätplans, zum Beispiel bei Krankheiten wie Diabetes.
Bei krankheitsbedingten Diäten richten Sie sich daher bitte nach den Anweisungen Ihres Diätassistenten bzw. Ihres Arztes.

Allgemeine Hinweise

Lesen Sie bitte vor der Zubereitung – besser noch vor dem Einkauf – das Rezept einmal vollständig durch. Oft werden Arbeitsabläufe oder -zusammenhänge dann klarer.

Zutatenliste

Die Zutaten sind in der Reihenfolge ihrer Verarbeitung aufgeführt.

Arbeitsschritte

Die Arbeitsschritte sind einzeln hervorgehoben, in der Reihenfolge, in der sie von uns ausprobiert wurden.

Zubereitungszeit

Die Zubereitungszeit dient Ihrer Orientierung. Sie ist ein Richtwert und abhängig von Ihrer Koch- und Backerfahrung. Die Zubereitungszeit beinhaltet die Zeit der tatsächlichen Zubereitung. Längere Wartezeiten, wie Kühl- oder Abkühlzeiten, Auftau- und Durchziehzeiten, sind, sofern parallel keine weitere Tätigkeit erfolgt, nicht in der Zubereitungszeit enthalten. Die Garzeit ist gesondert ausgewiesen.

Backofeneinstellung und Backzeiten

Die in den Rezepten angegebenen Backtemperaturen und Backzeiten sind Richtwerte, die je nach individueller Hitzeleistung Ihres Backofens über- oder unterschritten werden können. Gegen Ende der angegebenen Backzeit sollten die Gebäcke genau beobachtet werden. Machen Sie nach Beendigung der angegebenen Backzeit eine Garprobe. Die Temperaturangaben in diesem Buch beziehen sich auf Elektrobacköfen. Die Temperatureinstellmöglichkeiten für Gasbacköfen variieren je nach Hersteller sehr stark, sodass wir keine allgemeingültigen Angaben machen können. Bitte beachten Sie deshalb bei der Einstellung des Backofens die Gebrauchsanleitung des Herstellers. Ein Backofenthermometer eignet sich dabei gut, um die Backofentemperatur im Blick zu haben.

Einschubhöhe bei Backrezepten

Hohe und halbhohe Formen werden im Allgemeinen auf dem Rost im unteren Drittel des Backofens eingeschoben, flache Formen auf dem Rost in die mittlere Einschubleiste. Blechkuchen, Klein- und Eiweißgebäck gelingen am besten in der Mitte des Backofens. Abweichungen sind möglich und von der Ausführung Ihres Backofens abhängig (Herstellerangaben beachten).

Nur frische Eier verwenden

Bei der Zubereitung von Speisen, Torten oder Tortenfüllungen mit frischen Eiern, die später nicht gegart bzw. gebacken werden, nur Eier verwenden, die nicht älter als 5 Tage sind (Legedatum beachten!). Ei bzw. Eier in eine Rühr- oder Edelstahlschüssel geben und im heißen Wasserbad mit einem Mixer (Rührstäbe) bei mittlerer Hitze aufschlagen, bis eine Temperatur von etwa 70 °C entstanden ist. Die Speisen und Torten im Kühlschrank aufbewahren und innerhalb von 24 Stunden verzehren.

Bildnachweis
Bei mehreren Bildern auf einer Seite geben die Abkürzungen hinter der Seitenzahl die Position des Bildes an: l. = links, m. = mittig, r. = rechts.

Titelfoto
Thomas Diercks, Hamburg

Innenfotos

Walter Cimbal, Hamburg (S. 8 l./m., 9 r., 23 l., 53 r., 65, 118, 130 l., 159, 169, 186 r., 192, 204 l., 210 r., 293 l., 438, 446, 462, 482, 495, 496, 505 l., 534 r., 544 r.)

Thomas Diercks, Kai Boxhammer, Christiane Krüger, Hamburg (S. 9 l., 11 l., 12, 16 r., 17, 20 r., 22, 24 r., 25, 29 r., 33 r., 34 l., 39 l., 44, 45 l., 46 r., 47 l., 48 l., 51 r., 56, 57 r., 61 r., 64, 66, 68 l., 72, 73, 74 l., 75, 77, 80 l., 81, 83 r., 86, 89, 91, 95, 96 l., 99 l., 100, 101, 102, 106 l./o., 107 r., 108, 111, 112, 113 r., 115, 117, 119 l., 121 r., 123, 131, 132, 133 r., 135, 140, 143, 144, 145 r., 148 l., 149, 151 r., 152 l., 156, 157, 160 l./o., 160 l./m., 162, 165 r., 168 r., 170–173, 175 r., 176, 179, 180, 181 l., 182, 184, 185 l., 188, 189 r., 195, 196, 197 r., 198 r., 200, 201, 203, 204 r., 205, 206, 207, 208 l., 209 l., 210 l., 211 r., 212 l./m. u. u., 216, 220, 224, 225, 226 r., 230, 233, 234 r., 238, 241 l., 247, 250, 256 r., 258, 261, 262, 266, 270 r., 273 r., 274 l./m., 277 r., 279, 281, 283 l., 285 r., 290, 292 l., 293 r., 294, 295, 297 l., 299, 301, 306, 307, 308, 311, 313, 314 r., 315, 317 l., 320 l., 321, 322, 326 l./o. u. m., 327 r., 329, 330, 332 r., 333, 336 l., 337, 338 r., 340 l., 341, 342, 346 l., 348, 349, 351 r., 353 r., 356, 357 l., 363, 366, 372, 374, 375 r., 377, 378 l./o., 379 l., 380, 381, 382, 385 l., 386 r., 391, 392 l., 396, 398, 400 r., 402, 404, 405 l., 407, 409, 410, 414, 415 l., 416 l., 417, 420, 422, 425 r., 427, 429 l., 432 l., 434 r., 436 l./o. u. m., 437, 441, 443, 444, 445, 448, 451, 457, 459, 463, 466, 472, 477, 479, 480, 481, 483, 485, 489, 490, 491, 500, 501, 502 l./m. u. u., 508 r., 511 l., 513, 514 l., 515 r., 519 l., 520, 523 l., 524, 527, 529 l., 530 r., 532 r., 533 r., 535 l., 538 l., 539 r., 540 l., 542, 544 l., 545 l., 546, 547 l., 550, 551 l., 552 r.)

Eising-Studio, München (S. 8, 8 l./o., 10, 20 l., 28 r., 31 l., 38, 41, 43 r., 47 r., 48 r., 52 l./u., 59 l., 78, 82, 88, 97, 106, 106 l./m., 122, 127, 138, 141 l., 142, 166 l., 167, 177, 194, 212, 236, 336 r., 343, 359 l., 368, 369, 370 r., 371, 378, 388, 399, 418, 436 l./u., 440, 447, 458, 468, 478, 486, 493, 499, 502, 506, 509 l., 510, 512, 514 r., 515 l., 517, l., 518, 521 l., 522 r., 525 l., 528 r., 530 l., 533 l., 540 r., 541 l., 543 l.)

Ulli Hartmann, Halle/ Westf. (S. 28 l., 49 r., 54, 59 r., 62 l., 63, 67 r., 76 l., 87, 90, 92, 99 r., 104, 110, 137 r., 153, 161 r., 166 r., 168 l., 178 l., 190 r., 202 r., 209 r., 212 l./o., 215, 217, 219, 222 r., 223, 225, 228, 232, 244, 249, 250, 255, 257, 264 r., 271, 289 r., 292 r., 302 r., 312, 318, 319, 326, 331, 345, 358, 389, 394, 411 l., 412 r., 416 r., 426 r., 450, 460, 467, 475, 487, 516, 521 r., 522 l., 526 r., 529 r., 531 l., 534 l., 541 r.)

Bela Hoche, Hamburg (S. 19 l., 23 r., 37 r., 40 l., 60, 61 l., 70, 241 r., 303, 461, 547 r.)

Ulrich Kopp, Sindelfingen (S. 278 l.)

Bernd Lippert (S. 150 l.)

Herbert Maas, Hamburg (S. 139 l.)

Janne Peters, Hamburg (S. 16 l., 18, 27, 30, 35, 39 r., 42 r., 45 r., 52 l./o., 55 l., 62 r., 74 r., 76 r., 83 l., 84, 103, 109 l., 114 l., 121 l., 125, 128 l., 136, 137 l., 139 r., 151 l., 155 r., 160 l./u., 165 l., 189 l., 190 l., 191, 193 l., 208 r., 231, 234 l., 248, 252, 253, 254, 256 l., 263, 269, 272, 274 l./u., 282, 286 l., 291, 296, 298, 300, 304, 309, 310, 314 l., 324, 335, 338 l., 340 r., 344 r., 352, 353 l., 354 l., 355, 359 r., 364, 365, 367 l., 367 l., 370 l., 383, 390, 393, 403 r., 406, 408 l., 412 l., 421 l., 430 l., 431, 434 l., 439, 453, 454, 464, 484, 503 r., 505 r., 507 l., 517 r., 519 r., 531 r., 532 l., 535 r., 537 r.)

Antje Plewinski, Berlin (S. 8 l./u., 13, 14, 15 l., 21, 26, 29 l., 32, 34 r., 36, 50 l., 51 l., 52 l./m., 57 l., 69, 96 r., 105, 107 l., 109 r., 128 r., 133 l., 134, 145 l., 146, 147 r., 164, 214, 246, 273 l., 274 l./o., 283 r., 297 r., 320 r., 323, 326 l./m., 334 r., 344 l., 350, 354 r., 373, 376, 378 l./u., 397, 408 r., 421 r., 423, 424, 428, 442, 504, 507 r., 508 r., 511 r., 526 l., 536 r., 538 r., 545 r., 553 r.)

Christiane Pries, Borgholzhausen (S. 15 r., 161 l., 275 l., 317 r., 465, 553 r.)

Hans-Joachim Schmidt, Hamburg (S. 37 l., 40 r., 58, 67 l., 106 l./u., 113 l., 116, 120, 124, 126 r., 130 r., 147 l., 148 r., 150 r., 154, 158, 175 l., 183, 185 r., 186 l., 198 l., 202 l., 245 r., 268, 280, 285 l., 328 r., 334 l., 346 r., 361 l., 362 l., 384, 400 r., 411 r., 413, 415 r., 425 l., 426 l., 432 r., 433, 452, 456, 488, 492, 494, 497, 525 r., 528 l., 539 l., 548, 549)

Axel Struwe, Bielefeld (S. 11 r., 19 r., 24 l., 33 l., 46 l., 49 l., 50 r., 53 l., 284, 378 l./m., 473, 476, 502 l.)

Norbert Toelle, Bielefeld (S. 42 l., 68 r., 80 r., 126 l., 197 l., 259, 260 r., 265, 270 l., 277 l., 325, 351 l., 379 r., 386 l., 387, 392 r., 395 r., 419, 429 r., 435, 552 l.)

Brigitte Wegner, Bielefeld (S. 43 l., 71, 79, 85, 93, 94, 98, 114 r., 119 r., 129, 141 r., 152 r., 155 l., 163, 174, 178 r., 181 r., 187, 193 r., 199 r., 222 l., 229, 239, 240, 242, 243, 251, 260 l., 264 l., 267, 275 r., 276, 286 r., 287, 288, 289 l., 302 l., 305, 316, 327 l., 328 l., 332 l., 347, 357 r., 360, 361 r., 362 r., 367 r., 375 l., 385 r., 395 l., 401, 403 l., 405 r., 430 r., 449, 455, 469, 471, 508 l., 523 r., 536 l., 537 l., 543 r., 551 r.)

Bernd Wohlgemuth, Hamburg (S. 31 r., 218, 221, 226 l., 237, 278 r., 498)

Für Fragen, Vorschläge oder Anregungen stehen Ihnen der Verbraucherservice der Dr. Oetker Versuchsküche
Telefon: 00800 71 72 73 74 Mo.–Fr. 8:00–18:00 Uhr,
Sa. 9:00–15:00 Uhr (gebührenfrei in Deutschland)
oder die Mitarbeiter des Dr. Oetker Verlages
Telefon: +49 (0) 521 52 06 50 Mo.–Fr. 9:00–15:00 Uhr
zur Verfügung.

Dr. Oetker Verlag KG, Am Bach 11, 33602 Bielefeld.
Oder besuchen Sie uns online unter www.oetker-verlag.de, www.facebook.com/Dr.OetkerVerlag oder www.oetker.de.

Umwelthinweis Dieses Buch und der Einband wurden auf FSC®-zertifiziertem, chlorfrei gebleichtem Papier gedruckt. Die Einschrumpffolie – zum Schutz vor Verschmutzung – ist aus umweltfreundlichem und recyclingfähigem PE-Material.

FSC www.fsc.org MIX Papier aus verantwortungsvollen Quellen FSC® C011124

Redaktion Carola Reich, Annette Riesenberg

Rezeptberatung Anke Rabeler, Berlin
Irmgard Radke, Calden

Lektorat no:vum, Susanne Noll, Hennef

Nährwertberechnungen Nutri Service, Hennef

Grafisches Konzept und Gestaltung MDH Haselhorst
Titelgestaltung kontur:design, Bielefeld
Satz und Layout MDH Haselhorst

Druck und Bindung Mohn media Mohndruck GmbH, Gütersloh

ISBN: 978–3–7670–1019–2